中华龙文化 上

主编 庞进

编者 王东 田兆元 张志春 黄佶 黎荔 姚莉 唐睿

陕西师范大学出版总社

图书代号：SK23N0902

图书在版编目（CIP）数据

中华龙文化：上、中、下 / 庞进主编. —西安：陕西师范大学出版总社有限公司，2023.7
ISBN 978-7-5695-3643-0

Ⅰ.①中… Ⅱ.①庞… Ⅲ.①龙—民族文化—研究—中国 Ⅳ.①B933

中国国家版本馆CIP数据核字（2023）第090937号

中 华 龙 文 化
（上、中、下）

ZHONGHUA LONG WENHUA

庞　进　主编

出 版 人	刘东风
责任编辑	胡选宏
责任校对	杜　云　王红凯
装帧设计	锦册
出版发行	陕西师范大学出版总社
	（西安市长安南路199号　邮编：710062）
网　　址	http://www.snupg.com
印　　刷	陕西博文印务有限责任公司
开　　本	787 mm×1092 mm　1/16
印　　张	64.5
插　　页	6
字　　数	980千
版　　次	2023年7月第1版
印　　次	2023年7月第1次印刷
书　　号	ISBN 978-7-5695-3643-0
定　　价	298.00元

读者购书、书店添货或发现印刷装订问题，请与本社营销部联系、调换。
电话：（029）85307864　85303629　　传真：（029）85303879

目 录

绪 论

一、龙的起源、原型、本质、定义 / 002

二、龙与中华民族、中华文化、中华文明 / 009

三、龙的精神与龙道 / 011

四、作为国俗的龙民俗 / 015

五、龙与中华伦理 / 016

六、龙与帝王皇权 / 017

七、文学艺术对龙文化的反映 / 019

八、龙文化的功能和现实生产力 / 020

九、龙文化的传播 / 021

第一章　龙与中华民族

第一节　龙形象的出现与龙观念的产生 / 026

一、龙形象出现的社会历史条件 / 026

二、龙观念的产生和基本形成 / 028

三、龙的容合过程 / 030

第二节　龙形象出现的考古依据 / 037

一、山西吉县柿子滩岩画 / 038

二、辽宁兴隆洼文化龙形象 / 039

三、陕西仰韶文化龙形象 / 041

四、内蒙古赵宝沟文化龙形象 / 047

五、河南仰韶文化龙形象 / 050

六、湖北大溪文化龙形象 / 058

七、安徽凌家滩文化龙形象 / 060

　　八、浙江良渚文化龙形象 / 067

　　九、内蒙古、辽宁红山文化龙形象 / 074

　　十、甘肃马家窑文化龙形象 / 084

　　十一、山东、山西龙山文化龙形象 / 087

　　十二、湖北石家河文化龙形象 / 091

　　十三、其他龙形象 / 093

　　十四、综述 / 096

第三节　龙与华胥、伏羲、女娲 / 100

　　一、龙与华胥 / 100

　　二、龙与伏羲 / 104

　　三、龙与女娲 / 109

第四节　龙与炎黄族团联盟 / 111

　　一、龙与炎帝族团 / 111

　　二、龙与黄帝族团 / 114

　　三、龙与东夷族团 / 117

　　四、龙与苗蛮族团 / 118

第五节　龙与华夏族 / 122

　　一、华夏族 / 123

　　二、龙与颛顼、帝喾 / 123

　　三、龙与唐尧、虞舜 / 126

　　四、龙与夏禹 / 129

第六节　龙与中华民族文明 / 132

　　一、文明的定义与标准 / 132

　　二、关于中华文明起源的四种观点 / 135

　　三、见证与标志 / 138

　　四、龙与中华文明的起源到成型 / 148

第七节　龙与中华民族精神 / 154

　　一、民族精神概说 / 155

　　二、龙的精神 / 156

第二章　龙与中华智慧

第一节　龙的本质新论
　　——源于图腾又超越图腾的中华民族文化象征/172
- 一、以原始图腾说为代表的四种传统说法/172
- 二、源于图腾，超越图腾/175
- 三、不是实物崇拜，而是文化创造/177
- 四、从氏族血缘关系，到民族文化内涵/179
- 五、从氏族文化表征，到民族文化象征/181

第二节　龙的观念新论/183
- 一、龙的观念：中国人的四大观念/183
- 二、天人合一的宇宙观/185
- 三、仁者爱人的互主体观/188
- 四、阴阳交合的发展观/193
- 五、兼容并包的文化观/202

第三节　龙的精神底蕴与现代生命/229
- 一、龙的理念：普遍和谐的四大主体关系/229
- 二、人与自然和谐相处的生态理念/230
- 三、人与人、国与国和谐发展的人道理念/235
- 四、寻求对立面和谐结合的发展理念/239
- 五、多元文化和谐共处的文化理念/241
- 六、龙的底蕴：多元文化综合创新精神/244

第四节　龙的象征：是恶还是善
　　——中西龙形象的根本差异/250
- 一、中西龙形象的显著差异/250
- 二、中西龙象征意义的本质差异/252
- 三、中西龙文化地位的重大差异/256

第五节　最古老的造型，最鲜活的理念
　　——中国龙的四大理念与当代文明四大危机/260
- 一、天人和谐观与现代生态危机/261
- 二、仁者爱人观与现代战争危机/266

三、矛盾和谐观与南北关系危机 / 269

四、兼容并包文化观与文明冲突危机 / 271

第三章　龙与中华民俗

第一节　龙的节庆 / 276

　　一、龙头节习俗 / 276

　　二、炮龙节庆典 / 288

　　三、其他龙节 / 294

　　四、龙节的文化意义 / 300

第二节　水与龙的民俗 / 304

　　一、龙与求雨习俗 / 305

　　二、龙与巫术 / 312

　　三、龙与水的关系 / 316

　　四、龙舟的形态与影响 / 319

第三节　舞龙习俗 / 329

　　一、舞龙的发生 / 329

　　二、多元的舞龙 / 331

　　三、舞龙的仪式 / 346

　　四、舞龙的文化阐释 / 352

第四节　龙的其他民俗 / 357

　　一、龙生肖 / 358

　　二、龙与姓名、别号 / 363

　　三、龙脉风水 / 365

　　四、跳龙门 / 368

绪 论

中华龙文化是源远流长、博大精深、影响广泛的文化。作为中华传统文化的重要组成部分，龙文化有着极其丰富、庞杂的内容。任何一部书，无论过去的、现在的，还是未来的，都不可能展示龙文化的全部。本书概其要者，以"龙与中华民族""龙与中华智慧""龙与中华民俗""龙与中华伦理""龙与中华艺术""龙与中华文学""龙与民间故事""龙与文化传播""龙与文化产业"等九章近百万字的内容，将龙文化介绍给广大读者。这些内容，涉及龙的起源、原型、本质、定义，龙与中华民族、中华文化、中华文明，龙的精神与龙道，作为国俗的龙民俗，龙与中华伦理，龙与帝王皇权，文学艺术对龙文化的反映，龙文化的功能和现实生产力，龙文化的传播等基本问题。

一、龙的起源、原型、本质、定义

龙的起源问题,既是每一位龙文化研究者都要面对的问题,也是学界之外不少人关注的问题。

考古发现了数十件属于新石器时代的龙文物,但文物不会张口说话,无法告诉人们它们的起源。据统计,甲骨文中的"龙"字大约有三百多个,从明确展示出来的五十多个"龙"字及相关卜辞来看,这些"龙"字只涉及龙的形象和功用,并不涉及龙的起源。最早的一批古籍,如《山海经》《尚书》《周易》《诗经》等,都有有关龙的字句出现,但也都只是涉及龙的形象和功用,没有涉及龙的起源。孔子可算是最早研究龙文化的学者,他也只讲到龙的形象和功用,所谓"龙,合而成体,散而成章,乘云气而养乎阴阳"(《庄子·天运》)、"龙德而正中者也"(《易传·文言》)等,也没有讲到龙的起源。

最早对龙的起源有较明显且较多说辞者,是东汉时的王充。王充在其《论衡》中言:"龙为鳞虫之长"(有"龙起源于虫"之意);"龙,鱼之类也"(有"龙起源于鱼"之意);"(龙)马、蛇之类也"(有"龙起源于马、蛇"之意);"夫龙与云雨同气,故能感动,以类相从"(有"龙起源于云"之意);"雷龙同类,感气相致"(有"龙起源于雷"之意)。

进入现当代,对龙起源问题的研究多了起来,而且,研究龙的起源,必然要涉及龙的原型。对这一问题的研究也形成了众多观点,这些观点大体上可分为"生物原型说""非生物原型说""生物原型与非生物原型综合说"三类。

生物原型说主要有(按发表时序):"龙之观念应是远古先民对于巨大的爬行动物恐龙的回忆"(叶玉森、徐知白以及美国学者海斯等,20世纪20年代前后);"龙是扬子鳄"(章炳麟,1924);"龙图腾……是蛇图腾兼并、吸收马、鹿、狗、鱼等图腾的结果"(闻一多,1942);"龙就是几种爬行动物的总称"(刘宪亭,1956);"蛇加以神秘化,变成图腾神物,就是龙"(孙作云,1960);"蛇图腾在走完它的历史过程以后,转变而成了龙"(李埏,1963);"龙的形象既概括了蛇类,更概括了蜥蜴类""龙的最早的模特儿之一是河马"（刘城淮，1964）；"最早的龙就是有角的蛇，以角来表示其神异性"（刘敦愿，1978）；"龙……以现生的爬行动物为基本形象"（贾兰坡、甄朔南，1978）；"龙……其基调是大蛇，尤近于五步蛇，以其剧毒使人惊怖而敬奉之为神物"（张孟闻，1980）；"龙，其实就是鳄鱼的最早称呼"（祁庆福，1981）；"龙首形象最初来源之一当与猪首有关"（孙守道、郭大顺，1984）；"龙……是鱼、龟、蛇、蛙、蜥蜴等鳞虫类以及鸟类的综合图腾"（杨和森，1985）；"龙的原型是扬子鳄"（周勋初，1986）；"龙起源于水牛，龙本是南方民族对水牛的称谓"（顾自力，1987）；"中国最原始的龙，是湾鳄、扬子鳄""龙，被古人公认为最原始的祖型，可能还是恐龙。古人以具有四足、细颈、长尾，类蛇、牛、虎头的爬行动物为龙，这可能是古人当时见到并描绘下来的某种恐龙形象"（王大有，1988）；"上古时期确有一种体躯庞大，使人因恐惧而生敬畏之心的动物。这就是现代生物分类学中称作'湾鳄'的那种巨型鳄鱼，当时人们称之为龙"（何新，1988）；"龙，其原始形态，不过是巨蛇而已"（马世之，1988）；"目前追溯商周二足神龙纹的来源，以甘肃武山出土的一件马家窑文化彩陶上的龙纹为最早"（袁德星，1988）；"江汉流域的鼋类、鳄类，黄河中上游的虫类、蛙类、鱼类，黄河中下游的鸟类、畜类，等等，都有可能成为较为固定的物候历法之参照动物。……后来，这些关系演化成观念集中在特定的形象身上，便形成了龙"（陈绶祥，1988）；"龙的原型是四季常青的松、柏（主要是松）一类的乔木"（尹荣方，1989）；"龙……就是现代生物分类学中称作Crocodilus Porosus的一种巨型鳄——蛟鳄"（何新，1989）；"龙的生物原型，就是距今约七千年至一万余年的冰后高温期曾经称霸海域、尔后因自然淘汰而在内陆绝迹的海洋巨蟒"（杨秀绿，1990）；"龙的本相就是蛇、鳄甚至蜥蜴等爬行动物"（罗二虎，1990）；"龙神是南蛇的演变形态。……南蛇形态是龙的原型，而且南蛇（蚺蛇）诸类形态，也构成了龙的多形态"（杨青，1992）；"华夏文化中的龙即神化的野马及其有关传说"（阿尔丁夫，1992）；"龙起源于社祭仪式上的男性生殖符号"（普学旺，1992）；"龙的原型是母腹中尚未发育成形的胎儿"（苏开华，1993）；"蟒蛇为蛇中之王，故古人以最大的蛇——蟒蛇为基形塑造龙"（何星亮，1998）；"龙崇拜是由毒蛇禁忌转变而来的"（吉成名，2002）；"龙的最初原型，可能起源于蚕的形象"（王永礼，2005）；"我国北方的考古学发现不断表明，龙确实来源于现实中的动物。这些动物原型包括猪、鹿和熊""龙与熊有着直接关系"（叶舒宪，2006）；"龙的原型应该是猪。……在红山文化研究中，猪是龙的起源，应该说是比较一致的认识"（陈逸民、陈莺，2006）；"中华龙的原型和母体是'鱼'而不是其他"（石兴邦，2007）；"龙源于蛙"（王志安，2007）；"龙的原型不是某种具体动物，而是隐藏在各种哺乳动物母体内的胚胎"（王小盾，2008）。

非生物原型说主要有（按发表时序）："幻想龙这一动物神的契机或起点，可能不是因为古人看到了与龙相类似的动物，而是看到天空中闪电的现象引起的"（朱天顺，1982）；"龙，最早应该是大自然界的电闪"（周国荣，1985）；"龙就是云神的生命格……其原始意象，又是来自云的形象"（何新，1986）；"最早的龙形，即二十八宿中东方七宿的苍龙形象"（顾自力，1987）；"龙是先民根据霹雳闪电的形象创造出来的一种自然神"（胡孚琛，1987）；"虹是龙的最直接的原型"（胡昌健，1988）；"最早的龙是作为星象存在的""不仅商周古文字的'龙'字取象于东宫七宿，甚至龙的形象也源自于此"（冯时，1990）；"龙蛇图腾源于雷图腾"（李炳海，1992）；"河川是神龙之形原生形态的自然'基形'，是龙发生的自然根源"（何根海，1998）；"华夏苗裔世代敬奉的龙的原型……远非后人心目中活灵活现、张牙舞爪的神兽巨龙，而是夜空中的皎皎龙星"（刘宗迪，2005）；"龙是龙卷风的古名。散见于大量古籍中的龙实况记录，是中国古人对龙卷风观察或体验的表述；奇异多样的龙图像是古人以象形与会意结合的思路对龙卷风各种动态的精彩描绘"（王笠荃，2010）。

生物原型与非生物原型综合说主要有（按发表时序）："龙的原型来自春天的自然景观——蛰雷闪电的勾曲之状、蠢动的冬虫、勾曲萌生的草木、三月始现的雨后彩虹等等"（胡昌健，1988）；"龙是古人对一些爬行动物和哺乳动物以及某些自然天象模糊集合而产生的一种神物"（庞进，1988）；"龙是中国人对自然界中的蛇、鳄、蜥、鱼、鲵、猪、鹿、熊、牛、马等动物，和雷电、云、虹、星宿、龙卷风等天象经过多元容合[①]而发明、展现的神物"（庞进，2020）。

通过上述梳理、介绍，可见：龙起源的生物原型说还可再分为单一生物原型说和多种生物原型说。在诸多关于龙起源的观点中，持生物原型说观点者较多，其中尤以龙的蛇原型说、龙的鳄原型说观点为多。龙起源的非生物原型说也可再分为单一非生物原型说和多种非生物原型说。相比之下，持这类观点的学者少于持生物原型说观点的学者。在持龙起源非生物原型说观点的学者中，以持雷电原型说和星象原型说观点者居多。

龙起源的生物原型说，可以说明龙能够潜游于水、跑卧于陆的功能，却不能很好地说明龙的飞天、行云、布雨的功能；龙起源的非生物原型说，可以说明龙的飞天、行云、布雨的功能，却不能很好地说明龙能够潜游于水、跑卧于陆的功能。而龙起源的生物原型与非生物原型综合说，兼容了前二者，既能很好地说明龙能够潜游于水、跑卧于陆的功能，也能很好地说明龙的飞天、行云、布雨的功能。也就是说，尽管龙起源的生物原型说、非生物原型说，还是二者的综合说，都属于推测性质，但比较而言，龙起源的生物原型与非生物原型综合说更全面一些，也可能更接近事实一些，故本书在龙起源问题上，推崇生物原型与非生物原型综合说。

关于龙的本质，古往今来，尤其是现当代以来，大体上可概括为三种说法，即神物说、图腾说、象征说。

神物说，即认为龙本质上是一种具有超验性的"神物"。"神物"的同义词或近义词有"神异动物""灵物"等。神物说可包含"龙是水神"的"水神说"，以及龙是"动物神""自然神"等说法，因为"水神""动物神""自然神"都属于"神物"，甚至"图腾"，在信奉者心目中，也是"神物"。

新石器时代至夏代，先民将龙的形象置放于广场中央、氏族首领身边、贵族墓中；商代有"做龙于田以求雨"的甲骨卜辞；《周易》言龙有"潜、见、跃、飞、亢、群"六态，且能"御天""利见大人"；孔子言龙"合

---

① 此处所称容合，是兼容、包容、综合、化合的概称，与"融合"有别。本书论及这一概念，统称"容合"。详情可参看本书第一章第七节相关论述。

而成体，散而成章"；《庄子·山木》言"一龙一蛇，与时俱化"；《汉书·爰盎晁错传》言"神龙至，凤鸟翔"；西晋傅玄《龙铭》有"丽哉神龙，诞应阳精"句；《太平御览·鳞介部》引《唐书》载"玄宗以旱亲往龙首池祈祷"；宋代欧阳修撰《祭五龙祈雨文》，有"雨者龙神之所作"句；鲁迅在《破恶声论》一文中言"中国古然之神龙者"；等等。

上述种种，或视龙为"神物"，或直言龙为"神物"。总之，古往今来，从氏族首领、帝王贵族、文化精英，到普通百姓，龙是"神物"已然成为多数人的"共识"。

图腾说，即认为龙本质上是一种"图腾"。图腾是人类社会早期产生的与自然崇拜、族祖崇拜、宗教信仰、社会制度等交织在一起的复杂的文化现象，是环境自然力对人类的作用，和人类对自身和氏族本源追溯相结合的产物。"图腾"一词，源自北美印第安阿尔衮琴部落鄂吉布瓦人的方言"totem"，原意是"亲族""亲属"等。图腾崇拜的核心是认为某种动物、植物或无生物与自己的氏族有血缘关系，是本氏族的始祖和亲人，从而将其尊奉为本氏族的保护神、标志和象征。世界各国不少学者都对图腾这一既古老又奇特的文化现象做过考察和研究，普遍认为世界上许多民族都曾经有过图腾崇拜，其遗存在近现代一些民族中还可以看到。

作为书面用语，按迄今见到的报道，"totem"一词最早见于1791年出版的英国学者约翰·郎格所著*Voyages and Travels of an Indian Interpreter and Trader*（《印第安旅行记》）一书中。1903年，中国近代启蒙思想家、教育家、翻译家严复在翻译英国学者甄克思1900年出版的*A History of Politics*（《社会通诠》，商务印书馆，1904）一书时，首次把"totem"一词中译为"图腾"。此后，中国学者普遍接受图腾概念和图腾理论，并认为中国古代也存在图腾现象。

提出龙图腾说的中国学者有姜亮夫、卫聚贤、闻一多等，时在1940年前后，以闻一多的"综合图腾说"最具代表性。闻一多在其《伏羲考》中说："龙究竟是个什么东西呢？我们的答案是：它是一种图腾（Totem），并且是只存在于图腾中而不存在于生物界中的一种虚拟的生物，因为它是由许多不同的图腾糅合成的一种综合体。……龙图腾，不拘它局部的像马也好，像狗也好，或像鱼，像鸟，像鹿都好，它的主干部分和基本形态却是蛇。这表明在当初那众图腾单位林立的时代，内中以蛇图腾为最强大，众图腾的合并与融化，便是这蛇图腾兼并与同化了许多弱小单位的结果。"①

闻一多的综合图腾说产生了广泛而持久的影响。之后，不少学者要么"照着讲"，要么"接着讲"。当然，也有学者"反着讲"，即对图腾说提出了质疑，认为不能用来自西方的图腾理论生搬硬套中国的情况，龙不是图腾。

针对图腾说引起的争论，有必要提出"广义图腾说"。

"广义图腾"是与"狭义图腾"比较而言的。依据中外学者对图腾现象的考察和总结，构成图腾的基本要素有：（1）图腾的实体是某种自然物（以动物为多）或天象；（2）这种自然物或天象被认为与族祖、族人有血缘关系；（3）是部族的保护神；（4）是部族的徽号标志。具备这四个要素，即为严格意义上的狭义图腾，部分具备即为宽泛意义上的广义图腾。

以此考量，首先，龙虽然不是某种自然物或天象，却是诸多自然物和天象的容合。其次，伏羲是中华民族的先祖，文献资料中有伏羲是雷神之子，是其母华胥氏踩踏了雷神在雷泽留下的"大迹"而孕生的描述，关于炎帝也有其母女登感神龙首而孕生的说法，故可认为，在先民的心目中，龙与中华民族的先祖有间接的"血缘"关系。再次，已出土的属于新石器时代和青铜时代的龙已有好多件，这些龙或摆在原始村落广场中央，或置于氏族首领身边，其作为部族保护神和徽号标志的用意已很明显。据此可以做出判断：如果说龙作为中华先民崇拜的狭义图腾尚没有充分理由的话，龙作为中华先民崇拜的广义图腾却是够格的。

象征说，即认为龙本质上是一种文化象征。象征说与神物说、图腾说不构成扞格，神物、图腾都有象征的功能，龙作为文化象征，可以是神物，也可以是图腾物。

龙是中华民族、中华文化的象征，这是许多学者和国人认可、秉持的观点。王大有在其著《龙凤文化源流》中说："中国龙凤艺术从它诞生之

---

① 闻一多：《伏羲考》，田兆元导读，上海古籍出版社，2006，第25—26页。

日起，即是族的象征，成为族全体成员美好愿望的化身。"①王东先生也指出："从具体内容上来看，中国的龙也与原始图腾文化有本质差异：原始图腾崇拜的对象、图腾文化的内容，通常都是自然界中实际存在的实物，或动物，或植物，或其他实物形态；而中国的龙，固然可以在自然界中找到某种原型，但本质上并不是自然界中的现有实物，而是基于民族文化观念的文化创造、文化符号。这是中国的龙与原始图腾文化在内容上的本质区别。""龙的本质在于，它源于原始图腾、综合图腾，但又从根本上超越了任何一种原始图腾、综合图腾，从基于狭隘血缘关系的氏族文化象征，升华飞跃为多元一体的中华民族文化象征。"②

关于龙的本质，庞进提出"龙是中国人对宇宙力的感悟、认知、神化"的观点，他解释说：宇宙力是宇宙所有能量的综合，是世界本原、世象总根、究极存在、最高的形而上；宇宙力自本自根，化演万物；宇宙力自主自行，不以人的意志为转移；人类可以不断地感悟、认知宇宙力，一定范围、一定程度地利用宇宙力，却永远不能掌控宇宙力。宇宙力具有本原性、究极性、超越性、自主性和永恒性。宇宙力由明物力和暗物力构成，明物力是人类能观测到的物质所具备、释放的力，暗物力是人类不能观测到的物质所具备、释放的力。龙是宇宙力，尤其是属于宇宙力组成部分的暗物力的代表，是灵魂力与宇宙力、可验与超验、有限与无限之间的中介。龙的形象不过是智慧的中国人对宇宙力，尤其是对宇宙力中的暗物力赋予的一个由自然界诸多动物的身体部件和各种天象的功能形态组合起来的形象而已。

讨论过龙的起源、原型、本质，再来谈谈龙的定义。

东汉许慎《说文·龙部》："龙：鳞虫之长。能幽，能明，能细，能巨，能短，能长；春分而登天，秋分而潜渊。从肉，飞之形，童省声。凡龙之属皆从龙。"这可以说是中国古代人给龙下的一个定义。句中"长"作"君长、领袖、首领"解；"鳞虫之长"，即鳞虫类动物的领袖、首领。按许慎的解释，这个领袖、首领，具有"能幽，能明，能细，能巨，能短，能长"，以及"登天""潜渊"的神异功能，差不多可以称为"神物"了。当

---

① 王大有：《龙凤文化源流》，北京工艺美术出版社，1988，第8页。
② 王东：《中国龙的新发现：中华神龙论》，北京大学出版社，2000，第212、218页。

代几部权威性辞书都有对龙的定义,《辞源》:"龙是古代传说中的一种善变化能兴云雨利万物的神异动物,为鳞虫之长。"《辞海》:"龙是古代传说中的一种有鳞有须能兴云作雨的神异动物。"《现代汉语词典》:"龙是我国古代传说中的神异动物,身体长,有鳞,有角,有脚,能走,能飞,能游泳,能兴云降雨。"刘志雄、杨静荣在其专著《龙与中国文化》中给龙下了一个定义:"龙是出现于中国文化中的一种长身、大口、大多数有角和足的具有莫测变化的世间所没有的神性动物。"[①]

在前人定义的基础上,结合多年的研究,庞进也给龙下了一个定义:龙是中国人对自然界中的蛇、鳄、蜥、鱼、鲵、猪、鹿、熊、牛、马等动物,和雷电、云、虹、星宿、龙卷风等天象,经过多元容合而发明、展现的,具备长身、大口,大多有角、有足、有鳞、有尾等形象特征,具有喜水、好飞、通天、善变、显灵、征瑞、示威等神性,和容合、福生、谐天、奋进等精神内涵的神物。需要说明的是,这一定义以及本书其他章节中使用的"容合"一词,是"兼容、包容、综合、化合"的概称,因突出"容"而与"融合"相区别。

二、龙与中华民族、中华文化、中华文明

作为实在的民族共同体,中华民族由起源到形成的发展主线是由炎黄族团联盟到华夏族,由华夏族到汉族,由汉族到中华民族。也就是说,中华民族的主体性前身,可追溯至汉族;汉族的主体性前身,可追溯至华夏族;华夏族的主体性前身,可追溯至炎黄族团联盟。

龙参与、见证、标志了炎黄族团联盟以及华夏族的形成。为什么这样讲呢?

第一,炎黄族团联盟到华夏族的形成过程,在时间框架上基本可与中国考古界提出的中国早期的六个区域文化圈即"六大文化区系"相对应,而在"六大文化区系"各类型文化中,多有龙的形象出土。如属于北方区系的辽宁阜新查海遗址出土的兴隆洼文化石块摆砌龙及龙纹陶片,内蒙古赤峰小山遗址出土的赵宝沟文化陶器龙纹,内蒙古赤峰、辽宁辽西众遗址出土的红山

[①] 刘志雄、杨静荣:《龙与中国文化》,人民出版社,1992,第12页。

文化玉雕龙；属于中原区系的河南濮阳西水坡遗址出土的仰韶文化蚌砌龙，陕西宝鸡北首岭遗址出土的仰韶文化陶器龙纹，山西襄汾陶寺遗址出土的龙山文化彩陶盘龙纹，河南偃师二里头遗址出土的二里头文化绿松石龙形器及陶器残片龙纹；属于东方区系的山东日照两城镇遗址、山东临朐西朱封遗址出土的龙山文化玉器龙纹，山东昌乐发现的龙山文化骨刻文"龙"字；属于东南区系的浙江余杭瑶山遗址出土的良渚文化龙首镯，海盐龙潭港遗址出土的良渚文化陶器龙纹，安徽含山凌家滩遗址出土的凌家滩文化玉雕龙及陶器龙纹；属于南方区系的湖北黄梅焦墩遗址出土的大溪文化河卵石摆砌龙，湖北天门石家河罗家柏岭遗址出土的石家河文化龙形玉环，湖南澧县孙家岗遗址出土的石家河文化龙形玉佩；等等。炎黄族团联盟和华夏族就是在各大区系、众多类型文化的交汇影响中，以"滚雪球"的方式逐步容合而成的。而龙，显然是这种大容合的参与者、见证者，当然也是标志者，这是因为，不管容合前的各族团以何物为标志，容合后的华夏族选择了龙。

第二，炎黄族团联盟和华夏族的首领，即中华民族的人文先祖，都与龙有所关联。《左传》《帝王世纪》《史记》等古籍记载，炎帝、黄帝的直系祖先伏羲是雷神之子（雷神即龙神），以龙纪官；炎帝是其母感神龙首而生；黄帝龙颜，乘龙升天；颛顼乘龙至四海；唐尧是赤龙之子；夏禹生具龙相，且以龙治水。人文先祖是民族的缔造者和代表者，他们为民族的形成做出了厥功至伟的贡献，人文先祖们崇龙、比龙、用龙、称龙，龙也就自然而然地成了这个民族的象征标志。

人文先祖们崇龙、比龙、用龙、称龙，为后世"龙的传人"说提供了根据。作为概念，"龙的传人"是20世纪70年代末由中国台湾籍音乐家侯德健通过歌曲《龙的传人》首唱出来后迅速传播，从而被海内外华人广泛使用的。但作为观念，"龙的传人"至晚在两千多年前的汉代就已经在人们的认知中形成，其依据是汉代画像石上就有伏羲女娲人身龙尾像的展现。伏羲女娲是祖先，龙是神物，将祖先与龙结合，意味着龙已以象征物的面目融入了华夏族的祖先崇拜，也就是说，至晚在汉代，华夏族已认为本民族与龙关系密切，华夏族的传人就是龙的传人。

在华夏族之后的汉族以及整个中华民族的形成和发展过程中，龙依然是参与者、见证者和标志者。这一说法的依据有很多，这里仅举三例：（1）前49年，汉宣帝以"黄龙"为年号，这是龙文化正式成为国家文化、汉民族文化的标志。（2）1888年，清朝第一面国旗——黄龙旗诞生，这是龙正式作为古老中国、中华民族的象征走向世界的标志。（3）1950年至今，首都北京天安门城楼上，以金龙和玺彩画配饰、衬托中华人民共和国国徽，这是龙继续参与、见证中国、中华民族发展进步、繁荣昌盛的标志。

这里需要指出的是，龙不仅是中华民族的主体——华夏族，即后世汉族崇拜的对象，也是汉族之外各少数民族崇拜的对象。随着龙成为整个中华民族的精神象征、文化标志、信仰载体和情感纽带，各少数民族也都团聚在龙的旗帜之下，成为中华巨龙不可分离的组成部分。从这个意义上讲，"龙的传人"说属于整个中华民族，海内外华人都可谓人文意义上的龙的传人。

中华文化、中华文明是中华民族创造的，龙是中华民族形成和发展的参与者、见证者和标志者，自然也是中华文化、中华文明形成和发展的参与者、见证者和标志者。也就是说，龙不仅与中华民族是参与、见证、标志的关系，也与中华文化、中华文明是参与、见证、标志的关系。讲得稍具体些：第一，龙参与、见证、标志着中华民族、中华文化、中华文明的起源、形成、强盛、延展、再兴；第二，龙文化是中华文化、中华文明的组成部分，龙文化的精髓与中华文化、中华文明的精髓具有一致性；第三，龙参与、见证、标志着中华民族、中华文化、中华文明的现在和未来。龙文化是随着中华民族的脚步而前进的、开放的、与时俱进的智慧系统，龙文化不但能"承古""萃古""炼古"，而且能"纳新""开新""铸新"，龙文化不仅是"过去完成时"，还是"现在进行时"和"将来进行时"。

三、龙的精神与龙道

龙是中华民族的文化标志和精神象征，龙的精神就是中华民族的精神。

曾任中华人民共和国国务院副总理的钱其琛撰文指出："从更为深层次的意义上说，龙文化首先体现出中华民族团结合力的精神内涵"；"龙的形象，最初就是中华民族团结合力的象征"；"舞龙和赛龙舟都需要运用集体的合力来完成，而无法运用单个人的力量去运作。在这种集体的合作中，如果单个人的力量不能融入整个集体的节奏中去，所有人都会招致失败"；"龙，是中华民族团结凝聚的象征；龙文化，揭示了'团结就是力量'的深刻真理"。①

王东在其《中国龙的新发现：中华神龙论》一书中指出：中国龙"以东方神秘主义的特有形式，通过复杂多变的艺术造型，蕴含着中国人、中国文化中特有的四个基本观念：一是天人合一的宇宙观；二是仁者爱人的互主体观；三是阴阳交合的发展观（或叫变易观）；四是兼容并包的文化观"。在这四大基本观念的后面，"最为深层的思想底蕴，则是龙的精神，是龙所体现出来的中国文化基本精神：以大综合的手段，求大和谐的目标。用孔子晚年《易传》中的两句话来表达，这种基本精神就是经张岱年先生特别强调的两句话、八个字：自强不息，厚德载物。或许我们用多元文化综合创新观的语言来表达的话，那就是：多元一体，综合创新"。②

关于龙所蕴含的四个基本观念，王东解释说：天人合一的宇宙观，"堪称中华民族文化中最核心的理念。龙以生动具体的形象，再加上神秘主义的形式，蕴含着天人合一的观念。这是龙的形象后面所蕴含的龙的观念的首要之点"。仁者爱人的互主体观，"是多元主体观、交互主体观，即不仅承认自己是主体、是目的，而且承认他人也是主体、也是目的。这种互主体观根本超越了个人本位、自我中心的单主体观。这种互主体观是中国人、中国文化中特有的一个基本观念。互主体观在理论上的典型形态，见之于孔子的仁学、墨子的'兼相爱，交相利'学说。而互主体观流行最广的萌芽形态，则蕴含在龙的形象背后。互主体观，几乎自始至终是龙的观念的重要组成部分，成为独具特色的龙的观念。或者更确切些说，除了作为封建君权象征的封建社会后期的皇龙之外，大多数中国龙普遍包含着互主体性的观念"。"中国龙的形象、龙的观念，以东方神秘主义的特有形式和神龙飞舞的艺术造型，蕴含着中国特色的古典辩证法；以阴阳交合、阴阳互补为基本观念的变易观，十分接近于以对立统一为核心的现代唯物辩证法、发展观"。"这

---

① 钱其琛：《深刻开掘和研究龙文化的精神内涵》，《人民日报》2000年4月3日。
② 王东：《中国龙的新发现：中华神龙论》，北京大学出版社，2000，第220—221页。

种中国特色的龙的哲学、龙的辩证法、龙的发展观，看来经过初步梳理，包含以下四个要点：（1）取象于龙，变化无穷；（2）六位时成，待机而动；（3）阴阳交合，对立统一；（4）阴阳互补，有机整体"。"龙的形象、龙的造型，充分显示了多元特征的兼容并包性；从深层底蕴和龙的观念上来看，这反映了中华文明的多元民族、多元文化的兼容并包性。超越唯我独尊、排斥异己的单一文化观，走向襟怀广阔、兼容并包的多元文化观——这是龙的观念的一个重要方面。这种兼容并包的多元文化观，贯穿于中华龙文化发展的历史长河之中"。

庞进把龙的精神概括为"容合、福生、谐天、奋进"八个字。他解释说：

容合是兼容、包容、综合、化合的概称。龙是容合而成的，多种动物和天象进入了龙的容合过程。中华民族、中华文化、中华文明是容合而成的。先秦时的道、儒、法、墨、兵等诸家，和后来的佛家，以及源自西方世界的自由、民主、平等、博爱、人权、法治、公平、正义等思想理念，都进入了中华文化、中华文明的容合过程。龙是中华民族、中华文化、中华文明大容合的参与者、见证者和标志者。放眼观之，宇宙、地球、人类也都是容合而成的。人类命运共同体体现着容合的精神。由此，容合便是一种世界观和方法论，即认为这个世界本来是容合的、应该是容合的；人类本来是容合的、应该是容合的；要解决人类面对的困境和出现的问题，容合的方法是最基本、最主要的。

福生是造福众生的简称。无论是作为司水、布雨的水利神、农业神，还是作为显灵、征瑞的祖先神、民族神，龙都以造福众生为根本使命。由此，福生便是价值观和目的论，即认为龙的发明和展现，是以福生为目的的，如果不能福生，龙，龙文化，就失去了存在的必要。福生的事情做得越多、程度越深、受众面越广，龙存在的价值就越大。福生的精神与中国古代先哲倡导的"以民为本""民胞物与"深度契合，也与现当代政治家倡导的"天下为公""为人民服务""以人民为中心"深度契合。这样，福生便为容合提供了目的性规定，也就是说，容合要以福生为目的，非福生，甚至祸生的容合是不可取的，是要警惕、批判、杜绝的。在龙文化中，有福生的善龙，也有一些祸生的恶龙。善龙是人们褒扬赞颂的对象，是龙族中正面的、居主导地位的力量。恶龙一般都会受到善龙的惩处，其祸害人间的行径，反衬出了善龙福生的可贵。

谐天是与天即自然界和谐的简称。龙是谐天的产物，反映着先民对天道的理解，对大自然的敬重。龙的形态、品性、功能等都源于自然界，龙体现、表达着先民对宇宙自然力的感悟、认知和神化，从这样的意义上讲，可以说龙是自然化人的结果。同时，龙又体现着人的主观能动性，反映着中国人自觉地、智慧地、创造性地处理人与自然界关系的愿望和努力，从这个意义上讲，龙可以说是人化自然的结晶。龙是自然化人与人化自然互相渗透、彼此和谐，即"天人合一"的产物。谐天就是要尊重自然规律，科学地可持续地发展，建设与大自然相和谐的生态文明。谐天是天人观、生态论。

奋进是奋发进取、开拓创新、适变图强的简称。从姿态上看，无论水中游、地上行，还是天上飞，龙给人们展示的多是昂首挺胸、瞠目振鳞、精神抖擞、全力以赴、一往无前的形象。民俗活动中的龙舟竞渡，就典型地展现了龙的奋进的精神。古往今来，中华民族的杰出人物因其努力奋进，为民族的发展进步、繁荣昌盛做出了创造性、开拓性的贡献而比龙、称龙。奋进是人生观、强盛论。

在概括阐述龙的精神之后，庞进还提出了龙道理论。他解释说：龙道是以龙为象征标志的，来自中华民族，是在冶炼萃取中华文化和世界文明优秀精华基础上容合创新的思想表述、理论言说。换言之，龙道就是立足中华文化，容合世界文明，关注当下民生，瞩望人类未来之道。龙道的基本理念目前已概括提出了"尊、爱、利、和"四个字，四个字对应着四句话，其"尊"即"尊天尊人尊己"，是处世观、交往论；"爱"即"爱天爱人爱己"，是感情观、关系论；"利"即"利天利人利己"，是互利观、共享论；"和"即"和天和人和己"，是理想观、境界论。

龙道倡导在"尊天尊人尊己、爱天爱人爱己、利天利人利己、和天和人和己"之间找到最大的公约数、贯穿线、平衡点、合适域，以解决人与自然、人与社会、人与自身所面临、所出现的种种问题。如果将事象最基本、最核心的要素简称为"基核"的话，在"尊天尊人尊己、爱天爱人爱己、利天利人利己、和天和人和己"之间，公约数的基核是"和平"，和平意味着和谐、和睦、和乐、平安、平顺、平衡、非暴力；贯穿线的基核是"承续"，承续意味着薪火相传、承上启下、继往开来，意味着创造性转化、创新性发展；平衡点的基核是"利益"，利益意味着兼顾人的与生俱来的"依他性"和"利己性"，努力使各方的愿望、需求，都能得到适当的，合理、合法、合情的满足；合适域的基核是"共享"，共享意味着摒弃丛林法则、零和博弈，团结包容、相互尊重、合作共赢。

四、作为国俗的龙民俗

国俗，是古代世世代代的国家治理者与民众最为关心的共同问题，包括共同的情感、信仰、审美，共同的认识模式与共同叙事。田兆元说："有一种较为普遍的看法，认为民俗是地方之俗，为一乡之俗，百姓民众之俗，而国家层面叫礼，所以，礼与俗的关系，是国家之礼与地方之俗的关系。这种说法初看起来很有道理，但这只是西方国家与社会关系理论对于中国文化的一种解读。龙民俗区别于一般地方民俗，是中华民族的国俗。其表现在于：龙文化信仰是中国历代官方和民间的共同信仰和民俗，龙文化是汉民族与多民族的共同信仰和民俗，龙文化是东西南北中各地的最重要的共同信仰与民俗。由于传统社会对于龙的历史悠久的信仰，引发举国上下形成了以龙为尊的民俗。以龙为尊是龙民俗的前提。图腾崇拜引发了信仰热潮，而伏羲、女娲、黄帝、炎帝、颛顼、虞舜、夏禹诸先祖的龙的身份，形成了与祖先崇拜、英雄崇拜合流的局面，中国人的'龙的传人'的叙事与信仰实践，是龙民俗成为中华国俗的基础。中国传统农业社会，渔猎与游牧社会，都对气候有较高的依赖。龙的兴云作雨的神话叙事，形成了以'求雨'为中心的习俗，这样的习俗关乎人们的生计，因此，求雨习俗长盛不衰。而龙向'龙王'转化，便使得求雨习俗关乎四海龙王，龙由天空向海洋的辐射，也同时带来了对于国土空间的新的认知。由于生殖生命、生计生存都与龙相关，龙便成为普遍的吉祥象征。于是，在所有的吉祥节庆与禳除仪式里，多有龙的身影，龙便在所有的日常生活中具有了保障意义。所以，龙是仪式生活中吉祥的最高依赖，龙民俗是吉祥民俗的核心内容。"

田兆元指出:"龙民俗是中华民族的国俗,但是各地具体的龙民俗却是千姿百态的,龙民俗是中华民族多元一体文化的生动呈现。东西南北中,龙民俗的多样性是其存在方式。龙的民俗是以特定的形象展示的,因此,龙的图像创作、制作,便成为中华民俗艺术重要的题材和载体。无论是龙舟、龙灯,还是龙的雕塑、画像、景观,其千万形态,展现了极大的创造力,这样的创造活动,也极大地扩展了龙民俗的影响。中国人走向海外,以龙作为保护神。龙民俗早就辐射到世界各地,世界各地的华人街、华人区,成为龙民俗向世界辐射的空间。在中华民族伟大复兴的今天,龙民俗将以空前的力度与世界各国文化并存融合,构建世界多元文化的神采。"

五、龙与中华伦理

伦理的本义可理解为"等级、次序的道理和准则"。氏族社会的"上下长幼之道"就是氏族社会的伦理。主持祭祀活动是体现氏族首领身份地位的大事,而龙则是先民心目中沟通天地的"神器",氏族首领往往通过龙与天沟通。龙是原始氏族社会"上下长幼之道",即初始伦理产生和形成的参与者、见证者和标志者。

包括君臣(氏族首领与氏族成员)、父子、夫妇、兄弟(长幼)、朋友在内的五伦,萌芽于远古时期的母系氏族社会,全部出现于父系氏族社会,进入王制、帝制社会后,五伦从观念到实践都得到了强化。由此形成了王制、帝制社会的家庭伦理、家族伦理、社会伦理、政治伦理,龙对家庭伦理、家族伦理、社会伦理、政治伦理的反应、反映,表现在龙的家族构成(有族长、分等级、讲次序等)和龙的传说故事、民俗事象当中。

孝是中华伦理的出发点。"以孝治天下"是延续两千多年的中国帝制社会所形成的传统的治国方略之一,其实质是将中华家庭伦理、家族伦理推移、扩展至政治伦理。由于龙是帝制皇权的象征,故可以说,龙是帝王们治国理政的参与者、见证者和标志者;从而也是将中华家庭伦理、家族伦理推移、扩展至政治伦理的参与者、见证者、标志者,当然也是"以孝治天下"的参与者、见证者和标志者。"以孝治天下",帝王们是主导、主角,广大民众是参与者、遵从者;而民间"孝龙"文化,广大民众是主导、主角,其表现有舞龙民俗中的"孝龙"元素，和由龙母传说形成的慈孝民俗等。

龙祥瑞是与龙相关的，被认为表达着某种天意，对某人某事有益，征兆着吉祥的某种自然天象或人文事象。龙祥瑞出现的原因有四：一是"天人感应"观念对人们的影响，是龙代表天对人的"发言"；二是改朝换代的需要，即龙祥瑞可以为改朝换代提供合法性依据；三是仁政德治的证验，即龙祥瑞是统治者希望看到的，标志着政策有效、治国成功的事象；四是政治谋利的手段，即官员们往往利用龙祥瑞邀功、求赏，谋取权益。与龙祥瑞构成对应关系的是龙咎征，即被认为表达着某种天意、对某人某事有害，征兆着灾殃祸患的有关龙的自然天象或人文事象。与龙祥瑞一样，在中国历史上，龙咎征多因政治斗争的需要而出现，也多是政治伦理的体现。

在"家国同构"的古代中国，家庭伦理、家族伦理可以延展、放大为政治伦理，但政治伦理和家庭伦理、家族伦理不能画等号。政治伦理往往不受家庭伦理、家族伦理的约束，从而超越家庭伦理、家族伦理，形成以确保并维护帝权至上的伦理。龙文化是这样的政治伦理的参与者和见证者，也在一定程度上为政治伦理提供了助力。

六、龙与帝王皇权

龙由中华先民于新石器时代早期发明、展现，到了帝王出现的时代，已历几千年。经过几千年的容合、演进，龙的形象已趋于成熟，龙身上所具备的种种神性已经强大且彰显，这些神性和"帝王性"多有吻合之处：龙潜飞自如，无挂无碍，自由来去于昊天潢池，自然而然地就充当起天地间的信使，既可直达天庭，向天帝报告人间的情况；又可从天庭下来，传达天帝的旨意。帝王自称"受命于天"，是天的儿子，代天帝管理人间。于是，龙的通天的神性和帝王们代天牧民的帝王品格在这儿扣合在一起，帝王们都自称"真龙天子"。龙有福生的精神和征瑞的神性，是能够给天下人带来好处的神物。帝王们也都认为自己的君权是神授的，自己是百姓的大救星，肩负着救民于水火、解民于倒悬的使命，具备着布德于四方、施惠于万民的神力。因此，帝王们大都感觉良好，认为自己的王道德政和龙的吉祥嘉瑞是一致的、同功同能的。龙还具备着善变、显灵、示威等神性，它时而灵异，时而怪诞，潜显无时，变化莫测，也有发威迁怒、张牙舞爪、凶恶狞厉的一面，这一切都是帝王们所需要的。还有，做帝王是需要条件的，龙是神物，是自然界的领袖，与龙结缘，能抬高地位，提升身份，可以凭借神龙而向世界宣告：本人血统是高贵的，做帝王是合天意的、有神助的。

龙的喻比、象征帝王的神性，在《周易》中即见端倪。《周易》首卦乾中，有"潜龙勿用""见龙在田""飞龙在天"等爻辞。这些爻辞可以这样理解："潜龙勿用"喻姬昌被商纣王囚禁在羑里；"见龙在田"喻姬昌子姬发抓住各种机会，强化和扩大西周势力；"飞龙在天"喻姬发率周人及同盟军伐纣灭商，登上天子之位。后世遂以"龙潜"喻帝王未即位时，以"龙飞"喻帝王的兴起或即位。

在中国帝制史上，第一个直接被称作"龙"的帝王是秦始皇嬴政。《史记·秦始皇本纪》记载有嬴政被称作"祖龙"的经过，秦始皇也有"祖龙"的别称、代称。第二个与龙发生关联的帝王是汉高祖刘邦。《史记·高祖本纪》记载有刘邦成为"龙种""真龙天子"的故事。历朝历代的帝王也都效法刘邦这位"开国皇帝"，编造出了各式各样的"帝王龙"神话。

龙被帝王们"拿"去，成为皇权帝制的象征，这是龙文化中的重要内容。生活在21世纪的人们，理应持严肃的、理性的态度，对其做认真的清理。当然，也必须注意以下事实：

1. 龙起源于约前8000年至前6000年的新石器时代早期，也就是说，在帝制社会形成之前，中华先民就把龙发明、展现出来了。帝王皇权是人类进入帝制社会的产物，龙的出现比帝王皇权要早得多。

2. 中国进入帝制社会之后，由于龙身上具备着通天、善变、显灵、征瑞、示威等神性，遂被帝王们看中，借以做了自己的比附象征物。随着封建帝王从历史舞台的退出，龙也就失去了象征帝王皇权的意义，遂以神物、吉祥物的面貌和身份，回到了劳动人民中间。尤其是，在当代社会，龙已随着中华民族前进的脚步，成为自觉自信、团结合力、适变图强、爱好和平、以天下人的幸福为幸福的新龙。

3. 即使在帝制社会，龙在象征帝王皇权的同时，也没有与劳动人民断绝关系。事实是宫廷有宫廷的龙，民间有民间的龙；封建帝王戴龙冠，穿龙袍，坐龙椅，乘龙辇，平民百姓属龙相，玩龙灯，划龙船，喝龙茶。两种龙尽管有交错、有互渗，却也同时并进了数千年。在老百姓的心目中，龙既是帝王的象征，也是水利神、农业神、祖先神、民族神和吉祥神，这样的神物，古往今来一直承受着老百姓的敬祀，当然不会随着帝王的消亡而消亡，也不能因帝王用过就不能再用。

4. 帝王对龙的垄断，以元、明、清三朝为最，在此之前，帝王可以比龙、称龙、用龙，有才能的人，甚至一般老百姓也都可以比龙、称龙、用龙。当然，元、明、清三朝对龙的垄断，也只是垄断了五爪龙纹，其他四爪、三爪龙纹并没有被垄断；而对五爪龙纹的垄断，执行得也不严格，民间照样有五爪龙流行。事实上，真正因使用龙纹冒犯帝王而被杀头者只有数例，并不普遍。

5. 龙作为帝王皇权的象征，对龙的地位的提升、影响力的扩大以及世界各国对龙的了解和认识有正面作用，并非一无是处。一些帝王也做了许多促进民族融合、维护国家统一、推动社会进步的大事好事，不能一概否定。如有"祖龙"之称的秦始皇统一六国、结束分裂，应"赤龙"之兆的汉武帝开通丝绸之路，有"龙凤之姿"的唐太宗的和蕃之举，对龙情有独钟的康熙皇帝奠定了现在的中国版图，等等。

由于曾经象征皇权，龙便有了象征权威、尊贵、富足等衍生义。

总之，在这个问题上，正确的态度应当是历史地客观地具体地分析，有扬有弃，不能简单、粗率、偏激地揪住已经认识清楚的负面的内容不放，也不能将与帝王皇权曾有瓜葛的事物不分青红皂白地一概抛弃。

七、文学艺术对龙文化的反映

文学是指以语言文字为工具，形象化地反映客观现实、表现作家心灵世界的艺术，包括诗歌、散文、小说、剧本等。在中国，龙文化与中华民族、中华文化、中华文明的起源、形成、发展、繁荣、延续有密切关系，是广渗于人民群众日常生活的方方面面，体现在物质器用、习俗仪规、观念理论各个层次的文化，这样的文化自然会通过文学的形式反映出来。古往今来，无论是诗歌、散文，还是小说、剧本，都含有龙的语汇，以及龙的形象、神话、传说、典故等，可以这样说，龙文化已渗透到中华文学之中，中华文学也不可能没有龙文化的参与。

龙的文学，从特色上讲，都没有离开龙作为神物的本质；从意蕴上讲，都是对龙的精神内涵及种种神性的外化和演绎。当然，所谓的外化和演绎是文学的、艺术的。龙为中华文学提供了反映的内容，也为中华文学提供了反映的手段。龙使中华文学更加丰富多彩、神奇灵异；中华文学使龙的神韵得以彰显，使龙更加生动活泼、出神入化。

艺术是通过种种手段或媒介，塑造形象、营造氛围、反映现实、寄托情感、传达思想的一种文化样态。张志春指出："在古今的中国艺术中，龙或以具象或以抽象或以色彩或以旋律……一直存在于多向度的叙述中，一直呵护着我们的灵魂而形成特殊的文化空间。龙的艺术既是历时性的，伴随着中华民族成长的悠远历程，又是共时性的，不同品类的协奏交汇成醉人的交响；既是大传统的，历代书写的系统不断描画着神圣与悠远，又是小传统的，众声喧哗的口传系统又烘托着吉祥与崇高；既是外在虚拟的不同艺术家的创造物，却又吻合每个人打从心底皈依认同的集体无意识；既是过去的，又是当下和未来的……"

八、龙文化的功能和现实生产力

对龙文化的功能定位，可以这样表述：经过至少八千年甚至上万年的演进和升华，龙已成为中华民族的广义图腾、精神象征、文化标志、信仰载体和情感纽带。龙文化是与中华民族、中华文化、中华文明的起源、发展、繁荣、强健密切相关的文化；龙文化在物质器用、习俗仪规、观念理论等方面有丰富多彩的展现。作为中华传统文化重要组成部分，龙文化对海峡两岸的统一，对海内外中华儿女的团结，对国家富强、民族振兴、人民幸福，具有参与、见证、标志、整合、助推等积极的重要的作用。龙文化既是根源文化，也是标志文化；既是传统文化，也是时尚文化；既是物质文化，也是精神文化；既是民间文化，也是官方文化；既是中国文化，也是世界文化。

上述之外，龙文化对海内外华人而言，还有"证身"（标志华人身份）、"凝聚"（汇聚、团聚在龙的旗帜下）、"激励"（激发、鼓励人们为中华富强、世界文明努力奉献）等重要作用。

龙文化也是现实生产力。重庆铜梁龙灯、广西宾阳炮龙节、广西龙脊梯田节、贵州松桃寨英滚龙节、南方龙母祭祀等，已形成功能多样、影响深远、效益良好的文化产业。黎荔指出："全国的龙文化遗迹和与龙文化相关的非物质文化遗产举不胜举，可谓群龙共舞，异彩纷呈。我国一些省市，精心打造和强力推进以龙文化为主题的龙文化产业体系，已取得显著成果，前景广阔。""当代龙文化研究应与发展龙文化产业紧密结合，整合挖掘龙文化资源，富有创意地运作龙文化品牌，丰富内涵，提升品位，更好地彰显龙文化的生命力、吸引力以及核心竞争力。"

九、龙文化的传播

传播是人们通过有意义的符号，传递、接收与反馈信息的活动，是人们彼此交换意见、思想、情感，以达到相互了解和影响的过程。按一般通俗、简明的理解，传播就是把自己知道的让更多的人知道。

龙是中国人的身份符号，中国人走到哪里，中华龙就飞翔到哪里。中国人起步走向海外的时间，就是龙文化开始向海外传播的时间。有学者经过研究，认为早在先秦时代，龙文化就有可能传到了古印度，古印度神话中的"naga""nagaraja"，就有可能是受到了中华龙文化的影响而产生，后来又"出口转内销"，随着佛教的东传，被译为"龙""龙王"的。[①]

汉唐两代，是中华文化大规模向境外传播的时期。当今日本、韩国、朝鲜、越南、新加坡、马来西亚等亚洲国家的龙文化，大都是汉唐及汉唐以后，与包括儒释道思想以及中国的文字、绘画、建筑、雕刻等一起，由中国本土传播过去，再融合当地的一些文化元素而流衍、发展至今的。

中华龙文化传播到欧洲的时间，可以追溯到公元前1世纪的汉朝。有赖于丝绸之路的开通，中国丝绸传到了罗马，而龙纹则是中国丝绸商品上常见的纹饰。罗马人有可能是最早见识中华龙文化的欧洲人，这当然属于一种缺乏实证的推测。实证较多的中华龙文化传播到欧洲的情形，出现于16世纪到18世纪，即在中国的明清之际。一些来华的西方耶稣会传教士，回国后

---

① 何星亮：《苍龙腾空》，社会科学文献出版社，1998，第186—193页。

发表有关中国见闻的撰述，其中多涉及龙。如意大利传教士利玛窦言"龙在中国是皇权的象征"，法国传教士李明言"中国人赋予龙非凡力量和至上权力"，法国耶稣会士杜赫德（此人未到过中国，他是来华耶稣会士书信的整理编辑者）言"飞龙形象完全是综合多种地上生物设计而成……龙无疑是中国人的国家象征"。16世纪以降，随着葡萄牙、西班牙、荷兰、英国、法国等老牌资本主义国家的海外扩张，中国大量的瓷器、服装等流入欧洲，这些物品上的龙、凤等图案，引起了欧洲贵族的关注和喜爱，西方人本来视他们的"龙"即"dragon"为凶恶之物，但其时却感到这些东方怪物有一种"难以言状的美感"，以至于形成了"风靡欧洲的龙时尚"。[1]

文化从构成上讲一般可分为物质器用、习俗仪规、观念理论三个部分，三个部分是交互影响、渗透的。由此，文化传播也可分为物质器用传播、习俗仪规传播、观念理论传播。龙文化的传播是全方位、多层次、多样化的传播，其物质器用传播如龙纹瓷器、服饰的传播，其习俗仪规传播如舞龙灯、赛龙舟的传播，其观念理论传播如龙是雨水之神、皇权象征、中华标志的传播。

龙文化传播中有一个重要问题，即将龙英译为"dragon"给龙文化传播带来消极影响。龙与 dragon 在本质、功能、形象上是有重大区别的：龙是中华民族的文化标志、精神象征，是华人的吉祥神物和情感纽带。尽管历史上有一些负面的承载，但发展至今，龙整体上已代表善和美，为人类奉献的基本上是福佑性、建设性的正能量。全球华人大都认同自己是人文意义上的"龙的传人"。龙在中华文化中地位崇高，是敬奉、祈拜、彰扬的对象。dragon 在西方文化中是怪兽恶魔，是凶残、战祸、恐怖的象征，整体上代表着恶和丑，给人类提供的基本上是灾难性、破坏性的负能量。dragon 在西方文化中地位低下，是被贬损、杀戮、镇压的对象。从形象看，龙头大嘴宽、肚细腹小、鳞片平顺柔和，dragon 头小嘴尖、肚粗腹大、鳞甲生硬带刺，且生有蝙蝠翼状巨翅。整体观之，龙潇洒美观，dragon 狰狞丑陋。

显然，在当今中华文化参与全球话语体系构建的形势下，为龙更改译

---

[1] 施爱东：《中国龙的发明：16—20世纪的龙政治与中国形象》，生活·读书·新知三联书店，2014，第62—88页。

名，对中华文化的全球传播，对展示中华民族的文明形象，对海内外华人的团结，对体现文化自觉、自信、自尊、自强，都有十分重要的意义。黄佶指出："龙在外语中怎么说非常重要，决定了龙文化能不能得以准确地传播，也关系到保护中国文化、建设中国国家形象等很多重要问题。"

龙与 dragon 的误译，可以追溯到四百多年前的 16 世纪，意大利传教士罗明坚和利玛窦编写的《葡汉字典》，就有误译的迹象；19 世纪初，英国传教士马礼逊在其编写的《华英字典》里，明确地将龙译为"dragon"，错误由此流传至今。

建议参考将中国功夫音译为"kungfu"的做法，将龙英译为"loong"。因为英文中已有发"朗"音的意为"长"的"long"，如果用汉语拼音"long"，会造成麻烦，故给"long"加一个"o"，成为"loong"。"loong"发"龙"音，看上去好似长长的龙有两只大大的眼睛。希望全球华人、华裔在各种场合和日常生活中，若遇到龙的英译，都能够将龙译为"loong"，而不再译为"dragon"。也希望其他外语语种亦能够尽早纠错。

总之，中华龙文化有着深厚的传统、丰博的内容和多彩的呈现。而且，更重要的是，古往今来，中华龙文化总是与中华民族血脉相连、与中华文明水乳交融、与时代脉搏同频共振。进入 21 世纪后，传承、萃取、阐发中华优秀传统文化精华，使中华民族最基本的文化基因与当代社会、文化相适应、相协调，弘扬跨越时空、超越国界、富有永恒魅力、具有当代价值的文化精神，推动中华文明创造性转化、创新性发展，让中华文明同各国人民创造的多彩文明一道，为人类提供正确的精神指引和丰优的文化营养，已成为包括龙文化研究者、弘扬者在内的广大文化工作者的共识和追求。这是一项光荣而巨大的工程，在这项工程中，龙文化是责无旁贷、义不容辞地为民族团结举起徽帜、为百姓生活增添福乐、为社会进步提供助力、为世界和平昭彰公理、为人类文明奉献智慧的参与者、见证者、标志者！

第一章 龙与中华民族

中华民族由起源到形成的发展主线是由炎黄族团联盟到华夏族，由华夏族到汉族，由汉族到中华民族。炎黄族团联盟和华夏族是在各大文化区系、众多类型文化的交汇影响中逐步融合而成的，而在各大文化区系、众多类型文化中，多有龙的形象出土，龙是炎黄族团联盟和华夏族大融合的参与者、见证者、标志者。

中华人文先祖们崇龙、比龙、用龙、称龙，为后世的"龙的传人"说提供了根据。在华夏族之后的汉族以及中华民族的形成和发展过程中，龙依然是参与者、见证者和标志者。中华文化、中华文明是中华民族创造的，龙是中华文化、中华文明生成和发展的参与者、见证者和标志者。龙参与、见证、标志着中华民族、中华文化、中华文明的过去、现在和未来。

第一节　龙形象的出现与龙观念的产生

新石器时代，发生了新石器革命或者叫农业革命。这场革命主要的也是最重要的成果，是人类发明了农业和畜牧业，从而为龙的产生提供了社会历史条件。

龙观念的产生和基本形成，与龙形象出现的过程同步。原始先民在生产、生活中，有了发明、展现龙的需要，也就产生了最初的龙的观念，而这些观念又促使、推动着龙的发明、展现。

具有直觉把握、整体关联、神秘的非逻辑和群体意象特点的原始模糊思维，导致古人不清晰、不精确、不唯一、不固着地将有关联的，习性、形状相同、相似、相近甚至相反的对象兼容、包容、综合、化合，即容合成一个神物并展现出来加以崇拜。龙，就是这样的神物。

一、龙形象出现的社会历史条件

对于龙形象出现的时间，学者们大多将其框定在新石器时代（约前10000年至前2000年，即距今约一万两千年至四千年）。之所以会有这样的框定，是因为在这个历史时期内，发生了新石器革命或者叫农业革命。

新石器革命或者叫农业革命，是人类历史上一次巨大的革命，这场革命主要的也是最重要的成果，是人类发明了农业和畜牧业，从而为龙形象的发明、展现提供了社会历史条件。为什么这样讲呢？

第一，农业、畜牧业的产生，使人类的经济由旧石器时代的采食、猎食经济，转变为新石器时代的产食、养食经济，人类也由此从食物的采集者、猎取者，一跃而转变为食物的生产者、养产者。这样的转变，使人类与自然的关系发生了变化，以前主要是依赖、适应自然，现在当然还是要依赖、适应自然，但已在依赖、适应自然的同时，开始利用自然、改造自然。也就是说，随着原始农业、原始畜牧业的出现，人类与自然的关系更为亲密了。要从事和发展农业、畜牧业，即利用自然、改造自然，就要更多地、更进一步地认识自然、了解自然，从而让自然资源为人类的生产、生活服务。

在原始人眼里，自然资源无非两大类：一类是非生物资源，如日月星辰、山原水泽、云雨雷电；一类是生物资源，如鳄蛇蜥鱼、猪鹿熊牛、树木花草。这两类资源，尤其是属于非生物资源的天象、属于生物资源的动物，是龙赖以发明、展现的主要参照。也就是说，农业革命使人与自然的关系更为密切，从而使龙发明、展现的自然基础更为凸显。马克思指出："任何神话都是用想象和借助想象以征服自然力，支配自然力，把自然力加以形象化。"[①]龙形象的出现符合马克思的判断。

第二，农业革命导致社会分工，使原始部族中出现了以"造神""敬神"为业的专门人士。在采食、猎食经济条件下，人们获得的食物是有限的，往往仅够维持劳动力的基本所需，而且所获食物往往不能长期保存。而在产食、养食经济条件下，人类的食物来源比以前丰富了，也比以前稳定了，有了生产出超过维持劳动力基本所需的食物的可能，和保存这些食物的需要。有了多余的食物，部族中的某些成员就可以不去直接地从事生产活动，而去从事维持生存之外的诸如"造神""敬神"的活动。人是物质的身体，物质加精神的生存。当物质的身体的需求得到基本满足后，人就要在精神上投入精力了。龙的形象是人容合自然界中的诸多动物和天象而发明、展现的，发明、展现龙形象的人，总体上说是原始先民，再具体些讲，主要是原始先民中那些对宇宙力、对自然与人的关系有感知、有觉悟的"特殊人才"。也就是说，人类社会的"始作龙者"，可能就是或主要就是，农业革命导致社会分工后，原始部族中出现的以"造神""敬神"为业的那些专门人士。

第三，农业革命促使人类生活方式发生根本性的变化。农业生产的周期性劳动，要求人们较长时间居住在一个地方，以便播种、管理、收获。这样，人类从旧石器时代的迁徙生活逐渐转变为新石器时代的定居生活或以定

---

① 马克思：《〈政治经济学批判〉导言》，载马克思著、中共中央马克思恩格斯列宁斯大林著作编译局译《政治经济学批判》，人民出版社，1976，第220页。

居为主的生活。同时，农业革命也促使生产管理机构产生、社会组织形成、等级制度出现。与采食、猎食经济比较，产食、养食经济更需要体力健、智力高、能力强的人来安排、管理。神界是人间的反映，既然部族有首领，动物界、天象界、神物界也当有首领，从这个意义上讲，龙就是应需要而产生的动物界、天象界、神物界的"首领"。

在旧石器时代或者更早的时候，如马克思、恩格斯所言，"自然力起初是作为一种完全异己的、有无限威力的和不可制服的力量与人们对立的，人们同它的关系完全像动物同它的关系一样，人们就像牲畜一样服从它的权力"[①]。到了新石器时代，人们尽管依然认为"自然力是某种异己的、神秘的、超越一切的东西"，但他们已开始"用人格化的方法来同化自然力。正是这种人格化的欲望到处创造了许多神"。[②]需要补充的是，新石器时代的原始先民不仅以自己为参照创造神，即恩格斯所讲的"用人格化的方法来同化自然力"，还以人类初步构成的社会结构形式创造神，龙就是这样的"神"。

二、龙观念的产生和基本形成

龙观念的产生和基本形成与龙形象出现的过程是同步的。原始先民在生产、生活中，有了发明、展现龙的需要，也就产生了最初的龙的观念，而这些观念又促使、推动着龙的发明和展现。

龙观念产生的起始时间，无疑要追溯到新石器时代中期至早期，甚至旧石器时代晚期。

笔者认为，从考古发现提供的资料来看，在新石器时代早期，龙观念就开始在中原地区萌芽了。证据是山西吉县柿子滩遗址，发现了约前8000年，即距今约一万年的属于新石器时代早期的鹿头鱼尾岩画，该岩画"组合"而成，与龙之"容合"相一致，堪称"萌龙"。在东北地区，辽宁阜新查海遗址出土了约前6000年，即距今约八千年的属于兴隆洼文化的石块摆砌龙和龙

---

① 马克思、恩格斯：《德意志意识形态》，郭沫若译，人民出版社，1950，第35页。
② 恩格斯：《〈反杜林论〉的准备材料》，载中共中央马克思恩格斯列宁斯大林著作编译局译《马克思恩格斯全集》第20卷，人民出版社，1971，第672页。

纹陶片，说明其时其地的原始先民已产生了龙观念。西北地区的陕西宝鸡北首岭遗址，出土了约前5000年即距今约七千年的属于仰韶文化的鱼龙纹蒜头壶；在宁夏中卫大麦地，发现了前6000年至前4000年即距今约八千年至六千年的龙形岩画。在华中地区，河南濮阳西水坡遗址出土了约前4500年即距今约六千五百年的属于仰韶文化的蚌砌龙；还有，湖北黄梅焦墩遗址出土了约前4000年即距今约六千年的属于大溪文化的河卵石摆砌龙。在华东地区，安徽含山凌家滩遗址出土了约前3300年即距今约五千三百年的属于凌家滩文化的玉雕龙、陶纹龙；在浙江杭州余杭瑶山遗址，出土了约前3000年即距今约五千年的属于良渚文化的龙首镯。这些都可说明，其时生活在这些地区的原始先民，也已产生了龙观念。

综合来看，龙观念的产生不是仅在某一个地区发生的单元独有现象，而是多个地区都出现的多元共生现象，生活在黄河流域、辽河流域、长江流域的原始先民，在新石器时代的早期、中期和晚期，几乎不约而同地都有了以兼容、包容、综合、化合的方式，即"容合"的方式发明、展现龙的愿望，并且都就地取材付诸行动，使龙的形象生动活泼地跃然于山岩、地面、玉器、陶器等材料之上。

至于龙观念的基本形成，笔者认同将其与国家观念的形成相结合来考虑、考量的思路，也就是说，如果龙参与了国家观念形态的构建，国家观念里有了龙的元素，我们就可以认为，龙观念就基本形成了。这样的思路和标准，使我们将目光投到辽河流域、东北地区的辽宁凌源、建平红山文化牛河梁遗址，该遗址出土了约前3000年，即距今约五千年的系列玉龙；黄河流域、华北地区的山西襄汾龙山文化陶寺遗址，该遗址出土了约前2500年，即距今约四千五百年的龙纹彩陶盘。红山文化大体上与黄帝时代相对应，陶寺文化大体上与唐尧时代相对应；陶寺遗址出土的龙纹彩陶盘有先夏"国徽"之称。这样，便有了一个认知：中华龙观念，起源于前8000年前后，即距今约一万年的新石器时代早期，基本形成于约前3000年，即距今约五千年的辽河流域、东北地区，以及约前2500年，即距今约四千五百年的黄河流域、中原地区，其标志是牛河梁遗址出土的系列玉龙和陶寺遗址出土的龙纹彩陶盘。

当然，笔者讲龙观念是"基本形成"，之所以强调"基本"，是因为龙观念的形成还要与中华民族、中华文明的形成相结合来考察,而中华民族、中华文明的形成是一个漫长的过程。而且,中华民族、中华文明是不断发展、不断进步的,是一个动态的、与时俱进的、不断纳新的系统,故龙观念也是不断发展、不断进步的,是一个动态的、与时俱进的、不断纳新的系统。

三、龙的容合过程

1. 原始思维的特征

龙的形象出现于原始社会,生活在原始社会的先民是用原始思维面对世界的,因而可以说,龙的形象是原始思维的产物。那么,原始思维是一种怎样的思维呢?

原始思维在很大程度上是一种以模糊性为主要特征的思维。尽管精确思维在那个时候已经萌芽,而且其在这个时代后期有长足的发展,为随之到来的青铜文明奠定了思维基础,但从总体上来讲,新石器时代艰苦的生产条件、极不发达的生产力和低下的生活水平还没有对人们思维的精确性提出太高的要求——在先民们的心目中,不明不白、糊里糊涂、语焉难详的事情还有很多很多,人们的精神世界还处于蒙昧状态。

关于原始人类思维的模糊性,已有前辈学者做过考察。早在18世纪初期,意大利学者贾姆巴蒂斯塔·维柯就曾指出,"原始人的心里没有丝毫的抽象",原始人"没有能力把形状和属性从事物本身抽象出来",而只能"凭其感觉和想象构思事物的意象或观念"。[1]

研究"思维发生学"的当代学者张浩也指出:"我认为原始人类的思维,是一种尚未完全分化的思维。应该说,在原始思维中,主体和客体、客观映象和主观情感因素、个体意识和集体意识、逻辑因素和非逻辑因素,都处在一种既有所分化又未完全分化的进化过程中。因此,原始思维和现代思维确实有着质的区别。"[2]张浩将这种"尚未完全分化的思维"称之为与现代人的"逻辑思维"不同的"原逻辑思维",而这种"原逻辑思维"也就是笔者所讲的原始模糊思维。

---

[1] 维柯:《新科学》,朱光潜译,人民文学出版社,1986,第378、181、194页。
[2] 张浩:《思维发生学——从动物思维到人的思维》,中国社会科学出版社,1994,第410页。

那么，原始模糊思维具有哪些特点呢？

（1）直觉把握。由于先民们的生理基础、认识水平和理解能力还比较低，他们还不足以对身外形形色色、变幻莫测的自然现象进行"推理"和"抽象"，所以，他们的思维就不可避免地具有比较直观和表面的特点。他们是在对身外世界"直觉把握"的基础上，"取象比类"、展开想象的。法国学者保尔·拉法格很早就注意到了这一点，他经过对词源学等材料的研究，指出，"野蛮人没有表示一般思想的用语"，他们都是用具体的东西表示抽象的思想，因此，"借喻"起着非常重要的作用。①从事相关研究的中国学者也指出："原始思维基本上是一种感性直观思维，其思维模式的核心是感性结构。"②"它不像现代思维，有较为明确的逻辑推理程序、理论证明程序、数学运算程序或构思联想程序，而是用一种不自觉的直观的类比拼合，用多层形象的模糊集合，指示某种真理的方向……"③

在有关新石器时代早期的考古发现中，可以见到不少太阳纹、月亮纹、水纹和各种动物纹，这些纹样大多简单直观，显然是先民们对身外客观世界"直觉把握"的结果。

（2）整体关联。在先民们眼里，世界是浑然成一个整体的；天与地，以及天地之间的一切生物和非生物都是相互关联、彼此渗透的。原始人不能把自身同外部世界相分离，他们往往将自然界等同于自身，认为自然界和自身是一体的、相通的，甚至是可以互相转化的。他们"心""身""物"不分，"心"即是"身"即是"物"，"物"即是"身"即是"心"。模糊思维不但是对整个世界的"模糊"，也是对各种自然物之间的关系，以及人和自然物之间的关系的"模糊"。

法国社会人类学家列维-布留尔通过对原始人思维特征深入细致的研究，将原始人思维的整体关联性表述为"互渗"，即世界上的所有存在物，都在通过一定方式，相互获得和占有每个存在物都具备的神秘属性。这位颇有影响的学者还列举了许多例证来说明这种"互渗"。比如，原始人会将某

---

① 保尔·拉法格：《思想起源论》，王子野译，生活·读书·新知三联书店，1978，第56—60页。
② 张浩：《思维发生学——从动物思维到人的思维》，中国社会科学出版社，1994，第388页。
③ 邓启耀：《中国神话的思维结构》，重庆出版社，1992，第217—218页。

年秋天的葡萄丰收和这年夏天的彗星出现联系在一起,还会将一次日全食和此后爆发的战争联系在一起。在列维-布留尔看来,这些联系"是一种难于清楚分析的联系"①,用笔者的话来说,则是"模糊"的联系。

对龙文化而言,"整体关联"使我们能够理解先民们为什么会将雷电、云、虹霓、星宿、龙卷风等自然天象,和蛇、鳄、蜥、鱼、鲵、猪、鹿、熊、牛、马等动物联系在一起;也能够帮助我们理解人为什么能变成龙,龙又为什么会变作人;以及人为什么要比龙称龙,龙又为何会具有人的种种品性。

(3)神秘的非逻辑。模糊思维所感知的世界既是自然的,又是超自然的。在这个世界里没有确定的概念表达,不做分析或不可分析的神秘性因素占有很大的比重。

美国人类学家弗朗茨·博厄斯在对原始人的"心智"深入考察后指出,原始人的"感觉非常出色,但缺乏对知觉做出逻辑解释的能力"②。列维-布留尔的研究也颇有说服力,他指出,在原始人看来,他周围的一切都是神秘的。"原始思维是在一个到处都有着无数神秘力量在经常起作用或者即将起作用的世界中进行活动的。……任何事情,即使是稍微有点儿不平常的事情,都立刻被认为是这种或那种神秘力量的表现。"③具体到龙,就常常以自然界中神秘力量的代表的面目出现,例如某条河泛滥成灾了,当地人就可能会认为这是因为龙王发怒或者恶龙作孽而引起的。

以研究原始思维见长的中国学者刘文英认为,"在原始思维活动中,没有明确的'什么是(不是)什么'的判断结构,也没有明确的'因为什么,所以什么'的推理结构,不合逻辑的现象经常出现","原始思维以类化意象为基本要素,其结构和推演本来没有明显的逻辑性,并且经常出现逻辑混乱"。④

模糊思维常常容许看似矛盾的事物同时存在,比如它容许同一个实体在同一时间存在于两个或几个地方,容许单数与复数、部分与整体同一。比如

---

① 列维-布留尔:《原始思维》,丁由译,商务印书馆,1981,第69、276页。
② 博厄斯:《原始人的心智》,项龙、王星译,国际文化出版公司,1989,第109页。
③ 列维-布留尔:《原始思维》,丁由译,商务印书馆,1981,第418页。
④ 刘文英:《漫长的历史源头——原始思维与原始文化新探》,中国社会科学出版社,1996,第226、718页。

龙，既可以是天上的雷电、云、虹、星，也可以是地上的蛇、蜥、猪、鹿，水中的鳄、鱼、鲵，还可以是天地间的龙卷风。

（4）群体意象。群体意象是一代一代传下来的，秉承着某些自然力的，由各种神秘因素为媒介交流互渗的，能引起共同体中的每个成员产生敬畏和崇拜等共同情感的在心之象和有形之象，即内在的"心象"和外在的"形象"的重合。

群体活动是群体意象产生的温床，群体意象必然要以群体活动为基础和依托。为什么这么说呢？这和原始人类的生存状态有着密切的关系。与我们现代人相比，原始人缺乏有效的工具和保障，可以说是赤裸裸地、无遮挡地面对着强大而凶险的外部世界。他们只有抱成团儿，以群体的力量和智慧去面对恶劣的外部环境，才有可能得到更多的食物和生存的机会，使种族得以延续和兴盛。由此，大家面对同样恶劣的环境，对外在于己的、强大神秘的宇宙自然便会产生共同的感受，这样，便使某种"象"，即原始人感知外部世界的在心之象有了共同性。这也就是说，群体意象是一个社会群体对身外世界的形象化表达，是众人"心象"的集合和升华。龙就是这样的群体意象。

具有上述特征的模糊性思维，导致古人不清晰、不精确、不唯一、不固着地将有关联的，习性、形状相同、相似、相近甚至相反的对象，兼容、包容、综合、化合，即观念化地容合成一个神物，然后形象化地发明、展现出来加以崇拜。龙，还有凤凰、麒麟、貔貅等，都是这样发明、展现出来的神物。

2. 龙的容合

那么，龙是怎样容合的呢？

在古人心目中，身外世界是神秘混沌难以捉摸的，原始模糊思维的直观性和表面性，使他们不可能像几千年后的、具有科学思维的今人那样，将雷电、云、虹霓、海潮、泥石流、龙卷风等分辨得清清楚楚；也不可能运用丰富的生物学知识，将蛇、鳄、蜥、鱼、鲵，以及猪、鹿、熊、牛、马等动物的生活习性研究得明明白白。在他们看来，雷电、云、虹霓等在天上出现，都和雨相关，差不多是一类；鳄、鱼、鲵等在江河湖泊中穿游，都和水亲近，大体上也是一类；蛇、猪、鹿、熊、牛、马等动物也都离不开水——

河马、水牛更是水中物。而且，天上的雨落到地上便是水；水升到天上，再朝下落，便是雨。既然天上下的雨和地上流的水是一回事，那么，和雨相关的在天上和天地间出现的云、雷电、虹霓、龙卷风等，就和与水密切的在江河湖泊中穿游的鳄、鱼、鲵以及两栖的蛇差不多可以看作是一回事了。雨水适度，牧草丰茂，谷物有成；雨水不足，叶草干枯，百谷旱绝；雨水过量，人畜受淹，农田泡汤。生产和生活不能不依赖雨水，雨水却常常让人们依赖不上。再看那些与雨水相关的物象：云团滚滚翻卷，变化万方；雷电叱咤长空，霹雳千钧；虹霓垂首弓背，色彩瑰奇；龙卷风吸水带物，掠人畜，毁屋田；还有大小不一、脾性不同、长短参差、阴森怪异的鳄、鱼、蜥、蛇；等等。这一切是多么神秘，多么雄奇，多么可怖可畏啊——令人惊惧不已！

于是，古人猜想了：一定有一个"神物"，主管这一切，总领这一切，支配这一切，排演这一切。这个神物，体型是很大的，而且是能大能小的；肤色是多样的，而且是能明能暗的；还应当是有头有尾的，能起能卧的，擅爬会游的，弯转曲折的，快速行进的。总之是能量巨大的，善于变化的，天上可飞水中可藏的，容合了种种"水物"特性的，又和雨水有着特别特别密切关系的。

该怎么称呼这个神物呢？人们发现，雨水降临时，乌云滚滚，电光闪闪，相伴随的，是"隆隆"的雷声；海潮涨落，龙卷风吸水，泥石流下山，也都发出接近"隆隆"的声响。而"隆隆"声本身具备着粗壮、雄浑、深沉和悠远等特点，给予人的感觉是恐怖、壮烈、崇高和神秘。于是，人们就取其声，将这个模糊集合的、多元容合起来的"神物"，以"隆"这个音呼之了。

神物的发音是拟声，神物的形象该是个什么样子呢？一些人说像其部族崇拜的蛇，一些人说像其部族崇拜的鳄，一些人说像其部族崇拜的鱼，一些人说像其部族崇拜的鲵，一些人说像猪、像鹿、像熊、像牛、像马，还有一些人说像云、像闪电、像虹霓、像星宿、像龙卷风；也可能今天看像这个，明天看像那个，后天看又像另一个；还可能觉得既是这个又是那个，升到天上就是云是雷电是彩虹是星宿，落到水中就是鳄是鱼是鲵是蛇，来到陆地就是猪是鹿是熊是牛是马。模糊思维是不讲逻辑、意识不到矛盾的，这种思维容许同一个物体在同一个时间出现在不同的地方，容许部分和整体、单数和复数的同一。

考古发现为笔者的观点提供了支持。如果按其主要的取材对象来划分，在新石器时代兴隆洼文化、赵宝沟文化、仰韶文化、红山文化、马家窑文化、大溪文化、良渚文化、凌家滩文化、龙山文化等区域类型文化中，先后发现蛇形原龙、鳄形原龙、鱼形原龙、鲵形原龙、猪形原龙、鹿形原龙、熊形原龙、牛形原龙、虎形原龙、鹰形原龙、云形原龙等十余种。

造字的时代到了，需要给这个以"隆"音呼之的神物搞个符号。老祖宗最初造字，多以象形为之。那么，让这个神物像什么形好呢？有人说像蛇，就造了几个像蛇的"龙"字；有人说像鳄，就造了几个像鳄的"龙"字；有人说像蜥蜴，就造了几个像蜥蜴的"龙"字；还有人说像闪电，就再造几个像闪电的"龙"字；另有人说身子像蛇像鳄像蜥蜴像闪电，头却像猪像鹿像牛像马，那么就造几个像这像那的"龙"字好了。于是，甲骨文和金文中便有了各式各样的"龙"字。后来逐渐演化，直到最后简化成现在这个"龙"。

这样，笔者就可以这样说了：龙是中国古人对自然界中的蛇、鳄、蜥、鱼、鲵、猪、鹿、熊、牛、马等动物，和雷电、云、虹、星宿、龙卷风等天象经过多元容合而发明、展现的一种神物，其本质是先民对宇宙力的感悟、认知、神化。先民们是以现实生物和自然天象为基础，将自己对身外世界的感悟、认知，以及疑惑、猜测、想象、畏惧、崇拜等等，都投注、贯穿、体现到龙的多元容合中了。显然，龙的多元容合是一种模糊容合。

从审美的角度来看，龙无疑是古人的一种艺术创造。它是从一个个具体物象而来，经过众多人参与的模糊容合，形成一个建立在各个具体物象之上，又蕴含着各个具体物象的新的形象。它的形成过程，是一个"源于生活又高于生活"的过程，其间渗透着、灌注着古人的神话猜想、宗教体味、审美快感和艺术情趣。

龙的容合过程是模糊的，这个"模糊"，既表现在容合对象的多元，即取材的多样性，也表现在容合结果和容合对象之间在一定的条件下可以互代。这便是人们既将容合而来的神物称龙，有时又将蛇称龙，将鳄称龙，将鱼称龙，将蜥蜴称龙，将鲵称龙，将猪、鹿、熊、牛、马等动物，及云、闪电、星宿、龙卷风等天象称龙的原因。古籍文献中讲的"见龙""畜龙""豢龙""御龙""屠龙""食龙"等，其龙当然不会是成为神物的龙，而是龙的某种容合对象，如蛇、鳄、蜥、鱼、鲵等等。人们认为他们养蛇、鳄、鱼、鲵等等，就是在养龙。还有，模糊思维不排除古人在将某种动物和天象称龙的同时，也将其他动物和天象视为龙。

龙的容合即龙的发明和展现，是一个漫长的贯穿于整个新石器时代的长达数千年的过程。需要指出的是，笔者对龙的容合过程的分析和叙述，尽管以原始人的思维特征为依据，但也是猜测性的。事实上，学术界关于龙的起源的观点有很多种，如图腾合并说、生物崇拜说、神话意象说、禁忌转化说等等，而这些观点无一例外地也都是猜测性的，其原因，是年代太久远了，文献资料不足，大家只能根据有限的文物资料，以及前人的研究成果进行猜测、推断。

3. 多元说与一元说

在龙的起源问题上，有"多元说"和"一元说"。笔者持"多元说"观点，即认为龙的容合对象是多元的，而非一元的；龙的容合过程是复杂的，而非单调的；是模糊的，而非清晰的；是粗略的，而非精确的；是变动的，而非固着的。也有学者持"一元说"观点，即认为龙的容合对象是一元的，而非多元的，认为龙起源于某一种动物或天象。

"一元说"也可称"龙源单一说"，具体讲，有"龙源于蛇说""龙源于鳄说""龙源于鱼说""龙源于猪说""龙源于熊说""龙源于闪电说""龙源于虹说""龙源于龙卷风说""龙源于星象说"，以及"龙源于恐龙说""龙源于蛙说""龙源于蚕说""龙源于山川说""龙源于胚胎说"，等等。"龙源单一说"的共性问题是以偏概全，即在引用一些资料时，忽视了另一些资料，尤其是考古发现的资料，而且其所采用的一些论据，也都不能充分地支持其观点。

"龙源单一说"有点像"瞎子摸象"，是把部分当成了全体，把个别性的、局限性的认知，当成了普遍真理。如龙源于某种动物说，可以解释龙行于陆、游于水的特性，却不能很好地、令人信服地解释龙飞于天的特性；而龙源于某种天象说，可以解释龙飞于天的特性，却不能很好地、令人信服地解释龙行于陆、游于水的特性。有人说"龙源于龙卷风说"兼顾了水陆空，但作为天象的龙卷风，却不能很好地、令人信服地解释龙的生物性呈现问题，而考古发现的诸多"原龙"，可都呈现生物的样态。

还有学者以红山文化出土的多件蜷体玉龙为据，看到蜷体玉龙的形状像动物胚胎，就认为龙的原型是动物胚胎，或龙起源于动物胚胎。是的，红山文化遗址出土的多件蜷体玉龙有点像动物胚胎，据此可以认为动物胚胎作为取材对象之一参与了龙的容合，但将动物胚胎说成龙的唯一起源，就存在以偏概全、置其他考古发现于不顾的问题。你可以说红山文化遗址出土的蜷体玉龙像动物胚胎，但你不能说兴隆洼文化遗址出土的石块摆砌龙、大溪文化遗址出土的河卵石摆砌龙像动物胚胎，也不能说仰韶文化遗址出土的蚌砌龙、陶纹龙像动物胚胎。

"龙源单一说"的出现，与一元性的思维模式有关。所谓一元性的思维模式，就是思考问题的时候，总认为有一个唯一的根源，于是就拼命地寻找这个根源。支撑一元性思维模式的（也是这种模式所反映的），是一元主义的世界观。世界本来是多元共生、众态并存、五彩缤纷、气象万千的，可一元主义偏执地认为世界是一元的，或应该是一元的。一元主义狭隘、幽闭、单调、排他，是许多偏执理论和极端行为的思想基础和心理酵母。

以一元主义做文化研究，其局限性是显而易见的。当然，在龙的容合过程中，不排除一些动物，如蛇、鳄，一些天象，如雷电、龙卷风，其参与的程度、所起的作用，大于其他动物和天象。

第二节　龙形象出现的考古依据

考古学是根据古代人类遗留下来的实物资料，研究古代社会历史的科学。这些包括各种遗迹和遗物的实物资料，多埋藏在地下，需要通过发掘、鉴定、分类等复杂的工作，将其系统、完整地收集起来才能进行研究。因此，田野调查和发掘是考古学研究的基本方法。中国考古学于20世纪20年代后期诞生后，发掘了大量遗址，出土了大量实物资料，其中多有龙的或与龙相关的实物资料。这些实物资料，为龙形象的出现，提供了考古依据。

考察新石器时代龙形象的出现，至少可以得出两条结论：

第一，龙形象是经过多元容合而发明、展现的。这里的"多元"，意为多个地域的，而非个别地域的；多种形态的，而非一种形态的；多种文化类型的，而非单一文化类型的。

第二，龙形象的发明、展现是一个过程，从旧石器时代晚期、新石器时代早期至新石器时代晚期，这个过程延续了至少六千年。

一、山西吉县柿子滩岩画

1980年，考古工作者在山西省吉县柿子滩发现一处旧石器时代向新石器时代过渡时期的遗址。此遗址位于属于黄河中游重要支流的清水河流域，西距黄河约2公里。2003年8月至2004年1月，考古工作者对柿子滩遗址进行了考古发掘，揭露面积近200平方米。

在柿子滩遗址西北防风崖的"岩棚"下，发现了两幅岩画，一幅为人物图，一幅为组合图，均高出地面1.2米，用赤铁矿石的赭红色绘成。

考古工作者通过对柿子滩遗址现场发掘的动物骨骼进行的碳14测年，确定这些骨骼存在于距今两万年到一万年以前，而遗址中的石器与动物骨骼在一个层面出土，这样就可断定该遗址年代为前18000年至前8000年。

关于柿子滩防风崖岩画人物图，有"人物星辰图""母亲崇拜图"等观点。笔者比较认同"母亲崇拜图"的说法：此图的主体是一女性人物，表达的是柿子滩先民对女性的重视和崇拜，对女性的重视和崇拜也就是对母亲、对生殖的重视和崇拜；显然，其时其地已属于母系氏族社会。有学者将其断定为女娲；笔者认为，也可将其断定为华胥氏。

对柿子滩防风崖岩画组合图，有学者认为是"鱼鹿交会图""鱼尾鹿龙""最古的龙历"。王东认为，此图是鹿头鱼尾祖龙——最早的龙的雏形。"由于它是近万年前最早的祖龙雏形，因而其形象有较为明显的二重性：一方面，具备中国龙的形象、龙文化的一些基本元素、基本特点，如头上有角、腾飞在天；另一方面，又没有形成龙的标准范式，有些龙的特点不太明显，其动物原型似鹿似鸟，看起来不是非常清楚明确"。王东还据此判断，中国龙文化的源头，已有一万年之久，"中国万年龙"的存在，"中国龙文化万岁"，应不是一句空话。①

综合来看，对柿子滩防风崖岩画组合图至少可以有三点认识：第一，鹿、鱼等动物进入了柿子滩先民的生活，柿子滩先民有可能在猎鹿、捕鱼的同时，也驯鹿、养鱼，既"牧养经济"已经出现。第二，此图由较清晰的鹿头、鱼尾，模糊的鸟（或蛾）、树木（或骨头）等组合而成，已非某种具体动物的描摹，而是一种多元容合。龙是多元容合的产物，此图也是多元容合，此图的创造与龙的发明、展现遵循的是同一条规律。据此，笔者将此图称为"萌龙"，即萌生的、处于萌芽状态的龙。第三，此图与上述人物图同地点、同时代，笔者将人物图之人物判断为华胥氏，那么就可以认为华胥，或华胥与其儿子伏羲，是组合图——"萌龙"的创造者，即华胥或华胥和他的儿子伏羲（也可理解为华胥氏族与其继承者伏羲氏族）共同开始了龙的发明、展现。

二、辽宁兴隆洼文化龙形象

查海兴隆洼文化遗址位于辽宁省阜新县沙拉镇查海村西南5里的一片台地上，距阜新市区25公里，1982年辽宁省文物普查时被发现。该遗址主体部分东西、南北各约100米，面积约1万平方米。1994年6月至1995年1月，考古工作者对该遗址先后进行了七次发掘，出土有房址、石砌龙（原称"龙形堆塑"）、陶器、石器、玉器等。

"大型龙形堆塑位于聚落址的中心，是在从遗址中央穿过的基岩脉上，采用大小基本均等的花岗岩石块摆塑而成的。……龙头、龙身石块堆摆厚密，尾部石块则撒得较为松散。龙昂首张口、弯身弓背，尾部若隐若现，给人一种巨龙腾飞之感。龙头朝西南，龙尾朝东北，全长19.7米，龙身宽1.8米—2米，方向为215度，与房址建筑方向基本一致。"②

---

① 王东：《龙是什么——中国符号新解密》，中央编译出版社，2012，第354、356页。
② 吉成名：《中国崇龙习俗研究》，天津古籍出版社，2002，第102页。

龙纹陶片,"一为盘卷的龙身,一为上卷的龙尾。它们都有扁而平的身体,并都在身体表面饰以密集而整齐的压印窝纹带,窝点纹弯曲如鳞,显然是在表现身体上的鳞状纹的。这已具龙的基本特征"[1]。

关于查海石砌龙和龙纹陶片的断代,文物部门经过对查海遗址中期第1号房址的碳14测定,得到的数据为前5500年;树轮校正接近前6000年,即距今约八千年。查海石砌龙及龙纹陶片是目前发现的最早的实物状态的中华龙的形象,学术界把新石器时代出土的龙通称为"原龙",即原始的、原初的龙,查海石砌龙在"原龙"中位列第一。

在中华民族和中华文明的起源过程中,查海龙形象具有重大意义。辛岩认为:"龙形堆塑的发现,证明我国早在八千年前,人类已经知道用龙这样的形态表达某种宗教意识。查海龙形堆塑是中华民族龙意识形成的一个重要来源。"[2]

郭大顺认为:"龙作为一种被高度神化的动物形象,其起源显然与宗教祭祀已发展到相当程度有很大关系。查海遗址已有龙形象的多次出现,特别是处于聚落中心的大型龙形堆石,充分体现出其至尊地位,是当时社会分化在宗教祭祀和思想意识领域的突出反映。""所以,从聚落房址群所反映的社会结构的层次性和规模大小的分化,从个别特殊厚葬的墓葬的出现,尤其是从玉器和龙崇拜所反映的宗教观念的发达程度,都已表明,查海—兴隆洼文化的社会发展阶段,已越过原始氏族公社发展的繁荣期,进入了一个新阶段。苏秉琦据此提出'上万年的文明起步'的观点,并特意为查海遗址题词:'玉龙故乡,文明发端'。"[3]

李侃良认为:"它给予我们的不仅是震撼,而是更多的新知和思考。因为中国最早关于龙的传说,是从'三皇'之一的伏羲开始的。所以石摆龙真形的发现,不仅证明了伏羲传说的历史真实性,而且也真真切切告诉你,你眼前看到的这一切就是伏羲时代所创造的文明。"[4]

---

[1] 郭大顺:《龙出辽河源》,百花文艺出版社,2001,第29页。
[2] 辛岩:《阜新查海新石器时代遗址》,载中国考古学会编《中国考古学年鉴1995》,文物出版社,1997,第115页。
[3] 郭大顺:《龙出辽河源》,百花文艺出版社,2001,第37页。
[4] 李侃良:《中华探源》,三秦出版社,2015,第94—95页。

需要补充的是：笔者将伏羲时代定位在前8000年即距今约一万年至前3500年即距今约五千五百年这样一个历史时期，那么，查海遗址石砌龙显然属于伏羲时代偏早阶段的创造物。如果说，山西吉县柿子滩距今约一万年的岩画"萌龙"是龙形象的发端，两千年之后的查海石砌龙已是龙形象的初步成型了，那么，两者之间是什么关系呢？是否可以说，山西吉县岩画龙是辽宁查海石砌龙的源头，辽宁查海石砌龙是山西吉县岩画龙的继承和初步成型？抑或可以说，龙形象发端于黄河流域，初步成型于辽河流域？属于新石器时代早期的东北兴隆洼文化承续着旧石器时代向新石器时代过渡时期的中原柿子滩文化？

在这个问题上，李侃良的观点尽管证据不足但值得重视。他认为，兴隆洼文化是华胥女娲族文化"向北方向发展而形成的文化。它的发展路径，是位于渭河入黄处之南岸的华胥族女娲，越过黄河沿着汾河逆流而上一直到达桑干河流域，与东部的山顶洞人后裔相结合。到了距今八千二百多年的时候，她的后继者伏羲族也来到了这里，在积蓄了足够的力量之后，他们便翻越燕山来到了辽河上游的老哈河一带，在新的天地里创造了兴隆洼文化。这是我国北方最早的新石器时代文化，但它却别开生面，是我们今天所能看到的最早的伏羲文化"[①]。

笔者认为，将兴隆洼文化列入伏羲文化是可以的，但说兴隆洼文化"是我们今天所能看到的最早的伏羲文化"就值得商榷了。因为，按笔者提出的"大伏羲"和"伏羲时代"的概念，比兴隆洼文化早、距今达一万年的山西吉县柿子滩文化，以及距今约一万年的江西万年县仙人洞文化、距今约一万年的河北保定市徐水区南庄头文化、距今约九千年的湖南澧县彭头山文化，也都可以称为伏羲文化。

三、陕西仰韶文化龙形象

1. 北首岭遗址龙凤纹

1953年，考古工作者在陕西省宝鸡市金陵河西岸的北首岭发现一处新石器时代仰韶文化遗址，断代约为前5150年至前3790年。1958年至1978年

[①] 李侃良：《中华探源》，三秦出版社，2015，第94页。

间，考古工作者对该遗址进行了多次发掘。

文物中有一件蒜头壶，出土于该遗址M52墓穴中。该壶"腹肩处用黑彩绘画着一只水鸟啄着一条大鱼的尾巴，形象十分生动逼真"[1]，对这幅图案，考古工作者曾以"水鸟啄鱼纹"[2]名之。

一些学者将此纹图与河南临汝县（今汝州市）阎村仰韶文化遗址出土的彩陶缸上的"鹳鱼石斧图"、陕西半坡仰韶文化遗址出土的鱼纹，及陕西临潼姜寨仰韶文化遗址出土的彩陶瓶上的"鱼鸟组合纹"相联系进行考察，力图揭示出其深层次的含义。

杨泓认为："北首岭的陶壶比阎村的陶缸要早好几百年，而且还有地域的不同，它们之间是否有联系，尚待今后研究，不过它们所反映出的史前艺术家创作时所遵循的思想意识是相同的，使用的艺术语言也是相近的。"[3]

什么样的思想意识呢？刘志雄、杨静荣认为："鱼在渭河流域先民的生活中具有重要的位置，那么半坡类型陶器上的大量鱼纹应该是先民对鱼依赖、喜爱以至崇拜的产物。在这种鱼崇拜的原始宗教观念氛围之中，北首岭先民创作这幅'水鸟啄鱼纹'的本意似乎不应该是'鱼被鸟啄食'这一自然主题的简单再现。渭河流域时代更早一些的姜寨仰韶文化遗址就出土了绘有鱼鸟组合纹饰的彩陶瓶，纹像中的鱼、鸟虽然已经变形处理，但显然二者无主次之分，呈现出一种平等、和谐的关系。"[4]

刘志雄、杨静荣又指出："在远古巫术中，动物多被视作人类沟通天地的助手，鱼生活在水中、鸟出没于天空的生活习性很容易引起先民的敬畏与联想，于是它们的组合很可能包孕了沟通天地的含义。""据研究，蒜头壶是一种酒器。而酒正与巫术有着密切的关系。因为酒对神经的作用可以使人产生与巫术目的相关的幻觉。从后世的礼器多为酒器造型推测，北首岭出土的鸟衔鱼纹蒜头壶很可能与当时的宗教活动有关。在这类器物上绘以沟通天

---

[1] 中国社会科学院考古研究所编著《宝鸡北首岭》，文物出版社，1983，第102页。
[2] 石兴邦：《北首岭遗址》，载中国大百科全书总编辑委员会《考古学》编辑委员会、中国大百科全书出版社编辑部编《中国大百科全书·考古学》，中国大百科全书出版社，1986，第41页。
[3] 杨泓：《文明的轨迹》（1），中华书局（香港）有限公司，1988。
[4] 刘志雄、杨静荣：《龙与中国文化》，人民出版社，1992，第21—22页。

地含义的鸟衔鱼纹，使之更加满足巫术需要是很自然的。"①

一些研究者认定北首岭蒜头壶上出现了龙纹，或鱼型原龙纹，即鱼龙纹。杨群说："彩陶鱼纹是仰韶文化半坡类型中最具代表性的纹饰，但多呈纺锤形写实状或其图案化变体，鲜有如北首岭M52：1彩陶壶上那样的鱼纹，可见它绝不是一般的鱼纹，而应该是龙纹。"②王东的说法更进一步："这条鱼型原龙，形似鱼而神似龙：鱼头，鱼眼睛，鱼鳃，鱼鳍，鱼身子，鱼尾巴，几乎是一目了然的；然而仔细端详，确实也有不同于鱼的不同凡响的地方，主要是鱼头呈长方形，鱼嘴显得十分巨大，可以说鱼头又有点像鳄鱼头，而身子又有点近似于蛇，鱼鳃张开如角状物，显得很有气势，甚至似有出水腾空之势。……图案绘在盛酒用的蒜头壶上，看来是用作礼器的，不是日常生活用品，这一点也有助于证实我们的判断：这里的鱼型原龙是起通天神灵作用的，而不是用来展现一般食用的鱼。"③

对于和鱼龙纹同处一个画面的鸟纹，杨群"推测它也不是一般之鸟，称凤更合适"④；王东也认为接近于凤，说整个图案"是后来龙凤呈祥图的文化源头"⑤。有的学者甚至认为，此纹饰"实实在在地表现出氏族间的联盟关系"，"是真正的龙凤集团的前身"的体现。⑥

笔者认为，北首岭蒜头壶上的纹饰是完全可以称"龙凤纹"的，其理由有三：第一，鱼是龙的容合对象，鸟是凤的容合对象，在持原始的模糊思维的先民看来，容合对象和容合结果是不清晰的，可以互换的。第二，其鱼，已是抽象，即神化了的鱼，而非现实中的鱼；鸟，也是抽象，即神化了的鸟，而非现实中的鸟。在中国古代，对有鳞类动物的任何神化，都与龙的容合过程相一致；同样，对有羽类动物的任何神化，也都与凤的容合过程相一致。第三，龙和凤的容合是一个漫长的过程，让初始的图纹就"成熟"，是

---

① 刘志雄、杨静荣：《龙与中国文化》，人民出版社，1992，第24—25页。
② 杨群：《龙和龙文化起源的史前考古学研究》，载鲁谆、王才、冯广裕主编，中华炎黄文化研究会组织编写《龙文化与民族精神》，上海人民出版社，2000，第39页。
③ 王东：《中国龙的新发现：中华神龙论》，北京大学出版社，2000，第50—51页。
④ 杨群：《龙和龙文化起源的史前考古学研究》，载鲁谆、王才、冯广裕主编，中华炎黄文化研究会组织编写《龙文化与民族精神》，上海人民出版社，2000，第39页。
⑤ 王东：《中国龙的新发现：中华神龙论》，北京大学出版社，2000，第50—51页。
⑥ 田兆元：《神话与中国社会》，上海人民出版社，1998，第26—27页。

不可能的。

北首岭龙凤纹,其"龙",躯体有点像带鱼,方头,大鳃,长身,盘作半圆状,身上有鳞;其"凤",有点像雏鸡,或啄木鸟,冠绶,尖喙,长目,作叼啄龙尾状,身上有羽。统观整个图案,可以得到四点认识:第一,龙和凤是不同的、对应的,一个代表鳞族水物,一个代表羽族飞鸟。第二,龙凤之间是存在争斗的,凤似在追啄龙,龙似在甩躲凤。第三,龙和凤是互补的,尽管一个在啄一个,却和谐共处于一个画面。第四,龙和凤是可以沟通的,凤嘴与龙尾相接,尽管采取了"啄"的方式。

笔者将前8000年至前3500年划为伏羲时代,北首岭遗址断代约为前5150年至前3790年,显然,生活在黄河流域且距华山不远的北首岭先民属于伏羲族团。

伏羲是新石器时代农业革命的先行者、领导者和标志者。《周易·系辞下》言:"古者包牺氏之王天下也……作结绳而为网罟,以佃以渔。""网罟"是用来捕捉鱼、鸟、兽的工具,"佃"是"耕种"的意思,"渔"是"捕鱼"的意思。耕种与鸟(凤)有关,也与鱼(龙)有关:民间相传谷种由凤鸟衔来;耕种需要阳光,而太阳总是由鸟类"唤醒";耕种需要有水,而水中总是有鱼。捕鱼与鱼(龙)有关,也与鸟(凤)有关:鱼是先民捕获的对象,而训练有素的鸟能帮助先民捕鱼;鱼给先民带来了源源不断的福利,先民崇拜鱼,进而神化鱼,将鱼升华为龙。这一切,决定了作为伏羲族团的北首岭先民既崇龙又崇凤。

2. 彩陶盆鸟龙纹

2010年6月23日,《中国文物报》发表了李宝宗《龙凤呈祥——仰韶文化"鸟龙"彩陶盆》一文。据该文介绍,这件"鸟龙"彩陶盆属于仰韶文化庙底沟期,盆高22厘米,口径32厘米,口沿内径26厘米,外沿32厘米,沿宽3厘米,底径14厘米。口沿内侧施宽约1厘米的黑彩一周;口沿上绘对称"三角、两竖、圆点"图案四组,其中一组"两竖"与"圆点"中间加绘一条"带倒钩竖线",此组"带倒钩竖线"图案下(亦为口沿下)绘右向"鸟首蛇身"腾空飞动"四翼鸟龙"一条,长60厘米。紧随其后,又绘腾空飞动"三翼鸟龙"一条,长38厘米。两条"鸟龙"环绕盆腹上部(口沿下),腹围最大处一周100厘米，首尾相接，呈飞腾追逐之状。"鸟龙"头前，又各绘与口沿四组图案中圆点大小相若的圆点（径1.5厘米左右）一个，给人以"鸟龙逐日"的联想。飞腾追逐的两条"鸟龙"下，又绘半厘米宽黑线一周，好像地平线一般。①

庙底沟遗址位于河南省三门峡市陕县（今陕州区）庙底沟村，是20世纪50年代发现并发掘的新石器时代遗址，总面积约36.2万平方米，断代在前3900年至前2780年。遗址内出土有大量的石器、骨器、陶器等遗物，陶器的特点是红底上绘制黑花。遗址内包括仰韶文化遗存（仰韶文化庙底沟类型）和仰韶文化向龙山文化过渡时期的遗存（庙底沟二期文化）。仰韶文化庙底沟类型也称"仰韶文化庙底沟期"，是仰韶文化中最为繁盛的一个类型，分布范围除庙底沟所在的河南西部外，还包括陕西关中、山西南部。庙底沟二期文化则承袭仰韶文化发展而来，后来发展成为河南龙山文化。

鸟龙纹彩陶盆属于仰韶文化庙底沟期，但出土地点不在庙底沟遗址。王先胜在《中国文物报》发表《仰韶文化"鸟龙"纹彩陶钵纹饰释读及其重要意义》一文，判断该器很可能出土于陕西华县（今华州区，后文同）泉护村遗址。笔者认同王先胜的判断。

对鸟龙纹的文化内涵，王先胜说："鸟龙结合对于庙底沟类型来说是可能的，甚至很自然，因为鸟是心宿三星的物象，龙即东宫七宿的物象，鸟龙口部前面的圆点不表示太阳，而应该表示心宿二（强调作为授时主星的龙心、龙珠），两条鸟龙纹分布器身一周，即寓意东宫七宿和心宿的周天视运动图像，是庙底沟类型天文崇拜和使用火历的标志。火历是以大火星（心宿三星、心宿二）作为主要授时星象的一种农事历，1980年代以来，庞朴先生等多次撰文论述。庙底沟类型等史前文化中存在的鸟纹、火纹是对以'火纪时'（《左传·襄公九年》）历法和'火正'（《左传·昭公二十九年》）等文献资料的有力证明。……口沿四组纹饰呈四方位分布寓意一年四时八节，斜三角纹也寓意心宿三星，四组短线纹两两一组可寓意四象八卦、四时八节，其中一组为三条短线并且多出的一条明显在端头有斜向三角或者钩状绘画，可能表示火历一年开始的时间即春分。口沿的四个圆点纹也应该表示

---

① 李宝宗：《龙凤呈祥——仰韶文化"鸟龙"彩陶盆》，《中国文物报》2010年6月23日。

心宿二的周天视运动,而不表示太阳(也许可以寓意太阳,但至少目前没有证据证明它寓意太阳)。……彩陶钵鸟龙纹下有一周弦纹,其作用主要是对绘画龙纹的区间进行规划。据李宝宗先生说,彩陶钵口沿内还紧靠一周黑色弦纹,我以为这道刻意画出的弦纹应该表示心宿三星及二十八宿周天视运动轨迹。"①

王先胜还指出:"用图形、图像结合数量关系表情达意、记载和传播文化、文明,是新石器时代至今一直存在的文化现象,尤其在先秦及史前时代,没有文字或者文字表述方式还不成熟、不方便,象意(即以图像表达意思)、象数(即图形、图像与数量相结合)方式是古人习惯和熟悉的表达与传播方式。至今我们在男女厕所门上画男女头像或者画烟斗与高跟鞋,常常用五十六个图形、器物寓意五十六个民族,等等,都是这种表达方式的遗孑。"②

王先胜的观点值得重视。笔者认为,仅从直观的、简约的角度来理解,对彩陶盆鸟龙纹就可以有以下几点认识:

第一,该纹鸟头前面的圆点可以理解为太阳,鸟龙追逐太阳也讲得通,因为绝大多数鸟类都是喜爱温暖、向往阳光的。故可以说,彩陶盆鸟龙纹,既反映了仰韶文化先民的鸟崇拜,也反映了仰韶文化先民的太阳崇拜。

第二,该纹是鸟头与蛇身的结合。鸟是翔天的阳性飞禽,蛇是行地的阴性爬虫,鸟与蛇的结合,是天与地、阳与阴的结合。故可以说,彩陶盆鸟龙纹反映了仰韶文化先民的天地观、阴阳观,即在仰韶文化先民的心目中,天地是可以沟通的,阴阳是可以同体的,天地阴阳是对立统一的。显然,鸟龙是仰韶文化先民创造的可以沟通天地、和谐阴阳的神物。

第三,该纹之鸟头,已做抽象、升华处理,已不是对自然界中鸟头的直接描摹。而且,该纹是鸟头与蛇身的结合,鸟是凤的容合对象,蛇是龙的容合对象,容合的过程是升华的过程,容合前为鸟头,容合后就是凤头,容合

---

① 王先胜:《仰韶文化"鸟龙"纹彩陶钵纹饰释读及其重要意义》,《中国文物报》2010年8月25日。李宝宗《龙凤呈祥——仰韶文化"鸟龙"彩陶盆》文中称该器为"盆",王先胜文中则称该器为"钵"。钵和盆都是用来盛东西的敞口器具,但钵形似盆而较小;该器高22厘米,口径32厘米,底径14厘米,故笔者认为还是称"盆"较为恰当。

② 王先胜:《仰韶文化"鸟龙"纹彩陶钵纹饰释读及其重要意义》,《中国文物报》2010年8月25日。

前是蛇身，容合后就是龙身。据此，该纹亦可称"凤龙纹"。

第四，如果将该纹断定在约前4000年至前3000年，那么，这个时间段就与伏羲时代晚期、炎帝时代、黄帝时代早期相吻合。也就是说，使用这件彩陶盆的先民既可能属于伏羲族团，也可能属于炎帝族团，还可能属于黄帝族团。伏羲族团、炎帝族团、黄帝族团都是既崇龙又崇凤的族团，彩陶盆鸟龙纹的出现为这一判断提供了物证。

四、内蒙古赵宝沟文化龙形象

1. 小山遗址陶尊纹饰

小山遗址位于内蒙古自治区赤峰市敖汉旗东南边缘宝国吐乡兴隆洼村东1.3公里处。这里是大凌河支流牤牛河的上游，东边300米处，有晚于赵宝沟文化的红山文化遗址，东北500米处，有早于赵宝沟文化的兴隆洼文化遗址。小山遗址于1982年发现，1984年由内蒙古自治区考古工作者发掘，清理出两座圆角长方形半地穴式房址，房址中心有圆形浅坑式灶址。出土文物包括十六件石器、十九件陶器（可复原），以及胡桃楸果核等。据碳14测定并经树轮校正，小山遗址的断代为前4850年至前4715年[1]，即距今约六千九百年至六千七百年。

饰刻有动物纹图案的陶尊出土于房址中央灶坑西侧。该陶尊"陶胎为泥质，稍加砂，外表打磨漆黑光亮，有如黑陶。器形似一敛口钵上加一粗而高的颈部，钵的敛口部分成为尊的鼓肩，肩以下圆腹，腹体下部又内收，上下腹间有明显分界，使全器分作上、中、下三段，富于变化。口径22.5厘米，底径16厘米，通高25.5厘米。由于器口与体高同等，使器体显得高耸而又匀称。陶尊是赵宝沟文化陶器中造型复杂、个体较大当然等级也较高的一种器类。而这件陶尊又是这座房址中出土陶器中最大的一件，也是该遗址已出土陶尊中个体最大的一件"[2]。

动物纹饰刻绘在尊体中部，"系分别根据现实生活中的猪、鹿和鸟首的形象提炼而成"。"施纹时首先压划出轮廓线，然后填上细密规整的网格，

---

[1] 杨虎、朱延平：《内蒙古敖汉旗小山遗址》，《考古》1987年第6期。
[2] 郭大顺：《龙出辽河源》，百花文艺出版社，2001，第45页。

唯各灵物的眼睛，猪形首上的獠牙，鹿形首上耳的中部、上颌以及蹄部等保持器表磨光面，可谓画龙点睛，使灵物形象栩栩如生。猪形首灵物细眼（长半椭圆形），长吻前突，鼻端上翘，獠牙长而略弯，蛇身躯体作蜷曲状，刻画网纹与磨光两部分错置成鳞纹。鹿形首灵物生扁梭形眼，长角飞叉，桃形耳，前肢有偶蹄。鸟形首上有冠，圆眼，钩形长喙。鹿首形与鸟首形灵物均作引颈展翅高飞状。画面空隙充填其他花纹。"由于"猪首下作蛇身，鹿首和鸟首右侧纹饰则似由羽翼抽象出来"，说明"它们已不是单纯现实动物形象的写照，而是人们创造的崇拜对象、神化了的灵物。三种灵物图像都向左侧，绕器一周，颇有宇宙无穷任巡游的宏大气魄，形象地反映出当时人们幻想中的神灵超人的伟力"。①

那么，三种灵物该如何称呼呢？

先看猪首灵物。发掘报告一方面称"猪首蛇身图像头部极像猪首，具有明显的原始性"，一方面又说，"据其所属小山遗存年代，可以说它是我国目前已知最早的蛇身灵物形象之一，从而把对龙一类崇拜渊源的探索向前推进一步。……进一步证明，新石器时代是龙一类崇拜的起源期；本地区（西辽河流域、大凌河流域、南到燕山南麓）是探索龙一类崇拜起源的一个重要地区"。②郭大顺指出，"猪的其他部分都为以龙鳞纹表现的体躯所掩盖，显示出一种游动状态"，而整个陶尊上的图像，"则为龙起源的原型提供了一个极恰当的实证。一是证明确有猪龙，一是证明有多种动物'龙化'现象，而不仅仅是某一种动物"。③苏秉琦也认为此灵物为"在云端遨游"的"猪头蛇尾"龙。④方酋生说，此"龙身饰网格纹、条纹和错点纹，显示出龙遍体有鳞，呈星光点点之状；又有勾连纹布满器壁之四周，生动地展示出龙正曲游活动于密云流水之中"，他进一步推测，"此刻画龙图像的陶罐，可能是一件祭龙求雨用的祭器"。⑤

---

① 杨虎、朱延平：《内蒙古敖汉旗小山遗址》，《考古》1987年第6期。
② 同上。
③ 郭大顺：《龙出辽河源》，百花文艺出版社，2001，第46、49页。
④ 苏秉琦：《华人·龙的传人·中国人——考古寻根记》，辽宁大学出版社，1994，第82、15页。
⑤ 方酋生：《谈龙的起源和本质以及考古中发现实物龙的图像》，载鲁谆、王才、冯广裕主编，中华炎黄文化研究会组织编写《龙文化与民族精神》，上海人民出版社，2000，第57页。

再看鹿首灵物和鸟首灵物。苏秉琦认为鹿首灵物为"鹿头麟",鸟首灵物为"凤",并说小山遗址陶尊的出土,意味着"最早的'四灵'出现了"。①郭大顺承接苏秉琦的观点,进一步说明:"猪首前部和鸟尾后部有大约几厘米宽的间隔,间隔处已大部分残缺,残缺处有另一动物形象,可分辨出对称的角,似一动物头部正面形象而不表现体躯。这一不知名动物的下方,有一填入疏朗平行斜线纹的区段,应该就是表示全图的起止界限的。整个画面虽多变化,布局却极为密合严谨,形成一幅四种神化动物紧密联结而成的整体,可称为'四灵'图。"郭大顺还认为,由于"在主要特征上的适度夸大""突出层次性"和"多种手法的线条的运用",使小山遗址陶尊上的动物纹图案,竟是"一幅标准的透视图"。"考虑到它出自六千年前先人之手,我们对所谓的原始艺术确要刮目相看。当然,这幅'四灵'图画所反映的社会文化内容及其产生的背景也因此而更为引人注目。其中最为重要的是,这件四灵纹陶尊的发现,为龙的起源提供了一件不可多得的实物资料。"②

苏秉琦、郭大顺将小山遗址陶尊上的动物纹图断为"四灵图",其"四灵"为龙、凤、麟和某种不知名动物。因这个不知名动物形象不明,故将此"四灵图"称为"四灵雏形图"似乎更为合适。

相比之下,杨群的观点更值得重视,他说:"其实,将鹿头麟和凤鸟看作是鹿龙与鸟龙也未尝不可,因为它们也具有与猪龙一样的'蛇身'。也许'龙'是当时辽西地区一个部落的标识,而猪、鹿、鸟则是其下属的三个胞族或氏族的图腾。"③

值得强调的是,陶尊上的三种动物纹,不仅具有"蛇"身或者说"龙"身,而且都在云气的烘托下呈飞翔状,显然都已神化——在中国古代,大凡对动物的神化,都通向龙的容合——这是笔者所持的一个基本观点,故完全可以将小山遗址陶尊上的动物纹称为原始的"猪龙纹""鹿龙纹"和"鸟

---

① 苏秉琦:《华人·龙的传人·中国人——考古寻根记》,辽宁大学出版社,1994,第83、15页。
② 郭大顺:《龙出辽河源》,百花文艺出版社,2001,第46—49页。
③ 杨群:《龙和龙文化起源的史前考古学研究》,载鲁谆、王才、冯广裕主编,中华炎黄文化研究会组织编写《龙文化与民族精神》,上海人民出版社,2000,第31页。

龙纹"。

关于残缺处的另一动物形象，由于可分辨出对称的角，王东推断为牛型原龙[1]。这一推断仅可作参考，因为生有对称双角的动物不仅有牛，还有鹿、羊。

2. 南台地遗址鹿龙纹

南台地遗址位于距小山遗址不远的敖汉旗敖吉乡（今并入牛古吐镇）。在这个遗址出土的十四件陶尊和两件陶器盖上发现有鹿龙纹。这些"鹿龙均作奔鹿式，昂首多枝长角，作疾速奔驰状；身躯中段加画勾连涡纹，以示漫卷在云空中；也有加画翅膀的，则呈飞驰状；后体用鱼身、鱼尾表示，突出鱼尾，用夸张的手法，画成为八字式分叉，交角处画半个圆面，以示鱼尾中生出了圆"[2]。而且，器物上的鹿龙，多是一个略大，一个略小，两两相对，这种构图模式，无疑是动物界雌雄相配的反映。总体上看，南台地陶器上的鹿龙纹与小山陶尊上的鹿龙纹在刻绘风格上是一致的。

值得注意的是，南台地遗址的陶尊上还出现了鸟龙纹，"其中一个鸟龙与鹿龙相配，昂首，长喙弯钩，头部残损，翅膀作半圆弧面形，略似蚌壳；另一个鸟头有明显的羽冠"[3]。这说明，鹿和鸟这两种北方常见的动物，都比较早地进入了龙的容合过程。

赵宝沟文化上承兴隆洼文化，兴隆洼文化出土了查海石砌龙和龙纹陶片，赵宝沟文化出土了小山陶尊龙和南台地陶器龙，龙既是两种文化的贯穿者，也是两种文化的标志者。

五、河南仰韶文化龙形象

1. 西水坡45号墓及蚌砌龙虎的发现

1987年5月，河南省濮阳市西水坡"引黄供水调节池"工地，发现了一个面积约5万平方米的仰韶文化遗存。同年6月，以时任濮阳市文物局副局长孙德萱为领队的考古工作队，开始对西水坡遗址进行抢救性发掘。之后，

---

[1] 王东：《龙是什么——中国符号新解密》，中央编译出版社，2012，第370页。
[2] 陆思贤：《神话考古》，文物出版社，1995，第291页。
[3] 同上。

1988年，河南省文物考古研究所主持了该考古工地的发掘。

在该遗址45号墓（考古编号为M45）中，发现了蚌砌龙虎。45号墓为竖穴土圹结构的墓室，东西宽3.1米，南北长4.1米，深0.5米。墓主人是一个老年男性，"国家博物馆测定其骨架长1.79米。他头朝南，脚向北，仰身直肢安葬在墓室南部正中。墓主人骨骼大部完好，头骨已按骨缝裂开，但仍具头形。胸椎骨以下缺少四节，肋骨缺损严重。墓主人右上肢的下半截（尺骨、桡骨和掌骨）向外弯曲，左上肢下部压在盆骨下面。从墓主的安葬情况看，应当属于一次葬入"[①]。

蚌砌龙位于墓主人东侧，该龙"长1.78米，高0.67米，龙头向北，龙背向西，爪趾向东，龙尾向南。昂首曲颈，弓身长尾，两只爪刚劲有力，前爪扒，后爪蹬，像是凌空腾飞的样子。龙的头部有突起的部分，像是因奋力奔腾而竖起的鬃毛。龙的摆塑十分精细，显示出高超的美学思想和摆塑艺术"。蚌砌虎位于墓主人西侧。该虎"整个身长1.39米，高0.63米，虎头朝北，虎背朝东，四肢向西，虎尾向南，稍微下垂。虎头和虎的身躯基本持平，头顶部微高于虎身，有两耳突兀显现。虎二目圆睁，张着大口，露出锋利的牙齿。四肢交递错落，表现出来正在行走的状态"。考古人员发现，蚌砌龙虎是经过精心设计和谋划的，"摆塑时所选用的蚌壳有珠蚌、矛蚌、楔蚌、帆蚌等，都经过精心挑选，根据龙虎部位的表现需要和艺术要求而选择不同形状的蚌壳，必要时对蚌壳进行磨制加工，比如为了表现龙爪的尖锐锋利而选用矛蚌来表示"[②]。

45号墓中的龙虎蚌砌被考古工作者编为第一组蚌图。之后，考古工作者还发现了第二组蚌图和第三组蚌图。第二组蚌图"位于45号墓正南20米处。图案由龙、虎、鸟、鹿（神鹿称麟）以及蜘蛛形状的动物组成。龙头向南，背向北，而虎头却向北，面向西，背向东。龙虎互为蝉联，结合一体；鹿好像卧伏在虎的背上，如同一只站立着的长颈鹿。蜘蛛状动物摆塑在龙头的东面，头朝南，身子向北。值得注意的是在蜘蛛和鹿之间，放置着一件制作非常精致的石斧（石钺）"。第三组蚌图在第二组蚌图南面25米处，"图案在

[①] 孙德萱、史国强：《中华第一龙》（普及版），人民日报出版社，2007，第23页。
[②] 同上书，第24—26页。

灰土上用十几种蚌壳精心摆塑，内容为人骑龙和奔虎的图案等。人骑龙图案在灰沟中部偏南，龙头朝东，背朝北，长颈昂首，舒身高足，两条腿前后岔开，十分生动有力，龙尾很长，而且向下弯曲。龙身上骑一人，也是用蚌壳摆成。蚌人两腿跨在龙的背上，一手在前，一手在后，面部微侧，好像在回首观望顾盼，形象生动传神。蚌塑虎在龙的北面，头朝西，背朝南，仰首翘尾，四足微微向后弯曲，鬃毛高竖，呈现出一种奔跑腾飞的状态"。①

中国社会科学院考古研究所曾对西水坡蚌砌龙虎等作了断代，经碳14测定，其年代为前3850年；树轮校正，年代为前4510年，即距今约六千五百年。

2. 对墓主人身份的认识

在西水坡45号墓中，龙虎蚌砌是陪伴在墓主人身边的，那么，这个墓主人是谁？从西水坡45号墓面世之日起，不少学者就关注、探讨、研究这个问题，形成了伏羲说、颛顼说、蚩尤说、部族首领兼巫师说，以及黄帝说、帝喾说等不同观点。

张光直指出："濮阳45号墓的墓主是个仰韶文化社会中的原始道士或是巫师，而用蚌壳摆塑的龙、虎、鹿乃是他能召唤使用的三蹻的艺术形象，是助他上天入地的三蹻的形象。"②张光直的这种看法得到了不少研究者的认同，有研究者指出："濮阳西水坡仰韶文化遗存发现一些墓葬，仅45号墓有三组蚌图说明对死者有特殊的崇拜，死者身份不同于一般氏族成员。我们可以对比这些材料，设想死者灵魂一分为三，一种守在墓内，与遗体合一，即为第一组蚌图；一种归于祖灵，与祖宗神图腾欢聚永生，即第二组蚌图；一种飞升到天空中，到远祖生活过的天国去，即为第三组蚌图。总之，濮阳三组蚌图是氏族成员为酋长兼巫师死后所作告别亡灵的祭奠仪式中摆砌的神圣符号……"③冯时指出："考古学家习惯于首先利用墓穴的形制与规模判断墓主的身份与地位，在这方面，45号墓所呈现的规模在目前所见的仰韶文化墓葬中是空前的，这无疑反映了墓主生前具有崇高的地位和权威。事实上，

---

① 孙德萱、史国强：《中华第一龙》（普及版），人民日报出版社，2007，第30—31页。
② 张光直：《濮阳三蹻与中国古代美术上的人兽母题》，《文物》1988年第11期。
③ 转引自孙德萱、史国强《中华第一龙》（普及版），人民日报出版社，2007，第139页。

墓穴所表现出的不同寻常的天文学内涵足以证明墓葬主人具有一种特殊的身份——司天占验，他可能近于《周礼》的冯相氏与保章氏，但更可能就是早期的巫觋或部族首领。从中国文化史的角度讲，这种因果关系是清晰可察的。"①方酉生认为，"在古代人们的心目中，龙和虎是一种神物。将龙和虎置于M45墓主人的东西两侧，则意味着墓主人生前是一位德高望重的部落酋长，抑或是一位叱咤风云、勇猛无比的部落军事首领，因为他生前有功有德于民，故受到部落成员的崇敬，因而为他举行了隆重的祭奠仪式"，"用蚌壳摆塑出龙虎来显示其威武和通天地鬼神的形象"。②对上述观点，笔者整体是认同的。

3. 西水坡45号墓的性质与意义

西水坡45号墓面世后，引起了很大反响，学者们从不同角度对其性质和意义进行了探讨，形成了"中国早期星象图""原始道教三蹻升天图""中国早期礼制建筑群"等多项重要研究成果，尤以"中国早期星象图"引人注目且意义重大。

"中国早期星象图"的判断主要是由冯时提出并论证的。冯时首先认定的是位于45号墓中的"北斗"，认为"确认北斗是一项关键工作"，他指出："在墓穴中墓主人的北侧脚端摆放着由蚌塑三角形和人的两根胫骨组成的图案，可以判断这是一个明确可识的北斗图像。蚌塑三角形表示斗魁，东侧横置的两根胫骨表示斗杓，构图十分完整。"他同时指出："除北斗之外，墓中于墓主东侧布列蚌龙，西侧布列蚌虎，这个方位与中国天文学体系中二十八宿主配四象的东、西两象完全一致。两象与北斗拴系在一起，直接决定了墓中蚌塑龙虎图像的星象意义。"③

冯时认定，用作"北斗"斗杓的两根胫骨，来自45号墓附近的31号墓中的入葬者，是"特意移入"的。根据古籍《周髀算经》记载，古人用来测度日影的表名叫"髀"，而髀的本义就是人的股骨。那么，"45号墓的斗杓形

---

① 冯时：《古代天文与古史传说——河南濮阳西水坡45号墓的综合研究》，载张满飚主编《伏羲时代的社会画卷：中华第一皇皇陵——濮阳西水坡遗址》，中央文献出版社，2003，第82页。

② 方酉生：《濮阳西水坡M45蚌壳摆塑龙虎图的发现及重大学术意义》，《中原文物》1996年第1期。

③ 冯时：《古代天文与古史传说——河南濮阳西水坡45号墓的综合研究》，载张满飚主编《伏羲时代的社会画卷：中华第一皇皇陵——濮阳西水坡遗址》，中央文献出版社，2003，第52—53页。

象用人骨来安排，也正显示了古人观测北斗与测度晷影的综合关系"①。他认为，西水坡蚌塑星图的斗杓东指，会于龙角，斗魁在西，枕于参首，没有涉及南北两象。可以设想，东西二象的配置先于南北二象早就完成了，成为东宫、西宫和中宫的雏形，"代表着中国传统的天官体系的初期发展阶段，而这个体系的出现，显然直接适应于北斗及东西二宫中的某些星象对于古人观象授时的重要作用"②。

冯时还指出，45号墓墓穴南部边缘呈圆形，北部边缘呈方形，"这种奇特的墓穴形制正是古老的盖天宇宙学说的完整体现"。而墓穴中的三具殉人，则"分别象征分至三神，其中东侧殉人象征春分神，西侧殉人象征秋分神，北部殉人象征冬至神，分掌二分日及冬至日的太阳运动"。③

冯时的这一研究成果，将中国传统天文学有确证可考的历史提前了近三千年。对西水坡45号墓龙虎蚌图在中国天文学史上的地位和作用，《中国科学技术史·天文学卷》评述说："河南濮阳西水坡45号墓等的发现，把中国古代观象授时的历史追溯到距今约六千五百年前，完整地把黄赤道附近的天区划分为龙、虎、鸟、麟四象，应是已对星象进行了长期观测的一次总结，连同对北斗斗柄指向的观测，说明这时的先民已经掌握了不应低估的观象授时的知识，同时也说明先民所萌生的天地相通信念以及对星空的敬畏和祈求，这些知识与观念对后世有着深远的影响。"④

许顺湛在总结"龙文化与现代文明"学术会议的《学术讨论小结发言稿》中介绍说："从这次会议的论文和发言看，有的学者认为西水坡的龙虎等，准确地表达了天界、地界、人界的全息宇宙观，是天人合一雕塑艺术大地摆塑，概括了当时发达的文明成就。三组蚌塑既是图腾徽铭，又是天文历法图像，是世界上最早成熟的黄赤混合带星象学系统。北斗斗魁的三角形，证明继承了一万三千年前北斗九星的星象，也证明了是实行伏羲上元太初历。有的学者认为，45号墓是天圆地方，蚌塑龙虎反映了春分、秋天的天

---

① 冯时：《古代天文与古史传说——河南濮阳西水坡45号墓的综合研究》，载张满飚主编《伏羲时代的社会画卷：中华第一皇皇陵——濮阳西水坡遗址》，中央文献出版社，2003，第53页。
② 同上书，第64页。
③ 同上书，第66、85—86页。
④ 参看卢嘉锡主编、陈美东著《中国科学技术史·天文学卷》，科学出版社，2003，转引自孙德萱、史国强《中华第一龙》（普及版），人民日报出版社，2007，第202—203页。

象。第二组蚌塑龙虎反映了蝉联一体作交尾状，取冬至之日'天地交泰'的冬至图。第三组人骑龙与虎逆行相转，可称为夏至图。"①

对西水坡三组结构复杂、内容丰富的蚌砌图案，张光直试图用原始道教的"三蹻"和原始美术中的"人兽母题"来解释。

东晋葛洪在《抱朴子》卷十五《杂应篇》中说："若能乘蹻者，可以周流天下，不拘山河。凡乘蹻道有三法，一曰龙蹻，二曰虎蹻，三曰鹿卢蹻。……龙蹻行最远，其余者不过千里也。""乘蹻"最早见于三国时期曹魏诗人曹植的《升天行》："乘蹻追术士，远之蓬莱山。"所谓"龙蹻""虎蹻""鹿蹻"，指的是道家修行到一定程度，可以凭借的三种脚力、三匹坐骑，有了这"三蹻"的帮助，就可以上天入地，与神往来。收入《道藏》的《太上登真三矫灵应经》载："三矫经者，上则龙矫，中则虎矫，下则鹿矫。……大凡学仙之道，用龙矫者，龙能上天入地，穿山入水，不出此术，鬼神莫能测，能助奉道之士，混合杳冥，通大道也。……龙矫者，奉道之士，欲游洞天福地，一切邪魔精怪恶物不敢近。每去山川、江河、州府，到处自有神祇来朝觐。"据此，张光直认为，用蚌壳摆塑的龙、虎、鹿就是供墓主"召唤使用"，且"助他上天入地的三蹻的形象"。②

曹植生于192年，卒于232年，葛洪生于283年，卒于363年，这也就是说，有关"乘蹻""三蹻"的记载是公元三四世纪才出现的，而西水坡大墓断代在前4500年前后，期间相距达四千六百多年。如此久远的时光靠什么承袭脉传呢？张光直找到了，这便是考古文物呈现的、体现在原始美术中的"人兽母题"。所谓"人兽母题"，即人与兽共同出现在画面上，而这样的画面屡屡出现：春秋战国时有，如战国时的人骑兽玉佩；商周时有，如商代的龙凤冠人形玉佩；新石器时代良渚文化有，如玉琮上的神人兽面纹。现在，属于仰韶文化的西水坡遗址也有了——于是，张光直指出："濮阳新发现的重要性之一，便是它在我们对历代巫蹻符号的辨认上，发挥了点睛的作用。中国古代美术史中常见的一个符号便是人兽相伴的形象，我们在这里不

---

① 许顺湛：《学术讨论小结发言稿》，载张满飚主编《伏羲时代的社会画卷：中华第一皇皇陵——濮阳西水坡遗址》，中央文献出版社，2003，第34页。

② 张光直：《濮阳三蹻与中国古代美术上的人兽母题》，《文物》1988年第11期。

妨叫它作'人兽母题'或径称之为'巫蹻'母题……从濮阳发现的启示，我们确定地认识到，这个母题的成分便是表现一个巫师和他的动物助手或'蹻'。""（它）使我们了解到古代美术中的人兽关系就是巫蹻关系。人便是巫师的形象，兽便是蹻的形象。"①这样，张光直的研究就把"人兽母题"这一文化现象上推至前4500年了；同时，也把中国道教的渊源上推到了前4500年以前。

张光直的观点得到了不少学者的响应。田聚常、马学哲也认为濮阳西水坡三组蚌图，第一组的含义为"巫师升天"；但他们认为第二组的含义应为"百兽率舞"，第三组的含义应为"凤凰来仪"。"由于墓主人生前有功、有德于部落，在部落成员中享有崇高的威信，故在他死后为表哀思，不管是崇拜天上飞的鸟图腾的人，还是崇拜地上跑的兽图腾的人，或者是崇拜水中游的水族图腾的人、崇拜植物上爬的昆虫图腾的人，都为他荣升仙界而送行，大家一起为他举行隆重的葬礼。人们构思了45号墓的天体造型反映墓主人驾驭龙虎升天，蚌塑出'百兽率舞''凤凰来仪'图案刻画了一个群体性宗教礼仪活动的画卷。"②

"中国早期礼制建筑群"的观点由高广仁、邵望平等提出。他们认为，"濮阳西水坡遗址是一处大型宗教祭祀活动遗迹群"，"这一大型祭祀（或埋葬）遗迹群的完成，必定举行过盛大的、隆重的、社会性的祭礼（或葬礼）。这一仪式的规模绝非一村一寨所能为之。看来居中而葬者不是一般巫师，而是高踞于小巫之上的大巫。如此规模的宗教活动至少属于部落的甚至是部落联盟范围的公共活动。西水坡是该部落或部落联盟的宗教中心。也就是说，社会结构上已产生了高踞于一般原始聚落之上的中心邑落，出现了立体的分层的结构"。③

学者们注意到，"西水坡三组龙虎及其他蚌塑动物图形呈一字形排列，由北向南，第一组是龙、虎和人骨结合，第二组自上而下为虎、龙、鹿交错重叠组合，第三组是北虎南龙，龙背上骑有一人。三组蚌图周围没有其他遗

---

① 张光直：《濮阳三蹻与中国古代美术上的人兽母题》，《文物》1988年第11期。
② 田聚常、马学哲：《濮阳蚌塑龙虎图是中国最早的杂技画卷》，《龙乡纵横》2009年第2期。
③ 高广仁、邵望平：《"濮阳龙"产生的环境条件与社会背景》，载张满飚主编《伏羲时代的社会画卷：中华第一皇皇陵——濮阳西水坡遗址》，中央文献出版社，2003，第369页。

迹，空旷宽敞，间距20米至25米，时代又完全相同，这就是一个大规模原始宗教祭祀场面的遗迹的反映"[1]。

这个遗迹现在呈现给人们的，似乎是一处露天的举行巫术活动的场所。然而，"巫术的目的是'事神以致福'。蚌壳摆塑的龙虎等图像，是巫师进行巫术活动时需要借助的神力。这些图像若是露天地摆放着，遇上一场大雨，就会冲刷无遗……为要尊敬神，使神欢乐，降福于人，当时的人们必然要用建筑物来保护它。这种建筑物在当时社会生产所能达到的条件下，要以最佳的工艺技术来营建，使神乐于到这座建筑里来。神的欢乐，可使人得福"[2]。只可惜这座建筑，因多种原因已遭到破坏，今天的人们难窥其全貌了。

除上述观点之外，朱乃诚认为，大概是西水坡M45号墓"墓主（成年男性）生前曾制服过'龙'与虎，他死后，人们为了歌颂纪念他，在他的身边用蚌壳摆塑了龙与虎。那么，这个人应是力大无比，有智有勇，可能是当时部落或部族的首领"[3]。

4. 西水坡先民的归属

西水坡先民生活在黄河流域，而且在笔者框定的伏羲时代之内，故我们可以说，西水坡先民属于伏羲族团。那么，45号墓的墓主人可能是某一代伏羲，也可能是伏羲族团旗下的某个支系部族的首领兼巫师。无论是某一代伏羲，还是伏羲族团旗下的某个支系部族的首领，其都有崇龙的渊源，因为伏羲族团从一开始就是崇龙的，山西吉县柿子滩遗址的"萌龙"岩画就是明证。

当然，西水坡先民在安葬自己的部族首领时，可能会考虑这位首领特殊、非凡的身兼巫师的身份——巫师是通天的，龙、虎都是可通天的神兽，于是，就将龙和虎摆砌在首领的身边，让它们协助首领升天；同时，也考虑到星象——在西水坡先民心目中，天上的星象可以用龙虎来表示（或龙虎升天后化成了星象），那么，将龙、虎摆砌在首领身边，就有喻示首领升天后，也化成了星座，成为星象一部分的意思；而且，首领在世时率领族众敬

---

[1] 孙德萱、史国强：《中华第一龙》（普及版），人民日报出版社，2007，第104页。
[2] 吴汝祚：《西水坡遗址发掘的意义》，载张满飚主编《伏羲时代的社会画卷：中华第一皇皇陵——濮阳西水坡遗址》，中央文献出版社，2003，第489页。
[3] 朱乃诚：《中华龙：起源和形成》，生活、读书、新知三联书店，2009，第7页。

天祀神，在与风雨雷电、厉虫猛兽等自然力较量、合作中生产、生活，那么，将自然力的象征和代表——龙与虎，摆置在他的身边，就是对这位首领最好的纪念。

六、湖北大溪文化龙形象

焦墩遗址位于湖北省黄梅县白湖乡张城村蔡家墩（自然村）西侧、濯港河的右岸岗地上，南距长江北岸约25公里。遗址现存面积约5000平方米，1983年文物普查时发现。1993年7月京九铁路合九线纵贯该遗址，由湖北省文物考古研究所、黄冈地区博物馆、黄梅县博物馆联合组队进行考古发掘。

考古工作者在该遗址T1256探方下层的红烧土上，发现了一条用河卵石摆砌的巨龙图案。河卵石直径大者5—8厘米，小者1厘米左右。巨龙全长4.46米，高2.28米，宽0.3—0.65米，龙头朝正西，尾向正东，反映了古人精确的方位概念；昂首直身，长颈曲折弯卷；头上独角上扬，头形为牛头并作冠状；龙口大张，长舌吐出并向上卷至头部；腹下有爪状三足，龙身呈波浪状，尾上卷；龙背上有不规则状三鳍。色彩各异的河卵石造成龙鳞闪闪的效果，整体塑造生动，威武雄健，如腾云驾雾一般。龙背上方，还发现有三堆用河卵石摆成的图案，与龙角形成一直线，东南向排列，相关专家初步认为其与古代天文有关，可能是星座。[①]

洪志《焦墩卵石摆塑龙出土纪实》一文对此龙的描述与陈树祥、倪婉文中所述略有差别："巨龙全长近7米，是在预先修整并画好图形的红烧土台面上，用色彩各异、大小不一的鹅卵石摆拼而成的。它侧面全身，头东尾西，鹿头、鱼尾、蛇身、兽爪。龙首高昂，颈至头顶高2.26米；躯干横陈，颈至尾端长4.46米。它扬角张口，腹下有足，背部有鳍，尾端上卷，鳞片层层。龙身有粗有细，卵石有密有稀，呈波浪游动状，宛如穿游于云水之中，似隐若现。其形态成熟，造型生动，气势宏大，动感极强，昂首振鳞，状若腾飞。在龙背的上方，还有三堆卵石摆成的图案，与龙角斜成直线，东西方

[①] 陈树祥：《黄梅发现新石器时代河卵石摆塑龙》，《中国文物报》1993年8月22日；倪婉：《黄梅县焦墩新石器时代及周代遗址》，载中国考古学会编《中国考古学年鉴1994》，文物出版社，1997，第227—228页。

向排列，学者分析可能是模拟天上的星座。对于龙头的形态和动势，学者各见仁智，亦有认为是凤头龙身，回首西望，顾盼星空。"①

此龙断代在前4000年至前3000年，即距今约六千年至五千年，属于大溪文化范畴，其年代稍晚于河南濮阳西水坡蚌塑龙，是长江流域发现的年代比较早的龙，有"长江流域第一龙"之誉。考古工作者用石膏浇灌的办法，于1993年10月中旬将焦墩遗址摆砌龙和其他动物摆砌取出现场，运至湖北省考古研究所收藏。

关于此摆砌龙的意义，洪志总结了四条：第一，经罗盘校测，焦墩龙是按正东（龙头）正西（龙尾）方向摆置的，说明焦墩先民早在六千年前就对方向的概念和方位的内涵有了一定的认识。对天文现象的认识和应用，是人类文明发达的主要标志之一，焦墩龙的出现为中国乃至世界原始天文学的研究，提供了珍贵的实物资料。第二，焦墩龙形象成熟，富于动感，说明焦墩先民对事物形象的观察力和美术造型表现力都已达到相当高的水平。而用鹅卵石作为造型材料表现物象，是中国美术史和世界美术史上的首次发现。第三，从焦墩龙硕大的身形和众多的伴绕图腾物象上，可以推断当时焦墩所处地域已经具有原始文明发达的基本因素：有发达的原始农耕生产经济；原始宗教产生得很早；对龙的形态构想超前完备；有几位智慧很高的部落首领人物；生活着一支人口密集、规模可观的以血缘关系为纽带的原始氏族公社大聚落。第四，焦墩龙的再现，使中华民族和文明起源的多元论成为毋庸置疑的科学结论，证明长江流域也是中华文明的发祥地之一。

除上述四条，笔者以为还可以再加一条，即焦墩龙也为龙起源的多元容合说提供了证据。其龙的头部像牛又像鹿，其吻之长，似乎还有野猪的影子，其身像蛇身，其尾像鱼尾，其爪像兽爪。而且，除了龙形摆砌外，"在巨龙背部上方，长40米、宽15米的同层位地段两侧，相继发现了用卵石摆塑的鱼、蛇、龟等多种水生动物图形。蛇头三角形，蛇身粗壮肥硕，呈S形态游动，既似蛇，也像鳄；龟亦形态逼真，头、尾、四肢俱全，口吐模拟的石块泡沫，如在水中划行；鱼平列于龙腹尾部，方向相同，其造型最为生动，

---

① 洪志：《长江流域第一龙》，载政协黄冈市委员会学习文史委员会编《黄冈文史资料》第一辑，1998，第168页。

头、鳍、尾、鳞宛如活物，颇像现代的鲤。还有一件尚待定名的动物形象，它们都按一定的方位，排列有序，是与龙同期且先后塑造的图腾崇拜群体。依此推测，这一带除了路基所压部分之外，在附近的地层底中还会有其他物象遗存"①。这些足以说明，焦墩龙是多元容合的龙，焦墩先民已具备容合性思维，已能够用兼容、包容、综合、化合即容合的方式创造部落的象征标志，同时也说明，生活在焦墩周边的部族是通过多元容合方式组建起来的部族。

焦墩摆砌龙断代在约前4000年至前3000年，这个时间段既与笔者框定的伏羲时代（前8000年—前3500年）部分重合，也与笔者框定的炎帝时代（前3500年—前3000年）部分重合，也就是说，生活在焦墩周边的先民，有可能属于伏羲族团，也可能属于炎帝族团，笔者倾向属于炎帝族团。当然，按《周易·系辞下》所云"包牺氏没，神农氏作"，炎帝族团与伏羲族团是有血缘承续关系的。

笔者将焦墩先民划归炎帝族团，一是因为在前3500年至前3000年，即炎帝族团生存的五百年间，炎帝族团已从黄河流域发展到长江流域；二是焦墩先民已从事着比较发达的原始农耕经济，而炎帝族团正是以比较发达的农耕经济而著名。需要指出的是，将焦墩先民归于炎帝族团与说"生活在焦墩周边的部族是通过多元容合方式组建起来的部族"并不矛盾，之所以这样说，一是炎帝族团本身就具有多元容合性，就是伏羲族团后裔少典部族与女娲族团后裔女登部族相容合的部族；二是炎帝族团在南下长江流域的过程中，必然要与生活在长江流域的原土著部落居民相容合。

七、安徽凌家滩文化龙形象

凌家滩文化是凌家滩遗址显示出来的考古学类型文化。凌家滩遗址位于安徽省含山县铜闸镇凌家滩村，遗址总面积约160万平方米，经测定年代为前3600年至前3300年，即距今约五千六百年至五千三百年，是长江下游巢湖流域迄今发现的面积最大、保存最完整的新石器时代聚落遗址。1985年发

---

① 洪志：《焦墩卵石摆塑龙出土纪实》，载黄梅县政协文史资料研究委员会编印《黄梅文史资料》第六辑，1995。

现，1987年起，安徽省文物考古研究所主持对该遗址先后进行了五次发掘，出土了大批精美玉礼器、石器、陶器等，反映出同时期其他遗址中所罕见的精美程度和工艺水平。1998年被列为当年全国十大考古新发现之一，2001年入列第五批全国重点文物保护单位。

1. 环形玉龙

1998年，凌家滩遗址16号墓出土了一件环形玉龙，"灰白色泛青，表面琢磨光滑，温润，器扁椭圆形。龙首尾相连，吻部突出，头顶雕刻两角，阴线刻出嘴、鼻，阴刻圆点为眼，脸部阴刻线条表现折皱和龙须。龙身脊背阴刻规整的圆弧线，连着弧线阴刻十七条斜线柄两侧面对称，似龙身鳞片。靠近尾部实心对钻一圆孔。玉龙两面雕刻基本相同。长径4.4厘米、短径3.9厘米、厚0.2厘米"[①]。

对凌家滩玉龙的意义，学者们从不同角度进行了研究阐释。张敬国是凌家滩遗址考古发掘的主持者，他认为，凌家滩遗址"出土的玉龙、玉鹰、长方形玉版、玉龟、玉人和刻画的神秘纹饰等，表现出宗教信仰在凌家滩社会中煊赫的地位和作用。特别是出土的玉龙，体现了中国文化的传统。……凌家滩出土的五千三百年前的玉龙，已经很强烈地表现出中国龙的鲜明特征，与我们现在心目中龙的形象几乎相似"[②]。他指出："凌家滩玉龙首尾相接，两角耸起，脑门阴刻皱纹，显得庄重、威严。龙须、嘴、鳞等龙的要素齐备，其造型和神韵一如近人之作。五千多年的漫长时空，在这件玉龙上如此神奇的叠合起来，真令人不可思议，这足以说明巢湖流域是龙文化的发源地之一。"[③]张敬国、杨竹英还在他们合作撰写的论文中指出："凌家滩玉龙，虽然龙的身甲、龙爪未有雕作，但作为龙，一望而知，不致误解。……像凌家滩出土的玉龙和国人心目中的龙的形象这么相似的尚难找出第二例。这说明在凌家滩时期，龙的形象已日臻完美、明晰，龙的观念成为中国史前文明文化同构的特征之一。"[④]李修松认为，"凌家滩玉龙就是后世所说的

---

① 张敬国主编/执笔，安徽省文物考古研究所编著《凌家滩——田野考古发掘报告之一》，文物出版社，2006，第196页。
② 张敬国：《安徽含山县凌家滩遗址第三次发掘简报》，《考古》1999年第1期。
③ 张敬国：《朝拜圣地——凌家滩》，《中原文物》2002年第1期。
④ 杨竹英、张敬国：《论凌家滩玉器与中国史前文明》，载张敬国主编、安徽省文物考古研究所编《凌家滩文化研究》，文物出版社，2006，第146页。

虬龙"，"被此龙所呵护着的带角的盘曲如钩状的动物，无疑就是'龙子有角'虬龙，也就是句龙（勾龙），也就是禹的神形"。①陶治强认为，龙是"权势和至尊、至贵、至富的标志"，凌家滩墓地随葬玉龙，说明其墓主人"是氏族中的特权贵族"；龙是能够呼风唤雨的农业神，凌家滩玉龙的出土，表明在凌家滩时代，"农业已成为主要的经济部门，史前经济取得了一定程度的发展"；而龙是天人关系最形象化的表述，是沟通天地人的神灵，故凌家滩对龙的崇拜，"折射出古人的宗教哲学观"。②

那么，凌家滩玉龙的原型是什么呢？安徽省文物考古研究所编、文物出版社出版的《凌家滩玉器》（2000）、《凌家滩——田野考古发掘报告之一》（2006）分别记述了玉龙的出土情况、规格品相等，并未涉及玉龙的原型问题。

朱乃诚在《中华龙：起源和形成》一书中提出，"凌家滩'玉龙'的首部表现的是虎首，环蜷的身躯表现的是虎身。所谓'玉龙'实际上是虎头虎身。这件玉雕作品应改称为'虎形玉环'"，他进而认为，"将凌家滩遗址的'玉龙'改定为'玉虎'后，凌家滩遗址至今没有发现有关'龙'的文化遗存。而从大的范围来看，目前在安徽的江淮地区的其他遗址上也没有发现距今五千年以前的'龙'文化的遗存。所以，在探索中国'龙'文化意识的起源与形成或'龙'观念意识的起源与形成中，就目前的发现而言，应排除凌家滩遗址。含山凌家滩遗址所属的安徽江淮地区自然尚不是探索中华龙文化意识起源的主要区域"。③

针对朱乃诚的观点，王东认为，凌家滩玉龙"其头部确实主要是虎首；然而，这不是一只普通的'玉虎'，而是虎型原龙"。他提出四条根据："第一，玉虎头上有双角，说明这不是一只普通老虎，而是头上长角的通天神兽；第二，身体如蛇，体形修长，蜷曲成环，没有虎的四肢和利爪，说这是'虎身'比较勉强；第三，身上的十七道明刻线，更像身上的鳞

---

① 李修松：《试论凌家滩玉龙、玉鹰、玉龟、玉版的文化内涵》，《安徽大学学报（哲学社会科学版）》2001年第6期。

② 陶治强：《浅析凌家滩、红山文化玉龙、玉龟的文化内涵——兼谈史前社会晚期的几个特点》，《文物春秋》2007年第1期。

③ 朱乃诚：《中华龙：起源和形成》，生活、读书、新知三联书店，2009，第85、90页。

片，而不是虎脊背上的鬃毛；第四，整个头型也比虎更为偏长，吻部更为突出，说明这是一条头上长角、身体能飞天入海的神龙，而不是在地上行走的'大虫'。"①

笔者认为，凌家滩玉龙的取材对象是多元的而非单一的。首先，玉龙头部有向后耸起的稍长的双角。朱乃诚将其判断为虎之双耳，虎耳短圆且直立，故朱先生这一判断不确。朱先生在其书中还列举凌家滩85M1：7（87含征3）虎首玉璜、凌家滩87M15：109虎首玉璜、凌家滩87M8：26双虎首玉璜与玉龙做比较，这样的比较得不出玉龙首为"虎首"的结论，倒使人将二者的差别看得更清楚：玉龙头顶耸起的是稍长后翘的角，玉璜虎首耸起的是短圆的耳；玉龙脸长，玉璜虎首脸短；玉龙牙齿几乎看不到，玉璜虎首牙齿明显。生角的动物有牛、羊、鹿等，也就是说，牛、羊、鹿都有可能成为玉龙的取材对象。其次，玉龙头部整体上看更像牛头。再次，玉龙的吻部上唇凸起，高于、大于下唇，有点像熊的吻部。最后，玉龙身躯弯转成环状，如蛇。根据以上分析，笔者认为，凌家滩玉龙的形象，是先民对自然界中的牛、熊、蛇等动物的容合。

2. 龙凤璜

凌家滩遗址87M9墓出土有两件龙凤璜。"透闪石。灰白色，泛黄色浸斑。琢磨光滑润亮。剖面为扁方形。璜中间分开，两端平齐，侧面各对钻一圆孔，并有暗槽相连。两端一琢磨猪龙首形，一琢磨凤首形，在猪龙首眼部和凤首眼部各对钻一孔。外径16.5厘米、内径13.6厘米、宽0.9—1.5厘米、厚0.5厘米。"②璜是新石器时代各文化区系普遍存在的玉器，形制多样。璜的两端均有钻孔，应是穿绳所用，因此一般认为璜是装饰用玉。凌家滩遗址出土的龙凤璜一端琢成凤首，一端琢成猪龙形首，反映了史前先民对龙凤的崇拜。玉璜中部可分开，两侧各有小孔可穿绳连缀起来，可能是有意为之，使之可分为两件使用。

研究者认为，出土的龙凤璜"显示了中国龙凤文化的源头，龙凤璜是合

---

① 王东：《中国龙文化的源头活水——十大考古新发现的龙学解读》，载《西安龙凤文化·冬之卷》，2013年12月印行，第31页。
② 张敬国主编/执笔，安徽省文物考古研究所编著《凌家滩——田野考古发掘报告之一》，文物出版社，2006，第98页。

婚的信物，表明凌家滩先民已实行族外婚，在婚姻制度上已迈入一个文明的新阶段"①，同时也表明巢湖流域是龙凤文化的发祥地之一。

关于龙凤璜作为结婚或结盟的"信物"，俞伟超有比较透彻的分析："两种动物就是两个氏族的图腾祖先的象征物。一件璜形器上出现两种图腾，自然意味着这件璜形器就是两个氏族—部落实行'联姻'的信物。"他指出："凌家滩的地理位置位于我国东部地区，即古史传说中屡屡提到的东夷、淮夷等集团活动的区域，他们刚好以鸟类作为图腾祖先。这就可以认为，璜形器上的鸟首正是当地居民的图腾祖先的象征物。另一端的其他动物自然就是他地其他氏族的图腾祖先的象征物。两种图腾共处一器的现象，无疑正意味着此器是两地氏族—部落实行通婚的一种物证。""在五千年前的时候，部落联盟乃至联盟集团正在愈滚愈大，这样一些群体的首脑之间的通婚，含有很多政治需要，双方通婚也就意味着结盟，使用'联姻'一词就更能表达出这种意义。这样的联姻自然常会继续若干世代，并往往在双方的子女间先订立婚约，以后再正式成婚。可以设想，作为这种联姻信物的璜形器就会在确定婚约时制作出来，当实行了一定的仪式后，双方先各持这种信物的一半，合婚时加以合拢，从此不再分开，死后即葬入墓中。正因为如此，作为联姻信物的璜形器在墓内出土时，就都是合拢后的整器。"②

俞伟超还进一步指出："在五千多年前的凌家滩，各地已经形成了许多空间范围很大的部落集团，不同部落集团之间争夺资源的战争当时此起彼伏，日益加剧。在这种形势下，不同部落集团实行结盟，订立军事同盟活动已非常普遍。在那种文明时代来临之前，订立盟约，各持信物，祭天为证。凌家滩祭坛遗迹的发现，说明早在五千多年前的巢湖流域就存在着国家的雏形。"③

研究者还注意到，"龙凤璜中的龙与红山文化玉猪龙非常相似，这表明文化艺术所反映的文明不但有许多相似的共性，而且文明有强烈的传承性，不同地区和不同种族，比如辽宁和安徽距离相差近两千公里，在那遥远

---

① 蔡凤书主编《国宝发掘记》，齐鲁书社，2004，第23—24页。
② 俞伟超：《凌家滩璜形玉器刍议》，载安徽省文物考古研究所编《凌家滩玉器》，文物出版社，2000，第139—140页。
③ 转引自黄婧、孙超、王素英《中国龙凤文化起源于巢湖流域》，《安徽商报》2007年5月19日。

的年代，分别创造出惊人相似的文明艺术"①。这也说明，古人思维、意识的发展演进，具有时间上的大体一致性，即随着生产力的发展，到了一定时候，人们就不约而同地由对动物、植物等自然物的崇拜，发展、升华为神物崇拜，从而发明、展现出龙、凤、麒麟等源于自然崇拜又高于自然崇拜的神物来。

3. 鹰猪玉质组合件

凌家滩遗址98M29墓出土一枚鹰猪玉质组合件。"灰白色泛青绿点，表面抛光润亮。器宽扁形。鹰做展翅飞翔状，头和嘴琢磨而成，眼睛用一对钻的圆孔表示，两翅各雕一猪头似飞翔状。腹部规整刻画一直径1.8厘米的圆圈纹，内刻八角星纹。八角星内又刻一直径0.8厘米的圆，圆内偏左上又对钻一圆孔。大圆的下部雕刻扇形齿纹作鹰的尾部。鹰两面雕刻纹饰相同。通高3.6厘米、宽6.35厘米、厚0.5厘米。"②

这件玉质组合件至少可以排列出五种关系，即：鹰与凤，鹰与圆圈纹、八角星纹，鹰与猪首，猪首与龙，猪首与圆圈纹、八角星纹。分析这五种关系，我们可以得到以下几点认识：第一，鹰是凤的容合对象之一。此件鹰头上似有装饰物，胸腹部有象征太阳的圆圈纹和八角星纹，故已不是一般普通的鹰，而是已被神化的鹰，具有了与凤鸟相同的向阳、达天等神性，故可将此鹰视为鹰型原凤。第二，猪是龙的容合对象之一。此件上的双猪首头顶似有装饰物，两猪首交接处有象征太阳的圆圈纹和八角星纹，而且作为鹰的双翅出现，故已不是一般普通的猪，而是已被神化的猪，具有了与龙相同的好飞、通天等神性，故可将此猪视为猪型原龙。第三，鹰型原凤与猪型原龙同处一件，而且身躯交融，有可能表明，以鹰凤为图腾的部族，和以猪龙为图腾的部族是"联姻"或"联盟"的关系。第四，此前，陕西宝鸡北首岭仰韶文化遗址出土的蒜头壶上、内蒙古赤峰市敖汉旗赵宝沟文化遗址出土的陶尊上，都有原龙原凤同处一器但不交融的情况，此件上的原龙与原凤交融在一起，可视为目前发现的最早的龙凤交融图。第五，圆圈纹、八角星纹与以太

---

① 张敬国主编/执笔，安徽省文物考古研究所编著《凌家滩——田野考古发掘报告之一》，文物出版社，2006，第108页。

② 同上书，第248—249页。

阳崇拜为基础的原始宗教有关，说明98M29墓的墓主人有可能是身兼巫师职能的部族首领。

4. 人面龙身纹陶轮

凌家滩遗址87M13墓出土陶轮一件。"泥质黄褐陶，算珠形。两面阴刻图案，结构不清。外径35厘米、内径31厘米、厚9厘米。"[1]对该件所刻图案，安徽省文物考古研究所编著的《凌家滩——田野考古发掘报告之一》谓之"结构不清"。其实，仔细看，这两面阴刻图案，一面的图案的确难以分辨，而另一面的图案却是基本清楚的：中间圆孔上方，有一侧面人像，其眼、鼻、嘴都比较清楚；头顶有一角状饰，稍弯，大头作圆杵形，小头稍耸起。连接人面像的是环绕着中间圆孔的身躯，身躯上有一些不规则的点状刻痕，身躯外沿一边还有数道似乎表现足爪的刻线。总体上看，将这幅图案称为"人面龙身纹"是不成问题的。

这幅"人面龙身纹"意义重大。第一，表明五千三百多年前的凌家滩地区乃至长江下游巢湖流域，生存、繁衍着以龙为图腾的部族。第二，将人面与龙身结合在一起，说明凌家滩先民已将祖先崇拜和龙崇拜相结合，这样的结合，为中华儿女"龙的传人"说提供了新的极为重要的证据。说明"龙的传人"的观念，在五千三百多年前就已萌生。第三，也证明朱乃诚提出的"凌家滩遗址至今没有发现有关'龙'的文化遗存""安徽江淮地区尚不是探索中华龙文化意识起源的主要区域"[2]的观点并不成立。

5. 凌家滩先民的归属

凌家滩遗址断代在前3600年至前3300年，这个时间段与笔者框定的炎帝时代（前3500年—前3000年）大体吻合，故可将凌家滩先民判断为炎帝族团。

做出这一判断，还有以下证据：第一，《山海经·北山经》载："炎帝之少女，名曰女娃。女娃游于东海，溺而不返，故为精卫。常衔西山之木石，以堙于东海。"这是人们熟知的"精卫填海"的神话，由这个神话我们可以读出炎帝族团由黄河流域发展到东南沿海的信息。而产生凌家滩文化的

---

[1] 张敬国主编/执笔，安徽省文物考古研究所编著《凌家滩——田野考古发掘报告之一》，文物出版社，2006，第130页。

[2] 朱乃诚：《中华龙：起源和形成》，生活、读书、新知三联书店，2009，第90页。

安徽含山，就靠近东南沿海。第二，《补史记·三皇本纪》载："神农氏，姜姓以火德王。母曰女登，女娲氏之女，感神龙而生，长于姜水，号历山，又曰烈山氏。"这段记载除提供了炎帝族团是女娲族团之后的信息外，还提供了炎帝族团崇龙、崇火的信息。而崇龙、崇火在凌家滩遗址均有突出反映：崇龙如上述玉龙、龙凤璜、人面龙身纹陶轮；崇火与崇日是一而二、二而一的事情，崇火必然崇日，上述鹰猪玉质组合件中腹部刻的八角星纹，就是日纹的一种；还有凌家滩遗址出土的玉版，其主纹也是日纹。第三，《帝王世纪》言炎帝"人身牛首"，这句话提供了炎帝族团还崇拜牛的信息。炎帝是农业文明的启肇者，炎帝族团是主营农耕的族团，而农业、农耕都离不开牛。资料证明，牛的驯化起始于前4000年前，而凌家滩玉龙的头部就多取材于牛首。

需要指出的是，将凌家滩先民判断为炎帝族团，并不是说凌家滩先民就是纯粹的炎帝后裔，情形很可能是炎帝族团的一支东进南下至凌家滩地区，与当地土著（有可能是东夷、淮夷）相容合后形成新的部族。东夷、淮夷都是崇鸟崇凤的族团，凌家滩遗址既出土有龙纹、日纹，也出土有鸟纹、凤纹，就说明了这一点。

八、浙江良渚文化龙形象

良渚文化是中国新石器时代中期文化之一，因首次发现于浙江余杭良渚镇而得名，主要分布在长江下游的太湖地区，包括余杭良渚、嘉兴南、上海东、苏州、常州、南京一带；扩张西到安徽、江西，北到江苏北部，接近山东，影响至山西南部地带。其断代为前3300年至前2200年，即距今约五千三百年至四千二百年。良渚遗址群面积近50平方公里，已查明各类遗址一百三十余处，其中反山遗址是等级、身份、地位最高，具有"王陵"性质的墓地。

良渚文化遗址出土的玉器有琮、璧、钺、璜、冠形器、三叉形玉器、玉镯、玉管、玉珠、玉坠、柱形玉器、锥形玉器、玉带及环等，出土的石器有镰、镞、矛、穿孔斧、穿孔刀等，磨制精致，特别是石犁和耘田器的使用，说明当时已进入犁耕阶段。另外，也有细致的陶器出土。

2007年11月29日，相关考古专家在杭州宣布，一座290多万平方米的五千年前的古城在良渚遗址的核心区域被发现。"它规模宏大的营建工程及其所反映的惊人的管理和社会组织动员能力，表明其除了具有政治意义上的功能，还可能具有军事和防洪功能。特殊的营建方式也为国内首次发现，它的发现改变了原本以为良渚文化只是一抹文明曙光的认识，标志着良渚文化其实已经进入了成熟的史前文明发展阶段。"[1]

2019年7月6日，第43届联合国教科文组织世界遗产委员会会议（世界遗产大会）在阿塞拜疆巴库举行，中国良渚古城遗址当天获准列入世界遗产名录。新华社当日发消息说："世界遗产委员会表示，良渚古城遗址展现了一个存在于中国新石器时代晚期以稻作农业为经济支撑、并存在社会分化和统一信仰体系的早期区域性国家形态，印证了长江流域对中国文明起源的杰出贡献。遗址真实地展现了新石器时代长江下游稻作文明的发展程度，揭示了良渚古城遗址作为新石器时代早期区域城市文明的全景，符合世界遗产的真实性和完整性要求。"[2]

1. 玉琮及神人兽面纹

玉琮是良渚文化玉器的典型代表，其"器形为外方内圆，中间是上下贯通的圆孔，所有的良渚玉琮均刻饰神人兽面纹。对于玉琮的用途、功能，可说是众说纷纭，意见不一，但研究者在论述时，都把玉琮与神、巫联系起来进行阐说，而玉琮的主人，则应是掌握神权的人。……反山共出土了二十一件玉琮，其中12号墓有六件玉琮，最大的玉琮重达6500克，而且是所有良渚玉琮中唯一在中间直槽上雕琢了八幅完整的神人兽面纹的一件，被称为'琮王'，成为国宝级文物"[3]。

浙江余杭反山之外，江苏吴县（今苏州市吴中区、相城区）、江苏武进、上海青浦等地属于良渚文化的墓葬中也出土有多件兽面纹玉琮。

作为典型纹饰，神人兽面纹广泛出现于良渚文化的各种玉器上。以浙

---

[1] 《2007年十大考古发现》，中国历史文化遗产保护网，2008-04-08，http://www.wenbao.net/shidakaogu/200701.html。
[2] 《良渚古城遗址申遗成功　中国世界遗产数量世界第一》，新华网，2019-07-06，http://www.xinhuanet.com/politics/2019-07/06/c_1124719055.htm。
[3] 蔡凤书主编《国宝发掘记》，齐鲁书社，2004，第29页。

江余杭反山出土的"琮王"为例：神人兽面纹雕刻于该琮四个正面的中间部位。"纹饰中部是以浅浮雕表现的'兽面'，重圈为眼，二目圆睁，眼眶间有短桥相连，宽鼻，阔口，上下两对獠牙龇于唇外；上部为'神人'，倒梯形脸，双眼具小尖眼角，阔鼻，大口露方形齿；头戴宽大的羽冠，冠上羽毛呈放射状排列，双臂平端，肘部下弯，双手五指平伸插于兽面眼眶两侧；下部自兽口两侧有极度弯曲的双腿，双足呈爪状相对，爪甲尖利弯曲。整个图像具有一种逼人的气势，给人以神秘、恐惧之感。"①

对这样的图像，李学勤指出："将图像看作上下两部分的重合。上方是人形的上半部，有戴羽冠的头和双手，下方为兽面，有卵圆形的目和突出獠牙的口，并有盘曲的前爪。上下的界限相当清楚。这样看时，下部的兽很可能是当时龙的形象。""这种图像所要表现的，正是人形与兽形（龙）的结合统一，如牟永抗所说是'人兽合一'。不管把图像看成神人的全身，或人、兽两个面孔，或戴有人面形冠饰的兽面，可能都是原设计者的目的。图像中的兽，即龙，本来是神话性的动物，是古人神秘信仰的体现，同时又是当时正在逐渐形成、增长的统治权力的象征。要在图像中表现这一点，于是构成了如此奇幻的纹饰。"②

那么，这样的龙的形象主要取象于自然界中的什么动物呢？刘志雄、杨静荣认为，其"圆睛、獠牙外露（犬齿发达）、爪甲长而尖利都是食肉动物的特征。长吻食肉动物（如狼等犬科动物）的正面形象嘴往往显得较小，而只有短吻的食肉动物（如虎等猫科动物）的正面形象才是图像中那样的大嘴。浙江吴县草鞋山良渚文化遗址③二层出土玉琮上的神兽融合纹的神人部分已简化成两组平行的弦线，而兽面部分的额部有横纹，口两侧有须，酷似现今工艺美术品布老虎的正面头像。古生物资料表明，新石器时代的太湖流域确实有虎生存，而后世与良渚'神人兽面纹'形象、含义基本一致的器物造型中的兽无一不表现为虎。由此推断，太湖流域原龙纹形象主要取像于

---

① 刘志雄、杨静荣：《龙与中国文化》，人民出版社，1992，第44页。
② 李学勤：《走出疑古时代》，长春出版社，2007，第89—90页。
③ 原书"浙江"有误，应为江苏。吴县原为吴县市，2000年撤销，调整为苏州市吴中区、相城区，草鞋山遗址位于吴中区。

虎的正面头像"①。王东持类似看法，他指出："玉琮下半部分，实质上是虎型原龙纹，可以举出六点论据：（1）虎型方头；（2）虎型圆眼；（3）虎型短耳；（4）虎型獠牙；（5）虎型利爪；（6）古生物资料表明，这一时代这一地区确实有虎。""不过这里的老虎并非真实自然的老虎，而是神化龙化了的老虎，所谓'神人兽面纹'实质上是'神人虎龙纹'，其文化内涵、宗教内涵是'神人骑虎龙，上下通天地'，以虎型原龙为形成之中的国家权力、王权助威。考古学中的'兽面纹、饕餮纹'，其实大多是虎型原龙纹。"②

当然也有不同的看法。孙荣华认为，"良渚文化的神人兽面纹，取象神鸟，与鸟崇拜相关，而这一母题，应是鸮鸟，即猫头鹰"。他分析说："河姆渡文化与良渚文化对鸟的崇拜，应已达到了图腾的地位。良渚文化中不仅有圆雕玉鸟，而且在器物上雕刻鸟图符也是一种比较普遍的现象，主要见于玉琮、玉璧、玉璜、冠状饰等玉器及少数陶器上。鸟的形状虽然多种多样，却也可以看出是出于对同一母题的表现，而且有些鸟的身体上都还无一例外刻画有兽面神徽的眼睛（或者说鸟的身体均以神眼表示），应是良渚先民鸟崇拜观念的真实写照。""鸮的形象极具威慑力，加上有关它的种种传说，所以应是其他动物所不及的。也许正是这些缘故，给本来就相信神灵、渴望与外界沟通的远古人类带来了启发。于是，他们便在鸟崇拜观念的基础上选择了鸟类中最具特色的鸮作为崇拜的载体，并幻想着借助鸮的威慑力来驱妖辟邪，震慑外族。……先民们的这种信仰，正是他们利用鸮的特殊形象来构思设计'神人兽面纹'的用意和动机。"③

黄厚明对神人兽面纹的组成元素和构图方式进行了解析，将其确认为良渚人宗教仪式祭祀对象——鸟祖形象，他认为："这一新神灵图像的产生，既是对中国东南沿海地区史前文化两千年来崇鸟传统的承继，同时又根植于良渚社会'巫政合一'的等级分层制度，即掌握世俗和宗教权力的显贵们为了协调人与神、人与人关系，维护自身的统治秩序，一方面依靠世俗的力量

---

① 刘志雄、杨静荣：《龙与中国文化》，人民出版社，1992，第44—45页。
② 王东：《中国龙的新发现：中华神龙论》，北京大学出版社，2000，第63—64页。
③ 孙荣华：《鸟崇拜与良渚文化神人兽面纹》，《东方博物》2004年第1期。

将宗教仪式对象社会化、等级化，另一方面又以自身为原型创设鸟祖形象来保障和强调现实统治的神圣性和合法性。"①

翰林老马认为良渚文化的兽面纹，"是当时人们敬畏鳄鱼之情的物化、神化的意识表象。在形象的展现上，艺术性地把立体的鳄鱼头部铺开平面化，用减地琢玉手法抽象地突出了眼睛，大部分的器物多采用这一简单的图案。完整的图案则是眼睛下方刻有宽厚的胸膛、粗壮的双肢、尖利的双爪和满嘴的獠牙。良渚文化还有一些玉制器物如玉璜、玉环、玉镯等，都琢有立体浮雕的鳄鱼头，然而都被赋予了龙的称呼"。"良渚文化中心处在长江下游环太湖区域，具体是现在的杭嘉湖苏沪等地，地理上自古就是水网地带，非常适宜水生两栖动物生长，例如鳄鱼，长江中下游以前就生长着扬子鳄，若不是人类的干扰，至今仍然是它们生养之地。可想而知，五六千年前良渚文化区域内，一定还生长着大量的鳄鱼。鳄鱼是极其凶残威猛的动物，人们自然而然地会对它产生敬畏之意，将它区别于其他动物，进而赋予超自然的神秘色彩，作为崇拜的偶像。""至于人兽合一的神人兽面纹，就是当时人们幻想将鳄鱼的力量和威势能够附着在人的身上，获得脱凡超自然的神奇，受到人们的尊崇。这个共识一旦形成，便会蒙上浓厚的宗教意识和迷信色彩，自然而然地成为崇拜的对象、权力的象征和社会的图腾，成了这个历史文化时期的标志。当时拥有刻此图案玉器的人，一定是权贵之类，反山出土的玉琮王就证明了这一点。""我们设想这么一副情景，五六千年前的原始部落，年迈体弱的首（酋）长已无法承担起责任，按惯例只有敢于制服并能够制服一只巨鳄的人，才有资格接班继任，因此鳄鱼和首（酋）长理所当然都被神化。随着生活、生产和战争发展的需要，部落消亡整合不断发生，随着部落群乃至酋邦制的建立，进而派生出区别于普通人的权贵们，他们被神化而拥有至高无上的权势。神人兽面纹就是当时社会意识和社会形式形象化的表示。"②

笔者认为，虎、鸟（鹗）、鳄，以及牛、猪、熊等动物，都是龙的容合

---

① 黄厚明：《良渚文化鸟人纹像的内涵和功能（上）》，《民族艺术》2005年第1期。
② 翰林老马：《对良渚文化神人兽面纹含义的看法》，中国古玩网，2006-11-30，http://www.cguwan.com/show-664-9473-1.html。

对象；出土的神人兽面纹均不是单纯的某一种动物所能简单对应的，很可能是良渚先民对多种动物的一种综合，神面纹显示的瞪目、大口、獠牙、利爪等形象特点，说明这样的综合与龙的容合是一致的，故可将各种各样的神人兽面纹都统称为"神人龙面纹"或"龙面纹"。

2. 瑶山龙首镯

1987年5月至6月，浙江省文物考古工作者对位于杭州市余杭区安溪村的瑶山遗址进行了一次抢救性考古发掘，发现了一处良渚文化时期的祭坛遗迹和十一座良渚文化时期的墓葬，出土文物中有一件编号为M1：30的"龙首镯"。《发掘简报》介绍称："镯体作宽扁的环状。内壁平直光滑，外壁以浮雕加线刻琢出四个相同的龙首形装饰突出于器表。……利用环身的宽平面表现龙首的正面图形，图像下端为宽平的嘴裂，露出平直的上唇和上门齿九至十枚，以浮雕法突出于环体的外侧。在上唇的两侧琢出圆形突起的鼻孔，宽扁的鼻部与上唇平齐。图像上端与鼻翼相应的部分琢出一对圆突的眼球，外饰一道圆形的眼圈。两眼的上方用阴线刻出一对圆端的短角，短角的后方以示意性的浮雕显现近方形的两耳。在眼、鼻之间壁面稍稍弧陷，表现长而且大的鼻梁。在环体弧形侧面，用很浅的浮雕和阴线刻条表现深而长的嘴裂和鼻及头部的侧视外形。细审图像各部，眼和牙近似水牛或鹿，鼻如猪，角和耳非牛非鹿，似为各种动物的结合图形。以往曾将这种玉器称为'蚩尤环'。我们认为如以平面加一个侧面进行斜向观察，其形态和我国传统观念中的龙形颇为近似。这种玉镯与商、西周乃至春秋战国时期的龙形玉雕有相似之处，环曲的镯身，或可视作龙体的象征。"[①]

刘志雄、杨静荣认为："浙江余杭瑶山出土的'龙首镯'上的'龙首'，就是'神兽融合纹'的一种。通过良渚有关纹饰的对比我们可以清楚地看出，该'龙首'那非牛非鹿的双角双耳，实际上是神人纹的简化形式，确切地说是由神人羽冠简化而来；'龙首'的眼、鼻、口则是兽面纹的简化形式。两部分形象、含义都不相同的纹饰经简化、变形组合在一起，竟然形成了一个四不像的似龙动物头部，这种现象在我国新石器时代的原龙纹中是

[①] 浙江省文物考古研究所：《余杭瑶山良渚文化祭坛遗址发掘简报》，《文物》1988年第1期。

仅有的。"①

笔者认为，瑶山龙首镯的弯角可能取材于牛、鹿，其圆眼可能取材于虎，其凸嘴可能取材于猪，总之是一个"容合"起来的形象。

3. 龙潭港陶杯龙纹

1997年，浙江省文物考古研究所与海盐县博物馆在海盐县龙潭港发掘了一处良渚文化墓地，清理祭坛一座、墓葬二十座。其中在标为M12的较大墓葬中出土了一件宽把陶杯，为夹细砂灰胎黑皮陶，高14.7厘米。口部为箕状，口径长14厘米，带盖；流较宽短，腹部略鼓，呈粗矮筒形，环形把手宽11.7厘米，与流相对；矮圈足。在腹部、流下和宽把上侧的三个部位以刻画的细线饰三组纹饰。②

朱乃诚介绍说："龙形纹饰刻画在这件宽把陶杯的腹部，为上下两条长身动物，围绕宽把陶杯腹部一圈。头部特征较为明显，尖牙利齿，圆目，构图手法是把立体面的双目与牙齿夸张地展示于同一平面上；身体由简洁的线条构成，并布列一些小圆孔，似象征该动物表皮的纹饰；尾部向上弯曲，与头部相对。"③该陶杯断代在前2600年至前2400年之间。朱乃诚认为此龙纹的取材对象是自然界中的蛇，笔者以为从形象上看，其取材对象还有鱼的成分，甚至像鱼的成分更多一些。

除以上所述，浙江余杭瑶山良渚文化遗址祭坛墓葬还出土有象征权力的龙首牌饰一件。该器玉已质变，呈粉白色。直径4.8厘米，孔径1.4厘米，厚0.4厘米。器形似璧，在边缘的一侧雕琢两龙首，头部相对。④

综合来看，良渚文化龙纹的取材对象是多元的，可以说，虎、牛、鹿、熊、鸟、鳄、蛇、鱼等动物都不同程度地进入了良渚龙纹的容合过程。

4. 良渚先民与炎帝黄帝

良渚文化遗址断代在前3300年至前2200年之间，即距今约五千三百年至四千二百年。笔者将炎帝时代断为约前3500年至前3000年，即距今约五千五百年至五千年；将黄帝时代断为约前3000年至前2500年，即距今约

---

① 刘志雄、杨静荣：《龙与中国文化》，人民出版社，1992，第44页。
② 孙国平、李林：《浙江海盐县龙潭港良渚文化墓地》，《考古》2001年第10期。
③ 朱乃诚：《中华龙：起源和形成》，生活·读书·新知三联书店，2009，第103页。
④ 余继明编著《中国古玉器图鉴：良渚文化玉器》，浙江大学出版社，2001，第52页。

五千年至四千五百年;将蚩尤断为炎帝时代与黄帝时代对接时期的人物,其生存年代大约在前3100年至前3000年,即距今约五千一百年至五千年。这样,良渚先民就既可能是炎帝族团与当地土著民的容合,也可能是黄帝族团与当地土著民的容合,还可能是蚩尤族团与当地土著民的容合。

九、内蒙古、辽宁红山文化龙形象

1. 赛沁塔拉玉龙和乌丹镇玉龙

1971年8月的一天下午,内蒙古自治区赤峰市翁牛特旗乌丹镇赛沁塔拉村青年农民张凤祥在该村北山南坡林地挖土时,发现一块碗口大的青石板,他揭开石板,露出一个用石块精心砌垒的深约两尺的小石洞,洞底平放着一个圆形环状、灰白色的物体,上面长满了"土锈"。当时,张凤祥和一同劳动的两个伙伴都认为这是一块圆形"马蹄铁"。天黑收工时,张凤祥将这个大"铁圈子"带回了家。家人以为是一个没用的废物,就拴了条麻绳,给小孩子当玩具。孩子时不时地拖拉着大"铁圈子"满街跑,日子一长,上面的土锈开始脱落,渐渐地露出了润滑似玉般的光泽。村中一老太发现,便到张家,对张凤祥的父亲张金贵说:"这是一块质地较好的玉,不能再给孩子当玩具了。把它收藏保管好,设法找个内行人看看到底是干啥用的。"1971年10月、11月,张金贵父子先后两次拿着"宝物"到翁牛特旗文化馆。第一次该馆未收,第二次才被王姓馆长收下,并得到三十元的奖励。1973年,中国科学院考古研究所研究员刘观民到赤峰考察,得知此事后,经过实地考察和鉴定,确认该"宝物"为原始社会新石器时代红山文化"玉龙"。1980年,"玉龙"被借调出国展览,在日本等国受到赞誉。之后,被正式调入中国历史博物馆作为国家永久收藏文物。[①]

据翁牛特旗文化馆1984年发表的报告,这条"龙"由墨绿色玉雕磨而成,高26厘米,全身细长,呈弯曲的C字形,截面呈直径2.3—2.9厘米的椭圆形。"龙"头较长,具有长长的略向上翘的吻,鼻端截平,端面近椭圆形,有一对圆形鼻孔。额及颈部皆刻细密的方格网状纹。"龙"的双眼细长呈突起的梭形,嘴紧闭呈一条线。"龙"的颈脊部是一条长21厘米的长鬣,鬣后

---

① 翁旗:《"中华第一龙"出土揭秘》,《神州》2003年第9期。

部上翘弯卷，这条长鬣竟占全玉长度的三分之一以上。"龙"形玉的中间部位有一个对穿的单孔，如用绳系孔悬挂起来，"龙"的头、尾恰好处在同一水平线上，这说明这件玉器是精心设计的用于悬挂或饰带之物。①

据报道，在赛沁塔拉玉龙被发现的十六年后，1987年10月，翁牛特旗黄谷屯又发现了一件黄色玉龙。此龙高16.5厘米，其造型与赛沁塔拉玉龙基本一致，不同的是，其"鼻端无对称的双鼻孔，而是刻画出两条短线，颚底也有网格纹，又远不如赛沁塔拉龙那么细密规整。鬣也不长，为7.2厘米。最为引人注意的是，黄谷屯龙的长鬣末端不起尖，而是做成卷云状"②。专家们从其雕刻风格、工艺水平以及表现出的粗糙、简单、原始雏形的特点，推定其时代早于赛沁塔拉玉龙。但两件玉龙有三个共同点：都是C字形，腰部都有一小孔两面穿，颈上都有长鬣，而且出自一个地区，距离只有50公里。③

2011年1月21日《中国文物报》发表了《"中华第一龙"C形玉龙出土地点得到确认》的报道，称：2008年初，中国社科院考古研究所内蒙古考古队联合翁牛特旗博物馆，将C形黄玉龙的出土地点立项并入"中华文明探源工程"调查活动之中，结合第三次全国文物普查，对C形黄玉龙的真正出土地点和两件C形玉龙出土地的周边环境进行田野考察和民间访问，采访相关人士上百人次，在翁牛特旗红山文化遗址群采集实物标本上千件，于2010年10月下旬最终确认黄玉龙形器的出土地点为翁牛特旗乌丹镇新地村东拐棒沟红山文化遗址群中。据介绍，黄玉龙的出土流传经历可谓曲折。1949年春季，翁牛特旗乌丹镇新地村村民马忠信在东拐棒开垦荒地时发现了黄玉龙，便带回存在家中，但一直不知何物。1978年春，为了给母亲治病，马忠信的儿子委托同村村民将其卖给了生意人李井荣。1987年，李井荣的一个亲戚看到黄玉龙后认为与碧玉龙相似，可能是一件珍贵文物，遂找到翁牛特旗博物馆馆

---

① 翁牛特旗文化馆：《内蒙古翁牛特旗三星他拉村发现玉龙》，《文物》1984年第6期。"三星他拉"为赤峰市翁牛特旗所辖村名，地名普查后改为"赛沁塔拉"（参看院秀琴《红山玉龙：中华民族团结和合的象征》，内蒙古新闻网，2021-03-19）。为叙述方便，本书均以"赛沁塔拉"称谓。

② 郭大顺：《龙出辽河源》，百花文艺出版社，2001，第119页。

③ 贾鸿恩：《内蒙古又发现一件新石器时代玉龙》，《中国文物报》1988年4月8日；宁波、邵振国：《玉龙之谜》，《红山晚报》2007年12月11日。

长贾鸿恩请教。贾馆长再次带着黄玉龙到了北京,请中国社会科学院考古研究所苏秉琦和刘观民过目,苏、刘共同认定这也是一件国宝,重要性并不亚于碧玉龙。后经国家文物部门鉴定,黄玉龙亦为国家一级文物,现保存在翁牛特旗博物馆。当地文物保护人员在翁牛特旗乌丹镇新地村东拐棒沟附近农田里,采集到大量的红山文化陶片、磨盘残块和其他石器。在开展第三次全国文物普查时,在出土地周围发现了十五处红山文化遗址,出土地西北侧一处较高台地为大窝铺红山文化早期遗址。①

看来,此龙原称"黄谷屯玉龙"已不准确了,应称"乌丹镇玉龙"才对。

2. 对赛沁塔拉玉龙和乌丹镇玉龙的认识

孙守道认为,赛沁塔拉玉龙属于红山文化,其时代不会晚于距今五千年。②郭大顺认为,赛沁塔拉玉龙和乌丹镇玉龙以及《古玉精英》[傅熹年,中华书局(香港)有限公司,1989]收录的其他两件玉龙,尽管有"此类龙的形式可能较晚,而以为属后红山文化"之说,"不过从长鬣作风与红山文化勾云形玉佩一致看,属红山文化的可能性仍然较大"。但他又指出:"而我们所知道的正式出土地点的两件都在赤峰以北地区,那里同时有较多赵宝沟文化分布。此类龙首部形象有与鹿接近处,而赵宝沟文化又多鹿头龙,从而以为这类'C'字形龙有可能属赵宝沟文化,而其原型可能与鹿有关,可备一说。"③

张松柏将赛沁塔拉玉龙和赵宝沟文化陶尊上的龙纹做了"考古类型学"的比较研究,发现两者可谓异曲同工:二者同样有兽形首,同样有大蜷曲弯钩形的身躯,同样在后颈处披着长鬣。很显然这种动物头颈饰羽冠和长鬣的手法是赵宝沟文化龙凤纹的一种带有明显风格特征的象征物,它代表的是神圣。陶尊上的龙眼采用写实手法创作,均呈细长的柳叶形,它与红山文化玉龙刻意神化夸张眼部的风格明显有别,但是却与赛沁塔拉玉龙眼部的表现手法相雷同,陶尊上的龙身全部饰满网格纹又与赛沁塔拉玉龙上的网格纹装饰手法相雷同,两类龙同样后颈上飘逸着卷曲的长鬣,同样身躯呈大C字形

---

① 李政:《"中华第一龙"C形玉龙出土地点得到确认》,《中国文物报》2011年1月21日。
② 孙守道:《三星他拉红山文化玉龙考》,《文物》1984年第6期。
③ 郭大顺:《龙出辽河源》,百花文艺出版社,2001,第60页。

蜷曲上翻的造型。据此，张松柏认为，赛沁塔拉玉龙是赵宝沟文化的龙形玉器。①

如果将赛沁塔拉玉龙和乌丹镇玉龙的归属定为赵宝沟文化，其产生年代就不是前3000年前后，而是前4400年以前，即距今约六千四百年了。

如果说张松柏的观点是"上溯"的话，朱乃诚的观点则是"下探"。他认为，赛沁塔拉玉龙不是红山文化玉器，其年代可能在夏家店下层文化时期，在前2000年至前1500年之间，其文化性质可能属夏家店下层文化。②其论据和推理主要是："从赛沁塔拉玉龙首部的长吻、梭形眼的特征，尤其是飘逸的鬣的特征见于二里头文化的现象分析，赛沁塔拉玉龙的年代应与二里头文化的接近。在辽西地区，与二里头文化年代接近的是夏家店下层文化。夏家店下层文化与二里头文化不仅年代相若，而且还存在着文化上的交往与影响关系。""既然赛沁塔拉玉龙只是与二里头文化'龙'遗存存在着相同的特征，赛沁塔拉玉龙分布的辽西地区的夏家店下层文化又受到二里头文化的影响，那么可以推测赛沁塔拉玉龙应是在二里头文化影响下产生的。赛沁塔拉玉龙的年代自然应与二里头文化的接近，亦应与夏家店下层文化的相当。"③在这个问题上，笔者将赛沁塔拉玉龙与小山遗址陶尊龙纹、二里头遗址陶片龙纹相比较，倾向于认同张松柏的观点。朱乃诚所言"颈脊部位飘逸的长鬣的特征，目前在早于二里头文化的'龙'遗存中尚未见到"④的判断不确，也就是说，"颈脊部位飘逸的长鬣的特征"在早于红山文化的赵宝沟文化遗存中就已经出现了。这样看来，不是"遗存中有类似风格"的二里头"龙"影响了赛沁塔拉玉龙的出现，倒是赛沁塔拉玉龙的风格有可能影响到了二里头"龙"的出现。

对赛沁塔拉玉龙的取材对象，也有不同的观点。孙守道、郭大顺认为，赛沁塔拉玉龙的首部形象，"口闭吻长，鼻端前突，上翘起棱，端面截平，有并排鼻孔二，这些都是猪首特征"⑤。王大有、王东将赛沁塔拉玉龙推断

---

① 参看宁波、邵振国《玉龙之谜》，《红山晚报》2007年12月11日。
② 朱乃诚：《中华龙：起源和形成》，生活·读书·新知三联书店，2009，第73页。
③ 同上书，第79页。
④ 同上书，第78页。
⑤ 孙守道、郭大顺：《论辽河流域的原始文明与龙的起源》，《文物》1984年第6期。

为"马龙",或"马型原龙"。其理由,一是该龙头型不是近似于猪的三角形,而是近似于马的长方形;二是该龙没有猪一样的大耳朵;三是该龙脖后颈与脊梁上飞掠而起的鬃毛,几乎占到全身的三分之一,更近似于马鬃而不是猪鬃。①但此观点因缺乏考古发现的支持而遭到质疑,因为,原始居民饲养马是比较晚的事情,中国北方新石器遗址中普遍不见家马骨骼出土。②红山文化遗址中经常发现牛、羊、猪等家畜的骨骼和鹿、獐等兽骨,但一直未发现家马或野马的骨骼。③1959年,考古工作者在青海省都兰县诺木洪塔里他里哈遗址内发现畜圈,圈内有马的粪便,断代在前2200年前后,即距今约四千四百年。④这是目前发现的年代最早的先民养马的证据。

值得重视的是张松柏的观点,他指出:"从动物地理学的角度来看,红山文化分布的山地丘陵地带根本就不属于马的分布区。从距今一万年起到战国时期长达八千年的漫长岁月,赤峰一直是农耕文化分布地域,直到战国时期东胡才从蒙古高原南下进入赤峰,开始了畜牧、狩猎和农耕相结合的历史,地理学通常把大兴安岭这块山地丘陵过渡带称为宜农宜牧带,就是说这块土地尽管为马背民族居住,但是它从来就不是草原。""赤峰史前文化遗存发现的野生动物种群最多的是野猪和马鹿,这两种动物都属于森林动物,并且具有超强的繁殖能力,因此自古以来野猪和马鹿就是赤峰古代人类狩猎的主要对象。在原始宗教观念的支配下,人们认为马鹿和野猪是天神的赐予,产生了对这两种动物的神灵崇拜,这便是古代赤峰先民尊鹿和野猪为狩猎之神的由来。""尊野猪为神的风俗最早可上溯到八千年以前的兴隆洼文化,人们在一座居室墓内就发现有人与两头野猪合葬的丧葬习俗,另外在一座房址内还发现十二个野猪头和三个马鹿头摆放在一起,并且额头上有钻孔和烧灼的痕迹,可能是当时举行祭礼活动的遗存。赵宝沟文化陶尊上首次出现了猪龙、鹿龙的造型,表明当时人们已经将这两种野兽视为部落的图腾,以猪蛇合一、鹿蛇合一的超现实动物——龙终于诞生在赤峰大地上。""既

---

① 王大有:《龙凤文化源流》,北京工艺美术出版社,1988,第118页;王东:《中国龙的新发现:中华神龙论》,北京大学出版社,2000,第48页。
② 中国社会科学院考古研究所编著《新中国的考古发现和研究》,文物出版社,1984。
③ 徐光冀:《红山文化》,载中国大百科全书总编辑委员会《考古学》编辑委员会、中国大百科全书出版社编辑部编《中国大百科全书·考古学》,中国大百科全书出版社,1986,第198页。
④ 黄展岳:《考古纪原——万物的来历》,四川教育出版社,1998,第56页。

然赤峰地区的史前时代没有普氏野马的活动，人们又有野猪和马鹿崇拜的文化传承，那么赛沁塔拉玉龙的兽头就是与马体形相近的马鹿，马鹿除了它的角以外，头部的形象和马基本相同，马鹿之名起源于此。赛沁塔拉玉龙眼部隆起呈一个较突出的结节，而这个骨骼特征只有马鹿才具有，而马的眼部呈一种扁平状，这种细部特征恰好印证了它是源自马鹿的论点。赛沁塔拉玉龙后颈有一个卷曲的装饰，人们过去一直将它视为野马的长鬃，其实根据赵宝沟文化神尊上的马鹿枝形角的配置来看，它应是马鹿角的大写意变形，只不过是角上没有分叉而已。"①

综合来看，可以得出这样的认识：赛沁塔拉玉龙以及乌丹镇玉龙的取材对象不是单一的，而是猪、鹿（马鹿）、蛇、云、玉等多种元素的容合。

3. 兽首蜷体玉龙的发掘与征集

几十年来，文物、文博工作者发掘、征集、收藏了一批属于红山文化的兽首蜷体玉龙，一些学者将这批龙统称为"玦形龙"。玦是古代玉器的一种，环形，有缺口，晋人杜预释其"如环而缺，不连"（《左传·闵公二年》杜预注）。而这批兽首蜷体玉龙，有如环而缺不连者，也有如环而缺连者，鉴于这样的情况，笔者认为还是叫"兽首蜷体玉龙"比较确切。这批兽首蜷体玉龙，已知共二十三件，其中经正式发掘出土的五件，有明确出土地区和出土地点的七件，属于传世品的十一件。②

正式发掘出土的五件，包括辽宁牛河梁遗址出土的三件，吉林农安县左家山遗址出土的一件，河北阳原县姜家梁遗址出土的一件。五件中，牛河梁遗址出土的三件尤其引人注目。牛河梁遗址位于辽宁省凌源市与建平县的交界处，1981年文物普查时被发现。1984年，在该遗址第二地点第1号积石冢第4号墓中发现、出土了一绿一白两枚兽首蜷体玉龙。绿龙高10.3厘米，宽7.8厘米，首尾缺口已断开，圆睛微突。颚部和吻部有较多皱纹，由质地坚硬的淡绿色玉磨制而成。白龙资料未见公布。2003年，在该遗址第十六地点第14号墓又发现、出土了一枚兽首蜷体玉龙，此龙高9.8厘米，最宽处7.5厘

---

① 参看汤军、周建军《"中华第一龙"归属赵宝沟文化？》，中华古玩网，2008-09-09，http://www.gucn.com/Info_KnowLedgeList_Show.asp?Id=25662。

② 此数据是根据郭大顺的统计（见其著《龙出辽河源》，百花文艺出版社，2001，第120页），另加2003年牛河梁出土的一件计算而得的。

米，由淡绿色软玉磨制而成。①

有明确出土地点的为：内蒙古自治区巴林右旗羊场一件、巴林左旗尖山子一件、敖汉旗下洼一件、敖汉旗收集一件、那斯台遗址一件，河北省围场县下伙房一件，辽宁省建平县一件。②其中建平县一件比较典型，此龙高15厘米，宽10厘米，厚4厘米，白玉质，扁圆形。兽首肥大，两只近三角形的大耳竖立于顶部，目圆大，周饰瓜子形圈，吻部前突，有侧鼻孔，鼻间有多道阴线皱纹，口微张，外露一双獠牙。全身光洁，中央有一大圆孔，首尾相对，缺而不断。背部靠颈有小圆孔，可穿系佩挂。

属于传世品被收藏的有：黄浚《古玉图片录初集》收录一件、辽宁文物店一件、辽宁省博物馆一件（残）、旅顺博物馆一件、天津市艺术博物馆四件、上海博物馆一件，海外有巴黎吉美美术馆一件、大英博物馆一件（残），共计十一件。③其中天津市艺术博物馆收藏的一件玉龙，高14.1厘米，宽10.4厘米，黄绿色，弯钩形圆雕，首尾相接，缺而不断。圆耳耸起，圆眼大睁，眼外有一弧线与唇纹相连。背部靠颈处有一供穿系佩挂的圆孔。

4. 兽首蜷体玉龙的原型

孙守道、郭大顺等红山文化研究者曾推断兽首蜷体玉龙的原型来自与人类生活特别是与农耕生活最为密切的动物——猪，"是高度概括化、图案化了的猪首形象"④，"玉猪龙"的名称遂被广泛采用。后有祖籍辽阳的台湾学者李实先生得知牛河梁红山文化遗址出土有几件完整的熊下颚骨，遂力主红山文化有熊崇拜，并与古籍所记黄帝"号曰有熊氏"相联系。为此，李先生专门收集了北方民族从古至今有关熊崇拜的丰富资料，其中就有内蒙古赤峰市敖汉旗白斯朗营子后红山文化遗址出土的一件彩陶熊头饰（大约是一件器盖的柄，原简报定为犬，见《文物》1977年第12期）。受李先生的感染，郭大顺等学者"经与同事们反复磋商比较，觉得确有新意"⑤，遂改变原来的提法，认为这些玉雕龙"除吻部有多道皱纹外，都非猪的特征，其短

---

① 姜野、苗家生：《牛河梁遗址出土第三枚玉猪龙》，《光明日报》2004年1月4日。
② 郭大顺：《龙出辽河源》，百花文艺出版社，2001，第121页。
③ 同上。
④ 孙守道、郭大顺：《论辽河流域的原始文明与龙的起源》，《文物》1984年第6期。
⑤ 郭大顺：《龙出辽河源》，百花文艺出版社，2001，第117页。

立耳、圆睛却与熊的一些特征相似。这与女神庙中泥塑龙具熊的特征正相吻合。牛河梁积石冢中还多次出土过完整的熊下颚骨，可知红山文化有祭熊的传统，故此类龙应为熊龙"[1]。

关于牛河梁女神庙的泥塑残件，郭大顺写道："龙形残件分属两个个体，主室内发现的一个个体为龙头及其肢体上部。龙头有扁圆形的长吻，前端有两对称椭圆形鼻孔，吻上眼睛部分犹存。睛为泥塑，上下颚间獠牙毕露，体躯巨大，双足前伸，为四趾爪，侧二趾稍短。关于这件泥塑龙的原型，牛河梁遗址发掘简报称为猪龙。经观察，应为熊龙。因为不仅其吻部具熊的形象，而且其四趾爪露出的表现，在兽类中也只有熊爪具备这一特征。尤其引人注意的是，这件大型熊龙塑像，竖卧在主室的顶部位置，首部朝向山台，可以想见它在动物神中的特殊地位。另一个龙塑个体发现于南单室内，只有下颚部分，为彩塑，下颚甚长，硕大的獠牙绘成白色，也具有熊的特征。"[2]对此，叶舒宪质疑道："到底是泥塑熊呢，还是熊龙？……如果是熊龙，就不能只依据残存的熊爪来证明。无论是传世的熊龙雕像，还是发掘出土的，尚未看到一件'龙'体上长着熊爪的。在汉代画像石传统中，有足有爪（不是熊爪）的龙形象才大量呈现。"[3]

一些学者认为兽首蜷体玉龙的原型是某种虫。20世纪90年代，俄罗斯科学院西伯利亚分院的C.B.阿尔金等提出：红山蜷体玉龙是"鳃角金龟子、叶蜂和步行虫幼虫期的变态艺术形象"[4]。21世纪初，孙机提出红山文化的蜷体玉龙的原型是金龟子的幼虫——蛴螬。[5]吕军依据《山海经·大荒北经》中"大荒之中，有山，名曰不咸。有肃慎氏国。有蜚蛭，四翼。有虫，兽首蛇身，名曰琴虫"的记载，提出红山文化兽首蜷体龙与兽首蛇身的"琴虫"相吻合，这种"琴虫"可能是当时人们的崇拜物。[6]

还有一些学者认为，兽首蜷体玉龙以及后世类似的龙看上去像动物的胚胎，于是，便猜测其原型是动物胚胎。王小盾写道："龙的原型不是某

---

[1] 郭大顺：《龙出辽河源》，百花文艺出版社，2001，第61页。
[2] 同上书，第79页。
[3] 叶舒宪：《"猪龙"与"熊龙"》，《文艺研究》2006年第7期。
[4] C.B.阿尔金：《红山文化软玉的昆虫学验证》，《北方文物》1997年第3期。
[5] 孙机：《蜷体玉龙》，《文物》2001年第3期。
[6] 吕军：《从牛河梁积石冢谈红山玉器的功能》，《考古与文物》2002年增刊。

种具体动物，而是隐藏在各种哺乳动物母体内的胚胎。"[①]陈逸民、陈莺提出，兽首蜷体玉龙的原型是猪的胚胎，他们指出："红山先民在屠宰过程中完全可能发现不同阶段的猪的胚胎，他们对于这种生命的蠕动和演变还不可能做出科学的解释，他们一定是怀着敬畏之情来观察这种变化并将其神化，然后在思维和艺术创作中雕琢这些神灵之物，最终以非凡的想象力将其升华为龙。"陈逸民、陈莺也坚持"玉猪龙"说，他们认为："把多件玉雕龙排列在一起，它们的头部雕刻虽然有些变化，但其整个外形基本一致，双耸大耳、圆睛、鼻间有阴刻皱纹，吻部稍突，这些特征应该是和猪的形象最为接近。"[②]

综合来看，无论"猪龙说""熊龙说"还是"虫龙说"，都将兽首蜷体玉龙的原型单一化了。兽首蜷体玉龙的原型会不会是多元的呢？回答是肯定的。笔者就持这样的观点：兽首蜷体玉龙的原型是多元容合的，进入容合过程的有猪、有熊，还有虫、有蛇，等等。这样说的根据，就是从形象上看，这些玉龙既有猪的元素，也有熊的元素，还有虫、蛇等动物的元素。至于"胚胎说"，笔者认为，或许红山文化先民在创造兽首蜷体玉龙时，受到过哺乳动物胚胎的启发，以至于参考了哺乳动物胚胎的形状，并将哺乳动物胚胎所具有的生殖、生命意识加注到了兽首蜷体玉龙身上。但是，此举仅限于红山文化，早于红山文化的赵宝沟文化、兴隆洼文化、早期仰韶文化，晚于红山文化的龙山文化、二里头文化，都出土有"原龙"，这些龙的形状就与哺乳动物胚胎的形状不相似，甚至相去甚远，因此，不能笼统地认为龙的原型就是动物胚胎。

5. 兽首蜷体玉龙的功用

因为兽首蜷体玉龙"是红山文化玉器中最多的种类之一，也是红山文化玉器四大主要类型（即马蹄形玉箍、勾云形玉佩、方圆形玉璧及以玉雕龙为主的动物形玉）中最具形象的一种，在以动物为造型的红山文化玉器中高居首位"，其"分布面覆盖了红山文化分布区的大部分"，而"从牛河梁第二

[①] 王小盾：《中国早期思想与符号研究——关于四神的起源及其体系形成》，上海人民出版社，2008，第685页。

[②] 陈逸民、陈莺：《红山文化玉器的神话学思考》，载白庚胜、叶舒宪编著《神话中原——2006中国神话学国际学术研讨会论文集》，大象出版社，2008，第74页。

地点1号冢第4号墓正式发掘得知，这种玉雕龙是悬挂在胸前的。在红山文化墓葬中，位置在胸部的玉器往往是级别最高的"，故郭大顺认为，这种玉雕龙"已完全脱离了缀饰和项饰一类装饰功能，更具'神器'性质"。①也就是说，兽首蜷体玉龙是一种艺术神器。

作为神器，兽首蜷体玉龙的功用至少有四：第一，图腾崇拜的象征。红山先民可能以某种动物，或几种动物的容合为图腾，相信某种动物或几种动物之容合与其祖先有血缘关系，是其部族的保护神。玉龙便是这样的图腾神物，用其随葬并放在胸前，表示对图腾的崇拜，希望逝去的祖先能够护佑自己。第二，身份高贵的标志。说明墓主人身份非同一般，很可能是掌握权力、具有权威的氏族部落的首领。第三，祭神、辟邪、祈雨的法具。墓主人有可能是一位巫师，或部落首领兼巫师，玉龙是其作法即祭祀天神、驱辟邪魔，以及祷旱祈雨时使用的法具。②第四，沟通天地的灵物。猪、熊、虫、蛇、玉等皆来自自然界，也都被赋予神异通天的功能，玉龙作为它们的容合，沟通天地的性能更强，墓主人将其放在身上，很可能是想借助此灵物，使灵魂升天。③

6. 红山文化与黄帝族团

苏秉琦先生曾提出："《史记·五帝本纪》中所记黄帝时代的活动中心，只有红山文化时空框架可以与之相应。"④笔者把黄帝族团的存世时间框定在约前3000年至前2500年，即距今约五千年至四千五百年，而红山文化一般

---

① 郭大顺：《龙出辽河源》，百花文艺出版社，2001，第128页。

② 萧兵认为：红山文化的玉龙，按照《说文解字》，是一种"祷旱"用的巫术法具。多变化、多功能的龙，本来就能致雨；猪头的龙更有双重灵力，它曾被看作水和雨的灵物。熊头的龙，也能用来祈雨。作为水神的共工臣属不但曾化"勾龙"，也曾变作赤熊；鲧禹父子都曾化熊。唐代古籍曾说，雷雨之神能变为熊豕之形，它们常相混淆或互渗。而红山蜷体玉龙本质是一种轩辕、句龙、相柳那样的"环蛇"或"咬尾者"，体现着完满、无穷、再生乃至"永恒回归"的幻想与信念。参看萧兵《红山玉龙的多层面解析》，《民族艺术》2004年第2期。

③ 一些学者还将红山文化兽首蜷体玉龙与萨满教联系起来，认为其功能似乎也可用"沟通天地"来概括。如殷志强在《红山文化玉龙要素构成辨析》（载赤峰学院红山文化国际研究中心编《红山文化研究——2004年红山文化国际学术研讨会论文集》，文物出版社，2006，第299页）一文中指出，红山文化兽首蜷体玉龙"是萨满教动物崇拜的产物"。古方在《萨满教特点对红山文化玉器研究的一些启示》（同前书，第359页）一文中指出，包括兽首蜷体玉龙在内的各种红山文化墓葬中的动物玉雕作品，实际上是缀在红山萨满外衣上的法器，是精灵附体的表现，即当精灵进入萨满身体后，便领着萨满灵魂去到超自然灵体的世界。

④ 苏秉琦：《华人·龙的传人·中国人——考古寻根记》，辽宁大学出版社，1994，第130页。

认为在前3000年前后即距今五千年左右，显然，从时间上说，黄帝族团与红山文化是相应和的。

《史记·五帝本纪》记黄帝"北逐荤粥，合符釜山，而邑于涿鹿之阿"，荤粥是远古时期居住在北方的少数民族，是匈奴族的祖先。釜山和涿鹿都在今天的河北省境内。这段文献至少告诉我们：黄帝族团到过产生红山文化的北方区域，还在属于或接近红山文化区域的地方建立过都邑。

考古发现也为人们将红山文化与黄帝族团联系起来提供了证据，这样的证据至少有三个方面：第一，河北省蔚县出土了属于红山文化的龙鳞纹彩陶罐。1979年以来，考古工作者在河北省蔚县三关遗址发现了龙鳞纹彩陶罐。三关遗址在涿鹿百里开外，可划入当年黄帝族团的活动区域，故该遗址出土的龙鳞纹彩陶罐被断定属于黄帝族团使用过的器具。[①]而龙鳞纹彩陶罐又是红山文化的典型器，内蒙古赤峰市蜘蛛山红山文化遗址曾有出土。将两件龙鳞纹彩陶罐放在一起比较，的确相似。由此可以推断，黄帝族团的活动范围已拓展到当年的红山文化核心区域——今天的内蒙古赤峰市一带。第二，红山文化遗址出土了二十多件兽首蜷体玉龙，这些兽首蜷体玉龙的"兽首"在取材过程中显然比较多地参照了熊首。而在牛河梁女神庙红山文化遗址，还出土有泥塑熊龙和彩塑熊龙下颚。红山先民对熊元素的重视与史籍文献中所记的黄帝"号曰有熊氏""黄帝为有熊"、黄帝"教熊罴貔貅貙虎"相吻合。第三，红山文化遗址出土有勾云形玉佩，属于红山文化的赛沁塔拉玉龙和乌丹镇玉龙颈脊部末端上翘弯卷的长鬣，看上去也有云的成分，此特征与《左传·昭公十七年》所记"昔者黄帝氏以云纪，故为云师而云名"相吻合。

总之，红山文化与黄帝族团关系密切，红山龙是黄帝族团开创中华文明的参与者、见证者和标志者。

十、甘肃马家窑文化龙形象

1. 彩陶双耳瓶

1958年，甘肃甘谷县西坪镇出土了一件彩陶双耳瓶，该瓶属于泥质红

[①] 于嘉：《专家：黄帝族发祥于中国东北红山文化核心区》，新华网www.chinaneast.gov.cn呼和浩特2011年8月26日电。

陶，高38.4厘米，口径7厘米。"平口，长颈，溜肩，腹微鼓，平底。腹中部双竖耳，颈部一圈绳状附加堆纹。施黑彩。在腹部的一面绘鲵鱼纹，鱼的头部似人面，鱼身细长，仅有一对前肢，肢端有四指（趾），尾弯曲和头相接呈三角形。"[1]此瓶断代在前3300年前后，即距今约五千三百年，国家文物局主编的《中国文物精华大辞典·陶瓷卷》将其归入马家窑文化范畴。

马家窑文化是黄河上游新石器时代晚期文化，因1923年首次发现于甘肃省临洮县的马家窑村而得名。马家窑文化主要分布于黄河上游地区及甘肃、青海境内的洮河、大夏河及湟水流域一带，有石岭下、马家窑、半山、马厂等四个类型，断代在前3700年至前2000年之间。一般认为，马家窑文化是仰韶文化向西发展的一种地方类型，尤其与仰韶文化庙底沟类型有承接、演变的关系，故一些学者也将西坪镇出土的鲵鱼纹彩陶瓶标注为"仰韶文化庙底沟类型"。

之后，20世纪90年代初，甘肃武山县傅家门遗址又出土了一件双耳平底彩陶瓶，泥质红陶，高18厘米，口径8.8厘米，属于马家窑文化石岭下类型，断代在前3000年前后，即距今约五千年。[2]该瓶腹部有黑彩鲵鱼纹，其头部与西坪鲵鱼纹类似，瞪目张口，唯头顶多了对称的六道发绺；通体饰网状鳞纹，六足（比西坪鲵龙纹多了四足），一足四爪，其余皆三爪。

2. 鲵鱼纹与鲵龙纹

对上述两件彩陶瓶上的纹饰，有学者称其为"鲵鱼纹""鲵纹"，也有学者称其为"龙纹""原龙纹""鲵龙纹"或"鲵型原龙"。

袁德星认为："目前追溯商周二足神龙纹的来源，以甘肃武山出土的一件马家窑文化彩陶瓶上的龙纹为最早。"[3]刘志雄、杨静荣将上述两件彩陶瓶上的纹饰划入"渭水流域原龙纹"，但又认为，它们"确实就是自然界中鲵的写实图像。首先是形体的吻合，不仅总体轮廓相似，连眼大无睑、前肢四趾等细部特征也准确无误；原龙纹的挺腹外翻动作，也是鲵的

---

[1] 国家文物局主编《中国文物精华大辞典·陶瓷卷》，上海辞书出版社、商务印书馆，1995，第33页。
[2] 张力华主编《甘肃彩陶》，重庆出版社，2003，第24页。
[3] 袁德星：《龙的原始》，《故宫文物月刊》（台湾）1988年第60期，转引自苏连第《中国民间艺术》，山东教育出版社，1991，第19页。

特征性动作",并指出,"渭水流域的原龙纹早期图像为两足,晚期图像即六足,这说明当时先民对这种生物肢体的描绘带有一定的随意性。渭水流域原龙纹均为彩陶瓶上的纹饰,具有强烈的装饰性和艺术性,先民用艺术语言表现某种动物时,对某一局部进行夸张、变形、添加、减舍是不足怪的"。①王东将两件彩陶瓶上的纹饰称为"鲵型原龙",认为是"以两栖动物大鲵为龙的主要原型"。②

笔者认为,可以将两幅纹饰称为"鲵龙纹",即来源于鲵、主要取材于鲵,却不同于自然界中的鲵,其不同,主要是说该纹饰比自然界中的鲵要抽象得多、艺术得多,从而具备了"神化"的意味。而在中国古代,对任何两栖动物的神化都通向龙的容合。

3. 鲵龙纹的文化内涵

关于马家窑文化鲵龙纹的文化内涵,有学者认为,"可看作是伏羲氏族图腾的描绘"③,其"造型和纹饰,与伏羲氏族文化图腾崇拜信仰物相一致"④。对此,刘志雄、杨静荣认为:"以上观点很可能都是受了后世的女娲、伏羲图像的影响。在汉代画像石中,交尾的伏羲、女娲是最常见的主题,因而当时学者有'伏羲鳞身,女娲蛇躯'(《文选》王延寿《鲁灵光殿赋》)之句。汉代的伏羲、女娲形象确与渭水流域的原龙纹有着隐约可见的渊源关系,但以此便认为这就是新石器时代的原始伏羲,似有将后人观念强加于古人之嫌。"⑤

笔者将伏羲时代框定在约前8000年至前3500年,即距今约一万年至五千五百年;将炎帝和黄帝时代框定在约前3500年至前2500年,即距今约五千五百年至四千五百年。按这样的框定,马家窑文化在前3000年前后,与炎黄时代相吻合,与伏羲时代不吻合,因此,笔者不认同马家窑文化鲵龙纹是伏羲氏族图腾的说法。

---

① 刘志雄、杨静荣:《龙与中国文化》,人民出版社,1992,第35页。
② 王东:《中国龙的新发现:中华神龙论》,北京大学出版社,2000,第51页。
③ 张华、夏峰:《伏羲·成纪·大地湾》,载霍想有主编《伏羲文化》,中国社会出版社,1994,第93页。
④ 王彦俊:《试论伏羲氏族文化》,载霍想有主编《伏羲文化》,中国社会出版社,1994,第174页。
⑤ 刘志雄、杨静荣:《龙与中国文化》,人民出版社,1992,第35页。

从鲵龙的臂举手张、面似人面、眼瞪口开的形象看，此龙当有通天的神性，充任的是通天神兽的角色。笔者认同王东先生的观点，他指出："西北仰韶文化地处黄河中上游，又多高原山涧，因而在以北方粟作农业经济为主的前提下，较多地保持了渔猎经济；对鱼型原龙、鲵型原龙的崇拜，正植根于这种经济基础，并构成这一西北文化圈特点。"[①]

十一、山东、山西龙山文化龙形象

1. 骨刻文龙字

龙山文化是中国新石器时代晚期文化，因1928年首次发现于山东省济南市历城县龙山镇（今属济南市章丘区）城子崖而得名，断代约在前2500年至前2000年，分布于黄河中下游的陕西、山西、河南、山东等省。龙山文化以许多薄、硬、光、黑的陶器，尤其是蛋壳黑陶（分布于山东日照、章丘等地）最具特色，所以也称"黑陶文化"。除陶器外，龙山文化遗址还有大量石器、骨器和蚌器等出土。

2007年到2008年，山东大学美术考古研究所所长刘凤君对发现于山东省昌乐县的一批骨刻文进行了鉴定，认为其中两件"与商周甲骨文、金文中的'龙'字很接近"，其中一件"更是酷似"，从而将这一"龙"字判定为"中国第一'龙'字"，并言"昌乐骨刻文对商周甲骨文的影响更是显而易见"。[②]昌乐县属于山东龙山文化覆盖的区域，故可断昌乐骨刻文"龙"字至晚出现于前2000年以前，比商代甲骨文"龙"字早了约一千年。

2. 玉器龙面纹

1963年，山东大学刘敦愿教授在山东日照市两城镇考察时，征集到一件墨绿色似玉质的"长方形扁平石锛"，长18厘米，两端宽分别为4.5厘米、4.9厘米，窄段两面刻有不同的兽面纹。[③]两城镇遗址是山东龙山文化的典型遗址。这件玉锛后改称玉圭。对两幅兽面纹，王东称其为"虎型原龙"，认为"一个是虎头上长出鹿角，一个是虎头上长出牛角"。1989年，山东临朐

[①] 王东：《中国龙的新发现：中华神龙论》，北京大学出版社，2000，第52页。
[②] 刘凤君编著《昌乐骨刻文》，山东画报出版社，2008，第13页。
[③] 高广仁：《山东日照两城镇遗址的发掘及其学术价值》，载高广仁著《海岱区先秦考古论集》，科学出版社，2000，第167页。

朱封龙山文化大墓出土了一件乳白色半透明玉佩，高5厘米，宽8.8厘米。王东也将其判断为"虎型原龙"，言其"形似虎头，目似虎眼，鼻似虎鼻，口似虎口，爪似虎爪，但头上生角，用作王者之冠、通天神兽"，"与日照出土玉圭上的虎型原龙出于一辙"。[1]笔者认同王东先生这一说法，故将此玉圭、玉佩均称为玉器龙面纹。

3. 蟠龙纹彩陶盘

1958年，考古工作者在山西襄汾县县城东北约6.5公里的汾河东岸塔儿山西麓，发现了陶寺遗址，当时确定遗址面积约300万平方米。1978年至1987年，由中国社会科学院考古研究所、山西省临汾地区文化局联合组成的考古队，对陶寺遗址进行了第一段发掘，揭露面积8000多平方米，发现有墓葬一千三百余座，以及灰坑、陶窑、房屋等遗迹，出土了大量的陶、石、骨、玉等生产、生活用具和装饰品。丰富的文化遗存和明显的特征，使其成为中原龙山文化的一个新类型，即陶寺类型（亦称"陶寺文化"）。据碳14测定并经校正，其年代约为前2500年至前1900年。

在陶寺遗址M3072号墓中，出土蟠龙纹泥质红褐陶盘一件。该盘高8.8厘米，口径37厘米，底径15厘米。敞口，斜折沿，盘壁斜收成平底。外壁饰绳纹，内壁磨光，朱绘蟠龙图案。[2]龙呈环状盘曲，头方，抬起，眼睛小而圆，长嘴微张，露排列整齐的利齿，吐树叶状长信。蛇躯内卷，排列有对称的弧片状鳞纹。图案端庄，造型厚重，美丽而富于张力。

关于这条龙的取材对象，刘志雄、杨静荣认为，"它的原型显然是自然界中的蛇"，其"头、颈、体、尾全无明显界限，身体长而盘曲，无足"。[3]高炜、高天麟、张岱海认为，"从身、尾、目的形状和它口吐长信的特征看，很像蛇，但从方头、巨口、露齿看，又与鳄鱼接近。就整体看，可谓似蛇非蛇，似鳄非鳄。从而可以看出，陶寺蟠龙的模特儿，不是一种动物，而是两种或两种以上动物的综合体"。关于陶寺蟠龙的意义，高炜等指出："唯龙盘仅发现在几座部落显贵的大型墓中，每墓且只一件，这就证明

---

[1] 王东：《中国龙的新发现：中华神龙论》，北京大学出版社，2000，第59页。
[2] 国家文物局主编《中国文物精华大辞典·陶瓷卷》，上海辞书出版社、商务印书馆，1995，第10页。
[3] 刘志雄、杨静荣：《龙与中国文化》，人民出版社，1992，第51页。

龙盘的规格很高，蟠龙图像非同一般纹饰，似乎有其特殊的含义。它很可能是氏族、部落的标志，如同后来商周铜器上的族徽一样。龙盘在大型墓中的发现，将有助于证明下述推断：陶寺的龙山文化先民，正是活跃于'夏墟'，以龙为族徽、名号的部落。"①

笔者将黄帝时代框定在约前3000年至前2500年，即距今约五千年至四千五百年。黄帝时代之后，是由颛顼、帝喾、唐尧、虞舜四帝构成的后黄帝时代。后黄帝时代可以框定在约前2500年至前2100年，即距今约四千五百年至四千一百年，大体经历了四百年。陶寺文化断代在前2500年至前1900年，即距今约四千五百年至三千九百年，大体经历了四百年。按时间，颛顼、帝喾、唐尧、虞舜都有可能成为陶寺文化的主人，而学术界更多地将唐尧与陶寺文化相对接，认为"山西陶寺就是尧都"，并进而指出，"陶寺彩绘陶盘上的蛇型蟠龙，实际上是以尧帝为首的王室文化的象征"，"这个以蛇型原龙为中心的彩陶盘，十分精美，神气十足，显然不是一件日常生活用品，而是一种重要礼器，具有通天地、合天人的神灵功能。陶寺蛇型原龙是中原文明起源、国家起源的重要文化象征"，"从仰韶文化的鳄型原龙，到龙山、陶寺文化中的蛇型原龙，表明了中原文明起源期的历史轨迹"。②笔者认同这些说法。

之后，出土于陶寺遗址贵族墓的另一件蟠龙纹彩陶盘见于媒体。此盘上的蟠龙有五条，从盘心到盘边由小到大依次排列；五条蟠龙均呈蛇躯；头扬起，朝右方，头部与已公布的彩陶盘蟠龙相同，口中亦衔有长条状枝穗（长信）。这件蟠龙纹彩陶盘耐人寻味：如果之前公布的那件蟠龙纹彩陶盘代表的是"活跃于'夏墟'，以龙为族徽、名号的部落"的话，那么这件蟠龙纹彩陶盘上的五条蟠龙又代表什么呢？是喻示五个部落或五个氏族合为一体吗？或者，是喻示一个家庭：靠近盘边的、最大的蟠龙是男性家长，接着次大的是女性配偶，而盘蜷在中间的，是他们的三个孩子？

关于陶寺蟠龙与其他文化的关系，郭大顺认为："陶寺遗址虽为龙山文化的一种类型，却与北方古文化包括辽西古文化有千丝万缕的联系。其中在

---

① 高炜、高天麟、张岱海：《关于陶寺墓地的几个问题》，《考古》1983年第6期。
② 王东：《龙是什么——中国符号新解密》，中央编译出版社，2012，第394—396页。

陶寺具王者身份的大型墓中所出彩绘蟠龙纹陶盘，其龙纹蜷曲的身躯近于红山文化的玉雕龙，龙身上的鳞纹，则先已见于红山文化的彩陶为鳞纹。陶寺墓地还见有红山式的方圆结合型的玉璧。可见，陶寺龙山文化墓地的彩绘龙纹受到辽西文化的影响是没有疑问的。"①

朱乃诚认为，"陶寺彩绘龙源自良渚文化"，其论据有三：一是"发现的良渚文化的蛇纹纹饰可能与陶寺彩绘龙的形态有联系"，"从形态上分析，陶寺彩绘龙为蛇形，这从其盘曲的形态、躯体饰弧形片彩象征的蛇皮纹及口吐长信等特征，表现得淋漓尽致；其尾在中心、头在外的盘曲形态与良渚文化的细线刻画蛇纹的形态基本相同。从年代上分析，陶寺彩绘龙的年代约在距今四千四百年至四千一百年之间，正落在良渚文化刻画蛇纹流行的年代范围之内或略晚于良渚文化刻画蛇纹流行的年代"，朱先生据此推测，"陶寺彩绘龙源自良渚文化"；二是"良渚文化曾发展影响到中原地区"；三是"古文献记载在我国古史的传说时代，中原与太湖地区存在着文化交往关系"。②

综合来看，陶寺位于中原地区，其文化形态南边受良渚文化的影响、北边受红山文化的影响都是有可能的。但影响归影响，不能因为受到了外来文化的影响就抹杀了龙山先民的创造性，陶寺蟠龙纹无论形态还是意义，都以其显明的特征与其他文化的龙纹相区别。

4. 龙面玉牌饰

2002年，考古工作者在发掘陶寺遗址一座大墓时，还发现了一件玉牌饰。这件被标号为IIM22：135的玉牌饰出自一彩漆大箱的箱顶上，其"兽面"实质上是"龙面"，如王东所分析的，"一是它头顶玉制王冠，这是任何野兽都没有的；二是它还长出比牛角还长的双角，表示上可通天；三是有的纹酷似云龙纹，表示这是通天神兽，不是一般野兽。这块玉牌饰的龙纹，主要是虎龙，但也综合了猪龙、鲵龙等某些特征：整个头型更近似于虎型原龙；头部吻部有的地方近似于猪型原龙；部分头型也有点接近鲵型原龙；而

---

① 郭大顺：《龙出辽河源》，百花文艺出版社，2001，第175—176页。
② 朱乃诚：《中华龙：起源与形成》，生活·读书·新知三联书店，2009，第93、98、101页。

头上双角则取象于牛或鹿型原龙"①。总之，这件玉牌饰上的龙面，是虎、猪、鲵、牛、鹿等形象元素的容合。

十二、湖北石家河文化龙形象

石家河文化是长江中游地区的新石器文化，因湖北天门市石家河遗址群而得名，主要分布在湖北及豫西南和湘北一带。石家河文化承袭屈家岭文化，断代在前2600年至前2000年。在此，我们对目前发现、公布的石家河文化的龙遗存做一简要介绍。

1. 罗家柏岭龙形玉环

1955年至1957年，考古工作者在发掘石家河罗家柏岭遗址过程中，出土了玉雕龙形环一件。该环外径2.38厘米，内径0.9厘米，玉色洁白，局部略带灰色。龙身蜷曲，首尾相接连成环，圆弧头，吻部突出，以穿代眼，躯体上有前后对称的小爪各两个，背面光平。

研究者们多认为罗家柏岭龙形环是龙，朱乃诚则认为非龙是虎，他认为该环的首部形态更像虎头②。笔者认为，将该玉环称为"虎头龙"未尝不可，因为该环除头部之外，还有蜷曲的身躯，这样的身躯多取材于爬行动物，也就是说，该玉环是哺乳动物和爬行动物的结合，这样的结合就与龙的发明、展现规律相吻合了。

2. 孙家岗龙形玉佩

1991年11月至12月，考古工作者在湖南澧县孙家岗墓葬发掘出土了一件龙形玉佩，该佩为乳白色高岭玉，长9.1厘米，宽5.1厘米，镂孔透雕。龙体盘曲，龙头头顶为高高耸起的角饰，器物的一面有加工前勾画图案的浅褐色线条。同墓葬还出土了一件凤形玉佩，长12.6厘米，宽6.2厘米，也是乳白色高岭玉质地，镂孔透雕。这是继陕西宝鸡北首岭仰韶文化遗址陶器龙凤纹、辽宁牛河梁红山文化遗址玉龙玉凤之后的又一次龙凤同址出土，说明龙凤两种神物之间是对立统一、价值互补的关系。

---

① 王东：《龙是什么——中国符号新解密》，中央编译出版社，2012，第399—400页。
② 朱乃诚：《中华龙：起源与形成》，生活·读书·新知三联书店，2009，第119—120页。

3. 肖家屋脊盘龙玉雕

1988年秋，考古工作者在发掘湖北天门石家河肖家屋脊遗址过程中，于W6号瓮棺中出土一件盘龙玉雕。该件最大外径3.8厘米，体侧宽1.2厘米，厚0.8厘米。玉为黄绿色，表面有灰白斑。龙体首尾相卷，成块形。上颌尖凸，下颌短，口微开。额部有一道横凸棱，额顶到顶后部有长角形浮雕，尾为钝尖形。W6号瓮棺是目前所知石家河文化晚期规模最大、文化内涵最丰富的一座瓮棺，除盘龙玉雕外，还有其他随葬品五十九件。[1]朱乃诚通过比较分析，推断肖家屋脊盘龙玉雕的年代在前2030年至前1850年之间。[2]

4. 钟祥六合龙面玉牌饰和肖家屋脊龙面玉牌饰

考古工作者还在属于石家河文化的湖北钟祥六合遗址发现龙面玉牌饰一件，该件整器上下约1.8厘米，宽约2.9厘米，厚0.3—0.5厘米。上部呈"人"字形冠，两侧上方呈弯角状，下部凸出呈吻部，中部镂对称两孔似为眼，中部两侧边缘呈两个弯弧钩状。[3]肖家屋脊遗址也出土了一件龙面玉牌饰，该件整器上下约1.8厘米，宽约3.3厘米，厚约0.4厘米。玉为片状，呈黄绿色，表面有白斑，上部亦呈"人"字形冠，两侧上方有弯角形饰物。斜目，眼内角较宽。鼻、口、耳等均未表现。中部对称镂两孔。[4]

朱乃诚将钟祥六合龙面玉牌饰、肖家屋脊龙面玉牌饰与山西襄汾陶寺遗址出土的那件龙面玉牌饰做了形制上的比较，推断陶寺龙面玉牌饰最早，六合龙面玉牌饰居中，肖家屋脊龙面玉牌饰最晚；肖家屋脊龙面玉牌饰是由陶寺龙面玉牌饰经过六合龙面玉牌饰的中间形式演变发展而来。他指出，这三件龙面玉牌饰形制演变发展关系的确立，意义十分重要。这说明石家河文化晚期的龙面玉牌饰是由中原地区传过去的。"由此可以推测：石家河晚期的那些不具有当地文化传统的礼仪性作用的玉器，如神人头像、虎头像、鹰、柄形器、蝉、璜、璧、透雕凤形佩等，可能是由中原地区传过去的；各种玉

---

[1] 参看湖北省荆州博物馆等编著《天门石家河考古发掘报告之一：肖家屋脊》，文物出版社，1999，第296页。
[2] 朱乃诚：《中华龙：起源与形成》，生活·读书·新知三联书店，2009，第132—133页。
[3] 张绪球等：《钟祥六合遗址》，《江汉考古》1987年第2期。
[4] 参看湖北省荆州博物馆等编著《天门石家河考古发掘报告之一：肖家屋脊》，文物出版社，1999，第325页。

雕龙作品的文化传统，自然也应源自中原地区。"①

对钟祥六合龙面玉牌饰、肖家屋脊龙面玉牌饰以及襄汾陶寺龙面玉牌饰的象征含义，学界多笼统称之为"兽面"，也有具体称为"虎面""虎头"的。朱乃诚经过研究分析，推测这种兽面玉牌饰原本的象征含义可能是龙首。其根据有三：一是二里头遗址出土的大型绿松石龙形器和新砦遗址出土的陶器盖上的龙首图案都有蒜头形式的鼻凸，而兽面玉牌饰看上去似乎也有这样的鼻凸；二是二里头遗址出土的大型绿松石龙形器和新砦遗址出土的陶器盖上的龙首图案，似有表现龙须与鬃的弧线，而陶寺兽面玉牌饰鼻凸两边也似有这样的弧线；三是三件兽面玉牌饰与同文化遗址出土的虎头像区别较大。②

这里，笔者再补充两个根据：一是新砦遗址出土的陶器盖上的龙首图案是梭形眼，钟祥六合龙面玉牌饰和肖家屋脊龙面玉牌饰也是梭形眼，而虎一般是圆形眼；二是陶寺龙面玉牌饰有似牛角样的弯角，钟祥六合龙面玉牌饰也有几乎相同的弯角。

十三、其他龙形象

除以上所述，考古出土、发现的龙形象还有多件，在此做一简要介绍。

内蒙古赤峰市敖汉旗兴隆沟遗址还出土了两条猪首龙，其龙以猪头骨为首，以陶片、残石器和自然石块摆放出弯曲的龙身。两条猪首龙断代在前6000年至前5500年之间，属于兴隆洼文化。

辽宁沈阳市皇姑区新乐遗址出土了一件龙鳞纹木雕器，其器上部可分为嘴、头、身、尾四部分，其身部刻有整齐的网棱状鳞纹。发掘报告称，这件木雕器"很像是权杖，直柄以上的雕饰图案可能是图腾徽帜。权杖为氏族首领统帅氏族所用"③。此龙鳞纹木雕器断代约在前5200年，属于新乐下层文化。

宁夏中卫大麦地发现了三幅岩画龙，第一幅岩画由一条巨龙、一个神

---
① 朱乃诚：《中华龙：起源与形成》，生活·读书·新知三联书店，2009，第138—139页。
② 同上书，第141页。
③ 沈阳市文物管理办公室、沈阳故宫博物馆：《沈阳新乐遗址第二次发掘报告》，《考古学报》1985年第2期。

人头像和四条小龙组成,"巨龙位居中央,龙头高昂,龙口大张,两只短角上竖,一缕额发后扬;龙颈短促前屈;龙体蜿蜒曲折,呈长蛇状;龙尾尖细下卷;龙腿前后各一,粗短无爪。神人为半身头像,头顶上有芒线冠饰,面部眉、眼、鼻、口俱全,神人头像骑乘于龙身尾部。四条小龙从上到下,紧靠巨龙,第一条居巨龙前身之上,第二条与巨龙前身缠绕,第三、四条尾部相交,居巨龙下方"[1]。再看第二幅岩画:画面上的龙扬头,头顶有角;高鼻,圆睛,张口露齿,垂须;长颈;一足前伸,四爪,一足作蹲居状;尖尾。第三幅岩画画面粗糙一些,龙作回首状,长身,有足。总体来看,三幅岩画第一幅和第三幅的龙身躯偏长,似多取材于爬行动物;第二幅的龙身躯稍短,似多取材于哺乳动物。此岩画龙断代在前6000年至前4000年之间,属于大麦地文化。

浙江余姚市河姆渡遗址出土了一件"双鸟朝阳纹象牙蝶形器",王东将此器上的"双鸟朝阳纹"称为"鹰型原龙",认为其图是河姆渡先民的"族徽标志和图腾崇拜","基本上是'鹰头+蛇身'的综合,身子不是鸟型,而是修长如蛇型"。王东指出,"这里虽有鹰的原型,却有龙的身影、龙的神性、龙的功能,集中表现为身长如龙,具有通天神性,并能综合其他动物特征……可以说,河姆渡文化既是南方凤的发源地,也是飞天鹰龙的发源地,鹰龙与凤鸟在这个源头上几乎是合二而一、二者同源的,在发展中一分二、对立统一,可谓同源而异流、阴阳而交合"。[2]此"双鸟朝阳纹象牙蝶形器"断代约在前5000年,属于河姆渡文化。

浙江诸暨市次坞镇楼家桥遗址出土了陶片龙纹,该纹"头似兽、圆睛、长角、突吻大嘴;躯干似爬行动物,长身、四足、曳尾,作腾跃状"[3]。"专家们从来没有在其他遗址中发现过这样的纹饰,他们设想,这将动物复合化、神秘化的纹饰造型,也许是楼家桥人创造的龙。"[4]笔者细看这幅纹饰,觉得可以肯定地将其称为龙纹。此陶片龙纹断代约在前4600年,属于良

---

[1] 周兴华:《解读岩画与文明探源——聚焦大麦地》,宁夏人民出版社,2008,第74页。
[2] 王东:《中国龙的新发现:中华神龙论》,北京大学出版社,2000年,第61—62页。
[3] 浙江省文物考古研究所、诸暨博物馆、浦江博物馆编著《浦阳江流域考古报告之二:楼家桥 亶塘山背 尖山湾》,文物出版社,2010。
[4] 楼海霞:《楼家桥》,载石坚钢、周光荣主编《村庄留住乡愁》,宁波出版社,2016,第130页。

渚文化。

河南汝州市洪山庙遗址出土的标号为W128：1的陶缸腹部，有"彩绘鳄龙纹"，对此，袁广阔先生有比较具体的描述：洪山庙遗址"第128号瓮棺上的彩绘鳄龙纹，头作扁圆形，身为椭圆形，由四条短弧线组合而成，细尾较长，四肢曲伏于壁，四爪分开"①。他指出："这说明洪山庙先民当时已经开始将鳄鱼神化成一种神异的动物了。"②鳄在龙的取材对象中与蛇不相上下，是名列前茅的角色。鳄是动物，龙是神物，神物源于动物又高于动物。判断新石器时代陶器上的纹饰是鳄纹还是龙纹，关键看先民对该纹饰是否做了抽象、升华处理：如果原模原样照搬自然界中鳄的形象，那就是鳄纹；如果对来自自然界中的鳄的纹象做了抽象、升华处理，那就可以断其为龙纹或类龙纹。洪山庙遗址W128：1陶缸纹饰，显然已做了抽象、升华处理，故笔者认同袁广阔先生的观点。该陶缸龙纹属仰韶文化庙底沟类型，考古断代约在前3500年。

江苏常州青城墩遗址贵族墓出土有一件玉雕龙，该龙身躯弯曲为环形，直径1.2厘米，外围雕龙头，龙头上有既长且宽并上翘的吻和一双突出浑圆的眼睛。有专家评论说，这件玉雕龙"见证了龙文化发源期中华大地各文化圈的交流融合"，"在环太湖流域，崧泽文化和良渚文化一脉相承。……它们之间不是取代关系，而是一个族群繁衍生息创造的灿烂文化，是中华文明重要源头之一"。③此玉雕龙断代在前3500年至前3300年之间，属于崧泽文化。

陕西神木市高家堡镇石峁遗址皇城台大台基石护墙上，发现了两件龙纹石雕，分别为皇城台大台基8号与24号石雕，其断代在前2300至前1900年之间，属于陕西龙山文化。朱乃诚先生对此有详细的介绍："8号石雕位于大台基南护墙中部偏下，距地面0.5米。石雕呈窄长条形，青灰色砂岩，长130厘米，高17厘米。其上以减地浅浮雕的方式施刻两条尾相抵、头朝外、形态

---

① 袁广阔：《龙图腾：考古学视野下中华龙的起源、认同与传承》，《光明日报》2020年12月2日。

② 袁广阔：《甄器尚象：仰韶彩陶之光——河南汝州洪山庙仰韶瓮棺大墓的发现与研究》，《中国社会科学报》2021年10月21日。

③ 王宏伟：《常州出土"江南第一龙" 良渚文化源头再添力证》，《新华日报》2019年10月11日。

相同的龙，雕纹高0.57—0.67厘米。龙首硕大呈弧方盾形，梭形眼，吻部弧凸，鼻梁细长，躯体略肥硕，呈长条波状曲伏，尾部收尖上翘。龙身躯两侧雕刻错落有致的弧形短弯钩，形成斑块龙鳞纹。24号石雕出土于大台基南护墙东段墙体的倒塌堆积中的第三层，位于8号石雕东南约1米处。石雕为窄长条形，青黄色砂岩，长179厘米，高14厘米，厚14厘米。其上以减地浅浮雕的方式施刻人面与龙。整个画面以中部正视人面为中心，左右对称。正视人面两侧分别为龙，龙首相向，朝向正视的人面，龙尾外侧为侧视人头像。整体构图规整严谨，浮雕高0.38—0.72厘米。两条龙的图案结构相同。龙首近方形，水滴状眼，睛描黑；吻部前凸，前凸吻部的两侧呈内弯钩状；眼上端两侧呈半卷云状；龙首后端呈'山'字形，似为龙首冠等装饰；龙身躯呈宽体'Y'字形；尾部连接龙身躯末端宽体'Y'字形的分叉处，呈两条宽带平伸，并在尾尖向外侧弯钩；整个龙身躯与龙尾形成两节分叉的'Y'字形鱼尾状。"[①]

考察两件龙纹石雕的造型来源，弧方盾形头脸可能取自鲵、虎，梭形眼、吻部弧凸可能取自猪，躯体略肥硕、呈长条波状可能取自鳄、鱼，尾部收尖上翘及斑块状鳞可能取自鱼、蛇。据此，可以说：石峁遗址龙纹石雕是鲵、虎、猪、鳄、鱼、蛇等动物的多元容合。石峁文化可能受到了来自西北马家窑文化、东南良渚文化、东北红山文化以及中原仰韶文化、龙山文化的影响。或可言，石峁文化容合了西北马家窑文化、东南良渚文化、东北红山文化以及中原仰韶文化、龙山文化。

十四、综述

依据迄今为止的考古发现，最早的龙形象发现于山西吉县柿子滩遗址，该遗址属于旧石器时代晚期向新石器时代过渡时期，即新石器时代早期，断代在前8000年前后。山西吉县柿子滩防风崖上有两幅岩画，其中一幅为"鹿头鱼尾组合图"，因此图是由两种以上的动物形象组合而成，已非某种具体动物的描摹，符合龙的发明、展现规律，故可称其为"萌龙"，即萌生的、

[①] 朱乃诚：《探寻夏文化遗存：从二里头绿松石龙到石峁皇城台石雕龙》，《中原文物》2021年第2期。

处于萌芽状态的龙。

属于新石器时代的龙形象，发现了二十多种六十多件。因这些龙的形象都比较原始，故学界统称其为"原龙纹"或"原龙"。按考古断代的时间顺序排列，主要有：

（1）辽宁阜新查海遗址出土的石砌龙和龙纹陶片，断代在前6000年前后，属于兴隆洼文化。

（2）内蒙古敖汉旗兴隆沟遗址出土的猪首龙，断代在前6000年至前5500年之间，属于兴隆洼文化。

（3）辽宁沈阳新乐遗址出土的龙鳞木雕，断代约在前5200年，属于新乐下层文化。

（4）宁夏中卫大麦地发现的三幅岩画龙，断代在前6000年至前4000年之间，属于大麦地文化。

（5）陕西宝鸡北首岭遗址出土的陶器龙纹，断代在前5000年前后，属于仰韶文化半坡类型。

（6）浙江余姚河姆渡遗址出土的象牙雕刻龙纹、浙江诸暨楼家桥遗址出土的陶片龙纹，前者断代在前5000年前后，属于河姆渡文化，后者断代在前4600年前后，属于良渚文化。

（7）内蒙古赤峰小山遗址、南台地遗址出土的陶器龙纹，三种四幅，断代均在前4800年前后，均属于赵宝沟文化。

（8）河南濮阳西水坡遗址出土的蚌砌龙，断代在前4500年前后，属于仰韶文化后岗类型。

（9）可能出土于陕西华县泉护村遗址的彩陶盆龙纹，断代在前4000年至前2000年之间，河南汝州洪山庙遗址出土的陶缸龙纹，断代在前3500年前后，均属于仰韶文化庙底沟类型。

（10）湖北黄梅焦墩遗址出土的河卵石摆砌龙，断代在前4000年至前3000年之间，属于大溪文化。

（11）江苏常州青城墩遗址出土的玉雕龙，断代在前3500至前3300年之间，属于崧泽文化。

（12）安徽含山凌家滩遗址出土的玉雕龙及陶器龙纹，断代在前3300年前后，属于凌家滩文化。

（13）浙江余杭反山遗址出土的玉琮龙纹、余杭瑶山遗址出土的龙首镯、海盐龙潭港遗址出土的陶器龙纹，断代在前3300年至前2200年之间，均属于良渚文化。

（14）内蒙古赤峰、辽宁辽西众遗址出土的玉雕龙，多达二十多件，断代均在前3000年前后，均属于红山文化。

（15）甘肃甘谷西坪镇及甘肃武山傅家门遗址出土的陶器龙纹，前者断代在前3300年前后，属于马家窑文化，后者断代在前3000年前后，属于马家窑文化石岭下类型。

（16）山东昌乐发现的两件骨刻文"龙"字，以及山东日照两城镇遗址、山东临朐朱封遗址出土的玉器龙纹，断代均在前2500年至前2000年之间，均属于山东龙山文化。

（17）山西襄汾陶寺遗址出土的四件彩陶盘龙纹、一件龙面玉牌饰，断代均在前2500年至前1900年之间，均属于中原龙山文化。

（18）湖北天门石家河罗家柏岭遗址出土的龙形玉环、湖南澧县孙家岗遗址出土的龙形玉佩、湖北天门石家河肖家屋脊遗址出土的玉雕龙，前二者断代在前2500年前后，后者断代在前2000年前后，均属于石家河文化。

（19）陕西神木石峁遗址出土的两件石雕龙纹，断代在前2300年至前1900年之间，属于陕西龙山文化。

按考古学的文化区系，对以上原龙可分为五类：

（1）属于北方兴隆洼文化、新乐文化、赵宝沟文化、红山文化、大麦地文化、马家窑文化区系的有：辽宁阜新查海遗址出土的石砌龙和龙纹陶片，内蒙古敖汉旗兴隆沟遗址出土的猪首龙，辽宁沈阳新乐遗址出土的龙鳞木雕，内蒙古赤峰小山遗址、南台地遗址出土的陶器龙纹，内蒙古赤峰、辽宁辽西众遗址出土的玉雕龙，宁夏中卫大麦地发现的岩画龙，甘肃甘谷西坪镇、武山傅家门遗址出土的陶器龙纹。

（2）属于中原仰韶文化、龙山文化区系的有：陕西宝鸡北首岭遗址出土的陶器龙纹，河南濮阳西水坡遗址出土的蚌砌龙，可能出土于陕西华县泉护村遗址的彩陶盆龙纹，河南汝州洪山庙遗址出土的陶缸龙纹，山西襄汾陶寺遗址出土的彩陶盘龙纹，陕西神木石峁遗址出土的石雕龙纹。

（3）属于山东龙山文化区系的有：山东昌乐发现的骨刻文"龙"字，山东日照两城镇遗址、临朐朱封遗址出土的玉器龙纹。

（4）属于东南河姆渡文化、凌家滩文化、良渚文化区系的有：浙江余姚河姆渡遗址出土的象牙雕刻龙纹、诸暨楼家桥遗址出土的陶片龙纹、余杭反山遗址出土的玉琮龙纹、余杭瑶山遗址出土的龙首镯、海盐龙潭港遗址出土的陶器龙纹，江苏常州青城墩遗址出土的玉雕龙，安徽含山凌家滩遗址出土的玉雕龙及陶器龙纹。

（5）属于中南大溪文化、石家河文化区系的有：湖北黄梅焦墩遗址出土的河卵石摆砌龙纹、天门石家河罗家柏岭遗址出土的龙形玉环、天门石家河肖家屋脊遗址出土的玉雕龙，湖南澧县孙家岗遗址出土的龙形玉佩。

按流域所及和主要的经济文化形态，可分为：

（1）属于黄河流域粟作农耕文化的有：陕西宝鸡北首岭遗址出土的陶器龙纹，宁夏中卫大麦地发现的岩画龙，甘肃甘谷西坪镇、武山傅家门遗址出土的陶器龙纹，河南濮阳西水坡遗址出土的蚌砌龙，可能出土于陕西华县泉护村遗址的彩陶盆龙纹，河南汝州洪山庙遗址出土的陶缸龙纹，山西襄汾陶寺遗址出土的彩陶盘龙纹，陕西神木石峁遗址出土的石雕龙纹，山东昌乐发现的骨刻文"龙"字，山东日照两城镇遗址、临朐朱封遗址出土的玉器龙纹。

（2）属于长江流域稻作农耕文化的有：浙江余姚河姆渡遗址出土的象牙雕刻龙纹，浙江诸暨楼家桥遗址出土的陶片龙纹，江苏常州青城墩遗址出土的玉雕龙，安徽含山凌家滩遗址出土的玉雕龙及陶器龙纹，浙江余杭反山遗址出土的玉琮龙纹、余杭瑶山遗址出土的龙首镯、海盐龙潭港遗址出土的陶器龙纹，湖北黄梅焦墩遗址出土的河卵石摆砌龙纹、天门石家河罗家柏岭遗址出土的龙形玉环、天门石家河肖家屋脊遗址出土的玉雕龙，湖南澧县孙家岗遗址出土的龙形玉佩。

（3）属于辽河流域游牧、渔猎、农耕兼作文化的有：辽宁阜新查海遗址出土的石砌龙和龙纹陶片，内蒙古敖汉旗兴隆沟遗址出土的猪首龙，辽宁沈阳新乐遗址出土的龙鳞木雕，内蒙古赤峰小山遗址、南台地遗址出土的陶器龙纹，内蒙古赤峰、辽宁辽西众遗址出土的玉雕龙。

考察新石器时代出现的龙形象，至少可以得出两个结论：第一，龙形象是多元发生的。这里所说的"多元"，意为多个地域的，而非个别地域的；多种形态的，而非一种形态的；多种文化类型的，而非单一文化类型的。第二，龙形象的发生是一个较为漫长的过程，从新石器时代早期至新石器时代晚期，这个过程至少延续了六千年。

第三节　龙与华胥、伏羲、女娲

中华民族从起源到形成的发展主线，是由炎黄族团联盟到华夏族，由华夏族到汉族，再由汉族到中华民族。也就是说，中华民族的主体性前身，可追溯至汉族；汉族的主体性前身，可追溯至华夏族；华夏族的主体性前身，可追溯至炎黄族团联盟。炎黄族团联盟再朝上追溯，就是传说中的华胥、伏羲、女娲时代了。

古籍文献和研究资料提供的证据表明：华胥、伏羲、女娲是中华民族可追溯到的最早的人文先祖，而华胥、伏羲、女娲都与龙关系密切；龙形象的出现、龙观念的萌生，是由华胥和她的儿子伏羲，或华胥氏族与其继承者伏羲氏族共同开启的；伏羲时代是崇龙的时代，伏羲有"龙祖"之称。这一切，为后世"龙的传人"说提供了根据：人文先祖奉龙、用龙、比龙、称龙，后代自然是人文意义上的"龙的传人"。

一、龙与华胥

1. 华胥

华胥是中华母系氏族社会的代表人物。东汉王符《潜夫论·五德志》："大人迹出雷泽，华胥履之，生伏羲。"西晋皇甫谧《帝王世纪》："太昊帝庖牺氏，风姓也。母曰华胥。燧人之世，有巨人迹，出于雷泽，华胥之足履之，有娠，生伏羲。长于成纪，蛇身人首，有圣德。"这两段记载告诉我们：第一，华胥是伏羲的母亲，是一位承上启下的关键人物。或者可以说，华胥氏族是伏羲氏族的母族，在伏羲氏族之前，有一个华胥氏族。华胥氏族处于燧人氏与伏羲氏之间。第二，华胥氏族属于"只知其母，不知其父"的母系氏族社会，因为不知其父，才有履"大人迹""巨人迹"之说。第三，华胥氏族有可能开始了族外婚。族外婚又称外婚制，指原始社会发展到一定阶段出现的，禁止一定范围内血缘亲属成员间通婚的一种婚姻规则。原始人由族内血缘婚发展到族外非血缘婚，是生产力发展、人口增殖的需要，也体现了社会的进步。

处于黄河流域上中游的华山方圆之地是华胥氏的发祥地、生息繁衍地，相传华胥陵就在华山之阳的陕西蓝田县境内。学界普遍认为，华胥氏是崇拜花，或以花为图腾的氏族，中华之"华"（古字"华"与"花"同），当与华胥氏有关。华胥氏族所崇拜之花，有可能是"水花"；华胥氏族有可能是一个崇拜水，且以水花为图腾的氏族。而崇拜水必然崇拜龙，龙因其取材对象多为水物（鳄、鱼、鲵等动物均喜水）和水相（雷电、云、虹霓、龙卷风等与水关系密切），而成为先民心目中的水神。

2. 雷泽

把华胥与伏羲、与龙联系起来的关键是雷泽。从字面上看，泽指的是聚水的洼地，引申为多水的地区，雷泽就是经常打雷闪电的多水的地区。从神话角度看，雷泽则是雷神居住的地方。《山海经·海内东经》："雷泽中有雷神，龙身而人头，鼓其腹。"《论衡·龙虚篇》："雷龙同类。"雷电是龙重要的容合对象之一，闪电为龙之形态，雷声为龙之发音，故雷神与龙神具有同一性，雷神就是龙神。

《帝王世纪》言华胥生伏羲"蛇身人首"，"人首"当来自作为人的华胥，"蛇身"当来自雷泽中的雷神。蛇是龙主要的、重要的取材对象，"蛇身"即"龙身"，闪电的形状也与蛇身相似。华胥履雷神之迹而孕，也就是履龙神之迹而孕。生下的伏羲是雷神的儿子，自然也就是龙神的儿子，龙神的儿子当然是龙。这样，如果说伏羲是龙，就意味着华胥是龙母；如果说伏羲是龙祖，华胥就是龙祖母。

在与华山一河之隔的山西吉县柿子滩遗址，发现有属于旧石器时代向新石器时代过渡时期的两幅古岩画，一幅为女性母亲图，一幅为鹿头鱼尾组合图。女性母亲图可视为华胥氏的形象，鹿头鱼尾组合图可视为早期的"萌龙"图。这两幅岩画与华胥时代相对应，说明华胥和她的儿子伏羲（或华胥氏族与其继承者伏羲氏族）共同开启了龙形象的展现和龙文化的创造。

那么，雷泽在哪里呢？清乾隆年间官修《通鉴辑览》云：太昊伏羲氏"帝生于成纪，帝母居于华胥之渚，履巨人迹意有所动，虹且绕之，因而始娠，生帝于成纪。……成纪故城在今甘肃秦州秦安县"。此载将雷泽与"华胥之渚"等同，认为其地在今甘肃省秦安县。清吴承志《山海经地理今释》卷六："雷泽即震泽；《汉志》具区泽在会稽郡吴西、扬州薮，古文以为震泽，震泽在吴西，可证。"此载将雷泽与"震泽"等同，认为在吴西，即今天的江苏省太湖。《集解》引《地理志》："雷泽在济阴城阳县西北。"《正义》引《括地志》："雷夏泽在濮州雷泽县郭外西北。"有学者考证后认为："用今天的行政区划来说，成阳即雷泽县在山东省鄄城县境内，其代表地望即旧城乡。濮县旧址在今河南省濮阳市的范县境内，其代表地望为濮城镇。……古雷泽在濮城镇与旧城乡之间，早年被湮淤，今黄河改道后从中穿过。"①

以上三说可称为"甘肃成纪说""江苏太湖说"和"鲁豫交界说"。还有"四川阆中说""山西运城说"和"陕西蓝田说"。

宋罗泌《路史》卷十《太昊纪》载："太昊伏羲氏……母华胥，居于华胥之渚，尝暨叔嫟，翔于渚之汾，巨迹出焉，华胥决履以跧之。意有所动，虹且绕之，因孕。十有二岁，以十月四日降神……生于仇夷，长于起城。"宋罗萍《路史·注》曰："华胥之渊，盖因华胥居之而名，乃阆中渝水地也。"《周地图》载："阆中水为渝水。"《遁甲开山图》载："仇夷山，四绝孤立，太昊之治，伏羲生处。"《山海经·海内经》载："西南有巴国。太皞生咸鸟，咸鸟生乘厘，乘厘生后照，后照是始为巴人。"根据以上记载，有学者提出了雷泽"四川阆中说"。

"山西运城说"由李侃良提出。他指出："在历次造山运动的作用下，

---

① 许顺湛：《说雷泽》，载张满飚主编《伏羲时代的社会画卷：中华第一皇皇陵——濮阳西水坡遗址》，中央文献出版社，2003，第89页。

原先华山所在的秦岭段与北边的太行山之间，是通过中条山这一细脉连在一起的。黄河以及它的两大支流渭河与汾河共同汇聚到这里，形成了一个浩瀚的内陆湖。被冰川从华山段的秦岭深处逼出的西侯度人（最初还只是猿），来到这里开始进化繁衍，一直与这一圣湖朝夕相处。到了距今万余年前，在一次新的板块活动所引发的地震中，华山与中条山之间的地震断裂带上终于出现了一条大裂沟，才使湖水奔涌下泻。这样导致的结果是，露出的湖底形成了肥沃的渭河与汾河冲积平原，为我们的先民创造了更大的生存空间。""我们之所以这样说，是有至今中条山北麓连绵百里的历史上就以盛产'潞盐'而知名的晋南运城盆地为证。因为盐湖本身就表明了它是一个古内陆湖，是亿万年来形成的一个死海遗存。""雷泽就是华山脚下黄河臂弯处之西侯度附近运城盐湖的古内陆湖——它是巨灵擘山导河之后所留下的遗迹。"[①]

"陕西蓝田说"是笔者所持的观点，主要证据是：（1）蓝田华胥镇孟岩村有华胥陵。（2）华胥镇东有华胥沟，附近山中有盆地，古有水泊，民间传为华胥之渚，即雷泽。（3）雷泽也可能指整个蓝田盆地。从地质构造上看，"蓝田地处新华夏系第三沉降带，属祁、吕、贺山字形前弧东翼南部的一个大型新生代断陷盆地，也是汾、渭断陷盆地的西南端"[②]。蓝田水资源也很丰富，大小河流十多条，"其中灞河、浐河不但横贯县境东西，而且流域面积大，支流覆盖着山、原、岭、川各类地区"[③]，称得上一个"泽"字了。（4）华胥陵附近女娲氏庄（当地将女娲连读为"阿"，故此庄亦称阿氏庄），据说是华胥氏生女娲氏之地。西边白鹿原上有女娲村。北边不远，骊山上有祭祀女娲伏羲的人种（人祖）庙，有娲氏谷、女娲堡等遗迹，还有正月二十日过"补天补地节"、吃"补天饼"的习俗。（5）据统计，蓝田县"境内有古遗址一百零一处，其中有旧石器时代遗址九处，新石器时代遗址二十六处"[④]，其中的孟家岩遗址就在华胥陵所在的华胥镇孟岩村北。从该遗址出土的石器、泥质陶、夹砂红陶和少量彩陶，可判断其为仰

[①] 李侃良：《中华探源》，三秦出版社，2015，第59~60、72页。
[②] 蓝田县地方志编纂委员会编《蓝田县志》，陕西人民出版社，1994，第105页。
[③] 同上书，第74页。
[④] 畅林芳：《为了寻找失落的凄美——序〈神秘的华胥国〉》，载曾宏根编著《神秘的华胥国》2版，西安出版社，2010，序第8页。

韶文化前期，即前5500年至前4800年。这说明，早在距今约七千五百年的时候，就有先民在现在的华胥镇一带居住、生活。根据这些论据，笔者判断：传说中的雷泽即"华胥之渊""华胥之渚"及"华胥氏之国"，有可能就在今天的陕西省蓝田县境内；伏羲（某一代）有可能生于雷泽之畔，即今天的陕西省蓝田县境内。

除上述说法外，关于雷泽所在之地，还有"甘肃庄浪说""甘肃静宁说""山西永济说""河南荥阳说""山东菏泽说"等，各种说法都有各自的道理，也都不能排除、否定其他说法。

二、龙与伏羲

伏羲是传说中的"三皇"之一。对伏羲，可以有三种理解或者说三种指向，即伏羲时代、伏羲氏族、伏羲其人。

1. 伏羲时代

学界对伏羲生存的年代已有考究。许顺湛将伏羲时代区分为早、中、晚三个阶段，"早期可以早到几十万年以前，晚期可能与神农时代交叉"。为什么这样区分呢？因为，伏羲"是渔猎时代的代名词。他与女娲的神话故事，反映了人类处于族内婚的历史阶段"。[①]伏羲氏"作网罟，以畋以渔，从所有的文献记载来看，没有一点农业的影子。可以说伏羲时代的下限是农业的出现。……关于伏羲时代的上限，应该是很古远的。……从旧石器考古资料看，早到一百多万年的元谋猿人，或西侯度文化遗存，已经证明当时有渔猎活动。之后的蓝田猿人特别是北京猿人时期，考古发现猿人生活遗物中有大量的禽兽鱼类的残骨，这些食后的残余，就是当时渔猎活动的铁证。这样的社会生活，不能把它从伏羲时代排除。即使一百多万年前，甚至几百万年前，只要有渔猎活动，都应该归入伏羲时代"。[②]

这样的区分有一定的道理，但毕竟将年代前溯得太远了。笔者认为，将伏羲生存的年代框定在新石器时代早期到中期比较合适，理由是新石器时代

[①] 许顺湛：《炎黄文化研究的回顾与展望》，载赵德润主编《炎黄文化研究》第12辑，大象出版社，2011，第18页。

[②] 许顺湛：《五帝时代研究》，中州古籍出版社，2005，第7页。

早期到中期正是渔猎时代向农牧业时代过渡即原始农业出现的时期。传说伏羲建立的诸多业绩，如养牺牲、作甲历、造琴瑟、画八卦、造书契、制嫁娶等等，都应该是原始农牧业出现以后的事，也都是原始农牧业的需要使然。而且，说伏羲氏"作网罟，以畋以渔，从所有的文献记载来看，没有一点农业的影子"也不确切："畋"有"打猎"的意思，《广韵》言"畋，取禽兽也"；"畋"也通"佃"，也有"耕种"的意思，《说文》言"畋，平田也"。而且，据考古资料，早在距今七八千年以前，甚至更早的时候，中国原始农业就已在黄河流域和长江流域发生。

那么，有没有相对具体的年代呢？

董立章在《三皇五帝史断代》一书中，根据《春秋命历序》所记的相关资料，将伏羲生存的年代框定在前5347年至前4088年[①]；曹桂岑根据《帝王世纪》等古籍资料，将伏羲生存的年代推断为前4587年至前3327年[②]。

笔者认为，古籍中有关伏羲的记载和民间传说，与中国新石器时代早、中期的基本特征相吻合。中国新石器时代早、中期有三个基本特征：一是出现了农业和畜牧业；二是开始制造和使用磨制石器及玉器；三是发明了陶器和纺织。《周易·系辞下》："古者包牺氏之王天下也……作结绳而为网罟，以畋以渔。"《路史·后记》："伏羲篸养牺牲，服牛乘马。""畋"有"耕种"的意思，"服牛乘马"有"畜牧"的意思。这两段记载说明了伏羲与新石器时代的关系，也就是说，伏羲与农业和畜牧业的关系通过这两段记述就可以看出来。农业和畜牧业的出现是人类社会发展过程中意义深远的重大事件，意味着先民的生产方式由采、猎向耕、养的转变，即"采食经济""猎食经济"向"产食经济""养食经济"的跃进。人们将农业和畜牧业的出现说成是新石器时代的一场革命，那么，就可以将伏羲视为这场革命的肇始者、参与者、领导者和标志者。

既然如此，我们就可以将中国新石器时代的早期和中期都框定为伏羲时代。中国的新石器时代，一般认为是从前8000年，即距今约一万年开始，

[①] 董立章：《三皇五帝史断代》，暨南大学出版社，1999，第351页。
[②] 曹桂岑：《濮阳西水坡蚌塑图释义》，载史国强、李中义主编《2007濮阳龙文化与和谐社会学术讨论会论文集》，中州古籍出版社，2009，第148页。

到前2000年，即距今约四千年结束，长达六千年。其中，前8000年到前5000年，即距今约一万年到七千年，共约三千年时光，属于新石器时代早期；前5000年到前3500年，即距今约七千年到五千五百年，共约一千五百年时光，属于新石器时代中期。那么，从前8000年到前3500年，即距今约一万年到五千五百年，中间长达四千五百年的时光，笔者都将其划为伏羲时代。

与伏羲时代相重合的考古学文化有：距今约一万年的山西吉县柿子滩文化、江西万年仙人洞文化、河北徐水南庄头文化，距今约九千年的湖南澧县彭头山文化，距今约八千年的山东淄博后李文化，距今约八千年到七千五百年的河北武安磁山文化、内蒙古敖汉旗及辽宁阜新查海兴隆洼文化，距今约八千年到七千四百年的河南新郑裴李岗文化，距今约八千年到七千年的甘肃秦安大地湾文化（早期），距今约七千三百年到六千一百年的山东滕州北辛文化，距今约七千二百年到六千八百年的内蒙古敖汉旗赵宝沟文化，等等，都属于新石器时代早期文化。

还有，距今约七千年的浙江余姚河姆渡文化（早期）、距今约七千年到六千年的浙江嘉兴马家浜文化，距今约六千四百年到五千五百年的重庆巫山及湖北黄梅焦墩大溪文化，距今约七千年到五千五百年的陕西华县、陕西西安、陕西宝鸡、河南濮阳仰韶文化（早期），距今约六千三百年的山东泰安大汶口文化（早期），等等，都属于新石器时代中期文化。

2. 伏羲氏族与伏羲其人

四千五百年都属于伏羲时代，也就是说伏羲从新石器时代早期到中期，传承了四千五百年。一位伏羲肯定活不到四千五百年，故伏羲可指一个氏族，或氏族集团，或氏族支裔，这个氏族或氏族集团或氏族支裔的族称、名号就叫伏羲，这个族称或名号传了好多代。当然，伏羲也可指人，指以伏羲为族称、为名号的氏族或氏族集团、氏族支裔的首领，这首领也不是一个人或一代人，而是好多代、好多人，这好多代、好多人都是伏羲氏族或伏羲族团、伏羲支裔的首领，他们都以伏羲为族称、为名号。甚至不属于伏羲氏族或伏羲族团、伏羲支裔，也不以伏羲为族称、为名号，但只要其生活于后世认定的中华大地，且延续时间在前8000年到前3500年之间，我们都可以说他们是伏羲时代的先民。

那么，大体上有多少代伏羲或多少个伏羲呢？

《竹书纪年》载伏羲氏"在位一百一十五年"，《帝王世纪辑存》载伏羲氏"在位一百一十年"，《路史·禅通记》载伏羲氏"在治百六十有四载"。这些记载中的伏羲氏，如果指一个人的话，那就只能看成是作者对伏羲氏的神化。正如许顺湛所指出的："考古发掘中获得的成千上万的人骨资料，经过人骨鉴定的数据看，能达到百岁的还无一例。按文献记载的周秦汉唐直至明清的帝王，康熙和乾隆各在位六十年已经是凤毛麟角，没有一人在位一百年左右，更无一个帝王活到一百多岁。即使近现代，医药条件如此之好，从全球角度来看，也没有一个国家首脑活到一百多岁，或执政百年。"[1]也就是说，若把伏羲当作一个正常人，那他就几乎不可能有百岁以上的寿命，更谈不上在位百年以上了。

那么，某一代伏羲，大体能延续多少年呢？由相关专家对考古发掘出的上万片人骨的鉴定结果得知，远古时因生活条件差，病亡率高，人的平均年龄仅为三十多岁，这也可以看作是远古时期一代人的年龄。我们可以放宽一下，按平均年龄四十岁算，从前8000年到前3500年四千五百年间，大概应有一百多位伏羲。

3. 伏羲与龙

最早将伏羲与龙联系起来的古籍，是传为春秋末期鲁国史官左丘明所著的《左传》。《左传·昭公十七年》有这样的记述："郯子曰……太皞氏以龙纪，故为龙师而龙名。"西晋杜预对这句话作注曰："太皞，伏羲氏，风姓之祖也，有龙瑞，故以龙命官。"关于"龙师"，唐颜师古注引东汉应劭言："师者，长也。以龙纪其官长，故为龙师。"看来，"龙师"就是部落里的师长、长官、首领，即掌握一定权力的人。有学者认为："龙师者，就是握有龙头权杖的人，是公权力的执行者，是代表伏羲领导龙师所辖各部落的首领。龙师既是部落联盟分部的名称，又是分部首领的官职称谓。后来，加入联盟的部落越来越多，龙师也越来越多，龙师便成了伏羲所领导的大部落联盟的代名词。"[2]

---

[1] 许顺湛：《五帝时代研究》，中州古籍出版社，2005，第23—24页。
[2] 周宜兴：《中华文明8000年》，中央文献出版社，2015，第142页。

"以龙名官"是怎么回事呢？宋刘恕《资治通鉴外纪》载："太昊时，有龙马负图出于河之瑞，因而名官，始以龙纪，号曰龙师。命朱襄为飞龙氏，造书契；昊英为潜龙氏，造甲历；大庭为居龙氏，造屋庐；浑沌为降龙氏，驱民害；阴康为土龙氏，治田畴；栗陆为水龙氏，繁滋草木，疏导泉源。又命五官，春官为青龙氏，又曰苍龙；夏官为赤龙氏；秋官为白龙氏；冬官为黑龙氏；中官为黄龙氏。"按以上所说，伏羲部族至少有十一个官职（也可能是分部）以龙为名：飞龙氏、潜龙氏、居龙氏、降龙氏、土龙氏、水龙氏、青龙氏、赤龙氏、白龙氏、黑龙氏、黄龙氏。东晋王嘉《拾遗记》说："春皇者，庖牺之别号。所都之国有华胥之州，神母游其上，有青虹绕神母，久而方灭，即觉有娠，历十二年而生庖牺。"庖牺即伏羲，虹也是龙的容合对象。说伏羲受孕与虹有关，也可认为是说伏羲受孕与龙有关。

考古发现中，属于伏羲时代的龙，按时序排列，主要有以下各种：

约前8000年，即距今约一万年的属于旧石器时代向新石器时代过渡时期的山西吉县柿子滩岩画。该画由鹿头、鱼尾及其他元素组合而成，符合龙的容合规律，但又与后世的龙在形象上有差距，故笔者称其为"萌龙"，即开始萌发的龙。笔者将柿子滩先民判定为华胥族，而华胥族又是伏羲族的母族，故有可能是华胥与伏羲共同创造了这条"萌龙"。我们说龙文化由伏羲肇始，中华文明万年前起源，这条"萌龙"就是物证。

约前6000年，即距今约八千年的属于兴隆洼文化的辽宁阜新查海石块摆砌龙。此龙出现在原始聚落中心，长近20米。如果说柿子滩岩画龙是"萌龙"的话，查海石块摆砌龙就是已经成形的龙。此龙不但为龙文化至少八千年提供了确证，也与同遗址出土的龙纹陶片及玉器一起，为中华文明的起源提供了实证。

约前5000年，即距今约七千年的属于仰韶文化早期的陕西宝鸡北首岭陶纹龙。该龙以黑彩绘于一件蒜头壶的腹肩部，因取鱼的成分多而被称为鱼龙或鱼型原龙。此龙多取材于鱼，也与伏羲"以畋以渔"相符合，表明仰韶文化早期属于伏羲时代。与龙同画面还有一只啄着龙尾的凤鸟，说明伏羲时代不仅是崇龙的时代，也是崇凤的时代，是"龙凤呈祥"的时代。

约前5000年，即距今约七千年的属于赵宝沟文化的内蒙古敖汉旗小山遗址陶纹龙。该龙由鸟龙、猪龙、鹿龙合为一组，是最早的成组出现的龙。

约前4500年，即距今约六千五百年的属于仰韶文化中期的河南濮阳西水坡遗址蚌砌龙。该龙以蚌壳砌塑成形且置于墓主人身侧，因其形象多取材于鳄而被称为鳄龙或鳄型原龙。该龙是伏羲族团发展到黄河下游的物证。

三、龙与女娲

女娲是传说中的"三皇"之一。对女娲，可以有以下几方面的认识：

第一，和伏羲一样，女娲也可以有三种理解或者说三种指向，即女娲时代、女娲氏族、女娲其人。

第二，清梁玉绳《汉书人表考》卷二引《春秋世谱》："华胥生男为伏羲，女子为女娲。"言伏羲和女娲的母亲是华胥，我们可以理解为华胥早于伏羲和女娲，华胥氏族是伏羲氏族和女娲氏族的母系氏族。

第三，史籍和民间传说多将伏羲和女娲说成是兄妹关系。我们可将伏羲、女娲理解为两个人，也可理解为两个氏族。学界有观点认为女娲早于伏羲，也有观点认为伏羲早于女娲。笔者认为既然是兄妹关系，就是同时代人或同时代的氏族。这样，女娲就和伏羲一样，贯穿了新石器时代的早期和中期，大约传承了四千五百年。而前面我们讲的伏羲时代也就可以称为女娲时代，或伏羲女娲时代。

第四，伏羲是男性，女娲是女性。这样看来，旧石器时代晚期是母系氏族社会，以华胥为代表。新石器时代早期和中期是父系氏族社会和母系氏族社会并存的社会，或者说是母系氏族社会向父系氏族社会过渡的社会。

第五，史籍和民间都有伏羲和女娲成婚的传说。我们可以理解为伏羲族和女娲族的通婚。如果伏羲氏族和女娲氏族是两个不同的氏族，那他们的通婚就是族外婚。族外婚意味着婚姻当事人在本人所属的一定社会集团以外选择配偶，相对于族内婚，族外婚是人类繁衍史上的重大进步。[1]

---

[1] 参看唐李冗《独异志》卷下："昔宇宙初开之时，只有女娲兄妹二人在昆仑山，而天下未有人民。议以为夫妻，又自羞耻。兄即与其妹上昆仑山，咒曰：'天若遣我兄妹二人为夫妻，而烟悉合；若不，使烟散。'于烟即合，其妹即来就兄。乃结草为扇，以障其面。今时人取妇执扇，象其事也。"《路史·后记二》注引《风俗通》："女娲，伏希（羲）之妹。"唐卢仝《与马异结交》诗云："女娲本是伏羲妇。"

第六，如果将伏羲和女娲理解为不同氏族的两个具体的男女，那么，他们的婚姻就可能是对偶婚。族外婚意味着当事人在本人所属的一定社会集团以外选择配偶，但所选择的配偶并不固定。而对偶婚则是两相情愿、不受约束地稍固定地成对同居，相对于族外婚，对偶婚又向文明社会迈进了一大步。

第七，前面笔者曾将伏羲时代框定在前8000年至前3500年范围内，并推断在这四千五百年间，大概会有一百多位伏羲。比照伏羲的情况，女娲也会有一百多位，即至少有一百多人或一百多个部族、支系，袭用"女娲"的名号。

全国各地有女娲遗迹如女娲山、女娲谷、女娲洞、女娲庙、女娲宫、娲皇宫、女娲城、女娲像、女娲碑、女娲墓、女娲陵者，凡数十处甚至百余处，影响较大者有陕西骊山、甘肃天水、陕西平利、山西吉县、山西永济、山西洪洞、河北涉县、河南西华、河南沁阳、山东淄博、湖北竹山等地。显然，这些地方都有可能是女娲的故里，即女娲出生、居住、生活过的地方，只是这些女娲不是一个女娲而已。

据古籍载，女娲的功绩主要有炼石补天、抟土造人、置婚姻、作笙簧等。其炼石补天与龙有关。《淮南子·览冥训》载："往古之时，四极废，九州裂，天不兼覆，地不周载。火爁炎而不灭，水浩洋而不息。猛兽食颛民，鸷鸟攫老弱。于是女娲炼五色石以补苍天，断鳌足以立四极，杀黑龙以济冀州，积芦灰以止淫水。"对所记的"杀黑龙以济冀州"，可以有两点解读：当时龙文化已发展到一定程度，龙族中已出现兴风作浪、祸害一方的恶龙；恶龙是善龙的对应，有恶龙必有善龙。能战胜恶龙者，必具备善龙的神性和功力——暗示女娲是一条功力强大的"善龙"。《淮南子·览冥训》又言女娲"乘雷车，服驾应龙，骖青虬"，"前白螭，后奔蛇，浮游逍遥"，如前所述，雷是龙的很重要的容合对象，龙的发音即取自隆隆的雷声，雷车也就是龙车；应龙是生有双翅的龙；青蛇、白螭都是龙属。由此看来，龙是女娲出行时不可缺少的乘御工具。

汉王逸在为《楚辞·天问》"女娲有体，孰制匠之"一句作注时讲，"传言女娲人头蛇身，一日七十化"；其子王延寿《鲁灵光殿赋》亦云"伏羲鳞身，女娲蛇躯"。还有《帝王世纪》讲女娲氏"蛇身人首"，《列子·黄帝篇》言女娲氏"蛇身人面"，曹植《女娲画赞》云伏羲女娲"人首蛇形"，等等。长沙马王堆汉墓帛画中的女娲像，山东武梁、河南南阳、山东沂南等地汉墓出土的女娲像，都是人面蛇身。蛇是龙重要的也是主要的容合对象，龙是蛇的升华，蛇可以变成龙，龙也可以化为蛇。说女娲"蛇身""蛇躯""蛇形"，就等于说女娲"龙身""龙躯""龙形"。而"一日七十化"之说，也与《易之义》所言"龙七十变而不能去其文"之说相吻合。后世一些民间传说也将女娲与龙联系在一起，如甘肃省秦安县陇城镇北门外有一口大井，世称龙泉，相传是女娲抟土造人之泉。

第四节　龙与炎黄族团联盟

龙是炎帝族团和黄帝族团生产、生活的参与者、见证者和标志者，炎帝族团和黄帝族团都是崇龙的族团。在黄帝族团与炎帝族团，以及与蚩尤族团的争斗中，即炎黄族团联盟形成、发展、壮大的过程中，龙依然是参与者、见证者和标志者。东夷族团在崇凤的同时也崇龙，龙也是炎黄族团联盟容合东夷族团的参与者、见证者和标志者。苗蛮族团对龙的崇拜有深远的基础，龙又是炎黄族团联盟吸收、兼并、容合苗蛮族团的参与者、见证者和标志者。

中华民族的起源可追溯至炎黄族团联盟，而龙参与、见证、标志了炎黄族团联盟的形成、发展和壮大，因此可以说，龙是中华民族起源的参与者、见证者和标志者。

一、龙与炎帝族团

炎帝，号神农氏，又号连山氏、列山氏，"三皇"之一，炎黄族团联盟领袖。《补史记·三皇本纪》载："女娲氏没，神农氏作。"《国语·晋语》载:"昔少典娶于有蟜氏,生黄帝、炎帝。黄帝以姬水成,炎帝以姜水成。成而异德,故黄帝为姬,炎帝为姜。"据此,可认为炎帝姜姓,是伏羲、女娲的后裔少典族与有蟜族的后代。第一世炎帝出生于西北黄土高原的姜水之岸(今陕西宝鸡市境内),其后代沿渭河、黄河上下迁徙,落脚、生息于黄河流域今陕西、甘肃、山西、河南、河北、山东等地,是为北方炎帝系统;另一支南迁,落脚、生息于长江流域今湖北、湖南等地,是为南方炎帝系统。

炎帝族团的存世时间大体可框定在前3500年至前3000年,即距今约五千五百年至五千年之间。炎帝多世,承续"炎帝"名号者有八世或十七世之说,约为五百年。与这个时间段相吻合或接近的考古学文化,有发生于黄河流域的仰韶文化,发生于长江流域的大溪文化、屈家岭文化、凌家滩文化和良渚文化。

考古发现的属于仰韶文化范畴,被推断出土于陕西华县庙底沟期遗址的彩陶盆鸟龙纹,考古发现的属于大溪文化范畴,出土于湖北黄梅焦墩遗址的河卵石摆砌龙纹,考古发现的属于凌家滩文化范畴,出土于安徽含山凌家滩遗址的玉雕龙、龙凤璜和人面龙身纹陶轮,考古发现的属于良渚文化范畴,出土于浙江余杭反山遗址的玉琮神人龙面纹、出土于浙江余杭瑶山遗址的龙首镯、出土于浙江海盐龙潭港遗址的陶杯龙纹,都可以说是与炎帝族团有关的龙纹。

炎帝族团以发明、经营农业著称。无论是北方的粟作农业,还是南方的稻作农业,天雨的惠泽,或人与天相结合的灌溉,都是非常需要的。《绎史》卷四引《周书》曰:"神农之时,天雨粟,神农遂耕而种之。"按这样的说法,炎帝族团从事农业的第一批谷种,都是"天雨"赐予的。《水经注·漻水》载:"神农既诞,九井自穿……汲一井则众水动。"按此记载,炎帝族团很早就将井水作生产生活之用了。而水与龙的关系又是极为密切的:水是龙的自然源,龙是水的神物化。作为中国古人对自然界中的多种动物和天象经过多元容合而展现的神物,龙的诸多容合对象,可以说都是"水物"或"水相":鳄、鱼、鲵常年生活在水中;蛇、蜥喜处水湿阴潮之地;猪、鹿、熊、牛、马等离开水也活不下去;而雷电、云、虹、龙卷风等自然天象，全都与雨、与水关系密切。龙来自于"水物"和"水相"，是"水物"和"水相"的代表。于是，龙成为中国古人心目中的"水神"。水利是农业的命脉，水神就是农业神。炎帝族团依靠农业繁衍生存，发展壮大，对作为水神、农业神的龙的崇拜、敬祀是理所当然、顺理成章的。

炎帝族团与水的关系还见于《山海经·海内经》的记述："炎帝之妻，赤水之子听𧖃生炎居，炎居生节并，节并生戏器，戏器生祝融。祝融降处于江水，生共工。共工生术器，术器首方颠，是复土壤，以处江水。"按这样的记述，炎帝的妻子是赤水的女儿，炎帝孙子的孙子祝融曾以江水为居，祝融的孙子术器也以江水为居。《山海经·海外南经》载："南方祝融，兽身人面，乘两龙。"按此载，炎帝的后代祝融，不仅以江水为居，还乘着两条龙出入江水，潜腾于天地之间。

炎帝族团不但与水、与龙关系密切，而且还崇拜太阳，与鸟有不解之缘。"炎"字本来就有"火光""阳光"等意思，《白虎通·五行》曰："炎帝者，太阳也。"鸟类多喜爱阳光、追随阳光，故有"太阳鸟"之说。于是，炎帝与太阳、与鸟就有了一而三、三而一的关系。《白虎通·五行》又言炎帝的后裔祝融，"其精为鸟，离为鸾"；民间也有丹雀鸟赐炎帝五谷种子、五色鸟驮炎帝飞至东海蓬莱岛，抱回一轮太阳，从而给大地带来光和热的传说。

鸟也是龙的容合对象之一。龙之能飞，正是纳取了鸟的功能。出土于浙江余姚河姆渡文化遗址的鸟龙纹，就是两条鸟龙拥抱着、拱敬着一轮太阳，故亦有"双鸟朝阳纹"之称；被推断为陕西华县仰韶文化庙底沟期遗址出土的鸟龙纹，采用的是鸟首与蛇身的组合。《绎史》卷四《炎帝纪》引《周书》言，"神农之时……作陶冶斤斧，为耒耜锄耨，以垦草莽"，是说炎帝族团发明了制陶业。那么，将出土于陕西华县庙底沟期遗址的彩陶盆上的鸟龙纹、出土于安徽含山凌家滩遗址的陶轮上的人面龙身纹、出土于浙江海盐龙潭港遗址的陶杯龙纹推测为炎帝族团所作所为，就有一定的根据了。

按以上所述，再结合《潜夫论·五德志》记"有神龙首出常羊，感任姒，生赤帝魁隗，身号炎帝，世号神农，代伏羲氏"、《帝王世纪》记"炎帝，神农氏，姜姓也。母曰任姒，有蟜氏之女，名女登，为少典妃。游于华阳，有神龙首，感女登于常羊，生炎帝"、《路史》记炎帝"龙颜而大唇"等文献，我们就可以做出"炎帝族团是崇龙的族团""龙是炎帝族团生产、生活的参与者、见证者和标志者"的判断。

二、龙与黄帝族团

黄帝，又称轩辕氏，炎黄族团联盟领袖，"五帝"之首。《国语·晋语》载："昔少典娶于有蟜氏，生黄帝、炎帝。黄帝以姬水成，炎帝以姜水成。成而异德，故黄帝为姬，炎帝为姜。"《易·系辞下》："神农氏没，黄帝、尧、舜氏作，通其变，使民不倦。"孔颖达疏："黄帝，有熊氏少典之子，姬姓也。"《史记·五帝本纪》："黄帝者，少典之子，姓公孙，名曰轩辕。生而神灵，弱而能言，幼而徇齐，长而敦敏，成而聪明。"裴骃集解引徐广曰："号有熊。"司马贞索隐："有土德之瑞，土色黄，故称黄帝，犹神农火德王而称炎帝然也。"《史记·五帝本纪》还记："轩辕乃修德振兵，治五气，艺五种，抚万民，度四方。……东至于海，登丸山，及岱宗。西至于空桐，登鸡头。南至于江，登熊、湘。北逐荤粥，合符釜山，而邑于涿鹿之阿。"

据上述记载，可认为黄帝姓公孙，又姓姬，还号有熊。第一世黄帝出生于西北黄土高原渭河流域的姬水之畔，其后代沿渭河、黄河上下迁徙，繁衍、生活于黄河流域今陕西、甘肃、山西、河南、河北、山东等地，其支裔还南下至今湖南，北上至今辽宁、内蒙古等地。

黄帝族团存世时间大约在前3000年至前2500年，即距今约五千年至四千五百年之间，如果再加上属于黄帝后裔的颛顼、帝喾、唐尧、虞舜、夏禹族团，就在前3000年至前2070年，即距今约五千年至四千一百年之间。黄帝多世，承续"黄帝"名号者有十世或十八世之说，约为五百年。最后一任黄帝之后，由其孙辈颛顼接班，随后依次是帝喾、唐尧、虞舜、夏禹接班，颛顼至夏禹约为四百年，即黄帝以下，颛顼、帝喾、唐尧、虞舜"四帝"，加上开创夏王朝的夏禹，平均每帝执政、传续了八十年。

与黄帝族团存世时间段相吻合或接近的考古文化，有发生于黄河流域的仰韶文化、马家窑文化、龙山文化，发生于辽河流域的红山文化，等等。考古发现的属于仰韶文化、马家窑文化范畴,出土于甘肃甘谷西坪镇、甘肃武山傅家门遗址的彩陶瓶鲵龙纹,考古发现的属于红山文化范畴,出土于内蒙古赤峰翁牛特旗赛沁塔拉村的玉雕龙、出土于翁牛特旗乌丹镇的玉雕龙,都可以说是与黄帝族团有关的龙纹。

《左传·昭公十七年》引郯子语曰:"昔者黄帝氏以云纪,故为云师而云名。"这句话告诉人们一个信息:黄帝族团可能崇拜云,或以云为图腾。而云与龙关系密切,《易经·文言》:"云从龙。"孔颖达疏:"龙是水畜,云是水气,故龙吟则景云出。"《淮南子·天文训》:"龙举而景云属。"《论衡·龙虚篇》:"云雨感龙,龙亦起云而升天。"可见,云是龙的容合对象。

《史记集解》言黄帝"号有熊",《帝王世纪》言黄帝"受国于有熊,居轩辕之丘,故因以为名,又以为号",这些记述告诉人们,黄帝族团可能崇拜熊,或以熊为图腾。而熊也是龙的容合对象。红山文化先民就崇拜熊,在辽宁牛河梁红山文化遗址的积石冢里,多次发现熊的骨殖;在牛河梁女神庙的主室和南单室,还分别出土有似熊的泥塑动物;在牛河梁第十六地点第3号墓还出土了一件熊首三孔器。考古工作者在内蒙古和辽宁省发掘及采集到属于红山文化的多件兽首蜷体玉龙,专家判断这些龙多以熊为原型。考古发现的属于龙山文化范畴,可以说与黄帝族团及后继族团有关的龙纹,有出土于山东日照两城镇的玉圭龙面纹,出土于山东临朐朱封大墓的玉佩龙面纹,发现于山东昌乐的骨刻"龙"字,出土于山西襄汾陶寺遗址的彩陶盘龙纹。

有关黄帝族团与龙有关的文献记述还有:

《帝王世纪》:"黄帝,少典之子,姬姓也。母曰附宝,见大电绕北斗枢星,照郊野,感附宝,孕二十四月,生黄帝于寿丘,长于姬水,有圣德。"《宋书·符瑞志》:"黄帝轩辕氏,母曰附宝,见大电光绕北斗枢星,照郊野,感而孕,二十五月而生帝于寿丘。弱而能言,龙颜。"这是说黄帝出生与雷电有关。雷电是龙重要的容合对象,"龙"字的发音有可能取自隆隆的雷声,龙的形状有可能取自闪电的形状。"龙颜"之说,是将黄帝龙化。

《山海经·大荒北经》:"蚩尤作兵伐黄帝,黄帝乃令应龙攻之冀州之野。"这是说长翅膀的应龙曾在黄帝族团的统一大业中发挥作用。《史记·封禅书》:"黄帝得土德,黄龙地螾见。"这是说按五德终始说,黄帝获得了土德的瑞兆,因而与土地同颜色的黄龙就与大蚯蚓一起出现了。《大戴礼记·五帝德》:"孔子曰:'黄帝……乘龙扆云,以顺天地之纪。'"《史记·封禅书》:"黄帝采首山铜,铸鼎于荆山下。鼎既成,有龙垂胡髯下迎黄帝。黄帝上骑,群臣后宫从上者七十余人,龙乃上去。余小臣不得上,乃悉持龙髯,龙髯拔,堕黄帝之弓。"这是说龙帮助黄帝了解、认知、遵循自然规律,在黄帝完成使命后,龙承载黄帝冲破地球框限,奔向更广阔的宇宙空间。

《太平御览》卷四引《管子》曰:黄帝"得苍龙而辨乎东方",这是说苍龙星(二十八宿中东方七宿,即角、亢、氐、房、心、尾、箕的合称)帮助黄帝,黄帝依凭苍龙星辨察东方。《云笈七签》云:"黄帝垂衣裳之后,作龙衮之服,画日月星辰于衣上以象天,故有《龙衮之颂》。"这是说黄帝把龙的图案绣到了服装上,还画日月星辰以象征天空,并作了一首关于龙服的颂歌。如此看来,黄帝当是龙袍的创始人了。

通过这些来自史籍文献和文物考古的证据,使我们能够做出"黄帝族团是崇龙的族团""龙是黄帝族团生产、生活的参与者、伴随者、见证者和标志者"的判断。

《史记·五帝本纪》载:"轩辕之时,神农氏世衰。诸侯相侵伐,暴虐百姓,而神农氏弗能征。于是轩辕乃习用干戈,以征不享,诸侯咸来宾从。而蚩尤最为暴,莫能伐。炎帝欲侵凌诸侯,诸侯咸归轩辕。轩辕乃修德振兵,治五气,艺五种,抚万民,度四方,教熊罴貔貅䝙虎,以与炎帝战于阪泉之野。三战,然后得其志。蚩尤作乱,不用帝命。于是黄帝乃征师诸侯,与蚩尤战于涿鹿之野,遂禽杀蚩尤。而诸侯咸尊轩辕为天子,代神农氏,是为黄帝。天下有不顺者,黄帝从而征之,平者去之,披山通道,未尝宁居。"

这一记载告诉我们:第一,炎帝族团曾强大并统治过各地诸侯一个时期,但在黄帝族团兴盛之后,炎帝族团衰落了,失去了对各地诸侯的统治能力。第二，黄帝族团为统一各部落、统治各诸侯，做了大量的准备工作。第三，黄帝族团与炎帝族团曾有过争夺天下统治权的战争，黄帝族团后来者居上，取得了战争的胜利。第四，蚩尤族团曾挑战黄帝族团，被黄帝族团征服。第五，黄帝取代炎帝为天下共主，意味着黄帝族团不仅将归从的各地诸侯置于统一的大旗之下，还将原属于炎帝族团的各部族，以及原属于蚩尤族团的各部族也置于统一的大旗之下，也就是说，不打不成交，争斗过后，形成了炎黄族团联盟。

前面论述过，炎帝族团和黄帝族团都是崇龙的族团，龙曾是炎帝族团和黄帝族团生产、生活的参与者、见证者和标志者。那么，我们可以做出符合逻辑的推断：在黄帝族团与炎帝族团，以及与蚩尤族团的争斗中，龙依然是参与者和见证者，而且，龙也顺理成章地成为炎黄族团联盟形成、发展、壮大的标志者。

三、龙与东夷族团

东夷，是我国古代对居住在中原以东的各部族的泛称。《说文》："夷，平也，从大从弓。东方之人也。"东夷各部族的活动区域，大体在黄河下游地区和淮河中下游地区，包括今山东省全境，东至黄海边，西至今河南省东部，南至今安徽省中部。

东夷族团的首领，首推太昊（也作太皞、太皓）。有古文献为证，《淮南子·天文训》："东方，木也，其帝太皞，其佐句芒，执规而治春。"《淮南子·时则训》："东方之极，自碣石山过朝鲜，贯大人之国。东至日出之次、榑木之地、青土树木之野，太皞句芒之所司者万二千里。"《吕氏春秋·孟春》云："其帝太皞，其神句芒。"高诱注："太皞，伏羲氏，以木德王天下之号，死祀于东方，为木德之帝。句芒，少皞氏之裔子曰重，佐木德之帝，死为木官之神。"

太昊部族是崇龙的。《左传·昭公十七年》有这样的记述："郯子曰……太皞氏以龙纪，故为龙师而龙名。"《山海经·海外东经》也记："东方句芒，鸟身人面，乘两龙。"还有《山海经·东山经》："凡东山经之首，自樕螽之山以至于竹山，凡十二山，三千六百里。其神状皆人身龙首。"

少昊（也作少皞）是继太昊而起的东夷族团首领。《拾遗记》卷一载："及皇娥生少昊，号曰穷桑氏，一号金天氏。时有五凤，随方之色，集于帝庭，因曰凤鸟氏。"《左传·昭公十七年》载："少皞挚之立也，凤鸟适至，故纪于鸟，为鸟师而鸟名。"据此，可认为少昊与太昊有别，是崇凤的。然而，《国语·晋语》韦昭注："少昊有子曰该，为蓐收。"《山海经·海外西经》："西方蓐收，左耳有蛇，乘两龙。"这样的记述可理解为，到了少昊的儿子蓐收时代，少昊族团也崇拜起龙来了。一般认为，炎黄族团对东夷族团的吸纳、容合起始于少昊时代，这一记载或许就反映了这样的起始。

首次发现于山东宁阳堡头村和山东泰安大汶口镇的大汶口文化（前4300年—前2500年）和首次发现于山东章丘龙山镇城子崖的山东龙山文化（前2600年—前2000年），与东夷族团关系密切。属于大汶口文化的龙纹还有待发现，而属于山东龙山文化的龙纹至少有四件：发现于山东昌乐县、被相关专家判定为"中国第一'龙'字"的昌乐骨刻文"龙"字两件，发现于山东日照两城镇、被相关专家称为"虎型原龙"的玉圭龙面纹，发现于山东临朐朱封大墓、被相关专家称为"虎型原龙"的玉佩龙面纹。

上述古籍文献的相关记载和考古出土的相关文物，说明东夷族团在崇凤的同时也崇龙。这种情况，为东夷族团被炎黄族团逐渐吸收、兼并、容合后，接受炎黄族团的龙标志提供了基础。也就是说，龙是炎黄族团与东夷族团容合的参与者、见证者和标志者。

当然，对东夷族团的凤崇拜，炎黄族团也采取了接纳、吸收、容合的态度，这是因为：第一，炎黄族团本来在崇龙的同时也崇凤，只是崇凤的程度逊于崇龙而已。第二，龙主要是对自然界中生鳞、生毛动物和某些天象的容合，凤主要是对自然界中生羽动物和某些天象的容合，崇凤与崇龙可以互补，所谓"龙凤呈祥"。

四、龙与苗蛮族团

苗蛮族团是远古时代生活在中国南方各部族或部族联盟的泛称，其最早的活动范围西北达丹江流域，川东及鄂、湘、赣、皖的沿长江流域，东抵淮河流域，集结在彭蠡（今鄱阳湖）和洞庭之间。苗蛮族团的来源大体上有三：

一是炎帝族团的后裔。炎帝族团，尤其是南方族系，在与黄帝族团合并以前，就生活在南方的广大区域。《淮南子·时则训》载："南至委火炎风之野，赤帝、祝融之所司者万二千里。"《山海经·海内经》载："祝融降处于江水，生共工。共工生术器，术器首方颠，是复土壤，以处江水。"黄帝族团发动统一战争后，这些族系有的加入炎黄族团联盟，有的未加入炎黄族团联盟，其未加入者，有可能成为苗蛮族团的成员。前面多有述评，炎帝族团是崇龙的族团，其后裔自然也都是崇龙的。

二是蚩尤族团的后裔。《逸周书·尝麦解》载："昔天之初，□作二后，乃设建典。命赤帝分正二卿，命蚩尤宇于少昊，以临四方，司□□上天未成之庆。蚩尤乃逐帝，争于涿鹿之河（阿），九隔无遗。赤帝大慑，乃说于黄帝，执蚩尤，杀之于中冀。以甲兵释怒，用大正顺天思（卑）序。"

徐旭生等学者根据"命蚩尤宇于少昊"即"炎帝就派蚩尤到少昊统治的地方去居住"句，判断蚩尤为东夷少昊族团的首领。其实，一个人从一个地方迁居另一个地方，只是具备了做该地方首领的可能性，未必一定会成为该地方的首领，倒是将蚩尤推断为九黎族团的首领，理由似乎更充分些。《尚书·吕刑》孔颖达疏曰："九黎之君，号曰蚩尤。"《战国策·秦策一》高诱注："蚩尤，九黎民之君子。"《国语·楚语下》韦昭注："九黎，黎氏九人。"《尚书·吕刑》孔颖达疏引韦注，下云"蚩尤之徒也"。所谓九黎，可理解为九个大一些的部族。《太平御览》卷七十九引《龙鱼河图》："黄帝摄政前，有蚩尤兄弟八十一人，并兽身人语。"《轩辕黄帝传》："乃与榆罔合谋，共击蚩尤。""八十一人"可理解为八十一个小氏族的酋长。九个大部族八十一个小氏族构成九黎族团，由蚩尤率领，先是与炎帝族团的最后一位首领榆罔争夺天下，榆罔战败。之后，榆罔率部与黄帝族团合作，打败了九黎族团。战后，九黎族团分裂，一部分被炎黄族团兼并，一部分退回南方江汉流域，建立了三苗部族联盟。

蚩尤族团也是崇龙的族团，其理由主要有：

第一，蚩尤族团与炎帝族团关系密切，《路史·蚩尤传》言"蚩尤姜姓，炎帝之裔也"，炎帝族团崇龙，血缘相传，蚩尤族团崇龙符合逻辑。第二，《述异记》载："有蚩尤神，俗云人身牛蹄，四目六手。……秦汉间说，蚩尤氏耳鬓如剑戟，头有角，与轩辕斗，以角觝人，人不能向。今冀州有乐，名蚩尤戏，其民两两三三，头戴牛角而相觝。汉造角觝戏，盖其遗制也。太原村落间，祭蚩尤神，不用牛头。"这些记述说明蚩尤族团是崇拜牛的，而牛，是龙的取材对象之一。第三，《龙鱼河图》称"蚩尤兄弟八十一人，并兽身人语"，这句话可理解为蚩尤族团的八十一个小氏族，分别崇拜某种野兽，且以所崇拜的野兽为标志。而兽，无论是虎、熊，还是野牛、野猪，都是龙的容合对象。第四，《史记·五帝本纪》载，"三苗在江淮、荆州数为乱"，于是，舜帝在向尧帝请示后，"迁三苗于三危，以变西戎"。这是说在炎黄族团联盟发展到以唐尧和虞舜为领袖的时候，承续蚩尤族团血脉的三苗部族也发展到了可以"为乱"的程度。面对三苗的"为乱"，舜帝采取了收服后令其迁出原居住地的手段。这样的手段是较为和平的。唐尧和虞舜作为黄帝后裔，当然是崇龙的。于是，尧舜对三苗的收服，就可理解为三苗部族对龙文化的归顺。

三是百越族团的前身。百越，也称百粤、百越族，是古代杂处于中国南方各地的越人族群的总称。《路史·后纪》卷八《高阳》云："南越、越裳、骆越、瓯越、瓯皑、瓯人、且瓯、供人、海阳、目深、扶摧、禽人、苍吾、蛮扬、扬越、桂国、西瓯、损子、产里、海癸、九菌、稽余、仆句、比带、区吴，所谓百越也。"《汉书·地理志》颜师古注引臣瓒曰："自交趾至会稽，七八千里，百越杂处，各有种姓。""百越"是战国时才形成的称谓，之前的周朝称其为"扬越""荆越"，商朝称其为"蛮越"或"南越"，夏朝称其为"于越"。夏朝之前、炎黄族团联盟时期称什么呢？史籍无载，我们权且称之为"百越族团的前身"。

百越族团的前身崇龙吗？回答是肯定的。

第一，据专家研究，在原始社会晚期的尧、舜、禹时代，百越先民同其他族人被划分为蛮苗系统。文献记载中的"蛮""三苗"同后来的百越有着密切的关系，他们应该包括越族或其中的部分先民。大约在商代早期，越族才从"蛮苗"中分离出来。①这也就是说,百越先民有可能是苗蛮族团即炎帝族团和蚩尤族团的后裔,或与炎帝族团、蚩尤族团有血缘关系,炎帝族团和蚩尤族团是崇龙的族团,其后裔崇龙符合逻辑。

第二,越人有"断发文身"的习俗。《墨子·公孟》:"越王勾践,剪发文身,以治其国。"《战国策·赵策》:"被发文身,错臂左衽、瓯越之民也。"《淮南子·原道训》:"九嶷之南,陆事寡而水事众,于是民人被发文身,以像鳞虫。"高诱注:"被,翦也。文身,刻画其体,内墨其中,为蛟龙之状,以入水,蛟龙不害也,故曰以像鳞虫也。"《说苑·奉使篇》:"诸发曰:'彼越……处海垂之际,屏外蕃以为居,而蛟龙又与我争焉。是以剪发文身,烂然成章,以像龙子者,将避水神也。'"《淮南子·泰族训》高诱注:"越人以箴刺皮为龙文,所以为尊荣也。"以上记述,已讲明越人"断发文身"的用途:一曰避水神蛟龙,二曰显示尊荣。为什么"为蛟龙之状""以像龙子"就能避水神、示尊荣呢?说明龙在古越人心目中具有超自然的能力,龙是古越人的崇拜对象。

第三,古越人还崇拜蛇。《说文·虫部》:"南蛮,蛇种。""闽,东南越,蛇种。"《吴越春秋·勾践入臣外传》:"于是遂赦越王归国,送于蛇门之外。"表明吴越两国皆崇蛇敬蛇。邝露《赤雅》:"蜒人神宫画蛇以祭。"李调元《粤风》:(蛋人)"或曰蛇种,故祀蛇于神宫也。"有学者认为,越人文身的花纹,应是蛇文而不是龙文。②其实,蛇是龙主要的、重要的取材对象,崇拜蛇就意味着崇拜龙。

第四,现今居住在中国南方属于壮侗语系和苗瑶语系的各个民族,在习俗上、语言上,都与古代的百越族有一定程度的渊源关系。而壮侗语系和苗瑶语系的各个民族,都是崇龙的民族。这些民族之所以崇龙,一方面可能是受汉族崇龙的影响,被龙文化的魅力所征服,另一方面也可能是他们的祖先苗蛮族和百越族本来就是崇龙的。

考古发现的可以说与苗蛮族团有关的龙文物有:属于河姆渡文化范畴,

---

① 陈国强等:《百越民族史》,中国社会科学出版社,1988,第1页。
② 吴绵吉:《从越族图腾崇拜看夏越民族的关系》,《中央民族学院学报(哲学社会科学版)》1985年第1期。

出土于浙江余姚河姆渡遗址的鸟龙纹牙雕；属于凌家滩文化范畴，出土于安徽含山凌家滩遗址的玉雕龙纹和人面龙身纹陶轮；属于良渚文化范畴，出土于浙江余杭反山遗址的玉琮虎龙纹，出土于浙江余杭瑶山遗址的龙首镯，出土于浙江海盐龙潭港遗址的陶杯龙纹；属于石家河文化范畴，出土于湖北天门石家河罗家柏岭遗址的玉雕龙形环，出土于湖南澧县孙家岗墓葬的龙形玉佩，出土于湖北天门石家河肖家屋脊遗址的盘龙玉雕。这些龙文物的出现，至少可以说明龙文化已渗入到苗蛮族团的物质生产、日常生活、精神信仰、祭祀活动之中。看来，苗蛮族团对龙的崇拜有深远的基础，这样的基础使苗蛮族团在被炎黄族团吸收、兼并、容合的过程中，在认同龙标志的问题上没有障碍。也可以这样说：龙是炎黄族团吸收、兼并、容合苗蛮族团的参与者、见证者和标志者。

将以上论述归结起来，也就形成了笔者的基本观点：龙是中华民族起源的参与者、见证者和标志者。

第五节　龙与华夏族

华夏族是汉族的前身，汉族是中华民族的主体。华夏族来自炎黄族团联盟，炎黄族团联盟之上，是伏羲女娲族团，伏羲女娲族团的母族是华胥氏，华夏族之"华"，就主要来自于崇尚植物之花和水花、发祥于华山周边的华胥氏，而华夏族之"夏"，主要指的是夏朝。

从华夏族核心的形成到夏王朝的建立——华夏族的开始形成，共约九百年。期间，有黄帝、颛顼、帝喾、唐尧、虞舜、夏禹六位古帝（或以黄帝、颛顼、帝喾、唐尧、虞舜、夏禹为名号的六个统治集团）相继主政。这六位古帝（或这六个统治集团）都是崇龙的，故华夏族崇龙毋庸置疑。龙参与、见证、标志了华夏族核心的形成和华夏族的开始形成。

一、华夏族

炎黄族团联盟的形成，意味着华夏族核心的形成。"从血缘上看，黄、炎结盟的标志之一是两大部落的通婚混血。……从文化上看，东西南北，四面八方，逐渐混一。原来属于某一部落、某一集团的始祖、英雄人物、神话传说、迷信禁忌、风俗习惯、发明创造等，都随着文化创造者的混融汇合而成为一体。""从纵向的历史的角度看，以炎黄为起点，中央政权统治者的更替成了有承继性的系统"，即统治者人变了，中央政权结构保持基本稳定，延续不变。"从横向的空间的角度看，炎黄所处的中原，在地理位置上正好处在各文化区的中央，这就易于接受周围各文化区的先进成分，在相互作用和促进下最先进入文明社会，并用文明之光引导、带领周围各文化区前进。与此同时，周围各文化区也在文明之光的吸引下，向它靠拢。"[①]

华夏族开始形成的标志，是夏王朝的建立。夏王朝的建立，一般认为是在前2070年（即距今约四千一百年），这样，从第一任黄帝（约前3000年，即距今约五千年）至夏王朝建立，中间经过了大约九百年。在这九百年间，先后有黄帝、颛顼、帝喾、唐尧、虞舜、夏禹六位古帝（准确地说，应该是以黄帝、颛顼、帝喾、唐尧、虞舜、夏禹为名号的六个统治集团）相继主政。黄帝多世，承续"黄帝"名号者有十世或十八世之说，约为五百年。最后一任黄帝之后，由其孙辈颛顼接班。颛顼之后，依次是帝喾、唐尧、虞舜、夏禹接班。颛顼至夏禹，约为四百年，即黄帝以下，颛顼、帝喾、唐尧、虞舜"四帝"，加上开创夏王朝的夏禹，平均每帝执政、传续了八十年。

那么，考察龙与华夏族的关系，主要就是考察龙与黄帝、颛顼、帝喾、唐尧、虞舜、夏禹的关系。龙与黄帝的关系，前面已经做过考察，本节接着考察龙与颛顼、帝喾、唐尧、虞舜、夏禹的关系。

二、龙与颛顼、帝喾

颛顼位居"五帝"之列，排在黄帝之后。姬姓，号高阳氏。《史记·五

---

① 萧君和：《中华学》，民族出版社，2000，第201—202页。

帝本纪》："黄帝居轩辕之丘，而娶于西陵之女，是为嫘祖。嫘祖为黄帝正妃，生二子，其后皆有天下：其一曰玄嚣，是为青阳，青阳降居江水；其二曰昌意，降居若水。昌意娶蜀山氏女，曰昌仆，生高阳，高阳有圣德焉。黄帝崩，葬桥山。其孙昌意之子高阳立，是为帝颛顼也。"按此记载，颛顼高阳是黄帝的孙子。《山海经·海内经》："黄帝妻雷祖，生昌意。昌意降处若水，生韩流。韩流擢首谨耳，人面豕喙，麟身渠股，豚止。取淖子曰阿女，生帝颛顼。"按此记载，颛顼应是黄帝的重孙。

《史记·五帝本纪》又说：帝颛顼高阳者，黄帝之孙而昌意之子也。"静渊以有谋，疏通而知事；养材以任地，载时以象天，依鬼神以制义，治气以教化，洁诚以祭祀。北至于幽陵，南至于交阯，西至于流沙，东至于蟠木。动静之物，大小之神，日月所照，莫不砥属。"是说颛顼接任炎黄族团联盟领袖后，沉静稳重有谋略，通达贯通明事理。他率领、指导族众养殖各种作物以充分利用地力，推算时序节令以顺应自然，依顺祭祀鬼神的需要而制定礼义，治理习俗风气以教化民众，洁净身心以祭天祀地。往北，他到过幽陵；往南，他到过交阯；往西，他到过流沙；往东，他到过蟠木。各种有动有静之物，大大小小的神灵，凡是日月能照到的地方，全都平定了，没有不归顺的。

有关颛顼与龙的关系，可从以下几个方面来考察：

第一，颛顼是黄帝的后裔。黄帝崇龙、乘龙，甚至具有龙颜、龙体，作为继任者，颛顼崇龙是很自然的。《竹书纪年》载："（颛顼）母曰女枢，见瑶光之星贯月如虹，感已于幽房之宫，生颛顼于若水，首戴干戈。"虹是龙的容合对象，虹之光可解读为龙之光。若水即有水之地，而龙则是司水之神。《路史·疏仡纪》注："（颛顼）有龙颜戴干之表。""首戴干戈"和"戴干之表"，让人联想到《尔雅翼·释龙》中"龙头上有物如博山，名曰尺木，龙无尺木不能升天"的话。

第二，《吕氏春秋·古乐篇》载："帝颛顼生自若水，实处空桑，乃登为帝，惟天之合。正风乃行，其音若熙熙凄凄锵锵。帝颛顼好其音，乃令飞龙作效八风之音，命之曰《承云》，以祭上帝。乃令鱓先为乐倡，鱓乃偃寝，以其尾鼓其腹，其音英英。"这段话中的"乃令飞龙作效八风之音"和

"令鱓先为乐倡"两句与龙有关,意思是"就叫飞龙仿效风声作出八方风的乐曲""又叫猪婆龙用尾巴敲打自己的肚子作音乐的倡导者"①,由此可见颛顼对龙的喜爱。

第三,《山海经·大荒西经》载:"有鱼偏枯,名曰鱼妇。颛顼死即复苏。风道北来,天乃大水泉,蛇乃化为鱼,是为鱼妇。颛顼死即复苏。"是说有蛇化为"鱼妇"——半鱼半人的神,而颛顼"死即复苏",也化为"鱼妇"。从中不难看出颛顼与蛇、与鱼、与龙的关系。蛇、鱼都是龙的容合对象,龙取材于蛇、鱼,又常常以蛇、鱼的面目出现。

第四,《大戴礼记·五帝德》借孔子之口,言颛顼"洪渊以有谋,疏通而知事;养材以任地,履时以象天,依鬼神以制义;治气以教民,洁诚以祭祀。乘龙而至四海:北至于幽陵,南至于交趾。西至于流沙,东至于蟠木。动静之物,大小之神,日月所照,莫不只励"(如前文所引,《史记·五帝本纪》也有相关记述,文字略有不同)。颛顼借龙之力,以龙作为治理天下的工具似无可置疑。

河南濮阳是颛顼一族的主要活动区域,史籍说他建都濮阳,死葬濮阳。那么,将颛顼同濮阳西水坡大墓出土的龙虎蚌塑联系起来做一番考察,似乎是顺理成章的事。然西水坡龙虎蚌塑断代在前4500年前后,而颛顼的存世时间,按我们上面的推断,大约在黄帝之后的前2500年至前2400年,两者相差两千多年,故西水坡大墓的墓主人不可能是颛顼。不过,西水坡大墓的龙虎蚌塑夹伴墓主人尸骨,其墓主人身份多认为是巫师,或巫师兼部落首领。龙和巫的关系大墓本身已做了形象化的展示:龙是通天神兽,巫是祀天神人,龙摆在巫身边,巫可乘龙升天。《史记·五帝本纪》和《大戴礼记·五帝德》都讲颛顼"依鬼神以制义""洁诚以祭祀",这就给人们以启发:颛顼也可能与西水坡大墓的墓主人有相似之处,也是一个族团首领兼大巫师,去世后也乘龙升天。

帝喾,"五帝"之一,排位在颛顼之后。姬姓,号高辛氏,名俊(一作夋),黄帝后裔,继颛顼而立。《史记·五帝本纪》:"高辛生而神灵,自言其名。普施利物,不于其身。聪以知远,明以察微。顺天之义,知民

---

① 袁珂编著《古神话选释》,人民文学出版社,1979,第187—188页。

之急。仁而威，惠而信，修身而天下服。取地之财而节用之，抚教万民而利诲之，历日月而迎送之，明鬼神而敬事之。其色郁郁，其德嶷嶷。其动也时，其服也士。帝喾溉执中而遍天下，日月所照，风雨所至，莫不从服。"这是说：帝喾一来到世间就秉承着神灵之气，自己说出了自己的名字。他将财物施予众人，而不自家私享。他聪慧过人，可以知晓远处的情况，能明察细微的事理。他顺应上天的旨意，了解民间之所急。仁厚而有威严，施惠而守信用，修养自身而天下归服。他收取土地上的物产，节俭使用，抚爱教化万民，把有利益的事教给他们；他推算确定日月运行的节气而恭敬地迎送，他明识鬼神之事而以敬畏之心事奉。他面色沉稳，道德高尚。他行动合乎时宜，服用如同士人。帝喾治国理政，像雨水浇灌农田一样普及天下，凡是日月照耀到的地方，风雨所达到的地方，没有不顺从归服的。

看来，帝喾与颛顼一样，也是一位很不错的有德于民、有功于国、有记于史的古帝。至于帝喾与龙的关系，没有直接的资料。不过，《史记·五帝本纪》讲帝喾"明鬼神而敬事之"，龙是神物，可列入"神"之列。那么，能不能说帝喾"明龙而敬事之"？逻辑上是可以的。再者，帝喾是黄帝后裔，黄帝是崇龙的，帝喾崇龙，可谓一脉相承。

三、龙与唐尧、虞舜

尧，名放勋，"五帝"之一，排位在帝喾之后。因都于唐（今山西临汾）而史称唐尧。《史记·五帝本纪》："帝尧者，放勋。其仁如天，其知如神。就之如日，望之如云。富而不骄，贵而不舒。黄收纯衣，彤车乘白马。能明驯德，以亲九族。九族既睦，便章百姓。百姓昭明，合和万国。"这是说：帝尧，就是放勋。他仁德如天，智慧如神。接近他，就像接近太阳一样；仰望他，就像仰望云彩一样。他富有却不骄傲，尊贵却不放纵。他戴的是黄色帽子，穿的是黑色衣裳，坐着朱红色的车子驾着白马。他明白怎样顺德做事，使同族九代相亲善。同族的人既已和睦，又去治理百姓。百姓治理得政绩昭著，与各方诸侯邦国也都能和睦相处。

史载尧时江河洪水泛滥，中原地区五谷歉收，猛兽频繁出没，伤害百姓，再加上四方野蛮部族反叛，天下动荡不安。尧即位后，制定各项法律制度，加强华夏集团内部的团结，又命令羲和掌管历法推算和日月星相的观测，大胆起用虞舜和夏禹，命夏禹继承父业，继续治理江河，终于将肆虐的洪水治平。接着，尧任用虞舜为自己的助手，开始向四周征服。《史记·五帝本纪》载，尧"流共工于幽陵，以变北狄；放讙兜于崇山，以变南蛮；迁三苗于三危，以变西戎；殛鲧于羽山，以变东夷"。经过不断征伐，平定了四方野蛮部族的反叛。之后，尧咨询"四岳"，推选舜为继承人。

唐尧是被人们爱戴和世代传颂的好帝王，"尧天""尧年"很早就成为贤君当政、天下太平的喻词。唐尧在位时俭朴勤劳，体恤民众疾苦，处事公正廉明；他注重考察百官，使德才兼备者各得其用；他注意协调各个部族间的关系，使四方百姓和睦相处；晚年时他又能大义弃亲，禅位于舜，是为"天下为公"的典范。唐尧的作为、功德、贡献，体现着龙的"福生"精神。

笔者推断唐尧时代有一百年左右，约为前2300年至前2200年，即距今约四千三百年至四千二百年。与颛顼的情形类似，唐尧作为帝号，大概也传承了数世。其整个族系的存世时间，与考古学上的龙山文化（约前2500年—前2000年）的中期，尤其是山西襄汾陶寺文化相对应。这个时期是早期国家形成的时期。"陶寺类型龙山文化，是夏代以前帝尧陶唐氏时代的文化，陶寺遗存可能就是陶唐氏的文化遗存之一"，或者说曾是"帝尧陶唐氏的所都和所居之地"。[①]

唐尧与龙的关系，见《诗含神雾》所言："庆都与赤龙合婚，生赤帝伊祁，尧也。"民间传说称，尧的母亲姓伊，名庆都，本是天帝的女儿，生得十分美貌。某日，庆都独自一人在河边游玩，忽然狂风大作，乌云密布。雷鸣电闪之际，一条巨大的赤龙突然缠到庆都的身上，庆都吓得昏了过去。昏迷之中，庆都恍惚感觉到神龙竟在与自己交合。此后不久，庆都果然有孕。十月怀胎之后，顺利生下一子，便是唐尧。

1980年，山西襄汾陶寺龙山文化墓地出土了一件朱绘蟠龙纹陶盘，专

[①] 田昌五主编《华夏文明》第1集，北京大学出版社，1987，第106—107页，转引自李元庆《三晋古文化源流》，山西古籍出版社，1997，第96页。

家断定此陶盘属于祭祀礼器，而祭祀的对象，很可能就是唐尧族系的某一世。李元庆指出："在陶寺大型墓和部分中型墓中，发现了礼器、乐器、兵器和蟠龙图案等有特殊意义的随葬品，更足以说明王权的出现，国家的形成。……龙，不仅是华夏族的族徽，为华夏族崇拜的神物，而且是作为立国的象征，成为'王权''天威'的标记了。"[1]

舜，史称虞舜，有名的贤王，"五帝"之一，排位在唐尧之后。号有虞，名重华，黄帝后裔，继唐尧而立。《史记·五帝本纪》："舜年二十以孝闻，年三十尧举之，年五十摄行天子事，年五十八尧崩，年六十一代尧践帝位。践帝位三十九年，南巡狩，崩于苍梧之野。"舜幼时即失亲娘，其父瞽叟续娶生子名象，瞽叟同继母爱象嫌舜，对舜百般虐待，还数次欲致舜于死地。身处如此艰险的家庭环境，舜没有丧失生活的勇气。《墨子·尚贤下》记其"耕于历山，陶于河滨，渔于雷泽"。舜克己奉公，受到百姓拥戴，后来被四岳推荐，成为尧的接班人。继位后，他不但举贤用能，使禹平水土，契管民生，益掌山泽，等等，先天下忧，后天下乐，勤政爱民，鞠躬尽瘁，是为"善龙"之典范。他"德为先，重教化"，《史记·五帝本纪》称"天下明德，皆自虞舜始"。后世以舜为"人伦楷模"，中华"龙道凤德"的开创者和践行者。

虞舜与龙的关系，可有以下说明：

史籍记载舜是黄帝的七世孙。黄帝崇龙、奉龙、用龙、比龙、成龙，后代自然也崇龙、奉龙、比龙、成龙。

虞舜为龙还有几个比较贴近的神话佐证。一是他的前任唐尧，被认为是赤龙之子；二是他的接班人大禹，被认为是一条"虬龙"；而他自己，按《宋书·符瑞志》所说，是其母"见大虹，意感而生"，一生下来便"龙颜大口，黑色，身长六尺一寸"；而《孝经援神契》则言其生来"龙颜重瞳，大口"。虹是龙的取材对象之一，舜母生下龙子当在情理之中。传说舜还曾化游龙逃生：其父瞽叟同舜的异母弟象密谋，让舜去淘井，然后断绳填石，予以加害。危急关头，舜化作一条鳞甲闪闪的游龙，钻入黄泉，然后从另外

---

[1] 李元庆：《三晋古文化源流》，山西古籍出版社，1997，第110—111页。

一眼井里钻了出来。①

相传舜去世后，老百姓感念他，便刻了一块重三千斤的龙碑。有两头大象，在一群白鹤的带领下，用长鼻子将石碑带到湖南九嶷山舜源峰，一座形状像龙，龙角龙眼龙须龙牙俱全，山下还有两眼龙泉大石岩安放。

中国是衣冠古国。十二章纹作为帝王服饰用纹，据说是从舜帝开始的。这样的说法有一定道理。《易经·系辞下》记载："黄帝、尧、舜垂衣裳而天下治，盖取诸乾坤。""垂衣裳"就是缝制衣服，"取诸乾坤"，有说指的是"上衣下裳"，当然也可以理解为无论衣裳的用材还是用纹，都取自于天地之间，即自然界。按《尚书·益稷》的排序，十二章纹是这样的：日、月、星辰、山、龙、华虫、宗彝、藻、火、粉米、黼、黻。

四、龙与夏禹

禹，姓姒，名文命，号禹，后世尊称大禹、夏禹，夏朝的开创者。按《山海经·海内经》所记"黄帝生骆明，骆明生白马，白马是为鲧""鲧腹生禹"之说，禹当为黄帝的玄孙。一般认为，禹父鲧为黄帝后裔崇部落（地域在今河南登封以北、黄河以南、郑州以西地区）的一位首领。

作为华夏族的首领，禹继承父亲鲧的事业，接受鲧治水失败的教训，立足于疏导，并亲临工地指挥，栉风沐雨，三过家门而不入，历十三年而平定天下水患。因治水有功，禹被舜帝选为继承人。相传禹继位于平阳（今山西临汾西南），一说是晋阳（今山西太原南晋源镇），继位之后，曾都安邑（今山西夏县西北），又铸九鼎，会诸侯（众夷夏诸部的邦国首领）于涂山（今安徽蚌埠市西郊，一说今安徽怀远县），接受朝贡。后又东巡至会稽山（今浙江绍兴），大会诸侯，计功封爵后病死，遂葬于此山。

从文献资料来看，禹与龙多有关系，表现在：

第一，禹父鲧有黄龙之化。相传尧舜时期，"洪水横流，泛滥于天下"（《孟子·滕文公章句上》）。舜帝先是命令禹的父亲鲧治理洪水。鲧盗用天帝的"息壤"，用填堵的办法治水，未能奏效，遂被舜帝殛杀于羽山之

---

① 参看《楚辞·天问》洪兴祖补注引《列女传》："复使浚井。舜告二女。二女曰：'时亦唯其戕汝，时其掩汝，汝去裳衣，龙工往。'舜往浚井，格其入出，从掩，舜潜出。"

野。鲧死后,精魂不散,尸体三年不腐。天帝派神人用"吴刀"剖鲧腹,其尸体遂化为黄龙,潜入羽渊。①

第二,禹从鲧腹而生②,生具龙像。袁珂《中国神话故事集》载:"天神奉命行事,到了羽山,就用吴刀去剖开鲧的尸体。可是在这时候,从鲧被剖开的肚子里,忽然跳出一条虬龙,头上生了一对尖利的角,盘曲腾跃,升上了天空。这条虬龙就是鲧的儿子禹。"③

第三,禹字从虫,虫无论指蛇还是指其他动物,皆为龙的容合对象。《说文》:"禹,虫也。"顾颉刚依据《说文》对"禹"的解释,猜测说:"我以为禹或是九鼎上铸的一种动物,当时铸鼎像物,奇怪的形状一定很多,禹是鼎上动物的最有力者。"④吴锐认为:"从金文字形来看,'禹'就是蛇的象形,确属'虫'。"⑤

第四,禹在一些文献中被说成句龙(勾龙)。《左传·昭公二十九年》:"共工氏有子曰句龙,为后土……后土为社。"《礼记·祭法》:"共工氏之霸九州也,其子曰后土,能平九州,故祀以为社。"《淮南子·氾论训》:"禹营天下,死而为社。"李修松介绍说:"童书业、丁山、杨宽诸先生都做过仔细考证,说明'共工'二字就是禹之父'鲧'的缓读('鲧'是'共工'的急读),共工之子句龙即鲧之子禹。"他指出:"'句龙'读为'勾龙',即盘曲如钩的有角之龙,是作为夏后氏首领禹的神形,禹字的初形即句龙(勾龙)亦即虬龙之形。"⑥

第五,禹治水时曾见龙祖伏羲。《拾遗记》卷二载:"禹凿龙关之山,

---

① 《山海经·海内经》注引《开筮》:"鲧死三岁不腐,剖之以吴刀,化为黄龙。"吴刀,宝刀名。对此问题,有学者从图腾合并的角度予以解释,涂元济认为:"鲧化黄龙,不是说鲧这个人变成禹,更不是说鲧变成了什么动物,而是说鲧氏族从原来的龟图腾,变为以黄龙为崇拜对象。……'鲧化黄龙',就是鲧氏族被龙部落兼并、统一了,失去了祭祀本氏族图腾的权利,他的图腾龟虽说也被吸收、糅合到图腾龙上去作为附加部分,但就其总体说,龟已不复存在了。"参看涂元济《"鲧化黄龙"考释》,载马昌仪编《中国神话学文论选萃》下编,中国广播电视出版社,1994,第221页。

② 《初学记》卷二十二引《归藏》:"大副之吴刀,是用出禹。"大副,大劈,以刀劈物之意。

③ 袁珂:《中国神话故事集》,中国少年儿童出版社,2017,第233页。

④ 顾颉刚:《与钱玄同先生论古史书》,载《古史辨自序》上册,商务印书馆,2011,第5页。

⑤ 吴锐:《"禹是一条虫"再研究》,《文史哲》2007年第6期。

⑥ 李修松:《试论凌家滩玉龙、玉鹰、玉龟、玉版的文化内涵》,《安徽大学学报(哲学社会科学版)》2001年第6期。

亦谓之龙门。至一空岩，深数十里，幽暗不可复行。禹乃负火而进。有兽状如豕，衔夜明之珠，其光如烛。又有青犬，行吠于前。禹计行十余里，迷于昼夜。既觉渐明，见向来豕犬，变为人形，皆著玄衣。又见一神，蛇身人面，禹因与语，神即示禹八卦之图，列于金版之上。又有八神侍于此图侧。禹曰：'华胥生圣子，是汝耶？'答曰：'华胥是九河神女，以生余也。'乃探玉简授禹，长一尺二寸，以合十二时之数，使量度天地。禹即执持此简，以平定水土。蛇身之神，即羲皇也。"

第六，多条龙帮助禹治水。在禹治水的过程中，应龙充当着开路先锋的角色，其他神龙也前来帮助。《楚辞·天问》："应龙何画？河海何历？"王逸注："禹治洪水，时有神龙以尾画地，导水所注，当决者，因而治之也。"《拾遗记》卷一载："禹尽力沟洫，导川夷岳，黄龙曳尾于前，玄龟负青泥于后。"也有龙因错行水路被禹斩杀。袁珂在《中国神话传说：从盘古到秦始皇》一书中记述了相关的传说："禹治水到了巫山三峡，在导引水路的一群龙中，有一条龙错行了水路，民夫们就在那里错误地施工，开凿出一道峡谷。结果后来发现这道峡谷完全是不必要的，禹很生气，就把这条蠢龙在一座山崖上斩了，用来儆戒其他引水的龙。直至现在巫山县还有'错开峡''斩龙台'这样的古迹。"①

第七，禹有龙瑞。《宋书·符瑞志上》："于是八风循通，庆云丛聚，蟠龙奋迅于其藏，蛟鱼踊跃于其渊，龟鳖咸出其穴，迁虞而事夏。"《史记·封禅书》："夏得木德，青龙止于郊。"这是说在禹创立夏朝的时候，蟠龙从藏身的地方纷纷跃出；立国之后，青龙跑到了都城的郊区。《艺文类聚》卷九十六引《括地图》："夏后德盛，二龙降之。"敦煌旧抄《瑞应图》残卷引《括地图》："禹平天下，二龙降之，禹御龙行域外（外字原缺，据《博物志》卷二补），既周而还。"这是说禹在平定天下后，有两条龙从天而降，禹便以这两条龙为坐骑，到域外视察一圈后返回。

第八，闻一多从"鲧死……化为黄龙，是用出禹"的神话中，推测出

---

① 袁珂：《中国神话传说：从盘古到秦始皇》，世界图书出版公司北京公司，2012，第241页。

"龙是原始夏人的图腾",是夏人的"一种制度兼信仰"。[①]

综上所述,从华夏族核心的形成到华夏族的开始形成——夏王朝的建立,共约九百年。期间,有黄帝、颛顼、帝喾、唐尧、虞舜、夏禹六位古帝(或以黄帝、颛顼、帝喾、唐尧、虞舜、夏禹为名号的六个统治集团)相继主政。黄帝、颛顼、帝喾、唐尧、虞舜、夏禹六位古帝(或六个统治集团)都是崇龙的,故华夏族崇龙无可怀疑。由此我们可以判断:龙参与、见证、标志了华夏族核心的形成和华夏族的开始形成。

第六节　龙与中华民族文明

文明,通常指的是社会发展到较高阶段、文化发展到较高水平的一种综合性状态。一个社会,一个民族,只有在铜器、城市、文字、原始国家四大要素出现的情况下,才算迈进了文明的门槛。

前8000年前后,中华文明即开始了它的起源历程。到了前3000年前后,即人们通常所说的黄帝时代,中华文明已经在地球东方初步生成。而龙,诸多考古发现已经证实,它不但与中华文明的起源相伴共生,也与四大文明要素相伴共生。它相伴铜器,瞩望城市,参创文字,徽铭国家。

龙是中华文明起源和初成的参与者、见证者和标志者,龙文化参与、见证、标志了中华文明的起源和初步生成。

一、文明的定义与标准

文明的定义有好多种,最基本、最通常的说法是:文明是指人类所创

[①] 闻一多原话为:"就最早的意义说,龙与凤代表着我们古代民族中最基本的两个单元——夏民族与殷民族,因为在'鲧死……化为黄龙,是用出禹'和'天命玄鸟(即凤),降而生商'两个神话中,我们依稀看出,龙是原始夏人的图腾,凤是原始殷人的图腾(我说原始夏人和原始殷人,因为历史上夏殷两个朝代,已经离开图腾文化时期很远,而所谓图腾者,乃是远在夏代和殷代以前的夏人和殷人的一种制度兼信仰),因之把龙凤当作我们民族发祥和文化肇端的象征,可说是再恰当没有了。"参看闻一多《龙凤》,载闻一多著《神话与诗》,武汉大学出版社,2009,第63页。

造的财富的总和，特指精神财富，如文学、艺术、教育、科学等，也指社会发展到较高阶段表现出来的状态。这个定义实际上讲了三层意思：第一，文明是人类所创造的财富的总和。在这层意义上，文明与文化等同，因为文化也是"人类在社会历史发展过程中所创造的物质财富和精神财富的总和"。第二，文明特指精神财富。在这层意义上，文明也与文化等同，因为文化也"特指精神财富"。第三，文明指的是社会发展到较高阶段表现出来的状态。这一层意思应该说是点明了文明最显著的特质。

中国古籍中最早提到"文明"二字的是《易传·文言》，曰："见龙在田，天下文明。"为什么"见龙在田"，就"天下文明"呢？唐代经学家孔颖达疏曰："天下文明者，阳气在田，始生万物，故天下有文章而光明也。"按这样的解释，中国古人心目中的"文明"，一开始就与通行的定义基本吻合，而且与龙有关。南朝刘勰《文心雕龙·原道》："心生而言立，言立而文明。"此说突出强调了语言文字对于文明的重要性，因为语言文字是记录、承载、交流、传播人类所创造的财富，尤其是精神财富的工具。清代李渔《闲情偶寄·词曲下·格局》中有"求辟草昧而致文明"，秋瑾《愤时迭前韵》中有"文明种子已萌芽，好振精神爱岁华"，此两语中的文明，当指社会发展水平较高、有文化的状态。

英文中的文明（Civilization）一词源于拉丁文"Civis"，意思是城市的居民，其本质含义为人民生活于城市和社会集团中的能力，引申为一种先进的社会和文化发展状态，以及到达这一状态的过程。其涉及领域广泛，包括民族意识、技术水准、礼仪规范、宗教思想、风俗习惯以及科学知识的发展等等。

看来，中西方对文明本质的认识基本是一致的，即文明是社会发展到较高阶段表现出来的状态。据此，笔者将"文明"定义为：文明，通常指的是社会发展到较高阶段、文化发展到较高水平的一种综合性状态。既然文明是社会发展到较高阶段、文化发展到较高水平的一种综合性状态，那么，达到这样的状态有没有标准呢？

1958年，美国芝加哥大学东方研究所召开"近东文明起源学术研讨会"。在这个会上，美国文化学者克拉克洪提出了文明的三条标准："第一条标准就是要有城市，就是发掘出的遗址中应该有城市，如果都是原始的小聚落是不行的，要有城市，也就是要有城市和乡村的对比和差别。这个标准还有量的限制，作为一个城市要能容纳五千人以上的人口。第二个条件是文字，没有文字的文明很难想象，因为没有文字的发明，人类的思想文化的积累就不可能存留和传播。第三个条件是要有复杂的礼仪建筑，什么叫复杂的礼仪建筑呢？简单来说，就是一个建筑物不是为了一般生活需要而建造的，而是为了宗教的、政治的或者经济的原因而特别建造的一种复杂的建筑。"克拉克洪提出的三条文明标准，后来被英国文化学者格林·丹尼尔写入《最初的文明：文明起源的考古学》（*The First Civilization: the Archaeology of their Origins*）一书。该书于1968年在英国出版，后广泛发行，成为西方国家考古学生的必读书。文明的三条标准说，也因此在全世界得到了普及。李学勤先生在其《辉煌的中华早期文明》一文中评述说："由克拉克洪归纳提出、经过丹尼尔推广的考古学上的文明标准，就是这三条。他们说，由于古代遗留的信息很少，只要有两条就够了，而在两条里面，文字是不可缺的，有了文字再有其他的一种，就可以认为是文明社会了。这个看法传到东方，不管是在日本还是中国，学者都觉得有点不够，提出来最好再加上一条，就是冶金术的发明和使用。现在在我们国内，冶金术被普遍认为是一个标准，那么我们就有四条标准了。"[1]

夏鼐在《中国文明的起源》一书中也对"文明"下了一个定义，他指出："现今史学界一般把'文明'一词用来以指一个社会已由氏族制度解体而进入有了国家组织的阶级社会的阶段。这种社会中，除了政治组织上的国家以外，已有城市作为政治（宫殿和官署）、经济（手工业以外，又有商业）、文化（包括宗教）各方面活动的中心。它们一般都已经发明文字和能够利用文字作记载（秘鲁似为例外，仅有结绳记事），并且都已知道冶炼金属。文明的这些标志中以文字最为重要。"[2]

这就是夏鼐在克拉克洪、格林·丹尼尔说法基础上提出的著名的"文明三要素"说。三要素，也就是判断是否进入文明社会的三条标准：即城市的

---

[1] 李学勤：《辉煌的中华早期文明》，《光明日报》2007年3月8日。
[2] 夏鼐：《中国文明的起源》，文物出版社，1985，第81页。

出现、文字的发明、冶金术的掌握和运用。

20世纪以来，"文明三要素"说获得了学界的广泛认可。20世纪末，王东在三要素基础上，增加了一个要素：原始国家的形成。他指出，"金属工具、书面文字、原始城市，这三项是文明时代的单项标志、单项尺度，标志着文明时代个别要素的形成过程"，而"国家的形成是文明时代的总体标志、总体尺度，更便于从整体上表征文明时代的总体形成"。①

二、关于中华文明起源的四种观点

20世纪以来，关于中华文明，依时序先后，形成了四种观点，即东周文明说、殷商文明说、夏代文明说、黄帝时代文明说。

1. 东周文明说

东周文明说由以顾颉刚、钱玄同等为创始人和主要代表的疑古派（也称古史辨派）提出。"层累地造成的中国古史"，是顾颉刚的著名观点。他认为："时代愈后，传说的古史期愈长"；"时代愈后，传说中的中心人物愈放愈大"。②对此思，李学勤有进一步的解释："晚清以来兴起的疑古思潮，以为古史传说所指的时代越古，后人作伪的成分就越多，也便更不能凭信。"③疑古派在其研究中，推翻了传统的由"三皇五帝"等概念构成的中国古史系统，认为汉代以前的古书无不可疑，得出了"东周以前无史"，即中华文明至东周即春秋战国时期才形成的结论。

东周文明说流行于20世纪20年代至40年代，20世纪50年代以后，随着属于商代、夏代和新石器时代的诸多考古成果的面世，东周文明说已被

---

① 王东：《中华文明论：多元文化综合创新哲学》（下卷），黑龙江教育出版社，2002，第1675页。对文明的标准，中国社会科学院考古研究所所长王巍认为，冶金术、文字的使用和城市的出现三条，"并不符合世界各地进入文明的特点"。他根据中国的情况，提出文明形成有五个标志：（1）农业的发展和手工业的进步；（2）某些高端手工业的专业化；（3）珍贵物品的制作和稀缺资源被权贵阶层所控制；（4）人口增加和人口的集中，出现了政治、经济和文化中心——都邑；（5）社会分化加剧，出现了集军事指挥、宗教祭祀和社会管理于一身，凌驾于全社会之上的王权和区域性政体——早期国家。王巍认为，中国的标准可能更符合世界情况，判断"文明"最关键的应是出现国家和王以及金字塔式的社会结构（严格的等级制度）。参见仲玉维《中华文明"上下五千年"或将证明》，《新京报》2012年7月18日。

② 顾颉刚：《古史辨》，上海古籍出版社，1982，第60页。

③ 李学勤：《走出疑古时代》，辽宁大学出版社，1997，第23页。

否定。

2. 殷商文明说

殷商文明说由中国第一代考古学家李济等人于20世纪50年代提出。李济在《中国文明的开始》一文中总结说："在最近三十多年的中国田野考古工作中，发现了商朝遗址；商朝的年代约当公元前第二千年的中期至晚期。由这个坐落在河南省北部黄河北岸的遗址所表现的中国文明来看，不但相当进步，而且已臻成熟。它具备着熟练的铸铜技术，独立发展的文字体系，和一种复杂而有效率的军事和政治组织。这文化表现出物质生活的富庶，高度成熟的装饰艺术，明确的社会组织和对祖先极度崇拜的神权政治。这是一种充满了活力和生命力的文明，但其间不免含有残酷和黩武的因素。纵然如此，这个文化也为后来周朝的孔子及其学派所代表的人文主义哲学奠定了相当的基础。"[①]

李济先生1928年到1937年的十年间，曾领导考古组对安阳殷墟进行了十五次考古发掘，他的观点具有一定的权威性。殷商文明说在20世纪50年代至80年代为学界重视。西方一些学者也持此观点，如美国的爱德华·麦克诺尔·伯恩斯和菲利普·李·拉尔夫，他们在合著的《世界文明史》（*World Civilizations*）中有这样的话："过去，学者们曾长期认为商朝几乎纯粹是传说。然而，20世纪30年代的发掘证明商朝是非常真实的"；"商代社会是见于历史文献的东亚最早的真正文明。此外，它还为独特的中国文化形式奠定基础和提供材料。这种文化形式表现为农业、手工业的方法，艺术和建筑的形式，着重于以家庭作为社会基本单位，宗教观念和文字体系。"[②]

3. 夏代文明说

夏代文明说由中国第二代考古学家夏鼐等人于20世纪80年代提出。夏鼐在《中国文明的起源》一书中说："自从1928年安阳小屯的考古发掘开始以后，经过了最初几年的田野工作，便取得了很大的收获。到了30年代，已可确定商

---

① 李济：《中国文明的开始》，载刘梦溪主编《中国现代学术经典 李济卷》，河北教育出版社，1996，第393页。

② 伯恩斯、拉尔夫：《世界文明史》第一卷，罗经国、陈筠等译，商务印书馆，1987，第175、180页。

代文化实在是一个灿烂的文明。但是当时一般学者仍以为小屯殷墟文化便是中国最早的文明。有人以为这便是中国文明的诞生。我们知道小屯殷墟文化是一个高度发达的文明。如果这是中国文明的诞生,这未免有点像传说中老子,生下来便有了白胡子。""解放以前,有人认为殷墟文化便是中国文明的开始。也有人推测在这以前中国文明还有一个更古的、更原始的阶段;但是,由于没有证据,这只好作为一种推测而已。解放后三十多年的考古发掘工作,使我们对于中国文明的起源问题的研究,可以从殷墟文化向上追溯。第一步是追溯到郑州二里岗文化。""二里头文化现已可确定比郑州二里岗文化更早。……至少它的晚期,是已达到了文明的阶段。""总之,二里头文化同较晚的文化相比较,是直接与二里岗文化,间接与小屯殷代文化,都有前后承继的关系。所以,我们认为至少它的晚期是够得上称为文明,而又有中国文明的一些特征。……二里头文化的晚期是相当于历史传说中的夏末商初。"①

易中天认为:"中华文明诞生在三千七百年以前,考古学的证据就是二里头遗址,二里头测定的结果是上限不早于前1500年,再加上现在公元后2000年,因此中华文明是三千七百年。"②夏朝的存世时间是前2070年至前1600年,河南偃师二里头文化的断代是前1800年至前1500年。从时间上看,易中天的观点可归入夏代文明说。

4. 黄帝时代文明说

黄帝时代文明说由苏秉琦等考古学家于20世纪80年代末90年代初提出。苏秉琦在《中华文明的新曙光》一文中指出:"通常说,中国同巴比伦、埃及和印度一样,是具有五千年历史的文明古国。但是在辽西考古新发现之前,按照历史编年,中国实际上只有商周以后四千年文明史的考古证明。司马迁《史记·五帝本纪》所记载的商以前的历史,由于缺乏确切的考古资料,始终是个传说。而其他文明古国早在19世纪到20世纪初,就有了五千年前后的文字、城郭、金属等考古发现。从考古学角度看,中华文明史比人家少了一千年。""这些考古发现,说明了我国早在五千年前,已经产生了植

---

① 夏鼐:《中国文明的起源》,文物出版社,1985,第82、92、95—96页。
② 《易中天北大演讲:文明的意志与中华的位置》,新浪读书,2013-05-16,http://book.sina.com.cn/news/a/2013-05-16/2057469347.shtml。

根于公社、又凌驾于公社之上的高一级的社会组织形式。……这一发现把中华文明史提前了一千年，但还不是我国文明的起点，寻找比这还早的文明，是下一步工作的重点。"①

在《中国考古学的黄金时代即将到来》一文中，苏秉琦提出了"重建中国古史"的框架构思："超百万年的中国文化根系，从氏族到国家，国家起源、形成与发展曾经历的三部曲，具体表现为：（一）从氏族到国家的起步（一万年前到距今六千年）、古文化古城古国（约距今六千年到四千年）；（二）方国—中国（距今约四千年前到两千多年），史书记载的夏、商、周三代；（三）中华一统实体（两千多年前以来）。"②对苏秉琦的上述说法，可以简要地理解为：（一）中华文化有超百万年的根系；（二）前8000年前后，即距今约一万年，至前4000年前后，即距今约六千年，是中华文明的起源期；（三）前3000年前后，即距今约五千年，是中华文明的初步生成期。这个时期，即人们通常所说的黄帝时代。黄帝时代可以广义地理解为炎帝之后的，以黄帝、颛顼、唐尧、虞舜等远古帝王为领袖的时代。

三、见证与标志

前面讨论过，一个社会，一个民族，只有在铜器、城市、文字、原始国家四大要素出现的情况下，才算迈进了文明的门槛。其中，铜器是造物技术，即社会生产力发展到较高阶段的标志；城市是人物关系、人际关系、人神关系、公共事业发展到较高阶段的标志；文字是符号系统，即信息记录、保存、识别、传播方式发展到较高阶段的标志；原始国家是社会制度，即社会各个阶层、各种要素的总体协调、管理发展到较高阶段的标志。

那么，龙文化与文明的四要素是怎样的关系呢？

1. 相伴铜器

目前发现的中华大地上出现最早的铜器，是20世纪70年代初出土于陕西临潼姜寨遗址的两件人工冶炼铜制器：黄铜片和黄铜管。经过对出土地房址

---

① 苏秉琦：《中华文明的新曙光》，载苏秉琦著《华人·龙的传人·中国人——考古寻根记》，辽宁大学出版社，1994，第80—81页。

② 苏秉琦：《中国考古学的黄金时代即将到来》，载苏秉琦著《华人·龙的传人·中国人——考古寻根记》，辽宁大学出版社，1994，第139页。

木橡炭化木的碳14测定并经树轮校正，两件铜器的年代为前4790年至前4530年，属于仰韶文化早期。①

与两件铜器同时期，姜寨遗址还出土了一批陶器，其中一件陶盆上绘有"人面鱼纹"，说明姜寨先民对鱼的崇拜和神化。鱼是龙的容合对象，对鱼的崇拜和神化无疑与龙形象的出现有关。姜寨遗址还出土一件"兽面纹陶壶"，其兽面纹为猪首的正面；大嘴上卷，鼻作圆形，上额有多道皱纹。而猪，也是龙的取材对象。

如果说姜寨遗址出土的鱼纹、猪纹还不足以称龙纹的话，距姜寨遗址不算远的宝鸡北首岭仰韶文化遗址出土的蒜头壶上的鱼纹就堪称龙纹了。因为，其纹做了抽象化处理，已与自然界的鱼有了距离。故学界多称其纹为"鱼龙纹"或"鱼型原龙"。北首岭"鱼龙纹"断代在前5000年前后，基本上与姜寨铜器同年代。与姜寨铜器的年代基本一致的，还有河南濮阳西水坡仰韶文化遗址出土的蚌砌龙，该龙断代在前4500年前后。

前8000年至前3000年是中华文明的起源期，姜寨铜器和北首岭鱼龙纹、西水坡蚌砌龙同处于这个时期。可以这样说：铜器出现的时候，龙就出现了；龙形象的出现，伴随着、见证着铜器的出现。

1975年，甘肃东乡林家马家窑文化遗址出土了一件通长12.5厘米的青铜刀，该刀刃部前端有使用痕迹，柄端有镶嵌木把痕迹。同一遗址，还发现有零碎的铜片和炼铜时的残渣。经碳14测定并经树轮校正，该青铜刀断代在前3369年至前3098年之间。②20世纪90年代初，甘肃武山傅家门遗址出土了一件属于马家窑文化的双耳平底彩陶瓶，该瓶腹部绘有黑彩鲵龙纹，其龙瞪目张口，前肢上举。该瓶断代在前3000年前后。青铜刀与鲵龙纹虽不是同遗址出土，但都属于马家窑文化。马家窑文化属于新石器时代晚期文化，因1923年首先发现于甘肃临洮马家窑村而得名。马家窑文化主要分布于西北黄河上游地区及甘肃、青海境内的洮河、大夏河及湟水流域一带，断代在前3700年至前2000年之间。学界一般认为，马家窑文化是仰韶文化向西发展的一种地

---

① 西安半坡博物馆：《姜寨——新石器时代遗址发掘报告》，文物出版社，1988，第148、343、544、548页。

② 中国社会科学院考古研究所编《中国考古学中碳十四年代数据集（1965—1991）》，文物出版社，1992，第274页。

方类型，尤其与仰韶文化庙底沟类型有承接、演变的关系。

前3000年前后，即距今五千年左右，是中华文明的初步生成期。仰韶文化中、晚期和马家窑文化前期与中华文明初成期相对应，因此可以这样说：马家窑文化青铜器和马家窑文化鲵龙纹一同参与、见证了中华文明的初步生成。

参与、见证中华文明初步生成的铜器、龙纹，还有出土于东北牛河梁红山文化遗址的铜环饰和玉龙。铜环饰出土于该遗址第二地点4号积石冢顶部附葬小墓；玉龙至少有两件，一件出土于该遗址第二地点1号积石冢4号墓，一件出土于该遗址第十六地点14号墓。铜环饰和玉龙断代相同，都在前3000年前后。

2001年"中华文明探源工程"启动后，在山西襄汾陶寺龙山文化遗址（断代约为前2500年至前1900年）出土了一件青铜容器残品和一个青铜齿轮形器，表明在陶寺这个时期，冶金术已达到了一定的进步的程度。[①]在同一遗址，还出土有被称为"尧都"国徽的蟠龙纹彩陶盘。

2. 瞩望城市

目前中国发现的年代最早的古城遗址，是位于湖南澧县的城头山古城遗址。该遗址断代在前4000年前后，属于大溪文化早期。该城"略呈圆形，城垣外圆直径340米，内圆直径325米，围绕城垣的护城河宽35米，总计占地面积达15万多平方米（228亩），其中城内面积8.8万平方米（132亩）。城内已发掘出大片台基式的房屋建筑基础、设施齐全的制陶作坊、宽阔的城中大路、密集而重叠的氏族墓葬和保存完好的世界最早的水稻田（六千五百年前）。城垣外坡有大溪文化早中期的壕沟，壕沟内留存了一百多种动物骨骸和植物籽实、竹苇编织物、船桨、船舷、船板和大批榫卯结构的木构件等"[②]。此外，城头山遗址还发现并揭示出一座年代最早的完整祭坛和围绕着祭坛的四十多座祭祀坑。

城头山古城遗址的发现，说明进入文明社会的标志之一的城市，已于

[①] 王巍：《探源中华五千年文明史》，光明网，2011-02-17，http://interview.gmw.cn/2011-02/17/content_1623993.htm。

[②] 于乾松：《华夏第一古城遗址城头山》，载政协澧县学习文史委员会编《澧州文化之旅：故实与传说》，湖南人民出版社，2005，第31—32页。

六千多年前在我国长江流域出现，且具有了一定规模，城市的各项功能已初步完善。城头山古城遗址没有发现龙凤的报告，但动物骨骸和祭坛、祭祀坑的发现，说明动物已进入了城头山先民的生产与生活，城头山先民已有了神灵观念和崇拜神灵的仪式。

值得重视的是，与城头山遗址基本处于同一纬度的湖北黄梅县白湖乡张城村焦墩遗址，发现了一条河卵石摆砌龙。该龙全长4.46米，高2.26米，宽0.3—0.65米，龙头朝正西，尾向正东，好像在瞩望着城头山古城。[1]该龙断代在前4000年前后，也属于大溪文化范畴。焦墩遗址摆砌龙的发现，使我们可以做出城头山先民已有龙崇拜意识的判断。

城头山遗址和焦墩遗址属于中华文明的起源期。有没有发现属于中华文明初成期的古城遗址呢？回答是肯定的。

在长江流域，有属于屈家岭文化和石家河文化早期的湖北荆州马家垸古城遗址，断代在前3000年至前2600年；有属于良渚文化的古城遗址，断代在前3300年至前2200年。尤其良渚古城遗址，总面积约290多万平方米，是长江中下游地区首次发现的良渚文化时期的城址，也是目前所发现的距今五千年左右的中国古代最大的城址。有观点认为，良渚古城遗址"规模宏大的营建工程及其所反映的惊人的管理和社会组织动员能力，表明其除了具有政治意义上的功能，还可能具有军事和防洪功能。特殊的营建方式也为国内首次发现。它的发现改变了原本以为良渚文化只是一抹文明曙光的认识，标志着良渚文化其实已经进入了成熟的史前文明发展阶段"[2]。

与上述良渚文化古城址相对应的龙文化考古发现，有出土于安徽含山凌家滩遗址属于凌家滩文化的玉雕龙、陶纹龙，出土于浙江余杭反山遗址属于良渚文化的龙纹玉琮，出土于浙江余杭瑶山遗址属于良渚文化的龙首镯，出土于浙江海盐龙潭港遗址属于良渚文化的龙纹陶杯等。

黄河流域，有属于仰韶文化的河南郑州西山古城遗址，断代在前3300年

---

[1] 陈树祥：《黄梅发现新石器时代河卵石摆塑龙》，《中国文物报》1993年8月22日；倪婉：《黄梅县焦墩新石器时代及周代遗址》，载中国考古学会编《中国考古学年鉴（1994）》，文物出版社，1997，第227—228页。

[2] 《2007年十大考古发现》，中国历史文化遗产保护网，2008-04-08，http://www.wenbao.net/shidakaogu/200701.html。

至前2800年。该城位于黄河南4公里，邙岭山脉附近，面积达10万平方米，城墙宽5—6米，为夯土砌筑，城外有5—7.5米宽的壕沟。①有位于黄土高原北部陕西神木，属于龙山文化的石峁城遗址（断代在前2300年—前2000年），该遗址发现了保存完整的由"皇城台"、内城和外城三部分构成的石砌城垣，城内面积逾400万平方米，密集分布着大量宫殿建筑、房址、墓葬、祭坛、手工业作坊等遗迹。②

与仰韶文化古城址相对应的龙文化考古发现，有河南濮阳西水坡出土的蚌砌龙，有断为陕西华县出土的彩陶盆鸟龙纹。

在山西襄汾陶寺龙山文化遗址，发现了可能与唐尧时间和地理位置相吻合的规模巨大的都城。该城址达280万平方米，呈典型的"回"字形双城制结构，都城内功能区划齐备且明确，分布有城墙、宫城、观象祭祀台、手工业区、王陵区、普通居民区等。③

除陶寺古城外，还有属于龙山文化，以河南、山东两省为代表，地处河南省的如断代在前2656年的郾城郝家台古城、断代在前2500年的淮阳平粮台古城、断代在前2500年的安阳后冈古城、断代在前2455年的登封王城岗古城，地处山东省的如断代在前2615年的章丘城子崖古城、断代在前2600年的邹平丁公古城等。与龙山文化古城址相对应的龙文化考古发现，有出土于襄汾陶寺遗址的蟠龙纹彩陶盘。

北方草原，有属于老虎山文化的内蒙古凉城老虎山、凉城西白玉、凉城板城、包头阿善、清水河马路塔等古城遗址，断代在前2800年前后。④与老虎山文化相对应的龙虽没有被发现，但时代相近的，有出土于内蒙古赤峰及辽宁牛河梁遗址的属于红山文化的玉龙和兽首蜷体玉龙。

综合起来，我们大体可以这样判断：在距今五千年左右的中华文明初成期，古代城市出现了，龙也发展到了足可见证、标志中华文明初步生成的阶段。

---

① 张玉石、赵新平、乔梁：《郑州西山仰韶时代城址的发掘》，《文物》1999年第7期。
② 廖阳：《良渚古城石峁遗址入选世界10项重大田野考古发现》，《东方早报》2013年8月24日。
③ 于振海、晏国政：《陶寺遗址成为佐证五千年中华文明的重要依据》，新华网，2015-04-17，http://www.xinhuanet.com/local/2015-04/17/c_1115008128.htm。
④ 许宏：《先秦城市考古学研究》，北京燕山出版社，2000，第138—139页。

3. 参创文字

位于河南舞阳县北舞渡镇的贾湖遗址，是一处属于新石器时代早期裴李岗文化的古遗址。1983年至2001年，考古工作者先后七次对遗址进行科学发掘，揭露面积2600多平方米，发现房址、窑穴、陶窑、墓葬、兽坑、壕沟等各种遗迹近千处，陶、石、骨器等各种质料的遗物数千件，特别是大量的栽培粳稻、三十余支多音阶鹤骨笛和十七个契刻在龟甲、骨器、石器、陶器上的符号引起学术界的重视。学者普遍认为，这些断代在前6600年至前5800年的字符，可视为中国的原始文字，与后来的甲骨文有源流关系，对探讨、研究汉字的起源具有重要意义。

考古发现的晚于贾湖字符、断代在前5000年至前4000年的原始文字，据不完全统计，有甘肃秦安大地湾十多个十种，其中有蛇形刻符；西安半坡一百一十三个二十七种；临潼姜寨一百二十九个三十八种；合阳莘野一个一种；长安五楼一个一种；甘肃合水孟桥四个三种；宝鸡北首岭三个三种；临潼零口两个两种；临潼垣头一个一种；铜川李家沟二十三个八种。还有，湖北宜昌杨家湾大溪文化遗址也出土陶器刻符七十多种。[①]断代在前4200年至前2600年，属于大汶口文化的山东莒县陵阳河、大朱村，诸城市前寨，宁阳县堡头村以及安徽蒙城县尉迟寺等遗址，发现原始象形符号九种。[②]

良渚文化年代与大汶口文化中晚期相当，分布地域也毗连。良渚文化个别陶器有成串的刻画符号，同时不少玉器上也有符号。有符号的玉器有璧、琮、环、臂圈等，符号刻画位置独特，不同器上花纹混淆。有的符号还特别施加框线或填有细线。良渚文化玉器符号已发现十一种，其中五种与大汶口文化陶器符号相同或近似。对这些符号进行古文字学的方法分析，大多能够释读，很可能是原始文字。[③]

马家窑文化是仰韶文化向西发展的一种地方类型，断代在前3000年前后。2008年到2011年，甘肃省考古工作者王志安等在两件彩陶上发现了"中国最早的'巫'字，从而将'巫'字的产生年代向前推进了一千年"。王志

---

① 知原：《人之初——华夏远古文化寻踪》，四川教育出版社，1998，第268页。
② 李万福、杨海明：《图说文字起源》，重庆出版社，2002，第99页。
③ 李学勤：《走出疑古时代》，辽宁大学出版社，1997，第28页。

安认为:"这个'巫'字,虽然只是单个存在,但它与表达巫的陶画组合在一起出现,我们就不能把它看作是一个不知意义的符号,显然它已经成为一个有明确含义的中国汉字。"经过考察,王志安还指出,两件彩陶上的"巫"字是用毛笔写成的,说明"中华民族在五千年前就已经用毛笔写字了"。①

前5000年至前3000年,属于中华文明的起源期,这个时期出现的原始文字,无疑是中华文明起源的重要证据。虽然学者们在这些原始文字中还没有准确地判识出龙字和凤字,但这个时期出现了龙的图符,如陕西宝鸡北首岭遗址出土的蒜头壶上的鱼龙纹、内蒙古赤峰小山遗址出土的陶尊上的鹿龙纹,以及堪称龙前身或容合对象的各种动物纹、云纹、水纹等。而且,广义的图符不仅指刻绘在陶器、石器、骨器上的纹饰,还应该包括摆在地面上的物象,如河南濮阳西水坡遗址出土的蚌壳摆砌龙、湖北黄梅焦墩遗址出土的河卵石摆砌龙等。图符与字符的关系是或图符先出,字符的创造以图符为参照,或互相伴随,同时出现,彼此见证。

据此,我们可以判断:中华文明的起源期是有可能出现龙的字符的,只是有待进一步发现而已。

上述考古文化之后,在山西襄汾陶寺龙山文化遗址出土的一个陶制扁壶上,发现了用毛笔朱书的"文"字和"尧"字,表明当时已有作为文明社会象征的文字被使用。②

2007年到2008年,山东大学美术考古研究所所长刘凤君对发现于山东省昌乐县的一批骨刻文进行了鉴定,认为其中两件"与商周甲骨文、金文中的'龙'字很接近",其中一件"更是酷似",从而将此"龙"字判定为"中国第一'龙'字","具有想象丰富的现实造型美",并指出,"昌乐骨刻文对商周甲骨文的影响更是显而易见"。③昌乐县属于山东龙山文化(前2500年前后)覆盖区域,因此可以说,昌乐骨刻文"龙"字是中华文明初成的参与者和见证者。

---

① 王志安:《马家窑文化彩陶上发现中国最早可释读文字》,《中国文物报》2011年8月31日。
② 于振海、晏国政:《陶寺遗址成为佐证五千年中华文明的重要依据》,新华网,2015-04-17,http://www.xinhuanet.com/local/2015-04/17/c_1115008128.htm。
③ 刘凤君编著《昌乐骨刻文》,山东画报出版社,2008,第13页。

4. 徽铭国家

国家是由生活在一定疆域上的大多数人以共同认可的秩序构成的共同体形式，是文明生成的综合性标志。对原始国家而言，其生成至少有三个条件：一是社会分层，贫富分化，等级制度出现；二是社会管理机构产生，最高权力形成，有了作为政治、经济、文化活动中心的都城和处理政务的宫殿；三是有了祭坛、庙宇等进行宗教活动的场所。

关于第一个条件，断代在前4300年至前2500年的大汶口文化已见端倪。相关专家通过对大汶口墓葬的位置、大小、随葬品情况的研究，认为："大汶口文化正处在氏族社会发生重大变革的历史时代。在这个时代里，父权逐步取代了母权，私有制和财产差别的产生和发展，撕裂着氏族社会赖以建立的血缘纽带，家庭与氏族的对立，贫者与富者的矛盾，开始出现。这正是原始社会走向解体的表现。"[①]

良渚文化也出现了社会分层、贫富分化和等级制度的情况。周膺指出："良渚文化墓葬有不同的规模，制式规格有界限分明、悬殊极大的差异。"具体而言，"依照随葬玉器的器形、数量、体量及质料方面的差异，良渚文化墓葬至少能够划分出五个不同的等级。玉器的组合在这些不同等级的墓葬中表现得井然有序"，"平民墓葬只有锥形器、坠、管、珠等小件玉器，与显贵者墓葬出土的玉器在种类、数量、体量、组合关系等方面均截然有别。其中琮、璧、钺这三类玉器与琢刻纹饰的大件玉器，是显贵者墓葬专有的器物，不仅已成为良渚文化时期显贵者阶层特定身份地位的玉质指示物，而且还毫无疑问地成为良渚文化墓葬等级划分中区分显贵者与平民阶层的具有绝对意义的标尺"。[②]

位于长江下游的张家港东山村遗址，发现了属于崧泽文化早中期的高等级显贵墓群，为良渚文化高度发达的文明找到了源头，证明至少在前3800年前后，社会已有明显的贫富分化。浙江余杭反山等良渚文化墓葬出土的玉琮有"神徽"之称，其兽面纹饰，学界多释为龙纹；此外还有余杭瑶山良渚文

---

① 于中航：《大汶口文化和原始社会的解体》，载山东大学历史系考古教研室编《大汶口文化讨论文集》，齐鲁书社，1979，第46页。
② 周膺：《良渚文化与中国文明的起源》，浙江大学出版社，2010，第73页。

化墓葬出土的龙首镯，海盐龙潭港良渚文化墓葬出土的龙纹陶杯，均可视为见证。

龙山文化时期，贫富分化也很明显。山西襄汾陶寺遗址已发掘一千三百余座墓葬，大多属于陶寺文化早期。墓葬可分为大、中、小三等，其中大型墓仅六座，不及总数的1%，小型墓则约占90%。大型墓有棺底铺朱砂的木棺，陪葬品丰富而精致；中型墓也有木棺，随葬成组的陶器、少量木器，以及一些精美的玉石器和猪下颌骨等；小墓则仅可容身，多数没有葬具，大多数也没有任何随葬品。专家指出，这三种不同规格墓葬墓主的身份分别为首领人物、贵族和平民，其数量上的明显差异反映着当时社会中统治阶级与被统治阶级的比例关系。①

关于第二个条件，在河南郑州西山发现了属于仰韶文化的距今五千年左右的古城遗址，在甘肃秦安大地湾仰韶文化遗址发现了可称为早期宫殿的大房子。如编号为F901的大房子遗址，总面积达420平方米，由主室、东西侧室、后室、门前附属建筑四部分组成，其中主室131平方米，地面是料礓石泥和人造陶粒轻骨料制成的混凝土，硬度相当于现在的100号水泥砂浆地面强度。

前面说过，仰韶文化遗址出现了宝鸡北首岭的陶器鱼龙纹、河南濮阳西水坡的蚌砌龙、陕西华县彩陶鸟龙纹等。

在山西襄汾陶寺龙山文化遗址，发现了高等级的建筑——宫殿的地基。在该城址内的大型墓葬中还发现了一排六件玉石钺，专家认为有可能是与军事权力有关的仪仗用具。②该遗址还出土有龙纹彩陶盘数件，其中一件有彩绘龙呈环状蟠于盘中，图案端庄，造型厚重，美丽而富于张力。陶寺遗址有"尧都"之称，此盘遂有由唐尧主政的中国早期国家的"国徽"之称。专家认为，陶寺城址是都邑性城址，是中国进入文明社会，产生了国家的物化标志。③

---

① 于振海、晏国政：《陶寺遗址成为佐证五千年中华文明的重要依据》，新华网，2015-04-17，http://www.xinhuanet.com/local/2015-04/17/c_1115008128.htm。

② 王巍：《探源中华五千年文明史》，光明网，2011-02-17，http://interview.gmw.cn/2011-02/17/content_1623993.htm。

③ 于振海、晏国政：《陶寺遗址成为佐证五千年中华文明的重要依据》，新华网，2015-04-17，http://www.xinhuanet.com/local/2015-04/17/c_1115008128.htm。

关于第三个条件，安徽含山凌家滩文化遗址发现了祭坛遗迹，发掘面积约1200平方米，位于整个遗址的最高处。浙江余杭瑶山良渚文化遗址也发现了祭坛遗迹，由多色土构成，面积约400平方米，该祭坛墓葬还出土有象征权力的龙首牌饰。

位于辽宁朝阳市喀左县的东山嘴遗址是属于红山文化的大型祭祀性遗址，遗址内有一座四边砌石、面积达100平方米的方形基址，和三座周边砌石、用于祭祀的圆形台址。该遗址出土有双龙首玉璜饰件、彩陶祭器，以及女性陶塑像残件、孕妇陶塑像残件等。

属于红山文化范畴的还有位于辽宁西部凌源市、建平县交界处的牛河梁遗址，该遗址由大型祭坛、女神庙和积石冢群址组成。女神庙里有泥质女神塑像，大小有如真人者，也有大如真人二倍、三倍者，陪伴女神的有陶祭器、壁画。尤其值得重视的，是庙内还发现了泥塑的龙。专家指出，牛河梁女神庙，"这一在中国这个文明古国首次发现的史前'神殿'遗迹，也是内涵最丰富功能最明确的一处宗教祭祀场所的发现，无论对红山文化宗教祭祀的研究，还是对中国史前宗教祭祀的思考，都具有划时代的意义"[①]。

考古专家通过对牛河梁遗址的深入研究，得出以下结论："牛河梁遗址如此庞大复杂的祭祀中心场所显示，这绝不是一个部落的力量所能建筑和拥有的，只能是更大的一个政治共同体崇拜共同祖先的宗教圣地。而在远古工具缺乏、技术落后的情况下，能动用如此大的人力，营造如此繁杂的陵墓，墓主人生前显然具有'号令天下'的显著身份。"[②]这也就是说，在前3000年前后的红山文化时期，原始国家，即苏秉琦先生所讲的"古国"，已有可能在辽河流域出现。

综上所述，前8000年前后，中华文明即开始了它的起源历程。到了前3000年前后，即人们通常所说的黄帝时代，铜器、城市、文字、原始国家这四大文明要素，已在中华大地上出现。也就是说，前3000年前后，中华文明已经在地球东方初步生成。而龙，诸多考古发现已经证实，不但与中华文明的起源相伴共生，也与四大文明要素相伴共生。它相伴铜器、瞩望城市、参

[①] 郭大顺：《龙出辽河源》，百花文艺出版社，2001，第87—88页。
[②] 张松：《牛河梁遗址大墓中手握双龟的神秘老人是黄帝？》，《辽沈晚报》2011年9月19日。

创文字、徽铭国家，我们有理由判断：龙是中华文明起源和初步生成的参与者、助力者、见证者和标志者，龙文化参与、助力、见证、标志了中华文明的起源和初步生成。

四、龙与中华文明的起源到成型

中国政府于2004年启动的中华文明探源工程，经过近二十年、二十多个学科、六十多个单位、四百多位专家学者的参与和努力工作，至2022年，"就中华文明起源形成与早期发展过程，以及相关的背景和原因，得出了以下认识：距今万年奠基，八千年起源，六千年加速，五千多年进入（文明社会），四千三百年中原崛起，四千年王朝建立，三千年王权巩固，两千两百年统一的多民族国家形成"[①]。

对中华文明从起源到成型的历史进程，笔者总体上有这样的认识：新石器时代是中华文明起源期和初步形成期，夏、商、西周是中华文明进一步形成期，春秋战国、秦、汉是中华文明成型期，魏晋南北朝、隋、唐、宋是中华文明兴盛期，元、明、清是中华文明延展期，现、当代是中华文明再兴期。比照中华文明探源工程对中华文明起源形成与早期发展过程的认识，"万年奠基，八千年起源，六千年加速"与中华文明起源期对应，"五千多年进入（文明社会）"与中华文明初步形成期对应，"四千三百年中原崛起，四千年王朝建立，三千年王权巩固"与中华文明进一步形成期对应，"两千两百年统一的多民族国家形成"与中华文明成型期对应。

1. 龙与中华文明历史进程的对应关系

在中华文明起源、初步形成、进一步形成、成型的各个历史时期，都有龙的形象出土与发现。

（1）龙形象出现于中华文明起源期，对应着中华文明的"万年奠基""八千年起源"和"六千年加速"。

山西吉县柿子滩遗址发现了两幅断代约为前8000年，距今约一万年的岩画，岩画用赤铁矿石绘成，其中一幅由鹿头鱼尾等元素组合而成，已非某种具体动物的描摹，是一种多元容合的产物。可见，此岩画的创造与龙的发

[①] 王巍：《中华文明探源研究主要成果及启示》，《求是》2022年第14期。

明、展现都遵循了多元容合这同一条规律，这一岩画正是萌生的、处于萌芽状态的龙，堪称中华文明"万年奠基"的"萌龙"。

辽宁阜新查海遗址出土了断代约为前6000年，距今约八千年的属于兴隆洼文化的石块堆砌龙和两枚龙纹陶片，这是目前发现的最早的实物状态的中华龙形象，反映出当时社会分化和原始宗教观念所达到的程度。著名考古学家苏秉琦先生在考察查海遗址后题词："玉龙故乡，文明发端。"与查海石砌龙几乎同时期的，还有发现于内蒙古敖汉旗兴隆沟遗址、断代在前6000年至前5500年之间的两条猪首龙。显然，属于兴隆洼文化的石块堆砌龙、两枚龙纹陶片和两条猪首龙，在一定程度上参与、助力、见证、标志了中华文明"八千年起源"。

陕西宝鸡北首岭遗址出土了断代约为前5000年，距今约七千年的属于仰韶文化早期的鱼龙凤鸟纹蒜头壶；内蒙古赤峰敖汉旗小山遗址出土了断代约为前4800年，距今约六千八百年的属于赵宝沟文化的猪龙纹、鹿龙纹、鸟龙纹陶尊；河南濮阳西水坡遗址出土了断代约为前4500年，距今约六千五百年的属于仰韶文化的蚌砌龙；湖北黄梅焦墩遗址出土了断代在前4000年至前3000年之间，距今约六千年至五千年的属于大溪文化的河卵石摆砌龙。这几件龙文物，反映了先民对宇宙自然、对自然力与人的生产生活、对阴阳关系、对天象授时等的认识、理解、把握和揭示的程度，体现了龙与中华文明"六千年加速"的关系。

（2）中华文明"五千多年进入"文明社会发展阶段，断代属于这一时期的多种龙文物，也展现了龙与中华文明初步形成的关系。考古发现的距今五千多年的龙文物主要有：民间收藏的鸟龙纹彩陶盆，专家推断该彩陶盆可能出土于陕西华县仰韶文化遗址，断代在前4000年至前2000年之间，距今约六千年至四千年，属于仰韶文化庙底沟期；安徽含山凌家滩遗址出土的环形玉龙和龙凤璜，断代约为前3300年，距今约五千三百年，属于凌家滩文化。

玉琮是良渚文化玉器的典型代表。良渚文化断代在前3300年至前2200年之间，距今约五千三百年至四千两百年。各遗址出土的良渚文化玉琮均刻饰以瞠目、大口、獠牙、利爪为特点的神人兽面纹，这些神人兽面纹是良渚先民对虎、鳄、牛、猪、熊、鸮等多种动物的综合，这样的综合与龙的容合规律一致，这些神人兽面纹都可统称"神人龙面纹"或"龙面纹"。属于良渚文化的龙文物，还有浙江余杭瑶山遗址出土的龙首镯、龙首牌饰等。

断代属于这一阶段的龙文物，还有内蒙古赤峰翁牛特旗赛沁塔拉村出土的玉龙，距今约五千年，属于红山文化；甘肃甘谷西坪镇、甘肃武山傅家门遗址分别出土了鲵龙纹彩陶瓶，距今约五千年，都属于马家窑文化。此外，几十年来，文物、文博工作者还发掘、征集、收藏了二十多件属于红山文化的兽首蜷体玉龙。

整体而言，这些龙文物反映、象征了炎黄时代社会等级分化、原始宗教观念达到的程度，也反映、象征了黄帝时代部落族团兼并、统一战争至"古国"形成的情况，同时也可窥见以琢玉、制陶为代表的手工业技术在这一阶段的发展、进步所达到的高度。

（3）"四千三百年中原崛起，四千年王朝建立，三千年王权巩固"是中华文明的进一步形成期，这一时期也多有龙形象的展现。体现龙与中华文明"四千三百年中原崛起"关系的，当为山西襄汾陶寺遗址出土的四件蟠龙纹彩陶盘，这些龙纹盘断代在前2500年至前1900年之间，距今约四千五百年至三千九百年，属于中原龙山文化（亦称陶寺文化）。学术界普遍认为，陶寺文化可与尧帝执政时期相对接。这些蟠龙纹彩陶盘当属陶寺先民的重要礼器，彩陶盘上的蟠龙纹，当是尧帝为首的王室文化的象征，从而成为中原文明崛起、国家起源的重要文化象征。

"四千年王朝建立"所说的"王朝"，当指中国史书记载的第一个世袭王朝——夏朝。位于河南新密市刘寨镇的新砦遗址，出土了距今约四千一百年至三千八百年，属于龙山文化晚期和二里头文化早期的龙面纹铜牌饰和夔龙纹陶器残片。新砦遗址断代在前2050至前1750年之间，存世时间与夏朝（前2070年—前1600年）基本叠合，故有"夏启之居"之称。河南洛阳偃师二里头遗址出土了距今约三千八百年至三千五百年的绿松石龙形器和陶器龙纹，该遗址断代在前1800年至前1500年之间，与夏朝部分叠合，目前学术界大都倾向二里头遗址是夏王朝中晚期的都城所在地，其贵族墓出土的绿松石龙形器与夏王朝密切相关，是身份、地位的象征，代表着王权，是夏王朝的标志物。

"三千年王权巩固"所说的"王权",当指商朝（前1600年—前1046年）政权和西周（前1046年—前771年）政权。属于商朝的龙纹玉器、石器、青铜器,如出土于河南安阳殷墟妇好墓的玉雕龙、龙形璜、龙形玦、石龙及以龙纹为主要纹饰的司母辛方鼎,还有甲骨文中出现的五十多个龙字。这些龙文物几乎都与王权有关,是商代尊神文化和王权巩固的象征。青铜器、玉器是西周王权和礼乐文明的重要载体和标志物,而龙纹则是西周青铜器、玉器上的主要纹饰,如出土于陕西西安、宝鸡地区,堪称西周龙纹青铜重器的利簋、何尊、大盂鼎、大克鼎、虢季子白盘、散氏盘,出土于河南洛阳西周墓葬夔龙纹柄玉刀,出土于山东滕县（今滕州市）西周墓葬龙纹玉璜,等等。

　　（4）"两千两百年统一的多民族国家形成"所说的"统一的多民族国家",主要指秦朝（前221年—前206年）,涉及西汉朝（前202年—8年）。秦实现了"中华一统",造就了中国两千多年一以贯之的政治制度的基本格局;西汉承续、扩展、强化了"中华一统"。属于秦汉朝的龙文物,也不同程度地反映、体现、象征了"中华一统"。秦朝龙文物如:出土于陕西临潼秦始皇陵的夔龙纹二号铜车马、夔龙纹大瓦当,出土于陕西咸阳秦二号宫殿遗址的龙纹空心砖,出土地不详的错银龙纹带钩,等等。属于西汉朝的龙文物主要有:湖南长沙马王堆1号、3号汉墓及山东临沂金雀山4号、9号汉墓出土的有龙形象的帛画,河南永城汉梁王陵、河南洛阳卜千秋墓及西安交通大学西汉壁画墓出土的龙纹壁画,还有河北满城中山靖王墓出土的鎏金银蟠龙纹壶、双龙谷纹玉璧,广州象岗山西汉南越王赵眜墓出土的龙纹玉璧,河北定州中山怀王刘修墓出土的龙形玉环,陕西汉长安城遗址出土的龙纹瓦当,等等。

　　通过以上梳理,可以有这样的认知:龙在中华文明从起源到成型的过程中,起着参与、助力、见证、标志的作用,龙是中华文明从起源到成型的参与者、助力者、见证者和标志者。

　　2. 从中华文明探源工程提出的三条标准看龙的标志作用

　　龙成为中华文明从起源到成型的标志,可以中华文明探源工程提出的进入文明社会的三条标准,即"生产发展,人口增加,出现城市""社会分工，阶层分化，出现阶级""出现王权和国家"①来说明。

一是龙标志了"生产发展，人口增加，出现城市"。新石器时代是发生农业革命的时代，农业革命导致生产发展、产品剩余，使先民中有了以"造神""敬神"为业，即脱离生产专门从事管理精神信仰等事务的专门人士，和专门从事制陶、琢玉、雕石等手工业的从业者，笔者前面列出的龙形龙器，当主要由这些人打造完成。生产发展也导致人口增加且向城市集中，上述龙形龙器就多出现于当时的城市，如龙面纹玉琮出土于浙江良渚古城遗址、蟠龙纹彩陶盘出土于山西陶寺古城遗址、龙纹石雕出土于陕西石峁古城遗址、绿松石龙形器出土于河南二里头古城遗址。这些龙形龙器也反映、标志着"生产发展，人口增加，出现城市"。

二是龙标志了"社会分工，阶层分化，出现阶级"。生产发展导致社会分工，出现了生产、生活的组织者、管理者以及手工业从业者，分等级、别贵贱的"阶级"也开始出现。龙作为先民发明、展现的神物，参与、助力、反映、见证、标志着这样的社会发展。查海遗址出土的石块摆砌龙被置于聚落中心，显然有在部落首领主持下聚众祭祀的用途；该遗址的墓葬也有体现阶级差别的规模大小、厚葬薄葬之分。凌家滩文化环形玉龙、龙凤璜，良渚文化龙面纹玉琮、龙首镯、龙首牌饰，陶寺龙山文化龙纹彩陶盘，二里头文化绿松石龙形器等，也都分别出土于各遗址的贵族墓葬，成为权贵阶层身份的象征和标志。这里需要特别指出的是，先民创造的陶纹龙、玉雕龙、铜铸龙、帛画龙等，在标志阶级的同时，也体现出其时制陶、琢玉、冶铜、缫丝、织帛等具有高技术含量的手工业专业化所达到的高度。

三是龙也标志了"出现王权和国家"。"王"字始见于商代甲骨文，是一个指事字，其甲骨文像斧钺之形，"王"便是以斧钺象征王权。"王"的本义是古代掌握军事权力即"军权"和宗教祭祀权力即"神权"的最高统治者，"王权"就指古代最高统治者的统治权。具体到中华文明起源形成与早期发展过程中，"王"就指伏羲、炎帝、黄帝、唐尧、虞舜、夏禹等古贤王，夏启王、商汤王、周文王、周武王等君王，和秦始皇、汉高祖、汉武帝等帝王。龙是这些"王"及其"王权"的象征和标志。之所以这样讲，一是

---

① 王巍：《中华文明探源研究主要成果及启示》，《求是》2022年第14期。

与这些"王"执政的历史时期相对应，都有龙的考古文物面世，这些龙文物多出土于"王"之墓，都与"王""王权"有关联。二是根据古籍文献记载，这些"王"都有崇龙、用龙之说，如伏羲以龙名官、黄帝乘龙升天、夏禹用龙治水、周文王以龙立卦等。三是这些"王"都程度不同地被"龙化"，如言炎帝是其母感龙首而生、唐尧是其母与赤龙合婚而生、商汤是其母感黑龙而生、秦始皇被称为祖龙、汉高祖被说成龙种等。

说到国家，学界一般认为，"国家"于中国古代历史，经历了"古国、邦国、王国、帝国"四个阶段。"古国"阶段与"五千多年进入（文明社会）"相对应，代表人物是轩辕黄帝。可作为标志的出土龙文物，有可能属于中原仰韶文化庙底沟期的彩陶盆鸟龙纹，属于东南良渚文化的反山遗址出土玉琮龙纹、瑶山遗址出土龙首镯、龙潭港遗址出土陶器龙纹，属于北方红山文化的内蒙古赤峰、辽宁辽西众遗址出土的多达二十多件的玉雕龙，等等。依据史料记述，中原仰韶文化和北方红山文化覆盖的区域是黄帝族团足迹所到的区域，这两个区域也可能是黄帝族团创建"古国"的区域。"邦国"阶段与"四千三百年中原崛起"相对应，代表人物是尧帝。可作为标志的出土龙文物，有属于中原龙山文化的陶寺遗址出土的彩陶盘龙纹、陕西神木石峁遗址出土的石雕龙纹等。陶寺彩陶盘龙纹堪称尧帝所创建的"邦国"的标志。"王国"阶段与"四千年王朝建立""三千年王权巩固"相对应，代表人物是夏禹王、夏启王、商汤王、周文王、周武王、周成王等。可作为标志的出土龙文物，有属于中原龙山文化和二里头文化的龙面纹铜牌饰、夔龙纹陶器残片、绿松石龙形器、龙纹青玉柄、龙纹陶器等；有属于商文化的玉雕龙、龙形璜、龙形玦、石龙、以龙纹为主要纹饰的司母辛方鼎，以及甲骨文中的龙字，等等；有属于西周文化的以龙纹为主要纹饰的利簋、何尊、大盂鼎、大克鼎、虢季子白盘、散氏盘等。这些龙文物大都属于象征王权的"王国"重器。"帝国"阶段与"两千两百年统一的多民族国家形成"相对应，代表人物是秦始皇、汉高祖、汉武帝等。相应的出土龙文物，有属于秦文化的夔龙纹二号铜车马、夔龙纹大瓦当、龙纹空心砖、龙纹带钩等，属于汉文化的龙纹帛画、壁画、铜壶、铜镜、铜灯、玉璧、玉环、瓦当等。这些龙文物体现、象征着"中华一统"，参与、助力、见证、标志着"帝国"的形成。

"古国、邦国、王国、帝国"四个阶段，是中华文明由初成到进一步形成，再到成型的标志，而龙则是标志的标志。为什么这样讲？且以"古国"阶段为例做一说明："中华文明初成""五千多年进入（文明社会）""古国"阶段，这三种表述具有相同的内涵。作为原始国家的"古国"，"指高于部落之上的、稳定的、独立的政治实体"，"是我国早到五千年前的、反映原始公社氏族部落制的发展已达到产生基于公社又凌驾于公社之上的高一级的组织形式"[①]；也是社会各个阶层、各种要素的总体协调、管理发展到较高阶段的进入文明社会的标志，而龙则是这个标志的标志。形成这一认识的根据，一是"古国"以部落族团联盟为基础，部落族团联盟是众多部落族团的集合。集合前各部落族团各有其具体的或某种动物、或某种天象的崇拜物，集合后的部落族团联盟选用了一个能够兼容各部落族团崇拜元素的统一的新的崇拜物，这个崇拜物就是龙。二是古籍文献中，有黄帝"龙颜"、黄帝"获龙瑞"、黄帝"乘龙升天"等记述，黄帝是"古国"的首领、代表，黄帝与龙结缘、被"龙化"，也就意味着"古国"与龙结缘、被"龙化"。三是龙与"古国"具有同构性。龙是多元容合的产物，是由龙头领导、管理、协调全身各部位的、有机的、协调的系统。"古国"也是多元容合的产物，是由"古国"首长领导、管理、协调"古国"各部落族团、各职能部门的有机的、协调的系统。

第七节　龙与中华民族精神

民族精神，指一个民族在长期的共同生活实践中所形成，为该民族广大成员所认同，反映出该民族的世界观和价值观念，能够成为该民族凝聚力的思想核心，能够推动民族事业不断向前发展的占主导地位的精神。龙是中华

---

① 苏秉琦：《辽西古文化古城古国——试论当前考古工作重点和大课题》，《辽海文物学刊》1986年创刊号。

民族的文化标志和精神象征，龙的精神就是中华民族精神。龙的精神可以用"容合、福生、谐天、奋进"来概括。

一、民族精神概说

对中华民族的精神，论述较多，主要有：

"从中华民族精神的具体表现形态看，它主要是自力更生、自强不息的精神；国家兴亡、匹夫有责的精神；不畏强暴、英勇不屈的精神；同甘共苦、团结互助的精神；勤俭朴素、艰苦创业的精神。"[①]

"数千年来，伟大的中华民族精神植根于民族历史的土壤之中，生生不息、薪火相传、光彩夺目、普照人间。诸如'明公灭私''天下为公'的尚公精神，'发愤忘食，乐以忘忧''锲而不舍，金石可镂'的刚健有为、自强不息的精神；'三军可以夺帅也，匹夫不可以夺志''富贵不能淫，贫贱不能移，威武不能屈'的高尚情操和民族气节；'先天下之忧而忧，后天下之乐而乐''天下兴亡，匹夫有责'的以天下为己任的忧国忧民的责任感和爱国主义精神；'崇尚仁义，厚德载物'的雍容大度、包容万物的宽容精神；'路漫漫其修远兮，吾将上下而求索'的不懈追求精神；'刻苦自励''头悬梁、锥刺股'的勤学精神等，都是中华民族最宝贵的财富。"[②]

中国思想史专家张岂之将中华民族的人文精神概括为六个方面，这就是：人文化成——文明之初的创造精神，刚柔相济——穷本探原的辩证精神，究天人之际——天人关系的艰苦探索精神，厚德载物——人格养成的道德人文精神，和而不同——博采众家之长的文化会通精神，经世致用——以天下为己任的责任精神。[③]

对龙的精神，也有一些比较重要的表述，如："从更为深层次的意义上说，龙文化首先体现出中华民族团结合力的精神内涵"；"龙的形象，最初就是中华民族团结合力的象征"；"舞龙和赛龙舟都需要运用集体的合力来完成，而无法运用单个人的力量去运作。在这种集体的合作中，如果单

[①] 张磊、孔庆榕主编，广东中华民族凝聚力研究会编《中华民族凝聚力学》，中国社会科学出版社，1999，第366页。

[②] 杨德广：《以伟大的民族精神引领成长》，《文汇报》2004年5月19日。

[③] 张岂之：《中华人文精神》第2版，西北大学出版社，1997。

个人的力量不能融入整个集体的节奏中去，所有人都会招致失败"；"龙，是中华民族团结凝聚的象征；龙文化，揭示了'团结就是力量'的深刻真理"。①

还有，中国龙"以东方神秘主义的特有形式，通过复杂多变的艺术造型，蕴含着中国人、中国文化中特有的四个基本观念：一是天人合一的宇宙观；二是仁者爱人的互主体观；三是阴阳交合的发展观（或叫变易观）；四是兼容并包的文化观"。在这四个基本观念的后面，"最为深层的思想底蕴，则是龙的精神，是龙所体现出来的中国文化基本精神：以大综合的手段，求大和谐的目标。用孔子晚年《易传》中的两句话来表达，这种基本精神就是经张岱年先生特别强调的两句话、八个字：自强不息，厚德载物。或许我们用多元文化综合创新观的语言来表达的话，那就是：多元一体，综合创新"。②

笔者用"容合、福生、谐天、奋进"来概括龙的精神，比照一下，我们会发现这八个字可以将上述对中华民族精神、龙的精神的表述都统摄在内：

容合：同甘共苦，团结互助，合力、凝聚，爱好和平，厚德载物，和而不同，兼容并包。

福生：天下为公，忧国忧民，以天下为己任，国家兴亡、匹夫有责，仁者爱人。

谐天：天人合一，阴阳交合。

奋进：勤劳勇敢、勤俭朴素，艰苦创业、自力更生、自强不息，不畏强暴、英勇不屈，刚健有为、不懈追求，刻苦自励、创造，穷本探原。

龙是中华民族的文化标志和精神象征，龙的精神就是中华民族的精神。

二、龙的精神

1. 容合

"容合"是龙首要的精神。龙是中国古人对自然界中的蛇、鳄、蜥、鱼、鲵、猪、鹿、熊、牛、马等动物，和雷电、云、虹、星宿、龙卷风等天

---

① 钱其琛：《深刻开掘和研究龙文化的精神内涵》，《人民日报》2000年4月3日。
② 王东：《中国龙的新发现：中华神龙论》，北京大学出版社，2000，第220—221页。

象，经过多元容合而发明、展现的一种神物。而"容合"，则是"兼容、包容、综合、化合"的概称。

龙并非无中生有，它既有宇宙力的、作为总根源的依据，也有来自人类目力所及的自然界中具体的现实的依据。也就是说，自然界中有龙的容合对象，这些容合对象主要有两大类：一类属于动物，笔者列出了主要的蛇、鳄、蜥、鱼、鲵、猪、鹿、熊、牛、马十种，在这十种之外，属于龙的动物类容合对象的，还有虎、象、兔、狗、猴、羊、蚕、虾、龟、蚯蚓、穿山甲以及鸟类，等等。这些动物，既有爬行动物，也有哺乳动物；既有水生动物，也有陆生动物；既有脊椎动物，也有无脊椎动物；既有有羽毛动物，也有无羽毛动物。另一类属于天象，笔者列出了主要的雷电、云、虹、星宿、龙卷风五种，在这五种之外，属于龙的天象类容合对象，还有海潮等。除上述两大类之外，古动物化石、树木花草、江河山脉等，也都不同程度地参与了龙的容合。

"多元容合"是一个关键词，它提示人们注意，龙是"容合"而成的，而且，龙的容合对象是"多元"的，而不是"一元"的。"容合"一词是笔者创造的，汉语词汇中有"融合"，没有"容合"。"融合"突出、强调的是"融"，没有突出、强调"容"。《现代汉语词典》对"融合"的解释是"几种不同的事物合成一体"，这样的解释当然也适合"容合"，但"容合"突出、强调了"容"。笔者认为，相比于"融"，"容"的内涵要丰富得多，也重要得多。对矛盾多多、冲突不已的当今世界而言，突出、强调"容"更具有现实意义。

"容"的本义是盛载、容纳、包含。《说文》："容，盛也。从宀、谷。"徐铉注曰："屋与谷皆所以盛受也。"意思是说，"容"就像屋子和山谷那样可以装下很多东西，所以从宀、谷。甲骨文和金文中的"容"是一个大屋顶下有人有口的形状。这个大屋顶，古人可能指的是一座宽大的房子，而我们就可以将其理解为包围着地球的大气层，也就是古人眼中的"天穹""苍穹""穹窿"，即中央高四周下垂的"天"的形状。这样一来，"容"就把整个地球包含进去了。如果我们再展开思路，将这个大屋顶理解为宇宙，那这个"容"包含得就更多了。

有趣的是，汉语中的"宇宙"二字，也都是"宀"头。"宇宙"，按《尸子》的解释："上下四方曰宇，往古来今曰宙。"换成现在的话就是，"宇"指的是空间，"宙"指的是时间。当然，所谓"上下四方""往古来今"，还是人站在地球上，以地球和当下为参照所形成的说法。抛开这两个参照，也就无所谓"上下四方"和"往古来今"了，因为宇宙是无边无际、无始无终的。然而，为了说明问题，我们还得把宇宙理解成一个空间与时间的结合体，这个结合体，把天地万物，过去的、现在的、未来的，人类能看到的、看不到的，都"容"进去了。

"容"的英译有hold、contain、tolerate等。"hold"在英语中用法较多，其中就有容纳、装得下、包含之意；"contain"也有包含、容纳的意思；"tolerate"的人文色彩要强些，意为容忍、宽恕。笔者比较喜欢这个"容"字。海纳百川，方成其大；山聚万石，方成其高。我们赖以生存的地球，"容"了多少非生物和生物；浩瀚无垠的宇宙，"容"了多少星辰和非星辰！"容"的引申义有兼容、包容、宽容、容纳等。"兼容"的意思是能同时兼顾、容纳几个方面。《汉语大字典》释"兼"的本义是一手持二禾，后指"同时涉及具有两件或两件以上的行为或事物"。"兼容"一词，最早出现于《史记·司马相如列传》："且夫贤君之践位也……故驰骛乎兼容并包，而勤思乎参天贰地。""兼容"的英译为"compatible"，有适合的、适宜的、能共存的、可协同使用的、相容的等意。"包容"的意思是包罗、容纳、统摄。"包"的本义是胎衣。《说文》言"包，像人裹妊，巳在中，像子未成形也"，引申为裹、含、据有等意。"宽容"意谓宽大、容忍、不苛求、不走极端。"宽"的本义是房屋宽敞。《说文》言"宽，屋宽大也"，引申为广阔、面积大、宽厚、度量大、饶恕、宽解、舒缓、缓和、放宽、放松、富裕、爱惜等意。"容纳"的意思是在一定的空间或范围内接受物或人。

"合"的本义是合口。《殷周文字释丛》言其"字像器盖相合之形"，引申为集合、综合、化合、合作等意。"集合"与"聚合"是同义词，意谓分散的物或人聚在一起。"综合"是把不同种类、不同性质的元素、事物组合在一体。"综合"含"整合"意，有将进入综合的种种对象整顿梳理，使其条理化、系统化之意。"化合"更进一步，是两种或两种以上元素、材料经过一个相互作用即"化"的过程，从而生成新的东西。

"容合"一词，既有"容"的意思，也有"合"的意思，是兼容、包容、宽容、容纳、集合、综合、化合的概称。显然，"容"是"合"的前提和基础，没有"容"就谈不上"合"；"合"是"容"的必然和结果，大凡"容"，都会出现"合"的局面。"容合"以"容"为前提，首先强调"容"。所谓"容"，就是尊重、维护、延续自然界的生物生态的多样性，和人世间的文化形态的多样性。生物生态的多样性是人类劳动实践活动多样性的基础，从而很大程度上决定了文化形态的多样性。文化形态的多样性使人类文明基因多元、表象丰富、活力散射、风光万千，从而为"合"，即创造新的文明提供了更多、更好的选择性和可能性。

龙的形象是容合而成的。宋代学者郭若虚总结"龙有九似"，即"角似鹿、头似驼、眼似兔、项似蛇、腹似蜃、鳞似鱼、爪似鹰、掌似虎、耳似牛"；民间画龙有"九像说"，即"头像牛、身像鹿、眼像虾、嘴像驴、须像人胡、耳像狸猫、腹像蛇肚、足像凤趾、鳞像鱼"。其实，如上所述，龙的容合对象远远不止这十多种。

龙的容合对象无穷无尽，龙文化之容合也无穷无尽。如民俗中的舞龙已有几百种之多，新的舞龙形式还在不断地被创造出来。赛龙舟，即龙舟竞渡，也有各种各样的形式，过去都在江河湖泊里举行，现在已发展到也可以在雪上、冰上、陆地上举行，这都可以说是"容"。媒体曾报道，有人用废旧的易拉罐做龙，有人用塑料泡沫板刻龙，有人用树根雕龙，有人用手印绘龙……这些不同的材质，不仅构成了龙的形象，也把材质本身的特点贡献给了龙。

形式往往就是内容。众多的动物和天象进入龙的容合过程，不仅给龙提供了丰富多彩的形象元素，也给龙提供了各具特色的品质元素：鹿之机警，驼之耐力，兔之温和，蛇之屈伸，蜃之含纳，鱼之多子，鹰之犀利，虎之威猛，牛之勤劳……

对中华民族的形成，有"多元一体"的说法。"多元"意味着"容"，"一体"意味着"合"。中华民族是容合而成的，而龙之所以能成为中华民族的象征，就在于其容合过程与中华民族形成的过程相一致，是中华民族大容合的伴随者、参与者、见证者和标志者。新石器时代及随后的青铜器时代，是中华民族的形成期。考古学界以考古实证为据，将这两个时代划分为若干个区系和多种类型文化，而在各个区系、众多类型文化中，几乎都有"原龙"问世，如北方区系的兴隆洼文化石块摆砌龙，赵宝沟文化陶纹龙，红山文化玉雕龙；中原区系的仰韶文化陶纹龙、蚌砌龙，龙山文化陶纹龙；山东区系的大汶口文化、龙山文化玉器龙、骨刻龙；东南区系良渚文化、凌家滩文化玉雕龙；南方区系大溪文化河卵石摆砌龙；等等。

中华文化也是容合而成的，而龙之所以能成为中华文化的标志，就在于龙反映、体现了中华文化的容合。比如，战国时期出现的群龙、交龙，就反映了其时诸子蜂起、百家争鸣的局面；而龙出现于佛教经典、亮相于佛庙殿堂，则是东汉以降，中华文化与印度佛教文化相容合的反映。不仅如此，龙还体现着中华文化的核心内容，比如儒家讲的"仁"，道家讲的"道"，都是有多重含义的容合性概念。容合性可以说是中华文化最本质的特征，而龙正好反映和体现了这一特征。

中国历史上的强盛时期，都是文化的大容合时期。汉文化是对秦文化、楚文化、北方少数民族文化、西域各国文化的容合；唐文化是对全国各地、各民族文化，和以佛教、伊斯兰教、基督教为代表的外来文化的容合。盛唐时的长安，简直就是一座文化容合的大熔炉。所谓恢宏开放，所谓博雅大气，无不以容合为基础、为内容。

进入21世纪以来，中华文化进入了一个新的发展时期，可称为"再兴期"，即再次兴盛的时期，用"百花齐放""万紫千红"这样的词汇来形容实不为过。而龙文化本质上是一种容合之学，它可以容合既包括儒学、道学、佛学，也包括自由、民主、平等、博爱、人权、法治、公平、正义等在内的古今中外一切文明的优秀精华，而对其缺点则予以摒弃，对其局限则予以超越。

容合是和谐的前提和基础。不讲兼容、包容，就不会有综合、化合，也就谈不上合力、合作，以至于和谐、和美。大凡成功的事业，都是容合的事业，所谓"众人拾柴火焰高"；大凡成功的人士，都是善于容合的人士，所谓"博采众长"。和谐的人际关系，和谐的家庭氛围，和谐的社会秩序，都有赖于容合。

当今世界已进入以互联网为特征的全球化时代。全球化时代无疑是一个大容合的时代，容合的事实已体现在政治、经济、军事、文化、教育及日常生活的方方面面。可以这样说，在当今，大到一个国家、一个民族，小到一个团体、一个人，如果不具备容合精神，那他就干不成任何一桩事业。

从哲学上看，容合可作为一种世界观。这种世界观认为，宇宙是容合的，地球是容合的，地球人及地球上的所有生命都是容合的；地球人所看到的太阳、月亮、星星是容合的，与地球人同存共处的山川河流也是容合的。容合实在是一种宇宙胸怀，这种胸怀博大而永恒。容合还是一种方法论，这种方法论认为，宇宙间及人类社会的一切，都是以容合的方法形成的；人类要进行任何创造、任何活动，都一定也必然采用容合的方法，舍弃容合的方法，任何创造、任何活动都不能完成。

2. 福生

福生，是"造福众生"的简称，是龙的又一个基本的、重要的精神。

龙本来就是中国人为造福众生而发明、展现的，也就是说，中国人发明、展现龙的目的，是为了有利于、有福于自己，而不是为了有害于、有祸于自己。事实上，古往今来，龙的身上一直体现着福生的精神。作为水利神、农业神，龙是福生的；作为祖先神、民族神，龙更是福生的。

浙江浦江县流行一种舞龙活动叫"长灯"，又称"板凳龙"。相传很久以前，当地发生了百年不遇的大旱，井枯河干，庄稼绝收，饥渴而死的人不计其数。人们盼望老天爷能下场大雨，可不管怎样祈求，总是无雨。东海的一条水龙看到这种惨状，为了救助生灵万物，就不顾一切地跃出水面，飞云掣电，在当地播下一场大雨。万物复苏了，人们得救了，可水龙由于违反了天规，被玉皇大帝下令，用刀剁成一段一段，撒向人间。人们发现后，就把龙体拾起，放在板凳上，并把它连接起来，不分昼夜地奔走相告，希望它能活过来。舞"板凳龙"的习俗就由此而来。在中国民间，神龙行云布雨、造福一方的传说故事还有许多。

伏羲、女娲、炎帝、黄帝、唐尧、虞舜、夏禹等远古帝王之所以被后世的人们比龙、称龙，一个重要原因，是这些人文先祖秉承着、体现着龙的福生精神，干出了一番兴国利民、功在千秋的事业。伏羲画八卦、结网罟、造甲历，女娲炼石补天、抟土造人、始创嫁娶，炎帝肇始农业、发明医药，黄帝统一部落、制衣造车，大禹为了根治泛滥天下的洪水，"尽力沟洫，导川夷岳"，三过家门而不入，都堪称造福众生的典范。

龙的福生，和人间福生的人事相对应，是人间福生思想的反映。相传夏代有《五子歌》："皇祖有训，民可近，不可下。民惟邦本，本固邦宁。"意思是说，祖父大禹早有训诫，对待人民只能亲敬，不可怠慢，人民是国家的根本，人民安居乐业，国家才能安宁。这便是"民惟邦本"思想的由来。西周时期，有"天视自我民视，天听自我民听"（《尚书·泰誓》）的话，这是说，上天所看到、所听到的要通过人民所看到、所听到的来体现，即上天的看法和意见其实就是人民的看法和意见。到了孔子那里，这种以民为本、重民、保民的思想，被精练为一个字："仁"。在《论语》中，"仁"字出现百次以上，解释有许多种，但最基本的还是"仁者爱人""泛爱众"，即爱人、爱人民，也就是造福众生。孟子是孔子思想的继承者，他明确提出"民贵君轻"的思想，说："民为贵，社稷次之，君为轻。"（《孟子·尽心下》）孟子认为，在国君、国家政权、民众三者的关系中，民众居于最重要、最根本的地位，其次是国家政权，再次才是国君。北宋时期重要的思想家、儒家关学学派的创始人张载在其代表作《西铭》中提出"民胞物与"的思想，他说："民，吾同胞；物，吾与也。"意思是：天下人都是我的同胞，世间万物都是我的朋友。《横渠学案》一书记录了著名的"横渠四句"："为天地立心，为生民立命，为往圣继绝学，为万世开太平"，这四句话是张载为自己的学说所确立的基本宗旨，表现了一代学人的宏大抱负，历来为人们所传颂。"民胞物与"和"横渠四句"，体现的也是龙的福生精神。

福生精神不仅体现在先哲们的言谈著述中，也体现在一些政治家治理国家的指导思想和施政纲领中。"君者，舟也；庶人者，水也。水则载舟，水则覆舟。"(《荀子·王制》)这本是荀子的名言，后来也成为一代英主唐太宗李世民的口头禅。是啊，芸芸众生像大河之水流，一代王朝像水上之舟船，滔滔水流可以浮载起舟船，也可以颠覆舟船。造福众生者，长治久安；祸害众生者，衰败灭亡。孙中山是中国民主革命的先行者，也是近代以来秉承、凸显、践行龙的福生精神最努力的政治家。孙中山提出的由民族主义、民权主义和民生主义组成的三民主义思想体系的实质便是福生。之后的政治家提出"为人民服务""权为民所用、情为民所系、利为民所谋""以人民为中心"等，体现的也都是福生精神。

福生为容合提供了目的和规定。也就是说，容合是以福生为目的的，也是有原则和限定的，这个原则和限定的根本点，便是看这个对象是否符合福生精神。如果这个对象所言所行不是福生的，而是祸生的，那么就不在容合之列。

相信将龙所蕴含和体现的福生精神作为价值观和处世公理推向世界，一定是有益的，因为幸福生活是人人之所求、族族之所望、国国之所愿。西方文化语境中的自由、民主、平等、博爱、人权、法治、公平、正义等理念，也在一定程度上与福生精神具有一致性。

在龙文化中，有福生的善龙祥龙，也有一些祸生的恶龙孽龙。善龙祥龙是人们褒赞颂扬的对象，是龙族中正面的、居主导地位的力量。恶龙孽龙一般都会受到善龙祥龙的惩处，其祸害人间的行径，反衬出了善龙祥龙福生的可贵。

福生之"生"，指的是地球上的所有生物。当然，人是高级动物，位于生物演化序列的最高端，福生首先是"福人"，是"以人为本，兼顾众生"。福人可分为福个人、福家庭、福集体、福社会、福人类等不同层次。人既是物质性、利益性存在，又是精神性、意义性存在，福生还有"物福""利福"和"魂福""义福"之别。物福、利福为生命的存在和延续提供物质基础保障，魂福、义福为精神的愉悦和升华指明方向、提供动力；没有物福、利福，人就活不下去；没有魂福、义福，人就活得如行尸走肉，失去意义。福生是物福、利福与魂福、义福的统一。

福生的践行、落实，需要道德规范以约束，需要法律制度以保障。福生是一种价值观，这种价值观认为，无论个人、团体、民族，还是政党、政府、国家，只有以福生为目的，其所作所为才是有价值的，福生的事情做得越多，福生的范围越大，其价值越大。相反，如果以祸生为目的，其所作所为就是负价值的，其祸生的事情做得越多，祸生的范围越大，其负价值越大。福生还是一种幸福论，这种幸福论认为，对一个人而言，福生的事情做得越多，福生的范围越大，幸福感越强。

3. 谐天

天，指自然界；谐天，即与天和谐、与自然界和谐。这是龙的又一个重要精神，也是衡量社会是否发展进步的又一把标尺，也就是说，一个发展进步的社会，必然是一个谐天，即与自然界相和谐的社会。

"我们不要过分陶醉于我们人类对自然界的胜利。对于每一次这样的胜利，自然界都对我们进行报复。"[1]这是恩格斯《自然辩证法》一书中的一句名言。中国古代哲人荀子也说过这样的话："天行有常……应之以治则吉，应之以乱则凶。"（《荀子·天论》）另一位哲人孟子讲得更透彻："顺天者存，逆天者亡。"（《孟子·离娄上》）

龙是经过多元容合而发明、展现的神物。龙的容合对象，囊括了与古人生产、生活关系密切的众多动物和天象。这些动物和天象，代表着古人心目中的"天"，也就是我们讲的自然界。人与大自然风雨与共、甘苦同行，使龙成为通天神兽，龙是谐天的产物，反映着先民对天道的理解、对大自然的敬重。中国先哲主张"天人合一"，中国文化可谓"天人合一"的文化，而龙，就体现着"天人合一"，是"天人合一"的形象化。

在国人心目中，山有山龙王，海有海龙王，江河湖泊、潭渊溪涧、泓池井泉，大凡有水的地方，都有龙神驻守，龙王庙也就到处可见了。而且，每遇久旱不雨的年月，老百姓都要到有水的地方举行隆重的祈祷龙神活动。为了救命的雨水，虔诚的百姓就是把头磕破，把嗓子喊哑，把腿跑肿，也在所不惜。这是一种"有意味的形式"。通过这种祖先发明的，一辈一辈传下来，且不断发展的形式，人们在和"龙"沟通，在和"天"对话，在表示自己对神秘莫测的、难以抗衡的宇宙自然力的理解、畏惧、诚敬和期盼。

---

[1] 恩格斯：《自然辩证法》，于光远等译编，人民出版社，1984，第304—305页。

"谐天"是一种天人观、生态论。这种天人观、生态论认为：天是人之母，人是天之子，天永远大于人，人永远小于天；人只能谐天，不可能胜天；人若做悖逆天道之事，必然会遭受天的惩罚。

战国时期出现了龙树纹。将龙与树放在一个画面，说明早在两千多年前的战国时期，人们对龙与大自然的密切关系就有了比较到位的认识。老子曾有"犹龙"之比。一般认为，将老子比龙，是说老子具有龙的神采、龙的气概。进一步考察，我们会发现，老子思想的精髓和龙的基本精神之一"谐天"具有一致性。老子说："人法地，地法天，天法道，道法自然。"（《道德经》第二十五章）也就是说，在人、地、天、道"四大"中，人的构成性地位最低，这就决定了人与大自然只能是顺应、效法的关系，而不是违背、对立的关系。老子说："夫物芸芸，各复归其根。归根曰静，静曰复命。复命曰常，知常曰明。"（《道德经》第十六章）自然界的生态是循环往复的，人按生态规律生活，便是"知常"。老子认为，"知常"就是明白人，而"不知常，凶"。这个凶，就是我们讲的环境危机、生态灾难。于是老子警告说："天无以清，将恐裂；地无以宁，将恐发；神无以灵，将恐歇；谷无以盈，将恐竭；万物无以生，将恐灭。"（《道德经》第三十九章）人放任自己的欲望，无限制地向大自然索取，这当然是"失道"的行为，"失道"，就要承受"失道"带来的后果，即领受大自然的惩罚。老子的思想，被称为古老中国的"生态智慧"。

2007年3月23日，笔者在《光明日报》发表整版文章，文中一个观点，就是提议创建环保龙。所谓环保龙，就是与天和谐、倡导绿色生活、走可持续发展道路、建设生态文明的龙。在环境污染日益严重的今天，对环保龙以深刻地认知、充分地关注和努力地践行，其意义重大而深远——中华民族理应成为环保理念深刻、环保制度健全、环保行为普及的与大自然相和谐的龙族。

生态危机不仅是中国的问题，也是世界性的问题。2012年3月26日，"压力下的地球"国际研讨会在英国伦敦开幕，大会首席科学顾问、2009年诺贝尔经济学奖得主埃莉诺·奥斯特罗姆在开幕式上说，越来越多的证据显示，人类对地球的影响正在逼近地球所能承受的极限，科学共同体因此有责任发出声音，敦促所有国家的官员、民众和企业都考虑采取相应政策，避免对地球造成不可挽回的伤害。[①]

世界自然基金会（WWF）是在全球享有盛誉的、最大的独立性非政府环境保护组织，这个组织每两年发布一次《地球生命力报告》（The Living Planet Report），持续关注"地球生命力"状况。在《地球生命力报告2014》中，该组织向全世界发出警告：地球生物多样性正在急剧下降，而人类对自然的需求不断增长且不可持续。全球物种的种群数量自1970年以来已下降52%，人类需要1.5个地球才能满足目前对自然的需求。这意味着，人类正在逐渐耗尽自然资源，这将使子孙后代的需求更加难以维持。

古希腊哲学家普罗泰戈拉提出"人是万物的尺度"的命题，德国哲学家康德主张"人是目的""人为自然立法"。这样的"人类中心主义"的观点，高扬了人在自然界中的主体性和支配性，对人类认识"自我"和发挥"自我"的创造性不能说没有积极意义，但它的负面影响似乎更大，已成为西方近代以来出现严重生态危机的思想依据。"天人对立"，即认为人是天的主宰，天是人的工具，人要征服自然、改造自然的观点即由此生发。当然，西方思想家中也有主张天人和谐者，但不占主导地位。

所以，在全球范围内大力倡导、推广、弘扬中国龙所蕴含和体现的谐天的精神理念，对纠正天人对立派的理论偏差，解决全球性日益严重的生态危机，无疑具有积极的现实意义。这样的倡导、推广和弘扬，相信不会遇到太大的阻力，因为保护唯一的地球家园，创建新型的生态文明，已成为全人类的共识。

4. 奋进

奋进，即奋发进取、开拓创新、适变图强，这是龙的又一个重要精神，也是衡量社会是否发展进步的又一把标尺。也就是说，一个社会发展进步的必要条件，便是大多数社会成员都处于奋发进取、不断创新、适变图强的状态。

[①] 黄堃、王亚宏：《全球环保人士热议如何帮助"压力下的地球"》，中国新闻网，2012-03-27，http://finance.chinanews.com/ny/2012/03-27/3776296.shtml.

在龙的诸多民俗活动中，龙舟竞渡是比较普及、引人注目的。但见彩旗如云，鼓呼雷动，人人奋力，龙龙争先，如弹出膛，如箭离弦，桨影纷然，浪花激溅，那热闹的景象，那宏大的场面，那激昂的情绪，那蓬勃的力量，实实在在地令人振奋！龙舟竞渡典型地昭示了龙的奋进精神。

自古以来，龙多被用来象征、比称人间的杰出人物。人们之所以将人杰才俊比龙称龙，一个重要的原因，是他们身上具备奋发进取的素质，为中华民族的发展进步、繁荣昌盛做出了创造性、开拓性的贡献。

龙的奋进精神体现在龙的形象上：与时俱进、不断创新、持续发展。从姿态上看，无论水中游、地上行，还是天上飞，龙给我们展示的多是昂首挺胸、瞠目振鳞、精神抖擞、全力以赴、一往无前的形象。而且，龙的形象是与时俱进的，每个时代都有每个时代的龙。新石器时代有早期的简单质朴的"原龙"，夏商周时期有神秘抽象的"夔龙"，春秋战国至秦汉之际有粗犷雄健的"飞龙"，魏晋南北朝至唐宋时期有刚柔并存的"行龙"，元明清三代有复杂华丽的"黄龙"。进入21世纪后，我们看到了许多吉庆嘉瑞的"祥龙"，如穿福字褂、骑摩托、打手机、用银行卡的"时尚龙"，以绿叶为发、为眉的"生态龙"，活跃在影视屏幕及网络上的"卡通龙"等。从龙形象的演变，我们看到了一个不断开拓、不断发展、不断创新的轨迹。

龙所蕴含和体现的奋进精神，是人的精神状态的反映，而这样的精神状态，其实是人类的优长。动物也奋进，但动物的奋进只局限在生存即维持生命和种族延续层面，人类的奋进除有满足生存层面需要的指向外，还有满足发展的、探索的、精神层面需要的指向，这是由人所具备的不同于一般动物的具有思维能力的智慧的创造性本质所决定的。而且，人类面临的诸多困境和难题，只有奋进才能得到逐步缓解以至于解决。

奋进是一种人生观，这样的人生观认为，奋发进取、开拓创新、适变图强、努力向上向善的人生，才是积极的、健康的、正面的，是与人类文明发展方向相一致的，否则就是消极的、病态的、负面的，是与人类文明发展方向相违背的。奋进也是一种强健论，这种强健论认为，一个人精神气质上要强健，一个民族要强大，一个国家要强盛，有赖于这个人、这族人、这国人团结奋进。也就是说，只有万众一心，奋发进取，一个民族、一个国家才能昌盛富强。而一个民族一个国家，只有强盛，才能告别落后，告别屈辱，告别被动挨打的命运，巍然屹立于世界民族之林。

当然，我们所崇尚的奋进，是以容合为手段，以谐天为条件，以福生为目的的奋进，背离这些要求，任何奋进产生的都是负价值，都要受到正义力量的谴责和制裁。对个体生命而言，奋进至少有三个要素：

第一是"自强不息"。"自强不息"是个成语，来自《易经》的第一卦乾卦。乾卦是一个以龙为题材的，意义特别、影响深远的"龙卦"。其卦以龙的发展变化——从"潜龙勿用""见龙在田""跃龙在渊"，到"飞龙在天""亢龙有悔"等为喻，既形象又抽象地阐发了一种道理。什么道理呢？解释《易经》六十四卦的《象传》将其解释为："天行健，君子以自强不息。"就是说，自然界行的是一种刚健的大道，而人呢，应该像可以在水中游，也可以在地上行，但终要腾飞于云天的神龙那样，努力上进。

"自强不息"可以分开来理解：首先是"自强"，即靠自己的努力强大起来。中华民族就是靠自己的力量，由炎黄部落联盟到华夏族、由华夏族到汉族、由汉族到中华民族这样一步一步，容合、强大起来的。龙也是这样，是中华民族发明、展现的，是自立、自强、自觉、自慧的结晶体、形象化。对生命个体而言，自强是很重要的素质。自己不努力，别人再帮助，也是无济于事的。所谓外因只有通过内因才能起作用，古今中外大凡成功的人士，几乎都具有自强的品质，这方面的例子不胜枚举。其次是"不息"，就是选准方向，咬住目标，克服困难，百折不挠，坚持不懈。笔者的一部散文随笔集取名《卓立苍茫》。什么是"苍茫"呢？词典里的解释是"空阔辽远，没有边际"。人在世间东拼西搏，时间久了会产生一种何时有尽头、何处是归宿的苍茫感，所以需要"穿透"，需要"卓立"。毕竟，我们还活着，而且，还身心都比较健康地活着。既然活着，就得做事，而做事就该做到自己的最好。我在做龙文化讲座时，曾有年轻人问我怎样才算成功，我说："两句话：做到自己的最好，做到别人做不到。"要实现这两句话，除了持续不懈地下功夫，别无捷径。

第二是"学创结合"。人类文明是一个累积的过程。所以必须学习，只有了解了、掌握了前人的、他人的创造成果，你才能有新的创造。前人的、他人的创造成果层出不穷，因而学习就是毕生的功课，所谓"活到老，学到老"。那么，学习的目的是什么呢？为学习而学习，当然可以，但层位不高；层位比较高的是为创造而学习。

创造就是给这个世界增添新的东西。新东西无非精神、物质两个方面。刘明武先生分析中华民族近代落后挨打的原因，认为是中华文化在发展过程中出现了偏差。燧人氏、有巢氏、伏羲氏、神农氏、轩辕氏这些被后世比龙、称龙的先贤都是发明创造器具、技术的典范。这从他们的名号上就能看出来。所以说，源头的中华先贤是重视器具创造并善于运用器具的先贤，源头的中华文化是"道器并重"的文化。而后来，到了老子那里，"道器并重"的文化变成了"道器分离"的文化；到了孔子那里，"道器并重"的文化变成了"坐而论道""述而不作"的文化。这样发展下来，中华文化就渐渐成了"道强器弱"或"有道无器"的文化。于是，当西方列强拿着先进的"器"来打我们的时候，我们就招架不住，只好败仗连连了。[1]

刘明武先生的分析是可资参考的。其实，就"道器并重"而言，古人已经提醒我们了，只是我们没有重视而已。你看新石器时代和青铜器时代的龙纹，就多出现在陶品、玉器、青铜器等"器"上，也就是说，中国古人已经认识到："道"应该与"器"相结合，以"器"来"明道""传道"。所以，我们的龙文化提倡既重视"道"的创造，也重视"器"的创造，能将二者都推进到世界的前列，最好。

第三是"适变图强"。《说文》言龙"能幽能明，能细能巨，能短能长"；《管子》言龙"欲小则化如蚕蠋，欲大则藏于天下，欲上则凌于云气，欲下则入于深泉"；《三国演义》中曹操言龙"乘时变化"，"能大能小，能升能隐；大则兴云吐雾，小则隐介藏形；升则飞腾于宇宙之间，隐则潜伏于波涛之内"。这些都是在启示人们，龙具有适应环境、积极应变的品性。这样的品性又启示人们，要以积极的、灵活的姿态，以随机的、适度

---

[1] 参看刘明武《寻找元文化》，四川人民出版社，2012。

的，有理、有利、有节的方式，面对复杂多变的世界。"适变"和"图强"是一个逻辑的先后的关系，只有"适变"才能"图强"，"适变"是为了"图强"，"适变"是"图强"的前提和基础，"图强"是"适变"的方向和目的，要想"图强"，就得适应不断变化的世界。

第二章 龙与中华智慧

龙是中华民族智慧思维的成果,在龙的身上,凝结、体现、彰显着源远流长、博大精深、新新不已、具有无穷魅力的中华智慧。

龙的形象背后,隐含着中国人的四大观念:天人合一的宇宙观、仁者爱人的互主体观、阴阳交合的发展观、兼容并包的文化观。龙的形象反映了中国人的价值观念,即追求普遍和谐的四大主体关系:天人关系、人际关系、矛盾关系、多元文化关系。

龙的精神是多元文化综合创新精神。继承、发展、运用龙所蕴含、体现、标志的中华智慧,有助于解决当代文明的四大危机:生态危机、战争危机、人际关系危机、文明冲突危机。

第一节　龙的本质新论

——源于图腾又超越图腾的中华民族文化象征

龙的本质是什么？比起"龙的原型是什么"这一问题来说，这是"龙之谜"的更深层次，回答起来有更大的理论思维难度。这里实质上要回答的问题是：龙到底是干什么的？龙有什么用？构成龙的原型的那些动物特征综合起来，究竟有什么社会功能？

在这个问题上，古往今来，特别是20世纪80年代、90年代两次文化讨论中，提出了种种不同说法，其中至今影响最大的，仍然首推闻一多先生在20世纪40年代提出，而在80年代、90年代文化讨论中广泛流传的原始图腾说，或叫综合图腾说。

我们在这里努力做出一些新的学术探讨，以民族文化象征说的新观点，扬弃原始图腾说，真正说明"龙的本质是什么"这一问题。

简单套用西方原始文化研究中的图腾概念来说明龙的本质是不适宜的，不能笼而统之把中华文明时代上下五千年的龙文化归结为原始图腾文化；中国龙源于图腾但又根本上超越了原始图腾，本质上是中华民族文化的吉祥符号象征。

一、以原始图腾说为代表的四种传统说法

在"什么是龙的本质"问题上，较为流行的有以下四种传统说法，其中迄今为止影响最大的，是闻一多先生首倡的原始图腾说，或叫综合图腾说；然而包括这种说法在内，种种传统说法都遇到了难以解答的根本问题，很难科学地揭示龙的深层本质，因而呼唤着超越这些传统说法的新观念。

下面，让我们对这四种说法，特别是原始图腾说遇到的不能解决的难

题，做一些逐层分析。

1. "原始图腾说"的问题

原始图腾说、综合图腾说不能回答：为什么原始氏族图腾能伴随中华文明时代五千年呢？

"图腾"现象的研究，在西方文化中从1791年开始出现，至今已经持续了二百多年。20世纪初期，西方图腾文化研究开始传入中国，逐步开始对中国龙的研究发生影响。

图腾，通常是新石器时代的一种原始文化现象，通常作为原始的氏族社会特征标志，成为原始的血缘共同体、氏族共同体的文化象征。

"图腾"概念，一般包括三层含义，或者说蕴含着三层观念，表明图腾中所标识的实物（动物或植物），与这个原始氏族成员之间存在着三重关系：（1）祖先关系；（2）血缘关系；（3）保护神关系。

应当肯定，西方的图腾文化研究对中国龙的研究有一定借鉴意义，移植过来用于龙的起源研究是有一定学术价值的。然而，用原始图腾说来解释龙的现象，只能部分地解释原龙的起源，即只能有助于解释原龙在原始社会后期的起源问题，而中国龙却是在文明时代真正形成，并在文明时代长期发展的，这个历史过程与文化现象，怎么能用原始时代图腾文化来解释呢？

一般图腾，通常只是一种实物标记，一种动物或植物，拿来作为氏族标志；混合图腾，则是把两种或多种动物、植物作为氏族标志。无论一般图腾还是混合图腾，都与中国的龙有明显差异，甚至大相径庭。

为了部分地克服这个矛盾，闻一多先生20世纪40年代提出综合图腾说，认为在氏族部落之间的兼并过程中，不同氏族部落的图腾标志综合到一起，于是形成了带有综合性的龙图腾。

综合图腾说有助于启迪我们探索原始社会后期原龙起源问题，却仍然无法说明，中国的龙为什么在原始社会后期起源，而在原始社会之后的文明时代真正形成，长期存在，不断发展？

用原始图腾说、综合图腾说作为钥匙，很难真正完全打开"中国龙的本质问题"这把锁。

2. "神性动物说"的问题

"神性动物说"不能回答：为什么恰恰这些动物会被赋予龙的神性？

把龙的本质，归结为神性动物的观点，可谓源远流长。时间较早又较有影响的，就有汉代学者许慎在《说文解字》中提出的"龙为鳞虫之长"的学说。

在20世纪80年代、90年代的文化研究、龙学研究中，刘志雄、杨静荣在《龙与中国文化》一书中，探讨了龙的本质问题，依据这个本质，给龙下了一个定义："龙是出现于中国文化中的一种长身、大口、大多数有角和足的具有莫测变化的世间所没有的神性动物。"[①]丢掉那些修饰语，这里包含着一个公式：龙的本质=神性动物。

"神性动物说"的观点流传甚广、影响甚广，乃至不仅《辞源》《辞海》《现代汉语词典》等权威辞书是这样写的，包括近年来出的新版辞书也仍是这样写的。

严格地说，"龙的本质=神性动物"，只是一个事实判断，描述了人所共知的历史表象，肯定了大家公认的历史事实。"神性动物"这个说法，并没有构成一个科学概念，从深层本质上回答"什么是龙"的问题。

"龙是神性动物"的说法，并没有从深层次上回答龙的本质问题：龙的神性从何而来？人们为什么赋予龙与动物原型以神性呢？究竟是什么历史背景、社会背景、文化背景，造成了龙这种神性动物？这一系列龙的本质问题，都是"神性动物说"不能回答的。

3. "神话意象说"的问题

"神话意象说"不能根本回答：龙的真正奥秘和社会功能是什么？

何新在《诸神的起源》一书中，提出了这种学术观点：龙和凤"产生的依据最初并不是生物性的，而是一些自然意象的生物化"；"并不是某些生物被神格化而成为龙、凤。相反，倒可能是某些自然现象被生物性地解释为龙和凤，然后才艺术性地通过想象被加工从而具有了生物的意象"。[②]

这种说法有一定学术意义，有助于启迪我们注意到，龙是中国特有的神

[①] 刘志雄、杨静荣：《龙与中国文化》，人民出版社，1992，第12页。
[②] 何新：《诸神的起源——中国远古神话与历史》，生活·读书·新知三联书店，1986，第62—63页。

话形式，至少在表现形式上有中国的特殊性。

但是，这种说法却无法真正说明龙的本质问题：为什么水神雨神的神话意象，要通过龙这种特殊形式表现出来？龙作为神话意象，为什么在古代中国社会有那么大的社会作用？为什么龙这种"神话意象"至今仍有重大社会功能和文化功能，难道现代中国人还如此沉溺于古代神话意象吗？

4. "龙为水神说"的问题

"龙为水神说"无法回答：唐代宋代龙王出现以前四千多年间，为什么会有龙的崇拜，为什么宋代以后龙王才成为中国水神？

吴大琨先生在形成"龙为水神说"的学术观点过程中，起了重要作用。这种观点认为，中国是农业社会，其农业生产在很大程度上依赖雨水；而龙恰恰是水神，直接左右着农业生产，因而备受崇拜；应当把龙的研究，放到中国社会历史背景上来进行。

在《中国人为什么崇拜龙》这篇论文中，吴大琨先生阐明了他主张的"龙为水神说"，同时他也以大家学者特有的谦逊，实事求是地指出了这一学说的局限所在："我只不过说明了，龙是中国的'水神'，所以中国人崇拜龙。但我却不曾把中国人为什么将龙，以及类乎龙的一族如蛇、蛟之类看作'水神'的道理说出来。"[①]

二、源于图腾，超越图腾

从时代背景来看，中国的龙虽最早起源于原始图腾，却从根本上大大超越了原始图腾文化。不能把中华文明时代上下五千年的龙的本质，简单归结为原始图腾。

图腾作为一种文化现象，本质上是一种历史现象，是根源于原始社会、氏族社会的文化历史现象；而在原始社会、原始时代以后的文明社会、文明时代主流中，包括古代文明时代与近代文明时代主流社会，都只能有图腾文化个别遗迹，既不可能存在完整的图腾制度，也不可能存在完整意义上的图

[①] 吴大琨：《中国人为什么崇拜龙》，原载《艺风》1934年第2卷第12期，转引自阎云翔《试论龙的研究》，载马昌仪编《中国神话学文论选萃》（下编），中国广播电视出版社，1994，第527、529页。

腾文化。

在文明时代以前的原始时代，在那个时代存在的原始的图腾制度、图腾文化中，氏族社会或氏族部落里的原始人，把某种动物或植物作为图腾来崇拜，以为图腾崇拜对象，既是他们的共同祖先，又是有着血缘关系的亲戚，同时还是他们的保护神。

显而易见，这种图腾制度作为一种文化现象、社会现象、历史现象，只能是原始氏族社会的历史产物，与文明时代是水火难容的。

在文明时代主流之中，不存在图腾制度、图腾文化形成发展的经济土壤、政治土壤、文化土壤。在文明社会、文明时代里，最多也只能在不开化的边缘地带，存在着原始图腾文化的个别历史遗迹，不可能在主流社会中长期存在着不断强化的原始图腾文化。

图腾文化本质上是一种植根于血缘，保护人身依赖关系纽带的氏族文化、原始文化，反映的是植根于原始氏族社会的，保持着血缘联系的人身依赖关系体系。而超越这种氏族关系、血缘联系的民族文化，则意味着从野蛮时代走向文明时代，是文化形态上划时代的大发展、大变革、大飞跃。

更具体、更贴切地说，图腾文化、图腾制度是从原始人走向文明人的一个过渡环节，"原始人—图腾人—文明人"是一个历史的发展链条，图腾文化只是这个发展链条上的一个中间环节、过渡环节，是作为历史活动主体的文明人把自己同自然区分开来的一个历史中介。在原始的图腾文化中，人有明显的二重化：一方面，人把自己同一般动物、植物、自然界区分开来，看到自己这个氏族的血缘共同体的特殊性；另一方面，人又把自己同作为图腾的那种自然物等同起来，认为自己这个氏族的血缘共同体同作为图腾的动植物有血缘关系、亲戚关系。

从这个观点来看中国的龙，应当说中国原龙最早曾一度起源于原始图腾文化，但本质与主流却不能简单归结为原始图腾文化。从时代背景、具体内容、文化含义、社会功能这四个方面来看，中国的龙都与原始图腾有重大差异，绝不能笼而统之地混为一谈。

我们这里首先就第一方面，对龙与图腾进行比较研究：从时间上看，中国的龙与原始图腾基本上是不同时代的历史产物。

图腾文化本质上是原始社会的氏族文化，而中国的龙，最初形态的原龙，即产生于前3000年前后，这是中国原始社会的解体期，中华文明时代的起源期，后来是中华文明时代的形成期。

图腾文化既然是原始社会的氏族文化，必然伴随着文明时代——国家产生而走向衰亡，而中国的龙，恰恰是在前3000年前后的炎黄时代，随着原始国家的萌芽而萌生原龙，而后经过夏、商、周三代国家近一千五百年，在前1000年前后的殷商之际，才形成雏形已成的龙——商周时代夔龙形态。

原始的图腾文化，不可能在文明时代长盛不衰，而中国的龙却是在文明时代走向定型的，在前500年到公元元年前后的春秋战国之交到秦汉之交，中华古典文明走向基本定型，中国的飞龙形态也走向基本定型。

原始的图腾文化，不可能在进入文明时代几千年之后还继续发展，而中国的龙则在1000年前后的两宋时代，经历了从飞龙到黄龙的大转变、大发展，在宋、元、明、清时代的几百年、近千年间，中华龙文化还在发展，在数量上、在质态上都还处在发展过程之中。

原始的图腾文化不可能在现时代、在当代中国还大量存在，充其量只能在个别边远地区、少数民族中间存在个别遗迹，而中国的龙文化在现代中国绝非仅仅存在个别遗迹，而是依然保持强大生机，扬弃掉封建主义、神秘主义、专制主义的消极因素，中华龙文化在国家统一、民族复兴中虽不能起到历史上的那种主导作用、主流文化作用，但仍对中华民族有强大感召力、凝聚力、向心力。

中国的龙文化与原始图腾文化的关系是一分为二的：在前3000年以前，在中华文明起源期，中国原龙形态起源之时，与原始的图腾文化有一定历史渊源关系，但也有重大差异；而在前3000年以后，在中华文明时代的五千年间，中国龙的本质文化与原始图腾文化有了不可同日而语的本质差异。原始图腾文化是原始社会的氏族文化，中国的龙却是文明时代的民族文化象征——这就是中华龙文化与原始图腾文化之间巨大的时间差、时代差。

三、不是实物崇拜，而是文化创造

从具体内容上来看，中国的龙也与原始图腾文化有本质差异：原始图腾崇拜的对象、图腾文化的内容，通常都是自然界中实际存在的实物，或动物，或植物，或其他实物形态；而中国的龙，固然可以在自然界中找到某种原型，但本质上并不是自然界中的现有实物，而是基于民族文化观念的文化创造、文化符号。这是中国的龙与原始图腾文化在内容上的本质区别。

从18世纪末以来的二百多年间，从西方到东方，都加强了对原始图腾文化的研究。研究成果表明，图腾崇拜是一种历史的文化现象，往往发生在原始的氏族社会之中，在那个时代，原始文化还很不发达，往往还不能独立地创造一种艺术形象、文化符号，作为崇拜对象，而是往往把自然界中实际存在的现成实物——动物、植物或其他实物，直接移植过来，作为图腾崇拜对象。

比如，19世纪中后期，美国人类学家摩尔根对北美印第安人易洛魁部落持续地进行了长期的研究，并写出了题为《古代社会》（*Ancient Society*）的人类学、文化学、社会学巨著。他的研究成果表明，图腾文化的崇拜对象，通常都是自然界中的现存实物，如老虎、狼、熊、海狸鼠等动物。20世纪，有些学者还对澳大利亚的一些原始部落与氏族社会进行了长期观察研究，研究成果同样表明，他们崇拜的图腾之物，看来是一种或几种动物或植物，如鳄鱼、蜥蜴、鸟等动物，或者是当地的一种或两种植物。

图腾中只有一种动物或植物的，可以称作单一图腾；图腾中有两种以上动物或植物的，可以称作混合图腾。

无论动物图腾，还是植物图腾，也无论单一图腾，还是混合图腾，本质上都是实物图腾，崇拜对象都是自然界中实际存在的实物形态。

看来，在原始文化中，还缺乏足够的想象力、综合力、创造力，创造出一个艺术造型、人造形象、文化符号，作为人们取得文化共识的崇拜对象。

而中国的龙，则有很大的不同。与西方图腾形成鲜明对照的是，中国龙的某种原型虽然也存在于自然界之中，但作为一个整体的龙，实质上并非直接存在于自然界中的一个现成实物，而是中国先民在观念上的一个综合创造，文化上的一个综合创造，符号上的一个综合创造。

中国的古代，虽然在一些典籍中也有关于龙的记载，在现实生活中也不时传说有真实的龙出现，甚至还有"叶公好龙"的成语流传。然而，说来说去，不管什么朝代，不管什么人，实际上没有任何一个人见过一条真龙。所谓"真龙天子"，不过是为维持皇权至上而编造的神话而已，没有客观现实性的根据。

古代中国人，借助于自然界中某些实物原型，经过综合力、想象力、创造力的充分发挥，创造了龙的形象、龙的造型、龙的符号。

龙——这是中国人的独特文化创造、观念创造、符号创造。

实物图腾与龙的创造——这是中国的龙与原始图腾文化的一个本质区别，也由此决定了二者不同的历史命运：实物图腾崇拜的生命力是相当有限的，只在较古老原始的历史时期内、较小的空间范围内，取得原始人、氏族人的文化共识、文化认同，随着生产实践的发展，科学技术的发展，文化观念的发展，图腾实物上的神圣光环必然褪色，实物的神性必然消失；而虽然也源于自然，源于图腾，但本质上却是文化创造、观念创造、符号创造的龙，却有比实物崇拜更强的生命力，并且也因此容易获得相对独立性，而不断升华、创造、更新，获得永久的生命活力，甚至是永恒魅力。

四、从氏族血缘关系，到民族文化内涵

从文化内涵上说，原始图腾具有"祖先""亲戚""保护神"三重含义，从本质上看，文化根基是氏族血缘关系；而中国龙的本质特征，却在于根本超越了氏族文化的血缘关系，升华为以地缘关系为根基的民族文化内涵。

原始图腾崇拜表达的内涵，是崇拜对象与原始氏族之间的三重关系：祖先与后代的关系、亲戚之间的血缘关系、保护神与被保护者的关系。

不管今天看来，把虎、豹、熊、罴作为自己的"祖先""亲戚""保护神"是多么的荒诞不经，而对那些原始时代的野蛮人、氏族人、图腾人来说，却是完全天经地义的事，是神圣不可侵犯的。

这三层关系的深层内涵，说到底还是一个根本的历史局限，就是囿于氏族内部的狭隘血缘关系。正基于此，由于痛感在茫茫宇宙、大千世界中，一个依赖于血缘关系维系的狭小氏族部落，过于单薄，过于渺小，过于孤单，于是借助于图腾物，来强化内部凝聚力。但是，转来转去，还是围绕狭隘氏

族血缘关系兜圈子——这正是原始氏族文化带根本性的历史局限。

对图腾之物保持祖先崇拜观念的，大约只有前3000年以前黄帝时代的原龙形态；但从此以后进入以黄帝时代为开端至今五千年的中华文明时代，却日益远离了这种原始的祖先崇拜观念，而把血缘上的共同祖先，转化为文化上的共同祖先。时至今日，当人们常说"我们中国人都是龙的传人"时，已经不是指血缘关系上"中国人都以龙为祖先，都是龙的后代"，而是指民族文化上的同根同源，"中国人都以龙代表的中华民族文化为根，都是龙代表的中华民族文化传人"。

图腾实物一般被氏族成员认为是有血缘关系的亲戚，只有前3000年前后的中国原龙形态才有这层含义；而在中华文明时代至今五千年的龙的发展主流中，已经不再包含这样的原始观念。大多数中国人不再把龙作为与自己有血缘关系的亲戚，而只是借以表示对以龙为代表的中华民族文化的认同；至于极个别的皇氏家族自称"真龙天子""龙子龙孙"，代表不了整个民族文化主流。

图腾崇拜物往往被氏族成员当作保护神来崇拜，这层含义在前3000年以前的原龙形态中是存在的；而在此后五千年中华文明时代龙的发展史上，这层含义仅在某种程度上遗存，已经不复有完整的存在。虽然宋代以后，不少农民把龙王作为水神来崇拜，因而还有把龙作为保护神来崇拜的意味，但在大多数场合，在大多数中国人心目中，龙是君子之德的象征、民族文化的象征、吉祥如意的象征。

由此可见，原始图腾的三层含义，仅仅在前3000年以前原龙形态时，有比较完整、比较充分的体现；而在此后中华文明时代五千年发展的历史主流之中，原始图腾的三重基本含义，则大部分已经不复存在，至少也丧失了三分之二之多。

在这种情况下，怎么还能把龙叫作"中华民族的原始图腾"呢？

"中华民族的原始图腾"——这个提法本身就是自相矛盾的，很不科学的，包含着不可排解的逻辑悖论："原始图腾"是原始氏族的历史产物，原始氏族是狭隘的血缘共同体；"中华民族"却是文明时代的历史产物，是根本超越了狭隘氏族、血缘共同体的地缘共同体、文化共同体。把龙说成是中华民族的原始图腾，意味着说有几千年文明史的中华民族，长期拖着原始文化的尾巴，甚至还长期停留在原始时代、原始社会、原始文化之中，这又怎么能说得通呢？

五、从氏族文化表征，到民族文化象征

从功能上看，中国的龙与一般原始图腾，也有着迥然有别的重大差异：原始图腾本质上是氏族文化、血缘关系的表征；而中国的龙却是多元一体、综合创新的中华民族文化的象征。

就原始图腾或文化符号的研究而言，一般来说应重点抓住两个关键环节：一是符号的表述形式；二是象征的文化意味。我们也从这两个方面的统一之中，来对比研究中国的龙与原始图腾。

原始图腾本质上是原始的氏族社会的文化表征，反映的是原始社会野蛮人的天人关系与人际关系。

在人与自然关系方面，原始图腾表现的是混沌未分的天人关系：人直接把某种动物或植物作为自己的祖先，加以顶礼膜拜。因而，图腾文化只是原始人、野蛮人把自己同周围自然界区分开来，形成主体的自我意识的一个过渡性环节，还远未根本超越天人不分的混沌状态。

在人与人关系方面，原始图腾文化局限于以氏族血缘关系为纽带的人身依赖关系，强调一个氏族因有共同祖先而具有共同的血缘关系、亲戚关系，因而应当作为一个血缘共同体加以认同。他们借助于图腾，而强化血缘关系，加强氏族内部凝聚力，保持以血缘关系为纽带的人身依赖关系网。显而易见，这种血缘关系网，即使经过世世代代薪火相传，仍然是极其狭隘、极其有限的狭小天地。通常，一个氏族不过百十人，一个氏族部落不过几百人，一个部族联盟也不过几千人。这是原始人的血缘共同体难以逾越的历史局限。

混沌未分的天人关系与人身依赖的血缘关系，这是原始图腾文化的两个凝聚焦点，也是两个带根本性的历史局限。

龙的本质何在，恰恰取决于：它是固守混沌不分的天人关系与人身依赖的血缘关系这两大局限，还是走向突破原始氏族文化这两大历史局限的目标

定位？

龙的整个发展历程——"原龙—夔龙—飞龙—黄龙"，这上下五千年的历史演变，绝不是为了固守原始氏族文化的这两大历史局限，既不是为了固守混沌不分的天人关系，也不是为了固守基于血缘关系的人身依赖关系。

中国的龙一开始是作为通天神兽出现的，后来逐步演化为神灵瑞兽、吉祥符号——这一发展轨迹，其思想主旨正是逐步超越把图腾实物作为自己祖先的、混沌不分的天人关系。在这一历史过程中，龙在本质上成为天人关系的双重中介：既把人与自然区分开来，又把人与自然联系起来，实现天人合一。当然应当指出的是，把龙作为沟通天与人、实现天人合一的中介桥梁，带有东方神秘主义的历史局限。今天，我们讲中国古代天人合一观，不应讳言这种历史局限与思想局限。

中国人、文明人为什么会有龙这个文化创造、符号创造、艺术创造？一个最根本的目标，恰恰在于包容并超越氏族关系、血缘关系的狭小樊篱，走向多元民族、多元文化的大综合，走向中华民族文化的大综合。原始图腾拘泥于对某种自然物的祖先崇拜的认同，借以强化氏族内部血缘联系纽带、人身依赖关系的认同，这在原始的氏族社会，也许不失为一种优化的文化选择。问题是随着原始社会氏族关系的突破，人们的劳动实践活动、社会交往活动、语言符号活动这三大主体活动，日趋走向突破原始氏族关系、血缘关系的狭小天地。随着中华文明形成期的到来，文明时代的脚步不可阻挡：从部落联盟走向原始国家，从血缘共同体走向地域共同体，从人身依赖的氏族社会走向文化认同的文明社会，从氏族共同体走向民族共同体。正是为了适应这股文明曙光时代的大潮，为了突破原始的血缘共同体、氏族共同体的历史局限，走向文明时代多元民族共同体的文化认同，富于综合大智慧的中国古代先民创造了龙——

第一步，作为氏族联盟、部族联盟的文化象征；第二步，作为多民族融合的原始国家的文化象征；第三步，作为多元一体、综合创新的中华民族的文化象征。

由于中华文明从曙光时代起，就体现了"多元民族—多元文化"的综合创新，因而龙的形象自始至终体现了多元特征的综合创新，体现了一种"龙德广大，无所不包"的博大襟怀，这是任何一种原始图腾都不可能具有的独特的龙的风格。

总之，龙的本质在于，它源于原始图腾、综合图腾，但又从根本上超越了任何一种原始图腾、综合图腾，从基于狭隘血缘关系的氏族文化象征，升华飞跃为多元一体的中华民族文化象征。

"源于图腾，止于图腾"——这种说法把中国的龙硬塞进一般原始图腾文化的框框里，因而不能真正揭示中国龙的深层本质。

"源于图腾，超越图腾"——这个提法有助于启迪我们既注意中华龙文化与原始图腾文化的历史渊源关系，更注意探寻龙的深层本质之所在，从而揭示龙从氏族部落的文化象征走向多元一体的中华民族文化象征的真正奥秘。

第二节　龙的观念新论

龙的观念与文化内涵究竟是什么？这是中国神龙之谜的最深层次，也是最难彻底澄清的深层奥秘。

如果说，西方哲学、西方智慧、西方文化的源头，要追根溯源到古希腊科学与哲学，特别要追根溯源到古希腊神话中去的话，那么，中国哲学、中国智慧、中国文化的源头，则要追溯到春秋战国诸子百家，追溯到《周易》《诗经》《尚书》这些中华文化元典，追溯到中国远古神话，特别要追根溯源到中国特有的龙身上来。

在这里，我们采用剥笋法，层层深入地剥出龙的形象下面潜藏的文化内涵：第一层，龙所包含的四个基本观念；第二层，龙的观念中所蕴含的四个核心理念；第三层，龙的思想底蕴中所体现的中国文化基本精神。

一、龙的观念：中国人的四大观念

中国的龙，为什么能有如此长久深刻的生命力？

一个根本原因，就在于龙的形象后面，隐含着龙的观念，而这些龙的观念，恰恰就是中国人、中国文化中支撑价值理性、工具理性的四个基本观念，甚至可以说是中国文化精神的四大支柱。

为了水落石出地彻底澄清龙的文化内涵，我们提出三个概念，作为逐层深入的思想引线：龙的观念、龙的理念、龙的精神。

以往在谈论龙的文化内涵时，往往拘泥于"原始图腾说""神话意象说""皇权象征说"——这些都属于龙的文化内涵的题中应有之义，但又都不是中华龙文化上下五千年的深层内涵，因而它们如同长江大河表面的泡沫那样，漂浮盘旋了一段时间后，往往变得灰飞烟灭、销声匿迹。

原始图腾文化是一种原始时代的文化现象，它所包含的三个基本观念是相当原始、相当幼稚的：（1）图腾崇拜物是氏族成员祖先的观念；（2）图腾崇拜物是氏族成员共同亲戚的观念；（3）图腾崇拜物是氏族所有成员保护神的观念。随着原始氏族公社的解体、原始时代的结束，这些原始人的幼稚观念，怎么可能长久存在呢？

与此形成鲜明对照的是，中国的龙却以东方神秘主义的特有形式，通过复杂多变的艺术造型，蕴含着中国人、中国文化中特有的四个基本观念：一是天人合一的宇宙观，二是仁者爱人的互主体观，三是阴阳交合的发展观（或叫变易观），四是兼容并包的文化观。

这四个龙的观念，实质上就是贯穿中国文化、中国哲学、中国智慧、中国价值理性和工具理性的四个基本范畴，即中华文明特有的四大文化基因：一是天人之道的范畴，二是仁的范畴，三是阴阳而易的范畴，四是中和的范畴。

龙的形象所包含的这四大观念、四大范畴，不是无关紧要的一般范畴，而正是中国人在处理四大主体关系时的核心理念，体现了一种在四大主体关系中追求普遍和谐的民族理想：以天人合一的宇宙观为理念，来处理人与自然的关系，寻求天人和谐的理想目标；以仁者爱人的互主体观为理念，来处理人与人的社会关系，寻求人际和谐的理想目标；以阴阳交合的发展观为理念，来处理异与同、对立与统一、分与合的矛盾关系，寻求和而不同、和谐一致的理想目标；以兼容并包的文化观为理念，来处理不同民族、不同文化之间的关系，寻求不同文化之间达到中和、和谐的理想目标。

在龙的四大观念、四大理念后面，最为深层的思想底蕴，则是龙的精神，是龙所体现出来的中国文化的基本精神：以大综合的手段，求大和谐的目标。

用孔子晚年《易传》中的两句话来表达，这种基本精神就是经张岱年先生特别强调的两句话、八个字：自强不息，厚德载物。或许我们用多元文化综合创新观的语言来表达的话，那就是：多元一体，综合创新。——这就是龙的观念，龙的理念，龙的精神。正是在这里，我们找到了龙的形象后面的深刻内涵，找到了龙的生命力的深刻源泉，找到了龙成为中国人广泛认同的民族文化象征的深刻根据。

为了确立这个新的学术观点，我们需要把考古发现与古典文献结合起来，做出充分论证。

二、天人合一的宇宙观

天人合一的宇宙观、世界观，堪称中华民族文化中最核心的理念。龙以生动具体的形象，再加上神秘主义的形式，蕴含着天人合一的观念。这是龙的形象后面所蕴含的龙的观念的首要之点。

龙到底是什么？中国古代先民为什么要创造龙？从屈原《天问》开始，人们一次又一次地深深追问这个问题。

今天，我们或许可以言简意赅地说：归根结底，龙以不同形式，作为一种通天神兽，起到一种万能中介作用，有助于人达到天人合一的境界。

龙作为通天神兽，有助于人达到通天之道。前3000年前后的原龙形态，大多数都包含这种文化内涵。其中最有代表性的，首推号称"中华第一龙"的河南濮阳西水坡蚌塑鳄型原龙。这里的整个蚌塑的文化内涵，据李学勤、冯时等著名专家研究，俨然是一幅六千年前的"苍龙白虎北斗星象图"，既表现古人以苍龙、白虎和北斗星座确定时间与农业生产季节，也反映出这位高踞于当时权力上层的墓主，足踏北斗、执掌乾坤的神灵地位。而蚌塑的鳄型原龙，在这里起了通天神兽的作用。与此相距不远的另一组蚌塑中，龙的通天功能表达得更为清晰、更为突出，除表示青龙、白虎星象之外，还塑造了一个人的形象，已骑在飞龙身上，在天空中做遨游之状。这里还透露了一条历史信息：实际上也是农业生产实践，促使中国人形成"天—地—人"统一的宇宙观萌芽。良渚文化反山大墓中的玉琮王，上面的兽面纹，实质上是"神人虎龙图"，这里的虎型原龙纹也起通天神兽作用。在文明时代起点上，中国人就产生了"天—地—人"统一的宇宙观、世界观，这种天人观的实践基础是季节性的农业生产实践，而沟通天、地、人的中介则是龙。

龙作为飞天神兽，可以帮助人达到升天境界。司马迁《史记·封禅书》，借齐国术士公孙卿之口，讲述了黄帝乘龙升天的神话传说："黄帝采首山铜，铸鼎于荆山下。鼎既成，有龙垂胡髯下迎黄帝。黄帝上骑，群臣后宫从上者七十余人，龙乃上去。余小臣不得上，乃悉持龙髯，龙髯拔，堕黄帝之弓。百姓仰望黄帝既上天，乃抱其弓与龙胡髯号。"在这里，鼎上的龙纹是一个神奇的中介，它使龙下凡，助黄帝升天。1973年，长沙子弹库楚墓出土了战国帛画《人物驭龙图》，表达了"乘龙可以上天"的主题思想：主人公挽长剑，驭飞龙，遨游在太空之中；而整个龙呈龙舟状，展开双翼，下面有云彩飘浮，龙的尾巴宛若鱼尾，上边却立着一只仙鹤。以龙为中介，人就能达到天人合一境界——这是黄帝传说与战国帛画的共同思想主旨与艺术母题。

龙作为天人中介，可以度人灵魂升天。1949年湖南长沙陈家大山楚墓出土的战国帛画《人物龙凤图》，集中表达了这层内涵。画中把龙凤作为通天神兽，可以成为天人中介，引导人的灵魂升上天。图中女子双手合十，做祈祷状，画的上前方，则是龙飞凤舞，其中飞龙大体如蛇，展开双翼，直升云天。

龙作为苍龙星座象征，在《周易》古经中初步形成了"天—地—人"统一的天人合一思维模式。《易经》号称群经之首，在中华文化元典中是形成最早、思维层次最高、影响最大的一部，以占卜之书的神秘形式，蕴含深刻的哲学智慧，对于中华民族的思维方式和价值观念，都产生了巨大而深远的导向作用与定型作用。《易经》六十四卦的第一卦，开宗明义的乾卦，就以龙—苍龙星座的物候历法为中介，提出了"天—地—人"统一的思维框架、思维模式。这里讲的，是以苍龙星象表征的时间、历法、物候为导引的天人合一的统一关系、"天—地—人"的互动关系：苍龙星象在地平线以下，呈潜龙状态时，要做准备，然而隐忍勿动；苍龙星象出现在田地上空时，作为君子的人要开始活动；苍龙星象呈跃龙形象，跳跃深渊时，君子也要一试身手；而到了"飞龙在天"的时候，则可能取得好的收成，君子要积极努力，大胆收获；而到了"亢龙"的时候，则要防止走过了头，物极必反……这里实际上是以龙为契机，提供了一种天人统一、"天—地—人"统一的思维模式。

孔子晚年《易传》与帛书《易传》中，正是从天人合一的宇宙观高度，来解释《易经》乾卦内涵的："大哉乾元，万物资始，乃统天"；"六位时成，时乘六龙以御天"。后来在《易传·象传》中，又把乾坤两卦结合起来加以解释，并明确地升华出"天—地—人"统一的思维方式："天行健，君子以自强不息"，"地势坤，君子以厚德载物"。在《易传·文言》中，则更明确地点出了天人合一的基本思想："夫'大人'者，与天地合其德，与日月合其明，与四时合其序……"[①]

龙作为通天之物，还有助于生成了"天人合一""天—地—人"统一的宇宙模式。在这方面有代表性的，或许可以举出西汉初期杂家巨作《淮南子·地形训》："正土之气，御乎埃天。埃天五百岁生缺，缺五百岁生黄埃，黄埃五百岁生黄冷，黄冷五百岁生黄金，黄金千岁生黄龙，黄龙入藏生黄泉。黄泉之埃，上为黄云。阴阳相薄（搏）为雷，激扬为电，上者就下，流水就通，而合于黄海。"[②]这里有许多神秘主义、牵强附会的地方，但一个合理内核，则是表达了"天一地二人三"[③]的宇宙模式，提出了天人合一的宇宙观，而龙成了沟通"天人"或"天、地、人"的中介环节。

由此可见，在龙的形象、龙的观念中，以东方神秘主义的独特形式，蕴含着天人合一的宇宙观。

古代中国人，在五千年前的文明时代开端，就以农业生产实践活动为实

---

① 苏勇点校《易经》，北京大学出版社，1989，第37、52—53、79页。
② 陈广忠译注《淮南子译注》，吉林文史出版社，1990，第214—215页。
③ 同上书，第196页。

践基础，独具特色地领悟到：天与人，人与自然，天—地—人，是一个有机整体。而联系这个有机整体的中介是什么，他们在那个时代不得而知，于是构想了龙，创造了龙，作为通天神兽，作为沟通天、地、人的特殊中介。

中华文明五千年的历史长河，如大浪淘沙，淘汰了龙的神秘主义外壳，也超越着"主客二分"有所不足的早熟弊端，却留下了天人合一宇宙观的宝贵金沙。

三、仁者爱人的互主体观

互主体观，是多元主体观、交互主体观，即不仅承认自己是主体、是目的，而且承认他人也是主体、也是目的。这种互主体观根本超越了个人本位、自我中心的单主体观。

这种互主体观是中国人、中国文化中特有的一个基本观念。互主体观在理论上的典型形态，见之于孔子的仁学，墨子的"兼相爱，交相利"学说。而互主体观流行最广的萌芽形态，则蕴含在龙的形象背后。

互主体观，几乎自始至终是龙的观念的重要组成部分，成为独具特色的龙的观念。或者更确切些说，除了作为集权象征的帝制社会后期的黄龙之外，大多数中国龙普遍包含着互主体性的观念。

前3000年前后，炎黄时代的原龙形态，就孕育着互主体观的最初萌芽，以推动氏族联合、民族形成为目的。现代考古学发现表明，在前4000年至前3000年前后，在东亚大陆的黄河、长江这两河流域，先后存在着六大文化区系，十多种原龙形态。这种文化象征的背后，意味着在那个文明起源期的中国，至少存在着十多个较有影响、相对独立的部落联盟或早期国家雏形，或者曾出现成千上万个小邦国林立的局面。在这个文明曙光的时代，我们中国人的老祖宗创造了龙的形象，孕育着互主体观的思想萌芽，实在是推动民族融合的一大创造：从世界历史的一般情况来看，在氏族战争与氏族联合的历史过程中，通常是一个氏族消灭或征服另一个氏族，用自己的图腾取代别人的图腾，用自己的文化取代别人的文化；而在中国历史的这一时代，由于有了互主体观萌芽，因而战争多半限于争夺主导权，在经济、政治、文化上，争得主体地位的强大者，战后往往要给被征服者留下生存余地，乃至一席之地，争取共同生存、共同发展。龙正是在这样的历史背景下应运而生的一个文化创造。

在中华文明起源期的历史时代，有两次在古史传说中非常有名的战争：炎黄之战，黄帝与蚩尤之战。正是在如何处理战后格局的问题上，黄帝倡导了互主体观的思想萌芽，并通过龙的形象的兼容性、多元性、综合性表现出来。炎黄之战，战于涿鹿，战争结局一说是诛杀炎帝，一说是生擒炎帝，比较合理的解释，可能还是生擒说。最后，炎帝及其部落表示臣服于黄帝及其部落，最终形成了黄帝居于中土的五方并存格局。大体如后来《淮南子·天文训》所记："何谓五星？东方木也，其帝太皞，其佐句芒，执规而治春。其神为岁星，其兽苍龙，其音角，其日甲乙。南方火也，其帝炎帝，其佐朱明，执衡而治夏。其神为荧惑，其兽朱鸟，其音徵，其日丙丁。中央土也，其帝黄帝，其佐后土，执绳而制四方。其神为镇星，其兽黄龙，其音宫，其日戊己。西方金也，其帝少昊，其佐蓐收，执矩而治秋。其神为太白，其兽白虎，其音商，其日庚辛。北方水也，其帝颛顼，其佐玄冥，执权而治冬。其神为辰星，其兽玄武，其音羽，其日壬癸。"[①]

正是炎黄时代的五方一体格局，为多元一体的中华民族奠定了母体结构，也为互主体观奠定了最初基础。

黄帝与蚩尤之战，结局也有两种说法，一说是诛杀了蚩尤，身首异处，一说是蚩尤臣服，效命黄帝。蚩尤本人的历史命运，今天尚有待考证，至少黄帝对蚩尤部落，战后主要还是采取融合政策，而不是毁灭政策。《管子》《韩非子》等著名典籍，都记载了这一历史事实，"黄帝得蚩尤而明于天道……蚩尤明乎天道，故使为当时"（《管子·五行》）；"昔者黄帝合鬼神于西泰山之上，驾象车而六蛟龙，毕方并辖，蚩尤居前，风伯进扫，雨师洒道，虎狼在前，鬼神在后"（《韩非子·十过》）。从蚩尤在后世的命运，似乎也可以证实这一点：据司马迁《史记》等典籍记载，秦朝祭祀东方八神，"三曰兵主，祠蚩尤"（《封禅书》）；刘邦起兵之时，"祠黄帝，祭蚩尤于沛庭"（《高祖本纪》）；汉代之初，在长安、太原为蚩尤立祠。这些历史文献、历史事实，有助于了解蚩尤及其部族的历史命运。

[①] 陈广忠译注《淮南子译注》，吉林文史出版社，1990，第108页。

夏代大禹则以龙作为多民族融合的文化象征，团结天下九州之民共同完成治水大业。禹的父亲是鲧，死后化为黄龙。这表明，禹把龙作为民族融合象征，以便联合九州人民，共同治水。"禹合诸侯于涂山，执玉帛者万国"①，表明九州范围内，小邦国林立。禹在开渠导洪的过程中，传说"应龙划地""夔龙授命"，反映出以这些龙为标志的部落邦国曾协力治水。现代考古学发现表明，以二里头文化为代表的夏文化，龙的形象后面蕴含着互主体观念，体现了多种原龙的兼容并包：中原文化蛇型原龙、东北文化猪型原龙、西北文化鱼型和鲵型原龙、山东文化与东南文化中的虎型原龙，在这里兼收并蓄地综合起来。

前1000年前后的殷周之际，周公等人为寻求形成之中的中华民族长治久安之道，发展了民族融合过程中的互主体观，也表现为商周夔龙兼容并包的综合性。夏、商、周三代，不仅是前后相继的三个王朝，而且代表了三种有所不同的文化，三个文化特征有所不同的民族。以周代商之际，兴起于西北、人数较少、文化比较落后的"小邦周"，怎样才能较好地统治原来的"大邦殷"和其他众多民族，这是一个需要高超智慧的历史难题。周公是那个时代中国与世界的大政治家、大思想家，他在实现民族融合过程中进一步发展了互主体观的思想萌芽。鉴于实力对比悬殊，周武王、周公借九族联合之力灭商之后，并没有将殷都及其王畿据为己有，而是把商纣王之子武庚封在那里，继续管理殷商遗民，同时还把殷都王畿分成三个封区，分封给武王的弟弟管叔、蔡叔、霍叔，起监视商王之子与商代遗民的作用，史称"三监"。武王在克商之后第二年就死了，而周成王年幼，于是王叔周公"乃摄行政当国"（《史记·周本纪》）。管、蔡二叔借机联合武庚，串通原属于殷的东方诸邦国，发动叛乱。周公与召公"内弭父兄，外抚诸侯"（《逸周书·作雒》），东征三年，终于得以平定叛乱。为了寻求长治久安之道，周公实行了一系列重大社会改革，以推行新的一整套治国方略：敬天保民，软硬兼施，承认差异，和平共处，武装殖民与民族融合相结合。一方面，周公等人分封了五十三个姬姓王国，封十八个周朝开国功臣为王。在诛武庚、杀管叔、放蔡叔的同时，封商纣王庶兄微子启于宋，代表商代遗民，奉祀祖

---

① 杜预等注《春秋三传》，上海古籍出版社，1987，第526页。

先。为了消解被征服者的敌对情绪，周公采取了尽量尊重原有的多元民族、多元文化的态势：对殷代遗民，尽量保留"殷民之族"的公社组织和风俗文化，仍用殷代遗民，"使帅其宗氏，辑其分族，将其类丑"（《左传·定公四年》），只要求他们服从周的主要法令；对于鲁、卫两国，"启以商政，疆以周索"（同前）；对于晋，"启以夏政，疆以戎索"（同前）；封神农之后于焦，黄帝之后于祝（涿鹿），帝尧之后于蓟，帝舜之后于陈，大禹之后于杞；周公还特别告诫分封到卫国的康叔，要恭恭敬敬地对待"自成汤咸至于帝乙"（《尚书·酒诰》），效法殷先哲王的种种嘉言懿行，以"应保殷民"（《尚书·康诰》）。周公不愧是孔子仁学的思想先驱，也是互主体观的思想先驱。与此相应，西周的龙表现出更大的兼容并包性、多元兼容性，至少出现了十二种类型的多元综合夔龙。

在前500年前后的春秋战国之时，中华文明多元一体的基本格局正是在这一时代奠定，孔子、墨子在理论上首倡互主体观，这一时期基本定型的飞龙更明确地蕴含着互主体观。这一时代，是多源一统的中华文明定型期，也是多元一体的中华民族奠基期。齐、楚、燕、韩、赵、魏、秦——这七雄并立、争霸中国的独特格局，实际上提出了多元民族、多元文化的中华民族，怎样走向统一的时代课题。在这种错综复杂的历史背景下，怎样处理人与人、国与国、民族与民族之间的关系问题，成为命运攸关的时代课题。春秋战国之际形成的儒墨两家显学，在中国思想史、世界思想史上率先从理论思维高度提出了互主体观。孔子儒学与仁学，核心范畴是仁，正是在"仁"这个范畴中，集中表现出互主体观。仁学中的互主体观，集中表现在三个基本命题之中："仁者爱人"；"己所不欲，勿施于人"；"己欲达而达人，己欲立而立人"。晚年孔子在解析《周易》古经的《易传·系辞》中，又发挥了互主体观的基本思想："子曰：'天下何思何虑？天下同归而殊涂，一致而百虑……穷神知化，德之盛也。'"[①]1973年前后发掘的长沙马王堆西汉墓中，发现了孔子晚年传易的一些文献，其中《缪和》第五章，在校释《易·屯》之"九五"时，提出了君子"四处四思"之道，反对处上者只知追求自身利益，不顾下层利益，具体发挥了仁学、易学、龙学中的互主体

---

① 苏勇点校《易经》，北京大学出版社，1989，第87页。

观：“夫《易》，上圣之治也。古君子处尊思卑，处贵思贱，处富思贫，处乐思劳。君子能思此四者，是以长又其[立]，而名与天地俱。今《易》曰'屯其膏'，此言自闰者也。夫处上立厚自利而不自血下，小之犹可，大之必凶。且夫君国又人而厚金，致政以自封也，而不顾其人，此除也。”①这里讲的"君子四处四思之道"，既体现了忧患意识，又贯穿了互主体观的基本思想。《礼记·礼运》篇，以孔子名义，提出了大同理想，互主体观的思想仍是其理论基石、哲学基石：“大道之行也，天下为公，选贤与能，讲信修睦。故人不独亲其亲，不独子其子，使老有所终，壮有所用，幼有所长，矜、寡、孤、独、废、疾者皆有所养，男有分，女有归。货恶其弃于地也，不必藏于己；力恶其不出于身也，不必为己。是故谋闭而不兴，盗窃乱贼而不作，故外户而不闭。是谓大同。”②经过晚年孔子整理的《尚书》第一部分第一篇《尧典》，其思想主旨正是把互主体观贯穿到国家关系、民族关系之中去，提出了“协和万邦”的理想目标：“光被四表，格于上下。克明俊德，以亲九族。九族既睦，平章百姓。百姓昭明，协和万邦。”③

互主体观的另一理论源头，当属墨子。墨子的特点：一是把孔子仁学中的互主体观发挥得更为彻底了，超越了孔子囿于宗族关系、人伦关系的“爱有等差”的思想；二是把仁——互主体观，从一般人际关系更直接地贯穿到交往关系中去，提出了“交相利，兼相爱”的交往原则、兼爱非攻的理想目标。在《兼爱》篇中，墨子开宗明义地提出了“兼相爱，交相利”的互主体观基本原则：“子墨子言曰：仁人之所以为事者，必兴天下之利，除去天下之害，以此为事者也。然则天下之利何也？天下之害何也？子墨子言曰：今若国之与国之相攻，家之与家之相篡，人之与人之相贼，君臣不惠忠，父子不慈孝，兄弟不和调，则此天下之害也。”“凡天下祸篡怨恨，其所以起者，以不相爱生也。是以仁者非之。既以非之，何以易之？子墨子言曰：以兼相爱、交相利之法易之。然则兼相爱、交相利之法将奈何哉？子墨子言：视人之国，若视其国；视人之家，若视其家；视人之身，若视其身。”④

---

① 邓球柏：《帛书周易校释》第3版，湖南人民出版社，2002，第589页。
② 孙希旦：《礼记集解》中卷，中华书局，1989，第582页。
③ 江灏、钱宗武注译《今古文尚书全译》，贵州人民出版社，1990，第14页。
④ 吴毓江撰、孙启治点校《墨子校注》，中华书局，1993，第158—159页。

与此相通，在春秋战国之际到秦汉之际的中华文明定型期中，中国的飞龙形态也特别充分地表现出兼容并包性，以龙的造型的独特形式，表达了互主体观的思想底蕴。这种兼容并包的互主体观至少在四个层面相当充分地表现出来，即：六大文化区系、十多种原龙形态的进一步兼容综合；夏、商、周三代多种夔龙形态的进一步兼容综合；"原龙—夔龙—飞龙"的兼容综合；"地上的蛇龙、虎龙、猪龙、马龙，水中的鳄龙、鱼龙、鲵龙，空中的鹰龙、翼龙"的进一步兼容综合。

以多种原龙的兼容并包形式，生动形象地反映了多元一体的中华民族文化形成过程中的互主体观——这是龙的观念的一大特点。

四、阴阳交合的发展观

龙的形象、龙的观念，以东方神秘主义的特有形式和神龙飞舞的艺术造型，蕴含着中国特色的古典辩证法；以阴阳交合、阴阳互补为基本观念的变易观，十分接近于以对立统一为核心的现代唯物辩证法、发展观。

对这种中国特色的龙的哲学、龙的辩证法、龙的发展观，经过初步梳理，可归纳为四个方面的要点。

1. 取象于龙，变化无穷

中国的龙，固然有普遍特征、一般形式，但龙的本身是千变万化的，并无固定模式、固定形态、固定形象，而是随机而变，出神入化，上天入地，变幻无穷的。

有的时候，甚至使人分不大清楚，哪些是龙，哪些不是龙，因为中国龙的变化实在多种多样，几乎没有固定界限。中国历史文物中的一些想象创造出来的奇异动物，如良渚文化、龙山文化中的兽面纹，商周文化中的饕餮纹，是否可以归于龙，可以归于哪种龙，多年以来一直争论纷纷，没有定论，一个重要原因正是出于这一条：中国龙的形态变化实在是太丰富离奇了。

汉代古文字学家许慎在《说文解字》这部名著中，对"龙"字的解释就包含了这层意思，他集中对龙变易无穷的特点做了简要介绍，概括为"八能"：能幽能明，能细能巨，能短能长，能潜能飞。

对龙的变易无穷的本质特征,讲得最透彻、最充分的首推晚年孔子《易传》,特别是新发现的帛书《易传》。在帛书《易传》的《二三子问》①一开头,孔夫子一连三次讲了"龙大矣",将"大"作为龙德的显著特征,前两次"龙大矣"都阐发了"龙变易无穷"的基本观念。

第一次讲"龙大矣",着重讲的是龙能阴能阳:"二三子问曰:《易》屡称于龙,龙之德何如?孔子曰:龙大矣。龙形迁,假宾于帝,倪神圣之德也。高尚齐乎星辰日月而不眺,能阳也;下纶穷深渊之渊而不沫,能阴也。上则风雨奉之,下纶则有天〔神护之〕。〔游〕乎深汃,则鱼蛟先后之,水流之物莫不随从。陵处,则雷神养之,风雨辟乡,鸟守弗干。"②

第二次讲"龙大矣",着重讲的是龙能"云变—蛇变—鱼变—飞鸟昆虫之变",因而唯所欲化;强调龙的变易变化,不是有限的,而是无限的,难以穷尽,难以捉摸:"曰:龙大矣。龙既能云变,有能蛇变,有能鱼变,飞鸟昆虫,唯所欲化,而不失本形,神能之至也。……知者不能察其变,辩者不能察其义,至巧不能赢其文。"③

在新出土的帛书《易传》的《易之义》中,晚年孔子用了"为九之状"和"龙七十变"这两个提法来形容龙的变易,用"九"和"七十"这两个大数来形容龙的形态复杂多变。《易之义》的第七章,接近于孔子易学、龙学的一个关于龙的定义,强调了龙的形态是"为九之状":"《乾》也者,八卦之长也。九也者,六爻之大也。为九之状,浮首兆下,蛇身偻曲,其为龙类也。夫龙,下居而上达者……"④"九"在这里不是一个实数、定数,而是言多,言龙形状的多变无穷。《易之义》的第九章,进一步讲到龙有"七十变",乃至变易无穷,而又万变不离其宗,从而达到龙德广大的神明境界:"龙七十变而不能去其文,则文其信于,而达神明之德也。"⑤

从《周易》古经到孔子晚年《易传》,乃至新发现的帛书《易传》,可以依稀可辨地找到一条思想线索:在中国古典文明中,"易"的概念和

---

① 在邓球柏《帛书周易校释》一书中,此文题为《二三子》。本书依据《孔子百科辞典》(张岱年主编,上海辞书出版社,2010,第181页),统一为《二三子问》。
② 邓球柏:《帛书周易校释》第3版,湖南人民出版社,2002,第438页。
③ 同上书,第439页。
④ 同上书,第558页。
⑤ 同上书,第563页。

"龙"的概念一度几乎是形影不离的；易学中，尤其是孔子晚年易学中包含着龙学；龙的变幻无穷表达了变易的无限性观念。

2. 六位时成，待机而动

中国的"龙之易"有二重性：龙既是变易无穷的，又是变化有道的；龙的变化之道与时机、机遇是紧密联系的。

在西方哲学中，历来强调的是必然性或偶然性的两极对立范畴，到康德、黑格尔那里才开始试图把二者统一起来。而在中国古典哲学中，与"道"这个基本范畴相联系的，不仅有"理""势"这样的必然性范畴，也有"术""权"这样的偶然性范畴，并且特别突出了必然性与偶然性相结合的或然性范畴，用中国哲学特有的范畴来讲就是"几"或"机"，有时也更具体地称"时机""天机"。

在中国龙的形象、龙的观念中，自始至终地贯穿了这种待机而动、随机而变、遇机而行的活的辩证法。

《周易》古经开宗明义的第一卦——乾卦，就蕴含着这种六位时成、因时而动的观念萌芽："初九，潜龙勿用；九二，见龙在田；九三，君子终日乾乾；九四，或跃在渊；九五，飞龙在天；上九，亢龙有悔；用九，群龙无首。"[1]

孔子晚年《易传》发挥了龙须"待时而动""见机而作"的思想。他借解释《周易》古经，发挥了龙要"待时而动"的思想："易曰：'公用射隼于高墉之上，获之，无不利。'子曰：'隼者禽也，弓矢者器也，射之者人也。君子藏器于身，待时而动，何不利之有？动而不括，是以出而有获，语成器而动者也。'"[2]不仅如此，孔子在这里还专门探讨了"机"这个概念，提出了"见机而作"的闪光思想："子曰：'知几其神乎？君子上交不谄，下交不渎，其知几乎。几者动之微，吉[凶]之先见者也。君子见几而作，不俟终日。'"[3]

"待时而动""见几（机）而作"的思想，不仅见之于孔子晚年《易

---

[1] 苏勇点校《易经》，北京大学出版社，1989，第1页。
[2] 同上书，第87页。
[3] 同上书，第87—88页。

传》，而且见之于新出土的帛书《易传》之中，可以相互印证，只是提法有微小差异，帛书《易传》的提法为"见机而务""时至而动"。"见机而务"的提法见于帛书《易传》中《二三子问》的第五章："君子智难而备之，则不难矣；见几而务之，则有功矣。故备难者易，务几者成。"① "时至而动"的提法，则见之于《二三子问》第十一章，借解释乾卦九三卦象时，再度发挥了这一思想："《卦》曰：'君子终日乾乾，夕沂若，厉，无咎。'孔子曰：此言君于务时，时至而动……屈力以成功，亦日中而不止，时年至而不淹。君子之务时，犹驰驱也。故'君子终日乾乾'。时尽而止之以置身，置身而静，故曰'夕沂若，厉，无咎'。"②

在《周易》与孔子晚年《易传》、帛书《易传》这里，龙既没有固定的形象模式，也没有固定的行为模式，而是"随机应变信如神"的，至少在乾卦设定的六种时位、六种情境中，有六种选择、六种态势：

"潜龙勿用"，下也。"见龙在田"，时舍也。"终日乾乾"，行事也。"或跃在渊"，自试也。"飞龙在天"，上治也。"亢龙有悔"，穷之灾也。乾元用九，天下治也。

"潜龙勿用"，阳气潜藏。"见龙在田"，天下文明。"终日乾乾"，与时偕行。"或跃在渊"，乾道乃革。"飞龙在天"，乃位乎天德。"亢龙有悔"，与时偕极。乾元用九，乃见天则。③

中国龙的观念、龙的哲学，包含着一个独特闪光的思想，就是机遇观。西方哲学喜欢做必然性与偶然性的两极对立选择。而中国哲学、易学、龙学中的这种机遇观却多是必然性与偶然性统一的或然性。这种"机遇"，是由"天、地、人、时、事、势"这六大要素巧妙综合而成的：

天机，首先指的是自然条件、客观因素、必然规律、时代趋势等客观机缘。

地机，指的是地理位置、地理环境、生态系统、地缘政治关系造成的种种机缘。

---

① 邓球柏：《帛书周易校释》第3版，湖南人民出版社，2002，第444页。
② 同上书，第453页。
③ 苏勇点校《易经》，北京大学出版社，1989，第79页。

人机，指的是人的因素、主体因素、人的关系、人事变动，尤其是上下和谐、团结一致造成的机缘。

时机，则是指由时代、时局、时势、时态、时适、时差等时间因素造成的特殊契机。

事机，是事件、事态、事变、事情造成的契机。

势机，是指客观形势、发展趋势、发展势头、主体势能、复杂态势造成的机缘。

由于龙的形象、龙的观念中包含着机遇观，因而中国自古以来的诸子百家，包括儒家、道家、兵家、法家、农家、商家等等，无不十分重视对机遇、时机问题的深入研究。仅以《孙子兵法》开创的兵家而论，对一个"机"字，就有种种说法："以智克智，机也。其道有三：一曰事，二曰势，三曰情。事机作而不能应，非智也；势机动而不能制，非贤也；情机发而不能行，非勇也。善将者，必因机而立胜。""势之维系为机，事之转变为机，物之要害为机，时之凑合为机。""夫必胜之术，合变之形，在于机也。非智者孰能见机而作乎？见机之道，莫先于不意。""兵无定势，谋贵从时。苟势或因地而异便，则事宜量力以乘机。"①

3. 阴阳交合，对立统一

中国龙的形象，不仅包含着变易观、发展观的一般流行观念，而且还以生动具体的艺术造型加上东方神秘主义的特殊形式，包含着辩证法、发展观的更深层内容，以"阴阳交合"的独特形式，接近于对立统一的辩证法核心观念。

《周易》古经六十四卦，最重要的头两卦，就是乾、坤二卦。乾卦六爻皆阳，取象于龙。坤卦六爻皆阴，其中最后的卦象为："上六，龙战于野，其血玄黄。"②晚年孔子《易传·文言》，则依据"一阴一阳之谓道"、阴阳交合、对立统一的观点，来进一步解释"龙战于野"的思想深蕴："阴疑于阳必战，为其嫌于无阳也，故称龙焉。犹未离其类也，故称'血'焉。夫

---

① 吴如嵩主编《中国古代兵法精粹类编》，军事科学出版社，1988，第68、250—251、257页。
② 苏勇点校《易经》，北京大学出版社，1989，第2页。

'玄黄'者，天地之杂也，天玄而地黄。"①

在《易传·说卦》一开头，正点明了阴阳交合、对立统一，是乾坤两卦乃至整个《易经》的思想底蕴："昔者圣人之作易也，幽赞于神明而生蓍，参天两地而倚数，观变于阴阳而立卦，发挥于刚柔而生爻……""昔者圣人之作易也，将以顺性命之理，是以立天之道，曰阴与阳，立地之道，曰柔与刚，立人之道，曰仁与义。兼三才而两之，故易六画而成卦。分阴分阳，迭用柔刚，故易六位而成章。"②

帛书《易传》中的《易之义》，则把阴阳交合作为"易之义"，提高到《周易》总纲与思想真义的高度上来，从而为理解中华龙文化、龙的辩证法提供了一把钥匙："子曰：《易》之义唯阴与阳，六画而成章。曲句焉柔，正直焉刚。六刚无柔，是谓大阳，此天之义也。……六柔无刚，此地之义。天地相衔，气味相取，阴阳流行，刚柔成章。"③

阴与阳，这一对范畴代表了矛盾统一体中相互对立的两个方面、两种因素、两种力量、两种趋势。阴阳交合，则表现了矛盾统一体中阴阳这两个方面的双重关系：交，比较偏重矛盾斗争性一面，取交锋、交接之意；合，比较偏重矛盾同一性一面，取联合、依存、统一之意。

龙是中国特有的艺术造型，阴阳交合是中国特有的哲学范畴，而所表达的则是中国古代先民对辩证法的核心——对立统一规律的独特理解：矛盾斗争性研究重视有所不足，而矛盾同一性发挥充分。这种阴阳交合的中国式辩证法观，在中华龙文化中，有三种独具特色的表现形式：苍龙白虎、阴阳交龙、龙凤呈祥。下面让我们做一具体考察。

"苍龙白虎"——以苍龙白虎相互映衬的形式，表征阴阳交合、对立统一的辩证法矛盾观，是一个源远流长的古老形式。仅就目前考古发现来看，最早见于六千多年以前的中华文明起源期，河南濮阳西水坡仰韶文化遗址出土、号称"中华第一龙"的蚌塑鳄型原龙，实际上从整体造型来看，墓主两侧的蚌塑苍龙白虎，分别代表东宫的苍龙星象和西宫的白虎星象。在这里蕴

---

① 苏勇点校《易经》，北京大学出版社，1989，第80页。
② 同上书，第90页。
③ 邓球柏：《帛书周易校释》第3版，湖南人民出版社，2002，第548页。

含着最初萌芽的阴阳交合观念。在那个时代，既没有日历，也没有钟表，为了掌握农时，观测星象几乎成了唯一途径。孔子晚年《易传·文言》，对于长期流行的苍龙白虎，做了更为接近于阴阳相交的理论解说："水流湿，火就燥。云从龙，风从虎。圣人作而万物睹。本乎天者亲上，本乎地者亲下，则各从其类也。"①与此相应，从春秋战国时代开始，特别是到了汉代，苍龙白虎转化为以阴阳交合为主要含义的吉祥图案。从古至今，在民间传说、民俗文化中，还有"龙虎斗"的形象与说法，在这里，龙与虎的相争相斗，形式上依然保留着龙虎相争的外貌，但实际上往往并非表现你压倒我或我压倒你、你吃掉我或我吃掉你的斗争性、排他性，而是着重表现阴阳相交相配、阴阳交合的观念，这才是深层内涵和核心观念。

"阴阳交龙"——以双龙并逢、雌雄二龙，乃至二龙戏珠的独特形式，表达阴阳交合、对立统一，这也是中华龙文化所包含的独特观念。阴阳交龙的艺术造型与思想源头，也是源远流长的，或许可以追溯到六千年前的河姆渡文化中的双头鹰型原龙，夏代二里头文化中的一头双身蛇型原龙，殷商、西周时代成双成对的双龙交龙形态。从《周易》古经到孔子晚年《易传》和帛书《易传》，阴阳交合、对立统一的哲学观念，龙能阴能阳、阴阳相交的龙学观念，都在理论观念中更加明确地确立下来。与此相应，从春秋战国之际到秦汉之际，阴阳交龙形象更为普遍，甚至流行一时，最有代表性的，如湖北随县（今随州市）曾侯乙墓出土的青铜群龙建鼓座，河南洛阳金谷园新莽墓出土的汉代壁画《太一阴阳图》，汉代画像石中人面龙身、纠缠作交合状的伏羲女娲像。这类交龙形象，尤其是汉代壁画中的《太一阴阳图》，实开后来"二龙戏珠"之先河。宋代画龙大师董羽不仅提出了"三停九似"的画龙理论，而且提出了雌雄二龙的微妙差异："雌雄有别，雄者角浪凹峭，目深鼻豁，须尖鳞密，上壮下杀，朱火奕奕；雌者角靡浪平，目肆鼻直，须圆鳞薄，尾壮于腹。"②宋、元、明、清各代，以"二龙戏珠"形式表达阴阳交合的思想底蕴十分普遍，如太和殿前后的大石阶、北海九龙壁等。

---

① 苏勇点校《易经》，北京大学出版社，1989，第79页。
② 董羽：《画龙辑议》，载俞剑华编著《中国古代画论精读》，人民美术出版社，2011，第439页。

"龙凤呈祥"——以龙和凤和谐相处、形成对比的形式，表达阴阳交合、和谐统一的深层观念。这种形式同样也是源远流长，最早的源头，或许可以追溯到前4000年至前3000年，西北仰韶文化半坡类型中的北首岭鱼型原龙，通常称之为"水鸟啄鱼纹"，实际上更确切些应称"凤鸟衔鱼龙"。与此类似的还有河南临汝县（今汝州市）阎村仰韶文化遗址出土的彩陶缸上的"鹳鱼石斧图"。看来这里表达的主要不是鱼鸟相争、你死我活的生存竞争、紧张关系，而是龙凤和谐、阴阳交合的原始观念。从《周易》古经到孔子晚年《易传》，"一阴一阳之谓道"的理论观念更加明确地确立下来。大体与此相应，龙凤交合的图案也逐渐流行起来，如殷墟妇好墓出土的"龙衔凤"玉饰，台北故宫博物院馆藏的"龙衔凤"形玉饰和"龙凤佩"。到春秋战国、秦汉之际，龙凤相衔、龙凤合璧的关系，往往进一步升华为龙凤对称、龙凤共舞的关系，更为深层地表达了阴阳交合的观念内涵。宋、元、明、清各代，进一步广泛形成"龙凤呈祥"的吉祥图案，用以象征男女之间的美好姻缘，既见之于故宫的宫廷文化之中，又见之于市民文化、农民文化等民间文化之中。

万变不离其宗，形形色色的多种形式，表述的都是中华龙文化的一个内在观念：阴阳交合，对立统一。

4. 阴阳互补，有机整体

龙的观念蕴含在龙的造型之中，而龙的造型则把龙的观念、中国人的观念，形象化地外化出来，表现出来。

中国的古典宇宙观，本质上是一种有机整体宇宙观；中国人的辩证法，本质上是一种系统辩证法、总体辩证法；中国古典的辩证法、宇宙观，强调的不是要素分解、原子还原，而是多要素、大系统，整体性、综合性，开放性、复杂性。

中华龙文化的一个重要思想内涵，就是以阴阳互补为母体结构，构成多层次、多要素的有机整体的大系统。从《周易》古经到孔子晚年《易传》、帛书《易传》，从理论观念上为中华龙文化的这层内涵奠定了理论基础。

《易传·系辞》把阴阳互补作为"易之门"："子曰：'乾坤其易之门邪。乾，阳物也。坤，阴物也。阴阳合德，而刚柔有体，以体天地之撰，以通神明之德。其称名也，杂而不越。""一阴一阳之谓道，继之者善也，成之者性也。仁者见之谓之仁，知者见之谓之知。百姓日用而不知，故君子之道鲜矣。"①

帛书《易传》的《易之义》，用"易之义""易之要"的提法，表达了"易之门"的相同内涵，把阴阳互补、有机整体作为《周易》的思想主线，也作为中华龙文化的深层观念——

《易之义》第一章，把阴阳交合、阴阳互补作为"易之义"，"子曰：《易》之义唯阴与阳，六画而成章。曲句焉柔，正直焉刚"②。《易之义》第九章，则用"易之要"的提法，表达了与"易之门""易之义"相近的思想内涵："子曰：《易》之要，可得而知矣。《乾》《坤》也者，《易》之门户也。《乾》，阳物也。《坤》，阴物也。阴阳合德而刚柔有体，以体天地之化。"③《二三子问》第一章，则开门见山地三次提出"龙大矣"的命题，把龙德广大、无所不包，作为龙的显著特征之一。这里列举了龙的多种功能：能阳，能阴；能上，能下；能游，能飞；能云变，能蛇变；能鱼变，能飞鸟昆虫变……④

这里有许多神话意象，有许多神秘主义思想，但贯穿其中的一个基本观念就是：龙是由多层次、多要素构成的有机整体、复杂系统，而贯穿其中的一条主线，则是阴阳互补、阴阳交合。

从汉代到宋代、明代，逐渐形成了"三停九似"的龙的结构论、造型论，把阴阳互补、有机整体的理论观念，变得更具体化、形象化、系统化了，更突出了一个龙学辩证法的基本观念：龙是由多层次、多要素构成的一个有机整体，而阴阳互补是贯穿其中的一条主线。今天我们要扬弃其矛盾斗争性不足的缺憾，保留合理内核。

"三停"——表明龙本身是个复杂的大系统，其中至少包括了三大层次：龙头、龙身、龙尾。龙的造型必须体现这种多层次性、复杂性、曲线性，失去了这一显著特征，把龙单一化、直线化、简单化，既不能做到形

---

① 苏勇点校《易经》，北京大学出版社，1989，第88、82页。
② 邓球柏：《帛书周易校释》第3版，湖南人民出版社，2002，第548页。
③ 同上书，第563页。
④ 同上书，第438—439页。

似，更不能做到神似。

"九似"——表明龙是个极为复杂的大系统，不仅包括三大层次，还包括诸多要素，"九"在这里是言其多，或许包含九种要素、九种特征，还可能有更多要素、更多特征。

这些特征不是纷繁杂陈的一个拼盘，而是构成一个整体，突出"龙德广大"的本质特征：像马一样宽阔突起的前额象征聪明智慧，马齿象征勤劳善良，牛耳象征名列魁首，鹿角象征长寿齐天并保有社稷，虎眼象征威严无比，鹰爪象征勇猛无敌，蛇身象征出没无常，鱼鳞象征出神入化，鱼尾象征灵活多变……

中国龙的形象，不仅蕴含着发展观，而且蕴含着深刻的辩证法的发展观，阴阳互补的整体辩证法、系统辩证法。

五、兼容并包的文化观

在龙的观念中，有一个重要方面，就是如何对待不同民族、不同文化之间的相互关系问题。龙的形象、龙的造型，充分显示了多元特征的兼容并包性；从深层底蕴和龙的观念上来看，这反映了中华文明的多元民族、多元文化的兼容并包性。

超越唯我独尊、排斥异己的单一文化观，走向襟怀广阔、兼容并包的多元文化观，这是龙的观念的一个重要方面。这种兼容并包的多元文化观，贯穿于中华龙文化发展的四大形态、四个阶段的历史长河之中。不妨让我们伴随龙的发展的"来龙去脉"，做一番盘根究底的跟踪研究。

1. 炎黄时代原龙形态中孕育着兼容并包的多元文化观萌芽

在中华文明起源期与形成期的炎黄时代，就存在六大区系，九种原龙、多元发生、走向综合的最初萌芽，在原龙形态中也孕育着兼容并包的多元文化观萌芽。

按照传统说法，中华文明是在商周时代，前1000多年的时候，以黄河中游的中原地带为唯一中心和发源地，然后逐步扩散传播到东西南北各个方面。而东南西北各个方面、各个地区，往往被说成是文化后进、开发较晚、久未开化的东夷、西羌、南蛮、北狄之地。中华龙文化的发生与发展，似乎也走着同样单一的路。现当代考古学的最新发现，彻底否定了这种用单一色调来解释中华文明起源的传统观念，以丰富多彩的历史画面，再现了中华文明起源的历史过程，也再现了中国原龙形态起源时代的多彩画卷。

在中国原龙形成的复杂历史画面后面，蕴含着一种独具特色的兼容并包的多元文化观，具体表现在四个层面。

第一，在原龙形成的炎黄时代中华文明起源期，在中国特有的"黄河—长江"广阔的两河流域，犹如六瓣梅花式地存在六大文化区系，先后出现了十二种原龙形态：东北红山文化区系的猪型原龙与马型原龙，西北仰韶文化、马家窑文化区系的鱼型原龙与鲵型原龙，中原仰韶文化、龙山文化区系的鳄型原龙与蛇型原龙，山东大汶口文化、龙山文化区系的鹰型原龙与虎型原龙，东南河姆渡文化、良渚文化区系的鹰型原龙与虎型原龙，中南大溪、屈家岭文化区系的猪型原龙与鹿型原龙。

这六大文化区系、十二种原龙，不是水火难容、势不两立的绝对排斥关系，而是彼此兼容的共存关系。这种彼此兼容性的基础在于：六大文化区系、十二种原龙都植根于东亚大陆农业为主的中华文明土壤之中；这些原龙形象大多与农业物候、农业生产、农民生活有紧密联系；这些原龙形象所表征的文化观念多是中国文化中源远流长的固有文化观念与核心理念，可以说是大同小异。在这一层次上，六大文化区系、十二种原龙还只是彼此兼容的共存关系，这只是走向兼容并包的多元文化观的最初前提。

第二，在六大文化区系、十二种原龙之间，开始出现了走向综合的最初萌芽，猪型原龙、鹰型原龙、虎型原龙——这三种原龙重复出现在不同的文化区系之中，代表不同的文化区系，昭示着原龙形象中一开始就蕴含着兼容并包的多元文化观萌芽。

猪型原龙不仅出现在东北红山文化区系中，而且出现在中南屈家岭文化区系中，说明这种原龙形象不仅代表东北红山文化圈，还代表江汉平原的中南屈家岭文化圈。二者之间相隔上千公里以上，隔着不同的文化区系，这种情况或许可以证明，深深植根于农业文明的猪型原龙，有一定的广泛性、普遍性、代表性，将来或许还会在其他文化区系的考古发掘中发现。

鹰型原龙与虎型原龙，既在黄河下游的山东大汶口文化、龙山文化区系中发现，又在长江下游河姆渡文化、良渚文化区系中发现。这就说明，这两种原龙不仅代表山东大汶口文化、龙山文化圈，而且代表东南河姆渡文化、良渚文化圈。当然细致分析起来，山东大汶口文化中的鹰型原龙与东南河姆渡文化中的鹰型原龙，山东龙山文化中的虎型原龙与东南良渚文化中的虎型原龙，可谓大同小异，还是有一些微妙差异的。

虎型原龙、鹰型原龙、猪型原龙，这三种原龙的跨文化区系存在，代表不同的文化圈，说明这些原龙已经明显地蕴含着兼容并包的多元文化观萌芽。

尤其值得注意的是，黄河下游的山东文化区系，长江下游的东南文化区系，鹰型原龙与虎型原龙两种类型完全相似。看来可能是由于"陆地—江河—海上"三种途径的交通往来，使这两大文化圈的融合过程格外超前。而这两种原龙中蕴含的兼容并包文化观也格外明显一些。

第三，在六大文化区系内部，几乎每一个大的文化区系，又包括两种不同的文化亚类型，原龙的两种原型大体上是与这两种文化亚类型相应的，因而同一文化圈内部的不同原龙，往往也蕴含着不同文化兼容并包的多元文化观萌芽。

东北红山文化虽然总体上看是以农业文明的起源为主，而实际却因游牧渔猎经济的不同比重而产生两个亚类型：较为靠近西北内蒙古草原的西部，游牧文明要素的比重比较大，因而推崇马型原龙；较为接近辽河流域的东部、北部广阔领域，北方旱作农业文明的比重明显加大，因而也较多推崇猪型原龙。

西北仰韶文化虽然总体上是以北方旱作农业为主，但渔、猎经济的比重也不算小，并且因生态地理的复杂性，因而也兼容了两种文化亚类型，体现在两种原龙形态上：偏向于黄河中游的陕西渭水流域，属于西北仰韶文化半坡类型，以鱼型原龙为这一文化的典型表征；偏向于黄河中上游的甘肃高原一带，属于西北仰韶文化的庙底沟类型，或者说已属于马家窑文化，鲵型原龙是其文化的典型表征。这两种原龙的原型，一是水中的鱼，一是水陆两栖的大鲵，都和水有关，说明水对于这两种文化亚类型的共同重要性以及渔猎经济在这两种文化亚类型中的共同重要性。正是这种经济文化上的共同性，升华为原龙形态中多元兼容文化观萌芽。

中原文化区系虽然同处于黄河中游，同是中国北方旱作农业文明发源地，却因历史时代与生态系统的不同，先后出现两种文化类型、两种原龙，包含着多元兼容文化观的萌芽：在河南的中原仰韶文化中，鳄型原龙是典型的文化象征；而在山西汾水流域的中原龙山文化中，蛇型原龙则是典型的文化象征。然而，这两种原龙都有一定的文化兼容性，特别是后出的山西陶寺文化中的蛇型原龙，其头型与牙齿，虽主要取象于蛇，但也在相当程度上吸收了鳄型原龙的特点，从而蕴含着兼容并包文化观的萌芽。

山东文化区系也存在两种文化类型、两种原龙形态，并有兼容并包文化观萌芽：时间较早、或许重心偏重黄河边、黄海边的大汶口文化，以鹰型原龙为典型象征；时间稍晚，或许重心偏重齐鲁丘陵地带的山东龙山文化，则以虎型原龙为典型象征。而这两种文化类型、两种原龙形态，都反映出山东文化区系、海岱文化圈的共同特征，从而蕴含着兼容并包文化观的思想萌芽。

东南文化区系也先后存在两种文化类型、两种原龙，并表现出文化上的兼容性：重心偏重沿海、时间较早的河姆渡文化，多半是以鹰型原龙通天的，而重心偏重太湖流域、时间略晚的良渚文化，多半是以玉琮上的兽面纹——虎型原龙作为通天神兽的。

中南文化区系的主流文化是屈家岭文化，细致分析起来，在处于长江、黄河之间的江汉平原这片经济文化圈内，也存在着两种不同的文化亚类型、两种原龙形态，同样蕴含兼容并包的文化观萌芽：在屈家岭文化前身的大溪文化中，存在着鹿型原龙；而在屈家岭文化后期发展的石家河文化中，存在着猪型原龙。这两种原龙的并存关系中，也孕育着一种多元兼容的文化观。

第四，在六大文化区系、十二种原龙的每一种原龙内部，都包含着多种原始图腾动物的多元特征，从而孕育着多元文化兼容并包的思想萌芽。

以东北红山文化中的两种原龙为例：靠近内蒙古草原地带、游牧文化比重较大的马型原龙，并不是单纯以马为原型，而是以马为主，"马头+蛇身"的有机综合；靠近辽河流域、北方旱作农业文化比重大的猪型原龙，也不是单纯以猪为原型，而是以猪为主，"猪头+蛇身"的有机综合。

中原龙山陶寺文化中的蛇型原龙，也并不是单纯以蛇为原型，而是以中原文化为多元文化的大熔炉，表现出多源特征的广泛综合：蛇身、蛇头、鳄吻、鱼鳍等。

山东龙山文化与东南良渚文化中共同存在虎型原龙，也是一个典型。无论哪一种虎型原龙，都不是单纯以虎为原型，或者体现了"神人与虎龙"的综合，或者体现了"虎头与牛角"的综合，或者体现了"虎头与鹿头"的综合。

值得注意的是，过去人们仅仅注意到黄河中游的中原地带是个多元文化交融的大熔炉，20世纪80年代、90年代的考古发现，促使人们进一步注意到，地处黄河、长江之间的江汉平原，同样也是一个多元文化交融的大熔炉，这里的原龙形态，尤其是大溪文化中的鹿型原龙，表现出特别丰富、特别明显的多源综合性、兼容性：虎头+蛇身+虎爪+鱼尾……

我们不妨按照从高到低的四个层次，把中华文明起源期间原龙形态中蕴含的兼容并包文化观萌芽排排队：

第一层次：六大文化区系、十二种原龙之间潜在的兼容并包关系；

第二层次：六大文化区系、十二种原龙之间，在猪型原龙、鹰型原龙、虎型原龙这三种原龙形态上，特别明显地表现出兼容并包的文化观萌芽；

第三层次：在每个文化区系内部，往往存在着两种文化亚类型、两种原龙，蕴含着兼容并包文化观萌芽；

第四层次：每一种原龙都不是单一原型的，而是以多元原型综合的形式，表达了多元兼容文化观的思想萌芽。

2. 在中华文明的雏形期，兼容并包文化观也初步形成雏形

在中华文明雏形期的殷周之际，夏、商、周三代的龙，一步一步地走向综合，特别是在商周之际、周公时代的变化形态中，兼容并包文化观也初步形成雏形。

夏代的龙，是多样化的原龙走向综合的第一步，也是走向兼容并包文化观雏形的第一步。

以顾颉刚为代表的20世纪疑古主义者，断然否定《禹贡》的基本内容形成于夏代、商代或西周时代，认为这三代的经济政治文化活动都仅仅局限

于黄河中游、济水流域。现代考古学的最新发现，已从根本上推翻了疑古主义的武断结论。这里需要指出的是，《禹贡》"九州"的中国观，与现代考古学发现的六大文化区系有大体对应关系：冀州——大体相应于北方文化区系；梁州、雍州——大体相应于西北文化区系；豫州与徐州的一部分——大体相应于中原文化区系；青州、兖州，加上徐州的一部分——大体相应于山东文化区系；扬州——大体相应于东南文化区系；荆州——大体相应于中南文化区系。

通过二里头文化遗址的发掘，现当代考古发现已经确认，夏代的龙是从"炎黄时代原龙"到"商周时代夔龙"的过渡桥梁和中介环节，主要表现为五种原龙形态的共存关系与初步综合，即蛇型原龙、猪型原龙、鱼型原龙、鲵型原龙、虎型原龙。

夏代龙的这五种形态或五个来源，恰好反映了六大文化区系的兼容并包，九州文化的兼容并包。

在夏代的龙当中，蛇型原龙看来占主导地位，主要源于中原龙山文化陶寺类型，大体相应于《禹贡》中所指的豫州之北、冀州之西。还有一部分源于猪型原龙，这种猪型原龙既渊源于东北红山文化，又渊源于中南屈家岭文化，大体相应于《禹贡》中所指的冀州与荆州。还有少数源于鱼型原龙与鲵型原龙，这两种原龙主要渊源于西北仰韶文化与马家窑文化，而西北文化区系大体相当于《禹贡》中所指的梁州与雍州。还有相当一部分源于虎型原龙，这种虎型原龙既渊源于山东龙山文化，又渊源于东南良渚文化，而山东文化区系大体相当于《禹贡》中所指的青州、兖州加徐州的一部分，东南文化区系则大体相当于《禹贡》所指的扬州一带。

夏代这四种类型的龙，已不是简单的并存关系，而是已在原龙形态上的综合萌芽基础上，有了进一步的初步综合。仅以夏代龙纹的典型代表——二里头文化遗址出土的一头双身蛇龙而论，至少是三种原龙形态、三大文化区系的初步综合：头型与体型主要取象于蛇——主要渊源于中原龙山文化陶寺类型蛇型原龙——综合了中原文化区系的重要特征；眼睛是近似于猪的梭子型，吻部接近于猪拱嘴，还有两个酷似于猪的圆形鼻孔——这一部分特征渊源于东北与中南文化区系的猪型原龙——这一点又反映了夏代蛇龙综合了东北文化区系与中南文化区系的某些要素；在这条夏代蛇龙身边，还绘有云纹、雷纹，表明这不是地上爬行的普通的蛇，而是能驾云升天的神龙——这种飞天功能渊源于山东大汶口文化与东南河姆渡文化中的鹰型原龙——这一点又反映出夏代的龙又综合了山东文化区系、东南文化区系的某些要素。

看来，前2000年前后的夏代，第一次形成了比炎黄时代更为完全的古代早期国家，也初步形成了"九州一体"的文化格局，夏代五种龙的基本走向，都反映了兼容并包文化观的思想雏形。

前1500年前后的殷商时代，看来还是一个邦国林立的时代。古代文献曾有这样的说法："当禹之时，天下万国，至于汤而三千余国。"（《吕氏春秋·用民》）

从总体上来看，商代初步形成了"六方一体"的经济文化格局。大体上按照"中心—外缘"的顺序来排列，这六大文化区系的排列顺序可能是：中原华夏文化区系、东夷文化区系、东南文化区系、中南文化区系、北狄文化区系、西羌文化区系。比较而言，如果把商文化分成"中心—外缘"两大层次，那么六大文化区系或许可以分成两个序列：中原华夏文化圈、东夷文化圈、东南文化圈，大体上属于商文化的中心地带、主流文化；中南南蛮文化圈、北狄文化圈、西羌文化圈，大体上属于商文化的边缘地带、支流文化。

商文化的原始核心地带虽在黄河中游的中原地带，但商文化不是单一的中原文化，而是上述"一个核心、两大层次、六方一体"的综合格局、复杂系统。正是在这种"六方一体"的多元文化背景下，商代的龙表现出特别丰富的多样性，并在多样形式中蕴含着兼容并包文化观萌芽。

据不完全统计，在商代玉器、青铜器、石器上，至少存在着以下十二种龙的形态，在不同程度上表现出多元文化的综合倾向：

（1）蛇头有角龙——中原文化区系中的蛇型原龙，与山东、东南、中南文化区系中鹿型原龙、虎型原龙的兼容并包；

（2）独角大蜥蜴龙——中原文化区系中的鳄型原龙，与山东、东南文化区系中虎型原龙的兼容并包；

（3）鲵头蛇尾有角龙——中原文化区系中的蛇型原龙，与西北文化区系中的鲵型原龙的兼容并包；

（4）鱼头蛇身龙——中原文化区系的蛇型原龙，与西北文化区系中的鱼型原龙的兼容并包；

（5）鹿头曲角龙——中原文化区系中的鳄型原龙，与中南文化区系中的鹿型原龙的兼容并包；

（6）猪头虎爪直角龙——东北、中南文化区系中的猪型原龙，与中原文化区系中的蛇型原龙、山东文化区系与东南文化区系中的虎型原龙、西北文化区系中的鱼型原龙的兼容并包；

（7）虎头牛角龙——东南文化区系中的虎型原龙，与山东文化区系中的虎型原龙的兼容并包；

（8）虎头蛇身有角龙——中原文化区系中的蛇型原龙，与山东、东南文化区系中的虎型原龙的兼容并包；

（9）牛头蛇身龙——"中原文化区系中的蛇型原龙+东南文化区系、山东文化区系中的虎型原龙"的兼容并包；

（10）鳄头蛇身虎爪鱼尾双角龙——"中原文化区系中的鳄型原龙+中原文化区系中的蛇型原龙+山东、东南文化区系中的虎型原龙+西北文化区系中的鱼型原龙"的兼容并包；

（11）鹰头蛇身龙——"中原文化区系中的蛇型原龙+山东、东南文化区系中的鹰型原龙"的兼容并包；

（12）鳄头鸟翼有角龙——"中原文化区系中的鳄型原龙+山东、东南文化区系中的鹰型原龙"的兼容并包。

商代的龙不仅有多样化的发展趋势，而且开始出现走向多元综合的主流形态，可以称之为"商代夔龙"，表现为"虎头、蛇身、兽角、飞鹰"四大特征的综合，其深层内涵是"中原文化区系+山东文化区系+东南文化区系+东北、西北、中南文化区系"的兼容并包。

或许我们可以为这种"兼容并包的商代夔龙"找一个生动具体的典型代表，那就是1976年在河南安阳殷墟妇好墓中出土的商代玉龙。

殷墟发掘六十年的总结性著作《殷墟的发现与研究》，高度重视这条商代玉龙的代表性："神话性动物玉雕的数量较少，主要有龙、凤、怪鸟和怪鸟负龙等形象。""M5：408的一件圆雕蟠龙，玉质和工艺最为出色。"①陈绶祥编著《中国的龙》（漓江出版社，1988）、张鸿修编著《龙集——历代龙像500图》（三秦出版社，1993）都把这条玉龙置于"商龙之首"的显著地位。杨伯达主编的《中国美术全集：工艺美术编9·玉器》一书，更做了一个一锤定音式的简要结论："此器是研究商代玉龙形态最有价值的典型作品。"②

1928年至1986年近六十年间，殷墟先后出土一千二百余件玉器，其中最重要的墓葬首推1976年发掘的妇好墓，仅此一墓出土玉器七百五十五件，各式各样的玉龙十件，这件圆雕蟠龙是最有代表性的一种，也是多元兼容文化观表现得最为充分的一种：头部与利爪近似于虎，源于山东龙山文化与东南良渚文化的虎型原龙；体型与鳞片近似于蛇，源于中原龙山文化的蛇型原龙和夏代二里头文化的蛇龙；眼睛近似猪或虎的梭子形大眼，或许源于东北红山文化与中南屈家岭文化的猪型原龙；背鳍近似于鱼，源于西北仰韶文化中的鱼型原龙；这条玉龙的左侧外足刻饰青云纹，表明它具有升天功能，这种飞天功能源于山东大汶口文化与东南河姆渡文化中的鹰型原龙。

人们常用"虎头蛇尾"形容做事有始无终，开头气势很大，后来却难以为继。把这个成语移植过来，去掉贬义，正好用来形容商代夔龙特征——两大文化源头、两大原龙特征的兼容并包：源于中原文化区系的蛇型原龙，源于山东文化区系和东南文化区系的虎型原龙。其他文化区系的多种原龙特征，也在不同程度上，以不同形式，兼容并包到商代夔龙形态中来。

在这里，我们还试图提出一种新的看法：考古学、历史学中通常所称的商代铜器玉器上的"兽面纹""饕餮纹"，实际上大多数应当称为"商代夔龙纹的简化形式"。尽管"蛇的身子"被抽象掉了，只剩下虎型原龙的头部，实际上代表的还是"虎头蛇尾的商代夔龙"。这种商代夔龙纹头像，见于司母辛方鼎、小臣缶方鼎、兽面纹玉斧以及方鼎、大瓿、矢壶、大铙、钺等诸多器物上面，同样也是商代夔龙的主流形态之一。无论在多样化形态中，还是在主流形态中，商代的龙都包含着多元兼容并包文化观萌芽。

---

① 中国社会科学院考古研究所编著《殷墟的发现与研究》，方志出版社，2007，第323页。
② 杨伯达主编《中国美术全集：工艺美术编9·玉器》，文物出版社，1986，第22页。

殷周之际，特别是西周时代的龙，以周公改革为契机，在商代夔龙的基础上，进一步走向多样化的综合，也进一步促使其中蕴含的多元兼容文化观形成雏形。

周的兴起，靠的是多元民族、多元文化的共同开发。在黄河大流域、渭水小流域的周原一带，西周小邦靠联合其他民族发展起来。以周代商，靠的是以周为主的九族联合。在周文王奠定的基础上，在周公、召公和姜太公吕尚辅佐下，周武王乘商纣王失道内乱之机，与庸、蜀、羌、髳、微、卢、彭、濮成九族联合之势，终成大业。

平叛兴国，协和万邦，长治久安，周公倡导的治国之道，更强调多元文化的融合之道。西周初期，周公摄政，面临的是一个极其特殊、极其复杂、极其困难的政治、经济、文化课题：原先经济、政治、文化比较落后，兴起于西北的"小邦周"，怎样来对待曾经长期雄踞中原、经济政治文化都比较发达的"大邦殷"遗民，以及其他诸多民族、诸多文化？武庚与三监之乱，更反映了解决这个历史难题的迫切性、尖锐性。周公不愧是那个时代中国的最大政治家、思想家，世界的最大政治家、思想家，与荷马史诗《伊利亚特》所记载的屠城之略形成鲜明对照的是，周公提出了独树一帜的柔武方略：以德配天，协和万邦；"四方无拂，奄有天下"[1]。《逸周书》长期以来曾被忽视，今天看来同《尚书·周书》相互印证，从中可见周公柔武方略，实为中华智慧的一大思想源头。《逸周书》的《柔武解》和《武称解》二篇，前后呼应，集中阐明了柔武方略思想真谛："胜国若化，不动金鼓，善战不斗，故曰柔武。四方无拂，奄有天下。""既胜人，举旗以号令、命吏禁掠，无取侵暴；爵位不谦，田宅不亏；各宁其亲，民服如化：武之抚也。百姓咸服，偃兵兴德，夷厥险阻，以毁其服，四方畏服，奄有天下：武之定也。"[2]

这里两次用了"奄有天下"的提法，"奄"是包的意思，有兼容、包容之意。正是以这种柔武方略为指导，周公实行了兼容并包的多元文化观：

制礼作乐，强调德治，"敬天，保民，明德"，力求让新兴的周文化

---

[1] 黄怀信：《逸周书校补注译》，西北大学出版社，1996，第130—131页。
[2] 同上书，第130—131、47页。

融入中原及各方，取得主导地位，为此不惜全力"营建成周"，向东迁都洛阳。

对殷商文化采取包容态度，对"成汤咸至于帝乙"的殷先哲王都采取尊重态度，要尽可能采取殷代法典与文化习俗来治理人数众多的商代遗民，并封殷帝乙的长子、商纣王的庶兄微子启掌管宋国，"代殷后，奉其先祀"。

对其他多种民族、多种文化，也采取兼容并包的宽容态度，"封神农之后于焦，黄帝之后于祝，帝尧之后于蓟，帝舜之后于陈，大禹之后于杞"（《史记·周本纪》），特别是对于夏人集中的晋国，"启以夏政，疆以戎索"。

对其他诸多方国文化，也采取宽大为怀的兼容并包方针，包括九族文化与曾经依附殷商的东南九夷、十七个邦国文化。

正是这种历史内涵、政治内涵，物化沉淀到西周时代的龙的形象之中，升华为兼容并包文化观的思想内涵、文化内涵。据不完全统计，西周时代的龙，以西周夔龙为主流形态，至少有以下十二种形态，从不同侧面表现出多元兼容文化观的思想内涵：

（1）花冠象鼻龙——龙与花的综合，实质上反映了起源于西北、以花为图腾标志的仰韶文化与以象为图腾的中原文化的兼容并包；

（2）鳄头凤冠龙——龙与鸟的综合，这反映了以鳄型原龙为标志的中原文化与以鹰型原龙为标志的山东文化、东南文化的兼容并包；

（3）鸟头虎头龙——鹰龙与虎型原龙的综合，这反映出以鹰型原龙与虎型原龙为标志的山东文化、东南文化区系内，起源于沿海内陆的两种文化亚类型的兼容并包，鹰型原龙起源于东南沿海的河姆渡、山东沿海的连云港将军崖岩画，而虎型原龙则起源于东南太湖流域、山东日照一带；

（4）鹰头象鼻龙——鹰龙与象龙的综合，这反映出源于西部的周文化和中原文化与源于东方的山东文化、东南文化、东夷文化的兼容并包；

（5）象鼻蛇尾龙——象鼻龙与蛇龙的综合，这在一定程度上曲折地映射出起源于西北的周文化与起源于中原的华夏文化发生了兼容并包关系；

（6）蛇头双角双身龙——周代蛇龙与夏代蛇龙的综合，这象征着夏、周两代文化不仅以商代文化为中介而联系，还有一种更为直接的渊源关系和兼容并包关系；

（7）牛角头蛇身龙——牛马型原龙与蛇型原龙的综合，这说明后起的商周文化与以蛇型原龙为代表的中原华夏文化存在着兼容并包关系；

（8）猪头鹰爪蛇身双角龙——猪龙、鹰龙、蛇龙的综合，这反映出以猪型原龙为代表的东北、中南文化，以蛇型原龙为代表的中原华夏文化，以鹰型原龙为代表的山东、东南文化，在西周时代兼容并包；

（9）象鼻蛇身鱼鳍龙——象龙、蛇龙、鱼龙的综合，这一点可以反映出主要发源于西北的周文化与主要发源于中原的夏文化之间，发生着兼容并包的过程；

（10）鲵头双角蛇身龙——鲵龙、蛇龙、角龙的综合，这在一定程度上反映出以鲵型原龙为代表的西北文化、以蛇型原龙为代表的中原文化，以及以带角原龙为代表的山东文化、东南文化、中南文化的兼容并包；

（11）牛头蜥身龙——牛头龙与大蜥蜴龙的综合，这在一定程度上反映出商代所出现的文化与原有中原文化在西周文化中的兼容并包；

（12）虎头牛角龙——虎型原龙与牛角夔龙的综合，这说明以虎型原龙为代表的山东文化、东南文化与以牛角夔龙为代表的商代文化在西周文化中出现兼容并包关系。

总之，从前21世纪到前771年的夏、商、周（西周）三代，尤其是前1000年前后的殷周之际，西周初期的周公改革年代，正是中华文明的雏形期。

中华文明雏形期的文化，不是单一结构的，而是多元结构、兼容并包、多元一体的，是东亚大陆、中华大地多元民族、多元文化综合创新的共同结晶。在这种历史背景下，从原龙形态走向雏形形态的商周夔龙，通过多种原龙特征综合的形式，内在地蕴含着多元兼容文化观的思想雏形。

3. 在中华文明的定型期，兼容并包文化观也基本定型

在中华文明定型期的春秋战国、秦汉之际，诸子百家为中国文化奠定理论基础，而秦汉时代则第一次形成了中央集权的大一统的多民族统一国家，中华龙文化也走向基本定型的飞龙形态，其中蕴含的兼容并包文化观也基本定型。

在中华文明上下五千年的历史长河中，有三个最有全局意义、历史意义的关节点与关键期：第一个关节点和关键期，是前3000年前后的炎黄时代，这是中华文明起源期与形成期；第二个关节点和关键期，是前500年的春秋战国之际到公元元年前后的秦汉之际，这是中华文明的古典定型期；第三个关节点和关键期，则是2000年前后的中国改革开放时代，这是中华文明的当代复兴期。在这三大关节点和关键期中，从前500年到公元元年前后的中华文明古典定型期，起着承前启后、继往开来的特殊中介作用。在龙的形象中孕育的兼容并包文化观，在这个时期也有一个大升华、大飞跃。

从春秋战国到秦汉之际，这上下五百年间，之所以被称为"中华文明的古典定型期"，是因为这种定型过程在三个层面由浅到深地展现出来。

第一，器物文明层面上的基本定型：以古代铁器革命、古代农业革命、古代城市革命、古代商业革命为四大支柱，实现了中国古代生产力革命，为中国古典文明形态奠定了物质技术基础。

第二，制度文明层面上的基本定型：从分封制国家形态走向中央集权的郡县制国家形态，从小邦林立分治状态走向大一统的统一国家，从夷夏之别的多元民族共存状态走向古代多民族统一国家，由此为中国古代国家制度、政治制度奠定了基本制度框架。

第三，观念文明层面上的基本定型：正是在这个时代，出现了诸子百家的文化盛况，中华民族的思维方式与价值观念初步奠定，出现了一批中华文化元典，影响了中华文明上下几千年的思想走向，由此为中国文化奠定了深层的思想理论基础。

中华古典文明的定型期阶段，是中国文化多元一体格局发展中的一个重要历史转折点：多元化的分化趋势与一体化的综合趋势，是中华文明历史长河中自始至终存在的两种基本趋势；在中华文明定型期或秦汉统一以前的历史时代，多元化的分化趋势往往占主导地位，表现为主流趋势，而一体化的综合趋势往往居于非主流地位，成为支流或潜流；而从中华文明定型期之后，尤其是秦汉之后，多元化的分化趋势往往退居历史的次要地位，一体化的综合趋势转而在总体上居于主导地位，成为中华文明历史长河中下游的主流趋势。

中华文明定型期以后，尤其是秦汉时代以后，"大一统"只是形式上的、政治上的，具体分析起来，政治、经济、文化三个层次的情况各不相同，但都不是清一色的"大一统"，在不同程度上依然存在着多元一体的独特格局，而以文化上最为突出：在政治上，形式上大一统的中央集权占主导地位，但也掩盖着不同程度上存在的地方割据倾向，少数时代导致暂时分裂现象；在经济上，大量存在的是高度分散的小农经济，但也靠商品交往，加上封建国家制度、地租制度、官商制度，统在一起；在文化上，国家意识形态是高度统一的，但多元民族、多元文化的兼容并包现象普遍存在。

因而，"多元一体，兼容并包"，仍是中国文化发展的基本格局和主导趋势。正是在如此深刻的经济、政治、文化背景下，形成了中华文明定型期上的飞龙形态，并在飞龙形象独特形式中形成了兼容并包的多元文化观。

中华文明定型期的飞龙定型，是观念先行的。《周易》古经和孔子晚年《易传》是中华龙文化的两大理论源头，为中国飞龙形态奠定了理论基础，也为龙所包含的兼容并包文化观奠定了理论基础。

这里讲的"孔子晚年《易传》"，包括两个部分：既包括通行《易传》，又包括1973年长沙汉墓出土的帛书《易传》。通行《易传》与帛书《易传》的某些篇章、某些思想、某些文字，固然加进了后来整理加工者的一些东西，但其基本思想、核心观念，却非孔子晚年莫属。20世纪疑古主义思潮提出的种种论据，根本不能动摇这个千百年来确认无误的基本事实。

孔子晚年《易传》为中华龙文化，特别是其中包含的兼容并包文化观，奠定了龙德广大论、和而不同论、阴阳互补论三个层次的理论基础。

第一层理论基础：龙德广大论。

"龙德"这个概念，始见于《易传·文言》，有"龙德而隐者也""龙德而正中者也"[1]等提法。帛书《易传》六篇之首的《二三子问》，则一而再、再而三地阐发了"龙德广大，无所不包"的独特思想。《二三子问》一开头，就开门见山地提出了"龙德"这个问题："二三子问曰：《易》屡称于龙，龙之德何如？"[2]

---

[1] 苏勇点校《易经》，北京大学出版社，1989，第78页。
[2] 邓球柏：《帛书周易校释》第3版，湖南人民出版社，2002，第438页。

孔子三次使用"龙大矣"这个提法，实际上是分三个层次，逐层深入地阐明了"龙德广大，无所不包"的龙学观念。

第一次讲"龙德广大"，孔子着重强调的是龙之德的包容广大："孔子曰：龙大矣。龙形迁，假宾于帝，倪神圣之德也。高尚齐乎星辰日月而不眺，能阳也；下纶穷深渊之渊而不沫，能阴也。上则风雨奉之，下纶则有天〔神护之〕。〔游〕乎深汎，则鱼蛟先后之，水流之物莫不随从。陵处，则雷神养之，风雨辟乡，鸟守弗干。"①

第二次讲"龙德广大"，孔子着重强调的是龙的唯所欲化，变化万千，不失本性："龙既能云变，有能蛇变，有能鱼变，飞鸟昆虫，唯所欲化，而不失本形，神能之至也。……知者不能察其变，辩者不能察其义，至巧不能赢其文。"②

第三次讲"龙德广大"，孔子重点强调一个"和"字，戒事敬合，精白柔和："曰：龙大矣。龙之刚德也，曰直方大不习易黄常元吉，爵之曰君子；戒事敬合，精白柔和，而不讳贤，爵之曰夫子。或大或小，其方一也。至用者也，而名之曰君子。兼：'黄常'近之矣；尊威精白，坚强行之，不可挠也，'不习'近之矣。"③这里的文辞深义，都有待另外专门辨析，而强调龙之德的中庸合和精神，则是显而易见的。

第二层理论基础：和而不同论。

"和而不同"的提法，见之于《论语·子路篇》："子曰：'君子和而不同，小人同而不和。'"④这就是说，君子之德是在差异之中寻求和谐而不简单苟同，小人却只能简单苟同而难以达到在差异中寻求和谐的境界。

怎样才能达到"和而不同"的文化境界呢？孔子晚年《易传》，先后提出了两种形式：通行《易传》中讲"殊途同归"论，帛书《易传》之《要》篇又补充了"同途殊归"论。

在通行《易传·系辞下》中，晚年孔子提出，天下的思想文化多种多样，数不胜数，实质上多半都是殊途同归的，解决问题的方法途径有所不

---

① 邓球柏：《帛书周易校释》第3版，湖南人民出版社，2002，第438页。
② 同上书，第439页。
③ 同上书，第439—440页。
④ 金良年：《论语译注》，上海古籍出版社，1995，第157页。

同，最终目标却往往大同小异："易曰：'憧憧往来，朋从尔思。'子曰：'天下何思何虑？天下同归而殊涂，一致而百虑……'"①

帛书《易传》之《要》篇记述说，多年一直追随孔子的子贡对于晚年孔子学易、好易、解易感到大惑不解，提出非难质疑，孔子为了答复这种非难，又提出了"同途殊归"论的观点："子曰：《易》，我后其祝卜矣！我观其德义耳也。幽赞而达乎数，明数而达乎德，又仁守者而义行之耳。赞而不达于数，则其为之巫。数而不达于德，则其为之史。史巫之筮，乡之而未也，好之而非也。后世之士疑丘者，或以《易》乎？吾求其德而已，吾与史巫同涂而殊归者也。"②

殊途同归，强调途径不同，而目标相同；同途殊归，强调途径相同，而目标却不同。二者都是同中有异，异中有同，这正是中华文明中多元民族、多元文化相互关系的生动写照，也为如何处理这种关系指出了一条合理途径、中和大道。

第三层理论基础：阴阳互补论。

孔子晚年易学、龙学的一个深层核心观念，是从《周易》中引申发挥出来的阴阳互补论，其基本思想首先可见之于通行《易传》之《系辞上》："一阴一阳之谓道，继之者善也，成之者性也。仁者见之谓之仁，知者见之谓之知。百姓日用而不知，故君子之道鲜矣。显诸仁，藏诸用，鼓万物而不与圣人同忧，盛德大业，至矣哉！富有之谓大业，日新之谓盛德。生生之谓易，成象之谓乾，效法之谓坤，极数知来之谓占，通变之谓事，阴阳不测之谓神。夫易，广矣大矣……"③

《系辞下》进而把"阴阳合德"作为"易之门"："子曰：'乾坤其易之门邪。乾，阳物也。坤，阴物也。阴阳合德，而刚柔有体，以体天地之撰，以通神明之德。其称名也，杂而不越。'"④

通行《易传》之《说卦》篇，把阴与阳的对立与互补作为"易之道"："昔者圣人之作易也，将以顺性命之理，是以立天之道，曰阴与阳，立地之

---

① 苏勇点校《易经》，北京大学出版社，1989，第87页。
② 邓球柏：《帛书周易校释》第3版，湖南人民出版社，2002，第573页。
③ 苏勇点校《易经》，北京大学出版社，1989，第82页。
④ 同上书，第88页。

道，曰柔与刚，立人之道，曰仁与义。兼三才而两之，故易六画而成卦。分阴分阳，迭用柔刚，故易六位而成章。"①

帛书《易传》的《易之义》，把阴与阳的对立与互补关系作为"易之义"："子曰：《易》之义唯阴与阳，六画而成章。曲句焉柔，正直焉刚。六刚无柔，是谓大阳，此天之义也。……六柔无刚，此地之义。天地相率，气味相取，阴阳流行，刚柔成章。"②《易之义》最后又从阴阳互补是"易之义"——《周易》总纲，回到乾卦所象征的龙德广大上来："《易》曰：又名焉曰《乾》。《乾》也者，八卦之长也。九也者，六爻之大也。为九之状，浮首兆下，蛇身偻曲，其为龙类也。夫龙，下居而上达者……"③

龙德广大论、和而不同论、阴阳互补论是孔子晚年《易传》提出的三个基本观点，为这一时代飞龙形态所包含的兼容并包文化观，奠定了最为重要的理论基石。

龙的形象所包含的兼容并包文化观，在晚年孔子易学、龙学做出理论概括之前，多半只是一种潜在观念，缺少理论化的自觉形式；而经过从《周易》到孔子晚年《易传》的理论概括之后，龙的艺术造型与中华文化元典中的兼容并包文化观开始统一起来，使这种多元文化观取得了形象思维与抽象思维统一的新形态。龙的形象与兼容并包文化观的理论形态相结合，又进一步促成了龙的形态的大发展、大变化，从炎黄时代中华文明起源期的原龙形态，殷周之际中华文明雏形期的夔龙形态，发展为中华文明定型期的飞龙形态。

中华文明定型期的飞龙形态，以更新颖、更广阔、更自觉的形式，体现出兼容并包文化观，特别集中地表现在以下三个层面：

从《周易》古经到孔子晚年《易传》，都强调龙的"六位时成""群龙无首"，蕴含其中的象征意义，都包含承认民族文化的多样性、兼容性的观念。从《易经》到《易传》，开宗明义的乾卦，思想主线就是龙的六位时成、六种形态：潜龙、见龙、跃龙、飞龙、亢龙、群龙。从这里的历史内

---

① 苏勇点校《易经》，北京大学出版社，1989，第90页。
② 邓球柏：《帛书周易校释》第3版，湖南人民出版社，2002，第548页。
③ 同上书，第558页。

涵、文化内涵、思想内涵来看，实际上是对怎样处理"小邦周"与"大国殷"之间关系的反思升华。"六位时成"象征着民族与文化的多样性，"群龙无首"则反对只讲"独龙为首"，要求多元民族、多元文化平等相处。

再进一步分析，龙的"六位时成"实际上主要可以概括为三大形态——见龙在田、跃龙在渊、飞龙在天，也就是要求体现陆上之龙、水中之龙、升天飞龙的兼容并包。潜龙、见龙，一个在地面之下，一个在地面之上，看来都是陆地上的龙；跃龙在渊，看来是游在水中之鱼龙、鲵龙、鳄龙；飞龙、亢龙、群龙，都是升天之龙。

从春秋战国之际到秦汉之际，基本定型的飞龙形态，实际上通过龙的三种功能的综合，体现了六大文化区系的兼容并包——

陆上行走功能：源于蛇型原龙、猪型原龙、马型原龙、虎型原龙、鹿型原龙，代表中原文化、东北文化、山东文化、东南文化、中南文化特征；

水中潜游功能：源于鳄型原龙、鱼型原龙、鲵型原龙，代表中原文化、西北文化特征；

驾云升天功能：源于鹰鸟型原龙，代表山东文化、东南文化特征。

飞龙形态不仅标志着中国龙的基本定型，而且标志着其中包含的兼容并包文化观基本定型。

4. 从中华文明转型期开始，集中表现为儒、释、道三大文化流的兼容并包

从1000年前后两宋时代的中华文明转型期开始，中国的龙从秦汉飞龙转向宋、元、明、清时代的黄龙，而兼容并包文化观仍然作为一条缕缕不绝的思想线索，贯穿在"三停九似论""龙生九子论"的民间龙文化之中，特别集中地表现为儒、释、道三大文化流的兼容并包。

宋代以后的龙，之所以从秦汉时代飞龙发展到黄龙新阶段，并在兼容并包文化观上取得新进展，缘于其植根于中国历史、中华文明发展的新阶段。

我们之所以格外重视1000年前后的两宋时代，称之为"中华文明转型期"，主要有三点根据：一是中国古代封建社会、古典文明，正是在宋代发展到鼎盛阶段的；二是从宋代开始，在中国古代文明、封建社会内部开始周期性地出现走向近代化的历史萌芽与文化先兆；三是从宋代开始，历经元、明、清各代，中华民族的多元民族、多元文化，兼容并包、综合创新，走向

一个新的阶段。

宋、元、明、清四代，多元民族、多元文化的兼容并包、冲突融合，主要表现在以下四个层面：

第一，儒、释、道三大文化流的兼容并包、冲突融合，由此构成中国文化走向的深层激流；

第二，宋、辽、金、西夏分别代表汉族为主的农业文明、契丹族为主的北方游牧文明、女真族为主的北方游牧文明、党项族为主的西羌游牧文明，在1000年前后这二三百年间，既有冲突战乱，更有交往融合，总体上处于兼容并包的格局之中；

第三，1276年前后，代表北方游牧文明的蒙古族南下，建立了长达近百年的元朝，1644年前后，代表东北游牧文明的满族又入关南下，建立长达二百六十七年的清朝，由此推动了以汉、蒙、满为代表的多元民族、多元文化的兼容并包，冲突融合；

第四，自宋代起，城市开始出现相对独立、独具特色的市民文化，由此开始，中国文化进入宫廷文化、农民文化、市民文化兼容并包的三元格局，或叫皇家文化、民间文化兼容并包的二元格局。

正是以此为广阔的历史背景与文化背景，中国的龙从春秋战国、秦汉时代飞龙形态，发展为宋代以后的黄龙形态，并使其中蕴含的兼容并包文化观有了新形态、新发展。

宋、元、明、清时代黄龙形态中蕴含的兼容并包文化观，主要通过以下四条途径表现出来：

第一，"三停九似论"的龙学理论与造型实践，使宋代开始的黄龙形态有了前所未有的兼容并包性。

宋代有三位画家或学人，先后提出了龙的整体结构、总体特征的"三停九似论"：960年前后，北宋初年画龙大师董羽在其《画龙辑议》中率先提出"三停九似论""画龙点睛论""雌雄有别论"等龙学理论；再有成书于1074年后的《图画见闻志》，宋代美术理论家郭若虚在他的这部中国绘画史和绘画理论名著中，继董羽之后，再次反复阐发了"三停九似论"；在此之后，宋代学者罗愿在其训诂名物、考镜源流《尔雅翼》一书中，也阐发了

"三停九似"的龙学理论。

"三停",意味着龙的总体结构是"之"字形曲线,如一波三折,分出头颈部、躯体部、尾部三个部分。"九似",意味着龙的总体特征是以下九大要素、九大原型、九大特征的兼容并包,实际上追根溯源地说起来,就是中华文明与龙文化起源期时代六大文化区系、九种原龙形态的兼容并包。其中董羽讲的"三停九似"与王符、郭若虚、罗愿及明代医学大师李时珍《本草纲目》讲的"九似之兽",可谓大同小异,略有微妙差异,这里我们做一简要概述。

（1）头似马,或头似牛,头似驼:源于东北红山文化的马型原龙,或商代牛头夔龙,渊源于东北文化区系,或中原与东南的商文化;

（2）嘴似驴,或嘴似马:源于东北红山文化的马型原龙,渊源于东北文化区系;

（3）眼似虾,或眼似兔,眼似鬼:在一定程度上源于西北仰韶文化的鲵型原龙,曲折地渊源于西北文化区系;

（4）角似鹿:源于中南屈家岭文化的鹿型原龙或山东龙山文化中的虎头鹿角型原龙(可见之于山东日照出土玉圭),渊源于中南文化区系,或者山东文化区系;

（5）耳似象,或耳似牛:源于周文化中的象夔龙,或商文化中的牛头夔龙,渊源于西周文化,或者渊源于殷商文化;

（6）颈似蛇,或腹似蛇,腹似蜃:源于中原龙山文化陶寺类型中的蛇型原龙,或夏代二里头文化中的蛇型龙,主要渊源于中原文化区系,在一定程度上也渊源于东北文化区系;

（7）鳞似鱼,或鳞似鲤:源于西北仰韶文化半坡类型中的鱼型原龙,渊源于西北文化区系;

（8）掌似虎:源于山东龙山文化与东南良渚文化中的虎型原龙,渊源于山东文化区系,或东南文化区系;

（9）足似凤,或爪似鹰:源于山东大汶口文化或东南河姆渡文化中的鹰型原龙,渊源于山东文化区系,或者东南文化区系。

"三停九似"的宋代以后的黄龙形态,体现了九种原龙形态的兼容并包，也体现了六大文化区系的兼容并包。宋、元、明、清时代的黄龙形态，由于有了"三停九似"的总体特征，因而体现了"原龙—夔龙—飞龙"的更高综合，借此象征"炎黄时代多元文化——夏、商、周三代文化——春秋战国、秦汉时代文化"的兼容并包；以"九似之兽"的总体特征，体现了九种原龙的兼容并包，借以象征中华文明起源期以来六大文化区系的兼容并包；以"项似蛇""角似鹿""头似牛""耳似象"等特点，兼容并包了夏、商、周三代的夔龙特征，体现了夏、商、周三代文化的兼容并包；还通过"足似凤""爪似鹰"等特征，把东周、秦汉时代飞龙特征也兼容并包进来，从而体现了对春秋战国、秦汉时代文化的兼容并包。总体来说，"三停九似论"的提出与实行，使宋代以后的黄龙体现出空前广泛的兼容并包性。

第二，宋、元、明、清时代，借助于融会佛教文化的"龙子"概念，以"龙生九子论"的独特形式，保持了中华龙文化的多样性，也延续了兼容并包的文化观。

应当承认，宋代以降，中国封建社会与古代文明由鼎盛时期走向后期阶段，封建专制、皇权垄断、文化蒙昧严重压抑了中国文化发展的生机活力，也使黄龙形态在相当程度上向皇权象征的"黄龙"形态扭曲变形，甚至成为中华龙文化的国家意识形态主流。宋代至清代，中华龙文化明显地向着二元格局发展：宫廷与市井；官方与民间；国家意识形态与民间社会心理。

在中国封建社会后期的龙文化中，依稀可辨地可以发现一股潜流、清流：借助于佛教文化中的"龙子"概念，提出"龙生九子论"，借以保持龙的多样性、龙文化中的兼容并包文化观，借以冲淡仅仅把龙作为皇权象征的封建文化专制倾向、封建皇权对龙文化的垄断倾向。

"龙子"这个概念的提出与形成，也许在一定程度上借助于西来的佛教文化。在中国本土文化中，从司马迁《史记》等中华文化元典来看，似乎只有"皇帝为真龙天子"的观念，"龙生龙，凤生凤"的观念也长期统传于民间，借助于外来佛教文化中的"龙子"概念，终于综合出了有中国特色的"龙生九子论"。

佛教文化很可能在汉代以前就传入中国，而从汉代以后，魏晋南北朝时期流传更广，龙王与龙子的佛教故事，也开始在中国传播。如传播佛教文化的《僧护经》，就提到了"龙子"概念。其中讲到，印度有五百商人出海经商，请了佛僧作为随行法师，以保生命安全，可是到了海上，佛僧却被龙王请走了，去教他的四个龙子学习佛经。[①]

"龙生九子论"的具体形成过程尚有待民俗学细致考究，看来经过唐、宋、元时代的长期酝酿，民间流传，在明代经过一些文人学士的加工整理，终于形成中华龙文化中的一股清流。

明代学人陆容的笔记文集《菽园杂记》，虽未明确提出"龙生九子"命题，但他列出十四种怪兽，举出其中五种与龙有关系，并说明这些传说来自民间，"右尝过倪村民家，见其《杂录》中有此，因录之以备参考"[②]。1500年前后，"龙生九子"的民间传说传到宫廷与明孝宗朱祐樘耳中，他问到当时担任礼部尚书兼文渊阁大学士的李东阳，李东阳又在官方民间做了一番了解之后，回答了孝宗皇帝，并把"龙生九子"的问题写入其笔记文集《怀麓堂集》。在明代笔记文学中论及"龙生九子"民间传说的，还见于杨慎《升庵集》、李诩《戒庵老人漫笔》、谢肇淛《五杂俎》、徐应秋《玉芝堂谈荟》、沈德符《万历野获编》等。他们的论述可谓大同小异：借助于西方佛教文化中的"龙子"概念，阐发"龙生九子"的民间传说，努力在中国古典文献中寻找源头。

"龙生九子"的说法形形色色，至少涉及十五种龙子，与普通百姓日常生活的许多方面发生联系，使中华龙文化与平民百姓日常生活融为一体。

为什么说兼容并包文化观是"龙生九子说"的深层内涵呢？我们可以举出三点论据："龙生九子说"的形成与提出，是借助于引进佛教文化中的"龙子"概念，体现了中国文化与南亚西亚佛教文化的兼容并包；"龙生九子说"并不是西来佛教文化的简单移植，而是与中华龙文化的固有多样性结合起来，与孔子晚年《易传》中"龙为九之状""龙七十变而不能去其文"的龙学观念结合起来；"龙生九子说"的提出，旨在打破宋明以来中华龙文化走向皇权垄断的窄路、死路、僵化之路，继续保持兼容并包文化观的大道。

---

① 罗二虎：《龙与中国文化》，三环出版社，1990，第170页。
② 陆容撰、李健莉校点《菽园杂记》，上海古籍出版社，2012，第13页。

第三，宋、元、明、清时代，在中国民间文化中，龙成了龙王，成了与农民农村农业息息相关的水神，实际上是中国本土文化与外来佛教文化兼容并包的历史产物，是儒、释、道三大文化流兼容并包的历史产物。

从前3000年到1000年的宋代以前，在长达四千年的历史长河中，在土生土长的中国本土文化中，龙是通天神兽，是沟通天人关系的神秘中介、神秘桥梁，但龙本身并不是人格化的神，因而也没有作为水神的龙王存在。从"西门豹治邺"的传说故事中，我们可以看出，从春秋战国时代到宋代，中国的固有水神称为河伯。简而言之，中国本土文化，本来是只讲龙而不称王的。

"龙王"之说在中国的形成，首先发源于外来佛教文化的传播与中国化。从汉代开始，到南北朝时期，佛教文化典籍开始传入中国。在把佛经翻译成中文的过程中，梵文中的"那伽（naga）"神兽因其原型为南亚次大陆蟒蛇，身长无足，称霸水中，而翻译为"龙"。后来佛教经典传播中，又有二龙王喷水浴佛的故事：佛祖释迦牟尼一降生为悉达多太子，就能自行七步，下足之处皆生莲花，这时就有迦罗和郁迦罗两位龙王兄弟，一左一右，护持佛祖，左雨温水，右雨冷泉。佛教文化中还有天龙八部护佛护法的故事，天众、龙众、夜叉、乾闼婆、阿修罗、迦楼罗、紧那罗、摩呼罗迦，合称"天龙八部"，是佛教中护法鬼神的总称，龙在其中，处在仅次于天的显要地位，而"龙众"这一部众则由众多龙王组成。《大集经·须弥藏品》讲五类龙王，《最胜经》讲七龙王，《德华经》和《妙法莲花经》讲八大龙王，《华严经》讲十大龙王或十一大龙王，《名义大集》讲八十一龙王，《大云请雨经》讲一百八十五龙王……外来佛教文化中的龙王学说，之所以能在中国落地生根，是因为找到了与中华龙文化、龙学理论的结合点：在孔子晚年《易传》中有"云从龙，风从虎"的观念，有"时乘六龙，以御天也，云行雨施，天下平也"的观念；而在中国民间龙文化中，更有"土龙致雨""应龙召雨"等观念。佛教文化中的龙王形象，借助于中国文化中的原有土壤，开始传播开来，特别是在信佛教的民间文化中传播开来。"二龙浴佛""天龙八部"等西方佛教故事，在形式上也中国化为"九龙香水浴佛"的说法，并逐渐与中国农民求雨心理相结合。

"龙王"之说在中国生根，还借助于外来佛教文化与中国本土道家文化、道教文化的合流圆融。道家文化渊源于老子《道德经》，这是它的中国固有文化之根；而作为"世界宗教"的佛教文化传入，则是从道家文化中衍生出道教的重要外部条件与历史契机，从汉代开始乃至唐宋以降，道教与佛教成并存抵牾之势。道家文化、道教文化本来并无人格化的龙王之说，但从唐宋时代以来，道教看到佛教以龙王兴雨争取到不少农民群众，于是道教也转向建立龙祠，信奉龙王，并竭力宣扬道教有道术法术，能召遣龙王，降雨免灾，甚至能免除一切灾祸。如山西太原晋祠，就是我国早期道教建筑之一，北宋时曾有"缴龙柱六条"，取《易经》六龙之意，后来又参照佛教文化，成八龙之制。道教文化还参照中国固有的五行相生观念，分东、西、南、北四龙王，东方青帝、南方赤帝、西方白帝、北方黑帝，再加上中央黄帝，号称五方龙王。

　　"龙王"成为中国民间水神的象征，最终是由于儒、释、道三大文化流的圆融无碍，外来佛教文化、农民民间文化、官方主流文化的兼容并包。佛教中的龙王故事，在中国民间文化、士人文化中，衍化为东海龙王，唐代段成式在其《酉阳杂俎·前集》中，就记载了一个士人到虾国求见东海龙王的民间传说。宋朝初年，李昉等人编成的《太平广记》，又以《震泽洞》为题，记载了东海龙王与龙女的民间传说。明代吴承恩《西游记》记载了孙悟空大闹东海龙宫的故事，吴元泰《东游记》则记述了八仙过海、大战龙王、火烧东海的民间故事。宋大观二年（1108），宋徽宗首次把民间管雨水的龙神正式封为龙王，以后历代，特别是清代康、雍、乾各代皇帝，更热衷于敕封龙王。中国化的龙王，主要职能不是为佛洗浴护法，而是降雨免灾，做农村农业农民的保护神。这个中国"龙王"，乃是儒、释、道三大文化流兼容并包的历史产物。

　　第四，宋、元、明、清时代，黄龙造型的三个重要历史特点——飞天神韵、雄狮之鬣、龙珠焰环——实质上都是儒、释、道三大文化流兼容并包的历史产物与文化创造。

　　"飞天神韵"——源于儒、释、道文化兼容并包的黄龙特征。秦汉时代，中国飞龙形体上的显著特征是魁伟敦实，给人以厚重之感，这种特点不仅表现在颈长体宽的走兽型飞龙身上，而且表现在相对修长的蟒蛇型飞龙身上。相对来说，宋代以后的黄龙形态，虽然本质上仍是飞龙，但形体特征都向着线条修长、曲折回旋的方向发展，给人以神采飘逸之感。透过这种形体变化的轨迹，我们似乎可以在深层看到敦煌飞天的影子。而细致分析起来，飞天形象却有三个源头：第一，中国固有文化与儒家文化中，自古就有后羿之妻嫦娥奔月的飞天神话，《周易》古经和孔子晚年《易传》又提出了"时乘六龙以御天"的飞天观念，战国帛画与屈原《楚辞》中都提出了"君子乘龙以飞天"的观念。第二，中国道家文化中有飞天羽人、飞天之道、乘蹻之术，晋代葛洪编著的道教典籍《抱朴子》卷十五《杂应篇》有云："若能乘蹻者，可以周流天下，不拘山河。凡乘蹻道有三法：一曰龙蹻，二曰虎蹻，三曰鹿卢蹻。"第三，外来佛教文化中的飞天形象，以香音神乾达婆为典型，体态呈S形的三道弯，神态则宁静和谐，在印度与西域原来多为丰乳细腰的半裸天女，到了敦煌内地多半入乡随俗，"中国化"为男女难辨的飞天菩萨。

这三种文化的飞天形象有很大差异，而它们在宋代以后的文化发展与黄龙形态中，却水乳交融地汇聚到一起，形成黄龙形态中的飞天神韵：飞动的意象，飞动的形象，飞动的气势，飞动的韵律，飞动的曲线，飞动的情境。正是在黄龙的飞天神韵中，集中体现出中华民族的审美理想与意境追求：以动静统一为美，以刚柔结合为美，以含蓄曲折为美，以形神一体为美，以线条飘逸为美，以和谐韵律为美……比较而言，宋代黄龙还是比较充分地体现了融和儒、释、道的飞天神韵，元代的龙基本上维持了这一走向，而明代的龙却稍嫌臃肿滞重，清代前期的龙飞天神韵有所回升，晚期末世却神采尽失，与时代精神、社会走向基本一致。

"雄狮之鬣"——中国的龙，尤其是宋代以后的黄龙，长出雄狮之鬣，飘逸之须，实质上也是中国本土的儒、道文化与外来佛教文化兼容并包的历史产物。中国物种虽多，却不产狮子，因而中国古代原龙形态、殷周夔龙形态、春秋之际飞龙形态，特征虽丰富多彩，却都不包含狮子的特征。古代狮子的自然产地，主要是在印度、南亚、东南亚，以及印度以西的亚、欧、非大陆的广大地区。狮子，尤其是雄狮，以其满头披鬣，威风凛凛，雄踞一方，而被称为百兽之王。狮子在佛教文化、佛教艺术中，占有十分显要的特殊地位。传说佛祖化生为悉达多太子，一落生即自行七步，一手指天，一手指地，作狮子吼道："天上地下，唯我独尊！"在前3世纪（相当于中国秦汉时代）的阿育王时期，印度佛教文化盛行一时，狮子常常成为佛教文化的象征，特别是佛法保卫者的象征。在4—5世纪的笈多王朝时期（相当于中国的南北朝时期），狮子特征常常成为英雄人物的象征。从前100年前后张骞通西域开始，中国人开始知道西域有狮子这种异兽。88年，月氏国向中国东汉王朝进献狮子，后来安息、疏勒等国又多次献来狮子。古代斯里兰卡，中国古代曾称其为狮子国。

　　从东汉时起，狮子形象开始传入中国，并迅速在中国艺术造型和龙文化中取得重要地位。东晋顾恺之、唐代吴道子、北宋董羽、南宋陈容，这四代绘画大师先后创造的龙形象，恰好反映出佛教文化中的"雄狮之鬣"怎样融入中国龙的造型之中。晋代画家顾恺之、卫协和孙吴时代的曹不兴，号称中国最早的三位佛画家，顾恺之不仅开摩诘像等佛教画之先河，开《三狮子》《十一头狮子》等狮子画先河，还开了把佛教文化中的狮子特征融入中国龙的造型之先河。这后一点可见之于相传为顾恺之所作的《洛神赋图卷》，其中的龙共有九条，有三条主要取象于佛教文化中的雄狮：头型酷似雄狮，体型也近似于狮，头上长满鬣毛，四肢关节处也长出鬣毛，头上却长着鹿角，并和六条走兽型飞龙一起，升腾于云水之间，为洛神开道。[①]唐代画家吴道子，常持《金刚经》，首创蜀道山水画，并把佛画、龙画熔于一炉。他画的《释迦降生图卷》，又名《送子天王图》，描写天王以龙驮着襁褓中的太子，准备投生人间。其中的龙，可谓中西合璧，头型体型近似于中国走兽型飞龙，而从颈部、四肢关节处皆长出狮子式的鬣毛来。[②]北宋初年的画龙大师董羽，其"三停九似论"中有"须似人"一条，具体解释则云"鬃鬣肘毛"，艺术实践中更近于把源于佛教文化中的"雄狮之鬣"引入中国龙的造型。南宋末期画龙大师陈容，则把源于佛教文化的"雄狮之鬣"与中国黄龙造型有机地熔为一炉。

[①] 陈绶祥编著《中国的龙》，漓江出版社，1988，图版35—36。
[②] 徐邦达编《中国绘画史图录》，上海人民美术出版社，1981，第27—30页。

"龙珠焰环"——这同样也是一个源于儒、释、道三大文化流兼容并包的黄龙特征。在中华龙文化中，龙与珠结成不解之缘似乎由来已久，"二龙戏珠"成了宋、元、明、清各代普遍流行的黄龙模式，在北京故宫就可常见这种龙与珠的珠联璧合模式。中华龙文化中的"龙珠"从何而来呢？看来也是儒、释、道三种文化源流的兼容：第一，源于中国固有的文化传统，包括后来一度以儒家为主的主流文化，龙珠乃是太阳的转型。最早可溯源到六七千年以前东南河姆渡文化中的所谓"双鸟朝阳图"，实际上是两条鹰型原龙，中间簇拥的是一轮红日，其形为圆上有焰。还有五六千年以前山东大汶口文化中的鹰型原龙逐日标志——人。汉代马王堆帛画中，太阳化作红色宝珠，一大八小，与飞龙同在。在秦砖汉瓦中，太阳进一步化为龙珠，与走兽型飞龙、蟒蛇型飞龙相映成趣。第二，源于道家文化，特别是汉代后期以来道教炼丹术中的金丹形象。东汉末年魏伯阳《周易参同契》，而后葛洪《抱朴子·内篇》，为道教文化的炼丹术奠定基础。外丹以丹砂、铅、汞为原料，在炉鼎中烧炼成金丹；内丹以精、气、神修炼为契机，升华出金丹。内外金丹都取象于宝珠，对于宋、元、明、清时代的龙珠形象的形成，都有一定的点化作用。第三，源于佛教文化中的佛珠和焰环。在佛教文化中，这种宝珠又称如意珠、摩尼珠。《大智度论》认为这种宝珠从龙王头脑中析出，可避除一切灾祸。《往生论》以为这宝珠是深海大龙王的首饰。《妙法莲华经》则讲，"净如宝珠，以求佛道"。龙珠周围，往往有火焰包围，其一来源于中国本土文化中太阳形象、金丹形象，二来源于佛教文化中的"焰环"形象，"佛教认为'火聚光顶'能够'以光明摄聚众生之德'。人们在龙的身上加上焰环装饰，显然是期望龙也具有菩萨所具有的无比的神力"。[①]

由此可见，在龙的形象中蕴含着龙的观念，在龙的观念中蕴含着中国人特有的文化观。这种文化观的显著特征，就是强调不同文化、异质文化、多元文化的综合并包。这种多元兼容文化观，贯穿于中华龙文化上下五千年的历史长河之中，炎黄时代的原龙形态、殷周之际的夔龙形态、春秋战国秦汉之际的飞龙形态、宋代以后的黄龙形态，自始至终体现了这种多元兼容并包

[①] 罗二虎：《龙与中国文化》，三环出版社，1990，第163页。

文化观。

最古老的龙的形象,最鲜活的多元兼容文化观,这不正是我们求索中国文化基因之谜的一把钥匙吗?

第三节 龙的精神底蕴与现代生命

"千里来龙,到头结穴。"为了彻底破译中国神龙之谜,全面阐发龙学新论,我们回到以下四个富于总体性的深层问题上来——

第一,龙的深层理念究竟是什么,它表明中国人在处理"天人关系""人际关系""矛盾关系""多元文化关系"这四大主体关系时,都有哪些独特的东方神韵、中华智慧?

第二,龙的精神底蕴究竟是什么,中国特有的"龙的文化""龙的哲学""龙的精神",所体现的"中国文化基本精神""中华民族精神""中华文明文化基因",到底是什么?

第三,中国龙的象征意义是什么,是象征善还是象征恶,在这个本质点上,中国龙与西方龙的重大差异是什么?

第四,中国龙的形象至今已有五千年以上,甚至近万年的历史,堪称世界文明史上最古老的艺术造型、文化创造,为什么如此古老的龙至今还没有死,它在解决当代人类文明四大危机时究竟活力何在?

在中国龙的形象中,封建社会后期泛起的皇权意识必将走向死亡,而中华民族文化的深层底蕴必将继续保持强大生命力,并且在解决和平与发展这两大时代主题中,在根本解决当代人类面临的四大危机过程中焕发新的活力。

一、龙的理念:普遍和谐的四大主体关系

在中国特有的龙的形象中,以富于想象而又带有神秘主义的形式,蕴含着富有东方神韵的四个观念:天人合一的宇宙观,仁者爱人的互主体观,阴

阳交合的发展观，兼容并包的文化观。

这四个观念，不是无关紧要的普通观念，而是决定中国人怎样处理四大主体关系的核心理念：第一，是寻求人与自然和谐相处的生态理念；第二，是寻求人与人之间和谐相处的互主体性理念；第三，是寻求矛盾关系和谐结合的发展理念；第四，是寻求不同文化兼容并包的文化理念。

这四大理念，贯穿了一个基本精神，就是在人的四大主体关系中寻求普遍和谐的价值目标，这是决定中国人思维方式与价值观念的核心理念，构成中华智慧的四大基石。

二、人与自然和谐相处的生态理念

天人关系，实质上指的是人与自然之间的关系，包括人与天地的关系，人与物质世界的关系，人与生态地理系统的关系。这是人的实践活动、劳动活动、主体活动中的首要关系：我们简称为"天"的自然，不但是人实践活动、主体活动的前提条件，而且是人主体活动的对象世界，提供劳动实践的工具手段，最终出现在人的活动目的和活动结果之中。

天人关系为什么会在中华文明中居于生命攸关的首要地位？

中华文明上下两个五千年，虽然古代北方有游牧文明，近代一百五十年来转向工业文明，现代中国又走向新型文明，但主体部分却是东方特色的农业文明，基本上是"靠天吃饭"，因而天人关系——人与自然关系，成了决定中国人命运的生命线。

在中国古典的农业文明中，形成"天—地—人"多元一体的宇宙观模式，带有历史必然性：天——气候是农业生产的首要自然条件；地——土地是农业生产的首要生产资料；人——人力是农业生产的首要主体生产力。

在中华智慧的天人关系观念中，势必首先强调天人合一的整体性：在古代农业文明与农业劳动实践活动中，人的活动处处离不开"天"，处处依赖于"天"，处处决定于"天"，人与天的一体性成了决定人命运的命根子。

中国人既然把实现天人合一作为最高境界，势必要求寻找通天之桥——沟通"天—地—人"的中介桥梁。实际上，从今天眼光来看，实践活动、工具系统、科学技术，这是沟通天人关系的三大中介系统。然而在古代中国文明形成过程中，却带有东方神秘主义色彩，找到了沟通天人的三大中介：龙、玉器、《周易》八卦。

为什么说，龙以神秘主义形式，包含着天人合一的宇宙观呢？

我们可以依据龙的发展的"来龙去脉"，从龙的四大形态中找到充分的历史论据。

1. 炎黄时代的原龙孕育着天人合一宇宙观的思想萌芽

在前3000年前后的炎黄时代，在中华文明起源期与形成期的历史时代，在六大文化区系、九种原龙多元发生的历史过程中，最初的原龙就是作为通天神兽出现的，旨在帮助人们达到通天之道，从而孕育着天人合一宇宙观的思想萌芽。

六七千年前东南河姆渡文化有一标志性文化符号，通常称为"双鸟朝阳图"，实质上是"鹰型原龙朝阳图"，其象征意义是以鹰型原龙为桥梁中介，就可以沟通人与天日。

五六千年前山东大汶口文化有一标志性文化符号，也是中国象形文字的渊源之一，实际上是"鹰型原龙升天图"。在后一个符号中以山代地，更象征着鹰型原龙在天地之间，沟通人与天地间的关系。

五千年前东南良渚文化玉琮上的所谓"神人兽面纹"，实质上是"神人虎龙图"，神人骑上了虎型原龙，以象征人借助于虎型原龙的帮助，可以通天、知天、升天、御天。

三千年前中原仰韶文化中的西水坡蚌塑鳄型原龙图，更进一步形成了"人—龙—天"的三项式思维模式雏形：人通过鳄型原龙，可以升天通天。

在前3000年前后的中华文明起源期，萌生了一种中国人特有的宇宙观模式——"人—龙—天"，人通过龙这个特殊的、神秘的中介，可以和天沟通为一体。在这种宇宙观的基础上，还萌生了中国人特有的思维模式，"人—龙—天"通过龙这个特殊的中介环节，人与天可以统一起来，形成一个有机整体。

这种"人—龙—天"的三项式宇宙模式、思维模式雏形中，如果去掉龙的神秘主义色彩，实际上是要寻找一种特殊的中介环节，沟通天人关系，实现天人合一，以神秘主义的龙文化形式，孕育着天人合一宇宙观萌芽。

2. 殷周之际的《周易》乾坤两卦及夔龙形态初步生成了天人合一宇宙观雏形

在前1000年前后的殷周之际，在中华文明雏形期的历史时代，在中华文化元典《周易》乾坤两卦中，在商周夔龙的形态中，初步生成了天人合一宇宙观雏形。

《周易》形式上是神秘主义的占卜之书，实际上却是中华智慧、中国哲学的最早雏形、最早源头。《周易》中蕴含的天人合一核心观念，集中体现在开宗明义的乾坤两卦之中。乾卦以苍龙星象显示的时间物候为契机，阐明了龙的六种形态与人（君子）的六种态势：潜龙勿用、见龙在田、跃龙在渊、飞龙在天、亢龙有悔、群龙无首。乾坤两卦的基本思想是：天行健，君子以自强不息；地势坤，君子以厚德载物。在这里，"龙"是神秘主义外壳，天人合一宇宙观与思维模式则是蕴含其中的思想雏形。

商周夔龙的典型形态是通常称为"兽面纹""饕餮纹"的虎型原龙，其典型特征是"虎型原龙的头上长角"：虎型原龙象征地上神兽；头上长角象征上可升天，龙角号称尺木，自古就有"龙无尺木不升天"之说。商周夔龙虽有多样形态，但基本结构大体如此，正是象征了天人合一的宇宙模式与思维方式。

3. 春秋战国及秦汉之交，天人合一的宇宙观基本定型

前500年到公元元年前后的春秋战国之交到秦汉之交，在中华文明定型期的历史时代，孔子晚年《易传》、龙学与飞龙形态，使天人合一的宇宙观基本定型。

孔子晚年《易传》，包括1973年新发现的帛书《易传》，不仅为易学从占卜之学转化为义理之学奠定了理论基础，而且为中国龙学、龙文化奠定了理论基础。贯穿其中的核心观念之一，是天人合一的宇宙观。前人多认为这一观念源于孟子，其实首先源于作为中华智慧源头的《周易》与孔子、老子、孙子。

《易传·彖传》在解释乾坤两卦时，阐发了天人合一宇宙观的基本思想，认为乾卦讲的是天道，坤卦讲的是地道，天地之道蕴含人道，特别是君子乘龙御天之道："大哉乾元，万物资始，乃统天。云行雨施，品物流形。大明终始，六位时成，时乘六龙以御天。乾道变化，各正性命，保合大和，

乃利贞。首出庶物，万国咸宁。""至哉坤元，万物资生，乃顺承天。坤厚载物，德合无疆。"①

《易传·文言》在阐发乾卦龙德——君子之德时，再次深化了天人合一宇宙观："夫'大人'者，与天地合其德，与日月合其明，与四时合其序……"②

《易传·系辞下》与帛书《易传》之《易之义》，都把"天道—地道—人道"的统一，作为"易之道"："易之为书也，广大悉备。有天道焉，有人道焉，有地道焉，兼三材而两之，故六。六者非它也，三材之道也。……其要无咎，此之谓易之道也。"③

帛书《易传》之《要》篇的最后，画龙点睛式地提炼升华出"易之要"，与"易之道"相呼应，强调的仍是"天道—地道—人道"的合一之道："故明君不时不宿，不日不月，不卜不筮，而知吉与凶，顺于天地之心，此谓《易》道。故《易》又天道焉，而不可以日月生辰尽称也，故为之以阴阳；有地道焉，不可以水火金土木尽称也，故律之以柔刚；又人道焉，不可以父子君臣夫妇先后尽称也，故为之以上下。"④这里明显包含着一个基本思想，这就是：天道、地道、人道，在表现形式上是不同的，在本质内容上是统一的。

战国时代从孟子到荀子，从不同方面继承发展了天人合一宇宙观。秦汉之际从《淮南子》到董仲舒，一方面进一步提出了"天—地—人"三者合一的宇宙模式论，另一方面也强化了天人合一论的神秘主义色彩。

与此相应，这一时代的飞龙形态，包括蟒蛇型飞龙和走兽型飞龙，都更充分地体现了天人合一宇宙观。这方面最生动直观的典型，首推1949年湖南长沙陈家大山楚墓出土的战国帛画《人物龙凤图》，1973年长沙子弹库楚墓出土的战国帛画《人物驭龙图》。与汉代形成的"天—地—人"三元一体的宇宙模式相应的飞龙典型，首推1973年长沙马王堆汉墓出土的"T"字形彩绘非衣，分上、中、下三个层次，代表"上天—人间—地下"三界，每界有阴阳相交的两条龙，以神秘主义形式，寄寓了"天—地—人"统一的宇宙观。

---

① 苏勇点校《易经》，北京大学出版社，1989，第37页。
② 同上书，第79页。
③ 同上书，第89页。
④ 邓球柏：《帛书周易校释》第3版，湖南人民出版社，2002，第576页。

4. 宋、元、明、清时代的黄龙形态继续保持天人合一的有机整体宇宙观念

1000年前后的两宋时代，是中华文明转型期的历史时代，张载、"二程"、朱熹发展了天人合一宇宙观，宋、元、明、清时代的黄龙形态，仍以神秘主义形式，继续保持天人合一的有机整体宇宙观念。

张载率先明确提出了"天人合一"命题，并赋予"天人一气—天人一体—天人一性—天人一易"四层含义。在用气的辩证法思想重新解释《周易》乾卦的《乾称篇》中，张载留下号称《西铭》的哲学箴言："乾称父，坤称母；予兹藐焉，乃混然中处。故天地之塞，吾其体；天地之帅，吾其性。民吾同胞，物吾与也。"①正是基于这种天人合一宇宙观，他提出了气贯天人的哲学宗旨："为天地立心，为生民立命，为往圣继绝学，为万世开太平。"②

程颢、程颐这"二程"兄弟，首先沿着唯心主义道学方向继承发展了张载的天人合一论。他们认为，"天道人道，同是一道"，"仁者以天地万物为一体"。

南宋理学集大成者朱熹，则从"天人一理，理一分殊"的角度，阐发《易经》乾坤两卦与张载思想主旨："天地之间，理一而已，然乾道成男，坤道成女，二气交感，化生万物，则其大小之分，亲疏之等，至于十百千万，而不能齐也。不有圣贤者出，孰能合其异而反其同哉。《西铭》之作，意盖如此。程子以为明理一而分殊，可谓一言以蔽之矣。""一统而万殊……万殊而一贯……此《西铭》之大指也。"③

"三停九似"，形似飞天的宋、元、明、清黄龙，在宋明理学的影响下，既是通天神兽的象征，又是吉祥符号的象征，同时又是天人合一的有机整体宇宙观的象征。

通过龙的形象，表达出来的天人合一宇宙观，表现出中华文明在处理人与自然关系上的四大特点：一是强调天人关系的整体性，反对把人与自然关系做二元割裂的孤立理解，把个人小宇宙与自然大宇宙看作彼此相通的有

---

① 张载著、章锡琛点校《张载集》，中华书局，1978，第62页。
② 同上书，第376页。
③ 朱熹：《西铭解义》，转引自龚杰《张载评传》，南京大学出版社，1996，第251—252页。

机整体；二是强调天人关系的依存性，反对过分强调人对自然的征服性，要求承认自然本是人类的母亲，人类生存发展永远不能摆脱对自然母亲的依存性；三是强调天人关系的和谐性，反对"人为自然立法"的对立性，人与自然不是根本对立关系，人要像孔子晚年《易传》所倡导的那样，"财成天地之道，辅相天地之宜"（《象传·泰》），寻求人与自然的和谐相处；四是强调天人关系的中介性，反对神秘主义的先定和谐。不过，中国古典文明多半把"龙、玉、八卦"作为沟通天人的三大特殊中介，表现出东方神秘主义的历史局限与思想局限。

三、人与人、国与国和谐发展的人道理念

仁者爱人的互主体观——中国人旨在寻求人与人、国与国和谐发展的独特人道理念，或者叫中国特色的仁道理念。

仁者爱人的互主体观之所以成为中华龙文化乃至整个中华文明传统的重要理念，有着特别深刻的客观依据和历史依据。

人际关系，讲的是人与人之间的社会关系，在人的主体活动中，它是不可忽视的基本关系。实际上，在任何人的主体活动中，立刻会碰到相互联系的双重主体关系：一是人与自然的关系，即天人关系；二是人与人的关系，即社会关系。

中华文明产生的生态地理系统具有特殊的广阔性、复杂性、多样性，因而使多元主体的互主体观具有特殊意义。与世界历史上其他五大原创性古典文明相比，其他文明多半是在比较狭小的生态地理系统中产生的，呈"点状文明"或"带状文明"。而中华文明从诞生之日起，就分布在几百万平方公里的东亚大陆上。如何处理人际关系问题，显然更为重要。

中国人种的历史进化特点，或许使互主体观问题显得格外突出。中国人种，通常称为发源于东亚大陆的蒙古人种，其典型特征是体形较小，动作灵活，智力较好。因而，为了求生存，求发展，自古以来的中国人，特别要靠两手：一是以智取胜，以柔克刚；二是以群取胜，以群为本。因此，巧妙处理人际关系显得特别重要。

多元民族、多元文化、多元一体、综合创新，这是中华文明的独特发展

大道，使得巧妙处理多元主体之间关系的互主体观格外突出。

综观中华龙文化发展的上下五千年历史，仁者爱人的互主体观像一条缕缕不绝的思想红线贯穿其中。龙的四大历史形态，也标志着这一观念萌生发展的四大形态。

在炎黄时代的中华文明起源期，仁者爱人的互主体观的思想萌芽已在酝酿之中，像历史与文化的化石那样，映现在原龙形态之中。炎黄时代据说在黄帝、炎帝、蚩尤三大部族联盟之间，曾有争夺主导权的三次大战，此外先后还有五十多次战争。作为战胜者的黄帝部落联盟，看来建立了中国最初的原始国家（或叫早期国家），对炎帝、蚩尤等战败部落及其他众多部落，黄帝部落不是采取简单的消灭政策，而是采取了和平共处、共同发展、互不侵凌的怀柔政策。《尚书》头一篇《尧典》，提出了互主体观的基本思想："允恭克让，光被四表，格于上下。克明俊德：以亲九族，九族既睦；平章百姓，百姓昭明；协和万邦，黎民于变时雍。"[1]中国原龙形态正是在这个时代应运而生的一个独特文化创造：中国原龙源于原始图腾，而又根本超越了一般的单一图腾、混合图腾，而成为一种兼容各种图腾特征、文化特征的文化创造，象征多元民族融合的文化符号。

在殷周之际的中华文明雏形期，"仁"的思想或范畴开始出现在《周易》《诗经》《尚书》《周书》等中华元典中，特别体现在周公改革之中，并物化到商周夔龙形态之中。《周易》古经中虽没有出现"仁"的范畴，却以"亢龙有悔""群龙无首"的形式，提出了互主体观的思想萌芽。在《诗经》中，"仁"字两见：《郑风·叔于田》中讲"洵美且仁"，《齐风·卢令》中讲"其人美且仁"，这两处"仁"字，都讲的是人的至善美德。在《尚书·周书》中，有两个地方明确使用了"仁"字：在《武成》篇中，周武王讲"予小子既获仁人"[2]，在《金縢》篇中，周公讲"予仁若考"[3]。过去被长期忽略的《逸周书》，或叫《汲冢周书》，更集中映现出周人，特别是周公那里"仁"的思想雏形。在这里，"仁"的范畴出现十几次，并作为

---

[1] 陈戍国校注《尚书校注》，岳麓书社，2004，第1页。
[2] 同上书，第93页。
[3] 同上书，第116页。

"五良（善）"之首，"四聚（取）"之首，"六厉（励）"之首，"七信（详明）"之首，"十因（依靠）"之首，"九行（善行）"之首，"九守（坚持）"之首，"七顺（顺应）"之一。在这里，"仁"的内涵还从人际关系扩展到生态伦理之中。①为了解决"小邦周"借助于九族联合之力，征服"大邦殷"之后的长治久安问题，周公不仅提出了"以德配天、敬天保民"的德政思想，而且提出了"仁者爱人"的基本思想，这正是作为殷人之后的孔子反复申明"吾从周"的深意所在。与此相应，殷周夔龙表现出特别广泛的包容性、多样性、丰富性，借以表现民族融合过程中的互主体观。

在春秋战国、秦汉之际的中华文明定型期，孔子首倡以"仁"为中心范畴的仁学，并提出"龙德广大论"，这一时代的飞龙形态形象地体现了这种互主体观。仅在《论语》中，"仁"的范畴就出现八十一次（另说一百零九次），并成为一以贯之的核心理念。孔子仁学的四个理论支点是：仁者爱人，己所不欲勿施于人，己欲立而立人、己欲达而达人，为仁由己。贯穿其中的核心观念是互主体观：不仅承认自己是人，有主体性，而且承认别人也是人，也有主体性。这种仁学观念在孔子晚年《易传》、帛书《易传》中，演化成了"龙德广大，无所不包"的基本思想。与此相应，这一时代的飞龙形态，包括蟒蛇型飞龙与走兽型飞龙，通过龙的多样化特征的共存关系，表现出人际关系上互为主体的共存关系。

在两宋时代的中华文明转型期，张载、朱熹发展了孔子仁学思想中的互主体观，"三停九似"的黄龙形态也基本上继续保存了这种文化观念内涵。张载主张以爱释仁，提出"以爱己之心爱人则尽仁"，并在《西铭》中提出了"民胞物与"的仁道纲要："民吾同胞，物吾与也"；"尊高年，所以长其长；慈孤弱，所以幼其幼。圣其合德，贤其秀也。凡天下疲癃残疾、惸独鳏寡，皆吾兄弟之颠连而无告者也"。②从"二程"到朱熹，发挥了"以爱释仁""以公释仁"的互主体观，朱熹主张："仁者，爱之体；爱

---

① 黄怀信：《逸周书校补注译》，西北大学出版社，1996，第55—56、59、34、65、192、197、143、206页。

② 张载著、章锡琛点校《张载集》，中华书局，1978，第62页。

者,仁之用。""仁是根,恻隐是萌芽。亲亲、仁民、爱物,便是推广到枝叶处。"[①]在龙文化中,自觉体现了这种仁学互主体观的,首推南宋后期画龙大师陈容。元代虞集《所翁龙跋》云:"士君子受民社之寄,岂以弄戏翰墨为能事哉,其必有扶兴者矣。吾闻君子之治乎期民也,作而新之,如震斯惊,时而化之,如泽斯溥。于以致雷雨满盈之功,于以成天地变化之造。是故勇以发至仁之心,诚以通至神之迹,则善体物者矣。"(虞集《道园学古录》卷十一)说明陈容画龙,有以"至神之迹"表现"至仁之心"的意旨。在他绘成的《云龙图》上,陈容自题小诗一首,把龙的形象中包孕的仁学互主体观发挥得淋漓尽致,其诗云:"扶河江,触华岳,普厥施,收成功,骑元气,游太空。"借以表现其叱咤风云、势震山河的雄壮意志,赞美其布雨九土、施恩于民的德泽。

宋代以降,中国封建社会走向后期,把黄龙作为皇权垄断的象征趋势,严重压抑与扭曲了中华龙文化中蕴含的仁学互主体观。不过,这种深层观念并没有完全泯灭,不时地通过"三停九似"的民间黄龙形态,或隐或显地表现出来。

中华龙文化中蕴含的"仁者爱人"的互主体观,无论在中华文明史上,还是世界文明史上,都有不可磨灭的特殊意义。

这种"仁者爱人"的互主体观,是中华龙文化乃至整个中华文明特有的人学观念、主体观念,其本质特征就是承认多元世界、多元主体的共同存在,既承认自己是人,是目的,有主体性,也承认别人是人,是目的,有主体性。

这种"仁者爱人"的互主体现,反映出中国人在处理人际关系上的独特理念:在处理人与人、家与家、民族与民族、国家与国家的相互关系时,不仅承认自己作为主体的存在,而且承认他人作为主体的存在;最低标准是从抑恶的消极方面,要做到"己所不欲,勿施于人";最高标准是从行善的积极方面,努力做到"己欲立而立人,己欲达而达人";理想境界是达到"民吾同胞,物吾与也""四海之内皆兄弟也",努力寻求人与人、家与家、国家与国家、民族与民族之间和谐相处,共同发展。

---

① 黎靖德编、王星贤点校《朱子语类》,中华书局,1986,第466、118页。

这种"仁者爱人"的互主体现,代表了中华文明中一种早熟的古代群体本位主体观,不同于西方文化中普遍流行的个人本位、自我中心的单主体观。因为它过于早熟,因而不利于反对封建主义、发展自由个性,而在现代与未来世界则有特殊意义。

这种"仁者爱人"的互主体观,代表了一种中国特色的人道主义、人文主义,即强调互主体性的"仁道主义",与单纯强调个人本位、自我中心、个性解放、个性自由的西方近代人道主义各有千秋。

四、寻求对立面和谐结合的发展理念

阴阳交合的变易观,这是寻求矛盾关系走向和谐的中国辩证法理念。

怎样对待矛盾关系?这是决定思维方式、民族智慧、民族文化的核心问题。

中国人的特点,在于借龙的独特艺术形象和神秘主义形式,开创了富于东方神韵的中国古典辩证法。中国古典辩证法的显著特点,在于从"龙的形象—五行说—周易八卦论",升华出了"阴阳交合—阴阳互补—阴阳和谐"的矛盾辩证法观念。

中国古典辩证法的核心理念和本质特征,是阴阳和谐、对立统一:以承认阴阳的矛盾对立斗争性为前提,而重心却在于强调阴阳和谐结合的矛盾同一性。这是中国人通过龙的形象、龙的观念、龙的哲学,表现出来的独特思维方式、独特哲学智慧、独特文化理念。

以阴阳和谐、对立统一为核心理念的中国古典辩证法、龙的辩证法,不是偶然出现的,它深深地植根于中国古代文明特有的"生态系统—农业文明—劳动实践和社会交往活动"之中。我们按照"客观逻辑—实践逻辑—思维逻辑"的因果联系链条,逐层深入地做些具体分析。

天人合一的中国古代生态系统,呼唤着强调对立统一的辩证法矛盾观。在这种生态系统和农业劳动实践活动中,承认天人相分的对立性,固然是从野蛮人走向文明人的必要前提,然而中国人的智慧重心却不在这里,而在于强调天人关系的依存性,即这个矛盾统一体的整体性,人对天地的依赖性。

多元发生的中国古代农业文明,也呼唤着强调对立统一的辩证法矛盾

观。中国的生态地理系统，从南到北一分为三，从东到西一分为二。因而从前3000年前后的中华文明起源期开始，中国就形成了一分为六的六大文化区系，每个文化区系内部还包含两种以上的亚类型。因而，这是一个多元发生、多元一体的古代农业文明格局。在这种历史格局下，过分强调斗争性，只能导致中华民族的自相残杀，同归于尽。

因而，在最早的原龙形态中，大多数蕴含着阴阳互补、阴阳交合的观念胚芽。中原仰韶文化中，河南濮阳西水坡蚌塑鳄型原龙，以苍龙白虎的星象象征，表达了阴阳交合的思想萌芽；西北仰韶文化中，陕西宝鸡北首岭鱼型原龙，则以"鸟衔鱼龙尾"的形象，也表达了阴阳交合观念；北方红山文化的猪型原龙和马型原龙，以"猪首+蛇身"或"马首+蛇身"的形式，同样表达了阴阳交合观念；东南良渚文化中，玉琮中的神人与兽面纹，外圆内方型玉琮，内圆外方型玉琮，都以不同形式，曲折间接地表述了阴阳交合的思想观念……

从《周易》古经到孔子晚年《易传》，在易学与龙学理论奠基过程中，进一步确立了阴阳交合的理论观念。

《周易》古经六十四卦，虽没有明确提出阴阳范畴，却蕴含着阴阳交合的基本思想，开宗明义的乾坤两卦，乾卦六爻皆阳，取象于飞天之龙，坤卦六爻皆阴，取象于地，最后卦象是"龙战于野"，正是阴阳交合的象征。

据《逸周书》记载，在"文王拘而演周易"之后不久，周公在和武王一起总结殷政教训时，认为周文王之时，已提出了与"道"相联系的"阴阳"范畴："闻之文考，来远宾，廉近者，道别其阴阳之利，相土地之宜、水土之便，营邑制，命之曰大聚。"[1]《易传·说卦》一开头，就把阴阳之道，作为"昔者圣人作《易》"之道，"观变于阴阳而立卦"，"是以立天之道，曰阴与阳"；[2]《易传·系辞》更把阴阳关系作为"道"的根本，提出了著名命题"一阴一阳之谓道"；[3]《易传·系辞》还把阴阳互补作为"易之门"："乾坤其易之门邪。乾，阳物也。坤，阴物也。阴阳合德，

---

[1] 黄怀信：《逸周书校补注译》，西北大学出版社，1996，第200页。
[2] 苏勇点校《易经》，北京大学出版社，1989，第90页。
[3] 同上书，第82页。

而刚柔有体。"①帛书《易传》之《易之义》，则把阴阳关系称之为"易之要"："子曰：《易》之要，可得而知矣。《乾》《坤》也者，《易》之门户也。《乾》，阳物也。《坤》，阴物也。阴阳合德而刚柔有体，以体天地之化。"②《易之义》还把阴阳交合关系作为"易之义"，提高到易道总纲的高度上来，"子曰：'《易》之义唯阴与阳，六画而成章'"，"阴阳流行，刚柔成章"。③

阴阳交合的易学、龙学理论观念确立之后，又反过来深刻地影响到春秋战国以来的飞龙形态、宋代以降的黄龙形态。特别是以下三种龙的形象，更集中体现了阴阳交合的思想内涵，这就是阴阳交龙、苍龙白虎、龙凤呈祥。

中华龙文化中所包含的这种阴阳交合的变易观，虽以承认差异性、矛盾性、斗争性为前提，重心却强调矛盾关系的依存性、互补性、同一性，对于矛盾斗争性的强调，则有所不足。

正是这种以阴阳互补为核心观念的中国古典辩证法，造成了中国人思维方式、思维模式上的显著特征。

与此形成鲜明对照的是，与孔子几乎同时的古希腊辩证法奠基人赫拉克利特，思维重心明显地偏向于强调矛盾斗争性，甚至认为"战争是万物之父，也是万物之王"，"战争是普遍的，正义就是斗争，一切都是通过斗争和必然性而产生的"，"一切都是斗争所产生的"。④赫拉克利特虽然也承认矛盾的同一性，却有过分夸大矛盾斗争性的偏颇。这种倾向一直影响到整个西方哲学、西方智慧、西方文化，直到当代。

五、多元文化和谐共处的文化理念

兼容并包的文化观，这是寻求多元文化关系走向和谐的中华文化理念。

如何处理多元民族、多元文化的相互关系，对于中华文明的历史命运来说，这是一个影响全局的重大问题。

---

① 苏勇点校《易经》，北京大学出版社，1989，第88页。
② 邓球柏：《帛书周易校释》第3版，湖南人民出版社，2002，第563页。
③ 同上书，第548页。
④ 北京大学哲学系外国哲学史教研室编译《古希腊罗马哲学》，商务印书馆，1961，第23、26、19页。

这是由于，中华文明植根于东亚大陆，区域特别广大，几乎和整个欧洲面积接近，多元民族、多元文化问题不可回避；这是由于，中华文明自前3000年的形成之日起，就生成了六大文化区系的母体结构，文化的多源性、多样性、地区性的特点表现得特别突出；这是由于，只有采取兼容并包的方针，承认多元一体文化格局的合理性，才是唯一正确的选择，而追求清一色的、单打一的文化格局，则是脱离中国国情的错误选择。

为什么说，龙的形象包含着多元兼容的文化理念呢？

多元文化、兼容并包的文化理念，像一根思想红线那样，贯穿了龙的发展的四大历史形态，集中映现出中国人在处理不同文化、异质文化、多元文化关系时的独特方式与独特智慧。

中华文明起源期的原龙形态，六大文化区系、九种原龙的多源格局，孕育着兼容并包文化观萌芽。中国龙的起源与本质，在于它虽最初源于原始图腾，却最终超越了原始图腾：既超越了单一图腾，也超越了混合图腾，甚至也不能归结为所谓综合图腾。中国的龙，一开始就是多元文化的综合创造。

中华文明雏形期的夔龙形态，则形象地体现了夏、商、周三代文化的综合创造。今天的考古发现已经证明，夏、商、周不仅代表了历时性的三个朝代，而且代表了同中有异、有所不同的共时性的三种文化，族源有所不同，风格也有所不同。夏、商、周三代，有损益之道，但都保持了多元文化的兼容并包。尤其是前1000年前后殷周之际、周公时代，周靠多族融合兴起于渭水周原，靠九族联合取代殷商，靠对殷民文化与多族文化的兼容并包，取得了"小邦周"征服"大邦殷"之后的长治久安。因而，殷周时代的夔龙形态，在形象特征上表现出明显的综合性，思想内涵中则升华出多元文化的兼容性。

中华文明定型期的飞龙形态，孔子晚年《易传》中的龙学奠基，则更进一步使兼容并包文化观上升到理论观念水平。孔子晚年《易传》和帛书《易传》中，不仅提出了"龙德广大，无所不包""君子之道，和而不同"这样两个命题，而且提出了不同文化选择兼容并包的两种形式：《易传·系辞》中提出了"同归殊途"作为兼容并包的一种形式，"天下何思何虑？天下同归而殊涂，一致而百虑"；①而帛书《易传》之《要》篇，则提出"同途殊归"也可以作为兼容并包的另一种形式，"吾与史巫同涂而殊归者也"。②《礼记·中庸》把这种兼容并包文化观，进一步概括为"道并行而不悖"："万物并育而不相害，道并行而不相悖。小德川流，大德敦化，此天地之所以为大也。"（《礼记·中庸》）春秋战国乃至春秋时代的飞龙形态，集中体现了这种兼容并包文化观。

中华文明转型期的黄龙形态，以"三停九似"的综合形象，进一步体现了兼容并包文化观，特别是儒、释、道三大文化流的兼容并包。"三停九似论"和"龙生九子说"的提出，使宋、元、明、清时代的黄龙，兼容并包性达到了极致。而"龙王称谓""飞天神韵""雄狮之鬣""龙珠焰环"这四种宋代以降的黄龙新走向，都反映了外来佛教文化对中华龙文化的渗透和影响，也集中反映出中国本土文化与外来文化的兼容并包。

这种兼容并包文化观，是中华文明在处理不同文化关系上的独特智慧、独特理念。

在世界文明史，尤其是西方文明史上，你死我活、不共戴天的种族冲突、文化冲突、宗教冲突，可谓屡见不鲜。而中华民族则靠这种多元兼容文化观，巧妙处理多元文化关系，多元一体的文化格局五千年连绵不绝，在世界史上独树一帜。

上述主体活动的四大理念、四大关系，不是简单罗列、孤立并存关系，它们就像椭圆形有两个焦点一样，也有两个思想焦点贯穿其中：一是强调阴阳交合、对立统一的辩证法；二是强调以和为贵、追求和谐的价值观。

这种中国特色的阴阳交合、以和为贵的辩证法、价值观，以承认差异、矛盾、矛盾斗争性为前提，而目标则是达到对立面的和谐结合。其思想重心也在于对立面怎样走向同一，怎样达到结合，怎样升华到对立面和谐结合的境界。

正是这种阴阳交合、以和为贵的核心理念，决定了中国人在处理四大主体关系时，努力追求一种普遍和谐的理想境界。

---

① 苏勇点校《易经》，北京大学出版社，1989，第87页。
② 邓球柏：《帛书周易校释》第3版，湖南人民出版社，2002，第573页。

在天人关系方面，追求天人合一的理想境界，不过分强调人对自然的改造征服，不讲康德式的"人为自然立法"，而强调人要以自然为母亲，以天道为根本，寻求人与自然和谐统一的有机整体。在人际关系方面，追求仁者爱人的理想境界，不强调自我中心、个人本位的单主体性，不强调个性自由、个性解放，而强调平等相待、共同发展，"己所不欲，勿施于人"，"己欲立而立人，己欲达而达人"，寻求人与人之间和谐一致的社会关系。在矛盾关系方面，追求阴阳交合的理想境界，不着重强调矛盾关系的对立性、排斥性，不着重研究矛盾关系的斗争性一面，而强调矛盾关系的同一性一面，强调"仇必和而解"的矛盾解决途径，努力寻求对立面和谐结合的辩证途径。在异质文化关系方面，追求兼容并包的理想境界，不强调异质文化的对立关系，不强调你死我活的种族对抗、文明冲突、宗教对立，而强调不同文化之间"道并行而不悖"，既可以"异途同归"，也可以"异归同途"，寻求不同文化、多元文化之间和谐相处的兼容境界、圆融无碍。

中国文化中的这四大理念，在文明史上有某种特殊的早熟性，其历史作用有二重性，历史命运有如跌宕起伏的三部曲：在古代农业文明阶段，中国文化中的这四大理念曾有助于中华文明一再展现古代辉煌；在近代工业文明阶段，中国文化中根深蒂固的这四大理念，由于历史固有的早熟性，消极面逐渐暴露，接受西方近代工业化文明步履维艰，走向近代工业化一再滞后，因而在1750年到1950年这二百年间，出现了近代落后的历史曲折；在汲取与超越近代西方文明、走向世界新型文明过程中，认真学习西方与人类文明最新成果，克服这四大理念中固有的历史局限性与思想早熟性，必将使中华文明的这些核心理念重放异彩！

六、龙的底蕴：多元文化综合创新精神

中华龙文化的深层内涵是什么？也就是说，中华龙文化究竟体现了一种什么样的文化精神？这个问题值得我们再做一番深入探索。

龙的最深层文化内涵，乃是多元文化综合创新精神。这正是中华文明持续发展上下五千年，在世界文明史上独树一帜的深层奥秘和深刻源泉。

中华龙文化所蕴含的多元文化综合创新精神，如同一株根深叶茂的参天大树，首先植根于东亚大陆生态地理系统的自然基础之上：这不是西方文明式的、空间狭小的点状文明或带状文明，而是在几百万平方公里广阔空间里多元发生的巨大文明群落、文明场。

我们不妨从世界文明史角度，略做一些比较研究，主要是中国同世界历史上其他几大原创文明的比较研究。

发源于两河流域美索不达米亚文明，主要是一条狭长的文明带，那时候不过10多万平方公里。这一古老文明的发源地，是两河流域中上游的河谷台地和新月地带，而后发展到下游的冲积平原。西面的幼发拉底河与东部的底格里斯河，从中游河谷地带开始，两河谷地宽度不过100多公里，长度不过1000多公里，整个历史舞台空间范畴不过10多万平方公里。

古埃及文明是尼罗河的赠礼，这是一条狭长的文明带，平均宽度不过40公里，长1200公里，面积不过10万平方公里。

比较而言，工商文明成分略多一些的古希腊文明，却近似于散落于沿海岛屿半岛之间的城邦文明、点状文明。其中，爱琴海上狭长的克里特岛不过1万平方公里，斯巴达所在的伯罗奔尼撒半岛不过3万多平方公里，雅典所在的希腊半岛也不过7万平方公里，三者相加，古希腊本土不过10多万平方公里；即使再加上古希腊本土之外的爱琴海东岸、南意大利的半岛、地中海中的西西里岛，古希腊文明的发祥地充其量不过20多万平方公里的地理空间。在这20多万平方公里土地上，散布着上百个狭小的城邦国家，通常每个只有百十平方公里。

如果说，以农业文明起源为显著特征的古代两河流域文明、古埃及文明多半是分布于大河流域的"带状文明"，虽以农业文明为主、却较多地掺杂工商文明的古希腊城邦文明多半是像棋子一样散乱分布的"点状文明"；那么，中华文明的地理空间分布特点，也许可以称为空间巨大的"场状文明""群状文明"，就是说有空间广大、相互作用的巨大文化场，我们称之为"东亚大陆中华文明场、文明群"，其中包含着为数众多、星罗棋布的"文明点""文明带"。

地理空间特别巨大的中华文明场，不是只有一条主要河流作为独一无二的母亲河，而是有黄河、长江这样两条世界大河横贯其中，作为南北相应的两条母亲河。除了这两大水系之外，还有为数众多的水系，同样为古代文明的发生提供了众多源头，从北至南至少还有：黑龙江水系、辽河水系、海河（桑干河—永定河）水系、淮河水系、钱塘江水系、珠江水系、澜沧江水系，真可谓"茫茫九派流中国"。

中国的黄河、长江两河流域，也不像西亚的两河流域那样，两河之间相距不过百十公里，中国的黄河、长江中下游，长度达3000公里，两河相距近1000公里，整个中华文明起源场面积在300万平方公里以上。

中华文明的这种巨大"群状文明""场状文明"，比起西方各个狭小的"带状文明""点状文明"来说，显然具有无可比拟的多源性、多样性、丰富性。

东亚大陆中华文明场的巨大空间和多元结构，决定了中国生态系统的多样性、经济模式的多样性，决定了中华文明母体结构的复杂多元性，因而特别需要多元一体、综合创新的文化精神支撑。

东亚大陆中华文明场，在生态系统方面表现出极大的特殊性、复杂性、多样性，中华文明起源时代大体上是"南北三元结构""东西二元结构"。所谓"南北三元结构"，就是说以长江、黄河这两条母亲河为界，把中国生态系统分为三大块：南方的长江流域，或长江以南区域，主要是亚热带，南端部分甚至属于热带；中部的黄河流域主要是典型的温带气候；而北方的燕山以北，辽河流域乃至黑龙江流域，则已近于寒温带。所谓"东西二元结构"，就是说：东部中国毗邻世界最大的海洋，称之为东部沿海地带；西部中国连接世界上最大的大陆，称为内陆中国。"南北三元结构"再加上"东西二元结构"，由此造成整个中国生态地理系统的多元结构，或叫六大区系：东北区系、西北区系、山东区系、中原区系、东南区系、中南区系。中国生态地理系统的这六大区系，犹如六瓣梅花，充分展示着中国生态地理系统的复杂性、丰富性、多样性。在中国生态地理系统的这六大区系、六元结构中，也蕴含着统一性与整体性，毕竟整个东亚大陆是一个有机整体，再加上东有太平洋、西有高山戈壁、北有西伯利亚大森林，与周围形成天然隔离带，更增加了东亚大陆的相对独立性与有机整体性。

中国生态地理系统的多样性，决定了劳动实践活动、经济生活模式的多样性。从南到北，大体上是三种经济模式、经济基础：南方长江流域，主要是稻作农业经济的发源地；中原一带的黄河流域，主要是粟作农业经济的发源地；北方的燕山南北乃至西北地区，多半也以北方粟作农业为主要经济基础，但游牧渔猎经济在不同程度上占较大比重，北端少数民族甚至以游牧经济为主。这南北迥然有别的三大经济带，提供了差异明显的三种不同经济基础，在相当程度上决定了中华文明的多样性、复杂性、多元性。

生态系统的多样性，经济生活的多样性，必然决定了中华文化模式的多元一体的独特格局。正因为从生态系统、实践活动这双重角度来看，中国都存在着"南北三元结构""东西二元结构"，因而，从中华文明起源期开始，就形成了多元一体的母体结构，形成了既相互联系而又独具特色的六大经济文化圈：一是燕山南北乃至辽河、黑龙江流域的东北经济文化圈，二是黄河中上游乃至新疆的西北经济文化圈，三是黄河中游河南、河北、山西交界地带的中原经济文化圈，四是黄河下游乃至淮河流域的山东经济文化圈，五是长江下游乃至江浙一带的东南经济文化圈，六是长江中游，西至四川、南至珠江的中南经济文化圈。这六大经济文化圈，犹如中华文明起源期与形成期的六瓣梅花，既有各放异彩的独特个性，又有内在一致的民族共性。

东南的台湾、西南的西藏，也从中华文明起源期开始，就逐步融入中华文化的巨大文明场、文明群，成为中华文明有机整体不可割裂的组成部分。

正是自古以来形成的这种多元一体的中国文化格局，呼唤着综合创新的中国文化精神。面对这种格局，有三种命运迥然有别的文化选择：一种是排他性的文化选择，追求单打一、清一色、纯而又纯的文化模式，脱离实际，自取灭亡；另一种是离心式的文化选择，只讲多元化，不讲一体化，势必导致文化断裂、民族解体、社会动乱；第三种是多元一体、综合创新的文化选择，把多元文化与一体化有机地结合在一起。

中华文明只能走多元一体、综合创新的大道。

龙的出现，正是应运而生，象征着一种多元综合、不断创新的文化模式与文化精神，为形成多元一体的中华文明，奠定了精神底蕴与进化机制。

龙以"三停九似"、通天神兽的独特形象，象征着一种多元文化、综合创新的精神，这是中华民族文化特有的一种基本精神，要求以宽厚博大的文化襟怀，富于东方神韵地巧妙处理以下四层关系。

第一，多元文化的兼容关系。通过龙的形象，表明中国人在处理不同文化、异质文化、多元文化关系时，往往表现出一种独特的理性精神、宽厚精神、兼容精神：不同文化、不同思维方式、不同价值体系、不同宗教信仰之间，多半不是采取简单对立、有我无你的对抗关系、排斥关系，而是采取海纳百川、兼收并蓄、宽大为怀、为我所用的博大文化胸襟来对待。除了极少数敌对意识形态、价值体系之外，对一般的多元文化、异质文化，中国人通常都采取了宽大为怀的兼容并包态度。因而在中国历史上，没有其他文明历史上常见的宗教战争，没有长期的民族对抗；相反，儒教、道教、佛教的融合，多民族文化的融合，成为中华文明的主流，这在世界文明史上可谓别开生面。

第二，多元文化的综合关系。通过龙的形象，表明中国人在处理不同文化、异质文化、多元文化关系时，不仅采取兼容精神，而且往往表现出特有的综合精神。也就是说，不局限于一般的兼容关系、并存关系，还要进一步对不同文化、异质文化进行解析工作，把能够为我所用的有益成分综合进来。

第三，多元文化的创新关系。通过龙的形象，还表明中国人更注重多元文化综合过程中的创新精神。"龙无定型，变化无穷"，龙的形象生动体现了中国文化中的变易观、发展观、创新观。龙的发展历史表明，中国人在不同文化要素、文化内容、文化价值、文化体系的综合过程中，往往不满足于简单地机械相加，而是借助于中华民族文化特有的深厚底蕴，在综合中求创新，求发展，求创造。

第四，多元文化的统一关系。通过龙的形象，还表明中国人善于在多元文化并存格局中，执着追求中华民族文化的主体性与一体化，使多元民族、多元文化不断融入中华文明发展的历史长河之中。中国人不仅以海纳百川、不拘细流的博大胸怀对待外来文化，而且善于在综合过程中坚持以我为主，弘扬中华民族主体性，保持中华民族的多民族统一性。

龙的形象所包含的这四重关系，集中起来讲，就是兼容并包、综合创新的中国文化精神。以承认多元文化的兼容性为前提，以多元文化的综合性为途径，最终达到中国多元文化的创新性、中华文明的多元一体性——这就是龙的形象所包含的深层精神底蕴和文化基因。

龙的形象所包含的这种文化精神，为什么会成为中华民族文明的基本精神呢？我们可以举出充分的科学论据：

这种多元文化的综合创新精神，是中华文明上下五千年间生生不息的内在动力、不断发展的强大源泉。

这种多元文化的综合创新精神，是我们中华民族文化的内在灵魂，贯穿于中国文化的方方面面，成为统摄中国文化传统的普照之光，赋予中国文化以活生生的民族魂魄。

这种多元文化的综合创新精神，为中国文化持续发展提供了内在机制，"多元兼容—多元综合—多元创新—多元一体"成为中华文明不断进化的内在机理。

这种多元文化的综合创新精神，是中华民族文化传统的主要基因，这种文化精神通过龙的形象，找到了生动形象的物化表现形式，当我们说自己是中国人、是"龙的传人"时，主要不是指的血缘关系，而是指民族文化的认同关系，民族精神的传承关系。

这种多元文化的综合创新精神，是我们民族传统世代相传、防止断裂的可靠保证，它辩证地解决了综合性与创新性、继承性与变革性、民族性与时代性的关系问题，保证中国文化具有一以贯之的学统、道统、民族传统，具有代代相传的永久魅力，使中华文明上下五千年间绵延不绝，成为世界文明史上的一大奇迹。

这种多元文化的综合创新精神，是中华文明不断发展、长盛不衰的源头活水，众多古代文明都因动力衰竭而发生断裂，或因外族入侵而戛然中断，唯独中华文明依托这种精神动力源泉，历经百劫而不衰，屡历磨难而常新。

第四节　龙的象征：是恶还是善
——中西龙形象的根本差异

龙，并不是中国文化的专利产品，也不是只有中国才有的文化特产。在日本及东亚文化、印度佛教文化，以及以西亚、北非、古希腊为源头的西方文化中，都存在着历史悠久的龙的形象、龙的神话、龙的传统。

对世界各国文化中的龙做出深入系统的比较研究，是一个饶有兴味的文化研究课题，可惜眼下我们还不能做到这一步。在这里，仅想着重指出的是：中国文化中的龙与西方文化中的"龙"，具有迥然不同的内涵，绝不能笼而统之地混为一谈，不应当简单地用西方眼光来看中国的龙、中国的龙文化。

通常的流行做法是，把中国的龙直接译作西方文字中的dragon，而把西方的dragon也直译为中文的龙，这种译法很不科学。

实际上，在"龙的形象特征、龙的象征意义、龙的历史地位"这三个层面上，中国龙与西方dragon，都有不可混淆的重大差异。

说到底，中国龙主要是善的象征，而西方dragon主要是恶的象征——这就是二者的本质差别。

让我们分三个层次，做出中西龙的比较研究。

一、中西龙形象的显著差异

中西龙的形象，最初都起源于古代神话时代，都是众多动物原型特点的综合，这是共性的一面。

根本差异在于，中国龙是唤起人美感的美好形象，而西方龙却是唤起人恐惧感的丑恶形象。

中国龙的形象，多半原型是与人日常生活有亲密关系的动物，或是为人尊崇敬畏、视为神灵的某些动物，集中了多种动物原型的优点，再加上人的丰富美好想象，创造出作为通天神兽的美好形象。

中国龙的形象，用王符、董羽、郭若虚、李时珍等文人学士的话来说，就是九似之兽：头似驼，角似鹿，眼似兔，耳似牛，项似蛇，腹似蜃，鳞似鲤，爪似鹰，掌似虎。在这里，牛、驼、鹿、兔、鱼都是与人生产实践、日常生活联系密切、关系良好的动物，鹰与虎则是古人特别敬畏、视若神明的动物。

中国龙的形象，用民俗文化、民间艺人的语言来表述，同样是集多种原型的美好形象之大成：剑眉虎眼，狮鼻鲢口，鹿角牛耳，蛇身鲤甲，鹫脚鹰爪，马齿獠牙，腿上有焰环披毛，脊上有节梁，背上有锥刺，尾巴如金鱼。这里的动物原型，一类是与人关系亲密的，另一类是令人敬畏的猛禽猛兽。这些动物原型集中起来，旨在创造一个尽善尽美的龙的形象：宽阔突起的前额表示聪明智慧；鹿角表示社稷和长寿；牛耳寓意名列魁首；虎眼表现威严；鹰爪表现勇猛；剑眉象征英武；狮鼻象征富贵；金鱼尾象征灵活；马齿象征勤劳善良。①如此这般创造出来的中国龙的形象，是多么接近尽善尽美的境界呀！

无论在高雅文化中，还是民俗文化中，中国龙的形象都荟萃了众多受人喜爱的动物原型特征，塑造了龙的艺术造型，多让人产生亲切感、认同感、美感、敬畏感。

而西方文化中龙的形象却大相径庭，它是以毒蛇为主，综合了其他凶恶、丑陋的动物特征，而造成的丑恶形象。

西方龙的主要原型动物是毒蛇，在此基础上还综合了其他种种令人产生恐怖感、恶感、厌恶感的动物特征，如鳄鱼、蜥蜴、蝙蝠、癞蛤蟆等等，不一而足。

在古希腊神话中，毒龙的源头是地母该亚和塔耳塔洛斯生的儿子堤丰和女儿厄喀德那。堤丰是一个奇特怪异的毒龙，长着一百个毒蛇一样的头，每个蛇头都能喷火，带着毒液。厄喀德那更是一个怪异的女妖，一半是女人，

---

① 周秀昆、王智贤：《谈龙——明珠的光环》，《中国工艺美术》1982年第3期，转引自欧清煜编《中华龙文化词典》，中国文史出版社，2002，第315页。

一半是毒蛇。毒龙堤丰和蛇型女妖厄喀德那结婚，生下的儿子勒耳那，仍是一条水蛇。由此可见，万变不离其宗，西方毒龙的主要原型是毒蛇。

在古希腊文化元典荷马史诗《伊利亚特》中，希腊城邦的国王阿伽门农的盾牌上，以显著的位置，装饰着一条三头龙，也是以毒蛇为基本原型的。

西方文化中的毒龙，基本定型的典型特征是：毒蛇的头部，毒蛇的长颈；口中能喷出毒汁、毒水、毒气、毒火；身躯巨大，如巨型爬虫类动物巨蜥或鳄鱼；既有锋利的铁爪，又有水中游泳的肉蹼；有肉翅，能飞奔；通常有巨尾，体形硕大。

西方的毒龙形象，可以说是集各种丑恶形象之大成：毒蛇最毒，最容易给人造成恐怖感，于是成了西方毒龙的主要原型；癞蛤蟆最癞，皮肤表面的疙里疙瘩最容易引起人的厌恶感，于是成为西方毒龙重要的体表特征；蝙蝠因夜间飞行，而使人感到神秘莫测，它的肉翅也成为西方毒龙重要的身体特征；体态硕大的巨蜥与鳄鱼，更容易造成人心理上的恐惧感，于是成为西方毒龙体型的重要原型。

综上所述，中国龙的形象，是美感与崇高的化身；西方毒龙的形象，却是丑与恶的化身。

二、中西龙象征意义的本质差异

中国龙与西方龙不仅在形象上有显著差异，而且在内在象征意义上更有根本不同。简而言之，中国龙是善的象征，而西方龙却是恶的象征，二者泾渭分明，不可混淆。

中国龙具有多重象征意义，主要都是围绕善这个核心展开的：象征通天神兽，象征国家权力，象征民族融合，象征君子之德，象征皇权至上，象征民间水神。在这几层象征意义上，龙都是助人为善的：帮人通天，助人升天，度人灵魂升入天堂，帮助人达到天人合一境界。当然，其中也不乏东方神秘主义色彩和封建专制主义糟粕，在我们今天看来，已不是什么"真、善、美"的好东西，而在古代历史条件下则应另当别论。

中国历史上有没有恶龙呢，有没有龙象征恶的例子呢？这种情况也有个别的例子，有时是受到西方或佛教文化影响，出现了恶龙形象。在中华龙文化的历史中，这只是个别例外，不能代表中华龙文化的本质与主流。

纵观中华文明五千年历史长河，中国龙的形象本质上是善的象征，这一点是确定无疑、无可怀疑的。与此形成强烈反差的是，西方毒龙本质上是恶的象征，是害人为恶的。

下面我们分六个层次，层层深入地剖析为什么说西方龙是恶的象征。

1. 西方龙象征着人兽对抗

统治希腊最高山奥林匹斯山的宙斯，是第三代王神，可是宙斯的地位并非与天俱来的，为此他率领奥林匹斯山诸神，同以毒龙堤丰为代表的提坦神，进行了血与火的十年恶战。毒龙堤丰是这一代提坦神的典型代表，长得怪异惊人，一半是人，一半是蛇。最后宙斯与毒龙堤丰展开了殊死决战，宙斯用手中的法宝雷电追击堤丰，而堤丰则用长长的尾巴死死地缠住宙斯。在诸神的帮助下，宙斯终于战胜了强大的堤丰，成为一代天神，而把堤丰打入地府。

宙斯与凡女阿尔克墨涅生下的儿子，是大力士赫拉克勒斯。天后赫拉对此十分不满，派了两条毒龙化作毒蛇，来扼杀还在摇篮里的小赫拉克勒斯。这两条毒蛇趁婴儿熟睡大人都不在时，缠住了婴儿的脖子。当仆人发现后慌作一团时，人们才发现这婴儿一只手捏着一条毒蛇，把两条毒蛇都捏死在自己的手心之中。

忒拜城的奠基人卡德摩斯，是杀死了盘踞在那里的毒龙，才开始创建忒拜城的。

在这些古希腊神话传说中，神与龙、人与龙都是根本对立的，象征了远古时代人与自然、人与野兽相对抗的关系。

2. 西方龙象征着害人恶魔

盘踞在原来忒拜城址的毒龙，守在一口清泉旁边，谁要来取水，都难逃它的血口与毒液。卡德摩斯的仆人就死在这条毒龙的血口之下。

西方毒龙dragon，本质上是一种恶魔式的怪异动物，究竟是源于近东西亚或北非的原始宗教，还是古希腊本土文化的历史产物，尚有待做进一步研究。

在古希腊神话中，一位象征长满森林的大地的女妖，竟长得怪异无比：

蛇尾羊身，狮首喷火。

除了极少数例外，西方毒龙大多是害人的恶魔。

3. 西方龙象征着死亡恐怖

据荷马史诗讲，有一个蛇发女妖戈耳工。而据赫西俄德所著《诸神谱系》说，有三个戈耳工女妖，都是海神福尔库斯的女儿，都住在利比亚海边。其中一个叫墨杜萨，长长的尖嘴利齿露在外边，长长的舌头向前伸着，她的头上不是发辫，而是缠绕着无数毒蛇。最为可怕的是，这个女妖目光所及之处，一切都会变成石头，因而任何人看到这个蛇发女妖的头，都会立即死亡，并且永远变成冷冰的石头，谁也不能幸免。

在古希腊神话中，还有一只巨龙拉冬，为赫斯珀里得斯姊妹看守金苹果园。另外一只巨龙为达达尼海峡旁边的一个古老王国看守金羊毛。巨龙一天到晚二十四小时也不睡觉，身躯巨大足以使人吓破胆，它发出的震天吼声更使任何人都心惊胆战。在漫长岁月里，这些巨龙不知吞食了多少活人。到巨龙那里去取金苹果、金羊毛，几乎成了死亡的同义语。毒龙成了死亡恐惧的象征。

4. 西方龙还象征着可怕的冥间

在古埃及、古西亚和古希腊，人们多半认为蛇深居于幽暗的地下，而毒蛇咬人后又能致人死命，因而往往把以毒蛇为主要原型的毒龙，自然而然地与冥府阴间联系起来。

在古希腊神话中，毒龙堤丰和蛇身女妖厄喀德那结婚，生下了看守地狱之门的刻耳柏洛斯，这是一条狗头龙身的怪物：它生有三个狗头，样子难看无比，嘴里不时地滴出含有剧毒的口液，毒汁一到地上立即化作剧毒的乌头草。它虽然长着狗头，身子下面却长着毒龙的长尾巴，狗头和狗背上缠绕着条条毒蛇。它任凭鬼魂进入冥国，但谁也不许出去，谁要走出冥国必定遭到死死纠缠，任何人不能幸免。[1]

古希腊神话中，还有一种说法是，毒龙堤丰和蛇身女妖厄喀德那还有一个儿子叫喀迈拉，长着狮子的头颈，山羊的身躯，巨蛇的长尾巴，同样守在俄耳库斯（冥国）门口。而据赫西俄德说，喀迈拉长着三个头：狮子头，山

---

[1] 古斯塔夫·施瓦布：《希腊古典神话》，曹乃云译，译林出版社，1995，第203、739页。

羊头，毒龙头。①

古希腊神话中的复仇女神，也与毒龙有一定渊源关系。厄里倪厄斯是服务于阴曹地府的复仇女神的总称，她们在阴间阳间惩罚一切冤屈和过错。她们外貌丑陋，身材高大，眼中流血，手上举着火把和皮鞭，头上盘旋着条条毒蛇，腰间也缠着毒蛇作为腰带，看来与毒龙有难解之缘。

5. 西方龙象征着殊死战争

在荷马史诗《伊里亚特》中，国王阿伽门农的盾牌上饰有三头毒龙的雕饰，这并不是偶然的，西方文化中龙成了战争的象征与徽记。

在希腊神话中，忒拜城建立的故事表达了西方龙的这层象征意义。首先是人龙之战。守着清泉的毒龙，首先杀死了来取水的卡德摩斯的仆人，接着又与卡德摩斯展开了殊死搏斗。卡德摩斯抓起一块大石头，击中了毒龙，但毒龙的鳞甲坚硬如铁，纹丝不动。他又竭尽全力，用投出的标枪，射中了毒龙的心脏。毒龙一口咬碎了标枪杆，却无法取出刺穿心脏的标枪头，它喷出毒液，翻滚挣扎。卡德摩斯用利剑刺穿毒龙身体，把它钉在身后的巨大橡树上。卡德摩斯按照从天而降的雅典娜女神的话，把毒龙的牙齿拔下来，插入土中，一个个全副武装的士兵立刻破土而出，这些由龙齿、龙种产生的"地生人"，一出世就自相残杀，最后只剩下五个人。雅典娜命令他们放下武器，跟从卡德摩斯一起建立了赫赫有名的忒拜城。②

看来，在这个神话故事中，包含着象征意义，即龙齿龙种—武士之种—战争之种。

6. 西方龙象征着噩运难除

有的西方神话中还讲到，隐藏在地下阴曹中的诸多毒龙，啃噬着世界生命树之根，早晚有一天必将带来宇宙与生命末日。

西方文化中的毒龙，从头的数量来看，有由少到多的四种类型：独头、三头、九头、百头。

独头毒龙。看守金苹果、金羊毛、忒拜城泉水的毒龙，尽管身躯巨大，十分狠毒，但只有一个头。

---

① M.H.鲍特文尼特等编著《神话辞典》，黄鸿森、温乃铮译，商务印书馆，1985，第162页。
② 赛宁、沈彬、乙可编著《希腊神话故事》，中国社会科学出版社，1994，第87—88页。

三头毒龙。在古希腊神话中，毒龙堤丰和蛇身女妖厄喀德那之子喀迈拉，长着三个头——狮子头、山羊头、毒龙头，把守着俄耳库斯（冥国）大门。毒龙堤丰和厄喀德那的另一个儿子，看守地狱大门的狗头龙尾怪刻耳柏洛斯，也长着三个头颅，每个头上纠缠着无数毒蛇。

九头毒龙。毒龙堤丰和蛇身女妖厄喀德那还有一个女儿，叫许德拉，通常称之为九头蛇怪，实际上也可叫九头毒龙。它在沼泽地里长大，身躯巨大，危害也巨大，袭击牲畜，践踏庄稼，威胁人类。它长着九个脑袋，其中八个脑袋属于凡胎，中间直立的毒蛇头却是仙胎。一旦一个蛇头被打掉了，立刻会长出新的蛇头来。每个头都会吐出毒信，喷出毒汁。

百头毒龙。古希腊神话中的毒龙之祖——堤丰，就是一条百头毒龙，它长着一百个毒蛇之头，每个头都口吐毒信，双眼喷火。堤丰的各个脑袋能发出各种不同的声音：呻吟声、犬吠声、狮吼声、蛇哨声等。毒龙堤丰之子——勒耳那水蛇，也有一百个头，每个头被砍掉之后，都能立刻长出新头来。

西方毒龙的这种多头现象及多头复生现象，实质上象征着邪恶难除、噩运难除。

显而易见，中西文化中龙的象征意义有不可忽视的本质区别：中国龙可以称作神龙、善龙，本质上是善的象征，是助人为善的；西方龙可以称为毒龙、恶龙，本质上是丑恶、邪恶的象征，是毒人害人的。

三、中西龙文化地位的重大差异

中西文化中都存在着龙，而中国龙与西方龙在形象特征、象征意义上的明显差异，由此也决定了龙地位在中西文化中的重大不同。

在中国文化中，龙作为善的象征，成为中华民族主流文化的重要象征，在中国文化历史长河中具有经久不衰的独特魅力，有难以取代的崇高地位。而在西方文化中，龙作为恶的象征，始终被排除在主流文化之外，只占有不太重要的一席之地，很快就失去了生命力，在整个西方文化中的地位可谓无足轻重、微不足道。

龙在中华民族文化中，可以说具有别具一格的独特地位、崇高地位。在中华文明上下五千年历史长河中，中华文明的五大历史形态都和龙有着息息相关的不解之缘——

前3000年前后，在中华文明起源期的炎黄时代，原龙形态作为通天神兽，成为玉制国家礼器上的重要形象，成为中国早期国家的文化象征，中华文明起源的历史象征。

前1000年前后，在中华文明雏形期的殷周之际，夔龙形态成为夏、商、周三代国家礼器上的主要形象，成为夏、商、周三代民族文化融合的重要象征，中华文明雏形时代的重要表征。

前500年到公元元年前后，春秋战国之际到秦汉之际，孔子晚年不仅为中国易学奠基，而且为中国龙学奠基，飞龙形态成为中国古代民族融合的文化象征，成为中国古代统一的多民族国家的文化象征，成为中国理想人格、君子之德的文化象征，成为中华古典文明定型期的重要象征。

1000年前后，在中华文明转型期，从两宋时代开始，乃至元、明、清各代，中国龙仍是民族文化的重要象征，不过向着二元化方向发展了，在国家意识形态中成为封建皇权象征，而在民间文化中成为水神象征。

2000年前后，在中华文明现代复兴期，中国古代龙文化中的封建主义、神秘主义糟粕已被扬弃，"中华巨龙腾飞"成为中华文明现代化起飞的吉祥象征，"龙的传人"成为维护中华民族统一的象征，龙成为中华文明现代复兴的文化象征。

在中华民族文明中，龙具有长久的生命力，巨大的凝聚力，乃至永恒的魅力。

与此形成鲜明反差的是，西方毒龙在西方文化中，远远没有如此崇高的历史地位，充其量不过是一个起陪衬作用的配角而已。

在西方文化中，龙的生命力是短暂的，大约只生活在古希腊神话时代，也就是前1000年前后荷马史诗产生的那个时代，其延续时间有五百年左右，其寿数不及中国龙的十分之一。

在西方文化源头中，在古希腊神话系统中，龙主要是毒龙，作为恶的象征而存在。其主体是一个毒龙家族：以地母该亚的儿子堤丰、女儿厄喀德那为首，再加上二者结婚而生的毒龙子女；另外还有若干起看守作用，而与人为敌的个别毒龙。这个毒龙谱系大体如下：毒龙之祖、毒龙家族、个别毒龙、百头毒龙——堤丰、蛇身女妖厄喀德那；狗头、龙身的地狱看门狗刻耳柏洛斯，长着三个头的冥界看守喀迈拉，长着一百个头的水蛇勒耳那；九头蛇怪许德拉、看守忒拜城泉水的毒龙、看守金苹果的毒龙拉冬、看守金羊毛的喷火恶龙。

在古希腊罗马的神话体系中，诸神神谱是：

最古老、最原始的神是地母该亚和天神乌兰诺斯；

天空诸神：以众神之王宙斯为主，加上宙斯的妻子和妹妹、最高的天堂女神赫拉，雅典的城市女神、智慧女神雅典娜，太阳神与农业保护神阿波罗，战神阿瑞斯，春天女神维纳斯，为人间盗来天火的普罗米修斯；

水域诸神：海洋主神波塞冬，其妻子安菲特里特，儿子特里同，海神格劳科斯，水域仙女纳亚登；

陆地诸神：农艺果实女神得墨忒耳，茂盛作物神、葡萄酒神狄俄尼索斯，森林神、畜牧神、农艺神、动物保护神法乌诺斯；

阴司诸神：主宰阴间王国的主神哈得斯，他的妻子珀耳赛福涅，管灵魂生命的女神赫卡忒，复仇女神厄里倪厄斯，死亡神塔那托斯。

从古希腊西方文化中的这个"封神榜"可以看出，西方毒龙虽然在诸神谱系中占有一席之地，但地位是十分低下的，或许可以概括为四句话：

西方毒龙只存在于古希腊罗马的神话中，在整个西方文明史上并没有什么重要地位；

西方神话中的毒龙实质上主要是恶的象征，并没有正面的、深远的文化内涵；

由毒龙堤丰和蛇身女妖厄喀德那结合而产生的毒龙家族，主要存在于不见天日的阴曹地府，或者再加上几条起看守作用的毒龙，在天界诸神、水域诸神、陆地诸神的主神中，根本没有毒龙地位；

即使在阴司诸神中，主神也是宙斯的兄弟哈得斯等等，毒龙也不占主导地位。

在荷马史诗的神话时代过后，西方毒龙只是一种文化遗迹，只是作为古老的"文化化石"而存在，更没有什么重要地位了。在西方文化源头以及古希腊神话中，西方毒龙本质上只是恶的象征，是丑恶、凶恶、邪恶的象征，因而在西方文明长河中，只是邪不压正的支流而已。而在此后的文明时代，龙既没有成为哪个西方国家的文化象征，也没有成为民族融合的文化象征，在西方文明几千年的历史长河中，龙始终没有处于主导地位。

综上所述，在中西文化中虽然都有龙的形象，但二者的形象、内涵、地位是截然不同的。

在当代世界上，西方世界与俄罗斯等国，有时也把毒龙作为法西斯战争邪恶势力的象征。在历史上，俄罗斯民族文化传统中也有关于毒龙的传说，往往也把毒龙作为恶的象征。在俄罗斯的国徽中，把粉碎毒龙的神鹰作为民族精神象征；在庆祝反法西斯战争胜利的活动中，俄罗斯把毒龙作为法西斯邪恶势力象征，把神鹰战胜恶龙作为正义必胜的精神象征。

我们中国人尊重其他兄弟民族的文化传统，也尊重西方长期形成的文化传统，无意对其他民族文化传统说三道四、指手画脚。

文化的多样性如同生态的多样性一样，都是新型世界文明发展的必要条件。我们指出这种民族文化差异、东西方龙的观念的差异，只是为了避免文化交往中的误解。

西方文化传统中的这种毒龙，与中国文化中的龙有着不可混淆的天壤之别。如果西方人不了解这一点，就很难理解中国人对龙文化的特别钟爱，很容易和无知加偏见的"中国威胁论"挂起钩来。

西方个别人士无中生有地炮制"中国威胁论"时，有两条蛊惑人心、似是而非的历史论据，一叫"黄祸论"，二叫"赤龙论"。所谓"黄祸论"，至今已成不堪一驳的陈词滥调，而所谓"赤龙论"，就是说社会主义中国像一条红色毒龙，从东方兴起，必然给西方世界乃至整个世界带来厄运。

20世纪90年代，关于"中国威胁论"的最初鼓噪，就是从"赤龙论"入手、大做文章的。1992年，在美国保守派"传统基金会"主办的刊物《政策研究》（*Policy Review*）秋季号上，罗斯·芒罗发表题为《正在觉醒的巨龙：亚洲真正的危胁来自中国》（*Awakening Dragon: The Real Danger in Asia is From China*）的文章，在制造"中国威胁论"上首先发难。90年代中期，还出现了专门以"赤龙论"为题材，鼓吹"中国威胁论"的论著。只要稍微了解一点中华龙文化传统的人，就会知道，这些所谓的"中国威胁论""赤龙论"是多么荒诞不经，只能说是无知加偏见的产物。

西方的dragon翻译成中文，应当说明是毒龙；而中文的龙翻译成英文或其他西文，不应直译为dragon，建议采用音译的新词loong，或另创新词，以便表明这是中国文化中特有的龙，不能与西方文化中的dragon混为一谈。

在这方面，需要中西文化中的有识之士，相互沟通，携手前进。

第五节　最古老的造型，最鲜活的理念
——中国龙的四大理念与当代文明四大危机

中国龙的造型至少可以追溯到五千年前中华文明形成时代，或许可以追根溯源到近万年之久的中国新石器时代早期——中华文明起源时代。

在人类文明史上，这可以说是一个最古老的艺术造型了，甚至比起至今有五千年之久的古埃及金字塔来说，中国龙的寿命都要长久得多。

当然，如果从整个世界文明史的长河中去寻找，人们也许会找到个别同样古老的艺术造型与文化符号。

然而，最令人惊叹的奇特之处恰恰在于：中国的龙——这个最古老的艺术造型，至今并没有死亡，它里面装的并不是僵死多年的木乃伊，龙本身也绝不仅是令人观赏的古老文化遗迹的"活化石"，中国的龙没有死，中国的龙还活着。中国的龙至今仍保持着经久不衰的文化活力。海内外的十几亿中国人，仍自豪地宣称自己是"龙的传人"。

1984年，中华人民共和国成立三十五周年庆典时，北京天安门城楼上的"龙草和玺"油饰，仍然像中华人民共和国成立初期那样，焕然一新，并升格为"金龙和玺"的最高规格。天安门城楼中心的中华人民共和国国徽，有六条金龙作为历史背景，象征着中华人民共和国与上下五千年中华文明的渊

源关系。显而易见，龙在这里既不是原始图腾象征，也不是封建皇权象征，而是源远流长、多元一体、综合创新的中华民族文化的象征。

1999年，庆祝中华人民共和国成立五十周年盛大庆典上，腾飞巨龙仍是中华民族走向现代复兴的吉祥标志。

东西方的世界各国，都用"东方巨龙"来描述中国的现代化起飞过程。这是中国龙的现代新形态、新内涵、新生命。

为什么中国龙至今还保持着强大活力？其最深层也最现实的原因还在于：中国龙形象所包含的四大理念，如果发掘出来加以发展创新，有助于从思维方式、价值观念高度，来解决当代世界文明面临的四大全球问题及深刻危机：龙所包含的天人和谐理念，有助于解决人与自然关系破坏引起的生态危机；龙所包含的仁者爱人的互主体观，有助于解决人际关系、族际关系、国际关系冲突引起的战争危机；龙所包含的阴阳互补的矛盾和谐发展观，有助于解决单纯强调对立竞争造成的南北关系危机；龙所蕴含的多元兼容并包文化观，有助于解决只承认一元文化造成的文明冲突危机。

西方近代工业化文明带来的这四大危机与全球问题，既有深刻的社会根源、制度根源，也有深层的思想根源、文化根源。

正是在这一意义上，我们可以理直气壮地说：中国龙既是最古老的造型，又包含着最鲜活的理念！

一、天人和谐观与现代生态危机

从20世纪70年代起，生态危机问题开始成为全球问题，越来越充分地暴露出来。

作为全球问题，生态危机以直观的形式，主要表现在以下六个方面：

（1）人口爆炸。从世界历史来看，1750年不仅是近代工业革命的起点，而且也是近代人口革命——人口爆炸的起点。公元元年，世界人口2.3亿，翻一番用了一千五百年，翻两番用了近一千八百年；1750年，世界人口7.5亿，1900年达16亿，翻一番用了近一百五十年，增长速度提高十倍；1970年，世界人口36.8亿，世界近代人口又翻一番，速度又提高一倍；到了2000年，世界人口已达60亿，从1750年至2000年近二百五十年间，世界人口翻了三番。2010年前后，世界人口已突破70亿大关。这是人与自然、人与资源、人与环境关系发生失调，乃至走向对立的一个重要历史前提。

（2）野蛮开发。为了养活迅速增长的庞大人口，为了加快摆脱贫困状态，近代以来，从西方发达国家到后起的发展中国家，对地球表层系统中的水、土地、森林、矿产等资源，进行了掠夺式的野蛮开发，断然不顾生态系统自身的平衡、再生与协调。仅以森林为例，地球上的森林面积曾高达76亿公顷，森林覆盖率在许多地方高达50%；18世纪、19世纪的西方近代工业革命的一二百年间，使亿万斯年形成的森林迅速减少了三分之一以上，还剩下50亿公顷左右；1985年，全世界森林面积已锐减至41亿公顷；南亚森林减少43%，亚洲、非洲许多地方森林减少59%，非洲北部森林面积减少60%以上，而环太平洋生态圈未触动的森林不足2%。这是一种杀鸡取卵、不计后果的野蛮开发。

（3）资源浪费。地球本是个水球，表面70%是海洋，水资源似乎是无限丰富的。然而，只能说水是非常丰富的，至于人在近期所能使用的水资源，只能是淡水资源，在地球水量中仅占2%。在近代工业化的三百年间，人类对淡水资源的开采量激增三十五倍。1900年，人均年取水量242立方米，1970年增至700立方米。20世纪后五十年，人均水提取量每年增加4%—8%。现在，全球每年提取淡水量为3500立方千米。由于水资源需要量激增，加上某些严重浪费现象，因而在跨入21世纪之时，全球淡水资源不足的地方占60%，世界人口的三分之一——20亿人饮用水短缺，世界人口的六分之一——10亿人以上饮用被污染过的水。石油资源的过度开采，也是一个典型事例。1950年，世界只有502万辆汽车，不到五十年间，已大大突破5亿辆。1859年，西方才打出第一口油井，1950年世界产油量为38亿桶，1973年激增到200亿桶，年增长率为7%。如果没有1973年石油危机，照上述趋势发展下去，2030年前后世界石油储量几乎会被一采而空。在发展中国家远未实现工业化之前，石油资源就会被西方现代化先行国家高额消耗殆尽。

（4）三废泛滥。一是废气污染。1980年，在全球范围内，一氧化碳排放19.35亿吨，氧化氮6.85亿吨，氧化硫11亿吨，颗粒物5.92亿吨，四者相加43.12亿吨，几乎是每人向周围空气排放污染物1吨。自1800年以来，人类仅燃料一项，就向大气排放二氧化碳1800亿吨，使地球大气层中二氧化碳浓度提高了25%左右。二是废水污染。全世界每年产生的工业废水、农业废水、生活废水，总量为4000多亿吨，这就使得许多河流、湖泊，乃至地下水资源受到严重污染。先行工业化的西方国家首先遇到这个严重问题，如美国180万英里的河流中有17万多英里受到污染，近4000万英亩湖泊中有890万英亩受到污染，污染比例超过十分之一，有的甚至接近五分之一。20世纪后期，这个问题在西方已受到重视，而发展中国家污染程度可以说后来居上，仅以印度为例，竟然有70%左右的地表水受到了污染。三是废渣污染。20世纪80年代、90年代，全世界每年产生固体废弃物30多亿吨。仅以1985年为例，每平方公里国土面积上的工业废渣堆积量，苏联为13.8吨，美国为68.5吨，日本为828.6吨，波兰为902.8吨。[①]

（5）温室效应。地球大气中的二氧化碳、甲烷、臭氧、氟利昂等，被称为温室气体。温室气体使整个地球像太阳光照射下的大温室，这就是所谓的温室效应。问题是从近代工业化时代开始，二氧化碳等温室气体浓度激增，很可能使21世纪全球平均温度提高1.5—5℃。这不仅使地球温度过猛变暖，生态系统失去平衡，而且会使海平面上升，将淹没海岸线20公里以内的陆地，使世界上一些最发达的三角洲地带受到灭顶之灾，直接影响三分之一以上的人类生存发展。

（6）物种灭绝。地球生命史研究表明，在过去六亿年间，先后发生过六次大范围的物种激变、物种灭绝，其中最近也最著名的一次是六千五百万年前恐龙灭绝的那次物种灭绝激变。前几次大范围的物种灭绝，都与人类活动无关，近一二百年以来的物种灭绝，从根本上说却是人类工业化、近代化的直接后果。非洲大象1979年还有130万头，而由于追逐象牙贸易暴利，毫无限制地滥捕滥杀，到1989年已剧减到62.5万头。南大洋的鲸数量，只剩下原有数量的5%，座头鲸只剩3%。20世纪80年代，每天有一种物种灭绝，进入90年代，每小时就有一种物种灭绝。

这一系列现象综合到一起，就构成当代文明的头号危机：生态危机、全

[①] 蔡拓等著《当代全球问题》，天津人民出版社，1994，第178、195页；徐春：《人类生存危机的沉思》，北京大学出版社，1994，第2、5页。

球问题、人类困境。

有人认为，问题之源是现代科技革命与经济发展，而摆脱困境的出路就是抑制现代科学技术，实行零的增长……这种看法听起来似乎有理，实际上都是相当表面的皮相之见。

生态危机之所以成为全球问题，实质上是西方近代工业化模式的危机：以资源的高消耗、高浪费为途径，求生活上的高享受、高消费，最后被迫走上"先污染，后治理"的路子。从更深层次来看，全球生态危机实质上是西方近代文化的危机，是西方近代文化中思维方式与价值观念的危机，是万能工具理性与狭隘价值理性矛盾的深刻危机。

从生态危机上追根溯源，实质上是西方主流文化中天人对立观的深刻危机。这种天人对立观在西方主流文化，特别是西方近代主流文化中可谓根深蒂固，主要表现在以下五个焦点上：

（1）主客割裂论。这种观念把人与自然不是看成相互联系的有机整体，而是看成相互分离乃至相互割裂的两种实体，相互之间既没有隶属关系，也没有有机联系。

（2）自然工具论。西方主流文化往往把人看成高高在上的能动主体，而把天——自然看成人的活动工具、活动对象、致富源泉。据西方文化元典《圣经》的创世纪记载，神是先造了人，然后再造万物的，因而神允许人类自由地处置万物，允许人类按自己的愿望去利用万物。《圣经》的西方基督教解释者，更强调"万物和生物"除了为人的目的服务之外，不可能有任何别的使命。

（3）天人对抗论。从古代到近代，这种观念贯穿了西方主流文化，普罗米修斯为人间取来天火，却被天神宙斯永远钉在高加索山岩上，并让一只凶残的鹰每天啄食他的肝脏。

（4）征服自然论。从英国培根、法国笛卡尔开始的西方近代哲学，从认识自然逐渐走向改造自然、征服自然、主宰自然。培根还留有余地地强调，"人是自然的仆役和解释者"，"要命令自然就必须服从自然"。而笛卡尔就有点人的理性万能论的思想苗头了，他进而提出：借助于自然哲学，我们就可以使自己成为"自然的主人和统治者"。正是他，提出一句惊天动地的名言:"给我物质和运动,我将为你们构造出世界来!"实际上,对人类来说,地球只有一个。地球一旦被破坏了,就无法再造。今天,人们愈来愈深刻地认识到这一点。

(5)人为自然立法论。19世纪康德、黑格尔代表的德国古典哲学,是西方近代哲学的思想高峰与完成者,也是唯心主义地抽象发挥人的主体性观念的登峰造极者。他们把人在自然面前的主观能动性、主体能动性,发挥到了极致,并集中表现在康德哲学的一句千古名言上:人为自然立法,人是自然的立法者。他把人的理智法则、人的先验范畴,抬高到无以复加的高度上来,从而变成了自然的立法者、宰割者:"自然界的最高立法必须是在我们心中,即在我们的理智中","理智的(先天)法则不是理智从自然界得来的,而是理智给自然界规定的"[①]。

在西方传统文化中,也有一支是强调人与自然和谐关系的,从古代的毕达哥拉斯、亚里士多德,一直到近代地理学的奠基人——亚历山大·冯·洪堡和卡尔·李特尔,他们也有许多闪光思想、活的智慧,可惜在西方文化中至今未占主导地位。

在西方主流文化中的天人对立观指导下,当代全球性的生态危机几乎是在劫难逃的。20世纪西方哲人、英国历史学家阿诺德·汤因比在他最后一部传世之作《人类与大地母亲》(*Mankind and Mother Earth*)的结尾,指出了问题的症结:"人类将会杀害大地母亲,抑或将使她得到拯救?如果滥用日益增长的技术力量,人类将置大地母亲于死地。……何去何从,这就是今天人类所面临的斯芬克斯之谜。"[②] 同时,这位西方智星把希望的目光从西方转向东方,转向中国,转向富于东方神韵的中华智慧。

中国龙文化所包含的人与自然和谐观,如果去掉封建主义、神秘主义外壳,并注意以开放的姿态汲取西方乃至世界的有益文明成果,那将为人类贡献一系列新的天人观:天人合一观、天人中介观、天人整体观、天人依存观、天人和谐观。这种新型天人观的合理内核,必将有助于克服天人对抗的生态危机,努力创造天人和谐的新型生态文明。

[①] 转引自李海峰《西方科学哲学经典理论教程》,吉林人民出版社,2009,第45页。
[②] 阿诺德·汤因比:《人类与大地母亲》,徐波等译,上海人民出版社,1992,第734—735页。

二、仁者爱人观与现代战争危机

20世纪80年代以来,和平与发展问题成为这个时代所要解决的两大时代课题。

然而,走向和平之路远比人们想象与期待的要曲折得多,艰难得多,漫长得多。时至今日,在跨入21世纪之后,和平与发展这两大时代课题,一个也没有得到根本解决。和平问题本来率先露出了细微曙光,然而20世纪90年代以来,却因为一连串局部战争冲突不断,前景变得有点依稀难辨。可以说,摆脱战争危机阴影,寻求通向和平之道,特别是永久和平之道,依然是摆在21世纪人类文明世界的首要课题。

战争危机的表现形式,主要有以下五个特点:

第一,战争是阶级社会、文明时代必然存在的历史现象、社会现象,是阶级矛盾、民族矛盾、国际矛盾发展到不可调和阶段的特殊表现形式,在一定历史阶段是合乎规律性的历史现象。在世界文明史的五千年历史长河中,一共发生了有一定规模的战争一万五千余次,平均每年三次。

第二,随着历史从民族国家历史走向世界历史。20世纪前半叶发生了两次世界大战,战争主体从民族国家转向全球性的国家联盟、国家集团,战争规模也从国内战争、国际战争转向世界战争、全球战争。其中发生在1914年至1918年间的第一次世界大战,主要战场在欧、亚、非大陆的东西两端,卷入战争的有二三十个国家,战争中伤亡人数多达两三千万人。发生在1939年至1945年间的第二次世界大战,战争在两大国际集团之间进行,德、意、日等组成轴心国集团,苏、美、英、法、中等国组成同盟国集团,主要战争在欧、亚、非大陆,乃至全球范围内全面展开,"波及四十个国家,人员损失达五千多万,财产损失达三千一百五十多亿美元"[①]。这是世界历史的新特点,也是战争危机的新特点。

第三,两次世界大战结束以后的20世纪后半叶,局部战争的危险依然存在,这是20世纪后期面临的重大潜在危机。20世纪80年代中期,联合国前秘书长德奎利亚尔说,从第二次世界大战结束至1984年,共爆发局部战争和

---

① 蔡拓等著《当代全球问题》,天津人民出版社,1994,第8页。

武装冲突一百五十多次，而据美国《目前和今后的战争》一书的统计则达到一百九十二次。①

第四，20世纪80年代、90年代，两极对立的冷战时代走向结束，和平与发展问题逐渐成为时代主题，然而，和平时代并没有像人们期盼的那样迅速顺利到来，世纪之交还出现局部战争有所回升的历史曲折。仅以1999年前后而论，就有三个地区的局部战争引人注目：科索沃战争、伊拉克战争、印巴克什米尔冲突。另外还有一系列热点地区，时有剑拔弩张、一触即发之势，如近东巴以冲突。巴尔干半岛、南高加索地区、朝鲜半岛等，为什么冷战时代已经完结却阴影仍在，和平时代已经曙光初现却姗姗来迟？究其根源，看来主要有三条：一是两极对立的冷战格局虽然已经打破，但新的世界格局、世界经济政治新秩序却很难迅速建立起来。二是过去存在东西对立、两强制约的相对均势。而现在美国认为自己是独一无二的超级大国，可以为所欲为地建构一极世界。霸权主义带来的战争危险加大了。三是冷战时代虽然结束，但是冷战时代的思维方式却有强大惯性力量，霸权主义更是顽固坚持原有的冷战思维方式不改。

第五，核战争的危险，像一把巨大利剑，仍悬在21世纪人类文明头上。1945年8月，在第二次世界大战行将结束之时，美国对日本投下两颗原子弹，开了世界战争史上单方使用核武器之先例，一颗原子弹就使几十万人的生命毁于一旦。1945年以来，世界大国竞相进行战略核弹头生产：美国共生产了七万多个核弹头，苏联生产了五万多个核弹头，再加上英、法、中等国，全世界共生产了十三万个核弹头，尽管销毁了一小部分，但大部分依然存在。另外还有更大威力的热核武器——氢弹。据统计，这些炸弹的威力总和相当于全世界几十亿人口，每人面对着三吨烈性炸药。1988年联合国曾发表核战争预警报告：如果打起世界的核大战，地球上现有的五十亿人口，将只剩下十亿幸存者，80%的人会死于非命，其他幸存者也很难正常生存。

在战争与和平问题的历史抉择上，走进21世纪的人类社会面临着具有二重性的选择：一方面，两极对立的冷战时代已经结束，和平与发展的历史机遇增大了，在可以想见的十年二十年间并不存在世界大战或核大战的现实危

---

① 蔡拓等著《当代全球问题》，天津人民出版社，1994，第8页。

险；另一方面，由于旧的世界格局已经打破，新的世界格局远未形成，因而整个世界的不稳定性反而加大了，局部战争的现实危险性加大了，世界霸权主义造成的潜在战争危险加大了。

现实的或潜在的战争危机从何而来？看来，最值得注意的，是形成战争的四大根源：第一，现代资本主义的私有资本垄断制度，这是战争危险的最为深刻的社会制度根源；第二，妄图实现世界霸权、全球垄断的帝国主义、霸权主义，这是威胁世界和平的最大危险；第三，世界各国，特别是西方一些国家中顽固存在的、落后于时代的冷战思维方式，还有十分危险的恐怖主义；第四，西方文化，特别是在当代世界历史上占主导地位的西方近代文化的根本缺陷，集中表现为个人本位、自我中心的单主体观，这是近代殖民主义、帝国主义、霸权主义乃至战争危险的最深层的思想根源、文化根源。

近代英国思想家霍布斯所说的"人对人是狼"，当代法国思想家萨特所说的"他人是地狱"——这正是个人本位、自我中心的西方单主体性观念的典型表现与必然逻辑。这种个人本位、自我中心的单主体观，仅仅把自己作为目的，而把他人都作为实现自身主体性的手段。

把这种个人本位、自我中心的单主体观，运用于人际关系、族际关系、国际关系，导致战争几乎是必然逻辑；任何法律、国际法、国际契约、国际均势，都只能起外部制约作用而已，只能在一定程度上减缓人际关系冲突、族际关系冲突、国际关系冲突，而不可能从根本上消除或化解战争危险。

在西方文化中，特别是西方近代文化中，也有追求和平的闪光思想与伟大智慧。在西方近代思想史上，两个最为杰出的代表，一是荷兰思想家、自然法学派的创始人、国际法理论的奠基人格劳秀斯，1625年写成了《战争与和平法》（*The Law of War and Peace*）这部名著。他认为，人类天生就有一种在社会生活中和平共处的社交性，"一切动物生来就只求自己的利益"这句话是不能适用于人类的，人类的天性决定，"按照他的才智标准跟那些与他自己同一类的人过和平而有组织的生活"。[①]另一位是康德，1795年他率

---

① 倪正茂：《法哲学经纬》，上海社会科学院出版社，1996，第32页；E.博登海默：《法理学—法哲学及其方法》，邓正来、姬敏武译，华夏出版社，1987，第38页。

先发表了《永久和平论》（Perpetual Peace）。21世纪的现代西方思想家，则有爱因斯坦和罗素二人，倡导和平主义。更伟大的还有马克思、列宁，他们不仅提出了和平的价值目标，而且探索了达到和平的现实途径。可惜他们的和平主张在西方文化中至今也未能处于主导地位。

中华龙文化中蕴含着三个闪光思想，如果发掘出来加以发展，无疑将有助于从思维方式与价值观念上祛除战争危机根源：第一，中国龙的形象中，包含着一种承认多元主体、多元世界的互主体观萌芽，有助于超越个人本位、自我中心的单主体观；第二，中华龙文化的这种思想内涵，经过孔子、墨子的阐发，形成了"仁者爱人"的互主体观和兼爱非攻的永久和平理论；第三，在马克思主义中国化过程中，中国政治家提出的和平共处五项原则、人类命运共同体全球价值观等，都有助于为人类和平筑基。

三、矛盾和谐观与南北关系危机

1973年的石油危机，像暗夜中的一道闪电，使世人一下子看清了南北关系的全球性、尖锐性，也看清了发展问题的迫切性与首要性。不过，由于种种复杂的历史原因、社会原因，南北关系、全球发展中的危机可谓有增无减，这主要表现在南北差距加大、南北分化加剧、发展中国家的贫困化扩大、南北矛盾深化、权力对峙的扩大化、南北对立尖锐化等六个层面。

南北关系矛盾，不仅有深刻的历史根源、社会根源、制度根源，而且有深刻的思想文化根源，这种思想文化根源主要表现在以下三个方面，集中表现为一种排他性的发展观。

第一，西方文化中过分强调战争的思想观念，导致了单纯强调南北对立的片面发展观。

西方近现代文化，主要渊源于古希腊文化，西方文化中的各种思潮走向，几乎无不深深地打上受古希腊文化元典思想影响的烙印。尽管古希腊文化是人类思想史上的辉煌一页，然而，其美中不足、历史局限之处在于，古希腊文化元典过分看重战争的地位，这可以从古希腊文化影响最大的四大元典中窥见一斑：荷马史诗《伊利亚特》，主题就是古希腊诸邦讨伐西亚特洛伊城的十年战争，最后以彻底屠城告结；荷马史诗《奥德赛》，主题是用木马计智取特洛伊城的英雄奥德赛,历尽千辛万苦,回到希腊本邦,杀死了向他夫人求婚的一百多人,实现了团聚;古希腊"历史学之父"希罗多德的传世之作《历史》(*The History of Herodotus*,又名《希腊波斯战争史》),主题就是前490年的希波战争,古希腊民族精神在这次战争中确立;修昔底德则以《伯罗奔尼撒战争史》(*History of the Peloponnesian War*)名世,专门描写了前431年至前404年长达二十七年的斯巴达与雅典争霸战,称之为"所有战争中最伟大的一场战争"。这种过分强调战争的历史观,一直深刻地影响到整个西方历史,直至今天形成过于强调南北之间斗争关系的发展观。

第二,西方文化中过分强调矛盾斗争性的哲学观念,也导致了过分夸大南北之间斗争关系的发展观。

古希腊辩证法、发展观的创始人和奠基者赫拉克利特在提出许多富于智慧的伟大思想的同时,也存在着夸大矛盾斗争性的片面性。他过分夸大了矛盾斗争性的普遍性:"应当知道,战争是普遍的,正义就是斗争,一切都是通过斗争和必然性而产生的。"①他甚至把和谐也归结为对立的斗争与结合:"互相排斥的东西结合在一起,不同的音调造成最美的和谐;一切都是斗争所产生的。""自然也追求对立的东西,它是从对立的东西产生和谐,而不是从相同的东西产生和谐。"②他特别过分地夸大了战争的历史作用:"战争是万物之父,也是万物之王。它使一些人成为神,使一些人成为人,使一些人成为奴隶,使一些人成为自由人。"③这种战争观、发展观,一直深深地影响到今天西方文化中的战争观、发展观。

第三,西方近代发展观仍有夸大矛盾斗争性、忽视矛盾同一性的偏颇,乃至发展成为以邻为壑的发展观。

达尔文进化论是19世纪科学的伟大创造,历史地位不可低估;然而,哲学观念上的白璧微瑕,就是过分强调了生存斗争、物种竞争在生物进化中的决定作用,或多或少地对于生态系统、物种之间的依存性、协调性这一面的强调有所不足。马尔萨斯的人口论,则把这种生存竞争的所谓原则引入人类

---

① 北京大学哲学系外国哲学史教研室编译《古希腊罗马哲学》,商务印书馆,1961,第26页。
② 同上书,第19页。
③ 同上书,第23页。

社会。在西方近现代文化中缕缕不绝的社会达文主义思潮，更把生存竞争原理夸大为社会生活的永恒原则。正是在这样的历史背景、文化背景、思想背景下，从西方近现代资本主义到今天，主张南北对立的片面发展观必然占据统治地位，成为主流思潮。

在西方文化中，也有强调对立面和谐结合的发展观，从古希腊的毕达哥拉斯、亚里士多德，一直到近代的康德、黑格尔，但他们的这种发展观在西方文化传统中几乎始终未能成为主流思想、主流意识形态、主流发展观。这当然首先有复杂深刻的社会经济制度根源，这是占第一位的、起决定作用的；在此前提下也应看到，思想文化根源也起一定作用，也是不可忽视的。

与此形成鲜明对照的是，中华龙文化中包含的阴阳交合发展观，这种发展观却有助于根本超越南北关系上的对立发展观：阴阳矛盾观，有助于形成南北发展矛盾观；阴阳互补观，有助于形成南北发展互补观；阴阳整体观，有助于形成南北发展整体观；阴阳和谐观，有助于形成南北发展和谐观。

四、兼容并包文化观与文明冲突危机

20世纪后期，特别是90年代以来，多元民族、多元文化的冲突问题日趋突出，"文明冲突论"曾经盛行一时，使全球化过程中的文明冲突问题，成为亟待解决的全球问题之一。

在全球化过程中，如何处理多元民族、多元文化的相互关系问题，的确是一个不易解决的棘手问题，而文化霸权主义的文明冲突论，更助长了一种前所未有的独特危机。问题主要表现在以下层面：

（1）文明冲突论的提出，为文化霸权主义在理论上张目。从1993年起，美国学者亨廷顿先后发表了《未来的文明冲突也就是西方同其他地方的冲突》《不是文明又是什么？》等文章，他提出，文明就是不同的文化实体，文明的固有特点决定了文明冲突不可避免，未来21世纪的世界冲突主要根源将不再是意识形态因素或经济因素，而是不同文明之间的文化冲突，西方文明的主要敌手就是西亚的伊斯兰文明与东亚的儒家文明。

（2）文化霸权主义与文化殖民主义。在《大棋局：美国的首要地位及其地缘战略》（*The Grand Chessboard: American Primacy and Its Geostrategic*

Imperatives）一书中，布热津斯基把"军事—经济—技术—文化"作为支撑美国世界霸权的四大支柱，并且特别突出了美国文化的独特作用："美国的全球体系也在很大程度上依靠对依附它的外国精英们行使间接的影响。由于美国主宰全球通信、大众娱乐和大众文化的巨大但又无形的影响，也由于美国技术优势和全球军事作用的潜在的有形影响，以上这一切都得到了加强。""文化统治是美国全球性力量的一个没有受到足够重视的方面。不管你对美国大众文化的美学价值有什么看法，美国大众文化具有一种磁铁般的吸引力，尤其是对全世界的青年。它的吸引力可能来自它宣扬的生活方式的享乐主义的特性，但是它在全球的吸引力却是不可否认的。美国的电视节目和电影大约占世界市场的四分之三。美国的通俗音乐居于同样的统治地位。同时，美国的时尚、饮食习惯甚至穿着，也越来越在全世界被模仿。因特网用的语言是英语，全球电脑的绝大部分敲击动作出自美国，影响着全球会话的内容。最后，美国已经成为那些寻求高等级教育的人的圣地，有近五十万的外国学生涌向美国，其中很多最有能力的学生永不再回故国。在世界各大洲几乎每一个国家的内阁中都能找到美国大学的毕业生。"[1]

（3）把自己的人权观念、民主制度、思维方式、价值体系，强加于人。布热津斯基毫不掩饰地说："民主理想同美国的政治传统结合起来，进一步加强了一些人眼中的美国的'文化帝国主义'。在民主形式的政府非常普及的时代，美国的政治经验似乎正在成为学习的榜样。""当对美国方式的模仿逐渐遍及全世界时，它为美国发挥行使间接的和似乎是经双方同意的霸权创造了一个更加适宜的环境。"[2]

（4）其他层面的问题还有：不同宗教信仰之间的激烈冲突乃至战争；同一宗教的不同教派、不同民族国家，以兵戎相见；不同民族、不同文化之间的矛盾导致长期战争；一个民族内部不同部族、不同文化的武装冲突；恐怖主义成为和平威胁、世界公害，加剧了不同文明之间的对立冲突。

---

[1] 兹比格纽·布热津斯基：《大棋局：美国的首要地位及其地缘战略》，中国国际问题研究所译，上海人民出版社，1998，第34—35页。

[2] 同上书，第35—36页。

这些冲突危机，各有其深刻的经济根源、政治根源、社会根源，其实质不能简单归结为"文明冲突""文化冲突"，也根本不可能用中华龙文化作为万能钥匙去解决问题。在此前提下，也应如实看到，上述种种冲突危机，一个共同的思想文化根源，就是不能正确处理多元文化、多元民族的复杂关系，固守唯我独尊、排斥异己的单元文化观。

多极一体的未来新世界，呼唤着多元兼容、综合创新的新文化观。正是在这里，我们看到古老的中华龙形象蕴含着一种多元兼容文化观、现代新型文化基因，有助于解开这个结：承认多元文化的共存性，承认多元文化的差异性，承认多元文化的多样性，承认多元文化的合理性，承认多元文化的互补性，承认多元文化的兼容并包性，承认多元文化的综合创新性。

生态危机、战争危机、南北关系危机、文明冲突危机，这四大矛盾冲突不是孤立的，反映了科技革命时代的西方主流文化中，存在着万能工具理性与狭隘价值理性的深刻内在矛盾。这四大危机，呼唤着对西方近代文明的超越，更呼唤着现代新型世界文明的诞生，尤其是新的思维方式、价值观念的诞生，呼唤着东西方文化基因的现代综合创新。

正是在这一意义上，古老的中华龙如果去掉东方神秘主义外衣，以对外开放的广阔胸襟，认真汲取西方文明与世界文明的新成果，它所包含的独特信仰、核心文化理念，必将获得新的生命，为创造世界新型文明开掘出富于生机的源头活水，为创造世界新型文明提供新型文化基因。

第三章 龙与中华民俗

国俗，是古代世世代代的国家治理者与民众最为关心的共同问题，包括共同的情感、信仰、审美，共同的认识模式与共同叙事。龙民俗区别于一般的地方民俗，它是中华民族的国俗，其表现在于：龙民俗是历代官方和民间、汉民族与其他兄弟民族、中央和地方的共同民俗。

作为中华民族的国俗，龙民俗在全国各地有千姿百态的呈现。龙民俗是以特定的形象展示的，龙的图像与景观是龙民俗文化的载体。无论是龙舟、龙灯，还是龙的雕塑、绘画，其千万形态，展现了极大的创造力，而这样的创造性活动，也极大地扩展了龙民俗的影响。龙民俗已辐射到世界各地，在中华民族伟大复兴的今天，龙民俗将以空前的力度与世界各国文化并存融合，成为构建世界多元多彩文化的重要内容。

第一节 龙的节庆

龙是中华民族重要的广义性的图腾，它在中华文化中具有极其重要的地位，龙的节庆就是中华民族"龙图腾"信仰的体现。在幅员辽阔的中华大地上，年年岁岁，除个别月份外，几乎每个月都有与龙有关的节庆，有时一个月内还有多次。这些节庆有属于某个民族的，有属于某几个民族的；有属于某片地域的，有属于多片地域的。大都集祈神、祭祖、教化、生产、娱乐等于一体，体现着浓郁的民俗文化色彩。这里我们选取在汉族与少数民族中具有广泛认同性、代表性的龙的节庆，如"龙头节""炮龙节""祭龙节""招龙节""分龙节""晒龙袍节"等，做一简要介绍，这些节庆民俗包含着各民族的情感、理想、信仰、观念等丰富的精神内容，承载着各民族共同的愿望，发挥着增强民族认同感与凝聚力的重要作用。通过对这些典型龙节的起源、演变及发展的探究，可以透视龙节中蕴藏的民俗内涵以及生活智慧，为我们进一步了解中华民族的龙文化抛砖引玉。

一、龙头节习俗

1. 龙头节习俗的来由

龙头节是我国民间的一个重要传统节日，又称"龙抬头节""二月二""青龙节""春龙节"等，其活动内容与龙崇拜相关。龙头节习俗在我国分布广泛，盛行于黄河中下游地区。

关于龙头节，我国北方民间流传着这样一个传说：相传武则天坐天下，惹怒了天上的玉皇大帝，他命太白金星传谕四海龙王，三年内不向人间降雨，以示惩罚。这可苦了天下百姓，庄稼枯死，河塘干涸，后来连吃水也困难了。眼看生路断绝，忽然从远处飞来一朵云彩，那云彩越来越大，一会儿就遮满了天空，接着下起倾盆大雨。原来这是天河的玉龙行的雨，以前玉龙也曾为救民行雨，被玉帝打到凡间受罪，后来变成一匹白马，跟唐三藏去取经有功，才被召回天庭官复原职。这些日子，它眼看许多百姓饿死的惨景，便又私下行雨救民。玉帝得知，立即又把玉龙打下凡间，压在一座山下受罪。山上立了块碑，写道："玉龙降雨犯天规，当受人间千秋罪，要想重登灵霄阁，除非金豆开花时。"人们为了拯救玉龙，让它重上云天，再降甘霖，就到处寻找金豆开花，却总是找不到。有一年二月初一，正逢赶集，一个老婆婆背着一袋苞谷去卖，由于没扎好，袋口开了，金黄金黄的苞谷撒了一地。人们心头一亮：这苞谷粒不就像金豆吗？炒一炒不就开花了吗？于是大家商定：家家炒苞谷。第二天，家家把炒好的苞谷花用簸箕盛着放在当院，有的还端到压着玉龙的大山脚下。玉龙知道大家的心意，便大声喊道："太白老头，金豆开花了，还不快放我出去！"太白金星人老眼花看不清，一抬手收了拂尘（镇压玉龙的大山是拂尘变的），玉龙立即长啸一声，腾上云天，一张口，喷下甘霖，转眼河平沟满。玉帝找来太白金星责问，太白金星说："今早我看见金豆开花了，就收了拂尘啦！"玉帝无奈，只得把玉龙召回天庭。从此以后，每年二月初二，人们都早早炒好苞谷花，嘴里还唱着："二月二，龙抬头，大仓满，小仓流。"二月初二炒苞谷花的风俗就一直流传至今。

关于龙头节的起源，我国多有学者进行过研究。最早记载这一节日的著作是元末熊梦祥的《析津志辑佚》，其《岁纪》篇云："二月二日，谓之龙抬头。五更时，各家以石灰于井畔周遭糁引白道，直入家中房内，男子妇人不用扫地，恐惊了龙眼睛。"有学者认为龙头节的起源应该追溯到更早时期，如吉成名认为："二月初二的龙抬头节是从惊蛰节和春社日发展而来的。或者说，惊蛰节和春社日是龙抬头节的前身。惊蛰和春社是两个古老的节日，特别是惊蛰，其历史十分悠久。"[1]吕红艳认为："'二月二'节日由来已久，是从先民们对土地的崇拜中形成、发展而来的，社日节俗起源于上古时代，至唐代有了确定的日期及相关的习俗记载；而'二月二'龙抬头节最早形成于北方地区，形成时间为元代。"[2]张勃认为，二月二起源于

---

[1] 吉成名：《龙抬头节研究》，《民俗研究》1998年第4期。
[2] 吕红艳：《"二月二"节俗流变考析》，《哈尔滨学院学报》2006年第5期。

唐代，与中和节的创设有密切关系。唐宋是发生发展期，是一个以踏青、挑菜、迎富为主要习俗活动的节日。元明为转型期，除传承唐宋时期二月二习俗外，还出现了新的节俗活动，其中最重要的便是二月二已与龙联系起来，并已有关于撒灰和禁忌的明确记载，如元代《析津志辑佚》《朱太守风雪渔樵记》、明代《宛署杂记》《河间府志》《雄乘》《莱芜县志》《淄川县志》等。清朝和民国时期是二月二的兴盛期，不仅流播空间大大扩张，节俗活动也更加丰富。……并形成了特定的节日饮食和节日饰品，也有不少禁忌。①

从现有研究可以看出，龙头节的起源与土地崇拜、龙崇拜有关，龙头节的形成是随着社会环境的变化而不断发展演变的结果。在漫长的历史发展长河中，龙头节通过不断整合其他传统节日、丰富节日内涵，逐渐演变形成了一个更加贴合民众生产生活习惯与认知信仰的，更具有稳定性与传承性的传统节日。如今，虽然龙头节中所包含的农事信息和习俗对于当代社会的指导意义有所减弱，但是作为一种"文化活动"，对今天而言仍具有特殊的民俗意义和价值。

2. 龙头节的习俗

龙头节是我国民间重要的传统节日，源于农耕文明与原始宗教信仰。节日期间，围绕"农耕"与"祈福驱邪"的主题，衍生了一系列形式多样、寓意丰富的民俗活动。

（1）祭神。在我国北方和南方的很多地区，都有龙头节祭神的习俗，但受自然环境、生产诉求、生计模式的影响，南北两地祭祀的对象会有所区别。

北方土地广袤却少雨，多祭祀"龙神"，以祈求风调雨顺、五谷丰登。南方水资源丰富，但土地相对较少，主要是祭祀"土地神"，以祈土地富产、平安顺遂。北方地区祭龙习俗由来已久，陕西《府谷县志》载："二月初二日，俗名'开庙门'，龙神庙封羊以祭。"河南《永宁县志》载："（二月）初二日，祀龙神。"山西《朔州志》载："二月二日，相传'龙

---

① 张勃：《先有"二月二"，后有"龙抬头"——二月二的起源、流变及其文化意义》，《民间文化论坛》2012年第5期。

抬头'，城乡开庙门祭龙神，名为'引龙'。"至今，北方很多地区仍有二月二祭祀龙神的习俗。

而南方地区诸如福建、江苏、浙江、江西、湖北、湖南、广东、广西等地，每年二月初二则多祭祀"土地神"。土地神源于古代的"社神"，清陈立《公羊义疏》云："社者，土地之主也。"清翟灏《通俗编·神鬼》亦云："今凡社神，俱呼土地。"中国古代把土地神和祭祀土地神的地方都叫"社"，土地神信仰寄托了中国人祛邪、辟灾、祈福的愿望。相传农历二月初二是土地公的诞日，在我国南方很多地区，每年二月初二这天都要准备各种祭品（一般是鸡、猪肉、糕点、水果等）、香烛到村里的土地庙或者自家门口的土地屋（南方很多人家的门口都设有自家土地屋，即用三块砖石砌成的立体神龛）祭祀土地神，以祈愿或表达感恩。这一习俗在古代文献中也有记载，如《周礼·大祝》载："大师，宜于社，造于祖，设军社，类上帝，国将有事于四望，及军归献于社，则前祝。"文中"社"指的就是土地神（社神）。清让廉《春明岁时琐记》载："二月二日为土地真君生辰，城内外土地神庙香火不绝，游人亦众，又有放花盒灯、香供献以酬神者，俗谓此日为'龙抬头'。"

除了祭祀土地神，在南方一些少数民族地区也有祭龙的习俗，比如广西中部和北部壮族地区在二月初二和八月初二都有祭龙活动，当地流传俗语："二月二，拜村社；龙抬头，祈丰收；八月二，祭村堂；龙收尾，送龙归。"聚居在云南省红河南岸哀牢山中的哈尼人，在每年二月初二"龙抬头"节日期间也有祭龙习俗，节日活动中，人们从寨子里挑选两个俊俏小伙装扮成姑娘，由大家簇拥着，敲响钻锣，擂动牛皮鼓，吹起巴乌，弹着四弦，在"龙头"带领下周游寨子，以求平安顺遂。

（2）引龙。所谓"引龙"，就是通过"撒灰"和"汲水"等方式引龙神出世，旨在借助龙神"百虫之王"的威力祛除虫祟或带来财富。这种习俗在民间十分普遍，也是龙头节的基本活动事项。

首先，"撒灰"引龙是指把石灰、柴灰或糠灰等撒在大门口、院落、厨房以及房前屋后的墙角下、窗台下等地方，以驱虫辟邪。这一习俗在我国华北、华中、西南、西北等地较为普遍。如河北《肥乡县志》载："二月二日，以灶灰围门垣，曰'禁蝎'。"河南《密县志》载："二月二日，以柴灰围屋避五瘟。"山西《沁源县志》载："二月二日……以灰围宅舍，避百虫。"在河南、河北、山东、江苏以及东北等地，又有在院中用灰围成圆形状，谓之"填仓"的习俗。"填仓"寓意粮食满仓，农业丰收。[①]农历二月初二清晨，山东内陆地区的村民会早早起床，从自家锅灶底下掏一筐草木灰，用小铁铲子铲灰，人走手摇，在地上画出一个个圆来。围仓的圆圈，大套小，少则三圈，多则五圈，围单不围双。围好仓后，把家中的粮食放在仓的中间，还有意撒些在仓的外围，象征当年大丰收。北方地区人们会撒"引钱龙"，即从大门外一直将灰撒到灶间且绕水缸一周，灰似蛇的形状，意思是引出龙神使百虫慑服，驱除虫蝎。明沈榜《宛署杂记》载："乡民用灰自门外蜿蜒布入宅厨，旋绕水缸，称为'引龙回'。"清咸丰《武定府志》载："以（二月）二日为春龙节，取灶灰围屋如龙蛇状，名曰引钱龙，招福祥也。"华北和东北一些地方还有撒灰至井边（或河边）的习俗，希望将"水神"引回，以祈求风调雨顺、五谷丰登，此俗谓之"领龙"。

其次，是"汲水"引龙，也叫"引钱龙"。二月初二这天清早（日出之前，以为越早越吉利），各家到井边担水回家，一是求吉纳福，二是迎接财富。龙象征富贵，水象征财富，所以此时的"水"称作"金银水"，"龙"称作"钱龙"。山西一些地方的农村，家家户户都要在二月初二这天到井边或河边汲水，在桶里放入硬币，故意边走边洒，形成一条水迹直至家中，然后将水与硬币全部倒入水缸，表示已经引回"钱龙"，寓意发财。

（3）驱虫。龙头节期间，驱虫辟邪是各地最为普遍的活动内容。主要是受气候的影响，二月以后气温回升，天气变暖，蛇虫蝎蚁等开始频繁活动，对人们的生活带来很大困扰，因此人们在龙头节期间利用各种形式，如借助巫术（咒语、剪纸、引龙、食物）、洒药撒灰、燃烛点灯、敲屋击梁等方式进行驱虫，以祈家人平安健康，不被邪祟侵扰。

华北一带有食用香油所煎糕点以去虫害的习俗。河北《永平府志》载："用香油煎糕熏虫，则物不蛀，且以避虫蚁。"东北有燃香或燃烛熏虫的习

[①] 吉成名：《龙抬头节研究》，《民俗研究》1998年第4期。

俗，黑龙江《双城县志》载："二月初二日，俗称龙抬头。……门窗、炕沿各处熏香，谓可熏虫类使绝。"辽宁《西丰县志》载："（二月）初二日为龙抬头日。……是日，多食春饼，至夜燃烛于室中，曰照虫烛。"此外，一些地区还有"敲击驱虫"的习俗，即用棍棒、扫帚或者鞋子敲打梁头、墙壁、门窗、床炕等，以辟蛇蝎、蚰蜒、老鼠等虫物。通常还要念唱歌谣，如"二月二，龙抬头，蝎子、蜈蚣不露头""二月二，敲瓢碴，十窝老鼠九个瞎""二月二日打炕头，蝎子蚰蜒全不留"等等。无论哪种手段，都表达了人们希望驱除虫蚁，求得安宁健康的愿望。

（4）剃龙头。在龙头节当日，人们行剃头（理发）之事，称之"剃龙头"。民间认为"二月二，龙抬头"是黄道吉日，在这天理发可以沾到龙气和福气，使人红运当头。一般而言，"剃龙头"大多针对孩子，即借助"龙抬头"的吉祥寓意，期望孩子长大以后能崭露头角，有好的前途。所以龙头节这天，"剃龙头"的习俗在我国南北各地皆为流行，以求讨个好彩头。一些地方志中也有记载，如河南《偃师县风土志略》载："二月初二日，谓之龙抬头。此日剃头，为（谓）之'剃龙头'。"江苏《安东县志》载："二月二日，俗称龙抬头，儿童剃头。"可见，通过这种具有特殊意义的活动来纳吉迎祥，是龙头节一项传统习俗。

（5）开笔礼。相传农历二月初三为文昌帝君（中国民间信仰中掌管士人功名禄位之神）诞辰日，古时候，读书人在二月初二这天要祭祀文昌帝君，以求金榜题名。儿童也会在这天举行开笔礼（儿童开始识字习礼的一种启蒙教育仪式），以借取吉兆。届时儿童要正衣冠、朱砂明智、诵读经典，寓意为孩子开蒙，使其聪明有智慧，长大能够成才。此俗北方地区较为流行，如河北《永平府志》载："仲月二日，曰'龙抬头'。……士人家塾令童子开笔，取吉兆也。"如今，这种传统仪式逐渐复兴并扩散到更多地区，从自发的个人行为发展到有组织的团体行为，结合新元素、新内容、新形式，成为新时代的"传统仪式"。

（6）女儿归宁。女儿归宁是我国传统礼俗，指已婚女儿回娘家省亲、探访。旧时，女儿出嫁后便要长期定居婆家，很少回娘家与父母同住，即便是年节，女儿回家也受到限制（比如除夕夜女儿不可以回娘家，认为会冲撞娘家人的财运）。龙头节正是女儿归宁的好日子，在北方地区有接出嫁女儿回娘家的习俗。河北《滦州志》载："（二月二）先期，俗必迎女归宁，谓之'住春'。"河南《新郑县志》载："是日也，谓之龙抬头，女多归宁。"山东《历城县志》载："仲春月二日，打灰囤，逆女归宁。"江苏《金陵杂志》载："二月初二日，相传为龙抬头，有女出阁者，均于是日接取归宁，俗谓之'二月二，龙抬头，家家接女诉冤仇'。"由于旧时诸多禁忌，出嫁女儿借龙头节回娘家，一来是探望亲人联络感情，二来是因二月以后便又要开始各种繁忙和劳累，父母借节庆接女儿回娘家休息几日。

（7）节日食俗。龙头节，各地均有丰富多样、寓意特殊的节日食俗，人们希望通过食物来求个好兆头。其主要食俗有：食猪头肉、煎饼、炒豆（炒玉米）、糕以及冠以龙名的面食等。这些习俗大多在北方及华东地区较为盛行。吉林《吉林新志》载："二月二日为'雨节日'。各家将年末所食肥猪之头、蹄留至是日食之。故有谚语'二月二，龙抬头，天上下雨地下流，家家户户吃猪头'。"河南《尉氏县志》载："二月二日，俗名'龙抬头'，谓惊蛰也。各家贴符禁语及摊煎饼食之，以厌胜蛇、蝎、蚰蜒，不使近人。"河南《新郑县志》载：二月二日"士庶多以黍面为糕，香油煎食，亦曰避毒虫。"北京《延庆州志》载："二月二日，俗谓'龙抬头日'，炒黑豆及油煎粉腐之类，名为'熏虫'，盖亦惊蛰之意云。"上海《罗店镇志》载："二月初二日，留年糕食之，谓不腰痛，名撑腰糕。"还有将各种面食冠以龙名，祈求龙神保佑，祛邪辟灾，获得安宁者。如北京地区把吃水饺叫吃"龙耳"、吃米饭叫吃"龙子"、吃馄饨叫吃"龙牙"，蒸饼也在饼上做出龙鳞状来，称"龙鳞饼"；山西北部地区把吃面条、粉条叫"挑龙尾"。另外，甘肃一带还有吃炒杂豆与大麻子的习俗，山东泰安一带有吃"蟹子爪儿"（即油炒黄豆加盐）的习俗。在南方地区如广西、广东、湖南、贵州等，有在龙头节前后食社饭、吃糍粑的习俗。"社饭"是一种颇具地域特色的食物，野生蒿子是制作社饭的必备材料，将野蒿洗净剁碎，揉尽苦水，与野葱、腊豆干、腊肉干等辅料一起拌匀，掺和事先用水浸泡过的糯米蒸或焖制而成，成为二月二独有的节俗食品。二月春回大地，人们即将开始新的一轮劳作，而农产丰收离不开土地神的保佑，为了祈求丰收，人们要制作香美的"社饭"敬献土地，以求获得好的收成。而二月"吃糍粑"，一方面可以驱避虫害（意让糍粑粘住蛇虫鼠蚁，使其不再出来伤人），使身体健康；另一方面，可以让身体力量充沛，充满活力，有利于劳作。

（8）节日禁忌。忌动针线活。此俗南北地区皆有，即龙头节这天，妇女不能做针线活，一种说法是，苍龙在这一天要抬头观望天下，用针会刺伤龙的眼睛。河南《滑县志》载："二月二日，俗称'龙抬头'，即'惊蛰节'。是日，妇女停针工，恐刺伤龙眼。"河北《昌黎县志》载："二月二日，龙抬头……女子停针，恐穿龙头也。"另一说法是，二月二动针线，会令家人耳聋。明翟祐《居家宜忌》云："社日，令男女辍业一日，否则令人不聪。"河北、陕西等地还有忌讳早晨挑水的习俗，河北《高邑县志》载："二月二日，俗谓'龙抬头'。晨不汲水，食面条，曰'挑龙头'。"陕西《绥德州志》载："二月初二，阳盛之期，谓'龙抬头'。家家晨忌挑水，恐触龙头也。"

（9）少数民族的龙头节。虽然龙头节主要是汉族的节日，但在我国少数民族地区，也有龙头节习俗，尽管名称并不一致，但是节日主题都是崇龙活动，节日性质本质上都是相似的。

满族信仰萨满教，依照萨满教的说法，认为万物均有神灵，各种神仙从二月初二这一天起都活跃起来了。满族人家在二月初二前几天就磨黄米面，二月初一烀小豆馅，到二月初二，早早起来炸油糕，做豆面卷子。头年腊月宰的猪，先留给祖先，在年三十上供，过了初六，先把猪头放到仓房，一直等到二月初二，把这个猪头磕开烀着吃，此举谓之"龙抬头"。老满族人崇拜各种龙，认为全家吃猪是为苍龙祈祷，孩子们剃龙头也是为使这条神龙早抬头，特别是孩子们都戴着龙头龙身龙尾嬉乐游戏，把龙的全身都摆动起来，这是祈祷苍龙一跃千里，龙腾高空。此外，还有二月二印脾、二月二熏香等习俗，以祈求家人健康平安。

贵州侗族龙头节这天有浪桥、接龙的岁时风俗。侗族人认为桥头的土地神主管农事，二月初二这天，大家与土地神同席共饮，以祈风调雨顺，五谷丰登。因而每年二月初二，侗族百姓都带着酒、肉到桥头野外来宴饮，这便是浪桥。接龙也就是接牛。在侗族人心目中，牛是龙的象征。为了全寨平安如意、人畜兴旺，二月初二这天，全寨人要将一头象征丰收的小牯牛迎进寨，并将它杀掉，然后全寨分食，名曰吃"龙肉"。此间全寨各家要互请喝"龙肉酒"，席间呼"王龙归位"拳，唱"王龙归位"的酒歌，并将牛角埋于寨中心，以表示接龙归位了，预兆这一年免灾增福、人畜两旺。

龙是中华各民族共同的信仰，多有与龙相关的节庆和丰富多彩的民俗，龙头节只是其中的代表，此外还有召龙节、祭龙节、龙王庙会、龙歌日、接龙节等等。今天，我国很多地方仍有过龙头节的习俗，只是与以前相比，节日氛围有所淡化，一些活动内容有所简化，节日禁忌也被打破，这与当今社会生产力水平提高、生产生活方式变化、意识与观念改变等各种因素有关。

3. 龙头节的文化内涵

（1）认识自然，知识和智慧的运用。龙头节的形成与农业生产密切相关。在古代，农业是民生之本，而农业生产又受气候、地理环境等自然条件的影响，古时科学技术水平低下，没有高科技设备辅助农业以预测天气、改造环境。古人通过仰观天象、俯察地理以掌握农时，根据天象判断季节。古时，人们通过苍龙七宿确定播种、收获的时间。每当到了万物复苏的春天，苍龙星宿就在东方的夜空中慢慢地"抬头"，"二月二，龙抬头，大仓满，小仓流"，指的正是在苍龙星宿升起露出龙角时，春天就到了，告诉人们该开始春耕播种了，此时播种，到了秋天就能获得丰收。这是人们认识自然，运用获得的知识对生产生活以引导，即生活智慧的体现。之所以称龙头节，与古代天象、自然地理环境有关。

一方面，"龙抬头"与古代天象有关。旧时，人们将黄道附近的星象划分为二十八组，表示日月星辰在天空中的位置，俗称"二十八宿"，以此作为观测天象的参照。"二十八宿"按照东西南北四个方向划分为四大组，产生"四象"：东方青龙，西方白虎，南方朱雀，北方玄武。"二十八宿"中的角、亢、氐、房、心、尾、箕等七宿，状若腾龙，组成一个龙形星象，人们称它为东方青龙，其中角宿代表龙的角，亢宿代表龙的咽喉，氐宿代表龙的爪（另说代表龙的胸），房宿代表龙的腹，心宿代表龙的心脏，尾宿和箕宿代表龙尾。《说文》中有龙"能幽能明，能细能巨，能短能长，春分而登天，秋分而潜渊"的记述，实际上说的是东方青龙星象的变化。古时，人们观察到青龙星宿春天自东方夜空升起，秋天自西方落下，其出没周期和方位正与一年之中的农时周期相一致。春天农耕开始，青龙星宿在东方夜空开始上升，露出明亮的龙首，夏天作物生长，青龙星宿悬挂于南方夜空；秋天庄稼丰收，青龙星宿也开始在西方坠落；冬天万物伏藏，青龙星宿也隐藏于北方地平线以下。而每年的农历二月初二晚上，青龙星宿开始从东方露头，代表龙角的角宿开始从东方地平线上显现，大约一个小时后，亢宿，即龙的咽喉，升至地平线以上，接近子夜时分，氐宿，即龙爪（胸）也出现了。这就是"龙抬头"的过程。之后，每天"龙抬头"的时间均约提前一点，经过一个多月时间，整个"龙头"就"抬"起来了。后来，二月初二这天也被赋予多重含义和寄托，衍化成"龙抬头节""龙头节""春龙节"了。

另一方面，"龙抬头"与自然地理环境有关。二月初二龙头节，主要流行于北方地区（南方水多、土地少，这天多流行祭祀土地社神）。由于北方地区常年干旱少雨，地表水资源短缺，而赖以生存的农业生产又离不开水，病虫害的侵袭也是庄稼生长的一大患，人们求雨和消灭虫患的心理便折射到日常信仰当中，二月初二的龙头节对人们而言也就显得格外重要：依靠对龙的崇拜驱凶纳吉，寄托人们对美好生活的向往——龙神赐福人间，人畜平安，五谷丰登。还说龙头节这天，属蛇和属龙的人洗衣服好，可洗去一身晦气。另外，相传二月初二还是轩辕黄帝出生的日子。天上掌管降雨之神的龙王在此日抬头，意味今后雨水就会多起来，有利于耕种。

（2）认可身份，崇龙信仰的体现。首先，自古以来，大多数中国人都认可自己"龙的传人"的身份，这一方面是族群认同的体现，另一方面也表达了中国人"畏龙""崇龙""祈龙"，期望得到"龙神"庇佑的心理诉求。这种崇龙信仰的文化内涵在龙头节中随处体现，比如给儿童剃龙头、佩戴小龙尾、儿童开笔取兆等习俗。人们有意识地把龙身体比赋在自己身上，把自己化作龙，表达了认可自己是龙的传人身份的意愿，希望通过这个身份获得吉祥，拥有好的前程。其次，中国人自古以来就信仰神灵能庇佑自己，能辟邪纳福。比如龙头节中的撒灰习俗，人们在房前屋后撒灰且拟成龙形，目的就是借助龙"百虫之王"的形象和无所不能的神威，驱赶毒虫，抵制邪祟。还有各种引龙、祭龙、舞龙的活动和仪式，都有同样的内涵。另外，汲水引龙、求取雨水,忌清晨担水以免触龙头、招致水旱之灾,各地建庙祭龙,等等,都是视龙为神灵,是崇龙信仰的文化体现。

(3)祈龙庇佑,农业丰收的寄托。俗语"二月二,龙抬头,大仓满,小仓流"所反映、表达的,是农民对于风调雨顺、五谷丰登的愿望。风调雨顺是农业丰收的前提和保障,龙被认为是掌管雨水的神灵,决定着农业的收成,影响着农民的生计。传说神龙秋冬之际往往潜入水中蛰伏不出,到春天才会重新醒来。祭祀龙神是很多地方龙头节当日活动的主要内容,这天家家户户要献上各种祭品,焚香叩拜,甚至敲锣打鼓隆重祭祀。有的地方会撒灰(或糠、水)蜿蜒成龙形,到那些俗信龙在的场所(井、河),小心翼翼地将"龙"引回。还用"龙耳""龙鳞饼""龙须面"等祭祀食物召唤龙神。为了保护神龙,让其顺利抬头上天,还有很多禁忌,如妇女禁止做针线活,以免戳了龙眼,穿了龙头;又忌挑水,避免触碰龙头;忌讳刀切,怕砍了龙头;等等。龙头节中所有与龙及农业生产相关的民俗活动,都反映了人们对龙佑民生的期待,表达了对龙的信仰,也表达了古人重农务本,祈求风调雨顺、农业丰收的文化内涵。

(4)驱避虫害,安康顺遂的期盼。俗话说"惊蛰过,百虫苏",意思是随着二月到来,气候变暖,冬蛰的虫、鼠、蛇类都已苏醒、活动。很多毒虫会对人的健康带来不利,对人的生活带来困扰,特别是在古时,因毒虫伤害身亡的事件较为普遍,人们希望借助"百虫之首"的龙降伏百虫。龙头节这一天,各地有诸多驱虫求吉的习俗。《周礼·秋官》载:"(二月二)赤犮氏掌除墙屋,以蜃炭攻之,以灰洒毒之。凡隙屋,除其狸虫。"此习俗一直传承至今,有歌谣"二月二,围墙根,蝎子蚰蜒不上身""围墙根,蝎子不蜇光腚妮;围香台,蝎子不蜇光腚孩"等。除撒灰驱虫外,各地还有很多驱除毒虫的方法,比如将龙头节的各种饮食活动冠以驱虫的名目,或者食用某些具有象征意义的食物以去病痛等等。学者张勃曾对此进行过梳理:陕西米脂一带把吃黄米馒头叫"咬蝇子",山西芮城一带吃油条叫"咬蝎尾",宁夏一带把炒麦豆叫"炸臭虫",山东一带把炒豆子叫"炒蝎子爪"。上海、江苏、浙江等地,二月二要吃"撑腰糕",俗信吃了它可以强筋壮骨,不腰痛;河北新河一带有"二月二吃灯盏"之俗,"吃了灯盏不发眼(指眼睛发炎）"，也有"二月二吃枣花（即馍馍之有枣者），吃了枣花不长疮"的说法；而在浙江城乡郊区，节日期间多吃"芥菜饭"，据说可以明目，不生疮疖。另外，人们还会以燃香、火照虫烛的方式驱虫，或使用一些俗信对害虫有威慑力的物品，如符图、葫芦、剪刀形状的剪纸、锦鸡等。概括而言，人们无论是使用煎、爆、炸、烤、熏、击、拍打等种种可以恐吓虫子以及对虫子造成伤害乃至置其于死地的方式，还是运用语言的特殊力量去诅咒虫子得病、死亡，或者制作并使用一些能够镇压、消灭虫子的物什，其实质都是建立在交感、模仿基础上的一些巫术手段。虽然难以奏效，却表达了人们避免毒虫危害、期望人体安康的良好愿望。此外，在辽宁本溪县沙河沟村，俗信二月二"洗龙头""剪龙头"会让人一年内头清目爽，聪明伶俐，发丝黑壮。当地还会用高粱秆串成"龙尾"缝在孩子的后衣襟上，令其连续佩带三五日，以为如此可辟邪驱凶，使孩子在新的一年里健康成长。显而易见，所有这些节俗活动都是对远离病害、生活康宁的美好期待。①

（5）祈福纳吉，财富与幸福的追求。俗语"二月二，敲门枕，金子银子往家滚"，表达了人们对摆脱贫困、生活富裕的追求与向往。自古以来，大多百姓都在为生计劳苦，丰衣足食、生活无忧是人们普遍的愿望，富贵与财富成为亘古不变的追求。于是，人们便将梦想寄托于神话、习俗，以求得好兆头，获得好运气。在中国传统年俗中便有"送穷"日，即农历正月初五，俗称"破五"。这天有"赶五穷"（智穷、学穷、文穷、命穷、交穷）的风俗，人们黎明即起，放鞭炮，打扫卫生，表达辟邪除灾、迎祥纳福、摆脱贫穷、追求美好的愿望。有"送穷"风俗，也就有"迎富"习俗。早在唐代，在二月的节日中，"迎富"便是重要的主题。唐代以降，"迎富"习俗被各朝相承，其文化内涵影响至今。如山西一带把二月初二的引龙叫"引钱龙"，俗语"鸡鸣担水辘轳响，水洒街心把钱龙拖"，就展现了人们通过担水，以示"引财富"回家的习俗场景。还有二月初二要将大年初一供灶君神留存下来的枣山吃掉，俗称"开山"。枣山汇聚着财源，随着龙头的抬起而

---

① 张勃：《先有"二月二"，后有"龙抬头"——二月二的起源、流变及其文化意义》，《民间文化论坛》2012年第5期。

被开启，寓意财富从此聚积如山。在河南淮阳，有二月初二拍墙头和石滚的做法，人们一边拍还要一边唱："二月二，拍墙头，金子银子往下流。二月二，拍石滚，金子银子往下滚。"[①]这些习俗都是祈福纳吉、追求财富与幸福的文化内涵的体现。

（6）人际交往，维护社会关系的愿望。龙头节作为传统节日，蕴含了重亲情、讲人伦的文化内涵，发挥着联系情感、维系社会关系的社会功能。一方面，节日里各种集体活动可以促进邻里交流，和谐社区氛围，增进团结，增强集体凝聚力；另一方面，龙头节的习俗也蕴含着巩固亲缘关系的内涵，如节日当天必须尊重长辈，还有合家进餐、女儿归宁等习俗，都是这一内涵的具体体现。

二、炮龙节庆典

1. 炮龙节的源起

炮龙节是广西宾阳独具特色的传统民俗节日，具有鲜明、浓郁的民族色彩和地域特点，被称作"东方狂欢节"。2008年6月，宾阳炮龙节被正式列入国家级非物质文化遗产名录。

有关宾阳舞炮龙的来历，当地流传多种说法。

说法一：源于庆祝战争胜利。据史料记载，宋皇祐五年（1053），奉朝廷旨意，将军狄青率三万一千多名将士去南方征伐侬智高领导的武装反叛势力。在正月十一这天，宾州本地正举行热闹的"灯酒节"，狄青以此为计，引诱敌人。为了迷惑敌军，狄青充分利用中原地区士兵的编织技艺和舞龙技术，白天与当地百姓吃酒庆祝，夜晚与百姓舞龙助兴，整个城镇热闹非凡，民众喜气洋洋。接下来，狄青突然袭击敌军，一夜之间拿下昆仑关，大获全胜。狄青班师回朝后，舞龙活动被当地百姓保留并传承下来，并逐渐演变发展成现在舞炮龙的习俗。

说法二：源于卢氏思念故土，以俗寄情。舞炮龙起源于宾阳地区最早的居民卢氏兄弟，距今已有三百多年的历史。1664年，广东水花门楼卢氏三兄

[①] 张勃：《先有"二月二"，后有"龙抬头"——二月二的起源、流变及其文化意义》，《民间文化论坛》2012年第5期。

弟为谋生而迁居，就把家乡的舞炮龙带到了宾阳的芦圩镇（今宾州镇）。由此，宾阳舞炮龙活动就成为当地独具特色的传统民俗节日。

说法三：源于"四龙拜祖"的风水说。在明朝万历年间，芦圩镇最早的居民基本都是来自广西玉林地区的经商之人，他们在此集结成圩做生意，发家致富，安居乐业，此镇经多年发展成为广西四大圩镇之一。多名风水先生给宾州地区卜卦，都认为该地区是"四龙拜祖"之宝地。他们认为，宾州老圩集市是一处较平坦的高地，类似一社坛，向南方向的四条老街道犹如四条盘旋的蛟龙，龙头朝向社坛。风水先生曰：四龙拜祖也。社坛所在地，即现在老圩菜市廊铺，也就是炮龙开光老庙所在地。在老庙开光舞炮龙有"兴隆"此地之意。

说法四：源于民间"送灯"风俗。"送灯"是庆祝男孩出生的活动，在过去的一年里，当地居民谁家男孩是新生儿中第一个出生，所有居民会在正月十一这天出资，由这户人家牵头，买酒、买菜来吃"灯酒"，还要买祭品祭祀神庙神坛。到了傍晚，全体居民在族长带领下拜祭本族社坛后，要敲锣打鼓、舞狮、舞龙、跳舞，燃放鞭炮，并把扎好的花灯送至那户人家，最后把花灯挂在他家厅堂的横梁上，以示祝贺。宾阳县很多乡镇流行这种风俗，现在许多人认为宾阳舞炮龙就来源于"送灯"活动。正月十一叫灯酒节，炮龙节即衍生于此节，现在已经两节合一。

民国《宾州县志》就有关于炮龙节的记载："向来各村街集社，饮酒观灯以为乐，自十一夜起至十五夜乃止。城市并有舞龙、狮之戏，各家竞燃爆竹烧龙狮，乡村亦恒有之。"有学者研究指出："舞炮龙习俗一开始并没有与节日挂钩，只是作为吃灯酒的附属娱乐活动存在。……舞炮龙只是灯酒会活动之一，即庆祝添丁和祈福的活动，其核心意象是灯。"[①]历经千年的发展，炮龙节积淀了丰富的文化内涵，其演变是不断与其他文化适应、融会、整合的过程，体现了独特的中华龙文化内涵，蕴含了民众祛灾祈福的心理需要和精神追求。

2. 炮龙节活动内容

宾阳炮龙节内容丰富，形式多样，具有鲜明的民族色彩和地域特征。其

---

① 甘政、陈宇：《传统节日的声音、记忆与认同——基于炮龙节的田野考察》，《岭南学术研究》2017年第3期。

内容除了原有的舞炮龙活动、游彩架、大型文艺演出、灯酒会、民俗文化与艺术展演等项目外,后来政府介入后,又新增了山歌擂台赛、武术挑战赛、宾阳·台湾"双炮"交流活动、壮乡武术表演、狮王争霸赛等项目。下面我们做一简要介绍。

(1)游彩架,即彩架游行。参与游行的队列由彩色台架队、舞龙舞狮队、彩灯组、音乐柜等几部分组成,由当地知名的舞狮表演队开道,舞龙表演队收尾,中间有四台彩架依次前行。每台彩架由四人扛在肩上,彩架上有二至四名孩童装扮成各种人物,这些人物大多来源于中国历史、神话故事中的人物原型,扮成猪八戒背媳妇、穆桂英挂帅、仙女散花等场景。游彩架活动以前在正月初四早上进行,是独立于炮龙节的活动项目。自2005年起,为丰富炮龙节活动内容,政府决定整合资源,把正月初四的文化活动并入炮龙节,游彩架自此成为炮龙节的主要活动之一。

(2)灯会,俗称"灯酒会"。根据当地风俗,在正月十一,当地人都要为上一年出生的新丁入家谱或入户口,即"报丁",添丁的人家要在宗族祠堂或家门口挂灯,因"灯"与"丁"谐音,故把这种庆生活动叫作"吃灯酒"或"灯酒会",也称"丁酒",取"求嗣取丁"之意,是当地庆祝男孩出生的一项传统习俗。[①]灯酒会一般以村寨或宗族为单位,由本村(或宗族)中上年出生男孩的家庭负责组织灯会活动,组织活动的男丁家长俗称"灯头",由其负责本年灯节的集资、祭祀、人员组织、活动策划等。由于灯酒会是事关各宗族或各社坛人丁兴旺的重大事件,所以十分隆重和热闹。活动一般在本村祠堂或街道举行,届时摆上长街宴,各家的男丁欢聚畅饮,商议村规民约、农业生产等,也可以说是一场男人的盛宴。灯酒会中有许多有趣的习俗,比如"取灯",意为"取丁",即通过"取灯"仪式求得"男丁",以求人丁兴旺。灯会前,求灯者要选一位符合条件的男人(育有三男二女)作为"抱花岳父",一位擅长山歌的作为"抱花岳母",代表自己向"灯头"报告取灯意图,"灯头"则准备好一盏贴有麒麟图案的"莲花灯"。灯会当日,在社庙或祠堂举行完取灯仪式后,在"灯头"引导下,

---

[①] 颜姿:《民间节庆活动中的民俗文化展示问题研究——基于广西宾阳县炮龙节的旅游人类学分析》,硕士学位论文,广西师范大学,2008。

"抱花岳父"提着"莲花灯",众人敲锣打鼓给取灯人家送去。又如祭祀谢神习俗,祭祀时要用整只熟鸡作为祭品,由"灯头"拿到祠堂、庙宇或社坛中祭祀。拜祭后,族内的长者或社坛的看管者会把鸡的双腿砍下还给"灯头",称之"回礼",为续香火之意。"灯头"拿到"回礼",带回家中拜祭自家祖先和"床头婆",以保新生男孩平安健康。灯酒原为庆祝添丁,表达人丁兴旺的意愿,反映了旧时重男轻女的思想观念。随着社会的发展,灯会这一节日活动也被赋予新的内涵,成为邻里联络感情、相互交流的平台,成为社区民众共同狂欢的盛典。

（3）舞炮龙。舞炮龙是整个炮龙节的主题活动,包括迎龙仪式、开光仪式、舞炮龙活动、送龙等环节。

首先是迎龙仪式。节日前,炮龙被放置在制作炮龙的工匠家里。节日时,各街道和社坛都要举行隆重的迎龙仪式,通常在正月十一上午进行,各街道和社坛会组织迎龙队伍,敲锣打鼓迎接炮龙回家。"迎龙"有特定的规矩和仪式,比如要提前确定"迎龙"的往返路线,请龙动身时要燃香祭拜龙神,炮龙出门要遵循"龙尾先、龙头后"的规矩,出门后要鸣礼炮以示隆重。请回炮龙后,放置于祠堂和社坛口,等待舞炮龙活动正式开始前为龙神"开光"。

再说开光仪式。"开光"即为炮龙"点睛",一般在正月十一晚七时许,在当地特定的地点（多为老庙神坛）举行。开光前,用布条盖住炮龙的双眼,由两名男青年舞着子珠和财珠,带领龙头靠近窗口,等待开光。开光时,有祭师念咒,然后用嘴咬破鲜活公鸡的鸡冠,将鸡血涂抹到含在龙嘴里的龙珠上,随后扯开蒙在龙眼上的布条,用鸡血涂抹巨龙的双眼,表示龙神"睁眼",具有了灵性和神性。开了光的龙对着庙宇或社坛进行叩拜后,在众人的簇拥下高仰着头,盘旋着离开,随后鞭炮声响起,开光仪式结束。

接下来就是舞炮龙活动。"舞炮龙"即用燃放的鞭炮炸烧舞动中的龙。当地人认为炮龙节蕴含着祈求风调雨顺、财源广进和人丁兴旺之意,所以炮龙节这天,"炮声"会与"龙身"相随,二者相互呼应。开光仪式结束后,各社区的龙队会按照既定的路线,依次到每户人家拜年祈福。龙队由龙牌开路,锣鼓、八音等乐器伴行,火把前后相随。在龙珠的引导下,龙队飞舞着炮龙，在鞭炮声中翻腾前行。炮龙所到之处，家家户户敞开大门，恭敬相迎，并燃放鞭炮迎接龙神讨彩头。炮龙在铺天盖地的爆竹声中翻腾起舞，给每家每户送福。在当地人看来，鞭炮燃放得越多、炮龙停留得越久越吉祥，所以炮龙节期间往往是"鞭炮声声不绝耳""鞭炮不停龙不行"的景象。舞龙活动往往会持续一个通宵，在炮龙游舞中，人们争先恐后"钻龙肚"，以求新的一年万事大吉，称心如意。

最后是送龙。舞炮龙结束后，整条龙已经被鞭炮炸得残破不堪，往往只剩下骨架。这时要由社区长者指挥众人在指定的地点举行最后的"送龙仪式"。人们把龙骨堆架在一起，围绕龙架进行简单的拜祭之后，将"龙"就地焚烧，当地人称之"烧龙架"，表示送龙神升天，也希望通过"送龙"让龙带走灾难，留下吉祥。烧完龙架后，人们用事先准备的米、菜、肉末等熬制"龙粥"分食，既是为了犒劳辛苦一晚的舞龙队员，也是希望通过分食龙粥祛除病痛，讨个好彩头。至此，舞炮龙活动圆满结束。

3. 炮龙节的民俗文化内涵

（1）崇龙敬神。炮龙节活动的项目、仪式皆以龙为中心，活动中的各种叙事（口头叙事、景观叙事、行为叙事）也都与龙密切相关，这是一个典型的以龙为主角的节日。龙不仅是中华民族共同的祖先图腾，还是代表吉祥康宁的符号，规模盛大而隆重的炮龙节充分证明了龙在当地民众心目中不可替代的地位，很好地诠释了龙文化在当地承前启后的文化功能和价值，表现了龙精神在当地民众代际间、地域间、族群间的感染力和影响力。当地民众崇龙敬神的种种事项皆可在炮龙节中寻见，比如迎龙时燃香祭拜的虔诚、开光时杀鸡请神的庄严、舞龙队员护龙的笃定、送龙仪式中的虔诚。而人们不畏火炮的危险，纷纷"摸龙头""抢龙须""钻龙肚""夺龙架"的行为，无一不是当地民众崇龙敬神的客观表现。在当地，龙始终作为一种精神存在，寄托着民众对于平安吉祥、安宅镇邪、人丁兴旺、风调雨顺等美好生活的期许。

（2）崇宗敬祖。即崇尚宗族、敬仰祖先，崇宗敬祖首先体现在当地人对"男丁"的强烈追求上。炮龙节中的重要活动"吃灯酒"，便是以庆贺族中男丁的出生为目的。又如在炮龙节开光仪式上，人们对象征着"多生多子"的龙珠的激烈抢夺、对"床头婆"的祭拜等，都表现了当地人追求男丁的强烈愿望，体现了当地人固有的"人丁兴旺，传宗接代"的宗族观念。此外，在炮龙节期间，但凡神圣活动或重大事项，出席的都是男丁，女人们只能在幕后服务。当地人认为：男属阳，女属阴，女阴为不吉，龙为圣物与女相冲，所以女人需要避讳。这实质上是"重男轻女"观念的体现。崇宗敬祖还体现在对祖先的虔诚祭拜上。如在活动中，无论是迎龙还是舞龙，进行之前都有一项重要的、必不可少的仪式——"祭祖"，要准备好祭品，先到祠堂拜祭本族祖先，再回家拜祭本家祖先，祭祀祖先的贡品外观要保持完整，每个成员都要对祖宗行三拜之礼，且不得打扰祖宗用祭。祭祀祖先表达了对祖先的恭敬、服从和缅怀之情，也表达了对祖先的感恩，对家族和家庭的使命与责任。

（3）亲缘重情。这里的"缘"指"血缘""地缘"，亲缘重情指当地人重视血缘与地缘关系，重视社区间和家族之间的情感维系。除了以血缘为中心的宗族组织外，以地缘为中心的社坛组织也是维系地域内成员关系的重要纽带，是凝聚非血缘群体的重要力量。故炮龙组织既有以宗族为单位的，也有以社区为单位的。炮龙节的诸多活动也都以血缘和地缘为基础，比如划定"龙路"、吃灯酒、舞炮龙、祭祀等等，这些集体活动把同一血缘或地缘组织的人紧紧地联系在一起，人们有意识或无意识地在这些活动中确认血缘、地缘关系，加强血缘、地缘关系的维护。

（4）重使命守规则。炮龙节是一个有悠久历史、规模大、内容丰富、程序繁杂的集体性活动，在政府介入之前多为民间自发性行为。有序有效地组织如此大规模的活动，离不开当地民众高度的自觉自律性，更离不开民众的集体合作意识和责任意识。从整体看，从活动前的策划、筹资、组织等准备工作，到活动中每一个环节具体而系统的仪式、程序、制度，再到活动结束后的组织与安排等，无一不是当地民众集体智慧的展现、集体精神的展现、责任感使命感的体现。从细节看，例如舞龙者不惧鞭炮的狂轰滥炸紧扛炮龙奋勇前进，即使大汗淋漓也要用尽全力配合队友使炮龙飞舞翻腾，以及在每一个角落默默付出的妇女等等，都是体现大局观和责任感的鲜活例证。这些折射了中华民族集体主义、责任担当、大无畏精神的优秀品质，体现了龙文化在中华大地上强大的精神驱动力和影响力。

如今，炮龙节已经由区域性的民间传统节日演变成为大众化的现代节庆。在这个演变过程中，当地政府积极介入炮龙节的组织当中，民间节庆活动已经由原来的民众自发组织逐渐转向了政府主导。为了旅游发展、文化保护等各种需要，政府积极整合资源，不断丰富节日内容，扩大其影响力，促进了炮龙节民俗文化的兴盛和发展，炮龙节已经成为当地的文化名片和旅游名片。

三、其他龙节

远古时期，炎黄部落融合东夷、西戎、南蛮、北狄四方民族后，形成了兼具各氏族部落图腾特征的集合形象"龙"，之后历经夏、商、周、秦、汉、三国、魏晋南北朝、隋、唐、宋、元、明、清等朝代，直至今天，历经几千年的变迁，汉族与少数民族共生共存，相互融合，形成了以龙为共同信仰的中华民族。少数民族中也有许多与龙有关的节日，不同民族节日的时间、内容与活动样态亦不尽相同，如纳西族、藏族、哈尼族、壮族、瑶族、彝族有祭龙节，苗族、傣族、白族有龙船节，苗族有招龙节，毛南族有分龙节，珞巴族有旭独龙节，土家族有晒龙袍节，等等。

1. 祭龙节

藏族先民的宇宙观中有"天界、地界、水界"三个维度的空间，他们称天界为"赞"神，地界为"年"神，水界为"龙"神，认为三位神共同执掌人世间福禄祸灾，故每年都要过祭龙节，祭祀龙神，以祈祷风调雨顺，吉祥平安。相传西藏地区的"那即"即今天的龙王潭，过去曾对修建举世闻名的布达拉宫立了功，为了纪念这一业绩，人们在龙王潭中修建了一座寺庙，称之为"鲁康"，寺庙里供有龙王像和释迦牟尼像。每年藏历四月十五日，藏民将上等的供品扔进潭内祭奠龙王，并以划舟、野餐、歌舞来娱悦龙王，天长日久，相沿成习。

纳西族传统祭龙节是农历二月初八，分大祭、小祭。小祭年年举行，大祭则在遇有天灾人祸，或久旱、洪涝、人畜瘟疫时举行。祭礼由村中德高望重的老人主持，称之"龙头"，祭坛设在"龙树下"，各家置办猪、鸡、鸭等祭物，由家中男性前往献祭。祭时停产三日，祭后的第一个午日，各户派一男性自带酒肉去"龙头"家聚餐，以示谢意。现在祭龙节已经成为纳西族最热闹的节日，尤以三坝乡白地村最为热闹，当地纳西族称祭龙节为"朝白水"。节日期间，人们相约来到风景秀丽的白水台，首先杀鸡祭天，祭祀各种神灵，然后进行歌舞表演和赛马。近年来还举行各种形式的东巴舞表演，丰富了节日内容。

哈尼族的祭龙节在农历二月初二。这天，以村寨为单位举行祭龙游寨仪式。走在游行队伍前面的是彩纸糊扎的龙头，由小伙子装扮的姑娘被男女青年簇拥着紧随其后，最后是哈尼族群众。他们敲着铓锣、牛皮鼓，吹着巴乌，弹着四弦琴游村串寨。相传很久以前，哈尼人从远方迁徙到红河南岸哀牢山定居时，这里住着一个叫奢得阿窝的山魔，经常带着一群化装成人的妖怪窜到哈尼村寨，毁坏庄稼房屋，咬死人畜，将小孩抢去当食物，闹得满寨鸡犬不宁。天长日久，哈尼人的小孩被山魔害得所剩无几。人们委托与山魔有来往的咪谷向奢得阿窝说情，求它不要再来抢小孩。山魔提出每年农历二月初一送它一个姑娘当媳妇的要求。哈尼人委曲求全，被迫答应了条件，年复一年，哈尼人失去了许多天真活泼的姑娘。有个叫碑娘的寡妇，她有三个孩子，老大日则、老二努戈都是男孩，老三梅霜是个刚满十六岁的姑娘。这年轮到她家送姑娘，全家都很伤心，妈妈和两个哥哥怎么都不同意梅霜去送死。随着限期来临，几个孩子商量着要去杀死山魔，为姑娘们报仇。碑娘找乡亲们仔细商量后，于羊日这天，由日则和努戈装扮成两个漂亮的姑娘，乡亲们抬着酒菜等贡品送往山魔居住的山洞。山魔见人们今年仍然按时兑现诺言，并多送来一个"姑娘"，格外高兴，马上打发送贡群众回寨。接着，两个"姑娘"装出逗山魔开心的样子，摆宴劝它喝酒作乐。待山魔大醉时，他们施展巧计，及时探得山魔致命的秘密。晚上，两个"姑娘"趁山魔熟睡之时，迅速拔下它心窝上的白毛。山魔一声惊叫，忽地坐起，可是因它的筋骨已经酥软，又马上倒下了。"姑娘"立即拔出随身尖刀，杀死山魔，为哈尼人除掉了祸根。躲在洞外的乡亲们里应外合，一举消灭了其他小妖。二月初二（龙日）早晨，乡亲们敲着牛皮鼓，吹着巴乌，弹起四弦琴，唱着哈尼歌走出寨子，迎接日则和努戈两位英雄胜利归来。此后，哈尼人便在龙日这天，选两个小伙子装扮成姑娘，在乡亲们的簇拥下，敲锣打鼓，游村串寨，后演变为节日，一直流传至今。

壮族的祭龙节一般在农历二月初一至初三举行，届时，各个村寨都要祭龙神。二月初一这天清早，每户出一男性长者，先到村外龙山祭祀，求龙神保佑农事，风调雨顺，万物丰登。祭祀时，先在龙山选定一棵树干高直、枝叶茂盛的大树作为祭祀对象，在草丛中挑选未被践踏过的新鲜茅草搓成绳索，将大树围拢打结，在树脚搭一新台，把猪宰了切成块，摊开芭蕉叶，摆上五碗红糯米饭、五堆生猪肉、五双筷子、五杯酒、一只银镯，摆设齐备后，主祭者念诵经文，化纸钱三拜九叩。集体祭祀结束，各户分回一份猪肉，在门外搭好的新台再敬祭一番。老者在门外祭祀时，其余家人在屋里静候，待长者祭祀完毕，方可回屋备餐。初二、初三两天主要是祭本村的农神和"社稷神"。在"老人厅"或土地庙内，主要是敬奉本村古代第一个开发者、为本村带来第一颗五谷的王和保佑本村的土地神。祭龙分大祭和小祭，小祭杀猪宰鸡，大祭则要宰牛。一般是以自然村为单位，每村两户轮流组织，负担祭日所需要的费用和食物。有的村寨在祭龙期间还要舞龙，各家备一盆清水，当"龙"从门前经过，即将水泼向龙身，龙身泼湿则预示着下一年风调雨顺。

云南石屏县一带的彝族尼苏支系，又称花腰彝，每年农历正月十五都要举办类似汉族春节一样隆重的节日——祭龙节，意在驱魔除怪并纪念彝族英雄阿龙。祭龙节前，先推选出村中最具威望的男人做主持祭祀活动的"龙头"，再由龙头主持，选出村里刚结婚、妻子尚未怀孕的十二名男青年为"小龙"。祭龙这天，在中午以前，由"小龙"到水塘里拿一块形状如心形的鹅卵石，代表阿龙，放在村边由祖先定的"龙树"下的神龛上，并用猪板油将其包裹好。当天，全寨人凑钱杀鸡宰鸭，举行祭龙仪式，在神龛周围铺满松毛，整齐地排放着数根高约10厘米、直径约1厘米的细竹筒，在每个竹筒上放几片龙树叶子，之后按村里的户数燃香并将其放入竹筒，竹筒旁放一块块五花肉，数量同样与村里的户数一致。太阳落山时，全村男女老少都要到龙树边，依次给供奉阿龙的神龛磕头，"龙头"则将祭祀过的五花肉依次发给各户，于撒秧时食用，以保佑当年五谷丰登。拜祭之后，全村男人席地而坐，尽情吃喝。散席后，每家去神龛前拿一支插过香的小竹筒，插在自家的门闩上，以求平安。晚上，全村人在院场上"跌脚""打跳"进行狂欢，如果有"花腰舞龙"，更将祭祀推向高潮。①

2. 龙母节

广西大明山一带的壮族有过三月三"龙母节"的习俗。龙母被认为是壮族的女神，当地流传有龙母妈妈仁慈、善良、博爱及龙子"特掘"知恩图报、乐善好施、孝敬父母的故事。"九龙祭母"仪式是龙母节的核心环节，在锣鼓的伴奏下，九条龙同时起舞，追着绣球，做着腾跃、翻滚、盘起、穿插等动作。除此之外，节日中还有师公舞、壮山歌、壮鼓祭龙母表演、慈母孝子教育活动、百岁老人祝寿、百家宴、品壮家长寿五色饭等内容。

3. 龙舟节

与汉族为了纪念楚国大夫屈原或者吴国大将伍子胥而举办龙舟节不同，云南西双版纳和德宏州一带傣族流行的龙舟节，传说是为了悼念民族英雄岩红窝。相传，傣族前人岩洪窝专为穷人打抱不平，深受人们敬佩，在强权压力下，他威武不屈，后含愤投江而死，时间即为农历五月初五。傣族人民为了纪念英雄，每年是日划船游弋，以示与岩洪窝在一起。云南洱海附近的白族，流传类似龙舟竞渡的花船捞尸会，时间在农历七月二十三至八月二十三之间。相传南诏时代，洱海出现蟒蛇伤人害畜，义士段赤诚打了十二把钢刀，下海除蛇，被蟒蛇吞入腹中，段赤诚在蛇腹中拼命打滚，以钢刀相戳，终于将蟒蛇杀死，自己也葬身洱海。人们闻讯纷纷驾船下海捞尸，后形成一年一度的名为"捞尸回"的节日。②

贵州省黔东南州清水江流域和湘西一带的苗族流行过龙舟节，其中以黔东南清水江流域的苗族龙舟节最为隆重。节日期间除赛龙舟外，还有跳踩鼓舞、对唱山歌等活动。清徐家干《苗疆闻见录》说：苗民"好斗龙舟，岁以五月二十日为端节，竞渡于清水江宽深之处。其舟以大整木刳成五六丈，前安龙头，后置凤尾，中能容二三十人。短挠激水，行走如飞。"龙船下水时要"祭龙"，全寨各家向鼓头、锣手、水手敬酒后，龙船划往沿江各寨，接

---

① 朱运宽：《彝族"祭龙节"》，《今日民族》2001年第2期。
② 洪慧敏：《龙舟节源考》，《老同志之友》1991年第5期。

受村民祝贺，以求龙赐福于村寨。村民所呈贺礼依照与鼓头村寨的亲疏远近关系，分别奉献猪、羊、鸭、鹅等。有的把贺礼放在船上，有的挂在船头。龙舟节这天，清水江边人山人海，苗族姑娘身穿节日盛装，云集岸边，观看龙舟竞渡。时到中午，三声号炮一响，几十只披红挂彩的龙船在吆喝声中破浪前进，锣鼓声、鞭炮声、呼喊助威声此起彼伏，把整个节日推向高潮，胜利者最后可得一面锦旗。比赛结束后，还要赛马、斗牛、斗雀，青年男女要对歌、游方、踩鼓等，活动一直持续到深夜。

当地的龙舟造型及工艺别具一格，舟身用三根高大杉木掏空而成，中间一根独木为母舟，用竹篾将两个子舟和母舟并列扎成一排，装上精雕细刻的五彩龙头，当地也称"独木舟"。与其他地区相比，苗族的龙舟赛并非在端午节举行，而是在端午节之后。苗人以划龙舟庆祝插秧成功，预祝五谷丰登，并有驱旱求雨、祓邪厌胜、祈求子嗣等意义，每个村寨都专门制作一两只龙舟，停放在盖瓦的长廊形船棚内，等到节期下水划赛，比赛时亲友也会准备礼物在江边送行。

4. 招龙节

居住在贵州榕江县平阳乡小丹江的苗族群众，每年都要举行一年一度的招龙节，时间一般在二月份的"龙场天"。传说中华民族的三大始祖之一，即苗族的祖先蚩尤是龙神，他的后裔苗族人为了召回这位大英雄，使山寨得到保护，全寨人畜平安，使年景风调雨顺，五谷丰登，就在每年举行招龙仪式。节前，用符合要求的新伐木料雕刻成两条"龙"，再用纸剪成若干小人儿，象征蚩尤统率的兵卒，然后夹在竹签或小木棍尖上，在选定的节日的深夜，全寨出动将小纸人从寨子周围的每一条路上往回铺，直路时稍稀疏，转弯时稍密，总而言之，同一条路上必须一个"人"能看见相邻的另一个"人"。凌晨，由十三名祭师（其中一名为主祭师）主持招龙仪式。在祭师的带领下，二十名苗家男子赤上身、披蓑衣、戴斗笠、扛鸟枪、举火把，组成护卫队，二十名青年女子挑木桶，随祭师到一公里外的"龙塘"取水引龙至寨中祭坛。祭坛上摆着各种畜禽祭品，然后由主祭师率副祭师念祭文三小时，以招龙进寨。仪式一直持续到上午九点，最后全寨男女老少在祭祀坪上举行跳芦笙和踩鼓舞等娱乐活动。当天下午，还摆上"长街龙宴"，邀请亲朋好友入席，共庆招龙成功。

5. 分龙节

分龙节，又叫五月庙节，是毛南族最隆重的祭神求雨保丰收的传统节日，于农历夏至后的第一个辰日（龙日）前后举行。毛南族居住在黔桂交界的大石山区，受地理环境的影响，毛南族内部的民俗也有差异。以当地峥嵘峭崎的铁坳为界，北边的中南称为上团，南边的下南称为下团，节期是从每年五月的夏至这天算起，按地支顺序往前数，到辰日这天便是下团的分龙节。因此，上团总比下团提前五天过节，因祭祀龙的活动分两次进行，故叫分龙节。毛南族人人相信龙是管雨水的，龙日前后祭拜龙，以求其均匀降雨以获得好收成。过节前一天，要椎杀一头公牛，用牛头、牛尾、牛脚、牛内脏祭龙。祭时有法师喃经、跳神。祭龙后两三天，各家自拜祖先、三界仙、灶王、地主娘娘等，也是求神灵保佑五谷丰登。其中有一位要祭祀的神灵叫"三界公"，传说三界公是毛南族最崇拜的一位保护神，同时又是一位药神和牛神，它曾制服凶神雷王，而龙王和雷王又是管风雨雷电的神，所以要祭祀这位饲养毛南菜牛的创始神。届时，要在三界庙前举行隆重的"椎牛"仪式，师公们念经作法，唱神歌、跳木面舞，求雨祈风。青年男女则盛装聚会唱歌，选择知音，当地民谣道："五月分龙是端阳，哥妹同来祭龙王。今年哥妹同排坐，明年哥妹进洞房。"可见分龙节既是一个祭祀性节日，也是一个社交性节日。

6. 晒龙袍节

晒龙袍节是湘西土家族的传统节日，一般在每年六月初六举行。传说六月初六是湖南茅岗土司王覃篨（chú，亦作覃垕）蒙难之日。相传这天，当刽子手对覃篨行刑时，忽然从其身上飞出九条金龙，霎时天昏地暗，日月无光。覃篨死后，土家族人将其血染的战袍抢回来洗净晒干，立庙祭祀，谓之"晒龙袍"。到了六月初六这天，土家族绝大部分人家都会晒衣服、晒棉被、晒鞋子。湘西酉水流域的土家人在每年六月初六要杀猪、打糍粑、做豆腐，把亲戚朋友请来欢度节日，举行以祭祀土司王为主的摆手祭祖活动。六月初六这天若逢卯日，又称尝新节，部分土家人要打新谷、做新米饭，佐以鳝鱼为菜，以示有余，有的地方人们还煮酒杀牲敬神，感谢、祈祷神灵赐予丰收。

除以上所介绍的，少数民族的龙节还有瑶族农历二月初二的龙头节、七月二十的龙母上天节、八月二十的龙公上天节，基诺族农历七月举行的祭大龙节、祭小龙，普米族农历三月、七月举行的龙潭祭节，等等。我国民族众多，与龙有关的节日各具特色，不胜枚举。尽管各地各民族的龙节形式多样、渊源有异，但其本质都是崇龙信仰的体现，表达的都是祈求风调雨顺、五谷丰登、平安吉祥的共同愿望。

四、龙节的文化意义

说到龙节的文化意义，我们可从精神内涵、价值与功能两个方面归纳说明。

1. 精神内涵方面的意义

（1）崇神敬祖。崇拜与信仰是龙节得以存在与发展的意识根源，这一意识的形成又是源于需求与愿望，于是寄希望于神灵与祖先，以祈求夙愿达成。这里所说的祖先是一个广义概念，既包括中华民族共同的人祖（龙、上古帝王、英雄），也包括不同民族、家族及个人的祖先。此时的祖先与神灵具有共通的意义，都是保佑人间风调雨顺，能赐福纳祥、驱邪辟灾的神圣力量，但有时也会兴风作浪、降灾发难。于是在崇拜与敬畏双重心理的驱使下，人们要在特定的日子祭祀朝拜，以安神祖，求得平安。龙被视为人祖之一，又是关乎民生的重要神灵，所以民间以龙为主角的各种形式的节日较多。龙节中，祭祀神、祖是重要内容，也是神圣的环节，由此也产生了一系列祭祀礼仪与节日禁忌，比如祭祀时需要准备三牲祭品，以示隆重，敬神时要保持沉默，以示虔诚，不能随意触碰灵物，以示尊重，等等，这都是崇神敬祖的具体体现。

（2）和谐共存。中国龙节中的和谐共存体现在人与自然和谐共存、人与人和谐共存两个方面。

首先是人与自然和谐共存。由于中国人对龙的崇拜植根于农耕社会，龙节的内容及仪式等充分体现了农业生产的需求，表现在龙节日期选定、活动内容设定与节日食俗等方面，都体现了对自然规律的顺应和对时令季节规律的遵循。例如节日时间选定方面，二月二龙头节正处于万物复苏、春耕播种的季节，五月五处于作物生长的季节，六月六时谷物临近成熟，正值"吃新"的季节。这些节日，都反映了人与自然相互依存、和谐共存的世界观和生态观。

其次是人与人的和谐共存。龙节是一个大众性、集体性活动，需要家庭、社区的共同参与，节日中的诸多活动需要集体协作完成，比如活动的组织、祭祀、表演、比赛等等，其中都体现了人与人之间的集体合作与互惠互利意识。同时，节日中人与人之间的沟通交流、相互往来等等，都有利于促进各种社会关系的维护，营造了人与人之间的友好和谐氛围，体现出"以和为贵"的社会价值。

（3）族群认同。这里的族群包括大族群和小族群，大族群认同指的是对中华民族的认同，小族群认同指的是对某一民族、地缘族群、血缘族群的认同。

一方面，中国龙节体现大族群认同意识。尽管中华民族人口众多，分布广泛且各地、各民族龙节的名称有异，举行时间、节庆内容和形式亦有不同，但都是以龙崇拜为核心，反映的都是通过祭神追求风调雨顺、国泰民安、富足健康等共同的心理诉求，所以观其活动目的，本质上是相同的。从地域分布和族群分布看，龙节流行范围广，且历史悠久，在交通、信息并不发达的古代，相距较远的群体彼此交流的机会很少，但尽管如此，各地各族的或关于龙或关于祭祀过程中的礼俗禁忌等，仍具有很大的相似性。比如祭龙节就流行于藏族、壮族、哈尼族、彝族等民族中；又如龙节中要举行祭龙、祭祖仪式，祭祀时忌讳喧哗等，这些民俗习惯也都存在很大的相似性。这充分说明大族群具有共同的文化心理和历史渊源，龙节包含了对中华民族大族群的认同。

另一方面，中国龙节体现了小族群认同意识。包括对某一民族的认同，比如苗族的独木龙舟节，尽管在汉族地区也有龙舟节，但苗族的独木龙舟节是特定地域的苗族所特有的，其龙舟形式、风俗礼仪、文化内涵皆与汉族龙舟节有些差异。所以在贵州黔东南地区，只有清水江一带苗族才有龙舟节，这是民族文化的标志。又如湘西土家族的晒龙袍节等，也都体现了对本民族文化的认同。此外，具体龙节中的制度风俗也会反映出对小族群的认同意识，比如苗族龙舟节中，每一只龙舟都代表一个族群，即村寨，这些村寨多以血缘为纽带形成，也有少数因地缘关系形成，反映出强烈的宗族观和地域意识。所以，中国龙节是各族人民共同创造、发展和传承下来的"族群"文化，它承载着中华民族与各民族的历史记忆，体现着族群的历史渊源，凝结着族群文化与情感。

（4）民族气质。中华民族的气质是在漫长的社会历史发展过程中逐步形成的，它是中华民族文化本质、理想信仰、价值观念的文化浓缩，是中华民族的形象和灵魂。中华民族气质就是中华优秀传统文化中包含的仁、孝、信、忠、礼、俭、耻、义、和等思想文化，这些优秀传统文化是中华民族生存、发展，独立于世界各民族的根基。龙信仰在中国有着最广泛、最深厚的民众基础，蕴含着最深层的文化认同，是中华民族共同的精神价值、思想意识的反映。

龙节包含了丰富的民族气质。首先，中国龙节中体现了传承千年的伦理道德和人情礼俗。在各种龙节活动中，无不体现出"敬天法祖""孝廉仁义"等民族品质。如节日中对神灵、天地、祖先的祭拜，仪式中对长者、父母的尊重，习俗中女儿归宁探亲、邻居间礼尚往来，等等，皆表达了重人伦、重亲情、重孝廉、重仁义、重和谐的社会道德观，反映了对促进人与人之间的情感交流、构建和谐友好的社会关系以及创造美好生活的追求。其次，龙节中包含了集体主义、英雄主义精神和乐观向上、勇于拼搏的大无畏精神。再次，龙节中包含了生命关怀的价值取向。龙节形成、发展的根本动力是人的需求，无论是祈求农业丰收、平安吉祥，还是感恩天地、先祖与英雄，其目的都是服务于人这一主体，这是注重人本、渴望生命与繁衍的体现，是中国龙节对人伦情理、生命生活的自然表达与重要体现。这些包含在龙节中的物质财富和精神财富，形成了中华民族特有的气质，并世世代代教育和感染着中国人。

2. 价值与功能方面的意义

（1）增强民族认同感和凝聚力。共同的文化认同是增强民族认同感和凝聚力的基础，共同的节日是增强民族认同感和凝聚力的渠道和载体。中国龙节的形成与发展经历了漫长的历史时期，积淀了丰富的民族情感，蕴藏着丰富的民族文化，龙文化及其赋予的精神已经深嵌在每个中国人的意识中，流淌在中国人的血液里，所以它是增强民族认同感和凝聚力的文化支撑与精神力量。借助龙节，通过丰富多样的节俗活动、礼俗制度、娱乐竞技等，可以强化当代人对龙信仰的认同，促进对龙文化的了解，增进对优秀传统文化的认识与认同，增强民族自豪感、自信心、归属感。同时，龙节具有大众性、跨地域性、跨民族性的特点，节庆活动可以超越地域、民族、时空的限制，促进各地区、各民族人民的文化交流和情感交流，有利于增进各民族之间的相互了解，建立友好的民族关系，激发各民族在共同信仰和精神的感召下热爱祖国、热爱民族、热爱家园。

（2）促进龙文化的传承与传播。传统文化是历史积淀的产物，是一个民族的精神财富。传统节庆是民族文化的重要体现，是中华民族在几千年的历史长河中创造、改造、传承的精华。龙节就是中华民族龙文化的精华，是中华民族崇龙信仰的具体表现。龙节对于龙文化的作用有两个方面，一是促进龙文化的传承，二是促进龙文化的传播。

一方面，龙节中积淀着大族群、小族群有关生命、生活、生产、伦理、礼俗、制度、信仰、艺术等方面的内涵，包含着有关人生、自然的哲学和价值观，通过具有全民参与性的龙节，可以传递这些民族精神与价值观念。同时，龙节的祭祀对象是龙，在活动仪式、礼俗禁忌中也皆以龙为核心，这便有效地传递了龙文化知识，强化了龙信仰观念。所以，龙节是促进认同并自觉传承龙文化的重要路径。

另一方面，龙节有利于促进龙文化的传播，包括族内传播和族际传播两个方面。族内传播就是通过礼教、参与活动建立文化认同，比如苗族对龙信仰的起由、龙与生产生活的关系、龙舟活动的规矩禁忌等等文化的传授与传播，通过龙舟节活动的举办便可实现。族际传播指的是，由于龙节具有开放性和包容性的特点，各民族通过共同参加、相互参加相关节庆活动，可以实现文化交流、技术切磋，传递各自的风俗习惯并相互学习、相互影响。

总之，龙节在中华大地上盛行几千年，已经具有相对稳定的文化基础和民众基础，成为中华民族龙文化信仰的重要标签，其对中华优秀传统文化的传承、文化遗产的保护以及中华龙文化走向世界等具有重要意义。

（3）引导民族思想，促进民族精神文化故土重建。如上所述，龙节已经成为中华民族的标志，是中华民族几千年来创造的文化财富，包含了中华民族的文化精神，体现了中华民族的思想价值观念。意识是行动的先导，精神是前进的动力。在多元文化的今天，世界各地各类信息快速传入中国，人们的思想观念、意识形态都在快速地发生变化。当下，有为数不少的国人对本民族传统文化了解不够，对作为本民族文化象征的龙所包含的丰富文化内涵知之不多，长此以往，对于民族的发展与进步而言是不利的。

事实上，节庆具有的传统性、集体性、参与性等特点，很容易让节庆中所包含的文化、习俗与礼仪等融入人们的精神世界与日常生活，发挥引导思想观念、培养精神情感、树立道德伦理、规范日常行为等作用。中国龙节的仪式和习俗活动中所蕴含的崇尚和谐、追求乐观积极、热爱生活、追求真善美等优秀的中华文化精神，对人们精神世界的充实，对正确的人生观、价值观的树立都具有积极意义，对于人们培养良好的思想品质与积极的心理情感具有重要作用。同时，通过龙节，可以发挥道德教育、道德评判与道德规范的功能，为培育和践行社会主义核心价值观提供道德约束的力量。龙节中蕴藏的中华民族所倡导的道德传统与美德，会在活动中潜移默化地影响参与者，这对树立国民公德意识、规范国民公共行为，也具有重要作用。

第二节　水与龙的民俗

龙与水的关系是极为密切的：水是龙的自然源，龙是水的神物化。龙的诸多取材对象，无论是动物还是天象，都与水相关。于是，龙成为中国古人心目中的"水神"。水利是农业的命脉，水神就是农业神。中国是农业大国，是需水、用水、敬水大国，于是，对龙的崇拜便由来已久且相当普遍，而那些多姿多彩、内涵丰富的有关水与龙的民俗，也演绎、展现在中华大地的各个区域，表现在农业生产与日常生活的诸多方面。透过水与龙的民俗，可知龙对于中国古代民生之重要意义，也可窥见中华民族在面对自然力量时的生存逻辑。

本节将从"龙与求雨""龙与巫术""龙舟习俗"等方面讨论龙与水的民俗，了解中国古代民众基于龙与水的崇拜而建构的龙与水的关系，以及相关民俗活动的发明、演绎，同时探析龙与水相结合的民俗对于当代社会、经济、文化的重要意义与价值。由此认知，龙与水衍生的一系列民俗是中华民族独有的精神创造物，它传承和传播着中华民族的精神与文化，成为中华民族传统文化的重要组成部分，在当今社会仍然对促进中华民族的文化认同、构建国家软实力等有重大意义，发挥着重要作用。

一、龙与求雨习俗

中国是一个农业古国，农业生产与雨水的关系十分密切。在生产力和认识水平有限的时代，人们无法理解降雨这种自然现象，更不能有效预测与防范相关灾害，所以寄希望于"掌管雨水"的神灵，由此形成了很多祈雨的习俗。

龙是中华民族的保护神和"祖先图腾"，同时，人们还认为龙能够兴云布雨，是掌管水利、负责司雨的神灵。因此，龙也往往成为人们祷告祈雨的对象，这反映出中国民间信仰的实用主义和功利性特点。

崇龙求雨的习俗在中国历史悠久，有明确记载的大约是在商代，当时将名为"珑"的玉器作为求雨的礼器。此外，《山海经·大荒北经》载："蚩尤作兵伐黄帝，黄帝乃令应龙攻之冀州之野。应龙畜水，蚩尤请风伯、雨师，纵大风雨。黄帝乃下天女曰魃，雨止，遂杀蚩尤。"又载："应龙已杀蚩尤，又杀夸父，乃去南方处之，故南方多雨。"《山海经·大荒东经》也载："应龙处南极，杀蚩尤与夸父，不得复上。故下数旱，旱而为应龙之状，乃得大雨。"

这些文献记载表明，很早之前人们就相信雨水与神龙相关。在中国古代，生产力水平比较低，农业生产完全依赖自然，若天不下雨，轻则民食不果腹，重将民不聊生、国基动摇。所以，古时候，无论是帝王还是平民，都会在遭遇干旱时向龙神祈求降雨。

求雨习俗在中国北方的河南、山东、河北、山西、东北、西北都流行甚广,其内容主要有两种形式:一是巫术求雨,即通过实施巫术,作用于龙的象形物,如土龙、树枝、草、蛇、蛙等,使龙感应,求得降雨;二是祭祀求雨,即通过膜拜、敬献、歌颂、建庙、塑金身等形式恩赐于龙神,求得雨水。祭祀中,人们也通常将巫术与祭祀两种方法结合使用。除这两种主要的方式外,各地也有其他一些特殊的求雨方法。

1. 巫术求雨

(1) 土龙求雨。在商代已经有作土龙求雨的巫法,到汉代作土龙求雨巫术逐渐兴盛起来。[①] 有丰富的文献记载了古时设土龙以招雨的习俗,《淮南子·说山训》:"圣人用物,若用朱丝约刍狗,若为土龙以求雨。"《淮南子·地形训》:"土龙致雨。"《论衡·乱龙篇》:"董仲舒申《春秋》之雩,设土龙以招雨,其意以云龙相致。"《后汉书·礼仪志中》:"其旱也,公卿官长以次行雩礼求雨。闭诸阳,衣皂,兴土龙,立土人,舞僮二佾,七日一变,如故事。"到了宋代,有官方明文记录了制作土龙求雨的习俗,如《宋史》卷一百零二《礼志五》载:"咸平二年旱,诏有司祠雷师、雨师。内出李邕《祈雨法》:以甲、乙日择东方地作坛,取土造青龙,长吏斋三日,诣龙所,汲流水,设香案、茗果、糍饵,率群吏、乡老日再至祝酹,不得用音乐、巫觋。雨足,送龙水中。余四方皆如之,饰以方色。大凡日干及建坛取土之里数,器之大小及龙之修广,皆以五行成数焉。"

(2) 绘龙求雨。指通过绘画神龙,招致感应,以求降雨的方法。如《宋史》卷一百零二《礼志五》又载:"景德三年五月旱,又以《画龙祈雨法》,付有司刊行。其法择潭洞或湫泺林木深邃之所,以庚、辛、壬、癸日,刺史、守令耆老斋洁,先以酒脯告社令讫,筑方坛三级,高二尺,阔一丈三尺,坛外二十步,界以白绳。坛上植竹枝,张画龙。其图以缣素,上画黑鱼左顾,环以天鼋十星;中为白龙,吐云黑色;下画水波,有龟左顾,吐黑气如线,和金银朱丹饰龙形。又设皂幡,刉鹅颈血置盘中,杨枝洒水龙上,俟雨足三日,祭以一豭,取画龙投水中。大中祥符二年旱,遣司天少监

[①] 张强:《中国以龙求雨习俗变迁研究》,硕士学位论文,湘潭大学,2008。

史序祀玄冥五星于北郊，除地为坛，望告。已而雨足，遣官报谢及社稷。"

（3）舞龙求雨。即以舞龙的方式祈求风调雨顺、五谷丰登的习俗。人们认为，模拟龙的动作可以感应真龙、带来雨水。汉董仲舒《春秋繁露·求雨篇》载："塑大苍龙一条，长八丈，位居中央；再塑小泥龙七条，各长四丈，位于大龙之东。大小龙皆头东尾西，龙与龙之间相距八尺。再择儿童八人，皆戒斋三日，穿青色衣服舞而蹈之。"这是汉代舞龙求雨的记录，之后这种形式逐渐流传。舞龙求雨又有多种类型，比如舞草龙求雨、舞板凳龙求雨等等。

上海叶榭有舞草龙习俗，相传此习俗源自唐代的一场旱灾，传说"八仙"中的韩湘子是叶榭埝泾村人，为解家乡旱灾，他招来东海青龙，普降大雨，使得叶榭盐铁塘两岸久旱逢甘霖。当地百姓为报韩湘子"吹箫招龙"的恩德，便将盐铁塘更名为"龙泉港"，沿用至今。之后每年，乡民用金黄色的稻草扎成四丈四节、牛头、虎口、鹿角、蛇身、鹰爪、凤尾的草龙，以此祈求风调雨顺。从此，草龙求雨成为叶榭民间的一种习俗，并影响到周边地区。在传承过程中，形成了草龙舞、滚灯舞、水族舞等民俗舞蹈。该仪式逢农历五月十三、九月十三在当地"关帝庙会"期间举行，供奉"神箫"（象征韩湘子）和"青龙王"牌位，分为祷告、行云、求雨、取水、降雨、滚龙、返宫等程式，庄严而隆重。供品都来自本地，如陈稻谷、麦、豆、浜瓜（上海产的良种西瓜）、鲤鱼等，表达当地农民朴实、强烈的感恩之情。在"降雨"仪式中，两名村姑不断将盆中的水泼向观众，象征"泼龙水"，观者纷纷争着让村姑泼水，此当为人们对村落集体生命绵延的祈愿。这种接近古代原生态的祭龙求雨仪式，因为有整合村落集体力量的文化功能，已传承了近千年，并孕育出富有特色的民间音乐、舞蹈。

舞板凳龙求雨相传源于汉代，由"舞龙求雨"的巫术活动演变而来。相传在很久以前，遇上了大旱，东海的一条水龙不顾一切跃出水面，下了一场大雨，但水龙因此违反了天条，被剁成一段一段，撒向人间。人们捡来龙体放在板凳上，并把它连接起来（人们称之为"板凳龙"），不分昼夜地奔走相告，希望它能活下来，舞板凳龙的习俗也由此而生。龙舞还有"干龙""湿龙"之分，"干龙"多为娱乐，"湿龙"则为求雨。"龙"到之处,百姓必泼水助威,舞者浑身透湿。

(4)擒龙求雨。即人们捕捉一些被认为是龙的化身的动物,代替龙,以获得龙的感应,求得降雨。唐代有用蜥蜴求雨的记载。唐段成式《酉阳杂俎》载:"王彦威尚书在汴州,二年,夏旱,时袁王傅季玘过汴,因宴,王以旱为言,季醉曰:'欲雨甚易耳。可求蛇医四头,十石瓮二枚,每瓮实以水,浮二蛇医,以木盖密泥之,分置于闲处,瓮前后设席烧香。选小儿十岁以下十余,令执小青竹,昼夜更击其瓮,不得少辍。'王如言试之,一日两夜雨大注。旧说龙与蛇师为亲家焉。"文中"蛇医""蛇师"皆指蜥蜴。今天湘西土家族也有擒龙求雨的习俗,土家人认为总有一些龙爱偷懒,得空就出去游山玩水,这样便导致了人间的干旱。认为龙蛇一体的土家人就瞄准了蛇——巫师让村民集体出动,漫山遍野寻找小花蛇,抓到便是"擒得龙神",放到附近的山洞里施以巫术,促"龙"尽职行雨。

(5)厌胜求雨。"厌胜"意为"厌而胜之","厌胜求雨"系用法术诅咒或祈祷以达到制胜龙王,求得降雨的目的。比如向深潭投入秽物、药物等龙恶之物,或在潭边说污言秽语,以激龙发怒,使其飞腾布雨。这是一种很古老的习俗,起源何时已无从得知,但在魏晋南北朝时期已有此俗则是毫无疑问的。《水经注·夷水》载:"(佷山)县东十许里至平乐村,又有石穴,出清泉,中有潜龙。每至大旱,平乐左近村居,辇草秽著穴中。龙怒,须臾水出,荡其草秽,傍侧之田,皆得浇灌。"又云:"丹水又迳其下,积而为渊,渊有神龙。每旱,村人以茼草投渊上流,鱼则多死,龙怒,当时大雨。"四川茂县羌族求雨也有此习俗:每遇天旱,人们都以求拜神灵的方式,祈求上天下雨,求雨的方式有大禹庙求雨、秽语求雨、哭诉求雨等多种。在茂县曲谷、白溪、三龙等乡(今三乡均已撤销,并入相关镇),秽语求雨的形式是:参加求雨的人均为已婚妇女,她们齐聚白石祭祀塔或海子边,向神讲述夫妻房事等"晦"事,俗称"霉天",期望惹怒上天,以达到下雨之目的。

2. 祭祀求雨

(1)祈祷求雨。即通过祭祀龙神、向龙神祷告,以求降雨。祈祷求雨分两种情况,一种是个人行为,村民自带祭品、香烛,到村头、水井旁、河边、深潭边或龙王庙，焚香祷告，时间自主，形式简单；一种是有组织的集体行为，有计划、有仪式流程，由相关领头人组织村民，到龙王庙或村外合适地点进行集体祭祀，时间统一，有既定的祭祀仪式与内容。集体祈祷求雨的仪式流程一般有设坛祭祀、诵经请神（舞蹈请神）、焚烧香烛、跪地祷告等，祭祀时携带旗帜、柳枝等能够召唤雨水的器物，通过各种祭拜仪式呼唤龙神，表达旱象之苦，用虔诚之心祈赐雨水。如《铁岭县志》载："酷旱望雨于无可如何之中，遂效桑林之祷。在乡则联合数村一家一人，在城则通知各商号亦一家一人，头戴柳枝，齐集龙母庙。僧道讽经，地方官及各团体首领素衣跣足，各执瓣香或小旗，擂鼓呼天，声闻远近，一步一跪，或数十步一跪。……以三日为期，至期不雨，候三日仍不雨，设坛再祷。"①

（2）神像巡游求雨。即人们组织队伍，将龙王神位、神像从龙王庙请出巡街，以娱神请神。人们按照设定的路线，头戴柳枝，敲锣打鼓进行巡游，途中呼喊龙王，称述旱情，以求得降雨。河北南皮县遇天旱时，"请关帝或龙王像，设坛三日，舁像铙鼓游行"，各户"门插柳枝"，游行队伍及跟随者必须"戴柳帽，且执柳洒水作雨状"。吉林东丰县天旱时，"乡民有祈雨之风，结队跣行，头戴柳圈，高呼求雨"。旧时天津遭遇天旱，当地农民抬关公像或龙王像，前引以仪仗多件，锣鼓喧天。队伍中有一人"身披绿纸制成之龟壳，以墨粉涂面，口中喃喃而语"，其余人跟在后面，大都头戴一柳条圈，手持一柳枝，"每到一处，该处之人皆须放鞭炮，陈列供品迎接"。大街上的门脸都插柳枝，还在门上贴黄纸，上书"大雨时行""大雨如注""大雨倾盆""天降大雨"等。巡游队伍中，还有儿童扛着一条长木板，上面有黄泥塑的龙，龙身上用蚌壳贴成龙鳞。儿童嘴里喊着"滑沥滑沥头咧，滑沥滑沥头咧。家家小孩来求雨咧"，或喊"老天爷，别下咧，滑沥滑沥下大咧。大雨下到开洼地，小雨下到菜畦里"。②

（3）取水求雨。即从深潭或江河中取水返回，以示"迎龙"，通过"以水为引"（因为龙居于深水）获得龙的感应以求雨。宋代诗人张耒《叙雨》诗序记载了这一习俗："福昌之民，有祷旱于西山者，取山之泉一勺祠

---

① 李澍田主编、陈见微选编《东北民俗资料荟萃》，吉林文史出版社，1992，第133页。
② 胡朴安：《中华全国风俗志》下编，河北人民出版社，1986，第51页。

之，不数日而雨。邑民言旱岁取水以祠辄应，且其取之者非特福昌也。"又有文献记载济南黄巢地区取水求雨习俗："取水时，大约有五十人，装扮成最少六个雷神（又叫霹雷将军，演出者拿着新红布包袱包着的筝，一手一个）、十个到二十个风婆婆（拿着簸箕，象征着扇风）、雨婆婆（拿着水瓶）、'扑云'童子（管云彩），还有龙王、分水夜叉（拿着铜制的夜叉）等神。装扮好后，他们列着队敲锣打鼓去黄巢村东的龙潭取水，用新瓷罐灌水带回西庙来上供。村民们也要'祭河'，把街道打扫干净，家里大门上放一个用柏树枝做的架子，用红纸写上'天爷爷'贴在架子上，用小瓷罐或瓷瓶供上泉水。"[1]可见，取水求雨的用意在于以水为媒介，近距离地向龙王传递信息，以期获得龙神感应而得到降雨。

3. 其他求雨形式

（1）泼水龙求雨。泼水龙是湘西土家族的祭神求雨仪式，一旦发生旱灾，当地有影响的人物就会出来组织泼水龙，仪式极为隆重。泼水之龙用柳树条扎成，由龙头、龙身、龙尾和滚宝组成；龙的全身一般为十二洞，即每月一洞，闰年为十三洞；龙身都不糊纸，不披布，只通插柳条，取"愿得柳枝甘露水"之意，并有鱼、虾、蚌、蛤等"执事"陪衬。龙头有眼、鼻、嘴、舌、角、须，形象逼真，龙尾上翘，能左右摇摆。举龙头的人一般为土家山寨有名望的长者，龙身、龙尾则任何人可举。滚宝即龙珠，也用柳条编成，形如圆球，在龙口前上下左右飞舞，形成"龙抢宝"。表演时，赤膊的舞者沿街舞龙，围观者以水泼之，舞龙人被淋得全身湿透，以此祈求天降大雨，泼水越多则预示雨越大，故周围村寨人人参加。旧时，舞泼水龙是在农历六七月的龙日举行。这天，土家山寨家家户户将装满水的水桶、水盆和泼水的水瓢、水枪等放在门前，待吹着牛角、唢呐，又敲锣打鼓的泼水龙队伍来到门口，在鞭炮声中，男女老少齐用水瓢、水枪、木盆不停地将水泼在水龙和赤身舞龙人的身上，谁家泼的水多，就预兆谁家五谷丰登、六畜兴旺。[2]

（2）草龙求雨。仡佬族有草龙求雨习俗。草龙用禾秆草编成，一条长长的草编帘，后分三个叉略向上翘起，象征"龙尾"；把草帘的另一头反折

---

[1] 孙芳：《济南黄巢地区求雨习俗的调查分析》，《民间文化论坛》2006年第4期。
[2] 本刊编辑部：《泼水龙：求雨仪式》，《中华民居》2012年第1期。

一层做两个弯角翘起，形似"龙头"；中间每隔一段扎一小捆椭圆形禾草，串上一根竹子做"龙身"；在龙头前面单独做一个圆形草团作为"龙宝"（龙珠），再在龙头、龙身、龙尾挂一些彩纸装饰，便在村头村尾舞起来。如果村子里遇到什么灾害，或者久旱不雨，会扎草龙去河边焚烧，祈求龙王消灾、降福或降雨。

（3）七女祈雨。在山西祁县一带，天旱时，由村里挑选七个聪明伶俐、品性兼优、家门兴旺的年轻少女进行求雨。其做法是：先把这七个少女家中所用的蜡烛搓配在一起，再用水将这七家的蜡和七家的炉灰调和成稀泥状，抹在村中一块光亮的方块石头上，上面放一大罐，盛满清水。之后，由七个少女扶着罐子的边沿转圈行走，嘴中念着求雨辞："石头姑姑起，上天祁雨去。三天下，唱灯艺，五天下，莲花大供。"村里所有人求雨的愿望都由这七个少女向龙神表述。[①]

除上述之外，湖南新晃侗族自治县贡溪镇上田村有跳"咚咚推"求雨的习俗。"咚咚推"即侗族傩戏，因演出时鼓发出"咚咚"声、锣发出"推"声而得名。还有威胁求雨的极端做法，即通过鞭打、砸庙、毁像等方式，攻击、激怒龙王，使其降雨。这种做法的用意，在于惩罚龙王布雨的失职。如山东德州市陵城区的"晒龙王求雨"习俗，当地称晒龙王求雨为"武祈"（即通过武力逼迫龙王降雨），由少年充当神尸（称"马匹"），僵卧于烈日下。这种极端的做法，文献记载并不多，因为中国人主要还是以崇龙为主，一般不敢轻易冒犯龙王、龙神。

求雨源于农业生产对雨水的需求，这一习俗在国外一些地区和民族中同样存在，是人类生存诉求的共同心理反应。中国的崇龙求雨习俗体现了古时中国人的精神信仰与愿望，客观反映了当时的生产生活环境与社会意识形态，丰富了民间文化生活，发挥了一定的积极作用。随着社会进步、科技发展、国民文化素质的提高，崇龙求雨习俗承载着对历史的记录，逐渐演变成为一种文化，一些祈雨活动习俗的祭祀功能逐渐转化为娱乐功能，最典型的便是"舞龙"。

---

① 乔润令：《山西民俗与山西人》，中国城市出版社，1995，第200页。

二、龙与巫术

1. 龙巫术产生的背景

中国巫术的起源甚早,从距今一万八千年的山顶洞人到距今一万年左右的新石器时代,是中国巫术的萌芽时期。[①]

龙的崇拜产生于上古时期且与巫术有密切的联系。为什么龙与巫自古就相联系呢?一是与龙的起源相关联。事实上,早期龙的形象是一个相对模糊的概念,从龙的起源看,有多种说法,有鳄鱼说、蛇说、蜥蜴说、鱼说、马说、猪说、牛说、狗说、鸟说、恐龙说、闪电说、虹说等,龙形象逐渐演变得具体而清晰,这是人们长期主观塑造的结果。人们对在现实中没有见过的物象,总是充满神秘感的,于是一些形象与龙相似的生物、天象,被人们赋予了龙性,久而久之,这些生物、天象便成为龙的化身,其特性也就被认为是龙的特性。比如,无论以上哪种起源说,皆与水相关,于是赋予龙以"水神"的种种"神性",如闪电、彩虹发生在天上,所以龙就会腾云驾雾、吞云吐雨。总之,这些龙的象形物神秘莫测,变化万千,人类无法驾驭也难以抗衡,于是初民认为这就是龙的神性。但凡遇到天旱不顺,人们就向龙神祈祷,以求得庇佑。但是人具有主观能动性的本能,往往不满足于通过祈神的方式而获得被动的恩赐,更希望与神灵沟通或者通过某种方法征服、控制它,让神服务于人,于是巫术开始产生。古人认为龙与雨水关系密切,龙出现能够带来雨水,所以通过巫术沟通神龙是控制雨水的重要途径。二是与图腾信仰相联系。自从龙作为广义图腾产生起,便为中华民族的原始先民所崇奉。在文献记录的神话中,作为华夏始祖英雄的三皇五帝多是因其母感孕"龙"而生。龙为天神,祖先因之也就具有了神性,既有人格也有神格。古人笃信图腾与自己的祖先有血亲关系,认为敬奉图腾神物,族人便可得到护佑。

2. 龙巫术的表现形式

(1) 仪式巫术。即人们通过祭龙、拜龙、斗龙、戏龙、舞龙等仪式施行巫术,以至感召神龙,达成祈愿目的。如广东德庆民间有到龙母庙"拜龙

[①] 蒋明智:《作为巫术信仰的龙》,《长江大学学报(社会科学版)》2008年第5期。

母"的习俗,拜龙母即与龙母认亲,从而建立祭拜者与龙母的亲缘关系。如果祭拜者有困难求助龙母,则会得到龙母的保佑。在干旱时节,湘西土家族会举行一种与龙神搏战的"斗龙"仪式,以对懒龙、妖龙、恶龙进行惩罚,使龙俯首听命。他们以嬉戏侮辱等方式,激怒龙神,使其生气,诱其腾空降雨,达到为旱区求雨的目的。其斗龙仪式一般是请本族的巫师梯玛主持。《摆手歌·民族迁徙歌》中有这样一段唱词:"土家族人翻过重重大山,穿越重重险滩,终于来到了永顺县的老司岩。一到老司岩,见到老司公公。老司公公岩上贴,神采奕奕好气魄。头发披起吹牛角,怒火冲天斗妖龙。妖龙厉害未斗胜,从此贴壁留真身。"歌里讲述了一位斗妖龙牺牲的土家人,也反映了当地斗龙的习俗。《淮南子》记载南方人有断发文身以像鳞虫(即龙)的习俗,文身的目的是表示自己是龙的后人,希望在生产生活中能得到蛟龙的保护,这也是仪式巫术的体现。

(2)器物巫术。即利用器物实施巫术,人们往往会把一些被认为具有通灵性质的象征物(如龙纹、花纹、动物纹、神仙、神物等)绘制在器物上,以赋予器物灵性,从而实现通灵的目的。这些器物包括生产生活用品,如陶器、青铜器等,也包括绘画、雕塑等艺术品。对此,蒋明智在《作为巫术信仰的龙》一文中进行了大量的举证:如辽宁查海出土的石砌龙、河南濮阳出土的蚌砌龙、内蒙古翁牛特旗出土的玉龙、河南偃师二里头出土的龙纹陶片、山西陶寺出土的蟠龙纹陶盘、商代青铜器上的龙纹、战国帛画上的龙图等。无论是雷纹、涡纹,还是动物纹样,它们所依附的器物自然不在器物的实际用途上,其深层的文化意义在于,作为一种巫术仪式用于古代的祭礼之中。就陶器而言,雷纹或涡纹几乎都绘在随葬的坛或罐上,而不见于日常使用的壶上,其作用主要用于对死者的祭祀,借龙沟通天地,引导死者灵魂升天。帛画中龙的巫术意义已为不少学者论及。长沙陈家大山战国楚墓出土的帛画《人物龙凤图》,表达了龙导引人升天的主题。这一主题在长沙马王堆西汉古墓出土的飞衣帛画上有更丰富的表现。根据张光直的研究,这一"人兽相伴"的符号,可以追溯到仰韶文化。河南濮阳西水坡45号墓就有墓主乘龙的符号出土。龙是巫师的坐骑,巫师通过它与天地沟通,因而墓中的龙具有引导墓主灵魂升天的功能。龙的图案还包括自秦汉以后,皇帝所穿龙袍上的龙饰、所居之所的龙雕、所用之物的龙印等，可视为巫术心理的延伸。

（3）灵物巫术。现实中，人们往往将一些自认为与龙有联系的生命物（如蛇、蛙、蜥蜴等）或非生命物（如石头、玉石等）视为龙的化身或者能够感应神龙的灵物，对其实施巫术，以达到某种目的。诸多文献对这类巫术都有记载。晋代虞喜《志林》载："夷陵有阴阳石，阴石常润，阳石常燥。旱则鞭阴石，必雨；久雨，鞭阳石则止。"元代陶宗仪《南村辍耕录》卷四《祷雨》云："往往见蒙古人之祷雨者，非若方士然。至于印令旗剑符图气诀之类，一无所用。惟取净水一盆，浸石子数枚而已。其大者若鸡卵，小者不等。然后默持密呪，将石子淘漉玩弄，如此良久，辄有雨。岂其静定之功已成，特假此以愚人耳，抑果异物耶！石子名曰'鲊答'，乃走兽腹中所产，独牛马者最妙，恐亦是牛黄狗宝之属耳。"玉被称为"通灵宝玉"，玉器自古以来就被认为有辟邪功能，其形状多样，饰以动物纹样。张光直指出："琮是天地贯通的象征，也便是贯通天地的一项手段或法器。"[①]蒋明智指出："因为它的形制象征了天与地，而且刻有种种协助神秘力量的动物图案，又由玉这种传说中可以通神的质料制成。玉琮是玉所制，本身十分圣洁，它的外部被雕成方形，内部又是圆形，与古人心目中的天穹相似，它的中间是空的，能够象征天地上下的相通，所以可以在祭祀时供奉天地，拥有沟通天地、接引神鬼的神秘力量。""青铜器的巫术目的就更为明显。传说夏初统治者曾用方国进贡的金属铸成九鼎，并将远方各种物像铸在鼎上，其目的是让民众了解神灵、鬼魅的相貌，使他们进入山川泽林时辟除恶鬼。"[②]

也有以相关动物为灵物的记载。元代王元恭《至正四明续志》载："蜥蜴，形如蝘蜓，瘦而泽，四足皆有金丝，生深山石潭中。凡祷雨所至，辄应祷出水面，附罩至城，既雨，则送故处。"又如在湘西土家族人的观念中，常常龙、蛇一体，其"捉龙求雨"巫术中，"捉龙"即捉蛇，萧遥《斗龙与戏龙：土家族神秘的求雨仪式》一文，对此就有详细的记述："每当天旱之

[①] 张光直：《中国青铜时代（二集）》，生活·读书·新知三联书店，1990，第71页。
[②] 蒋明智：《作为巫术信仰的龙》，《长江大学学报（社会科学版）》2008年第5期。

际，湘西土家族人认为是山洞中的龙神离开了洞府，游山玩水所致。要天下雨，须将游荡的龙神捉回，对它施加巫术，命它恪尽职守，布云行雨。在举行这种求雨仪式前，巫师会先让各村寨的百姓漫山遍野地寻捕蛇，最好是小花蛇。若是捕得此蛇，便认为是擒得龙神，然后放蛇于附近的'龙洞'中。巫师梯玛在龙洞前设坛，施行巫术，其目的就是要把龙神禁锢在洞内，使它不再四处游荡。在梯玛行法的同时，村寨的百姓们便需要挑水，有的甚至挑上鸡狗粪洒于山洞四周，再杀狗淋血以厌之，谓之'压龙'。据说这样，龙神就不敢再擅离洞府，而专于职守，降下大雨，以除旱灾。"①

3. 龙巫术中的文化观念

龙巫术的出现基于原始宗教意识的产生，源于人类对自然的理解和控制自然的欲望。当不能解释外界自然现象、不能按照人的意志改变现状的时候，往往通过构建人与自然的关系进行化解。龙巫术的产生就是这种思想认识的表现，无论是上述说到的仪式巫术、器物巫术还是灵物巫术，其本质都是通过某一介质实现人神沟通的目的，这些介质都是被人格化或神格化了的"事物"，然后相信通过实施各种形式的巫术，可以影响和改变现状，体现出人类影响自然的能力。这是原始宗教的表现，也是一种朴素的"人定胜天"的世界观。

龙巫术的具体表现是神灵与祖先信仰，并以"巫"的形式表现出来，从某种程度上讲，是人类认识宇宙世界和人类起源的初级阶段，是智慧的开蒙。它们在特定时期产生了一定的文化价值，发挥了实效作用，比如出现在巫术仪式中的民俗、礼仪、艺术创作等。如果剔除它们的消极因素，其对以后人类文明的巩固和发展也起到了无法低估的具有积极意义的文化作用，对中华"天人合一""自然和谐""缅怀祖先""宗族血缘"等思想奠定了一定的文化基础。

龙巫术还包含中国传统的天干地支、阴阳五行、念咒画符、占卜星象等知识。例如龙巫术中的阴阳五行，五行学说认为宇宙万物都由木、火、土、金、水五种基本物质的运行（运动）和变化所构成，它强调整体概念，描绘了事物的结构关系和运动形式；阴阳指世界上一切事物中都具有的两种既互相对

---

① 萧遥：《斗龙与戏龙：土家族神秘的求雨仪式》，《民族论坛》2011年第12期。

立又互相联系的力量。阴阳学说体现的是对立统一观,五行则是原始的普通系统论。五行还对应着五种颜色,按木火土金水的关系,五色是青红黄白黑,五方是东南中西北。龙在五行之中与五方、五色皆有对应,即:"五色龙"为黄龙、青龙、黑龙、白龙、赤龙,"五方龙"为青龙居东方、白龙居西方、赤龙居南方、黑龙居北方、黄龙居中央。按照"五行",则为黄龙属土、青龙属木、白龙属金、赤龙属火、黑龙属水。"五色"和"五方"是道教中神圣的色彩和空间,这些对人们的哲学思想、宗教信仰、思想观念等都产生了重要影响。

龙巫术是原始宗教的组成部分,是特定时代人们世界观的反映,龙巫术与其他巫术的重要功能区别在于,龙巫术的目的主要是通过巫术发挥威力,满足有利于人们生产生活的诉求,如祷雨、祈福、求子、消灾避难,它对社会的影响是正向的。另外,在特定历史条件下,巫术在社会生活中扮演着重要角色,除能满足人们的精神诉求外,还具有对人类认识活动的补充作用。传统龙巫术对中国人的信仰影响深远,很多风俗习惯中至今仍有遗存,这是传统文化长期积淀的结果。当今,我们在重新认识和挖掘龙的巫术文化时,应有正确的认知态度,用科学的眼光和理性的思维继承龙巫文化中的传统精髓,摒弃迷信思想,充分挖掘龙文化的正面价值,发挥其积极功能。

三、龙与水的关系

唐刘禹锡《陋室铭》中有"山不在高,有仙则名;水不在深,有龙则灵"之句,意思是神居于山,山不在于高,有神仙就有名气;神龙居于水,水不在于深,有龙就有灵气。神话传说中,龙行之于江河湖海,可掀起汹涌波涛,龙行之于云端苍穹,又可以挟雷闪电,大作风雨,润泽天下。《易》云:"鼓之以雷霆,润之以风雨。"可见龙与水相互依存,密不可分。

1. 水崇拜

水滋润万物,是生命之源,水不仅影响着人类的生存与发展,也促使人类文明的形成。正因为对水的依赖性,人们在选择居住地时,往往会倾向于在水源充足、土地肥沃的地方定居。所以,基于生存与发展的需求,人类早期文明发源地多位于江河流域,比如亚洲人类文明发源地分布于亚洲东部的黄河—长江流域、亚洲西部的两河流域、亚洲南部的印度河流域。同时，水也可以形成灾难，毁灭家园、威胁生命，又是人类恐惧的事物。以"洪水"为母体的神话在世界各地普遍存在，惨烈的洪水灾害在人类心灵里留下不可磨灭的印记。

鉴于此，人类对水具有依赖和崇拜的情感。一方面，水寓意着生命，是生命之源。另一方面，基于"生命观""世界观"，人们赋予水以人格，使其蕴含哲学、伦理，启迪人们思想。古人由水的重要性衍生出对水的崇拜以及一系列相关习俗。

农耕社会，雨水关乎民生，适量的雨水能促使作物生长，使农业获得收成，人们便能获得生存资料。若天旱无雨、洪灾暴发，则会家园被毁，食不果腹，背井离乡。所以对于古人来说，风调雨顺是关系到生存的头等要事。但是自然界变化无常，阴晴不定，有的年份风调雨顺，有的年份灾害频繁。人们没有办法预测风云变幻，更不能有效防范和控制，面对自然灾害，人类无能为力，充满着无奈和恐惧，并试图借助神秘力量来控制和约束水。所以从这个角度来看，"（人们）对水的崇拜，最早应该是起源于对水的依赖和恐惧，最原始的功利目的是祈求风调雨顺和人类自身的生殖繁衍，核心内容是对水的种种神秘力量的崇拜，并由此引发的对掌管水（包括雨、雪、冰雹、霜等）的神灵的崇拜"；"人类对于水及其他一切自然物的崇拜，是以水及其他自然物的人格化和神灵化为前提条件的。所谓水的人格化，即认为水也具有与人相同或相似的思想、感情、意欲、行为等。所谓水的神灵化，就是赋予水以超自然的幻想力量，由此便产生了水灵、水神"。[①]总之，水在人类社会发展的历程中具有不可替代的地位和作用，在漫长的岁月中，初民基于生存经验以及对大自然的认知，才逐渐辩证地了解了水，进而产生了水崇拜。

2. 龙崇拜

对龙的崇拜要追溯到龙的原型和神性。龙的原型说大体可以分为两类，一类为动物说，一类为天象说。动物说认为龙起源于某种动物，如蛇、鳄、

[①] 杨杨、杨甫旺：《洁净与异化：彝族自然崇拜中的水与龙——以云南县华山彝族龙崇拜为个案》，《攀枝花学院学报》2018年第3期。

蜥蜴、鱼、猪、熊、牛、马等；天象说认为龙的原型是某种自然现象，如云、闪电、雷、星象等。

无论龙的原型是哪一种哪一类，都与水密切相关。自古以来，人们崇拜龙的重要原因之一，就是因为龙具有"司水之神"的神性和神职。《易》言"云从龙，风从虎"，即因龙起云，因虎生风。东汉王充《论衡》卷六《龙虚篇》言："龙闻雷声则起，起而云至，云至而龙乘之。云雨感龙，龙亦起云而升天。"因此，但凡涉及雨水，人们首先想到的就是龙神，当然也有向其他神灵求雨的情况，但在人们心目中，龙是排在第一位的水神。有学者这样描述龙与水的关系："雷鸣则惊天动地，震撼山岳，闪电伸缩无度，变幻莫测。"[1]随雷鸣闪电而来的是雨水，龙主水，水滋润田禾，民得以农食，生生不息。基于此而产生诸多上层建筑，人类文化由此而产生、发展。由此可见，龙文化与古代农业经济密不可分，与民生衣食息息相关。

3. 水崇拜与龙崇拜的融合

从上述水崇拜和龙崇拜可以看出，人们的信仰是"在'万物有灵'观念的支配下，这些自然物和自然力是被神灵化了的，是有人性的。……水崇拜的最初对象是水灵，即神灵化了的水体，包括江水、河流、溪水、泉水、瀑布、水井等各种不同形式无生命的水体，以及与雨水相关的雷、电（闪电）、风、云、虹、雪、冰雹、霜等自然现象。水灵是一种模糊不清、'稀薄细微'的物体，是幻想中的超自然力的存在。所以他们对水灵的崇拜，在形式上往往就表现为直观地对水体的直接崇拜和祭祀"[2]。

在人们的观念中，龙有呼风唤雨、变幻莫测的神性，而水则是由龙主宰的。随着农业生产地位的突出，龙神形象日益强化，水神和龙神很难分开，于是人们就将水神和龙神相结合，把祭祀水神与祭祀龙神相叠加，形成了中华大地多元的水崇拜和龙崇拜民俗体系。

水崇拜与龙崇拜的主要目的都是为了求得风调雨顺、农作物丰收，二者在本质上是统一的。水崇拜离不开龙，龙崇拜也离不开水。龙从其起源到形

---

[1] 葛操：《水文化与龙文化》，《治淮》1991年第2期。
[2] 杨杨、杨甫旺：《洁净与异化：彝族自然崇拜中的水与龙——以云南昙华山彝族龙崇拜为个案》，《攀枝花学院学报》2018年第3期。

成的过程中，始终与水密切相关，难解难分，可谓无水不龙，龙水一体。当然，随着社会的发展和科技的进步，龙的祈雨功能已经淡化，更多的是传统文化的象征。但它作为一种文化现象，真实反映了特定时期的社会生活与精神文化，其影响和价值不可忽视。

四、龙舟的形态与影响

1. 龙舟的形态

龙舟，通俗地说，就是将船做成龙的造型或画着龙的形状的船。提到龙舟，人们自然会联想到端午节划龙舟纪念爱国主义诗人屈原。事实上，龙舟作为一种文化，它的出现比屈原所处的年代要早得多。古籍中与龙舟相关的文字记载最早见于战国中期的《穆天子传》："天子乘鸟舟、龙舟，浮于大沼。"郭璞注曰："舟皆以龙鸟为形制。"但其时的"龙舟"是帝王专用，不用于竞渡。关于龙舟竞渡起源于何时，存在不同说法。在湖南沅陵，有龙舟竞渡发源于远古，祭祀对象是五溪各族共同的始祖盘瓠的说法。相传盘瓠死后，六族人延巫请神，为其招魂。因沅陵山多水密，巫师不知他魂落何处，就让各族打造一只龙舟，逐溪逐河寻找呼喊，以至演变成后来的划船招魂的祭祀活动。沅陵龙舟起源于五千年前，比纪念屈原的说法要早三千多年。也有观点认为，早期用于竞渡的船只不是"龙舟"，而是"鸟舟"。南朝梁宗懔《荆楚岁时记》及其注文对此有集中的表述："是日竞渡，采杂药。按：五月五日竞渡，俗为屈原投汨罗日，伤其死所，故并命舟楫以拯之。舸舟取其轻利，谓之飞凫。"《穆天子传》中所谓"鸟舟"的传承者，即飞凫舟，吴楚"鸟舟"名叫"飞凫"，竞渡之舟是一种会飞的野鸭子形态。[①]一些学者认为，龙舟竞渡有可能起源于春秋战国时期。其证据：一是楚国诗人屈原的诗中有"驾飞龙兮北征，邅吾道兮洞庭"（《九歌·湘君》）和"焉有虬龙，负熊以游"（《问天》）句，其"飞龙""虬龙"有可能指的就是龙舟。二是1973年在湖南长沙战国楚墓中出土了一幅帛画，画中就有一个头戴发冠、身着长袍的男子站立于龙形舟船之上；在浙江、四川等地出土的战国铜器上也有人们划舟竞渡的图案。

---

① 田兆元：《鸟舟竞渡》，《南京师范大学文学院学报》2015年第4期。

由于龙舟功能不同，其形态也不一样。如古代帝王所乘龙舟，比较宏伟奢华，体现出皇家威仪。如"天子乘鸟舟、龙舟，浮于大沼"（《穆天子传》）、"上御龙舟，幸江都"（《隋书·炀帝纪》）。皇帝乘坐的龙舟，高大宽敞，雄伟奢华，舟上楼阁巍峨，舟身精雕细镂，彩绘金饰，气象非凡。而民间龙舟多用来竞渡，自然与皇家龙舟不同，其形态多狭长轻盈，便于比赛。民众基于对龙的崇拜以及龙舟活动所包含的意义，民间制作龙舟也都非常考究，体现出精湛的传统工艺，各地龙舟也呈现出独具特色、风采万千的形态。

（1）广东龙舟。广东地区的龙舟具有一定影响力，其中以顺德、潮汕、九州等地的龙舟最具特色。

自古以来，顺德龙舟竞渡就颇为有名。清人屈大均《广东新语》卷十八《舟语·龙船》载："顺德龙江，岁五六月斗龙船。斗之日，以江身之不大不小，其水直而不湾环者为龙船场。约自某所起至某所止，乃立竿中流以为界，船从竿左右斗，不得逾界。先期定其敌，两龙船为一偶，大小长短相若，黄头郎相若也。……凡出龙船之所曰'埠'，斗得全胜还埠，则广召亲朋燕饮，其埠必年丰人乐，贸易以饶云。"

龙舟分"游龙"和"赛龙"两种："游龙"龙舟体积较大，装饰美观，重在游弋，旗鼓助兴并展示服饰；"赛龙"龙舟体积较小，从三桡至十五桡不等，重在竞渡争先。每到端午前，顺德各地都要举行隆重而神圣的"起龙"仪式，待到端午当日再举行拜祭仪式，然后正式下水，在河涌中游弋、竞渡。赛事结束，村民争相到龙船划过的河水中"洗龙舟水"，寓意去掉身上秽气，强身健体。傍晚，村中老少集中到祠堂或河边空地吃"龙船饭"。整个端午赛龙舟活动结束后，村民再择吉日，把龙船埋在河泥里或悬挂在祠堂，称"藏龙"。至此，这一年一度的民间活动才告圆满结束。

"顺德龙舟多用杉木来做，因杉木质轻易划行，去水快。龙骨是龙船的主干，龙骨要轻巧中度和有弹性，要用弹性较好的实木，使龙舟前进时不滞水。……船身涂上红色或绿色，并多在上面绘龙纹，五彩斑斓，船头装饰成一个龙头，龙须活现，充分表现出民间传统'龙'的形状。"顺德龙舟"多次代表国家参加世界龙舟锦标赛夺得冠军，为中国龙舟运动走向世界做出了极大的贡献。"①

潮汕龙舟有多种样式，其中正规的龙舟有龙头、龙颈和龙尾。龙身半圆而长，宽1.4米至1.6米，长短不一，容纳十二对桨、十六对桨、三十二对桨不等，最长的可容纳五十二对桨。龙舟分红龙、黄龙、青龙、白龙数种，龙身龙腹按鳞甲模样涂彩，并根据红、黄、青、白龙种，突出各种颜色，色泽艳丽鲜明，图案漂亮耀眼。不同的龙舟挂着长长的不同色泽的龙须，标志突出。

（2）湖南龙舟。湖南龙舟活动非常普遍，江河地区都有龙舟，每年传统节日都有大型的龙舟竞渡，其中道州龙舟颇具特色。

道州即今湖南永州市辖县道县，自秦设县，历史上与衡州（今衡阳市）、郴州、永州并称"湖南四州"，有"中国龙舟之乡"之称。道州龙舟分为四类：一类是红龙、金龙、黄龙、赤龙、白龙、青龙、乌龙；其二曰金虎、黄虎、红虎、白虎、黑虎；其三为粉红凤头（称金凤）龙舟；第四类为红麒麟和青麒麟等。其中金龙最多，金凤最少。道州龙舟的船头既具艺术特点，又具符号意味。外地龙舟只有清一色的"龙头"，而道州龙舟的头除了龙头形，另有虎形、凤形和少量的猫形和鹰形。龙、虎、凤又分开口、咪（闭）口两种形制，并且，龙又从颜色上细分为红龙、金龙、黄龙、赤龙、白龙、青龙、乌龙，虎也分为金虎、黄虎、红虎、白虎、黑虎，凤则为红凤（又称金凤）。不同形制、不同颜色的龙头、虎头、凤头，雕刻精细生动，造型优美，极具工艺美术价值。2006年，"道州龙舟赛"被列入湖南省非物质文化遗产名录。

（3）福建龙舟。福建背山面海，境内江河纵横，龙舟竞渡历史悠久。竞渡活动在端阳节前后，一般从农历五月初一开始，至初五达到高潮，亦有个别地方把竞渡活动提前，或延至该月中旬之后。龙舟的船、桨、舵均用杉木制作，颇为考究。船首安装木雕龙头，船身漆绘彩色鳞片，以色名舟，有白龙、黄龙、红龙、蓝龙、绿龙等。船身长短、划手多寡因地而异，划法有站、坐两式。

闽南龙舟是写意性的：把金箔纸绑在一根对折的红布条上，是为"龙须"；将一块折成三角形的红布钉在船头，表示"龙舌"；再将六条"龙须"等距离分布钉在"龙舌"上，象征"龙头"。另外，在两侧船舷的船眼

---

① 杜达罗编著《龙舟》，广东科技出版社，2009，第24—28页。

睛处各贴上三根红布条加小方块金箔的组合，再钉上三根"目周钉"，从左至右，分别代表千里眼、顺风耳、妈祖婆。妈祖婆殿后佑护，千里眼、顺风耳在前观测，顺序不能改变。龙船装饰完成后，摆上"三牲"祭拜龙头，同时持香绕龙舟一圈，表示驱除龙舟上的不洁之物，使龙舟变得圣洁而有灵气。随后，燃放鞭炮、烧金纸，仪式结束。农历五月初五，龙舟下水竞渡。

（4）四川龙舟。唐代诗人白居易元和十四年（819）在忠州（今重庆市忠县。时隶四川，故此处仍按四川介绍）作《竞渡》诗，有"竞渡相传为汨罗，不能止遏意无他"之句，说明四川龙舟至少在唐代就已经出现。四川的龙舟是很特别的，有"泥鳅背"式的尖底和狭长的船身。大的龙舟可载七十至八十人。龙舟是以不同颜色的令旗作标志，桡手穿戴不同的衣服、帽子和头巾，与龙舟浑然一体，每艘龙舟有一名手执令旗者立于船头领呼号子。四川的龙舟竞渡活动一般设抢鸭子、彩游、抢彩三个项目。抢鸭子是最为精彩和激烈的比赛，竞赛以抢得鸭子多寡定胜负。彩游是每条龙舟上扎上各式各样造型图案，如哪吒闹海、红龙吐火、青龙吐水等，五彩缤纷，艳丽夺目，看谁能把龙舟装饰得更艳丽。抢彩是最后一个竞赛项目，参赛龙舟快速划向对岸，划手登岸后立即冲刺到离江边百米之外，争抢挂在那里的彩旗，抢到彩旗者获胜。[①]

（5）云南龙舟。在云南少数民族中，傣族和白族有龙舟习俗，但也有学者提出，云南少数民族的龙舟习俗与汉族纪念屈原的龙舟习俗意义有所不同，它是在龙文化影响下发展起来的本土龙舟文化。从云南的出土文物来看，从未有过鸟首、龙首作装饰的龙舟，即使近代的龙舟，也没有用龙首作装饰的。只是20世纪80年代后期至90年代初期，白族的龙舟才以汉族龙舟为原型装上龙头。云南白族的龙舟是使用传统的渡船和捕捞船，没有专门为竞渡而制作的龙舟。云南傣族的龙舟却别具一格，其装饰是我国目前所有龙舟中独一无二的，具有很鲜明的民族特色。龙舟的船首部位不是装饰龙头，而是一个象头，长长的象鼻子从左右两边的大牙中间伸出去，左右两边均不是一颗象牙，而是一边三颗，共六颗大象牙。龙舟的尾部在船舷的左右两边，用木板按孔雀的尾羽图案制作成孔雀尾，每边船舷有三根孔雀尾，以便和三

---

① 杜达罗编著《龙舟》，广东科技出版社，2009，第30—31页。

个牙齿相照应。傣族人民把孔雀和大象视为吉祥物,这是傣族龙舟与汉族龙舟的区别。①

（6）贵州龙舟。苗族龙舟竞渡有悠久的历史。明嘉靖《贵州通志》卷三《风俗》记载:"镇远府端阳竞渡。府临河水,舟楫便利,居人先期造龙船,绘画首尾,集众搬演居戏。以箬裹米为粽,弃水中。拽船争先得渡者,是岁做事俱利焉。"清徐家干《苗疆闻见录》载:"（苗人）好斗龙舟,风以五月二十日为端节,竞渡于清江宽深之处。其舟以大整木刳成,长五六丈,前安龙头,后置凤尾,中能容二三十人。短桡激水,行走如飞。"至今,黔东南的台江、凯里、剑河、施秉、镇远等县（市）的苗族仍然保留着在农历五月过龙船节竞渡龙舟的风俗,这是苗族盛大、隆重的传统节日。苗族的龙船节不是悼念屈原,主要是祭龙、祭江、祭祖,祈愿风调雨顺、五谷丰登、平安吉祥、子孙满堂。龙船节期间,清水江两岸人山人海,除竞渡外,还有踩鼓、吹笙等民俗活动,场面宏大,热闹非凡。

苗族的龙船式样别致且具民族特色。龙船用杉木制成,分母船和两侧子船三部分,母船船中心前后共六舱,中间四舱装载着龙船节期间亲友馈赠的猪、羊、鹅和竞渡水手的食品,两侧子船则为水手划桨之船。苗族划龙船是站着划桨,不同于汉族多是坐着划桨。船身长约20米,船头翘起离水面很高,安装有一个大龙头。龙头雕刻精美,雕有角、耳、鼻、眼、腮、胡须等,栩栩如生。最具特色的,是龙头两边还要安上一对大水牛角,两只角上向前方的一面通常写有"风调雨顺、国泰民安"等吉祥语,两个角尖之间拉一根细绳子,挂上小红旗,角后立着四根一米多长的野鸡翎子,显得威风凛凛。船尾也翘出水面,插着芳草,名曰"凤尾"。

（7）陕西龙舟。陕西划龙舟主要流行于汉江流域,以安康最为典型。安康地处秦巴山区,古时曾为楚地,受楚文化的影响,又有汉江横贯全区,流域面积广,也为龙舟竞渡提供了天然场所,因此孕育出了具有江南水乡特色的民间水上运动——龙舟竞渡。清康熙三十四年（1695）《兴安州志》载:"端午,官长率僚属观竞渡,谓之踏面。"民国三十四年（1945）六月二日《兴安日报》载有"端午龙舟竞渡,江岸观者如云"的文章,描述当时

---

① 熊永忠:《云南少数民族的龙舟文化》,《体育文史》1994年第1期。

安康龙舟竞渡的盛况，可见安康龙舟活动历史悠久。每年端午的龙舟竞赛，已成为当地具有地方特色的民间传统节日。

安康地区的龙舟有假龙舟和真龙舟之分。假龙舟以村民平时在水上生产用的航运筏子临时装饰而成，其物品配置与真龙舟无异，只是船身较小，仅能容纳十六至十八名棹手。假龙舟底部较平，不像真龙舟首尾两头上翘，行在水中自然不如真龙舟那般轻快。真龙舟专为龙舟赛制作，有统一的规格。制作龙舟一般用杉树或楸树，这主要是轻便而易划。龙舟形如黄瓜，船身长10.56米，宽约1.6米，两边有两条筋，座舱有四十个间隔，每只龙舟上约有二十八至三十名棹手。船身错金绘彩，装饰十分精致。龙头龙尾用木雕刻而成，涂着与船身一样的颜色；中舱位立两根柱子，用绳子拉在船头船尾，以固定鼓，中舱靠后三档位有一木架以固定锣。配有用细长竹棍制作而成的一个挠子，一头扎成鸡毛掸子形状。比赛时，挠手站立船头，挥舞挠子指挥，锣鼓手根据挠手的节奏敲打。安康地区的赛龙舟在端午节这天进入高潮，数条龙舟飞驰江上，两岸人如潮涌，场面十分壮观。

（8）浙江龙舟。浙江龙舟因地理风俗和水域条件各异，龙舟造型和竞渡方式也有一定区别。其中，温州龙舟竞渡是一种古老的传统民俗文化活动，温州也是浙江龙舟活动竞赛性最强的地区。明万历《温州府志》载："竞渡起自越王勾践，永嘉水乡用以祈赛。"温州龙舟竞渡至迟在宋时已很流行。

温州各处龙舟大同小异。有的在船身绘画龙鳞，船头船尾安置活动的龙头龙尾，形状较小；有的在船身稍画几笔龙鳞，亦无头无尾，但形状较大。每个龙舟以颜色固定的旗帜作为区分标志。如温州南郊南塘河龙舟，旗用蓝色，龙头、龙尾和船身都是蓝色，叫作"青龙"。相传四方只有东方青龙七宿称龙，所以青是正色。其他如旗用白色，船的颜色也是白的，俗称"白龙儿"；旗用红色，船身也染红色，叫作"红霓岭"；旗用黄色，船身亦黄，名曰"黄龙"。没有黑龙船，当地认为黑龙（乌龙）性凶或者爬得慢，龙船不能用黑色。"大青龙"船型较大，有十六档，能容四十四人，称之"龙娘"。"大青龙"出来，各龙不敢和它竞赛。其他龙船下水，必须先到庙堂朝见，庙司事要赏给彩红。竞赛时，各乡河道自为一区，龙船各行分段，斗龙（当地称龙舟竞渡为斗龙）互不干涉，因此有大龙地、小龙地之名目。温州龙舟竞渡活动一般为十天，其主要程序分请神、进河、参龙、斗龙、收殇五个阶段。南宋叶适《后端午行》诗中有"一村一船遍一邦，处处旗脚争飞扬"之句，记述的就是温州龙舟习俗的盛况。

（9）江苏龙舟。江苏地处长江下游，水系发达，是我国龙舟竞渡开展较早的地区之一。由于特殊的地理位置和社会经济发展背景，江苏存在三种不同类型的龙舟，分别为突出娱乐性质的苏州龙舟、突出表演性质的镇江龙舟和突出竞渡性质的高淳龙舟。

苏州龙舟竞技性不强，其功能重在娱乐。因以游玩为主，苏州龙舟造型短而宽，桨槽小而长，有舟笆楼架等防范设备，船身有绚丽彩绘，船尾高丈余，牵系彩绳，装饰精美华丽。龙舟分成各色，四角插旌旗，鼓吹手伏在中舱，两旁可容纳划手十六人，篙师执长钩立于船头，称作挡头篙。船内通常会有传统节目表演，由擅长嬉水的儿童表演"独占鳌头""童子拜观音""杨妃春睡"等。而用来竞渡的龙船，形制比旧时简化了许多，龙船分青、黄、白、黑等色，船身及船上的罗伞旌旗等装饰，以及划手们的服装乃至船桨，都要求与龙船颜色一致。

镇江龙舟重在表演，又称"镇江特技龙舟"。龙船刻画有龙头龙尾，龙船两侧可坐人。船上搭了彩棚，彩棚前后竖着许多旗幡和大伞，船上配有锣鼓，船后陈列着一架兵器，刀矛剑戟摆列其上，气势威严。龙船尾巴上高挂着一只特制的竹篮，用于小孩乘坐。明末清初文学家张岱在《金山竞渡》（《陶庵梦忆》卷五）一文中，用"怒、悍、绚、节、锷、危、险"七个字精练概括了镇江龙舟的竞渡习俗。

高淳龙舟重在竞渡，也是源于对屈原的纪念。龙舟长约8米，宽约1米，船身狭长，形似一片柳叶船，船上可坐九对桡手。船头无固定的木雕龙头，仅临时用布或绸扎成一个简单的龙头（以往还有用篾骨糊彩纸做成的龙头）。船尾无龙尾装置，仅有一个长约6米，形似青龙偃月刀的橹状舵，舵上另绑一把带叶的柳枝。船中还有一鼓架，放一面大鼓，鼓架边又吊铜锣，鼓锣皆由一人掌之。船上还插各色小旗，一船通常约二十人，桡手头部系一色头巾并与桨色一致。桨上绘有双龙戏珠彩画和四个墨字，如"蛟龙入海""腾云驾雾""风调雨顺""五谷丰登""人寿年丰"等。[①]

2. 龙舟的影响

龙舟根植于民间,经历了两千多年岁月的洗礼,已扎根于中华大地,镶嵌在中华儿女的心中。它虽历经沧桑,仍然充满无限生机,是因为它是来自于中国人内心深处的信仰。龙舟已然成为中华传统文化中重要的、不可或缺的组成部分,在中国社会的精神文化与经济发展中发挥着积极作用。

(1)对精神文化的影响。龙舟对精神文化的影响,体现在文化交流与传播、文化认同、文化传承、思想教育、民族形象、文化生活等方面。

一是文化交流与传播。龙文化是中华民族的精神纽带,龙舟是龙文化的一种具体表现形式,它承载的不仅仅是一场场活动,更多的是承载着中华民族的信仰,包含着内涵丰富的传统文化。龙舟活动就像一个平台,让人与人彼此交流,使不同民族、地区彼此开放、传播文化、共同发展。例如,从工艺技术视角看,龙舟本身就是一件融合了传统工艺和艺术审美的艺术品,比如贵州苗族牛角造型的独木龙舟、云南傣族象牙造型的民族龙舟、湖南道县的鸟头龙舟等等。从文化内涵角度看,各地龙舟都有丰富的表达,信仰、习俗、情感、伦理、艺术、审美……通过龙舟活动,让每一个参与者得以感受与体验,产生认识,并不断向外传播。所以,以龙舟为介质,可以影响民族间、地域间的文化交流与传播。

二是文化认同与凝聚。龙舟节庆是一个集体性活动,反映出某一民族或地域群体的共同生活方式、价值观念和审美情趣。这种"文化共性"能够产生共鸣作用与凝聚效应。同时,在集体社会文化氛围下,主流文化可以潜移默化地影响人们的思想观念和价值评价标准,引导人们的思想意识朝着同一个方向发展,产生文化认同。活动中充满民族风情的服饰、饮食、手工艺、人际交往礼俗等,形式上体现了民族或地域风俗,实质上是内在精神文化和价值观念的体现。例如台江苗族龙舟节活动中,苗民会身着带有民族标识的服装(牛角银饰、蝴蝶妈妈、龙、枫叶等)、带上礼物(鸭、鹅等),成群结队聚集到赛龙舟的地方,用嘹亮的歌声为亲友助威。这一方

[①] 吴宁兴:《江苏独特的龙舟活动》,《江苏地方志》1999年第4期。

面反映了苗族地区丰富的文化以及苗族人民团结友爱、积极乐观的生活态度；另一方面，也表达了相同的文化形态之间的一脉相承。可见，龙舟作为一种精神文化，在民族内部以及不同民族间发挥着相互联系与交流的桥梁和纽带作用，有利于共同心理的形成，有利于增强民族认同感和民族凝聚力。

三是教育与文化传承。龙舟文化具有教育意义，其本身包含着传统礼俗、民族精神、道德品质、价值观念等内容，龙舟活动是实现教育目的的有效路径。群体参与性质的龙舟活动具有自我教育和自我娱乐的文化功能，它通过形式多样的活动项目、仪式、信仰、禁忌、制度规定等，将民众自觉或不自觉地带入一种社会氛围，从而发挥教育作用，潜移默化地影响人们的伦理观念、价值观念、集体观念。除精神层面外，龙舟习俗也能促进物质文化和非物质文化的教育与传承。龙舟制作包含制造技术、雕刻技艺、绘画艺术、仪式美术等方面的物质文化和非物质文化遗产，这些技术、技艺会被人们主动地学习、发展和创新，从而实现教育和文化传承的目的。事实上，龙舟从产生到发展始终与教育有着密切的联系，它作为教育的内容与手段，在历史发展过程中发挥了积极而重要的作用。

四是影响社会生活。龙舟的意义除了祭祀、祈福、健身之外，还有重要的娱乐功能。正如唐代诗人张建封《竞渡歌》诗中所写："鼓声三下红旗开，两龙跃出浮水来。棹影斡波飞万剑，鼓声劈浪鸣千雷。"每当龙舟竞渡之时，又有成千上万群众争睹之盛况，两岸如云似蚁、万头攒集的观众，人声鼎沸，助威鼓劲，诚可谓心潮逐浪，万众欢腾。加以锣鼓鞭炮喧天，更是盛况非常，蔚为壮观。节庆期间，家家户户停下生产，人们身着盛装参与各种活动，唱歌、跳舞、祭祀、赶集、制作美食等等，一派欢天喜地、热闹非凡的景象。例如台江龙舟节是当地苗民的盛大传统节日，节日中不仅有龙舟活动，还是青年男女游方（谈情说爱）、中老年人走亲访友、饮酒行乐的节日，极富娱乐性质。所以说，龙舟有丰富民间生活、益于乐观的生活态度的培养、增强人民幸福感的功能。

（2）对地方经济发展的影响。龙舟除具有极大的文化价值，还有不可忽视的经济价值，它不仅可以丰富人们的精神文化生活，还能发挥经济效益，促进地方经济发展。事实上，现在各地已将当地的龙舟文化与经济活动挂钩，把龙舟活动与经贸、旅游、文化、娱乐、国际交流等融为一体，形成盛大的欢庆活动。各种声势浩大的"龙舟文化节""国际龙舟赛"很是多见，如广东自1995年起，每年都举办广州国际龙舟邀请赛，来自全国各地，乃至美国、澳大利亚、新加坡、加拿大等国家地区的几十条龙舟，荡舟珠江，交流竞赛。此外还有汨罗江国际龙舟节、荆州国际龙舟节、岳阳国际龙舟节等。这些活动扩大了举办城市的影响力，产生了良好的社会效益，同时也带来了可观的经济效益。

龙舟经济价值大体可分为旅游经济、文创经济两个方面。

一方面，旅游经济在龙舟经济中的表现最为明显。由于龙舟本身具有旅游资源特性（有观赏价值、艺术审美价值、历史文化价值、科学考察价值等），迎合了旅游市场的需求（游者"求新、求奇、求异、求知、求乐"的心理需求），具有旅游开发价值，因而各地已经将龙舟文化作为促进当地旅游经济发展的一张名片，借助龙舟文化的影响力，构建龙文化节庆旅游市场。在这一过程中，对与龙舟相关的艺术、工艺、民俗、产品进行挖掘，把旅游产业与当地其他产业，诸如交通、酒店、餐饮、娱乐、购物等相结合，将龙舟资源与地方自然风景旅游资源、人文景观旅游资源进行整合，形成具有文化内涵、内容丰富、形式多样、带动力强、影响力大的产业集群，从而创造巨大的经济效益和社会效益。

另一方面，在龙舟习俗的影响下，文创产业得以焕发生机与活力，文创经济快速发展。文化创意产业是一种在经济全球化背景下产生的以创造力为核心的新兴产业，它也是强调主体文化或文化因素依靠个人（团队）通过技术、创意和产业化的方式开发、营销知识产权的行业。在龙舟文化及节庆习俗的影响下，大量文创产品成为新的市场需求，围绕龙舟习俗产生的市场消费刺激着当地文创产业的发展，激发了当地文创市场的活力。

总之，龙舟以物质为载体、以精神为魂魄、以文化为内容、以竞赛为方式、以活动为路径，发挥着传播、传承中华优秀传统文化的功能，同时在社会、文化、经济等各方面产生作用，体现出巨大的价值。

第三节　舞龙习俗

龙是中华先民对诸多动物和天象经过"多元容合"而发明、展现的神物，其"容合"的过程，是具象到抽象、抽象再到具象的过程。"容合"前的动物和天象体现着宇宙力的恒动性，都是动态的或能动的，"容合"后的龙也应该、也需要"动"起来。于是，被赋予多重内涵的舞龙，就被一代一代、各个地方的中国人发明创造出来了。

舞龙也称龙舞、耍龙，舞者手持龙形道具，或以人形组合模仿龙的形态而舞动。舞龙不仅可以在白天进行，晚上则将灯或其他光源置于龙体内部，称为舞龙灯或龙灯舞，民间称为闹龙灯、耍龙灯、盘龙灯、玩龙灯、龙灯会等等。舞龙最早是一种求雨、祈福和禳灾的民间仪式，其起源与中华民族的龙崇拜息息相关。在吸取、融合各个历史时期的文化艺术后，舞龙活动在节日庆典和民俗娱乐中渐趋成熟，并在各个地区、各族人民中发展出不同的艺术风格和专门仪式。在与龙相关的诸多民俗活动中，舞龙是最具有活力的艺术形式，能充分表现出龙形、龙威和龙魂，还蕴含着祈福禳灾、彰力显威、节庆狂欢的文化意义。

"考古发现和古籍资料说明，舞龙很可能在距今三千多年的殷商时代已经出现，至两千多年前的汉代已初具规模。"[①]一直以来，舞龙活动深受百姓喜爱和欢迎，历代相传，经久不衰，形成了具有民族认同感的文化符号，经过几千年的包容和创新性发展，具有了很强的韧性与活力。

一、舞龙的发生

西汉时期，舞龙技艺已经达到了一定的水平。西汉思想家董仲舒在《春秋繁露》中写到，汉代人在春夏秋冬四季舞龙求雨时，所舞之龙颜色不一：

[①] 庞进：《龙子龙孙龙文化》，中国社会出版社，2006，第65页。

春季舞青龙,炎夏舞赤龙或黄龙,秋季舞白龙,冬季舞黑龙。汉代舞龙场面也很盛大,显示出其所处的重要地位。汉代的舞龙既是求雨仪礼的一部分,又是一种娱乐活动。《汉书·西域传》载:"孝武之世……设酒池肉林以飨四夷之客,作巴俞都卢、海中砀极、漫衍鱼龙、角抵之戏以观视之。"其中"漫衍鱼龙"(亦称"曼延鱼龙""鱼龙曼延")就是一个大型的舞龙表演节目。颜师古解释说,"巴俞都卢""海中砀极"都是歌舞名,而"鱼龙",则是由人装扮成一种来自西域的巨型珍兽——舍利之兽,先在庭前舞蹈戏乐,而后到殿前激水,水花飞溅中,化作一条巨大的比目鱼,"跳跃漱水,作雾障日"。然后,再化作身长八丈的黄龙,"出水敖戏于庭,炫耀日光",又名"黄龙变"。由此看来,"鱼龙"当是一种由人装扮成巨鱼和巨龙进行表演的大型舞蹈。东汉张衡《西京赋》、李尤《平乐观赋》都有对"鱼龙曼延"的生动描述。史料之外,还可以从汉代画像石、陶器上找到"鱼龙曼延"的影子。铜山洪楼发现的乐舞百戏画像石,山东沂南出土的角抵百戏画像石,都出现了鱼龙作舞的图像。浙江武义县出土的东汉末期的五管谷仓瓶,上面也有成型的龙舞形象。[1]

在魏晋南北朝时期,这种舞龙活动仍是统治者非常喜欢的节目。《隋书》卷十四《音乐志》载:"及宣帝即位,而广招杂伎,增修百戏。鱼龙曼延之伎,常陈殿前,累日继夜,不知休息。"隋唐时期,舞龙的表演手段和艺术水平都有较大的提升,其规模也更为盛大壮观,这一时期的舞龙活动已趋于脱离求雨仪式,而作为表演艺术独立发展。从唐代诗歌可以看出,唐代舞龙已与灯相结合,成为龙灯艺术的雏形。唐代诗人张说《十五日夜御前口号踏歌词二首》中有"龙衔火树千灯艳,鸡踏莲花万岁春"之句,李约《观祈雨》有"桑条无叶土生烟,箫管迎龙水庙前"之句,张九龄也作了一首《奉和圣制烛龙斋祭》,其中的"烛龙"有可能就是龙体中放置灯烛的龙灯。

到了宋代,舞龙规模空前发展,多出现在祈求喜庆、吉祥等场合,并开始成为娱乐性的表演。南宋词人辛弃疾《青玉案·元夕》描绘了当时舞龙表演的盛况:"东风夜放花千树。更吹落,星如雨。宝马雕车香满路。凤箫声

---

[1] 庞进:《中国龙文化》,重庆出版社,2007,第214—215页。

动,玉壶光转,一夜鱼龙舞。"民众以草把缚成戏龙之状,再用青布笼遮,在上置布灯烛,后来发展成为较成熟的龙灯,多在元宵灯会等节日之夜戏耍。元明两代,舞龙已经淡化了求雨祭祀的原始功能,彻底演变成一种民间的娱乐活动。清代是中国舞龙习俗发展史上的极盛时期,舞龙在种类、形态上全面发展,有了火龙、烛龙、竹龙、龙灯之分。在表演技艺上,清代舞龙也达到了相当高的艺术水平,在追求形神兼备的同时,更加强调舞龙的回旋婉转之态。

中华人民共和国成立后,中国的舞龙艺术再次蓬勃发展。20世纪50—60年代,舞蹈艺术家依据民间舞龙创作了在舞台上表演的龙舞,并在国际艺术节上获得大奖。80年代以后,民间舞龙活动在全国各地再度活跃,特别是21世纪以来,舞龙受到党和政府的高度重视,被列入国家非物质文化遗产名录,大量舞龙资源受到了积极发掘与保护。同时,舞龙也成为全民健身活动的重要项目和国家体育赛事中的正式竞技项目,焕发了新的生命活力。[①]

总之,舞龙作为中华民俗文化的典型代表,蕴含了中华民族宏大、包容、健为的文化精神,经历几千年的发展,仍旧朝气蓬勃,在当今世界呈现出无限活力。飞舞的巨龙随着华人华侨的迁徙传扬到世界各地,彰显了中华民族的崛起和富强,是全世界华人爱国思乡精神的体现。

二、多元的舞龙

中华大地幅员辽阔,各地各民族舞龙形式多种多样。随着文化艺术的发展,舞龙之"龙"的制作水平不断提升,龙的形象日趋生动美观,色彩日益丰富多变。根据制作材料、形态特征、舞龙动作、结构特点和舞龙内容等不同标准,舞龙的种类可以分为二百多种。

从龙体的色彩上看,可分为黄、白、青、红、黑、彩等,以黄龙最为尊贵;按制作材料不同,可分为布龙、纱龙、绸龙、纸龙、板龙、柴龙、篾龙、钱龙、谷龙、草龙、竹龙、麻龙、筐龙、板凳龙、扁担龙、稻草龙、百叶龙、荷花龙、笋壳龙、黄荆龙、花龙、花环龙、草绳龙、鸡毛龙、香火龙

[①] 上海市文化广播影视管理局编著、陆大杰主编《浦东绕龙灯》,上海人民出版社,2017,第13—17页。

等；按形态特征不同，可分为凤凰龙、青蛙龙、蛤蟆龙、鲤鱼龙、鸭头龙、蚕身龙、蝴蝶龙、鳅龙、虫龙、蠕龙、虾公龙、鹅公龙、蜈蚣龙、狗婆龙、独角龙、高头龙、矮脚龙、疱颈龙、短尾巴龙、袖珍龙等；按舞龙动作不同，可分为游龙、飞龙、醉龙、爬龙、跑龙、跳龙、站龙、滚地龙、走马龙、懒龙、睡龙、圈子龙、座仔龙、吊吊龙、拉拉龙、扭扭龙、疙瘩龙等；按结构特点不同，可分为节龙、段龙、串龙、缩龙、筒子龙、脱节龙、七巧龙、断头龙、断颈龙、硬颈龙、折鳞龙、片龙、手龙等；按舞龙内容不同，可分为拼字龙、摆字龙、故事龙、罗汉龙、云牌龙、绣花龙、高跷龙、顶碗龙、鱼化龙、母子龙、五股龙、三人龙、狮舞龙、龙虎斗、水龙船、旱龙船等。另外，还有以人的身体连接而成的人龙、专由女子舞耍的女子龙、由儿童玩耍的娃娃龙等。

舞龙的构图和动作一般具有圆曲、翻滚、绞缠、穿插、跳跃等特征，舞龙的传统表演程序一般为请龙、出龙、舞龙和送龙，民间有"七八岁玩草龙，十五六耍小龙，青壮年舞大龙"的说法，舞龙人数少则一人舞双龙，多则百人舞一大龙。总之，中国舞龙的品种之多、分布之广、形式之美，是任何一个国家的民间舞蹈都无法比肩的。

舞龙不但在形制上种类繁多，在地域风格上也各有不同。不同地区的文化传统、审美习惯和地域特征造就了不同的舞龙风格，也体现出中华龙文化多元统一的文化内涵。如浦江板凳龙龙身的题诗作画，体现了当地人对传统书画艺术的热爱和文化底蕴；浙江长兴百叶龙以荷花为载体，以荷花和龙的互变为表演特色，体现出江南水乡的地方韵味。从大的方面来说，中国舞龙的艺术风格可划分为南、北两大舞龙体系，南方舞龙主要流传于长江流域及以南地区，北方舞龙主要流传于黄河流域及东北地区，总体上呈现出一种"南柔北刚"的风格特征。

南方舞龙风格较为柔和、清丽，主要体现出"秀美"和"灵巧"，在道具制作上，相对要矮、小、细一些，龙体比较轻巧，有利于灵活舞动；在形象描绘上，额高鼻隆，角短口圆，较为柔润，彩绘颜色更为鲜艳，装饰性强；在表演技巧上，注重活泼潇洒、灵巧矫健。如长兴百叶龙、汕尾滚地金龙、松江舞草龙、湖北云梦三节龙、湖南汝城香火龙等，具有吴越文化和荆楚文化的遗风。北方舞龙风格古朴刚劲，更为豪放、雄浑，展示壮美、磅礴的气势，道具制作一般较为高、大、粗、重，造型雄伟、庄重；表演动作大起大落，刚猛有力、粗犷豪放；形象描绘多为脸宽眼大，角长嘴阔，突显威猛。如河北易县摆字龙灯、河北曲周龙灯、辽宁大连金州龙舞等，均能显露出燕赵文化的底蕴。[1]

2006年，铜梁龙舞、湛江人龙舞、汕尾滚地金龙、浦江板凳龙、长兴百叶龙、奉化布龙、泸州雨坛彩龙入选第一批国家级非物质文化遗产名录，它们是南方舞龙艺术的代表。之后，河北易县摆字龙灯、松江舞草龙和浦东绕龙灯也入选国家级非物质文化遗产名录。另外，贵州德江和台湾苗栗的炸龙类龙舞也是极为精彩的艺术形式。

下面我们选择几种有代表性的龙舞，对其传承历史、制作工艺和民俗价值做一简要介绍。

1. 铜梁龙舞

据专家考证，铜梁龙舞起于明，盛于清。明代方志《川东志》载：铜梁"人多朴茂，尤工艺术"。"居住在西南方的巴人先民亦以巨蛇（青龙）为图腾。巴人的蛇巴文化是中华龙文化的一个重要组成部分，也是当今享誉四海的铜梁龙灯的一个主要源头。"[2]

铜梁龙舞包括龙灯舞和彩灯舞两大系列，集彩扎、雕塑、音乐、美术、舞蹈为一体，多姿多彩。龙灯舞主要包括大蠕龙、火龙、稻草龙、笋壳龙、黄荆龙、板凳龙、正龙、小彩龙、竹梆龙、荷花龙等十个种类，彩灯舞主要包括鱼跃龙门、泥鳅吃汤圆、十八学士、亮狮、开山虎、蚌壳精、犀牛望月、猪啃南瓜、高台龙狮舞、雁塔题名、南瓜棚等品种。铜梁龙舞的主要代表"大蠕龙"，长达50多米，有二十四栋龙身，寓意二十四个农事季节。龙身以彩绘纸黏糊，龙体完整，有骨有肉。舞动时头尾摆动灵活，躯体伸缩自如，内部盏盏灯火映照出金甲赤脊的龙身，熠熠生辉。由于体态长大，舞玩时形如蠕动，故称"蠕龙"。近几十年来，设计者又将龙身造型加以改进，

---

[1] 上海市文化广播影视管理局编著、陆大杰主编《浦东绕龙灯》，上海人民出版社，2017，第20页。

[2] 王万明：《铜梁龙灯的孕育与发展》，载重庆市铜梁区作家协会编《你不知道的铜梁》，江西高校出版社，2020，第2页。

集狮头、鹿角、虾腿、鳄鱼嘴、乌龟颈、蛇身、鱼鳞、蜃腹、鱼脊、虎掌、鹰爪、金鱼尾于一身,将传统闭口龙改制为张口龙,龙口内加做龙舌与口宝,使其更显得龙姿勃发、神威无限,大有吞云吐雾、气夺天地的气势。铜梁"火龙"也极具特色,这种龙舞以铁水打金花,辅以不同材质的导引火、口中火、脊上火、腹中火、场中火、升天火等,组成一片狂热的立体火阵,极为热烈多彩。[1]

铜梁龙舞的舞蹈套路非常丰富,充满愉悦向上的激情,反映了火热的民间生活和淳朴的民俗风貌。特别是舞大蠕龙的套路多达三十余个,或腾越,或翻滚,或造型,交替变换。大蠕龙代表性剧目《二龙戏珠》,其中的套路"龙出洞""龙摆尾""龙抢宝""龙戏珠""梯形龙""龙跳连环""高攀龙塔""龙回宫"等,完整地表现了龙出游、玩宝、回宫的整个过程,每个套路环环紧扣,各有寓意,已具备一定的故事情节。例如"龙出洞",标志着立春之意;"二吐须",拟人化地展现龙抖须的神态;"三点头",表现万物复苏,神龙向四方致礼。龙舞的表现内容动态而立体地呈现龙文化符号,并赋予其人格化的特征。20世纪80年代,铜梁大蠕龙经川剧艺人的改造,大量加入川剧中的手眼身法舞蹈语汇,如耍宝人出场时的亮相、舞龙者在队形调度中统一使用的圆场步、龙在舞动中与伴奏音乐——川剧锣鼓的配合,使龙舞动作更具程式化与艺术化特点。[2]铜梁龙舞的大龙具、大套路,组合大场面,体现了磅礴的气势;欢快的传统吹打乐,激烈的民间烟火,烘托出热烈的喜庆气氛,既保留了传统的巴渝风味,又融汇了现代意蕴。

2. 广东湛江人龙舞

广东湛江东海岛东山镇东山圩村的人龙舞素有"东方一绝"的美称。据《海康县续志·风俗》记载:"龙舞,舞龙者一人为头,后为龙尾,次一人直手抱前者脚夹后者,挨次第抬向街直走,则念曰:骑龙头龙头落下水,骑龙尾龙尾竖上天。"据艺人相传,湛江人龙舞始于明末清初,被清军打败的明军撤退到雷州半岛和东海岛,地方百姓为鼓舞明军士气,编排了这个舞蹈。此

---

[1] 重庆市铜梁区旅游局编《龙行天下》,电子科技大学出版社,2015,第297页。
[2] 刘卫红、彭小希、况成泉:《寻根传舞——重庆舞蹈文化遗产的保护与传承》,北京理工大学出版社,2015,第59页。

后人龙舞便在这里流传开来，至清乾嘉时达到鼎盛。

湛江人龙舞分龙头、龙身、龙尾三部分。龙头是最重要的部分，演龙头者必须身高力大，基本功好，表演技巧熟练，龙头大汉两手握两个盾牌，威风凛凛。龙头组成需要三个小孩子，前腹的小孩子代表龙舌，肩膀的两个小孩子代表龙角、龙眼。饰龙眼的孩童两手各持一个灯笼或电筒，闪闪发光。龙身的每个大人肩上都支撑着相继做俯仰动作的小孩。小孩身穿龙服，头戴龙缨、龙冠，分节架接而成。龙尾的大人也肩负一小孩。[1]

人龙舞有起龙、龙点头、龙穿云、龙卷浪等独具特色的表演程式。表演者练就快速托人上肩的稳健动作和步法，队形流畅多变，动作一气呵成，远望动感十足，近观粗犷雄壮。表演时，几十至数百名青壮年和少年均穿短裤，以人体相接，组成一条"长龙"。在锣鼓震天、号角齐鸣中，长龙龙头高昂，龙身翻腾，龙尾劲摆，一如蛟龙出海，排山倒海，势不可挡，显现出独特的海岛色彩和浓厚的乡土气息。

旧时，村里男性热衷舞人龙，老街东西两头也分成两个人龙区域，平时，两个区域的成员相安无事，但到中秋前夕就相互不再搭理，皆因两条"龙"都想争最长最强，以便博得"雄龙"之称，出演人数少的一条"龙"就是"雌龙"，这就是人龙的"雌雄之争"。正因如此，人龙舞更是声名远播，踊跃者众。每逢春节、元宵节等喜庆节日，东山圩村必接连几个晚上舞人龙，东西两街户户张灯结彩，家家倾巢而出，人流如潮，热闹非凡。人龙舞将海岛群众娱龙、敬龙、祭海、尊祖、奉神等多种传统风俗融入"人龙"之中，形成独具一格的龙舞表演形式，成为中华龙文化延伸与发展的重要组成部分。

3. 广东汕尾滚地金龙

据广东汕尾市南溪村老人黄天枢藏书中的记载和部分知情者的叙述，"滚地金龙"始创于南宋。明嘉靖年间，黄氏光昭公一支从福建漳州移居广东陆丰南溪村，带来《滚地金龙演史传》的传本。黄氏南溪滚地金龙繁衍了十七代，后来由该村的金龙艺师、传统武术师传到陆丰市多个村镇。

南溪村表演滚地金龙时，由二人钻入"龙身被套"，一人舞龙头，一人舞龙尾。整个表演过程分"开场见礼""打围巡洞""游潭戏水""抻筋洗

---

[1] 杨湛等编著《岭南风情画》，中国轻工业出版社，2007，第13—14页。

鳞""伏蛰闻雷""迎雷起舞""驾云飞腾""收场还礼"八个舞段。表演中模仿龙的旋舞飞腾、戏水嬉耍、沉思奋醒、柔静盘曲、勇猛奋进等动作,伴奏用威武雄壮、嘹亮开阔的海陆丰正字戏的牌子大锣鼓,大唢呐按不同的表演情节吹奏不同的曲调,有"宫娥怨""哭皇天""山坡羊""八板头"等曲牌。滚地金龙具备套路众多、舞段精彩、技艺兼善的基本特点。①

4. 浙江浦江板凳龙

浦江县位于浙江中部偏西,金华市北部。据《浦江县志》记载,唐朝时期浦江商业繁荣,"龙腾灯舞闹元宵"便成了浦江民间的习俗,称之为"灯节"。浦江板凳龙就是一条条用单个板凳串联而成的龙灯,又称"板灯龙",盛行于浦江县乡村及江南沿海各地。相传很久以前,当地遭遇了百年不遇的大旱,人们祈求天上能下场大雨,可不管怎样,雨总是下不来。这事被东海的一条水龙看在眼里,它不顾一切跃出水面,在当地下了一场大雨。可水龙因此违反了天规,被剁成一段一段,撒向人间。人们忍着悲痛,捡来一段段龙体放在板凳上,并把它连接起来,希望它能活过来,舞板凳龙的习俗由此产生。浦江板凳龙在宋、元时期逐渐发展成熟,明、清时期步入鼎盛。

从构造上看,浦江板凳龙由龙头、龙身、龙尾三部分组成,俗称"长灯"。通常以松木做凳板,以毛竹扎制龙形,均取自浦江盛产的竹、木。龙头呈S形,下托木板,以竹篾扎成,高2米,长4米,外面裱上棉纸,以完整的一条龙为头。龙头由虎额、狮鼻、獠鲐嘴、鹿角、牛耳、蛇身、鹰爪、金鱼眼等动物造型组合而成,体现了自古以来龙形象的多种来源。根据龙头造型不同,分为仰天龙、俯地龙、大虾龙、跷脚龙、开口龙、闭口龙、木龙等不同的种类。龙头有缄口与张口之分,胡须有白、黑之别。白胡须灯头称为老灯头,张口翘舌为黑胡须灯头,表示年轻。元宵节当晚会演,黑胡须灯头提早进场先行串演,白胡须灯头入场后,它同时陪迎三圈。结束时黑胡须灯头提前退场,谓年轻礼让年长之仪。

龙身由木板连缀而成,每块长2.2米,板上扎制方形、圆形或桥形的人物或花卉框架,里面放几支红烛,糊上皮纸,绘上山水、花卉或人物图案,

---

① 林友标、章舜娇编著《舞龙》,暨南大学出版社,2013,第29页。

是为"花灯"。因凳板上的设置造型不同，亦有方灯、酒坛灯、字灯、龙殿灯、托盘灯、荞麦灯、花篮灯、长寿灯、人物灯、动物灯等多种形态。一条龙从头到尾，至少要用八十多条板凳，板与板之间用一根木棍相连，每一根木棍由一人拿着。龙身的节数以迎灯人的多少而定，可以无限延长。龙尾板长2米，灯面大小与子灯一样，稍做雕刻呈鱼尾状，尾巴上扎一小块红绸，俗称"灯头红"。

龙灯扎制完成后，在龙头书写"风调雨顺""国泰民安"等吉祥语，又在龙身题诗作画，体现浦江百姓擅长书画的艺术才能。另外，装扮板凳龙还需剪出金色的"王"字和小龙角，用彩纸剪出龙的胡须和鳞片，有些灯头还使用雕刻工艺，促进了浦江民间剪纸艺术和雕刻艺术的兴盛。浦江年年扎板凳龙，每逢节日或重大庆典必要迎灯，成为远近闻名的"中国民间剪纸艺术之乡""中国书画之乡"。

浦江板凳龙但凡出灯，都是前有仪仗队开路，后有什锦班（乐器班）压阵，铳声阵阵冲天，龙虎大旗招展，声势浩大。龙虎旗一面是龙，一面是虎，每条板凳龙配两面旗，所谓"龙上天""虎上山"。龙虎大旗的起源与板凳龙灯会同步，是仪仗队的领头旗，后面有旗伞紧随，体现了中国传统的龙虎文化。表演时有丰富多彩的阵式，当前还存"麦饼团""风妒栅""梅花形""元宝圈""青蛇溜""剪刀箍""甩尾巴"等表演阵式。这种传统舞蹈融汇了书法、绘画、剪纸、刻花、雕塑艺术和扎制、编糊工艺等民间艺术，传承了群众体育、杂技和广场舞蹈的艺术形式，极大地丰富了百姓的业余文化生活。

浦江板凳龙以祭神、娱人为目的，以家族性、群体性、团结性为主要特征。迎灯活动由灯会组织者负责，一般由八至十个灯头组成，一律同宗同姓。灯会组织民主推选会长，管理财务等诸项事宜，主持各种仪式；灯队成员也以同村同姓为单位组成，要求每家每户参与。由此可见，浦江板凳龙活动参加人数多、活动场地大，具有广泛的群众基础。总之，浦江板凳龙保留了浙江中部和江南沿海一带的龙信仰，具有研究地域民俗历史的价值和传承民间工艺、促进经济发展的功能。

5. 浙江长兴百叶龙

长兴百叶龙发源并流传于浙江长兴县林城镇一带，至今已有一百六十多年的历史。传统百叶龙多在春节、元宵节、龙头节等重大民俗节日和庙会时表演。百叶龙所在的天平桥村，位于长兴与安吉交界的龙山山脉地区。龙山山形酷似一条龙，所以当地百姓把龙山看作龙的化身，对龙和龙山的敬畏由来已久，祈求神龙能给当地带来风调雨顺、五谷丰登。天平桥村至今仍保存着一座与传说中的龙有关的古桥，即"龙桥"。龙桥位于该村七亩塘边，相传百叶龙即诞生于该塘。

百叶龙的诞生源于一个美丽的民间传说：很久以前，苔溪岸边住着一对农家夫妇，妻子怀孕生下一个四脚蛇形怪胎。村里族长说是妖怪，命人将其丢入荷花池里。之后，每当母亲来池边淘米时，小蛇便游上来吃奶。一天，族长碰见母亲在给小蛇喂奶，就冲上前一锹斩断了蛇尾。霎时间，天上乌云翻滚，四脚蛇想上天，无奈无尾上不去，这时池边飞来一只蝴蝶粘在它的尾部，助它飞上了天。四脚蛇升天成龙后，每逢此地久旱无雨，它便为故乡降雨，消除旱灾，使庄稼获得丰收。长兴一带百姓为了感谢它，就用彩布做荷花瓣龙鳞和蝴蝶龙尾，制成长兴特有的"百叶龙"。虽然传说还有其他不同的版本，但都与"荷塘育龙"的故事有关。[1]

百叶龙舞蹈表演最显著的特点是"荷花变龙"和"龙变荷花"，所谓"静则荷塘月色，流光溢彩；动则蛟龙腾空，气势磅礴"。表演开始时，由荷花灯、荷叶、蝴蝶串舞，展现出夏日里一池盛开的荷花随风荡漾的场景。但见荷花忽聚忽散，突然连接成龙腾空而起，瞬间变成祥云。两条荷花龙在一番狂舞之后，又缓缓入池，先龙尾、后龙头，闲庭信步般变成朵朵盛开的荷花。每一种花灯都有两种形象，如聚宝盆花灯翻过来就变成了龙头，荷花灯相连即变成龙身，蝙蝠灯翻过来变成龙尾，寿桃灯翻过来变成龙珠，十二只花瓶灯翻开变成云片。其中荷花骤然变龙的快节奏和龙变荷花的舒缓气氛，为整个舞蹈增添了韵律变化，张弛有度，引人入胜。

百叶龙表演有舞台舞、行街舞、广场舞等不同形式，且日趋复杂，以适应不同的表演场合。其表演队形主要有长蛇阵、接龙、踩四门、剪刀阵、走

---

[1] 陈亦祥主编、吴露生编著《长兴百叶龙》，浙江摄影出版社，2009，第12—15页。

四角等，表演动作有游龙、滚龙、龙盘柱、腾龙、卧龙、睡龙、龙出水、龙吐须等。

6. 浙江奉化布龙

奉化布龙因起源于浙江奉化而得名，相传已有八百多年的历史。南宋《宝庆四明志》记载，雪窦山三隐潭请龙祷雨已是奉化境内的普遍现象。奉化人特别喜欢龙，几乎村村有龙灯，乡乡有龙会。奉化有很多龙潭，每个龙潭都有一则生动的传说，著名的有《石井龙王和方门货郎》《布袋和尚与龙王》《宋代皇帝与三隐潭龙王》等。每条龙都有各自的管领要地，如奉化最有名的苔雪布龙代表的是周济潭龙王，其所司位置在隔山过冈的萧王庙；最享盛誉的石井村十二节布龙代表镇亭潭龙王。[1]

南宋初年，奉化境内已有龙舞民俗，称为滚龙灯、盘龙灯、稻草龙等。每当田地龟裂、禾苗枯萎的干旱时节，村民们就敲锣打鼓，成群结队去龙潭求雨，见潭中蛇、鳗、蛙等水生动物，即以为龙，请而归之，如神供奉，待旱情解除，再把它送回原潭。宋末元初文学家、奉化人戴表元曾作《观村中求雨》诗曰："西村送龙归，东村请龙出。西村雨绵绵，东村犹出日。"可见奉化当地请龙求雨之风自古盛行。把龙送回原潭时，要举行"送龙行会"，其间有龙舞表演，久而久之就形成了舞龙的民间习俗。[2]奉化地处沿海，渔民对龙王尤其敬重，希望龙王能保佑渔船出海风平浪静、平安无事、满载而归。于是，新船造起时必请布龙上船盘旋，船主抱龙头许愿。奉化悠久的龙崇拜和民间信仰，为布龙艺术的孕育和成长提供了深厚的文化土壤。

奉化布龙以山竹制成骨架，以布料做龙身、龙面，故名"布龙"。最初村民们只是将稻草捆扎起来做成龙的形状，慢慢地，才在龙身上覆盖一层当地出产的普通土彩布。后来，艺人们对龙的造型进一步改革，在龙身蒙上龙肚布，染上色彩，印上龙鳞，装上龙爪，成为今天这样鳞光闪闪、栩栩如生的布龙造型。

奉化布龙长度有九节至二十七节不等，舞时一人持一节，因此可以不受场地限制进行表演。舞蹈动作有盘龙、龙抓身等诸多跳跃动作和躺在地

---

[1] 王月曦编著《奉化布龙》，浙江摄影出版社，2008，第27—32页。
[2] 傅珠秀：《奉化布龙》，《浙江档案》2006年第7期。

上滚舞等技巧。在民间打击乐的伴奏下，表达出不同的舞蹈气氛。由于龙身轻，舞动起来速度快，其舞姿也变化多端。动作有盘、滚、游、翻、跳、戏等四十多个套路和小游龙、大游龙、龙钻尾三个过渡动作，其中有的已被用作国家体育舞龙比赛的规定动作。舞得活、舞得圆、神态真、套路多、速度快是奉化布龙的主要艺术特征。所有舞蹈动作都在龙的游动中进行，能做到"形变龙不停，龙走套路生""人紧龙也圆，龙飞人亦舞"，动作间的衔接和递进十分紧凑。[1]

7. 四川泸州雨坛彩龙

泸州雨坛彩龙盛行于明末清初。地处四川泸县、隆昌市及重庆荣昌区三地交界的龙洞山上的雨坛乡，自古以来就有设坛耍龙以求风调雨顺、五谷丰登的习俗，雨坛乡亦因此得名。清光绪十八年（1892）前后，当地艺人将原有的"草把龙"改成彩龙，自此，每逢年节或婚丧嫁娶，当地百姓都要舞彩龙。

雨坛彩龙表演重在一个"活"字。表演时，要求舞龙者"动于中而形于外""心有性情，手显神色"，人与龙的情感交融一体。表演中，龙与宝纠缠连绵，使观赏者从中领略到巨龙夺宝的恢宏气象。雨坛彩龙龙体造型也别具特色，与当地建于明代的国家级重点保护文物——"龙脑桥"的主龙头极为相似。龙头彩绘精美，其形额高嘴短，双目纵突能动，下颌开合自如，形象雄壮、憨愚兼而有之。龙身长30米，共十三节，龙体浑圆灵活；龙尾是长于龙头的鲢鱼状，紧随龙身起伏摇摆，舞动之中颇含诙谐，富有情趣。

在漫长的表演实践中，雨坛彩龙的传人们不断更新、丰富表演内容，形成了完整的表演套路和经典的动作造型，在连贯变化的太极图形中相继呈现"龙出洞""龙抢宝""龙叹气""龙抱柱""龙脱衣""黄龙滚""龙砌塔""龙背剑""倒挂金钩""太子骑龙"等数十个动作，最大限度地展示了人们对龙的想象。[2]整个表演以热烈而又川味浓郁的锣鼓吹打乐伴奏，音乐紧密配合龙的表现情绪和动作速度，既有旋律的可听性，又增强了龙舞场面的恢宏气势。

---

[1] 王越锋：《奉化布龙文化研究》，浙江大学出版社，2016，第43—44页。
[2] 林友标、章舜娇编著《舞龙》，暨南大学出版社，2013，第31—32页。

8. 河北易县摆字龙灯

摆字龙灯是流传于河北易县西陵镇忠义村的民间舞蹈，因龙体内置灯，并可用龙体摆出各种字形而得名。据忠义村老人苏春元回忆，摆字龙灯是清乾隆年间成立清泰陵衙门时，由承德离宫带来的。当时是整龙，为纪念雍正皇帝在位十三年而断成十三节，也有十三节是象征闰年的说法。光绪年间，由泰陵衙门传到泰妃陵衙门（即今忠义村）。依此推算，摆字龙灯从离宫到西陵已有二百多年的历史，传到忠义村也已过百年。

清朝时，摆字龙灯于每年农历腊月初八起演练，正月初四正式出会表演。龙灯首先给泰妃陵衙门的官员拜年，然后由官员率领到泰陵衙门拜年，接着摆恭维长官的字样，然后再到各陵衙门拜年。20世纪20年代末，守陵机构瓦解，守陵人员转为农民，摆字龙灯才真正成为表达农民意愿的民间龙舞。[①]

摆字龙灯选择身强力壮、反应灵敏的青年男子为舞者，由老一代传授队形、字谱和必要的基本功。表演时，一人手持蜘蛛引龙，另十三人手持龙节共同表演。蜘蛛用竹条绑制成形，外面糊纸后画上蜘蛛图案。与一般龙舞多表现龙戏珠不同，摆字龙灯却表现龙扑蛛，融入了驱邪的内涵。每节龙身长约1.2米，直径约0.5米，节中央固定一个把手，内设三环套月式蜡烛签三个，舞动时烛火始终朝上不灭。

舞龙者要有臂力，要练"圆场"，以保证在跑场时身体平稳，保持龙身不因分节而产生断裂感。每个舞龙者要保证速度与准确的路线，避免龙节因步法或路线出错而缠绕在一起。引龙者还要练习"劈叉""单蛮子"等武功。每个舞者都须学会相同数量的字形，以保证在面对不同的观者表演时，能摆出多种应景字形。摆字龙灯对舞龙尾者的选择较为严格，因为龙尾可以单独行动。每次摆出字形时，舞龙尾者都要绕场一周，再到达相应的位置，补上字的最后一笔，更显活泼风趣。

龙灯队形丰富，有龙摆尾、地卧龙、天卧鱼、龙塔垛、跑八字等。摆字龙灯通常在晚上进行，伴随着锣鼓铙镲的演奏，如一条火龙翩翩起舞，摆出

[①]《中国民族民间舞蹈集成》编辑部编《中国民族民间舞蹈集成·河北卷》，中国舞蹈出版社，1989，第653页。

各种不同的吉祥祝福的字句。摆字的内容因人而异,以前见到官员要摆"正大光明""立(利)见大人",庙会时要摆"宏华丹田""亘古一人",拜会客人时摆"天下太平""三多九如",现在多摆"合村平安"等。最后表演"龙盘柱",充分展现出北方舞龙气势雄浑、刚劲壮美的舞龙风格。

9. 上海松江舞草龙

松江舞草龙相传源于唐代。传说唐贞元年间,松江叶榭境内遭受特大旱灾,百姓用稻草扎龙祈求苍天降雨无果,"八仙"中的韩湘子是叶榭埝泾村人,他途经家乡,从云中俯视乡亲父老焚香点烛,面向东海跪地叩拜的情景,便吹起神箫,瞬间招来东海青龙,倾盆大雨顿时瓢泼而下,叶榭盐铁塘两岸,久旱禾苗喜逢甘霖。百姓感念韩湘子"吹箫召龙"的恩德,便将盐铁塘改名为"龙泉港",并用田间未收的青翠禾秆,扎成一条条"草龙",舞龙欢庆。

草龙全身分为七段,长约10米。制作时用上好的竹篾扎成龙骨,龙衣则是先用上等毛竹扎成直径30厘米的竹环,将竹环分别用坚韧的稻草沿圈扎紧,再用三根麻线连接起来。龙球用竹篾扎成直径22厘米的圆形架子,以粉红色的布缝合。整个草龙做工精巧,稻草编织紧密坚固。龙身的金黄色稻草,像龙的鳞和鳍,随风舞动,生动形象。制作草龙所用的毛竹和稻草都是土生土长,祭祀所用的供品也都来自叶榭本地,如陈稻谷、麦、豆、浜瓜、鲤鱼,体现了叶榭草龙根植于当地文化的原生态艺术形式。

舞草龙由祭祀和求雨两部分组成。祭祀仪式一般在田间广场进行,地点是供奉神箫和青龙王牌位的庙宇附近。迎请过程中伴有《请神曲》音乐,庄重神圣。舞龙由"祷告""行云""求雨""取水""降雨""滚龙""返宫"七个程式组成,舞动时有一条大龙,由七至九人合舞,同时有两条1米左右的小草龙,二人合舞,陪伴在大龙周围。舞龙动作有"行云""求雨""滚龙""龙钻尾""龙取水"等,舞珠动作有"戏珠""亮珠""引龙"等,拜香队动作有"祷告步""叩拜"等。[1]这种保留着原生态的祭龙求雨仪式,具有整合村落集体力量的文化功能,已传承近千年。

---

[1] 顾静华、薛亚峰、戴桃蓉主编《舞草龙》,上海文化出版社,2014,第31—32页。

10. 上海浦东绕龙灯

上海浦东新区的三林镇，被誉为"中国龙狮运动名镇"。舞龙活动在三林社区拥有广泛的群众基础，是三林百姓民俗生活的重要组成部分。

三林舞龙历史最早可以追溯到宋代。在春节和元宵节，当地都要举行隆重的舞龙灯活动，寓意新年伊始，向龙告福，祈求风调雨顺、五谷丰登。明清时期，只要当年收成好，人们便会相互斗龙。谁家的龙身长，舞龙舞得好，那就代表着来年收成好、运势旺。若遇大旱、虫害等天灾，舞龙更是必不可少的祭神节目。为了求雨，当地民众会故意把龙身浸在河里，当舞龙人跑过农田时，龙身滴下的水珠，仿佛甘霖一般。

浦东绕龙灯在道具制作、动作设计和音乐伴奏等诸多方面，都具有兼容并蓄、海纳百川的风格。民间艺术家使用不同材质的道具来塑造不同形态、不同风格的龙形，如不同形状质地的龙头、布龙的龙衣、花龙的花叶草、香火龙的香烛、草龙的草绳等。龙身轻盈精致、色彩艳丽，增强了视觉观赏性。舞者运用龙的分节，以及节与节之间或多条龙体之间的反复交织，组合成不同的舞龙队形；吸收和强化竞技技术的动作要素，使舞龙更具有爆发力和震撼力；借鉴和运用各种高科技手段，发展出灯光龙、焰花龙、烟雾龙、变色龙等众多精彩纷呈的新形式。浦东绕龙灯的音乐伴奏，不仅有地域传统的锣鼓等打击乐器，在走进艺术剧院，成为舞台化的艺术表演之后，还吸收了交响乐、京剧、昆剧、越剧、沪剧等音乐形式，甚至拉丁舞、摇滚乐的元素，组成了别致、浑厚、多元的独特伴奏音乐。[①]

11. 贵州德江土家族炸龙

贵州德江土家族炸龙，也是舞龙、龙灯的一种，只是由于炸龙是舞龙的高潮环节，所以民众统称为"炸龙"。据清道光《思南府志》记载，该"龙"已有几百年历史。当地民谚说："初三不出龙，十六不玩灯。"每年初一到初三为扎龙灯阶段，初四至十五可以玩龙、舞龙，十六烧龙，送龙回府，历时半个月。扎龙过去一般在大年初四前完成制作，现在则以"起水"（初九）之前为限。

---

① 上海市文化广播影视管理局编著、陆大杰主编《浦东绕龙灯》，上海人民出版社，2017，第27—38页。

扎龙、舞龙由"灯首"（又称"灯头""龙头"）主持。先召集各户商议相关事宜，同时募集钱款，称"化功德"，再备材料，后祭祀龙神，便开始制作。龙以威猛为佳，按材料分有草龙、布龙、纸龙等，又有青龙、蓝龙、黄龙等不同颜色。龙身骨架节数为奇数，每节用绳索连接，外覆龙衣，长度30米、40米不等。舞龙者多为三十人左右，一人一节。

德江炸龙有一系列简练而寓意明确的环节和仪式：起水、出龙、送帖子、入户舞龙、送龙板、游龙、炸龙、烧龙等。德江炸龙的特点是"炸"，即围观的民众用爆竹、礼花去"炸"舞龙者，舞龙者赤身，用毛巾系额以保护耳朵，穿梭于爆竹、焰火之中。炸，是为了去除晦气与不顺。在过去，人们必须是炸到"兴尽"才归，现如今，炸龙更多的是表现勇敢及祝福。

"炸"也与土家族的火神崇拜有关。据《贵州"六山六水"民族调查资料选编·土家族卷》载：土家族祭祀火神的历史源远流长，相传"钻木取火"时期土家族家家设火塘，经夜不熄。除夕和逢"金""火"之日供祭火神。今天的德江炸龙亦有此意味，认为被火炮所炸能驱邪祛晦。德江是多民族聚居区域，主要有汉族、土家族、仡佬族及苗族等，历史上受巴楚文化影响，巫傩至今仍有较明显的痕迹存在。宋初还属黔州羁縻地，虽有较多的少数民族的广泛分布，但通用汉语。至清代仍署"安化"为县名，到民国三年，改安化为德江。正是这样特殊的时空节点，使得土家族炸龙并没有局限在其所属的民族范围之内，而更多地反映出跨民族或是泛民族的地理空间的认同。[①]

12. 台湾苗栗炸（䭓）龙

苗栗炸龙是台湾苗栗县客家人的元宵民俗活动。当地称䭓龙（䭓，音bàng，为客家语发音，意思同"炸"），主要是将舞龙与燃放鞭炮相结合。早期客家人多以务农为主，农历正月元宵节，恰逢春耕之期，通过舞龙活动，恭迎神龙下凡，镇煞、驱邪，免受瘟疫之害，并祈求来年风调雨顺、吉祥平安、五谷丰登。廖金文先生认为苗栗舞龙的习俗与客家先民的奋斗史息息相关，既来源于传统客家人古时驱逐疫鬼的古礼，是傩礼的遗俗，又是出于强身与自保的考虑，能够抵御外族或防范土匪猛兽，并达到团结民心、联

[①] 徐浩、周惠萍：《德江土家族"炸龙"与文化认同》，《贵州大学学报（艺术版）》2018年第3期。

络感情的目的。①

苗栗炸龙也有一套固定的程式：糊龙、祥龙点睛、迎龙、跈龙、炸龙、化龙返天，与贵州德江土家族炸龙仪式有一定的相似性，除请龙、送龙仪式外，还多了跈龙等环节，体现出土家族文化和客家文化的不同特色。

糊龙。龙主成立龙队，元宵节前完成制龙、练习舞龙的过程。制龙材料取自苗栗盛产的桂竹，竹质轻韧性好，可节省舞龙者的体力。糊龙时先将桂竹剖成竹篾，制作龙头、龙尾，再按预先设定的节数编制龙圈，最后蒙上画制好的龙被（龙衣）。糊龙时地方民众会口相传前来观赏。

祥龙点睛。祥龙糊制完毕后，龙主及艺师为避免秽邪之气侵入龙体，要进行"开光点睛"仪式。点睛的时间一般为糊龙完毕之后，或正月十五当天下午的固定吉时（未时或申时），点睛的地点必须为当地的土地公庙或神像前。首先由主祭带领大家向神明上香，接下来点睛官割取白色雄鸡的鸡冠血，与朱砂、米酒混合，以新毛笔沾吸，依序点于龙头、龙身、龙尾后，再返回龙头前，将金花红布插挂于龙角上。点睛时龙队成员右手扶持龙身握柄，跪右脚恭迎神灵。经此点睛仪式，龙被赋予生命并具有神性，即可出龙绕境参拜。

迎龙。祥龙点睛后，龙队从正月十五起连续三天晚间出龙绕境，向各家各户拜年。迎龙当天，主家要向家中供奉的神明、阿公婆（祖先牌位）上香、烧金、报喜，并燃放排炮"迎龙"进门。龙队从神龙下凡、金龙翻腾、祥龙献瑞、神龙参拜、戏找龙珠、回龙抢珠、头尾穿龙、睡龙起身、滚龙飞跃、蟠龙回首，到最后穿尾离场，各种动作配合锣鼓，舞龙的形式更为丰富。

跈龙。民众跟着龙队行进，挨家挨户参拜。客家人认为，跟着龙走，可以吸收"龙气"，为自己和家人带来平安吉祥。因此乐此不疲，逐渐演变为跟着神龙出巡的跈龙文化。

炸龙。炸龙是整个仪式中的核心环节，也是苗栗炸龙的高潮时刻。炸龙时燃放鞭炮，产生出声、光和大量烟雾，好似大气中的雷、电、云，一方面恭迎神龙的灵气驱邪纳吉，另一方面庆贺助兴，展示元宵花灯之美，增加年节的热闹欢快气氛。全身亮丽的神龙在烟雾弥漫的炮阵中穿梭翻腾，犹如真

---

① 廖金文：《苗栗㸎龙：台湾客家人的民俗悸动》，载宗和云、蒲克玲主编《亘古一龙腾：2016首届巴岳山·中国龙文化研讨会文集》，学苑出版社，2017，第93页。

龙行云驾雾，拉近了神龙与人的距离，营造出神圣的仪式感。

化龙返天。龙队返回点睛的土地公庙，于正月十七晚十一点子时举行送龙神返天仪式，又称为"谢龙"。龙主将点睛取血之雄鸡作为牲礼，摆好香案，率领全体队员上香，上奏表告谢神明，神龙绕境功德圆满，接着于庙前做最后一次全套的迎舞，表示谢神离俗。火化龙时，对天恭读表章后引燃奏章，由龙头正前方的底部环绕着龙身点燃，恭送神龙返天。[1]

总之，中华大地舞龙活动多姿多彩，除以上所介绍的代表性龙舞，还有曲周龙灯、金州龙舞、骆山大龙、兰溪断头龙、大田板灯龙、高龙、汝城香火龙、九龙舞、浦寨火龙、荷塘纱龙、乔林烟花火龙、醉龙、黄龙溪火龙灯舞等多种艺术形式，也都是能够代表中华舞龙习俗的特色龙舞。

三、舞龙的仪式

舞龙民俗从一开始就与祭祀、祈禳等敬神仪式相附相生。因此，在开展民间信仰活动的场所，大多有舞龙民俗。随着时间的推移，祭祀活动中的舞龙民俗内容越来越多，并逐渐从仪式中独立出来，成为中华文化中的一种独特的民间信俗活动。从祭祀活动中走出来的舞龙，渗透了民众参拜天地的体验性法则，是具有象征主义色彩的民间集体意识的集中体现。[2]

舞龙民俗中的各种仪式，既是人神沟通的桥梁，百姓情感的表达和宣泄，又是戏剧表演或娱乐游戏的环节。

1. 请神献祭、人神沟通

英国人类学家埃德蒙·利奇认为，当人们使用象征符号来区分不同类别的事物时，就在某一自然延续的领域中创造了一个人为的界限。这一界限把社会空间和社会时间分为两个范围：一个是正常的、有时间的、明确的、位于中心的和世俗的；另一个则被当作界限的空间和时间的标志，是不正常的、无时间的、模糊的、位于边缘的和神圣的。跨越这种界限和"门槛"总是与仪式相伴的。在宗教仪式中，人们的世界被分成此界和彼界。献祭是人

---

[1] 廖金文：《苗栗㧯龙：台湾客家人的民俗悸动》，载宗和云、蒲克玲主编《亘古一龙腾：2016首届巴岳山·中国龙文化研讨会文集》，学苑出版社，2017，第101页。

[2] 上海市文化广播影视管理局编著、陆大杰主编《浦东绕龙灯》，上海人民出版社，2017，第14页。

们给神进献礼物或上贡金，借以祛灾避难，获得神的福佑的过程。献祭仪式是互报原则的表现：人给神以礼物，神就得回赠人以好处。通过献祭仪式，献祭者在神界与人界之间架设了一座桥梁，神的能力通过桥梁能够通达到献祭者本人。①正如埃德蒙·利奇所指出的，舞龙前、舞龙时和舞龙完成后的众多仪式，都是人与神龙沟通的神圣过程。

（1）舞龙前"开光点睛"。舞龙前，人们为道具龙开光，以此赋予道具龙以神力。客家习俗认为祥龙点睛必须在庙里或神像前举行，而且要按眼、耳、鼻、嘴、天庭到龙身的顺序，否则龙就没有灵性。点睛人以毛笔点于龙身各个部位，逐一念出其深刻含义，代表祥龙与神明合而为一。未经点睛的龙是"野龙"，仅可庆贺表演，不能入庙堂参拜，家户亦可不迎、不接、不送红包。

奉化舞龙队也要为新做的布龙举行"开眼"仪式，未经"开眼"的布龙不过是道具，"开眼"以后才能列入神位。"开眼"仪式有繁有简，烦琐的要请和尚道士念经做道场，请社会名流到场拜祭；简约的只需把新做的布龙摆在神庙或祠堂，用一块红布盖上龙头，舞龙队成员跪拜如仪，然后请村里有声望或出钱较多的人，拿一支笔和一条毛巾，把龙头上的红布揭掉，按动开关，使龙眼闪闪发光即可。布龙回村以后，要用红布把龙头遮盖起来，表示老龙已经归潭，再出村得重新"开眼"。

浦江板凳龙的龙灯做好后，要举行"出圣"仪式。"出圣"前，需点亮灯头，头珠上点着红烛，还需选当年的白公鸡一只，在鸡冠上一针见血，用新毛笔笔尖蘸着鲜血点在龙的眼珠上。这支红笔寓意高考中榜和妙笔生花，家中凡有高考学生的此时都争抢着要。至灯头手喊"豆腐扎米——锣"后，鸣锣放火炮。"出圣"时，龙灯进三串反三串，游走在村中主道上，表示迎灯开始，各位迎灯者迅速做好准备，子灯越长越好。②

（2）请龙时"请神献祭"。奉化布龙"开眼"之后，村里还要举行繁复的"请龙"仪式：由族长决定行动，通知请龙的人斋戒沐浴；僮星（民间巫

---

① 转引自刘统霞《被表述的民俗艺术：对商河鼓子秧歌的历史人类学考察》，知识产权出版社，2011，第23页。
② 张华浦主编、周春德编著《浦江板凳龙》，浙江摄影出版社，2008，第63页。

师）定请龙的日子；念盘（道士）率村民及乐队抬着藤扎的龙庭（座椅），放上圣甄（缸），奔赴选定的龙潭；在龙王庙摆上香案，烧请神下界的经咒；众人到龙潭边，族长跪拜，念盘念咒辟符，乐队奏乐；等到潭里有水族出现，认为是龙王或龙王派遣的龙子龙孙驾到，便将出现的水族放进圣甄，用两张棕榈叶包裹，由两人抬着起驾回村，村民自发出迎。龙王路过的村子，家家户户都要准备"龙粥"供请龙人享用。请到的龙驾要放到宗庙或宗族集会的堂屋天井里暴晒，直到下雨为止。如果下了大雨，要送龙行会，俗称"行龙会"。如果一直没有下雨，而圣甄里的"神龙"也被晒死，则认为没有请到真龙，求雨行动失败。[①]整个请龙行动是一个虔诚的过程，请龙人、僮星、念盘都是能与神龙沟通的具有神力的中间人士，念盘通过诵经和念咒来增加神力。请龙的龙潭被认为是曾经请到过龙的灵验圣地，龙潭中出现的任何水生动物都被看作是龙的化身，藤扎的龙庭、放龙的圣甄都被认为具有神性。而将好不容易请来的"神龙"放在太阳下暴晒，以求降雨，也是一种带有惩罚性质的求雨理念，表现了百姓求助于仪式表演和象征符号来处理问题的思维。

松江舞草龙因为承载了韩湘子神话传说，舞龙前的祭祀仪式也非常繁复，处处表现出祈求龙身普降甘霖的虔诚愿望。其祭祀仪式严格遵守请神、升座、上供等顺序。先是请神：由司仪开祭，放六个鞭炮，意为六六大顺；然后由一位六十岁左右的男性村民，手捧韩湘子神箫在前，另一位六十岁左右的男性村民，手捧青龙王牌位跟在其后。再是升座：将神箫、牌位摆上供桌，坐北朝南，放五个鞭炮，象征五谷丰登，捧者行礼而退。再是上供，前后三批：第一批，一人托猪头（置牌位正前方），一位托鱼（左），一人托鸡（右）；第二批，三女托陈稻谷（正中）、麦（左）、豆（右）；第三批，三女托西瓜（正中）、黄金瓜（左）、浜瓜（右）。最后敬香，由村里的长老手持三支清香，行三跪九叩礼。[②]

（3）舞龙时"人龙沟通"。舞龙本身就起源于一种神圣的仪式，"是人与龙神之间交流的场合。人向龙神供献祭品，讨取龙神欢心，同时向龙神提出祷告、请求，龙神则给人们提供保佑。人们所做的一系列仪式活动只是

[①] 王月曦编著《奉化布龙》，浙江摄影出版社，2008，第49—50页。
[②] 顾静华、薛亚峰、戴桃蓉主编《舞草龙》，上海文化出版社，2014，第56—57页。

形式，其实质则是交换，其中充斥着世俗娱乐与现实功利的需要。……人们能够借以表达自己的愿望，期盼他们的实际问题得到解决。"舞龙的日子便是乡民与龙神交流的时机，"人们需要在这个狂欢的场合中向'神'寻求内心的平衡，寻求群体的认同感。"①在这个集体狂欢的过程中，普通百姓仿佛获得了神力，充满了对未来的美好期待。舞龙仪式已经成为当地民众生活中的一种心理需求。

浦江板凳龙祭拜灯盏的习俗，就体现了舞龙过程中人神沟通的仪式性质。当灯队到达邻村村口时，迎接者要双手合十作揖，放三响火炮，分发香烟、糕点，将灯队接到村里的堂头前或大门口的操场上。灯头一停，点燃香和黄纸，双方共同祭天祭地，然后拜祭先祖。礼毕，铳声、锣声、吆喝声震天动地，开始激越的串灯表演。②苗栗炸龙在"迎龙"过程中，神龙登门参拜等于"神明造访"，能为地方消灾，给家户带来好运；"跈龙"时跟着神龙走，能带来平安吉祥；"炸龙"时燃放鞭炮，龙愈炸愈旺，表达了神龙庇佑人间，积福纳吉的欢快愿景。

（4）送龙时"化龙返天"。各地舞龙结束之后，通常都会举行隆重的仪式，将龙送回起初请龙的地方（龙潭、河流、庙宇等），或者将龙具烧掉，意为送龙升天。所谓有请有送，才能表示对龙神的尊敬，也避免求雨不成，招致灾祸或不好的事情发生。如果请龙活动得到旱情解除的回报，则必须行龙会唱龙王戏，向请到的龙表示感谢，否则，再有旱情发生，就不能再去那个龙潭（河流、庙宇等）请龙了。

奉化布龙送龙时，主祭者要在供桌前焚香叩谢，然后小心翼翼地把龙王送回原潭。铜梁龙舞也有送龙环节，舞龙结束后，舞龙队集中到城内明月古桥边燃烧龙具，意为送龙回宫、神龙飞天，新年的美好祝愿也随袅袅龙烟传递给上苍。民谣唱道："龙去龙来，四季发财；今年烧过，明年又来。"松江舞草龙送神时，六位信女捧酒先敬大龙，再撒向小龙，最后把两条小龙烧掉，意为小龙带着百姓的美好心愿，去祈求玉皇同意降雨，润泽万物。如果

---

① 廖梦华：《舞龙仪式的人类学探析——以融水三防舞龙文化的田野考察为例》，《柳州师专学报》2009年第6期。

② 张华浦主编、周春德编著《浦江板凳龙》，浙江摄影出版社，2008，第88—89页。

只迎不送，则是对神明不敬，不但得不到龙神护佑，反而给龙主带来不吉，香火不继，招致灾祸。

2. 情感表达、族群认同

在舞龙求雨祈福这个仪式中，人们得以融入群体，找到共同的记忆和情感。法国社会学家爱弥尔·涂尔干在《宗教生活的基本形式》一书中指出："这全部仪典的唯一目的，就是要唤醒某些观念和情感，把现在归为过去，把个体归为群体。"[1]舞龙仪式承载着先民对龙神的信仰，在漫长的历史发展和演变中代代传承。舞龙仪式是崇龙信仰和民俗文化的载体，有力地传达着人们内心的情感世界和精神追求。

河北易县摆字龙灯是流传在清泰陵忠义村的民间舞蹈，是村与村之间情感表达的纽带，也成为忠义村与邻村联络的固定仪式。如去外村表演，须先由该村下请帖，舞队回帖应邀，至预定日，舞队在东道村外放三眼铳为信号，通知东道村。东道村闻声，即由村中头面人物率有关工作人员赴村口迎接，宾主相见，互相请安（打千）后迎到村中。有庙先拜庙，无庙就先沿街游舞。在游舞过程中，凡遇牌楼或粗大的树木，均做"龙盘柱"表演，以体现龙的威严。打场表演时，先打开场地，然后做摆字表演。每摆一字，先走不同队形。表演到适当的时候，会首的小旗示意，节龙则以"龙盘柱"造型结束表演，然后宾主互拜，礼送出村。[2]

湛江人龙舞由于所需人手众多，彼此间需要密切配合，因此成为当地人情感表达和族群认同的一种仪式。正月十二吊灯，五月初六接身，八月十五闹龙，以及民间的各种人生礼仪和婚丧嫁娶，邻里间都会互相照应，精诚团结，传递了人与人之间的珍贵情谊和热烈的生活气息，也体现了舞龙仪式对族群认同的推动和加强。

在舞龙过程中，民众的历史记忆与族群认同被唤起，能够获得一种群体的归属感。舞龙队员团结合作，把龙舞得翻江倒海，他们仿若是龙神的代表。而接龙的人们聚在一起，为共同的信仰追求而虔诚祈祷，获得了情感

---

[1] 涂尔干：《宗教生活的基本形式》，渠东、汲喆译，上海人民出版社，1999，第498页。
[2] 《中国民族民间舞蹈集成》编辑部编《中国民族民间舞蹈集成·河北卷》，中国舞蹈出版社，1989，第654页。

上的慰藉和平衡。在这一过程中，人与人之间地位、身份的差别也暂时被淡忘，共同的信仰追求及娱神娱己的乐趣使得民众的情感得以表达并同化。①

3. 戏剧表演、群众游戏

美国人类学家克利福德·格尔兹认为，仪式是一种"文化表演"。研究者应该把仪式作为当地人认识、理解、解释和描述其所在世界的文本或符号体系，对仪式背后的观念与信仰体系进行深描和分析，从而对其加以解读和阐释。

松江叶榭草龙求雨仪式中的人物扮演，充分体现了仪式作为戏剧表演的性质。人物扮演主要有韩湘子、信女、舞龙人等。韩湘子一人，按照道教服饰穿着打扮，身着道巾、道冠、道袍、道鞋等。信女六人，头扎蓝底白花方巾，身穿粉红斜襟衣衫裤，腰系墨绿色镶边围裙，脚穿蓝色绣花彩球鞋，均饰以农村妇女形象。信女们表情深滞，步履缓慢，分别手捧蜡台、香炉，双手合掌于胸前。舞龙人头戴斗笠，身披蓑衣，足穿草鞋，通过模仿龙的各种动作，取悦龙神。如表演"求雨"环节时，龙身下伏，龙首仰天叩拜，表现老龙向神灵祈祷的情景；"取水"环节，则是龙体紧盘成一团，龙首昂扬不停摆动，以示老龙正在吸水；演到"降雨"环节，先由庙宇僧人泼水，再由村姑将盆中之水不断泼向观众，意谓"泼龙水"，被泼到龙水即为吉利，故观者争着让村姑泼水，将仪式推向高潮。

辽宁大连的金州龙舞，也有一系列表演仪式。金州城外有一座玉皇庙，相传玉皇大帝是"主管农业"的，于是就在玉皇大帝的生日——农历正月初九这天开始舞龙。人们在玉皇大帝尊像前摆好贡品，点燃红烛，烧起香火，在悠扬的唢呐声中舞起龙灯。之后，把龙擎到龙王庙下的海边，象征性地把龙头往水里一扎，表示喝水，龙饱饮一顿后，便趾高气扬地进城。龙一进西门，由灯官老爷开道。灯官是管灯的，看哪家的门灯不亮，他就用烟袋指一指，示意批评；谁家门前的灯又亮又美，他就停下让龙舞一阵子，乐得这家主人赶紧送赏。舞罢，主人尊舞龙人如上宾，大摆酒席，馈赠年糕、粉条、猪肉。舞龙活动一直持续到二月初二，这天晚上，人们又恭恭敬敬地把龙擎

---

① 廖梦华：《舞龙仪式的人类学探析——以融水三防舞龙文化的田野考察为例》，《柳州师专学报》2009年第6期。

到海边，点起烟火把龙烧掉，象征龙已升天。[①]舞龙前龙在海边喝水，灯官管龙灯，舞龙结束海边烧龙，这些仪式环节都是通过表演，加强龙与水、与灯的象征性关联，达到请龙求雨的目的。

老百姓相信，龙神喜欢热闹，喜欢彰显力量，而舞龙、演唱可以让龙"高兴"，就像人们喜欢热闹、喜欢看表演一样。于是舞龙时敲锣打鼓，鸣放鞭炮，模仿雷电云雾，制造热闹气氛，吸引龙神到来。在接龙时更是不断燃放鞭炮，认为燃放鞭炮越久，舞龙舞得越欢腾，龙神就越高兴。龙神高兴了，必然有求必应，把自身的神力赐予百姓。大家在未来的一年里有龙神护佑，自然会红运当头，福气多多。

浦江板凳龙还有个特别的习俗：戏"偷"毛竹。扎龙珠的竹子，不能用家里现成的，也不能在集市上买，必须是"偷"的。当地群众乐此不疲，也寄托着一种美好的愿望。在扎龙之前，当地人要背着铳，敲着锣，浩浩荡荡来到邻村的竹山上，他们事先把"偷"毛竹的消息通知了邻村，邻村的孩子纷纷涌向竹山，阻止他们。砍毛竹的"小偷"掏出一把包了硬币的红纸包撒向孩子们，把一盏点亮的灯笼用红头绳拴在毛竹梢上，背起毛竹朝山下"逃"去。山下的队伍得知"偷"竹到手，还敲锣打鼓以示庆祝。而得到红包的孩子们更是高兴，据说这种红纸包很吉利，得到它会有好兆头。迎灯活动开始后，灯队要到被"偷"毛竹的村庄去表演，以感谢邻村给予龙骨的慷慨之情。

四、舞龙的文化阐释

舞龙作为农耕文化背景下的产物，其出现与社会的发展、经济模式的变革以及百姓的切身利益密切相关。几千年的农耕社会，决定了中国"以农为本""靠天吃饭"的经济模式，若不能风调雨顺，人们便生存艰难。老百姓总是祈求法力无边的神能使大自然风调雨顺，而龙所具有的呼风唤雨、普降甘霖的神威传说，正好满足了人们这样的心理需求，于是民间百姓把龙视作一个有着巨大威力、能兴云致雨的神，把它看作喜庆吉祥的化身。经过数千年神话内涵的提炼与积淀，龙成为百姓心目中最广泛、最集中的一种生动意

[①] 张燕：《金州龙舞的历史沿革与发展》，《内蒙古艺术》2014年第2期。

象。民众定期举行专门的仪式，以示对龙的崇敬，还创造出了舞龙这样的民间习俗。"舞龙除整体上体现龙的容合、福生、谐天、奋进的精神外，还有祈雨求福、娱神娱己、彰力显威、旺丁兴族的意蕴"[1]。

1. 祈雨求福

祈雨求福是舞龙最基本的文化意蕴。在靠天吃饭的农业社会里，适度的雨水就是百姓的幸福之源。龙在出现之初就和雨水有关，后来又成为司理雨水的神灵，舞龙习俗便成为中国农村常见的祷龙祈雨的重要活动。

据董仲舒《春秋繁露》记载，汉代人在四季求雨时，所舞之龙长达数丈，且须斋戒三日。后世舞龙大都延续了祈雨求福的初衷。如流行于湘西山区的龙头蚕身灯，由龙的头和蚕的身与尾组成，制作考究，形体小巧，头尾能屈能伸，婉转灵活。竹圈联成蚕身，绳索系在其内，白布蒙于其外，外面用红绿彩环缠身，由三个舞技出众的民间艺人分别持头、腰、尾三个部分舞耍。龙头蚕身灯一般都是成对出行，出灯前，每对灯都要下到江边"吸水"，然后才挨家挨户祝福吉祥。吸水的动作是一种象征，意为使龙王保证雨水充足。南方一些地区流行舞草龙，草龙由柳条、青藤、稻草扎成，夜晚舞耍时，龙身上满插香火，因而又称"香火龙"。舞龙结束时，还要在喧天的锣鼓鞭炮声中，恭恭敬敬地将草龙送到江河溪潭之中，其用意也是送龙回到龙宫，以保佑一方风调雨顺。德江土家族除在正月舞龙外，还在农历六月初六扎草龙祈雨，称"水龙节"。

奉化布龙在除夕前五天要"舞新屋"，象征此房子已经受到龙神的庇佑，不会有灾难降临。凡当年建了新房子的人家，都要在除夕前请布龙登堂入室，先盘屋柱，后舞道地（天井或场院），其中最主要的是"辟四门"，意为赶走危害家宅安宁的坏东西。从正月初一到初五这五天，要"舞祠堂"，名为"安宅"，认为有龙舞过安放本族祖先神祇牌位的地方，才可防止游魂野鬼、妖魔鬼怪入内骚扰，从而使全族平安祥瑞，福祉多多。如果有人久病不起，家人会燃起香烛，请布龙入室驱邪，请前要沐浴斋戒，请时要倒退而行，引龙到病人床头舞弄一番后退出，再在院子里舞动，表示龙王已经为病人扶正祛邪，从此家门安宁了。"辟四门""安宅"、驱病等习

---

[1] 庞进：《中国龙文化》，重庆出版社，2007，第213页。

俗，充分展现了奉化布龙请龙庇佑、祈福禳灾、驱邪求吉的舞龙初衷和民俗功能。

2. 娱神悦人

以娱神悦人为目的舞龙可追溯到汉代。《汉书》卷九十六《西域传》载："设酒池肉林以飨四夷之客，作巴俞都卢、海中砀极、漫衍鱼龙、角抵之戏以观视之。"旧时，河北易县摆字龙灯带有明显的祭祀性质，如出会前要搭盖神棚，祭拜神灵，先做娱神表演，然后才在本村及外村表演。每到一村，只要有庙宇，就要先做拜庙表演，然后才娱人。

祭祀之际加以娱乐，这是中华民族传统的生活方式，尤其在农闲时节，辛辛苦苦做了一年农活的百姓，都希望有娱乐活动来调剂一下生活。龙舞既可感谢神龙的保佑，又能自娱自乐，可谓一举两得。在这种热闹的氛围中，人们能够达到精神上的满足，从而娱乐身心。舞龙活动能够带动大家的情绪，激发人们内心的自豪感和责任感。如贵州德江土家族的舞龙，过去是在农历五月二十日——"龙会"这一天扎草龙求雨，现在则变为正月初一至十五，这一时间节点的变化，是由于舞龙求雨功能的弱化，而娱神悦人功能的增强所带来的。

对于参与舞龙的龙队成员来说，他们在变化多端的鼓乐节奏中，将运动和舞蹈结合起来，利用自身的力量、速度和耐力，完成各种优美的、高难度的舞蹈动作。舞龙是一种比速度、比耐力、比技巧的体育运动，更是一种比团结、比协调、比集体智慧的竞赛活动。对于观看舞龙的百姓来说，欣赏舞龙是调节身心、休闲娱乐的一种方式。当锣鼓声响起时，他们不由得产生一种精神愉悦，产生一种感同身受的心理认同。无论是表演者还是观众，都可以得到主体的情感抒发和宣泄，这种现场参与是营造良好文化氛围以及构建和谐社会的有效方式。[①]

3. 彰力显威

舞龙还有彰力显威的重要作用。人们相信，舞蹈可以模仿龙的神态，歌唱可以召唤龙的神灵。为龙歌舞跳跃，可以使神龙欢愉喜悦，也可以使自身秉承龙性。舞龙者在舞龙过程中必须做诸如腾跃、翻滚、盘回、穿插、耸

[①] 林友标、章舜娇编著《舞龙》，暨南大学出版社，2013年，第11页。

立的套路和造型，通过舞龙，也使舞龙人的力量和威风得以彰显。龙是力量的集合、力量的象征，自然界的诸多动物和天象，都将自己的力量赋予在了龙的身上，舞龙能显示天的威力，同时也彰显了人的威力。舞龙需要配合和协作，任何一个舞龙者都不能脱离集体而存在，舞龙展示和张扬的是一种合力，即团结的力量。

湛江的龙舞表演动辄几十人甚至上百人，表演者需要一定的力量和耐力，同时更讲究表演者之间的协调和默契，不仅显示出龙的威猛精神，也体现出不可战胜的群体力量和聪明智慧。舞龙者之间往往也有特别亲密的关系，这也是人龙舞相传已久的习俗。龙队每一对成员多是父子关系，一般情况是，父亲做龙桩，孩子做龙脊，孩子长大了再做龙桩，他的儿子又做龙脊，如此代代相传，生生不息。

在贵州德江炸龙的舞龙队伍里，灯头是主脑，通常也是举引龙头的人，非勇毅、有威信的人不可。炸龙时，队员争相处在龙首或龙尾的位置，以期被炸得更多、更猛烈，以示其能。队员相对固定，亦有少数替换的，皆自由组合。一旦结队，则必同心同勇，胆怯或退缩必遭替换，并为人讥笑，不与其为伍。

舞龙这种活动还需要投入大量的人力、物力和时间成本，也是参与者地位和财力的象征。如铜梁龙舞的发展，就与旧时商界"行帮"的参与有一定关系。龙灯盛会基本上都是由商界、学界、行帮的知名人士出资承办。行帮为了显示自己的实力，不惜花大量钱财，在扎龙、玩龙的过程中暗自较劲。无意之中，龙灯会变成了竞赛会。[①]实力雄厚的大帮组织玩大龙、正龙，铁炉铺就组织玩火龙、板凳龙，渔业帮玩三条鲹、鱼鳅吃汤圆，屠宰业玩犀牛望月、猪啃南瓜，读书人表演十八学士、鲤鱼跳龙门，各行各业都有自己的代表性节目。上海浦东的绕龙灯之前也是由村寨、行帮、家族等自发组织的，参加灯会、庙会和行街巡游表演，既彰显了组织者的财力和地位，又炫耀了舞龙者强健的体魄和高超的技艺。

4. 旺丁兴族

龙灯寓意"龙丁""龙子"，含有繁盛人丁、兴旺家族的美好愿望。各地舞龙活动中，常有与"龙丁""龙子"相关的程式和习俗，寓意为下一

[①] 王星富编著《铜梁龙灯欣赏与制作》，四川美术出版社，1987，第3页。

代的健康成长求吉祈福。如浦江板凳龙衍生出的"偷"珠生子的习俗，传说老来无子的人要得子须去"偷"龙珠，男右女左，"偷"右边的龙珠生男，"偷"左边的龙珠生女。求子心切的夫妇，事先和灯头讲好，在迎灯途中或祭拜灯盏的时候，迅速摘下一颗龙珠，用红布包好藏到怀里；"偷"珠人回家，悄悄地将龙珠放进被窝，深信当晚同房，必有龙凤来投胎。如果真能如愿得子，第二年要宴请全村人，并给每位迎灯人发两个馒头（俗称"犒馒头"）。夫妇抱着子女为龙灯披挂红布（俗称"挂红"），并送一个大红包，欢喜之情溢于言表。[①]这一习俗充分展现了当地百姓深信龙凤文化，希望子孙繁衍、家族昌隆的诉求。

浙江奉化流行一种盘龙灯，"盘"到子孙众多的大户人家，就要放"百子炮"；"盘"到小户人家，放三只连响炮。放炮者不能将炮蹲在地上放，认为炮一蹲地，就意味着这家子孙是"泥坯子"；要将炮提在手中放，寓意"龙子"一步登天。"盘"到新屋落成的人家，要让这家的妇女摸"龙须"和"龙角"，象征性地与龙交会。又让家里小孩"钻龙门"，认为钻过龙门就有了成龙的希望，增加福禄，出人头地。

在湖南、湖北一些地方，人们相信舞龙灯有助于生育繁衍。在龙灯舞到家门前时，那些多年求子不得的妇女往往会加钱加物，让龙绕一绕自己的身体。浙江东阳、金华以及贵州桐梓等地的龙灯会，有"分子息""挂红""抢红""产龙蛋""放元宝"等节目，"分子息"是指舞完龙灯会分灯或分糖果礼物；"挂红"是村主或族长给龙头上披挂红绸被面；"抢红"是说谁家抢购到被面，谁家就子孙兴旺；"产龙蛋"是指舞龙者进屋后，将两个红鸡蛋送给主人，让主人放到被窝里；"放元宝"是指将逗耍龙灯的元宝在家中存放一年，来年灯会前奉还。人们祈求子息旺盛、旺丁兴族的愿望代代传承，这些节目也就常演不衰。

5. 节日狂欢

举行舞龙迎灯活动的日子，往往是在春节、元宵、端午等民俗节庆之时，或当地有重大事情发生，如婚丧嫁娶、农业丰收之时。以充满乡土气息和民族特色的舞龙活动欢庆节日，不仅能庆贺助兴，增加年节热闹气氛，体

---

① 张华浦主编、周春德编著《浦江板凳龙》，浙江摄影出版社，2008，第89页。

现中华民族传统的节庆文化，而且也让人从中感受到鲜活灵动的中国龙的生命情态及不屈不挠的民族性格。

在除旧迎新的时节里，浙江奉化的舞龙者在祠堂表演龙舞或上演戏文，既是对神灵、祖宗的礼敬，又能泽被全村，惠及四方。奉化农村频繁的祭祀习俗进一步促成了其舞龙活动的兴盛。① 浦江板凳龙迎灯的日子也在节日期间，如元宵节前后，或在重大庆典之时，如寺庙落成、家谱（族谱）修编完工、先祖（总太公）阳寿（生日），舞龙活动总是能把节日的欢乐气氛推向高潮。

铜梁传统的春节活动习俗，每年腊月三十开始挂灯，一直到正月十七，都是城乡张灯结彩的时间。清光绪年间《铜梁县志·风俗》明确记载："上元张灯火，自初八日至十五日，辉煌达旦，并扮演龙灯、狮灯及其他杂剧，喧阗街市，有月逐人、尘随马之观。"迄至当代，此种传统风俗仍长盛不衰。每年从正月初一到正月十五元宵节，全县各乡镇舞龙代表队齐集县城，举办龙灯大会演、艺术大展赛等，文化与商贸旅游相结合，白天舞龙，晚上玩龙灯，历时半月，热闹非凡。节日期间，满城龙舞欢歌，拉动民俗旅游，发展民俗经济，吸引国内外数十万观众聚集龙乡共度佳节。

台湾各地皆有舞龙的民俗活动，唯独苗栗客家发展出"炸龙"的习俗。早期苗栗客家以务农为主，人们的生活与庙会庆典息息相关。苗栗炸龙即由苗栗地区的迎龙庆典演变而来，是相当热闹又刺激的迎新年闹元宵庆典。庆典更将舞龙神化为"迎龙"活动，期望神龙带来祥瑞之气，带来平安吉祥、五谷丰登。

第四节　龙的其他民俗

作为"国俗"的龙民俗具有群体性、地域性、传承性、变异性、广渗性、象征性等特点。群体性、地域性、传承性、变异性、象征性是其他民俗多多少少都具备的特点，而广渗性则基本上是龙民俗所独具的。广渗性是指

---

① 王月曦编著《奉化布龙》，浙江摄影出版社，2008，第43页。

龙民俗具有广泛渗透的特点，能够和任何一种民俗事象相结合。于是，龙民俗在中国人的社会生活中，就"无处不有处处有"了。

在几千年的传承中，龙与中国传统的生肖、姓氏、天文、风水、传说等民俗事象广泛结合，产生了龙生肖、龙姓氏、龙星象、龙脉风水、跳龙门等众多民俗传统。首先，龙是中华传统民俗文化——十二生肖中的重要一员，其他生肖如牛、虎、兔、蛇、马、羊、狗、猪等，都可归入龙的取材对象之列。历史上很多名人甚至皇帝的生肖都属龙，演绎出丰富多彩的民间传说。民间艺人还创造出陶俑、铜镜、兽首、剪纸、年画、钱币、邮票等多种形式的龙生肖艺术品，展现了浓郁的民俗特色。其次，龙民俗深入渗透于中国的姓氏文化。龙姓源流古老，紧密结合上古神话传说，衍生出与其相关的郡望、堂号、宗祠、谱牒、墓志等民俗文化。古代名士和官员以龙为别号，以显其智慧过人、声望显赫的品质和地位。再次，占星术、风水术和相术都大量借用龙文化符号，利用天象、地势、人貌来预测、附会人事吉凶、命运，满足人们趋吉避凶的心理。另外，"鲤鱼跳龙门"的传说影响颇广，并逐渐演化为古代读书人中举、升官等飞黄腾达的比喻，形成了相关的图案、景观、舞蹈等艺术形式。

在中华儿女心目中，龙是具有神性的灵物，是沟通人神的祥瑞，具有神圣的表征。龙的图像和道具都被看作龙的化身，因此在画龙、塑龙、绣龙、舞龙和龙纹的使用中也有诸多讲究和禁忌。

一、龙生肖

十二生肖皆以各种"动"物为其"相"，也称"十二属相"。十二生肖是十二地支的形象化代表，即子（鼠）、丑（牛）、寅（虎）、卯（兔）、辰（龙）、巳（蛇）、午（马）、未（羊）、申（猴）、酉（鸡）、戌（狗）、亥（猪）。十二生肖的起源与动物崇拜有关。据湖北云梦睡虎地和甘肃天水放马滩出土的秦简可知，先秦时期已有比较完整的生肖系统存在。最早记载与后世相同的十二生肖的传世文献是东汉王充的《论衡》。

1. 十二生肖之辰龙

龙是传统纪年天干地支中十二地支之对应物之一，即"辰"龙。《论衡·言毒篇》："辰为龙，巳为蛇，辰、巳之位在东南。"东汉赵晔《吴越春秋》："吴在辰，其位龙。"但十二生肖中，除了"龙"以外，其他十一种都是现实生活中存在的动物，而龙作为神物，怎么能够进入代表中华传统文化的十二生肖之中呢？

龙是古人对多种动物和天象的艺术容合。龙之所以能位列十二生肖，是因为它和其他十一种动物或多或少地都有关联，其他十一种动物都是龙的取材对象。龙在十二生肖中虽未排名第一，但仍属于"领袖"。因为龙在一天中对应的是辰时（清晨7时至9时），在一年中对应的是春三月。辰时，太阳初升，朝气蓬勃；春三月，阳气动，雷电振，万物萌动，农活开始。这两个时间都比较重要，正所谓"一日之计在一晨，一年之计在一春"（唐韩鄂《四时纂要》卷一）。

2. 生肖为龙的名人

历史上有很多名人都属龙，如班超、司马炎、朱元璋、皇太极、蒲松龄、纪昀等。东汉时期军事家、外交家班超，四十一岁时为抵抗匈奴奉命出使西域，巩固了东汉王朝在西域的统治，保护了西域各族的安全，以及丝绸之路的畅通。班超在西域活动长达三十一年，收复西域五十多个国家，功绩卓著，获封"定远侯"。清代文学家蒲松龄，著有文言短篇小说集《聊斋志异》，该书通过谈狐说鬼的表现方法，揭露封建统治的黑暗，抨击科举制度的腐朽，反抗封建礼教的束缚，具有丰富深刻的思想内容。除此之外，蒲松龄还有《聊斋文集》《聊斋诗集》等著作。清代政治家、文学家纪昀，先后任翰林院侍讲、学政、左都御史、礼部尚书、兵部尚书、协办大学士等职，除主持完成举世闻名的《四库全书》及《四库全书总目提要》的编纂外，他还留下了《纪文达公遗集》《阅微草堂笔记》《评文心雕龙》《史通削繁》《畿辅通志》《沈氏四声考》等著作。

属龙的名人中，司马炎、朱元璋、皇太极等人还当了皇帝，建立了政权统一的王朝，成为真正意义上的"真龙天子"。晋武帝司马炎于280年灭吴，结束了三国时代，统一了全国。司马炎在位时，发展农业，平均赋税，使社会得到短暂的安定，经济得到一定的复苏，史称"太康之治"。朱元璋幼时贫穷，曾为地主放牛，还曾入皇觉寺剃度为僧，二十五岁时加入反对元朝的队伍，后来成为农民军领袖。建立明王朝后，明太祖朱元璋采取普查户口、丈量土地、均平赋役、兴修水利、推行屯田等措施，对恢复经济、安定社会起到了积极作用。清太宗皇太极出生于赫图阿拉（今辽宁新宾），自少年起常随父兄狩猎和征战，骑射娴熟，一生博览群史，长于计谋。1636年，他改后金为清，尔后陆续完成对女真各部的统一，促进了东北边疆社会和经济的发展。

但是，属相只能代表出生年份，并不能代表生肖动物的性格。清代文人李汝珍在其小说《镜花缘》中写道："况鼠好偷窃，蛇最阴毒，那属鼠的、属蛇的，岂皆偷窃、阴毒之辈？龙为四灵之一，自然莫贵于此，岂辰年所生，都是贵命？此皆愚民无知，造此谬论，往往读书人亦染此风，殊为可笑。"指出生肖与个人命运并没有必然联系，讽刺了盲目联想生肖性格的现象。

在中国民俗文化中，生肖成为一种角色约定，赋予人一种特殊身份，每个人的性格会和对应的生肖联系起来。很多地方传统的祭龙祈雨仪式中，属龙的人被视为实现人与龙神之间沟通的最佳人选。清代《万法秘藏》载有"五方龙神祈雨法"，其中祈雨咒的书写，极尽神异之能事，包括让属龙的童男童女在属龙的日子、属龙的时辰，吐出唾液，用龙骨、云母石研金墨，并取白色雄鸡的鸡冠血来画龙。随后，选五个属龙的成年男子来挑五方井水，分别注入五个大瓮中，再行焚香、祷告等求雨之事。

山西平定县祈雨时，要选出十二个属龙的年轻人，偷十二个土地神像，在土地庙前设坛。许多少数民族也有这种风俗，在云南怒江傈僳族的祈雨仪式中，由属龙的人在竹编并涂泥的方块上燃一堆火，将之放入龙潭或江中，如果烈火被江水冲熄，就象征即将下雨。山东泰安、济宁、淄博一带，结婚时有"押红砖"的风俗，婚礼时新娘子花轿抬出，娘家人用红纸包两块红砖，用红色绳子系好，放置于院子的门楼过梁上，砖下压一双红筷子，表示避岁星。《淄博县志》载，"押红砖"要由属龙和属虎的两人登梯置于梁上。荆楚地区的民俗，凡属龙、属蛇、属牛的人，在正月上半月不能挑水，担心天旱少雨。[1]这些规定和禁忌都是基于一种联想，即将属龙的人赋予了

---

[1] 吴裕成：《生肖与中国文化》，人民出版社，2003，第432—433页。

龙的属性和特征。可见，龙生肖成为一种象征符号，在长期的历史发展中逐渐演变为一种民俗事象。

3. 生肖龙艺术品

随着相生相克的思想观念逐渐发展，具体到婚姻、人生、年运等方面，每一种生肖都有丰富的传说，并以此形成一种阐释系统，成为民间文化中的形象哲学，如婚配上的属相、庙会祈祷、本命年等。龙生肖作为悠久的民俗文化符号，历代民间艺人对龙形象的刻画细致入微，使生肖系列的龙形装饰和艺术造型生动形象，塑造了与龙生肖相结合的艺术品，如陶俑、铜镜、兽首铜像、剪纸、年画、钱币等。在当代，更多人把生肖龙作为春节的吉祥物，成为娱乐文化活动的象征。世界多国都在龙年春节期间发行生肖龙邮票，以此来表达对中国龙年的祝福。

（1）龙陶俑。收藏于扬州中国雕版印刷博物馆的唐代三彩生肖陶俑，其中就有呈站立状的龙俑。龙俑兽首人身，身着交领广袖拽地长袍，双手平交于胸前，扎束腰带。头部为龙头造型，未施釉，露白胎，外衣施淡黄色釉，内衣领、袖口等处勾插褐彩和绿彩釉，釉色明快，富有层次感。同时出土的还有生肖鸡俑和马俑。十二生肖俑又称"十二支神俑"，多放置于墓室四壁的小龛内，被作为一种能趋吉辟凶的随葬明器。生肖俑在南北朝时期只是独立的动物形体，至隋代、初唐变为端坐的兽首人身形象，到了中唐以后则变为身着袍服、拱手站立的兽首人身，或抱着不同生肖动物的人物形象。宋代以后，生肖俑演变成人物在胸前双手捧着生肖动物的造型，或在人像不同部位饰以动物的形象。不同属相的生肖俑往往代表着固定的不同方位，是研究我国古代民俗风情的重要实物资料。

（2）龙兽首铜像。十二生肖兽首铜像原来置于圆明园西洋楼海晏堂前的十二石台上。兽首铜像按十二生肖顺序呈八字形排列，由欧洲传教士郎世宁主持设计，清宫廷匠师制作。这些肖像皆兽首人身，头部为铜质，身躯为石质，中空连接喷水管，每隔一个时辰，代表该时辰的生肖像便从口中喷水。正午时分，十二生肖像口中同时涌射喷泉，蔚为壮观。2018年，一件疑似圆明园海晏堂十二生肖兽首之龙首的拍品现身法国拍卖会，被一位华裔买家以240万欧元的价格拍下。这件铜质龙首塑像脖颈布满做工精美的鳞片，嘴巴张开，露出它的獠牙。龙首眼睛张开，额头上竖着龙的两只角和耳朵，沿着脖子后面还立着一排背鳍。木制底座上，雕刻有水波纹。中国圆明园学会学术专业委员会委员刘阳认为，此龙首的大小、材质均与已知的几座兽首一致，传承脉络清晰。

（3）龙邮票、剪纸。生肖邮票是以十二生肖为图案的贺岁邮票，主要有三种类型：一是按生肖年份发行的邮票，在单张邮票上用文字标注生肖名称和年份，如"戊辰龙年"。二是某一年内按照十二生肖的顺序发行一整套贺岁邮票。三是邮票名称与生肖无关，但图案设计选用生肖题材。我国第一轮生肖邮票自1980年庚申年猴票起，逐年发行，至1991年的羊票结束，采用剪纸、年画、泥塑、布艺等民间工艺品的生肖形象；第二轮从1992年起至2003年止，采用生肖汉字的书法作品造型。目前第一轮生肖猴票非常珍贵，在其带动下，生肖邮票升值空间较大，其中龙票表现尤为突出，从最初的几百元上涨到几千元。[①]

1988年发行的戊辰年龙票，面值8分。设计者综合了木版年画、剪纸、刺绣等几种民间艺术的特长，使笔下的龙色彩绚丽，雅致可爱。邮票上的龙不以雄姿惊人，不以威猛慑人，而以亲切、活泼取胜。2000年发行的庚辰年龙票，邮票共两版，一版是祥龙腾飞，面值80分，取材于汉代瓦当上刻绘的龙，底纹是海水江崖传统图案。另一版是旭日东升，面值2.80元，其中的"龙"字是草书，取材于明代著名书法家吴亮的作品。2012年发行的壬辰年龙票，面值1.20元，其龙形来源于皇帝龙袍前胸织绣正金龙图案，并参考了清代琉璃九龙壁的造型及色彩，力求表现出龙的雍容与威严，邮票图案中的正面龙形象威严庄重，着色喜庆，一身正气，体现了民间对辟邪和吉祥的期盼。

生肖剪纸是生肖文化与剪纸艺术的结合，其构图形式丰富多样，既有单张剪纸上只出现一种生肖动物的方式，也有两种生肖动物组合的构图，如蛇盘兔的图案，或龙腾虎跃的图案。还有十二种生肖集体入图的方式，惟妙惟肖，惹人喜爱。

[①] 徐刚编著《十二生肖》，黄山书社，2013，第134—136页。

二、龙与姓名、别号

1. 龙姓

龙姓的源流清晰，历代少有赐姓。随着商朝甲骨文及先秦金文等史料的不断丰富，可考的龙姓源流主要有黄帝的姬姓、少皞氏或太皞氏的嬴姓和帝喾的子姓。

关于龙姓的来源，杨秀源《锦屏姓氏史话》称"源出有七"：（1）出自黄帝之臣龙行。据《姓氏寻源》及《竹书纪年》所载，黄帝臣有龙行，黄帝居有熊（今河南新郑），是为河南龙氏。（2）出自舜时纳言龙之后，以官名为氏。《通志·氏族略》载，龙氏，舜臣也，龙也纳言（是当时一种专司出纳，帝命的官职）子孙以官职名龙为氏。此支龙氏出自今山西省，是为山西龙氏。（3）出自古代神话传说，御龙氏之后。据《姓氏考略》载，龙姓出自御龙氏，望出天水。如夏朝御龙氏刘累，远古部落联盟陶唐氏首领尧的后裔，因有驯化龙的本领，深得夏帝孔甲的赏识，被封赐为"御龙氏"。刘累的故城在今河南洛阳市偃师区南，是为河南龙氏另一支。（4）出自古代神话传说，豢龙氏之后。据《通志·氏族略》及《名贤氏族言行类稿》等资料载，相传董父，已姓，精于饲龙，以畜养龙而被舜赐姓"豢龙氏"。其后代有以龙为氏的，是为湖北龙氏。（5）出自西汉牂牁地区。据《华阳国志》载，西汉时的牂牁大姓中有龙氏。牂牁郡，治今贵州省凯里市西北。（6）出自地名，以采食地为氏。春秋时楚大夫食采于龙（今山东省泰安西南之龙乡），其子孙有以龙为氏者。（7）出自其他源流和少数民族。据《北史》载，焉耆国（今新疆焉耆西南）、西域且弥国（今新疆昌吉、玛纳斯二县），其君王皆为龙氏。另外，我国的苗族、普米族、哈尼族、彝族、侗族、瑶族、水族等少数民族也都有龙姓。[①]

2. 别号

许多历史名人以"龙"为别号。古代圣贤老子就有"犹龙"之称。孔子曾前往洛邑拜访老子，回到鲁国后，他向弟子谈及老子，形容老子像龙一样高在云端，深不可测。《史记·老子韩非列传》载孔子云："至于龙吾不能

[①] 杨秀源：《锦屏姓氏史话》，中国戏剧出版社，2013，第88—89页。

知,其乘风云而上天。吾今日见老子,其犹龙邪!"如今在河南鹿邑还有一通明代的"犹龙遗迹碑",嵌于老君台大殿东侧。

三国时期蜀汉丞相诸葛亮,别号"卧龙"。《三国志·蜀书·诸葛亮传》载:"(徐庶)谓先主曰:'诸葛孔明者,卧龙也,将军岂愿见之乎?'"襄阳颇有声望的大名士庞德公称其为"卧龙",其所住之处为"卧龙岗"。诸葛亮对庞德公非常敬重,经常登门求教,而且每次都是"独拜床下""跪履益恭",十分谦虚和虔诚。庞德公渐渐对诸葛亮的为人、才能和抱负有了深入了解,因而有了"卧龙"的誉评。"卧龙"是对当时隐居山林的俊杰们的一种比喻。"卧龙"雅号的取得,是当时社会对诸葛亮为理想而奋斗的一种肯定、支持和认同。此雅号的传播,促使诸葛亮的名声越来越大。所以,清代阮函就曾评论说:"隆中之所以为隆中,鹿门(指庞德公)有以成之也。"

曹魏时期的竹林名士嵇康也有"卧龙"之称。《晋书·嵇康传》载:"(钟会)言于文帝曰:'嵇康,卧龙也,不可起。公无忧天下,顾以康为虑耳。'"这是钟会向司马昭进谗言时所说的话,意思是嵇康是潜龙一样的人物,才学太大,不仅不能启用,而且需要对其严加防范。

北宋著名画家李公麟别号"龙眠居士"。李公麟好古博学,长于诗,精鉴别古器物,尤以画著名,凡人物、释道、鞍马、山水、花鸟,无所不精,时推为"宋画中第一人"。苏轼有诗《次韵吴传正枯木歌》,以"龙眠胸中有千驷,不独画肉兼画骨"赞之。李公麟因风痹致仕,归居龙眠山庄,自作《山庄图》,为世所宝。

另外,"龙"还被用来形容人有才气或孩子有出息。人们往往"望子成龙",希望儿子能出人头地,成为有所作为的人。东汉时荀淑的八个儿子个个都有才气,人称"八龙";晋时敦煌人索靖、汜衷、张甝、索紾、索永五人俱有逸群之才,海内驰名,时称"敦煌五龙";宋时窦仪和他的四个弟弟聪颖早慧,文行并优,被时人赞为"窦氏五龙"。"龙"也被广泛应用于汉语词汇之中,为人刚正不阿称"龙亢",得志或升官称"龙飞",聪颖的儿童称"龙驹",贤良俊才称"龙凤",豪杰隐伏称"龙蟠"或"龙潜",神采非凡称"龙章凤姿",声音高亮称"龙吟虎啸",依附有声望的人称"攀龙附凤"，形容众人中的佼佼者称"人中龙凤"，等等。

由此可知，除代表帝王和王权外，古人往往用"龙"来形容才高八斗、智慧过人的名士，或声望显赫、位高权重的官员，说明龙在中国人心中有很高的地位和分量。

三、龙脉风水

1. 龙星

古人认为星辰是地上的万物精华上升到天空形成的，并把龙与星神联系起来，认为有两座星宿与龙有关，一为轩辕星，一为苍龙七宿，即二十八宿中的东方七宿。轩辕星形似龙蛇，苍龙七宿在天空出现的时间与龙蛇出没的时间相似，所以龙与星就结下了不解之缘。古人又将轩辕星、苍龙七宿称为龙星。中国古代有祭龙星的习俗。《左传》曰："龙见而雩。"杜预注："龙见，建巳之月，苍龙，宿之体，昏见东方，万物始盛，待雨而大，故祭天，远为百谷祈膏雨。"古代社会以农耕为发展基础，风调雨顺才能五谷丰登，所以祭龙星、求甘霖成为古代重要的祭祀仪礼，这便是雩祭。汉代即立有灵星祠，专祭龙星。《汉书·郊祀志》载："高祖制诏御史：'其令天下立灵星祠，常以岁时祠以牛。'"

周朝人与汉朝人所祭祀的，都是东方七宿那条龙，具体地讲是青龙双角中左边的那只角。《后汉书·祭祀志下》载："旧说，星谓天田星也。一曰，龙左角为天田官，主谷。祀用壬辰位祀之。壬为水，辰为龙，就其类也。"周朝人祀后稷，要配祀食星——食星即天田星，龙星角宿左角那颗星。[①]

有学者认为，中国一些节日如农历二月二龙头节、五月五端午节，它们的起源与原始天文崇拜有关，具体地说，就是与东方苍龙七宿有关。苍龙七宿是角（龙头）、亢（龙颈）、氐（龙胸）、房（龙腹）、心（龙心）、尾、箕（龙尾）。每当二月春分时节，龙头（角宿）升出东方地平线，故称"龙抬头"；四月从地平线升上了天，称为"或跃在渊"；五月夏至，苍龙位于正南方，称为"飞龙在天"；伏日期间向西方下沉，称为"亢龙有悔"；秋分时，龙头沉入西方地平线下，称"群龙无首"。古代所谓龙为阳物，春分升天，秋

---

① 吴裕成：《十二生肖》，中国社会出版社，2006，第101—102页。

分潜渊,描述的原来是苍龙星象在天上的运行规律。苍龙星象在夏至时升腾天上,位于正南阳位,这是一个神圣的位置、神圣的时刻。古人在这天举行各种宗教活动:赛龙舟、吃粽子、悬艾辟邪等,都是祭祀苍龙处正阳位的风俗遗留。有学者考证,秦汉以前端午节并非固定在五月初五,而是定在夏至。端午又称端阳,是阳气盛极,阴气即将回升之义,也就是指夏至。[1]因此我们说,端午风俗源于天体崇拜,是夏至日东方苍龙祭的产物。

2. 龙脉

(1)龙脉的由来。脉,本意指人体中的血管,后人常喻地势有条理有联系。《吴越春秋·越王无余外传》曰:"行到名山大泽,召其神而问之山川脉理。"可见,先民早就习惯称山川之间的联系为脉。龙脉,指地脉如龙形般矫健妖娆,飘忽显现。地脉以山川走向为其标志,故风水家称之为龙脉,就是指随山川行走的气脉。《阴阳二宅全书·龙说》云:"地脉之行止起伏曰龙。"唐代风水大师杨筠松作《撼龙经》云:"大率龙行自有真,星峰磊落是龙身。……龙神二字寻山脉,神是精神龙是质。"龙行飘忽,即所谓神龙见首不见尾,山脉亦多起伏逶迤,潜藏剥换。郭璞《葬经》所谓"委蛇东西,或为南北",即是此意。辨龙首要分清枝干,寻得干龙而于支上点穴,大非吉事。明刘基《堪舆漫兴》也说:"寻龙枝干要分明,枝干之中别重轻。"次要分真龙之身与缠护之山。凡真龙必多缠护,缠多富多,护密人贵。但若于缠护之山下穴,即失真龙之气,亦大不吉。识得真龙,然后观其水口朝案、明堂龙虎,确定结穴之处。[2]

风水学把起伏的山脉称为龙脉,古代"风水术"首推"地理五诀",就是"觅龙、察砂、观水、点穴、立向"。龙就是地理脉络,土是龙的肉、石是龙的骨、草木是龙的毛发。寻龙应先寻祖宗父母山脉,审气脉,别生气,分阴阳。风水术中借龙的名称来代表山脉的走向、起伏、转折、变化。因为龙善变化,能大能小,能屈能伸,能隐能现,能飞能潜,山势就像龙一样变化多端,故以龙代称。山脉来得绵远者,发富亦绵远,山脉来得短促者,发富亦短促。总之,风水龙脉大致反映了我国的山脉走向。

---

[1] 陈久金、卢莲蓉:《中国节庆及其起源》,上海科技教育出版社,1989,第105页。
[2] 吴康主编《中华神秘文化辞典》,海南出版社,1993,第736页。

庞进先生在其《中国龙文化》一书中指出："大山大水称干龙，小山小水称支龙；山水之头称来龙，山水之尾称去龙；山峦起伏，顿挫有致。'紫气如盖，苍烟若浮，云蒸霭霭，四时弥留；皮无崩蚀，色泽油油，草木繁茂，流泉甘洌，土香而腻，石润而明'者，称生龙。还有什么沉龙、潜龙、飞龙、腾龙、翔龙、群龙、回龙、归龙、卧龙、死龙、隐龙、高冈龙、平洋龙……甚至平坦之地也有龙，'高一寸为山，低一寸为水'。"[①]

另外，风水家对龙还有诸多说法，如强龙、弱龙、肥龙、瘦龙、顺龙、逆龙、进龙、退龙、病龙、劫龙、杀龙、真龙、假龙、贵龙、贱龙等。龙脉须缠护周密，护卫有情而不斜飞逆转，形宜端庄秀雅。如果主客不清，枝干模糊，或尖射嵯峨，怪石峥嵘，均为恶形，葬之多有劫煞。

（2）皇族陵寝的龙脉。多数朝代的皇室王公，其陵寝墓地都会选择较好的风水宝地，或以山势为龙形，称其起伏绵直的脉络为龙脉，选择好的龙穴。

清永陵是清朝皇帝的祖陵，位于辽宁新宾满族自治县永陵镇启运山脚下，这里埋葬着清太祖努尔哈赤及其后妃们，由于当时并无陵名，故仅以赫图阿拉祖陵称之。天聪八年（1634），清太宗皇太极尊赫图阿拉为"兴京"，赫图阿拉祖陵则称兴京陵。顺治十六年（1659）更兴京陵名为永陵，意在江山永固、帝业长久。永陵每座牌楼前后门左右各有一条石雕坐龙，以及陶制烧造的彩色龙壁，此乃永陵独有。龙是帝制社会皇权的象征，坐龙作为祭祀中的一种图像，展示清王朝既能打天下，又能坐天下的深刻寓意。不同于清帝诸陵享殿大脊的两端均为鸱吻，永陵享殿大脊的两端是龙吻，龙吻侧剑把上分别透雕"日""月"二字，"日"字在左，"月"字在右，合则为一"明"字，将"明"字分开置于大脊两端，则有破明（朝）之意。按风水堪舆学说，清永陵左砂龙头山，似青龙环护，右砂烟囱山，若白虎拱卫，四神俱备，山川瑞秀，形胜汇集其间，实为风水宝地。清顺治朝钦天监杜如予详勘永陵风水后向皇帝汇报说，永陵风水为"天下第一福地"。

康熙帝第二十四子诚恪亲王允秘的墓地在北京平谷区马坊镇。传说马坊镇的打铁庄村南有一条土龙，一个迷信风水的人相中了此地，认为他家立坟地于土龙之前，家中必出龙种。他临死之前，嘱咐家人不要给他穿衣服，要

---

① 庞进：《中国龙文化》，重庆出版社，2007，第241页。

一丝不挂入殓、下葬。几个月后，他的家人于心不忍，想给老人穿上衣服。家人打开棺盖，发现死者的腿上已长出了"龙鳞"。若再过一年半载，龙鳞会长满全身。由于中途起灵，"龙种"再也降生不出来了。[1]这当然只是传说，而诚恪亲王的墓地选址于此，自然也是看中当地有龙脉、风水好。

北京朝阳区广渠门外的九龙山，是座不高的土山，南北长约一里，状如蜿蜒的土龙。山上原有小庙观音阁，据说明末李闯王的军师宋献策就隐居于此。九龙山土龙东侧南北两端各有一处湖泊，这在堪舆家看来是块风水宝地。裕亲王府后裔魁章在光绪二十四年（1898）承袭镇国公后，九龙山东侧的裕亲王府墓地被称为"魁公坟"。不过这块风水宝地并没有给裕亲王的后人带来多少好运和吉祥。

道光皇帝第七子醇亲王奕譞的王爷坟在西北郊的妙高峰。醇亲王之所以看上这里的风水，是因为这里"层嶂巍峨，丛林秀美，遍山流水潺湲，其源澄澈如镜"。他说的流水就是双泉在后龙两侧环绕流出，俨然是二龙戏珠，这七王坟的所在有龙口之珠的绝称。七王坟旧址还有两棵古松，人们把大的叫大青龙，小的叫二青龙，不少人为它们写诗吟咏。醇亲王建坟时，特意将二青龙移置南墙外，树碑记其事。[2]

这些皇室贵族的陵寝，虽然选址于所谓风水极佳的龙山龙脉中，但并没有改变其中大多数人及其家族后代的命运。有些历经宦海，命运多舛，甚至英年早逝。可想而知，风水龙脉学说乃是古人缺乏科学知识，又想飞黄腾达、改变家族命运的牵强附会之说。对于所谓"龙脉"一说，康熙帝曾一语道破天机："从来国运之兴衰，关乎主德之善否。上天降鉴，惟德是与。有德者昌，无德者亡，与山陵风水原无关涉。"

四、跳龙门

1. 跳龙门的由来

古代传说黄河鲤鱼跳过龙门，就会变化成龙。据北魏郦道元《水经注》引《竹书纪年》"龙门赤河"载："晋昭公元年，河赤于龙门三里。梁惠成

---

[1] 冯其利：《清代王爷坟》，紫禁城出版社，1996，第182页。
[2] 庞进：《八千年中国龙文化》，人民日报出版社，1993，第461页。

王四年，河水赤于龙门三日。"其实，"龙门赤河"现象是因为每年春天大批鲟鱼洄游至龙门穴洞之处集结，并且在临产卵前两三天内频繁跳跃，跃出水面时，鲟鱼充血发红的鱼鳍也露出水面，一时间成千上万条大鱼在河面翻动，远望一片红光。因鱼多可长达数里，亦可持续数日，即形成了"河赤于龙门三里"和"河水赤于龙门三日"的特异景象。《竹书纪年》是战国末期魏国史官的作品，说明当时"鱼跃龙门"的神话传说还未形成。[①]

最早记载"鱼跃龙门"的是汉代辛氏所著《三秦记》，此书已佚。《太平广记》卷四百六十六引《三秦记》，叙述了大禹凿山开龙门和鲤鱼跳龙门的事："龙门山，在河东界。禹凿山断门一里余。黄河自中流下，两岸不通车马。每岁季春，有黄鲤鱼，自海及诸川争来赴之。一岁中，登龙门者，不过七十二。初登龙门，即有云雨随之，天火自后烧其尾，乃化为龙矣。"相传，龙门是大禹治水时开凿的。在陕西韩城以北，山西河津之西，黄河南北流，山夹东西岸，山势状若门阙，这便是龙门所在。东晋王嘉《拾遗记》："禹凿龙关之山，亦谓之龙门。"传说称，禹开凿龙门非常艰辛，始祖神伏羲曾在深深的岩洞里向他宣示八卦图形，赠他测量大地、平定水土的玉简。关于禹凿龙门，另有一说见《汉书·沟洫志》："昔大禹治水，山陵当路者毁之，故凿龙门，辟伊阙。"禹凿龙门鲤鱼跳，龙门遂成为鱼跃身成龙传说的演绎地。"鱼化为龙"的记载多出自汉代典籍，其神话传说的形成当在西汉初年，可能与汉初神龙崇拜观念的强化有关。

宋陆佃《埤雅·释鱼》载："俗说鱼跃龙门，过而为龙，唯鲤或然。"清李元《蠕范·物体》也说："鲤……黄者每岁季春逆流登龙门山，天火自后烧其尾，则化为龙。"说明跳龙门的时节在暮春三月，来自大海及河川的黄色鲤鱼，为追求化龙的理想，溯黄河而上，争赴龙门。俗话常说的"**鲤鱼跳龙门**"，还源自鲤鱼喜欢跳水的习性。鲤鱼与其他许多鱼一样，都喜欢跳水，有时能跳出水面一米以上。有一种名为"跳鱼"的鱼，甚至能跳离水面四五米。

龙门一跃，鱼化神龙，是古人幻想中的一种质变飞跃。《艺文类聚》卷九十六引公孙弘《答东方朔书》，其云："譬犹龙之未升，与鱼鳖为伍，

[①] 沈泓：《莲年有鱼：民间美术中的隐秘欲念》，中国财富出版社，2013，第119页。

及其升天,鳞不可睹。"地位身份的变化,贫贱富贵的差别,全在这一跳。黄河龙门,被想象为衡量这质变的标志杆。可是,想要越过龙门并不容易,每年七十二,一番跳跃而不得登者自然更多。《太平御览》卷十引《三秦记》:"江海大鱼薄集龙门下数千,不得上,上则为龙。"龙门之前,失意者多于得意者。郦道元《水经注·河水四》:"上渡龙门,得渡为龙矣,否则点额而还。"后来常以"鲤鱼跳龙门"比喻中举、升官等飞黄腾达之事,尤指读书人通过科考之门,步入仕宦殿堂的晋身门径。又用来比喻逆流前进、奋发向上的抗争精神。古人将科举落第或官场失意称为"点额",说的是那些将人生前途系于科举功名的读书人的故事。晋刘欣期《交州记》载:"交趾封溪县有堤防龙门,水深百寻。大鱼登此门,化成龙,不得过,暴腮点额,血流此水,常如丹池。"

鱼跃龙门必有天火烧掉尾巴才能成龙,鱼龙嬗变时痛苦惨烈,于是唐代长安流行一种叫"烧尾宴"的宴会,一般为士子登科金榜题名举行,或为朝官晋升时设宴敬献皇帝。北宋陶谷《清异录》详细记载了唐代最著名的一次烧尾宴。烧尾宴是史上经典名宴之一,与宋代琼林宴本质大体相同而方式有异。[1]

2. 跳龙门的民间故事

"鱼跃龙门"的神话传说,自汉代以来风俗相传,又加入了民间想象,生动演绎为故事"鲤鱼跳龙门"。传说很早以前,龙门还未凿开,伊水流到这里被龙门山挡住了,就在山南积聚了一个大湖。居住在黄河里的鲤鱼们听说龙门风光好,都想去游览观光。它们从黄河出发,通过洛河,又顺伊河来到龙门水溅口的地方,但龙门山上无水路,上不去,它们只好聚在龙门的北山脚下。"我有个主意,咱们跳过这龙门山怎样?"一条大红鲤鱼对大家说。"那么高,怎么跳啊?""跳不好会摔死的!"伙伴们七嘴八舌拿不定主意。大红鲤鱼便自告奋勇地说:"我先跳,试一试。"只见它从半里外就使出全身力量,像离弦的箭,纵身一跃,一下子跳到半天云里,带动着空中的云和雨往前走。一团天火从身后追来,烧掉了它的尾巴。它忍着疼痛,继续朝前飞跃,终于越过龙门山,落到山南的湖水中。山北的鲤鱼们见此情

---

[1] 朱文杰:《吉祥陕西》,太白文艺出版社,2015,第68—70页。

景，一个个被吓得缩在一块，不敢再去冒这个险了。这时，忽见天上降下一条巨龙说："不要怕，我就是你们的伙伴大红鲤鱼，因为我跳过了龙门，就变成了龙，你们也要勇敢地跳呀！"鲤鱼们听了这些话，受到鼓舞，开始一个挨着一个跳龙门山。可是除了个别的跳过去化为龙以外，大多数都过不去。凡是跳不过去，从空中摔下来的，额头上就落一个黑疤。直到今天，这个黑疤还长在黄河鲤鱼的额头上呢。后来，唐朝大诗人李白，专门为这个故事写了一首诗："黄河二尺鲤，本在孟津居。点额不成龙，归来伴凡鱼。"[①]

明代"范进中举"的故事，就是古代读书人鲤鱼跃龙门的典型事例。《范进中举》是清代文学家吴敬梓所著《儒林外史》中的一篇。书生范进从二十岁开始参加科举考试，直到五十多岁还没有考中。后来，他终于考中了举人，官府派人到范家报喜。刚开始范进还不相信，见到报帖后，才相信自己考中了。他把两手拍了一下，笑了一声，道："噫！好！我中了！"说着，往后一跤跌倒，牙关咬紧，不省人事。范母慌了，忙将几口开水灌了过来。他爬将起来，又拍着手大笑道："噫！好！我中了！"笑着，不由分说，就往门外飞跑，把报录人和邻居都吓了一跳。走出大门没多远，一脚踹在塘里，挣起来，头发都跌散了，两手黄泥，淋淋漓漓一身的水。众人拉他不住，他拍着笑着，一直走到集上去了。后来，他的丈人胡屠夫打了他一巴掌，才把他打醒过来。

在封建社会，通过科举考试就好像鲤鱼跃过龙门一样，能由鱼变龙，是何等的风光喜悦，以至于范进中举之后竟喜极而疯。"初登龙门，即有云雨随之"，立刻能享受到龙的待遇，从此改变穷困潦倒的境遇。范进中举后，原先欺压轻视他的人，都来阿谀奉承。这个故事说明科举制度是下层人民改变命运的唯一机会，也反映了科举制度对人的摧残。

古代举行科举考试的贡院，其大门就被称为"龙门"。明永乐十三年（1415）建成的北京贡院，原系元代礼部衙门的旧址，坐北朝南，大门五楹。由"龙门"向里，在中轴线上还有"内龙门""三龙门"。与北京贡院"龙门"隔街相对，有条小胡同名叫"鲤鱼胡同"。从"龙门""鲤鱼"等

[①] 武士明、赵进峰编著《中国民间故事全集》，西苑出版社，2011，第103—105页。

称谓上就可看出鲤鱼跳龙门的传说在科举时代的广泛传播和影响。[1]

相传，明清时有一位河南考生，因家里贫穷，凭着两条腿一步一步日夜兼程赶考。因他来晚了，住处全部人满为患，一位住在北京贡院附近的老人收留了他。开考前三天，突然下起倾盆大雨。一声炸雷惊起，紧接着从云端蹿出一条金光闪闪的白色鲤鱼，落在河南考生暂住的街面上。一会儿惊雷又起，鲤鱼腾空而起，直朝着贡院会试考场内飞去。于是有老人说，这是"鲤鱼跳龙门"。三天后开考，河南考生果然高中。这位考生很有良心，发榜后第一时间就去拜望了帮助他的老人，并为老人立了一个大牌坊。从此，这鲤鱼胡同声名远扬，每次会试期间，全国各地来京赶考的举子，都集聚在鲤鱼胡同，为的是讨个好彩头。

3. 跳龙门的图像和景观

"跳龙门"的传说和故事深入人心，逐渐发展成为流行于大江南北的传统吉祥纹样。无论是刺绣、剪纸、年画、织锦、瓷器、邮票等艺术品上，还是建筑木雕、石雕、家具等的装饰上，都有不同形式的"鲤鱼跳龙门"图案出现。纹饰常以跃动的鲤鱼、龙门、水纹等组成。明清时期，民间更是盛行鲤鱼跃龙门的年画，这类年画体裁形式多样，艺术风格各有千秋，带有"高名硕望"的吉祥寓意，深受百姓的喜爱。

明代万历年间和清代康熙年间的青花"鱼龙纹"都是以盘为载体的适合纹样，造型元素包括波浪纹、鱼纹和龙纹。波浪纹位于大盘的底沿，波涛澎湃，浪尖高耸。鱼纹居于中间，数量一般为一条，呈"U"字形，鱼尾显、隐于海水纹中间，鱼头和鱼尾向左倾侧。鱼嘴上方幻化出两条弯曲的放射状倒"八"字线条作为"开光"，中间描绘一条腾飞的行龙，行龙的姿态和鲤鱼的方向一致，面朝左前方。[2]民间美术中也出现了"鱼龙变幻"的造型：在海波浪两侧，一侧现龙首，一则出鱼尾，是典型的"鱼化龙"图式。[3]

山西灵石静升文庙里，有一面元代遗存的鲤鱼跃龙门题材的影壁。影壁为双面镂空石雕，高7米，宽10余米。影壁中心，巍巍龙门，浪涛翻涌；

---

[1] 吴裕成：《生肖与中国文化》，人民出版社，2003，第262—263页。
[2] 李雪玲：《中国古代青花"鱼化龙"纹饰考》，《装饰》2010年第7期。
[3] 左汉中：《湖湘图腾与图符》，湖南美术出版社，2012，第241页。

上踞二龙，显首藏尾，隐于云中，其中一龙张口泄水，直冲龙门。下有一鱼腾跃而上，头已成龙，尾还是鱼，等待着最后跃变成龙。周围七鲤，列其左右，逐浪追波，跃跃欲试。整个画面富有动感，气势张扬，生动表现了"鱼跃龙门"故事的壮观场景。静升文庙为学堂，有许多人在此就学并步入仕途，因而此影壁非常受人欢迎。

1958年，上海美术电影制片厂根据"鲤鱼跳龙门"改编的童话作品，拍摄了彩色动画片《小鲤鱼跳龙门》。影片中，鲤鱼奶奶给小鲤鱼们讲了一个鲤鱼祖先跳龙门的故事，小鲤鱼们听了就想去跳龙门，于是在长得最大的黑鲤鱼的带领下，小鲤鱼们瞒着奶奶，出发去找龙门并跳龙门。影片主要讲述了小鲤鱼们不屈不挠奋勇前进的故事，它所传达的敢于冒险和积极向上的意义影响了整整一代人，成为一部经典动画片。2000年8月8日，国家邮政局根据这个故事发行一套《小鲤鱼跳龙门》特种邮票。邮票全套五枚，分别描绘了鲤鱼奶奶给小鲤鱼讲故事、小鲤鱼找龙门、小鲤鱼们得到螃蟹大叔帮助、小鲤鱼跳龙门、燕子大婶替小鲤鱼捎喜讯的情景。设计者让小鲤鱼在画面上的动作有起有伏，形成流动的曲线。小鲤鱼们像是随着水中的波浪不断向前游动，使整个故事有连贯性，表现了小鲤鱼们对美好理想的向往与追求。整套邮票的画面充满活力，富有浓郁的民间乡土气息和孩子们的天真童趣。[1]

4. 跳龙门的民间舞蹈

"鲤鱼跳龙门"的传说和故事内涵丰富，艺术形式众多，艺术家在民间舞蹈的编排中也融入了这一民俗意象。广东阳江市的"鲤鱼化龙舞"是鱼灯舞的一种，由一条红色鲤鱼和四条金色鲤鱼组成，最后化成一条青龙。据《阳江县志》载：舞龙必先舞鲤鱼，取鲤鱼化龙之象。鲤鱼道具长1米多，用竹篾扎制，绸料裱糊，精工描画。鱼的肚皮处可以开合，表演者由此钻入，于鱼肚内操作整条鱼游弋，同时也可操作鱼口开合喷烟和鱼尾摆动。龙的造型很简单，由龙头和龙尾两部分构成，中间完全断开，表演者一人舞龙头，一人舞龙尾，需要配合默契。起舞时，先是五条鲤鱼穿梭游弋，翻腾跳跃。忽然青烟四起，红鲤化为一条青龙，四条金鲤环绕青龙嬉戏，表演"戏

---

[1] 耿守忠、杨治梅编著《新版〈中国集邮百科知识〉续集》，华夏出版社，2013，第463—465页。

水戏珠""金线挂带""如意吉祥"等节目。其场面犹如一幅幅充满乡土气息的年画,令人赏心悦目。①

陕西汉阴县城关镇也流传民间舞蹈"鲤鱼跳龙门"。该舞蹈由一男孩扮仙童,手执长约1米、宽约25厘米的红布横额,上写"龙门"二字。另有五个小姑娘,腰扎长约1米的竹篾纸糊彩绘的鲤鱼道具,类似民间的"竹马灯"一样,双手握着鱼头两鳃不停地摆动,似鲤鱼在水中自由地遨游。表演时,仙童做"虎跳"先上场,再做"鹞子翻身""飞脚"等民间拳术动作,随后行至上场门处做"弓步亮相",挥右手召唤众鲤鱼姑娘上场。鲤鱼姑娘成一路纵队做"碎步"依次上场,跟在仙童身后跑转各种队形图案,做"转圆""荷花出水""九莲环""线拐子""插花"等造型,以表现鲤鱼在水中遨游戏耍的情景。舞至高潮时,仙童翻一个筋斗,双手将"龙门"横额展开举至头顶。众鲤鱼姑娘依次从"龙门"横额前跳过。其中有条胆怯的小鲤鱼左摆右晃没有勇气跳"龙门",在众鲤鱼的鼓励支持下最终还是跳跃而过,众鲤鱼欢呼雀跃,跟在仙童身后跳跃下场。②这种民间舞蹈从"鲤鱼跳龙门"故事衍生而来,生动展现了鲤鱼戏水和鱼跃龙门的精彩场面,由儿童扮演,也体现了人们望子成龙、望女成凤的殷切期盼。

---

① 叶春生主编《岭南民俗事典》,南方日报出版社,2001,第360—361页。
② 《中华舞蹈志》编辑委员会编《中华舞蹈志·陕西卷》,学林出版社,2014,第272—273页。

中华龙文化（中）

主编 庞进

编者 王东 田兆元 张志春 黄佶 黎荔 姚莉 唐睿

陕西师范大学出版总社

目 录

第四章　龙与中华伦理

第一节　原始伦理与龙神崇拜 / 376
一、上下长幼之道 / 376
二、人文先祖的龙化 / 380
三、图腾与原始伦理 / 383

第二节　五伦观念与龙族伦理 / 387
一、五伦的萌芽与提出 / 387
二、五伦解析 / 390
三、五伦与三纲 / 394
四、龙族伦理 / 397

第三节　家天下与政治伦理 / 402
一、"家天下"模式 / 403
二、龙的参与、助力、见证 / 404

第四节　商、周崇龙与礼乐伦理 / 406
一、商人崇龙 / 406
二、周人崇龙 / 408
三、以德配天与礼乐伦理 / 411

第五节　龙德与德治仁政 / 414
一、"德"的内涵 / 414
二、"龙德"概念的提出 / 415
三、德治与仁政 / 417

第六节　孝、孝治与孝龙文化 / 420
一、"孝"的内涵 / 421
二、以孝治天下 / 424

　　　　三、民间孝龙文化 / 426

第七节　修齐治平与人中龙 / 430
　　　　一、修齐治平 / 430
　　　　二、天下与平天下 / 432
　　　　三、人中龙与望子成龙 / 435

第八节　龙祥瑞与龙咎征 / 438
　　　　一、龙祥瑞 / 439
　　　　二、龙咎征 / 458

第九节　家国同构与龙帝擅权 / 462
　　　　一、家国同构 / 463
　　　　二、擅权的帝王龙 / 465

第十节　强者胜出与龙争凤斗 / 468
　　　　一、强者胜出与龙廷喋血 / 468
　　　　二、龙帝凤妃与凤妃擅权 / 472

第五章　龙与中华艺术

第一节　龙与中华服饰 / 482
　　　　一、文身 / 482
　　　　二、转型的思维 / 486
　　　　三、具象图纹与款式 / 488
　　　　四、材料与饰物 / 497
　　　　五、抽象：线条与色彩 / 499

第二节　龙与音乐 / 503
　　　　一、历时性与特殊性 / 504
　　　　二、民间龙乐 / 507
　　　　三、最大公约数 / 511

第三节　龙与《周易》/ 515
　　　　一、思维模式 / 515
　　　　二、叙述传统 / 517
　　　　三、六十四卦 / 522

第四节　龙与汉画像石 / 529
　　一、创世祖先 / 530
　　二、龙族本身 / 533
　　三、交龙穿璧图 / 535

第五节　龙舞艺术 / 542
　　一、从舞龙祈雨到鱼龙曼延 / 543
　　二、节庆习俗 / 546
　　三、普及的格局 / 549
　　四、多元龙舞异文本 / 554

第六节　龙与书法 / 560
　　一、线条感与"龙"字的初写 / 561
　　二、"龙"字的历时性考察之一：从金文到汉简 / 565
　　三、"龙"字的历时性考察之二：众峰欲立却欲摧 / 567
　　四、"龙"字的历时性考察之三：别有滋味在心头 / 570

第七节　龙与建筑 / 573
　　一、瓦当藻井与龙柱 / 574
　　二、卧砖龙瑞聚纹饰 / 576
　　三、龙生九子：共享龙族的智慧叙述 / 578
　　四、壁柱园廊俱属龙：宏大的叙述时空 / 583

第八节　龙与民间美术 / 585
　　一、幽幽龙韵寓花馍 / 586
　　二、纸剪凝神呈靓影 / 589
　　三、邮票：方寸应须论万里 / 594
　　四、鼻烟壶：小壶也能绘巨龙 / 595

第六章　龙与中华文学

第一节　龙与中华文学起源 / 598
第二节　龙与先秦文学 / 601
　　一、《诗经》中的龙 / 601
　　二、《楚辞》中的龙 / 603
　　三、屈原与龙 / 604

四、庄子与龙 / 605

　第三节　龙与汉代文学 / 607
　　一、《史记》中的龙 / 607
　　二、《全汉赋》中的龙 / 611
　　三、刘向笔下的龙 / 614

　第四节　龙与魏晋南北朝文学 / 615
　　一、《文心雕龙》中的龙 / 616
　　二、《世说新语》中的龙 / 617
　　三、《搜神记》中的龙 / 618
　　四、缪袭、傅玄、陶潜写龙 / 620
　　五、嵇康："潜龙"与"卧龙" / 621

　第五节　龙与唐代文学 / 623
　　一、《全唐诗》中的龙 / 623
　　二、李白、杜甫、白居易、李贺与龙 / 629
　　三、潘炎、吕温、钱起的龙赋 / 634
　　四、唐传奇中的龙 / 636
　　五、韩愈、柳宗元、陆龟蒙的龙文 / 643

　第六节　龙与宋代文学 / 645
　　一、《全宋词》中的龙 / 645
　　二、欧阳修与龙 / 648
　　三、王安石与龙 / 650
　　四、苏轼与龙 / 651
　　五、陆游与龙 / 654
　　六、辛弃疾与龙 / 655

　第七节　龙与元代文学 / 656

　第八节　龙与明代文学 / 660
　　一、明代小说中的龙 / 660
　　二、明人笔记中的龙 / 670

　第九节　龙与清代文学 / 688
　　一、清代诗中的龙 / 688
　　二、清代小说中的龙 / 693

第十节　龙与现当代文学 / 699

　　一、鲁迅《破恶声论》/ 700

　　二、周作人《龙是什么》/ 701

　　三、沈从文《龙凤艺术》/ 704

　　四、贾平凹《今年是龙年》/ 705

　　五、《龙赋》与《龙凤三字经》/ 709

第四章 龙与中华伦理

伦理的本义可理解为"等级、次序的道理和准则"。龙是原始氏族社会"上下长幼之道",即初始伦理产生和形成的参与者、助力者、见证者和标志者。龙对家庭伦理、家族伦理、社会伦理、政治伦理的反应、反映,表现在龙的家族构成(有族长、分等级、讲次序等)和龙的传说故事、民俗事象之中。

龙是帝王们治国理政的参与者、助力者、见证者和标志者,从而也是将中华家庭伦理、家族伦理推移、扩展至政治伦理的参与者、助力者、见证者、标志者。龙祥瑞是与龙相关的,被认为表达着某种天意,对某人某事有益,征兆着吉祥的某种自然天象或人文事象。龙咎征是与龙相关的,被认为表达着某种天意、对某人某事有害,征兆着灾殃祸患的有关龙的自然天象或人文事象。在中国历史上,龙祥瑞、龙咎征多因政治斗争的需要而出现,是政治伦理的体现。

第一节　原始伦理与龙神崇拜

考古学定义的中国新石器时代与原始氏族社会相对应，是中华原始伦理的起源期。这个时期，在以考古类型学命名的多个古文化遗址中，发现、出土的龙文物有数十件之多。

伦理的本义可理解为"等级、次序的道理和准则"。氏族社会的"上下长幼之道"就是氏族社会的伦理。主持祭祀活动是体现氏族首领身份地位的大事，而龙则是先民心目中沟通天地的"神物"，氏族首领往往通过龙与天沟通。那么，龙就是氏族社会"上下长幼之道"，即初始伦理产生和形成的参与者、助力者、见证者和标志者。

图腾崇拜以某种图腾物为依托、为纽带、为标志，凸显出氏族成员之间的血缘亲属关系，使本氏族与其他氏族相区别，从而具有稳定群体、团结一致地获取生活资料、拓展生存空间的强大功能。于是，由图腾崇拜以及与图腾崇拜相交织的生殖崇拜、祖先崇拜所形成的种种规则制度、行为规范，就一定程度、一定范围地成为原始伦理的内容。

一、上下长幼之道

伦的本义是辈分，所谓"伦，辈也"（《说文解字》），引申为等级、次序，所谓"序乃伦"（《逸周书》）。理的本义是物质本身的纹路、纹理，引申为条理、事理、道理、准则。合在一起，伦理的本义可理解为"等级、次序的道理和准则"。

原始氏族社会是伦理的起源期。《吕氏春秋·恃君览》说："昔太古尝无君矣，其民聚生群处，知母不知父，无亲戚兄弟夫妻男女之别，无上下长幼之道，无进退揖让之礼，无衣服履带宫室蓄积之便，无器械舟车城郭险阻之备。"这段话描述的是"人猿相揖别"，即猿人进化为人类之后，所形成的原始氏族社会初期——母系氏族社会的情形,其中的"无上下长幼之道"一句值得商榷。

虽然母系氏族社会和杂婚时代相对应,婚姻关系无血统、辈分方面的限制,然而,既然是氏族社会,就一定会有氏族首领;氏族首领与氏族成员之间,就产生了领导与被领导、管理与被管理的关系,也就有了"上""下"之分,氏族首领为"上"、在"上",氏族成员为"下"、在"下"。有上下之分,就会有上下之分的讲究,即"上下之道"。这"上下之道",就可谓萌芽期的原始伦理。此时,还没有出现只允许同辈的男女之间发生婚配关系,不同辈分的人之间不能婚配的"血缘家族",更没有在以婚姻关系、血缘关系或收养关系基础上产生的,以情感为纽带,亲属之间所构成的社会生活单位的"家",故只有氏族伦理,而无家族伦理、家庭伦理。

到了母系氏族社会向父系氏族社会过渡时期,"血缘家族"出现了,这样的家族,只允许同辈男女之间发生婚配关系,而不同辈分的男女是不能婚配的。这种制度使父母辈与子女辈的关系得以凸显,相应地,也就使父母辈与子女辈之间的"上下之道",即初步的原始伦理应运而生。也就是说,"血缘家族"出现后,也就有了"血缘家族伦理"。"血缘家族"依然是氏族内部的"家族",故此时的原始伦理,既有原有的氏族首领与氏族成员之间的伦理即"氏族伦理",又有"血缘家族伦理"即血缘家族内部的父母辈与子女辈之间的伦理。

之后,随着母系氏族社会向父系氏族社会过渡逐步完成,父系氏族社会已然形成,婚姻家庭关系也先后经历了"亚血缘家族"(排除了兄弟姐妹之间的结合)、"对偶家庭""专偶家庭"几个阶段,原始伦理也就包括了前面所说的氏族伦理、血缘家族伦理,同时又有了"家庭伦理",即男女对偶之间的夫妻伦理和兄弟姐妹之间的伦理。此时,原始伦理从构件上讲,就趋于完整了。也就是说,趋于完整的原始伦理,乃是由"氏族伦理"加"血缘家族伦理",再加"家庭伦理"所构成。

母系氏族社会的生产和生活是由母亲来管理、安排的,那么,其时的"上下长幼之道",首要的也是主要的内容,就是赋予某位母亲以管理、安排氏族生产、生活的权力,并要求氏族成员服从这样的权力。同样,父系氏族社会的生产和生活是由某位父亲来管理、安排的，那么，其时的"上下长幼之道"，首要的也是主要的，就是赋予某位父亲以管理、安排氏族生产、生活的权力，并要求氏族成员服从这样的权力。

显然，在原始社会，为"上"、在"上"的氏族首领、血缘家族族长以及对偶专偶家庭的父母、兄姊，领导、管理着为"下"、在"下"的氏族成员、血缘家族成员以及对偶专偶家庭的子女、弟妹；在"下"的氏族成员、血缘家族成员以及对偶专偶家庭的子女、弟妹，服从着为"上"、在"上"的氏族首领、血缘家族族长以及对偶专偶家庭的父母、兄姊的领导、管理。那么，简捷地说，原始伦理即原始的"上下长幼之道"，也即原始的"等级、次序的道理和准则"，就是"上"领导"下"，"下"服从"上"。

原始社会的生产和生活主要有两大主题或者说两大内容：食物的获取和种族的繁衍，也即无论是母系氏族社会的首领即某位母亲，如女娲，还是父系氏族社会的首领即某位父亲，如伏羲、炎帝、黄帝，其主要工作，或者说主要使命，就是解决氏族所需食物的获取和种族繁衍两大问题。

古籍文献中有这样的描述："往古之时，四极废，九州裂，天不兼覆，地不周载，火爁焱而不灭，水浩洋而不息，猛兽食颛民，鸷鸟攫老弱。于是女娲炼五色石以补苍天，断鳌足以立四极，杀黑龙以济冀州，积芦灰以止淫水。苍天补，四极正，淫水涸，冀州平，狡虫死，颛民生。背方州，抱圆天，和春阳夏，杀秋约冬，枕方寝绳，阴阳之所壅沉不通者，窍理之；逆气戾物伤民厚积者，绝止之。"（《淮南子·览冥训》）这样的描述属于含有"史影"和"史实"的"神话叙事"，可以理解为：作为母系氏族社会的首领，女娲为了氏族的生产、生活能有一个基本的、有利的环境而战天斗地、尽心尽力。

《绎史》卷三《太皞纪》引《风俗通》："女娲祷祠神祈而为女媒，因置婚姻。"可以理解为：女娲为种族的繁衍想办法、定措施。人类的婚姻发展史大体经历了这样几个阶段：混乱时期、群婚（血缘群婚、非血缘族外群婚）、对偶婚、专偶婚（一夫一妻制）。女娲的"置婚姻"，大概是将群婚发展为对偶婚。

《周易·系辞下》言伏羲"作结绳而为罔罟，以佃以渔"，《补史记·三皇本纪》言伏羲"始创嫁娶，以俪皮为礼"，这是讲作为父系氏族社会首领，伏羲教氏族成员如何获取食物，并以婚姻的方式繁衍后代。伏羲的"始创嫁娶"，大概也是将群婚发展为对偶婚。

氏族社会的生产、生活，尤其是食物的获取，采食、猎食也好，产食、养食也好，都得与自然界打交道，都离不开自然界的赐予。自然界的阳光、雨水等自然力，对先民食物的获取，尤其是产食经济，即原始农业，关系很大，影响甚巨。没有阳光、雨水，或阳光、雨水不及时、不充足，谷物就难以生长和成熟；阳光、雨水太甚、太多，则可能发生旱灾、水灾，谷物照样难以生长和成熟。而阳光、雨水等自然力，又不是人能够掌控的。这一切，便导致了自然崇拜的产生。

自然崇拜就是崇拜人力之外的自然力。自然力包括阳光的持有者和赐予者太阳，雨水的持有者和赐予者云、雷电，以及月亮、星辰、风、雪，等等。

原始先民对自然力的崇拜，尤其是对体现自然力的雨水，以及与雨水密切相关的云、雷电、虹、龙卷风等的崇拜，导致了龙的发明和展现。也即，原始先民通过发明、展现龙这个神物，使其对自然力的崇拜对象化、形象化、理想化。

任何崇拜，都既是一种意识，也是一种行为。在原始氏族社会，崇拜作为意识，生长、活跃于氏族首领和氏族成员的脑子中；崇拜作为行为，则往往表现于祭祀活动。对一个氏族而言，祭祀无疑是关乎生存发展的大事，所谓"国之大事，在祀与戎"（《左传·成公十三年》）。这样的大事是要由氏族首领来策划、安排、主持的，崇拜龙以及云、雷电、虹、星宿等天象的祭祀也不例外。据此，我们可以说，辽宁阜新查海兴隆洼文化遗址出土的石块摆砌龙、河南濮阳西水坡仰韶文化遗址出土的蚌砌龙、湖北黄梅焦墩大溪文化遗址出土的河卵石摆砌龙，都有可能是当地先民们的祭祀对象，至少与祭祀活动相关；而陕西宝鸡北首岭仰韶文化遗址出土的龙纹陶器、内蒙古赤峰小山赵宝沟文化遗址出土的龙纹陶器、安徽含山凌家滩文化遗址出土的玉雕龙、浙江余杭反山良渚文化遗址出土的龙面纹玉琮、内蒙古赤峰和辽宁辽西众红山文化遗址出土的玉雕龙、山西襄汾陶寺龙山文化遗址出土的彩龙纹陶盘、湖南澧县孙家岗石家河文化遗址出土的龙形玉佩等，都很可能既是当地先民用来祭祀龙以及云、雷电、虹、星宿等形象的工具，也可能是当地先民心目中沟通天地的"神器"。

由于主持祭祀活动是体现氏族首领身份地位的大事，而龙，既是先民心目中沟通天地的"神物"，也是先民的祭祀对象，那么，就可以有一个判断，即：龙参与了氏族社会"上下长幼之道"，即原始伦理的产生和形成，是原始伦理的助力者、见证者和标志者。

二、人文先祖的龙化

还有一个证据可以说明，龙参与了氏族社会"上下长幼之道"，即原始伦理的产生和形成，便是在神话传说中，中华人文先祖被以不同方式、不同样态、不同程度地"龙化"了。如伏羲、女娲、炎帝、黄帝，他们由起初的氏族首领发展成为氏族联盟首领，并卓有成效地组织、领导了该氏族、该氏族联盟的生产、生活。这期间，按神话传说，龙是发挥了参与、助力、见证、标志作用的。

《帝王世纪》《诗含神雾》等典籍将伏羲说成是雷神的儿子，是其母华胥氏踩踏了雷神在雷泽留下的"大迹"而孕生的。由于雷电是龙的重要的容合对象之一，闪电为龙之形态，雷声为龙之发音，雷神可以说就是龙神，雷神的儿子也就可以说是龙神的儿子，龙神的儿子当然是龙。《拾遗记》将伏羲的出世与虹相联系，说神母在华胥之洲漫游，忽然天降青虹，将神母缠绕，久久才散，于是神母"即觉有娠"，十二年后生下了伏羲。由于虹也是龙的容合对象之一，其形状如龙，且两端常垂江河，据此可说虹的后人即是龙的后人，龙的后人自然是龙。

伏羲还被赋予一副"龙相"。《拾遗记》称其"长头修目，龟齿龙唇"；《春秋元命苞》称其"龙颜"；《春秋合诚图》言其"龙身牛首""龙唇龟齿"；《白虎通》说伏羲"鼻龙状"；《玄中记》直言"伏羲龙身"。另有说伏羲为"蛇身"的，如《列子·黄帝篇》："庖牺氏……蛇身人面，牛首虎鼻。"《帝王世纪》："庖牺氏……蛇身人首。"蛇是龙的主要容合对象，龙的身躯多取材于蛇，因而，蛇身也就是龙身。

始作八卦是伏羲的重要功绩，这一功绩也被认为与龙有关。所谓伏羲"受龙图，画八卦"（《宋书·符瑞志》）；"上古伏羲时，龙马负图出河"，伏羲参照此图，"以画八卦"（《古今图书集成·职方典》）。关于"龙马"，一说是具有龙性之马；一说是马头龙身，既像龙又像马，龙马合体。不管怎么说，都与龙发生了关系。

《补史记·三皇本纪》说伏羲降生的时候，有"龙瑞"出现，故"以龙纪官，号曰龙师"。此说来自《左传·昭公十七年》郯子的话："太皞氏以龙纪，故为龙师而龙名。"杜预注："有龙瑞，故以龙命官。"伏羲怎样"以龙纪官"呢？孔颖达为郯子的话作疏曰："太皞以龙名官，春官为青龙氏，夏官为赤龙氏，秋官为白龙氏，冬官为黑龙氏，中官为黄龙氏。"《绎史》卷三引《三坟》称：伏羲任命"飞龙氏造六书""潜龙氏做甲历""水龙氏平治水土""火龙氏炮治器用""降龙氏倡率万民"。

《淮南子·览冥训》言女娲"乘雷车，服驾应龙，骖青虬""前白螭，后奔蛇，浮游逍遥"。如前所述，雷电是龙的重要的容合对象，龙的发音即取自隆隆的雷声，雷车也就是龙车；应龙是生有双翅的龙，青虬、白螭都是龙属。由此看来，在神话视野里，龙是女娲出行时不可缺少的乘御工具，也即龙是女娲率氏族人众战天斗地的助力者。

汉代王逸在为《楚辞·天问》"女娲有体，孰制匠之？"一句作注时讲，"传言女娲人头蛇身，一日七十化"；其子王延寿《鲁灵光殿赋》亦云"伏羲鳞身，女娲蛇躯"。还有《帝王世纪》讲女娲氏"蛇身人首"，《列子·黄帝篇》言女娲氏"蛇身人面"，曹植《女娲赞》云伏羲女娲"人首蛇形"，等等。长沙马王堆汉墓帛画中的女娲像，山东武梁、河南南阳、山东沂南等地汉墓出土的女娲像，都是人面蛇身。蛇是龙的重要的也是主要的容合对象，龙是蛇的升华，蛇可以变成龙，龙也可以化为蛇。那么，说女娲"蛇身""蛇躯""蛇形"，也就等于说女娲"龙身""龙躯""龙形"。

《国语·晋语》："昔少典娶于有蟜氏，生黄帝、炎帝。黄帝以姬水成，炎帝以姜水成。"这一记载告诉我们以下信息：第一，炎帝的母亲叫有蟜氏，或炎帝的母亲出自有蟜氏族。蟜，《说文解字》释为"虫"，《玉篇》释为"毒虫"；"虫"在古代首先指的是蛇，尤其是毒蛇，而蛇、毒蛇均是龙的主要容合对象。此外,蟜还有释为"虹霓""蚕""蜂",蜂似乎远一些,而虹霓和蚕也都是龙的容合对象。第二,炎帝和黄帝都是以"水成",而喜水正是龙的基本神性之一;龙的主要容合对象,如蛇、鳄、鱼、雷电、云、虹、龙卷风等,都与水关系密切。

《潜夫论·五德志》:"有神龙首出常羊,感任姒,生赤帝魁隗。身号炎帝,世号神农,代伏羲氏。"《帝王世纪》:炎帝"神农氏,姜姓也。母曰任姒。有蟜氏之女,名女登,为少典妃。游于华阳,有神龙首感女登于常羊,生炎帝,人身牛首,长于姜水。"《路史·后记》:"炎帝生于姜水……龙颜而大唇。"这些记述告诉我们三条信息:第一,炎帝是其母亲感应了神龙首后生下的;第二,炎帝的形象是人身牛首,而牛也是龙的容合对象之一,一些龙的角,就多取材于牛头;第三,炎帝长着一副龙的容颜。

按《国语·晋语》所述,黄帝也是有蟜氏的后代,而有蟜氏之"蟜"与龙的关系上面已述。言黄帝与龙关系的记述还有:"蚩尤作兵伐黄帝,黄帝乃令应龙攻之冀州之野"(《山海经·大荒北经》);黄帝"得苍龙而辨于东方"(《管子·五行》);黄帝"乘龙"(《大戴礼记·五帝德》);"黄帝治天下……青龙进驾"(《淮南子·览冥训》);"黄帝得土德,黄龙地螾见"(《史记·封禅书》);"昔者黄帝合鬼神于西大山之上,驾象舆,六蛟龙"(《论衡·纪妖》);黄帝"驾八翼之龙"(《孙绰子》);黄帝"作龙衮之服"(《轩辕黄帝传》);"龙图出河,龟书出洛,赤文篆字,以授轩辕"(《宋书·符瑞志》);等等。

龙不仅是黄帝事业的助力者,更进一步的说法是,黄帝乃雷神(也就是龙神)的儿子,具有龙形龙貌。如:"附宝见大电光绕北斗权星,照郊野,感而孕。二十五月生黄帝轩辕于寿丘"(《河图稽命征》);"黄帝以雷精起"(《河图帝纪通》);"黄帝龙颜"(《论衡·骨相》);黄帝"自以为云师,有龙形"(《列仙传》);黄帝"日角龙颜"(《路史》);等等。

上述种种说法,都可认为是后人对先人口耳相传的追述,都旨在揭示、说明龙与人文先祖的关系:人文先祖的龙化和龙的人文先祖化。那么,如果说人文先祖是原始伦理的发现者、发明者、揭示者、彰显者、实现者、强化者,就可以说,龙是原始伦理形成的参与者、助力者、体现者、标志者。

三、图腾与原始伦理

图腾是人类社会早期产生的与自然崇拜、生殖崇拜、族祖崇拜、宗教信仰、社会制度等交织在一起的复杂的文化现象,是自然力作用于人类、人类神化自然力的产物。"图腾"一词,源自北美印第安阿尔衮琴部落鄂吉布瓦人的方言"totem",原意是"亲族""亲属"等。图腾崇拜的核心是认为某种动物、植物或无生物和自己的氏族有血缘关系,是本氏族的始祖和亲人,从而将其尊奉为本氏族的保护神、标志和象征。世界各国不少学者都对图腾这一既古老又奇特的文化现象做过考察和研究,普遍认为世界上许多民族都曾经有过图腾崇拜,其遗存在近现代一些民族中还可以看到。

作为书面用语,按迄今见到的报道,"totem"一词最早见于1791年伦敦出版的英国学者约翰·郎格所著《印第安旅行记》(*Voyages and Travels of an Indian Interpreter and Trader*)一书中。1903年,中国近代启蒙思想家、教育家、翻译家严复在翻译英国学者甄克思1900年出版的 *A History of Politics*(中文版图书为《社会通诠》,商务印书馆,1904)一书时,首次把"totem"一词中译为"图腾"。此后,中国学者普遍接受图腾概念和图腾理论,并认为中国古代也存在图腾现象。

对于龙与图腾的关系,笔者提出"广义图腾"说。"广义图腾"是与"狭义图腾"比较而言的。依据中外学者对图腾现象的考察和总结,构成图腾的基本要素有:图腾的实体是某种自然物(以动物为多)或天象,这种自然物或天象被认为与族祖、族人有血缘关系,是部族的保护神,是部族的徽号标志。四个要素全部符合者是严格意义上的狭义图腾,部分符合者即为宽泛意义上的广义图腾。

首先,龙是中国古人对蛇、鳄、蜥、鱼、鲵、猪、鹿、熊、牛、马等动物,和雷电、云、虹、龙卷风等自然天象经过多元容合而发明、展现的一种神物,它虽然不是某种自然物或天象,但却是诸多自然物和天象的容合。

其次,伏羲女娲是中华民族的先祖,文献资料中有伏羲是雷神之子,是其母华胥氏踩踏了雷神在雷泽留下的"大迹"而孕生的描述,有"伏羲鳞身,女娲蛇躯"之说——蛇是龙的容合对象,"蛇躯"即"龙躯";有炎帝是其母女登感神龙首而孕生、黄帝是其母感大电光（龙的容合对象）而生的记述。故可认为，在先民的心目中，龙与中华民族的先祖有间接的"血缘"关系。

再次，已出土的属于新石器时代和青铜时代的龙已有好多件，这些龙或摆在原始村落广场中央，如断代为前6000年前后的辽宁阜新查海兴隆洼文化石块摆砌龙；或置于氏族首领身边，如断代为前4500年前后的河南濮阳仰韶文化蚌砌龙；或放在重要人物的头部，如断代为前1700年前后的河南偃师二里头文化绿松石龙形器。龙作为部族保护神和徽号标志的用意已很明显。至于祭祀礼器上的龙纹、部族旗帜上的龙纹等等，更是或多有出土，如商周青铜礼器上的龙纹；或已见于文献记载，如《礼·觐礼》中的"交龙为旂"（郑玄注），《诗经·周颂》中的"龙旂阳阳"，《诗经·商颂》中的"龙旂十乘"，《诗经·鲁颂》中的"龙旂承祀"，《乐记》第十九中"龙旂九旒，天子之旌也"，等等。

据此，我们可以做出判断：如果说龙作为中华先民崇拜的狭义图腾的理由尚不充分的话，龙作为中华先民崇拜的广义图腾却是完全够格的。

有研究者指出："图腾崇拜在中国古代呈现出三大发展阶段：第一阶段是氏族直接认同动植物，崇拜它们，与它们建立幻想中的血亲关系；第二阶段是在人兽同祖的观念上建构半人半兽的图腾形象，开始重视母祖，但母祖与兽祖是结合的；第三阶段是部分重要图腾随着氏族和部落的融合而不断被综合化、艺术化，失去氏族宗教的严格性质，演变为华夏民族文化的象征。"[1]若按此说，龙之广义图腾就和上述第二、第三阶段相对应。

至于图腾及图腾崇拜产生的原因，马克思在《〈政治经济学批判〉导言》中所讲"任何神话都是用想象和借助想象以征服自然力，支配自然力，把自然力加以形象化"[2]，可以指导我们的思路。图腾崇拜其实也是一种"神话"，而图腾物，无论是动物、植物，还是非生物，都是自然物，都体现着自然力。原始先民生活在自然力的包围中，其生存和繁衍离不开自然力

---

[1] 牟钟鉴、张践：《中国宗教通史》（上），社会科学文献出版社，1997，第32页。
[2] 马克思：《〈政治经济学批判〉导言》，载马克思著、中共中央马克思恩格斯列宁斯大林著作编译局译《政治经济学批判》，人民出版社，1976，第220页。

的参与。于是,先民们就希望自然力能和自己的生命融为一体,希望自己生来就具有某种自然力。如何才能使自然力和自己的生命融为一体,自己生来就具有某种自然力呢?最简便的方法,就是通过想象,将体现着某种自然力的某种动物、植物,或非生物,说成与自己有血缘关系、是自己的亲属,甚至参与了自己生命的生成。于是,图腾就出现了,图腾崇拜就产生了。

在这个问题上,有学者提出图腾神话的"立足点是对男子生育权的否定"的观点,认为"图腾崇拜发生在母系氏族社会时期","由于男子在生育活动中的意义没有得到认识,生育这一简单的生理现象便充满了神秘色彩而被神化。性交并不能立竿见影地生出孩子,有性交终身而不见孩子出生的,有偶一为之则开花结果的,这样,男女之交合与生育的必然关系并不明显。……女子充当了生育的重要角色,然孤掌难鸣,需仰赖某自然物的精灵与之相交相感方可孕育出氏族的祖先,自然之物就显示出巨大的魔力,这就是图腾物受人膜拜的根由所在"。[1]

这样的观点似可商榷。笔者认为,图腾崇拜的根由或者说立足点,是先民在生产生活中产生的神化自然力的需要,这样的需要并不意味着要否定男子的生育权。在母系氏族社会先民的心目中,生育现象尽管充满了神秘色彩,尽管女子在生育中充当了重要角色,但不至于蒙昧到认识不到男子的作用,他们不可能看不到自然界中动物们的雄雌交配以生育后代的现象,这样的现象也不可能不给他们以"只有两性交合,才会有新生命诞生"的启蒙。他们之所以要搞一个图腾崇拜,是因为有了一个被认为与族祖、族人有血缘关系的图腾,能使本部族有了来自自然力的加持和助力,本部族就会显得(至少心理上认为)更神圣、更强大,同时,本部族也有了保护神和能与其他部族相区别的徽号标志。

图腾崇拜产生于母系氏族社会,流行于母系氏族社会向父系氏族社会过渡时期,延续至父系氏族社会,影响至后世。中国的母系氏族社会可以追溯至前8000年以前的旧石器时代晚期,和前6000年以前的新石器时代早期,代表人物有华胥氏和华胥氏的后代女娲氏等。前6000年至前3500年前后,是母系氏族社会向父系氏族社会过渡时期,代表人物有女娲氏、伏羲氏、炎帝

---

[1] 田兆元:《图腾神话与祖先神话的传承流变》,《上海社会科学院学术季刊》1995年第3期。

神农氏等。前3500年前后至前2000年前后属于父系氏族社会，代表人物有炎帝、黄帝，以及唐尧、虞舜、夏禹等。也就是说，中国古代的图腾崇拜，从前8000年以前延续至前2000年前后，且一直影响到之后的历朝历代。

学术界有观点认为，先有图腾崇拜，后有祖先崇拜；图腾崇拜产生于母系氏族社会，祖先崇拜产生于父系氏族社会。笔者认为，在远古中国，图腾基础之崇拜与祖先崇拜以及生殖崇拜一开始就是相互交织、渗透、结合的。母系氏族社会，崇拜属于狭义图腾的蛇、鱼、熊、鹿等，进而崇拜建立在狭义图腾基础之上的属于广义图腾的龙、凤，且与崇拜祖先华胥氏、女娲氏等相交织、相渗透、相结合。母系氏族社会向父系氏族社会过渡时期，依然崇拜属于狭义图腾的蛇、鱼、熊、鹿等，属于广义图腾的龙、凤，并与崇拜祖先华胥氏、女娲氏、伏羲氏等相交织、相渗透、相结合。父系氏族社会，继续崇拜属于狭义图腾的蛇、鱼、熊、鹿等，属于广义图腾的龙、凤，并与崇拜祖先华胥氏、女娲氏、伏羲氏、炎帝、黄帝、唐尧、虞舜、夏禹等相交织、相渗透、相结合。

前面讲过人文先祖的被龙化，从图腾崇拜的角度来看，被龙化就是被广义图腾化。伏羲、女娲、炎帝、黄帝等人文先祖被广义图腾化的过程，就是图腾崇拜与祖先崇拜相结合的过程。这个过程，使伏羲、女娲、炎帝、黄帝等人文先祖的身上有了作为广义图腾的龙的元素，以至于被后世称为"龙祖"。神话传说中的"伏羲龙身""炎帝龙颜""黄帝龙颜"，汉代画像石上的"伏羲女娲龙身像"等，就是证明。

那么，图腾崇拜与原始伦理有怎样的关系呢？

图腾崇拜以某种图腾物为依托、为纽带、为标志，凸显出氏族成员之间的血缘亲属关系，使本氏族与其他氏族相区别，从而具有稳定群体、团结一致地获取生活资料、拓展生存空间的强大功能。于是，由图腾崇拜以及与图腾崇拜相交织的生殖崇拜、祖先崇拜所形成的种种规则制度、行为规范，就一定程度、一定范围地成为原始伦理的内容。

图腾崇拜的前提，是认为某种图腾物与族祖、族人有血缘关系，是体现着自然力的氏族的另一个"祖先"，故图腾崇拜所形成的基本的首要的规则，便是对图腾物的尊敬、崇拜，以及外化、实现体现着这种尊敬、崇拜的祭祀仪式、行为规范等。比如，龙是伏羲氏族的图腾物，伏羲氏族从首领到成员，都要敬龙、崇龙，要遵守祭祀龙神的仪式，遵守由敬龙、崇龙所制定、所形成的行为规范。

图腾崇拜旨在促进氏族团结，一个氏族要团结一致，氏族首领是关键。这里，除对氏族首领的个人素质有要求外，还强调"下"对"上"，即氏族成员对氏族首领的服从，这就与作为"上下长幼之道"的原始伦理相一致了。

第二节　五伦观念与龙族伦理

五伦，即父子、君臣（民）、兄弟（长幼）、夫妇、朋友，是中国社会最基本、最重要的伦常关系。

五伦关系及五伦观念萌芽、产生于原始氏族社会，战国时期的思想家孟子完整地提出了五伦观念，从此，五伦观念统摄了家庭伦理、家族伦理、社会伦理和政治伦理，成为支配中国人道德生活最有力量的传统观念，也成为中华传统礼教的核心和维系中华民族群体生活的基本纲纪。

孟子对五伦的排列反映了"亲亲"优先的理念。"亲亲"优先使中国社会成为亲情社会，每个社会成员都生活在亲情的滋养、浸润、关怀、包围之中，这当然是有利于个己幸福、家庭和谐、社会安定的。但是，"亲亲"优先也有导致"亲亲"过度的趋向。

一、五伦的萌芽与提出

前面讨论过，在属于旧石器时代晚期和新石器时代早期的母系氏族社会，虽然没有"血缘家族伦理"和"家庭伦理"，但存在着氏族首领与氏族成员之间有"上""下"之分，领导与被领导、管理与被管理关系的"氏族伦理"。这样的伦理，实际上是五伦中的一伦——"君臣"（氏族首领与氏族成员）的萌芽。

到了母系氏族社会向父系氏族社会过渡时期，随着只允许同辈的男女之间发生婚配关系、不同辈分的人之间不能婚配的"血缘家族伦理"的出现，实际上又是五伦中的另一伦——"父子"的萌芽。进入父系氏族社会后，随着"对偶家庭""专偶家庭"的出现，产生了原始的"家庭伦理"，五伦中的"夫妇""兄弟"（长幼）以及"朋友"也都出现了。

这样，我们就有了一个判断：包括君臣（氏族首领与氏族成员）、父子、夫妇、兄弟（长幼）、朋友在内的五伦，萌芽于远古时期的母系氏族社会，全部出现于父系氏族社会。当然，出现于父系氏族社会的五伦是原始的、初步的、不成熟的。

五伦反映的是家庭（家族）成员之间、家庭（家族）成员与家庭（家族）外相关人员之间，以及国家领导与臣民之间的关系。具体讲：（1）父子，包括父与子、父与女、母与子、母与女、祖父与孙子孙女、祖母与孙子孙女，总之可理解为有血缘关系的长辈与晚辈；（2）君臣，主要指君主与臣僚，延伸为君主与国人、官府与百姓、老板与员工、上级与下级，总之可理解为领导与被领导；（3）兄弟，包括哥与弟、哥与妹、姐与弟、姐与妹、嫂与弟、嫂与妹、哥与弟媳、嫂与弟媳即姒与娣等，总之可理解为同辈之间；（4）夫妇，即有婚姻关系的丈夫与妻子；（5）朋友，包括男与男、女与女、男与女，总之可理解为血缘、婚姻之外的友好交往。

五伦关系应该是一种怎样的关系？如何处理、协调这五种关系？人们对这两个问题的回答，形成了"理"，即伦理。伦理之"伦"即关系、等级、次序，包括家庭（家族）之"伦"和家庭（家族）之外的"伦"。伦理之"理"，即道理、讲究、规矩、准则，包括观念和规范两方面的内容，观念是内核，规范是观念的体现。

有关五伦的文献，可追溯至夏、商、周时期。《尚书·舜典》中有"慎徽五典，五典克从"之语。《尚书孔传参正》解释说："五典，五常之教。父义、母慈、兄友、弟恭、子孝。"《礼记·礼运》言："何谓人义？父慈，子孝，兄良，弟悌，夫义，妇听，长惠，幼顺，君仁，臣忠。"《论语·颜渊篇》第十二记："齐景公问政于孔子。孔子对曰：'君君，臣臣，父父，子子。'"《左传·隐公三年》载："石碏谏曰：……且夫贱妨贵，少陵长，远间亲，新间旧，小加大，淫破义，所谓'六逆'也。君义，臣行，父慈，子孝，兄爱，弟敬，所谓'六顺'也。"

五伦观念的完整出处，见《孟子·滕文公上》："使契为司徒，教以人伦：父子有亲，君臣有义，夫妇有别，长幼有序，朋友有信。"孟子不但提出了五伦观念，还对如何处理五伦关系提出了概括性的要求或者说基本性的准则，这些要求和准则便是孟子心目中的伦理之"理"，这就是：父子之间着重讲一个"亲"字，君臣之间着重讲一个"义"字，夫妇之间着重讲一个"别"字，长幼（兄弟）之间着重讲一个"序"字，朋友之间着重讲一个"信"字。

除此之外，对五伦观念还有一些说辞，如《史记·五帝本纪》："举八元，使布五教于四方，父义，母慈，兄友，弟恭，子孝，内平外成。"《道藏·正一法文天师教戒科经》："欲令君仁、臣忠、父慈、子孝、夫信、妇贞、兄敬、弟顺，天下安静。"《三字经》："父子恩，夫妇从。兄则友，弟则恭。长幼序，友与朋。君则敬，臣则忠。此十义，人所同。"《东周列国志》第一百零一回："主圣臣贤，国之福也；父慈子孝，家之福也。"

对五伦观念的重要意义，贺麟先生指出："五伦的观念是几千年来支配了我们中国人的道德生活的最有力量的传统观念之一。它是我们礼教的核心，它是维系中华民族的群体的纲纪。"[①]为什么这样讲呢？因为，中华文化中的家、国、天下观念，是从人伦中延伸出来的，人伦观念是家、国、天下观念的基础。也就是说，一个中国人，要实现和完成齐家、治国、平天下的抱负和使命，就得从了解、领会、体察、践行五伦开始。

笔者在学习中华传统文化过程中，也有这样的认识：如果用简明扼要的词汇概括中华传统文化大厦三大支柱——道家、佛家、儒家精髓的话，道家就是"自然"和"无为"，佛家就是"无常"和"无我"，儒家则是"伦理"和"中庸"。"伦理"可以理解为"等级、秩序的道理和准则"，"中庸"的基本义是"中"，即"恰当""刚好""适度"。由于儒家是中华传统文化大厦三大支柱中的最主要者，故可以说，"伦理"和"中庸"是中华

[①] 贺麟：《五伦观念的新检讨》，载贺麟著《文化与人生》，上海文艺出版社，2001，第52页。

传统文化精髓中的精髓。

当然，儒家提出的五伦观念，主要是从人们的伦常关系出发的，目的也主要是为了调理、规范人们的伦常关系。人类自成为人类以来，就面临四大关系：人与天，即人与自然界的关系；人与人，即人与社会的关系；人与己，即人与自身的关系；人与神，即人与超验的关系。五伦观念的着眼点在人与人，即人与社会的关系。当然，人与人，即人与社会的关系，与人与自然界的关系、人与自身的关系、人与超验的关系是有关联的，如人本身就是天，即自然界的产物，五伦关系也可以说是"天然"的关系，即所谓"天伦"。但儒家毕竟没有将人与人之外，即人与社会之外的其他三大关系明确入"伦"。

二、五伦解析

1. 父子

按孟子排列的顺序，父子关系在五伦中位列第一。对父子关系的要求是"有亲"，"有亲"的基本要求是"父慈子孝"。那么，就有了四种情形：父慈，子孝；父慈，子不孝；父不慈，子孝；父不慈，子不孝。

现实生活中，四种情形都是存在的。如：隋文帝杨坚与隋炀帝杨广，可谓"父慈，子不孝"；舜帝与其父瞽叟，可谓"父不慈，子孝"。

2. 君臣

前面讨论过，君臣关系其实萌芽最早，但在孟子排列的五伦顺序中，君臣关系位列第二。对君臣关系的要求，按孟子的说法是要"有义"，"有义"的基本要求有"君仁臣忠"（《礼记·礼运》）、"君义臣行"（《左传·隐公三年》）、"君礼臣忠"（《论语·八佾》）、"君敬臣忠"（《三字经》）、"主圣臣贤"（《东周列国志》）等说法。

被后世多用的"君礼臣忠"说出自《论语·八佾》，其原话为："定公问：'君使臣，臣事君，如之何？'孔子对曰：'君使臣以礼，臣事君以忠。'"孔子认为"君主应该按照礼的要求任用臣子，臣子应该以忠的态度和言行来侍奉君主"。孟子认为"君礼臣忠"的关键，或者说主导一方在"君礼"，"君之视臣如手足，则臣视君如腹心；君之视臣如犬马，则臣视

君如国人；君之视臣如土芥，则臣视君如寇仇。"（《孟子·离娄下》）

礼是关于身份等级的原则、规矩、仪式。所谓"道德仁义，非礼不成；教训正俗，非礼不备；分争辨讼，非礼不决；君臣、上下、父子、兄弟，非礼不定；宦学事师，非礼不亲；班朝治军，莅官行法，非礼威严不行；祷祠祭祀，供给鬼神，非礼不诚不庄。是以君子恭敬、撙节、退让以明礼"（《礼记·曲礼》）。从内容上讲，中国古代社会的礼主要有三，即典章制度（含礼节仪式）、政治规范、道德准则。那么，"君使臣以礼"的"礼"，指的是典章制度（含礼节仪式），还是政治规范、道德准则呢？笔者认为，理解为三者兼而有之比较准确。从这个意义上讲，中国古代社会的政治伦理主要是通过礼来体现的。而"忠"，《说文解字》释为"敬也，从心，中声"；《增修互注礼部韵略》释为"内尽其心，而不欺也"；《六书精蕴》释为"竭诚也"。汉代董仲舒认为："心止于一中者，谓之忠；持二中者，谓之患。患，人之中不一者也。不一者，故患之所由生也。是故君子贱二而贵一。"（《春秋繁露·天道无二》）宋代司马光认为："尽心于人曰忠。"（《四言铭系述》）综合来看，中国古代社会君臣关系中的"忠"，指的是臣对君竭诚尽心，专一不二。

那么，也有四种情形：君礼，臣忠；君不礼，臣忠；君礼，臣不忠；君不礼，臣不忠。

现实生活中，四种情形也都是存在的。如唐太宗李世民与宰相魏徵，可谓"君礼，臣忠"；商纣王与比干，可谓"君不礼，臣忠"。

3. 夫妇

夫妇关系在五伦中位列第三。对夫妇关系的要求，按孟子的说法是要"有别"，具体讲有"夫义妇听"（《礼记·礼运》）、"夫主妇从"（《三字经》）等。按当代人的观念，用"有别"即"夫妇有别"，不如用"有情"即"夫妇有情"，"有别""夫义妇听""夫主妇从"，都有"男尊女卑"的倾向或者说嫌疑，都没有体现"男女平等""互敬互爱"的意思，但考虑到中国古代男权社会的实际，以及天然存在的男女体质能力的差异，我们会觉得"有别""夫义妇听""夫主妇从"的说法和规范，是有其必然性和现实操作性的。笔者整合一下，以"夫义妇从"来说中国古代的夫妇之伦。

这里的"义",主要做"合宜""合理"讲,也有四种情形:夫义,妇从;夫不义,妇从;夫义,妇不从;夫不义,妇不从。

现实生活中,四种情形都是存在的,如汉代司马相如和卓文君,可谓"夫义,妇从";春秋时鲁桓公姬允与文姜,可谓"夫义,妇不从"。

还有一种关系,既可以说是君臣关系,也可以说是特殊的"夫""妇"关系,这便是帝王们的"男宠"。典型者有战国时期的"龙阳之好"、西汉时期的"断袖之癖"和唐代武则天的"男宠"之事。

如《战国策·魏策》所载"龙阳之好":魏王与龙阳君在一条船上垂钓,龙阳君钓到了十余条鱼却哭了起来。魏王问其原因,龙阳君说:"臣下一开始钓到鱼,很高兴,后来钓到的鱼比前面钓到的鱼大,臣下就想把前面钓到的鱼抛弃。而今臣下这样丑陋,却能够为大王拂拭枕席。如今臣下的爵位已接近人君,人们在朝堂上见了我要趋步而行,在道路上见了我都要回避。四海之内美人多得很,听说臣下得到了大王的宠幸,一定会提起衣裙奔向大王。到那时,臣下就像臣下前面钓的鱼那样,也将面临被抛弃的命运,臣下怎能不哭泣呢?"魏王说:"你错了!你有这样的心思,为何不告诉我呢?"于是魏王向全国各地发布命令:"有敢议论美人者,灭他的全族。"

这个故事,从君臣关系看,当可算是"君礼,臣忠";从"夫""妇"关系看,可算作"夫义,妇从"——只是其"夫"和"妇"都要打上引号,因为龙阳君是男身充当着女性的角色。

再如武则天的"男宠"之事。《旧唐书》卷七十八《张行成列传》有记:"天后令选美少年为左右奉宸供奉,右补阙朱敬则谏曰:'臣闻志不可满,乐不可极。嗜欲之情,愚智皆同,贤者能节之不使过度,则前圣格言也。陛下内宠,已有薛怀义、张易之、昌宗,固应足矣。近闻尚舍奉御柳模自言子良宾洁白美须眉,左监门卫长史侯祥云阳道壮伟,过于薛怀义,专欲自进堪奉宸内供奉。无礼无仪,溢于朝听。臣愚职在谏诤,不敢不奏。'则天劳之曰:'非卿直言,朕不知此。'赐彩百段。以昌宗丑声闻于外,欲以美事掩其迹,乃诏昌宗撰《三教珠英》于内。"看来,武则天确实有"男宠"。那么,从君臣关系看,武则天和她的男宠们也可算是"君礼,臣忠",但从"夫""妇"关系看,就不是"夫义,妇从",而是"妇义,夫从"了——对那些男宠而言,武则天是女性之"妇",更是君临天下、手握决断臣子生死大权的皇帝,敢不"从"吗?

4. 兄弟

兄弟关系在五伦中位列第四。对兄弟关系的要求,按孟子的说法是"有序",具体说法有"兄友弟恭"(《尚书孔氏传》)、"兄良弟悌""长惠幼顺"(《礼记·礼运》)、"兄爱弟敬"(《左传·隐公三年》)等,以"兄良弟悌"说比较准确。

所谓"兄良弟悌",是说兄长者对弟幼者和善多惠,弟幼者对兄长者敬爱顺从。也有四种情形:兄良,弟悌;兄不良,弟悌;兄良,弟不悌;兄不良,弟不悌。

现实生活中,四种情形都是存在的,如宋代苏轼与苏辙可谓"兄良,弟悌";秦代扶苏与胡亥可谓"兄良,弟不悌"。

5. 朋友

五伦中排在第五位的是朋友关系。对朋友关系的要求,按孟子的说法是要"有信"。"信"是会意字,从人,从言,意思是人的言论不同于一般动物的发声,应当是发自内心的、真诚可信的。《说文解字》:"信,诚也。"《中庸章句集注》:"诚者,真实无妄之谓,天理之本然也。"那么,在朋友之间,"有信"就成为最基本、最重要的要求;若没有信或失去信,朋友也就不成其为朋友了。正如孔子所言:"人而无信,不知其可也。"(《论语·为政》)"民无信不立。"(《论语·颜渊》)

信之外,在朋友问题上,儒家创始人还提出了"益者三友,损者三友"的告诫。孔子曰:"益者三友,损者三友。友直,友谅,友多闻,益矣;友便辟,友善柔,友便佞,损矣。"(《论语·季氏》)这是说:有益的朋友有三种,有害的朋友也有三种。正直的朋友,诚实能宽恕的朋友,见多识广的朋友,是有益的朋友;阿谀奉承的朋友,当面恭维、背后诽谤的朋友,花言巧语的朋友,是有害的朋友。

中国历史上有不少与朋友有关的典故,如"管鲍之交"(《史记·管晏列传》)、"刎颈之交"(《史记·廉颇蔺相如列传》)、"知音之交"

(《列子·汤问》)、"莫逆之交"(《庄子·大宗师》)、"胶漆之交"(《后汉书·独行列传》)、"舍命之交"(《文选·刘峻·广绝交论》)等。

三、五伦与三纲

五伦中的各伦，就其在中国传统社会中的地位和作用力而言，是有区别的，前三伦更重要一些。按孟子的排列顺序，父子关系第一，由父子关系延伸、放大到君臣关系；然后是夫妇关系；再后是兄弟关系、朋友关系。其实，夫妇关系也很重要，没有夫妇，哪来父子？《易传·序卦》曰："有天地，然后有万物；有万物，然后有男女；有男女，然后有夫妇；有夫妇，然后有父子；有父子，然后有君臣；有君臣，然后有上下；有上下，然后礼义有所错。"

孟子对五伦的排列反映了"亲亲"优先的理念。"亲亲"优先又与儒家主张的"爱有差等"相一致。家庭是社会的细胞，父母与子女以及兄弟姐妹之间的关系，是家庭出现后最基本的人际关系。将爱优先施予有血缘关系的人，然后再推延到无血缘关系的人，这应当说是自然的、符合伦理常情的。"亲亲"优先使中国社会成为亲情社会，每个社会成员都生活在亲情的滋养、浸润、关怀、包围之中，这当然是有利于个己幸福、家庭和谐、社会安定的。

但是，"亲亲"优先有导致"亲亲"过度的趋向，或者说这样的有差等的爱缺乏阻止"亲亲"过度的机制。所谓"亲亲"过度，是说将亲情、人情置于过分高、过分重的位置，遇到需要进行是非判断时，公理、法律往往让位于亲情、人情，所谓"情大于法"。

典型的例证是《论语·子路》中所讲的"父为子隐、子为父隐"："叶公语孔子曰：'吾党有直躬者，其父攘羊，而子证之。'孔子曰：'吾党之直者异于是：父为子隐，子为父隐。直在其中矣。'"如此这般隐来瞒去，使一代一代、许许多多的国人法律观念淡漠，契约精神差；中国社会时有"情大于法""徇私枉法"的情形出现，应当说与儒家主张的差等之爱所导致的"亲亲"过度大有关系。

还有，伦理之"理"包括观念和规范两方面内容，观念是内核，规范是观念的体现。用当代话语来说，伦理之"理"就是权利与义务的统一，也即处于伦理关系中的人，应当既有权利，也有义务，不是只有权利，没有义务，或只有义务，没有权利。而孟子的说法，可以说只是提出、强调了五伦中的义务，没有提出、强调五伦中的权利。如父子一伦，只强调了父要慈，子要孝，慈和孝都是义务，而父亲作为父亲的权利、儿子作为儿子的权利，都没有讲。这当然是历史的局限使然，我们不能强求古人。

再有，五伦观念来自中国古代文化精英们的思想，有对现实社会、人伦关系考量的基础，但也还是精神性的、理念性的成果，一定程度上属于愿望和理想。也就是说，以孔子、孟子为代表的文化精英们希望社会成员能够按照他们提出的规范、准则生活，能够君主像君主、臣僚像臣僚、父亲像父亲、儿子像儿子、丈夫像丈夫、妻子像妻子、哥哥像哥哥、弟弟像弟弟、朋友像朋友，各守本分，各尽其职，依位处事，相得而安。然而，精神观念是一回事，现实生活是另一回事，精神观念可以给现实生活以指导、以框范，现实生活可以反映、体现精神观念，但现实生活毕竟不等于精神观念。

以五伦中的君臣关系为例。按儒家精英们的设计和理想，应当是君礼臣忠，即君主帝王崇德讲礼、行仁义、施仁政，臣僚百官忠心耿耿、尽心尽力地为君主帝王效力办事，即孔子所讲的君君、臣臣。但实际情形就复杂了：有君君、臣臣的情形，也有君君、臣不臣的情形，还有君不君、臣臣的情形，更有君不君、臣不臣的情形。遇到君不君的情形该怎么办呢？孟子倒是快人快语：换了他！事见《孟子·梁惠王下》："齐宣王问曰：'汤放桀，武王伐纣，有诸？'孟子对曰：'于传有之。'曰：'臣弑其君，可乎？'曰：'贼仁者谓之"贼"，贼义者谓之"残"。残贼之人，谓之"一夫"。闻诛一夫纣矣，未闻弑君也。'"孟子的说法有置换概念之嫌：你可以骂商纣是独夫，但商纣在未被推翻之前，就还是名正言顺、有杀伐之权的君王。而且，孟子的说法可操作性很低。实际情形是，像商纣这样的君王，只是个别，更多的君王，既做坏事也做好事，一阵子做好事一阵子做坏事，对一些人做好事对另一些人做坏事；而且，有可能当时看是做坏事过后看是做好事，当时看是做好事过后看是做坏事；或者，其做的某件事本身就既有好的一面又有坏的一面。面对这样的君王，你怎么办？杀还是不杀？况且，颠覆一个政权、改换一个朝代是容易的事吗？武王伐纣，周朝替代商朝，做了多少年的准备？还有，孟子的理路逻辑也不适合父子关系：按儒家规范，应当是父慈子孝，那么，遇到父不慈、子不孝的情况，怎么办呢？换掉父亲？换掉儿子？血缘血亲，能换吗？

那么，如何面对五伦观念在实践中出现的上述难题或者说困境呢？

战国时期的思想家韩非提出了"三顺"原则，他说："臣之所闻曰：'臣事君，子事父，妻事夫，三者顺则天下治，三者逆则天下乱，此天下之常道也。'"（《韩非子·忠孝》）这段话中的"顺"，是"顺从"的意思。

到了汉代，出现了"三纲"，即"君为臣纲，父为子纲，夫为妻纲"。班固《白虎通义》卷七《三纲六纪》云："三纲者何谓也？谓君臣、父子、夫妇也。……故君为臣纲，夫为妻纲。""三纲"的完整提出，最早见于汉代方士化的儒生们为了解说经义而制作的纬书。

纲的本义是提网的总绳，引申为事物的关键部分，所谓"壹引其纲，万目皆张"（吕不韦《吕氏春秋·离俗览》）、"举一纲而万目张，解一卷而众篇明"（郑玄《诗谱序》）。那么，"君为臣纲，父为子纲，夫为妻纲"的原本意思就是：在君臣关系中，起关键作用的是君；在父子关系中，起关键作用的是父；在夫妇关系中，起关键作用的是夫。这样的意思似乎有要求君为臣做表率、父为子做表率、夫为妇做表率的意味，只是这样的意思表达得不够明晰。

将"君为臣纲，父为子纲，夫为妻纲"理解为君支配臣、臣服从君，父支配子、子服从父，夫支配妇、妇服从夫，甚至是绝对的支配与服从的关系，以至于发展到戏台上唱、现实中也有出现的"君要臣死，臣不得不死；父要子亡，子不得不亡"的程度，那就是后来的情形了。汉代文化精英提出"三纲"的时候，或许没有意识到，"三纲"会走向这样的极端，他们很可能不过是针对五伦观念在实践中出现的难题或者说困境做出的，是多少有些无奈的应对、选择而已。因为，只有在五伦之君臣、父子、夫妇这三大伦中，强化君、父、夫的作用，才能使国家安稳、家庭安和、社会安定——尽管这样的强化会带来一系列副作用，否则，就会动辄因君不君、父不父、夫不夫为由，而出现换君、忤父、离夫的情形，恒常的伦理秩序就会受到冲击，天下就会大乱。在儒家精英们的观念意识里，强化君、父、夫的正面作用，比强化君、父、夫的负面作用更可取，伦常败坏、天下大乱，无论是对皇亲国戚、食禄官吏，还是寻常百姓，总归于国于民，都不能说是什么好事。

四、龙族伦理

龙对家庭伦理、家族伦理、社会伦理、政治伦理是有反应、反映的，表现在：龙有家族、有族长、分等级，龙的故事传说也讲"五伦"。

1. 龙家族

龙的家族庞大而繁杂，其类别可以从不同角度划分。

三国时代的魏人张揖在《广雅》一书中，将龙分为四种："有鳞曰蛟龙，有翼曰应龙，有角曰虬龙，无角曰螭龙。"这样的分法，注意到了龙的体表特征，但不够全面。比如，有鳞曰蛟龙、有翼曰应龙，无鳞、无翼者称什么龙呢？

《渊鉴类函》卷四百三十八引《内典》，以龙的出生方式为据，将龙划分为胎、卵、湿、化四种，即胎生龙、卵生龙、湿生龙、化生龙。作为神物的龙，其"出生方式"只能是"多元容合"。但龙的取材对象蛇、鳄、蜥蜴、鱼等，却都有其各自的、具体的出生方式，包括卵生、胎生、卵胎生等。所以，这里的龙，实际上指的是龙的某些"模特儿"。至于湿生和化生，则是佛学用语：湿生指的是依湿气而生长的动物，如蚊蝇；化生是不靠父母之缘，自然变化而生的生命，如天人及地狱的众生。由此可见，此种分类法是受到了佛教的影响。

当代学者王大有先生认为："广义的龙有四十几种，大体上可分为六大类。一是鳄鼍类龙，包括夔龙、鼍龙等，这是主龙干系，其他类型的龙则是辅龙支系；二是蛇类螭龙，包括螭、䗃、肥遗、巴、闽、蜒等，在辅龙支系中居首；三是鱼类龙鲤，包括蟠龙、螭吻、鱼尾龙、狎鱼等；四是天鼋龟龙，包括鼋、龟、玄武、霸下、赑屃等；五是兽类龙，有椒图、狻猊，狴犴、象鼻龙、驼龙等；六是鸟类龙，有应龙、饕餮龙、鲲鹏、飞龙等。"[①]

对王先生的上述分法，笔者的看法是：第一，有可取性，但还可以表

[①] 王大有：《龙究竟是什么》，《北京晚报》1988年2月16日。

述得再简练些，不妨称作鳄类龙、蛇类龙、鱼类龙、龟类龙、兽类龙、鸟类龙。第二，将鳄类龙作为"主龙"，其他类型的龙都是"辅龙"，是基于王先生所持的龙的原型是鳄的观点，如果持"多元容合"说，鳄类龙就未必是"主龙"；如果一定要分主次的话，蛇类龙的地位并不亚于鳄类龙。第三，王先生对有些龙的归类似可商榷，如将蟠龙归入鱼类龙、将饕餮龙归于鸟类龙。笔者认为，蟠龙应归于蛇类龙，饕餮龙应归于兽类龙。蟠的本义是盘曲、环绕，所谓"蟠，曲也"（《广雅·释诂一》），这样的意思适合于蛇，不适合鱼。饕餮的本义是贪食，其形貌，或说似狼，或说像虎，皆为兽，也只有兽类才称得上贪食。

除了上述分类，笔者以为还可以有以下分类方法：

以五行分，有金龙、木龙、水龙、火龙、土龙。以地域、水域、方向分，有东龙、南龙、西龙、北龙、中龙；山龙、原龙、洞龙、井龙、泉龙、溪龙、湖龙、潭龙、瀑龙、河龙、江龙、海龙；上龙、下龙、左龙、右龙。以形态、状态特征分，有烛龙、蛟龙、螭龙、虬龙、夔龙、毛龙、角龙、骊龙、掘尾龙、象鼻龙；潜龙、蟠龙（盘龙、卧龙）、蛰龙（睡龙）、走龙（行龙、跑龙）、跃龙（腾龙、升龙）、飞龙（应龙、翔龙）、善龙、病龙、毒龙、乖龙、蹇龙、蛮龙、恶龙（孽龙、歹龙）、痴龙，等等。以体表颜色分，有苍龙（青龙）、黑龙（乌龙、墨龙）、黄龙（金龙）、白龙、赤龙（红龙）、绿龙、紫龙、斑龙、彩龙，等等。以质地材料分，有陶龙、石龙、砖龙、玉龙、蚌龙、琉璃龙、水晶龙、铜龙、铁龙、纸龙、布龙、纱龙、绸龙、花龙、草龙、藤龙、竹龙、麻龙、菜龙、瓜龙、人龙、字龙、百叶龙、板凳龙、棕缉龙、锣鼓龙，等等。以家庭成员分，有龙王、龙母、龙子、龙女、龙孙、龙伯、龙公、龙仔，等等。龙子还可分为赑屃（龟趺）、狴犴（宪章）、螭吻（鸱吻、鸱尾、好望）、椒图、囚牛、蒲牢、饕餮、狻猊（金猊、灵猊）、睚眦、嘲风、霸下、金吾、鳌鱼、蚣蝮、望天吼，等等。以近亲、亚属分，有麒麟、貔貅（辟邪、天禄），等等。

2. 龙族族长

就神物系列而言，龙族族长就是龙王。龙王是龙族以及整个水族动物之王。

前3世纪，也就是中国的两汉时期，佛教开始向东方传播。翻译佛经的高僧们发现佛经中的naga和中国本土中的龙形象相仿、功能接近，于是，就将naga译作"龙"，将nagaraja译作"龙王"。

佛教传入以前，中国本土有传衍了五千多年的龙，但没有龙王，龙王名号的出现与佛经的传入有很大关系，可以说是佛经的广泛传布，与中国人本有的龙文化，及崇龙、尊王心理的交融互渗，尤其是宋代及宋以后的帝王们对龙神的封王加号所起的主导性、关键性作用，共同导致了龙王在中华大地上的滥觞和兴盛。

龙王在佛教中地位不高，有时候在天神之列，如"天龙八部"中的"龙众"；有时候在诸鬼之列，如"八部鬼众"中的"诸龙"。不管是"天神"还是"诸鬼"，其位置都在佛、菩萨、罗汉之后。

龙王成为中国龙族成员后，被迅速中国化，其标志有三：一是被纳入属于中国本土宗教的道教系统，成为玉皇大帝的部下。相应地，也就有了玉皇大帝与龙王之间的"君臣"伦理。二是有了家庭、家族。相应地，也就有了龙家庭、龙家族的"父子""夫妇""兄弟""朋友"伦理。三是受帝王的提携，龙的地位逐步得到提高，反映了中华伦理对佛教的影响。如在一些石刻、石窟造像中，龙的地位由起初的佛菩萨的乘骑、保镖、门神，即工具龙、守护龙和龛梁龙，逐步向居于中心位置的盘柱龙和居于窟顶的藻井龙过渡，至盛唐时期，在构图、造型、色彩等方面，藻井龙已在佛像之上。

典型的例证出现在甘肃莫高窟。敦煌文化研究专家胡同庆指出："莫高窟现存隋代洞窟七十多个，其中有龙图像的洞窟为二十多个。有趣的是，曾守卫在佛龛两侧的龛梁龙这时逐渐减少，而另外增加了中心柱盘龙、藻井团龙以及释迦降伏火龙等新类型。值得注意的是，有藻井团龙的洞窟中都没有龛梁龙，可以推测古代工匠或窟主不愿意让龙继续委屈地守卫在佛龛两侧，而想将它们的地位提高。藻井团龙实际上是从佛龛两侧飞到洞窟顶部的。而第303窟中心柱的盘龙正似乎反映了这个由下往上飞渡的过程。""从历史背景看，北朝时期虽有一些统治者倡导佛教，但更多的是人们的自发性信仰，而隋代的杨坚、杨广，更多的是为了政治目的而弘扬佛教。因此，藻井龙的出现反映了皇权与教权在佛教石窟中的分庭抗礼，甚至有以皇权取代教权的意味。洞窟内的两个重要位置,西壁龛内是佛陀稳坐其中,窟顶藻井龙则是暗示皇帝高高在上。结合窟内均是佛教内容来看,藻井龙则又暗示天子即佛,佛即天子。藻井龙不能完全代表天子,它是天子与佛的结合体,是皇权与教权的结合,这一点和武则天伪称弥勒下世颇为相似。到了初、盛唐时期,这时的洞窟有一百二十多个,而有龙图像的洞窟仍只有二十多个,仅占六分之一,数量相对减少,但由于所处位置的不一样,质量却大大提高。早期的龛梁龙在此时已基本转化为藻井龙,初唐第57窟是莫高窟中唯一的龛梁龙与藻井双龙并存的洞窟,似乎正暗示着这个转化过程。从构图、造型、色彩等艺术表现形式来看,在隋代,藻井龙与龛内主佛的地位近于并列,而到了初、盛唐,藻井龙的地位似乎占了上风,有凌驾于佛的气势。如在第130、169、252窟等窟礼拜佛陀时,就有礼拜龙、礼拜皇上的意味。虽然信徒很少朝窟顶礼拜,但窟顶藻井龙咄咄逼人,从上俯视着下面的龛内佛,似乎把佛视为傀儡。从历史背景看也是如此,隋代杨坚、杨广祈求佛的成分要多一些。而唐代,不管是唐太宗还是武则天,命令佛的成分要多一些。""当时的人们,在洞窟里叩拜佛陀时,心里也确实是想着皇上的。如敦煌藏经洞出土的S.530号文书中说:'镌龛造窟,福佑皇王。'P.4640号文书中也说:'就莫高山为当今圣主及七代凿窟一所,远垂不朽。'还说'因亲帝释,尚贵在于报恩。'而所谓报恩,即P.4638号文书中所说:'其所凿窟额号报恩,君亲也。'S.530号文书中还特别强调了佛教与皇室的利益要兼容并存,说道:'耽修十善,笃信三乘。唯忠孝而两全,兼文武而双美。多闻龙像,继迹繁兴。得道高僧,传灯相次。'"[①]

道教的龙王主要有四海龙王、五方龙王、诸天龙王,以及清净龙王、大地龙王、法海龙王、三十八山神龙王、天星八卦神龙王等,以四海龙王,即古典小说《西游记》中写到的东海龙王敖广、南海龙王敖钦、北海龙王敖顺、西海龙王敖闰的影响最大。

一些道教龙王受到了当政帝王的重视。

《宋会要辑稿》载:熙宁十年(1077)八月,信州五龙庙"祷雨有应",神宗皇帝便赐以"会应"的匾额。大观二年(1108)十月,徽宗皇帝

[①] 胡同庆:《藻井龙与皇权》,《人民日报》(海外版)2004年2月28日。

下诏将天下的五龙神都封以王爵：青龙神封广仁王，赤龙神封嘉泽王，黄龙神封孚应王，白龙神封义济王，黑龙神封灵泽王。

《清朝文献通考·群祀考》记：顺治二年（1645），封运河龙神为"延庥显应分水龙王之神"，令河道总督以时致祭。

道教龙王的主要职责是行云布雨。《太上护国祈雨消魔经》说，遇到百姓苦于炎旱之时，天帝就派遣各位大龙王等"兴动云雾，施绕世间"，让江河溪涧、上下四畴"皆得滂沛"。另外，道教龙王还兼管安葬起坟、住宅凶危、官职疾病、生育寿考等事。

3. 龙故事中的"五伦"

在唐人李朝威创作的传奇小说《柳毅传》中，首次出现了以"洞庭龙君"为首的龙的家庭、家族关系，表现为：（1）"洞庭龙君"与"龙女"的"父子（女）有亲"关系；（2）"洞庭龙君"与"钱塘龙君"的"长幼有序"关系；（3）柳毅与"龙女"的"夫妇有情"关系。

在中国古典小说《封神演义》第十二回《陈塘关哪吒出世》和第十三回《太乙真人收石矶》中，有《哪吒闹海》的故事，故事中出现了以东海龙王敖光（《西游记》中称敖广）为中心的家庭、家族关系，以及敖光与李靖的"朋友"关系。

在龙王敖光的家庭中，敖光是父亲、家长，三太子敖丙是儿子。从敖丙的言语行为，如"父王请安，孩儿出去拿来便是"中，可看出儿子对父亲的尊敬和服从，反映了"五伦"中"父子有亲"的关系。敖光又是兄长、族长，南海龙王敖明、北海龙王敖顺、西海龙王敖吉是弟（南海龙王、西海龙王的名字有别于《西游记》中南海龙王、西海龙王的名字），敖光和其他三位龙王，反映了"五伦"中"长幼有序"的关系。敖光与哪吒的父亲、陈塘关总兵李靖曾同在西昆仑学道，"有一拜之交"，堪称同僚、朋友，即"五伦"中"朋友有信"的关系。故事中还出现了巡海夜叉李艮、龙兵等。龙王敖光与这些水族成员是领导与被领导、统治与被统治的关系，即"五伦"中"君臣有义"的关系。故事中还提到了玉帝，即玉皇大帝。玉帝是天地人"三界"的主宰，龙王敖光是玉帝的臣子，玉帝与龙王敖光的关系，也是"五伦"中"君臣有义"的关系。

中国古典小说《西游记》中的龙故事,对"五伦"关系也有所反映。

在小说第三回《四海千山皆拱伏 九幽十类尽除名》中,孙悟空先向东海龙王敖广讨要到大禹治水时留下的重一万三千五百斤的神铁(号"定海神针",亦称"如意金箍棒"),又向南海龙王敖钦、北海龙王敖顺、西海龙王敖闰分别讨得凤翅紫金冠、藕丝步云履和锁子黄金甲。四海龙王"甚是不平",却无可奈何,只能"商议进表上奏不题"。此回中的故事,涉及四海龙王间"长幼有序"的关系,和玉皇大帝与四海龙王间"君臣有义"的关系。在小说第九回《袁守诚妙算无私曲 老龙王拙计犯天条》和第十回《二将军宫门镇鬼 唐太宗地府还魂》中,有泾河龙王得到玉帝敕旨,令其"明朝施雨泽,普济长安城",泾河龙王违背玉帝旨意"改了他一个时辰,克了他三寸八点",魏徵丞相当晚接到玉帝金旨一道,"着他午时三刻,梦斩泾河老龙"等情节,这些情节涉及玉皇大帝与泾河龙王间"君臣有义"的关系。在第十五回《蛇盘山诸神暗佑 鹰愁涧意马收缰》中,有白龙马"本是西海龙王敖闰之子,因其纵火烧了龙宫明珠,犯了死罪。是观音菩萨亲见玉帝,讨其下来,专门放在此处"的介绍,涉及西海龙王敖闰与其子"父子有亲"的关系,和玉皇大帝与西海龙王敖闰父子间"君臣有义"的关系。

总之,文学作品是社会现实的反映。中国社会是以伦理为根本的社会,中国文化是以伦理为根本的文化,故包括"家庭伦理""家族伦理""社会伦理""政治伦理"等在内的种种伦理关系,必然会出现在涉及龙文化的各种体裁、各种题材的文学作品之中。

第三节 家天下与政治伦理

学术界有观点认为,中国古代在夏朝建立以前,以尧、舜、禹为领袖的时代,已进入"邦国"时代。邦国的最高权力是通过"选贤与能"的"禅让制"传承,也即尧传王位给贤能但没有血缘关系的舜,舜传王位给贤能但没有血缘关系的禹。禹临终前，本来也以禅让的方式将王位传给贤能但没有血缘关系的益，但益却让位给了与禹有血缘关系的禹的儿子启。启建立夏王朝后，就开启了中国社会君权血缘世袭的"家天下"模式。

龙参与、助力、见证了夏王朝的建立和"家天下"模式的开启。

一、"家天下"模式

所谓君权血缘世袭"家天下"模式，即在一个朝代中，所有的君王都来自同一个有血缘关系的家族，王位（秦以后称帝位或皇位），也即王国（秦以后称帝国）的最高权力，在家族内部从一个成员传给另一个成员，通常是父传子（嫡长子有优先权），也有可能是兄传弟、叔传侄、爷传孙等等。学术界有观点认为，君权血缘世袭的"家天下"模式开启后，中国社会就进入了"王国"时代。

实行"禅让制"的尧、舜、禹时代，其整个伦理体系，由"氏族伦理""血缘家族伦理""家庭伦理"构成。其"氏族伦理"，即氏族首领与氏族成员之间的"上下之道"，会受到"血缘家族伦理"和"家庭伦理"的影响，但影响不会很大。夏王朝开启君权血缘世袭的"家天下"模式后，原来作为氏族首领与氏族成员之间"上下之道"的"氏族伦理"，进展为王国元首与王国臣民之间"上下之道"的"政治伦理"，这个"政治伦理"受"血缘家族伦理"和"家庭伦理"的影响就大了起来。也就是说，"家天下"之后，由于君王把王国当作自己一家的私产，那么，其"血缘家族伦理"和"家庭伦理"就会对其治国理政产生比较大的影响。

"家天下"之前的"氏族伦理"的基本内容，是氏族首领领导、管理氏族成员，氏族成员顺应、服从氏族首领的领导和管理。"家天下"之后的"政治伦理"的基本内容，是王国君王领导、管理国内臣民，臣民顺应、服从君王的领导和管理。因为受"血缘家族伦理"和"家庭伦理"的影响，"政治伦理"概念下的臣民对君王领导、管理的顺应和服从得到了强化。也即，"家天下"之后，君王、皇帝往往会以"血缘家族伦理"和"家庭伦理"为参照，往往会像家族族长领导管理家族成员，家庭家长领导、管理家庭成员那样，领导和管理治下的臣民。

二、龙的参与、助力、见证

龙参与、助力、见证了夏王朝的建立和"家天下"模式的开启,做此判断的主要理由,有三个方面。

一是夏朝的奠基者禹与龙关系密切。《山海经·海内经》郭璞注引《开筮》云:"鲧死,三岁不腐,剖之以吴刀,化为黄龙也。"《全上古三代秦汉三国六朝文》卷十五《归藏启筮》:"鲧殛死,三岁不腐,副之以吴刀,是用出禹。"闻一多先生从这两条神话记述中,推测出"龙是原始夏人的图腾",是夏人的"一种制度兼信仰"。[①]另有学者考证,共工之子句龙即鲧之子禹。李修松说:"'句龙'读为'勾龙',即盘曲如钩的有角之龙,是作为夏后氏首领禹的神形,禹字的初形即句龙(勾龙)亦即虬龙之形。"[②]还有,禹在治水和建立夏朝的过程中,得到过多条神龙的帮助。《楚辞·天问》:"应龙何画?河海何历?"王逸注:"有神龙以尾画地,导水所注,当决者因而治之也。"《拾遗记》卷二载:"禹尽力沟洫,导川夷岳,黄龙曳尾于前,玄龟负青泥于后。"敦煌旧抄《瑞应图》残卷引《括地图》:"禹平天下,二龙降之,禹御龙行域外,既周而还。"《史记·封禅书》:"夏得木德,青龙止于郊。"

二是"家天下"的开启者启与龙关系密切。《山海经·大荒西经》:"西南海之外,赤水之南,流沙之西,有人珥两青蛇,乘两龙,名曰夏后开。"此言夏后开即夏启,大禹的儿子。汉朝人避汉景帝刘启的名讳,改"启"为"开"。《山海经·海外西经》:"大运山高三百仞,在灭蒙鸟北。大乐之野,夏后启于此舞《九代》,乘两龙,云盖三层。左手操翳,右手操环,佩玉璜。在大运山北。一曰大遗之野。"郭璞注引《归藏·郑母经》曰:"夏后启筮,御飞龙登于天,吉。"这些记述至少说明:启不仅承袭了乃父禹的王位,也传承了禹崇龙的文化基因,他也属于对龙情有独钟的神人互参式的帝王。而龙则是启治理国家的助力者、协助者。

[①] 闻一多:《龙凤》,载朱自清、郭沫若等编辑《闻一多全集》甲集《神话与诗》,开明书店,1948,第69页。

[②] 李修松:《试论凌家滩玉龙、玉鹰、玉龟、玉版的文化内涵》,《安徽大学学报(哲学社会科学版)》2001年第6期。

三是出土文物提供了证明。学术界普遍认为，位于河南洛阳偃师的二里头遗址是夏朝都城所在地。二里头遗址出土了多件龙形器、龙纹陶器、龙纹铜饰、龙纹青玉柄等。尤其是绿松石龙形器，该器发现于遗址宫殿区属于第一等级的贵族墓中，出土时放置于墓主人骨架之上，从肩部至髋骨处，长64.5厘米，由两千余片各种形状的绿松石片组合而成，造型新颖。龙首部较大，为四边梯形：龙头略呈椭圆形，吻部略突出，两侧旁有卷曲弧线表现的龙须；以三节半圆形青、白玉柱组成额面中脊和鼻梁，鼻端为整块的蒜头状绿松石，硕大醒目；眼为梭形，眼眶内另嵌绿松石为眼角，以弧凸面的圆饼形白玉为睛。龙身略呈波曲伏，由绿松石片组成的菱形主纹象征鳞纹，连续分布于全体，由颈至尾至少十二个单元。龙身近尾部渐变为圆弧隆起，因此更为逼真，尾尖内蜷，跃然欲生。

对这件绿松石龙形器的用途和意义，中国社会科学院夏商周考古研究室主任杜金鹏推测，它是一个在红漆木板上粘嵌绿松石而成的"龙牌"……是在宗庙祭祀典礼中使用的仪仗类器具。①中国社科院考古研究所所长刘庆柱认为，"在中华民族第一个国家的都城遗址中心区里，发现龙形图案，这代表了当时最高领导层的图腾崇拜，对当时整个社会无疑具有很强的导向意义"。②全国现有二百五十多处属于二里头文化的遗址，其中集中出土龙文物的只有作为都城的偃师二里头遗址，且都是在宫殿区或其附近重要地点如铸铜遗址或祭祀区出土的。"这表明在二里头文明时期，龙形物的地位是显赫尊贵的，是与夏王和其他贵族密切相关的，龙已经成为一种身份、地位的象征，代表了王权，这种观念在以后的历代王朝中代代相传"③。龙既然是王权的象征，也就是"家天下"的王权血缘世袭的象征，从而也是中华"政治伦理"的象征。

---

① 许宏：《二里头文化》，百度文库，2010-09-04，https://wenku.baidu.com/view/e209433567ec102de2bd8950.html

② 参看刘先琴、李天良《专家认为：中华民族龙图腾根在偃师》，载《光明日报》2005年10月23日。

③ 许宏：《二里头文化》，百度文库，2010-09-04，https://wenku.baidu.com/view/e209433567ec102de2bd8950.html

第四节　商、周崇龙与礼乐伦理

商朝是中国历史上继夏之后的第二个朝代，由夏朝诸侯国商部落的首领汤率诸侯国经鸣条（今山西夏县之西）之战灭夏后在亳（今河南商丘）建立。其后裔盘庚迁殷（今河南安阳）后，又以"殷"称之，或者"殷商"并称。商人以崇凤为主，但也崇龙。

周朝是中国历史上继夏、商之后的第三个世袭王朝，分为"西周"与"东周"两个时期。周人崇龙并创建了礼乐伦理。

一、商人崇龙

《金楼子·兴王篇》："成汤姓子，名履，字天乙。狼星之精，感黑龙而生。高天广角隆准……"这是说商朝的创建者汤，是其母"感黑龙"而生——此记载虽然没有讲明汤母是如何"感黑龙"而生汤的，但至少可以推测：商人也是崇龙的。而"隆准"，指的是鼻子丰隆，准头齐，鼻梁挺直，直上印堂，两眼之间山根部分没有凹陷。这种鼻子，在古相书《麻衣神相》《神相全编》《柳庄神相》里称为"龙鼻"。

《诗经·商颂·玄鸟》也透露出商人崇龙的信息："商之先后，受命不殆，在武丁孙子。武丁孙子，武王靡不胜。龙旂十乘，大糦是承。邦畿千里，维民所止，肇域彼四海。" 这是对武丁功业的歌颂。令笔者关注的是"龙旂十乘，大糦是承"句，满装酒食、前往祭祀的十乘大车上，每辆都插着绘有龙形图案的旗帜，微风吹来，龙旗猎猎，那场面该是多么的壮观！旗帜是具有标志意义的，尤其有图案的旗帜，标志意义更大。商王武丁将龙形图案绘制在旗帜上，足可说明武丁主政时的商朝是崇龙且以龙为标志的，起码是标志之一。

透露出商族崇龙信息的另一则记载是《楚辞·远游》"奇傅说之托星辰

兮"句，王逸注曰："傅说，武丁之相；辰星，房星，东方之宿，苍龙之体也。傅说死后，其精著于房尾也。"洪兴祖补注引陆德明《庄子音义》曰："傅说死，其精神乘东雄，托龙尾，今尾上有傅说星。"这是说，辅佐商王武丁成就功业的贤相傅说，生前深受国人爱戴，死后灵魂升天，附着到了东方苍龙七星（二十八星宿之一组）中的房星之上。也就是说，傅说的精魂已成为苍龙星宿的一部分，已化作龙星的光辉闪耀在东方的天空。颂扬一位贤相要和龙星联系起来，说明商族崇龙已达到了较高的程度，也说明龙文化已融入商人的政治生活。

商代青铜器、玉器、石器上都有丰富的龙纹呈现。如出土于河南安阳殷墟妇好墓，以龙纹为主图案，属于商代饪食器的司母辛方鼎，该鼎四面各有一幅正面龙纹，其龙卷角、圆睛，双耳似猫耳；正面龙纹两侧，有对称的一对侧立龙纹，其龙圆柱角、鼻卷似象鼻，身、尾竖扬。商代玉器龙有准确出土地点者有数十件，包括玉雕龙、龙形璜、龙形玦等。仅殷墟妇好墓就出土九件玉雕龙。妇好是商王武丁的妻子之一，是一位军事家，也是一位政治家。多件玉雕龙出现在妇好墓中，足可说明龙在商人政治生活、政治伦理中的重要作用。

商人相信天命，敬祀天帝。《尚书·汤誓》："王曰：……有夏多罪，天命殛之。……夏氏有罪，予畏上帝，不敢不正。……尔尚辅予一人，致天之罚。"意思是："商王成汤说：夏国犯下了太多罪行，上天命令我去讨伐它。……夏氏有罪，我畏惧高高在上的天帝，不敢不去征伐。……你们要辅佐我这个人，实行天帝对夏的惩罚。"《吕氏春秋·顺民篇》："汤克夏而正天下。天下大旱，五年不收，汤乃以身祷于桑林。……用祈福于上帝，民乃大悦，雨乃大至。"这是说："商汤攻克了夏朝，使天下拨乱反正。天下大旱，连续五年没有收成，汤王就以自身为祭品，到桑山之林祈祷。……用祈福于天帝的方式，民众就特别喜悦，天雨便隆重而来。"《尚书·盘庚》："先王有服，恪谨天命。"意思是："先王担负着重任，恭敬谨慎地遵从天命。"《尚书·盘庚》："予迓续乃命于天。"意思是："我迎接天帝以延续你们的生命。"《尚书·西伯戡黎》："王曰：呜呼！我生不有命在天？"意思是："商纣王说：哎呀！我的命运难道不是由上天决定的吗？"龙是"好飞""通天"的神物，能够充当天地之间的信使，能够传达、体现上天、天帝的旨意。于是，合乎逻辑的推衍便是：相信天命就会相信龙，敬祀天帝就会敬祀龙。

二、周人崇龙

周人姬姓。据《国语·晋语》"黄帝以姬水成"之说，后世多认为黄帝姬姓。《史记·五帝本纪》载："黄帝二十五子，其得姓者十四人。"《国语》胥臣云"黄帝之子二十五宗，其得姓者十四人，为十二姓，姬、酉、祁、己、滕、箴、任、荀、僖、姞、儇、衣是也"。姬姓为其中之一，且排在首位。据此，可认为姬姓的周人是黄帝的直系后裔。黄帝族团是崇龙的族团，作为直系后裔，周人崇龙自然有深远的根系。

周人与夏朝关系深秘。周人的始祖弃及其子孙曾在夏王朝担任稷官，即主管农业的官。据《尚书》中的《君奭》《立政》《康诰》载，周人伐商成功取得全国政权后，多次自称夏人之后，言"我有夏""我区夏"（"区"在此处为"小"意）。夏人是崇龙的族团，夏王朝是崇龙的朝代，周人又自称夏人之后，其崇龙也是渊源有自。

《宋书》卷二十七《符瑞志》："及公刘之后，十三世而生季历。季历之十年，飞龙盈于殷之牧野，此盖圣人在下位将起之符也。季历之妃曰太任，梦长人感己，溲于豕牢而生昌，是为周文王。龙颜虎肩，身长十尺，胸有四乳。太王曰：'吾世当有兴者，其在昌乎！'"这是将周人的祖先及周文王姬昌的出生与龙联系起来了。

周人崇龙的突出表现是《周易》对龙的运用和阐释。学术界普遍认为《周易》产生于殷末周初，对周文王姬昌拘而"演易"之事实，也大都予以肯定。而对《周易》一书的性质，古往今来有很多说法，可谓"仁者见仁，智者见智"。笔者认为，学者郭明、郭北斗的观点值得重视，董光璧为其著作序指出："郭明先生又出一家新说，把《易经》诠释成文王姬昌为其周邦克商而制定的谋略书。"[①]依据这样的观点，郭明、郭北斗对文王为何要作

[①] 董光璧：《序》，载郭明、郭北斗著《华易真谛——〈周易〉人文与科学新论》，线装书局，2009，第3页。

《周易》做了猜测和推断：

"汉朝蔡邕《琴操·卷上》中说：'纣用其（崇侯）言，乃囚文王于羑里，择日欲杀之。'一位英明仁慈的邦君，身陷囹圄，必为国家安危忧虑。按《竹书纪年·帝王本纪》，文王当时八十二岁，他突然被纣王骗到朝歌，国中大事必缺乏周密安排，又眼看自己性命难保，心中怎能不有忧患意识？一忧纣王伐周国万民生灵涂炭；二忧后代年轻人不能料理好军政要务；三忧后代腐化堕落，几代人的努力经营，将付之东流……这些问题逼迫文王演《周易》，为后代出谋划策，以期帮助后代治国安邦，相机受天命称王推翻纣王。""这些政治谋略在羑里监狱是不能公开的，只有加上筮术的保护色，用卜辞的形式，按取象比类的写作方法写成，然后瞒过纣王耳目，暗传西周王室。文王这样做，是由于当时特定的历史条件决定的。""周文王要变革商纣的天命，要振兴西周经济，就必须有一系列切实可行的策略步骤。《易图》和经文义理就是专讲这些纲领和策略。"①

《周易》有六十四卦，其首卦乾，历来被认为是全书最重要、最核心，起提纲挈领作用的"龙卦"。"乾"为天，象征天命、天道。在伏羲氏先天八卦中，"乾"排在南方，而周文王则把"乾"卦扭转到了西北方。为什么要这样呢？郭明、郭北斗的解释有一定道理："'西北'谐音'西伯'，这就象征西伯侯得到上天的眷顾，要受天命称王。姬发看到此图，必然心领神会做好伐纣的战争准备。"②

如果将《周易》理解为"文王姬昌为其周邦克商而制定的谋略书"，那么，乾卦的意思就很显然了，身陷囹圄的姬昌以卦象和爻辞暗示儿子姬发及谋臣们：我们目前就像潜藏在水下的蛟龙，不可轻举妄动，但要积极地做好干大事的准备。龙是不会永远潜藏的，适当的时候它会抬头露身，我们也要善于抓住机会。对将来要担当大任的发儿来说，务必勤勉自强、小心谨慎，不可有什么闪失。龙会跃出水面的，我们也会发动力量以成就壮举。龙的理想和目的是飞翔于广阔的天空，我们的理想和目的是获得更大的空间，让普天下的老百姓都能过上好日子。当然，龙高飞过了头就会有危险，我们做事

---

① 郭明、郭北斗：《华易真谛——〈周易〉人文与科学新论》，线装书局，2009，第10—11、19页。
② 同上书，第19页。

也要以适度为善。

后来的时局发展与文王的暗示和策划相吻合:姬昌被商纣王囚禁在羑里时,可谓"潜龙勿用";其子姬发抓住各种机会,强化和扩大西周势力,可谓"跃龙在渊";姬发率周人伐纣灭商,终于登天子之位,可谓"飞龙在天"。——后世遂以"龙潜"喻帝王未即位时,以"龙飞"喻帝王的兴起或即位。

作为以龙为象、体现崇龙思想的"龙卦",乾卦提出了"潜龙""见龙""跃龙""飞龙""亢龙""群龙"等六种龙的时态。

六种龙的时态是一个由晦到显、由暗到明、由小到大的过程。这个过程符合一般事物的发展规律,故《易传·象传》有"大哉乾元,万物资始,乃统天。云行雨施,品物流形。大明终始,六位时成,时乘六龙以御天。乾道变化,各正性命,保合大和,乃利贞。首出庶物,万国咸宁"之评释。

《周礼》《礼记》《仪礼》并称儒学"三礼"。通过对"三礼"的梳理,我们可以看出:

(1)西周时期的君王,在上朝时或在其他比较正式的场合,一般都要穿着绣有龙纹的礼服,所谓"天子龙衮"。为这个判断提供佐证的,有汉代郑玄对《仪礼·觐礼》中"天子衮冕"一句的注释:"其龙,天子有升龙,有降龙,衣此衣而冠冕,南乡而立,以俟诸侯见。"还有《诗经·小雅·采菽》中"玄衮及黼"句下的郑玄笺:"玄衣而画以卷龙也。"又有《诗经·豳风·九罭》中"衮衣绣裳",汉代毛亨传云"衮衣,卷龙也",唐代孔颖达疏曰"画龙于衣谓之衮,故云'衮衣,卷龙也'";唐代陆德明《经典释文》亦言"天子画升龙于衣上,公但画降龙"。王维堤先生认为,这里的"升龙"应作"交龙",他指出:"天子和三公都穿衮衣,衮衣就是绣着龙的礼服,是后代龙袍的滥觞。天子的衮衣绣升龙降龙,三公的衮衣却只能绣降龙。这就更鲜明地表现了君臣的区别,'飞龙在天''九五之尊'只能是属于天子的。可见,龙作为王权和王族的象征,在周初就已经成为通则。"[①]而君臣区别的表现就是政治伦理的体现。

(2)周人崇龙还表现在乘龙车和以龙为旗上。所谓"天子乘龙,载大

[①] 王维堤:《龙凤文化》,上海古籍出版社,2000,第154—155页。

旂，象日月，升龙、降龙"（《仪礼·觐礼》）、"旂十有二旒，龙章而设日月，以象天也"（《礼记·郊特牲》）、"龙旂九旒，天子之旌也"（《礼记·乐记》）等。《诗经·周颂·载见》篇，描述的是周成王即政，率领来朝的诸侯去周武王庙拜祭的情形。其前两句为："载见辟王，曰求厥章。龙旂阳阳，和铃央央。"孔颖达疏云："龙旂者，旂上画为交龙。"这些记述告诉我们：西周时期，国王出行已开始乘坐由"龙马"牵拉的车辇了，而其车上，插饰着绘有升龙和降龙相交图案的旗帜。旗帜具有标志意义，周人以龙为旗，说明周人已将崇龙观念礼仪化、制度化，也说明龙文化已与周人的政治伦理融为一体。

（3）周人崇龙还表现在其他方面。如祭服前的龙纹护膝围裙、棺材上挂的龙纹幔、插箭的龙首形器具等。在出土的属于西周时代的青铜器上，龙文化有丰富而突出的呈现，如属于西周龙纹重器的利簋、何尊、大盂鼎、大克鼎、虢季子白盘、散氏盘等。

三、以德配天与礼乐伦理

西周立国不久，在平定东方诸部落的叛乱之后，"以德配天""明德慎罚""敬德保民"等思想，就由周公姬旦提了出来，并通过一套典章制度和行为规范即"周礼"，予以体现和推行。

"皇天无亲，惟德是辅。"（《左传·僖公五年》）意思是："上天不分亲疏远近，只保佑、辅佐有德的人。"商人是相信天命的，"上帝"在商人心目中是权力无边的至高至上的神灵。周人也相信天命、崇拜天帝，但周能伐商成功且代商而立，就说明"天命靡常"（《诗经·大雅·文王》），即天命是可以转移的。"弗吊旻天，大降丧于殷。我有周佑命，将天明威，致王罚，敕殷命终于帝。"（《尚书·周书·多士》）意思是："纣王不敬畏上天，上天就把灾祸降给殷商。我西周佑助天命，顺从上天的明威，执行王者的惩罚，宣告殷商的国祚被天帝终绝。"《尚书·周书·多士》又言："自成汤至于帝乙，罔不明德恤祀。……殷王亦罔敢失帝，罔不配天其泽。在今后嗣王，诞罔显于天……诞淫厥泆，罔顾于天显民祇，惟时上帝不保，降若兹大丧。惟天不畀不明厥德，凡四方小大邦丧，罔非有辞于罚。"

意思是:"从成汤到帝乙,没有哪个商王不彰显德行,体恤民众,恭行祭祀。……这些先王没人敢违背天帝,没人不配合上天的恩惠。而当今这位后继的纣王,不明白天帝的旨意……大肆淫乱洗乐,不顾及天命所显示的和民众所敬畏的,于是,天帝不保佑了,降下如此这般的大灾祸。天帝不会把大命赐给那些不努力施行德政的人,凡是四方小国大国的丧灭,无不是因为怠慢了天帝而遭到惩罚。"《多士》是周公代替周成王向殷商遗民发布的诰命,它讲得很明白了:天命是随着人间的德行运行的,殷商灭亡,是因为失德;西周兴起,是因为有德。

既然"皇天无亲,惟德是辅",要国运兴隆,人民安乐,就要好德、明德、行德,就要以德配天、以德治国、以德安民。而以德配天、以德治国、以德安民要有本可据、有法可依、有规可循,即需要一套礼仪制度。所谓"天生烝民,有物有则。民之秉彝,好是懿德"(《诗经·大雅·烝民》),意思是:"上天生养民众,有事物就有法则。民众秉有常性,喜爱美好的品德。"《史记·鲁周公世家》载:"成王在丰,天下已安,周之官政未次序,于是周公作《周官》,官别其宜;作《立政》,以便百姓。百姓悦。"这是说:"周成王在丰京主持朝政,天下已经平安稳定,但周朝的官职还没有次序分明,于是周公就作了《周官》,区别、确定了百官的职责;作了《立政》,以便利百姓。百姓欢悦。"被孔子以"郁郁乎文哉"(《论语·八佾》)赞誉的一套治国理政的礼仪规范和道德准则,即《周礼》,就在周公的主持、倡导下面世了。由此,中华民族开启了以"人为本""重伦理"为特性的文化传统,使中华文化从根本上有别于以"神为本""重个权"为特性的西方文化。

对周公做出的杰出贡献,后世有人从龙凤文化的角度予以饰赞。《宋书》卷二十七《符瑞志》载:"礼毕,王退俟,至于日昧,荣光并出幕河,青云浮至,青龙临坛,衔玄甲之图,坐之而去。礼于洛,亦如之。玄龟青龙苍兕止于坛,背甲刻书,赤文成字。周公援笔以世文写之,书成文消,龟堕甲而去。其言自周公讫于秦、汉盛衰之符。麒麟游苑,凤凰翔庭,成王援琴而歌曰:'凤凰翔兮于紫庭,余何德兮以感灵,赖先王兮恩泽臻,于胥乐兮民以宁。'"

《周礼》体例宏大，内容丰富，既涉及天文历象、邦国建制、政法文教、宗庙祭祀、兵刑赋税等"军国大事"，也涉及穿衣吃饭、车马交通、医药丧葬，以及花鸟虫鱼等百姓日常生活之事。《周礼》之"礼"，是典章、是制度、是规范，这样的"礼"，通过"乐"，即五声八音与舞蹈艺术的和谐体来演示、来表达、来发扬、来感染才好，即所谓"施于金石，越于声音，用于宗庙社稷，事乎山川鬼神"（《礼记·乐记》）。可以说，"礼"是内容、是基本，"乐"是传达、是推广；"制礼作乐"就是"礼"与"乐"的结合，即内容、基本与传达、推广的结合；无"礼"，则"乐"无内涵，无"乐"，则"礼"就不能很好地传达和推广。

从伦理角度看，周公所制之"礼"，既是政治制度，也是伦理规范，是政治制度与伦理规范的结合；周公所作之"乐"，既是对政治制度的传达和推广，也是对伦理规范的传达和推广，是对政治制度与伦理规范相结合的传达和推广。可以说，周朝、周人的政治伦理，一定程度上就是礼乐伦理。

周礼的功能，按《左传·隐公十一年》所概括的，体现为十二个字："经国家，定社稷，序民人，利后嗣。""经国家"就是治国理政，"定社稷"就是使社稷安全稳定，"序民人"就是使民众的长幼尊卑排列有序，"利后嗣"就是有利于子孙后代。其中最核心的是"序民人"，"序民人"的表面意思是使民众的长幼尊卑排列有序，深层意蕴是别贵贱，序尊卑，明晰、强化宗法伦理，维护"亲亲""尊尊"的统治秩序。西周王朝实行的是分封制和宗法制，所谓"天子建国，诸侯立家，卿置侧室，大夫有贰宗，士有隶子弟，庶人、工、商各有分亲，皆有等衰"（《左传·桓公二年》），所谓"周人贵亲而尚齿"（《礼记·祭义》），所谓"别子为祖，继别为宗，继祢者为小宗"（《礼记·大传》），等等，总之是分别多多、等级重重。这样的等级社会，只有建立制度，严格尊卑，有序管理，才能维护正统，防止僭越，避免纷争，长治久安。

通过以上分析，我们可以有这样一个认识：西周龙文化是西周礼乐文化，即西周政治伦理文化重要的组成部分；龙是西周礼乐文化，即西周政治伦理文化的参与者、助力者、表现者和标志者。

第五节　龙德与德治仁政

"龙德"概念是由孔子提出的。"龙德"就是"君子之德""君王之德"，其特色，一是"大"，二是"正"，三是"进"。具备"龙德"，或人们希望其具备"龙德"的君王们，若以"德"来治国理政，即以道德规范来治理国家，就是"德治"。

"仁"是"德"最基本、最核心的内容，其基本义可理解为"伦理之爱"。"仁政"，就是以"仁"的思想理念和体现"仁"的方略、措施治国理政，其精神实质可理解为"伦理之爱"的扩大化、政治化、普泛化。

一、"德"的内涵

在甲骨文中，"德"是一个"路口"加一个"眼睛睁开正视"的象形，给人的感觉是：到路口了，睁大眼睛看看，该怎么走。发展到金文，"眼睛睁开正视"下面又加了个"心"字，可以理解为：到路口了，睁大眼睛看看、心里想想，该怎么走。后来，有人将"眼睛睁开正视"释为"直"，将"德"解释为"直心而行"。"直心"就是正直的心、坦荡的心、不弯曲的心。

另有解释认为，"德"的字形本意为"心、行之所值"，是关于人们的心境、行为与什么水准或什么状态相当的判断。

后来，人们倾向于将"德"定义为"人们共同生活及行为的准则和规范（道德），以及这些准则和规范在人们身上形成的心理自我（品德）"。

前面讲过，伦理的本义可理解为"等级、次序的道理和准则"，比较来看，德与伦理是具有一致性的，也就是说：德一定意义上就是伦理，伦理一定意义上就是德。二者的差别在于：德涵容、显现的主观性、个体性强一些，伦理涵容、显现的客观性、群体性强一些。

二、"龙德"概念的提出

"龙德"概念是由孔子提出的。司马迁在《史记·孔子世家》中记述说:"孔子晚而喜《易》,序《彖》《系》《象》《说卦》《文言》。读《易》,韦编三绝。曰:'假我数年,若是,我于《易》则彬彬矣。'"

对这段话中的"序"字,有动词和名词的不同理解。按动词理解,就是孔子"序"(也可释为"阐述")了《周易》中的《彖辞》《系辞》《象辞》《说卦》《文言》。按名词理解,就是孔子撰写了《周易》中的《序》《彖辞》《系辞》《象辞》《说卦》《文言》。后人将《周易》中的《序》《彖辞》(上下篇)、《系辞》(上下篇)、《象辞》(上下篇)、《说卦》《文言》和《杂卦》合在一起称作《易传》(也称《十翼》),那么,按第一种理解,就是孔子"序"或曰"阐述"了《易传》;按第二种理解,就是孔子撰写、创作了《易传》。

1973年,湖南长沙马王堆汉墓出土了帛书《易传》。"帛书《二三子问》直称'孔子曰'……《要》篇记与子贡对话者语为'夫子曰''子曰',那夫子即子只能是孔子。顺此而言,《易之义》的'子曰'亦非孔子莫属。这样一来,《系辞传》的'子曰'只能是孔子曰,说是任何别的人都不合适";其"《要》篇说'夫子老而好《易》,居则在席,行则在囊'",其"《系辞传》文句及基本思想与传世本大体一致,而其余部分如《二三子问》《易之义》《要》记载有大量孔子论《易》的言论和治《易》的事迹,甚至比传世本《易传》更具孔子色彩"。[①]据此,多有学者认为《易传》为孔子所作,或大部分内容为孔子所作。"《易传》在流传过程中,可能掺杂和附加了一些后人思想,但《易传》的原始核心和基本思想,则是非孔子莫属的"。[②]

孔子就是在《易传·文言》中提出"龙德"概念的。他以"龙德而隐者也"解释"潜龙勿用"句,以"龙德而正中者也"解释"见龙在田,利在

[①] 吕绍纲:《〈周易〉的哲学精神——吕绍纲易学文选》,上海古籍出版社,2005,第253—255页。

[②] 王东:《龙是什么——中国符号新解密》,中央编译出版社,2012,第105页。

大人"句,以"君子进德修业"解释"或跃在渊"句。在《二三子问》中:"二三子问曰:《易》屡称于龙,龙之德何如?孔子曰:龙大矣。"王东先生指出,孔子所讲的"龙德","实质上就是借助于深受中华民族尊崇的龙的形象,表彰他所追求的理想人格、君子大德。在他这里,'龙德'成了'君子之德'形象表征"。"龙德的本质特征是大,龙德广大,包容万千"。孔子"把他多年主张的君子论、人格论与龙德范畴结合起来:龙之德等于君子之德的神格化、形象化;君子之德等于龙之德的人格化、世俗化"。孔子认为,"龙有不同时位,君子有不同处境时遇。因而,龙德、君子之德,既是一以贯之的整体品德,又有不同时位、不同境界的具体品德、具体表现"。①王东进一步总结说:"从晚年孔子的易学、龙学看来,龙德广大,但并不固守死板划一的僵化模式,而是德博而化、变幻无穷,在六种时位上,表现出六种优秀品德:潜龙之位的隐忍之德,善于忍耐;见龙之位的正中之德,有利于民;跃龙之位的时动之德,应时而动;飞龙之位的举贤之德,用贤利民;亢龙之位的忧患之德,居高思民;群龙之位的谦虚之德,不强当头。"②

从政治伦理的角度来看,孔子首次提出"龙德"概念,具有多方面的重要意义:(1)将作为神物的龙,与作为伦理规范的"德"联系在一起,使龙进一步人格化。(2)孔子提出"龙德"就是"君子之德",将龙与君子相等同,使龙进一步君子化。(3)在先秦典籍中,"君子"一语一般有两指:一是指人格高尚、道德品行兼好之人;二是指地位高的人。孔子言及的"君子",主要指的是能够发号施令、治理国家的"君"即"君王"("君",从尹,从口。"尹",表示治事;"口",表示发布命令。合起来的意思就是:发号施令,治理国家)。这样,孔子所讲的"龙德",实际上主要指的是"君王之德"。(4)按孔子的阐释,"龙德"作为"君王之德",其整体上的特色,一是"大",所谓"龙大矣";二是"正",所谓"龙德而正中者也";三是"进",所谓"君子进德修业"。这实质上可以说是对君王的最基本的要求:"大"者,天下兴亡系于一身;"正"者,以

---

① 王东:《龙是什么——中国符号新解密》,中央编译出版社,2012,第106—107页。
② 同上书,第111页。

正确的、合适的心态和方法治理国家;"进"者,与时俱进、适变图强,加强修养、不断向善!

三、德治与仁政

具备"龙德",或人们希望其具备"龙德"的君王们,若以"德"来治国理政,即以道德规范来治理国家,就是"德治"了。

"德治"肇始于西周。周公主持制订旨在"经国家,定社稷,序民人,利后嗣"(《左传·隐公十一年》),体现敬天法祖、明德保民理念的礼乐制度即周礼,并倡导、推行,就是"德治"。

孔子很推崇体现"德治"的周礼,他说:"周监于二代,郁郁乎文哉!吾从周。"(《论语·八佾》)孔子不仅欣赏、赞美周礼,还在周礼比较具体的礼乐规范的基础上,提出了高于具体礼乐规范的"仁德"思想体系,并努力使这样的思想体系成为"龙德",即君王之德的组成部分,并外化为由君王施行的"德治"。孔子认为:"为政以德,譬如北辰,居其所而众星拱之。"(《论语·为政》)意思是:"以道德来治国理政,就会像北极星那样,居其所在的方位,而群星都会环绕、拱卫着它。"他还认为:"道之以政,齐之以刑,民免而无耻;道之以德,齐之以礼,有耻且格。"(《论语·为政》)意思是:"用行政命令来治理,用刑罚来约束,民众会因求免于刑罚而服从,但没有羞耻之心;用道德规范来教化引导,用礼制来约束,民众不仅会知道羞耻,而且会养成懂规矩的习惯。"

关于德治的重要性和功能,唐代名相魏徵有一段话讲得比较到位,他指出:"人君之治莫大于道德教化也。民有性、有情、有化、有俗。情性者,心也,本也;化俗者,行也,末也。是以上君抚世,先其本而后其末,顺其心而履其行。心情苟正,则奸慝无所生,邪意无所载矣。"(《贞观政要·论公平》)[①]意思是:"君主治国没有比道德教化更重要的了。民众有

---

① 魏徵的这段话来自东汉思想家王符的《潜夫论·德化》,原文为:"人君之治,莫大于道,莫盛于德,莫美于教,莫神于化。道者,所以持之也;德者,所以苞之也;教者,所以知之也;化者,所以致之也。民有性,有情,有化,有俗。情性者,心也,本也;化俗者,行也,末也。末生于本,行起于心。是以上君抚世,先其本而后其末,顺其心而理其行。心精苟正,则奸匿无所生,邪意无所载矣。"

自己的本性、情感、变化和风俗。本性和情感发自内心，是根本；变化和风俗是外化的行为，是末节。因此圣明的君主治世，先治理根本然后再治理末节，通过理顺民众之心而框正其行为。心性情感纯正了，奸邪的意念就没有了产生的根基和载体。"唐代诗人白居易也说过意思相近的话："礼行故上下辑睦，乐达故内外和平。所以兵偃而万邦怀仁，刑清而兆人自化，动植之类，咸煦妪而自遂焉。虽成、康、文、景之理无以出于此矣。"（《白居易集笺校》第四十七卷《试策问制诰》）意思是："礼制的推行使朝廷上下和睦，雅乐的通达使国家内外和平，因此，兵戈偃息天下万邦都存有仁德，刑罚清正亿万民众自己向好的方向转化，动物植物之类，也都遵循自然规律生长，成康之治、文景之治的道理，无非就源于此了。"

在阐发、倡导"德"的同时，孔子还在前人说"仁"的基础上，超越并有创建性地提出了"仁"的思想、理念。《论语》中"仁"字出现了一百一十次，如："樊迟问仁。子曰：'爱人。'"（《论语·颜渊》）"克己复礼为仁。"（同前）"仲弓问仁。子曰：'出门如见大宾，使民如承大祭。己所不欲，勿施于人。在邦无怨，在家无怨。'"（同前）"夫仁者，己欲立而立人，己欲达而达人。"（《论语·雍也》）"刚、毅、木、讷近仁。"（《论语·子路》）"樊迟问仁。子曰：'居处恭，执事敬，与人忠。'"（同前）"子张问仁于孔子。孔子曰：'能行五者于天下，为仁矣。''请问之。'曰：'恭、宽、信、敏、惠。'"（《论语·阳货》）"仁者必有勇。"（《论语·宪问》）"仁者不忧。"（同前）……可见，"仁"是"容合"性的，似乎涵盖了人类社会所推崇的人所有的优秀品质，而且是可做多种阐释的概念。

如果从伦理，即"等级、次序的道理和准则"的角度考察，以下释"仁"值得重视："孝弟（悌）也者，其为仁之本与！"（《论语·学而》）"爱亲之谓仁。"（《国语·晋语》）"仁者，人也，亲亲为大。"（《中庸》）"上下相亲谓之仁。"（《礼记·经解》）依据这些阐释，我们可将"仁"的基本义理解为"伦理之爱"。爱是发自人内心的，对相关的人、物、事具有肯定、喜悦、关怀、投入等感情取向的能量。说得通俗直白些，爱就是对人好、对某物某事好。那么，"仁"的基本义，即"伦理之爱",就是由人伦出发的,符合等级、次序的道理和准则的对人好、对某物某事好。

至于"仁"与"德"的关系,可以这样理解:"德"是属概念,"仁"是种概念,"德"包含着"仁";"仁"是一种"德",是"德"最基本、最核心的内容。

孟子全面继承了孔子的"仁德"思想,并有新的拓展和发扬。他说:"以德行仁者王……以力服人者,非心服也,力不赡也;以德服人者,中心悦而诚服也,如七十子之服孔子也。"(《孟子·公孙丑上》)这是说:"用道德实行仁义的人可以成为民众之王……用武力征服人的人,人们不会打心眼里服从他,只不过是力量不够罢了;用道德使人服从的,使人们高兴地、从心底里服从,就像七十个弟子归服孔子那样。"

孟子还把"仁德"思想发挥、发展为"仁政"主张。所谓"仁政",就是以"仁"的思想理念和体现"仁"的方略、措施治国理政,其精神实质可理解为"伦理之爱"的扩大化、政治化、普泛化。所谓"老吾老以及人之老,幼吾幼以及人之幼"(《孟子·梁惠王上》)、"亲亲而仁民,仁民而爱物"(《孟子·尽心上》),也即宋代思想家张载理解的"民吾同胞,物吾与也"(《西铭》)。换句话说,仁政就是由人伦出发的,符合等级、次序的道理和准则的爱人的政、对人好的政、造福众生的政。

具体讲,"仁政"包括"制民之产"(使民"有恒产")"薄税敛""省刑罚",以及"教民""德民""尊贤使能"等,孟子说:"王如施仁政于民,省刑罚,薄税敛,深耕易耨,壮者以暇日修其孝悌忠信,入以事其父兄,出以事其长上,可使制梃以挞秦、楚之坚甲利兵矣。"(《孟子·梁惠王上》)意思是:"为王者如果对老百姓施行仁政,能减免刑罚,轻徭薄赋,让老百姓深耕细作,及时锄草,让身强力壮者能够抽出时间,修养他们孝顺、尊敬、忠诚、守信的品德,在家侍奉父母兄长,出门尊敬长辈上级,这样就是让他们砍一根木棒拿上,也能对那些拥有坚实盔甲、锐利刀枪的秦楚军队以打击。"孟子认为"当今之时,万乘之国,行仁政,民之悦之,犹解倒悬也"(《孟子·公孙丑上》),意思是:"当今这个时代,拥有万辆兵车的国家,施行仁政,人民群众很悦意,就像倒悬着时被解救下来一样。"

那么,"德治"与"仁政"是怎样的关系呢?"德治"是以"德"来治国理政,"仁政"是以"仁"来治国理政;"仁"是"德"最基本、最核心的内容。故可以说,"德治"与"仁政"具有同一性,"德治"就是"仁政","仁政"就是"德治"。

前面讲过,"龙德"作为"君王之德",其整体上具有"大""正""进"的特色,"德治""仁政"就体现、彰显了"大""正""进"的特色,因此也可以说,"德治"就是"龙德之治","仁政"就是"龙德之政"。

"福生"即"造福众生",是龙基本的、重要的精神,我们可以说,"德治"是"造福众生"之"治","仁政"是"造福众生"之"政",因此也可以说,"德治""仁政"是体现着龙的"福生"精神的"龙治""龙政"。

第六节　孝、孝治与孝龙文化

孝是中华伦理的基本要求,其本义是"善事父母",其实质是儿女对给予自己生命、抚养自己长大成人的父母的辛勤劳动的尊重和回报,而人的与生俱来的"依他性"和"利己性",则是孝的根源和基础。

"以孝治天下"即"孝治",是中国两千多年帝制社会形成传统的治国方略之一,其实质是将中华家庭伦理、家族伦理推移、扩展至政治伦理,将宗法制与帝制合一、本宗法以强帝制。龙是"孝治"的参与者、助力者、见证者和标志者。

民间"孝龙"文化的表现,主要有龙母传说和由龙母传说形成的慈孝民俗。

一、"孝"的内涵

"孝"字的古形,像一个孩子搀扶着老人,即"子承老也"。《说文解字·老部》:"孝,善事父母者。"《尔雅·释训》:"善父母为孝。"善事父母、善父母,就是对父母善、对父母好。孝在中华传统文化中有非常重要的地位,作为伦理观念,其形成可追溯到西周时代甚至更早。如果说儒家追求的道德的最高境界是仁的话,孝,还有悌,则是其本原和出发点。《论语·学而》讲得很清楚:"孝弟(悌)也者,其为仁之本与。"以阐述孝道和孝治思想而成为儒家经典的《孝经》也讲:"夫孝,天之经也,地之义也,民之行也。"这是说,孝是上天所定的规范,是天经地义的,身之为人,就应该行孝、尽孝。《孝经》还讲:"夫孝,德之本也,教之所由生也。"这是说,孝是伦理道德的基本要求,对下一代的教育就由孝生发。

在儒家看来,孝至少有两方面的意义或者说功用:一是为人父母者年老时能得到赡养,死前有人关怀,死后有人祭祀,所谓"生,事之以礼;死,葬之以礼、祭之以礼"(《论语·为政》)。二是能维护宗法伦常等级秩序,使社会得以长治久安,所谓"其为人也孝弟(悌),而好犯上者鲜矣。不好犯上,而好作乱者,未之有也"(《论语·学而》)。孝,还有悌,为何会有这样的功能呢?因为中国社会结构是家国同构,家庭血缘伦理可以推移、放大到国家政治伦理。在家孝亲,在国就可以忠君;在家悌兄,在国就可以敬长。所谓"君子之事亲孝,故忠可移于君;事兄悌,故顺可移于长;居家理,故治可移于官","以孝事君则忠,以敬事长则顺"(《孝经》)。臣民可以以孝立身齐家,国君可以以孝治国理政。显然,儒家主张、倡导的是:以家庭、家族伦理之"孝",和由以"孝"发展而来的政治伦理之"忠",来维系社会生活中"纵"的关系;以家庭、家族伦理之"悌",和由以"悌"发展而来的社会伦理之"敬",来维系社会生活中"横"的关系;同时与其他"德治""仁政"措施相配合,以达到国家社会的长治久安。

在论述龙道信仰时,笔者揭示、提出了人的"依他性"和"利己性"问题,认为:人从受孕成为胎儿的那一刻起,就不能独自成长,必须由他者

（母亲也是他者）提供营养。婴儿出生后，若没有他者提供吃喝，婴儿的生命就会终结。这就决定了人必须与他者发生关系，必须依靠他者才能生存。这种依靠他者才能生存的本能，笔者谓之"依他性"。同时，婴儿都是把吃的喝的，本能地吃喝到自己肚子里去了，这种为己的、自私的本能，笔者谓之"利己性"。"依他性"和"利己性"作为人的本能，伴随每个人的始终，也伴随整个人类的始终。

人的与生俱来的"依他性"和"利己性"，可以用来解析"孝"。

作为儿女，当他们从受孕成胎、出生，到成年之前，都要"依他"，若不"依他"，就不能成活、成人。这个所"依"之"他"，一般来说是父母。也就是说，一个人在成年之前的"依他"，主要是"依父母"；一个人从出生到成人的过程，实际上是"依父母"而"利自己"的过程。在这个过程中，父母，尤其是母亲，付出了巨大的辛劳，怀胎的不易、担忧，分娩的艰难、痛楚，喂养的烦琐、操劳，所谓"一把屎一把尿"。对父母，尤其是母亲的付出，儿女们受在身而感在心，所谓"恩重如山""情深似海""刻骨铭心"。于是，由"依他"而"爱他""尊他""利他"——"孝他"。故，孝的实质，是儿女对给予自己生命、抚养自己长大成人的父母的辛勤劳动的尊重和回报。

作为父母，把儿女从胎儿、婴儿养大成人，"依他性"和"利己性"也是原动力。在这个过程中，"他"是儿女，父母只有"依他"，才能"利己"——对为人父母者而言，这一过程的"利己"表现在：（1）通过养育儿女，使自己的生命基因得以遗传，完成天然的、人之为人的，家族、民族，乃至人类，在地球上延续不绝的使命。（2）通过养育儿女，使自己"老有所依"，即实现"养儿防老"的愿望。以上两条是最基本的，如果，不但把儿女养育成人，还把儿女养育成了对社会有大贡献的"人中龙凤"，那为父母者就会觉得自己的生命更有价值——活得分外"光彩"而精神特别愉悦。

《孝经》讲："身体发肤，受之父母，不敢毁伤，孝之始也。立身行道，扬名于后世，以显父母，孝之终也。"这就是说，儿女们珍惜生命、爱护身体，进而立身行道、建功扬名，表面上看是"利己"，实质上是"利己性"与"依他性"的辩证统一。可见，无论从儿女方面看，还是从父母方面看，人的与生俱来的"依他性"和"利己性"都是孝的根源和基础。

孝是"善事父母"，而现实生活中，有能善事父母而不善事父母者，也有想善事父母而不能善事父母者。能善事父母而不善事父母者，人们谓其"不孝"；对那些不但不善事父母，还嫌弃父母，甚至虐待父母者，人们谓其"忤逆不孝"。从人的"依他性"和"利己性"来分析，"不孝"的儿女基本上都是"利己性"在发酵、膨胀、作孽，认为自己长大了、自立了，不需要"依"父母这个"他"了；也即认为年老的父母"无用"了，不能"利己"了，成了"负担""累赘"了。对这样的忘恩负义的不孝者，人们在给予道德的谴责、劝诫，甚至法律的惩处时，常言"羊跪乳，乌反哺，何况人乎？"

"善事父母"，即行孝、尽孝的一般要求是：物质上安康其身，精神上顺乐其心。"居则致其敬，养则致其乐，病则致其忧，丧则致其哀，祭则致其严"（《孝经》）。反对那种昧于事理的、极端化的"愚孝"，如《二十四孝》中的"埋儿奉母"。"善事父母"也不等于一点原则都不讲，一点底线都没有，不管父母说得对与错，都全盘接受；不等于父母错也跟着错，父母违法犯罪也随着违法犯罪。正确的态度和做法是：发现父母有过错，要及时地、理性地劝其认识、改正，所谓"当不义，则子不可以不争于父……从父之令，又焉得为孝子乎？"（《孝经》）只是言语上尽量做到和颜悦色。发现父母违法犯罪，要及时予以阻止，并视情节轻重，鼓励其自首、悔过。"父为子隐""子为父隐"的做法，是古代儒家的局限，与当代法制文明相违背。对因违法犯罪受到惩处、制裁的父母，要鼓励、帮助其重新做人，不可放任，甚至遗弃。

想善事父母而不能善事父母者，情形比较复杂。其中一些人是因为肩负着某种特殊使命，所谓"忠孝不能两全"。职责在身，他们只能少"利己"，甚至舍"利己"而"依他"——这里的"他"，往往不是某个人、某些人，而是民族、国家、天下。对这样的人，社会在予以褒赞的同时，还应运用、发挥因人的"依他性"而生发、形成的集体的、族群的力量，尽可能替代其"善事父母"。

二、以孝治天下

"以孝治天下",简称"孝治",是中国两千多年帝制社会形成传统的治国方略之一,其实质是将中华家庭伦理、家族伦理推移、扩展至政治伦理,将宗法制与帝制合一、本宗法以强帝制。由于从秦始皇起,中国历代帝王都比龙、称龙,龙成为帝制皇权的象征,故可以说,龙是帝王们治国理政的参与者、助力者、见证者和标志者;从而也是将中华家庭伦理、家族伦理推移、扩展至政治伦理,本宗法以强帝制的参与者、助力者、见证者、标志者;当然也是"以孝治天下"的参与者、助力者、见证者和标志者。

"以孝治天下"出自《孝经·孝治》中"子曰:'昔者明王之以孝治天下也……'"句,《孝经》或为"孔子述作,垂范将来"(《〈孝经注疏〉序》),或为孔子"七十子之徒之遗言"(《四库全书总目提要》),成书于秦汉之际,也就是说,"孝治"作为政治伦理的理论言说,在秦汉之际已然形成。

湖北省云梦县睡虎地秦墓出土的《睡虎地秦简》是战国晚期至秦始皇时期的文物,其中有"为人臣则忠,为人父则兹(慈)""父兹(慈)子孝,政之本(也)"语,说明以"法"治国的秦王朝,已将"孝治"融入其法律制度之中;《秦会要订补·学校下》中有歌颂秦始皇的"上荐高庙,孝道显明"语;《史记·李斯列传》记,秦始皇病死沙丘后,赵高与李斯矫始皇帝诏,诬长子"扶苏为人子不孝"、将军蒙恬"为人臣不忠"。这些都说明,秦代是重视"孝道""孝治"的。

汉代是"以孝治天下"盛行的时代。笔者检索了一下,《汉书》中"孝"字出现了一千五百零六次,《后汉书》中"孝"字出现了八百一十四次。汉代皇帝除高祖刘邦和光武帝刘秀外,其他皇帝的谥号中几乎都有"孝"字,如孝惠帝刘盈、孝文帝刘恒、孝景帝刘启、孝武帝刘彻、孝昭帝刘弗陵、孝宣帝刘询……西汉、东汉相加,国祚绵延四百余年,当与施行"以孝治天下"的方略有关。

汉代"以孝治天下"的具体政策措施,据《汉书》《后汉书》所记,择其重要者,以时间为序,主要有:

汉高祖刘邦还在打天下、称"汉王"时，"西入关，至栎阳，存问父老，置酒"。"存问父老，置酒"就是设酒宴慰问乡里管理公共事务的有名望的老人。当皇帝后，刘邦将其父尊为"太上皇"，还将其故土丰地的乡亲迁移至关中安置，并免除其徭役。刘邦这些做法，为汉王朝的"以孝治天下"开了个头，树立了样板。

汉惠帝刘盈时，"举民孝弟（悌）力田者，复其身"，即奖励孝顺父母、尊敬兄长并努力耕作者，免除其徭役。此举为褒奖孝悌之始，后世多有效法。

汉文帝刘恒时，"赐三老、孝者帛人五匹，悌者、力田二匹"，即不仅奖励孝悌力田者，还奖励"三老"。汉代的"三老"指从乡、县到郡国的行政机构中，五十岁以上的，"有修行，能率众为善"，且专门负责教化的官吏。影响深远的"东海孝妇"的故事，就发生于汉文帝时，后世关汉卿创作的《窦娥冤》，就以此故事为蓝本。汉文帝亲尝汤药孝母的故事，也被后人列入"二十四孝"，谓之"仁孝闻天下，巍巍冠百王。母后三载病，汤药必先尝"（元郭居敬《全相二十四孝诗选》）。

汉武帝刘彻时，"初令郡国举孝廉各一人"，所谓"举孝廉"，就是自下而上推选既孝顺父母又办事廉正的人才为官。自此以后，孝成为国家选拔官吏的基本标准，"举孝廉"成为国家的政治制度。"谕三老孝弟（悌）以为民师""传《孝经》《论语》""务修孝弟（悌）以教乡里"，即特别重视孝的教育，将《孝经》《论语》等作为国家指定的郡、县、乡各级各类学校中的必修课和必读教材。汉宣帝时，"凤凰集胶东、千乘。赦天下。……赐天下人爵各一级，孝者二级"，这是首次将"祥瑞"的出现与"孝治"相联系，此后多被效仿。

汉光武帝刘秀建武年间，齐国人江革以孝敬母亲出名，乡里称之为"江巨孝"。汉明帝永平初年，江革因孝被举荐孝廉。江革去世后，汉和帝下诏说："夫孝，百行之冠，众善之始也。国家每惟志士，未尝不及革。县以见谷千斛赐'巨孝'……致羊酒，以终厥身。""由是'巨孝'之称行于天下。"

有学者统计《汉书》《后汉书》中的相关记载，发现"自西汉惠帝至东汉顺帝,全国性对孝悌褒奖、赐爵达三十二次,地方性的褒奖则更多"。[①]

汉后各朝,皆效法、延续"以孝治天下"治国方略,其做法、事迹很多,本书限于篇幅,不再列举。

三、民间孝龙文化

中国社会从王制进入帝制之后,龙文化大体上沿着两条线发展:一条线可称帝王龙、帝制龙——帝王们比龙、称龙,龙是帝王治国理政的参与者、助力者、见证者、标志者;另一条是民间龙、民俗龙——帝王们不可能垄断龙文化,龙文化从诞生起,就一直在民众间、在民俗中存在着、传承着、发展着、演变着。当然,两条线并非彼此不搭界,而是互相影响、彼此渗透的关系。

由"孝"到"孝治",帝王们是主导、主角,广大民众是参与者、遵从者;而由"孝"到"孝龙"文化,广大民众变成了主导、主角。

民间"孝龙"文化的表现,主要有龙母传说和由龙母传说形成的慈孝民俗。

东晋文学家陶潜所撰《搜神后记》中的《蛟子》,当是记述中国民间龙母传说的最早文本,此文本中就有长沙浣衣女(龙母初型),"孕""生""怜""养""望"(慈的表现)蛟子(龙子),和蛟子(龙子)"来""望""至墓所哭之"(孝的表现)的内容。

宋《太平寰宇记》引南朝沈怀远《南越志》中,记有"温氏媪者"的故事。在该故事中,媪(龙母)以"慈"(捕鱼遇卵,"归置器中"饲养)对待龙子,龙子则以"孝"(助媪捕鱼、萦回侧后、盘旋游戏、亲驯如初、辄引船还、萦浪转沙成坟)回报媪(龙母)。

韦艳明、莫敏捷、韦春艳等几位年轻学者,对广西壮族自治区南宁市上林县塘红乡石门村的龙母文化做了田野考察、调查,之后撰写论文,介绍、分析、阐述了"龙母信仰中的孝文化传承及其教育意蕴"[②]。

[①] 王修智:《以孝治天下:两千年中国帝制社会的治国纲领》,《大众日报》2010年1月6日。
[②] 韦艳明等:《龙母信仰中的孝文化传承及其教育意蕴——基于广西南宁上林县的田野考察》,《西部学刊》2019年第7期。

流传在石门村一带的传说是这样的：相传石门村有个寡妇，无儿无女，一个人孤单地生活着。有一天，寡妇来到村外的石南海挑水，突然发现了一条小花蛇。出于善心，她收养了小花蛇，并将其当作儿子来疼爱。而这小花蛇便是龙王的幼子，那年玉皇大帝预见来年下界大旱并发生瘟疫，他要派一位天神下凡救万民，海龙王欣然受命，见石南海一带风景秀丽、民风淳朴，便把九龙子变成小花蛇投进了石南海。小花蛇被寡妇收养后得到精心照料，一天天长大。有一天寡妇正在剁猪草，顽皮的小花蛇从水缸里跳出来用尾巴扫拢剁散的猪草，不小心被砍掉了一节尾巴。寡妇用锅底灰包裹蛇尾治愈了小花蛇，但它也落了个"秃尾"的残疾，寡妇便把小花蛇叫作"特掘"，"掘"壮语方言意为"短"，"特掘"意为"短尾巴的蛇"。特掘奉命下凡拯救民间疾苦，遭遇不幸，寡妇行善将其奉为"养子"。在寡妇的辛勤哺育以及慈孝文化的熏陶下，特掘施展法术为民造福，将孝道流传于世。寡妇离世后，特掘刮起大风，将她送到一个山洞安葬，当地人即将此洞称为"敢仙"。民间流传，为纪念养母，每年农历三月初三，特掘都归乡祭祀，以表孝心。因此，塘红乡民间有"三月三，狂风刮，特掘扫墓回到家"的说法。

这个传说与广东、广西多个地区的龙母传说有一致之处，也与流传于山东、黑龙江等地的《秃尾巴老李》故事有接近之处。值得重视的，是石门村因此传说而产生的可归入"孝龙"文化的表征及民俗。

韦艳明等在其《龙母信仰中的孝文化传承及其教育意蕴——基于广西南宁上林县的田野考察》一文中介绍，石门村的"孝龙"文化表征及民俗主要有三个方面：

（1）"龙母坟"遗址——"敢仙"洞：位于石门村西南方的"岜仙"（壮语方言意为仙山）上。洞口设神龙之位，坐落于香火平台前，象征特掘于门口守卫养母。洞中有"石棺"。"敢仙"的看守人由村民选出。祭祀龙母的香火延绵不绝。在通往"敢仙"的石阶路上，建有慈亭和孝亭，亭中镌刻龙母与特掘的慈孝故事，慈孝谚语对仗工整。

（2）"特掘"居住地——石南海深潭：长20米、宽8米，与龙母旧居为邻。传说每年三月三，特掘受命回报养母——于回乡祭拜之日刮风下雨，造福于民，相传此潭即为其榻居之处。

（3）"龙母节"与"龙母饭"——相传为缓解瘟疫蔓延的现状，特掘不辞辛劳，跋山涉水采来仙草花，让其母亲蒸成五色糯米饭赠予百姓食用，帮助石门村百姓逃过灭顶之灾。当地群众将每年农历三月初三定为"龙母节"，蒸五色糯米饭、举办龙母宴等民俗便也流行起来。

对韦艳明等几位年轻学者的观点，笔者基本认同，即：龙母传说中孝文化的核心是"慈孝"，即"慈"与"孝"相结合，其基础是施恩、感恩和报恩（行孝）。而孝文化在日常生活中包含"养"和"敬"两方面内容，二者缺一不可。

结合文献，对龙母传说及慈孝文化进行田野调查研究的年轻学者还有赵玲勤。"秃尾巴老李"是黑龙江、山东等我国东北沿江、东部沿海地区群众普遍信仰的神龙，而在胶东地区还形成了比较独特的李龙母崇拜。赵玲勤对文登市（今威海市文登区，下同）山东村的李龙母信仰进行调查研究，撰写了论文《文登市山东村李龙母信仰及其孝文化传承研究》，认为，"自然社会环境与李龙母信仰都有着密切的联系"；"作为秃尾巴老李传说的重要分支之一，胶东地区的李龙母传说因为靠近龙母原坟而形成了一定的传说特色。传说中'龙不离母'的孝子情，也促进人们越来越多地产生对李龙母的信仰。同时，在文登人的心中，李龙爷仍然存活于世，这也在一定程度上促使文登人更加重视李龙母的寿辰"。[①]

源自"秃尾巴老李"传说的山东省文登市宋村镇回龙山山会，于每年农历三月初二举行，数万民众参与。该会的主旨是褒扬"秃尾巴老李"对其母的"孝"，即"孝龙"文化。其民俗活动有回龙山周边农村家家蒸饽饽、龙母坟上香、祭祀典礼、摆设龙母宴等。赵玲勤分析了该山会的主要功能，包括调适民众心理、增强民众凝聚力、活跃城乡经济发展等，指出："孝文化是李龙母信仰中蕴含的重要传统文化，从传说中'李龙出生''请假探母''迁坟护墓'等龙子尽孝情节，到山会中龙母宴和其他节目中的孝道体现，孝文化无不充斥其中。不仅如此，山东村的许多日常孝亲民俗活动还很好地再现了传统的孝文化"，展示出"李龙母信仰所散发的持久生

[①] 赵玲勤：《文登市山东村李龙母信仰及其孝文化传承研究》，硕士学位论文，浙江师范大学，2013。

命力"①。

民间"孝龙"文化的表现,还有舞龙民俗中的"孝龙"元素。

典型者如湖北鄂州的"月山踮龙"。该龙兴起于明朝,至今已有数百年历史。相传多年以前,在长江中下游地区的江西,住着月山杨氏宗族的祖先。当地祥水河畔的杨氏村庄,人丁兴旺,五谷丰登,渔业发达,人们安居乐业。这年,村里玩起了红、黄两色长龙,大家喜气洋洋地安排村头杨老爹家接龙珠,盼望杨家两个儿子为杨老爹夫妇生下孙子。兄弟二人分别接到红、黄龙珠,捧着走向家中。谁知二人走到木桥中间时,一声炸雷,桥面断裂,兄弟二人落水而亡,杨老爹夫妇悲痛欲绝。转眼间,杨家二子离世已有四十多天,这天深夜,他们的母亲恍惚看见两个巨人——一个红头红面、一个黄头黄面,跪在门前。天亮后,这母亲将梦中的情景告诉族人,族人认为这是真龙现身。自此,为了纪念二位龙神,祈求其赐福杨氏一族平安幸福,族人就玩起了踮龙。踮即"长跪"。

月山杨氏在元朝中叶由江西迁居湖北鄂州,他们承袭先辈的习俗,形成了独具特色的龙灯文化——踮龙灯火习俗。月山踮龙形体高大,龙头约3米,通体4米左右,造型为人头龙身,犹如跪着的巨人。这样的造型,显然是对化为龙身的杨家二子回家跪拜慈母情节的象形,表达的是对传统孝道文化的歌颂。

月山踮龙一般在农历正月十三至十八的夜间举行,有试灯、开喉、祭祖、巡游、接灯、送龙珠等程式。送龙珠的意蕴和仪式是这样的:如有某户人家无男孩,想借这个机会祈求龙神赐子,经族人同意,于龙灯游完必经的龙道后,在鼓乐声的伴奏下,龙灯队伍再游到接龙珠户的大门前。这时,接龙珠户已在其大门口摆起了香案,在一番虔诚跪拜后,接龙珠进屋,以水果、香烟、美酒招待送珠队伍。然后,在诸如早生贵子、恭喜发财之类的吉祥祝福声中,完成送、接龙珠的礼仪。送走送珠队伍,接龙珠户会将龙珠在堂屋高挂供奉,三年内若那年得子,即可于当年送龙珠归巢。三年内若未得子,可再供三年龙珠。

---

① 赵玲勤:《文登市山东村李龙母信仰及其孝文化传承研究》,硕士学位论文,浙江师范大学,2013。

送接龙珠以祈求龙神赐子的仪式，不仅月山跶龙有，其他流行于全国各地的舞龙灯民俗也有不少。究其原因，是这些节目承载着人们祈求子息、旺丁兴族的愿望，渗透着、体现着"不孝有三，无后为大"（《孟子·离娄上》）的孝道，故都可归入"孝龙文化"。

第七节　修齐治平与人中龙

"修齐治平"，即"修身、齐家、治国、平天下"，它是儒家文化的"人设"，即生活在古代社会中的人们尤其是出类拔萃者"内圣外王"、实现生命价值的理想人生和主要路径。

在当今社会，能在自己所在的行业、领域把工作做到出类拔萃，即做到自己的最好，甚至别人做不到的程度，从而造福于社会，就可以说是"平天下"。

中华文化传统中，常以"人中龙"称谓那些出类拔萃、卓越不凡的人物。能在某个领域"平天下"者，或言"平"了某个领域一片"天下"者，都堪称"人中龙"。

一、修齐治平

中国古代的社会伦理、政治伦理，是由家庭伦理、家族伦理扩展、放大而来的，由此而形成的社会伦理、政治伦理又反过来对家族伦理、家庭伦理以深重、久远的影响。因此，在古代中国，社会伦理、政治伦理与家族伦理、家庭伦理是互依互动、相辅相成、谁也离不开谁的关系，由此就使中国古代社会成为一种伦理型社会。在这样的社会中，作为社会成员的个体，尤其是其中的优秀者、杰出者，其理想人生和实现生命价值的路径，就是或主要是"修齐治平"，即"修身、齐家、治国、平天下"。

《礼记·大学》中阐述"修齐治平"的原文是："古之欲明明德于天

下者，先治其国；欲治其国者，先齐其家；欲齐其家者，先修其身；欲修其身者，先正其心；欲正其心者，先诚其意；欲诚其意者，先致其知；致知在格物。物格而后知至，知至而后意诚，意诚而后心正，心正而后身修，身修而后家齐，家齐而后国治，国治而后天下平。自天子以至于庶人，壹是皆以修身为本。""修身、齐家、治国、平天下"是四个递进的、既有区别又相关联的层次。"修身"即修养身心，是基本的、准备的、待用的层次，是齐家、治国、平天下的基础和出发点；"齐家"即建立、维系、管理家庭、家族，是初步的、小成的层次；"治国"即治理国家，是更进一步的、大成的层次；"平天下"即在普天下昭彰美好理想，使普天下的生灵都得福受益，是贡献巨大的、终极的、至高至善的层次。在一个社会里，绝大多数人能做到"修身、齐家"就不错了，也就是说，对一般人而言，"修身、齐家"是终生的功课；少数人可进入"治国"，或者说参与"治国"的层次；而能够达到"平天下"者，那就少之又少了。

"治国、平天下"与社会伦理、政治伦理相对应，社会伦理、政治伦理为"治国、平天下"提供规矩和准则。"齐家"与家庭伦理、家族伦理相对应，家庭伦理、家族伦理为"齐家"提供规矩和准则。"修身"即修养身心，也即提高家庭成员、家族成员的思想品质、道德素养。"修身"的目的是"齐家、治国、平天下"，因此，无论家庭伦理、家族伦理，还是社会伦理、政治伦理，对修身者而言，都具有框范、引导的意义，也都对修身者提供了学习的内容。

所谓"天下国家。天下之本在国，国之本在家，家之本在身"（《孟子·离娄上》），"身修而后家齐，家齐而后国治，国治而后天下平"（《礼记·大学》）。中国儒家尤其注重、强调从政者"修身"，孔子说："政者，正也。子帅以正，孰敢不正？"（《论语·颜渊》）意思是："政的意思就是端正。您带头端正，谁敢不端正呢？"孟子说："君仁莫不仁，君义莫不义，君正莫不正，一正君而国定矣。"（《孟子·离娄上》）意思是："君主讲仁，没有谁不讲仁；君主讲义，没有谁不讲义；君主讲正，没有谁不讲正，一旦使君主端正了，国家就安定了。"

既然修身如此重要，那么整体而言，人该如何修身，即如何提高自身的思想品质、道德素养呢？按《礼记·大学》所讲，修身之前，先要"格物，致知，正心，诚意"，即先对天下事物做实事求是的研究，掌握必要的知识，使意念真诚、心思端正。事实上，"格物"和"致知"，前人已然下过很多功夫，也即前人已经对天下事物做了不少实事求是的研究，已经总结、形成了许多有益的知识，尽管后来的人还可以、还需要继续"格物"、继续"致知"，但对一般的、正在启蒙的少年和启蒙不久的青年而言，只需要"正心""诚意"，即使意念真诚、心思端正之后，就可以开始修养身心，即通过学习、体会、吸收前人提供的知识，提高自己的思想品质、道德素养了。

二、天下与平天下

"天下"的字面意思，是"普天之下"。作为概念，"天下"在商周时期就已出现。在《六韬·文师》中，周文王问："树敛何若而天下归之？"姜太公答："天下非一人之天下，乃天下之天下也。"理解"天下"概念，有四个基本性的框架：

一是天地框架。从这个框架来看，"天下"就指天空之下。由于古人是站在地球上看天空的，其眼中的天空，是一个穹窿，即将日、月、星辰等囊括在内的中间隆起、四面垂下的形状，所谓"天似穹庐"（《乐府诗集·敕勒歌》），"天下"就是穹窿之下。从理论上讲，这个"天下"是很大的，但对绝大多数古人来说，却是有局限性的。因为除极少数人外，一般人都是在地球东方的相对固定的一块土地上生活，他们不可能像今人这样，可以跑到地球的多个地方去仰望天空；也不可能像今人这样，借助天文望远镜，望到渺远的星系之外。

二是宗主国诸侯国框架。宗主国指国家形成过程中或产生国家以后，各个部落或共同体共同承认的首领，或封建时代各个王国、诸侯国共同承认的中央政权。在西周、东周（春秋战国）时期，指的是周王室。诸侯国指国家形成过程中或产生国家以后，共主（中央政权）对其家族、功臣给予的封地。此框架下的"天下"，就包括宗主国和诸侯国所统辖的所有区域。《礼记·大学》传为孔子弟子曾参所作。曾参是生活在春秋末战国初的鲁国人，那么，他在《礼记·大学》中提出的"修齐治平"，即"修身、齐家、治国、平天下"之"治国",就主要指的是治理像鲁国这样的诸侯国;之"平天下",就主要指的是平定(使太平)包括周王室和诸侯国在内的"天下"。

三是华夷框架。在中国古代,汉代以前,华夷之"华",指华夏族及华夏族生活、管理的区域——这个区域以当时人们心目中的"天下之中",即黄河流域中游的中原一带为核心;华夷之"夷",指华夏族之外的少数民族及这些少数民族生活、管理的区域——其区域在当时人们心目中的边远之地。汉代之后,华夷之"华",指汉族及汉族生活、管理的区域;华夷之"夷",指汉族之外的少数民族及这些少数民族生活、管理的区域。因为,中国古代的华夷关系,基本上都是联姻关系和被贡奉与贡奉的关系,故华夷框架下的"天下",就是将"华"和"夷"都包括在内的民族和区域。

四是中外框架。中指中国,外指外国。古代的中国,指位于地球东方的,与夏之前的原始国家及夏、商、周、秦、汉、魏、晋、隋、唐、宋、元、明、清等各朝代相对应的国家;古代的外国,指与上述朝代相对应的国家之外的国家。当代中国,指中华人民共和国,外国指中华人民共和国之外的国家。此框架下的"天下",就包括了中国和中国之外的所有国家,也就是全世界的意思。这样的"天下",与当今人们心目中的"天空之下""普天之下"同义。

那么,今天我们讲"治国平天下","治国"就是指治理中国,即在中国从事治国理政的工作;"平天下"可以表述为"使全世界文明、太平","为全世界的文明、和平、进步事业尽心、尽力","造福天下""福天下"。

"平天下"还可以用"内圣外王"来阐释。"内圣外王"一语,出自《庄子·天下篇》:"是故内圣外王之道,暗而不明,郁而不发,天下之人各为其所欲焉以自为方。"此语虽非儒家首创,却因以恰切地概括了儒家的方针、理路而为儒家所常用。

何为"内圣"?简要地说,就是个己通过"修身",即道德修养、人格训练,使自己的人品、才能接近,甚至达到圣人的高度,从而担当起"治国""平天下"的大任。圣人是至善、至美之人,所谓"才德全尽谓之圣人"(《资治通鉴·周纪》),"圣人,人伦之至也"(《孟子·离娄上》),"圣人治天下……而民焉有不仁者乎"(《孟子·尽心上》),于是,需要"修己以敬"(《论语·宪问》),需要"吾日三省吾身"(《论语·学而》),需要"克己复礼","克己复礼为仁。一日克己复礼,天下归仁焉"(《论语·颜渊》)。

何为"外王"?简要地说,就是在"内圣"的基础上,以圣人的担当精神,以儒家的政治理想,即"王道",从事"齐家、治国、平天下"的事业,所谓"修己以安人""修己以安百姓"(《论语·宪问》),"道之以德,齐之以礼"(《论语·为政》),"明明德""亲民""止于至善"(《礼记·大学》)。

在儒家看来,"内圣"和"外王"应该是统一的:"内圣"是"外王"的前提、基础、准备,"外王"是"内圣"的外化、践行、目的。没有"内圣",就没有从事"外王"的必要条件;没有"外王","内圣"就意味着路只走了一半。所谓"己欲立而立人,己欲达而达人"(《论语·雍也》),"为政以德,譬如北辰,居其所而众星拱之"(《论语·为政》),"君子之事,敬德修业而已。虽位天地、育万物,皆已进德之事,故德业之外无他事功矣"(《王文成公全书·祭朱守忠文》),显然,"平天下"就是"内圣"和"外王"的辩证统一。

从政治伦理的角度看,"平天下"意识是政治伦理的必然要求和基本内容。政治是有"伦"的,政治讲等级、讲次序,这便是政治的基本之"伦";政治也是有"理"的,行德治、施仁政、造福天下,这便是政治的基本之"理"。

对"平天下"这样的政治之"理",中华先哲多有重视,也多有论说。

在《六韬·文师》中,姜太公对周文王说:"天下非一人之天下,乃天下之天下也。同天下之利者,则得天下;擅天下之利者,则失天下。"这是说:"天下不是一个人的天下,而是天下所有人的天下。同天下人共享天下利益者,可以得到天下;独自侵占天下人利益者,就会失去天下。"

《左传·襄公二十四年》记载了春秋时鲁国大夫叔孙豹提出的"三不朽":"太上有立德,其次有立功,其次有立言,虽久不废,此之谓不朽。"这是说："最为上的是树立道德，其次是建功立业，再其次是著书立说。这三者都不会因时间久远而被废弃，这就叫作不朽。"唐孔颖达对这"三不朽"作疏曰："立德，谓创制垂法，博施济众；立功，谓拯厄除难，功济于时；立言，谓言得其要，理足可传。"（孔颖达《春秋左传正义》）这立德、立功、立言，都可归入"平天下"的范畴。

如此，"平天下"就可以这样理解：对投身政治者而言，通过自己的政治智慧和政治作为，造福一方、一国，甚至整个人类社会，就是"平天下"。对从事艺术者而言，通过自己的艺术才华和艺术创作，造福一方、一国，甚至整个人类社会，就是"平天下"。对献身科学者而言，通过自己的科学探索和科学实验，造福一方、一国，甚至整个人类社会，就是"平天下"。而对以思想见长者而言，通过自己的思想观念、理论体系，使一群人、一族人、一国人，甚至整个人类的思想得以丰富、文明得以提升、社会得以进步，就是"平天下"。或者，还可以更宽泛地理解：在自己所在的行当、领域，把工作做到出类拔萃，即做到自己的最好和别人做不到的程度，从而造福于社会，就可以说是"平天下"。

鉴于上述认识和理解，"修身、齐家、治国、平天下"的程式，就只适合那些从事治国理政工作的人，而对于非从政者而言，就省去了"治国"的环节，就可以在"修身、齐家"之后，直接进入"平天下"了。

三、人中龙与望子成龙

笔者言，能在某个领域"平天下"者，或言"平"了某个领域一片"天下"者，都堪称"人中龙"。

"人中龙"一词，出自《晋书》卷九十四《宋纤传》："宋纤字令艾，敦煌效谷人也。少有远操，沈靖不与世交，隐居于酒泉南山。明究经纬，弟子受业三千余人。……酒泉太守马岌，高尚之士也，具威仪，鸣铙鼓，造焉。纤高楼重阁，距而不见。岌叹曰：'名可闻而身不可见，德可仰而形不可睹，吾而今而后知先生人中之龙也。'"

"人中龙"作为价值判断用词，其蕴含的意思至少有：（1）龙是超凡的、非凡的存在。（2）人可以比作龙。（3）人的智慧、事功达到超凡、非凡的程度，即成为杰出人物，才可以比作龙。

古文献中，将杰出人物比龙的源头，可溯至《周易》的乾卦，其爻辞中有"九二，见龙在田，利见大人"和"九五，飞龙在天，利见大人"语。这两句爻辞，将"龙"与"大人"联系在一起，是以"龙"喻指"大人"，这"大人"，就有指称包括君王、君子在内的杰出人物之意。

《史记·老子韩非列传》和《庄子·天运》都记述了孔子在拜见老子之后，言"老子犹龙"的故事。孔子比老子为龙，开了以龙喻指现实人间杰出人物的先河，也就是说，孔子认为老子是"人中龙"。老子为什么会成为"人中龙"呢？因为老子卓越、杰出，神采和思想（尤其是思想）具有超凡性、非凡性。宋代范仲淹撰《老子犹龙赋》，言老子"以观妙虚极，栖真浑元，握道枢而不测，譬龙德而弥尊"，"以神龙之举也，其变不穷；圣人之道也，无幽不通"，"大道卷舒，非龙何如？"（《全宋文》卷三百六十七）这些话，可谓都说到了点子上。而在笔者看来，老子最卓越、最杰出的贡献是提出了作为宇宙及天地万物的终极本原、究竟真相的"道"。用现在的话说，就是老子对"道"的阐述已经达到了哲学本体论的高度，而且，这样的高度，古今中外至今没有人能够超越。如此卓越、杰出的先哲，怎能不是"人中龙"呢？

"究天人之际，通古今之变，成一家之言"，写出中国历史上第一部纪传体通史《史记》，从而获得"史圣"之誉的西汉史学家、文学家司马迁，也被后世称为"人中龙"。当代史学家、文学家郭沫若就有"龙门有灵秀，钟毓人中龙。学殖空前富，文章旷代雄。怜才膺斧钺，吐气作霓虹。功业追尼父，千秋太史公"的诗句。

在长篇历史演义小说《三国演义》中，曹操对刘备说龙："龙能大能小，能升能隐；大则兴云吐雾，小则隐介藏形；升则飞腾于宇宙之间，隐则潜伏于波涛之内。方今春深，龙乘时变化，犹人得志而纵横四海。龙之为物，可比世之英雄。"（《三国演义》第二十一回《曹操煮酒论英雄　关公赚城斩车胄》）三国时的另一位杰出人物——蜀汉丞相诸葛亮有"卧龙"之称，所谓"诸葛孔明者，卧龙也"（《三国志·诸葛亮传》），"卧龙"字面意思是处于卧伏状态的龙，喻称隐居或未露头角的杰出人才，也即"人中龙"在其杰出才能尚未展示、发挥之时,便可称其为"卧龙"。

孔融,字文举,鲁国(今山东曲阜)人,孔子的二十世孙,东汉名士、文学家,"建安七子"之一,因汉献帝时期曾任北海国相而有"孔北海"之时称,后因触怒丞相曹操而被杀。宋代文豪苏轼在《孔北海赞并序》中称孔融为"人中龙",他写道:"文举以英伟冠世之资,师表海内,意所予夺,天下从之,此人中龙也。"(《苏轼文集》卷二十一)

苏轼,字子瞻,世称苏东坡,是北宋中期的文坛领袖。苏轼称孔融为"人中龙",而北宋政坛、文坛的另一位杰出人物(也堪称"人中龙")王安石,则称苏轼为"人中龙"。此佳话记于北宋名僧释惠洪所著《冷斋夜话》卷五里,原文为:"舒王在钟山,有客自黄州来。公曰:'东坡近日有何妙语?'客曰:'东坡宿于临皋亭,醉梦而起,作《成都圣像藏记》千有余言,点定才一两字。有写本,适留舟中。'公遣人取而至。时月出东南,林影在地,公展读于风檐,喜见眉须,曰:'子瞻,人中龙也。然有一字未稳。'客曰:'愿闻之。'公曰:'"日胜日贫",不若曰"如人善博,日胜日负"耳。'东坡闻之,拊手大笑,亦以公为知言。"这段话中的"舒王"是王安石的封号,"公"是对王安石的敬称。

与苏轼合称"苏辛"的南宋豪放派词人辛弃疾,则有"词中之龙"之称。原句见清代学者陈廷焯《白雨斋词话》卷一:"辛稼轩,词中之龙也,气魄极雄大,意境却极沉郁。"《稼轩词》(又名《稼轩长短句》《辛弃疾长短句》)是辛弃疾的作品集,收其词六百二十余首,其中含"龙"词句者有六十六首之多。这些"龙"句,有的直接写作为神物的龙,有的以龙为喻比、象征,写山水风物、建筑造型等,其中最多的是以龙喻比英雄人杰。尤其是在多首词中,辛弃疾写到"卧龙"。如:"山下卧龙丰度,台前戏马英雄。"(《朝中措·年年团扇怨秋风》)"谁识稼轩心事,似风乎舞雩之下。回头落日,苍茫万里,尘埃野马。更想隆中,卧龙千尺,高吟才罢。倩何人与问,雷鸣瓦釜,甚黄钟哑。"(《水龙吟·被公惊倒瓢泉》)其笔下"卧龙",既是写三国时叱咤风云的诸葛孔明,也是写辛弃疾自己;或者说通过写"出师未捷身先死,长使英雄泪满襟"(杜甫《蜀相》)的诸葛亮,来写以恢复国家统一为志,以建功立业自许,却命运多舛、壮志难酬的辛弃疾自己。据此，可以说，辛弃疾既是"词中之龙"，更是"人中龙"，是通过"词中之龙"展示于世间的"人中龙"。

讨论"人中龙"，自然会涉及"望子成龙"的话题。"望子成龙"的意思，是希望自己的子女能在学业和事业上大有成就，这是自古以来中国人大都认可的解释，然而，却有人反对"望子成龙"，认为"龙是怪兽"。

笔者当然不认同龙是怪兽的说法。龙是我们中国古人对自然界中多种动物和天象，经过多元容合而发明、展现的神物，其实质是中华先民对宇宙自然力的感悟、认知和神化。经过八千年甚至上万年的演进和升华，龙事实上已成为中华民族的广义图腾、精神象征、文化标志、信仰载体和情感纽带。绝大多数中国人都是崇龙、敬龙、喜欢龙的，龙文化广泛地渗透、体现在物质器用、习俗仪规、观念理论等社会生活的方方面面。不可否认，在历史发展的长河中，龙文化也出现了一些负面的内容，如民间传说中祸害一方的恶龙，但这是树枝与大树的关系，也就是说，从总体上来看，龙的形象多以正面为主。在国人的日常生活中，龙大都以吉祥物的面目出现，体现着容合、福生、谐天、奋进的精神，象征着团结合力、刚健向上、适变图强、积极进取、事业腾飞等等。在具体的语境中，龙也体现出多方面、多样化的象征、喻比功能。

在"望子成龙"的语境中，龙象征、喻指的是优秀杰出的人才。所谓"望子成龙"，就是希望、期待下一代学有所成、做有所成，最好能成为某个领域杰出的人才。一个民族、一个国家，甚至整个人类，要不断地发展、进步，就需要杰出的人才做贡献、做引领、做榜样。

第八节　龙祥瑞与龙咎征

祥瑞，即吉祥之瑞，指的是某种自然天象或人文事象（以自然天象为主、为多），若被认为表达着某种天意，对某人某事有益，是吉祥的征兆，这种自然天象或人文事象就被称为祥瑞。龙祥瑞，就是被认为表达着某种天意、对某人某事有益，征兆着吉祥的与龙相关的某种自然天象或人文事象。

咎征，即祸咎之征，指的是过失的报应、灾祸的应验。龙咎征，就是被认为表达着某种天意、对某人某事有害，征兆着灾殃祸患的有关龙的自然天象或人文事象（以自然天象为主、为多）。

一、龙祥瑞

《礼记·礼运》言："麟、凤、龟、龙谓之四灵。故龙以为畜，故鱼鲔不淰；凤以为畜，故鸟不獝；麟以为畜，故兽不狘；龟以为畜，故人情不失。"在古人心目中，麟为百兽之长，凤为百禽之长，龟为百介之长，龙为百鳞之长。麟、凤、龟、龙这四灵再加一个白虎，被称为"五灵"，在祥瑞中等级最高，有"麟凤五灵，王者之嘉瑞也"（晋杜预《春秋左传序》）之说。"五灵"之后，还有大瑞、上瑞、中瑞、下瑞、杂瑞等，大瑞多为天象，上瑞多是走兽，中瑞多为飞禽，下瑞多为植物。《资治通鉴·唐纪》载："凡景星、庆云为大瑞，其名物六十有四；白狼、赤兔为上瑞，其名物三十有八；苍乌、朱雁为中瑞，其名物三十有二；嘉禾、芝草、木连理为下瑞，其名物十四。"

1. 先秦龙祥瑞

按古文献所记，龙瑞最早可以追溯至伏羲女娲时代。《左传·昭公十七年》载："太皞氏以龙纪，故为龙师而龙名。"晋杜预对这句话作注曰："太皞，伏羲氏，风姓之祖也，有龙瑞，故以龙命官。"

伏羲女娲之后，从炎帝、黄帝，到唐尧、虞舜、夏禹，各个时代都有龙的祥瑞出现。如："有神龙首出常羊，感任姒，生赤帝魁隗。身号炎帝，世号神农，代伏羲氏。"（《潜夫论·五德志》）"黄帝得土德，黄龙地螾见。"（《史记·封禅书》）"龙图出河，龟书出洛，赤文篆字，以授轩辕。"（《宋书·符瑞志》）"庆都与赤龙合婚，生赤帝伊祁，尧也。"（《诗纬》）"昔圣帝明皇之时，神气昭然先见，故尧梦乘龙上天。"（《东观汉记校注》）"尧舜等升首山，观河渚……有顷，赤龙负玉苞舒图出，尧与大舜等共发。"（《太平御览》引《论语撰考谶》）"黄龙从洛水

出，诣虞舜，鳞甲成字。"（《文镜秘府论校笺》引《龙鱼河图》）"夏得木德，青龙止于郊，草木畅茂。"（《史记·封禅书》）

西周时期，有"青龙衔元甲图而出"等龙瑞。《金楼子·说蕃篇》载，周公姬旦摄政后，平管蔡之乱，"公以天下既定，宜有事于河洛，示神祇之变，定人神之征。往从之，沉璧于河，有光满河，青龙衔元甲图而出"。

另据民间传说，周武王伐纣大军开拔之前，曾于渭水中捕得一条蛟龙。为了让大家都沾点龙气，武王决定让部族成员共食这条龙。一条龙，显然不够成千上万的人吃，于是就将龙肉放到大锅里煮汤，以汤浇面，吃了面，再把汤倒回锅里，这样不断反复，让大家都喝到了龙汤，沾上了龙气。武王用这种办法，凝聚了人心，鼓舞了士气，伐纣大军所向披靡，一举成功，可以说与吃此面、食此龙有关。此传说，即为陕西关中西府特色小吃岐山臊子面的来由之一。

龙是多元容合的神物，自然界是没有的。自然界有的，是龙的容合对象，如蛇、鳄、蜥、鱼、鲵等。前1000年前后的西周王朝以丰京和镐京为首都，并称"丰镐"，其遗址位于今西安市长安区马王镇、斗门镇一带的沣河两岸。2017年1月12日，媒体报道了镐京遗址首次发现十二块鳄鱼骨板的消息。对这些鳄鱼骨板，考古人员有两个推测：（1）可能是一种名叫鼍鼓的礼乐器遗存。商周时期人们把以鳄鱼皮做面的鼓称为鼍鼓。（2）或许是当时人们食用鳄鱼肉后留下的残骸。由此可推测，西周时期，关中一带或许有鳄鱼出没，那么，民间传说中周武王捕得的所谓"蛟龙"，很可能就是鳄鱼。这样的推测，为周武王获蛟聚众食之提供了一个注解，而此事件也似可归入龙瑞。

2. 秦汉龙祥瑞

《史记·封禅书》载："秦始皇既并天下而帝。或曰：'黄帝得土德，黄龙地螾见。夏得木德，青龙止于郊，草木畅茂。殷得金德，银自山溢。周得火德，有赤乌之符。今秦变周，水德之时。昔秦文公出猎，获黑龙，此其水德之瑞。'于是秦更命河曰'德水'，以冬十月为年首，色上黑，度以六为名，音上大吕，事统上法。"从这段话中，可以读出以下信息：（1）秦始皇的先祖秦文公出外狩猎时，曾获得一条黑龙。——龙是神物，秦文公当然不能获得，他获得的应当是龙的容合对象——黑色或近黑色的鳄鱼或蟒蛇，秦文公将龙的容合对象鳄鱼或蟒蛇当作了龙。（2）秦宫廷对秦文公"获黑龙"这件事很重视，将其与五德终始说相联系，认为是可以代替以火德为禀赋、为标志、为表征的周朝的"水德"之瑞。——这里隐含着两个认知：一是龙是水物、水神，可以象征、代表水；二是龙是吉祥之物，可以象征祥瑞。（3）秦始皇认可、同意秦文公"获黑龙"是"水德之瑞"的说法。由此可以看出，秦始皇对龙是崇拜的，相信龙瑞对其政治统治是有利的。

同时，还有一些文献可为上述认知提供佐证：

（1）《史记·封禅书》："其后十六年，秦文公东猎汧渭之间，卜居之而吉。文公梦黄蛇自天下属地，其口止于鄜衍。文公问史敦，敦曰：'此上帝之征，君其祠之。'于是作鄜畤，用三牲郊祭白帝焉。"——蛇，龙的容合对象也。

（2）《史记·秦本纪》之《索隐述赞》："金祠白帝，龙祚水德。祥应陈宝，妖除丰特。""祚"为"赐福"之意，"龙祚水德"意为神龙赐福秦以水德为禀赋、为标志、为表征。

（3）《元和郡县图志·关内道》："龙首山，在县北一十里，长六十里，头入渭水，尾达樊川。秦时有黑龙从南山出饮水，其行道因成土山。"此记言龙首山之得名，也透露出秦与"黑龙"之瑞、与水有关。

（4）《史记·秦始皇本纪》裴骃集解："秦以前，民皆以金玉为印，龙虎钮，唯其所好。秦以来，天子独以印称玺，又独以玉，群臣莫敢用。"《晋书·舆服志》："秦始皇蓝田玉玺，螭兽钮，在六玺之外。文曰'受天之命，皇帝寿昌'。"螭，龙属。

（5）《史记·秦始皇本纪》："方士徐市等入海求神药，数岁不得，费多，恐谴，乃诈曰：'蓬莱药可得，然常为大鲛鱼所苦，故不得至，愿请善射与俱。见则以连弩射之。'始皇梦与海神战，如人状。问占梦，博士曰：'水神不可见，以大鱼蛟龙为候。今上祷祠备谨，而有此恶神，当除去，而善神可致。'乃令入海者赍捕巨鱼具，而自以连弩候大鱼出射之。自琅邪北至荣成山，弗见。至之罘，见巨鱼，射杀一鱼。"蛟为龙属，原型或为鳄鱼。大鱼、巨鱼或为鲨鱼，也是龙的容合对象。

（6）《太平御览》卷六十六引刘桢《京口记》："龙目湖，秦王东游观地势，云此有天子气，使赭衣徒凿湖中长冈使断，因改为丹徒。"

汉代国祚长，龙祥瑞出现得多，与政治伦理捆绑得比较紧，对后世的影响也比较大。

《史记·高祖本纪》载："高祖，沛丰邑中阳里人，姓刘氏，字季。父曰太公，母曰刘媪。其先刘媪尝息大泽之陂，梦与神遇。是时雷电晦冥，太公往视，则见蛟龙于其上。已而有身，遂产高祖。高祖为人，隆准而龙颜，美须髯，左股有七十二黑子。仁而爱人，喜施，意豁如也。常有大度，不事家人生产作业。及壮，试为吏，为泗水亭长，廷中吏无所不狎侮。好酒及色。常从王媪、武负贳酒，醉卧，武负、王媪见其上常有龙，怪之。高祖每酤留饮，酒雠数倍。及见怪，岁竟，此两家常折券弃责。高祖常繇咸阳，纵观，观秦皇帝，喟然太息曰：'嗟乎，大丈夫当如此也！'"对这段记述传达出的信息，可以做如下讨论：

第一，如何理解"蛟龙于其上"？有两种说法：一是蛟龙在刘媪的身上，刘媪与龙交合；二是两条龙在刘媪身上交合，刘媪身有感应。不管哪种说法，都把刘媪怀孕、刘邦出生与龙联系在一起。也就是说，刘邦的孕生是很不平凡的，是有神龙参与的；刘邦是一个"龙种"——后世的"真龙天子"一说，即由此而来。

第二，什么是"隆准而龙颜"？"隆准"，隆意为高，准是鼻子，隆准就是高鼻梁；"龙颜"，即龙的容貌。汉末魏初南阳人文颖在《汉书注》中解释说："高祖感龙而生，故其颜貌似龙，长颈而高鼻。"按此说法，言刘邦龙颜，仅仅是因为刘邦鼻梁高、脖子长。龙的容貌由新石器时代发展到汉代，除了鼻凸、颈长外，还有额显、嘴大、吻伸等特点。刘邦是不是也额显、嘴大、吻伸呢？未见相关资料，不能断定。

第三，文中说刘邦醉酒后，"其上常有龙"，这当然是后人编造的，除非刘邦会魔术，能利用醉酒遮人眼目，变出一条龙来。编造这样的祥瑞、神迹，是为了与上述"蛟龙于其上"对应、衔接，以增加"真龙天子"说法的可信度。

第四，刘邦在咸阳街道看到秦始皇的车辇经过，喟叹"大丈夫当如此也"，有羡慕、仿效之意。这样的描述与龙有关，因为秦始皇被称为"祖龙"，秦始皇的威仪可谓帝王龙的威仪，刘邦觉得自己身为大丈夫，也应享有这样的帝王龙的威仪。

第五，谁是上述说法的"始作俑者"？因为"蛟龙于其上"的当事人是刘邦的母亲，发现者是刘邦的父亲，除这二老再无旁证，那么，上述说法的编造者，很可能就是刘邦的母亲父亲，或者就是刘邦自己。当然，也有一种可能：刘邦和他的亲信策划于密室，然后再由追随者传播开来。

第六，刘邦打天下，为什么要选用龙来抬高自己、神化自己？至少有两个原因：一是新石器时代早期就被发明、展现的龙，经过数千年的容合、演进，到了汉代，其形象已初步定型，其身上所具备的种种神性已经强大且彰显，这些神性和"帝王性"多有吻合之处：龙潜飞自如，无挂无碍，自由来去于昊天潢池，自然而然地就充当起天地间的信使：既可直达天庭，向天帝报告人间的情况；又可从天庭下来，传达天帝的旨意。帝王称"受命于天"，是天之骄子，代替天帝、依据天命而管理人间。于是，龙的通天的神性和帝王们代天牧民的帝王品格在这儿交织在了一起。龙有兆瑞的神性，是能够给天下人带来好处的神物，帝王们也都认为自己的君权是神授的，具备布德于四方、施惠于万民的神力。因此，帝王们大都感觉良好，认为自己的王道德政和龙的吉祥嘉瑞是一致的，是同功同能的。龙还具备善变、显灵、示威的神性，它时而怪诞，时而灵异，潜显无时，变化莫测，也有发威迁怒、张牙舞爪、凶恶狞厉的一面：这一切都是帝王们所需要的。这样看来，以打江山坐江山为目的的刘邦，选用龙也就自然而然了。二是且不说传说中的那些远古帝王被称龙比龙，前朝的开国皇帝就树立了样板——秦始皇嬴政不就默认"祖龙"之比称吗？

《史记·高祖本纪》中还有两段记述与龙有关：

其一是："高祖以亭长为县送徒骊山，徒多道亡。自度比至皆亡之，到丰西泽中，止饮，夜乃解纵所送徒。曰：'公等皆去，吾亦从此逝矣！'徒中壮士愿从者十余人。高祖被酒，夜径泽中，令一人行前。行前者还报曰：'前有大蛇当径，愿还。'高祖醉，曰：'壮士行，何畏！'乃前，拔剑击斩蛇。蛇遂分为两，径开。行数里，醉，因卧。后人来至蛇所，有一老妪夜哭。人问何哭，妪曰：'人杀吾子，故哭之。'人曰：'妪子何为见杀？'妪曰：'吾子，白帝子也，化为蛇，当道，今为赤帝子斩之，故哭。'人乃以妪为不诚，欲告之，妪因忽不见。后人至，高祖觉。后人告高祖，高祖乃心独喜，自负。诸从者日益畏之。"

其二是："秦始皇帝常曰'东南有天子气'，于是因东游以厌之。高祖即自疑，亡匿，隐于芒、砀山泽岩石之间。吕后与人俱求，常得之。高祖怪问之，吕后曰：'季所居上常有云气，故从往常得季。'高祖心喜。沛中子弟或闻之，多欲附者矣。"

两段记述讲了两个问题：一是刘邦醉后斩蛇被包装成赤帝子斩白帝子。蛇是龙的主要的也是重要的取材对象，常被人称为"小龙"或"龙"，这段记述隐含的意思就是赤龙斩白龙。关于白帝，东汉学者应劭解释说："秦襄公自以居西戎，主少昊之神，作西畤，祠白帝。至献公时栎阳雨金，以为瑞，又作畦畤，祠白帝。少昊，金德也。赤帝尧后，谓汉也。杀之者，明汉当灭秦也。"（《史记·高祖本纪》裴骃集解引）这是说秦的先祖从秦襄公到秦献公，都崇尚五行中的"金"，即"五德终始说"中的"金德"，而金在方位上主西，在色彩上主白。按五行相克的顺序，克金者为"火"，而火在方位上主南，在色彩上主赤。因此，生在南方的欲代秦而立的刘邦就被包装成了赤帝之子。二是刘邦头上有云气。云也是龙的取材对象，有"云从龙"之说。秦始皇说"东南有天子气"，吕后说刘邦居住之上方"常有云气"，"天子气"与"云气"在这里可以画等号，因为"天子气"和"云气"都是"龙气"。这样的关联，司马迁在《史记·项羽本纪》中已通过范增之口讲了出来，原文是："范增说项羽曰：'沛公居山东时，贪于财货，好美姬。今入关，财物无所取，妇女无所幸，此其志不在小。吾令人望其气，皆为龙虎，成五采，此天子气也。急击勿失！'"

关于天子气，《晋书》卷十二《天文志》的解释可资参考："天子气，内赤外黄，四方所发之处当有王者。若天子欲有游往处，其地亦先发此气。或如城门隐隐在气雾中，恒带杀气森森然。或如华盖在气雾中，或气象青衣人无手，在日西，或如龙马，或杂色郁郁冲天者，此皆帝王气。"

上述之外，与刘邦有关的"龙瑞"还有《宋书》卷二十七《符瑞志》所载："汉高帝父曰刘执嘉。执嘉之母，梦赤鸟若龙戏己，而生执嘉，是为太上皇帝。"《艺文类聚》卷九十八引《古今注》："高祖五年，黄龙见华阳池十余日；九年，又见长安。"

刘邦是大汉王朝的创建者，后世对其评价较多，其中涉"龙"者，有东汉荀悦在《汉纪·高祖皇帝纪》中言："高祖起于布衣之中，奋剑而取天下，不由唐虞之禅，不阶汤武之王，龙行虎变，率从风云，征乱伐暴，廓清帝宇，八载之间，海内克定，遂何天之衢，登建皇极。"唐司马贞在《史记索隐》中言："高祖初起，始自徒中。言从泗上，即号沛公。啸命豪杰，奋发材雄。彤云郁砀，素灵告丰。龙变星聚，蛇分径空。项氏主命，负约弃功。王我巴蜀，实愤于衷。三秦既北，五兵遂东。汜水即位，咸阳筑宫。威加四海，还歌大风。"两段话中的"龙行虎变""龙变星聚"句，其"龙"即喻指刘邦。

汉文帝刘恒是刘邦与薄姬所生，登基前为代王。薄姬原为魏王豹之妃，魏王豹死后，她被安置在织布房。《史记·外戚世家》载："汉王入织室，见薄姬有色，诏内后宫，岁余不得幸。始姬少时，与管夫人、赵子儿相爱，约曰：'先贵无相忘。'已而管夫人、赵子儿先幸汉王。汉王坐河南宫成皋台，此两美人相与笑薄姬初时约。汉王闻之，问其故，两人具以实告汉王。汉王心惨然，怜薄姬，是日召而幸之。薄姬曰：'昨暮夜妾梦苍龙据吾腹。'高帝曰：'此贵征也，吾为汝遂成之。'一幸生男，是为代王。"

这段记述有编造的嫌疑。编造这样的故事，是为了将代王刘恒与龙相联系，让人们相信，刘恒也与乃父刘邦一样，是"真龙天子"，当皇帝是顺应天意、有资格的。

山西晋源有一座"龙天庙"，乡人称为"刘王祠"。享受该庙香火的人就是刘恒。当年高祖刘邦设立了"代国"，封刘恒为代王，都城就在晋阳。刘恒在晋阳待了十七年，史称"龙潜晋阳"十七年。后来，刘恒被迎立为汉文帝，晋人便"立庙祀之"。按此说，这个庙开始可能不叫"龙天庙"，而叫"龙潜庙"，帝王未做帝王前，称"龙潜"或"潜龙"。

《史记·孝文本纪》还有两条与龙有关的记载：一说是文帝十五年的春

天,鲁国人公孙臣上书言,按五德终始学说,现在正当土德,土德的验证是黄龙出现,应当更改历法、服色等制度。文帝让丞相讨论这件事。丞相经过推算认为现今是水德,崇尚的应该是黑色,认为公孙臣的说法不对,请文帝不要采纳。二说是文帝十五年,有黄龙出现在天水成纪,文帝又招来鲁国的公孙臣,任命其为博士,让其重新说明当今应为土德的道理。文帝还就此下诏书,言有异物之神出现在成纪,没有伤害百姓,今年又是个丰收年,他要亲自到郊外祭祀上帝和诸神,云云。

《汉书·文帝纪》在记载上述事情时有所简化,曰:"十五年春,黄龙见于成纪。上乃下诏议郊祀。公孙臣明服色,新垣平设五庙,语在《郊祀志》。夏四月,上幸雍,始郊见五帝,赦天下。修名山大川尝祀而绝者,有司以岁时致礼。"

从以上记载可以看出,在崇龙问题上,文帝刘恒与乃父高祖刘邦一脉相承:不管内心是否真的崇信,行为上是明确的、不含糊的。"黄龙见"为文帝郊祀五帝、大赦天下、恢复对名山大川断绝了的祭祀提供了由头。而郊祀五帝、大赦天下、祭祀名山大川,一方面显示了文帝浓厚的敬祖崇天的意识,同时也是文帝"文治"理念、国策的体现。当然,作为神物,"黄龙"是不会"见"的。人们所见,只可能是龙的"模特儿",如鳄、蛇、鱼、蜥等动物或闪电、云、龙卷风等天象。或者,压根就没有见,只是下级官吏为了言事(或邀宠、讨赏)而编造出来的"新闻"而已。

客观评价,文帝刘恒这条"龙"还是不错的,算得上一条造福百姓的"善龙"。其在位期间,执行与民休息、轻徭薄赋、鼓励生产的政策。其子景帝刘启接班后,执行同样的政策,致使国家政治清明、经济发展、人口大增、仓库盈溢,为西汉王朝的兴盛奠定了基础。历史上便把汉初大约四十年的时光称为"文景之治"。

汉武帝刘彻的龙祥瑞在其出生时就已显现。《汉武帝内传》载:"汉孝武皇帝,景帝子也。未生之时,景帝梦一赤彘从云中下,直入崇芳阁。景帝觉而坐阁下,果有赤龙如雾,来蔽户牖。宫内嫔御,望阁上有丹霞蓊蔚而起。霞灭,见赤龙盘回栋间。景帝召占者姚翁以问之。翁曰:'吉祥也。此阁必生命世之人,攘夷狄而获嘉瑞,为刘宗盛主也。……'景帝使王夫人移居崇芳阁,欲以顺姚翁之言也,乃改崇芳阁为猗兰殿。旬余,景帝梦神女捧日以授王夫人,夫人吞之,十四月而生武帝。景帝曰:'吾梦赤气化为赤龙,占者以为吉,可名之吉。'至三岁,景帝抱于膝上,抚念之,知其心藏洞彻,试问:'儿乐为天子否?'对曰:'由天不由儿。愿每日居宫垣,在陛下前戏弄,亦不敢逸豫,以失子道。'景帝闻而愕然,加敬而训之。他日复抱之几前,试问:'儿悦习何书?为朕言之。'乃诵伏羲以来,群圣所录,阴阳诊候,及龙图龟策数万言,无一字遗落。至七岁,圣彻过人,景帝令改名彻。"

对以上描述,可以做以下解读:第一,《汉武帝内传》的作者非西汉时期人,我们不能断定汉景帝的"赤龙之梦"就一定发生过。也就是说,可能有四种情形:一是景帝真的做过此梦,讲给人听,被传播、记录了下来。二是景帝没有做过此梦,但此梦是景帝自己编的,是为了让儿子刘彻接班顺利。三是此梦是汉武帝自己,或身边亲信编的,也是为了借助龙的神力,顺利接班,并巩固权力。四是《汉武帝内传》的作者编的,或民间人士创编、《汉武帝内传》的作者整理、记录的。不管怎样,汉景帝的这个"赤龙之梦"都白纸黑字地记录了下来,而且,也符合刘汉王朝的袭承模式。高祖有"龙种神话",文帝有"苍龙梦兆",景帝、武帝父子效仿祖先,搞一出"赤龙之梦",是很有可能的。第二,进入汉景帝的"赤龙之梦"的意象有猪、云、雾、霞、太阳等,猪、云、雾与"龙"相对应,霞、太阳与"赤"相对应。猪、云、雾都是龙的取材对象,尤其是猪,从远古以来既是生活资料,又是祭祀用品,作祭祀用品的猪,便有了沟通天地神人的功能,这样的功能正是龙所具备的功能。

如此看来,将汉武帝刘彻称作"赤猪龙"是可以的。好在这条"赤猪龙"具有开拓奋进、积极有为的精神。刘彻当政后,采纳董仲舒的建议,实施"罢黜百家,独尊儒术"的文化国策,开此后两千余年以儒学为正统的局面。同时,采取一系列措施,强化中央集权,增强国家实力。他治下的汉王朝通过连年战争,解除了匈奴对北方的威胁,将闽越、蜀、百越等蛮族融入中华民族之中。尤其是派张骞出使西域,开通了丝绸之路,使中西经济文化交流以国家主导的方式启动。有赖于汉武帝的雄才大略和文治武功,有赖于中华民族众多成员的齐心协力，汉王朝成为与古罗马并立的当时世界上两个强大的国家之一。

在《史记·孝武本纪》中，有四处记载出现了"龙"：

第一处是在封一个叫栾大的方士为"五利将军"、赐其四枚金印之后，汉武帝下诏书给御史，诏书中有"《乾》称'蜚龙'，'鸿渐于般'，意庶几与焉"语。这段话中，汉武帝将自己比作飞龙，将栾大比作鸿雁。第二处是在一只宝鼎在某地出土被呈送到长安后，主管官员对武帝汇报此事，有"今鼎至甘泉，光润龙变，承休无疆"之语。语中龙，作富于变化的神物用。第三处是在公孙卿向汉武帝讲黄帝铸鼎后乘龙升天神话，六次言及龙："鼎既成，有龙垂胡须下迎黄帝。黄帝上骑，群臣后宫从上龙七十余人，龙乃上去。余小臣不得上，乃悉持龙须，龙须拔，堕黄帝之弓。百姓仰望黄帝既上天，乃抱其弓与龙胡须号。"第四处是在为了讨伐南越，向泰一神告祷时，原文为："为伐南越，告祷泰一，以牡荆画幡日月北斗登龙，以象天一三星。"此处的龙象征的是天上的星辰。

在《汉书·武帝纪》中，有武帝"射蛟"的记载："五年冬，行南巡狩……自寻阳浮江，亲射蛟江中，获之。……夏四月，诏曰：'朕巡荆扬、辑江淮物，会大海气，以合泰山。上天见象，增修封禅。其赦天下。所幸县毋出今年租赋，赐鳏寡孤独帛，贫穷者粟。'"显然，汉武帝视"亲射蛟江中，获之"为祥瑞。

还有《汉武帝内传》："武帝夜梦与李少君俱上嵩高山，半道，有锦衣使者乘龙持节从云中下，言太一君召。觉，即告近臣曰：'如朕梦，少君将舍朕去矣。'"《洞冥记》："元鼎元年，起招仙阁于甘泉宫西。……有白凤、黑龙、夔足来，戏于阁上。""元封三年……故阳关之外，花牛津时得异石，长十丈，高三丈，立于望仙宫，因名龙钟石。武帝末，此石自陷入地，唯尾出土上，今人谓龙尾墩也。"《水经注·渭水上》："秦武公十年，伐邽，县之。旧天水郡治，五城相接，北城中有湖水，有白龙出是湖，风雨随之。故汉武帝元鼎三年，改为天水郡。"

刘询是汉武帝刘彻的曾孙，在位期间，励精图治，任贤用能，轻徭薄赋，发展生产，加强边防，威信北夷。《汉书·宣帝纪》评之以"功光祖宗，业垂后嗣，可谓中兴"。从龙文化的角度看，刘询也堪称承扬龙的"容合、福生、谐天、奋进"精神的"帝王龙"。尤其是前49年，即其执政的最后一年，以"黄龙"为年号，这是龙与皇权正式结合，即龙文化成为制度文化、官方文化的起始标志。以"黄龙"为年号的起因，是有龙瑞出现，所谓"黄龙见"，即有黄肤色的龙出现。《汉书·宣帝纪》"黄龙元年"句后引应劭之注："先是黄龙见新丰，因以冠元焉。"又载唐颜师古注："《汉注》云此年二月黄龙见广汉郡，故改年。然则应说非也，见新丰者于此五载矣。"这样看来，在宣帝在位期间，"黄龙"至少两次出现，一是甘露元年（前53），黄龙出现在新丰（今陕西临潼新丰镇）；二是黄龙元年（前49），黄龙出现在广汉郡（今四川省广汉市）。

龙是神物，自然界里当然不会出现，自然界里出现的，只可能是龙的"模特儿"、容合对象，即蛇、鳄、蜥、鱼、云、闪电、龙卷风之类，故所谓的"黄龙见"，见的不过是某种动物或天象而已。人们以为黄龙出现了，象征祥瑞光临，就赶快上报朝廷，朝廷也乐于有这样的呈报，于是就改年号、"郊泰畤"。所以，可以说，"黄龙见"不过是宣帝君臣心照不宣、互相配合所上演的一场"秀"而已。

然而，这样的"秀"对凝聚人心、树立威信、巩固政权是必要的，其背后的人文支撑，是几千年来所形成、所认同、所传续、所发酵的对身外自然力的代表——龙神崇敬不怠的心理积淀。用21世纪流行的话讲，治理国家需要硬实力，也需要软实力，崇龙文化就是汉王朝的软实力。

汉宣帝是一位很会用软实力治理国家的皇帝。其在位期间，不仅重视对龙文化的运用，还重视对龙文化的亚属文化——凤凰文化、麒麟文化的运用。翻开《汉书·宣帝纪》，会发现从其亲政到去世的十八年间，"凤凰见"竟多达十三次，每次"凤凰见"后，都有相应的慰官爱民甚至仁物的诏令颁布。如本始元年（前73），"五月，凤凰集胶东、千乘。赦天下。赐吏二千石、诸侯相、下至中都官、宦吏、六百石爵，各有差，自左更至五大夫。赐天下人爵各一级，孝者二级，女子百户牛酒。租税勿收。"如元康三年（前63），诏曰："前年夏，神爵集雍。今春，五色鸟以万数飞过属县，翱翔而舞，欲集未下。其令三辅毋得以春夏巢探卵，弹射飞鸟。具为令。"如甘露三年（前51），诏曰："乃者凤凰集新蔡，群鸟四面行列，皆向凤凰立，以万数。其赐汝南太守帛百匹，新蔡长吏、三老、孝悌力田、鳏寡孤独各有差。赐民爵二级。毋出今年租。"还因"凤凰见"而两次改年号：一次是元康五年（前61），"幸万岁宫，神爵翔集"而改年号为"神爵"，"爵"通"雀"，"神爵"即神雀，凤凰也；一次是神爵四年（前58），因"冬十月，凤凰十一集杜陵""十二月，凤凰集上林"而改年号为"五凤"。

汉代未央宫中有麒麟阁，因汉武帝元狩年间打猎获得麒麟而命名。麒麟属于龙族神物，作为神物的麒麟，自然界中不会有，但自然界有麒麟的"模特儿"，即容合对象鹿、犀、牛、羊等及这些动物的变异，汉武帝元狩年间打猎所获得的麒麟，便是上述动物或其变异的某一种。

《汉书·李广苏建传》载："甘露三年，单于始入朝，上思股肱之美，乃图画其人于麒麟阁，法其形貌，署其官爵姓名。"汉宣帝在麒麟阁里表彰了霍光、张安世、韩增、赵充国、魏相、丙吉、杜延年、刘德、梁丘贺、萧望之、苏武等十一位功臣。龙可以象征、比喻帝王，也可以象征、比喻人杰，麒麟也可以象征、比喻人杰，但未见象征、比喻帝王的案例。

还有一件与龙有关的事情发生在汉宣帝时期。《汉书·冯奉世传》载："奉世遂西至大宛。大宛闻其斩莎车王，敬之异于它使。得其名马象龙而还。上甚悦，下议封奉世。"带一匹像龙的马回来，就令汉宣帝高兴并得到了封赏，可见汉宣帝对龙的重视。

刘秀是汉高祖刘邦的九世孙，东汉王朝的建立者。《后汉书·光武帝纪》有三处记载将刘秀与龙相联系。

第一处：更始三年（25）即建武元年。春夏，刘秀部下诸将先后数次议请刘秀即尊位、做皇帝，刘秀均未答应。行到河北南平棘（今赵县东南），将军"耿纯进曰：'天下士大夫捐亲戚，弃土壤，从大王于矢石之间者，其计固望其攀龙鳞，附凤翼，以成其所志耳。今功业即定，天人亦应，而大王留时逆众，不正号位，纯恐士大夫望绝计穷，则有去归之思，无为久自苦也。大众一散，难可复合。时不可留，众不可逆。'纯言甚诚切，光武深感，曰：'吾将思之。'"耿纯进言中的"攀龙鳞，附凤翼"，是依附帝王以成就功业、显威扬名之意，其龙喻指皇帝刘秀、凤喻指帝后。《汉书·叙传下》有"舞阳鼓刀，滕公厩驺，颍阴商贩，曲周庸夫，攀龙附凤，并乘天衢"句；汉扬雄《法言·渊骞》有"攀龙鳞，附凤翼，巽以扬之，勃勃乎其不可及也"句。耿纯再言，说明龙喻帝王、凤喻帝后，在当时已成共识。而刘秀自己对这样的喻指也是心领神会，暗中肯定，故有"吾将思之"之语。

第二处："行至鄗，光武先在长安时同舍生强华，自关中奉《赤伏符》，曰：'刘秀发兵捕不道，四夷云集龙斗野，四七之际火为主。'群臣因复奏曰：'受命之符，人应为大，万里合信，不议同情，周之白鱼，曷足比焉？今上无天子，海内淆乱，符瑞之应，昭然著闻，宜答天神，以塞群望。'光武于是命有司设坛场于鄗南千秋亭五成陌。六月已未，即皇帝位。"当刘秀在部下的拥护下考虑做皇帝的关口，他当年的老同学强华奉献了一则据说来自关中的《赤伏符》，这段话中的龙，包括刘秀，但不单指刘秀，而是指当时所有想成"龙"而起事发兵、逐鹿中原者。言"火为主"，是因为篡夺汉家天下的王莽认为汉为火德，那么，刘秀要恢复汉室，就称自己是火德的秉持者。强华所献之符称"赤伏"，显然是投其所好。

第三处："论曰：皇考南顿君初为济阳令，以建平元年十二月甲子夜生光武于县舍，有赤光照室中。钦异焉，使卜者王长占之。长辟左右曰：'此兆吉不可言。'是岁县界有嘉禾生，一茎九穗，因名光武曰秀。……及始起兵还春陵，远望舍南，火光赫然属天，有顷不见。初，道士西门君惠、李守等亦云刘秀当为天子。其王者受命，信有符乎？不然，何以能乘时龙而御天哉！"这段话是《后汉书》作者范晔的评说之语。既然刘秀称自己秉持火德，登基后，还"始正火德，色尚赤"，因而刘秀与火的神话便编了出来，如"有赤光照室中""火光赫然属天"等等。一句"不然，何以能乘时龙而御天哉"，说明范晔是相信这些的，而这句话又改《周易》乾卦的象辞"时乘六龙以御天"——意思是"太阳驾驭着六条龙统御着天空"，为"乘时龙而御天"——意思是"凭借着时代给予的作帝王龙的机会治理着天下"。

在《后汉书·冯岑贾列传》中，刘秀则以梦兆的方式，直接喻自己为"赤龙"。且看："移檄上状，诸将皆入贺，并劝光武即帝位。光武乃召异诣鄗，问四方动静。异曰：'三王反畔，更始败亡，天下无主，宗庙之忧，在于大王。宜从众议，上为社稷，下为百姓。'光武曰：'我昨夜梦乘赤龙上天，觉悟，心中动悸。'异因下席再拜贺曰：'此天命发于精神。心中动悸，大王重慎之性也。'异遂与诸将定议上尊号。"

《金楼子·兴王篇》亦记："汉世祖文叔，建平元年十二月甲子夜，生于武帝故宫。有赤光照室，影如五麟七凤。……更始起兵，还舂陵，远望舍内火光，赫然属天。梦乘赤龙登天上，珠阶玉闼，乃以三千人破王莽百万众。"文叔是汉光武帝刘秀的字。《后汉书·光武帝纪》："世祖光武皇帝讳秀，字文叔。"

还有《宋书》卷二十七《符瑞志》："光武又梦乘赤龙登天，乃即位，都洛阳，营宫阙。"

依据上述资料，我们可以将汉光武帝刘秀称为"尚火之赤龙"。从治理国家的角度看，刘秀这条"赤龙"还是不错的。他平灭割据势力，结束战乱纷争，偃武修文，发展生产，解放奴婢，轻徭薄赋，为刘汉王朝又延续近二百年奠定了基础。

上述之外，见于记载的汉王朝及王莽新朝龙祥瑞还有数十条，如：

"董仲舒梦蛟龙入怀，乃作《春秋繁露》词。"（《西京杂记》）董仲舒是西汉思想家，其"罢黜百家，独尊儒术"的主张被汉武帝采纳。

"东方朔，字曼倩。……朔复去家万里，见一枯树，脱布挂于树。布化为龙，因名其地为布龙泽。"（《洞冥记》）东方朔是西汉文学家。

"孝成建始元年九月戊子，有流星出文昌，色白，光烛地，长可四丈，大一围，动摇如龙蛇形。"（《汉书·天文志》）

"会越嶲郡上黄龙游江中，太师孔光、大司徒马宫等咸称莽功德比周公，宜告祠宗庙。"（《汉书·盖诸葛刘郑孙毋将何传》）语中莽即王莽，新朝开国皇帝。"光耀显章，天符仍臻，元气大同。麟凤龟龙，众祥之瑞，七百有余。""是时，长安民闻莽欲都洛阳，不肯缮治室宅，或颇彻之。莽曰：'玄龙石文曰"定帝德，国洛阳"。符命著明，敢不钦奉！'"（《汉书·王莽传》）

公孙述又说"有龙出其府殿中，夜有光耀，述以为符瑞，因称尊号，改元曰龙兴。"（《太平御览》引《东观汉记》）公孙述，新莽末年、东汉初年称帝于蜀，国号成家，年号龙兴。"公孙述至鱼复，有白龙出井中，因号鱼复为白帝城。"（《太平御览》引《郡国记》）

汉章帝刘炟建初年间，"湘水去泉陵城七里，水上聚石曰燕室丘，临水有侠山，其下岩淦，水深不测。二黄龙见，长出十六丈，身大于马，举头顾望，状如图中画龙。燕室丘民皆观见之。去龙可数十步，又见状如驹马，小大凡六，出水遨戏陵上，盖二龙之子也。并二龙为八。出移一时乃入。"（《论衡·验符》）

"永元十年，黄龙见颖川定陵民家井中，色黄，目如镜，又见巴郡宕渠，草木色皆黄。"（《艺文类聚》引《古今注》）永元是东汉和帝刘肇的第一个年号。

3. 汉以后龙祥瑞举例

汉代以降，各朝有关龙祥瑞的记述有数百条之多。限于篇幅，本书只举几例简要说明。

《艺文类聚》引《魏略》："文帝欲受禅，郡国奏黄龙十三见。明帝铸铜黄龙，高四尺，置殿前。"魏文帝，指曹丕，魏武帝曹操之子，曹魏开国皇帝。魏明帝，指曹叡，曹丕长子，曹魏第二位皇帝。

《三国志·蜀书·先主传》："群下前后上书者八百余人，咸称述符瑞，图、谶明征。间黄龙见武阳赤水，九日乃去。《孝经·援神契》曰'德至渊泉则黄龙见'，龙者，君之象也。《易》乾九五'飞龙在天'，大王当龙升，登帝位也。"先主，指三国时期蜀开国君主刘备。

《金楼子·兴王篇》："晋世祖安世，少厉高行，造次必于忠恕……虽飨国未久，德洽于民矣。其后惠、怀丧乱，中宗东渡，所谓'五马俱渡江，一马化为龙'者也。"晋世祖即司马炎，字安世。

《晋书·吕光载记》："至是，光左臂内脉起成字，文曰'巨霸'。营外夜有一黑物，大如断堤，摇动有头角，目光若电，及明而云雾四周，遂不复见。旦视其处，南北五里，东西三十余步，鳞甲隐地之所，昭然犹在。光笑曰：'黑龙也。'俄而云起西北，暴雨灭其迹。杜进言于光曰：'龙者神兽，人君利见之象。《易》曰："见龙在田，德施普也。"斯诚明将军道合灵和，德符幽显。愿将军勉之，以成大庆。'光有喜色。""光于是以太元二十一年僭即天王位，大赦境内，改年龙飞。"吕光是前秦著名将领，十六国时期军事家，后凉开国君主。

《南史·宋本纪上》：高祖"尝游京口竹林寺，独卧讲堂前，上有五色龙章。众僧见之，惊以白帝，帝独喜曰：'上人无妄言。'"高祖，指刘裕，南朝宋开国皇帝。

《隋书·高祖帝纪》："皇妣吕氏，以大统七年六月癸丑夜，生高祖于冯翊般若寺，紫气充庭。有尼来自河东，谓皇妣曰：'此儿所从来甚异，不可于俗间处之。'尼将高祖舍于别馆，躬自抚养。皇妣尝抱高祖，忽见头上角出，遍体鳞起。皇妣大骇，坠高祖于地。尼自外入见曰：'已惊我儿，致令晚得天下。'为人龙颔，额上有五柱入顶，目光外射，有文在手曰'王'。长上短下，沉深严重。初入太学，虽至亲昵不敢狎也。"隋文帝杨坚，隋朝开国皇帝，庙号高祖。

《旧唐书·玄宗本纪》："玄宗皇帝讳隆基，睿宗第三子也。……景龙二年四月，兼潞州别驾。十二月……州境有黄龙白日升天。尝出畋，有紫云在其上，后从者望而得之。前后符瑞凡一十九事。……上所居里名隆庆，时人语讹以'隆'为'龙'；韦庶人称制，改元又为唐隆，皆符御名。……秋七月癸丑朔。壬戌，次益昌县，渡吉柏江，有双鱼夹舟而跃，议者以为龙。……上元二年四月甲寅，崩于神龙殿，时年七十八。……初，上皇亲拜五陵，至桥陵，见金粟山岗有龙盘凤翥之势，复近先茔，谓侍臣曰：'吾千秋后宜葬此地，得奉先陵，不忘孝敬矣。'至是，追奉先旨以创寝园，以广德元年三月辛酉葬于泰陵。"

《宋史·董遵诲列传》："太祖微时，客游至汉东，依宗本，而遵诲凭藉父势，太祖每避之。遵诲尝谓太祖曰：'每见城上紫云如盖，又梦登高台，遇黑蛇约长百尺余，俄化龙飞腾东北去。'"宋太祖赵匡胤，宋朝开国皇帝。

《明史·姚广孝列传》："……成祖遂决策起兵。适大风雨至，檐瓦堕地，成祖色变。道衍曰：'祥也。飞龙在天，从以风雨。瓦堕，将易黄也。'兵起，以诛齐泰、黄子澄为名，号其众曰'靖难之师'。"明成祖朱棣，明太祖朱元璋第四子，明朝第三位皇帝。文中"道衍"是姚广孝的法名，他是明成祖"靖难之变"的主要策划者。

《清史稿·世祖本纪》："世祖……讳福临，太宗第九子。母孝庄文皇后方娠，红光绕身，盘旋如龙形。诞之前夕，梦神人抱子纳后怀曰：'此统一天下之主也。'寤，以语太宗。太宗喜甚，曰：'奇祥也，生子必建大业。'翌日上生，红光烛宫中，香气经日不散。上生有异禀，顶发耸起，龙章凤姿，神智天授。"清世祖爱新觉罗·福临，清朝第三位皇帝，是清朝定都北京后的第一位皇帝。

4. 龙祥瑞分析

通过对龙祥瑞的梳理，可以看出：（1）龙祥瑞在每个朝代都有出现。在王朝更替频率比较高的时代，如魏晋南北朝时期，龙祥瑞出现的频率也会高一些。（2）与汉族类同，少数民族精英层、统治者也信奉、推崇龙祥瑞，如魏晋南北朝时期羯族的石勒，氐族的吕光、苻坚，鲜卑族的秃发利鹿孤、慕容皝，以及蒙古族建立的元朝、满族建立的清朝。（3）龙祥瑞有时单独出现，有时与其他祥瑞如凤、龟、麒麟、白虎、景星、庆云、嘉禾、甘露等一同出现。（4）龙祥瑞的出现多与政治有关，或者说属于政治伦理的组成部分。

这里有两个问题：真的有龙祥瑞吗？为什么会出现龙祥瑞？

对第一个问题，即到底有没有龙祥瑞，笔者的回答是：没有真正意义上的龙祥瑞，只有将龙的取材对象或艺术品当作龙本身的龙祥瑞。因为，龙是中国古人对自然界中的多种动物和天象以多元容合的方式发明、展现出来的神物，这样的神物是不会在肉眼凡胎的人面前出现的。在人面前出现的龙，要么是龙的某个容合对象，如鳄、蛇、蜥、鱼、鲵、猪、鹿、熊、牛、马等动物，或云、雷电、星宿、龙卷风等天象；要么是人们创造的实为艺术品的龙。上述史书古籍记述的龙祥瑞，不外乎四种情形：一是某种动物，包括遗传变异动物；二是某种天象；三是人们创造、制作出来的具有龙形态的艺术品；四是无中生有，是人们虚构、编造出来的假信息、假报告。

对第二个问题，即龙祥瑞出现的原因，笔者认为至少有四个方面：

一是"天人感应"的观念对人们的影响。天人关系，即人与自然界的关系问题，应该说在人类成为人类的那一天就开始出现了，人生活在天空之下、天地之间，不可能不与天发生关系。那么，天的活动人可觉察、有感应，如天阴下雨时人会发困、打雷闪电时人会惊恐等等，而人的活动天有觉察吗？"礼尚往来"，应该是有的吧？这样的感悟、认识、思考，构成了"天人感应"观念形成的基础。而"天人感应"作为概念正式提出，则是汉代大儒董仲舒。在董仲舒看来，天意与人事是交感相应的，天能影响人事、预示灾祸、征兆吉祥，人的行为也能感应上天。这就是"天人感应"。所谓"天有阴阳，人亦有阴阳。天地之阴气起，而人之阴气应之而起；人之阴气起，而天地之阴气亦宜应之而起。其道一也"（《春秋繁露·同类相动》）。既然天人可以感应，作为天上神物的龙，就可以来到地上，与人、与人间的事情发生关联；而对人间发生的事情呢，作为神物的龙也会有所感应，从而有所显示。所谓"美事召美类，恶事召恶类，类之相应而起也。如马鸣则马应之，牛鸣则牛应之。帝王之将兴也，其美祥亦先见；其将亡也，妖孽亦先见。物故以类相召也"（《春秋繁露·同类相动》）。

二是改朝换代的需要。孔子之孙、儒家"述圣"子思说："至诚之道，可以前知。国家将兴，必有祯祥；国家将亡，必有妖孽。见乎蓍龟，动乎四体。"（《礼记·中庸》）改朝换代谓之打江山，即把别人正坐的江山夺过来自己坐，这就有一个"合法性"的问题。在古代中国，这种合法性用"天命"即"上天的旨意"来解释最有说服力。龙来自地上、水中的动物和天空中、天地间的天象，天然地具有"达天""通天"的神性，这样的神性使龙具有了沟通、代表、象征"天命"即"上天的旨意"的功能。于是，有了龙祥瑞，也就意味着获得了"天命"，就可以将争夺江山改朝换代说成是来自"上天的旨意"。于是，龙瑞刘邦，汉朝创立；黄龙出现，曹魏代汉……后世仿效，不绝如缕。

三是世治民和即仁政德治的证验。西汉政治家晁错说："诏策曰'明于国家大体'，愚臣窃以古之五帝明之。臣闻五帝神圣，其臣莫能及，故自亲事，处于法宫之中、明堂之上；动静上配天，下顺地，中得人。故众生之类亡不覆也，根著之徒亡不载也；烛以光明，亡偏异也；德上及飞鸟，下至水虫,草木诸产,皆被其泽。然后阴阳调,四时节,日月光,风雨时,膏露降,五谷熟,妖孽灭,贼气息,民不疾疫,河出图,洛出书,神龙至,凤鸟翔,德泽满天下,灵光施四海。此谓配天地,治国大体之功也。"(《汉书·爰盎晁错传》)西汉另一位政治家董仲舒说:"王者,人之始也。王正则元气和顺、风雨时、景星见、黄龙下。"(《春秋繁露·王道》)他还说:"世治而民和,志平而气正,则天地之化精,而万物之美起;世乱而民乖,志癖而气逆,则天地之化伤,气生灾害起。"(《春秋繁露·天地阴阳》)晁错把"动静上配天,下顺地,中得人""德泽满天下"与"神龙至,凤鸟翔"联系起来,认为如此即是"治国"的"大体之功";董仲舒将"王正""世治而民和"即仁政德治与景星、黄龙等"天地之化精"联系起来,言"王正""世治而民和"即仁政德治,就会有"天地之化精"出现,反过来,"天地之化精"出现就意味着"王正""世治而民和"即仁政德治。而龙就是不可多得的"天地之化精"。哪个治国者不想"动静上配天,下顺地,中得人""世治而民和"呢?于是,龙祥瑞就成为治国理政者希望看到的现象。有需求就会有生产,要什么就会有什么,没有什么也会造出什么。于是,龙祥瑞就若雨后之春笋,层出而不穷。

四是政治谋利的手段。龙祥瑞体现着"天人感应"观念,支撑着江山易主,证验着仁政德治、世治民和,对统治者而言,没有不喜欢的理由。俗话说,"高帽子人人爱戴",顺耳话人人爱听。上有所好,下必甚焉,所谓"吴王好剑客,百姓多创瘢;楚王好细腰,宫中多饿死"(《后汉书·马援列传》)。同理,帝王喜祥瑞,世间多龙凤。于是,许多地方官员报呈当地"龙见""见龙",这"龙见""见龙",可能见,见的是龙的某个取材、容合对象;也可能根本没见,不过是编一套说辞,投皇上所好而已。古代没有录影仪,没有照相机,对下面报呈的"龙见""见龙",自然没有办法考证其真伪。对报呈"龙见""见龙"的地方官员而言,做这样的事情,邀功、求赏、谋进取的用意是不能排除的。而作为最高统治者的皇帝,或许对下面报呈的"龙见""见龙"有所怀疑,但皇帝们深知,对其政治统治而言,这样的"龙见""见龙"是需要的,至少是有益无害或多益少害、益大于害的。所以,可以这样讲:龙祥瑞是帝王和他的臣僚们共同制造的。为这样的判断提供证据的材料很多，如《后汉书·光武帝纪》所记："行至鄗，光武先在长安时同舍生强华，自关中奉《赤伏符》，曰：'刘秀发兵捕不道，四夷云集龙斗野，四七之际火为主。'群臣因复奏曰：'受命之符，人应为大，万里合信，不议同情，周之白鱼，曷足比焉？今上无天子，海内淆乱，符瑞之应，昭然著闻，宜答天神，以塞群望。'光武于是命有司设坛场于鄗南千秋亭五成陌。"还有："是夏，京师醴泉涌出，饮之者痼疾皆愈，惟眇、蹇者不瘳。又有赤草生于水崖。郡国频上甘露。群臣奏言：'地祇灵应而朱草萌生。孝宣帝每有嘉瑞，辄以改元，神爵、五凤、甘露、黄龙，列为年纪，盖以感致神祇，表彰德信。是以化致升平，称为中兴。今天下清宁，灵物仍降。陛下情存损挹，推而不居，岂可使祥符显庆，没而无闻？'宜令太史撰集，以传来世。"话已说得再明白不过了，祥瑞只是一个道具，"感致神祇，表彰德信""使祥符显庆""以化致升平"才是目的，这样的道具，帝王们有什么理由不需要呢？

二、龙咎征

1. 龙咎征举例

与龙祥瑞一样，在中国历史上，龙咎征多与政治斗争、政治伦理相关，多是因政治斗争的需要而出现，也多是政治伦理的体现。

《淮南子·览冥训》载："往古之时，四极废，九州裂，天不兼覆，地不周载。火爁焱而不灭，水浩洋而不息。猛兽食颛民，鸷鸟攫老弱。于是女娲炼五色石以补苍天，断鳌足以立四极，杀黑龙以济冀州，积芦灰以止淫水。"这一记述中的黑龙就可视为龙咎征。

发生于夏至西周时期的"龙漦之变"，也可视为龙咎征。据《周本纪》载，夏朝的时候，有两条龙降落在夏朝宫廷，说它们是褒国两位先王的化身。夏王通过占卜得知，留藏它们的唾液才吉利，就令人把二龙离开后留下的唾液收藏在一个匣子里。夏朝灭亡后，这个匣子传到了商朝，商朝灭亡后，匣子又传到了周朝。相传三代，谁都不敢把匣子打开。到了周王朝末年，昏庸无道的周厉王竟图一时之快，命人打开匣子观看。龙的唾液流到宫殿的地板上，清除不了。周厉王命令宫中女人光着身体对着唾液呼叫，那唾液便变成了一只黑色的蜥蜴,爬进了厉王的后宫。后宫一个年仅七八岁的小宫女碰上了蜥蜴,到成年时竟怀孕了,没有丈夫就生下了孩子,宫女因惧怕就把那孩子扔弃了。有一对夫妇因事被官府追捕,逃亡路上发现被宫女扔弃的小孩,起了怜悯之心,就收留了小孩。夫妇二人继续逃亡,到了褒国。后来褒国人得罪了周朝,就想到把这个被宫女扔掉的女孩献给幽王以赎罪。因为当初这个被扔弃的女孩来自褒国,所以就叫她褒姒。褒姒因造成"烽火戏诸侯"事件致西周王朝祸亡而名留青史。史家评论说,"周之幽、厉,皆悖乱逆天,故有龙鼋之怪。"(《汉书·五行志》)

周之后,龙咎征在历朝历代的史书典籍中多有记述,笔者梳理了一下,竟有二百多条。限于篇幅,这里仅举几例说明。

《史记·秦始皇本纪》:"三十六年……秋,使者从关东夜过华阴平舒道,有人持璧遮使者曰:'为吾遗滈池君。'因言曰:'今年祖龙死。'使者问其故,因忽不见,置其璧去。使者奉璧具以闻。始皇默然良久,曰:'山鬼固不过知一岁事也。'退言曰:'祖龙者,人之先也。'使御府视璧,乃二十八年行渡江所沉璧也。于是始皇卜之,卦得游徙吉。迁北河榆中三万家。拜爵一级。"滈,一说指滈河。滈河发源于今陕西西安市长安区石砭峪,在香积寺与潏河汇合后向西,在户县(今西安市鄠邑区)秦渡镇附近注入沣河。西周的国都镐京,就建在滈河附近。一说"滈"古通"镐",指的就是西周的国都镐京。滈池君指的是周武王,在这段话中代指秦始皇。关于"祖龙",《史记·秦始皇本纪》裴骃集解引:"苏林曰:'祖,始也。龙,人君象。谓始皇也。'"对这样的指谓,当时的秦始皇显然是心知肚明的,尽管是一句咒语。此事对秦始皇而言,可谓"龙咎征",虽然秦始皇当年未死,但第二年,即始皇帝三十七年(前210),秦始皇就病逝于东巡途中。

《汉书·五行志》:"惠帝二年正月癸酉旦,有两龙见于兰陵廷东里温陵井中,至乙亥夜去。刘向以为龙贵象而困于庶人井中,象诸侯将有幽执之祸。其后吕太后幽杀三赵王,诸吕亦终诛灭。京房《易传》曰:'有德遭害,厥妖龙见井中。'又曰:'行刑暴恶,黑龙从井出。'"

《后汉书·五行志》:"灵帝光和元年六月丁丑,有黑气堕北宫温明殿东庭中，黑如车盖，起奋迅，身五色，有头，体长十余丈，形貌似龙。上问蔡邕，对曰：'所谓天投霓者也。不见足尾，不得称龙。'……中平元年，黄巾贼张角等立三十六方，起兵烧郡国。"

《晋书·五行志》"桓玄始篡，龙旗竿折。时玄田猎无度，饮食奢恣，土木妨农，又多奸谋，故木失其性。天戒若曰，旗所以挂三辰，章著明也，旗竿之折，高明去矣。玄果败。"

《太平御览》引《齐书》："武帝初登位，梦金翅鸟下殿食小龙子无数，乃飞上天。及明，帝即位，诛高武子孙并尽。明帝名鸾故也。"

《魏书·灵征志》："肃宗正光元年八月，有黑龙如狗，南走至宣阳门，跃而上，穿门楼下而出。魏衰之征也。"

《太平御览》引《周史》："徐州丰县民单兴纠恶龙出，民有母子三人同睹之，即时皆卒。龙既出，澍雨漂沫，城内居民济之以筏，登城以辟水。"

《新唐书·五行志》："光化三年九月，杭州有龙斗于浙江，水溢，坏民庐舍。"

《元史·顺帝本纪》："癸酉，温州路乐清江中龙起，飓风作，有火光如球。是月，刘福通犯汴梁。"

《明史·宦官列传》："涿州男子王豸尝刺龙形及'人王'字于足，永以为妖人，擒之。"

《清史稿·灾异志》："（康熙）五十七年八月初一，钟祥火灾，先是有童谣云：'八月初一火龙过'，至是果应。"

2. 龙咎征分析

通过对龙咎征的梳理，可以看出：（1）龙咎征明显少于龙祥瑞，这当然与生活在帝制时代的帝王与其臣僚们大都希望在任期间能有所作为，以至于仁政德治、国泰民安有关。（2）龙咎征可分为两类。一类与政治有关，可以说是政治斗争、政治伦理的产物，是龙的政治化；另一类属于自然灾害，可以说是人们将自然灾害与龙联系起来，是自然灾害的龙化。

与政治斗争有关者，如《三国志·魏书·三少帝纪》所记："四年春正月，黄龙二，见宁陵县界井中。"南朝宋裴松之注引《汉晋春秋》曰："是时龙仍见，咸以为吉祥。帝曰：'龙者，君德也。上不在天，下不在田，而数屈于井，非嘉兆也。'仍作《潜龙》之诗以自讽，司马文王见而恶之。"三少帝即曹魏末年三位年轻的皇帝，分别是齐王曹芳、高贵乡公曹髦、元帝曹奂。曹髦乃曹丕孙，东海定王曹霖子，曾封郯县（今山东郯城）高贵乡公，继曹芳为三国魏皇帝。曹髦即位时只有十四岁，其时魏国朝政操纵在司马氏手中。曹髦不甘心做傀儡，曾作《潜龙诗》（据通行本《三国演义》第一百一十四回《曹髦驱车死南阙　姜维弃粮胜魏兵》，蔡东藩《后汉演义》亦加引用）一首，曰："伤哉龙受困，不能跃深渊。上不飞天汉，下不见于田。蟠居于井底，鳅鳝舞其前。藏牙伏爪甲，嗟我亦同然！"诗中，曹髦将自己比作受困的潜龙，将司马昭比作鳅鳝。曹髦还有一句为后世所传的名言："司马昭之心，路人皆知也！"二十岁时，曹髦率卫士数百人攻司马昭，兵败被杀。死后无号，史称高贵乡公。在这场斗争中，龙被政治化了，成为曹髦政治失败的"咎征"。

再如《晋书·鸠摩罗什列传》所记："光死，纂立。有猪生子，一身三头。龙出东箱井中，于殿前蟠卧，比旦失之。纂以为美瑞，号其殿为龙翔殿。俄而有黑龙升于当阳九宫门，纂改九宫门为龙兴门。罗什曰：'比日潜龙出游，豕妖表异，龙者阴类，出入有时，而今屡见，则为灾眚，必有下人谋上之变。宜克己修德，以答天戒。'纂不纳，后果为吕超所杀。"吕光是十六国时期后凉的创建者，立国后，以"龙飞"为年号——此年号当取《周易》乾卦"九五，飞龙在天，利见大人"意。吕光病逝后，嫡太子吕绍继位。不久，吕光庶长子吕纂起兵造反，吕绍被逼自杀，吕纂遂成后凉国君。这段文字就讲述了吕纂在位期间"龙出井中""殿前蟠卧"，吕纂"以为美瑞"，不纳罗什谏言，终被其堂兄弟吕超（吕光侄儿）刺杀的结局。在这个故事中，龙介入后凉的政治伦理，成为吕纂"失德"的"咎征"。

龙为何既可以是祥瑞又可以是咎征？《魏书·灵征志》引《洪范论》曰："龙，鳞虫也，生于水。云亦水之象，阴气盛，故其象至也，人君下悖人伦，上乱天道，必有篡杀之祸。"看来，龙成为祥瑞还是成为咎征，不在龙本身，而在龙所象征、喻比的人：人，比如"人君"，若能"克己修德"，龙的出现就是祥瑞；人君若"下悖人伦，上乱天道"，龙的出现就是咎征。

第二类如《宋史·五行志》所载："二十五年六月，湖口县赤龙横水中如山，寒风怒涛，覆舟数十艘，士卒溺者数十人。……乾道五年七月乙亥，武宁县龙斗于复塘村，大雷雨，二龙奔逃，珠坠，大如车轮，牧童得之。自是连岁有水灾。"还有《清史稿·灾异志》也有多个记述，如："（嘉庆）二十年六月，黄冈柳子巷蛟起，伤一百四十余人，冲没田宅无算。""（道光）六年六月初五日，宜都蛟起，坏民居，溺人无算。七年五月初十日，房县汪家河水溢，蛟起，坏民田无算。十年七月十二日，永嘉起蛟，裂山而出，漂没田庐，淹毙人畜无算。""（咸丰）八年六月十七日，云梦有龙入城，坏庐舍无数，绕城东北去。十年三月，麻城龙见。五月，松滋天鹅塘出龙，行陆地，所过禾稼尽偃。""（同治）十年三月二十二日，湖州有龙斗，狂风骤雨，拔木覆舟。"这些都是把自然灾害，尤其是雨水之灾造成的恶果，算到了龙的身上。当然，这里有一个客观原因，即龙的取材、容合对象，如鳄、蛇、蜥、鱼等动物，云、雷电、龙卷风等天象，都与雨水相关；有的还参与了雨水以及雨水之灾的形成，如云、雷电、龙卷风等。与龙祥瑞之龙类同，龙咎征之龙也不是作为神物之龙，而是神物之龙的取材、容合对象——某些动物和天象，即蛇、鳄、蜥、鱼、云、雷电、龙卷风等。

第九节　家国同构与龙帝擅权

家国同构是说，在中国古代，家庭、家族与社会、国家在构成上具有同一性。家国同构至少表现在四个方面：结构相同、性质比同、功能比同、观念比同。

中国古代社会的政治体制是以宗法制为蓝本构建的帝权制，帝权制的基本原则是帝权至上。帝权制与宗法制类似，其优势或者说长处，至少有二：一是做事效率高，能够集中力量办大事，避免推诿、扯皮、延误时机；二是能够维系一个国家、一个社会的相对稳定。宗法制和帝权制最大的劣势或者说短处，是容易形成持掌权力者擅权。

一、家国同构

家与国结构相同，是说中国古代的家庭、家族与社会、国家在组成结构上基本相同。家庭有家长、家族有族长，社会有官员、国家有皇帝；家长、族长一般由男性担任，官员、皇帝也多由男性担任。家庭有家庭成员，家族有家族成员，社会有社会成员，国家有国民百姓。家庭有父亲与子女的关系，家族有族长与族众的关系，社会有官员与成员的关系，国家有皇帝与臣僚、政府与民众的关系。家庭、家族的构成像一座层层垒起的塔，家长、族长处于塔的顶端；社会、国家的构成也像一座层层垒起的塔，官员按级别处于塔的不同层位，皇帝则位于塔的顶端。

家与国性质比同，是说家庭、家族的性质与社会、国家的性质可以相比。中国古代家庭系统、家族系统是体现宗法的等级制。所谓"宗法"，即以血统分远近、按嫡庶定亲疏，从而对家人、族人进行管理的法则、制度。"宗"由"宀"和"示"组成，"宀"代表房屋，引申为家庭、家族；"示"代表祭祀，故"宗"的本义是在室内、家庭内、家族内进行祭祀；祭祀的对象当然是本家庭、本家族的创建者、延续者、发展者，即历代祖先。因此，"宗法"的实质是"法宗"，即尊敬祖先，效法祖先，延续祖先的血统，以血缘远近、长幼嫡庶的次序排等级，从而对家人、族人进行管理。宗法制的基本原则是父权至上，即男性家长、男性族长权威至上，强调全家对父权、全族对族长权的尊敬和服从。社会系统、国家系统也是等级制，其皇家系统按宗法原则，以血缘远近、长幼嫡庶的次序排等级，从而对皇族成员进行管理；其行政系统秦代以后是郡县制，即按官职大小排等级，并依等级进行管理。等级制的核心，总体上讲是支配与服从。支配是由上到下，等级高者支配等级低者，一级支配一级；服从是由下到上，等级低者服从等级高者，一级服从一级。其基本原则是帝权至上，强调全社会、全体民众对帝权的尊敬和服从。显然，父权、族权是帝权的根基，帝权是父权、族权的最高代表和终极靠山。

在古代中国，宗法的产生具有必然性。因为古代中国的经济形式，主要是以家庭经营为基本属性的小农经济。家庭经营的管理者是当然的一家之长，即家长。在一个家庭里，家长一般都由年长的男性担任。这年长的男性，对家庭的生产生活负有责任，对家庭的传宗接代负有责任，是一个家庭的顶梁柱、领导者、贡献最大者，按多劳者多获得的一般情理，家长就自然成为这个家庭中的最有权威者、最受尊敬者。

家与国功能比同，是说家庭、家族的功能与社会、国家的功能有可比之处。一个家长，对一个家庭的生产、生活负有责任；一个族长，对一个家族的生产、生活负有责任；一个官员，对一个社会单位的生产、生活负有责任；一个皇帝，对一个国家的生产、生活负有责任。家庭成员的生产、生活要靠家庭来维系；家族成员的生产、生活要靠家族来维系；社会单位的生产、生活，要靠社会来维系；国民的生产、生活要靠国家来维系。从这个意义上讲，家是国的微缩，国是家的放大，也即一首歌所唱的："家是最小国，国是千万家。"

家与国的观念比同，是说家庭观念与国家观念有可比之处。如家庭有"统一"观念，国家也有"统一"观念；家庭的"统一"观念是"小一统"，国家的"统一"观念是"大一统"。"统一"的意思是"使成一体"，即将部分联成整体、使分歧归于一致，其反义词是"分裂"。人们常说的"家和万事兴"是"小一统"；秦始皇平灭六国，统一华夏，以及"书统"（统一文字）、"币统"（统一货币）、"量统"（统一度量衡）、"车统"（统一车轨、车道）、"制统"（废除分封制，实行郡县制），是"大一统"。尤其是权力层层集中、"事在四方，要在中央"（《韩非子·扬权》）的"制统"，造就了中国两千多年一以贯之的政治制度的基本格局。从此，"大一统"观念成为中华民族的文化基因和治国理政的理念"底盘"。家庭观念与国家观念可比同者，还有"和谐""富强""繁荣""文明"等。

家庭、家族系统的确立、维系、运行可谓之"治家""理族"，家庭、家族系统在确立、维系、运行过程中形成的规矩、准则，谓之家庭伦理、家族伦理；社会、国家系统的确立、维系、运行谓之"政治"，社会、国家系统在确立、维系、运行过程中形成的道理、准则、规矩，谓之社会伦理、政治伦理。家庭、家族系统的确立、维系、运行与社会、国家系统的确立、维系、运行是同构的，是小与大的关系，因此，家庭、家族系统在确立、维系、运行过程中形成的道理准则、规矩，即家庭伦理、家族伦理，一般情况下，也适用于社会、国家系统的确立、维系和运行；也即家庭伦理、家族伦理，一定程度上也是社会伦理、政治伦理。家庭伦理、家族伦理与社会伦理、政治伦理相互影响、渗透、涵化，你中有我，我中有你。

在这方面，儒家的贡献最大。"儒家学派对道德规范的认识价值和行为操作价值做了充分的论证，赋予每一项道德规范以具体的政治功能，主张以道德原则规划社会政治，约束政治行为。"[1]于是，"孝""仁""忠""恕""信""义""德""善""道""礼""和"等理念，就既是家庭伦理、家族伦理的理念和规范，也是社会伦理、政治伦理的理念和规范。

因此，考察、研究中国古代的家庭伦理、家族伦理，实际上也是在考察、研究中国古代的社会伦理、政治伦理。而考察中国古代的社会伦理、政治伦理，一定不会撇开中国古代社会的家庭伦理、家族伦理。

二、擅权的帝王龙

前面讲过，宗法制的基本原则是父权至上，即男性家长、男性族长权威至上，强调全家对父权、全族对族长权的尊敬和服从。通俗的说法是：一个家庭，家长说了算；一个家族，族长说了算。中国古代社会的政治体制是以宗法制为蓝本构建的帝权制，帝权制的基本原则是帝权至上，强调全社会、全体民众对帝权的尊敬和服从。通俗的说法是：一个国家，皇帝（或事实上掌控帝权的人）说了算。

宗法制的优势或者说长处，至少有二：一是做事效率高，能够集中力量办大事，避免推诿、扯皮、延误时机；二是能够维系一个家庭、一个家族的相对稳定。帝权制与宗法制类似，其优势或者说长处，也至少有二：一是做事效率高，能够集中力量办大事，避免推诿、扯皮、延误时机；二是能

---

[1] 刘泽华、张分田等：《思想的门径——中国政治思想史研究方法论》，天津古籍出版社，2006，第35页。

够维系一个国家、一个社会的相对稳定。宗法制和帝权制最大的劣势或者说短处，是容易形成持掌权力者擅权，即所谓的"一言堂""独断专行"。家长、族长擅权，搞"一言堂""独断专行"，若"言"对了、"断"对了、"行"对了，对家庭、家族而言，是好事、幸事；若"言"错了、"断"错了、"行"错了，对家庭、家族而言，是坏事，甚至是祸事。同样，皇帝擅权，搞"一言堂""独断专行"，若"言"对了、"断"对了、"行"对了，对国家及广大国民而言，是好事、幸事；若"言"错了、"断"错了、"行"错了，对国家及广大国民而言，是坏事，甚至是祸事、大祸事。

擅权是对权力的滥用。中国历史上的皇帝，都有龙之比、龙之喻、龙之称，故都可称其为"帝王龙"。那么，这些"帝王龙"是如何擅权的呢？我们举两个"帝王龙"的"涉龙"事例来说明。

先以明太祖朱元璋为例。明朝开国皇帝朱元璋，生于1328年，这一年是中国农历的戊辰年，故朱元璋生肖属龙。

明郎瑛《七修类稿》记：朱元璋率众攻鸡笼山，将返回和阳时，解鞍假寐，有小蛇爬到他的背上，左右惊告。朱元璋仔细看此蛇竟然有足，类似于龙，觉得很神奇，就祝告说："若神物，入我帽缨。"蛇随入。这时有卒报说和阳被贼攻，朱元璋遂率部急行，未至三十里，又闻报说幕官李善长已败贼。朱元璋因惊喜而忘蛇。过了好久才脱帽，发现蛇居帽缨中坦然自若，于是"乃引觞酌之"，蛇遂"蜿蜒升屋，雷雨骤至，竟莫知所之也"。郎瑛对此感叹："帝王之兴，每有龙见，亦此类欤？"蛇是龙的"模特儿"之一，有"小龙"之称，此记中的小蛇，可视为预兆朱元璋成就帝业的"龙祥瑞"。

朱元璋起于乡野，成事之前可称之为"草莽"。经过南征北战，一介"草莽"变成了坐天下的"真龙"，这就有了一个身份认可的问题。于是，在自卑和自尊之间"蹦极"的朱元璋就对龙特别敏感，生怕有人对他这条"龙"不认可、不敬重。于是，就沿袭、效法元朝皇帝的做法，下诏明文规定："官吏衣服、帐幔，不许用玄、黄、紫三色，并织绣龙凤纹，违者罪及织造之人。"（《明史·舆服志》）还禁止民间取名用"龙孙"字样。

《画史会要》《明画录》《嘉兴府志》均载，洪武年间，画家盛著奉旨为南京天界寺影壁作画,他精心画了一幅《水母乘龙图》,本想邀赏,不料朱元璋看后大怒,认为此画是以"龙被女人所乘"来奚落、讽刺他这位"真龙天子",遂以"不称旨"罪名,将盛著"弃市",即在人群集中的地方处以斩首之刑,并将其首级高悬于市。也是在洪武年间,苏州知府魏观在曾与朱元璋打仗争天下的张士诚的宫殿遗址上建住宅,邀请"吴中四杰"之一的高启为其写了一篇《上梁文》。文中有"龙蟠虎踞"句,朱元璋闻报,大怒,下令将魏观、高启腰斩。

朱元璋结束战乱,统一全国,恢复经济,兴修水利,减免赋税,整顿吏治,惩处贪官,为中华民族的统一和发展做出了积极贡献,从这个角度讲,朱元璋称得上是一条有功的"善龙"。然而,他又屡兴大狱,滥杀无辜,许多功臣勋将、文人墨客都惨死在他的屠刀之下。从这个角度讲,朱元璋又是一条擅权的残暴的"恶龙"。

再以清高宗爱新觉罗·弘历为例。清高宗爱新觉罗·弘历,即乾隆皇帝,是清朝入关后的第四位皇帝。他二十五岁登基,在位六十年,禅位后又任三年零四个月太上皇,实际行使国家最高权力长达六十三年零四个月,是中国历史上最长寿,且执掌国家最高权力时间最长的皇帝。

乾隆皇帝是"康乾盛世"的开创者之一,在完成、维护多民族国家的统一,发展、繁荣社会经济文化等方面做出了一定成绩,但也有浪费奢靡、推行闭关锁国政策和文字狱盛行之弊。

清王朝建立后,统治者对汉文化持全面接受的态度,而对龙文化尤其重视。

乾隆皇帝就是一位对自己的"帝王龙"身份特别敏感的人。有这样一个故事:乾隆年间,清廷观天象的人忽然发现天上的紫微星暗淡了,认为这是有人要篡夺皇位的征兆。巫师们紧张地卜算了一番,算出此人在东南方向,即山东曲阜一带,最后经过确认,定在孔子的第六十九代孙孔继涑身上。乾隆皇帝立即派人赴曲阜查抄孔继涑的家。查抄者发现其家堂屋屋脊九间连在一起,这当然是犯禁的,因为只有皇帝或经过皇帝恩准的建筑才能有九进院落,即令立刻拆掉。接着又去挖孔家的祖坟,发现其父母墓室左右各埋着一条像龙的大虫子,每条都缺一只爪。巫师解释说,只待龙爪生长齐全,孔继涑就要篡夺帝位作"真龙天子"。孔继涑因此被视为朝廷的罪人。孔继涑后来发愤研习书法,曾有法帖行世,晚年客死京都。但他死后身上还背着山一样重的罪名,棺材运返家乡的时候,也要锁一道铁链,再锁一道铁链,再再锁一道铁链,魂归故里却不准埋进孔林。[①]

这件事当然是很荒唐的。凭什么说孔继涑要篡夺皇位?就凭他家堂屋屋脊九间连在一起?就凭其父母墓室左右各有一条像龙的大虫子?真是欲加之罪,何患无辞!其实,拿龙来说事,不过是借口而已。是擅权的乾隆皇帝想给孔门后裔一点颜色看,借以威慑普天下的读书人罢了。

第十节　强者胜出与龙争凤斗

帝权至上、强者胜出,是中国古代社会政治伦理的一个特色。按将皇帝比龙、称龙的文化传统,从秦朝到清朝,共有四百多位"龙帝"坐在象征帝权的龙椅上。"龙帝"的配偶,即皇后、妃嫔等可称"凤妃"。中国两千多年的帝制史,大多时期都是"龙帝"主政,但也出现有"凤妃"与"龙帝"争斗,"凤妃"胜出从而执掌国政的情况。

一、强者胜出与龙廷喋血

人一来到这个世界上,就不是纯粹孤立的个体的存在,而一定是群的社会的存在;离开了群,离开了社会,人是活不下去的。家庭是群,家族是群,社会是群,国家也是群。群自然要有首领、统治者、管理者,如果没有首领、统治者、管理者,群就不成其为群。

群的首领、统治者、管理者,除家庭之家长主要依血缘的伦理次序产生外,家族、社会、国家的首领、统治者、管理者,则一定要通过竞争才能产生(血缘伦理次序在族长产生过程中依然发挥作用)。尽管竞争的方式多种

---

① 任仲泉,郭桂红等:《山东古代书画家》,山东文艺出版社,2004,第194—196页。

多样，但基本的普遍性的规律是强者胜出，也就是说，一般情况下，只有强者，即能力强大者，才能出任家族、社会、国家的首领、统治者、管理者。当然，因种种原因，顶着某群首领、统治者、管理者名号的人，未必是真正的强者，但该群作为群，就一定会有支撑该群存在的强者在发挥作用，否则该群就不成其为群。

我们可以中国历史上唐太宗的故事来说明这个问题。

唐太宗李世民是唐朝的第二位皇帝，其在执政期内，以武安邦，以文兴国，虚心纳谏，任贤用能，开创了中国历史上著名的"贞观之治"，为之后出现的将中国帝制社会推向鼎盛的"开元之治"，做出了基础性贡献。唐太宗的业绩和故事很多，学界对他的雄才伟略和他对中国历史所做出的贡献都给予积极的肯定。我们从龙凤祥瑞、政治伦理的角度分析若干。

唐太宗与龙凤有缘，幼时就被人说具有"龙凤之姿"。《新唐书·太宗本纪》载："方四岁，有书生谒高祖曰：'公在相法，贵人也，然必有贵子。'及见太宗，曰：'龙凤之姿，天日之表，其年几冠，必能济世安民。'书生已辞去，高祖惧其语泄，使人追杀之，而不知其所往，因以为神。乃采其语，名之曰世民。"

这样的事情，可能发生过，也可能没有发生过。若真的发生过，那就至少说明，李世民的得名与龙凤文化有关，其后来的发展、业绩与龙凤文化的正向暗示有关。若没有发生过，是后人的编造，那也同样可以说明，在人们的心目中，李世民之所以能创立丰功伟绩，龙凤文化是发挥了暗示、引导、促进、鼓励作用的。

谈唐太宗，不能不说"玄武门之变"。《旧唐书·太宗本纪》载："（唐高祖武德）九年，皇太子建成、齐王元吉谋害太宗。六月四日，太宗率长孙无忌、尉迟敬德、房玄龄、杜如晦、宇文士及、高士廉、侯君集、程知节、秦叔宝、段志玄、屈突通、张士贵等于玄武门诛之。甲子，立为皇太子，庶政皆断决。……八月癸亥，高祖传位于皇太子，太宗即位于东宫显德殿。"玄武门之变是一次流血的政变。政变中，时为秦王的李世民，不但杀死了长兄皇太子李建成和四弟齐王李元吉，而且连李建成、李元吉的几个儿子，即自己的几个亲侄儿也都杀死了，所谓"斩草除根"。通过这场血腥的政变，李世民胜出，成为继唐高祖李渊之后的唐太宗。

从家庭伦理的角度看，李世民与李建成、李元吉是兄弟关系。兄弟关系属于五伦之一。对兄弟关系的要求，按孟子的说法是"有序"，具体讲是"兄良弟悌"，即要求为兄者要对为弟者和善多惠，为弟者要对为兄者敬爱顺从。

笔者前面分析过，"兄良弟悌"会出现四种情形：兄良，弟悌；兄不良，弟悌；兄良，弟不悌；兄不良，弟不悌。就李世民与李建成而言，李建成是兄，李世民是弟。可能开始的时候，比如少儿时期，李建成良，李世民悌；之后一段时间，可能李建成不良，李世民依然悌；到了发生玄武门之变的时候，李建成不良，李世民不悌。就李世民与李元吉而言，李世民是兄，李元吉是弟。可能开始的时候，比如少儿时期，李世民良，李元吉悌；之后一段时间，可能李世民良，李元吉不悌；到了发生玄武门之变的时候，李世民不良，李元吉不悌。

笔者说过，中国古代的社会伦理、政治伦理是由家庭伦理、家族伦理扩展、放大而来的，也即中国古代的家庭伦理、家族伦理，可以扩展、放大为社会伦理、政治伦理。然而，通过上述对玄武门之变的分析，我们有了新的认识：一般情况下，家庭伦理、家族伦理可以扩展、放大为社会伦理、政治伦理；而在特殊情况下，家庭伦理、家族伦理不能够扩展、放大为社会伦理、政治伦理。社会伦理、政治伦理，尤其是与最高权力相关的政治伦理，有其自身的比较特殊的讲究或者说规范。

那么，与最高权力相关的政治伦理的比较特殊的讲究或者说规范是什么呢？

是帝权至上、强者胜出。在帝制时代，国家政治是帝权的游戏，掌控了帝权便掌控了一切。于是，掌控帝权的法则便超过了包括家庭伦理、家族伦理在内的一切道德规范，成为至上不二的法则。在李世民兄弟争夺大唐帝权的过程中，如果以李世民为首的秦王府集团实力不够强大，或者没有果断地采取先发制人的手段；或者李建成、李元吉率先一步下手，那被斩杀者可能就是李世民和他的儿子、臣僚们了。秦二世胡亥在赵高、李斯的密谋下，矫诏登基，秦始皇相中的继承者公子扶苏便黯然自杀。隋文帝起初选中的接班人本是大儿子杨勇，后来却让二儿子杨广做了太子，于是杨广登基，杨勇自尽。中国历史上，如此这般的故事，实在不少。

"封建"的本义是"分封建国"，就此而言，笔者以为从秦至清的中国古代社会，还不能说是严格意义上的封建社会。那是什么社会呢？称帝制社会或许准确些。所谓帝制社会，即一层一层向上集中的、由皇帝掌握最高权力并进行统治的社会。帝制社会最重大、影响最深远的政治事件，便是皇帝的产生，即由谁来做皇帝。皇帝的权力至高至大，掌握至高至大权力的皇帝只能有一个，而想当皇帝者又非一个，于是，皇位的竞争必然是不可避免的，其方式也是多样的，而且，往往是激烈的、伴随着血雨腥风的。

在帝制社会，一般情况下，能够登上皇帝宝座者，都是在竞争中胜出的强者。当然，也可能上来的是一个弱者，但这个弱者背后，一定会有一个实际上的强者，上来的弱者不过是强者手中的傀儡而已。强者不等于优秀者。在皇帝宝座上坐着的，可能是个好皇帝，也可能是个坏皇帝，还可能是个既做好事也做坏事的好坏相兼的皇帝。也就是说，帝制社会，不能保证成为最高统治者的人，一定是这个社会、这个国家最优秀的人。那么，上来一个好皇帝，对这个社会、这个国家而言，就是幸运，生活在这个社会、这个国家的老百姓就会有国泰民安的好日子过；上来一个坏皇帝，对这个社会、这个国家而言，就是灾祸，生活在这个社会、这个国家的老百姓就难有，或没有国泰民安的好日子过。所谓"一人兴邦、一人丧邦"，说的就是这种情况。

好在唐太宗是个好皇帝。唐太宗的好可以从多个方面讲。从政治伦理方面讲，唐太宗开创的"贞观之治"，是"君臣有义"即"君礼臣忠"的典范。且看史家评论："拔人物则不私于党，负志业则咸尽其才。所以屈突、尉迟，由仇敌而愿倾心膂；马周、刘洎，自疏远而卒委钧衡。……以房、魏之智，不逾于丘、轲，遂能尊主庇民者，遭时也。……用人如贞观之初，纳谏比魏徵之日。况周发、周成之世袭，我有遗妍；较汉文、汉武之恢宏，彼多惭德。迹其听断不惑，从善如流，千载可称，一人而已！"（《旧唐书·太宗本纪》）

二、龙帝凤妃与凤妃擅权

前面说过，按照将皇帝比龙、称龙的传统，可将从秦至清的封建皇帝称为"帝王龙"或"龙帝"。这些"龙帝"的配偶，即皇后、妃嫔等可称为"凤妃"。"凤妃"加起来有多少呢？可能多到无法统计。不过，能够在众多的"凤妃"中出类拔萃，在曲折复杂、险象环生、刀光剑影的斗争中胜出，以至于执掌国政、达到权力顶峰者，那就寥寥无几了。

在中国历史上，真正称帝管理整个国家的女皇帝只有唐代武则天一个，除此之外，汉代的吕后、北魏的冯太后、宋代的章献明肃皇后、清代孝庄文皇后、清代慈禧太后等，也都或长或短执掌国政，只是没有皇帝之名。

有权就可能擅权，权力越大，擅权的程度越烈。"擅"有专断、独行、善于、超越职权、自作主张、一味以自己的意思行事等意。"擅权"就是大权独揽，就是独断专行，就是没有或不受监督与节制，就是尽可能地利用手中的权力实现自己的欲望。

我们且以武则天、慈禧为例，看看在多为"龙帝"主政的中国帝制史上，"凤妃"如何夺得权力、擅用权力，以及在她们擅权时，政治伦理所发挥的作用。

武则天，姓武，名曌，唐高宗皇后、武周开国君主，中国历史上唯一的名实相符的女性皇帝，后代通称武则天。660年11月，在唐高宗患风眩病，无力理政情况下，武则天开始临朝，"自此内辅国政数十年，威势与帝无异"（《旧唐书·则天皇后本纪》）。690年10月16日，武则天自立为武周皇帝，在位十四年四个月又五天。705年正月，"神龙革命"发生，武则天被迫还政于李唐王朝，同年崩于洛阳上阳宫仙居殿，享年八十二岁。

武则天不是第一个，也不是唯一一个挑战男性帝权的女人，但她是唯一一个从男性手中将帝权完全拿到，并"名正言顺"地掌控、运用的中国女人。在执掌国政四十多年间，武则天打击保守的门阀世族，破格选才用才，广开言路，使其时的政治还算清明；施行"劝农桑，薄赋役"等政策，促进了经济的发展，使国力趋于强盛；崇文重史，兼容儒、道、佛三教，发展科举，任用文才，使文化趋于发达。总体来看，武则天承续了唐太宗的"贞观之治"，为其后唐玄宗的"开元盛世"奠定了基础。

武则天有比较深的凤凰缘和比较浓厚的崇凤情结。《大唐新语》卷十三《记异》载："袁天纲，益州人，尤精相术。贞观初，敕召赴京，途经利州。时武士彟为刺史，使相其妻杨氏。天纲曰：'夫人骨法，必生贵子。'……则天时衣男子服，乳母抱出，天纲大惊曰：'此郎君神采奥澈，不易可知。'试令行。天纲曰：'龙睛凤颈，贵之极也。'转侧视之：'若是女，当为天子。'"这是说：武则天幼小时，其父武士彟曾让精通相面之术的袁天纲相过面，袁天纲说武则天生着龙的眼睛凤的脖子，则天时衣男子服，袁以为男，因曰"若是女，当为天子"。

《旧唐书·五行志》载："高宗文明后，天下频奏雌雉化为雄，或半化未化，兼以献之，则天临朝之兆。"需要指出的是，《旧唐书》言"高宗文明后"不确。高宗弘道元年（683）十二月去世，而"文明"是唐睿宗年号，高宗死后，武则天有意自己当皇帝，先是立中宗李显为帝，一个多月后废中宗，再立睿宗李旦为帝，但实际的权力已完全是武则天在掌控。唐张鷟撰《朝野佥载》也有类似的记载："文明以后，天下诸州进雌鸡，变为雄者多。或半已化，半未化，乃则天正位之兆。"两则记述都是在说：在睿宗文明年间，全国多有雌雉变为雄雉，或半变未变的报奏，这是武则天临朝称制的瑞兆。雉是凤凰排在首位的"模特儿"，人们往往以雉喻凤、代凤。

《大唐新语》卷十三《记异》又载："则天时，新丰县东南露台乡，因风雨震雷，有山踊出高二百尺，有池周回三顷，池中有龙凤之形，米麦之异。则天以为休祯，号曰'庆山'。荆州人俞文俊上书曰：'臣闻天气不和则寒暑并，人气不和而疣赘出，地气不和而堆阜出。今陛下以女主处阳位，反易刚柔，故地气隔塞而出变为灾。陛下谓之庆山，臣以为非庆也。宜侧身修德，以答天谴。不然，祸立至。'则天大怒，流之岭南。"说的是武则天主政时，位于新丰县东南的露台乡出现了"有山踊出""池中有龙凤之形"等情况，武则天认为是吉祥的瑞兆，于是给土山取名"庆山"。荆州人俞文俊不以为然，上书谏言，认为这不是喜庆之事，应修养德行，否则祸患会立刻到来。武则天阅后大怒,将俞文俊流放到了岭南。

《旧唐书·高宗本纪》载,唐上元年间,武则天在唐高宗患病不能临朝的情况下,以皇后身份理政,其时陈州报告有"凤凰见于宛丘",武则天即下令"改上元三年曰仪凤元年"。唐高宗死后,成为皇太后的武则天"临朝称制",下令将中书省改称"凤阁",门下省改称"鸾台"。到了天授元年九月某日,群臣上言:"有凤皇自明堂飞入上阳宫,还集左台梧桐之上。"(《资治通鉴·唐纪二十》)不久,武则天就改唐为周,称圣神皇帝,改元"天授"。

《旧唐书·礼仪志》载,武则天临朝后,曾创建明堂,三层,顶层有盖,塑鸾鹫形象,"黄金饰之,势若飞翥"。《资治通鉴·唐纪二十一》载,某年,明堂因遭火灾而毁,武则天下令重建。新明堂"高二百九十四尺,方三百尺,规模率小于旧。上施金涂铁凤,高二丈,后为大风所损;更为铜火珠,群龙捧之,号曰通天宫。赦天下,改元万岁通天。"

武则天曾召集大批文人学士,撰修了大量书籍,其中有《凤楼新诫》二十卷,从书名上看,应与妃嫔、女性有关,可惜已散佚,未能流传下来。

崇凤的武则天是擅权的,而且擅得残酷而狠毒。《旧唐书·后妃列传》载,唐高宗李治"废王立武"成功后,原皇后王氏和良娣萧氏被废为庶人,囚禁宫中别院,其亲属皆被发配流放到岭外荒蛮之地。有一天,唐高宗闲转到别院,见囚禁王、萧的屋子"封闭极密,惟开一窍通食器出入",高宗心里有些难受,就呼叫道:"皇后、淑妃安在?"王、萧哭着回答:"妾等得罪,废弃为宫婢,何得更有尊称?"又说:"今至尊思及畴昔,使妾等再见日月,出入院中,望改此院名为'回心院',妾等再生之幸。"高宗说:"朕即有处置。"有人将此事告知武则天,武氏便下令杖打王、萧各一百,截去手足,投于酒瓮之中,说:"令此二妪骨醉!"这是在仿效汉朝吕后残害戚夫人的做法,不同的是,吕后将戚夫人做成了"人彘",武则天则令王、萧二人"骨醉"。数日后,王、萧即死。

对李唐宗室的诸王大臣,武则天也从不手软,其嫌疑、剪除、杀害的对象遍及儿子、女儿、媳妇、女婿、孙子、孙女、孙婿、庶子、嫡兄、亲姊、亲外甥女,以及丈夫的伯、叔、姑、嫂、堂兄等。

李弘是武则天与唐高宗李治所生的第一个儿子，被立为太子。《旧唐书·高宗中宗诸子列传》载，李弘"天资仁厚，孝心纯确"，"咸亨二年，驾幸东都，留太子于京师监国。时属大旱，关中饥乏，令取廊下兵士粮视之，见有食榆皮蓬实者，乃令家令等各给米使足。"其时，萧妃的两个女儿，"义阳、宣城二公主以母得罪，幽于掖庭，太子见之惊恻，遽奏请令出降"。李弘的这些做法，深得高宗嘉许。高宗因长期患病，产生了禅位李弘的想法，因此引起武则天的不满、不容。不久，李弘便死于合璧宫，年仅二十四岁。死后，李弘被其父高宗破例追赠为皇帝，谥号"孝敬"。李弘的死因，一说为病弱早夭，一说被武则天毒杀。

李贤是武则天与唐高宗所生的第二个儿子。《旧唐书·高宗中宗诸子列传》也载，李贤如其名，"容止端雅，深为高宗所嗟赏"。高宗曾对司空李勣讲："此儿已读得《尚书》《礼记》《论语》，诵古诗赋复十余篇，暂经领览，遂即不忘。我曾遣读《论语》，至'贤贤易色'，遂再三覆诵。我问何为如此，乃言性爱此言。方知夙成聪敏，出自天性。"李弘死后，李贤被继立为太子，其"贤处事明审，为时论所称"。其时，受宠于武则天的正议大夫明崇俨密奏李贤"状类太宗"。不久，崇俨为盗所杀，武则天便怀疑是李贤指使，于是诏令中书侍郎薛元超、黄门侍郎裴炎、御史大夫高智周等调查此事，这几个人揣摩"圣意"，竟在李贤居住的东宫马坊搜得皂甲数百领。李贤被废为庶人，先幽于别所，后迁于巴州。文明元年（684），武则天命令左金吾将军丘神绩前往巴州审查核实李贤的住宅，逼令李贤自杀。之后，武则天又使人鞭杀了李贤的两个儿子。

按家庭伦理，武则天与李弘、李贤的关系是母与子的关系。母子关系与父子关系一样，讲究"有亲"，即"母慈子孝"。李弘、李贤以及武则天另外两个儿子李显、李旦都是够得上"孝"的，而武则天的"慈"就有说道了。在生养、哺育李弘、李贤，以及李显、李旦等成人的过程中，作为母亲的武则天或许是"慈"的，但在夺取、巩固最高权力问题上，作为政治家的武则天就不"慈"了。这说明：在古代中国，家庭伦理、家族伦理可以延展、放大为政治伦理，但政治伦理和家庭伦理、家族伦理不能画等号。政治伦理往往不受家庭伦理、家族伦理的约束，从而超越家庭伦理、家族伦理，形成自己的以确保并维护帝权至上为圭臬的伦理，也即为了获得和巩固至高、至上、至大、至威的帝权，可以不顾亲情，甚至不择手段地打压、消灭政敌的伦理。

慈禧，即孝钦显皇后，叶赫那拉氏，咸丰帝的嫔妃，同治帝的生母，她是清朝晚期的实际统治者。从1861年咸丰皇帝驾崩，慈禧、慈安"二宫垂帘"算起，到1908年光绪帝驾崩，慈禧选择三岁的溥仪为帝后去世止，慈禧影响、主持清朝朝政近半个世纪。慈禧主政期间，有过也有功。其过，主要者：一是与列强签订了《中法新约》《中日马关条约》《辛丑和约》等丧权辱国的不平等条约，导致巨额赔款，使国家财政恶化、民生凋敝。二是发动戊戌政变，拘禁光绪皇帝，处死了谭嗣同等变法精英。其功，主要有：推行洋务运动，改变传统社会重农抑商的政策，开辟中国近代化道路；实行"新政"，对兵、商、学、官、法进行改革，重用汉臣，首次提出君主立宪；废科举，办学堂，派留学，禁鸦片；兴办女学，下禁缠足令，开中国解放妇女之先河；在中国历史上首次定国旗、国歌、国徽、国花。

龙凤文化发展到清代，在政治领域，皇帝是龙，后妃为凤，龙为主，凤为从，已成为朝里朝外、上上下下的共识。这是中华传统文化，慈禧心中不悦，却不能彻底变更，折中的办法是龙凤并举。于是，清朝的皇家宫苑里就有了一些被称作"龙凤呈祥"的景致。颐和园仁寿殿前露台上就陈列着铜龙和铜凤，当年慈禧太后就是在这龙凤喷出的袅袅香烟中，接受群臣的朝拜，进行她的"垂帘听政"的。殿前还有三棵大松树，传说某年慈禧过生日，李莲英为了讨好主子，在三棵松树上挂满了彩灯。一棵树饰作龙形，另两棵树紧靠在一起，一棵饰成凤凰头，一棵饰成凤翅凤尾，合在一起称作"龙凤呈祥"。这样的寿礼使慈禧心花怒放，重赏了李莲英，还传旨在全园各大殿都装上电灯。

颐和园昆明湖中的瀛洲岛又名凤凰墩，有传说将此墩的得名与慈禧太后相联系：说有一天，慈禧带着李莲英等侍从乘船在昆明湖里游玩，她登上瀛洲岛观赏景色，忽见一条又粗又长的黑花蛇盘曲在地上，正仰起身来张着嘴朝天上吐信，原来这蛇看到树上一只花喜鹊，正冲着自己叫。刹那间，这只喜鹊猛地飞下来，朝蛇头狠狠地啄了几口，又飞回树上。那黑花蛇想咬喜鹊又够不到。就这样，喜鹊飞下几次，连续啄咬黑花蛇。这黑花蛇实在招架不住，便逃窜了。慈禧看了这一场蛇鹊相斗后，忽然笑了起来，问身边的人，这是吉兆还是凶兆，身边人都不敢说，怕说错了。那李莲英早把慈禧的心思摸透了，便说："刚才蛇鹊相斗，鹊为凤，蛇为龙。龙斗不过凤，才吓跑了。这当然是吉兆啊！"慈禧一听正合己意，便笑了。她传旨，要在这瀛洲岛上建一座凤凰楼，以纪念这花喜鹊得胜。由于这瀛洲岛上有了凤凰楼，所以后来才改名为"凤凰墩"。[①]

这个凤凰墩与昆明湖中的龙王庙相对称，构成了颐和园中的另一处"龙凤呈祥"。

在龙凤对比中，突出凤，可以说是慈禧一生的追求。她在德和园看戏时的座位，就不称"龙位"或"龙椅"，而称"金漆珐琅百鸟朝凤宝座"。据说，慈禧起初常让光绪皇帝陪她看戏，却不给这位"儿皇帝"座位，可怜的光绪只能站在她身后。后来，名丑刘赶三心中不平，在演出时有意加了这样一句台词："你们瞧，我是个假皇帝，还有座可坐，可那位真皇帝，却连个座也没有。"也许是慈禧看戏时心情还算好吧，她没有怪罪刘赶三，倒让人给皇帝搬了把椅子。

慈禧在紫禁城的寝宫，是位于中南海西苑的仪鸾殿。鸾即凤凰，仪鸾就是鸾仪，即有凤来仪、吉祥如意的意思。

清东陵的定东陵是慈禧和慈安的陵寝。这慈禧陵三殿，其耗金之巨、工艺之精，连明清二十四位皇帝的宫殿也为之逊色。尤其是隆恩殿正中的丹陛石雕更是别出心裁，采用高浮雕加透视技法雕成，宽1.6米，长3.1米，图案为"凤在上，龙在下"。隆恩殿周围有六十九块汉白玉石栏板，每块栏板上都雕有"凤引龙"图案：一只高高在上的大凤，凌空展翅，穿云俯首；一条出水小龙，曲身扬首，仰望大凤。七十四根望柱头打破历史上一龙一凤的格式，均为"一凤压两龙"，暗示她的两度垂帘听政。这些骄凤，耸冠瞠目，

[①] 李凤玲、孙颖、辛建萍主编《中国旅游景点文化概览（北）》，山东大学出版社，2002，第11页。

翅翼微张，显得志得意满，简直不可一世！而身居下位的行龙，小头细身，唯骄凤的神采是瞻，实在是一副可怜相！慈禧这种将凤抬高到龙之上的做法，在漫长的龙凤文化发展史上并不多见。

与武则天类同，慈禧也擅权。慈禧十七岁进宫。1856年，二十一岁的慈禧生下皇长子爱新觉罗·载淳。1861年，咸丰皇帝在热河行宫驾崩，六岁的皇子载淳即位，定年号"祺祥"，二十七岁的慈禧成为皇太后。随后，慈禧联合东太后慈安、恭亲王奕䜣发动辛酉政变，捕杀权臣载垣、端华、肃顺等，从咸丰帝临终前任命的顾命八大臣手中夺得对朝政的控制权，改年号为"同治"，开始第一次"垂帘听政"。

1872年，十六岁的同治帝选立皇后。据《满清外史》记载，慈禧相中的是侍郎凤秀的女儿，该女"艳绝侪辈，然举止殊轻佻"；同治帝和东太后慈安看中的是翰林院侍讲崇绮之女阿鲁特氏，该女"雍容端雅，望而知为有德量者"。结果是阿鲁特氏成为皇后，凤秀女仅受封慧妃。此事令慈禧心中不快。加上此前，同治帝站在慈安太后一边，支持山东巡抚丁宝桢斩杀了慈禧宠信的权监安德海，同治帝遂与慈禧隔阂加深。1873年，十七岁的同治帝亲政后，慈禧眼见同治帝与阿鲁特氏"伉俪綦笃"，甚为反感。她暗中派太监时时监视同治帝，并训示同治帝说："慧妃贤明，宜加眷遇。皇后年少，未娴礼节。皇帝毋辄至宫中，致妨政务。"慈禧的干预使同治帝难得快乐，就终年独宿于乾清宫。毕竟年在青春，同治帝独眠难熬，就在内侍的引领、陪伴下，经常化装成老百姓微行出宫，到前门外的八大胡同逛妓院，以至于染上了梅毒（另说为天花）。据说同治帝病重时，曾单召军机大臣侍郎李鸿藻入见寝宫，并口授遗诏"以贝勒载澍入承大统"，令李鸿藻于榻侧书之。不料李鸿藻出宫后，即将遗诏进呈给慈禧。慈禧阅后，"怒不可遏，立碎其纸，掷于地，叱鸿藻出，旋命尽断医药饮膳，不许入乾清宫。移时，载淳死，耗闻于外矣"，时在1875年。同治帝崩逝后，慈禧择其侄子（丈夫咸丰帝的侄子）兼外甥（慈禧妹妹的儿子），年仅四岁的爱新觉罗·载湉继位，年号"光绪"，慈禧和慈安两宫再次"垂帘听政"。1881年4月，四十五岁的慈安太后突然去世，官方说法为脑出血，《满清外史》认为有可能是吃了慈禧进奉的

"饼饵"而亡。1884年4月，慈禧发动"甲申易枢"，将以恭亲王奕䜣为首的军机处大臣全部罢免，开始大权独揽。1887年2月，十六岁的光绪帝开始"亲政"。1889年2月，十八岁的光绪大婚，慈禧正式"归政"。然而，无论是"亲政"还是"归政"，都是名义上的，事实是慈禧一直在"训政"，即"上事太后谨，朝廷大政，必请命乃行"（《清史稿·后妃列传》）。

1898年春天，康有为、梁启超等发动维新运动，得到了不甘做慈禧傀儡、欲有所作为的光绪帝的支持。同年6月，光绪帝发布《明定国是诏》，实行变法。8月，慈禧因有"讹言谓太后将勒兵废上；又谓有谋围颐和园劫太后者"（《清史稿·后妃列传》），发动戊戌政变，光绪帝被囚禁于中南海瀛台，谭嗣同等六人被处死，变法宣告失败，慈禧再度训政。1908年11月14日，光绪帝驾崩——有说法认为是慈禧使人毒杀了光绪。当日，慈禧又选择了一个"娃娃皇帝"——三岁的溥仪为新帝，年号"宣统"，自己则被尊为太皇太后。第二天，大限降临，慈禧在仪鸾殿去世，享年七十四岁。

1910年，英国作家布兰德与白克浩斯合著的《慈禧外传》出版，书中载有慈禧的临终遗言："此后严禁妇人执掌大权，管理朝政。这违背了我朝法规，必须严格禁止。"①如果此遗言属实，那么，就可以从伦理的角度做如下解读：

第一，中华传统的家庭伦理讲究"夫妇有别""夫义妇听""夫主妇从"，放大至政治伦理，就是男性的"夫"主持朝政，女性的"妇"只能"听"、只能"从"。这既是清朝的"家法"，也是中国进入男权社会后，历朝历代的"家法"。家国同构，这样的"家法"，其实也是"国法"。看来，慈禧清楚地知道，她几十年对朝政的掌控，是与上述"家法"即"国法"相违背的。于是，从延续江山社稷长治久安的立场出发，慈禧发出了"严禁妇人执掌大权，管理朝政"的临终告诫。由此可见，中华家庭伦理对中华政治伦理的影响是深远的，甚至是终极的。

第二，对女人主政，慈禧并没有完全、彻底地否定，在慈禧看来，在特

---

① 布兰德、白克浩斯：《慈禧外传》，张伟红译，河南文艺出版社，2007，第244页。

殊情况下，女人还是可以不受限制，是可以"管理朝政"的。这也就是说，"夫妇有别""夫义妇听""夫主妇从"的家庭伦理，即"家法"，在特殊情况下，是可以突破的。笔者前面讲过：在帝制时代，政治伦理往往不受家庭伦理、家族伦理的约束，总是有着自己的运行轨道。显然，一个人，无论男人女人，只要踏上了这条轨道，就得按此轨道的框范、模式、规律前行，否则，就会被甩出轨道。

第五章 龙与中华艺术

在古今的中国艺术中，龙或以具象或以抽象或以色彩或以旋律……一直存在于多向度的叙述中，一直呵护着我们灵魂而形成特殊的文化空间。龙的艺术叙述，既是历时性的，伴随着中华民族成长的悠远历程，又是共时性的，不同品类的协奏交汇成醉人的交响；既是大传统的，历代书写的系统不断描画着神圣与悠远，又是小传统的，众声喧哗的口传系统又烘托着吉祥与崇高；既是外在虚拟的不同艺术家的创造物，却又吻合每个人打从心底皈依认同的集体无意识；既是过去的，又是当下和未来的……

第一节　龙与中华服饰

众所周知，龙是中华民族自古以来广义的图腾意象。闻一多先生在《伏羲考》一文中谈到这个问题时说："假如我们承认中国古代有过图腾主义的社会形式，当时图腾团族必然很多，多到不计其数。我们已说过，现在所谓龙便是因原始的龙（一种蛇）图腾兼并了许多旁的图腾，而形成一种综合式的虚构的生物。""古代几个主要的华夏和夷狄民族，差不多都是龙图腾的团族。"[1]今天的流行歌中我们也大声唱着自己是龙的传人。那么，在中国服饰艺术的平台上，是否有龙意象的多重显现呢？我想答案是肯定的。大致说来，所谓服饰者，当是人体与衣物融合的整体显现。当然，若铺展开来说，还会有更多的细部需要描述。事实上，龙意象不仅进入了中国服饰艺术领域，而且是融古通今，有着多向度全方位的积淀与渗透。谈到龙与服饰，可以从文身、具象图纹与款式、抽象图纹和色彩等层面来论述。

一、文身

首先，龙意象以文身的形式进入了服饰领域。换句话说，在服饰发生学的意义上，文身为龙则是图腾同体的直接显现。

早在20世纪初，严复在翻译英国学者甄克思的 *A History of Politics*（中文译名《社会通诠》）一书时，首次把"totem"一词译成"图腾"，成为中国学术界的通用译名。他为译本加按语说："古书称闽为蛇种，盘瓠犬种，诸此类说，皆以宗法之意，推言图腾，而蛮夷之俗，实亦有笃信图腾为其先者，十口相传，不自知其怪诞也。"[2]首次提出中国古代也有着与澳大利亚土著、美洲印第安人等异域相通相似的图腾现象。严复之后，我国学者郭沫

---

[1] 闻一多：《伏羲考》，载闻一多著《神话与诗》，华东师范大学出版社，1997，第34—35、48页。

[2] 甄克思：《社会通诠》，严复译，商务印书馆，1981，第4页。

若、闻一多、吕振羽、黄文山、孙作云等从不同层面对图腾文化给予研究和译介。冷落了几十年后，在20世纪80年代，我国这一文化领域的研究重又繁荣起来。

我们知道，高居于图腾位置的龙意象，在远古的先民心目中就是自己神秘的亲族，神圣的祖先。他们如痴如醉地拜倒于龙图腾之前，强烈的心理震慑和仰慕效应自然弥漫与渗透开来。基于俗信巫术的接触律效应，为了获取超自然的力量来呵护自己，他们往往采取图腾同体的种种手段，将龙意象纹刻于自己的肌肤之上等等，于是乎，就自然而然地进入文身境地。可见这番作为，在当时语境下，美饰似乎是第二位的，首当其冲则是精神上有所依赖与凭仗，就是为了在精神上能依赖冥冥中的图腾或图腾化的祖先并获得被荫护的安全感。对于这一点，英国人类学家弗雷泽在其《金枝》一书中有着经典的表述："图腾氏族的成员，为使自身受到图腾的保护，就有同化自己于图腾的习惯，或穿着图腾动物的皮毛，或辫其毛发，割伤身体，使其类似图腾，或取切痕、瘢纹、涂色的方法，描写图腾于身体之上。"[1]

对图腾颇多关注与研究的闻一多也一再强调图腾的安全祈愿意识。他在《伏羲考》一文中指出："我们又疑心断发文身的目的，固然是避免祖宗本人误加伤害，同时恐怕也是给祖宗便于保护，以免被旁人伤害。"[2]事实上，获得精神上的安全感，不只是图腾行为，也是缘此而起的服饰不可忽略的功能之一。倘若在社会交往中以图腾为辨识标记，自然会在同族同祖同宗的人群中唤起一种"同是尊此图腾人，相逢何必曾相识"的认同心理与亲和意识。人是群体生存的高级动物，皈依群体可获得惺惺相惜的灵魂上的交流与对谈。一群同祖同宗的先民，出于对生命的珍视，自然会关注奉为图腾的祖先，因为那是生命之源；也自会关注同祖同宗的兄弟姐妹，因为那是同根的枝叶。

不少文献就记录了这一独特的文身现象，如：

《淮南子·原道训》："九疑之南，陆事寡而水事众，于是民人被发文

---

[1] 转引自何星亮《中国图腾文化》，中国社会科学出版社，1990，第293页。
[2] 闻一多：《伏羲考》，载闻一多著《神话与诗》，华东师范大学出版社，1997，第31页。

身，以像鳞虫。"

《后汉书·南蛮西南夷列传》记载，哀牢夷"皆刻画其身，象龙文，衣皆着尾"。《淮南子·泰族训》以人们常态的体验质疑这一事象，曰："夫刻肌肤，镵皮革，被创流血，至难也，然越为之，以求荣也。"对此，高诱注"越人以箴刺皮，为龙文，所以为尊荣之也"，解析了这种文身现象的深层心理需求。这种心态颇有意趣，虽说刺皮破肉在今天看来是痛苦不堪的事体，但尊龙的先民们却甘之如饴，为什么呢？

是的，文身无疑是痛苦的，但承受者却痛苦并荣耀着，因为所刺的文饰"为龙文"，是图腾崇拜的符号标记。这里的文身是图腾同体的神圣体现，是生命高峰体验的神圣时刻。那么，扮饰如鳞虫，其深层动机是什么呢？高诱注《淮南子·原道训》说得透彻明白："文身，刻画其体，内墨其中，为蛟龙之状，以入水，蛟龙不害也，故曰以像鳞虫也。"《说苑·奉使篇》也道出个中原委："剪发文身，烂然成章，以像龙子者，将避水神也。"如此一而再、再而三地拈出来给予强调，解释的口径又如此相似，可见早就是固定的认知模式了。文身而避蛟龙等水神之害，显然是祈愿图腾文身所能起到的保护作用，但这却不是具体可以操作的保护措施，而是呼唤或期待着超自然力笼罩的图腾行为。

再者，图腾人体装饰以其切、刺、染等伤皮动肉的痛楚感，会唤起文身者坚韧的意志力，使其在对痛苦的忍耐与超越中获得灵魂的洗礼。特别是，通过切痕、黥刺等手段造成与图腾同体的文身行为，能唤起神圣感和尊严意识。

既然以涂色、切痕、黥刺等方式，在人体上描写图腾的图形，或者描写图腾的某一部分以代其全体，或做象征性的描绘以代表图腾，那么文身中大量的龙意象，不就是人龙同体的形象么？这就让人联想到古代文献中大量类似的记载。如《山海经》中大量出现神祇的形象："龙身而人面""人面蛇身"以及"凡南次三经之首，自天虞之山以至南禺之山，凡一十四山，六千五百三十里。其神皆龙身而人面"，等等，这几乎是统一的格式怪异而新奇的形象。这种半人半兽的形象如此普遍，以致后来者的解释也是这一思维的延伸，如《山海经·大荒西经》郭璞注："女娲，古神女而帝者，人面蛇身，一日中七十变。"不只女娲，我们的先祖伏羲也是人面蛇身。在这些神话人物以人体与鸟兽生硬性怪异组接的形象里，我们可以在相当广阔的时空范围内来猜测，它们莫非就是远古图腾人体装饰文身或扮饰的汇聚与记录？不少学者对此有肯定的判断。或者原初是近乎荒诞虚拟的图腾形象，但在彼时彼地因其文身扮饰却成为服饰神圣的起源？是后来的服饰从款式到色彩、图案等等得以模拟延展的动力和出发点？莫非服饰就产生于人们为了将自身扮饰为图腾物的实践过程之中？这里提出假说，将从文身到外在添加物的扮饰看作人体装饰或者服饰发生发展的重要阶段，是因为有大量的历史文献材料可以作为佐证。

这种种文身不只是远古时期的图腾同体现象，就是到了后世的文明时代也比比皆是。对此，不少文学作品有所记述。如《水浒传》所写的九纹龙史进，小说这样描写史进给人的第一印象：王进"只见空地上一个后生，脱膊着，刺着一身青龙，银盘也似一个面皮，约有十八九岁"。小说借史进父亲的口吻更为详细地叙述道："老汉祖居在这华阴县界，前面便是少华山，这村便唤作史家村。村中总有三四百家，都姓史。老汉的儿子从小不务农业，只爱刺枪使棒。母亲说他不得，怄气死了。老汉只得随他性子，不知使了多少钱财，投师父教他。又请高手匠人，与他刺了这身花绣，肩臂胸膛总有九条龙。"虽说《水浒传》是小说，但这一细节描写却不无现实意义。我们知道，小说可以虚构，但细节一般须得写实。从这段描写便知，在有宋一代，以龙文身在广大城乡仍有很大的影响与市场。

时至今日，西南各少数民族仍流行文身之俗。如德昂族在脚部、臂部或胸部刺以龙虎以及花草图纹，基诺族男子一般在臀部刺龙虎以及日月星图纹，布依族男子于胸、女子于手臂手背刺龙纹，佤族男子多于颈下、胳膊和腿上刺龙纹虎纹等，西双版纳的傣族男子在胸、腰、脊背、手臂和大腿处刺满了黑色或蓝色的花纹，其中的龙纹尤为壮观。

张元庆在《傣族文身习俗调查和研究》一文中指出，傣族文身还有龙的传说为其铺垫：从前有个龙王的儿子，与人间的一位姑娘成了亲，他水性很好，捕捉到许多鱼虾而不被水生物所伤，人们问其原因，龙子遂脱下衣服让人看其身上的鳞纹。又传说：傣族的祖宗是龙，世世代代都是龙变的。为了不忘记老祖宗是龙，傣族总要把两腿文成龙壳（鱼鳞状），把牙镶金以便像龙形。①

在西南少数民族中，傣、佤、白、彝、德昂、基诺等十多个民族的文身都主要源于龙崇拜，其文身之俗源远流长，历史文献多有记述。《汉书·地理志》就曾记述西南百越后裔"文身断发，以避蛟龙之害"；《后汉书·南蛮西南夷列传》也说彝语支民族的先民"哀牢夷者……种人皆刻画其身，象龙文，衣皆着尾"；《太平寰宇记》卷八十引《九州要记》："巂之西夷人，身青而有文，如龙鳞，生于臂胫之间。"文身还有文面或文足，也有兼而有之者。《金元文·白夷风俗记》说："金齿白夷（傣族）……文其面者，谓之绣面蛮；绣其足者，谓之花脚蛮。"

《马可·波罗游记》记述傣族文身的程序与做法更为具体细致："男子又在他们的手臂和腿上刺一些黑条纹，其刺法如下：将五口针并拢起来，刺入肉中，直到见血为止；然后再用一种黑色染剂在刺孔上摩擦，这样便能留下一个不可磨灭的痕迹。身上刺有这种黑条纹，是被看作一种装饰和有体面的标志。"②文身的图纹如《腾越县志》所说："僰人尚文身……胸、背、额际、臂、腑、腹、脐各处，以针刺各种花纹，形象若虎豹鹿蛇，若金塔花卉，亦有刺符咒经文、格言及几何图案者，然后涅之以丹青，贵族用赤红色，平民一般用青黑色，否则妇女群辈笑之。以故无论老幼，无不身首彰然者。"虽然时序推移，春秋代换，但这些文身的具体技艺和它所带来的审美观念，以及随之衍生而来的风情民俗等等，今天在西南少数民族地区，在文身尚在传承的地域，仍然是触目可见的现实，有着穿越历史的顽强生命力。

二、转型的思维

事实上，从图腾文身到衣冠装饰，应该有一次理性思维的洗礼，也有一个相当长的时间历程。这里的转型，是有相应的思想观念来引导与铺垫的。

其一，是《周易》中的人龙合一的思维模式。在中国人的观念中，龙与理想的人是全等的，是彼此可以等量代换的。如《周易》乾卦的爻辞从状写

---

① 张元庆：《傣族文身习俗调查和研究》，《民族学》1989年第2期。
② 马可·波罗：《马可·波罗游记》，梁生智译，中国文史出版社，1998，第170页。

初九的"潜龙勿用"、九二的"见龙在田",直接跳跃到九三的"君子终日乾乾,夕惕若厉,无咎";再者,此卦爻辞是在反复言说龙如何如何,但作为核心思想的象辞却表达为理想状态的人:"天行健,君子以自强不息。"紧接着的坤卦从初六到六五爻辞都在说人事应对等等,到了最高卦的上六爻辞却突然变为龙的叙述:"龙战于野,其血玄黄。"坤卦的象辞也是着眼于人:"地势坤,君子以厚德载物。"有趣的是,这里的人龙交织与瞬间互换,没有解释,没有铺垫,显然只有在人龙合一、彼此对等的语境中才可如此这般。如果说《周易》的产生是伏羲画卦、文王演卦、周公作爻辞,有着相对漫长的创造与积淀过程,也有着对社会浸淫渗透的漫长过程,那么似可以说,从新石器时代晚期到周代,把龙与人中杰出者相提并论的模式就已确定成型并向社会传播了。

其二,是儒家以人为本的呵护躯体的思想观念。无论如何,文身中含有更多非理性宗教迷狂因素,况且图腾崇拜本身就是原始宗教的一种仪式。那么,在奠定农耕文明基础的上古时代,由于强健人体成为核心生产力的时代,或多或少对人体有所损害的文身受到冲击逐渐淡化乃至消隐也属必然。在此文化背景下,在先秦理性批判的时代,我们随意选取孔子《孝经·开宗明义章》的一段言论,就会感知这是社会舆论普遍地从另一角度对图腾文身的否定和拒绝:"身体发肤,受之父母,不敢毁伤,孝之始也;立身行道,扬名于后世,以显父母,孝之终也。"

从某种意义上说,图腾文身原本就是祖先崇拜的一种形式,是近乎超自然大"孝"的一种表现,而孔子也是以此立论,但却重视人间现实的孝,而淡化否定具有图腾意味的超人间超自然的孝。这是富于实践理性精神的。当人们从图腾宗教的文化氛围中走出来,以理性的精神来看事论理,那么损毁发肤以文身是那么的不合情不合理:一方面个人痛苦且危险,父母揪心,于人情不忍;另一方面文身饰美总欲炫耀于人,倘裸态装身于光天化日之下众目睽睽之中,岂不有碍观瞻有伤大雅?孔子从感情出发,从孝入手,以体恤父母立身扬名的人生高度来否定身体切割刺伤的文身现象,这种历史性的说服是成功的。文身在华夏族一带历史性地淡出乃至为服饰所更替,虽非始于儒家,其源头似更古远更悠久,但孔子之说确乎有着鲜明的历史针对性和现实说服力。于是，历史的逻辑的顺序似乎应该是，图腾人体装饰渐渐为带有图腾意味的种种衣冠饰物所替代了。

当然，传统思维的惯性力量，图腾观念并非一时可以消隐，但又不能不受到现实理性思维的影响，逐渐形式化、美饰化。先秦诸家中，庄子也有全身全形、任纯自然之说，不管此说当时的时空条件是什么，具体针对性如何，但无可怀疑的是，它作为一种深刻的人生哲学观念在社会传播渗透，便强有力地阻击了文身现象的社会性普及和历史性延展。它提出了另一种亲切平安更易为人体所接受的生存模式，借服饰以扮图腾，或者说图腾意象此际开始分流到服饰的不同方面象征出来、暗示出来。这大约是从农耕文明的理性思维发展以来的服饰过渡现象，或者说是图腾人体装饰走向非固定阶段，此与前者相衔接，属于更高文化阶段的产物。

如《后汉书·南蛮西南夷列传》记载：哀牢夷者，"刻画其身，象龙文，衣皆着尾"，身刻龙纹，衣附尾饰，显然已不是单纯的文身，而是典型的文身向服饰过渡或二者融一的形象。这不只是历史事象的记述，即便今天，也仍有顽强的遗存。

三、具象图纹与款式

在种种服饰款型中，我们看到了龙图腾内容与形式的丰厚积淀，其中龙图纹的出现是颇为醒目的。原初不少似龙的动物图纹，作为龙的雏形，在先民的信仰中就有着超自然力的意味和功能。至于逐渐形成角似鹿、头似驼、项似蛇、腹似蜃、鳞似鲤、爪似虎、耳似牛的黄色金龙，则是在漫长的历史传说中堆积而成的。这大致定型于隋唐时期，其中还受到了印度龙王（那伽）的影响与渗透。

比如龙袍的产生并成为古代帝王的专宠亦大有深意。作为融合兼并中华先民众多鸟兽图腾的龙图腾，其在中华先民心理上产生了强大的威慑与企慕的效应，上述举例便可见出"断发文身"以像龙子的记载史不绝书。正是因为有龙图腾氛围深厚广博的笼罩和铺垫，人们才纷纷以裸态装身的断发文身模拟龙形，头戴角权附加尾饰来彰示自己本是"龙种"并具有"龙性"，进而推衍到覆盖装身扮饰龙体。

明定陵出土的翼善冠便是有代表性的一种饰龙皇冠。冠身用极细的金丝编织而成，下缘内外镶有金口，冠的后上方有两条左右对称的蟠龙于顶部汇合。龙首在上方，张口吐舌，双目圆睁，龙身弯曲盘绕。两龙之间有一圆形火珠，周围喷射出火焰。这件出土文物即后来闻名于世的金丝蟠龙翼善冠。虽说迄今为止还未发现明代皇帝生前佩戴这种金丝蟠龙翼善冠的文字与图像，一般认为这极有可能是陪葬的明器。但大家知道，翼善冠是冠的一种，是明朝皇帝、太子、亲王、皇室成员等所着之首服，甚至传播到国外，成为朝鲜国王及王世子、安南国王、琉球国王的首服。倘向前追溯，据《唐会要·舆服上》《旧唐书·舆服志》记载，翼善冠创自唐太宗。唐贞观年间，"太宗又制翼善冠，朔望视朝，以常服及帛练裙襦通着之。若服袴褶，又与平巾帻通用"（《旧唐书·舆服志》）。可惜唐太宗这一创制没有图像与文字记录，且中间还出现了历史性断档，仅留存其名而细部不详，倘有龙纹也不知如何缠绕陪衬，也不知是一条还是多条。据《明史·舆服志》所载，明永乐三年（1405）更定，皇帝常服"冠以乌纱冒之，折角向上，其后名翼善冠"。一般说来，与唐代相较，明代翼善冠虽然简化得多，但二龙戏珠附加其上，自然便有了真龙天子的神圣与权威的光彩与氛围了。

与龙冠的特殊与专属并不一致，原初的衣饰意义上的"龙袍"应是相对普遍和多样的，是流布于民间的，后来成为历代帝王的专宠，则是掠夺和制裁的结果。在民间历史性遗留的龙袍，如戴平《中国民族服饰文化研究》一书所指出的，有楚绣的"龙凤罗衣"，佤族男子穿着的金绣龙衣，彝族史诗《勒乌特意》说其族始祖神话英雄支格阿龙生下来后不肯穿母亲做的衣服，却穿上龙的衣服，等等。[①]

周取天下后，将崇龙观念制度化。建立旗帜、规定服饰，将"龙是王权的象征"在礼仪制度上确定下来。《诗·豳风·九罭》是周成王时大夫赞美周公之作，其中提到"衮衣绣裳"，毛传："衮衣，卷龙也。"唐孔颖达疏："画龙于衣谓之衮，故云'衮衣，卷龙也'。"唐陆德明释文："天子画升龙于衣上，公但画降龙。"《仪礼·觐礼》："天子衮冕。"汉郑玄注："其龙，天子有升龙，有降龙。衣此衣而冠冕，南乡而立，以俟诸侯

[①] 戴平：《中国民族服饰文化研究》，上海人民出版社，2000。

见。"可见天子与三公都穿衮衣，衮衣就是绣着龙的礼服，亦即后世龙袍的滥觞。区别仅仅在于，天子可绣升龙降龙，而三公只能绣降龙。这里的君臣之别，更强调了只有天子才能如龙一般收放随心，纵送自如，既能潜藏于渊、起跃于渊，又能充满新鲜感地见于田畴，更能自如地飞升于碧空，而达到灿烂辉煌的九五之尊。

最著名的龙意象图纹是十二章纹。十二章纹来自远古时代的传说，据说史前时代的虞舜就以十二章纹为衣饰图纹，《尚书·益稷》记录了舜和禹之间的对话："予欲观古人之象，日、月、星辰、山、龙、华虫，作会；宗彝、藻、火、粉米、黼、黻、絺、绣，以五彩彰施于五色作服，汝明。"

由此可知，服饰上绘绣龙纹，最晚到夏商之际便有突出的表现。在自成体系的十二章纹中，龙纹自居重要与核心的位置，穿着者不仅是普天之下率土之滨的主宰，更有着上可凌云、下可入渊、变化无穷、威震八方的种种灵异功能。这是图腾意象附着于衣着而带来的氛围感，也是图腾意象走向建构服饰境界的新格局。有周一代，衣绣龙纹似已为整个社会所认识。《诗经》中就将绘绣龙纹的服饰称之为"衮衣"。《通雅》卷三十六曰："有龙文曰衮。"东汉刘熙《释名·释首饰》曰："衮，卷也，画卷龙于衣也。"即衮衣或衮冕实为一种绘有龙形图纹的冕服。如《诗经·国风·九罭》即有"衮衣绣裳""是以有衮衣兮，无以我公归兮"云云。后世文献中，亦有颇多概念指称这种绘绣龙纹的天子冕服，如"衮衣""衮龙衣""衮龙服""龙衮""龙卷""衮章""衮华"等等。对此，赵联偿在其《霓裳·锦衣·礼道——中国古代服饰智道透析》一书中做了中肯分析："由此可见，这十二纹章的图案，具有极其浓厚的中国古代的传统文化意识。作为一种具有特定文化内涵的符号，它们既是天地万物之间主宰一切、凌驾其上的最高权力的象征，亦是帝王们特定的服饰文化心态（赏用性）和价值取向（追求政治上的'威慑效应''轰动效应'，政治需求高于生理需求）的形象化反映。"[①]

事实上，龙纹在服饰中的演进与接受的漫长历程说明，它并非如我们一

[①] 赵联偿：《霓裳·锦衣·礼道——中国古代服饰智道透析》，广西教育出版社，1995，第33页。

般所理解的为天子或皇帝所独自占有。如龙意象跻身其中的十二章纹服饰，在常规情况下，天子之服以绘绣的方式使用日月以下的十二章全部（唐以后日月星升格到旗帜上之后，皇帝的袍服或有九章），诸侯以下至于黼黻，士服藻火，大夫加粉米。可见虽等级不一多寡不同，却是共同享有了这一自成谱系的图纹。

众所周知，作为天子使用最为广泛的礼服——龙衮，固然是历代皇帝登基即位、飨告宗庙、宴迎将士、成人加冠、娶纳皇后、元日朝贺以及册封王公等庄严场合所穿戴，但古代上公所穿礼服却也差不多，同样绣有龙纹。如梁元帝《乌栖曲》中"交龙成锦斗凤纹，芙蓉为带石榴裙"之句，写的就是宫妃衣服用龙凤图纹的贵重衣料锦，只不过图纹中的龙首向下，以示与天子有别罢了。直到唐高祖武德年间，才下令臣民不得僭服黄色，黄色的袍遂为王室专用之服，自此历代沿袭为制度。960年，赵匡胤"黄袍加身"，兵变称帝，于是龙袍别称黄袍。

龙袍的魅力不只迷惑了古代帝王，近代帝王迷者亦同样深陷其中。张新吾在其《我所知道的袁世凯及其称帝前后》一文中介绍说："关于服制：仍分大礼服、常礼服、军礼服，常礼服又分甲、乙两种，甲种燕尾服，乙种蓝袍青马褂。只有袁的衣冠颇费装扮，衣服是绣团龙的黄色缎子袍，宽袍大袖。冠是采用平天冠式，前面有冠旒（下垂珍珠串），帽章系大块钻石。所用珠钻系由总统府庶务司丞郭葆昌（后因监烧洪宪瓷派充江西九江关监督）去故宫洽索来的。后来这份衣冠，在袁死时由袁克定主持做了殓服。"[1]据张伯驹《续洪宪纪事诗补注》所记，"袍上绣的金龙，双目皆嵌以珍珠。当时经办人庶务司郭葆昌从中舞弊，用日本的人造珍珠冒充真珠，中饱私囊。其实，龙睛是赝品，也正好是袁世凯伪立帝制的最好写照"。[2]笔者以为，袁世凯着龙袍本身正说明了远古龙图腾观念向后世的渗透与辐射。

一方面，传统的规矩威严地向后世传递；另一方面，却也因多重缘由，在不同时代的统治者顶层慢慢地解构着。比如元代，虽不允许常人穿用龙凤

---

[1] 张新吾：《我所知道的袁世凯及其称帝前后》，载全国政协文史资料委员会编《文史资料存稿选编1·晚清北洋上》，中国文史出版社，2002，第416页。

[2] 转引自王维堤《衣冠古国：中国服饰文化》，上海古籍出版社，1991，第17页。

图纹的服装，街市店铺也不许织造与销售，违者除被没收物品外，还要拘捕以示严惩。但元统治者也有变通之处：将龙分为不同等级，双角五爪的龙纹归皇帝专用，至于其他三爪四爪的龙纹，民间可随意使用。到了明代，帝王与龙纹的专属关系被强化，强调臣庶不得僭用，同时规定皇帝朝服除十二章纹外，还有十二团龙。龙袍上的各种龙章图案，历代也有所变化。龙的数量一般为九条：前后身各三条，左右肩各一条，襟里藏一条，于是正背各显五条，吻合帝位"九五之尊"的称谓。皇帝的其他衣服也尽力"龙"化，以彰显真龙天子的直觉造型。相比之下，清朝统治者或许因为没有龙文化传统的自觉意识，倒是相对宽松一些，规定文武百官可穿蟒服，但蟒的数量及颜色各有差等，龙纹器物除明黄这一皇帝专用色之外，一般也放得开。

蟒服，亦称蟒衣、蟒、蟒袍，因绣有蟒的图纹而得名。衣上的蟒纹与龙纹相似，只少一爪，故称四爪龙为蟒。《元典章》卷五十八记，大德元年（1297），"不花帖木耳奏：'街市卖的缎子似皇上御穿的一般，用大龙，只少一个爪子。四个爪子的卖著（者）有奏（着）呵'。"说明四爪大龙缎袍（即蟒袍）在元初就已经在街市出卖。明沈德符《万历野获编·补遗》卷二说："蟒衣如像龙之服，与至尊所御袍相肖，但减一爪耳。"

蟒服是皇帝的一种赐服，穿蟒服要戴玉带。蟒服与皇帝所穿的龙衮服相似，本不在官服之列，而是明朝内使监宦官、宰辅蒙恩特赏的赐服。明余继登《典故纪闻》卷十六载："内阁旧无赐蟒者，弘治十六年，特赐大学士刘健、李东阳、谢迁大红蟒衣各一袭，赐蟒自此始。"朱国桢《涌幢小品》卷三十："每五年守例宁静，加赏一次，银三十两，大红纻丝蟒衣一袭。"《金瓶梅词话》第七十回："见一个太监，身穿大红蟒衣，头戴三山帽，脚下粉底皂靴。"显然，获得这类赐服被认为是极大的荣宠。明代的蟒服，就衣领而言，有圆领蟒服和交领蟒服之分；就服色而言，皇帝龙袍为明黄，皇族穿着的蟒袍可为金黄和杏黄，其他官员只能是蓝色或石青色；就图纹而言，蟒龙极为形似，皇帝龙袍之龙角足皆备，且有五爪，并配以十二章纹，而蟒无足无角，也只有四爪，与十二章纹无缘；就款式而言，皇族的袍是四开，其他官员则是两开；就用途而言，明代蟒服本是皇帝对有功之臣的赐服，且被严格规定为职官的常服。如《明史·袁崇焕列传》：崇祯二年（1629）闰四月，袁崇焕"叙春秋两防功，加太子太保，赐蟒衣"。《明史·张居正列传》：张居正"以九载满，加赐坐蟒衣"。《明史·舆服志》记内使官服，言"永乐以后，宦官在帝左右，必蟒服，制如曳撒。绣蟒于左右，系以鸾带"，"单蟒面皆斜向，坐蟒则面正向，尤贵。又有膝襕者，亦如曳撒，上有蟒补，当膝处横织细云蟒，盖南郊及山陵扈从，便于乘马也。或召对燕见，君臣皆不用袍，而用此，第（但）蟒有五爪、四爪之分，襕有红、黄之别耳"。由此可知，蟒服有单蟒，绣两条行蟒纹于衣襟左右；有坐蟒，除左右襟两条行蟒外，在前胸后背加正面坐蟒纹，这当然是更为尊贵的款式了。而曳撒则是一种袍裙式服装，于前胸后背处饰蟒纹外，另在袍裙当膝处饰横条式云蟒纹装饰，故称膝襕。从《金瓶梅》来看，西门庆也可穿着东京何太监送他的青缎五彩飞蟒衣。到了清代，放宽了这种限制，列蟒衣为吉服，凡文武百官皆衬在补褂内穿用。

据《大清会典》记载，"亲王绣五爪金龙四团：前后正龙，两肩行龙；郡王绣五爪行龙四团；贝勒绣四爪正蟒前后各一团；贝子、固伦额驸绣四爪行蟒前后各一团；镇国公、辅国公、和硕额驸、民公、侯、伯，前后四爪正蟒方补"。据有关研究，清朝之所以对龙纹控制不严格，主要是因为自他们的先民起就可以随意使用龙纹。据李民寏《建州闻见录》记载，早在宋元时代，汉族的织锦刺绣传入女真部落，掌握了这一技能的女真人在其服装上开始绣绘各种各样的图纹，率性自由惯了的游牧民族没有那么多的禁忌与等级符号，于是出现了"衣服则杂乱无章，虽至下贱，亦有衣龙蟒之绣者"。而这种服饰传统，直到清朝服饰等级化后也未曾停止。

事实上，当衣着的龙纹处于神圣神秘的位置时，更大的群体更多的意象也会迫不及待地向龙纹靠拢。是龙不是龙的都变个样儿扮成拟龙的模样儿，穿着起来真可分享真命天子的光芒，这似乎也应了"人往高处走"的潜在心理需求，满足一下好奇心、虚荣心也是人之常情。蟒服是一种，斗牛服飞鱼服麒麟服等等都是。明代赐服纹样与蟒比并者，是斗牛、飞鱼和麒麟。清毛奇龄《明武宗外记》载："（正德）十三年，正月，车驾将还京，礼部具迎贺仪，令京朝官各朝服迎候；而传旨用曳撒、大帽、鸾带，且赐文武群臣大红纻丝罗纱各一；其彩绣一品斗牛，二品飞鱼，三品蟒，四品麒麟，五、

六、七品虎彪。"

斗牛服是缀有斗牛补子的袍服，以红色纱罗纻丝为之，圆领大袖，下长过膝，胸前背后各缀一补，上绣斗牛。斗牛是根据传说中的形象绘成，其身如龙，鳞爪俱全，唯头上二角向下弯曲，与龙角有异。明无名氏《天水冰山录》记严嵩被籍没家产中，有"大红妆花过肩斗牛段五匹""青织金妆花斗牛云段四十六匹""绿织金斗牛补段三匹""沉香妆花斗牛段三匹"等。清查慎行《人海记》载："成化间，松江人以布饷贵近，流闻禁廷。下司府织造赭黄、大红、真紫等色，龙凤、斗牛、麒麟等纹。工作胥吏因缘为奸，一匹有费白金百两者。"明周祈《名义考》："相传物象有驺虞，有斗牛，有螭虎，而今皆亡。……斗牛似龙而觚角，螭虎似龙而歧尾。"明沈德符《万历野获编·补遗》卷二："至于飞鱼、斗牛等服，亚于蟒衣，古亦未闻。今以颁及六部大臣及出镇视师大帅，以至各王府内臣名承奉者，其官仅六品，但为王保奏，亦以赐之，滥典极矣。"明刘若愚《明宫史》："自太监而上，方敢穿斗牛补。"可见斗牛服泛滥到了极致。世宗即位，乃禁庶官穿着，《明史·舆服志》："（正德）十六年世宗登极诏云：'近来冒滥玉带，蟒龙、飞鱼、斗牛服色，皆庶官杂流并各处将领夤缘奏乞，今俱不许。'"嘉靖十六年（1537），因嫌其造型与龙蟒相类，遂被废弃。在北京南苑苇子坑明墓、南京太平门外板仓村明墓、广州郊区明墓，均发现明代斗牛服实物。

据《明史》记载，在弘治年间，一般官民都不准穿着飞鱼服，即使公、侯、伯等违例奏请，也要"治以重罪"。后来明朝规定，二品大臣才可以穿着飞鱼服。正德年以后，在品官制服之外赏赐飞鱼服、斗牛服、麒麟服。飞鱼服是什么样的呢？就是装饰有飞鱼图纹的服装。在古代神话中，飞鱼是一种龙头、有翼、鱼尾形的神话动物。《山海经·海外西经》载："龙鱼陵居在其北，状如狸。"《林邑国记》载："飞鱼身圆，长丈余，羽重沓，翼如胡蝉。"《山海经·中山经》又说，飞鱼"其状如豚而赤文，服之不畏雷，可以御兵"。飞鱼图纹本应一只角，或因趋向龙纹的潜隐意愿，明代服饰上的飞鱼竟有两只角，实际上类似蟒服，而且飞鱼图纹上还加了鱼鳍、鱼尾，故飞鱼服又被称作飞鱼蟒。

飞鱼服是明代锦衣卫最重要的服饰。《明史·职官志》载："锦衣卫，掌侍卫、缉捕、刑狱之事，恒以勋戚都督领之，恩荫寄禄无常员。……朝日、夕月、耕耤、视牲，则服飞鱼服，佩绣春刀，侍左右。"也就是说，每逢大型活动，锦衣卫都穿着飞鱼服，紧随皇帝左右。这也说明飞鱼服是一种荣宠之服，其穿着者是贴近皇帝的地位卓越者。

　　正德年间，明武宗往往于兴奋之际胡乱赐服，向臣子大量赏赐平时颇不易得的蟒衣、飞鱼服，一些级别并不高的官员也被赐穿飞鱼服。嘉靖、隆庆年间，这种服饰也颁及六部大臣等官员。龙蟒服饰满天飞，连皇帝本人也弄不清到底是臣子僭越还是自己犯糊涂。《明史·舆服志》载："嘉靖十六年，群臣朝于驻跸所，兵部尚书张瓒服蟒。帝怒，谕阁臣夏言曰：'尚书二品，何自服蟒。'言对曰：'瓒所服，乃钦赐飞鱼服，鲜明类蟒耳。'"可见飞鱼服与蟒服接近到彼此可以混淆的地步。珍稀的服饰泛滥朝堂，连皇帝自己也觉得似乎有点过分，然而此一时彼一时也，此时的不顺眼源自彼时一时兴起随意赏赐。因为在一个专制的时代，穿着的合法性永远源自圣上，只有皇帝钦赐才是名正言顺。

　　麒麟服即缀有麒麟织绣纹的袍服。作为传统四灵之一，麒麟本有固定的形象，即麋身，狼蹄，一角。相传麒麟面目威严，性格仁慈，不践草虫，不食生物，故被视为祥瑞之物。唐代以这样的形象进入官服图纹系列，可到了明清，官场服饰上的麒麟形象就变异了，而是向龙靠拢，所绣麒麟其首似龙，两角，尾似狮。麒麟袍为官吏的朝服，大襟、斜领、袖子宽松，前襟的腰际横有一，下打满裥。与飞鱼、斗牛的主要区别是飞鱼有鱼鳍，斗牛有牛角，麒麟有牛蹄。明代官服绣麒麟，似不限四、五品，职位特殊的锦衣卫指挥侍卫等也能穿用。1977年南京徐俌墓出土的服饰图纹中就有麒麟纹。

　　其实说来也颇为有趣。当古代君臣或因力图笼络，或因虚荣竞争，在明争暗斗琢磨蟒服飞鱼服斗牛服麒麟服的些微差异时，而在民间，新格局的礼崩乐坏不时涌现。朝廷不能容忍的现象是：现时王侯身上龙凤纹，早入寻常百姓衣了。史载，洪武三年（1370）八月，民人服饰就曾出现僭用黄色，服饰图纹中就有龙凤之形的事件；正统十二年（1447），庶民服饰织绣蟒龙、飞鱼和斗牛等违禁图纹，被朝廷明令禁止。《明英宗实录》记载，天顺二年（1458），朝廷就明令"禁官民人等衣服不得用蟒龙、飞鱼、斗牛、大鹏、狮子、四宝相花、大西番莲、大云花样及姜黄、柳黄、明黄、玄色、绿等衣服"，如此强调，说明社会上出现了这类问题。果然时隔不久，问题严重到天子也坐不住了。据《皇明条法事类纂》卷二十二《礼部类·官员人等不许僭用服色例》载，天顺二年闰二月初六，明英宗戒谕都察院说："蟒龙、飞鱼、斗牛……俱系内府贡用之数。今在京在外无知之徒，往往私自织绣、染造僭用，以致贵贱不分，尊卑无别，越礼犯分，莫甚于此。恁都察院便出榜通行晓谕禁约，今后敢有仍前偷效此等花样颜色织绣、染造，并私卖私买僭用的，拿来本身处死，全家充军。"或许天子震怒朝廷禁断的感觉在于，如此穿着，岂不意味着每个平民心中都有一个皇帝梦？是可忍，孰不可忍也！

徐华龙、吴菊芬所编《中国民间风俗传说》一书介绍，西南民族的诸多服饰源于龙崇拜。贵州榕江苗族姑娘称花衣为"乌鳞"，意即"鱼鳞纹之服"。传说该地苗家姑娘能歌善舞，可就是没有花衣服穿。有一年赶牯藏节，来跳芦笙舞者甚多，龙女三姐妹也来了，她们所着服装五彩缤纷，甚是美观，苗女们羡慕不已。但过完节，龙女们便潜入河中回家了。苗女阿辛很想模仿龙女衣，于是每天都到河边等龙女，有一天她终于被龙婆带到龙女家，最终学会了绣花衣的本领。于是她返回家中，教苗女们绣花。这就是苗家鱼鳞纹花衣的来历。[①]

邓启耀《民族服饰：一种文化符号——中国西南少数民族服饰文化研究》一书介绍，景颇族也认为自己披肩围胸的龙鳞也是龙女身上的龙鳞演变而成的。苗族刺绣中也经常闪现出龙图腾的影子，如黔西苗族刺绣中有牛角龙、植物龙、水龙和花草配龙等图案；滇南彝族花倮人把葬礼中主持跳送葬舞的女祭司所穿的服装称之为"龙公主衣"或"龙婆衣"。[②]这种衣由长约3米、宽约1.5米的整幅布缝制，用蜡染有日形纹、水纹等的花布，中间挖一洞，贯头而披，张臂打开，宽及手腕，长及脚踵，前后搭摆，如一正方形大

[①] 徐华龙、吴菊芬编《中国民间风俗传说》，云南人民出版社，1985，第265—267页。
[②] 邓启耀：《民族服饰：一种文化符号——中国西南少数民族服饰文化研究》，云南人民出版社，1991，第353页。

披风。传说这是为纪念龙子帮助当地彝族改变"腹葬"古俗而特制的。这种贯头衣说起来源远流长,早在西汉时期,彝族的先民哀牢人就穿它。如晋郭义恭《广志》云:"黑僰濮,在永昌西南,山居,耐勤劳;其衣服妇人以一幅布为裙,或以贯头。"《后汉书·南蛮西南夷列传》说永昌太守郑纯"与哀牢夷人约,邑豪岁输布贯头衣二领,盐一斛,以为常赋"。云南禄劝县彝族妇女喜欢戴哈达帽,起因也是龙崇拜。《续禄劝县志》说:"(哈达毡帽)制类雨兜,妇女多戴之。旧传洱海有孽龙,能摄人,故戴此帽,以避龙祟也。"

四、材料与饰物

不只服装款式在官场与民间推衍,就是材料与饰物也紧紧向龙靠拢,只要有类似的特质的表现,便附着于龙身,以求其神秘与幽邃。

材料主要有以下几种:

其一龙绡,是一种薄纱,因传说出自海底龙宫,故名。南朝梁任昉《述异记》云:"南海有龙绡宫,泉先织绡之处,绡有白之如霜者。"唐徐夤《银结条冠子》诗云:"舞时红袖举,纤影透龙绡。"唐韦应物也有《鼋头山神女歌》诗云:"阴深灵气静凝美,的砾龙绡杂琼珮。"

其二龙油绫,是一种富有光泽的细绫,质地细密,色彩斑斓,入水不湿。民间传说含有龙油,故名。唐代由女蛮国入贡,名重一时。《太平广记》卷四百八十引《杜阳杂编》:"大中初,女蛮国贡双龙犀,有二龙。……更女王国贡龙油绫鱼油锦,文彩多异,入水不濡,云有龙油鱼油也。"

其三交龙锦,是织有蟠龙纹的丝品,锦面作二龙或数龙交缠状,亦有在图纹空隙处织入汉字"交龙"二字。1959年新疆民丰县汉遗址出土的丝织物中,即有交龙锦实物。根据图纹及字体大小,有大交龙、小交龙之分,多用作贵族衣物。《三国志·魏书·乌丸鲜卑东夷传》:"今以绛地交龙锦五匹……答汝所献贡直。"晋陆翙《邺中记》:"织锦署在中尚方,锦有大登高、小登高……大交龙、小交龙……"

其四龙鳞锦,是织有龙鳞纹的彩锦,通常用于冕冠顶部的装裱。《宋史·舆服志》载:"天板顶上,元织成龙鳞锦为表,紫云白鹤锦为里,今制青罗为表，采画出龙鳞，红罗为里，采画出紫云白鹤。"

冠饰主要为宫廷皇后公主所服。文献资料所记冠饰主要有以下几种：

其一龙凤翠珠冠，明代皇后在受册、谒庙、朝会等重要场合所戴的礼冠。经竹丝为框，外裱纱绢，沿边镶以金圈。冠顶以金丝缀成蟠龙之状，并用金镶珍珠、翠羽制成凤凰。《明史·舆服志》："（洪武）四年更定，龙凤珠翠冠，真红大袖衣霞帔，红罗衣裙，红褙子。冠制如特髻，上加龙凤饰，衣用织金龙凤文，加绣饰。"1956年在北京定陵明孝靖皇后墓中有完整的实物出土。

其二玉龙冠，宋代女冠，因饰以玉龙，故称。宋周密《武林旧事》卷二："先一月，宣宰执常服系鞋，诣后殿西廊，观看公主房奁：真珠九翚四凤冠，褕翟衣一副，真珠玉佩一副，金革带一条，玉龙冠，绶玉环……"

其三九龙冠，元代宫姬所戴之冠。《元史·礼乐志》："妇女一人，冠九龙冠，服绣红袍，玉束带，进至御前，立定，乐止，念致语毕，乐作，奏长春柳之曲。"

至于饰物就多了。文献所载，仍以宫廷官府为主，或许民间在这方面的创制与佩戴未曾进入著述者的法眼，这才形成了一个巨大的空白地带吧。龙形饰物且因龙命名者主要有：

其一玉龙簪，镌有龙纹的玉制发簪。宋李廌《师友谈记》："今年上元，吕丞相夫人禁中侍宴……御宴惟五人，上居中，宝慈在东，长乐在西，皆南向，大妃暨中宫皆西向，宝慈暨长乐皆白角团冠，前后惟白玉龙簪而已，衣黄，背子无华彩；太妃暨中宫皆镂金云月冠，前后亦白玉龙簪，而饰以北珠，珠甚大，衣红，背子皆用珠为饰。"

其二龙鸾钗，妇女发钗，以金银、美玉制成，因钗首饰有龙鸾之形，故名。龙为百兽之长，鸾为百鸟之王，两者并列，含有吉祥之义。多用于结婚之日，隐喻幸福美满。《太平御览》引《拾遗录》："魏文帝纳美女薛灵芸，有献火珠龙鸾钗。帝曰：'珠翠尚不能胜，况龙鸾之重乎？'"

其三蟠龙钗，妇女发钗，以金银或美玉为之，因钗首饰有蟠龙之形而得名。晋崔豹《古今注》："蟠龙钗，梁冀妻所制。"

其四龙角钗，传说中的一种宝钗，钗上刻有龙形。《太平广记》卷四百零四引《杜阳杂编》："代宗大历中，日林国献灵光豆龙角钗。……龙角钗类玉，绀色，上刻蛟龙之形，精巧奇丽，非人所制。"

其五盘龙步摇，妇女首饰，因以盘龙为饰，故名。五代后唐马缟《中华古今注》："殷后服盘龙步摇，梳流苏，珠翠三服，服盘龙步摇，若侍去梳苏，以其步步而摇，故曰'步摇'。"

其六镂带，胡服腰带，皮革为之，上缀镂空的金属牌饰。以西域民族所用为多，男女皆用。《晋书·石季龙载记》："季龙常以女骑一千为卤簿，皆着紫纶巾、熟锦裤、金银镂带、五文织成靴，游于戏马观。"晋陆翙《邺中记》有云："石虎皇后女骑，腰中着金环参镂带。"1932年广州西郊大刀山晋墓曾出土镂带带饰数件，其中一鎏金带饰，长8厘米，宽4厘米，一端作椭圆形，一端作方形，器身镂刻精致的花纹，似龙戏凤状，龙耸身舞爪，凤展翅欲飞，生动活泼。

其七龙头鞶囊，以龙头为饰的小型佩囊。官吏佩于腰际，以盛印绶。汉魏时期多用虎头，至后赵石虎时期，因避讳而改用龙头。晋陆翙《邺中记》有云："石虎改虎头鞶囊为龙头鞶囊。"石虎之后恢复以虎头为饰。

其八九龙佩，雕镌有九条龙形的挂佩。古代崇尚九五之尊，又有龙生九子之说，因以九龙为饰而求祥瑞。通常以玉石、玛瑙和琥珀等材料为之。《红楼梦》第六十四回："贾琏一面接了茶吃茶，一面暗将自己带的一个汉玉九龙佩解了下来，拴在手绢上，趁丫鬟回头时，扔撂了过去。"

其九玉龙佩，雕琢成龙形的玉质佩饰。河南殷墟、山西长治等地古墓中多有出土，仅1959年至1961年于山西长治分水岭战国墓就出土有十二件之多。通常作不规则形，龙体卷曲，弯转自如，器物表面饰有雷纹或涡纹，长9.5厘米至12厘米，厚0.3厘米至0.5厘米。

其十琥珀龙，以琥珀雕成龙形的挂佩。南朝梁萧子显《乌栖曲应令》诗云："握中清酒玛瑙钟，裾边杂佩琥珀龙。"

五、抽象：线条与色彩

龙意象抽象图纹在服饰领域中的出现，意味着龙纹的简化与普及。

我们以常见的S形纹为例。S形模式图案的神秘意味，诸说不一，但其思路大致是相似的。陈绶祥《遮蔽的文明》一书认为源自龙崇拜[①]。换句话说，S纹即龙意象的抽象形式。因为龙从开始产生起，其基本造型就与中华民族的审美要求结合起来。原始彩陶中有大量的由点、线、块、面构成的装饰纹样，这些纹样由于不受具体题材的限制，反而更能集中地反映人们的审美要求。其中水平最高的马家窑文化彩陶中，有许多定型化的线条处理方式，那些最主要的平曲钩形纹构与连缀方式也与原始类龙形动物造型一样，恰恰是后来龙形的基本造型骨架。殷商时代，最常见的几何纹样如曲折形、乳钉形、螺旋形与勾边形等基本纹样，不但大量出现在"类龙动物"形体的装饰上，而且许多基本纹样的产生，也与这些动物的鳞甲、躯体、眼睛、角爪等部分的变形、夸张与符号化有相辅相成的关系。春秋战国时期的许多龙体翻转扭曲，蜿蜒曲折，刚劲秀美，变化多姿多态。龙体造型多为片状，龙身造型基本上呈现为S形或双S形，或者S的变形即"弓"形或"Ω"形、"M"形等，龙首逐渐变小，龙身变化很大。就已广泛运用的交织纹样而言，那些在其线条构成的端点部分，或转折部分描绘出龙及类龙动物的头和躯体形象，仍使人觉得这些复杂的纹样乃是由龙的躯体缠绕而成。如河南淮阳平粮台16号墓出土的龙形玉佩，就表现出战国时期玉龙的标准S形造型。

秦汉时大量的云纹、云气纹中，我们更容易找到龙的身影。随着佛教的传入，卷草纹类型的纹样大量出现，龙的形体又与它们结合得完美无缺。后来，几乎所有的中国常用纹样，都可以毫不牵强地镶入龙的形象。云头、花叶、卷草、如意、方胜、万字、同心等构成型或模拟型纹样，都可以看成是龙形的不同变化、穿插与组合构成的纹样。这类纹被大量运用在服饰等装饰之中，形成了所谓"如意龙纹""拐子龙纹""万字龙纹""方胜龙纹"等定型化纹样。中国图案中常出现的水、云、花、草、鸟、兽等，无一不能进行"龙化处理"或与龙组合在一起，形成云龙纹、水龙纹、草龙纹、花龙纹、龙虎纹、龙凤纹等。

田兆元《神话与中国社会》一书在研究了S形纹与龙凤神话、蛙鸟神话、伏羲女娲交尾图、太极图等等的关系后，认为S纹是中国古代神灵的

[①] 陈绶祥：《遮蔽的文明》，北京工艺美术出版社，1992。

一种典型图式。[①]甲骨文凡"神"字均写作"申",《说文》曰:"申,神也。"可以看出,它的基本结构是以中间一道弯曲的线条为核心,中间的曲笔或方整或圆润,形成Z形或S形两种基本形式。虽然弯曲的两边各有一道或直或弯的短线黏附,须知那是滋生另一新S形的开端,即这一S纹是趋向无限的开放结构。甲骨文或金文,无论是方笔或圆笔,都可以自由地向两个方向弯曲。从"神"字的构型及其变种形态中,可以见出S纹是"神"的核心符号与象征。而当时及后世不少S形结构纹饰在这一思维模式的释读中有了沉甸甸的含义。

说到S形纹款式,我们会想到战国时的深衣。《礼记·深衣》说:"古者深衣,盖有制度,以应规、矩、绳、权、衡。……故可以为文,可以为武,可以摈相,可以治军旅。完且弗费,善衣之次也。"或许,其中的奥秘就在于它是衣襟在身躯上作S形的环绕,而这S形本身就有着特殊的崇高内蕴和意味。至于如今的新唐装,附着其中的S纹也是不可忽视的重要内容。

现藏故宫博物院的所谓商绢云雷纹饰,实质就是S形线条的方形化;湖北江陵马山1号墓出土的战国刺绣中的蟠龙飞凤纹、龙凤虎纹、对龙对凤纹、凤鸟花卉纹等,无一不是S形纹饰及其多样组合。缠枝图案是一种将藤蔓、卷草经提炼概括而成的吉祥图案纹饰,核心枝茎呈S状起伏连续,常以柔和的半波状线条与切圆组成二方连续、四方连续或多方连续装饰带,切圆空间缀以各种花卉,S线上填以枝叶,疏密有致,委婉多姿。长沙马王堆出土的汉代乘云绣图案、信期绣图案、长寿绣图案,福州南宋黄升墓出土的宋绫牡丹纹、宋罗芙蓉中织梅纹、牡丹花心织莲纹、牡丹芙蓉五瓣花纹、整枝牡丹纹等,其核心枝叶无一不是S形态的。无论方形、圆形还是S形结构的图形纹饰,都是纵贯万年横穿九州的文化现象。

说过线条,再说色彩。

在战国时兴起的五行模式中,黄色的地位一下子飙升起来了。为什么呢?这是因为,龙与中央、与黄帝、与土等概念融为一体,成为尊贵无上的文化神圣聚团,且成为彼此可等量代换的文化元素。即"龙=黄色=黄帝=后土=中央",因而在中华色彩谱系中,黄色崇拜因龙的介入而增益了厚

---

① 田兆元:《神话与中国社会》,上海人民出版社,1998。

重又神圣神秘的意蕴。愈到后来，黄色愈被最高统治者所青睐，愈为万众所仰望。人们一看到想到黄色，聚拢而来的自然是尊贵、祥瑞、神圣的氛围感。下面我们以"五行学说谱系表"说明黄色在五行学说的象征对应体系（表1）。

表1　五行学说谱系表

类属	细目				
五行	木	火	土	金	水
五方	东	南	中	西	北
五帝	太昊	炎帝	黄帝	少昊	颛顼
五佐	句芒	祝融	后土	蓐收	玄冥
五时	春	夏	长夏	秋	冬
五星	岁星	荧惑	镇星	太白	辰星
五兽	青龙	朱雀	黄龙	白虎	玄武
五色	青	赤	黄	白	黑

该表只罗列了其中的一部分，其实这个五分模式可以无限制地延伸开去而包罗万象。而黄色与龙、黄帝等带有信仰质的高位意象同列，便自然带有神圣化而处于尊位。按传统五行学说，黄帝主中央之土，土色为黄，因用于衣，以顺时气，《礼记·郊特牲》曰："黄衣黄冠而祭。"《礼记·月令》曰："天子居大庙大室……衣黄衣，服黄玉。"汉董仲舒将这一学说整合到儒家系统之内，有了为帝王师的儒家学说的呵护，黄色底蕴更见丰厚。于是乎，黄色成为神圣而最尊贵的服色，成为皇家的专宠，进而统领了等差序列的官方服饰谱系。不少诗歌都反映了这一服制的社会效应，杜甫《太子张舍人遗织成褥段》诗云："服饰定尊卑，大哉万古程。"白居易《初除尚书郎脱刺史绯》诗云："亲宾相贺问何如，服色恩光尽反初。"

到了明清时代，皇帝赏赐臣下黄马褂，更成为最高规格的奖励形式了。直到今天，黄色的神圣意蕴仍然浓烈。

综上所述，似乎可以得出这样的结论：龙是中国服饰艺术的核心意象之一，并以不同的方式为各个阶层所共享；龙在图腾同体的服饰萌生与演进过程中起到了重要的作用；龙不仅以具象抽象的图纹形式进入了服饰境界，而且以更为深隐的线条和色彩形式，增益了中国服饰文化的意蕴与形式美感。

第二节　龙与音乐

　　音乐，可以说是人类最古老最普遍最有感染力的艺术形式。遥想远古时代，音乐起源于何时何地呢？换句话来说，我们的先民是用什么来作乐的呢？是鼓掌顿足，以身体的节奏与呼喊的旋律建构起音乐的初型呢？还是敲击石块瓦片陶罐木棒，在狩猎击壤之际欢呼腾跃，在天地间响起一片充满激情的别致声音来？或者进入文明时代，以从容舒缓的节奏，以敏感的木槌或金属物撞击或石或青铜的编钟，在庄严肃穆的氛围中，让那沉重而脆亮的乐音荡漾环绕在殿堂，余音袅袅……

　　当然了，对于音乐的起源，具体而有实证的答案是没有的，可能永远会付诸阙如。或许从心理学意义上说，每个人在母腹时的初萌阶段，母亲心脏的跳动就成为节奏美感的原型；甚至还可想象到生命机体的分子DNA的S形结构，或许神秘地与旋律有所感应。但这只是泛泛而论，似不能落实在单一的艺术形式上。古人也思考过这个问题。如《礼记·乐记》便给出富有哲学意味的回答："凡音之起，由人心生也。人心之动，物使之然也。感于物而动，故形于声。""乐者，音之所由生也，其本在人心感于物也。"从发生学意义上来说，此论深透精准，至今仍可据以为音乐下定义，并不过时。翻检文献，这种将心比同一理的轮廓叙述纷至沓来，如："乐者，天地之和也"（《礼记·乐记》）、"声出于和，和出于适"（《吕氏春秋·大乐篇》）、"夫歌者，固乐之始也"（《宋书·乐志》）。《吕氏春秋》似乎更为具体地追述了远古时代葛天氏之乐的音乐模式，即诗歌舞三位一体，且音乐本身并非表演，而是与生活生产浑然一体，演唱者三人操持牛尾以歌八阕；《论语比考谶》也记载了拿着农具敲击田间土块的农夫，声韵悠悠地唱起《击壤歌》来。

　　那么，在几千年文化史中，龙与音乐是否发生过碰撞与渗透，激发过相应的交响，从而滋生出特有的作品谱系来？

一、历时性与特殊性

倘若以历时性来考察，答案应当是肯定的。当然，这里有个前提需要说明一下，即音乐的特殊性。

相对于语言艺术来说，音乐具有朦胧性。因为语言具有一定的约定性语义，散文、小说或诗歌的每一个句子，甚至一词一字，都有具体的含义。这种含义在阅读者的接受群落中是被公认的，如写龙的群落诸如黄龙赤龙青龙白龙黑龙等等，辨析是清楚的；而音乐却不同，在音乐情境中，它的声音并非自然界中风吹雨淋鸟鸣犬吠枪炮轰隆的模拟拷贝，而是自然天籁的抽象提纯，犹如数字对于天地万物的抽象提纯一样。它作为一种抽象而重构的语言，在音乐作品中，本身并不像语言那样有着精确的含义，它们是非语义性的艺术符号。

与此同时，相对于雕塑、绘画等视觉艺术的一目了然来说，音乐具有虚拟性或想象性的特点。它是听觉艺术，是在时间里打开，并波动般呈现的。视觉艺术往往能一下子直接看到美术作品本身，而听觉艺术的音乐意象却只能在不确定的联想与想象中完成。由此看来，龙与音乐的融合与建构，便有了一定的独特性。

首先有飞龙作效八风之音。《吕氏春秋·古乐》："帝颛顼生自若水，实处空桑，乃登为帝。惟天之合，正风乃行。其音若熙熙凄凄锵锵。帝颛顼好其音，乃令飞龙作效八风之音。命之曰《承云》，以祭上帝。乃令鱓先为乐倡，鱓乃偃寝，以其尾鼓其腹，其音英英。"飞龙曾在三皇五帝时受命管理人间文化，故颛顼新帝命他创作音乐。《三坟》也有伏羲氏曾命"飞龙氏造六书""潜龙氏做甲历""水龙氏平治水土"的记载。八风，或指八面之风，龙腾云随，自然御风而行。《吕氏春秋·有始览》："何谓八风？东北曰炎风，东方曰滔风，东南曰熏风，南方曰巨风，西南曰凄风，西方曰飂风，西北曰厉风，北方曰寒风。"《淮南子·地形训》："何谓八风？东北曰炎风，东方曰条风，东南曰景风，南方曰巨风，西南曰凉风，西方曰飂风，西北曰丽风，北方曰寒风。"或指八音，《左传·襄公二十九年》："五声和，八风平。"清王引之《经义述闻》："古者八音谓之八风。襄二十九年《左传》：五声和，八风平。谓八音平也。"庞烬《龙的习俗》一书指出，"鳝，就是鼍，也就是扬子鳄。鳄是龙模糊集合过程中的主要参照物之一"①，可见鳄也是龙意象建构的雏形之一，在这里成为飞龙原创音乐的首演者了。有学者认为这段记载说明了龙成为钟鼓、音乐之神的原因。商代大磬和古代其他一些礼器上刻有鳄鱼形的龙纹，其源盖出于此。

其次是介子推及其随从创作的《龙蛇歌》。如果说《吕氏春秋》所述飞龙作效八风之音，龙在音乐创作中还属于主体的话，那么，《史记》等文献所述介子推或其从者作《龙蛇歌》，龙显然成为客体，即作为喻体而成为描写对象了。据《史记·晋世家》、西汉刘向《新序》、东汉蔡邕《琴操》等所记，春秋晋文公返国，赏从亡者，介子推不言禄，禄亦不及。推从者怜之，乃悬书宫门曰："龙欲上天，五蛇为辅。龙已升云，四蛇各入其宇。一蛇独怨，终不见处所。"大凡见到者都以为介子推所作之歌。在《龙蛇歌》里，龙的崇高性或许还隐隐存在，但神秘性就淡化了。因为创作者似进入实用理性思维模式，并非以龙本体为演奏颂祝之歌。这里以借代的方式，将龙与人君合而为一，对现实情境予以讽喻。歌谣中所述情景完全是意象化的：龙欲飞天而未能的时候，五蛇在周围尽力辅佐；当龙腾云驾雾扶摇九天的时候，四蛇都有了可心的归宿；而遗忘的角落一蛇意有不平，茫茫天地间不知归向何处。龙蛇情景演义的能指或许宽泛而博大，而这里具体的所指则含蓄暗示且见意于言外。这自是龙的图腾形象向世俗权力形象的浓郁投影。

再次是琴曲《龙吟》。《北齐书·郑述祖列传》："述祖能鼓琴，自造《龙吟十弄》，云尝梦人弹琴，寤而写得，当时以为绝妙。"郑述祖是北魏书法家，当是琴棋书画全能，或因龙吟入曲，他的这一作品引起后世特别的关注。卢仝《风中琴》诗："五音六律十三徽，龙吟鹤响思庖羲。"杜甫《刘九法曹郑瑕丘石门宴集》诗："晚来横吹好，泓下亦龙吟。"虽后来吟咏者多借以喻指琴笛之声，然《龙吟》的起根发苗似乎直击到龙的本体了。众所周知，龙的形象虽以蒙太奇手法聚天下图腾之兽而成，却非一日一时之功，是历代不断累积而逐渐定格的。在这漫长的岁月里，或在田露萌或在渊深隐或在天翱翔的龙形是什么模样？谁人见得？巨龙或低抑轻吟或高昂长

---

① 庞烬：《龙的习俗》，陕西人民出版社，1988，第137页。

啸，谁人听得？又从何处模拟拷贝得来呢？只是梦中所得当是最合理最能说服人的了。况是梦人弹琴感悟所得，声音之优雅微妙以龙名，意在取其神秘，取其祥瑞，取其迷人动听，更取其深沉含蓄了。

接下来的龙笛与龙龈，以龙为乐器命名或局部命名者，便有想象与依附的因素。笛声因似水中龙鸣，故名龙笛。汉马融《长笛赋》："龙鸣水中不见已，截竹吹之声相似。"唐虞世南《琵琶赋》："于是风箫辍吹，龙笛韬吟。"后世似因此而有龙笛，形制如笛，七孔，横吹。管首制龙头，衔同心结带。龙龈指琴尾竖木，用以架弦。自龙龈内际至岳山内际，为琴弦之长。宋陈旸《乐书·琴制论》："龙唇者声所由出也，龙龈者吟所由生也，龙口所以受弦，而其鬃又所以饰之也。"

笔者原以为文献资料里龙曲会不择地涌出，就像古今龙的雕塑绘画那样触目即是，不料竟沙里淘金如此珍稀。退而思之，其中的原委或许是这样的：进入皇权专制时代，在文字叙述的传统里，天子以天下之大宗而与龙相提并论，不好轻易另立门户了。倘要歌颂，那颇为微妙，上挂神龙，下联皇帝，倘若有所疏离，当朝岂能容忍。倘若过于在意龙是天子天子是龙，合二为一，如此这般，一遇改朝换代，刚刚响彻云霄辉煌亮丽的歌咏登时成为噪音，必须废弃噤声。那么，这样的颂龙唱龙的旋律能找到吗？果然，在当代《中国民族民间器乐曲集成·四川卷》中，笔者看到了成都青羊宫的《九条龙》歌曲。歌词是这样的：

> 皇帝万（哪啊）岁，万（哪啊）岁，万万（哪哎哎）岁。（呀哎嗨哎嗨哎嗨哎哎嗨哎嗨），圣（哪）母皇（哪）后寿（哪）天（啊哈啊啊）齐（哪哈啊哈哪哈哎）。太子（哎）位，（啊哈哎哎嗨哎嗨哎嗨）千秋（哎）扶（啊）帝（啊啊啊哈哎）基（啊哈啊哈啊哈哎）。金（哎嗨）轮（哪哎嗨）王（哪哎嗨哎嗨哎嗨）自在。……玉（呀）叶（呀）秀，（啊哈哎哎嗨哎嗨哎嗨）金轮（哎）王（啊）自（啊啊）在（啊）位（啊哈啊哈啊啊哈）。①

众所周知，金轮王原属佛教诸神之一，怎么会在道教音乐中入谱接受顶

---

① 《中国民族民间器乐曲集成》全国编辑委员会、《中国民族民间器乐曲集成·四川卷》编辑委员会编《中国民族民间器乐曲集成·四川卷（下册）》，中国ISBN中心，1999，第1244—1245页。

礼膜拜呢？这是有依据的。明佚名编撰《三教源流搜神大全》卷一载："东方朔《神异经》曰：'昔盘古氏五世之苗裔曰赫天氏，赫天氏曰胥勃氏，胥勃氏曰玄英氏，玄英氏子曰金轮王……'"查阅道教经典均认可这一谱系。金轮王崇高的位置就此确立了。而歌词所唱皇帝皇后太子以及金枝玉叶安稳吉祥，世系绵延，这也意味着金轮王自然在位，普照天地了。

虽说唱词中有金轮王这一宗教意味浓郁且自带光芒的意象，但看似颂祝千古的神，实则歌唱当世的君，从皇帝皇后到太子再到金枝玉叶一路唱下去。再说了，所唱所叹，既不道明皇帝的治国智慧，也不彰显什么盖世功勋，千秋业绩，而是皇家氛围，是皇帝皇后太子金枝玉叶的血缘凝聚。或许只是意念中衔接金轮王连成千古一系，便营造出如此深情的祝祷与唱颂。每一个字都有缠绵悠长拖曳变幻的语助虚词，余音悠长，仿佛山间的云朵、川道的浓雾，瞬间弥漫了一切。似乎非如此不能表示为生气所贯注，非如此不能表示满腔谦恭与虔诚。但这绝非是颂扬超自然意象的龙那样崇高，而是以龙图腾的异化与世俗化彰显着歌唱者的卑微。皇帝家族的主体性在这里覆盖了一切，龙只是一个外在的包装纹饰而已。

那么，如此这般的龙颂有什么价值呢？它是在宗教的环境下保存下来的音乐活化石。一方面，显示了龙在某种程度上为帝王垄断的历史情状；另一方面，亦证明了皇权控制力量如此强大，以至于宗教音乐的主旨亦是皇帝万岁万岁万万岁。皇权的垄断地位使之可将颂祝自身的歌谣随心所欲强加于任何一个群体之上。由此可以设想，历代豢养的宫廷乐队，多少看似深情伟岸的颂祝乐曲，当时弦索齐奏，锣鼓喧天，声振屋瓦，而今安在哉？且不说改朝换代风流总被雨打风吹去，就是和平推移，难道一个旋律味同嚼蜡般演奏几百遍，没有心生厌倦审美疲劳吗？而这一类宫廷音乐没有流传下来，甚至史书也不屑叙述，个中缘由似乎可想而知了。

二、民间龙乐

当我翻开厚重的一本本《中国民族民间器乐曲集成》的时候，不由得眼前一亮——健康的民间龙乐大量地出现了！这似乎也吻合了礼失之而求诸野的追寻模式。在以文字叙述为载体以宫廷为主导的大传统中，龙颂往往演绎成为帝王之颂。而在天高皇帝远的民间世界，在以口头叙述为载体的小传统中，龙之颂歌却如漫山遍野花草树木茁壮成长，幸福开放；如万斛泉源不择地而出，鼓瑟齐鸣，声韵悠扬。

1980年代，由时文化部、国家民委、中国音乐家协会首先发起编纂的《中国民族民间器乐曲集成》，继而扩展成为概括民族民间文化各个领域的所谓十大集成。上上下下齐动员，中国文联有关协会、中国艺术研究院和全国各地文化厅局、艺术研究所、民间文艺家协会及各地市县文化馆、乡镇文化站数十万之众，深入街头院落，行迹遍及广袤草原、高山密林、海疆边陲、村庄田野和城市工矿，进行全面的文艺普查、记录、整理和研究，所纂《集成》收录器乐曲曲目达20 698首。其中以龙为主题的曲目有数十种之多，而且覆盖着更为广阔的地域。

这些曲目大致有这样几种类型。第一类是以龙为直接描述对象的。如北京崇文区（今东城区）的《一条龙》，乐曲又分几个乐章，对于龙有着绘声绘色的想象性描述。其一是龙头，其二是龙身，其三是水龙吟，其四是龙尾，其五是龙爪。

这就有意思了。作为虚构的一种神物，以文字描述来说，古籍的呈现就不一致。或说是细长有四足，马首蛇尾；或说是身披鳞甲，头有须角，五爪；或说蛇身、兽腿、马头、鱼尾、鹿角、鱼鳞；宋罗愿《尔雅翼》卷二十八《释鱼·龙》言龙有九似："角似鹿，头似驼，眼似鬼，项似蛇，腹似蜃，鳞似鱼，爪似鹰，掌似虎，耳似牛。"这样的文字描述可与历代图像式描述互为补证。而《一条龙》乐曲却从疾徐交错的节奏与多变的旋律中试图描绘出龙的形象与神韵来。从容自在，宽阔明亮，龙头、龙身、龙吟、龙尾再到龙爪，依次呈现出如神一般存在的龙的形象，似乎清晰，却又那么朦胧而神秘。多样变幻的旋律，似也与龙形异质同构，秋分潜水，春分飞天，能显能隐，能细能巨，能短能长，吞云吐雾，呼风唤雨，变化多端。忽而的旋律似有威猛震慑的力量，却又温暖明丽，因人们将想象中的美德、智慧与本领都寄寓到龙的身上，感受着这与心灵合拍的节奏，似辐射、渗透着吉祥与荣光。

与此类似的乐曲还有河北秦皇岛市抚宁区《八条龙》，陕西旬邑县《水龙吟》，北京《小水龙吟》，河南邓州市《黑龙滚阵》，河南遂平县《苍龙下海》，等等。

倘若列入曲名相同而地域不同的异文本，那就是一长串底气丰沛的序列。在这大气磅礴的旋律中，我们或感到八龙蜿蜒腾云驾雾的神秘壮阔，或聆听细细龙吟传递着万物造化的信息，或远眺黑龙滚滚从天边奔驰而来，连带着若有黑云压城城欲摧的震撼，或想见苍龙一个平抛运动冲入海浪，惊涛裂岸卷起千堆雪，真真是海为龙世界。龙在这里舒展自如，率意舞蹈，或飞跃于渊，或凌驾于云，或翱翔于天，或吞吐于水，尽情狂欢，把生命高峰体验的自由呈现得淋漓尽致。似乎只有铿锵的锣鼓才能敲出生命激越的节奏，似乎只有唢呐与弦索才能演奏出澎湃于内心的优美旋律。这种种乐曲中的龙意象，是活蹦乱跳的纯真的龙本身，是天下民众内心深处所认可所拥有的祥瑞之龙。

第二类描写龙与龙，或龙与他者互动的情境。此类乐曲有：广州市《龙凤呈祥》，江西金溪县《双龙抢珠》，河南濮阳县《火龙阵》，江苏大仓县《龙虎斗》，河北易县《二龙戏珠》《龙治水》，等等。

《龙凤呈祥》从命名便不难想象其寓意喜庆，场景美艳雅致，似与世俗婚庆合拍而广受欢迎，很多地方都在演奏，同曲谱异文本比比皆是。作为纯然的锣鼓打击乐，《龙虎斗》更是传遍大江南北。而这《龙虎斗》并非恐怖与荒蛮，而是生机勃勃的斗趣，或许那劲爆的节奏，铿锵的敲击，让人们超脱现实的时间与空间，穿越到富有童趣的纯净的稚年。我们从民间又将其名为《春天的快乐》可知，这是生命的狂欢，是吉祥幸福的歌舞。《二龙戏珠》与《双龙抢珠》虽不同名，但应是同一曲目的异文本。它们同是祥瑞的欢乐之歌，这里的"抢"与"戏"，并非世俗利害的斤斤计较与阴阳算计，而是生命力勃发的呈现，如同茁壮成长的孩童在草坪上追逐戏闹，伴随着蓝天云影，湖水清波，无忧无虑地笑语欢歌。《龙治水》彰显龙之智慧与特长，浩浩荡荡之波浪恰是龙族展现神威的平台。龙治水的展演，既是期盼，又是自信，是自古以来人们期待掌控洪水的集体无意识的直觉造型。

第三类是写与广场社火艺术陪衬与互动的音乐曲谱。此类如江西鹰潭市《龙灯调》《舞龙灯》《龙灯行乐》《跳龙》《划龙船》，江西宜黄县《龙灯锣鼓》，江西龙南市《布龙锣鼓》，广州市《扒龙船》，等等。

从这些名称看，无论是夜间光焰迷离的舞龙灯，还是整齐划一声震山河的划龙船，无论是腾挪旋蹦惹人惊叹的跳龙，还是婉转优雅的布龙锣鼓，这些乐曲无一不带有实践理性的色彩，都是以人为主体，都是广场艺术龙灯舞的伴奏与音乐叙述。它自身是节奏与旋律的演述，自有其意象在，但它又是广场综合艺术的配合者、陪衬者，可与龙灯游演彼此解读。这里，有弦乐、鼓吹乐、弹拨乐，更有淡化旋律而强化节奏的打击乐，旁侧有龙的造型与狂舞，乐声中有龙的意象在张扬。龙的惊风雨泣鬼神的威猛，天为之摇地为之动的神威，山呼海啸的震慑之风貌，在这劲爆狂欢的节奏中展现无遗。

当龙的意象作为民族象征或个人护佑的时候，以龙为主题的音乐创作在民间此起彼伏，遍地开花。古代如此，当代创作也是如此。这里值得一提的是李民雄创作的锣鼓乐《龙腾虎跃》，1980年完成吹打乐版本，1991年重新配器完成大乐队版本，由香港中乐团首演。乐曲主题以浙东锣鼓《龙头龙尾》的音调为素材加工而成，由引子和三个部分组成。引子在乐队全奏长音的衬托下，排鼓敲击出坚决果断的节奏。领奏鼓与群鼓彼此呼应，由慢而快，犹如雷霆滚动，仿佛巨龙出水，猛虎下山，直到乐队全奏长音再次响起；第一部分是强烈的快板；第二部分是唢呐独奏，旋律优美，辅以二胡、弹拨乐伴奏并配以说唱特色的莲花板，再以唢呐和拉弦乐模仿奏出；第三部分是第一部分的动力性再现，使得鼓乐合奏的新形式得以精彩呈现，主题旋律与鼓声交相鸣奏，颇有震撼力。

德国社会学家M.韦贝尔认为，音乐是构成社会的一个要素，在一定意义上还可以看作是社会的雏形。①周国平也说过，音乐是用天国的语言叙述天国的事情，听起来含蓄朦胧然而却具体化、感性化，具有直接的冲击力。这是民众理想的投射，是压抑许久的狂欢心态的迸射与喷发。龙就是民众心中的意象，既是民众心目中的始祖神，是身心可以依傍的保护神，又是理想化崇高化的民众自己！历朝历代哪个民众不是在父母真真切切的望子成龙的目光中孕育并成长起来的呢？可以说，不但是龙在此时此刻笼罩着最为广大的

---

① 转引自中国大百科全书总编辑委员会《音乐舞蹈》编辑委员会、中国大百科全书出版社编辑部编《中国大百科全书·音乐 舞蹈》，中国大百科全书出版社，1989，第810页。

民众，而且民众也以最为宽阔的胸怀拥抱拥有了龙。在这个锣鼓喧天龙曲悠扬的日子里，民众与龙彼此以对方的理想存在而存在。

三、最大公约数

历史的车轮驶进近现代的轨道。现代化启蒙的祛魅将龙的神圣性与神秘性几乎剥离净尽。然而当作为工具理性的科学显示出自身短板的时候，人们自然而然地将目光投向了民族文化的起根发苗处。随着改革开放，中华民族的视野遍及全球华人群落。当我们寻求其中的最大公约数的时候，龙意象脱颖而出。2007年在兰州龙文化学术会议上，一位来自加拿大的学者讲述了一个故事，他说1999年加拿大多伦多唐人街华人派系冲突，甚至发生了枪战。当局将此事交给华人团体处理。华人团体最后的决定不是惩罚各方，而是在十字街头树立一个龙的塑像。激烈的冲突缓解了，各方突然醒悟自己原本是龙的子孙，后来还经常带朋友在龙像前骄傲地合影。直到这个时候，我们似乎才意识到，几千年来，龙一直未曾放弃这个多灾多难的中华民族。

在这种时代背景下，在这种文化氛围中，1978年侯德健创作了《龙的传人》，一时间在全世界华人圈获得共鸣，更多的人泪花蓬蓬唱着这掏心掏肺又似乎来自前世的歌谣：

> 遥远的东方有一条江，它的名字就叫长江。遥远的东方有一条河，它的名字就叫黄河。虽不曾看见长江美，梦里常神游长江水。虽不曾听过黄河壮，澎湃汹涌在梦里。古老的东方有一条龙，他的名字叫中国。古老的东方有一群人，他们全都是龙的传人。巨龙脚底下我成长，长成以后是龙的传人。黑眼睛黑头发黄皮肤，永永远远是龙的传人。百年前宁静的一个夜，巨变前夕的深夜里，枪炮声敲碎了宁静夜，四面楚歌是姑息的剑，多少年炮声仍隆隆，多少年又是多少年，巨龙巨龙你擦亮眼，永永远远地擦亮眼！

《龙的传人》之所以引起巨大的共振效应，就在于它轻易推倒了全球华人群落彼此间的围墙，让大家眼往一处看，心往一处想，彼此飘泊无定的灵魂在这里找到了回家的感觉。龙的传人身份的界定与彼此认同，心灵在这里得以敞开，扩充着彼此生命的宽度与深度。全球的华人，在龙脉认同的向度中寻找到了生命的精神支柱，找到了灵魂的归属。

2000年歌手王力宏将这首歌曲重新演绎，融合了DJ电子乐节奏与华人流行音乐的嘻哈摇滚风，开创出了Chinked-Out 的曲风。曲调中添加了舞曲的节奏、爵士和弦以及Rap，因而颇有动感。原歌词中近代战争的叙述让位于海外华人移民的经历，使得对其深有共鸣的海外华人更有带入感，更为走心。

  多年前宁静的一个夜，我们全家人到了纽约。野火呀烧不尽在心间，每夜每天对家的思念，每夜每天对家的思念。别人土地上我成长，长成以后是龙的传人。……

记得2006年侯德健回到北京在鸟巢音乐会上演唱这首《龙的传人》的时候，引发了全场九万多人的齐声大合唱。这人潮如涌的场面，这声浪灼人的阵势，怎不令人怦然心动，热血沸腾？而这一切起码说明了一个事实，"龙的传人"不只成为一个热词，而且在华人世界里得到了热烈欢迎，普遍认同。是的，时至今日，在地球的任何一个角落，哪一个华人能否认自己是龙的传人呢？

后来侯德健接着写了续篇《吾土 吾民 吾歌》，他谈到创作动机与过程，并具体解说了这一乐曲的演唱模式。值得注意的是，他颇有深度地考虑到这首歌的持续性问题：说我们都是龙的传人，然后呢？要我们永永远远地擦亮眼，下来又怎么做呢？《龙的传人》把所有的话都说完了吗？他在《龙的传人》原曲里，曾经肯定地认同自己是一个中国人，并用了华丽、温柔的法国号作前奏，导引出圣诗般的旋律。然而在续篇里，就先让低沉、厚重的山东大笛耳语般地、叹息式地带领出四川山歌式的旋律引导出歌声——

  嘿！昨天的风，吹不动今天的树；嘿！今天的风，晒不到明天的阳光。（吉他进）光阴总是拼命向前，谁也不能让青春转回头；（钢琴进）你也不能，我也不能，哭也不能，笑也不能。（弦乐进）嘿！成功的甜蜜，止不了失败的创痛，嘿！失败的创痛，挡不住成功的脚步，虽然春天不能永恒，冬天绝对不是结论。（女声合唱）成也不是，败也不是，黑也不是，白也不是。（速度转快，重摇滚的节奏冲进来，主唱及和声拼命地唱出）何苦如此，斤斤两两,患得患失?(反复三次,反复后,以唢呐为主的间奏把情绪再往上逼,逼迫弦乐与唢呐交相催促直到不能再高的当儿,唢呐消失,弦乐软软地拉出用五声音阶谱成的旋律,主唱在钢琴与弦乐声中缓缓地抬起头来唱道)你看那太阳它日日夜夜,再看那花儿们岁岁年年,多少人多少年唱一首歌,我现在唱它到永远,永远!(远字拉长淡出,舞狮的大鼓声淡入,鼓声中有许多人唱)太阳下山明朝依旧爬上来,花儿谢了明年还是一样地开。(这些人越唱越强,就好像是一支合唱队伍由远到近,随着合唱渐强,弦乐也用跳弓奏法加入阵容,直唱到我们的面前)

侯德健说,原来准备在这最高潮的当儿猛地把歌打住,就此结束《龙的传人》续篇。然而,却始终感到心里怪怪的,总觉得心底不够踏实,好像被系在半空中掉不下来似的。经过三个多月的长思,他决定继续唱下去。让大合唱从身旁走过而渐走远,先是听不到弦乐,再是合唱,最后锣鼓也走远了,只留下关场的山东大笛——把乌——仍厚重,仍低沉,却不再耳语、叹息,而是心有所向地、中气十足地引出。这样,他自觉能找到最适合现代中国人的旋律(非五声音阶),由主唱者平坦而宽广地唱着:

天地之间,五千多年,花谢花儿开放过五千多遍;(女声合音)太阳下山,太阳上山,日日夜夜黑白过五千多年;多少黑白夜,多少岁岁年,我们老祖先经营到今天;(男女四部混声合唱)不变的天,一样大地,天和地之间我们永永远远。

这便是龙的传人独有的歌,颇有意味的歌。它以与现实对谈的意态提醒着自己,既不以辉煌的昨日遮蔽今日,也不以明天的瞩望架空今日,春天虽非永恒,但冬天绝非结论,应该脚踏实地有所创造地走向前去!

事实上,在这个特殊的时代氛围里,龙的意象有了这样明确的蕴含,精彩的音乐性呈现便如山间云朵不时飘来。如韩建群作词、士心作曲的大型电视系列片《中国龙》主题歌:

啊—— 一个古老的民族描绘着龙的身躯,血泪和汗水蘸满历史的笔呀,描不尽龙的神韵,绘不完龙的悲喜。力量和智慧在龙的身上凝聚,苦难与光荣交织在一起。啊,五千年那浓浓的中华情,啊！九万里呀不灭的腾飞意，啊！黄河滚滚发出龙的声息，世世代代的追求深埋在心底，向太阳奔去。

虽缺少生活细节的补缀，生命体验的表达，仿佛大树没有繁枝茂叶与花朵，但宏大的意象组接确也营造了富有历史感的空阔境界。而设置了具体情境的歌曲《相聚在龙年》就漂亮多了，也动听多了。这首由曹勇、韩伟作词，付林作曲的《相聚在龙年》，在1988年中央电视台龙年春节晚会上，由内地歌手韦唯和台湾歌手万沙浪对唱。这是海峡两岸疏离许久之后的对唱，这是同种同根、血浓于水的情愫。歌曲从隔海相望的疏离唱起——

（女）我在大海的这边，（男）我在大海的那边，终于盼来这相聚的一天。我在长城的脚下，我在日月潭边，终于迎来这团圆的夜晚。听不够的乡音哟，诉不尽的思念，止不住的喜泪把金杯斟满，啊，彼此深情地看一眼，请你记住我们曾相聚在龙年……

一个"曾"字唱出了深沉痛苦与无奈。我们都是龙的子孙，统一是彼此内心恒久的热望。虽然理想的未来之路漫长而坎坷，但别忘了此时此刻我们的愿念：

哪怕今后天涯路远，忘不了我们曾相聚在龙年。

龙的歌曲遍地涌出，如《中国，龙的故乡》《我是中国龙》《中国龙》《龙娃》《龙的歌》《南龙北凤》《人龙传说》《豆豆龙》《双子龙》《城龙》《我是功夫龙》等，或雄浑或优雅，慷慨激昂的抒发中更偏于理性情怀的表达，都是在龙的传人这一思维模式下推衍开去。在这里，特别值得关注的是费翔演唱的《龙子龙孙》，在共性的格调中有个性的吟唱，有走心的生命体验，有深挚的情感旋流，歌中唱道：

……讲一个腾飞的故事，你听吧，你早该知道/你我都是龙子龙孙，要懂得自豪/有一天/我会老/你可是我的依靠/我没能做成的事/可要做给我瞧/这世界每个角落都有龙的影子在飘/都有自强的生命传递着不屈不挠/相信吧/好孩子/有几次跌倒也好/在你坚持的未来/有人会为你骄傲/喔我的孩子/你是我的骄傲……

亲情的对谈升腾着群体的意念，个体的话语笼罩着民族大义的氛围，轻柔的诉说彰显出历史担当的分量，亲切而凝重，舒缓而峻切，深情而幽远。

可以想见愈到结尾，应该愈来愈轻柔，愈来愈舒缓，仿佛渐行渐远的背景，直到融入天高地阔云水迷蒙的苍茫之中。

一个时代有一个时代的主题，不断的变调往往在历时性的展延中见出。而共时性的呼应往往只是装饰性的和声。龙与音乐的展示似可说明这一点。对于龙的传人，这样的话语，这样的吟唱，定会刻骨铭心，也会产生思想的力量。

第三节　龙与《周易》

《周易》是我国古代集大成式的文化典籍，它的创作历程有着"易更三圣，世历三古"的数千年计的漫长悠远。具体的环节或传说或描述为伏羲画先天八卦，文王演为后天六十四卦、并作卦爻辞，孔子作"十翼"，从而归拢聚成文化大厦式的宏伟建构。其中，以阴阳爻或断或连的六条线段组成的卦象属于抽象的艺术符号；而以富有启示的含蓄内敛的话语或歌谣组成的爻辞颇似诗歌或格言小品；而对爻辞进一步解说引申的"十翼"就更是哲理远思式的思辨了。甚至可以说，中国文化的千流万派，似乎都可以在《周易》这里寻找到它的起根发苗之处。说《周易》是哲学，是中国哲学之源；《周易》是符号，是中国符号之祖；《周易》是诗歌，是中国诗歌之基……那么，《周易》与龙是否有关系呢？笔者以为答案是肯定的。

众所周知，《周易》的叙述中谈到了龙，而且这种叙述弥漫着庄严的氛围，是带有某种根本性基座的崇高言说。其中的意味与潜隐的价值，值得我们去感悟去揭示，去琢磨去深究。

一、思维模式

我们知道，"龙"作为文字最早见于山东昌乐发现的属于龙山文化的骨刻龙字和商代甲骨文龙字。

而最早论及龙生态特征的文献当属《周易》。翻开《周易》，首先映入眼帘的第一卦乾卦之中，龙形蜿蜒，蓝天云霓，深渊大泽，烟雾蒸腾，气象万千，一片刚健祥瑞的氛围。看看爻辞，它着意描述着龙在不同环境下生动活泼的神秘氛围与表现意态。这里的爻辞含蓄厚重，言简义丰。

乾卦的爻辞自下而上依次是：初九，潜龙勿用；九二，见龙在田，利见大人；九三，君子终日乾乾，夕惕若厉，无咎；九四，或跃在渊，无咎；九五：飞龙在天，利见大人；上九，亢龙有悔；用九，见群龙无首，吉。

在这里，龙是一个蓬勃向上、顽强拼搏且大有作为的生命体，它以敏感的姿态与现实对话，以多种样态生存的情状呈现在我们的面前。或是自我隐修潜藏不露的潜龙，或是翱翔太空大显身手的飞龙，或是崭露头角期待有所遇合的现龙，或是审时度势而跃出深渊的惕龙，或是孤独高处不胜寒开始内省的亢龙，或群体和谐平起并游的群龙……林林总总不一而足。在这里，龙是毫无疑问的叙述主体意象。可以说，乾卦的世界，径直成为一个龙飞龙舞的神奇的文化空间。而与此同时，在坤卦最高位的上六爻辞中，也出现了"龙战于野，其血玄黄"这样惊心动魄的描述。

这就神奇了。龙是什么呢？在乾坤二卦中竟然占有主体意象的重要位置。查阅资料，《辞源》说"龙是古代传说中的一种善变化能兴云雨利万物的神异动物，为鳞虫之长"，《辞海》说"龙是古代传说中一种有鳞有须能兴云作雨的神异动物"，这是现代学者的共识。而古代学者的论述，就更带有神秘与崇高的意味。许慎《说文解字》说龙"能幽能明，能细能巨，能短能长，春分而登天，秋分而潜渊"；再向上追溯，《管子·水地篇》说："龙生于水，被五色而游，故神。欲小则化如蚕蠋，欲大则藏于天下，欲上则凌于云气，欲下则入于深泉。变化无日，上下无时，谓之神。"至唐，有韩愈的《龙说》："龙嘘气成云，云固弗灵于龙也。然龙乘是气，茫洋穷乎玄间，薄日月，伏光景，感震电，神变化，水下土，汨凌谷，云亦灵怪矣哉。"无一不是神秘、神圣与神奇的感悟与存在，无一不具备仰视的目光与崇高的氛围。

随之而来的坤卦中，龙的意象叙述却颇为奇妙。这里确乎有着叙述立场的扭转。从初六到六五的爻辞似乎与龙无涉，分别表述为：初六爻辞说"履霜，坚冰至"，意思是说刚踩到霜痕，就会敏感地意识到冰天雪地的冬天即将横在面前；六二爻辞说"直方大，不习无不利"，这不是说人生哲理么？一个人只要走得端行得正，正直，做事有原则有规矩，大方大气大格局，那么，即便不学不练，也不会有不利的局面出现；六三爻辞说"含章可贞，或从王事，无成有终"，是说怀才不露，跟随王侯，虽说一无所成但结局总会不错；六四爻辞说"括囊，无咎无誉"，凡事默然自保者，无灾祸，也无美誉。看似一个个从人生情境出发的敏锐告诫，叙述的主体意象是人且有丰厚的内蕴。而延伸到了上六，爻辞却突变为"龙战于野，其血玄黄"！在这坤卦最高位的上六爻辞中，叙述主体意象由人突变为龙，在云雾裹挟之下混战于原野之上，一种气势雄浑威猛惨烈的景象横在面前。而这种变局使我们自然想到，物到极时终必反的太极原理，更联想到与坤卦比并而行的乾卦，其主体意象也有龙人互换的问题。

其实，同样的叙述转型模式在乾卦中就呈现过。在乾卦的爻辞序列中，初九、九二爻辞一直在说龙，而中间的九三爻辞却突然转型，硬拐弯扭转角度，直接说"君子终日乾乾，夕惕若厉，无咎"。而接下来，九四、九五、上九诸爻辞又折转而去，恢复到径直说龙的立场了。毫无疑问，在这一语境下，将龙与君子如此突然地对接而毫无过渡与说明，恐怕只有在二者对等（龙人合一，龙人互训）的共识中才能解释得通，而且这种共识应该普及到全社会更大的范围之内。倘用这种设想去看坤卦的爻辞，自然会恍然大悟。因为坤卦的爻辞系列转换也是龙人合一的叙述模式，自初六到六五的爻辞都是在说人事，而到了最高位的上六爻辞，叙述的主体意象则突变为龙的境界了。再结合乾坤两卦的象辞来看，二者都明确地指向了君子这样一个全新的意象。乾卦象辞是"天行健，君子以自强不息"，坤卦象辞是"地势坤，君子以厚德载物"，这正是将龙与君子等量代换。这就更让人进一步想见，龙与君子可以自由替代互换，彼此就是对方，这在《周易》的叙述立场上，确乎有一种思维模式在。

二、叙述传统

面对《周易》中龙人合一的叙述立场，我们可联想到中华民族更为悠远的龙人合一的叙述传统。

在相关文献的叙述中，开天辟地的盘古与龙融而为一。《广博物志》卷九引《五运历年纪》："盘古之君，龙首蛇身。"《古今图书集成·岁功典》卷八十三引《补衍开辟》说盘古"龙首人身，神灵"云云。

传说中的中华始祖伏羲呈龙瑞。在传统文本的叙述中，伏羲不只是《周易》先天八卦的创造者，而他本人的形象竟是龙人合一的神奇组合。《拾遗记》言伏羲"长头修目，龟齿龙唇"，《白虎通》说伏羲"鼻龙状"，《列子·黄帝篇》说"庖羲氏……蛇身人面"。因为蛇是建构龙体的核心雏形，所以这里说伏羲蛇身，实质就是龙身。

《左传·昭公十七年》说："太皞氏以龙纪，故为龙师而龙名。"杜预注曰："太皞，伏羲氏，风姓之祖也，有龙瑞，故以龙命官。"孔颖达《正义》引服虔云："太皞以龙名官，春官为青龙氏，夏官为赤龙氏，秋官为白龙氏，冬官为黑龙氏，中官为黄龙氏。"以龙来命名官职，意在说明作为龙身的并非伏羲孤独一人，而是群龙飞舞，云青青兮欲雨，水澹澹兮生烟，以伏羲为核心的统治集团，显然是群龙的凝聚与呼应。

中华更为著名的始祖女娲，抟土造人的女娲，在传统叙述中也是典型的龙身。《帝王世纪》说女娲"蛇身人首"，前述可知，作为龙意象的雏形，蛇身即是龙身；《鲁灵光殿赋》也说"伏羲鳞身，女娲蛇躯"。长沙马王堆汉墓帛画中的汉画像石，伏羲女娲都是人面蛇身。在后世文化的思想嬗变影响下，我们对龙飞凤舞往往有刻板印象，或做简化的性别归属，以为仅仅男子为龙女子为凤。然而向远古追溯到女娲，我们才恍然大悟，这位抟土造人的始祖女神，竟然也是龙身！

岂止神话人物，就是被誉为人文始祖的炎帝黄帝，也是神圣的龙颜龙体。司马迁虽然于史料有所选择，曾省略黄帝传说中他认为"缙绅先生难言也"的不雅部分，然而在《史记·天官书》中，这位庄严的史学家仍坦然昭告天下："轩辕，黄龙体。"既然史圣如此表达，那么后世更为理性的王充自然顺势说下去了，其《论衡·骨相篇》曰："黄帝龙颜。"至于其他文献就更多了。如《路史后纪·黄帝纪上》说"（黄帝）日角龙颜"，《山海经·海外西经》说"（轩辕）人面蛇身，尾交首上"，《太平御览》卷六引《天象列星图》说"轩辕十七星，在七星北，如龙之体"。日本汉学家森安太郎《黄帝的传说——中国古代神话研究》一书中的黄帝龙象则是一个异文本，他指出："黄帝的原始本体为雷龙，即雷电之神。"①

炎帝亦是这样。皇甫谧《帝王世纪》："有蟜氏女，名曰女登，为少典正妃。游华山之阳，有神龙首感女登于常羊，生炎帝。……始教天下种谷，故号神农氏。"《春秋纬·元命苞》："少典妃女登游于华阳，有神龙首，感之于常羊，生神子。人面龙颜，好耕，是谓神农，始为天子。"炎帝既是神龙与女登交合而生，且人面龙颜，这正是典型的龙种龙形。

今本《竹书纪年》则更为具体地记述了尧为龙子的感生神话："（尧）母曰庆都，生于斗维之野，常有黄云覆其上。及长，观于三河，常有龙随之。一旦，龙负图而至，其文要曰：'亦受天佑。'……既而阴风四合，赤龙感之。孕十四月而生尧于丹陵。"

以治水闻名千古的夏禹亦是龙身。《初学记》引《归藏·启筮》云："鲧死，三岁不腐，副之以吴刀，是用出禹。"郭璞注《山海经·海内经》引《开筮》则云："鲧死不腐，剖之以吴刀，化为黄龙。"闻一多《伏羲考》中详细举例以证明夏禹与龙的深切关联，如：夏为龙族，传说禹自身是龙，传说多言夏后氏有龙瑞，传说夏后氏诸王多乘龙，夏人的姓和禹的名其字都与龙有关，禹的后裔多属龙，禹与伏羲同姓，等等，更不用说大禹最著名的治水工程命名为龙门了。

我们再回到乾坤两卦爻辞的叙述立场上来看，与龙相提并论的是君子。君子何谓？"君子"一词，广见于先秦典籍。《易经》《诗经》《尚书》都广泛使用"君子"一词，这可以分层来说。

第一，所谓君子，是指人君，是天子，是大人，是后世的皇帝。

先秦早期君子一语主要是从政治角度立论，君子的主要意思是"君"。"君"从尹、从口，"尹"表示治事，"口"表示发布命令，合起来的意思就是"发号施令，治理国家"。《诗经·小雅·大东》："君子所履，小人所视。"孔颖达《诗经正义》曰："此言君子、小人，在位与民庶相对。君子则行其道，小人则供其役。"《左传·襄公九年》："君子劳心，小人

---

① 森安太郎：《黄帝的传说——中国古代神话研究》，王孝廉译，台北时报文化出版企业有限公司，1988。

劳力，先王之制也。"此处君子、小人，仍着眼于地位而非道德品质。《易传·文言》所推崇的"大人"正是这一种境界："夫'大人'者，与天地合其德，与日月合其明，与四时合其序，与鬼神合其吉凶。先天而天弗违，后天而奉天时。天且弗违，而况于人乎？况于鬼神乎？"清陈梦雷《周易浅述》卷一也有相似的论述："九五之为大人，大以道也。天地者，道之原。大人无私，以道为体，则合于天地易简之德矣。天地之有象，而照临者为日月，循序而运行者为四时，屈伸往来生成万物者为鬼神。名虽殊，道则一也。大人既与天地合德，故其明目达聪合乎日月之照临，刑赏惨舒合乎四时之代禅，遏扬彰瘅合乎鬼神之福善祸淫。先天弗违，如先王未有之礼可以义起。盖虽天之所未有，而吾意默与道契，虽天不能违也。后天奉时，如天秩天序天理所有，吾奉而行之耳。盖人与天地鬼神本无二理，特蔽于有我之私而不能相通。大人与道为一，即与天为一，原无彼此先后可言。"《论语·泰伯》："子曰：'大哉尧之为君也！巍巍乎！唯天为大，唯尧则之。荡荡乎，民无能名焉。巍巍乎其有成功也，焕乎其有文章！'"康德认为崇高感源于对象在数量与力量上的巨大尺度，是为数的崇高与力的崇高之论。孔子述君子作为一种特殊的人格，是神化的人格，是磅礴于宇宙，与天地日月同样恒久与辉煌的。

西晋张华《博物志》第二说："昔禹平天下……夏德之盛，二龙降之。禹使范成光御之，行域外，既周而还至南海。"禹之子夏后启也"乘二龙"。可见此时的龙还以图腾巫术外在于王者，后者只不过在征服天下之后利用了龙的神性，只是与龙并驾齐驱，还未与龙合二而一，更未将龙纳入自家血统谱系而自封为龙子。而这种转换模式，正应从《周易》始。

到了后来，即使是理性时代，如司马迁《史记》仍称秦始皇为"祖龙"。《史记·高祖本纪》甚至还煞有介事地写到汉高祖刘邦系龙与其母交合的产物："其先刘媪尝息大泽之陂，梦与神遇。是时雷电晦冥，太公往视，则见蛟龙于其上。已而有身，遂产高祖。"司马迁真不简单，不知何处采访获知，将一个人神相遇的故事编写得如此精彩，活灵活现。而且刘邦相貌非同一般，"隆准而龙颜，美须髯，左股有七十二黑子"。果然，高高的鼻梁，威猛的龙额，美髯飘逸……岂止形体特异，他所在环境多有云龙相护，不简单呢。据司马迁所说，刘邦居所之上常有云气弥漫，不是人常说云从龙么？头顶上常常隐现龙影。如此说来，刘邦并非父母之爱的宁馨儿，而是其母梦中与蛟龙人神交合的纯龙种。如此叙述便赋予刘邦与生俱来的"真龙天子"身份，便有了执掌天下的合理依据。与此同时，仿佛是叠加结构似的，《史记·外戚世家》又叙述了刘邦作为龙种遗传的传奇故事："薄姬曰：'昨暮夜妾梦苍龙据吾腹。'高帝曰：'此贵征也，吾为汝遂成之。'一幸生男，是为代王。"真是龙生龙啊，这样，刘恒就成为继秦始皇、汉高祖之后的第三位有龙兆的帝王。

有了《周易》龙人合一的文化铺垫与烘托，历代皇帝、皇室就几乎把一切都与龙联系起来，龙甚至成为皇帝及其家族的专属品。"龙颜""龙体""龙行""坐龙廷""龙驭宾天""龙子龙孙"等，不一而足；不仅天子本人时时与龙合二而一，就是皇宫中的一切器物、服饰、用具，也都要与龙密切关联，打上龙的印记，如"龙袍""龙衮""龙冠""龙座""龙床""龙辇""龙舟""龙船"，等等。再向外扩展开，皇宫中最重要的装饰就是龙纹和龙雕、龙塑了，如柱、脊、檐、梁、栏杆、藻井，无不布满龙纹。例如，据有人统计，仅故宫的太和殿内外，各种龙饰、龙雕等形式的龙就有13 844条。

第二，所谓君子，指社会精英。《文言》对乾卦初九爻辞"潜龙勿用"的感悟，就是将龙德与君子之德融为一体的深层解读："'潜龙勿用'，何谓也？子曰：'龙德而隐者也。不易乎世，不成乎名。遁世无闷，不见是而无闷。乐则行之，忧则违之。确乎其不可拔，潜龙也。'"这里指名为龙，言实为潜隐淡泊的君子，此亦彼，彼亦此，浑然不可分。

如《史记·老子韩非列传》写孔子问礼于老子，就径直把老子比喻为龙。大意是这样的：虽被老子严词教训了一通，孔子仍敬佩不已。他回来对自己的弟子喟然叹息道："鸟，吾知其能飞；鱼，吾知其能游；兽，吾知其能走。走者可以为罔，游者可以为纶，飞者可以为矰。至于龙吾不能知，其乘风云而上天。吾今日见老子，其犹龙邪！"

显然在孔子的意识里，在时人的共识中，龙并非局限于天子诸侯，而是可以随意拿来比拟精英人物的。这一思维模式在传统文化叙述立场上一直延续下来。如《三国演义》中,写曹操与刘备酒至半酣,忽阴云漠漠,骤雨即来。随从指着喊着看龙下挂吸水了!曹操与刘备凭栏远望积雨云呈漏斗状舒卷下垂的样子。曹操说:"使君知龙之变化否?"玄德道:"未知其详。"曹操说:"龙能大能小,能升能隐;大则兴云吐雾,小则隐介藏形;升则飞腾于宇宙之间,隐则潜伏于波涛之内。方今春深,龙乘时变化,犹人得志而纵横四海。龙之为物,可比世之英雄。玄德久历四方,必知当世英雄。请试指言之。"同样,在罗贯中的叙述中,在曹操的话语机锋里,仍是举出龙与英雄并置的潜命题,看刘备的应对如何上套。

第三,当君子内蕴的解读逐渐有了道德品质的追求,它就泛指一切有高尚追求与操持的人。事实上,在神话传说及民间习俗中,龙的意象与普通人往往是融为一体的。如《山海经·海内经》:"有人曰苗民,有神焉,人首蛇身,长如辕,左右有首,衣紫衣,冠旃冠,名曰延维。"《汉书·地理志》说"文身断发,以避蛟龙之害",颜师古注引应劭曰:"(越人)常在水中,故断其发,文其身,以象龙子,故不见伤害也。"这些文献记录或出于后世,但所述神话传说或民俗却是千百年甚至更古远的事体了,可见龙与君子覆盖到普通人群体的思维模式与表达,当是华夏族习以为常的语境。熟知现实深谙《周易》的孔子对此就有颇为贴切的表述。《论语·宪问》:"君子道者三,我无能焉;仁者不忧,知者不惑,勇者不惧。"《论语·里仁》:"君子无终食之间违仁,造次必于是,颠沛必于是。"《论语·颜渊》:"君子成人之美,不成人之恶。小人反是。"《论语·卫灵公》:"君子固穷,小人穷斯滥矣。"在这里,与龙并称的君子自然可以囊括更大范围的群体,显然是不言而喻的潜在前提。

三、六十四卦

我们看到,《周易》六十四卦的象辞中,有五十三卦都直接言说君子,如此整齐一律,从容理性,现罗列出来,简译以白话,似不难感受到气势磅礴的氛围。

(1)天行健,君子以自强不息。卦象意谓天(即自然,日月星辰)的运动刚强劲健,相应地,君子处世,也应像天一样,自我力求进步,刚毅坚卓，发愤图强，永不停息。

（2）地势坤，君子以厚德载物。卦象意谓君子处世要效法大地"坤"的境界，以宽厚之德对待他人，无论是尊卑、贤愚、大小、强弱等等，都给予一定的包容和宽忍。

（3）云雷，屯；君子以经纶。卦象意谓云雷纷聚天雨在即，象征万物初生之际，如同天地初创，家国始建，君子应筹划经营自己的事业。

（4）山下出泉，蒙；君子以果行育德。卦象意谓君子必须决策果断，行动迅速，使良好的德行得以成长。

（5）云上于天，需；君子以饮食宴乐。卦象意谓密云漫天而未雨，需要等待；君子在这个时候需要吃喝，饮酒作乐，即在等待之际积蓄力量。

（6）天与水违行，讼；君子以作事谋始。卦象意谓天水逆向相背，象征人意见不合而诉讼，故君子应事前深谋远虑，消除争端于未发生之际。

（7）地中有水，师；君子以容民畜众。卦象意谓君子应像地中藏水一样宽容天下庶民百姓，抚养众生。

（8）风行天上，小畜；君子以懿文德。卦象意谓风行天上，难有好气候大收成，君子此际应沉隐修养美德，潜心做好文章等待时机。

（9）上天下泽，履；君子以辨上下，定民志。卦象意谓上天下泽，故君子应遵循礼仪，厘清上下秩序与名分，以建构百姓笃守文明的意志。

（10）天地不交，否；君子以俭德辟难，不可荣以禄。卦象意谓天高地低而相互不交合，故君子须以节俭之德回避危难，不可谋高位以求荣华。

（11）天与火，同人；君子以类族辨物。卦象意谓天火亲和相处，故君子须明辨物以类聚、人以群分之理。

（12）火在天上，大有；君子以遏恶扬善，顺天休命。卦象意谓火在天上，象征太阳朗照而万物成，君子此时应除恶扬善，顺应天命，护佑生命。

（13）地中有山，谦；君子以衷多益寡，称物平施。卦象意谓山隐地下，象征德才深隐不露，君子须损多益少，于万物取长补短使其均衡。

（14）泽中有雷，随；君子以向晦入宴息。卦象意谓雷声震而泽波随从，君子行事应遵从生命节律，有张有弛，向晚便回家休息。

（15）山下有风，蛊；君子以振民育德。卦象意谓山下有风，象征拨乱反正，故君子应救济民众，抚育美德。

（16）泽上有地，临；君子以教思无穷，容保民无疆。卦象意谓地居泽上有督导之意，故君子应教导民众，以无边盛德滋养民众。

（17）山下有火，贲；君子以明庶政，无敢折狱。卦象意谓山与火彼此美饰，故君子应以之使政务清明，却不敢以美饰断案。

（18）天在山中，大畜；君子以多识前言往行，以畜其德。卦象意谓天含山里，象征着滋养积蓄，故君子应效法历代圣贤言行，滋养品识。

（19）山下有雷，颐；君子以慎言语，节饮食。卦象意谓雷在山下似咀嚼时上颚静下颚动的样态，象征颐养，故君子应谨慎言语，节制饮食。

（20）泽灭木，大过；君子以独立不惧，遁世无闷。卦象意谓水泽淹没树木，象征过分之举，故君子应超然独行，进则不怯惧非议，退则不郁闷无闻。

（21）水洊至，习坎；君子以常德行，习教事。卦象意谓流水相继涌来，须充满前方无数陷坑才可前行，故君子应不懈努力，持之以恒地教育事业。

（22）山上有泽，咸；君子以虚受人。卦象意谓山上有泽，水润山而山承泽，因而象征感应，故君子就能以宽广胸怀容纳他人。

（23）雷风，恒；君子以立不易方。卦象意谓风雷交加而象征恒久，故君子应自立且固守正道。

（24）天下有山，遯；君子以远小人，不恶而严。卦象意谓天下有山，象征天隐忍退让，故君子应疏远小人，无恶言暴行而自有威严。

（25）雷在天上，大壮；君子以非礼弗履。卦象意谓雷在天上，象征强盛，故君子不越轨做非分之事。

（26）明出地上，晋；君子以自昭明德。卦象意谓光明照耀大地，象征昌盛前进，也象征发出光热，故君子应彰显才德与身份。

（27）明入地中，明夷；君子以莅众，用晦而明。卦象意谓阳光隐入地中，象征光明被阻，故君子循此理而治众，不露才智而导致天下清明。

（28）风自火出，家人；君子以言有物，而行有恒。卦象意谓离下巽上，风自火出，象征外风来自本身的火，如家庭的软实力均源自本身，故君子须言有物而行有恒。

（29）上火下泽，睽；君子以同而异。卦象意谓兑下离上，水火相遇而象征对立，故君子应求大同而存小异。

（30）山上有水，蹇；君子以反身修德。卦象意谓高山积水，象征艰险困境，故君子应反省以修炼才德。

（31）雷雨作，解；君子以赦过宥罪。卦象意谓雷雨作而万物润，象征解除危难之义，故君子应赦免过错，宽恕罪过，彼此得到解脱与新生。

（32）山下有泽，损；君子以惩忿窒欲。卦象意谓兑下艮上，湖泽渐深而山岭愈峻，象征着减损，故君子应抑制狂躁，杜绝低俗的欲望。

（33）风雷，益；君子以见善则迁，有过则改。卦象意谓狂风雷霆相互激荡而相得益彰，象征增益之义，故君子应见善则迁，有过则改。

（34）泽上于天，夬；君子以施禄及下，居德则忌。卦象意谓湖水蒸发上天而化雨注下，象征决断，故君子应向下广施恩德，否则仅居高位而招致嫉恨。

（35）泽上于地，萃；君子以除戎器，戒不虞。卦象意谓地下泽上，八方水流汇入湖中，象征聚合，此时难免鱼龙混杂泥沙俱下，故君子应修治兵器，以防意外变故。

（36）地中生木，升；君子以顺德，积小以高大。卦象意谓地中生木，象征着上升，故君子须顺应时势而培育才德，积小以成高大。

（37）泽无水，困；君子以致命遂志。卦象意谓泽中无水，象征困顿，故君子应奋不顾身地实现自己的志向。

（38）木上有水，井；君子以劳民劝相。卦象意谓水源源不断沿树自根而冠运行，象征无穷，故君子应为大众谋福利，倡导助人为乐之风。

（39）泽中有火，革；君子以治历明时。卦象意谓泽中有火，水可熄火，火蒸发水，彼此相克相生而变革，故君子应据变革规律制定历法以明辨四时的变化。

（40）木上有火，鼎；君子以正位凝命。卦象意谓木上燃火，为烹饪的象征，故君子应如鼎般端正稳健，完成使命。

（41）洊雷，震；君子以恐惧修省。卦象意谓雷相重叠似震动的雷声，故君子应悟知恐惧醒惕，反省修身。

（42）兼山，艮；君子以思不出其位。卦象意谓两山相重，象征抑止，故君子应自知而思不出位。

（43）山上有木，渐；君子以居贤德善俗。卦象意谓山下风上，山树逐渐长得高大，象征循序渐进，故君子应修炼才德，改善习俗。

（44）泽上有雷，归妹；君子以永终知敝。卦象意谓泽下震上，兑为少女，震为长男，表象为长男嫁出少女，故君子应永使夫妇和谐，防止半途生变。

（45）雷电皆至，丰；君子以折狱致刑。卦象意谓离下震上，雷电皆至，象征盛大丰满，故君子断案用刑应正大光明。

（46）山上有火，旅；君子以明慎用刑，而不留狱。卦象意谓山上有火，象征行旅匆匆，故君子应清醒慎刑，明断决狱。

（47）随风，巽；君子以申命行事。卦象意谓风行上下无所不入，象征顺从，故君子应仿效风行物顺之状，申述命令，推进事业。

（48）丽泽，兑；君子以朋友讲习。卦象意谓泽水流通彼此受益，象征喜悦，故君子应与同道朋友研习学业。

（49）泽上有水，节；君子以制数度，议德行。卦象意谓泽上有水，象征以堤防来节制，故君子应制典章礼仪来节制天下言行。

（50）泽上有风，中孚；君子以议狱缓死。卦象意谓泽上有风，比喻诚信之德无处不及，故君子应广施德信，慎议刑狱，宽缓死刑。

（51）山上有雷，小过；君子以行过乎恭，丧过乎哀，用过乎俭。卦象意谓山上有雷，稍有过越，故君子应矫枉过正，如行止过恭，丧事过哀，日用过俭。

（52）水在火上，既济；君子以思患而豫防之。卦象意谓水在火上，喻指火煮食物，象征成功，故君子功成时应多虑弊端，防患于未然。

（53）火在水上，未济；君子以慎辨物居方。卦象意谓火在水上，水火相戾，而不能相资，象征尚未完成，故君子应明辨万物，使事态朝着有利的方向发展。

林林总总，五十三卦的象辞，所言即君子如何对待天地万物，如何对待一己与群体，如何对待王侯。质言之，君子如何在天地之间，在社会当中有所作为!

至于未列入君子概念的十一个卦象的象辞，也似以一致的格式表述为先王和君侯，也都是以人为主体的事功型思考与叙述。一如前例，罗列且简要译述于后：

（1）地上有水，比；先王以建万国，亲诸侯。卦象意谓地上有水，百川争流，水地亲密依存，故历代君主分封地建诸国，亲抚诸侯。

（2）天地交，泰；后以财成天地之道，辅相天地之宜，以左右民。卦象意谓天地交合顺畅通达，君主应成就天地之道，促成天地化生万物的机遇，以护佑平民百姓。后，在这里指君主。

（3）雷出地奋，豫；先王以作乐崇德，殷荐之上帝，以配祖考。卦象意谓地上响雷，为大自然愉快振作之象，故君主应作乐推崇文德，以盛大的礼仪供奉上帝，并用以祭祀祖先。

（4）风行地上，观；先王以省方观民设教。卦象意谓风行地上，象征瞻仰，故先王应省察四方，观览民俗，用以感化设教。

（5）电雷，噬嗑；先王以明罚敕法。卦象意谓雷电交集，震撼天地，故先王应明刑正法。

（6）山附于地，剥；上以厚下安宅。卦象意谓山附于地，象征剥落，故位尊者应厚培地基，安固住所。

（7）雷在地中，复；先王以至日闭关，商旅不行，后不省方。卦象意谓雷在地中，阳气初透，象征复归，故先王于此日闭关，商旅不行，君主亦不巡视四方。

（8）天下雷行，物与无妄；先王以茂对时育万物。卦象意谓天下雷鸣，象征宣示威势，以使万物无妄求之念，故先王顺天应命，遵循天时以养育万物。

（9）明两作，离；大人以继明照于四方。卦象意谓太阳高悬天空连续照耀，象征附着，故伟人应以可持续的光明普照四方。

（10）天下有风，姤；后以施命诰四方。卦象意谓天下有风，象征相遇，故君王应颁布政令昭告四面八方。

（11）风行水上，涣；先王以享于帝，立庙。卦象意谓风行水上，象征涣散、离散，故先王为凝聚人心而祀帝立庙。

由此可见，上述两类，无论是君子，还是先王、大人与君主，都是与龙平起并坐的人，是大写的有所作为的人。笔者以为，在这里，把人的形象置于与天地社会人事对谈的语境中展示是大有深意的。德国哲学家恩斯特·卡西尔在《人论》中论及人的本质时说："人的突出特征，人与众不同的标志，既不是他的形而上学本性也不是他的物理本性，而是人的劳作。正是这种劳作，正是这种人类活动的体系，规定和划定了'人性'的圆周。语言、神话、宗教、艺术、科学、历史，都是这个圆的组成部分和各个扇面。"[1]他从一个更高的层面谈论这个问题的实质，即："作为一个整体的人类文化，可以被称之为人不断解放的历程。"[2]《周易》对龙的肯定，依据等量代换原则，自然转入了对于君子、对于人的肯定，也就是对于人的本质力量的肯定。确乎是这样，这是人格的解放，也是对一切宗教的意识、观念、意志和规范等的破坏。人们一直说中华文明是一种早熟的文明，或从这里可以看出一点端绪。这当然是另外一个话题了。

可见，无论从远古鸿蒙时代的传说中，还是从理性时代的史学叙述中，或者是哲人圣贤的辨析中，我们感悟出中华民族有一个历史合力构筑的更为悠远的龙人合一传统，它将龙与杰出人物融为一体，龙是人，人即龙，二者浑然一体，密不可分。《周易》乾卦爻辞即是这一思维模式的经典模板，它不只是远古经典的文本记录，而是深深烙在中华民族成员心灵深处的神圣基因。若不然，无论从历时性的传承来看，还是从共时性的共鸣来看，人们怎能都有望子成龙的普世观念呢？而历代精英与平民再念及君子，倘从这里追根溯源，都会不难发现中华龙的巨大投影。

综上所述，《周易》对于融合龙与人这一宏大命题的表述意义非凡。这或许就是在先秦神话传说中原本是四灵并举之一的龙后来脱颖而出，成为上自帝王自视为龙子，下至平民老百姓自视为人中龙，并望子成龙，龙成为这个民族每个成员内心深处渴望的图腾意象，甚至在龙飞凤舞几千年双双成对的历史携手中，到现在只唱龙的传人，而凤似乎被搁置在遗忘角落的深层原

---

[1] 恩斯特·卡西尔：《人论》，甘阳译，西苑出版社，2003，第119—120页。
[2] 同上书，第231页。

因。而启动这一思维模式，并使这一模式成为民族共识或集体无意识的理论建构，正是《周易》所奠基的。其在号称"父母卦"的乾坤二卦中醒目地言说龙，并自然而然地将龙与君子的概念与境遇互换。与此同时，以象辞形式将君子的叙述几乎遍及其余几十个号称"子卦"的题旨描述之中。这种意味悠长的叙述立场，自然也是格局宏大意蕴深厚的理论建构。

在笔者看来，指出这一点并非要说什么独具慧眼的发现，在博大精深的《周易》面前这样说，未免太轻佻了，而只能说，如此龙与君子的叙述建构与并置言说，在《周易》这里是醒目的存在，是客观的事实。

第四节　龙与汉画像石

汉画像石，即指汉代地下墓室、墓地祠堂、墓阙和庙阙等建筑上雕刻画像的建筑构石。从句式和词汇结构看，说画像石，似乎中心词落到"石"上了；其实大家都明白，这里真正的聚焦点，就是刻镂在建筑构石表面的"画"。别小看了那些为贵族士绅雕凿墓室艺术品的民间工匠，他们虽未留名姓，但其所雕琢的汉画像石却足以光耀千古，在中国美术史上占据着承前启后的重要位置。汉画像石不仅是汉以前中国古典美术发展的高峰，而且对后世也产生了深远的影响。在今天，它仍以特殊的魅力，吸引着美术界、考古界与文化界特别关注的目光。我们知道，就汉画像石发生发展的时间段来说，它始于西汉中期，消亡于黄巾起义时代，其兴起与西汉时重丧葬之礼有关。

中国发现汉画像石的地域很广，核心地区有四个。一是河南南阳、鄂北地区，二是山东、苏北、皖北地区，三是四川地区，四是陕北、晋北地区。此外，河南新密、永城以及北京丰台、浙江杭州和陕西彬县（今彬州市）等，也有零星发现。画像石包容繁多，有琳琅满目的现实写照，有垂范千古的历史呈现，有神秘朦胧的神仙传奇……而在这林林总总的汉画像石艺术作品中，龙作为描写对象，有着多向度文化积淀的感性显现，有着特殊的地位和多样的表现手法。

一、创世祖先

汉画像石中所展现的，首先是人龙合一的创世祖先。其人面蛇身的创世祖先图像系列，是颇为醒目的。这里，不仅有伏羲，有女娲，有嫘祖，而且还有嫦娥。在这里，图像本身就蕴含着原始图腾的三重基本含义：因人面，便知是血缘亲属；且是高高在上的祖先；因蛇身，便知是法力无边的保护神。

各地汉画像石出现频率较高的是伏羲与女娲。众所周知，伏羲是中国最早有文献记载的创世神。风姓，又名宓羲、庖牺、伏戏，亦称牺皇、皇羲，《史记》中称伏牺。伏羲多世，某世伏羲生于成纪，定都于陈地。伏羲所处时代约为新石器时代早期至中期。《帝王世纪》曰："太昊帝庖牺氏，风姓也。蛇身人首，有圣德。"

作为创世神，伏羲对于线条似乎特别敏感。中国人对于线条如此钟情，对其特殊意味的反复沉浸似可溯源于伏羲。相传伏羲根据天地万物的变化，发明创造了先天八卦，将万事万物积淀于连或断的直观简单的线条之中。就这样，他以抽象的线条断连组合结束了"结绳记事"的历史；他又以线条纵横交集的方法结绳为网，用以捕鸟打猎，教会人们渔猎的方法……可以说，他是最早见于文献的王者，是既能悟出形而上之道，又有形而下之器层面创造性业绩的人文始祖。而这里，汉画像石上的伏羲像，既是战国时形成的人首蛇身的延续，又是历史层积的叠加。例如其服饰便与时俱进，弥漫着多个文化层的时代气息：他身着襦衣袍服，宽衣大袖，颇似春秋以来的儒生扮饰；河南南阳、山东滕县（今滕州市）龙阳店等地的汉画像中，便头戴东汉时的梁冠，前面一梁高耸而顶上向后倾斜；而山东费县的汉画像中，则是汉代的武士冠；江苏双沟的汉画像中，则不戴冠，梳髻或戴巾帻；而存留于今的江苏徐州、四川郫县（今成都市郫都区）的汉画像中，则戴山字形冠……如此这般，或许创绘者自觉地表达强烈的认同感，或者是无意识地将自身的形象投射到描写对象中去。从这样的图像叙述中，自可悟出"一切历史都是当代史"的深层意蕴。虽如此，我们却不难从中感受到不同时代讲述者敬畏的口吻与崇敬的目光。或许这些并不是最早的伏羲画像，但却是展示于今的精彩剪影。

女娲，亦称娲皇、帝娲、灵娲、神女、帝女和女娲氏等，风姓。《列子》曰："伏羲、女娲，蛇身而人面。"女娲是中上古文献关注的热点人物。先秦文献《史籀篇》《楚辞》《礼记》《山海经》，以及秦汉以来的《史记》《汉书》《独异志》《路史》《绎史》《水经注》《太平御览》等，都有对她的着意描述。最为经典庄严、令人心神健旺的如《淮南子·览冥训》所述："女娲炼五色石以补苍天，断鳌足以立四极，杀黑龙以济冀州，积芦灰以止淫水。苍天补，四极正，淫水涸，冀州平，蛟虫死，颛民生。……乘雷车，服驾应龙，骖青虬。"

作为创世神话人物，我们从文献中得到的印象，或许只关注她抟土造人、炼石补天、净化天地、创制笙簧瑟埙和设置婚姻诸项伟业。她是一位伟大而全能的母亲，面对残损的世界勇于负责而敢有所为。民间口述传说有时与文献记录融而为一，有时也繁衍生发，也在不断表达并丰富着她伟大而神奇的文化业绩：她一日至少能创造出七十种东西；她还是世间万物的创造者；东方朔《占书》和晋董勋《答问礼俗》等文献都记录了正月初一为鸡、初二为狗、初三为猪、初四为羊、初五为牛、初六为马、初七才为人的神话传说，而在民间传播中至今仍将这一切归功于女娲；有的活态神话还说女娲肉体变成了土地，骨头变成了山丘，头发变成了草木，血液变成了河流，就像创世的盘古大帝一样。传说她与伏羲是兄妹，同为华胥氏的儿女。在文献与口述创世神话中，有不少版本呈现着她与伏羲由兄妹结为夫妇的曲折情节。而汉画像石则勾勒出这位伟大女性形象的庄严与神奇：既顶天立地独立自处，又与伏羲交尾而为夫妇；与此同时，又执掌规矩梳理天地，规范人间。在伏羲女娲人面蛇身交尾系列像中，无论是出自山东嘉祥县武梁祠的，还是南阳、徐州、睢宁双沟或临沂张官庄出土的，女娲都是身着襦衣，高髻垂髾，颇似汉代贵妇女装，胸腹以下蛇躯，彰显人祖意味。其像端庄和谐，优雅大方，无不使人感到亲切、神秘而崇高。

与炎帝黄帝生活在同一时代的嫘祖，也以人面蛇身形象显现于汉画像石中。《史记·五帝本纪》载："黄帝居轩辕之丘，而娶于西陵之女，是为嫘祖。嫘祖为黄帝正妃，生二子，其后皆有天下：其一曰玄嚣，是为青阳，青阳降居江水；其二曰昌意，降居若水。"在中国神话谱系中，嫘祖是养蚕缫丝方法的创造者，是被誉为中国第五大发明的代表性人物，故北周以后她被祀为蚕神，尊称"先蚕"。唐赵蕤所撰《嫘祖圣地碑》碑文曰："（嫘祖）首创种桑养蚕之法，抽丝编绢之术，谏诤黄帝，旨定农桑，法制衣裳，兴嫁娶，尚礼仪，架宫室，奠国基，统一中原，弼政之功，殁世不忘，是以尊为先蚕。"可见其业绩并非限于蚕桑一隅之功，显然是一个女政治家的作为，可以堂堂正正地入列人文始祖的高位了。看来，汉画像石将嫘祖以人面蛇身的形象高调绘出，彰显其非凡的仪态，显然是有着充分的事实依据和足够的底气的。

让人颇感新奇的是，汉画像石中还出现了嫦娥形象。四幅均出土于河南南阳西关新华乡汉墓。图画左上方一轮圆月，蟾蜍悠然其中。人首蛇躯的嫦娥着冠戴胜，侧身斜向，飘然升空，向月宫而行。周围繁星闪耀，云气缭绕，仙雾蒸腾，别有天地非人间。传说嫦娥是帝喾的女儿，后羿之妻。原称姮娥，在后世，因西汉时避讳汉文帝刘恒之名，遂改为嫦娥。可见在传统的意识形态中，世俗之权往往大于神圣之尊。嫦娥奔月的故事，早在商代典籍中就有记述，到汉代已广为传播。如果说伏羲、女娲和嫘祖以人首蛇身的形象进入汉画像石中，或因创世的功勋，或因泽被众生的业绩，那么嫦娥是以何资质进入这一行列的呢？

众所周知，嫦娥神话最为突出的情节，就是她偷食了后羿从西王母处求得的长生不老药而奔月成仙，积年累月与桂树玉兔相伴，居住在月亮的广寒宫中。如《淮南子·览冥训》所述："羿请不死之药于西王母，姮娥窃以奔月。"高诱注："姮娥，羿妻。羿请不死之药于西王母，未及服之，姮娥盗食之，得仙，奔入月中为月精。"那么，是因为她非凡的美貌吗？不可能。不要说这里的神话传说并没有强调其颜值唯美的因素，即便有，后世数千年愈来愈严厉的伦理观，也会删削净尽，不会容许它生发流传开去。再者，后世不断生成的许多民间传说和文人士大夫的诗词歌赋也没有这方面的敏感与表达。或许她与后羿开创了一夫一妻制的先河？更有甚者，或因她偷吃灵药，开创出一条由人而神演化的可能性道路？倘是前者，我们不难感悟这是一种容易理性认可的文明升华；若是后者，则似呼应了汉代民间普遍出现的梦想求仙长生的氛围，甚至是人类对于超越有限时空的梦寐追求。为了克服死亡的恐惧和对于未知世界的困惑，为了界破生命苦短的永恒局限，各朝历代，从帝王将相到平头百姓，都在寻求长生不老和灵魂转换，而这一方面的精神憧憬与仪式践行，都成为令人神往的灵魂抚慰。于是乎，我们不难猜知，汉画像石中出现的嫦娥人首蛇身图像，散发着抚慰众生的更为世俗而亲切的氛围。

二、龙族本身

汉画像石中，雕绘刻镂的龙族本身的图像不仅自成系列，而且颇多意味。传统叙述中，龙族本身是五彩缤纷的，如北宋刘恕《通鉴外纪》所述，太皞部落的官号就有青龙、赤龙、白龙、黑龙和黄龙。有学者认为，这五种龙原为氏族图腾之名，后演变为官名。由此可知，龙族不仅以深邃的意蕴与五行学说相匹配，更以绚丽的五彩彰示于人间。但我们所见汉画像石中大大小小的龙，往往是青石本色，为什么呢？从长久意义上来说，淡雅的青石本色才会持之以恒。在四方崇拜中，龙为东方青龙，自然与青石之色相吻相同。本就天造地设，何必画蛇添足，再染一色呢？再者，从保持的角度说，勉强涂染之色或三年五载或十年八年便脱落淡化，哪里比得了青石本色能坦然恒久，穿越万年呢。

汉画像石中的龙族图像，可详述者大致为三类：其一，交龙穿璧图；其二，青龙图；其三，应龙图。

交龙穿璧图的原型具象图在徐州颇多，而其抽象图几乎遍及全国各个有汉画像石的地方。个中意味后面详述，此暂不论。

这里先说青龙。青龙又称苍龙，是远古神话传说天之四灵之一。在发生学意义上，这是龙神话源头不同文化层的遗存。它不同于一般熟知的龙源于种种生物容合的观点，而是认为龙起源于上古星宿崇拜。在中国二十八星宿中，古人将东方七宿（角、亢、氐、房、心、尾、箕）组合想象为龙的形象而予以建构，并按照阴阳五行认知模式，以东西南北中五方来配置色彩配置季节等，形成一个认知模式或者说建构一个认知谱系，几乎将万事万物全然五分而归类于这些层面。苍龙属东方，东方属早晨，属春天，属木，为青色，故谓青龙。至于四神分立的谱系，先秦时代似已明晰，并在历史延展的堆垛中逐渐模式化。如《楚辞·惜誓》："飞朱鸟使先驱兮，驾太一之象舆。苍龙蚴虯于左骖兮，白虎骋而为右骓。"到后世便是自然而然的认知模式了，如《三辅黄图·未央宫》："苍龙、白虎、朱雀、玄武，天之四灵，以正四方。"

汉画像石如此表达，自然是汉文化的映射。而此时此地的汉文化实际上是先秦以来楚文化的延展。值得注意的是，这里所引的青龙作为神仙驾车的左骖，与楚辞《离骚》所述"驾六龙之蜿蜿兮"，都给我们荡开了一个想象的空间。有趣的是，龙在这里固然不无神秘、神奇与神圣，但从崇高的图腾位置有所跌落，似乎没有俯瞰一切的神的威力与尊严，似乎成为神仙漫游或驾辕梢套的牵引力量。显然，一种可意会而不可言传的实用理性氛围介入到龙画像的图谱之中。

再说应龙。应龙是古代神话传说中的一种长翅膀的龙，故名飞龙，亦名翼龙或黄龙。应龙的阅历与功绩好生了得，曾下凡为黄帝助一臂之力而冲锋陷阵，斩杀蚩尤夸父；也曾以尾画地成江，佐助大禹治水的千古伟业。应龙形象颇为奇特：身生双翅，鳞身脊棘，头大吻尖，耳鼻皆小，大眼眶，高眉弓，利牙齿，细脖颈，腹大尾长，四肢健壮，颇有雄奇勇武之势。

众所周知，《广雅》曾界定龙族的类属："有鳞曰蛟龙，有翼曰应龙，有角曰虬龙，无角曰螭龙，未升天曰蟠龙。"然而在汉画像石以及画像砖中，却没有按此平均布局，除交龙穿璧外，一再出现的却是应龙。如此鲜明的突出，强烈的偏好，为什么呢？从其业绩来说，它辅佐黄帝以平天下，助力大禹而降伏洪水，为了部落为了民众有所担当有所作为，如此竭力尽心，当受爱戴与敬仰。从其品位而言，应龙似处于龙本尊修炼的最高位置，神话传说龙修炼五百年为角龙，而角龙修炼千年则为应龙。就其能力而言，应龙有翼而可飞天。如《周易》乾卦叙述作为龙的最佳最高位置"九五"的爻辞说："飞龙在天，利见大人。"《文选》也说："天有九龙，应龙有翼。"《说文》曰："龙，鳞中之长，能幽能明，能短能长，春分而登天，秋分而潜渊。"《汉书》说应龙"奋灵德，合风云，超忽荒，而踞颢苍也"。在这个意义上说，它有翅在身，自能登天，也可潜渊，其优秀的潜质自可作龙族中的代表。上述种种，似在说明应龙不仅自身强健有力，既是祥瑞之神物，又是神仙游天的最佳乘骑，或者说，它似乎是每一个凡人进入仙境必备的得力助手，是能够跨越人神界畔的理想桥梁。

于是乎，我们看到远古神仙多骑龙的先例，如祝融骑两龙而行，颛顼乘龙而至四海，黄帝乘龙而升天；我们也看到了自汉魏以来诸多骑龙飞天的图像，看到了进入仙境的画像石与画像砖的意象与线条。在人的自觉时代，这是因生命困惑而突围的感性显现，是因憧憬永恒而想象彼岸的浪漫抒发。茫茫宇宙，空间是无限博大宽阔的，时间是无限绵长悠远的，而每个时代的生命个体，则是时空极为有限的存在。这种与生俱来的难以突围的拘囿与苦痛，恰如后世陈子昂《登幽州台》浩浩长叹所表达的："前不见古人，后不见来者。念天地之悠悠，独怆然而涕下！"于是乎，这样代代不已的困惑，这样心驰神往的突围与向往，在汉画像石中，似乎都积淀在云缠雾绕的骑龙情景中去了。这里，似乎是一个灵魂超越的系统工程，经过厚葬，天地人神俱在且同时发力，人的灵魂经由龙、凤、仙鹤等导引，乘龙腾云飞跃而起，去往梦寐以求的归宿而魂入天国，从而寄托长生不死的祈望。而这样的线条勾勒，这样的点面经营，这样的画面布局，皆因寄寓可以意识到的历史内容而成为有意味的形式。而汉画像石恒久不衰的吸引力即因如此庞大的生命共鸣体而滋生。这一切看似神秘莫辨，其实它真正撼动人心的原动力就在于此。

三、交龙穿璧图

在汉画像石群落中，交龙穿璧图占相当大的比例，颇为醒目。之所以将交龙穿璧部分单列叙述，是因为它内涵丰厚。关键内容有二：其一，是具象式的交龙贯穿玉璧连绵图；其二，是逐步演化为抽象的纹饰。交龙穿璧图因此成为汉画像石具有代表性的典型吉祥纹。

先说具象式的交龙穿璧图。此前或有命名为绶带穿璧纹、菱形穿璧纹等。笔者以为将圆形认同为玉璧是不错的，却不顾具象为龙的原型，对抽象线条未能追本溯源而轻易命名，似可斟酌。笔者1999年在徐州、山东和陕北等地考察后反复思考，遂命名其具象者为交龙穿璧图，抽象者为交龙穿璧纹,并撰《从具象到抽象的演化轨迹——对陕北等地汉画像石一种抽象图纹的文化追溯》一文,刊发于《艺术百家》2003年第3期。交龙穿璧图一般是龙头生两角,二龙呈交尾状;长长的遍布鳞片的身躯弯曲成正弦曲线穿越圆圆的玉璧;玉璧或单一或多数不等,构成波澜起伏的优雅图形。从诸多考古报告来看,交龙穿璧图在墓室中往往有固定位置,一般在墓室门楣之上,有的在立柱或过梁与墓室顶部。笔者至今记得1999年在徐州汉画像石馆发现这一原型图像时的惊喜。它是两龙反复缠绵而相交,玉璧等有节奏地穿插其间,简洁而豪迈,富有狞厉之美。

交尾相缠的龙身是什么呢?这让我们首先联想到汉画像石中的伏羲女娲交尾图纹:人首蛇身的伏羲和女娲,二人腰身以上穿袍作人形着冠,腰身以下则是蛇躯或似龙身,两条尾巴紧紧而亲密地交缠着,唐卢仝《与马异结交诗》就有"女娲本是伏羲妇"句。伏羲和女娲是中国神话中人类的始祖神,龙的身躯与伏羲女娲在美丽的神话中融而为一了。这里,龙身交缠的情状被演绎得淋漓尽致。

而那富有节奏感而出现的圆环,则是礼天的玉璧。它自然有神圣崇高的意味。这里,龙身交缠的形式直接指向了生殖却不是荒蛮原始的感性刺激,而是萦绕着超自然力的神学氛围,更不用说雕像就是远古帝王的神话形象,让我们产生生殖崇拜的种种联想与想象。更有论者具体指认玉璧是用作祭祀时依附神祇祖先之灵的实体,那也是有道理的。它恰恰说明了这一图像的生殖期冀与生殖崇拜意味在人间的具体落实与明确指向。它是超自然力的无边幻想,又是实用理性的私家企求。这种生殖崇拜的现象在当时不是偶然的个例,而是普遍的社会观念,更凝结为汉画像石中触目皆是的图饰。除交龙穿璧这一意蕴超越的图像外,在绥德汉墓墓室的一些门脑石上,出现了赤裸裸表现人、狐狸、羊、鸡交配的图像,以及对龙、虎、牛、羊等雄性动物生殖器官的刻意描绘。在绥德白家山汉墓墓室一个长条竖石上,上图是一只鸟,中间以S形线条传通到一个作承传状的蛙形蹲踞动物,《绥德汉代画像石》(李贵龙、王建勤主编,陕西人民美术出版社,2001)图集编者认为是一力士,而笔者认为从这一形象的轮廓特征来看,从整幅图像的意境来理解,是蛙。鸟为男性图腾象征物,蛙为女性图腾象征物,鸟蛙相连,仍然是生殖崇拜图的别样造型。据此可以推论，交龙穿璧图即是生殖崇拜观念的感性显现与直觉造型，它并非一般生活情状的模拟可比，它因龙身与玉璧意象的显现而有着非同寻常的神圣色彩和崇高意味。

在这里慢慢有了变化，形象逐渐模糊而趋于冷抽象，而交龙穿璧的主体结构却更为强烈地显现出来，如此似乎更有视觉冲击力。仿佛是联动装置，一个地方变异了，其他地方也随之同步变化。是不约而同的无缘类同，还是源流传递所致？个中奥秘颇可追寻。

这是抽象的过渡时期。近看颇多具象特征，远观却似有抽象的味道。或许古人在观赏距离的错位中突然悟出了抽象的道理，从而拓展出一条新的审美道路来？白家山汉墓墓室中柱的交龙穿璧纹抽象接近完成，已成菱形线与实心圆的组合。而沿着冷抽象的路子走下去，便逐渐凝聚成了汉画像石中交龙穿璧纹的经典模式。

值得注意的是，这一简约的交龙穿璧纹模式并非一时一地的即兴之作，而是在更大的时空范围内覆盖下来，如星垂四野，颇为繁复地展示于中国汉画像石凝聚的不同角落，成为一个时代的代表性符号。它叫什么？时下名称纷乱，笔者1999年去徐州汉画像石馆时，展板称"绶带穿璧纹"，2019年再去，发现又更易为"十字穿环纹"，前者命名似不准确，后者抽象提纯太过，滤掉所有内容只保留了形式，仿佛有厚重意蕴的画图变成了装饰性图案。笔者以为还是叫交龙穿璧纹较为恰当。我们知道，直线的、圆形的几何形体是最古老的装饰或艺术形式。直边的几何形体因为适用性广、容易制作，它没有透视，也不需要光线与暗影，只宜规矩和方圆，最适合做简单的图案。但值得注意的是，这一图纹虽在更多时候看似装饰纹的情状，但它始终不曾安定或固守一隅，不肯像一般纯形式的装饰性图纹那样，真正处于边缘点缀配饰地位。它活泼而灵动，到处都可以看到它的身影。时而处于中心，时而偏居一处，即使靠近边缘角落，那也不比寻常，它的边缘处还要以饰边来烘托点缀。而且它的地盘有扩张之意，与一般画像石中的中心图比较，它时而稍逊之却不曾避让，时而平分秋色，时而超越后者。也就是说，这一图纹在整个画像石世界有着非凡的地位与意味，在整个汉画像石中，这一有意味的现象似是一种规律性的存在。在传统文化观念中，居中是一种地位与尊严的直接表示,从这个角度出发,笔者以为可将汉画像石中的这一图纹分为三种类型。

第一种类型,似倾向于边饰,但仍与中心画图有分庭抗礼的地位与篇幅。如安徽萧县汉画像石,其位置为中心图的镜框式格局,这一图纹虽分属为上下左右四边的位置,仿佛有烘云托月的陪衬意味,但交龙穿璧纹仍有一定宽度,颇有边画的意味,似有与中心图平起平坐的气度与格局。陕西绥德汉像石馆所藏的几幅就更明显了,位于墓室门框与门楣的重要位置不说,且宽度几乎与具象的散点图相等。特别是门楣的位置几乎使人忘记其边缘状态,而突出地感受到仿佛云垂四野,交龙穿璧纹覆盖在活泼泼的众生之上,其重要性就不言而喻了。

第二种类型,仍似倾向于边饰,但它的外缘却添加了一层边饰点缀,意在使它从形式上始终归拢于中心图之一的格局。如西安碑林所藏门楣上的图纹,重要之处是最外一层S纹作为配饰,似能烘托出它属于中心图的尊贵地位,但更为居中的却是大量的主宾与神仙图。这种图纹似属边饰一类,但它的篇幅与中心图不差多少,或是中心图纹向边饰过渡阶段,有意无意间让这一图纹抽象渐渐成为背景与铺垫(当然,笔者以为这仅是提供了一种历史走向的可能性。此际的布局并不一定是退隐为纯形式的边饰点缀,甚至恰恰相反,还可能是强化其精神功能的一种造型)。绥德四十铺汉田鲂墓前后两墓的画像图,与绥德贺家沟、五里店出土的汉墓门左右竖石的画像图一样,也是这种格局。绥德延家岔汉墓门石图纹也是这样。绥德刘家沟出土的汉墓墓室门脑石中,此图纹外饰两道S形边线纹,内衬日月人物鸟兽纹,同样居于显赫的地位。特别是在延家岔出土的高大楹柱上承斗拱,柱侧一栏就是此种纹饰,醒目而独尊。

第三种类型,真正居于中心地位,为上下左右纹饰所点缀装扮所拥戴呵护,处于独一无二的尊位之中。值得注意的是,在绥德四十铺汉田鲂墓前室南北两壁上,这一图纹在左右竖石中堂而皇之地居于中央尊位,且在菱格内充填以优雅的卷云纹。云雾萦绕,飘飘欲仙,这一境界,真是别有天地非人间也。

从上述不同类型可见,即便同一时代,甚至同一墓室之中,一种图纹的地位也动荡不定，充满变量。这似乎说明这一图纹内蕴渐渐淡化与变化，或者还有其他因素，这种情况容易引人追溯思考。它无疑是一种抽象纹饰，那么，它有最初的生命原型，或者是一些无具体内蕴的纯形式线条？若是前者，它何以产生；若是后者，此间的抽象过程又是什么？它是最终的抽象结果，还是抽象过程中的重要一环？而它所积淀的文化意蕴又是什么呢？

考古学家、文化学家均认为，中外彩陶中很多几何图纹大多是从写实图形演变而来的，其发展演变的轨迹都是从再现（模拟）到表现（抽象化），由写实到符号化的。如阿尔弗雷德·C.哈登在其1895年出版的《从图案的历史看艺术进化》一书中说："事实表明，许多图案是在表现实际事物的过程中自然地发展起来的，而不是从艺术家的脑子里创造出来的。"[1]这是说，他对那种只对图案做纯形式上的解释的做法持怀疑态度。他赞赏一种假设，即绝大多数几何纹样都是纹样进化过程的最终结果。写实的图画通过这种进化被简化到难以辨识的地步。"正如我们语言中许多单词里不会出声的字母一样，任何装饰里的任何线条或点块都是有意义的。但是，不为我们所理解。我们有眼睛，却看不见。"[2]显然，这是说那些不起眼或微不足道的东西并非没有意义，它们是沉默的而又是有说服力的证据，能够说明它们过去的意义。李泽厚在《美的历程》一书中说："仰韶、马家窑的某些几何纹样已比较清晰地表明，它们是由动物形象的写实而逐渐变为抽象化、符号化的。由再现（模拟）到表现（抽象化），由写实到符号化，这正是一个由内容到形式的积淀过程，也正是美作为'有意味的形式'的原始形成过程。即是说，在后世看来似乎只是'美观''装饰'而并无具体含义和内容的抽象几何图样，其实在当年却是有着非常重要的内容和含义，即具有严重的原始巫术礼仪的图腾含义的。似乎是'纯'形式的几何纹样，对原始人们的感受却远不只是均衡对称的形式快感，而具有复杂的观念、想象的意义在内。"[3]

虽然将交龙穿璧的延长模式拦截为一个单元，更为简洁明快，但玉璧凝

---

[1] 转引自贡布里希《秩序感——装饰艺术的心理学研究》，杨思梁、徐一维译，浙江摄影出版社，1987，第246页。

[2] 同上。

[3] 李泽厚：《美的历程》（修订彩图版），天津社会科学院出版社，2002，第26页。

聚更多，交龙穿越更繁，即是说其功能性更强，祝祷意味更浓。

一般说来，人们更多地关注嘉峪关魏晋墓室中的简笔人物写意画，美术史或文化史论述都会反复提及，但那铺满墓室的地砖上的抽象图纹就似乎很少有人注意了。其实在更大范围，从江苏、四川、河南、山东和陕西更多的汉画像石遗存来看，就会发现这是龙纹从具象演进到抽象的一种表现形式。

这里直接将玉璧的圆形简化为菱形，与交龙简化的直线组合，更为简洁大方，对于后世将此纹饰扩展为木雕或手绘，特别演化为方胜纹起到了重要作用。

那么，交龙穿璧图从具象到抽象的内在依据是什么呢？

牛克诚《从写实到抽象——艺术发生期风格演进的一个基本走向》一文认为，抽象应该是与人的特定心理活动相联系的对原型的心理加工过程。即是说，原始人对事物的视觉概念分为中心属性（秘密力量和神秘属性）和边缘属性（空间特征）两个部分，抽象的过程即是将中心属性析出的过程，表现在艺术作品上便是图像简化的过程。他指出："在原始造型艺术中，对中心属性的析出是通过对物象原型的细节或相貌特征数目的减少而实现的。这种相貌特征，也即是边缘属性，它通常与物体的自然物理属性相联系。当物理属性被逐渐外化掉，中心属性即逐渐呈现出来。如果说这一过程在语义上是对中心属性的析出，那么，在造型上，则表现为一系列的'图像简化'。语义的抽取恰巧获得了形式的简化的援助，或者说语义的抽取与形式的简化是同一过程的两个方面。这一过程也即是原始艺术的抽象过程。"[1]应该说，汉画像石交龙穿璧图纹也是经历了这样的抽象过程。

于是，一个奇妙的从具象到抽象的演变程序跳跃式地展开，即：（1）伏羲女娲交尾图→（2）交龙穿璧图→（3）交龙穿璧抽象图→（4）截取单元典型图→（5）单元式交龙穿璧抽象图→（6）成为一个单元的菱形穿插图纹→（7）最后，单元菱形穿插图纹不断叠加，构成近似斜方格或方格纹饰的抽象形式。

需要说明的是，演变的秩序也许并不这么规整，符合逻辑，甚至跳跃或

---

[1] 牛克诚：《从写实到抽象——艺术发生期风格演进的一个基本走向》，《美术史论》1992年第2期。

反弹或暂时无序都有可能，但从具象到抽象、内容逐步积淀为形式，却是演变的大体走势与普遍规律。

值得注意的是，这种几何化现象并不是匠工的取巧或技术的无能，我们的先民无疑也是想以轮廓线来尽量捕捉所述对象的实际外观。在这里，交龙穿璧图就是如此有意识地转化为风格化的线性图纹了。几何图形被用作符号，表明发展阶段更加高级。因为所有原始宗教都有感性的特点，所以这种菱形与圆形交织的符号自然在最初和实际原型有关系，它看似归拢于单调与朴拙，似乎理智与冷静，其实那里正积淀着如醉如痴的宗教情感与信仰迷狂的酷烈。居于中心地位，置于门楣之上，四围为更多的抽象纹饰点缀与环护，似信徒拥戴教主，似乐音烘托主旋律，我们不能不从中感受到一种神圣庄严的文化氛围。至于后世出现以及至今仍不衰竭的方格纹饰是否源于此图范式，是否这一抽象图纹中也还有其他具象图纹因演变而合流于此，有待另做考释。但它作为方格图纹初始的一个原型范式，作为它的文化意蕴的一个重要渊源，则是可以肯定的。

随着时代的发展，图纹不断抽象，积淀为形式的原初内容也往往在历史的尘埃中淡化风化，而对图纹演变历史渐次模糊的后来者，大多只凭自己的直觉感受，可能会将这一有着沉重命运气息崇拜色彩的图纹理解为纯形式线条，这虽属无奈，却也是必然的结局。但历史的文化的影子总不会全然消失，直到今天，在广大农村的新年窗花中，我们不难发现醒目的位置中仍有交叠菱形图纹。这说明，一种成熟的艺术图纹，是积淀了民族无意识的意象，有着顽强的生命力的，它总会不时地在那曲折的线条、特殊的布局、厚朴的意象中隐约浮现，不断地跨越时空提醒人们，这是一种有意味的形式。

由此，生殖崇拜曾以带有神秘意味和崇高色彩的形象，早在原始宗教中占据统治地位。然而经过先秦理性批判精神的洗礼，逐渐因"子不语怪力乱神"（《论语·述而》）式的悬搁回避而从主流生活与意识形态中淡出。而在西汉崇尚黄老之术的历史惯性中，在东汉兵荒马乱的背景下，在生存被异常珍视的苦难岁月，有意无意地淡漠了儒道文化框束下的视野与格局。在不同时代，在这里生长出来的艺术作品中，更多地体现出原汁原味的生命意态，未曾扭曲的自然质朴的生命追求。无论是四方崇拜中的青龙，人面蛇身的伏羲女娲人祖系列，还是交龙穿璧的图与纹等等，都是生命与生殖崇拜的放声歌唱，那具象的图景，那抽象的线条，无一不是癫狂中有真挚，痴迷中有灵性，有一种生命狂欢的大释放大欣悦大自由大解脱的格局。我们应该珍视这一份文化遗产。

第五节　龙舞艺术

对于人类来说，论及舞蹈的起源，仿佛"海客谈瀛洲，烟涛微茫信难求"（李白《梦游天姥吟留别》），是很久远而缥缈的事情了。倘较真起来，就有好多立场与假说，好多种见解与争议。中外神话庄严地说，远在古代，舞蹈或起源于天帝的教诲，或接受女神的启示；现代以来，或说人类最早的艺术就是舞蹈，远古人类尚未产生语言之前，就用动作、姿态和表情来传情表意；或说人因天生的模仿本能产生舞蹈，如以有节奏的动作对禽与兽的动作与习性予以模拟，或对自然动态出于好奇而肢体拷贝，如柳枝的摇曳、海浪的翻滚、云朵的飘旋等；或说原始先民从万物有灵观出发，因而对动植物、无生物产生图腾崇拜，进而为原始宗教、巫术祭祀等等，而这一切的展开过程往往就是舞蹈样态的呈现过程……林林总总，五花八门，各种观点不一而足。或许这些只是云里观山雾里看花的朦胧猜测；或许只是舞蹈滥觞期不同向度持之有据的观照；或许只是以今度古——从今日舞蹈体验向远古的辐射与渗透……毕竟今古还有融通的地方，虽说古人未见今时舞，但或许，今舞曾经伴古人啊。

在这种情势中，具体说到龙舞，笔者以为这是一个可能且值得言说的问题。且不说这里有着一个有迹可循的自古而今的演进历程，仅就主体意象的庄严崇高，参与群落的广博浩大，舞蹈氛围的热烈狂放……那将会是一个震撼人心的美丽呈现，是一个梦幻叠加的原生态演出。

一、从舞龙祈雨到鱼龙曼延

基于文献与文物的考释，现代学者更倾向舞龙习俗源于远古时代的祈雨舞蹈。

传说，早在黄帝时代，有一种"清角"的大型歌舞，其中就出现过由人扮演的龙首鸟身的形象，后又有编排六龙穿插的舞蹈场面。商代甲骨文中也已出现数人集体祭龙求雨的文字，《甲骨文合编》载："其作龙于凡田，又雨。"这里的"作龙"岂不是制作龙形道具，并执龙以狂欢舞蹈么？而在当时，青铜器和骨刻上的龙纹也不时显现。《山海经·大荒东经》有"应龙处南极，杀蚩尤与夸父，不得复上，故下数旱。旱而为应龙之状，乃得大雨"，这里的"为应龙之状"，不就是说模拟应龙的蜿蜒飞舞的姿态么？

古人谓祈雨舞蹈仪式为"雩"。《周礼·司巫》："若国大旱，则帅巫而舞雩。"《尔雅·释训》就直接释舞为祈雨仪式了："舞号，雩也。"郭璞注："雩之祭，舞者呼嗟而请雨。"在这里，不只是肢体伸缩动荡，手之舞之足之蹈之，而且是心驰神往，吟唱着，呐喊着，祈求着，向着苍天，向着大地，向着冥冥之中无限的神灵……这些文献虽出于后世，但我们仍能从字里行间感受到更为古远更为原始的舞蹈气息，感受到原始先民在鸿蒙之初与天地鬼神神秘对话的激烈情怀。从今日城乡街头随处可见的简单而热烈的舞龙阵势，亦不难感受到来自原始时代的狂热与神秘的粗犷氛围。

董仲舒《春秋繁露·求雨》呈现了当时一年中舞龙祈雨神圣庄严的情景：春旱求雨时，先是祭祀仪式，县里官员与百姓祭祀社稷山川，家家祭祀门神；接着是净化仪式，禁忌砍伐名木，禁忌砍伐山林，在阳光下暴晒女巫及骨骼弯曲之人；再是祈祷仪式：八天后，村东修筑方圆八尺可通四方的高台，供奉共工，以八条活鱼为牺牲，挂深缯八条，供以玄酒、清酒和肉脯，选择洁净与善言巫者为主祭，斋戒三日，着深衣，一再跪拜，祈祷一番之后，便是表演娱神的舞龙仪式："为大苍龙一，长八丈，居中央。为小龙七，各长四丈，于东方。皆东向，其间相去八尺。小童八人，皆斋三日，服青衣而舞之。田啬夫亦斋三日，服青衣而立之。"无论主演的小童子，还是陪演兼观众的耕田的农夫（田啬夫），抑或种种友情出演的人，都要斋戒三日,这是庄严演出之前净化仪式的核心内容。可见未登台前多天,这里就已弥漫着庄严肃穆的氛围感。

夏求雨呢,亦是如是这般的仪式重复一遍。向着太阳穿顶的南方,同样的场面,同样的庄严、神圣与神秘。最后仍是表演娱神的舞龙仪式:"为大赤龙一,长七丈,居中央。又为小龙六,各长三丈五尺,于南方。皆南向,其间相去七尺。壮者七人,皆斋三日,服赤衣而舞之。司空、啬夫亦斋三日,服赤衣而立之。"接下来是长夏或曰季夏,除着装、人数与舞者年龄有所变更,其他形式与氛围丝毫未变:"为大黄龙一,长五丈,居中央。又为小龙四,各长二丈五尺,于南方。皆南向,其间相去五尺。丈夫五人,皆斋三日,服黄衣而舞之。老者五人,亦斋三日,衣黄衣而立之。"到了秋季,按五行学说要向西尚白:"为大白龙一,长九丈,居中央。为小龙八,各长四丈五尺,于西方,皆西向,其间相去九尺。鳏者九人,皆斋三日,服白衣而舞之。司马亦斋三日,衣白衣而立之。"冬季自然是向北尚黑了:"冬舞龙六日,祷于名山以助之。……为大黑龙一,长六丈,居中央。又为小龙五,各长三丈,于北方。皆北向,其间相去六尺。老者六人,皆斋三日,衣黑衣而舞之。尉亦斋三日,服黑衣而立之。"

在这里,一年中在春、夏、季夏、秋、冬五季舞龙祈雨,固然有着神圣神秘的与天地鬼神对话的超自然氛围,但是,人数的规定、舞者包括陪舞者身份的选择、龙身色彩青赤黄白黑与季节的配套、舞蹈的朝向、龙与舞者的布局,等等,都有五行哲学思想的巨大投影,有着显见的理性框束。这舞龙本身,无论怎样热烈迷狂与天地神灵沟通,却都是因天旱祈雨而绕不开的人事主题。这就使看似超自然的舞蹈,仍带有浓郁的实用理性色彩,仍离不开以人事为主导的世俗色彩与人间滋味,这或许就是中国原始图腾、原始宗教演进到民间巫术的过程中,而未能升格为纯粹的宗教形式的主要缘故吧。

如果说,董仲舒记述的求雨舞龙还带着娱神的神秘色彩的话,那么到了更多文献叙述的鱼龙曼延就是典型的娱人节目了。"鱼龙"是一种由人装扮巨鱼和巨龙而进行表演的假形舞蹈,它又名鱼龙之戏,或澜漫鱼龙,是汉代百戏中规模较大的节目之一。《汉书·西域传》称武帝"设酒池肉林以飨四夷之客,作巴俞都卢、海中砀极、漫衍鱼龙、角抵之戏以观视之",颜师古注释说："漫衍者，即张衡《西京赋》所云'巨兽百寻，是为漫延'者也。鱼龙者，为舍利之兽，先戏于庭极，毕乃入殿前激水，化成比目鱼，跳跃漱水，作雾障日，毕，化成黄龙八丈，出水遨戏于庭，炫耀日光。《西京赋》云'海鳞变而成龙'，即为此色也。"《后汉书·礼仪志》言"每岁首，为大朝受贺。……百官受赐宴飨，大作乐。"唐李贤等注引东汉蔡质《汉官典仪》曰："正月旦，天子幸德阳殿，临轩。……作九宾乐。舍利兽从西方来，戏于庭极，乃毕入殿前，激水化成比目鱼，跳跃嗽水，作雾障日，毕，化成黄龙，长八丈，出水遨戏于庭，炫耀日光。……钟磬并作，乐毕，作鱼龙曼延。小黄门吹三通。"从以上记述来看，这是一个有舞蹈有幻术，并与布景相结合的节目。

曼延，也作漫衍、漫延或蟃蜒。蟃蜒是古代的一种巨兽。《汉书·司马相如传上》："蟃蜒貙犴。"郭璞注："蟃蜒，大兽似狸，长百寻。貙似狸而大。犴，胡地野犬也，似狐而小。"寻是我国古代长度单位，八尺为一寻，百寻即八十丈，故张衡《西京赋》中说："巨兽百寻，是为曼延。"薛综注："作大兽长八十丈，所谓蛇龙曼延也。"过去有人曾把巨兽百寻列为百戏的一个节目，认为是马戏，恐怕是误解。其实曼延也是由人扮演各种巨兽的假形舞蹈。鱼龙和曼延原本两个节目，由于常连缀演出，故称鱼龙曼延。总之，它们都是"假作兽以戏"（马端临《文献通考·散乐百戏》）。

那么，"鱼龙曼延"演出时的情景又如何呢？《西京赋》里有一段生动的描绘：当"总会仙唱"的曲子还没有奏完，鱼龙曼延的舞蹈就开始了。乐曲声中，场子里忽然飘起了雪花，紧接着，雷电霹雳；突然间，复道楼阁后面出现了一座巍峨的仙山，于是各种鸟兽纷纷登场表演。先是熊和虎出场，两兽相遇，搏斗了一番；然后是一群猿猴，互相追逐；忽现一只狰狞怪兽，在场子里徜徉，一只大雀被吓得畏畏缩缩，东躲西藏；接着，一只怀孕的大白象出来了，它生了一只小白象；大白象一边甩动长鼻，一边给小白象喂奶（这叫"白象行孕"或"巨象行乳"）；又有一条大鱼从东方游来，遨游一番之后，忽变成一条长龙，蜿蜒飞舞；这时，又来一只龇牙咧嘴的舍利奇兽，转眼之间，它竟变成一辆驾着四匹鹿的仙车，上有美丽的华盖；车上又现一只千岁大蟾蜍和一只万年大龟，做各种有趣的表演。东汉另一位文史学家李尤在其《平乐观赋》中记述鱼龙曼延时，也说许多巨鱼和大兽在土山边蜿蜒作舞，后有执乐器演奏的龟、螭和蟾蜍等。

从大量出土文物里，我们也可看出鱼龙曼延的一些真实面貌。如山东沂南汉墓画像石上保留的汉代角抵百戏图中所刻绘的"鱼舞""凤舞"等鱼鸟假形舞蹈，江苏徐州茅村汉画像石上的"雀戏""虎戏"和"马戏"，徐州洪楼祠堂汉画像石上的"龟戏""象戏""鱼龙拖车"和"转石戏"，等等。

可见，鱼龙曼延是汉代的一个大型歌舞。鱼龙之变虽是其中的核心表演意象，但它综合了杂技、幻术诸技艺，内容丰富，形式多样；同时演员众多，如一个巨兽八十丈，扮演龙舞的演员非几十人撑不起来；布景、道具及特技都具有一定的水平。如舍利兽变比目鱼，鱼变龙，或舍利兽变仙车，等等，如果没有精巧的道具与机关，不可能在须臾之间变得出来。我们说秦汉时代，舞龙渐渐融入乐舞百戏之中，其娱神色彩逐渐剥落减退，世俗化的娱乐甚至狂欢意味日益突出，正是以鱼龙曼延为标志的。如宋夏竦《奉和御制上元观灯诗》所咏："鱼龙漫衍六街呈，金锁通宵启玉京。"《隋书·音乐志》也记载说，隋炀帝某次盛大国宴时仍模拟鱼龙曼延的表演："有舍利先来，戏于场内，须臾跳跃，激水满衢，鼋鼍龟鳖，水人虫鱼，遍覆于地。又有大鲸鱼，喷雾翳日，倏忽化成黄龙，长七八丈，耸踊而出，名曰'黄龙变。'"

正因为鱼龙曼延有如此特色，故能从汉延续到唐，历时七八百年而盛演不衰。而据《隋书·音乐志》所载，隋炀帝时类似龙舞表演的"黄龙变"就颇为精彩。唐以后虽无类似的大型演出，且因时间推移而渐次失传，但其中的有机组成部分或其遗痕，仍碎片般顽强地传承到今天，在长城内外、大江南北仍有生机勃勃的演出，如龙舞、狮子舞等。

二、节庆习俗

隋唐以降，舞龙开始成为一种常见的岁时节庆习俗。

唐张说《十五日夜御前口号踏歌词二首》这样描述舞龙场景："花萼

楼前雨露新，长安城里太平人。龙衔火树千灯艳，鸡踏莲花万岁春。"所述演出地点为花萼相辉楼前，这自是兴庆宫内皇家的表演。而平民百姓呢，也能享受龙舞的狂欢。南宋梁克家《三山志·土俗类二》："燃灯，驰门禁。自唐先天始，本州准假令三日。……诸大刹，皆挂灯球……又为纸偶人，作缘竿、履索、飞龙、戏狮之像，纵士民观赏。"纵士民观赏，是说没有任何身份地位的限制，没有任何威胁与强迫，平民百姓与文人士大夫可以随兴去看。这里的飞龙，即是舞龙灯活动。

有宋一代，龙舞完全融入民间。加之当时社火兴盛，以及勾栏瓦舍的出现，龙舞更得以光大发扬乃至艺术形式上的重塑。每年正月初一与十五，大街小巷都搭棚演出，龙舞成为节日必不可少的精彩节目。如今举国上下也在春节元宵这两个节点舞龙，正是宋代龙舞习俗的沿袭。

宋代龙舞娱乐化、程式化的同时，也在多样化。曾巩《和御制上元观灯》诗云："翠幰霓旌夹露台，夜凉宫扇月中开。龙衔烛抱金门出，鳌负山趋玉座来。"霓旌露台，夜晚月下，此中的鱼龙舞并非街道游演，而是露天的剧场艺术。孟元老《东京梦华录》说："又于左右门上，各以草把缚成戏龙之状，用青幕遮笼，草上密置灯烛数万盏，望之蜿蜒，如双龙飞走。"则是用以扮饰的相对固定的龙灯。

到了南宋临安，龙舞既有沿袭，也有发展。如吴自牧《梦粱录》记述元宵节演出时的情景："又以草缚成龙，用青幕遮草上，密置灯烛万盏，望之蜿蜒，如双龙飞走之状。"与《东京梦华录》所述并无二致。又如田汝成《西湖游览志余》所述："正月十五日为上元节，前后张灯五夜。相传宋时……腊后春前，寿安坊而下至众安桥，谓之'灯市'……或祭赛神庙，则有社火鳌山，台阁戏剧，滚灯烟火，无论通衢委巷，星布球悬，蛟如白日，喧阗彻旦。"则是南宋临安元宵节耍龙灯较北宋开封有所发展的表现。这里的"滚灯"，或许就是现代"滚龙灯"的原形。再如刘昌诗《芦蒲笔记·上元词》所咏："君王喜与民同乐，八面三呼震地来""宝炬金莲一万条，火龙围辇转州桥""烛龙街耀烘残雪，羯鼓催花发上林""真个亲曾见太平，元宵且说景龙灯。四方同奏升平曲，天下都无叹息声"。说明舞龙灯是宋代元宵节时的重要内容。这里的"火龙""烛龙"等与今天的舞火龙、舞烛龙是否相同或一脉相传，还值得考释，但起码会产生彼此可能会有某种源流关系的想象和联想。龙舞的多样性与街头狂欢是齐头并进的，甚至龙舞成为其中的主要内容，一如辛弃疾《青玉案·元夕》所唱叹的："东风夜放花千树，更吹落，星如雨。宝马雕车香满路。风箫声动，玉壶光转，一夜鱼龙舞。"

到了明代，除一般龙舞的传承外，更有实用理性精神的膨胀，甚至将人的意愿与需求凌驾于龙之上。典型表现即在舞龙祈雨中有一种鞭龙仪式，显然，它的潜台词是久旱不雨罪在神龙懒惰而不作为，使人从对龙的敬仰崇拜转而居高临下来裁判龙的是非，故而在光天化日之下、众目睽睽之中鞭打神龙，为达到下雨目的而不择手段，对神龙威逼、震慑与恐吓。如王阳明《观九华龙潭》诗中"吾欲鞭龙起，为霖遍九州"之句，写的便是这种心态。

实际上，到了明清时代，龙舞更为精纯而成熟。龙舞演出因专业化而大大发展，即有专门的团体从事这一演艺活动，其模式为舞龙者在龙珠的引导下，手持龙具，随着鼓点的节奏，以人体动作和姿势变化呈现龙体的腾、跃、游、翻、滚、戏、缠和组图造型等套路与动作，其旨在于既能祈福求雨，又可娱乐众生，上至天子下至平民。如清末民初徐珂《清稗类钞》记述："有一灯为龙形，约长十五尺，支以十竿。太监十人执之，又一监在前，执一灯球，取龙戏珠之意。各处音乐齐奏，灯光月色交相辉映，并放花炮。以夜间露重，则有木屋可移动。孝钦率宫眷坐于中观之。"再如清姚元之《竹叶亭杂记》载："今圆明园正月十五日，筵宴外藩，放烟火，转龙灯。其制，人持一竿，竿上横一竿，状如丁字，横竿两头系两红灯。按队盘旋，参差高下如龙之婉转。少顷，则中立向上排列'天下太平'四字。"圆明园元宵龙灯舞原是惯例，早在康熙年间，李声振《百戏竹枝词》便有《龙灯斗》诗云："屈曲随人匹练斜，青灯影里动金蛇。烛龙神物传山海，浪说红云露爪牙。"

或许龙舞一直属于广场艺术，皇家与朝廷似既不想也不能垄断。而平民百姓能够遂愿介入其中观赏龙灯舞，似是自古以来的规矩。从这个层面来说，官方与民众彼此也分享了龙的辉煌与神圣。如《儒林外史》第二回所述:"况今年老爷衙门里,头班、二班、西班、快班,家家都兴龙灯……"再如清光绪年间《铜梁县志·风俗志》所述:"上元张灯火,自初八九至十五日,辉煌达旦,扮演龙灯、狮灯及其他杂剧,喧闹街市,有月逐人、尘随马之观。"更何况在那广阔的山野川原,在那数不清的村庄广场上,还有年年如斯自古以来老百姓自娱自乐的龙舞表演呢。

三、普及的格局

更多文献表明,自明清以来,龙舞在普及的格局下,训练有素、具有专业水准的舞队基本成为主流,有些技艺高超者甚至成为舞龙艺术家。这就使舞龙这一古老民俗活动中,悄然形成一种雇佣关系,商业化格局也使专业化有了多重保证,而专业化的新格局反过来又使龙舞普及更为广泛。如清《大理县志》载:"元夕,家家燃灯,亦有鱼龙走马及鳌山诸戏……游人歌舞达旦。"

有老艺人说,舞龙的"龙"通常都安置在当地的龙王庙中,舞龙之日,以旌旗、锣鼓、号角为前导,将龙身从庙中请出来,接上龙头龙尾,举行点睛仪式。龙身用竹扎成圆龙状,节节相连,外面覆罩画有龙鳞的巨幅红布,每隔五六尺有一人掌竿,首尾相距约十数丈。龙前由一人持竿引领,竿顶竖一巨球,或直接手持彩球引领。舞时,彩球前后左右四周摇摆,龙首腾跃抢球,引领龙身游走飞动。舞者自然功力非凡,有掌握身体平稳的圆场功,有舞动时不致龙身分节断裂的臂力,有精准的速度感与路线感,避免因多样频繁的动态而使龙节缠绕混乱,还有清醒的舞蹈空间结构感与距离感,以保证不同节奏点多样造型的需要。舞龙完毕,烧掉首尾,龙身送回庙内,留待明年再舞。

作家巴金在其长篇小说《家》中,就详尽描述了雇佣专业火龙队表演的场景:

> 锣鼓不住地响着,龙灯开始舞动了。这条龙从头到尾一共有九节,是用竹条编扎成的,每一节,中间插着蜡烛,外面糊了纸,画上鳞甲。玩龙灯的人便拿着下面的竹竿,每个人持一节。前面另有一个人持着一个圆圆的宝珠。龙跟着宝珠舞动,或者滚它的身子,或者掉

它的尾巴，身子转动得很如意，摇摇头，摆摆尾，或者突然就地一滚，马上又翻身过来，往另一边再一滚，于是很快地舞动起来，活像一条真龙在空中飞舞。旁边的锣鼓声正好像助长了它的威势。

爆竹声忽然响起来，空中现了火花。龙乱舞着，像发了怒似的。鞭炮开始往龙的身上落，它不住地往左右两边躲闪，又像受了惊似的在空中乱跳。锣鼓响得更厉害了，就像那条受了伤的龙在呼啸一样。

年轻的高忠缚了一串鞭炮在长竹竿上面，手持着竹竿，自己站得远远的，站在墙边一把梯子上，把鞭炮伸到龙身上去燃放。几个轿夫拿着竹筒花炮在旁边等了一些时候，便轮流地燃放起来，把花炮对着玩龙灯的人的光赤的身上射。龙开始发狂了，它拼命往下面滚，来迎接花炮里射出来的金花。它抖动着。人只看见它的身子在滚。人声嘈杂，锣鼓不停地大响特响。轿夫们笑着。二门内看台上的观众也笑了，自然他们笑得很文雅，跟轿夫们笑得不同。

接着文德、李贵、赵升一班人同时拿了五六筒花炮前前后后地对着玩龙灯的人射，使他们没有地方躲避。这个办法果然有效。龙虽然仍旧在拼命乱滚，但是火花却一团一团地射到那些赤裸的身上，有的马上落下地来，有的却贴在人身上烧，把那几个人烧得大声叫。于是他们放下手站住不动，把竹竿当手杖紧紧捏住，让轿夫们来烧，一面拼命抖动身子不让火花贴在他们的肉上。他们身上的肉已经变了颜色，火花一来便发出细微的叫声，而且一直在抖动。这时候观众们更满意地笑了。大家便把花炮更逼近玩龙灯的人的身体烧，他们想把那般人烧得求饶。

那般玩龙灯的人有着结实的身体，有着坚强的腕力。可是他们却任人烧，一点也不防御，虽然也感到痛，却只是大声狂呼，表示自己并不怕痛，而且表示自己很勇敢，同时还高声叫着："有'花儿'尽管拿出来放！"

后来花炮烧得更近了。他们终于忍不住痛，逃开了。这样一来那条威武地飞动着的龙就被肢解了，分成了九段，每个人拿着一段四处奔逃,彼此不相呼应。龙的鳞甲已经脱落,身子从头到尾,差不多烧成了一个空架子。

一部分的人把龙身扛在肩上往大门跑去。然而大门已经关上了。他们没法逃出去,只得硬着头皮回来。高忠、赵升们听从主人的指挥又拿着燃放的花炮在后面追赶。这是一个平坦的坝子,没有树木,也没有可以藏身的处所。有的便往二门跑。但是二门口堆满了人,密密麻麻,好像是一扇屏风,只看见无数的头。而且克定自己也拿着一筒花炮站在那里,看见人逼近,马上把花炮燃起来,向四面放射。那个玩宝的人是一个年轻小伙子,他走过来,正碰上克定的花炮,火花贴在他的身上烧,他发出一声尖锐的哀叫,急急地跑开了,但又被文德的花炮烧得退回来,狂乱地抖着身子,一头都是汗珠。这时克定把花炮正对着另一个玩龙尾的人放,忽然瞥见玩宝的人站在旁边发抖,便笑着:"你冷吗?我再来给你一把火!"又把花炮转过来向着他猛射。他吃了一惊,便用他的宝来抵御。那个宝本来还是完好的,如今却着了火,熊熊地烧起来,一瞬间就烧得精光。这时候轿夫和仆人们已经围起来,把玩龙灯的人围在中间,用花炮拼命地烧,快要使他们求饶了。但是在这一刻人们才发觉花炮没有了,大家只得住了手。大门开了,玩龙灯的人披上衣服,整了队,拿着剩下空架子的龙,伴着半死不活的锣鼓声,疲倦地走出去。那个玩宝的年轻人的腿受了伤,他一拐一拐地走着,叽里咕噜地说些不满意的话。

············

小说这段描写呈现出舞火龙的真切氛围,这里固然可以看出作家感情的褒贬向背,看出有闲者的无聊与任性,看出舞龙者的窘迫与无助,等等,但舞火龙这一现象本身却有着悠远的传统,它起源于古人用火炬祓除邪祟瘟疫的火祓术。在原始先民的万物有灵的观念中,瘟疫疾病都是妖魔鬼怪带来的祸害,它们虽不可见,但也与可见的猛兽一样,会震慑于烈火的冲击。于是源于远古的腊鼓逐疫即逐傩活动,到了秦汉之际,便演绎出如张衡《东京赋》所述的"煌火驰而星流,逐赤疫于四裔"庄严仪式。或说后世舞火龙的壮观演出，即从这种逐傩的大型举火舞仪中衍生而来。当代一些少数民族地区仍有游舞龙火仪式，或许就是远古逐傩火祓术的活化石吧。然而在作家如此这般的叙述中，我们虽感到火龙舞意象的强烈震撼与难以言说的神秘意蕴，但作家的叙述态度却是毅然决然的理性化了，他的视点无异于一个普通的演艺节目，聚焦点成为雇主与雇佣者——休闲的观众与地位低微的演出者的对照了，舞火龙本身的神圣性被充分地剥离了。而今广西、四川、重庆、贵州等地又玩起了火龙，那意味又今非昔比，当是在非物质文化遗产呵护下的年节庆贺了。

十里不同俗。广西、四川、重庆、贵州等地玩火龙，而湘西土家族却玩起了水龙，而且有着悠久的历史。一旦旱灾，当地就会舞泼水龙。一个龙头，九节或十一节龙身，不糊纸披布，只通插柳条以祈甘露，陪衬着鱼虾蚌蛤等。表演者赤膊沿街舞龙，围观者倾水泼去，舞者全身湿透而不减兴致。它原初的演出逻辑是，泼者受者均以祈求天降大雨，仿佛水愈多则意愿愈易实现。但久而久之，当神圣性逐渐剥离的时候，泼水与被泼的刺激性这一世俗的狂欢，不能不唤醒被文明压抑的生命激情。这类浪漫心态自然引得村寨人人参与其中，舞龙者、执事者无特殊技艺要求，人人均可胜任，似乎有享受泼水与被泼的好奇与激情就行。当这一个群体嗨到一定程度，彼此似乎亲密无间，充分享受着生命的高峰体验的时候，当泼水像花朵一瓣一瓣绽放的时候，我们不难想象执龙珠者那敏捷灵活、逗引躲闪、蹦跳腾挪的身影。这样的水龙舞无疑有庄严意味，但它更像一场世俗的狂欢演出。

传承悠久的陕西鄠邑区石井村的七巧龙灯，则有着更为完整的仪式。一般正月初一开始酝酿，初六筹备，元宵节前后几个晚上表演。其缘起有三：丰年欢庆、凶岁驱邪、旱年祈雨。首先举行请龙仪式。先在存放龙的村民家门前用七巧灯搭起龙门，在祭龙的神位前焚香，诵读请龙祭文。礼毕，喧腾的锣鼓将龙请出龙门。龙由众人抬举着到村外河里饮水，再回村正式游演，场地表演与行进表演相结合，走遍村庄的每条街道。各家门前摆放烟酒点心招待舞龙者，龙舞到各家门前时，都点燃鞭炮迎接。当晚，所有村民都要敬起家宅六神。在这里，龙是整个活动的精神象征，是表演主体，还有两条鱼灯和两只螃蟹灯伴演。七巧灯作为重要道具，构成丰富多变的场景。展演形式有单独龙舞、鱼龙合舞、龙戏七巧灯等。单独龙舞有蛟龙出洞、龙摆尾、龙盘树、龙升天、龙翻身、龙钻身、龙睡眠等；鱼龙合舞有龙追鱼、鲤鱼戏金龙等；龙戏七巧灯是此中最为独特的表演艺术，即以七巧板构型的龙灯多样巧妙地组合，不仅在每一个重要的空间节点上搭建龙门，还要在整个游演过程中构拟不同的场景和道具来配合演出。每一种七巧形状都对应着一种舞龙模式，诸如太平山、四明山、五台山、钟鼓楼、大庙、唐王宫等七八十种，花样层出不穷。年年是新糊的龙头、鱼蟹和七巧灯，外面是新绘的鲜艳图纹，里面点燃着蜡烛……是时，锣鼓敲起来，旗帜飘起来，彩龙舞起来，灯火亮起来，欢声笑语响起来！舞龙活动为期三五天，结束仪式仍是河边饮龙，再护送龙主归位。

就其一般规律而言，这类延续数千年的活动，无论源头多么高大上，多么神圣、神秘、神奇，但在历史的风吹雨打中，都逐渐从娱神的氛围中走出来，更多地融入理性的成分，添加了娱人的色彩，最后甚至完全演变成娱人的欢乐节目了。如1937年2月25日元宵节，《长沙力报》刊载沙鸥上人所写《玩龙》一文称："玩龙是长沙乡村民众普遍的娱乐之一。每年春节，每个人都比较有些闲暇。他们——乡村人，便利用这些闲暇自然地结合一个玩龙的团体。这条龙每走进一家人家，无论是撑龙的还是吹打手精神都特别振奋，主人家认为龙进门来是吉利的事，打爆竹非常重瘾。在爆竹的噼啪噼啪声里，玩龙的人玩出种种花样，小孩子、妇人家、青年人、老头儿……把他们团团围住，脸色上谁都是愉快的……这确实是一种至好的娱乐，过此以后，又只见玩龙的人肩上都荷起锄头，挑起箩筐，各安生业去了。"[①]

当舞龙愈来愈演绎为形式之美，愈来愈以娱人为主旨的时候，它覆盖的地域也愈来愈广，介入的人群自会骤然暴涨，龙舞的样式也会衍生很多。在九州方圆，龙舞的材质因地制宜，不断增益，便有了火龙、草龙、焰火龙等百余种之多。龙的意象在《周易》中首属乾卦，从初九到上九无一不是阳

---

① 转引自任大猛《民国长沙元宵节有多乱？热闹龙灯成"闹药"！》，《三湘都市报》2013年2月24日。

爻，卦象整体也是群龙飞舞的壮观景象。作为表演形态的龙灯，自然追求阳刚，讲究单数，一般为七节、九节和十三节。龙灯的招数多种多样，或单龙戏珠，或双龙戏珠，或蛟龙漫游，或龙头钻节，或翻腾跳跃……舞龙者一般如舞台模式，随着锣鼓急促的节奏切磋碎步，随着收放自如的旋律敏感腾挪；而巨龙在宝珠的逗引下，或高耸狂跳冲向云海，或就地翻滚似潜入深渊，或蜿蜒盘旋如卧云中……传统的狞厉之美或许淡化，而优雅精致的表演之美渐次突出。于是乎，从古而今，九州方圆，龙飞凤舞，到处都是舞龙的文化空间。

如此，就带来一个不能不面对的悖论，一个审美期待突然踩空的尴尬：一方面是威猛壮丽的意象，是声势浩大的演出，是热烈的氛围，是似乎若有若无地荡漾着某种可意会而不可言传的超自然崇高的意蕴；而另一方面，是它那真真切切的原生态意蕴消失了，至少是削弱了。仿佛书法被规范为美术字，仿佛图画被浓缩为纯形式的图纹线条，龙舞被提纯为讲究花样技巧、舞姿意态的形式表演了。这里确乎有着某种历史性的失落与遗憾。

四、多元龙舞异文本

之所以说这里存在着某种历史性的失落与遗憾，并非笔者在一些龙舞现场考察时的感觉，或者阅读大量龙舞资料时的喟叹，而是发现在龙舞历时性的演进中，这种现象早已出现，而且从不同程度获得了一定意义上的文化补偿。这就是不同地域龙舞文化意蕴的重新建构。

当龙舞原生态的意蕴在历史的演进中渐次失落的时候，当龙舞原始资料遗散仅剩点滴甚至荡然无存的时候，当龙舞的理性感知与演出期待相距遥远彼此难以榫卯衔接的时候，彼时彼地参与龙舞的民众，彼时彼地关注龙舞的社会精英，就会敏感地意识到这个问题，为避免龙舞单纯形式化，意蕴干瘪化，就会主动地创造性地弥补这种缺憾，为自家地域性的龙舞创作出各种传说，营造出龙舞的继生性意蕴或再生性意蕴来。

在神州大地，这类传说如遍地斛泉，不择地而涌出：

（1）如两湖一带民间传说，很久以前，鬼谷子与金角老龙相遇。鬼谷子说据自己掐算，近日有雨，城内三十六点，城外四十八点。老龙为让鬼谷子预言落空，便倒置落雨，城内四十八点而城外三十六点，结果淹了不少城中百姓。玉皇大帝问罪，金角老龙受到贬黜。为了赎罪，这老龙每到新春到来之际，逐门逐户鞠躬陪祀，并承诺一年风调雨顺。人们便据此传说，以竹篾铁丝绸缎纱布扎制彩龙，逢年过节戏耍一番，以示愉悦，又表老龙臣服，更望天遂人愿。

同样的传说，到了土家族这里就出现了一个情节更为曲折的异文本。话说很久以前，土家族原不知舞龙。有一年天旱不雨，河水断流，土地龟裂，禾苗枯黄。鬼谷先生来对土家人说："别愁啊，今日午后排云，戌时下雨，城内三分，城外七分。"这话被治水的金勾老龙听到了。老龙想，你有这般能耐，还要我做什么？就赌着气将玉皇命令的雨量倒过来分。于是水淹城内，房塌人淹。当听到当坊土地上奏后，震怒的玉皇即刻将金勾老龙打入囚牢，拟七天后斩首。观音闻知后急来求情保救，但未等观音开口，金勾老龙已被斩为九节。后来，鬼谷先生又来对土家人说："老龙被斩，是因与我赌气而丧命。但它为天下做过不少好事。它死了，你们要为它烧点香纸啊。"于是土家人就制作九节金龙，到各村寨起舞，叫大家敬奉，求老龙保佑风调雨顺五谷丰登。久而久之，舞龙便成为土家族的风俗。

（2）如果说，这个金角老龙是一个因任性而被惩罚的带有贬损意味的形象，那么，重庆铜梁一带的舞龙传说则塑造了一个知恩图报的龙王形象。话说东海龙王常患腰疼，无奈某时变为老头上岸求医。大夫把脉知其异类，便让它恢复原形后，在其腰间捉出一条蜈蚣。龙王病愈，大喜，以泄露天机为谢：说人们只要拷贝它的形象四处游演，就能风调雨顺五谷丰登。

（3）浦江板凳龙起源的传说则有壮烈豪迈的意味，龙在这里成为以拯救天下为己任的英雄。话说从前，当地久旱不雨，井枯河干，大地龟裂，渴死者无数。人们祈求天下大雨，可就是久久不雨。东海一条水龙看在眼里，痛在心头，它不顾一切腾跃而出，下了一场大雨，万物复苏，解民倒悬。但因违反天规，水龙被剁成一段一段，撒向人间。人们强忍悲痛，把龙体置放在一个个板凳上连接起来，不分昼夜地奔走相告，颂扬龙的恩德，祈愿它能复活。舞"板凳龙"的习俗由此而生。

板凳龙的传说还有一个异文本。1999年5月,台湾出版的一套《中国民俗节日故事》,其中第一册《龙灯》记述了板凳龙的来历:

浙江省金华县(今金华市金东区,下同)有一条大溪,名叫"灵溪",溪水从北边的奇灵山上发源。

有一天,金华县太爷动了恻隐之心,买了一条大蛇,带回家中饲养。

一年,夏天特别炎热,灵溪干涸。县太爷向上苍祈祷:但愿上天早降甘霖,解我一县百姓干旱之苦!

夜里,县太爷梦到土地公公对他说:"你的善心感动了玉帝,明天中午把大蛇放入灵溪,自然就会有雨水降临。"

县太爷醒后,马上派人照做。过了几天,果然下起雨来,解了百姓的干旱之苦。

后来,人们为了答谢大蛇,不但烧香祭拜,还将大包大包的米丢进溪里,希望来年有个大丰收。但人们用米祭拜大蛇时,天气变得很怪,不是太阳暴晒,就是大雨连绵。

县太爷正为怪天气烦恼时,大蛇回来了,并对他说:"我原本是奇灵山的巨龙,也是掌管雨水的天神。由于不慎犯了天规,被玉帝贬到人间来;后来由于你的善心感动了玉帝,才让土地公公放了我。但是,大家用米粮丢进溪中祭拜,糟蹋粮食,玉帝大怒,要罚金华县大旱两年。"县太爷忙问:"有没有补救方法呢?"大蛇说:"只要今后祭祀用清水便可,不要用鸡鸭鱼肉,以免玉帝动怒。"

县太爷听完谢过大蛇,便下令全县老百姓照大蛇的话去祭祀。但是,县里还是有些人用鸡鸭鱼等荤食祭祀。玉帝知道后震怒:"灵溪巨龙,你不是说金华百姓已经知悔过了吗?金华百姓还在继续糟蹋粮食!来人!将灵溪巨龙斩了!"巨龙被斩后,金华县天天下红雨,简直和血一般;被分割的巨龙身体从天上落下,分散在灵溪两岸。人们知道后十分后悔,每逢正月十五便舞龙,用一条板

凳一样的龙灯把巨龙接起来，希望巨龙的身躯能接合起来，这个习俗就一直流传至今……①

土家族也有板凳龙的传说，说是很久以前的一个元宵节，众人观龙灯时，三个土家族青年越看越起劲，手舞足蹈，跃跃欲试，情急之中，就举起自己坐着的长板凳，模仿龙灯舞耍起来，舞得沉醉，众人欣赏，于是各地模仿，游演至今。

（4）湘西苗族的接龙舞同样有多个版本。在保靖县，相传很久以前，苗家住在太阳山上，生活富足，环境优美。山上树木茂盛，杉树大得十人都围不拢，山下庄稼兴旺，苞谷像牛角，谷子像马尾，棉花像云朵。可是，有个长毛鬼却起了嫉恨之心，它唆使雷公赶走了龙。从此天旱无雨，庄稼旱死，人畜饮水也艰难起来。无奈间，人们上山求雨，求雨不得，便想龙、盼龙，悟出只有接龙回来才行。于是每年二月二、六月六或九月九，都要举行接龙仪式。这就是苗族接龙舞的来历。

而湘西凤凰的接龙舞则有别样的传说。说是很久以前，苗族出了个人物名叫代雄。他多次率众反抗官府的欺压盘剥，打退其围剿进攻，令朝廷极为震怒。一天清晨，代雄用金竹牛筋弓、虎骨箭对着北方连射三箭，这三箭不偏不倚射在当朝龙椅上，只是皇帝尚未上朝，才幸免一死。后来朝廷得知湘西苗山有祥龙盘卧，地气旺盛，须断其龙脉方保平安。于是，苗乡的龙脉被斩断。此后，苗家日子越来越苦。一位风水先生点化他们去洞庭湖接龙回家，有吴姓苗家率先接龙，遂成大户，其他苗家纷纷效仿，便形成了"接龙舞"的风俗。

（5）地龙灯的传说更具传奇色彩。话说当年秦始皇有一件能赶山填海的稀世珍宝——赶山鞭。有一年，秦始皇打算赶山填平北海，他的三太子知道后非常着急，他与北海龙王的三女儿正暗中相爱，且三公主已有身孕，若北海被填平，龙王家族将无处安身。无奈中，三太子盗取了父王的宝物连夜逃走。三公主有一天来海滩等候三太子，忽然临盆，在海滩产下一男婴，又不敢带回龙宫抚养，只好含泪弃置沙滩而去。婴儿啼哭不止，深山里有一只白斑母虎听到哭声后奔到海边，将乳汁滴进婴儿口中喂养。第二天烈日

---

① 转引自周伟毅编著《舞龙故乡》，浙江工商大学出版社，2014，第79—80页。

当空，婴儿无遮无盖，忽然从云中落下一只彩凤，天天为婴儿遮风挡雨，人们称此子为"龙生虎养凤遮阴"。孩子长大后力大无比，本领高强，他就是历史上赫赫有名的楚霸王。楚霸王建功立业后，下令民间于每年农历正月初五、十五及五月十五扎龙、凤表演，以此感念这些神兽的生养之恩，于是传下了地龙灯。

地龙灯另一异文本是这样的：唐太宗在位时，玉皇大帝封泾河龙王为布雨大臣，对降雨有严格规定。有一天，泾河龙王的三太子敖丙偷走玉玺，它觉得好玩，冒充泾河龙王行云布雨。如此冒犯天条，以致民间连年饥荒，民不聊生。玉帝查知，怒不可遏，令魏徵监斩敖丙。此后，泾河龙王仍掌布雨大臣一职，它严遵天令，处处为百姓着想，从此风调雨顺，国泰民安。从那时起，人们每年正月十五、五月十五舞地龙灯，以感谢泾河龙王的施雨之恩。

（6）广东东海岛东山圩村的人龙舞，据民间传说大约始于明末。话说被清军打败的明军撤退到雷州半岛和东海岛，适逢中秋，地方百姓为鼓舞明军士气，编排了这个舞蹈。此后人龙舞便在这里流传开来。表演时，几十名乃至数百名青壮年与少年均穿短裤，人体相接成长龙。在锣鼓号角声中，"长龙"龙头高昂，龙身翻腾，龙尾摆荡。如此壮观的人龙舞便一代代传承下来。

可见民间龙舞起源的传说故事遍地涌出，事实上还可罗列许多。笔者感兴趣的是，这诸多传说及其异文本中虽颇多区别，但与远古神话中的龙却有着质的不同。它更有着地域的视野与平民百姓的影子，龙的神圣性、神秘感和崇高感渐次剥落淡化，世俗性实用性逐渐凸显。这里的龙，没有了鸿蒙创世时代的威猛肃穆，没有了呼风唤雨的自由舒展，受制于上下左右而局促于一隅：或见义勇为壮烈牺牲，或立意反抗而出师未捷，或呵护一方而被排挤出走，或因狭隘嫉妒而任性用权……我们知道，任何叙述者的故事里都有叙述者的影子，在这里，民间叙述者在龙意象的建构中融入了自身的人生阅历、生命体验与理想，从而在反复的叙述确认中获得了幻想的满足与情绪的共鸣。至于有的起源说更是文献性生活化理性化，直接就是演艺灵感的滋生，自然有亲切熟稔的一面。而所有这些，就好像瓜藤长蔓，在不同的节点滋生新根，使之与大地衔接更加紧密。龙舞不同地域起源的再造性传说，激活了龙舞与当地民众更为具体的亲缘体认，强化了其地缘所属的文化特征，也为龙舞文化增益了新的滋养。

龙舞作为一门大型的广场艺术，不只是聚合了音乐舞蹈美术工艺杂技表演诸方面的人才，而且积淀了八千年龙文化的诸多意蕴。据庞进《龙子龙孙龙文化》一书介绍，舞龙发展到当代，其品种之丰富、风格之多样，让人有举不胜举、观不胜观之叹。以制作材料分，有布龙、纱龙、绸龙、纸龙、草龙、板龙、柴龙、竹龙、篾龙、钱龙、谷龙、麻龙、板凳龙、扁担龙、稻草龙、棉花龙、百叶龙、蓼叶龙、荷花龙、花环龙、草绳龙、冬瓜龙、鸡毛龙等；以形象特征分，有鳅龙、虫龙、蛤蟆龙、蚕身龙、蝴蝶龙、狗婆龙、青蛙龙、鲤鱼龙、鹅公龙、蜈蚣龙、独角龙、高头龙、矮脚龙、疱颈龙、短尾巴龙等；以结构特点分，有缩龙、节龙、段龙、串龙、片龙、手龙、断头龙、断颈龙、硬颈龙、折鳞龙、筒子龙、脱节龙、袖珍龙等；以动作特点分，有游龙、睡龙、飞龙、醉龙、爬龙、跑龙、跳龙、站龙、滚地龙、滚花龙、走马龙、圈子龙、座仔龙、吊吊龙、拉拉龙、扭扭龙、疙瘩龙、大绞活龙等；以内容特点分，有拼字龙、罗汉龙、故事龙、母子龙、五股龙、云牌龙、高跷龙、顶碗龙、抬阁龙、鱼化龙等；以数目称谓分，有独龙、双龙、单龙戏虎、一龙九柱、二龙戏珠、三龙相会、五龙拱圣、九龙盘鼎、十三太保龙等；以色彩称谓分，有黄龙、白龙、墨龙、黑龙、乌龙、苍龙、青龙、赤龙、红龙、金龙、彩龙、花龙、五色龙、七彩龙、九彩龙等。[①]

作为龙的传人，我们欣喜地看到，就其展演主旨与时间而言，龙舞活动不只限于节庆迎新的大年初一到元宵节时段，而且在贺喜、祝福、驱邪、祭神和庙会等日子里，都会有喜庆的舞龙场景；就其展演的空间而言，龙舞活动随着华人乔迁的步履，不断地向五湖四海蔓延开去，在东南亚、南北美洲、欧洲等地，到处都可看到龙舞的神姿，到处都可听到龙舞的喧闹。这是一种和平的献舞，这是一种祥瑞的兆头，从某种意义上说，龙舞就是中华艺术与文化的一个象征与标志。

---

① 庞进：《龙子龙孙龙文化》，中国社会出版社，2006，第66—67页。

第六节 龙与书法

众所周知，中国艺术与审美敏感于线条。中国书法在世界上独一无二，正是线条演化为艺术的直觉造型。其中的源脉，或可追溯至毛笔书写的魏晋，或可寻根于汉字萌生的夏商。在笔者看来，其起根发苗处，至少可以在遥远的新石器彩陶时代寻得，因为仰韶彩陶上可见笔到意随的具象抽象图，那复杂多样的鸟纹鱼纹猪纹抽象纹等等。可以想象，当那制陶的轮盘转动起来的时候，制陶者用手指或者石刀在陶盆壁上轻轻点击，而这轻轻的一点就会顺势迅即推移，自然延伸成为线。而这线正视是直线，俯视则是曲线，剖视自然仍是点，稍加延伸便是圆了。而这圆只是近距离的观照，倘观者后退到相当远的距离时，这圆岂不又缩小成一个点了？这种点与直线与曲线与圆之间的自然变幻，甚至又回归到点的神秘氛围，都极有可能引发先民们极大的关注与兴趣。或许，汉字以线条为主体建造构件，与制陶的发展与繁荣有关。换句话来说，中国艺术，特别是书法以线条为根基的格局，在这里就起根发苗，奠定了它的雏形？

这里进一步要说的书法，是指书写艺术，特指以毛笔所写汉字的艺术。据司马迁《史记》记载，秦始皇命太子扶苏与将军蒙恬筑长城以御匈奴，蒙恬取山中兔毛以造笔，取代刀刻的烦冗。西晋张华《博物志》则进一步说，以为笔头由兔毛围拢狐狸毛所构成："秦之蒙恬将军取狐狸毛为柱，兔毫为被以书。"宋苏易简《文房四谱》就更详细地勾勒出毛笔的形态来："昔日蒙恬造笔，以拓木为管，鹿毛为柱，兔毛为被，此乃谓苍毫也。"事实上，蒙恬造笔说不仅在相当长的历史阶段为学界所认可，而且在小传统中也形成了特有的民俗。如至今被誉为毛笔之乡的河北衡水侯店和浙江湖州善琏古镇，每逢农历三月初三，家家包饺子，饮酒庆贺，纪念蒙恬创制毛笔。

然而考古的业绩却不断刷新着人们的认知。1980年临潼姜寨发掘距今五千多年的墓葬，出土文物中有凹形石砚、研杵、染色物和陶制水杯等，且从彩陶的纹饰中可辨认出软笔描绘的痕迹。特别是马家窑等地的彩陶纹饰中可见出笔绘线条存在着毛笔划过的分叉与绺状的痕迹，证实新石器时期已经有了毛笔或类似毛笔的书写工具；商代甲骨文中已出现笔的象形文字，形似手握笔的样子；1954年，长沙左家公山战国楚墓出土一支毛笔，笔杆粗0.4厘米，杆长18.5厘米，笔头为兔箭毫制成，长2.5厘米，笔头夹在劈开的竹杆头上，用丝线缠捆，外涂一层生漆；另外，河南信阳战国楚墓也出土一支竹杆毛笔。这一切，似也印证了宋马永卿《懒真子录》所说："张子训尝问仆曰：'蒙恬造笔，然则古无笔乎？'仆曰：'非也。古非无笔，但用兔毛自恬始矣。'《尔雅》曰：不律谓之笔。史载笔诗云'贻我彤管''夫子绝笔获麟'。《庄子》云'舐笔和墨'，是知其来远矣。"亦可印证明代罗颀《物原》的论断："虞舜造笔，以漆书于方简。"

毛笔须染墨成字。《说文》："墨者，黑也，松烟所成，土之类也。"其源起或说始于黄帝，如明徐炬《事物原始》云："后汉李尤《墨砚铭》曰，书契既造，墨砚乃陈；则二物皆黄帝时始。"或说始于魏晋，如元陶宗仪《辍耕录》所云："上古无墨，竹挺点漆而书。中古方以石磨汁，或云是延安石液。至魏晋时始有墨丸，乃漆烟松煤夹和为之。"徐说推之古远，陶说似又太迟，许慎所说松烟制墨，至少说明汉代墨已普遍存在了。

之所以对线条与笔墨的源头予以追溯，是想对龙与书法这一话题，提供一个真实的平台与历史背景。

一、线条感与"龙"字的初写

在甲骨文中，我们便看到了"龙"字。众所周知，甲骨文是刻写在龟甲兽骨上的文字。最初人们所知的甲骨文多定位于商代，因其晚清以来多从殷墟所得；而当代考古又发现了大量的周代甲骨，因此，可说其所反映的内容大多是商周王室及其贵族进行占卜的记录。但作为代表性的甲骨文，人们一旦提及，仍然是指殷商时代的作品。其内容涉及占卜者全方位的期盼与诉求，诸如战争、祭祀、游猎、出行、耕作、天气、凶吉，乃至婚嫁、生育、疾病，甚至做梦，等等。而当初的占卜者与契刻者对这些文字都怀有敬畏之心，甚至投射了某种神性。汉字起源的传说亦可透出这一历史消息，《淮南子·本经训》云："昔者，仓颉作书，而天雨粟，鬼夜哭。"

一般印象中殷商甲骨文是刀刻的，但现代出土的甲骨中也有朱书或墨书的字迹，显然是用毛笔或近似毛笔的软笔书写的。这样，我们就可以在战国毛笔的基础上，有了向前追溯与想象的跳板与空间。因为历史曾有的真实事相，往往会超乎后来者联想与想象的奇崛与神异。

首先，在甲骨文中我们看到了颇为别致的"龙"字。有象形意味，龙虽属超自然意象，但在神话传说中仍是生物形体的样儿。而这一书写——别样的头饰，垂直的头部，夸张的大嘴，呈C形的弯曲形体，甚至与身躯浑然一体的长尾，都使人联想许多，自可与五千年前至六千年前的红山文化玉猪龙、四千年前的陶寺文化盘龙图造型相呼应。于是有学者做出解读，以为甲骨文龙字从辛字头，从盘曲之形，为会意兼象形字。"辛"字像"棘刺"之形，本义为"铁腕"，引申义为"威权"；"蟠"字义为"身形左曲右折呈波浪状行进的蛇"。"辛"与"盘曲之形"联合起来表示"一种蛇形威权动物"。[①]但在笔者看来，此说虽多可取之处，但亦有值得商榷者。头部看似"辛"字，实则是冠冕的象征。在创世神话传说中，伏羲女娲等均是人面蛇身，是人祖与王者融而为一。而后世王者均一身而二任焉，既为国族之大宗，又是天下之长者。中国世代能家国同构，或许就在于龙本身也是王者的象征，王即人中龙的显现。

即便在象形字的勾勒中，抽象的线条感仍非常突出。无论是象形的模拟，轮廓的描述，还是字体的建构，都是以线条作为基本元素展开叙述的。或者说，这里确立了以线条为语言单位的基本叙述方式。在这里，是一个影响着后世的叙述与表达，简单而幽远、神圣而神秘的线条凸显出来了，它摆脱了色彩的赤橙黄绿青蓝紫，淡化了龙鳞龙爪龙眼龙耳龙须等等细部特征，虚化了龙现身时斑驳的明暗光影，升华了定位观照的焦点透视，轻装简从，黑白分明，直接把握龙的轮廓，龙的动态，龙的灵魂。在这里，龙彰显着它的真态，而书家也以简洁的线条结构显示其手法与个性。如此这般的线条敏

[①] 参看《三十二个基本汉字及其相关问题》，载良渚文化博物馆编《良渚文化论坛》，浙江古籍出版社，2002。

感与思维模式,应有着历时性的堆积性感受与共时性的强大共鸣体的存在。

笔者曾猜测先民何以对线条抽象如此娴熟的种种可能性:

纯然的几何抽象,这就让人猜测,是不是我们的先民对几何线条有特殊的敏感?还是有别的什么原因?也许在两万七千年前,山顶洞人那枚骨针勾连起动物细筋、毛发、鬃尾或细长的植物纤维,那奇异的针迹线痕触发了原始先民对抽象性线条的敏感?也许最早驯养雪白的蚕儿吐出的纤细长丝,更令他们感受到线条的神秘意味?也许他们在围攻野兽敲击野果时,投掷石块流线般的轨迹令人快意?也许他们站在山顶上陶醉于河水滚滚而来滔滔而去的线型流痕?也许他们惊诧于日月东升西落负天而行的线性轨迹?也许他们惊怖于蛇类爬行动物在地面作曲线状蜿蜒而行?也许他们欣喜于植物藤蔓与枝杈,以直线或曲线状态探触着延伸着成长壮大?也许他们时时着迷并向往着遥远的地平线?也许在荆棘迷途中忽见一条线状的小径恰似重逢生路?也许月夜流星和雷雨闪电那白炽的线条使他们炫惑、恐惧而膜拜?……出于对线条的特殊感受和理解,他们不但创作了写实性的图像,而且也创作了这样大量的抽象纹饰。值得注意的是,占据新石器纹饰舞台的主要不是动物图像,而是各式各样的曲线、直线、水纹、漩涡纹、三角形、锯齿纹等几何纹饰。在那遥远的文化源头,这些可能的生活现象,也许会使中华图纹艺术对线条的敏感与热衷产生影响。[1]

在这里,"龙"字本身应该有着由再现到表现,由具象写实到抽象符号化的过程。当代学者李泽厚等将其解读为审美的原始积淀,即有一个由内容到形式的积淀过程,也是线条作为有意味形式的原始形成过程。龙图腾形象的叙述呈现因此而逐渐简化和抽象化为纯形式的线条。而这种简化与抽象,实质上是与人的特定心理活动相联系的对龙原型的心理加工过程。因为原始先民对龙的视觉分为中心属性(如神秘力量和神秘属性)和边缘属性(如空间特征)两个部分。当边缘属性不断削减外化,其中心属性便强调般地凸显出来。可见抽象的过程,从语义上是将中心属性逐渐析出,在符号呈现上便是图像的简化过程。而传统的说法与现代解读可相互印证,从不同向度剖析了这一抽象化本身使线条这一符号涵盖面更广,表现力更强。《易传·系辞

---

[1] 张志春:《中国服饰文化》(第一卷),中国纺织出版社,2001,第70页。

下》说到伏羲对于线条的梳理与归纳："古者包牺氏之王天下也，仰则观象于天，俯则观法于地，观鸟兽之文，与地之宜，近取诸身，远取诸物，于是始作八卦，以通神明之德，以类万物之情。"清末学者朱宗莱《文字学形义篇》说："文字之作，肇始结绳。"

这样来看甲骨文的"龙"字本身，既有以纯粹的线条勾勒龙形象的理性努力，又保留了这一图腾形象种种神秘的朦胧感受，汉字既有形象投影又以线条结构的两大特征在此典型显现。而龙作为生物性特征的意象，在这一符号中也显得格外醒目。中华审美对于线条的敏感与欣赏，于此亦可见出一些端倪。

甲骨文虽属较为成熟的文字，但仍处于文字创造的初期。文字结体比较自由活泼，有较大的随意性，可说是汉字的百花齐放的非标准化时代。虽说其雏形结构是方形，对称意识在字中可以见出，但我们会看到，一个字往往有简有繁，多样性的写法纷至迭出，不似后世文字那样定位于一尊，那样法度森严。比如"龙"字，仿佛有遍地斛泉不择地而涌出的壮观，仿佛步行山阴道上触目皆是美不胜收的景致，仿佛置身百宝殿中随处都是琳琅满目的呈现。

从审美层面看，这些字的书写是很美的。如现代美学家邓以蛰《书法之欣赏》所述："甲骨文字，其为书法抑纯为符号，今固难言，然就字之全体而论，一方面固纯为横竖转折之笔画所组成，若后之施于真书之'永字八法'，当然无此繁杂之笔调。他方面横竖转折却有其结构之意，行次有其左行右行之分，又以上下字连贯之关系，俨然有其笔画之可增可减，如后之行草书然者。至其悬针垂韭之笔致，横直转折，安排紧凑，四方三角等之配合，空白疏密之调和，诸如此类，竟能给一段文字以全篇之美观，此美莫非来自意境而为当时书家之精心结撰可知也。"[1]从书法层面来看，这些"龙"字注意到笔道分布的匀称、平衡、疏密；笔法有圆有方，结构大小长短不一，具备了用笔、结字和章法三大书法要素；风格质朴、古雅、自然，颇有人类童年的意趣。但从符号学的层面来看，符号本身缺乏标准化的建构，其传播的力量和效果是会被阻滞和削弱的。想想看，一个字能有新旧并

---

[1] 邓以蛰著、刘纲纪编《邓以蛰美术文集》，人民美术出版社，1993，第57页。

存的多个乃至蜂拥而至的多样写法，恰恰说明汉字处于创造力颇为旺盛的拓荒时代，规范的力量还不强大，规范的标准似未确立。虽然将"龙"字的所有异文本归拢后，我们还可清晰地辨认它们是同一类属，尽管它展示了文字创制的多样化初始过程，呈现着种种创制的演进轨迹，尽管它带给人们新鲜而厚重的审美意趣，较之标准化汉字有更为幽深的研究意蕴，但仍要说，这时的文字处于尚待完善的初级阶段，就体系而言，仍有很大的发展空间。

二、"龙"字的历时性考察之一：从金文到汉简

紧跟甲骨文的就是金文。金文是指铸造在商周青铜器上的铭文，也叫钟鼎文。商周是青铜器时代，其礼器以鼎为代表，乐器以钟为代表，故以钟鼎代指青铜器。周朝称铜为金，故铜器铭文就叫金文。于是金文便成为商、西周、春秋、战国时期青铜器上铭文字体的总称。虽说商之前已有青铜，但金文之始，却是盘庚迁殷之后。初时寥寥数字，商末渐多但仍简略，多为铸造者或其先祖之名讳。到商亡时方有短文，最长者仅四十余字。及至周代，金文渐兴，天子之事多有铸录；平王东迁以降，金文广泛使用，可谓全盛时期。秦始皇一统天下后，诏令书同文，并于四方立碑，皆为小篆，不再铭文于钟鼎，于是金文渐衰。故言及金文，一般以周青铜器铸录为代表。金文应用的年代，一般说上自西周早期，下至秦灭六国，约八百年。

与甲骨文相比，金文线条更厚重，形体更古雅。在标准化意义上，金文是正体字，甲骨文是俗体字；从呈现方式上，甲骨文为锲刻，金文为陶铸。但在锲刻或陶铸之前，大都含有一个前提，即执笔书写。

金文"龙"字的结构，较甲骨文简化疏朗多了。形象轮廓依然清晰，但线条意味愈加浓厚。有论者认知其含义左为"辛肉"，右为"鳞虫盘曲之形"。"辛"者斧也，笔者以为或是王者的冠饰，与辛同指"威权"。"肉"指龙的身躯"实体"。"辛"与"肉"联合起来表示"威权实体"。屈曲的"S"形，即指蛇身左弯右曲的扭摆游移动作。"S"形体上附着等距排列的短划，抽象地表示"鳞片肢爪"。一个好端端的龙字，似抽象又具象，铸刻在青铜器物上，笔触浑厚，拙重有力，临近青铜饕餮，似有一种神秘的狞厉之美。

而春秋晚期的《王孙遗者钟铭》中，我们看到"龙"字更富意蕴，似乎是一人驭龙而行，或者是天地之间骑龙而飞。这不就是《周易》所述的"飞龙在天"的豪迈与壮观吗？后世一再强调的龙为天子的刻板印象，在这一钟鼎文字中不是强烈地暗示出来了吗？虽如此，但"龙"字的这般书写，仍然是逐渐固化了汉字化空间意识为时间过程的模式，仍然没有离开平面铺开的理性精神的基本框架，仍然表达的是现实社会的情感意趣，而不是虚玄的宗教神秘。事实上，汉字在发展的历程中，如同民间传说的世代累积一样，不断有新的含义介入，仿佛江河东去，不断有涌现的泉流融入，使得奔涌的洪流更为壮大。

金文之后便是秦篆。秦篆又称小篆，是秦统一中国后推行"书同文"政策的成果。它是在秦国原来使用大篆籀文基础上进行简化，取消其他六国文字而创制的统一的汉字书写方式。它改变了古文字一字众体的纷繁现象，是中国历史上第一次汉字规范化的产物，一直流行到西汉末年，才逐渐被汉隶所替代。但其字形优美，始终为书法家所青睐，且笔画复杂，形式奇古，似兼防伪功能，至今仍居于治印领域的高位。

从秦篆"龙"字来看，字体更趋简化。笔笔如铁线，线条圆匀，用笔收起不露痕迹，讲究对称，字呈竖势，总体格局是标准化了。不只是"龙"字数十种异文本九九归一，就是一般字体，也都逐渐开始定型，其轮廓、笔画和结构方面都是如此。就阅读经验而言，即便未接触秦篆的，凡认识"龙"繁体字者，对此也会一目了然。这当然是汉字的一大进步，为后来的隶、楷、行、草诸书的变革开辟了广阔的道路。

如果说秦篆着力于结构的定型，线条的圆匀与雅致，那么，汉隶就显示出结构的开阔与笔锋的舒展了。无论是《石门颂》还是居延汉简中的"龙"字，虽大小不一，古拙气势亦略有差异，但一股说不出来滋味的大汉雄浑气象仍在笔墨结构间涌出。在这里，不仅是"龙"字曾有的醒目象形完全让位于笔画线条，越来越抽象了；而且笔墨舒展所形成的线条的内在运动、力量感，在陌生化的心理距离中，以新鲜、奇异甚至不无幽深的感受而辐射与渗透出来。你看，这里的点横撇折竖捺好似柔雅轻曼不太着力，然而，它的艺术风格和美学基调却并不消沉颓废、柔弱阴暗。恰恰相反，我们从中感受到的是宽阔博大与坦然自若，是愉快乐观和气势沉雄。因为时代的精神在这里积淀。我们从司马迁"史家之绝唱，无韵之离骚"的皇皇巨著中感受到了这一点，从张骞开通西域的拓荒中、从李广卫青霍去病等敢有作为的进击中感受到这一点……这里和盘托出的是一个雄心勃勃、意气昂扬和自信自得的时代意象，一个进入文明社会后征服世界的胜利者的意象。同样，在汉隶"龙"字的书写中，我们亦不难感受到这一点。

三、"龙"字的历时性考察之二：众峰欲立却欲摧

王羲之因书法在中国历史上享有盛名，被尊为"书圣"。这固然是汉字书法发展到一定程度对于大师巨匠的解读与认知，也是对其书法中积淀的潇洒自由风神的渴慕与敬重。唐人张怀瓘《书断》褒扬其成就云："尤善书，草、隶、八分、飞白、章、行，备精诸体，自成一家法，千变万化，得之神功，自非造化发灵，岂能登峰造极。"

王羲之的《兰亭序》既是汉字行书的开创，又被誉为"天下第一行书"。他的楷书得益于卫夫人的意象教学法，要求书写横如千里阵云，点如高峰坠石，撇如陆断犀象，折如百钧弩发，竖如万岁枯藤，捺如崩浪雷奔，横折钩如劲弩筋节……他笔冢墨池，转益多师，将钟繇的楷书汉字升格为楷书书法艺术。在情感的统摄下，节奏的疏密，点画的轻重和行笔的疾徐，微妙地建构起特殊的意境，仿佛箫笛从万籁中提纯出圣洁的乐音来。欧阳询在《用笔论》中也说："尽妙穷神，作范垂代，腾芳飞誉，冠绝古今。"

从王羲之写的"龙"字来看，平和自然的格局中，笔势委婉含蓄，提按顿挫疾徐有度，遒美健秀，自有一番风采。起始一长一短两横笔左肩低抑微倾，右肩轻扬微翘，带动整个字就活泼起来了，仿佛一位大家闺秀端庄徐步中回眸一笑，冲和典雅、不激不厉中自有妩媚秀挺之美，自有空灵动荡之味，令人眼界一新。张怀瓘《评书药石论》誉其用笔"一点一画，意态纵横，偃亚中间，绰有余裕。结字峻秀，类于生动，幽若深远，焕若神明，以不测为量者，书之妙也"，确是不刊之论。至于传说为王羲之草书的"龙"字，自然洒脱，纵擒有度，潇洒飘逸中自有一种中正平和的风姿，真可谓虚空里传出动荡，飘逸里透出幽深。曹植《洛神赋》以"翩若惊鸿，婉若游

龙。荣曜秋菊，华茂春松。髣髴兮若轻云之蔽月，飘飖兮若流风之回雪"描述仙女之美，宛若云缠雾绕的龙飞凤舞，又似长袖善舞的仙女飘逸，我们借此形容王羲之的书法意象，当是颇为妥帖的。

承接王羲之的潇洒，在草书领域堪称无可再现的高峰者，是唐代的张旭与怀素。青春勃发的盛唐风度酝酿积淀在他们的笔墨之中，他们把满腔情感倾注在点画之间，旁若无人，如醉如痴。他们动笔起伏跌宕如龙飞凤舞瞬息万变，笔画如大江东去乱石穿空惊涛拍岸，波涌浪叠连绵不绝而又皆中绳墨。书法家的浪漫风姿，一再为唐人所书写。杜甫《饮中八仙歌》诗云："张旭三杯草圣传，脱帽露顶王公前，挥毫落纸如云烟。"唐代名诗僧皎然为赞扬张旭狂草而作《张伯英草书歌》，曰："先贤草律我草狂，风云阵发愁钟王。须臾变态皆自我，象形类物无不可。阆风游云千万朵，惊龙蹴踏飞欲堕。"韩愈《送高闲上人序》写道："往时张旭善草书，不治他技。喜怒、窘穷、忧悲、愉佚、怨恨、思慕、酣醉、无聊、不平，有动于心，必于草书焉发之。观于物，见山水崖谷、鸟兽虫鱼、草木之花实，日月列星、风雨水火、雷霆霹雳、歌舞战斗，天地事物之变，可喜可愕，一寓于书。故旭之书，变动犹鬼神，不可端倪。"清代安仪周《墨缘汇观》赞怀素草书曰："乘狂乘醉，率意颠逸，迷离万变，法度莫测，神乎其技，妙不可言。"

如此天马行空的境界，似乎还可用白居易《霓裳羽衣歌》来比拟："飘然转旋回雪轻，嫣然纵送游龙惊。小垂手后柳无力，斜曳裾时云欲生。烟蛾敛略不胜态，风袖低昂如有情。上元点鬟招萼绿，王母挥袂别飞琼。"这是诗情三千丈的喷涌，是交响乐震撼人心的爆响！在这里，我们看到的是线条的旋律与舞蹈：匀整、流动、回环、曲折……以一线而融万象，有直观的汉字之意，有触类联想到的万物之意，更有节奏、速度、刚柔、明暗结晶提纯的抽象之美，似奏响了盛唐之音，成为盛唐风貌的直觉造型。

确如李泽厚《美的历程》所指出的："在中国所有艺术门类中，诗歌和书法最为源远流长，历时悠久。书法和诗歌同在唐代达到了无可比拟的高峰，既是这个时期最普及的艺术，又是这个时期最成熟的艺术。正如工艺和赋之于汉，雕塑、骈体之于六朝，绘画、词曲之于宋元，戏曲、小说之于明清一样。它们都分别是一代艺术精神的集中点。唐代书法与诗歌相辅而行，具有同一审美气质。"①

如果说对王羲之潇洒飘逸一面发扬光大的张旭怀素，与李白的浪漫风貌相似的话，那么，对王羲之沉着从容一面拓展而别开生面的颜真卿，则与杜甫的沉郁顿挫意态高度相似。与张旭的狂放不同，颜真卿确乎以其沉着大度刷新了盛唐书坛。他们同属于标新立异。李泽厚《美的历程》一书中有一段精准漂亮的比较性描述，先是与李白张旭等人共时性的比较，道出破旧与立新的界别。"如果说，以李白、张旭等人为代表的'盛唐'，是对旧的社会规范和美学标准的冲决和突破，其艺术特征是内容溢出形式，不受形式的任何束缚拘限，是一种还没有确定形式、无可仿效的天才抒发。那么，以杜甫、颜真卿等人为代表的'盛唐'，则恰恰是对新的艺术规范、美学标准的确定和建立，其特征是讲求形式，要求形式与内容的严格结合和统一，以树立可供学习和仿效的格式和范本。"②

再则与王羲之历时性比较，是前后不同时代的里程碑。"对照传统之崇二王，'颜公变法出新意'（苏轼），更是另一种风度境界了。左右基本对称，出之以正面形象，浑厚刚健，方正庄严，齐整大度，'元气浑然，不复以姿媚为念'（阮元）的颜书，不更胜过字形微侧、左肩倾斜、灵巧潇洒、优雅柔媚、婀娜多姿的二王书以及它的初唐摹本吗？"③当然，这种新的审美趣味与艺术标准并非所有人都能认可。欣赏理解颜真卿的字也颇为不易。明杨慎《墨池琐录》卷二："至五代，李后主始知病之，谓'颜书有楷法而无佳处，正如叉手并脚田舍翁耳'。李之论一出，至宋米元章评之曰：'颜书笔头如蒸饼大，丑恶可厌。'又曰：'颜行书可观，真便入俗品。'"这个也容易理解，生于深宫之中长于妇人之手，写得精美清纯词句的李后主当然难与豪迈刚烈的伟丈夫颜真卿产生共鸣；而以书画艺术为生命寄托，一生都沉浸在行为艺术氛围中的米芾，自然与肩天下为己任的颜真卿颇多疏离。性格迥异，趣味不同。虽然说到趣味似无争辩，但健康的审美却以多样化且趋向自由为根基为原则。在任何时代，任何艺术领域，单一而封闭则是审美

---

① 李泽厚：《美的历程》（修订彩图版），天津社会科学院出版社，2002，第169页。
② 同上书，第174页。
③ 同上书，第177—178页。

的桎梏与泥淖。其实，欣赏婆娑歌舞精致之美的目光，何妨与欣赏山川伟岸之美的胸襟相携而行呢？

而不同的风格呈现多向度的美质，在彼此"龙"字的书写与呈现中不难体会。各美其美，景象不同。王羲之含蓄空灵，神仙高致，气韵幽远，令人倾慕；张旭怀素天马行空，奔驰呼啸，神龙见首不见尾，读之热血沸腾；而颜真卿则顶天立地，刚中含柔，方中有圆，直中有曲，余味悠长，自是亲切而有法可依的范本。范文澜《中国通史简编》说："宋人之师颜真卿，如同初唐人之师王羲之。杜甫诗'书贵瘦硬方通神'，这是颜书行世之前的旧标准；苏轼诗'杜陵评书贵瘦硬，此论未公吾不凭'，这是颜书风行之后的新标准。"[1]他们所书，都从不同向度达到了美的极致，真个是"有规范而又自由，重法度却仍灵活"[2]，唤起人们常读常新的，不只是形式的构建，更有精神的滋养，生命的感知与心灵的愉悦。从而共同成为千古以来既可遥遥膜拜又可亲近临摹的文化偶像。事实上，这不是偶然的艺术特例，而是一个鼎盛时代整体书法艺术喷涌的代表。

除了上述诸位，我们在敦煌写经中，在欧阳询、李邕和柳公权笔下的"龙"字中，无不感受到雄姿英发，生动活泼，伟岸庄严，视通千里，也不难体会到盛世文化的脉搏跳动与风云激荡。

四、"龙"字的历时性考察之三：别有滋味在心头

书法到了有宋一代，便多了轻松自在的意味。

苏黄米蔡的独领风骚便可见出个中消息。宏观而言，时代的风神在此中积淀，特定的文化场在此中辐射与渗透。宋太祖治国重文轻武，且勒石于朝铭誓不杀士大夫，使得有宋一代，文人个性有所张扬，更多的庶族地主与士人通过科举纷纷步入社会高位，政坛风雨世态炎凉使得有一定话语权的他们有了开阔的视野与真切的感受，久久的郁积自会寄寓到书法艺术形式之中；印刷术的普及使得名人书法不再主要承担经典传播与社会示范意义，楷书的重要性似因此而渐次淡化，而书法家更多着意于行草，侧重于个人心情意绪

---

[1] 转引自李泽厚《美的历程》（修订彩图版），天津社会科学院出版社，2002，第178页。
[2] 李泽厚：《美的历程》（修订彩图版），天津社会科学院出版社，2002，第180页。

的抒写与呈现。因而书法在纯艺术的途径上走得更远一些，也更多别致与越轨的风采。

从苏轼与黄庭坚两人所写"龙"字来看，都自成一家，自创新意。作为引领一代艺术的领袖人物，苏黄二人对于书法创新都有充分的自觉意识。苏轼《石苍舒醉墨堂》言："我书意造本无法，点画信手烦推求。"《评草书》又说："自出新意，不践古人，是一快也。"黄庭坚《以右军书数种赠丘十四》言："随人作计终后人，自成一家始逼真。"苏轼的"龙"字，用笔丰腴跌宕，不只与瘦金字迥然有别，平添天真烂漫之趣，而且呈现出一股自由随意的书风，使得王羲之颜真卿相对端庄正面的书法意象，让位于随意侧斜的亲切意象。而黄庭坚紧紧跟随苏轼，所写"龙"字大胆颠覆了晋唐以来以笔法、结字严整、规范为自足目的的传统，写楷如同行书，全然辐射体，抖擞气，左边一横与右边的竖弯钩，都大胆送将出去，如悠悠撑舟荡长桨，高高扬鞭策骏马，两侧如此夸张的长笔画，形成了中宫紧收而四缘发散的结字方法，令人眼前一亮。

苏黄二人亦师亦友，亦兄亦弟，互相推举，亦彼此打趣，留下了佐助传播的亲切段子。曾敏行《独醒杂志》载："东坡尝与山谷论书。东坡曰：'鲁直近字虽清劲，而笔势有时太瘦，几如树梢挂蛇。'山谷曰：'公之字固不敢轻议，然间觉褊浅，亦甚似石压蛤蟆。'二公大笑，以为深中其病。"其实这里所谓的病，恰是疏离了传统正体的个性特征，是推进了书法前行的新境界。而这一境界的获得，则是人笔合一的自由境界的投影。苏轼对此有着充分的自觉意识，他在《虔州崇庆禅院新经藏记》中说："手必至于忘笔而后能书……及其相忘之至也，则形容心术，酬酢万物之变，忽然而不自知也。"在《小篆般若心经赞》中又道："心忘其手手忘笔，笔自落纸非我使。"浑似杜甫所说"下笔如有神"的自由境界，正说明他们的书法全然没有实用意念，而是灵感涌来时情动于衷的艺术创作。

如果说苏轼黄庭坚的书写是人笔合一自然流露的创造，那么，米芾在日常生活中就是一个行为艺术家。他倜傥不羁，与世俗迥然有异。身为宋人，却赫赫冠服效法唐人，且置身于光天化日之下、众目睽睽之中，每到一处便引起围观，而他却若无其事谈吐自若；又孤芳自赏，好洁成癖，不肯与人同用巾器；见一巨大丑石，便衣着齐整倒地叩拜，敬呼为兄。这都是他纯真性灵的流露。说是有一次徽宗藏在帘子后面看他写字，只见他反系袍袖，跳来蹦去，龙蛇飞舞，落笔如云。察觉到帘后有皇帝偷看，他不仅毫无拘束尴尬之态，反而坦然自若地大声招呼起来。又有一次在苏轼召集的宾朋会饮中，酒半酣时，米芾突然站起来问东坡：世人皆以芾为癫，你以为呢？东坡微微一笑：吾从众啊。

有了对于书法家精神风貌的认知，再来说他所书的"龙"字，每一笔都筋骨饱满，笔势蓬勃，静中有动，意气昂扬。几乎所有的评论家都悟出了米芾运笔的激情与奔腾的气势，大多以马的意象来予以叠加。苏轼赞其书风是"风樯阵马"，朱熹赞其"天马脱缰，追风逐电"，宋高宗赵构《翰墨志》云："以芾收六朝翰墨，副在笔端。故沉着痛快，如乘骏马，进退裕如，不烦鞭勒，无不当人意。"黄庭坚却喻以快剑强弩，喻以未经孔子调教的个性张扬的年轻人："余尝评米元章书，如快剑斫阵，强弩射千里，所当穿彻，书家笔势亦穷于此。然似仲由未见孔子时风气耳。"

而到了宋末元初，被誉为楷书四大家之一的赵孟頫，却别有一番境界。赵孟頫所书"龙"字，自在从容，却没有王羲之的潇洒脱俗；稳稳实实，但缺少颜真卿的雄视开阔；酣畅圆润，模糊了欧柳的棱角分明；柔和周正，滤掉了苏轼黄庭坚的越轨张扬。作为宋太祖十一世孙，特殊的皇裔身世与失势一落千丈的命运，虽满腹经纶才华盖世（史载他博学多才，善诗文，通经济，工书法，精绘艺，擅金石，通律吕，解鉴赏），而只可咀嚼既往集晋唐书法之大成，只可开古意书法之先河；身为宋朝遗逸而出仕元朝难免荣华且尴尬，运笔点画结体严整，虽不无内在的倔强与力量感，外貌却颇多内敛媚秀，起笔、运笔、收笔等笔路清晰，自有低调平和的亲切感。

倘知人论世，在家，赵孟頫既非长子，又是庶出，大家族中渐成谨小慎微、含蓄内敛的个性；在国，虽仕元历五代帝王，却饱尝"南人"低下地位与宋室后裔特定身份的苦衷，被猜忌受非议而高处不胜寒，不内敛如何了得？复杂难言的矛盾纠葛投影于书写之中，若有若无地积淀于点横撇折的提按疾徐之中，形成特殊的艺术张力，加之雄视百代的目光，娴熟百家的感觉与技艺等，都会有意无意地使赵孟頫的书法意蕴陡增，余韵悠长，耐人追寻。想想看，让曾作为龙子龙孙者来书写这一"龙"字，别说作者，就是读者，想来也是别有一番滋味在心头吧。

江山代有才人出。同样写"龙"字，文徵明可见出追步黄庭坚，风舞琼花，泉鸣竹涧；唐寅却书卷超逸，闲庭信步；康有为则圆柔拖曳，豪迈劲道；弘一法师百炼金钢化为绕指柔，雅逸超迈；于右任清邃秀逸，宽博开张……延续着古人"龙"字的书写，日新日又新。

一个"龙"字书写了几千年，仿佛历史的画卷匆匆浏览一过，仍觉千变万化，千姿百态，意犹未尽，美不胜收。当汉字萌生时具象抽象并重，进而演绎为意象的书法时，那横竖撇捺折钩提点就不只是零感情的符号单位，而是如现代美学家宗白华所说的："结成一个有筋有骨有血有肉的'生命单位'，同时也就成为一个'上下相望，左右相近，四隅相招，大小相副，长短阔狭，临时变适'，'八方点画环拱中心'的一个空间单位。"①这些历时性的"龙"字书法告诉我们，不要轻估了这点横撇捺折弯钩等看似简单的线条，在不同时代先贤们的笔下，它确乎成为最活泼的生命源泉，能让人心游万仞，浮想联翩，种种意象纷至沓来，让欣赏者于有限中见到无限；然而却又不是落实在眼前的形象或情节，而仍然是有节奏的线条呈现与建构，又是于无限回归到有限之中。仔细想想，庄子所说"虚室生白"，苏轼所说"空故纳万境"，说的不就是这种幽远深邃的境界么？

第七节　龙与建筑

在历时性的考察中，我们发现，传统建筑领域里龙的意象也是颇为活跃颇为醒目的。传说春秋时楚国的叶公子高"钩以写龙，凿以写龙，屋室雕文以写龙"（汉刘向《新序·杂事》），室内全然是龙的雕刻与绘画；战国时齐国的驺奭因为文辞讲究雕饰，被人称为"雕龙奭"（《史记·孟子荀卿列

---

① 宗白华：《美从何处寻》，重庆大学出版社，2014，第122页。

传》)。可见龙的形象融入建筑已有相当长的历史。它们呈现在亭台楼阁、屋顶檐角、桥头水边、墙头门前，在不同的位置，或雕或塑，或主体意象或配件装饰，或形象写真或抽象变形，营造着一种神圣神秘的氛围感。它们蔓延在不同的时代，展示为不同的样态，亦呈现出不同的功能与意蕴，确乎值得追溯与琢磨。

一、瓦当藻井与龙柱

首先是瓦当。瓦当是中国古代的建筑构件，是接近屋檐的最下一页筒瓦的瓦头，它既可保护屋椽免受风雨侵蚀，又可美化屋檐增益美感。一般为泥制陶质结构，半圆或圆形，表现多有图纹或文字。据考古资料，瓦当的出现不晚于周代，最早的瓦当发现于黄土层积淀厚重的关中平原，在陕西扶风、岐山一带西周中晚期的周原遗址。大约在春秋晚期形成较为完善的模式，并成为一些大型建筑的重要组成部分。早期多为半圆形，图案多为动物纹饰，后逐渐多卷云纹等。到了秦汉时期，工艺不断娴熟，瓦当达到鼎盛，特别是这一时期建筑用陶在制陶业中占据重要位置。它造型丰富多彩，是绘画、书法和工艺三结合的艺术，亦是实用性与艺术性融合的产品，在建筑物上起着锦上添花的作用。以致两千多年后的今天，人们言及瓦当还得竖起大拇指以此为最：秦汉瓦当！而出土于临潼兵马俑遗址的夔龙纹半瓦当，直径48厘米，大到无与伦比，堪称半瓦当王，国家博物馆、秦兵马俑博物馆、临潼博物馆均有收藏。

龙瓦当是著名的四神瓦当之一。汉高祖五年（前202），刘邦开始在渭河以南秦兴乐宫的基础上重修宫殿，命名为长乐宫。高祖七年（前200）命萧何建造了未央宫，同年由栎阳迁都于此。因地处长安乡，便命名为长安城。汉长安城遗址自1956年发掘至今，出土瓦当品种繁多，造型精美，其中四神瓦当更是大气磅礴，仪态灵动，堪称瓦当的代表作。四神亦称四象、四灵，《三辅黄图》："苍龙、白虎、朱雀、玄武，天之四灵，以正四方。"曹植《神龟赋》："嘉四灵之建德，各潜位乎一方，苍龙虬于东岳，白虎啸于西岗，玄武集于寒门，朱雀栖于南乡。"而此类版别的四神瓦当，即为人们所熟知的一种，出自汉长安城南郊的王莽九庙遗址。青龙纹瓦当直径19厘米，当心饰一乳钉，龙作走形，身体随乳钉弯曲，龙尾高扬作疾驰状，极富张力和动感。

西安北郊坑底寨村，亦出土四神瓦当一套，与汉长安城出土的瓦当相比，当心皆无乳钉，世所罕见。青龙纹瓦当直径18.3厘米，当面一龙，造型奇特，躯体盘曲成反弓状，伸爪昂首，虚实有致，腾云飞翔，神态飘逸，龙鳞细腻生动而气势威猛。因其别致，考古工作者便将其定为坑底寨类型。

周至县终南镇竹园头村为秦汉时上林苑长杨宫遗址所在地。初建于秦昭王时，秦亡后保存完整，西汉诸帝常去观猎斗趣。1960年代以来陆续出土一批瓦当，藏于西安秦汉瓦当博物馆，其中便有青龙瓦当。与长安城等出土的同类瓦当相比，造型、构图、视角都不同，手法渐趋简洁，龙象呈狞厉之美。瓦当18.5厘米，当心饰一乳钉，龙身细长，张口吐舌，有翅翼，龙胸、龙尾和后爪间各有一乳钉。

青龙居于瓦当之位，虽居檐前却属屋顶，居高临下，视野开阔，呵护东方，大有呼风唤雨、镇宅纳吉之龙威。可以想象，四神瓦当置于屋檐之上的庄严神秘的风貌：鳞次栉比的宫殿，灵动的飞檐高角似展翅欲飞，四檐下雕梁画栋，檐口不同方位的瓦当呈现一排排同样的图纹，向东者青龙，向南者朱雀，向西者白虎，向北者玄武，不同的超自然意象，与宫殿内特别的人物身份，以及此时此地发生着影响更大空间和更悠远时间的事件等等，共同营造着天地人神同在的特殊氛围。

屋顶之外有瓦当（还有排队成行的脊兽，后文另述），屋顶之内还有藻井。藻井是中国传统建筑中室内顶棚的独特装饰部分。在殿堂、亭阁，一般做成向上隆起的井状，有方形、多边形或圆形凹面，周围饰以各种花藻井纹、雕刻和彩绘，多用在宫殿、寺庙中的宝座等重要部位。倘若春秋时代，身为贵族的叶公还可在自己居室四周随意雕龙画龙，但若在天子与真龙挂起钩来、彼此衬映的时代，在自家亭台楼阁藻井雕龙，这自然是非有特殊身份特殊地位特殊财力者不能为。在这个意义上，藻井之龙相对于瓦当来说，似乎更尊贵一些，讲究一些。

龙融入室内建筑，当然不只藻井，更多的是龙柱。不少文献都有记述。如《楚辞·招魂》写战国时的楚国宫殿，有"仰观刻桷，画龙蛇些"之句，桷，《说文》释为方形橡子。《西京杂记》记载："（汉未央宫）昭阳殿橡桷皆作龙蛇萦绕其间，鳞甲分明。"西汉建筑的鲁灵光殿，据王延寿《鲁灵光殿赋》记述，不仅墙壁上画有许多神话故事，有"五龙比翼"等形象，而且"龙桷雕镂""虬龙腾骧以蜿蟺""蟠螭宛转而承楣"。古代的楣，指的是梁。南朝宋鲍照《煌煌京洛行》写宫廷凤楼，有"绣桷金莲花，桂柱玉盘龙"之句。桂柱是木柱的美称。木柱上的玉盘龙，或是绘制成白色，或是玉雕拼缠而成之谓。曲阜孔庙大成殿的龙柱，更是人人皆知。在皇权专制时代，孔庙的龙柱屹立于光天化日之下，或与历代帝王为了巩固自己的统治，不断加封这位圣人为王为帝有关，或与当年孔子与老子被喻为龙为凤有关，就如此这般地以龙柱来烘托庙貌。

到了后世，龙纹瓦当不仅陪伴君王，而且也陪伴神灵。据王铭珍《砖塔胡同关帝庙》一文所述：该关帝庙"前殿三间，殿顶为灰筒瓦，瓦当上有龙形图纹。后殿三间，殿顶为灰筒瓦，瓦当上有龙图纹"。在皇家视龙为自身投影的垄断氛围下，或许，关公崇拜到了佛封菩萨道封帝的地步，让他享用龙纹瓦当或许是理所应当的了。然而，随着时代的推移，建筑模式的演变，藻井在特定的亭台楼阁中还有些许存留，硕大的瓦当实用功能却渐次淡化消隐成为遥远的回忆。就汉语的初义而言，宇为屋檐，泛指房屋，而宙则指古往今来的一切时间。这就使我们自然想到瓦当与藻井不就是垂悬宇宙的艺术建构么？颇为有趣的是，在它们的功能从建筑实用层面隐退的同时，其艺术与文化底蕴却自然溢出，成为人们颇为关注与欣赏的艺术品与重要文物。

二、卧砖龙瑞聚纹饰

其次是龙纹空心砖。与瓦当雕龙高高在屋檐之上不同，空心砖一般是用作踏步或砌于墙面的。砖上雕刻龙，或许原本就弥漫在大传统的视野里，就创作者营造者的意图，仅是龙为天子氛围的固化与渲染而已。但形象往往大于思想。且不说漫长的岁月更替，庄严的宫殿可能成为废墟与草野，随着时间的推移，这曾经象征崇高地位的图纹，也可能不经意间便搬入寻常百姓家。就是雕塑与浮雕完成的当时，作品就是独立的存在了。再者说，欣赏者都有各自不同的接受屏幕，你能控制观赏者内心深处没有僭越式的代入感？

帝王及其一代代的维护者能如神灵窥见每个人内心深处看不见摸不着的小九九？从这个意义上说，百姓口，随心走。从共时性来说，众口相传犀利如针尖，或可刺破皇帝圣旨不断吹嘘的气球；从历时性来说，"十""口"纵向相传为"古"，或可建构根基深厚的另外一个传说系统。世俗的权力可能俯瞰民众如蝼蚁，但放开眼量，威严的大传统往往敌不过朴素平淡的小传统。曾经为帝王专宠垄断的超自然意象就会逐渐突破垄断为全民所拥有，由宫廷走向市井，走向村镇，走向更为广阔的地方。

从1970年代起，考古学家陆续在秦都咸阳宫殿建筑遗址，在陕西临潼、凤翔以及陕北等地发现了秦代画像砖和铺地青砖。其中秦咸阳宫殿遗址有两大类型空心砖，纹饰都带有皇家特有的意味。其一刻画着龙纹、凤纹等具象纹饰，其二摹印着菱格纹回纹，二者皆作踏步之用。

秦代龙纹空心砖画幅饱满，雄浑壮健，古朴大气，线条腾跃翻飞，自如灵动，运动感速度感积淀其中，自有一种生机盎然蓬勃向上的气象。李白《古风》有"秦王扫六合，虎视何雄哉"的吟咏，一块平常的秦砖，也令人想见这样的气势。

这一汉代龙纹空心砖硕大厚重，长180厘米，宽28厘米，真真显示了历史的分量。该砖采取二龙喜相逢的构图模式，以祭天的玉璧为中心，双龙回首顾盼，前爪拱璧；璧的上方和龙的足下各有一对叶形云纹，璧的下方和龙背上各有一灵芝草，画面疏密有致，祥瑞灵动，优美飘逸。据考古学家推测，这一龙璧图可能反映了汉代天子祭天时的供玉场景，以典型的汉代走龙做架，龙爪之间捧持玉璧。或说此砖为秦砖。秦汉年代衔接，源流融通汇合或许可能。1965年发掘的咸阳杨家湾西汉初期墓坑内有模印几何纹空心砖，今藏于陕西历史博物馆，经笔者研究，其中的菱格纹原是由交龙穿璧纹抽象演化而成，本章"龙与汉画像石"一节已有讨论，不再赘述。

洛阳龙纹砖形制颇为特殊，除了有陕西出土龙纹砖常见的长方形外，还有三角形的。砖两面各有不同龙纹，一面是武士御龙的格局，长约88厘米，高约40厘米，龙身修长，呈S形起伏状，龙尾卷曲，龙躯饰有条形与圆形纹饰；头上一对龙角，角如蔓生触须；龙口张开，露出长舌与六颗牙齿；两条龙腿呈三爪鹰足状。另一面纯然龙身，姿势形态与前者相似，稍有差别。

龙角尖短似牛角，不见龙舌，颈下有细细的龙须，后颈两条勾云状的鬃毛，前腿一条长长的带倒钩刺物。徐婵菲撰文介绍，其研究结论是两龙为一雄一雌，武士驾驭着雌龙，另一是雄龙。

在汉代，空心砖应用逐渐拓展，由宫殿而官署而陵园，砖的纹饰题材亦丰富多变，构图简练，线条劲健，成为有意味的艺术形式。

三、龙生九子：共享龙族的智慧叙述

在不同的建筑物上，还有龙生九子超自然意象的存在。这自然是民间小传统的创造，后来却弥漫全社会，为官府和社会精英所接受。

龙生九子传说既久，但一直在民间口口相传，明代以前尚未进入官方记录的文字系统。传说明孝宗弄不清龙生九子名目，令中官去询问。礼部尚书文渊阁大学士李东阳接到御书小帖，仿佛记起少年时曾在杂书中见过，但仓促之际又想不起来，便问编修罗玘。罗说曾听老师说过，只记得五六个名目。转问吏部刘绩，刘说家中有一旧册子备录此语，取来一看，果然有九子之名，却未记出自何书，无从查考。李东阳万般无奈，只好草草归纳据以复命：

> 龙生九子不成龙，各有所好。囚牛龙种，平生好音乐，今胡琴头上刻兽，是其遗像。睚眦平生好杀，今刀柄上龙吞口是其遗像。嘲风平生好险，今殿角走兽是其遗像。蒲牢平生好鸣，今钟上兽纽是其遗像。狻猊平生好坐，今佛座狮子是其遗像。霸下平生好负重，今碑座兽是其遗像。狴犴平生好讼，今狱门上狮子头是其遗像。赑屃平生好文，今碑两旁龙是其遗像。螭吻平生好吞，今殿脊兽头是其遗像。（李东阳《怀麓堂集》）

作为门生的杨慎曾听乃师李东阳讲过龙生九子之事，而凭印象记下的却又颇多不同：

> 俗传龙生九子不成龙，各有所好。……一曰赑屃，形似龟，好负重，今石碑下龟趺是也。二曰螭吻，形似兽，性好望，今屋上兽头是也。三曰蒲牢，形似龙而小，性好吼，今钟上纽是也。四曰狴犴，形似虎，有威力，故立于狱门。五曰饕餮，好饮食，故立于鼎盖。六曰蚆蝮，性好水，故立于桥柱。七曰睚眦，性好杀，故立于

刀环。八曰金猊，形似狮，性好烟，故立于香炉。九曰椒图，形似螺蚌，性好闭，故立于门铺首。又有金吾，形似美人首，尾似鱼，有两翼，其性通灵不寐，故用警巡。（杨慎《升庵外集》）

师生相承，所记差异如此之大，可见口述传统多有众声喧哗的特征与氛围。别说简单记录者，就是深下功夫的研究者也很难确切地定位于一尊。这种名分不同、读音有异、排序各别的种种说法不只见于李杨著述，也见于陆容《菽园杂记》、李诩《戒庵老人漫笔》和徐应秋《玉芝堂谈荟》等文献之中。一定要统一口径么？定众多为一致，裁百花为单一，不是淹没了许多信息吗？当口传系统进入文字系统时，一般都会出现这样的矛盾与纠结。一般说来，口传系统的叙述仿佛热抽象一样，边缘多是模糊的，而文字记录系统则往往如冷抽象一样棱角分明。众所周知，在中国传统文化中，"九"素来表示极多，有着至高无上的地位。说九子并非确指九个，如杨慎所记不就是十个么？

我们先从屋顶的脊兽谈起吧。脊兽由瓦制成，高级的多用琉璃瓦。传统建筑大多为土木结构，屋脊则在木材上覆盖瓦片建构而成，檐角最前端的瓦片因位于最前沿，既要承受上端一整溜垂脊的瓦片向下的推力，还要防范可能被大风掀翻落地。因此，人们往往用瓦钉来固定檐角最前端的瓦片。在对钉帽的美化过程中，渐渐形成了自成谱系的脊兽，既具实用功能，又被赋予装饰和标示等级的意蕴。唐宋时，仅有一只脊兽，随着时间的推移，脊兽渐次增多，到了清代，便形成仙人骑凤领头的脊兽系列小队。骑凤仙人有许多美丽的传说，逢凶化吉、吉祥如意乃是其核心的祝祷。

脊兽系列中，尾随仙人之后的便是嘲风。嘲风之名见《渊鉴类函》第四百三十八卷《鳞介部·龙》引明陈仁锡《潜确类书》所述："龙生九子……嘲风好险，形殿角上。"而清朝官修的《大清会典》说脊兽序列为龙、凤、狮子、天马、海马、狻猊、押鱼、獬豸、斗牛、行什。嘲风在这里升格为龙了，甚至有置于屋角前沿瞭望远方的尊位，其吉祥寓意自不在话下。而尾随其后的狻猊，也是龙子之一，怎么排列在海马之后了？狻猊，形似狮子，平生喜静不喜动，好坐，多是结跏趺坐或交脚而坐的仪态，一般用来装饰佛座、香炉的脚部。这里竟然排坐进入脊兽的行列之中。居室唯安，在这一点上，天子与民众是一致的。

龙子之中，登上屋脊高位的还有著名的螭吻，又名鸱吻，口润嗓粗而好吞，遂成殿脊两端的吞脊兽，取其灭火消灾之吉祥意。螭吻由鸱尾、鸱吻演变而来，传说鸱吻住在南海，能喷水成雨。汉武帝时，因宫殿常生火灾，遂于殿脊饰鸱吻以镇火，后沿袭成制。《太平御览》卷十六引《唐会要》："汉柏梁殿灾后，越巫言，'海中有鱼虬，尾似鸱，激浪即降雨'，遂作其像于屋，以厌火祥。"晚唐以后，鸱尾下塑成含脊的兽头，即改作鸱吻。有的尾尖分成鱼尾形的两叉。宋以后，鸱吻从神鱼转化为龙，明清官式建筑中将鸱吻的吻部做成龙头形，上部内弯后又向外卷曲，身上塑龙鳞、龙爪，吻背上插着剑把，吻侧突出一个小兽头，逐渐演变为明以后的螭吻。螭吻背上插一短剑，相传剑是晋代名士许逊之物，插螭吻背以防其逃跑，使之能永远喷水镇火。如此建构，颇有些许祛魅意识，或者说实用理性主义泛滥的味道，总之是将神秘神奇的超自然意象牢牢控制在人的力量之下。但从建筑技术与艺术来说，却别有意味，甚至有人类童年的天真意趣。古建筑专家梁思成先生曾评价说："（神兽）使本来极无趣笨拙的实际部分，成为整个建筑物美丽的冠冕。"

还有成都昭觉寺、福建赤水天后宫屋脊上的鳌鱼，形貌为活泼腾跃的鱼，亦称龙的九子之一，位置、功能与螭吻融而为一。虽说应是与螭吻具同一意象的异文本，但它历史性地站立在庙宇的屋顶之上，本身就是一种有价值的文化存在。它是口述多样化叙述的建筑实体性留存。当文字叙述系统强调确立标准，趋向单调与僵硬的时候，它会以活泼而别致的意态暗示出越轨的话语来。

龙生九子，醒目而显豁。三子雄踞屋顶，还有一位坚守大门。这就是椒图。椒图贵为龙子，形似螺蚌，固守大门，衔环铺首是其形象。人们每每在海边看到螺蚌若遇外物侵犯，总是迅即将壳口闭合。民间传说便取其异质同构的特征，将其以龙子之名雕刻在大门铺首或刻画在门板上，或取其紧闭安全之意。其实何不放开思绪畅想一番，既是龙子看守的门户，未尝不可以是"龙门"呢？即便卑微如鲤鱼者，穿过这龙门将会出现怎样的局面呢？即使建构者未必如此想，但役使龙子守护自家大门的创意本身，就是基于"万物皆备于我矣"的拿来主义，也是"六经注我"的强烈自我意识。换个角度来说，这不就是人的自主旗帜高扬之后，借万物有灵的模式为己所用么？而从北京古家具博物馆所展示的椒图来看，显然来自平民府第，可见在相当长的时间里，旧时被宫廷尊贵的龙，早已守护寻常百姓家了。

不只是殿宇居室，就是桥梁水岸，也是龙子中意的地方。据介绍，2000年什刹海环境治理，清理河道时发现岸两边有四只雕刻奇异的神兽。这是何物呢？专家一看，这不就是龙子之一的霸下吗？后门桥跨什刹海入玉河处，是古代京城一个重要水系的关键之处，把霸下雕刻在桥下，就是让这个好水的龙子作为河道之长，护佑它不受洪水的侵扰。霸下不辱使命，日夜趴在边沿临水处，四趾抓紧河岸，探头盯看水波缓急，心系岸上安危，如此痴迷如此敬业，岂不令人从心底有所敬畏？

其实无论是北京颐和园十七孔桥，还是北京万寿寺，大凡有水的地方，都有霸下精神抖擞，亲临其境，聚精会神，固守其职。当然作为龙子，活态地生存于小传统的民间传说之中，不似大传统标准化具有范式的顶层设计。倘落实在雕刻绘制时，不同的匠师自然有不同的想象与构形，就像螭吻在不同时代不同地域都迥然有异，对于霸下来说，一千个工匠也会有一千个霸下的。

说到桥下水边有霸下，桥上还有饕餮呢。饕餮自是龙子之一，原寄身于商周青铜器之上，具狞厉之美。因其平生好食，青铜鼎上的形象所在多是。但看到赵州桥上的饕餮形象，看那圆睁的大眼，充满欲望而不曾闭合的嘴巴，便觉威猛扩张，气势逼人。或许河流自身有更多的美味不断滋生不断成长，或许河流就是田园山野五谷野生物旺盛的资源，从而引发了饕餮浓厚的兴致而驻守这里。

龙子不只守护家园，桥梁河道，还能甘心负重，陪伴历史呢。这就是身为碑座的赑屃和装饰碑帽的负屃。赑屃因音与霸下相近，有文献认作二位一体；又因形似乌龟，常被误读。如郭小川诗《祝酒歌》："当一天的乌龟，驮一天的石碑。"明杨慎《升庵外集》云："赑屃，形似龟，好负重，今石碑下龟趺是也。"传说赑屃平生好负重，力大无穷。上古时代常驮着三山五岳，在江河湖海里兴风作浪，后被治水的大禹收服。它随大禹推山挖沟，疏理河道，颇有作为。功成名就了，大禹又担心它逞能撒野，便搬来立地顶天的石碑，镌刻赑屃治水业绩，让它自己驮着，好让沉重的石碑和炫耀的荣誉来弹压它。如此高人一等的思维模式，这是假名大禹的统治术么？如此控制龙子的思维模式，会让人忍俊不禁，亦让人心事浩茫连广宇。然而，面对神秘神圣性的意象，谁能沉思反省许多呢？一般人所关注的焦点，可能因这形似石龟之物是龙子，是长寿与吉祥的象征，触摸它可能会给人带来福运。

　　口述历史本身是丰富多彩的。还有一个关于赑屃的传说，说刘伯温原是玉帝身边的天神。元末明初，天下大乱，玉帝令刘伯温转世辅佐明君，以定天下，并赐斩仙剑，可号令龙王。但龙王年迈事繁，派九子助刘成就大事。龙子个个法力无边，跟随刘征战，为朱元璋打下江山，又助朱棣夺得皇位。当龙子功利圆满欲返天宫时，朱棣却想将它们永留身边。他假借修筑紫禁城之名，拿了斩仙剑号令九位龙子。但龙子仍是天神，呼风唤雨，大发雷霆。朱棣见斩仙剑镇不住场面，便想以计谋胜。他对九位龙子中的老大赑屃说："你力大无穷，能驮万斤。若能驮走这块先祖的神功圣德碑，就放你们走。"赑屃一看，一块小小的石碑呀，不算什么，便毫不犹豫地驮在了身上，谁知用尽法力却寸步难行。原来，神功圣德碑乃记载"真龙天子"一世功德之用，那可真的是功德无量啊。又有两代帝王的玉玺印章，能镇四方神鬼呢。诸位龙子眼看大哥被压碑下，不忍离去，便决定一起留在人间，发誓永不现真身。朱棣虽留住了九龙子，但得到的却仅仅是九个塑像般的神兽。刘伯温得知此事后，也弃朱棣而去，脱离肉身返回天庭。朱棣后悔莫及，为警示后人不要重蹈覆辙，便让九龙子各司一职，流传千古。这个传说颇有意味，它似乎仍留存着与皇帝疏离的民间格局。虽然以赑屃为代表的九位龙子多位于皇家与官署的建筑格局里，但在叙述层面，仍有着对峙与冲突的多向度立场与态度。

　　作为龙子之一的负屃确也似龙形，它与赑屃彼此呼应，呵护与扶持着庄严的碑石。如果说方正的碑石源自葬埋时缠绕下棺绳的石柱，那么负屃不就是负重的绳索演变的么？赑屃在下负重驮碑，负屃盘绕在石碑头顶或两侧，装饰为优美别致的碑帽。在直觉印象中，九位龙子中，负屃是最喜好斯文的，与喜杀善斗的睚眦对照为一文一武，各显特色。又在碑石中与赑屃一上一下，以其神秘与神圣，营造着文字叙述庄严肃穆的氛围，强力维护着文字叙述系统的恒久性。朝廷官署的话语因此而获得村镇乡里的共时性呼应，大传统的谱系因此而历时性传承，其价值与意义，无论怎样形容都不过分。

龙生九子，倘要逐个论及，至少还有平生好坐又喜烟火而点缀于佛座与香炉脚部的狻猊；有平生喜吼好鸣，寄身于洪钟上的蒲牢；还有常蹲在琴头上欣赏拨弦拉音乐的囚牛……倘若细数不同版本中的龙子形象，那就数倍于此了。而这些与建筑物的关系相对疏离，似可存而不论了。

四、壁柱园廊俱属龙：宏大的叙述时空

上述种种，龙往往是建筑物的点缀或陪衬，而龙作为其灵魂与主体意象的，似应是九龙壁了。

众所周知，九龙壁原属影壁的一种，是传统建筑物以外正对大门作为屏障的墙壁，亦称照壁。传统的龙壁也是三六九等，以阳性单数定位，有一龙壁、三龙壁、五龙壁、七龙壁和九龙壁。在数字被等级化神圣化的年代，九龙壁只能出现在皇帝、皇后及王公宫殿正门的地方。当然，属于国家级的皇家寺院里也可能见到。

由于九龙壁所依傍建筑物居住者的身份、地位非同凡响，故它的建构自是宏大叙事，马虎不得。一流的建筑艺术家介入其设计与督造，体量硕大，材料高档，主要使用琉璃、砖雕等材质，色彩要鲜艳。中国代表性的九龙壁，有故宫九龙壁、大同九龙壁和北海九龙壁。

北海九龙壁位于今北海公园五龙亭以北，天王殿西侧，高6.5米，厚1.2米，长27米。据载此壁始建于辽，清乾隆二十一年（1756）重建。七色俱全，黄紫白蓝红绿青。南北两面，各用长方琉璃砖二百块拼接而成。除壁前壁后各有九条蟠龙外，正脊、垂脊、筒瓦、陇垂等处龙影纷繁，共有六百三十五条龙。龙在此成为象征皇权与天子之尊的意象，触目所见不是俯身探海的降龙，便是腾身上跃的升龙。九龙壁是名匠样式雷构思设计的。据说雷氏把烫样呈给乾隆时解释道："数至九九，壁长为暗九，乃应中化国祚万年。"如此颂祝捧持，自得天子大喜，命工部依样建造。

唐鲁孙在《前清旧王孙南北看》一书中记载了此壁龙有灵性的传说。说是乾隆二十一年的一天，九龙壁前香案香炉陈列，一高僧端坐黄色蒲团之上，给九龙壁开光。数百人虔诚观看，氛围庄严肃穆。当祥云缭绕晚霞衬映之时，出现了奇迹，有人把手帕丢到第九条龙的头上时，只见此龙通了灵

性，龙眼龙须都动了起来，吸住手帕不放，仿佛真的要破壁而出，腾飞上天。这个传说寓意良好吉祥，无论是叙述者还是聆听者，都感到福音满满。

但故宫九龙壁的传说就不一样了。说是故宫九龙壁从东数第三条白龙的腹部，有一块琉璃瓦与众不同，咋回事呢？据说乾隆当年下令烧造九龙壁时，限时颇为紧短。而烧造好不同色彩的琉璃并不容易，土质、火候和时间任一处稍微错位，便会出现色差而只能废弃。正在这夜以继日的忙碌中，一小工匠不慎失手，一块白琉璃掉地摔碎了！这还了得！重新再烧时间哪来得及。误期交不了工，奉旨烧造，掉头的罪啊。众心忐忑中，一位叫马德春的工匠急中生智，连夜将一块楠木雕成龙腹之状，嵌入那一空白处，再涂以白漆，居然蒙混过关，躲过一劫。这个传说传递出龙为天子垄断可能带来的压抑与恐怖，大有解构意念，把无价值的东西撕破给人看的态度。好在一切都成过去，如今九龙壁成为人人都可驻足观赏的名胜风景了。

当然这样的传说都笼罩在皇权神威的氛围之下，而一些传统的龙壁传说则彰显着龙的神秘神奇与威严。

说是笃信佛教的南朝梁武帝令张僧繇在金陵安乐寺壁上画龙。张僧繇画四条白龙，均不点睛，众人颇为诧异。张解释道，倘点睛龙便升天而飞了。众皆不信，让画来试试。果然，当张僧繇刚点了两龙之睛，便见雷电大作，轰隆霹雳，震破屋壁，两龙腾空而去。墙壁上只剩下未曾点睛的两条龙了（唐张彦远《历代名画记》卷七）。西晋王嘉所撰《拾遗记》则记述了更早时期的点睛故事："始皇元年"[①]，画工裔"画为龙凤，骞翥若飞。皆不可点睛，或点之，必飞走也"（《拾遗记》卷四《秦始皇》）。

唐朝的冯绍正，似能画出活灵活现的龙。据唐郑处诲《明皇杂录》记载，开元年间，关辅大旱，长安缺雨尤甚。多方祈雨无效，唐明皇便在宫苑龙池旁新建一殿，命冯绍正四壁各画一龙。冯绍正"乃先于西壁画素龙，奇状蜿蜒，如欲振跃。绘事未毕，若风云随笔而生。……设色未终，有白气若帘庑间出，入于池中，波涌涛汹，雷电随起"，说时迟，那时快，"白龙

[①] 周赧王五十九年乙巳（前256），秦灭周。自次年（秦昭襄王五十二年丙午，前255）起至秦王政二十五年乙卯（前222），史家以秦王纪年。秦王政二十六年庚辰（前221）完成统一，称始皇帝，始以皇帝纪年，前221年为秦始皇二十六年。《拾遗记》所言"始皇元年"，与历史纪年不符。

自波际乘云气而上，俄顷阴雨四布，风雨暴作，不终日而甘霖遍于畿内"。宋费衮《梁溪漫志》记录了道士李怀仁画毗陵郡天庆观壁上龙的故事。据说他画龙用几斗墨汁，拿一把扫帚和撕下的袖子、头巾蘸墨作画。只见他"号呼奋掷，斯须龙成"，观者惊叹不已，纷纷倒退避让，唯恐龙从壁上飞来攫人。此龙绘成栩栩如生，成为毗陵郡一大名胜，"四方来者，道出毗陵，必迂路而观焉"。更有甚者，说有人曾雇画工临摹，谁知那画工运笔之际，只觉天旋地转，竟无法绘制。

　　了解到这些故事传说后，方悟出后世的九龙壁就是笼罩在这一浓郁的传说氛围中的建构，不过重心与中心挪移到皇帝万岁万岁万万岁那里去了。

　　而在今天，龙与建筑更是拓宽视野，别开生面。2005年，兰州黄河岸边修造起占地20亩的"龙"主题公园，在龙文、龙诗、龙图腾、"龙"字书法、龙成语、龙生九子等共同构成的景观中，汇集了从古到今一千一百多个"龙"字的碑廊、以龙生九子传说为内容的浮雕石柱等格外醒目，可谓蔚为大观。如果说兰州龙园以驻守黄河岸边，以群体簇拥而彰显悠远与凝重之美的话，那么，贵州余庆县花山苗族乡飞龙寨所修筑的长达999米的龙形长廊，则以龙身巨大带来震撼。巨龙长廊依傍浩浩的飞龙湖，临近有乌江沿岸原始森林、飞龙赤壁、飞龙洞和湖中星星岛屿等自然景观，誉之"天下第一飞龙"，真真当之无愧啊。可见，当龙回归本位为全民族所拥有，它巨大的意象定格为建筑物时，它能够触动人们心灵最柔软的地方，当是它悠久的历史所积淀的精神元素。

第八节　龙与民间美术

　　一般而言，在美术层面，笼统地说也有官方美术、精英美术与民间美术之别。虽说龙的意象自古以来就为全民所有，但在不同时间不同空间，不同族群的表达却也是"横看成岭侧成峰""三峰却立如欲摧"。它的造型语言，它的情趣意味，其能指与所指都有一定差异，彼此的辨识度应该说不低。倘若单论民间美术，那也是一个博大的群体组合。如同莽莽原野远近高低各不同的植物群落一般，千姿百态，万紫千红，真可谓美不胜收，壮观而宏博。倘若认真辨析一一排序，那也是步入山阴道上美不胜收的景致。浩浩江海，吾取一瓢饮。这里仅举花馍、剪纸等数例，试看悠久的时间中，广袤的空间里，龙在这一领域是如何笼罩、渗透与呈现的。

一、幽幽龙韵寓花馍

花馍，时下多被称为面花，却不知语出何典。笔者以为这一命名或在强调它是以面粉为质材的雕塑艺术，就好像把灯影戏叫皮影戏一样，虽不无道理，却可能会遮蔽其与生俱来的民俗意蕴。

向上追溯，花馍产生于何年何月，一涉及具体确乎难以考释，但花馍历史悠久却是不争的事实。试想新石器时代的先民能将没有多少黏性的土泥巴捏塑成花鸟虫鱼千般模样，捏塑一个花馍还有什么困难呢？后世学者多拘囿于文字记载，以为面食初现于汉代的文献之中，花馍就只能顺势而下向魏晋六朝隋唐延伸寻觅了。岂不知在黄河流域，距今四千多年前的原始社会就有大碗面条的存在，这有青海民和县喇家遗址的考古发现为证。远古创世神话中女娲抟土造人的传说，或许就正是花馍艺术的象征与投影。后世文献所载便是花馍更为成熟的不同呈现：如《左传》载郑桓公食用民间花馍时曾惊叹不已，《中国大百科全书·轻工卷》载"汉代迎神赛神的傩舞便是以面团塑成的鬼怪头像"，北魏贾思勰《齐民要术》记录了面食的十多种"饼法"，唐封演《封氏见闻记》记述了当时以面塑替代传统祭祀、殉葬的做法，宋吴自牧《梦粱录》展示面塑出现于岁时年节与人生礼仪之中，等等。

首先，花馍展现于对中华民族有重大影响的人物与节日的重大祭祀活动之中，比如炎黄祭祀、女娲祭祀、天坛祭祀、司马迁祭祀等。黄陵清明为官祭，重阳是民祭，年年如斯，都是全球华人的大型祭祀活动。在这些祭祀活动中，龙是花馍造型的主体，二龙戏珠等大型花馍便是常规的祭礼。笔者曾访谈2019年为黄帝陵祭祀制作九龙花馍的民间花馍艺人田小云，她说依据就是远古而来的九龙朝凤的神话传说。对学者来说，这类传说可能要到浩如烟海的文史典籍中去梳理；而对于民间艺人来说，却可信手拈来，因这自是耳熟能详时常说起的寻常叙事。在创作过程中，这种看似严肃题材的创作，不仅成人担当大任，小辈们也耳濡目染地跟了进来。从古到今，与专业美术教育正规训练迥然有别，民间艺术的传承更多的就是在这样一种氛围中运行开去。

同样是二龙戏珠，花馍的造型也繁复多样。黄帝驭龙升天，黄帝本身也是龙的化身。后世皇帝自命真龙天子，或许就是以此为源头为依据呢。祭祀黄帝，作为龙的传人，塑龙是最为得体恰当的。祭祀仪式结束，这些献供的龙馍则是"抢供尖"的对象。再说，二龙戏珠还有吞珠化龙的神话传说作背景。2000年以来，笔者参与过几次黄帝陵祭祀大典，亲见祭祀仪典刚一结束，等不及主持者分发，汹涌的人群纷纷出手伸向花馍，有所获者如饥者遇美食一般，迅即将所获花馍送到嘴里吞咽起来。这就是自古以来的"抢供尖"习俗，它是一种外来者不易理解的狂欢仪式，且是在庄严肃穆氛围下的狂欢仪式。男女老幼参祭者如此痴迷，以急切的意绪，想来分享祥瑞，沾濡黄帝祥龙的福气。这或许就是民间祭祀活动最大的动力，是民间俗信最深沉的魅力所在。一切历史都是当代史的说法，在此情此景中可以获得真切的注释。

随着民间祭祀等活动的不断壮大，《龙的传人》歌声嘹亮响起，面塑龙也不断向着高大上迈步。2012年山西闻喜西湖景区，出现了一尊30.5米长的面塑长龙，这个据称为世界最长的神龙面塑，彰显着不可无一不可有二的独特性。如此巨大，似乎不宜称为花馍了，它是闻喜县一个村庄以一百多公斤面制作，每天用八十至一百人，花半个月时间倾力完成的。直面这活灵活现的形体，确乎会有"飞'龙'直下三千尺"的震撼。

其次，花馍在人生礼仪活动中往往占有重要位置。婚礼、诞生礼、寿礼、丧礼和祭礼等活动中，花馍营造着特殊的文化氛围，扮演着不可替代的角色。在陕西关中地区，婚礼、诞生礼的花馍一般是龙凤呈祥、龙飞凤舞等。在花馍的语境中，龙是男子理想形象的期许，凤是女子高洁仪态的象征。虽说传统神话中龙凤各有雄雌，但民俗惯性思维的强力结成了龙凤这一天造地设的美好祈愿，望子成龙、望女成凤成为民众文化心理结构中的核心亮点，使得普通民众也能自信满满地享有龙凤文化的光泽。若是男孩，那诞生礼中龙形花馍的人生期待与祝福就不言自明了。

陕西华州区在婚礼和诞生礼中所呈现的大谷卷花馍颇有意味。其造型是虎头龙身凤尾的蒙太奇组接，在婚恋意味中似象征异体融为一个崭新的生命，虎是辟邪的意象，龙凤是新结合男女的投影。而不同血缘的亲属所送的大谷卷形制也不一样，倘是男方舅家姑家，所送大谷卷便是龙尾；若是女方娘家或亲戚，所送的大谷卷自然是凤尾。在这神圣的祝福礼馍中，积淀了血缘亲情在祝祷层面的偏倚倾向。同样，关中东府地区，婚礼时男方姨家、舅家所赠的高盘大礼，用百十斤面粉蒸制而成，分九层二十八个花馍镶嵌其中，盘绕为龙柱。而在诞生礼中，大谷卷又变成鱼尾，这是在鲤鱼跳龙门、鱼升格幻化为龙的神话思维中的食品定格，美好的意愿在这里积淀为花馍的形式。在十二属相花馍中，龙馄饨亦是这一情感的直觉造型，这既是餐饮的美味，又是有意味的形式。

龙凤喜馄饨是陕西关中地区的婚礼礼馍。在陕西合阳，这是舅家、姑家必须相赠的礼品。这一花馍的语境博大深厚，有着历史层积的意蕴。龙凤的语码自不待说。花是华胥氏女娲神话的传承，是可与龙的传人相提并论的花的传人之族徽，是远古花崇拜的活化石遗存，是生殖崇拜与子孙繁荣的祈愿；而其基座是带馅的馄饨馍，则是在神话巫术相似律与接触律导引下，融入了盘古开天辟地神话的崇高建构，期待新人能如盘古一样，咬破混沌，开辟出爱情、事业与生活的一片新天地来！喜馄饨一个个造型精美，色彩绚丽，当我们了解到关中民俗中新婚者宴席间将馄饨馍掰开，在洞房之夜夫妻同食，其中所蕴含的神话意味便不难猜知了。它的历史积淀竟如此深厚，神话氛围竟如此浓郁，内蕴竟如此崇高与博大！

这里边还有更多的讲究。如陕西合阳嫁女时，一般要依女子年龄，一岁一个馄饨，放置于送女食盒中。这自是借盘古创世神话，祝愿孩子岁岁平安，拥持吉祥，笼罩幸福。花馍的语境，慈母爱心融于女儿的成长历程中，每年每日都有深情的瞩望，都有爱心与祝福陪伴。与此同时，还要请花馍高手做一个插花虎馄饨来压轿，老虎辟邪神话的传奇力量积淀在花馍之中，在此际闪射出来。

不只在人生礼仪的情境中出镜，就是在岁时年节的文化空间里，二龙戏珠也是主角式地呈现。如二月二龙抬头节、清明节、端午节和重阳节等，都是如此。过了破五，关中追节开始了，娘送出嫁女、舅舅送外甥的，除了灯笼，还有十二生肖的花馍，其中的面塑龙馍，自是威武，自有稚气，自然包含着温馨与亲情。而在清明节，关中东府一带习惯蒸出龙龙馍，用以祭祀祖先。人生有代谢，往来成古今。想想在这广袤的黄土地上，远远近近供奉在祖茔上的馄饨馍，仿佛"见龙在田"的一条条新龙一般，谁能说这个群落没有孕育"飞龙在天"的热望？

二、纸剪凝神呈靓影

剪纸艺术说起来源远流长。司马迁《史记》所记周成王剪桐封弟的故事，即便以树叶为材质，却也被视为中国剪纸的滥觞。关中古来有"汉妃抱娃窗前耍，巧剪桐叶照窗纱"的歌谣，亦是这一思路的拓宽与延展。但这不过是大传统叙事中的穿插，大制作中的花絮，与真正的民间艺术和叙事还有一定的距离。

尽管蜀汉时谯周在其《古史考》中说"剪，铁器也，用以裁布帛，始于黄帝时"，而1972年陕西临潼出土的黄铜片则距今六千多年，早于黄帝时代。另据杭州剪刀博物馆资料，中国剪刀史可追溯到西周初年。考古发现中最早的是战国时的一把铁剪刀，两股相连呈U形状。此后剪刀均有发现。

我们还可以从秦汉画像石、剪金银箔和镂皮革等来考察，绘制工具一步步接近，绘制技巧、造型特点几乎相似，图纹载体一步步变薄接近后来的纸张。质言之，这诸多镂刻艺术形式上似也期待着剪纸的出现。当我们看到河南辉县战国遗址出土的银箔镂空刻花弧形装饰物，看到陕西兴平茂陵一座汉墓中出土一组只有指甲盖大小的金箔贴花，那些虎啊象啊鸟啊怪兽啊云气啊，且以极细的墨线在金箔片上勾描出动物的细部，我们完全可以说，除了质料金箔银箔与纸的差异外，这不就是一组活脱脱的剪纸作品么？仿佛万事俱备，只欠纸张这一东风的降临。随着考古的发掘，隶属于西汉的西安灞桥古墓"灞桥纸"、陕西扶风中颜村汉代窖藏"扶风纸"和甘肃居延汉代金关"居延纸"纷纷被发现，说明在西汉时期，已出现了最初的麻纸，由此我们可以推断，剪纸艺术在汉魏时代登上中华艺术殿堂也成为可能。

想想也是，简单的一把剪刀或刻刀，薄薄的一张纸，似有极强的叙述功能，三两下便勾勒出山高水长、花红柳绿、人欢马叫的一片天地来。而这一平台的建构，多奠基在民间的院落；对这一图像叙事话语权的掌握，多是与文字叙事能力有相当距离的民间妇女，这竟是怎样的神奇与微妙呢！

龙作为意象进入剪纸，又是怎样的样态呢？

首先是与岁时年节密切关联。春节需要剪纸来点缀，春节隆重的氛围需要祥龙来烘托。唐崔道融《春闺二首》有"欲剪宜春字，春寒入剪刀"之句，是说妇女剪"宜春"二字，用于张贴，以求吉祥。对此，唐段成式《酉阳杂俎》说得更为清晰："立春日，士大夫之家，剪纸为小幡，或悬于佳人之首，或缀于花下，又剪为春蝶、春胜以戏之。"大量的剪纸龙纷纷扮饰为红艳艳的格式窗花，贴于卧室，成为暖心暖意的炕围花。龙形的叙述呈现在自家的窗棂，龙的样本舒展于普通村妇世代相传的陈旧册页，龙脉旺盛的祝愿深藏在自家的心底。民俗剪龙绘龙，娱神娱人，为苦难的人生增添些许艺术的狂欢，为平淡的节庆鼓捣出富有情趣的热闹，龙的形象便无拘无束地活跃在剪纸的世界里。

元宵节要舞龙。人们敲锣鼓，放鞭炮，扭秧歌，剪纸装饰的龙凤旗帜飘起来，这就是人人沉浸其中的狂欢。这样的欢乐场景不只展演在光天化日的广场街道，也定格在剪纸的方寸之间。在这样的节日里，不只陕西，整个黄河流域都是如此。如山西、河南各地都有门脑贴龙像的习俗；山东胶东这天剪"圣虫"，而荣成则别出心裁，把圣虫剪成人首龙身的意象。这不就是《周易》龙人合一的思维模式么？

一幅龙腾狮跃的窗花熏样，出自秦岭北麓关中道上，出自声名远播的周至翰林路家。如此热烈欢快的格调，自然吻合年节人人喜庆的愉悦氛围。自清乾隆年间，路元锡步入仕途，先后有路德、路慎庄、路岯等人进士及第，是典型的以耕读起家的官宦世家。而大传统与小传统的叙述模式，在这样的家族才有交汇吸纳的可能。剪纸在这个家族有了更多的积存和提升，在浓厚的家族文化氛围中，路家葛雁、蒲玉花和路晓春三代人，在指尖上翻转折叠，于方寸中剪裁点染，传承了这独具特色的路氏剪纸技艺。[1]与民间威

---

[1] 李旭佳：《"蒲编堂"路家三代人的剪纸记忆》，《陕西日报》2019年8月8日。

猛刚烈的龙相比，路家的剪纸龙柔曼优雅，和谐自得，从容幽静，亦颇具童趣，自有一番优长之处。

唐代诗人李商隐《人日即事》诗云："镂金作胜传荆俗，翦彩为人起晋风。"事实上直到今天，不少节日仍有剪纸作彩的习俗。如九月九重阳节，应节之物是一种三角形的彩旗，彩旗或木板印制，或剪纸镂花，其纹饰多龙虎之类。许多民间艺人剪龙时竟做大幅度的时空跨越，直取远古图腾类题材，如龙生九子、三爪龙、五爪龙、二龙戏珠等，这是怎样的传承路径？又是怎样的构思酝酿与创作模式？无论是琢磨一件件作品还是整体的创作情状，真真颇多神奇、神秘而饶有趣味。

陕西周至有个习俗，天旱祈雨时剪个龙，置于十字路口供奉三天后，以火送龙。真的就能雨雪霏霏吗？或说颇为灵验。有的地方还让属龙的男孩用擀面杖戳龙，逼它下雨，边戳边念叨："戳龙王，惹龙王，惹得龙王心发慌。"这就由虔恭敬神演变为肆意驭神了。我们所熟知的叙述视角由仰视陡转为平视甚至俯瞰。这是人强龙弱、人主龙宾，人的主体性得到了充分的肯定与张扬。龙与人之间的关系反转，是理性精神的高涨呢，还是剪不断理还乱的非理性情愫呢？从宏观角度来看，这种偶然存在的人与龙的关系反转，或许与历代帝王试图对龙的垄断的反弹有关。如太平天国对龙的形象叙述，便由此立场走向极致而陷入尴尬。传说太平天国初期，剪纸龙纹须是"射眼"龙。金田起义前，洪秀全借上帝之口斥龙为"魔鬼""妖怪""东海老蛇"，然后将自己所穿龙袍上龙的一眼"射闭"，名曰"射眼"，即画龙时，将龙的一只眼圈放大，眼珠缩小，另一眼比例正常，两道眉用不同颜色。并宣布，凡是射了眼的龙纹，是"宝贝金龙"。癸丑三年（1853）后，才取消了这一规定。《天父下凡诏》称："今后天国天朝所刻之龙尽是宝贝金龙，不用射眼也。"倘要区分太平天国剪纸初期和后期，凭借有无射眼便可判定。其实冷静想想，无论是历代皇权的垄断，还是太平天国的反弹，都是无视且低估了中华民族龙文化的厚重积淀，即广大民众数千年以来不曾削弱的对龙信仰的虔诚，对广义龙图腾的认同。

另一极端是剪纸上呈现屠龙。这个源自苗族龙舟节的传说则是别具一格的龙故事。相传龙王某次错行了雨而惹怒天公，遂命雷神将龙王劈成数段抛入江水之中。每遇天旱，苗族百姓便造龙船沿清水江划渡，象征龙王又复活了，能按常规普降甘霖滋润人间。或说这是端午龙舟节的异文本，但在苗族，时间却与端午拉开了距离，是在农历五月二十四至二十七这四天。另一屠龙的文本，是说渔民父子在清水江一带打鱼，风浪中龙王杀其子以为枕，渔父遂放火烧杀龙王。后来龙王托梦给苗人，让他们以杉树做龙舟，在江河模仿龙行水上，上天便可兴云作雨，带来五谷丰登。遂相沿成俗。这种对龙王的矛盾心态，既恐惧给自己带来灾难，又祈愿能为自己带来福佑，恰是择水而居者对于江河矛盾心态的折射。而屠龙的剪纸作品，也多向度、多层面呈现了龙文化图像的叙述立场。

在诸多岁时年节中，剪纸在春节这一传统节日有最为丰富的呈现。而在各种人生礼仪中，剪纸最可展示的舞台便是婚礼。就环境而言，新房要有顶棚花、炕围花、窗花；就与时俱进的物件而言，新娘所有嫁妆上都要覆以大喜花，迎娶的汽车，以及新房的桌椅、箱柜、电视、冰箱、床等等，都要覆盖上红艳艳的喜花。婚礼剪纸首当其冲是龙凤呈祥。虽然更多文献中叙述龙凤各有雄雌，但中国人就不认这个理儿，在龙人合一的逻辑链条上，硬是断定男为龙女为凤，龙凤才是天造地设的绝配！在周秦汉唐的故土，关中地区有民谣唱道："剪个龙凤呈吉祥，祝你娶个美娇娘。"

那么婚礼的剪纸出现二龙戏珠，岂不是矛盾的？在世俗思维看来，矛盾的事物在神话思维中却顺畅无误。《庄子》云"千金之珠，必在九重之渊而骊龙颔下"，《埤雅》言"龙珠在颔"，《述异记》载"凡有龙珠，龙所吐者"，从文献来看，龙珠来自龙体，自带神异与光环。民间传说也讲，天池山有一深潭，二青龙在此修炼，它们因年年五风十雨使百姓衣食无忧，而受到敬畏。此潭也是仙女沐浴之处，每当更深人静，风清月洁，天仙们便飘然而至，浴水嬉戏。一次，仙女们正玩得尽兴，忽见一绿毛怪物猛然扑来，阴森恐怖。二青龙听得呼救之声，急切奔向天池深潭，打败了正想撒野的怪兽。仙女们返回天宫，王母娘娘颇为感动，从宝葫芦取出一颗金珠送于青龙，愿其早日修炼成功。金珠只有一颗，二青龙谁也不想独吞，你让我，我让你，推来推去，最后感动了上帝，再赐金珠，二青龙便修成正果，成了掌管百姓命运的神灵。这里的二龙是辟邪、和谐、吉祥如意的象征，自宋代以来，二龙戏珠就成为婚礼庆贺的标志性图纹，在黄河流域颇为普及。

当然，有规律必有例外。如在陕西三原的一些地方，却忌讳新婚张贴龙凤。这或许是受帝王垄断思维的影响，或许自忖应低调生存，似觉龙凤位高势重，怕福浅命薄压不住，张贴了反倒招祸。其实，这一心态在深隐层面与尊龙崇凤是相通相融的，犹如命名，一般人多喜美名以照耀前程，有人却偏持贱名以求安然生存。

在黄河流域，在古文化积淀深厚的陕西关中，新婚新房不只有龙，还有龙的变形。如陕西旬邑在新房炕墙上贴鱼龙变化的剪纸；咸阳城乡新房的种种器具上不只贴龙凤呈祥，特别要贴鱼变娃等，这里大有深意在。当我们知道了望子成龙的集体无意识，知道了鲤鱼跳龙门而升格为龙的神话，知道了婚配生子这一生命繁衍的常规，便不难了解鱼变娃、鲤鱼跳龙门等剪纸作品在新婚的语境下，成为寄寓着多重吉祥意蕴的祈愿。了解这一剪纸语言，就会感到如此表达是多么真挚，多么热烈，多么含蓄，确乎余味悠长。

当北方的剪纸龙飞凤舞，亮丽于岁时年节、潇洒于人生礼仪之时，在南方，特别是贵州的苗族地区，更多的龙凤剪纸成为服饰的花样底本。毫无疑问，这里的龙自是中华龙神话覆盖下的意象。但在数千年的历时性演变中，龙作为中华民族的广义图腾，早就融众多为一尊，属于建构定形的龙。所变化者，是这条龙本身形象的不断增益与美饰。而苗族民间艺术中的龙，在接受这一龙意象的同时，又拟推拒皇家垄断龙于一尊的专制，独辟蹊径，不断融入新的传说与故事，保持着滋生新芽建构的冲动与活力。似乎是在演奏以龙为主旋律的乐章中，增益了颇具华彩的小插曲与和弦，这便有了相对多样的民间叙述与图像言说，于是乎，这里便出现了鸡龙、鱼龙、蝴蝶龙、牛龙、蚕龙、蛇龙、蜈蚣龙、猪龙、羊龙、蚯蚓龙、螺蛳龙、虾龙、麒麟龙、狃龙、饕餮龙等一个相当庞大的群体。

林林总总的衍生意象，兼以些许意味的抽象，亲切温馨，清纯天真。而这多剪纸最终又以刺绣的形式穿戴在身，头帽、围裙、袖口、裤脚和鞋面，可谓人体皆为龙世界了！再联想到《周易》中龙与君子同质代换的叙述格局，特别是人龙合一的思维模式，这不又是显明的例证么？

三、邮票：方寸应须论万里

龙作为主体意象进入其他民间美术，似以缓慢渗透的方式，难以知晓其始于何时何地。而龙进入中国邮票这一领域，却有精确的日期，是与邮票进入中国同步并行的。

清光绪四年（1878），清政府海关试办邮政，首次发行中国第一套邮票。坐落在天津海河岸边的天津海关书信馆，成了中国近代第一家效仿西方模式的邮局书信馆，邮票主图就是蟠龙，并由上海海关造册处负责首批印制。有人习惯把这套龙票称作大龙邮票（一般认为大龙邮票的最早发行日期为1878年7月24日至8月1日）。大龙邮票正中绘一条五爪金龙，衬以云彩水浪，为铜质版模，雕刻家用手工逐枚刻制。全套三种面值，币制为关平银，一分银为绿色，三分银为红色，五分银为橘黄色，刷色有深浅暗亮等差异，采用凸版印刷，有背胶。后来，人们依其票幅和纸张不同，将其分为"薄纸大龙""阔边大龙""厚纸大龙"等。

在大传统叙述体系以及世俗观念中，龙形图纹自然体现了至高无上的权威。自大龙邮票开始，清朝邮票多用龙形图案。最早的纪念邮票是1894年为慈禧太后六十寿辰而发行的九枚一套的"万寿邮票"，其中一枚为蟠龙。最早的对剖邮票、最早的欠资邮票，也都是龙形图案。

有关专家近年考证，以为最早的大龙邮票设计者为中国人，而不是此前推测的外国人。但设计者姓甚名谁，具体细节则一时无案可稽，这一悬案的明晰静俟来者吧。不要小瞧了最初发行的龙票，它在后世引发的不仅是集邮者的热捧，更有学者与艺术家的考释与唱叹。1988年科学普及出版社出版刘肇宁编著的《大龙邮票》一书，呈现中国第一枚邮票的设计、发行及使用的情景，并解读大龙邮票的印制、版式、纸质、刷色、齿孔、数量等特色。如果说这一著述是从容的理性言说，超脱的历史叙述，那么，2001年播出的张子恩执导二十集电视连续剧《大龙邮票》，就是邮票与人生喜怒哀乐的俯仰感喟了。时至今日，世人皆知大龙邮票被奉为稀世珍品，不承想这枚邮票背后还隐藏着多少悲欢离合、跌宕起伏的传奇故事！

1980年我国开始发行生肖邮票以来，迄今已发行三轮龙年生肖邮票：

1988年第一套戊辰年龙票，设计中博采木板年画、剪纸和刺绣之优长，龙图温馨亲切，无威猛惊人之姿，有绚丽雅致之美。2000年庚辰年龙票，第一枚"祥龙腾飞"中的龙意象取自汉瓦当，背景水波纹，黑龙、金底、"庚辰"红印章；第二枚"旭日东升"，主体意象为旭日海浪辉映下的"龙"字草书，书法或说是怀素所书，据考证是明代书法家吴亮的墨宝，总体古远雅致，舒展大方。2012年壬辰年龙票发行前曾网上曝光，引发热议。褒之者以为威武庄严，震撼四方，一身正气；贬之者觉得凶神恶煞，霸气外露；或形容其"贴入函件能寄信，贴上大门可辟邪"。设计者陈绍华在众声喧哗中解释道，龙票初设计时也曾在"祥龙"与"猛龙"间徘徊犹豫，最终基本构型参考了明清蟠龙造型，意在彰显其自信、权威、神性及辟邪诸内涵。或许，看生活因作者不同，看作品因读者不同；或许，原初的设计意图与最终的意象成型并不一定合铆对窍。再联想到中华龙在英译中，不幸错误地与西方世界的食人喷火恶兽dragon配对成译，这对中华龙文化的对外传播难免产生消极影响。2012年是中国的龙年，世界多地也都发行了以中国龙为题材的纪念邮票。龙形各异，色彩纷呈，想想看，这在视dragon为恶魔的文化区域，到底是褒扬还是贬损呢？2007年11月18日，在古老的黄河岸边，在笔者参加的学术会议上，发布了《首届中华龙文化兰州论坛宣言》，呼吁为中华龙启用新的英文译名"loong"，不要再让中华龙在国际舞台上莫名其妙地背负dragon的恶名。

四、鼻烟壶：小壶也能绘巨龙

龙在民间美术领域渗透颇深，覆盖颇广，大到居室内外、生产工具、生活用品，小到把玩之物，都有龙的身影。某日，民间艺术家张铁山发来几张鼻烟壶照片，让笔者眼前一亮——龙在这里也有一方领地啊。

众所周知，鼻烟壶源起于美洲的印第安人。鼻烟壶是指盛鼻烟的容器，小巧玲珑，赏心悦目，既便于使用，也可手握把玩。欧洲的旅美探险家发现后，带回来以为时髦，流行一时。如在法国，上至国王、王子、公主，下至仆从，都曾沉浸在吸闻鼻烟的乐趣之中。明末，我国仅广东一地有鼻烟进口，到了清代，康熙开放海禁，西方传教士携带大量鼻烟与玻璃盛装瓶来到我国。康熙对西方工艺品情有独钟，吸纳一批通晓玻璃烟壶制作和画珐琅的西方人，于紫禁城内制作鼻烟壶。乾隆朝时鼻烟壶艺术达到极盛，玩赏收藏鼻烟壶蔚然成风，盛入鼻烟的用途渐至其次。此物似成了显示身份的东西，乾隆皇帝常以此赏赐王公大臣。上有所好，下必甚焉，吸闻鼻烟渐渐演化为众人追捧的时尚。这是自上而下的一条传播路线。另一条传播路线是自下而上的，16世纪后，鼻烟通过欧洲、菲律宾、日本、朝鲜传入我国东北，而那里马背上的游牧民族正愁骑行中无法用烟筒吸烟，鼻烟的到来恰恰满足了他们野外吸闻的要求。为使其坚固抗摔，便以金玉骨等材质为之，愈加晶莹美艳。

据民间艺人介绍，内画鼻烟出现于嘉庆末年道光初年，以微小色形画笔，在透明的壶内绘制而成，最初是没有磨砂的透明玻璃壶。清王士祯在《香祖笔记》中介绍："鼻烟以玻璃为瓶贮之。瓶之形象，种种不一，颜色亦具红紫黄白黑绿诸色，白如水晶，红如火霁，极可爱玩，以象齿为匙，就鼻嗅之，还纳于瓶。"众所周知，玻璃瓶内壁光滑不易涂墨着色，只能简单描摹一些龙啊凤啊蝈蝈白菜啊，以及简笔山水人物等等。后来，艺人们尝试用铁砂、金刚砂加水在鼻烟壶里晃荡摇磨，使其内壁成乳白色的磨砂玻璃，这就好画多了，细腻而不光滑，易附墨着色，效果几同宣纸。鼻烟壶后来出现诗书画各呈其美的玲珑剔透的作品，与此技术的应用有关。

后来，鼻烟壶的质材不断拓展，瓷、铜、象牙、玉石、玛瑙、琥珀等纷至沓来；技法如青花、五彩、雕瓷、套料、巧作、内画等，择优而取。于是乎，越是材料珍贵，越是技法精美，越是图画微妙，越能衬映主人身份。到18世纪初，我国制作的鼻烟壶已成为流行的手工艺品，并通过欧洲商人、罗马教皇使节及各国使节、传教士等，逐渐流向五湖四海。当年沙俄钦差大臣来朝拜康熙，献上彼得大帝所送的一批珍贵礼物，而康熙的回赠，则是每人一件由皇家制作的鼻烟壶。直到今天，虽说吸闻鼻烟者几近绝迹，但鼻烟壶却成为珍贵文玩，一直受到中外博物馆及收藏界的青睐，被誉为"集中国工艺美术之大成的袖珍艺术品"。

谁曾料到，这小小的鼻烟壶，竟有如此回环往复跨文化传承流通的经历，大传统叙述与小传统叙述在此际竟如此融而为一。看着壶中一条条中华龙，或见首不见尾，或腾跃山水间，或戏吞火龙珠，便觉"壶里乾坤大，画中日月长"之说真是妥帖。

第六章 龙与中华文学

龙文化是与中华民族、中华文化、中华文明的起源、形成、发展、繁荣、延续有密切关系，且广渗于人民群众日常生活的方方面面，体现在物质器用、习俗仪规、观念理论等多个层次的文化，这样的文化自然会通过文学的形式反映出来。龙文化已渗透到古往今来的各种文学作品之中，以神话、传说、故事、典故、语汇、形象等多种形式表现出来。

龙的文学，从特色上讲，都没有离开龙作为神物的本质；从意蕴上讲，都是对龙的精神内涵及种种神性的外化和演绎，当然，所谓的外化和演绎都是文学的、艺术的。龙为中华文学提供了反映的内容，也为中华文学提供了反映的手段。龙使中华文学更加丰富多彩、神奇灵异；中华文学使龙的神韵得以彰显，使龙更加生动活泼、出神入化。

第一节　龙与中华文学起源

关于文学的起源，学术界有种种说法，如"模仿说""神示说""游戏说""心灵表现说""巫术说""劳动说""性本能说"等等。笔者认为，文学说到底是人学，人既是物质存在，也是精神存在，这就决定了文学的起源既有物质的因素，也有精神的因素。作为有大脑、会思维的高级动物，人与一般动物最重要的区别在于精神层面。这就决定了导致文学起源的主要因素在人的精神，尽管人的精神离不开人的物质的身体、离不开对赖以延续生命的物质资料的追求。

中国古典文论有"诗言志"之说。这里的"志"，一般解释为思想、抱负、志向，即人的精神活动。"诗言志"之"言"，是表达的意思，即用诗来表达人的精神活动。这显然是文字产生以后、有了诗这种文学样式之后的情形。那么，在没有诗这种文学样式，甚至文字还没有产生的新石器时代早期，原始先民们是如何"言志"，即如何表达精神活动的呢？

大概有四种形式，即说唱、舞蹈、绘图、造型。龙的形象以绘图和造型的形式出现在新石器时代早、中、晚期，甚至旧石器时代晚期。

先看绘图形式。

在山西吉县柿子滩遗址，考古工作者发现了属于旧石器时代晚期至新石器时代早期的两幅岩画。其中一幅岩画为鹿、鱼等形象的组合图，有学者认为此图是最早的龙的雏形，堪称"祖龙"。笔者认为此图由较清晰的鹿头、鱼尾、模糊的鸟（或蛾）、树木（或骨头）等组合而成，已非某种具体动物的描摹，而是一种多元容合。龙是先民经过多元容合而发明、展现的神物，此图也是多元容合，此图的创造与龙的出现遵循的是同一条规律，据此，可将此图称为"萌龙"，即萌生的、处于萌芽状态的龙。以表现人的精神活动而言，此图至少是对柿子滩先民容合性思维（也可称"龙形思维"）的反映，可以视为以绘画为语言，表达精神思想的"前文学"。

在陕西宝鸡北首岭仰韶文化遗址出土的一件蒜头壶上，有用黑彩绘就的，断代约为前5000年的"鱼龙凤鸟纹"。有学者认为此纹与原始宗教有关，有"沟通天地"的含义；也有学者认为此纹代表着龙氏族与凤氏族之间的联盟关系，是最早的"龙凤呈祥"。笔者认为，以表现人的精神活动而言，此图至少是对北首岭先民阴阳对应、互补、沟通意识（鱼龙代表阴，凤鸟代表阳）的反映，也可以视为以绘画为语言，表达精神思想的"前文学"。

在内蒙古赤峰敖汉旗小山遗址出土，属于赵宝沟文化、断代约为前4800年的一件陶尊上，有刻绘而成的"鸟龙纹""猪龙纹""鹿龙纹"和云气纹。有学者猜测此陶尊可能是一件祭龙求雨用的祭器，也有学者认为有可能"龙"是当时辽西地区一个比较大的部落的标识，而猪、鹿、鸟则是其下属的三个胞族的图腾。笔者认为，以表现人的精神活动而言，此陶尊上的刻纹，至少是对小山先民尊敬上天，及氏族容合意识的反映，也可以视为以绘画为语言，表达精神思想的"前文学"。

再看雕塑形式。

辽宁阜新查海遗址出土了一件属于兴隆洼文化，断代约为前6000年的石块砌塑龙。此龙是目前发现的最早的实物状态的中华龙形象。学者们认为此龙表达着某种宗教意识，是中华民族龙意识形成的一个重要来源，也是中华文明发端的一个标志。笔者认为，以表现人的精神活动而言，此砌塑至少是对查海先民敬天意识的反映，可以视为以砌塑为语言，表达精神思想的"前文学"。

河南濮阳西水坡45号墓出土了一件属于仰韶文化，断代约为前4500年的蚌砌龙。对此龙与同墓穴的蚌砌虎、墓主人构成的图案，学者们有"中国早期星象图""原始道教三蹻升天图""中国早期礼制建筑群"等多种说法。笔者认为，以表现人的精神活动而言，此蚌塑至少是对西水坡先民对人与天、人与兽、人与神关系有所认识的反映，也可以视为以蚌砌为语言，表达精神思想的"前文学"。

安徽含山凌家滩遗址出土了一件属于凌家滩文化，断代约为前3500年的

"人面龙身纹"陶轮。在此陶轮一面中间的圆孔上方,有一侧面人像,其眼、鼻、嘴都比较清楚;头顶有一角状饰,稍弯,大头为圆杵形,小头稍耸起。连接人面像的是环绕着中间圆孔的身躯,身躯上有一些不规则的点状刻痕,身躯外沿一边还有数道似为表现足爪的刻线。笔者认为,这幅"人面龙身纹"将人面与龙身结合在一起,说明凌家滩先民已将祖先崇拜和龙崇拜相结合,这样的结合,为中华儿女"龙的传人"说提供了新的极为重要的证据。以表现人的精神活动而言,此刻纹至少是对凌家滩先民"龙与祖先相关"意识的反映,可以视为以刻纹为语言,表达精神思想的"前文学"。

绘图和造型是文字的前身。文字出现以前,会有口口相传的口头文学,也有被笔者称为"前文学"的绘图、造型等。文字的出现,使思想、感情的表达有了载体,也使表达思想、感情的文学作品有了可以跨越时空而流布、传承的方便。因此,文字出现后的、以文字为载体的文学,无论相对于口头文学,还是相对于绘图、造型等"前文学",都是巨大的进步、文明的成果。

中国的文字起源于新石器时代,裴李岗文化、大地湾文化、仰韶文化、大汶口文化、良渚文化、马家窑文化等,都有若干字符出现。

最早的"龙"字出现于山东龙山文化。山东大学美术考古研究所所长刘凤君曾对发现于山东省昌乐县的一批骨刻文进行了鉴定,认为其中两件"与商周甲骨文、金文中的'龙'字很接近",其中一件"更是酷似",从而将此"龙"字判定为"中国第一'龙'字",并言"昌乐骨刻文对商周甲骨文和金文的影响更是显而易见"。[1]昌乐县属于山东龙山文化(约前2600年—前2000年)覆盖的区域,故可断昌乐骨刻文"龙"字出现于前2000年以前,比商代甲骨文"龙"字早了约一千年。

骨刻文"龙"字的出现,标志着龙的文学不但走过了绘图、造型等"前文学"阶段,而且已从口头文学跃升为书面文学。

甲骨文因契刻于龟甲与兽骨上而得名,故又称"契文""甲骨卜辞",是现存中国古代最古老的一种有较严密系统的成熟文字,也是汉字的早期形式。作为商朝(约前17世纪—前11世纪)的文化产物,甲骨文成批出土于

---

[1] 刘凤君编著《昌乐骨刻文》,山东画报出版社,2008,第13页。

河南安阳殷墟。已发现的甲骨文字有五千多个，其中一千五百多个被专家破解和确认。在被破解和确认的甲骨文字中，有五十多个"龙"字。[①]这些"龙"字，为龙的书面文学的产生提供了文字基础。也可以说，每一个甲骨文"龙"字的产生，都是一种文学行为。

甲骨卜辞中有"龙"字出现的，如"其乍（作）龙于凡田，又雨"（《安明》一八二八）、"十人又五口，口龙口田，又（有）雨"（《佚》二一九）[②]等，就是中国最早的书面文学作品。

综上所述，我们可以有三点认识：第一，龙的文学随中华文学的起源而起源。第二，龙的文学一开始就具有龙作为神物所具备的容合、神秘等特点。第三，龙文学的起源在一定程度上标志着中华文学的起源。

第二节　龙与先秦文学

先秦文学是指秦代以前各个历史时期的文学，其主体部分是周代书面文学，尤其是东周即春秋战国时代的文学，包括《诗经》《楚辞》、诸子散文、先秦寓言等等。龙在先秦文学中有多彩的呈现，限于篇幅，本节只讨论《诗经》《楚辞》中的龙，以及代表性作家屈原、庄子与龙。

一、《诗经》中的龙

《诗经》汇集了从西周初年到春秋中叶，约五百多年间的诗歌三百零五篇，是我国的第一部诗歌总集。《诗经》是一部乐歌，按音乐的不同，分"风、雅、颂"三类。

《风》是民间歌谣，采自包括今属于黄河流域的山西、陕西、河南、河北、山东等"十五国"，共一百六十篇，其中两篇有"龙"。其一是《郑

[①] 胡照华：《中华神龙》，中国城市出版社，2003，第303—304页。
[②] 裘锡圭：《说卜辞的焚巫尪与作土龙》，载胡厚宣主编《甲骨文与殷商史》，上海古籍出版社，1983，第33页。

风·山有扶苏》：“山有桥松，隰有游龙。不见子充，乃见狡童。"意为：“高山有树为青松，湿地有草如游龙。那个想见的美男子没见到，却遇见了你这个小狡童。"赋、比、兴是《诗经》的三种表现手法，此处用了"比"，即以龙比草。其二是《秦风·小戎》："龙盾之合，鋈以觼軜。言念君子，温其在邑。"意为："绘有龙纹的盾牌双双合在一起，系辔绳的车环也都镀了金。思念夫君人品好，温和得就像在家中一样。"句中的"龙"指龙的纹饰，用来修饰"盾"。

《雅》是宫廷乐歌，有《小雅》《大雅》之分，共一百零五篇，其中一篇有"龙"。《小雅·蓼萧》："既见君子，为龙为光。其德不爽，寿考不忘。"句中"龙"通"宠"，"忘"通"亡"，全句意为："已见到了周天子，承受到了恩宠荣光。您的德行无瑕疵，您的寿命长无疆。"

《颂》是宗庙祭祀的乐歌和史诗，有《周颂》《鲁颂》《商颂》之分，共四十篇，其中五篇有"龙"。《商颂·玄鸟》："武丁孙子，武王靡不胜。龙旂十乘，大糦是承。"意为："武丁裔孙，作为武王无往而不胜。十乘大车龙旗招展，贡献的酒食已经装满。"《商颂·长发》："何天之龙，敷奏其勇。"意为："就像天上的神龙，施展着自己的英勇。"《周颂·载见》："载见辟王，曰求厥章。龙旂阳阳，和铃央央。"意为："初次朝见君王，求赐王朝典章。有龙图纹的旗帜在阳光下闪亮，挂在车前的铃儿叮当作响。"《周颂·酌》："我龙受之，蹻蹻王之造。"句中"龙"通"宠"，全句意为："我有幸受宠，雄壮威武的军队由大王缔造。"《鲁颂·閟宫》："周公之孙，庄公之子。龙旂承祀，六辔耳耳。"意为："周公姬旦的孙子，庄公姬佗的儿子。乘着插有龙旗的车去祭祀祖先，六条缰绳握在手中轻松柔软。"

综合来看，《诗经》中含"龙"的句子共八句，三句通"宠"，一句指草。值得关注的是"龙盾"一句和"龙旂"三句。

龙盾，是绘饰着龙纹的盾牌。《毛传》："龙盾，画龙其盾也。"为什么要在盾牌上绘饰龙纹呢？龙是雄健强勇之神物，将龙纹绘饰在盾牌上，既可以助威慑敌，也可以壮胆佑己。《小戎》是《秦风》的一篇，是一首叙写妻子怀念出征丈夫的先秦诗歌。因此，这句诗也反映了其时秦地人对龙的崇拜。

"旂"指古代一种旗子,"龙旂"即绘有龙纹的旗帜。《周礼·春官·司常》:"日月为常,交龙为旂。""交龙"意为两龙相交。《礼记·郊特牲》:"旂十有二旒,龙章而设日月,以象天也。"由《仪礼·觐礼》所记"天子乘龙,载大旂,象日月,升龙降龙"来看,龙旗当为天子用旗,说明西周时期,天子出席祭祀典礼乘坐的车上,插饰着绘有升龙和降龙相交图案的旗帜。旗上绘升龙与降龙相交图案,反映了周人对龙所具有的沟通天地功能的认识,也反映了周人阴阳交和、化生万物的观念。旗帜具有标志意义,周天子绘龙在旗,说明西周时期,崇龙观念在一定程度上已礼仪化、制度化。

二、《楚辞》中的龙

《楚辞》是一部收录战国时期楚地诗歌的作品集,它不仅具有浓厚的地方色彩,还具有显明的时代特色,充分地、艺术地反映了战国时期的政治变革和社会风貌。

《楚辞》中多有涉及"龙"(包括龙、蛟、虬、螭)的诗句,如:"驷玉虬以乘鹥兮,溘埃风余上征。"(《离骚》)意为:"驾驭带着玉饰的虬龙,乘着凤车,借着那风势去天空漫游。""龙驾兮帝服,聊翱游兮周章。"(《九歌·云中君》)意为:"驾着龙拉的车,穿着天帝的服装,就这么翱翔,游历四方。""驾飞龙兮北征,邅吾道兮洞庭。"(《九歌·湘君》)意为:"乘着飞快的龙舟驶向北方,回过头我又来到洞庭湖上。""麋何食兮庭中?蛟何为兮水裔?"(《九歌·湘夫人》)意为:"麋鹿为何在庭院中觅食?蛟龙为何在水边游戏?""鱼鳞屋兮龙堂,紫贝阙兮朱宫。"(《九歌·河伯》)句中"朱"通"珠",意为:"鱼鳞盖屋顶堂上画着蛟龙,紫贝砌城阙朱红涂满室宫。""应龙何画?河海何历?"(《天问》)意为:"应龙如何用尾巴画地?导河入海有哪些经历?""日安不到?烛龙何照?"(《天问》)意为:"难道有太阳照不到的地方?烛龙照亮的地方又在哪里?""玄螭虫象并出进兮,形蟉虬而逶蛇。"(《远游》)意为:"黑色的螭龙与水中虫物一同进出,形似虬龙弯曲前行如蛇逶迤。""左朱雀之茇茇兮，右苍龙之躣躣。"（《九辩》）意为："朱雀在左面翩跹飞舞啊，苍龙在右面奔行跃动。""北有寒山，逴龙赩只。"（《大招》）宋洪光祖《楚辞补注》曰："此逴龙即烛龙也。"意为："北方有一座寒冷的山，烛龙身子通红闪闪亮。"

考察《楚辞》中涉及"龙"的诗句，我们可以得到以下认识：第一，战国时期，龙的种类已有比较丰富的呈现，有龙、蛟龙、虬龙、螭龙、应龙、烛龙等；《楚辞》的主要作者屈原，对龙家族成员已了然于胸。第二，龙兼具司水灵物和通天神兽双重身份，尤其后者，使龙成为天车的牵拉者，可以驮载人君、贤哲升空、游天，纵横四方。第三，美美结缘，强强联合，谁与龙在一起，谁就超凡脱俗，成为智者、贤达、神人，龙是人精英化、神仙化的媒介、助力和象征。

三、屈原与龙

屈原，战国时期楚国大臣、政治家、文学家。他"博闻强志，明于治乱，娴于辞令"（《史记·屈原贾生列传》），早年得到楚怀王信任，任左徒、三闾大夫，兼管内政外交大事。后遭贵族排挤毁谤，先后被流放至汉北和沅湘流域。楚国郢都（今湖北荆州市）被秦军攻陷后，屈原自沉于汨罗江，以身殉国。

屈原与龙的关系，可从以下几个视角来考察。

（1）屈原以乘龙升天喻示自己志向高洁。《史记·屈原贾生列传》："其志洁，故其称物芳；其行廉，故死而不容。自疏濯淖污泥之中，蝉蜕于浊秽，以浮游尘埃之外，不获世之滋垢，皭然泥而不滓者也。推此志也，虽与日月争光可也。"《楚辞》中多有屈原乘龙车升向高天的句子，除前面说到的"驷玉虬以乘鹥兮，溘埃风余上征""龙驾兮帝服，聊翱游兮周章"外，还有"乘龙兮辚辚，高驰兮冲天"（《九章·大司命》）等，显然，屈原是以乘龙升天来喻示自己高洁的志向。

（2）屈原自比为龙。如《九歌·悲回风》："鱼葺鳞以自别兮，蛟龙隐其文章。"在这句诗中，屈原将楚王周围的宠臣比作整天聚在一起对比着鳞片的凡鱼，而将自己比作隐藏了身上花纹的蛟龙。

（3）屈原为后世龙舟竞渡提供纪念对象。龙舟竞渡又称龙舟赛、划龙船等，是一种源远流长的群众性娱乐活动。其起因历来说法不一，其中一种说法即是为了纪念楚大夫屈原。这种说法在湖北荆楚一带被普遍接受，其文字记载始见于南朝梁代宗懔《荆楚岁时记》："五月五日……是日，竞渡，采杂药。按：五月五日竞渡，俗为屈原投汨罗江日，伤其死，故并命舟楫以拯之。"

作为神物，龙有造福众生的精神，肩负着兴云布雨、司水理水的神职。既然有这样的精神和神职，龙被水乡各族人民所崇拜就是很自然的事情。人们相信，通过声势浩大的赛龙舟，能使水中天上的神龙心神感应大娱大悦，从而焕发精神，恪尽神职，保佑一方水土风调雨顺，稼渔丰成。同时，也使自己秉承龙的精神，像龙那样集结群英，凝聚众力；像龙那样纳吉寓祥，造福四方；像龙那样强悍矫健，突飞猛进。至于纪念屈原以及其他英雄人物的说法，说到底是一种附会。原因大概在于，这些人杰造福众生的精神，和龙造福众生的精神是相通的、一致的。于是，屈原就被封为"广源顺济王"，《三教源流搜神大全》卷二《四渎》云："江渎，楚屈原大夫也。唐始封二字公，宋加四字公，圣朝加封四字王号'广源顺济王'。"

龙舟赛前一般都要举行隆重的祭祀仪式。在屈原投水的汨罗江畔，每年龙舟赛前，要先到屈子庙祭拜。来自四面八方的男女老幼，抬着龙头，一批又一批汇聚在屈原像下，叩拜、吊唁，以粽子、包子、酒水等祭奠。然后由主祭人将一条红绸系到"头龙"的头上，由"头桡"将龙头扛到江边洗澡，洗完后将龙头安于船首，这才开始赛龙舟。

四、庄子与龙

庄子，名周，字子休（一作子沐），战国时宋国蒙（今河南商丘，又说安徽蒙城或山东东明）人，著名思想家、哲学家、文学家。庄子的代表作是《庄子》。《庄子》既是一本哲学书，也是一本文学书；或可说是"文学中的哲学书，哲学中的文学书"。

《庄子·天运》篇中，记载了后来成为典故的一件事："孔子见老聃归，三日不谈。弟子问曰：'夫子见老聃，亦将何规哉？'孔子曰：'吾乃今于是乎见龙！龙，合而成体，散而成章，乘云气而养乎阴阳。予口张而不能嗋，予又何规老聃哉？'子贡曰：'然则人固有尸居而龙见，雷声而渊默，发动如天地者乎？赐亦可得而观乎？'遂以孔子声见老聃。"这则故事说明：（1）孔子见老子，并比老子为龙这件事有可能真的发生过，以至于传到了庄子的耳朵里。（2）庄子认为老子具有龙的气质即"龙性"，呈现着龙的神采。同时，他判断孔子和自己一样，也认为老子具有龙的气质即"龙性"，呈现着龙的神采。

《庄子·天运》言老子如龙一般"合而成体，散而成章，乘云气而养乎阴阳"，而庄子其人，也可以说具有这样的"龙性"，或者说庄子也向往成为这样的"龙"。为什么这样讲呢？

在《庄子·逍遥游》中，记载了一段楚国著名隐士接舆的话："藐姑射之山，有神人居焉。肌肤若冰雪，绰约若处子，不食五谷，吸风饮露，乘云气，御飞龙，而游乎四海之外。"意思是说："有一座缥缈的姑射山，神人居住其间。这神人肌肤白净像冰雪，姿态柔美像纯洁的少女，不吃五谷，只吸风饮露，乘着云气，驾着飞龙，漫游到南北西东四海之外。"《逍遥游》是《庄子》的代表篇目之一，庄子的理想便是"逍遥游"，即彻底超越世俗的精神自由。因此，姑射山上神人，可以说就是庄子的理想。而"御飞龙"，则可以理解为龙帮助庄子实现这样的理想，是庄子实现理想的凭借、依托。

再看《庄子·在宥》所言："故君子苟能无解其五藏，无擢其聪明，尸居而龙见，渊默而雷声，神动而天随，从容无为而万物炊累焉。吾又何暇治天下哉！"在这段话中，龙是精神超越的象征。而庄子，终其一生都在追求精神超越。也就是说，龙，不仅可以帮助人"逍遥游"，而且，龙与"逍遥游"具有同一性，龙本身就是"逍遥游"。

龙与"逍遥游"为什么具有同一性呢？这是因为，龙是人对宇宙力的感悟、认知和神化，是属于宇宙力组成部分的暗物质、暗物力的代表，是可知与超知、经验与超验、有限与无限、灵魂力与宇宙力之间的中介，其容合对象既有水中游的鳄、鱼、鲵，陆上行的蜥、猪、鹿、熊、牛、马，两栖的蛇，还有出现在天上的云霞、雷电、虹霓、星宿及天地间的龙卷风等等，因而，龙便有了既能在水中游，也能在陆上行，更能在天上飞的多种本领。于是，龙就可以承载人们的自由想象，可以反映人们的自由意志，可以把人的精神带到人们所向往的地方。

再看《庄子·山木》所记："若夫乘道德而浮游则不然。无誉无訾，一龙一蛇，与时俱化，而无肯专为；一上一下，以和为量，浮游乎万物之祖；物物而不物于物，则胡可得而累邪！"这段话中，龙代表一种与凡蛇不同、超越凡蛇的存在状态。庄子认为，人应随变而变，做龙的时候就做龙，做蛇的时候就做蛇。

第三节　龙与汉代文学

汉朝是继秦朝之后的第二个大一统王朝，分西汉、东汉两个历史时期。汉朝由汉高祖刘邦开国，经"文景之治"至"汉武盛世"，使中国成为与同时期欧洲的罗马帝国相并列的当时世界上最先进的文明、强大的帝国。汉朝文化统一，以儒家文化为代表的汉文化圈正式建立；华夏族自汉朝以后逐渐被称为汉族，成为支撑中华民族的主体民族。

汉代的文学成就主要表现在散文（包括历史散文和政论散文）、汉赋、诗歌等领域。在这些文学领域中，多处有写到龙的语句。

一、《史记》中的龙

《史记》是西汉著名史学家、文学家司马迁撰写的一部纪传体史书。作为史学巨著，《史记》是中国历史上第一部纪传体通史，被列为"二十四史"之首，它记载了上至上古传说中的黄帝时代，下至汉武帝元狩元年（前122）间共三千多年的历史。作为文学巨著，《史记》以人物为中心来反映历史，是传记文学、纪实文学的开山之作，有很高的文学价值，是汉代最辉煌的文化成就，在中国文学史上居重要地位。

在《史记》全书中，"龙"字出现了二百处，属于龙族的"蛟"出现了六处、"螭"出现了三处、"虬"出现了三处,加在一起,共二百一十二处。这些"龙"和龙族神物指称、喻比、象征、修饰的物象、意象,可分为以下类别。

（1）人的姓名、封号。如:"而禹、皋陶、契、后稷、伯夷、夔、龙、倕、益、彭祖,自尧时而皆举用,未有分职。"(《五帝本纪》)"其后有刘累,学扰龙于豢龙氏,以事孔甲。孔甲赐之姓曰御龙氏。"(《夏本纪》)"甘龙、杜挚等弗然,相与争之。"(《周本纪》)"公子卬与魏战,虏其将龙贾。"(《秦本纪》)"与齐田荣、司马龙且军救东阿。"(《项羽本纪》)"夫龙雒侯曾为前将军。""子曾复封为龙额侯。"(《建元以来侯者年表》)"左师触龙言愿见太后。"(《赵世家》)"公孙龙字子石。"(《仲尼弟子列传》)"说孙曾拜为龙额侯。"(《韩信卢绾列传》)"樛乐,其姊为王太后,首愿属汉,封其子广德为龙亢侯。"(《南越列传》)上述句子中的"龙""甘龙""龙贾""司马龙且""触龙""公孙龙"为人名,"豢龙氏""御龙氏"为姓氏,"龙雒侯""龙额侯""龙亢侯"为封号。

（2）君王、皇帝。如:"祖龙者,人之先也。"(《秦始皇本纪》)"龙欲上天,五蛇为辅。龙已升云,四蛇各入其宇,一蛇独怨,终不见处所。"(《晋世家》)"圣人曰'飞龙在天,利见大人'。"(《范雎蔡泽列传》)"吾令人望其气,皆为龙虎,成五采。"(《项羽本纪》)"高祖为人,隆准而龙颜。"(《高祖本纪》)"薄姬曰:'昨暮夜妾梦苍龙据吾腹。'"(《外戚世家》)上述句子中的"祖龙"指秦始皇嬴政,"龙欲上天"之"龙"指晋文公重耳,"飞龙"指帝王之位,"皆为龙虎""龙颜"之"龙"指汉高祖刘邦,"妾梦苍龙"之"龙"指汉文帝刘恒。

（3）地域、工程、建筑名。如:"至于龙门西河,会于渭汭。"(《夏本纪》)"以攻龙、孤、庆都,还兵攻汲。"(《秦始皇本纪》)"穿渠得龙骨,故名曰龙首渠。"(《河渠书》)"王军取鄗、石邑、封龙、东垣。""以龙兑、汾门、临乐与燕。"(《赵世家》)"韩卒之剑戟皆出于冥山……龙渊……"(《苏秦列传》)"商以将军从击荼,战龙脱。"(《樊郦滕灌列传》)"佗,秦时用为南海龙川令。"(《南越列传》）"登龙台，掩细柳，观士大夫之勤略。"（《司马相如列传》）上述句子中的"龙门""龙""封龙""龙兑""龙渊""龙脱""龙川"均为地域名，"龙首渠"为工程名，"龙台"为建筑名。

（4）龙的某种容合对象。如："天降龙二，有雌雄。"（《夏本纪》）"水神不可见，以大鱼蛟龙为候。"（《秦始皇本纪》）"（孝文皇帝）十五年，黄龙见成纪。"（《孝文本纪》）"夏得木德，青龙止于郊，草木畅茂。……昔秦文公出猎，获黑龙，此其水德之瑞。"（《封禅书》）"穿渠得龙骨。"（《河渠书》）"明月之珠出于江海，藏于蚌中，蚨龙伏之。"（《龟策列传》）上述句子中的"龙""蛟龙""黄龙""青龙""黑龙""蚨龙"，当为龙的容合对象鳄、蛇、蜥蜴、鱼之类，"龙骨"为古生物化石。

（5）作为神物的龙本身。如："有二神龙止于夏帝庭而言曰：'余，褒之二君。'"（《周本纪》）"乾称'蜚龙'，'鸿渐于般'，意庶几与焉。"（《孝武本纪》）"水之怪龙、罔象。"（《孔子世家》）"云从龙，风从虎，圣人作而万物睹。"（《伯夷列传》）"《易》曰'亢龙有悔'，此言上而不能下……"（《范雎蔡泽列传》）"驾应龙象舆之蠖略逶丽兮，骖赤螭青虬之蚴蟉蜿蜒。""宛宛黄龙，兴德而升；采色炫耀，煌炳辉煌。"（《司马相如列传》）上述句子中的"神龙""蜚龙""龙""亢龙""应龙""黄龙"，皆指容合了多种动物和天象而展现出来的神物龙。

（6）龙的形象、纹饰。如："今鼎至甘泉，光润龙变，承休无疆。"（《孝武本纪》）"龙旂九斿，所以养信也；寝兕持虎，鲛韅弥龙，所以养威也。"（《礼书》）"木禺龙栾车一驷。""以牡荆画幡日月北斗登龙。"（《封禅书》）"其一曰重八两，圜之，其文龙，名曰'白选'。"（《平准书》）"且有伉王，赤黑，龙面而鸟噣。""秦武王与孟说举龙文赤鼎，绝膑而死。"（《赵世家》）"谈天衍，雕龙奭，炙毂过髡。"（《孟子荀卿列传》）"众色炫耀，照烂龙鳞。"（《司马相如列传》）"有使者铜色而龙形，光上照天。"（《淮南衡山列传》）上述句子中的"龙变""龙""弥龙""登龙""文龙""龙面""龙文""雕龙""龙鳞""龙形"，皆指的形象、纹饰。

（7）诸侯国名。此类如"龙镪""龙亢"（《建元以来侯者年表》）、"龙丘"（《建元已来王子侯者年表》）等。

（8）年号。如《历书》中"祝犁作噩黄龙元年"，"黄龙"即指年号。

（9）星象。如《天官书》中"杓携龙角，衡殷南斗，魁枕参首""东宫苍龙，房、心""权，轩辕。轩辕，黄龙体"等句，其中的"龙角""东宫苍龙""黄龙"，皆指星象。

（10）英雄、豪杰。如："褚先生曰：丈夫龙变。传曰：'蛇化为龙，不变其文；家化为国，不变其姓。'"（《外戚世家》）"彭越曰：'两龙方斗，且待之。'""其云蒸龙变，欲有所会其度，以故幽囚而不辞云。"（《魏豹彭越列传》）上述句子中"丈夫龙变"之"龙"指卫青，"两龙方斗"之"龙"指陈胜和项梁，"云蒸龙变"之"龙"指应时而起的英雄豪杰。

在《史记》中，还有若干篇目记述了与龙有关的传说故事，这些传说故事或有神话色彩，或具寓言性质，皆以很强的文学性和思想性为后世所传诵。如：

（1）黄帝铸鼎及乘龙升天。《孝武本纪》《封禅书》对此均有记述："黄帝采首山铜，铸鼎于荆山下。鼎既成，有龙垂胡髯下迎黄帝。黄帝上骑，群臣后宫从上者七十余人，龙乃上去。余小臣不得上，乃悉持龙髯，龙髯拔，堕黄帝之弓。百姓仰望黄帝既上天，乃抱其弓与龙胡髯号。故后世因名其处曰鼎湖，其弓曰乌号。"这个神话故事告诉我们：第一，天上有龙，龙生活在高渺的天空。第二，天上的龙关注着地上人间的事。第三，龙是人与天之间的中介，具有将地上的人带到天上的本领。第四，地上的人有可能升天，但需经过龙的中介。第五，德行好、功劳大、贡献多者如黄帝，优先乘龙升天。

（2）夏、周龙漦之变。《周本纪》："昔自夏后氏之衰也，有二神龙止于夏帝庭而言曰：'余，褒之二君。'夏帝卜杀之与去之与止之，莫吉。卜请其漦而藏之，乃吉。于是布币而策告之，龙亡而漦在，椟而去之。夏亡，传此器殷。殷亡，又传此器周。比三代，莫敢发之。至厉王之末，发而观之。漦流于庭，不可除。厉王使妇人裸而噪之，漦化为玄鼋，以入王后宫。后宫之童妾既龀而遭之，既笄而孕，无夫而生子，惧而弃之。……有夫妇……逃于道，而见乡者后宫童妾所弃妖子出于路者，闻其夜啼，哀而收之。夫妇遂亡,奔于褒。褒人有罪,请入童妾所弃女子者于王以赎罪。弃女子出于褒,是为褒姒。"这个故事内涵丰富,从中至少可以看出:第一,龙可以是君主的化身。第二,龙的部分与龙整体相全息。第三,龙可以变成其他动物。第四,龙可以使女人受孕。第五,龙可以兆示并促使一个当亡的王朝灭亡。

除上述两则,《史记》中还有"晋文公君臣'龙蛇'之比""秦始皇'祖龙'之称""汉高祖'龙种'之说"等传说故事,这些传说故事在本书其他章节有所涉及,这里不再赘述。

司马迁在《史记》中写了许多"龙",而他本人也被后世称为"人中龙"。"人中龙"一词,出自《晋书》卷九十四《宋纤列传》:"酒泉太守马岌,高尚之士也,具威仪,鸣铙鼓,造焉。纤高楼重阁,距而不见。岌叹曰:'名可闻而身不可见,德可仰而形不可睹,吾而今而后知先生人中之龙也。'"后世即以"人中龙"喻比卓越不凡、出类拔萃的人物。

1958年春,当代历史学家、文学家郭沫若听到陕西韩城司马迁祠修整竣工的消息,遂挥毫写出一首五律,赞颂司马迁。诗曰:"龙门有灵秀,钟毓人中龙。学殖空前富,文章旷代雄。怜才膺斧钺,吐气作霓虹。功业追尼父,千秋太史公。"诗中"龙门",指今陕西韩城与山西河津之间、横跨黄河两岸、地连秦晋两省的龙门山。司马迁故里在今韩城市,故言"龙门有灵秀"。"人中龙"即指写出《史记》的司马迁。"文章旷代雄"是赞《史记》之伟大和对后世的深远影响。司马迁自己曾有"究天人之际,通古今之变,成一家之言"(《报任安书》)之说,《史记》如其言。"怜才膺斧钺,吐气作霓虹"是说司马迁因在"李陵事件"上直言,触怒了汉武帝,遭受宫刑后忍辱发奋,终于完成《史记》的撰著。"尼父"指孔子,孔子的母亲在怀孔子之前,曾去山东曲阜城东南的尼丘山祈祷,然后怀孕生下孔子,故为孔子起名为丘,字仲尼,后世尊称为"尼父"。

二、《全汉赋》中的龙

赋以兼取诗文、容量宏大、表现力强为特点,作为中国传统文学样式的一种,战国时代就产生了,到两汉四百多年间,达到了高峰,成为汉代文学的代表。它介于诗歌和散文之间,韵散兼行,可谓散文的诗化、诗的散文化。

经梳理统计,《全汉赋》(费振刚等辑校,北京大学出版社,1993)正文中涉及"龙"的句子有一百一十多处,其所指称、喻比、象征、修饰的物象、意象,可分为神物、龙的某种容合对象、帝王、英杰、人名、乘御工具、形象、纹饰、乐曲、演出、地方、建筑、景观等类别。从中可以看出,汉代赋家对龙的本质、龙的神性、龙喻比人、龙与时代风貌的关系,认知、理解是到位的;对龙意象的运用、表述是诗性的、壮丽的,与体裁、题材也是相一致的。

(1)对龙本质的认知。我们说,龙的本质是古人对宇宙力的感悟、认知、神化,这当然是当今语境下的表述。对汉代赋家而言,认识到龙是超越了现实生物和天象的神化之物,即神物,就应该认为他们已经认识到了龙的本质。

将龙作为神物的语句,在汉赋中多有呈现。如:"袭九渊之神龙兮,沕深潜以自珍"(贾谊《吊屈原赋》)、"神龙之姿,众鳞相绝"(张纮《瑰材枕赋》),此二句直接将龙称为"神龙"。冯衍《显志赋》"跃青龙于沧海兮,豢白虎于金山"句,青龙即苍龙,对应"四象"中的"东方七宿",为东方之神,"天之四灵"之一。班固《答宾戏》中"故夫泥蟠而天飞者,应龙之神也",应龙是中国古代神话中一种有翼之龙,曾助力黄帝部落攻蚩尤于冀州之野,还助力大禹治理洪水。张衡《思玄赋》"速烛龙令执炬兮,过钟山而中休"中的烛龙,是中国古代神话中具有开天辟地功能的龙。

(2)对龙神性的认知。龙有喜水、好飞、通天、善变、征瑞等神性,对这些神性,汉代赋家多有认知,并在其作品中生动形象地予以表现。如"黄龙游其沼,麒麟臻其囿,神爵栖其林"(扬雄《羽猎赋》)、"河序龙马,洛出龟书"(扬雄《核灵赋》)、"铜梁金堂,火井龙湫"(扬雄《蜀都赋》)、"猛鹜陆嬉,龙鼍水处"(李尤《七款》)、"其水虫则有蠵龟鸣蛇,潜龙伏螭"(张衡《南都赋》)、"鳞甲育其万类兮,蛟龙集以嬉游"(蔡邕《汉津赋》)等。这些句子中的龙都与水相关,都是"喜水"之龙。崔骃《七依》"升龙于天者,云也"、郑玄《相风赋》"风云之应,龙虎是从"、张衡《西京赋》"想升龙于鼎湖"、张衡《应闲》"夫玄龙,迎夏则凌云而奋鳞",句中的龙都与"好飞""通天"相关。班固《西都赋序》"神雀、五凤、甘露、黄龙之瑞,以为年纪"句中的龙,涉及龙的"征瑞"的神性。

（3）对龙喻比人的运用。汉赋中,题中含"龙"者,只有东汉刘琬的《神龙赋》一篇。该篇首句"大哉,龙之为德,变化屈伸,隐则黄泉,出则升云,圣贤其似之乎",将龙的善变、好飞、通天等神性概括为"龙之为德",言"圣贤其似之乎",意思是圣贤的品德与龙的这些德性是多么相似啊。

古代汉语中的"圣",至少有三指：一指精通一事,对某门学问、技艺有很高成就的人,如酒圣、诗圣。二指德、智、能高超的人物,如孔圣、先圣。三指帝王,如圣主、圣上。汉赋中以龙喻圣,其圣主要指帝王。如"帝轩龙跃,庶业是昌"（王逸《机妇赋》）句中,龙指的是轩辕黄帝；在"建武龙兴,奋旅西驱。……潜龙初九,真人乃发"（崔骃《反都赋》）、"我世祖忿之,乃龙飞白水,凤翔参墟"（张衡《东京赋》）二句中,龙皆喻指东汉开国皇帝刘秀。

除帝王之外,龙所喻比的人物还有英雄豪杰。此类语句较多,如"群龙并战,未知是非"（杜笃《论都赋》）、"龙吟方泽,虎啸山丘"（张衡《归田赋》）、"奂龙采而凤荣"（杨修《神女赋》）、"瞻亢龙而惧进"（丁仪《厉志赋》）,等等。

（4）对汉代精神风貌的颂扬。汉王朝是统一强盛的王朝,其精神风貌可用"雄宏一统"来概括。汉赋之所以有"大赋"之称,就在于以司马相如、扬雄、班固、张衡等为代表的汉赋作家,以宏大的结构、恢宏的气势、丰富的词汇、华丽的文采,铺陈、渲染、颂扬了由辽阔的疆域、丰足的物产、富庶的经济、繁华的都市、壮丽的宫室,以及"罢黜百家,独尊儒术"等思想文化所构成的大汉帝国的"雄宏一统"。而龙,则在汉赋作家的铺陈、渲染、颂扬中,起到了增色、添彩、醒目,甚至点睛的作用。这方面的例子很多,如："驾应龙象舆之蠖略委丽兮"（司马相如《大人赋》）、"乘翠龙而超河兮"（扬雄《河东赋》）、"总六龙于驷房兮"（刘歆《遂初赋》）、"登玉辂,乘时龙"（班固《东都赋》）、"乘銮辂而驾苍龙"（张衡《东京赋》）、"或如龙盘虎踞,复似鸾集凤翔"（刘胜《文木赋》）、"亘螭龙之飞梁"（张衡《思玄赋》）、"云窡藻棁,龙桷雕镂。……虬龙腾骧以蜿蟺,颔若动而躨跜。……五龙比翼,人皇九头"(王延寿《鲁灵光殿赋》)、"纷玄黄以彤裔,眸豹变而龙华"(应玚《车渠碗赋》)、"鱼龙曼延,嵬崴山阜"(李尤《平乐观赋》),等等。

三、刘向笔下的龙

刘向,本名更生,字子政,西汉沛(今江苏沛县)人,世居京兆长安(今陕西西安),西汉官吏,文学家。刘向采集前代史料轶事,撰成《新序》《说苑》等,其中写龙者,有收入《新序·杂事》的《叶公好龙》和收入《说苑·正谏》的《白龙鱼服》。

《叶公好龙》讲了这样一个故事:"叶公子高好龙,钩以写龙,凿以写龙,屋室雕文以写龙。于是天龙闻而下之,窥头于牖,拖尾于堂。叶公见之,弃而还走,失其魂魄,五色无主。是叶公非好龙也,好夫似龙而非龙者也。"在中国传统寓言中,《叶公好龙》是影响比较大的一则,对中华文化稍有了解的人都讲得出来。为什么会有这样的影响?原因是这则寓言揭示、讽喻了人类言行中的一个普遍现象,即说一套,做一套;往往对人声称、标榜自己最喜爱的,正是其惧怕,甚至反感的。当然,从龙文化的角度看,将叶公吓得魂飞魄散的"天龙",很可能是随着霹雳而显形的闪电。闪电具有龙的形状,是龙的重要的容合对象。

再看《白龙鱼服》所写:"吴王欲从民饮酒,伍子胥谏曰:'不可。昔白龙下清冷之渊,化为鱼,渔者豫且,射中其目,白龙上诉天帝,天帝曰:"当是之时,若安置而形?"白龙对曰:"吾下清冷之渊,化为鱼。"天帝曰:"鱼固人之所射也,若是豫且何罪?"夫白龙,天帝贵畜也;豫且,宋国贱臣也。白龙不化,豫且不射。今君弃万乘之位,而从布衣之士饮酒,臣恐其有豫且之患矣。'王乃止。"这个故事讲的是不审慎地改变身份和地位会带来危险。从龙文化的角度看,这则故事讲出了一个道理:鱼可以变成龙,所谓"鱼跃龙门""鱼化龙";龙也可以变成鱼,所谓"白龙鱼服"。

蛇、鳄、蜥、鱼、鲵、猪、鹿、熊、牛、马等动物,雷电、云、虹霓、龙卷风、星宿等天象,都是龙的容合对象,也就是说,这些凡见的动物和天象,通过"多元容合",变成了非凡、超凡、神物状态的龙:此变是由多样、具体到统一、抽象的变。而龙变成鱼，或变成蛇、鳄、蜥、鲵、猪、鹿、熊、牛、马、雷电、云、虹霓、龙卷风、星宿等，是由统一、抽象到多样、具体的变。两种变，体现的都是一种"模糊思维"。模糊思维往往将思维的根据、元素和思维的结果相混淆。而且，模糊思维常常看不到矛盾，容许同一个实体在同一时间存在于两个或几个地方，容许单数与复数、部分与整体同一。在这种思维模式下，龙就既可以是肉眼看不到的、虚拟的神物，也可以是肉眼看得见的蛇、鳄、蜥、鱼、鲵、猪、鹿、熊、牛、马等动物，以及雷电、云、虹霓、龙卷风、星宿等天象。

梳理《史记》《全汉赋》中的涉"龙"语句，以及刘向笔下的"龙"，我们对龙与汉代文学的关系可有以下几点认识：

第一，龙文化已渗透到汉代物质器用、习俗仪规、观念理论等社会生活的方方面面。汉代的文化精英们对这样的渗透已有比较全面、深入的了解，且有了将其以文学手段予以表现的兴趣和自觉。

第二，龙的司水灵物、通天神兽、人杰喻比等品性和功能有了进一步的强化和拓展，尤其是龙喻比帝王、作为皇权象征的功能，由汉高祖刘邦的"龙种"之说得到确立，"真龙天子"遂成为皇帝的代名词。

第三，汉代是中华民族、中华文化、中华文明的成型期。龙参与、助力、见证、标志了中华民族、中华文化、中华文明的成型。而龙对中华民族、中华文化、中华文明成型的参与、助力、见证和标志，通过散文、汉赋等文学形式，多姿多彩地表现了出来。

第四节　龙与魏晋南北朝文学

魏晋南北朝是中国历史上政权更迭最频繁的时期，从魏至隋的三百六十余年间，出现了三十多个大小王朝。魏晋南北朝时期还是外来文化与本土文化冲突融合、交相渗透的时期，中华民族、中华文化、中华文明在这个时期进入繁荣期。魏晋南北朝文学可从文学理论研究（包括文学批评）和文学创作两个方面来考察。文学理论研究、文学批评在此前各朝是稀有的、不成体系的，而在魏晋南北朝时期成体系地出现，而且蔚然形成了一个高峰。文学创作方面，除建安诗歌外，还出现了志人小说和志怪小说。龙文化在魏晋南北朝时期的文学理论研究和文学创作中都有渗透和表现。

一、《文心雕龙》中的龙

《文心雕龙》是南朝梁文学理论家刘勰撰写的专著，它也是中国文学理论批评史上第一部文学理论专著。"文心"之"文"，本义是花纹、纹理，引申为文字、文学、文化、文明，"文心"之"心"，指心思、思考、思想，"文心"可理解为"有关文字、文学、文化、文明的思考"，或"对文字、文学、文化、文明进行思考"。"雕龙"语出《史记·孟子荀卿列传》："驺衍之术迂大而闳辩，奭也文具难施；淳于髡久与处，时有得善言。故齐人颂曰：'谈天衍，雕龙奭，炙毂过髡。'"裴骃《史记集解》引刘向《别录》："驺奭修衍之文，饰若雕镂龙文，故曰'雕龙'。"南朝江淹《别赋》："赋有凌云之称，辩有雕龙之声。"可见，"雕龙"的本义是雕刻龙形花纹，引申为修饰文辞、雕琢文字，再引申为深入仔细地研究文字、文学、文化、文明。《文心雕龙》书名之义，可理解为"以文学、文化、文明之心，对文字、文学、文化、文明进行思考研究"。

《文心雕龙》成书于南朝齐和帝中兴元年至二年（501—502），全书共十卷，五十篇（原分上、下部）。"龙"在该书中出现了十次，其指称、喻比、象征、修饰的物象、意象主要有三：一是文章及辞采，二是人名，三是神物。

人名、神物不用说了，这里只说文章、辞采。如《封禅》篇："赞曰：封勒帝绩，对越天休。逖听高岳，声英克彪。树石九旻，泥金八幽。鸿律蟠采，如龙如虬。"《时序》篇："邹子以'谈天'飞誉，驺奭以'雕龙'驰响；屈平联藻于日月，宋玉交彩于风云"；"王袁联宗以龙章，颜谢重叶以凤采；何范张沈之徒，亦不可胜也"；"今圣历方兴，文思光被；海岳降神，才英秀发，驭飞龙于天衢，驾骐骥于万里；经典礼章，跨周轹汉；唐虞之文，其鼎盛乎！"《序志》篇："古来文章，以雕缛成体，岂取驺奭之群言'雕龙'也？"这些句子中的"龙"，皆喻指文章、辞采。龙之所以能喻指文章、辞采，是因为：第一，龙源于多种动物和天象，色彩斑斓。第二，龙的姿态多飞扬向上。第三，龙不拘一格，富于变化。这些特点都是优秀的文章所应具备的，也就是说，文章若能写到如龙般色彩斑斓、飞扬向上、富于变化，那这篇文章就是或接近于好文章了。

二、《世说新语》中的龙

魏晋南北朝时期，出现了专记人物言行和记载历史人物传闻轶事的志人小说。作为杂录体小说，志人小说与志怪小说相区别，具有以真人真事为描写对象，以典型细节突出刻画人物性格特征，篇幅短小，语言简练生动、言约旨丰等艺术特点。

《世说新语》是志人小说的代表性作品，由南朝宋武帝刘裕的侄子刘义庆创作。其中涉"龙"的篇章有《德行》《方正》《赏誉》《品藻》《容止》《企羡》《术解》《排调》《轻诋》《自新》。限于篇幅，本书介绍《德行》《自新》两篇。

在《德行》篇中，有"李元礼风格秀整，高自标持，欲以天下名教是非为己任。后进之士有升其堂者，皆以为登龙门"的记述。"登龙门"语，典出汉代辛氏撰著的《三秦记》，原文为："龙门山在河东界，禹凿山断门，阔一里余。黄河自中流下，两岸不通车马。……每岁季春有黄鲤鱼，自海及诸川争来赴之。一岁中，登龙门者不过七十二。初登龙门，即有云雨随之。天火自后烧其尾，乃化为龙矣。"（《太平广记》卷四百六十六引《三秦记》）

显然，"登龙门"语是"鱼登龙门"一语的简化和意蕴的延展。《后汉书》卷六十七《党锢列传》首提"登龙门"：说颍川郡襄城县人李膺，先后做过青州刺史、渔阳太守、乌桓校尉。后来因公事免官，回家乡居住，教授学生常达千人。朝中大臣荀爽曾去拜访李膺，并为李膺赶车，回来后高兴地说："今天居然为李君赶车了。"由此可见李膺被人敬慕到了何等程度。桓帝延熹二年（159），李膺受征召，升作河南尹。这时宛陵大姓家族中的羊元群从北海郡罢官，贪污罪行极多，无奇不有，郡舍厕所中奇巧之物，也用车子拉了回家。李膺上表要审查他的罪行，羊元群贿赂宦官，李膺反被判为诬告，发配到左校劳。是时，朝廷一天比一天混乱，纲纪败坏，李膺独自保持风采，凭借声名自我清高。读书人有被他接待的，叫"登龙门"。

《德行》中言，就是对上述故事的概括。从此，"登龙门"便喻指得到有名望、有权势者的援引而身价大增。

《自新》写了一个叫周处的，年轻时凶强任性好争斗，被同乡人列为祸害。当时还有义兴河中的蛟，附近山上的邅迹虎，一起袭击、残害百姓。义兴乡民称其为"三横"，而周处尤其厉害。有人鼓动周处杀虎斩蛟，实际上是希望"三横"相互拼杀只剩下一个。周处就杀死了虎，又下河击蛟。蛟时而浮起时而沉没，周处与蛟一起游了数十里。过了三天三夜，同乡人都认为周处已经死了，就相聚庆祝，这时周处竟杀死了蛟从河中浮出。周处"闻里人相庆，始知为人情所患，有自改意"，从此改过自新，"终为忠臣孝子"。

这是一则劝人改邪归正、弃恶从善的故事。故事中的"蛟""虎"，成为周处改过自新的必要条件，周处经过与"蛟""虎"搏斗并取得胜利，才体会到"蛟""虎"的危害性，从而幡然悔悟，重新做人。

古诗文中，蛟常与龙并称。《楚辞·九思》曰："乘六蛟兮蜿蝉。"王逸注："龙无角曰蛟。"《吕氏春秋·季夏》："令渔师伐蛟取鼍。"高诱注："蛟、鼍、鼋皆鱼属。……蛟有鳞甲，能害人。"《山海经·南山经》："其中有虎蛟，其状鱼身而蛇尾。"郭璞注："蛟似蛇，四足，龙属。"这些特点和哪种动物最接近呢？鳄，尤其是湾鳄，正好具备这些特点。所以，《自新》中讲的周处所杀之蛟，很可能就是龙的容合对象湾鳄。

三、《搜神记》中的龙

以记述神异鬼怪故事为主体内容的志怪小说，是魏晋南北朝时期流行的与志人小说相并列的文学样式，其代表性作品有东晋干宝的《搜神记》、东晋葛洪的《神仙传》等。

《搜神记》所记多神灵怪异之事。在该书中，"龙"出现了四十多次，涉及《师门使火》《琴高入水取龙子》《陶安公骑赤龙》《鞠道龙说黄公事》《郭璞筮病》《郑容捎华山使之书》《御人产龙》《龙斗》《龙现井中》《二龙现武库井中》《婢产异物》《吕望钓于渭阳》《病龙之雨》《开石文字》等故事。限于篇幅，这里不做逐篇分析，只重点谈谈出现在该书中的龙的人格化现象。

人格化，是文艺创作中常用的一种艺术手法，即赋予非人之物以人的特征，使其具有人的形态、思想感情和行为。龙的人格化，就是赋予龙这个神物以人的特征，使其具有人的形态、思想感情和行为。且看：

事件1："晋魏郡亢阳，农夫祷于龙洞，得雨，将祭谢之。孙登见曰：'此病龙雨，安能苏禾稼乎？如弗信，请嗅之。'水果腥秽。龙时背生大疽，闻登言，变为一翁，求治，曰：'疾瘥，当有报。'不数日，果大雨。见大石中裂开一井，其水湛然，龙盖穿此井以报也。"（《搜神记》卷二十）此记中，魏郡某龙洞之龙，在农夫祷雨之后，化为一位老翁，求隐士孙登为其治疗背上生的大疽。在得到有效治疗后，龙如人间君子般讲信用，知恩图报地降下一场可解除旱情的大雨。

事件2："古巢，一日江水暴涨，寻复故道。港有巨鱼，重万斤，三日乃死。合郡皆食之，一老姥独不食。忽有老叟曰：'此吾子也，不幸罹此祸。汝独不食，吾厚报汝。若东门石龟目赤，城当陷。'姥日往视。有稚子讶之，姥以实告。稚子欺之，以朱傅龟目。姥见，急出城。有青衣童子曰：'吾，龙之子。'乃引姥登山，而城陷为湖。"（《搜神记》卷二十）此记中，先有长江老龙化为老叟报恩于老姥，告诉她"若东门石龟目赤，城当陷"；后有长江龙子化为青衣童子，"引姥登山"，避免了一场灾难。

在这两个事件中，龙化老翁、化老叟，所述都是龙的直接人格化，即没有中转环节，直接由神物变成人。

事件3："晋怀帝永嘉中，有韩媪者于野中见巨卵，持归育之，得婴儿，字曰'撅儿'。方四岁，刘渊筑平阳城不就，募能城者。撅儿应募，因变为蛇，令媪遗灰志其后。谓媪曰：'凭灰筑城，城可立就。'竟如所言。渊怪之，遂投入山穴间，露尾数寸，使者斩之，忽有泉出穴中，汇为池，因名'金龙池'。"（《搜神记》卷十四）此记中，韩媪于野地中见巨卵，"持归育之，得婴儿"，其"巨卵"当为"龙卵"，"得婴儿"即龙的人格化。这一事件描述的是龙的间接人格化，即通过中转环节，龙由神物变成人。

通过以上梳理，我们可以有四点认识：第一，龙的人格化，兴起于魏晋南北朝时期。《史记·周本纪》也载："有二神龙止于夏帝庭而言曰：'余，褒之二君。'"让龙开口说人话，虽可视为龙的人格化之滥觞，但只限于说人话而不具人形。龙由动物形态变成人的形态，是龙的人格化的基本要求。第二，龙的人格化有直接和间接两种形式。第三，龙的人格化拉近、缩小，甚至消弭了龙与人的差距，使龙从外到内都和人一样，于是，人龙一体，龙人不二，人的思想感情便是龙的思想感情，龙的道德修为便是人的道德修为。这样的人格化，既是龙的人化，也是人的龙化。龙是人发明、展现的神物，这个神物同时也在展现人。第四，龙的人格化过程也是龙的文学化过程。人们运用文学性的拟人、想象、夸张、描写等手法，将龙人格化。

四、缪袭、傅玄、陶潜写龙

缪袭，字熙伯，三国魏文学家。唐徐坚《初学记》中，收录缪袭《青龙赋（并序）》一篇："盖青龙者，火辰之精，木官之瑞。懿矣神龙，其知惟时。览皇代之云为，袭九泉以潜处。当仁圣而觌仪，应令月之风律，照嘉祥之赫戏，敷华耀之珍体，耀文采以陆离。旷时代以稀出，观四灵而特奇。是以见之者惊骇，闻之者崩驰。观夫仙龙之为形也，盖鸿洞轮硕，丰盈修长，容姿温润，蜿蜒成章，繁蛇虬蟉，不可度量。远而视之，似朝日之阳；迩而察之，象列缺之光。爚若鉴阳，和映瑶琼，眄若望飞，云曳旗旌。或蒙翠岱，或类流星，或如虹霓之垂耀，或似红兰之芳荣。焕璘彬之瑰异，实皇家之休灵。奉阳春而介福，赉乃国以嘉祯。"此赋通篇都在歌颂龙：歌颂龙的潜飞自如、文采华耀、身材修长、姿容温润、蜿蜒成章，等等。总之，龙是"旷时代以稀出"的主要为皇家服务的灵物、福神、祥瑞。缪袭这样写龙，当与其于建安中出仕，历事曹操、曹丕、曹睿、曹芳四世，官至尚书、光禄勋的经历有关。

傅玄，西晋大臣，文学家。《艺文类聚》卷九十六收傅玄《龙铭》一首："丽哉神龙，诞应阳精。潜景九渊，飞曜天庭。屈伸从时，变化无形。偃伏污泥，上凌太清。"译成白话就是："壮丽啊神奇的龙，诞生时就应和着阳气之精。潜藏身影在深沉的九渊，飞举光明在高渺的天空。能屈能伸依据情势，变化多样不拘一形。可以仰卧在污泥之中，可以直上云天高过太清。"此作精练、生动而又传神地赞颂了龙的神奇适变、不拘一格的性能。

　　陶潜，字渊明，东晋文学家。其《搜神后记》卷七有一篇《蛟子》："长沙有人，忘其姓名，家住江边。有女子渚次浣纱，觉身中有异，后不以为患，遂妊身。生三物，皆如鲩鱼。女以己所生，甚怜异之，乃着澡盘水中养之。经三月，此物遂大，乃是蛟子。各有字，大者为'当洪'，次者为'破阻'，小者为'扑岸'。天暴雨水，三蛟一时俱出，遂失所在。后天欲雨，此物辄来。女亦知其当来，便出望之。蛟子亦出头望母，良久方复去。经年，后女亡，三蛟子一时俱至其墓所哭之，经日乃去。闻其哭声，状如狗号。"此篇作品是迄今发现的中国民间"龙母原型类"传说故事的最早文本，从中至少可以读出以下几点：（1）人可以因感而孕——故事的编撰者显然受到了感生神话的影响。（2）人可以生下动物——有宣扬人与动物共生的意思。（3）蛟，一般指鳄（尤其指湾鳄），鳄是龙的容合对象，可以饲养。（4）可以饲养的鳄常常被称为龙，故孕生、养育鳄的人便被称为龙母。于是，养育鳄往往被置换、包装成养育龙，这是民间传说中龙母产生的一个原因，已然成为一种类型。（5）动物懂得人情，知恩图报——有宣扬中华传统孝道之意。

五、嵇康："潜龙"与"卧龙"

　　阮籍、嵇康、山涛、刘伶、阮咸、向秀、王戎，是魏末晋初的七位名士，有"竹林七贤"之称。《晋书·嵇康列传》："所与神交者惟陈留阮籍、河内山涛，豫其流者河内向秀、沛国刘伶、籍兄子咸、琅邪王戎，遂为竹林之游，世所谓'竹林七贤'也。"其活动区域在当时嵇康所居住的山阳县，即今河南辉县市西北一带。

　　嵇康是"竹林七贤"的核心人物，堪称"竹林七贤"思想纲领的"非汤武而薄周孔"和"越名教而任自然"就分别出自他的《与山巨源绝交书》和《释私论》。

嵇康有一首《游仙诗》:"遥望山上松,隆冬郁青葱。自遇一何高,独立迥无双。愿想游其下,蹊路绝不通。王乔异我去,乘云驾六龙。飘飘戏玄圃,黄老路相逢。授我自然道,旷若发童蒙。采药钟山隅,服食改姿容。蝉蜕弃秽累,结友家板桐。临觞奏九韶,雅歌何邕邕。长与俗人别,谁能睹其踪。"作者以乘云驾龙之句,抒发其高举远行之志,展示了他高洁其身、卓尔不群的个性与品格。在另一首《述志诗》诗中,嵇康以"潜龙"自比:"潜龙育神躯,濯鳞戏兰池。延颈慕大庭,寝足俟皇羲。庆云未垂景,盘桓朝阳陂。悠悠非吾匹,畴肯应俗宜。""潜龙"语出《周易》乾卦"初九,潜龙勿用",有喻指潜藏的、隐而未显的人才之意。

嵇康有"龙章凤姿"之赞和"卧龙"之称。《晋书·嵇康列传》:"嵇康字叔夜,谯国铚人也。其先姓奚,会稽上虞人,以避怨,徙焉。铚有嵇山,家于其侧,因而命氏。兄喜,有当世才,历太仆、宗正。康早孤,有奇才,远迈不群。身长七尺八寸,美词气,有风仪,而土木形骸,不自藻饰,人以为龙章凤姿,天质自然。恬静寡欲,含垢匿瑕,宽简有大量。学不师受,博览无不该通,长好《老》《庄》。与魏宗室婚,拜中散大夫。常修养性服食之事,弹琴咏诗,自足于怀。""康善谈理,又能属文,其高情远趣,率然玄远。""龙章凤姿"是赞赏一个人有神龙的文采、凤凰的姿容,比喻风采出众。当年孔子曾谓老子犹龙,"合而成体,散而成章,乘云气而养乎阴阳"。嵇康"美词气,有风仪""天质自然""恬静寡欲""宽简有大量""博览无不该通",还"好《老》《庄》","高情远趣,率然玄远",称其"龙章凤姿",可谓恰而又当。

《晋书·嵇康列传》又言:"初,康居贫,尝与向秀共锻于大树之下,以自赡给。颍川钟会,贵公子也,精练有才辩,故往造焉。康不为之礼,而锻不辍。良久会去,康谓曰:'何所闻而来?何所见而去?'会曰:'闻所闻而来,见所见而去。'会以此憾之。及是,言于文帝曰:'嵇康,卧龙也,不可起。公无忧天下,顾以康为虑耳。'因譖'康欲助毌丘俭,赖山涛不听。昔齐戮华士,鲁诛少正卯,诚以害时乱教,故圣贤去之。康、安等言论放荡，非毁典谟，帝王者所不宜容。宜因衅除之，以淳风俗'。帝既昵听信会，遂并害之。"这段记载道出了嵇康被称为"卧龙"的因缘和后果。钟会是三国时期曹魏的重要谋臣，其人也是才华横溢，精通玄学，魏国君臣都很赏识他。可就是此人，仅仅因为当时正忙着打铁的嵇康慢待了前来造访的他，就献策于晋文帝司马昭，劝司马昭效法昔日齐国姜太公杀华士、鲁国孔丘杀少正卯那样，除掉嵇康。此前司马昭为权倾朝纲的大将军时，曾欲礼聘嵇康为幕府属官，嵇康躲避不应。同为竹林七贤的山涛离开尚书吏部郎之职时，举荐嵇康代替自己。嵇康作《与山巨源绝交书》，列出自己有"七不堪""二不可"，拒绝出仕。如此不合作态度，招司马昭的嫉恨是很自然的。因此，数年后嵇康因吕安案入狱，钟会趁机进谗言诬陷嵇康，司马昭遂下令杀害了嵇康。嵇康的"卧龙"之称，虽因钟会的嫉恨而出，但也符合事实：作为一代人杰，嵇康无论人品、才学，还是形象、风采，都当"龙"而无愧。

第五节　龙与唐代文学

唐朝是中国代隋而兴的大一统王朝。唐初太宗的"贞观之治"和后来唐玄宗的"开元之治"，打造了中华民族、中华文化、中华文明历史上以"恢宏开放、博雅包容、刚健有为"为特征的强盛时代。以李白、杜甫、白居易的诗为代表，唐诗达到了中国古典诗歌的巅峰。唐诗之外，还有韩愈、柳宗元的散文以及唐朝小说的代表——唐传奇等，也在文学史上形成重要影响。说到龙，其在唐代文学中也有丰富多彩的表现。

一、《全唐诗》中的龙

唐诗是中国古典文学王冠上一颗巨大而璀璨的明珠，也是中国文化史上不可多得的丰碑。龙不可能不进入唐代诗人的视野，唐诗中也不可能没有龙的身影。清康熙四十五年（1706）成书的《全唐诗》凡九百卷，收录二千二百余人的四万八千九百多首诗,其中含"龙"的诗句有四千一百多条,若加上含有"蛟""虬""螭""鼍"等属于"龙族"的诗句五百四十多条,共计四千六百多条,应该说不算少了。这些含"龙"的诗,指称、喻比、象征、修饰的物象、意象,大致可归为以下十类。

（1）龙神。如:"龙池跃龙龙已飞,龙德光天天不违。"（沈佺期《龙池篇》）"龙宫月明光参差,精卫衔石东飞时。"（顾况《龙宫操》）"龙伯驱风不敢上,百川喷雪高崔嵬。"（温庭筠《公无渡河》）"圣人不生,麟龙何瑞;梧桐不高,凤凰何止。"（齐己《君子行》）"鹤羽冲风过海迟,不如却使青龙去。"（李贺《神仙曲》）"吾观龙变化,乃知至阳精。"（陈子昂《感遇诗三十八首·其六》）上述诗句中的龙,指的都是作为神物的龙。

（2）龙的容合对象。龙的容合对象众多,唐诗中含"龙"的诗句,各有所指。

一指鳄、蛇、鱼、鲵等与水关系密切的动物。如:"鸿雁长飞光不度,鱼龙潜跃水成文。"（张若虚《春江花月夜》）"凤叫龙吟白日长,落花声底仙娥醉。"（庄南杰《阳春曲》）"近见行人畏白龙,遥闻公主愁黄鹤。"（崔湜《大漠行》,一作胡皓诗）"蛟龙啖尸鱼食血,黄泥直下无青天。"（王建《公无渡河》）"涉其浅兮石啮我足,乘其深兮龙入我舟。"（韩愈《将归操》）作为神物的龙在自然界中是看不到、找不到的,能看到、找到的都是龙的容合对象,以上诗句中的龙,当为龙的容合对象鳄、蛇、鱼、鲵等。

其二指马。如:"翻似天池里,腾波龙种生。"（李世民《咏饮马》）"遥看电跃龙为马,回瞩霜原玉作田。"（上官昭容《驾幸新丰温泉宫献诗三首》）"龙骑不巡时渐久,长门长掩绿苔文。"（胡曾《妾薄命》）"草尽泉枯马病羸,飞龙但印骨与皮。"（白居易《阴山道·疾贪虏也》）"由来渥洼种,本是苍龙儿。"（李群玉《骢马》）马也是龙的容合对象,汉代学者王充在《论衡》中曾言龙乃"马、蛇之类",还有"马八尺以上为龙"（《周礼·夏官》）、"马实龙精"（《山海经·图赞》）之说。因此,唐代诗人笔下出现以龙喻马、以马比龙的句子就很自然了。

三指星象、天象。如："朱鸟开辰，苍龙启映。"（褚亮《雩祀乐章·肃和》）"东有青龙西白虎，中含福皇包世度。"（李商隐《无愁果有愁曲》）"朝天半夜闻玉鸡，星斗离离碍龙翼。"（陈陶《步虚引》）这些诗句中的龙，均指二十八宿中的东方苍龙七星。王毂《苦热行》诗中"祝融南来鞭火龙，火旗焰焰烧天红"句，其龙则指称天象。

四指闪电、云、虹霓、龙卷风、海潮等。如"电耀耀兮龙跃，雷阗阗兮雨冥"（沈佺期《霹雳引》）、"引电随龙密又轻，洒杯闲嚄得嘉名"（徐夤《雨》），诗句中的龙均指闪电。又如"鸟飞田已辟，龙去云犹簇"（权德舆《仲秋朝拜昭陵》）、"云龙风虎尽交回，太白入月敌可摧"（李白《胡无人行》），诗句中的龙均指云。刘禹锡《竞渡曲》"蛟龙得雨鬐鬣动，蝾螈饮河形影联"，句中的龙当指虹霓。再如"见龙垂渭北，辞雁指河东"（苏颋《奉和圣制至长春宫登楼望稼穑之作》）、"龙飙去去无消息，鸾镜朝朝减容色"（骆宾王《代女道士王灵妃赠道士李荣》），句中之龙是龙卷风之谓。朱庆馀《观涛》"鲜飙出海鱼龙气，晴雪喷山雷鼓声"，韦庄《寄薛先辈》"龙翻瀚海波涛壮，鹤出金笼燕雀惊"，句中之龙皆指海潮。

五指竹木。此类指代的例子，如李世民《赋得临池竹》："拂牖分龙影，临池待凤翔。"鲍溶《采莲曲二首》："采莲竭来水无风，莲潭如镜松如龙。"王维《春日与裴迪过新昌里访吕逸人不遇》："闭户著书多岁月，种松皆老作龙鳞。"王绩《游仙四首》："鸭桃闻已种，龙竹未经骑。"

六指山形、水势。如："岩顶翔双凤，潭心倒九龙。"（武则天《游九龙潭》）"黄河西来决昆仑，咆哮万里触龙门。"（李白《公无渡河》）"风起半崖闻虎啸，雨来当面见龙行。"（徐氏《题彭州阳平化》）"落日空亭上，愁看龙尾湾。"（储光羲《临江亭五咏》）"泓澄白龙卧，宛转青蛇屈。"（白居易《湖亭晚望残水》），诗句或说山形，或言水势，皆以龙指称。

（3）帝王。此类诗句如："潜龙既可跃，逸兔奚难致。"（李世民《咏司马彪续汉志》）"有策不敢犯龙鳞，窜身南国避胡尘。"（李白《猛虎行》）"人间臣妾不合照，背有九五飞天龙。"（白居易《百炼镜·辨皇王鉴也》）"秦皇曾虎视，汉祖昔龙颜。"（张祜《入关》）"祖龙黄须珊瑚鞭，铁骢金面青连钱。"（温庭筠《湖阴曲》）"龙兴白水汉兴符，圣主时乘运斗枢。"（崔日用《享龙池乐章·第六章》）"但欲附高鸟，安敢攀飞龙。"（张九龄《感遇十二首》）"天下有英雄，襄阳有龙伏。"（杨炯《广溪峡》）

（4）人才、英雄。如："吴国分牛斗，晋室命龙骧。"（李隆基《过王浚墓》）"龙蟠泥中未有云，不能生彼升天翼。"（张籍《行路难》）"诸葛才雄已号龙，公孙跃马轻称帝。"（骆宾王《畴昔篇》）"汉阳穷鸟客，梁甫卧龙才。"（骆宾王《幽絷书情通简知己》）"泰阶得夔龙，桃李满中原。"（李白《书情题蔡舍人雄》）"王卒如飞翰，鹏鶱骇群龙。"（柳宗元《东蛮》）"龙武三军气，鱼铃五校名。"（许景先《奉和圣制送张尚书巡边》）

（5）身材、体态。如："抱月飘烟一尺腰，麝脐龙髓怜娇饶。"（温庭筠《张静婉采莲曲》）"天高难诉兮远负明德，却望咸京兮挥涕龙钟。"（宋之问《高山引》）

（6）城池、地域。如："都尉反龙堆，将军旋马邑。"（李世民《饮马长城窟行》）"但使龙城飞将在，不教胡马度阴山。"（王昌龄《出塞》）"海边漠漠天气白，胡儿夜度黄龙碛。"（张籍《关山月》）"宁知腊日龙沙会，却胜重阳落帽时。"（权德舆《腊日龙沙会绝句》）"鸟庭已向内，龙荒更凿空。"（袁朗《饮马长城窟行》）"回瞰卢龙塞，斜瞻肃慎乡。"（杨师道《奉和圣制春日望海》）"群公拂雾朝翔凤，天子乘春幸凿龙。"（宋之问《龙门应制》）

（7）建筑。如："龙楼光曙景，鲁馆启朝扉。"（李治《太子纳妃太平公主出降》）"初日照龙阙，峨峨在天半。"（储光羲《贻刘高士别》）"玉阶霜仗拥未合，少年排入铜龙门。"（李益《汉宫少年行》）"双阙龙相对，千官雁一行。"（白居易《早朝》）"气合龙祠外，声过鲸海滨。"（苏味道《单于川对雨二首》）"摘兰喧凤野，浮藻溢龙渠。"（沈佺期《晦日浐水应制》）

（8）用具、服装、灯烛、舟楫、战阵、兵器、旗帜、造型。

一指龙形、龙纹器具，如"雕宫静龙漏，绮阁宴公侯"（李世民《冬宵各为四韵》)、"莫卷龙须席,从他生网丝"(李白《白头吟二首》)。

二指龙纹服装,如"想龙服,奠牺樽。礼既备,庆来臻"(佚名《周宗庙乐舞辞·章德舞》)、"倡家宝袜蛟龙帔,公子银鞍千万骑"(卢照邻《行路难》)。

三指灯烛、火光、烟焰,如"火龙明鸟道,铁骑绕羊肠"(李隆基《早登太行山中言志》)、"龙衔火树千灯艳,鸡踏莲花万岁春"(张说《踏歌词》)。

四指龙舟,如"鼓声三下红旗开,两龙跃出浮水来"(张建封《竞渡歌》)、"虎旗龙舰顺长风,坐引全吴入掌中"(吕温《晋王龙骧墓》)。

五指车辇,如"天旋日转回龙驭,到此踌躇不能去"(白居易《长恨歌》)、"帝子乘龙夜,三星照户前"(梁铉《天门街西观荣王聘妃》)。

六指战阵、兵法,如"阵变龙蛇活,军雄鼓角知"(姚合《剑器词三首》)、"七德龙韬开玉帐,千里鼍鼓叠金钲"(骆宾王《从军中行路难二首》)。

七指兵器,如"水心龙剑动,地肺雁山开"(皎然《从军行》)、"翠帷双卷出倾城,龙剑破匣霜月明"(柳宗元《浑鸿胪宅闻歌效白纻》)。

八指旗帜,如"龙旌昏朔雾,鸟阵卷寒风"(卢照邻《结客少年场行》)、"大夫鹊印摇边月,天将龙旗掣海云"(岑参《凯歌六首》)。

九指造型,如"飞香走红满天春,花龙盘盘上紫云"(李贺《上云乐》)、"服闲云骥屏,冗术土龙修"(李峤《晚秋喜雨》)。

(9)乐器、音乐、舞蹈、书法、美食、炼丹、香料。龙指称乐器、音乐、舞蹈者,如"吹龙笛,击鼍鼓;皓齿歌,细腰舞"(李贺《将进酒》)、"琴奏龙门之绿桐,玉壶美酒清若空"(李白《前有一尊酒行二首》);指称书法者,如"手把山中紫罗笔,思量点画龙蛇出"(顾况《剡纸歌》)、"风声吼烈随手起,龙蛇进落空壁飞"(鲁收《怀素上人草书歌》)。李贺《鼓吹曲辞·将进酒》"烹龙炮凤玉脂泣,罗屏绣幕围香风",句中龙指美食;"认得东西木与金,自然炉鼎虎龙吟"(吕洞宾《七言》)、"三秋稽颡叩真灵,龙虎交时金液成"(佚名《太白山魔诳道士诗》)句中之龙乃炼丹之谓;张昭《观德舞》"氤氲龙麝交青琐,仿佛铿鎜下蕊珠"、长孙佐辅《宫怨》"看笼不记熏龙脑，咏扇空曾秃鼠须"及温庭筠《阳春曲》"云母空窗晓烟薄，香昏龙气凝辉阁"之句，其龙皆指称香料。

（10）年号。上官昭容《驾幸新丰温泉宫献诗三首》诗中，有"三冬季月景龙年，万乘观风出灞川"之句，景龙三年（709）十二月十二日，中宗皇帝驾新丰（今西安市临潼区西北）温泉宫，上官昭容赋绝句三首以献，诗中"景龙"即年号。

唐诗中仅有一首以"龙"为题的诗，作者是初唐时以文辞著称，与苏味道并称"苏李"，又与苏味道、杜审言、崔融合称"文章四友"的李峤。其《龙》诗为："衔烛耀幽都，含章拟凤雏。西秦饮渭水，东洛荐河图。带火移星陆，升云出鼎湖。希逢圣人步，庭阙正晨趋。"这首五言诗，八句中用了烛龙、秦龙饮渭、河图洛书、黄帝铸鼎并乘龙升天等四个典故，作者将这些典故入诗，旨在说明龙是能给人间带来光明，与山水地理、人文先祖有密切关系的吉祥神物。

在唐诗中，龙凤连称、对称的诗句也多有出现。龙凤连称的句子有二十多处，如李白《古风五十九首·其四十五》"龙凤脱罔罟，飘摇将安托"、杜甫《行次昭陵》"巑岏龙凤质，威定虎狼都"、韦应物《拟古诗十二首》"冰霜中自结，龙凤相与吟"、韩愈《辛卯年雪》"崩腾相排挤，龙凤交横飞"、白居易《和送刘道士游天台》"灵旗星月象，天衣龙凤纹"等诗句，皆有"龙凤"相连之句。唐诗中龙凤对称的句子有五百多个，如"将排凤节分阶易，欲校龙书下笔难"（陆龟蒙《上元日道室焚修寄袭美》）、"盖阴连凤阙，阵影翼龙城"（骆宾王《秋晨同淄川毛司马秋九咏·秋云》）、"龙柯疏玉井，凤叶下金堤"（卢照邻《山庄休沐》）、"凤篆文初定，龙泥印已开"（韦渠牟《步虚词》）等，前后句中皆是龙、凤对称。

通过以上梳理，我们可以得到以下认识：

第一，龙具有丰富的象征性。帝王，人杰，动物，天象，山水，亭台楼阁，衣食住行，音乐歌舞，战阵兵器，总之是社会生活的方方面面，诸多事象，都可以用龙来比喻、来指代、来修饰，这是龙之外的任何一种象征物都不能相比的。说明有唐一代，龙对人们的影响已相当深入、广泛，龙习俗在人们的生活中已不可或缺。同时也说明，龙习俗也与众多民俗广泛融合。

第二，龙具有不同寻常的艺术性。龙是"意象"，即有意味的形象，其"象"非现实中所有，是"容合"之象，而其"意"是由人赋予的，也是多重的。唐代诗人对此显然有清醒的认识和感悟，因而在创作过程中，无不自觉地遵循艺术创造的规律，达到了既重"象"，又重"意"，以"象"达"意"，"意"在"象"中的艺术效果，给人以既鲜明生动，又耐人寻味的审美享受。

第三，含"龙"诗句出现频率高于含"凤"诗句，说明龙文化的影响力大于凤文化的影响力，龙的民俗事象多于凤的民俗事象，龙在人们心目中的地位高于凤在人们心目中的地位。还有，以龙喻比帝王的诗句明显多于以凤喻比后妃的诗句，也反映了男性帝王统治中国、中国属于男权社会的现实。

二、李白、杜甫、白居易、李贺与龙

李白，字太白，号青莲居士，又号"谪仙人"。唐代伟大的浪漫主义诗人，被后人誉为"诗仙"。

在《李白诗全集》中，有含"龙"诗句一百九十九条，涉及龙文化的各个方面，如直指"神物龙"的"点额不成龙，归来伴凡鱼"（《赠崔侍郎》）、"海若不隐珠，骊龙吐明月"（《赠僧行融》），描写"山水龙"的"杨花满江来，疑是龙山雪"（《题瓜州新河饯族叔舍人贲》）、"风吹绕钟山，万壑皆龙吟"（《金陵听韩侍御吹笛》），喻指"人杰龙"的"得水成蛟龙，争池夺凤凰"（《拟古十二首·其六》）、"龙虎方战争，于焉自休息"（《商山四皓》），言称"工具龙"的"举手何所待，青龙白虎车"（《早望海霞边》）、"百川随龙舟，嘘吸竟安在"（《赠僧朝美》），等等。

但是，在《李白诗全集》涉"龙"诗句中，出现比较多的，要数以"攀龙""龙飞""龙颜""龙鳞"等表现出来的"帝王龙"，达二十句，这可以说是李白含"龙"诗的第一个特点。如"我欲攀龙见明主，雷公砰訇震天鼓"（《梁甫吟》）、"陛下应运起，龙飞入咸阳""跪双膝，立两肘，散花指天举素手。拜龙颜，献圣寿"（《上云乐》）、"有策不敢犯龙鳞，窜身南国避胡尘"（《猛虎行》）等。这些诗句表明，李白有浓厚的"帝王龙"情结，换个说法，就是"攀龙意识"，即通过献身皇家、结附帝王以建立功业的意识。在《赠张相镐二首》中，李白将自己的这一意识讲得明白透彻："本家陇西人，先为汉边将。功略盖天地，名飞青云上。苦战竟不侯，富年颇惆怅。世传崆峒勇，气激金风壮。英烈遗厥孙，百代神犹王。十五观奇书，作赋凌相如。龙颜惠殊宠，麟阁凭天居。晚途未云已，蹭蹬遭谗毁。……抚剑夜吟啸，雄心日千里。誓欲斩鲸鲵，澄清洛阳水。六合洒霖雨，万物无雕枯。""一生欲报主，百代思荣亲。其事竟不就，哀哉难重陈。"还有《赠溧阳宋少府陟》，也是表达这种情结："李斯未相秦，且逐东门兔。宋玉事襄王，能为《高唐赋》。……早怀经济策，特受龙颜顾。"

在长安受到挫折后，李白有些消沉，"白玉栖青蝇，君臣忽行路"（《赠溧阳宋少府陟》）、"攀龙忽堕天，还家守清真"（《留别广陵诸公》）等诗句，便是这种心态的体现。而"遂令世上愚，轻我土与灰。一朝攀龙去，鼋鼍安在哉"（《酬张卿夜宿南陵见赠》）、"何日清中原，相期廓天步"（《赠溧阳宋少府陟》）等诗句，则体现了他虽消沉但并不死心。

李白含"龙"诗的第二个特点，是借用龙的"好飞""通天"的神性，和自由往来昊天潢池的本领，抒发超越尘俗的浪漫情怀。如"浮云蔽颓阳，洪波振大壑。龙凤脱罔罟，飘摇将安托"（《古风五十九首·其四十五》）、"骑龙飞上太清家，云愁海思令人嗟""乘鸾飞烟亦不还，骑龙攀天造天关"（《飞龙引二首》）、"九重出入生光辉，东求蓬莱复西归。玉浆倘惠故人饮，骑二茅龙上天飞"（《西岳云台歌送丹丘子》），等等，读这些诗句，我们能感受到李白纵横无羁的思绪，和随手拈来、妙语喷涌的才华；仿佛看到诗仙已如神龙般在浩渺的云海里飘飘遨游。

杜甫，字子美，自号少陵野老。唐代伟大的现实主义诗人，与李白合称"李杜"，被后人誉为"诗圣"。

在《杜甫诗全集》中，有含"龙"诗句七十九条，其指称内容也是多方面的。一是指称人才，此类如"能吏逢联璧，华筵直一金。晚来横吹好，泓下亦龙吟"（《刘九法曹郑瑕丘石门宴集》）、"门阑多喜色，女婿近乘龙"（《李监宅二首》）、"凤穴雏皆好，龙门客又新"（《奉赠鲜于京兆二十韵》）等。二是指称名胜、山水，如"龙门横野断，驿树出城来"（《龙门》）、"徘徊虎穴上，面势龙泓头"（《寄赞上人》）。三是指称帝王，如"五圣联龙衮，千官列雁行"（《冬日洛城北谒玄元皇帝庙》）、"凤历轩辕纪，龙飞四十春"（《上韦左相二十韵》）。四是指称龙的某种容合对象，如"仰穿龙蛇窟，始出枝撑幽"（《同诸公登慈恩寺塔》）、"水落鱼龙夜，山空鸟鼠秋"（《秦州杂诗二十首·其一》）。五是指称神物，如"故人昔隐东蒙峰，已佩含景苍精龙"（《玄都坛歌寄元逸人》）、"此时骊龙亦吐珠，冯夷击鼓群龙趋"（《渼陂行》）。六是指称骏马，如"毛为绿缥两耳黄，眼有紫焰双瞳方。矫矫龙性合变化，卓立天骨森开张"（《天育骠骑歌》）、"龙媒昔是渥洼生，汗血今称献于此"（《沙苑行》）。七是指称纹饰、形象，如"旌旗日暖龙蛇动，宫殿风微燕雀高"（《奉和贾至舍人早朝大明宫》）、"蛟龙半缺落，犹得折黄金"（《铜瓶》）。八是指称宝剑，如"虎气必腾趠，龙身宁久藏。风尘苦未息，持汝奉明王"（《蕃剑》）。九是指称体态，如"何太龙钟极，于今出处妨"（《寄彭州高三十五使君适、虢州岑二十七长史参三十韵》）。十是指称舟辇，如"龙舟移棹晚，兽锦夺袍新"（《寄李十二白二十韵》）。

通过以上梳理，我们会发现杜诗涉"龙"诗句有以下特点：

第一，涉及人才的"龙"句比较多，说明杜甫比较看重龙指称、喻比、象征人才的功能。

第二，涉及帝王的"龙"句也不少，说明杜甫也有"帝王龙"情结。在《至日遣兴，奉寄北省旧阁老两院故人二首》中，杜甫生动地回忆他接受玄宗皇帝召见的情景，其一曰："去岁兹晨捧御床，五更三点入鹓行。欲知趋走伤心地，正想氤氲满眼香。无路从容陪语笑，有时颠倒著衣裳。何人错忆穷愁日，愁日愁随一线长。"其二曰：忆昨逍遥供奉班，去年今日侍龙颜。麒麟不动炉烟上，孔雀徐开扇影还。玉几由来天北极，朱衣只在殿中间。孤城此日堪肠断，愁对寒云雪满山。"有心情，有场面，有细节，眼中所见，鼻中所闻，耳中所听，都历历如述。在帝制时代，包括诗人在内的文化人，其生命的主要价值，是要通过"修身，齐家，治国，平天下"来实现的。"修身""齐家"自己尚可以把握，但"治国""平天下"离开了帝王和朝廷，就无从展开。因此可以说，中国古代的文化人大都有"帝王龙"情结即"攀龙意识"，区别只在于程度有强弱之分。比如杜甫和李白，杜甫只是"捧御床""侍龙颜"，李白则是"我欲攀龙见明主，雷公砰訇震天鼓"（《梁甫吟》）。正因为杜甫的"帝王龙"情结逊于李白，故杜甫因"攀龙"不得所产生的失落感也就比李白轻得多了。

第三，杜甫写给李白或写到李白的诗共十余首，其中三首写到了"龙"，如《送孔巢父谢病归游江东兼呈李白》中"深山大泽龙蛇远，春寒野阴风景暮"之句，其"龙"指的是江河中的鳄类，全句写孔巢父和李白已超脱尘世，深山大泽中的鳄蛇之类已伤害不到他们了。而《梦李白二首》"水深波浪阔，无使蛟龙得"句，句中的"蛟龙"也指水中的鳄类，全句旨在表达对李白的关心和提醒。

第四，与李白诗中含"龙"诗句所表现的超拔、浪漫、奇幻不同，杜甫的"龙"诗相对"实在"一些，这当与杜甫的现实主义创作风格有关。似可以这样说，龙在一定程度上已是李白的化身，即"龙是我""我是龙"。而在杜甫诗中，龙只是诗人描写的对象，即"我是我""龙是龙""龙非我""我非龙"。

白居易，字乐天，号香山居士。唐代伟大的现实主义诗人，唐代三大诗人之一，曾与元稹共同倡导新乐府运动，世称"元白"。

在《白居易诗全集》中，有含"龙"诗句三十三条，其"龙"分别指称骏马、人才、神物、帝王、体态、饰物、山水、建筑以及龙的某种容合对象等。如"宫女出宣徽，厩马减飞龙"（《贺雨》）、"穆王八骏天马驹，后人爱之写为图。背如龙兮颈如象，骨耸筋高脂肉壮"（《八骏图》），龙乃骏马之谓。在"龙亢彼无悔，蠖屈此不伸"（《哭刘敦质》）、"今来脱豸冠，时往侍龙楼"（《赠吴丹》）中，龙则指称人才。"应龙能致雨，润我百谷芽"（《虾蟆》）、"黑潭水深黑如墨，传有神龙人不识。潭上架屋官立祠，龙不能神人神之"（《黑潭龙·疾贪吏也》）句中，龙皆指神物。指称帝王的诗句，如"人间臣妾不合照，背有九五飞天龙"（《百炼镜·辨皇王鉴也》）、"一朝盗掘坟陵破，龙椁神堂三月火"（《草茫茫·惩厚葬也》）。《题赠郑秘书征君石沟溪隐居》"我今何为者，趋世身龙钟"句中之龙是指体态，《游悟真寺诗》"回寻画龙堂，二叟鬓发斑"、《感镜》"照罢重惆怅，背有双盘龙"句中之龙乃形象、纹饰之谓。还有指称山水的含"龙"诗句，如"复归泉窟下，化作龙蜿蜒"（《游悟真寺诗》）；指称建筑的含"龙"诗句，如"龙宫变闾里，水府生禾麦"（《自蜀江至洞庭湖口有感而作》）；指称龙的某种容合对象的诗句，如"泓澄最深处，浮出蛟龙涎"（《游悟真寺诗》）；等等。

从这些涉"龙"的诗句，我们可以看出：第一，白居易似乎没有过多的"帝王龙"情结，写到帝王的含"龙"诗仅四句，而且都是比较客观的描述。第二，白居易的诗作，其突出特点是用朴素晓畅的语言表达耐人寻味的意趣，其含"龙"诗同样显示了这样的特点，如前面提到的"宫女出宣徽，厩马减飞龙""应龙能致雨，润我百谷芽"等，无不如此。

除涉"龙"诗句外，白居易还有专写"龙"的《黑潭龙·疾贪吏也》和《黑龙饮渭水赋》。

《黑潭龙·疾贪吏也》是一首具有讽刺意味的新乐府诗，诗曰："黑潭水深黑如墨，传有神龙人不识。潭上架屋官立祠，龙不能神人神之。丰凶水旱与疾疫，乡里皆言龙所为。家家养豚漉清酒，朝祈暮赛依巫口。神之来兮风飘飘，纸钱动兮锦伞摇。神之去兮风亦静，香火灭兮杯盘冷。肉堆潭岸石，酒泼庙前草。不知龙神享几多，林鼠山狐长醉饱。狐何幸，豚何辜，年年杀豚将喂狐。狐假龙神食豚尽，九重泉底龙知无。"这首诗的主要看点，一是指出了龙存在的传说性。现实中人们只能看到龙的某些容合对象，看不到作为神物的龙，故有"传有神龙人不识"之说。二是指出了龙之"神"的被赋予性，所谓"龙不能神人神之"。龙是人们心目中的神物，龙的神性是由人赋予的，或者说是由人通过种种手段使其展示、呈现的。三是指出了祷龙仪式的俗信性。民间奉龙为神，相信龙有很大、很强的功能，所谓"丰凶水旱与疾疫，乡里皆言龙所为"。于是，形成了形形色色的祷龙仪式。人们相信通过这些祷龙仪式，水中或天上的神龙就能获得感应，从而赐福于人。这样的俗信有迷信、愚昧的成分，也有"诚信"——因"诚"而信的成分。因"诚"而信有心理慰藉、精神鼓舞等正面的意义和作用。

与《黑潭龙·疾贪吏也》对龙的质疑、对民间祷龙习俗的批评有别,《黑龙饮渭水赋》实在是一曲龙的颂歌。诸如"四灵之长""贲然跃出""首蜿蜒""鳞错落""爰作瑞""行藏不忒,动静有仪""睛眸炫耀,文彩陆离""顺春秋""应昏明""符圣人""表王者""声起风雷""势超云汉""拖尾回翔""擘波腾骧""饮清澜""动素浪""惊水府""骇泉室""水物之灵,鳞虫之贵"……白居易不愧为文学巨擘,说起龙的好话来,可谓"大珠小珠落玉盘",不吝笔墨、不厌其烦。

李贺,字长吉,唐朝中期浪漫主义诗人,有"诗鬼"之称,与李白、李商隐并称"唐代三李"。《李贺诗全集》含"龙"诗句有六十八条,涉及神物、帝王、人才、龙的容合对象等各个方面。其中有一首《苦昼短》写到了"烛龙":"飞光飞光,劝尔一杯酒。吾不识青天高,黄地厚,唯见月寒日暖,来煎人寿。食熊则肥,食蛙则瘦。神君何在,太一安有?天东有若木,下置衔烛龙。吾将斩龙足,嚼龙肉,使之朝不得回,夜不得伏。自然老者不死,少者不哭。何为服黄金、吞白玉?谁似任公子,云中骑碧驴?刘彻茂陵多滞骨,嬴政梓棺费鲍鱼。"按照神话,烛龙"视为昼,瞑为夜,吹为冬,呼为夏"(《山海经·海外北经》),而李贺为了"老者不死,少者不哭",则要"斩龙足,嚼龙肉,使之朝不得回,夜不得伏"。想象雄奇,用语大胆,为唐诗中所罕见。

三、潘炎、吕温、钱起的龙赋

唐代诗人潘炎,作有《黄龙见赋》《黄龙再见赋》和《赤龙据案赋》。

作《黄龙见赋》的起因,是"景龙二年(708)秋九月五日,黄龙见于上党伏牛山之南冈,迟留久之"。作者认为,这条龙是为了"彰圣人之德"才来现身的,所谓"龙之来兮乘其阳,跃于泉兮临高冈。龙之至兮归有德,符于黄兮土之色"。在中国传统文化中,"圣人"多指那些品德最高尚、智慧最高超的人,所谓"才德全尽谓之圣人"(司马光《资治通鉴·周纪》)。而潘炎这篇赋中的"圣人",则指的是当朝皇帝,即唐中宗李显,所谓"明皇家之王气,符历数于圣躬""诚帝王之嘉兆""验登殿之祀"。由此来看,潘炎作这篇赋的目的,不过是以所谓的"黄龙见"即"龙祥瑞"来颂扬皇权而已。至于所见"黄龙",通过赋中描绘的"精曜曜,光雄雄;

上不在天兮接于物，下不在田兮蟠于空""飞烟喷雾，若动若顾。声虽虩虩，非同三尺之剑；色乃煌煌，下映五花之树"来看，当为一片云霞，或一场龙卷风。

作《黄龙再见赋》的起因，是"景龙三年（709）六月十五日，黄龙再见于牛山"。作者写作此赋，也是以"黄龙见"颂扬皇权，所谓"天意汲汲于圣人""龙德相成而无悔，天家久久而蕃昌"。与《黄龙见赋》多描绘"黄龙"形态声色不同，此赋多以历史典故为喻比，所谓"非同上天之五蛇，有异渡江之一马。孙权象之而置于军中，魏帝范之而在于殿下""我皇是宜，秦王之梦，立乎鄜畤。汉后之时，见于成纪""分官纪号，可以表其祥"云云。至于这次所见之"黄龙"，按赋中"蜿蜒孤蟠，云雾四发。目中精耀，光飞列缺之火；颔下珠悬，色夺蟾蜍之月"等描述，大概是云中雷电。

作《赤龙据案赋》的起因，是"景龙二年（708）夏四月十七日，帝在厅事假寐，白鹤观道士宋大辩等三十人同见赤龙据案"。如果说前两赋描述的所见之"黄龙"还可能有自然天象参与的话，这次所谓"见赤龙据案"则纯属人为编造，其参照样板是汉高祖刘邦发迹前被人目视为龙的传说（见《史记·高祖本纪》），和南朝宋高祖刘裕独卧时被人看见身上有五色龙章事（见《南史·宋本纪》），尽管用了《庄子·天运》中孔子言老子如龙"合而成体，散而成章"典和刘向《叶公好龙》中"窥头于牖，拖尾于堂"典。如果说前两赋是潘炎个人以"黄龙见"颂扬皇权的话，这次则是潘炎与"见赤龙据案"的"白鹤观道士宋大辩等三十人"集体性地向唐中宗献媚。所谓"至矣哉！神妙无方，不可得而称也""元天之龙兮见而在田，我后之龙兮飞以御天。据圣人之大宝，与列祖而同元。高出而潜，跃以自试。来定天宝，居然假寐""据案而向明，负扆以当阳。日月在身，有舐天之嘉梦；风雨合气，将振翼而雄骧。群居愕视，圣作物睹。赫然龙光，真我明王""旷然振古，卓有吾君。王人之瑞，比之龙首。高居而远望，以监乎九有。天子之威，比之龙鳞。皇之可畏，以肃乎万人""永据九五，斯焉万春"云云。当然，我们也不能说潘炎作这几篇赋纯粹是为颂扬皇权、献媚皇帝以邀宠，从此赋中"于昭巨唐，其命维新"句来看，他可能也有希望唐中宗能够如龙般振奋精神、有所作为的意思。

与潘炎的三篇龙赋不同，唐代诗人吕温的《黄龙负舟赋》则以《淮南子·精神训》所载"禹南省，方济于江，黄龙负舟"的典故为题材，旨在歌颂夏禹"奠山疏滞，拯溺开泰""思利涉以抚俗"的功绩，和黄龙"奋角于勿用之窟，骧首于或跃之泉""竭诚以效用""就列而陈力"，协助夏禹治水，从而"安波澄澜"的功劳。意在说明只要人间帝王"其志惟纯，其德孔殷，则龙虽神化，将不役而自勤"的道理，同时也是在说明：龙是人发明的神物，有什么样的人就有什么样的龙。

唐代诗人钱起，作《西海双白龙见赋》。赋中讲，唐玄宗在位时，西海（青海湖）"双龙呈瑞，一色皎然"。钱起认为，此"嘉祉"的出现，是唐玄宗施行德政的征验，所谓"我君宣八风之惠化，澄四海之波澜。覆帱斯极，生灵以安""天祚明德，幽赞贞符"。从赋中描写的"精光皓耀，溟涨清廓。曳冰雪于半空，晏雷霆于万壑。若长云带水而不散，双剑倚天而中落。忽虹立而电回，其仪不可弥度"来看，所谓的"双白龙"，大概是"水龙卷"，即发生在水面上的龙卷风。

四、唐传奇中的龙

唐传奇是对唐代文言短篇小说的称名。唐传奇的起源，可追溯至神话传说和史传文学，是由魏晋南北朝志怪、志人小说发展而来的一种以史传笔法写奇闻异事的小说体式，是中国古代小说创作进入一个新的创作阶段的标志。艺术形式上，唐传奇篇幅较长，"叙述宛转，文辞华艳，与六朝之粗陈梗概者较，演进之迹甚明"[①]。一些作品塑造了鲜明生动的人物形象，丰富了唐人小说的人物谱系。

唐传奇中多有写"龙"、涉"龙"的作品，这些作品塑造了人格化的龙形象，丰富了唐人小说的人物谱系，其故事奇异、曲折、生动，影响深远。

（1）龙的人化。龙的人化又称龙的人格化。人格，指的是人的性格、气质、能力等特征的总和。所谓龙的人格化，就是赋予龙以人的特征，使其具有人的形态、人的思想感情和人的行为。人之所以为人，就是人具有人的

---

① 鲁迅：《中国小说史略》（插图版），广西人民出版社，2017，第77页。

形态、人的思想感情和人的行为，故人格化也就是"人化"。当然，需要指出的是，尽管龙是人发明、展现的，承载着人的思想、情感，寄托着人的理想、愿望，但龙毕竟是神物而不是人，故龙的人格化并不等于让龙彻头彻尾地变成人，也即在龙的人格化的过程中，从外形到内涵都依然会保持龙作为神物的与人不同的特征。

龙的人格化，与佛教的传入，佛教中的"naga"和"nagaraja"分别被译作"龙"和"龙王"，使中国龙文化中出现了由龙王和龙母、龙子、龙女等组成的龙家族有关。龙的人格化萌发于先秦，兴起于魏晋南北朝，在晋代人撰著的《搜神记》等志怪小说中，就有将龙或间接、或直接地人格化的情节。唐传奇中龙的人格化是对魏晋南北朝时期志怪小说中龙的人格化的继承、发展，是与龙相关的志怪小说的成熟化。

龙的人格化一般表现在三个方面，或者说主要通过三个途径来实现：龙的人形化、龙的人事化、龙的人性化。龙的人形化，即让龙具备人的面貌形态，具体讲，可分为让龙老人（老翁、龙王）化、让龙老媪（龙母）化、让龙女郎（龙女）化、让龙男儿（龙子）化数种。龙的人事化，即让龙人之间、龙龙之间、龙与他物之间发生只有人类社会才会发生的种种故事。龙的人性化，即让龙具备人的性格、品德、情操。

龙的人格化的这三个方面，或者说三个主要途径，多是相互参合出现的，也就是说，一篇唐代传奇中被人格化的龙，往往既是人形化的，也是人事化、人性化的——至少是人事化、人性化的：人事化一定会体现出人性，人性通过人事行为得以彰显。

张说撰《梁四公记》中的《震泽洞》，是唐传奇中较早出现龙的人格化的作品。其故事略云：洞庭山南洞穴中有龙宫。知情者将龙宫情况告诉梁武帝，言龙宫中有"东海龙王第七女掌龙王珠藏，小龙千数卫护此珠。龙畏蜡，爱美玉及空青而嗜燕。若遣使信，可得宝珠"。于是，梁武帝选中一个叫子春的人为使者，"以蜡涂子春等身及衣佩。又赍烧燕五百枚入洞穴。至龙宫，守门小蛟闻蜡气，俯伏不敢动。乃以烧燕百事赂之，令其通问。以其上上者献龙女，龙女食之大嘉。又上玉函青岳，具陈帝旨。洞中有千岁龙，能变化，出入人间，有善译时俗之言。龙女知帝礼之，以大珠三、小珠

七、杂珠一石，以报帝。命子春乘龙，载珠还国，帝大喜。"故事中的龙女是否人形化没有明说，但其人事化和人性化是很显然的。其人事化表现在"爱美玉及空青而嗜燕"（嗜吃燕子是人之外的其他动物也会有的习性，但嗜吃经过烧烤的燕子是人间才会有的事）、接受贿赂。人性化表现在"知帝礼之"，以珠宝回报——懂得礼尚往来。再由"能变化，出入人间，有善译时俗之言"可知，那位千岁老龙似乎既能人形化，也能人事化。

在郑还古所撰《博异志》中，有《许汉阳》一篇，其故事略云：贞元年间，汝南人许汉阳乘舟在洪、饶间游玩时，不觉入一湖宫。宫中风景殊胜，有亭宇桥廊。汉阳被迎入宅厅，受到青衣、女郎们热情接待。其中一女郎执酒与汉阳对饮，另一女郎取一卷文书以示，并吟诗请汉阳书之。四更时分，汉阳告别。至平明，观夜来饮所，乃空林树而已。后闻一巫女言"昨夜海龙王诸女及姨姊妹六七人归过洞庭，宵宴于此"云云，汉阳方知他光临了一回龙宫，与龙女有了一番交流。故事中的"海龙王诸女及姨姊妹六七人"也都是人格化了的龙女。

再看裴铏所撰《传奇》中的《崔炜》：

> 炜因迷道，失足坠于大枯井中。追者失踪而返。炜虽坠井，为槁叶所藉而无伤。及晓视之，乃一巨穴，深百余丈，无计可出。四旁嵌空宛转，可容千人。中有一白蛇盘屈，可长数丈。前石白，岩上有物滴下，如饴蜜，注臼中，蛇就饮之。炜察蛇有异，乃叩首祝之曰："龙王，某不幸坠于此，愿王悯之。"幸不相害。因饮其余，亦不饥渴。细视蛇之唇吻，亦有疣焉。炜感蛇之见悯，欲为炙之，奈无从得火。既久，有遥火飘入于穴，炜乃燃艾，启蛇而炙之，是赘应手坠地。蛇之饮食久妨碍，及去，颇以为便，遂吐径寸珠酬炜。炜不受而启蛇曰："龙王能施云雨，阴阳莫测。神变由心，行藏在己，必能有道，拯援沉沦。倘赐挚维，得还人世，则死生感激，铭在肌肤。但得一归，不愿怀宝。"蛇遂咽珠，蜿蜒将有所适。炜遂再拜，跨蛇而去。

这段传奇中，被崔炜称呼为"龙王"的白蛇保持着龙的长身盘曲状，却能听懂崔炜的话语、接受崔炜的灸治，并口吐直径达一寸的珍珠酬谢崔炜。

这口吐珍珠相谢的行为便是人间推崇的知恩图报的行为，属于龙的人事化、人性化。

再看张读所撰《宣室志》中的《孙思邈》：

> 开元中，复有人见隐于终南山，与宣律师相接，每来往参请宗旨。时大旱，西域僧请于昆明池结坛祈雨，诏有司备香灯，凡七日，缩水数尺，忽有老人夜诣宣律师求救曰："弟子昆明池龙也。无雨时久，匪由弟子。胡僧利弟子脑，将为药，欺天子言祈雨。命在旦夕，乞和尚法力救护。"宣公辞曰："贫道持律而已，可求孙先生。"老人因至，思邈谓曰："我知昆明龙宫有仙方三十首，若能示予，予将救汝。"老人曰："此方上帝不许妄传，今急矣，固无所吝。"有顷，捧方而至。思邈曰："尔但还，无虑胡僧也。"自是湖水忽涨，数日溢岸。胡僧羞恚而死。又尝有神仙降，谓思邈曰："尔所著《千金方》，济人之功亦已广矣，而以物命为药，害物亦多，必为尸解之仙，不得白日轻举矣……"其后思邈取草木之药，以代虻虫水蛭之命。作《千金方翼》三十篇，每篇有龙宫仙方一首，行之于世。

后世民间流传的《孙思邈医龙》的传说，可能与这一传奇有关。此传奇及后世流传的相关民间传说中的龙，有龙的人形化——变化成一位老人（干瘦老头），具有人的状貌姿态；有龙的人事化——说人话、与人交流、与人一样生病、求人帮助；有龙的人性化——像人一般知恩图报。

类似的传奇，还有《宣室志》中的《任顼》，写的是人帮助龙与西来道士斗法的故事。其情节略云：唐建中年间，有书生任顼，住在深山中。有一翁叩门来谒，言其为西去一里大湫中之龙。说有一西来道士欲竭湫中水加害，求任顼届时以呼"天有命，杀黄龙者死"相救。任顼依其所嘱，在道士施法时，呼喊者三，使道士法术失败，龙得以保全性命。后龙以宝珠谢任顼，任顼"以数万为价"将宝珠卖出。

在陈翰选编的《异闻集》一书中，有《柳毅》一篇，其故事梗概为：儒生柳毅应试落榜，归途过泾阳，遇牧羊女，知其为洞庭龙君的爱女，误嫁泾川龙王次子，备受欺辱。龙女求柳毅传书。柳毅带书到洞庭湖龙宫。龙女之叔钱塘君知闻后大怒，发兵泾川，杀无情郎"食之"，然后携龙女回洞庭。酒席宴上，钱塘君欲将龙女配柳毅为妻，柳毅以义所不当拒绝，但心中不免眷眷。归家后，先后两次娶妻，皆亡故。第三次娶范阳卢氏。婚后某夜，柳毅端详妻子，越看越像龙女，而"逸艳丰厚"又超过了龙女。于是，就谈起了昔日的事情，卢氏无语。直到生子后，卢氏才告诉丈夫她就是洞庭龙君之女。

这篇传奇是中国古代龙女故事最精彩者，以至于后世多有演绎，被改编成戏曲传唱至今。从文学审美的角度看，如论家所评："其故事情节曲折，人物性格鲜明，铺叙细腻，文辞华艳，堪称难得的佳作。……作者以其回旋如意的笔锋，蘸以浓丽的色彩，描写不同的情态，令人如闻所见，非大手笔不能达此境界。"[①]

从龙的人格化角度看，出现在这一传奇中的龙女（洞庭龙君小女、卢氏女）、龙王（洞庭君、钱塘君）等，在人形化、人事化、人性化三个方面都有精彩呈现。人形化如龙女"蛾脸不舒""嘘唏流涕""自然蛾眉""若喜若悲，零泪如系""笑语熙熙"，龙王洞庭君"披紫衣，执青玉"（人间王侯的装扮），"以袖掩面而泣""哀咤良久"，龙王钱塘君"披紫裳，执青玉"（也是人间王侯的装扮），"貌耸神溢，立于君左右""愧惕惭惧"等。人事化如龙女托柳毅传书、龙王洞庭君钱塘君兄弟对柳毅以礼相待、洞庭君自称"寡人"等。人性化如言龙女"乃殊色也""淑性茂质"，龙王钱塘君毅然挣脱束缚，出宫奔行解救侄女，后又为报答传书之恩（也是为侄女前途归宿考虑）请婚于柳毅，龙王洞庭君以大量财宝谢赠柳毅，等等。

在李复言《续玄怪录》中，有一篇《李靖》，其故事梗概为：唐卫国公李靖未显达时，曾射猎于霍山中。因迷路，投宿于一朱门大第——其实乃龙王之宅第。当时只一老妇应门，二子外出未归。夜半，有天命，当由大郎行雨。因子未归，老妇请李靖代为行雨。夫人命备青骢马，并取一小瓶，系于鞍前，嘱咐李靖取一滴水滴马尾即可。李靖行雨时以为一滴太少，连下二十滴，因而使人间平地水深二丈而成灾。

这篇传奇中出现的龙母、龙子，都不同程度地被人格化。龙母的人形化

[①] 刘志雄、杨静荣：《龙与中国文化》，人民出版社，1992，第310页。

表现在"年可五十余,青裙素襦,神气清雅,宛若士大夫家""但视其背,血痕满焉"等语句,其人事化则表现在接纳李靖留宿,并以"颇鲜美,然多鱼"的美食招待等。龙子的人事化表现在一个"赴东海婚礼"、一个"送妹","儿子亦连坐"等。虽然李靖错行了雨,但龙母还是以奉赠奴婢的方式报答其"劳烦",这是龙母人性化的表现,显示出尊重他人劳动、有劳必报的品质。

（2）人的龙化。在唐传奇中,也有反映、描写人的龙化的篇章。这些篇章中的人的龙化,有的是通过龙形化、龙事化、龙性化实现,有的是只要其人与龙发生了密切相关的事情,就被龙化,可谓龙事化。

且看卢求所撰《成都记》中的《李冰》篇:

> 李冰为蜀郡守,有蛟岁暴,漂垫相望。冰乃入水戮蛟。已为牛形,江神龙跃,冰不胜。及出,选卒之勇者数百,持强弓大箭,约曰:"吾前者为牛,今江神必亦为牛矣。我以太白练自束以辨,汝当杀其无记者。"遂吼呼而入。须臾,雷风大起,天地一色。稍定,有二牛斗于上。公练甚长白,武士乃齐射其神,遂毙。从此,蜀人不复为水所病。至今大浪冲涛,欲及公之祠,皆弥弥而去。故春冬设有斗牛之戏,未必不由此也。祠南数千家,边江低坻,虽甚秋潦,亦不移适。有石牛,在庙庭下。唐大和五年,洪水惊溃。冰神为龙,复与龙斗于灌口。犹以白练为志,水遂漂下。左绵、梓、潼,皆浮川溢峡,伤数十郡,唯西蜀无害。

篇中所记李冰,为解除蛟龙"岁暴"之害,"入水戮蛟",可谓龙事化、龙性化。在蜀地武士的协助下,李冰战胜了蛟龙,使"蜀人不复为水所病"。后来,又发生了蛟龙为害的情况,李冰遂化为龙,"复与龙斗于灌口",这就既是龙事化、龙性化,也是龙形化了。

再看刘恂所撰《岭表录异》中的《温媪》篇:

> 温媪者,即康州悦城县孀妇也。绩布为业。尝于野岸拾菜,见沙草中有五卵,遂收归置绩筐中。不数日,忽见五小蛇壳,一斑四青,遂送于江次,固无意望报也。媪常濯浣于江边,忽一日,鱼出水,跳跃戏于媪前,自尔为常。渐有知者,乡里咸谓之"龙母",

敬而事之。或询以灾福，亦言多征应。自是，媪亦渐丰足。朝廷知之，遣使征入京师。至全义岭，有疾，却返悦城而卒。乡里共葬之江东岸。忽一夕天地晦暝，风雨随作，及明已移，其冢并四草木悉移于西岸矣。

这篇传奇篇幅不长，却是民间传说故事中继东晋陶潜《搜神后记·蛟子》之后"龙母原型"的典型者、成型者。其人的龙化表现在，先是龙事化——温媪像龙的生母一样爱护小龙（蛇），将其"收归""送于江次"；后来又龙性化——温媪像龙一样具有造福一方的神能神功，"或询以灾福，亦言多征应"。

龙的本质是中国古人对宇宙自然力的感悟、认知和神化。中国古人发明、展现龙的目的，一是认识自然界，二是让自然界为自己的生存发展服务。唐传奇中无论是龙的人化还是人的龙化，都符合这样的目的。龙的人化，使龙既在神坛又走下神坛，走到人们的生产生活中间，有了与人一样的七情六欲、喜怒哀乐，于是龙便有了烟火气、有了亲和感。人的龙化，使人具备了龙性，增加了人的神圣感。龙的人化，是人化自然；人的龙化，是自然化人。中国人崇尚的"天人合一"，其实质，就是人化自然和自然化人的有机结合、和谐统一。

唐传奇中还有一些涉龙篇章，既不表现龙的人化，也不表现人的龙化，而是以夸张，甚至荒诞的说辞，张扬龙的神奇怪异。如张彦远所撰《历代名画记》中的《画龙点睛》篇：

张僧繇，吴中人也。天监中为武陵王国侍郎，直秘阁，知画事。……武帝崇饰佛寺，多命僧繇画之。……金陵安乐寺四白龙不点眼睛，每云"点睛即飞去"，人以为妄诞，固请点之，须臾雷电破壁，两龙乘云腾去上天，二龙未点眼者见在。

这篇传奇虽然荒诞，却成就了成语"画龙点睛"——用来比喻绘画、作文时在最重要之处加上一笔，使得整幅画、整篇文更加生动、传神。再引申一下，也可用来比喻做事能把握要点，让整件事更加圆满。当然还可以进一步思考：龙与人是相互成就的关系，人可以画出龙形，并使龙活起来；而龙则通过自己的活灵活现，使人的理想、情感形象化、神物化、审美化。

还有张鷟所撰《朝野佥载》中的《刘龙子》篇：

> 高宗时，有刘龙子妖言惑众。作一金龙头藏袖中，以羊肠盛蜜水绕系之。每相聚出龙头，言圣龙吐水，饮之百病皆瘥。遂转羊肠，水于龙口中出，与人饮之，皆罔云病愈，施舍无数。遂起逆谋，事发逃窜，捕访久之擒获，斩之于市，并其党十余人。

刘龙子名字中有"龙"，也利用龙来制造迷信、招拢受骗者，最终因阴谋造反被捕杀。这个故事说明了一个现象：龙是一个有神奇能量和很大影响力的神物，也是一个容易被人利用的工具。好人可以利用龙来做造福众生的好事、善事，坏人也可以利用龙来做祸害众生的坏事、恶事。也说明：与龙有关的坏事、恶事，往往不是龙坏、龙恶，而是人坏、人恶。

五、韩愈、柳宗元、陆龟蒙的龙文

韩愈，字退之，唐代杰出的文学家、思想家。作为文坛领袖，韩愈与柳宗元联手，倡导古文运动，"文起八代之衰"（苏轼《潮州韩文公庙碑》），被后人尊为"唐宋八大家"之首，影响深远。

《杂说》是韩愈的一部杂文集，其中有一篇《龙说》："龙嘘气成云，云固弗灵于龙也；然龙乘是气，茫洋穷乎玄间，薄日月，伏光景，感震电，神变化，水下土，汩陵谷。云亦灵怪矣哉！云，龙之所能使为灵也，若龙之灵，则非云之所能使为灵也。然龙弗得云，无以神其灵矣：失其所凭依，信不可欤！异哉！其所凭依，乃其所自为也。《易》曰：'云从龙。'既曰龙，云从之矣。"这篇文章有寓言性质：表面上是在说龙与云的关系，实际上是在讲君与臣的关系，是以龙喻君、以云喻臣。旨在说明：明君治国理政，不能没有贤臣的支持辅佐；贤臣的功德事业，离不开明君提供的平台职位；明君与贤臣相互配合，才能使国家长治久安。这篇文章在写法上很有特色：紧紧抓住龙和云两个意象，由龙说云、借龙说云，又由云说龙、借云说龙，使主旨在反复推演、来回互证中得以显现。

柳宗元，字子厚，唐代与韩愈齐名的文学家、思想家，唐宋八大家之一。他在朝廷任职时，曾参与王叔文领导、推行的"永贞革新"，"永贞革新"失败后，被贬至湖南永州。在永州期间，柳宗元写了多篇为后世传诵的散文札记，其中就有一篇《谪龙说》："扶风马孺子言：年十五六时，在泽州，与群儿戏郊亭上。顷然，有奇女坠地，有光晔然，被緅裘白纹之裏，首步摇之冠。贵游少年骇且悦之，稍狎焉。奇女頩尔怒曰：'不可。吾故居钧天帝宫，下上星辰，呼嘘阴阳，薄蓬莱、羞昆仑，而不即者。帝以吾心侈大，怒而谪来，七日当复。今吾虽辱尘土中，非若俪也。吾复，且害若。'众恐而退。遂入居佛寺讲室焉。及期，进取杯水饮之，嘘成云气，五色翛翛也。因取裘反之，化成白龙，徊翔登天，莫知其所终。亦怪甚矣。呜呼！非其类而狎其谪不可哉！孺子不妄人也，故记其说。"这篇文章具有寓言性质，通过追记从他人口中讲出的天女被贬下凡，后又化龙升天的传闻故事，抒发自己被贬后的心境、心态、操守和希望，也是对那些落井下石、借机施辱的地方小人的回应与提醒。当然，从这篇文章我们还可以读出，在唐人心目中，天上有神龙，神龙生活在天上；神龙可以变成人来到尘世；变成人的神龙还可以再变成龙升天。总之，龙在天地间自由往来，龙可人化，人可龙化。

陆龟蒙，字鲁望，唐代诗人、农学家。《全唐文》收入陆龟蒙所撰《招野龙对》一篇："昔豢龙氏求龙之嗜欲，幸而中焉，得二龙而饮食之。龙之于人固异类，以其若己之性也。故席其宫沼，百川四溟之不足游；甘其饮食，洪流大鲸之不足味。施施然，扰扰然，其爱弗去。一旦值野龙，奋然而招之曰：'尔奚为者？茫洋乎天地之间，寒而蛰，阳而升，能无劳乎？诚能从吾居而晏安乎？'野龙矫首而笑之曰：'若何齷齪乎如是耶？赋吾之形，冠角而被鳞；赋吾之德，泉潜而天飞；赋吾之灵，嘘云而乘风；赋吾之职，抑骄而泽枯。观乎无极之外，息乎大荒之墟，穷端倪而尽变化，其乐不至耶？今尔苟容于蹄涔之间，惟泥沙之是拘，惟蛭蟣之与徒，牵乎嗜好以希饮食之余，是同吾之形，异吾之乐者也。狎于人，啖其利者扼其喉，戕其肉，可以立待。吾方哀而援之以手，又何诱吾纳之陷阱耶？尔不免矣！'野龙行。未几，果为夏后氏之醢。"这篇短文，以野龙与被豢养龙的对比，颂扬人身自由的可贵，指出人身依附的悲哀。野龙固然活得自由，但也有冻馁之虞、强敌之遇、病痛之患；被豢养的龙固然下场悲哀，却有一时的安全和逸乐。对具体的人生而言，要在人身自由和人身依附之间做出选择，并非轻而易举。放眼古今中外，选择人身依附者，可谓夥也。需要指出的是，作为神物之龙，是不可能被"豢"的。文中讲的所豢之龙，当为龙的容合对象鳄，或其他喜水动物。

第六节　龙与宋代文学

宋朝是中国历史上上承盛唐及五代十国，下启元朝的朝代，分北宋和南宋两个阶段。宋代延续着盛唐铸就的中华文化、中华文明的繁荣，在商品经济、科学技术、文化教育等方面有了新的拓展。宋代文学从体裁而言，主要有词、诗、散文、话本小说、戏曲剧本等，以词的创作成就为最高。宋代文学处在中国文学由"雅"到"俗"的转变时期，在中国文学发展史上有着重要地位，其代表作家有欧阳修、苏轼、陆游、辛弃疾等。龙文化在宋代也有新的拓展，这些拓展生动地体现在宋代文学作品之中。

一、《全宋词》中的龙

今人唐圭璋（1901—1990）所编《全宋词》，是规模最大的宋词总集，收入词家一千三百三十余家，词作近二万首。其中写到"龙"的词句有一千三百三十多条，若加上写到属于"龙族"的"蛟""虬""螭""鼍"等的词句近二百条，合计一千五百余条，说明宋代文人对"龙"的感悟、认知、运用也是自觉而普遍的。

这些含"龙"的词句指称、喻比、象征、修饰的物象、意象也是多方面的，下面我们分类做一简单介绍。

（1）龙神。如："紫府群仙名籍秘。五色斑龙，暂降人间世。"（晏殊《鹊踏枝》）"其外海茫茫，下有龙伯，饥时一啖千里。"（辛弃疾《哨遍》）"风和雨，玉龙生甲归天去。"（吕洞宾《渔家傲》）句中之龙，皆指龙神。

（2）龙的容合对象。龙的容合对象既有鳄、蛇、鱼、鲵、犬、马等动物，还有闪电、虹霓、云等天象，又有树木、山形、水势等物象，宋词中含"龙"词句，对这些容合对象均有指称。如"鱼龙隐处，烟雾深锁渺弥间"（苏舜钦《水调歌头·沧浪亭》）、"鱼龙吹浪自舞。渺然凌万顷，如听风雨"（张炎《台城路·为湖天赋》）、"蓬蓽纵横，龙蛇出没，玉峡搀空无路"（张继先《喜迁莺·题郭南仲庵壁》）、"千山人静，怒龙声喷蕲竹"（周紫芝《酹江月》），句中的龙就是鳄、蛇、鱼、鲵的指称。

柳永《玉楼春》"乌龙未睡定惊猜，鹦鹉能言防漏泄"句中龙指犬，宋祁《鹧鸪天》"金作屋，玉为笼。车如流水马游龙"句中龙指马，姚勉《沁园春·太学补试归涂作》"有一龙跃出，精神电烨，一龙战退，鳞甲天飞"句中龙乃闪电之谓，王识《水调歌头·观星》"初出极星未远，龙角正分明"、程武《念奴娇·题马嵬图》"龙扈星联，羽林风肃，未放鸾辂去"两句中言龙，指称星宿。

"飞云当面化龙蛇，夭矫转空碧"（秦观《好事近·梦中作》）、"银云卷晴缥渺，卧长龙一带"（黄公绍《莺啼序·吴长江桥》）句中龙指云，"龙背神瓢飞旱雨，虹光花石转阴晴"（李琳《平韵满江红·题宜春台》）句中龙指称虹霓，"山放凝云低凤翅，潮生轻浪卷龙鳞"（仲殊《定风波·京口》）、"依旧群龙，怒卷银汉下天涯"（赵鼎《望海潮·八月十五日钱塘观潮》）句中龙均指海潮。还有指称树木、山形、水势的，分别如"双龙对起，白甲苍髯烟雨里"（苏轼《减字木兰花》）、"危亭崛起卧苍龙，绝景画图中"（韩元吉《朝中措·辛丑重阳日，刘守招饮石龙亭，追录》）、"百尺长虹夭矫，两岸苍龙偃蹇，翠碧互因依"（魏了翁《水调歌头》）。

（3）帝王、人才、英雄。指称帝王者，如"龙颜仿佛笙箫远，肠断属车音"（苏轼《奉安神宗皇帝御容赴景灵宫导引歌词》）、"龙衮侧，亲闻胪句，天语如丝"（洪适《满庭芳·酬赵宪》）。指称人才、英雄者，如"黄金榜上，偶失龙头望"（柳永《鹤冲天》）、"秦亡草昧，刘项起吞并。驱龙虎，鞭寰宇"（刘潜《六州歌头·项羽庙》）、"卧龙智略，三诏佐升平"（黄庭坚《蓦山溪》）、"我觉君非池中物，咫尺蛟龙云雨"（辛弃疾《贺新郎·和徐斯远下第谢诸公载酒相访韵》）。

（4）城池、地域、山水、建筑。指称城池、地域、山水者，如"礼乐纵横，葱葱佳气锁龙城"（裴湘《浪淘沙·汴州》）、"将军犁却龙庭后，岁傍鳌山奏太平"（赵磻老《鹧鸪天·寿叶枢密》）、"谁似龙山秋兴浓，吹帽落西风"（晏几道《武陵春》）、"龙丘新洞府，铅鼎养丹砂"（苏轼《临江仙》）。在柳永《巫山一段云》"琪树罗三殿，金龙抱九关"、张先《破阵乐·钱塘》"四堂互映，双门并丽，龙阁开府"、郭章《点绛唇·天圣宫》"势盘龙虎，楼观雄中土"句中，龙指称建筑。

（5）用具、服装、灯烛、舟船、车辇、旗帜、兵器。生活中的多种器具，也在宋词含"龙"词句中有所指称。如指龙形、龙纹器具的词句："泉泻龙头深泛酒，烟凝象口暖吹香"（王之道《浣溪沙·和张文伯长至》）、"绛笼蜜炬，绿映龙盆"（吴文英《风流子·黄钟商 芍药》）。在"角黍星团，巧萦臂、龙纹轻缕"（曹勋《夏云峰·端午》）、"对芳辰，成良聚，珠服龙妆环宴俎"（史浩《花舞》）句中，龙乃龙纹服装之谓。还有指称灯烛、火光、烟焰者，如："龙凤烛、交光星汉"（柳永《倾杯乐》）、"金炉暖，龙香远"（晏殊《喜迁莺》）、"炉香昼永龙烟白，风动金鸾额"（欧阳修《虞美人》）。又有指称舟船、车辇、旗帜的，前者如杨无咎《蓦山溪·端午有怀新淦》"崇仙岸左，争看竞龙舟"，再者如王珪《平调发引》"龙轩天仗转西畿，旌旆入云飞"，后者如王质《临江仙》"伫见觚棱栖宝爵，旌旗全仗飞龙"。

（6）音乐、表演、书法、茶饮、美食、炼丹。这些生活事象也以"龙"字指代入词，指称音乐、表演的，如刘一止《点绛唇》"龙仙奏，绛霄声透，不许人间有"、苏轼《菩萨蛮》"越调变新声，龙吟彻骨清"；指称书法者，如葛胜仲《西江月》"银钩华榜五云间，奕奕蛟龙字绾"、吕洞宾《西江月》"黄简手题龙篆，绿舆前控鸾骖"。在李元膺《浣溪沙》"已醉人间千日酒，赐来天上密云龙"、李之仪《满庭芳》"初雨过，龙团细碾，雪乳浮瓯"句中，龙乃茶饮之谓；何鉏翁《满庭芳》"返复周流八脉，戊己炼、阴虎阳龙"、张伯端《西江月》"信道金丹一粒，蛇吞立变龙形"，句中之龙皆指炼丹。

与唐诗一样，宋词中也有"龙凤"连称的词句，大约六处，如"恍如赤城龙凤，来过我鲸仙"（李祁《水调歌头·次琼山韵》）、"双阙远腾龙凤影，九门空锁鸳鸯翼"（史达祖《满江红·九月二十一日出京怀古》）。宋词中"龙""凤"对称的词句要比"龙凤"连称的词句多得多，有一百九十处之多，如"凤髻金泥带，龙纹玉掌梳"（欧阳修《南歌子》）、"金凤阙，玉龙墀，看君来换锦袍时"（晏几道《鹧鸪天》）、"人间自有，赤城居士，龙蟠凤举"（苏轼《水龙吟》），等等。

通过以上梳理，我们可以发现：宋词中的龙在广渗性、象征性、艺术性及与凤连称、对称方面可与唐诗相媲美，但在反映社会生活方面，除了可与唐诗相媲美的一面，还出现了一些具有宋代特色的词句。总体上看，唐代，含"龙"诗中边塞诗较多；宋代，含"龙"词中青楼词较多；以龙指称茶的诗词，唐代未发现，宋代却有多首，说明"龙茶"滥觞、盛行于宋代。还有以龙喻炼丹，唐诗只有两首（句）提及，而在宋词中，提及者有数十首（句），说明炼丹一俗，宋代比唐代盛行。

二、欧阳修与龙

欧阳修，字永叔，号醉翁，晚号六一居士，北宋文学家、政治家，官至翰林学士、枢密副使、参知政事，谥号文忠，世称欧阳文忠公。作为开创一代文风的文坛领袖，欧阳修领导了北宋诗文革新运动。后人将其与韩愈、柳宗元、苏轼合称"千古文章四大家"，与韩愈、柳宗元、苏轼、苏洵、苏辙、王安石、曾巩合称"唐宋散文八大家"。他的作品集《欧阳修集》成为今人了解两宋文学成就的重要书籍。在其作品集中，有涉"龙"语句三百五十三条，其中直接写"龙"的篇章有《百子坑赛龙》《祭五龙祈雨文》《修城祈晴祭五龙文（滁州庆历七年）》等。

《百子坑赛龙》是欧阳修"庆历六年（1046）知滁州时"所作的一首"龙"诗，诗曰："嗟龙之智谁可拘，出入变化何须臾。坛平树古潭水黑，沉沉影响疑有无。四山云雾忽昼合，瞥起直上拏空虚。龟鱼带去半空落，雷鞫电走先后驱。倾崖倒涧聊一戏，顷刻万物皆涵濡。青天却扫万里静，但见绿野如云敷。明朝老农拜潭侧，鼓声坎坎鸣山隅。野巫醉饱庙门阒，狼藉乌鸟争残余。"

题中"百子坑"当属地名，或水潭名。从诗中可以看出，此潭较深，以至于发黑，潭边有古树耸立。"赛"原有三义：比赛高低、强弱；比得上、胜似；为酬报神明的恩赐而举行祭祀。题中"赛龙"当属第三义，即为酬报龙神的恩赐而举行祭祀。从诗中所写意象看，欧阳修描写的龙，其实是龙的两个容合对象：龙卷风和雷阵雨。"四山云雾忽昼合，瞥起直上拏空虚。龟鱼带去半空落，雷輷电走先后驱"四句，写的是龙卷风，因为自然界中，只有龙卷风，才能"瞥起直上拏空虚""龟鱼带去半空落"。"倾崖倒涧聊一戏，顷刻万物皆涵濡"两句，写的是龙卷风刮过之后的雷阵雨。看来，这场雨下得很大，要用"倾崖倒涧"来说，而且"聊一戏"，是说龙神好像轻松地耍了个小把戏。

接下来是大雨过后的情景。"青天却扫万里静，但见绿野如云敷。明朝老农拜潭侧，鼓声坎坎鸣山隅"，该是一直天旱，老百姓早就盼着能有一场好雨、透雨，现在愿望满足、旱象解除，自然特别高兴。因为在这场雨降临之前有一场龙卷风，而且这龙卷风起于百子坑水潭——将潭中的龟鱼都带到空中又摔落下来，于是人们就认为是潭中的龙神行了这场雨。那么，就该酬谢一下龙神了。怎么酬谢呢？招来四方百姓，敲锣打鼓，围着水潭，隆重、郑重地行跪拜之礼。潭边是有龙神庙或龙王庙的，那么，就杀猪宰羊、垒锅起灶、买菜置酒，在祭祀龙神之后，大家也一饱口福，这便是诗中"野巫醉饱庙门阖，狼藉乌鸟争残余"所描述的情景。通过这首"龙"诗，我们可以看出作者对社会生活细致入微的观察，加之作品对自然现象出神入化的概括、对酬龙习俗活灵活现的表达，使全诗体现出作者同情关心老百姓疾苦的"父母官"情怀。

《祭五龙祈雨文》又作《祭五龙神》，一说乃欧阳修宝元元年（1038）任乾德县（今湖北省老河口市）时作，又说是其"庆历六年（1046）知滁州时作"。其文曰："伏以去秋之潦，丰不补凶，饥民食糟麦为命，而天久不雨，苗将槁焉。旱非人力之能移，徒知奔走；雨者龙神之所作，其忍不为！薄奠拙辞，致诚而已。尚飨！"短短五十八字，将旱情、对龙神的意见（不满和要求）以及自己身为"父母官"的职责和诚意都表达得清清楚楚，可谓层次分明、言简意赅。

《修城祈晴祭五龙文》作于庆历七年（1047），时欧阳修任滁州太守。

其文曰："雨泽于物，博哉其利。及其过差，患亦不细。民劳于农，将熟而败。吏勤于职，已成而坏。龙于吏民，何怒何戾？山湫有祠，乐可潜戏。宜安尔居，静以养智。冬雪春雨，其多已太。浸润收畜，足支一岁。旱则来告，否当且待。"龙作为中国古人以多元容合的方式发明、展现出来的神物，司理雨水是其最基本的神性之一。司理雨水包括两方面内容：行云布雨、止涝放霁。也就是说，作为龙神，你得对旱和涝都负责任，老百姓遇到干旱要找你，遇到雨涝也要找你。欧阳修的这篇祭文，一开篇讲的就是这个道理。"雨泽于物，博哉其利。及其过差，患亦不细。民劳于农，将熟而败。"雨水滋润生物，广泛、普及当然是好事，但做过头就变成了坏事。雨水过多，使成熟的庄稼烂在地里收不回来，这算不算你龙神的失职呢？山间有祠庙供奉着你，祠边有湫潭供你潜游嬉戏，老百姓对你已经够恭敬的了，为何还要下过多的雨呢？现在，雨水已足够老百姓一年用了，赶快止涝放霁吧。等到来年天旱的时候，我再来向你报告。读此文，真切体会到作者笔法老到，语词精练、生动、有趣。

三、王安石与龙

王安石，字介甫，号半山，北宋政治家、思想家、文学家，"唐宋八大家"之一。其作品集《王安石全集》中，有涉"龙"语句一百九十九条，这里以一诗一赋为例，做一简要介绍。

先以《龙泉寺石井二首》为例，其一为："山腰石有千年润，海眼泉无一日干。天下苍生待霖雨，不知龙向此中蟠。"其二为："人传此井未尝枯，满底苍苔乱发粗。四海旱多霖雨少，此中端有卧龙无？"两首诗从龙泉寺石井着眼，写出了关心天下众生的"福生"意识，这种"福生"意识也是龙的基本精神之一。按说作为以司理雨水为神职的龙，是应该负起责任、让人间风调雨顺的，可事实却是"四海旱多霖雨少""天下苍生待霖雨"，这便使王安石有了疑问："此中端有卧龙无？"——对龙，有问责、批评、督促的意思。

再以《龙赋》为例，其文曰："龙之为物，能合能散，能潜能见，能弱能强，能微能章。惟不可见，所以莫知其乡；惟不可畜，所以异于牛羊。

变而不可测，动而不可驯，则常出乎害人；而未始出乎害人，夫此所以为仁。为仁无止，则常至乎丧己；而未始至乎丧己，夫此所以为智。止则身安，曰惟知几；动则物利，曰惟知时。然则龙终不可见乎？曰：与为类者常见之。"王安石不愧为政治家、思想家兼文学家，这篇《龙赋》，堪称古代《龙赋》中写得最出色，对龙的本质把握得最深刻、最到位的一篇。其主要看点，一是高屋建瓴，从思想、精神的高度剖析龙；二是重点揭示龙的善变、适变的特质；三是用儒家的文化观释龙，将龙"仁""智"化；四是指出只要与龙成为同类，即了解龙的本质、秉承龙的精神，就可以见到龙——因为自己本身已经成了"龙"。作者以龙喻人，借物咏怀，围绕龙之美德大发议论，抒写自己的抱负。从作者对龙的赞美中，也可以看出他积极的处世态度。

四、苏轼与龙

苏轼，号东坡居士，世称苏东坡，北宋著名文学家、书法家，"唐宋八大家"之一。作为北宋中期的文坛领袖，苏轼在诗词、散文、书画等方面都有很高的成就。其诗词文章中也多有涉及龙的语句，《苏轼集》中就有八百一十三条，限于篇幅，本书只选苏轼创作的诗歌《起伏龙行》以及发生在苏轼身上的"乌台诗案"做以简析。

《起伏龙行》叙云："徐州城东二十里有石潭，父老云：'与泗水通，增损清浊，相应不差，时有河鱼出焉。'元丰元年春旱，或云置虎头潭中，可以致雷雨。用其说作《起伏龙行》一首。"诗曰："何年白竹千钧弩，射杀南山雪毛虎。至今颅骨带霜牙，尚作四海毛虫祖。东方久旱千里赤，三月行人口生土。碧潭近在古城东，神物所蟠谁敢侮。上欹苍石拥岩窦，下应清河通水府。眼光作电走金蛇，鼻息为云擢烟缕。当年负图传帝命，左右羲轩诏神禹。尔来怀宝但贪眠，满腹雷霆喑不吐。赤龙白虎战明日，倒卷黄河作飞雨。嗟吾岂乐斗两雄，有事径须烦一怒。"作品描写了江苏徐州一带民间曾经流行的一种用虎头骨求雨的习俗。这种习俗在唐代就已出现，据唐人李绰所撰《尚书故实》一书记载："南山久旱，即以长绳系虎头骨，投有龙处。入水即制不定，俄顷，云起潭中，雨亦随降。龙虎，敌也，虽枯骨犹能激动如此。"这种习俗产生的原因,是人们认为龙和虎是仇敌,一旦相遇,就会发生争斗;争斗中龙会发怒,从而翻江倒海,降下雨来。

苏轼以其卓越的文学天才,生动描述了这种习俗。一起笔,就以夸张的艺术想象,写出了参与习俗的主角之一虎。什么虎呢?"南山雪毛虎"。怎么得来的呢?用"何年白竹千钧弩"射杀的。目前是何状况呢?"至今颅骨带霜牙,尚作四海毛虫祖"。接下来该写另一位参与习俗的主角龙了。写龙之前,先写为什么要"起伏龙"。"东方久旱千里赤,三月行人口生土",看看,已旱到了何种程度!"东方""千里赤""行人口生土":一句宏观、概览,一句微观、细描。有了这两句铺垫,下面的"碧潭近在古城东,神物所蟠谁敢侮。上欹苍石拥岩窦,下应清河通水府"就很自然了。此龙非同寻常!"眼光作电走金蛇,鼻息为云擢烟缕",不单形象厉害,资历也很是厉害:"当年负图传帝命,左右羲轩诏神禹",曾经为远古帝王伏羲、轩辕黄帝和大禹负过图、传过命、效过劳呢!然而,也许是功劳太大了,有些居功、摆谱了:"尔来怀宝但贪眠,满腹雷霆喑不吐"。怎么办?以白毛老虎来刺激你、激怒你!"赤龙白虎战明日,倒卷黄河作飞雨。嗟吾岂乐斗两雄,有事径须烦一怒",你怒了,迎战了,就会出现"倒卷黄河作飞雨"的壮观场面,人们求雨的目的也就达到了。

宋神宗元丰二年(1079),乌台诗案发生,苏轼是此案首当其冲的被告,蒙难四个月零十二天,险些丢掉性命。案情大略是:其时朝廷御史台官员何正臣、舒亶、李定等上表弹劾苏轼,奏苏轼《湖州谢上表》中语句和此前所作诗句中,有讥讽朝廷新政、诽谤皇帝的内容。于是,苏轼被逮捕,关在御史台监狱受审。所谓"乌台",即御史台,因官署内遍植柏树,柏树上常有乌鸦栖息筑巢,故称"乌台"。

在御史台官员搜集、整理的有关苏轼所谓"罪行"的材料中,有《王复秀才所居双桧二首》,第二首诗中有"蛰龙"二字。全诗为:"凛然相对敢相欺,直干凌空未要奇。根到九泉无曲处,世间唯有蛰龙知。"显然,这是一首咏物抒怀诗。苏轼在诗中以桧喻人,旨在歌颂挺拔不屈、刚正不阿、通达磊落的优秀品格。但苏轼没有想到,有人竟借此诗大做文章,指控他有不臣之意。《宋史》卷十二下《宋神宗三》载:"元丰中,轼系御史狱,上本无意深罪之，宰臣王珪言：'苏轼有不臣意。'因举轼《桧》诗'根到九泉无曲处，世间唯有蛰龙知'之句，对曰：'陛下飞龙在天，而求之地下之蛰龙，非不臣而何？'上曰：'彼自咏桧，何预朕事？'珪语塞，遂薄其罪。"王珪的意思是："皇上是飞龙在天，苏轼却装作不知道，反而去求地下的蛰龙，这不是想造反是什么？"好在神宗皇帝还没有糊涂，回应王珪说："人家苏轼在咏桧树，和我有什么关系？"多亏神宗皇帝在这件事上还算清醒，使王珪的挑拨、陷害没有成功，也使苏轼的这句"蛰龙"诗，最终没有在中华"文字狱"的历史上留下恶名。

关于乌台诗案及"蛰龙"，《宋史演义》第四十一回《奉使命率军征交趾 蒙慈恩减罪谪黄州》有一段文学性记述："会中丞李定、御史舒亶，劾奏知湖州苏轼怨谤君父，交通戚里，有诏逮轼入都，下付台狱。……同平章事王珪，闻神宗有赦轼意，又举轼咏桧诗，有'根到九泉无曲处，世间唯有蛰龙知'二语，遂说他确系不臣，非严谴不足示惩。神宗道：'轼自咏桧，何预朕事？卿等勿再吹毛索瘢哩。'"《宋史演义》这段记述，比《宋史》相关记载详细、生动了些，尤其"卿等勿再吹毛索瘢哩"一语，令笔者有了点赞的冲动。

宋人王巩《闻见近录》载："王和甫尝言，苏子瞻在黄州，上数欲用之，王禹玉辄曰：'轼尝有"此心唯有蛰龙知"之句，陛下龙飞在天而不敬，乃反欲求蛰龙乎？'章子厚曰：'龙者，非独人君，人臣皆可以言龙也。'上曰：'自古称龙者多矣，如荀氏"八龙"，孔明"卧龙"，岂人君也。'及退，子厚诘之曰：'相公乃欲覆人之家族耶！'禹玉曰：'它舒亶言尔。'子厚曰：'亶之唾亦可食乎？'"

这些记述说明，宋神宗及其身边有公正心的大臣，对龙的象征的多义性是了解的、清楚的。也就是说，宋代的精英们明白：龙非帝王所独专，龙没有被帝王垄断，龙不单可以象征帝王，还可以象征人臣、人杰，以及天象、物象、事象，等等。

苏轼还被王安石称为"人中龙"。宋惠洪《冷斋夜话》卷五记："舒王在钟山，有客自黄州来。公曰：'东坡近日有何妙语？'客曰：'东坡宿于临皋亭，醉梦而起，作《成都圣像藏记》千有余言，点定才一两字。有写本，适留舟中。'公遣人取而至。时月出东南，林影在地，公展读于风檐，喜见眉须，曰：'子瞻，人中龙也。'"这段话中的"舒王"是王安石的封号，"公"是对王安石的敬称。

五、陆游与龙

陆游，字务观，号放翁，南宋文学家、史学家、爱国诗人。陆游具有多方面的文学才能，一生笔耕不辍，诗词文俱有很高成就，尤以诗的成就为最，自言"六十年间万首诗"，存世有九千三百余首。其诗内容丰富，政治抱负、民生疾苦、日常物事，尽以诗言，风格或雄浑豪放，或清新洒脱，语言平易晓畅、章法整饬谨严。《陆游诗全集》中，涉"龙"诗句有四百零九条，其中《白龙》《龙挂》《龙湫歌》三首直接写"龙"。

《白龙》诗嘉泰四年（1204）秋作于山阴，诗云："九月癸酉暮，白龙见西方。是时久晴明，日落天正苍，玉宇无纤云，凌空独高翔。蜿蜒久乃隐，父老叹未尝。清台占五行，此事实殊常。我非刘子政，聊记以短章。"

《龙挂》诗淳熙三年（1176）六月作于成都，诗云："成都六月天大风，发屋动地声势雄。黑云崔嵬行风中，凛如鬼神塞虚空，霹雳迸火射地红。上帝有命起伏龙，龙尾不卷曳天东。壮哉雨点车轴同，山摧江溢路不通，连根拔出千尺松。未言为人作年丰，伟观一洗芥蒂胸。"

《龙湫歌》诗淳熙元年（1174）夏作于蜀州，诗云："环湫巨木老不花，瀹沦千尺龙所家。爪痕入木欲数寸，观者心掉不敢哗。去年大旱绵千里，禾不立苗麦垂死。林神社鬼无奈何，老龙欠伸徐一起。隆隆之雷浩浩风，倒卷江水倾虚空。鳞间出火作飞电，金蛇夜掣层云中。明朝父老来赛雨，大巫吹箫小巫舞。祠门人散月娟娟，龙归抱珠湫底眠。"

这三首写"龙"的诗，其"龙"的基本原型，都是自然现象。《白龙》言"白龙见西方"，所见"白龙"，大概是龙的容合对象——白色的云团、云带。晴朗已久的天空，"日落天正苍，玉宇无纤云"，突然出现白色的云团凌空高翔，引起人们的好奇，老人们感叹从未见过，就连观测天文的清台官也占以"五行"，说这件事确实不同寻常。《龙挂》诗所言遵"上帝"之命而起的"伏龙"、《龙湫歌》所言"欠伸徐一起"的"老龙"，都应是龙的两个容合对象——龙卷风、雷电的结合。山摧江溢、千尺松被连根拔出、狂风浩荡、江水倒卷、电闪雷鸣，生动描述了狂风骤雨的情状。诗作有夸张（如"雨点车轴同""倒卷江水倾虚空"），也有渲染（如"凛如鬼神塞虚空""霹雳迸火射地红"），既写了民俗（如"明朝父老来赛雨，大巫吹箫小巫舞"），也写了作者自己的作为与感受（如"聊记以短章""伟观一洗芥蒂胸"），真可谓美词连篇、意象丰赡、气势不凡，所写"龙"的形态、伟力和功能，显明、生动地跃然于诗行之间。

六、辛弃疾与龙

辛弃疾，字幼安，自号稼轩居士，南宋豪放派词人，有"词中之龙"（清陈廷焯《白雨斋词话》）之称，与苏轼合称"苏辛"。其词或激昂豪迈，或沉郁悲壮，或清新自然，或婉转细腻，代表着南宋豪放词的最高成就。《稼轩词》（又名《稼轩长短句》《辛弃疾长短句》）是辛弃疾的作品集，共辑录词作六百余首，其中有"龙"词句者六十六首。

在这些含"龙"词句中，有写作为神物的龙，如"其外海茫茫，下有龙伯，饥时一啖千里"（《哨遍·池上主人》）；有以龙喻比翻滚的波涛，如"悄惯得、吴儿不怕蛟龙怒。风波平步"（《摸鱼儿·观潮上叶丞相》）；有以龙象征春天的竹笋，如"春正好，见龙孙穿破，紫苔苍壁"（《满江红·点火樱桃》）；有写天宫龙的建筑，如"闻道钧天帝所，频上玉卮春酒，冠佩拥龙楼"（《水调歌头·寿韩南涧七十》）；有写地上龙的山水，如"龙山何处？记当年高会，重阳佳节"（《念奴娇·重九席上》），"须记取，昨夜龙湫风雨，门前石浪掀舞"（《山鬼谣·问何年》）；有写节庆龙的造型，如"凤箫声动，玉壶光转，一夜鱼龙舞"（《青玉案·元夕》）；有写日常龙的茶饮，如"其外芳芬，团龙片凤，煮云膏些"（《水龙吟·听兮清珮琼瑶些》）。其中更多的含"龙"词句，是以龙喻比英雄人杰，如："三万卷，龙韬客。浑未得，文章力。把诗书马上，笑驱锋镝"（《满江红·贺王宣子平湖南寇》），"天与文章，看万斛、龙文笔力"（《满江红·天与文章》），"看纵横斗转，龙蛇起陆，崩腾决去"（《沁园春·弄西赋》），"我觉君非池中物，咫尺蛟龙云雨"（《贺新郎·逸气轩眉宇》），"龙友相逢，洼樽缓举，议论敲冰雪。何妨人道，圣时同见三杰"（《念奴娇·论心论相》）。

在多首词中，辛弃疾写到"卧龙"。如："看渊明、风流酷似，卧龙诸葛"（《贺新郎·把酒长亭说》），"又说春雷鼻息，是卧龙、弯环如许"（《水龙吟·补陀大士虚空》），"山下卧龙风度，台前戏马英雄"（《朝中措·年年团扇怨秋风》），"挽天河、谁来照影，卧龙山下"（《贺新郎·翠浪吞平野》），"怅高山流水，古调今悲。卧龙暂而"（《婆罗门引·龙泉佳处》）。词中所写"卧龙"，既是写三国时叱咤风云的诸葛孔明，也写作者自己；或者说，词人通过写"出师未捷身先死，长使英雄泪满襟"（杜甫《蜀相》）的诸葛亮，来写以恢复国家统一为志，以建功立业自许，却命运多舛、壮志难酬的自己。此等情怀，在其《水龙吟·被公惊倒瓢泉》一词中更是写得明白："谁识稼轩心事，似风乎、舞雩之下。回头落日，苍茫万里，尘埃野马。更想隆中，卧龙千尺，高吟才罢。倩何人与问，雷鸣瓦釜，甚黄钟哑？"

第七节　龙与元代文学

元、明、清三代，是中华民族、中华文化、中华文明的延续发展期。1206年，蒙古首领铁木真统一蒙古各部，建立蒙古汗国，自号"成吉思汗"，意为"天下之王"。成吉思汗之孙忽必烈继承汗位后，采取汉法，称皇帝。1271年，正式建国号"大元"，次年迁都大都（今北京市）。元朝疆域超过汉唐，成为中国历史上又一个大一统王朝，也是中国历史上疆域最大的一个王朝。

元代文学中最突出的成就是"元曲"，即元杂剧和元散曲。同在唐诗、宋词中一样，龙在元曲中也有丰富多彩的表现。《全元曲》是元代杂剧和散曲作品的总汇，收录了元代二百八十七位存名曲作家和诸佚名曲作者存世的所有作品，总字数达七百万余。其中涉"龙"句子有一千五百四十多处，其所指称、喻比、象征、修饰的物象、意象，可归纳为以下十五类。

（1）帝王。如："便是他龙孙帝子，打杀人要吃官司！"（关汉卿《包待制三勘蝴蝶梦》）"陛下省烦恼，龙体为重。"（马致远《破幽梦孤雁汉宫秋》）

（2）人名字号、官职、帮会。如："官拜龙图阁待制学士，正授开封府尹。"（关汉卿《包待制三勘蝴蝶梦》）"他那厮向绒毛毡里扑绵被，尽强如俺入龙华会。"（吴昌龄《花间四友东坡梦》）

（3）山水、建筑、地方、寺庙。如："这是黑龙江，番汉交界去处。"（马致远《破幽梦孤雁汉宫秋》）"今日张真人回信州龙虎山修行去。"（吴昌龄《张天师断风花雪月》）"我剑砍的这江边芦苇权遮护，你向这水国龙宫且暂居。"（李寿卿《说鱄诸伍员吹箫》）"老汉是绛州龙门镇大黄庄人氏……"（张国宾《薛仁贵荣归故里》）"我想起来那终南山青龙寺……"（范子安《陈季卿误上竹叶舟》）

（4）曲牌、音乐。如："【混江龙】"（关汉卿《关张双赴西蜀梦》）"只听的品龙笛吹凤笙……"（史九散人《老庄周一枕蝴蝶梦》）"则听的数声寒角一似老龙悲，扑冬冬的征鼙鼓响似震天雷。"（郑光祖《虎牢关三战吕布》）

（5）英雄、人才。如："因此上三年培养牡丹花，专待你一举首登龙虎榜。"（关汉卿《钱大尹智宠谢天香》）"想着我二十年埋没洛阳尘，今日个起蛰龙一声雷震。"（关汉卿《山神庙裴度还带》）

（6）香料、丹药、茶、水果、酒。如："心事悠悠凭谁说？只除向金鼎焚龙麝。"（关汉卿《闺怨佳人拜月亭》）"俺只待丹鼎内降龙虎，谁教咱锦巢边宿凤凰，枉羞杀金殿鸳鸯。"（马致远《西华山陈抟高卧》）"龙团凤饼不寻常，百草前头早占芳。"（马致远《吕洞宾三醉岳阳楼》）"压著商川甘蔗，鄱阳龙眼。"（王伯成《李太白贬夜郎》）"龙涛倾白玉钟，羊羔泛紫金觥，兽炭添煤火正红。"（姚燧《新水令·冬怨》）

（7）形象、纹饰、装扮、景色、体态。如："龙眼团团不转睛。"（关汉卿《望江亭中秋切鲙》）"伴旌旗日暖龙蛇动，看宫殿风微燕雀高，雁塔名标。"（关汉卿《山神庙裴度还带》）"松开了龙袍罗扣，偏斜了凤带红鞓。"（白朴《唐明皇秋夜梧桐雨》）"玉阶前风摆龙蛇影，金殿上风吹日月旗，天仗朝衣。"（马致远《西华山陈抟高卧》）"惊觉我的是颤巍巍竹影走龙蛇……"（王实甫《崔莺莺待月西厢记》）

（8）气象、星象。如："如银河滚下飞虹瀑，似玉龙喷出梨花落。"（金仁杰《萧何月夜追韩信》）"中方杏黄旗上，蛟龙戏二十八宿。"（佚名《诸葛亮博望烧屯》）"渐辟东方，星残月淡，苍龙犹显。"（施耐庵《幽闺记》）"行云神女梦，泼墨范宽图，挂黑龙天外雨。"（张可久《红绣鞋·西湖雨》）

（9）龙的容合对象。如："每日则是炮凤烹龙真受用，那一日不宰羊杀马做筵席！"（关汉卿《邓夫人苦痛哭存孝》）"贫僧喜来栽竹栖丹凤，闷后移松养卧龙。"（佚名《龙济山野猿听经》）

（10）骏马。如："阶下枉拴龙驹马，帐前空挂虎皮袍。"（关汉卿《邓夫人苦痛哭存孝》）"人如越岭爬山虎，马似翻江出水龙。"（郑光祖《虎牢关三战吕布》）

（11）宝剑、兵器、军阵、兵法。如："三尺龙泉万卷书，皇天生我意何如？"（关汉卿《关大王独赴单刀会》）"鞭起处如乌龙摆尾，将落马似猛虎离巢。"（关汉卿《尉迟恭单鞭夺槊》）"当先摆五路先锋，次后列青龙白虎。"（高文秀《保成公径赴渑池会》）"七韬者：一文韬，二武韬，三龙韬……"（李文蔚《张子房圯桥进履》）

（12）舟楫。如："缆解开岸边龙，船分开波中浪。"（关汉卿《关大王独赴单刀会》）"楚王宫饿的些美人纤瘦，汴河傍斜缆龙舟。"（史九散人《老庄周一枕胡蝶梦》）"船急似飞龙，到铁瓮城边喜落篷。"（乔吉《碧梧秋·出金陵》）

（13）神物。如："吾乃汉江龙神是也，掌管着万里长江。"（郑延玉《楚昭公疏者下船》）"吾神乃泾河老龙王是也。我孩儿泾河小龙。有洞庭湖老龙的女儿，叫作龙女三娘，娶为小龙媳妇……""吾神乃火龙是也。……有钱塘火龙来了也。"（尚仲贤《洞庭湖柳毅传书》）

（14）笔墨、书法。如："我见他墨磨损乌龙角，他那里笔蘸着一管紫霜毫。"（郑延玉《布袋和尚忍字记》）"芸叶分香走鱼蠹，芙蓉藏粉养龙宾。"（高明《琵琶记》）"恰便似龙蛇弄影，才过子建，笔扫千兵。"（白朴《董秀英花月东墙记》）

（15）风水。如："云水金陵龙虎旺，月明珠路凤来仪。""蛟龙竞宝势，蝴蝶绕园势，锦鲤化龙势……"（李文蔚《破苻坚蒋神灵应》）"吩咐众人在青龙头转一转。"（柯丹邱《荆钗记》）

比较而言，元曲中以"龙"指称、喻比、象征、修饰帝王、英雄、人才的语句较多，究其原因，这与蒙古族入主中原，创建元朝后，推行民族压迫、民族歧视政策有关。元朝统治者将全国人依次分为蒙古人、色目人（西域、欧洲各藩属人）、汉人（原辽金统治下的华北地区汉人）、南人（原南宋统治下的南方汉人）四个等级，汉族知识分子社会地位低下，有"七匠八娼九儒十丐"之说。这便使一部分知识分子因"门第卑微""职位不振"，从而感到政治前途无望而转入时兴的文学艺术——元曲的创作。同时，这些创作者们因担心写现时的、敏感的政治题材会带来灾祸，就把注意力投向历史，通过描绘、渲染历史故事，抒发胸中块垒，表达褒贬臧否。于是，战国故事、两汉故事、三国故事、唐代故事、宋代故事纷纷进入创作者的视野。写历史故事，免不了要写到帝王和英雄、人才，这就使以"龙"指称、喻比、表达、修饰帝王、英雄、人才的语句自然多了起来。

关汉卿、白朴、郑光祖、马致远并称"元曲四大家"。"龙"在"元曲四大家"的作品中都有较多呈现。如：在关汉卿代表作之一的《关大王独赴单刀会》中，"龙"出现了十三次；在白朴代表作之一的《唐明皇秋夜梧桐雨》中，"龙"出现了九次；在郑光祖代表作之一的《虎牢关三战吕布》中，"龙"出现了十七次；在马致远代表作之一的《破幽梦孤雁汉宫秋》中，"龙"出现了六次。可以这样说，以关汉卿、白朴、郑光祖、马致远为代表的元代作家，以其卓越的才华，不但为元曲艺术做出了贡献，也为龙文化做出了贡献。

清徐大椿在《乐府传声》中言元曲特色时说："至其体则全与诗词各别，取直而不取曲，取俚而不取文，取显而不取隐，盖此乃述古人之言语，使愚夫愚妇共见共闻，非文人学士自吟自咏之作也。"在语言艺术上，元曲既多直白、生动，又讲究唯美。这样的特点，当然也体现于涉"龙"的语句之中。如"急煎煎御手频捶飞凤椅，扑簌簌痛泪常淹衮龙衣。每日家独上龙楼上，望荆州感叹，阆州伤悲"（关汉卿《关张双赴西蜀梦》）、"我个胜花娘子生得白蓬蓬，一个头髻长长似盘龙"（佚名《张协状元》）、"袖飘飘拂红云登凤楼，兴悠悠驾苍龙遍九州"（乔吉《杜牧之诗酒扬州梦》），都充分体现了这样的语言特色。

第八节　龙与明代文学

明朝是中国历史上最后一个由汉族建立的大一统王朝。明代文学以小说达到的艺术成就最高，创作了大量的以历史、神怪、公案、言情和市民日常生活为题材的长篇章回小说和短篇的话本、拟话本。在中国文学史上，明代是以小说为代表的通俗文学昌盛的时期，中国小说史上四大名著中的三部——《西游记》《水浒传》《三国演义》与小说《金瓶梅》都产生于这一时期；短篇小说沿着白话、文言两条道路发展，其中白话短篇小说成就尤高，"三言""二拍"就是明代话本、拟话本的代表作。

在明代文学中，龙文化同样有多样化的展示。

一、明代小说中的龙

1.《三国演义》中的龙

《三国演义》全名《三国志通俗演义》，又称《三国志演义》，是中国文学史上第一部长篇章回体小说，被称为中国历史演义小说的"开山之作"。全书生动描述了东汉末年群雄割据，魏、蜀、吴三国鼎立，最后司马氏统一天下的复杂历史。作者一般被认为是元末明初的罗贯中。"龙"在《三国演义》中出现了三百三十多次，其指称、喻比、象征、修饰的物象、意象可归纳为十三类。

（1）兵器、军队、阵形。如："云长造青龙偃月刀，又名'冷艳锯'，重八十二斤。"（第一回）"护驾龙虎官军二万五千。"（第七十一回）"维按武侯八阵之法，依天、地、风、云、鸟、蛇、龙、虎之形，分布已定。"（第一百一十三回）

（2）英雄、才杰。如："只为当初恩义重，放开金锁走蛟龙。"（第五十回）"时人称三人为一龙：华韵为龙头，邴原为龙腹，管宁为龙尾。"（第六十六回）

（3）骏马。如："掣断丝缰摇玉辔，火龙飞下九天来。"（第三回）

（4）帝王。如："国老曰：'玄德有龙凤之姿，天日之表；……真可庆也！'"（第五十四回）

（5）纹饰、造像。如："护躯银铠砌龙鳞，束发金冠簪雉尾。"（第五回）"只见一队军马，打龙凤日月旗幡。"（第十七回）"又铸铜龙凤两个：龙高四丈，凤高三丈余，立在殿前。"（第一百零五回）

（6）字号、官职。如："某乃常山真定人也，姓赵，名云，字子龙。"（第七回）"水镜曰：'伏龙、凤雏，两人得一，可安天下。'"（第三十五回）"上书'左护卫使龙骧将军关兴'。"（第九十五回）

（7）神物。如："钟会请姜维问曰：'吾夜梦大蛇数千条咬吾，主何吉凶？'维曰：'梦龙蛇者，皆吉庆之兆也。'会喜，信其言……"（第一百一十九回）

（8）龙的容合对象。如："鲸鲵出水而腾波，蛟龙潜渊而吐气。"（第四十六回）"平对曰：'猪亦有龙象。龙附足，乃升腾之意，不必疑忌。'……云长受命讫，众官拜贺曰：'此足见猪龙之瑞也。'"（第七十三回）"是岁八月间……黄龙现于郏郡。"（第七十九回）"却说魏国因旧岁有青龙自摩坡井内而出，改为青龙元年。"（第一百零二回）

（9）器物、车辇、舟楫。如："启视之，乃一玉玺：方圆四寸，上镌五龙交纽。"（第六回）"乘龙凤辇，祀南北郊。"（第十七回）"于是日夜并工，造龙舟十只。"（第八十六回）

（10）地方、景观。如："从卢龙口越白檀之险，出空虚之地。"（第三十三回）"此去离城三十里，有一潭，名跃龙潭；前有一祠，名跃龙

祠。"（第七十八回）

（11）天象、星象。如："仰面观太虚，疑是玉龙斗。"（第三十七回）"下一层插二十八宿旗：东方七面青旗，按角、亢、氐、房、心、尾、箕，布苍龙之形……"（第四十九回）

（12）年号。如："遂选定夏四月丙寅日，筑坛于武昌南郊。是日，群臣请权登坛即皇帝位，改黄武八年为黄龙元年。"（第九十八回）"魏主曹睿青龙三年……三国各不兴兵。"（第一百零五回）

（13）书法、笔势。如："笔下龙蛇走，胸中锦绣成。"（第七十二回）

比较而言，《三国演义》中以"龙"指称、喻比、象征、修饰英雄、才杰的语句要多一些，这与该书主要以英雄、才杰为描写对象有关，所谓"滚滚长江东逝水，浪花淘尽英雄""历史的天空闪烁几颗星，人间一股英雄气在驰骋纵横"。

《三国演义》中，还有多则与龙有关的故事，最经典者，当属第二十一回《曹操煮酒论英雄》：

盘置青梅，一樽煮酒。二人对坐，开怀畅饮。

酒至半酣，忽阴云漠漠，骤雨将至。从人遥指天外龙挂，操与玄德凭栏观之。操曰："使君知龙之变化否？"玄德曰："未知其详。"操曰："龙能大能小，能升能隐：大则兴云吐雾，小则隐介藏形；升则飞腾于宇宙之间，隐则潜伏于波涛之内。方今春深，龙乘时变化，犹人得志而纵横四海。龙之为物，可比世之英雄。玄德久历四方，必知当世英雄。请试指言之。"……操曰："夫英雄者，胸怀大志，腹有良谋，有包藏宇宙之机，吞吐天地之志者也。"玄德曰："谁能当之？"操以手指玄德，后自指曰："今天下英雄，唯使君与操耳！"玄德闻言，吃了一惊，手中所执匙箸不觉落于地下。时正值天雨将至，雷声大作，玄德乃从容俯首拾箸曰："一震之威，乃至于此。"操笑曰："丈夫亦畏雷乎？"玄德曰："圣人迅雷风烈必变，安得不畏！"将闻言失箸缘故轻轻掩饰过了，操遂不疑玄德。后人有诗赞曰：勉从虎穴暂趋身，说破英雄惊杀人。巧借闻雷来掩饰，随机应变信如神。

这个故事的经典之处，一是曹操对龙的善变、适变神性的揭示，所谓"龙能大能小，能升能隐：大则兴云吐雾，小则隐介藏形；升则飞腾于宇宙之间，隐则潜伏于波涛之内"；二是龙的英雄之比，所谓"龙乘时变化，犹人得志而纵横四海。龙之为物，可比世之英雄"。故事中为曹操发表"龙论"做铺垫和引子的"龙挂"，有两释：或指那种横贯天际的龙形状的云彩，或指积雨云下呈漏斗状舒卷下垂的，也称"龙吸水"的龙卷风。

2. 《水浒传》中的龙

《水浒传》是中国历史上最早用白话文写成的章回体小说，讲述的是北宋山东梁山泊以宋江为首的绿林好汉，由被迫落草，发展壮大，直至受朝廷招安、东征西讨的故事。全书定型于明朝，作者一般认为是施耐庵。"绿林好汉"又称"江湖好汉"，在《水浒传》中，"龙"字出现了五百次之多，这些"龙"，多与"江湖好汉"相关。

一是名字、绰号直接用龙。绰号也称诨号，起一个不同凡响的绰号，且以绰号相称，是汉代以降江湖上流行的习尚。《水浒传》中有一百零八位好汉，其中名字、绰号直接用龙者有五位：入云龙公孙胜、九纹龙史进、混江龙李俊、出林龙邹渊、独角龙邹润；间接涉龙者有八位：出洞蛟童威（蛟为龙族神物）、火眼狻猊邓飞（狻猊为龙生九子之一）、井木犴郝思文（犴即狴犴，龙生九子之一）、玉麒麟卢俊义、铁笛仙马麟（麒麟为龙族神物）、两头蛇解珍、白花蛇杨春（蛇有小龙之称，是龙的主要取材对象）、旱地忽律朱贵（忽律即忽雷，鳄鱼的别称，也是龙的主要取材对象）。加在一起共十三位，占水浒好汉群的百分之十二，应该说是一个不小的比例。在一百零八位好汉之外，《水浒传》中还有一些好汉或强汉的名字、绰号直接用龙。如："老爷是梁山泊好汉韩伯龙的便是。"（第六十七回）"御前飞龙大将酆美。"（第七十六回）"角木蛟孙忠，亢金龙张起。"（第八十七回）"这个是李擒龙。"（第九十一回）"为头的四个水军总管，名号浙江四龙。那四龙？玉爪龙都总管成贵、锦鳞龙副总管翟源、冲波龙左副管乔正、戏珠龙右副管谢福。"（第一百一十六回）"差御林护驾都教师贺从龙。"（第一百一十八回）

名字、绰号有标志人物身份，彰示其精、气、神的作用。同时，对其人的江湖属性也是一种认定和渲染。"这些诨名一旦叫开,便作为其人格精神、个体形象的具体化象征,表明这个人与绿林社会之间一种相互认同的结构关系,一种身份标识。它一旦产生,便会在其深层人格精神上打下深深的烙印。所以,诨名与其所代表的绿林文化系统是无法分开的,与其他江湖习俗相比,取诨名有更深刻的意味,它是一种符号、一种语言,它的内涵所表达的则是整个绿林文化,也就是江湖那个特殊社会范畴的物质条件、生活方式、人际关系、价值观念的综合。"[①]

二是以龙的形象、说辞强化、包装好汉。如《水浒传》第二回:"只见空地上一个后生脱膊着,刺着一身青龙……约有十八九岁,拿条棒在那里使。""又请高手匠人与他刺了这身花绣,肩臂胸膛总有九条龙。满县人口顺,都叫他做九纹龙史进。"第七十八回写金陵建康府有一支水军,其头统制官唤作刘梦龙,"其人初生之时,其母梦见一条黑龙飞入腹中,感而遂生。及至长大,善知水性",书中言明,这刘梦龙旧日也是"绿林丛中出身,后来受了招安,直做到许大官职,都是精锐勇猛之人"。以龙的形象、说辞强化、包装好汉的例子在小说中还有很多,如:"只恨敝山小寨是一洼之水,如何安得许多真龙?"(第十九回)"打翻拽象拖牛汉,颠倒擒龙捉虎人。"(第二十七回)"浔阳江上,聚数筹搅海苍龙的好汉。"(第三十六回)"匣里龙泉争欲出,只因世有不平人。"(第四十四回)"当日因争一虎,后来引起双龙。"(第四十九回)"独龙无助,难留飞虎扑雕。"(第五十回)"如龙大蟒扑天飞,吞象顽蛇钻地落。"(第五十二回)"凤落荒坡凋锦羽,龙居浅水失明珠。"(第五十六回)"鞭舞两条龙尾,棍横一串狼牙。"(第五十八回)"铺排打凤捞龙计,坑陷惊天动地人。"(第六十一回)"直教龙离大海,不能驾雾腾云。"(第六十三回)"慷慨胸中藏秀气,纵横笔下走龙蛇。"(第七十六回)"了身达命蟾离壳,立业成名鱼化龙。"(第一百一十三回)

在人们心目中,龙是自然界的强者、英雄,好汉是人间的强者、英雄,以龙的形象、说辞强化、包装好汉,可谓"强强联合"。这样的"强强联合",是古往今来世间人物被神化的一条规律,也是好汉成为好汉的规律。

[①] 宁稼雨:《〈水浒传〉趣谈与索解》,春风文艺出版社,1997,第142页。

三是江湖好汉们的品性、追求、作为，与龙的神性、精神有契合之处。江湖好汉们的行为，多与"行侠仗义""仗义疏财""打抱不平""除暴安良""矜贫救厄"等词汇联系在一起，所谓"路见不平一声吼""该出手时就出手"（《好汉歌》）。尽管其作为往往会夹杂、产生"任气斗狠""恣欲自快""以武犯禁"甚至"滥杀无辜"等具有偏颇性、负面性的内容和效果，但从整体来看，还是以呈现正面的、利他性的内容、效果为多、为主，其核心价值是"将无私的援助提供给那些需要帮助的人们"①。上述这些，在一定程度上与龙的"示威"的神性、"福生"的精神是契合的。从这个意义上讲，江湖好汉们身上具备、散发、彰扬着一定的龙性、龙魂，用龙来指称、喻比、形容、描写江湖好汉，能为他们增光添彩。

3. 《西游记》中的龙

《西游记》是明代小说家吴承恩所创作的中国古代第一部浪漫主义的章回体长篇神魔小说，主要描写了唐僧、孙悟空、猪八戒、沙僧师徒四人西行取经，沿途遇到八十一难，一路降妖伏魔，化险为夷，最后到达西天、取得真经的故事。全书想象丰富，手法浪漫，人物幽默，语言诙谐，是白话小说中独树一帜的优秀之作。"龙"在《西游记》中出现了八百六十多次，其指称、喻比、象征、修饰的物象、意象可归纳为十三类。

（1）神物。如："东海龙王敖广急忙起身，与龙子龙孙、虾兵蟹将，出宫迎道……""舍弟乃南海龙王敖钦、北海龙王敖顺、西海龙王敖闰是也。"（第三回）"但见那天龙同绕，花雨缤纷。""正走处，只见空中有一条玉龙叫唤。"（第八回）

（2）龙的某种容合对象。如："峰头时听锦鸡鸣，石窟每观龙出入。"（第一回）"照山川，惊虎豹；影海岛，动鱼龙。"（第十二回）"这钯下海掀翻龙鼍窝。"（第十九回）"金性刚强能克木，心猿降得木龙归。"（第十九回）"绝顶留云，造就浮屠绕雾龙。"（第六十二回）

（3）皇族、帝王。如："龙种自然非俗相，妙龄端不类尘凡。"（第四回）"管教魂魄还阳世，定取龙颜转帝都。"（第十回）"不敢擅自入朝，但恐惊伤了陛下的龙体。"（第二十九回）

---

① 王同舟：《地煞天罡：〈水浒传〉与民俗文化》，黑龙江人民出版社，2003，第47页。

（4）英雄、人杰、怪才。如："甫能龙虎风云会，却又师徒拗马军。"（第八十回）

（5）姓名、字号、书名。如："一个是太乙散仙呼大圣，一个是观音徒弟正元龙。"（第六回）"叫那常随的伴当巴山虎、倚海龙来。"（第三十四回）

（6）骏马。如："龙媒紫燕，挟翼骈骊。"（第四回）"盖因那猴原是弼马温，在天上看养龙马的。"（第十四回）

（7）武器、武术套路。如："手执钉把龙探爪，腰挎弯弓月十轮。"（第八回）"这大圣……使一个乌龙掠地势。"（第二十一回）"银龙飞舞，黄鬼翻腾。"（第三十回）

（8）交通工具。如："那皇帝早朝已毕，率文武多官，乘凤辇龙车。"（第十二回）"捧毂推轮，送出城廓，却才下龙辇，与众相别。"（第四十回）"六龙喷彩扶车出，双凤生祥驾辇来。"（第五十四回）

（9）地势、风水、景观、设施、建筑。如："此山乃十洲之祖脉，三岛之来龙。""起伏峦头龙脉好，必有高人隐姓名。"（第一回）"左边龙，熟熟驯驯；右边虎，平平伏伏。"（第二回）"伽窟龙珠倚挂，萦回满地奇葩。"（第一回）"你在那剐龙台上，恐难免一刀……"（第九回）"烟笼凤阙，香蔼龙楼。"（第九回）

（10）纹饰、雕刻、造型。如："里壁厢有几根大柱，柱上缠绕着金鳞耀日赤须龙。"（第四回）"缕金靴衬盘龙袜，玉带团花八宝妆。"（第六回）"龙旗鸾辂祥光蔼，宝节幢幡瑞气飘。"（第七回）"香枝郁郁龙蛇状，碎影重重霜雪身。"（第六十四回）"行者将菩萨降妖并拆凤原由备说了一遍，寻些软草，扎了一条草龙。"（第七十一回）

（11）用具、坐具、灯具。如："老君难顾炼丹炉，寿星收了龙须扇。""须弥山有飞龙杖，灵吉当年受佛兵。"（第二十一回）"龙座后面，闪上三宫皇后道……"（第四十六回）"叫了七八个怪鹿妖狐，打着两对灯龙，一对提炉，摆列左右。"（第七十一回）

（12）星象。如："四渎龙神分上下，二十八宿密层层。"（第五回）

（13）水果。如："但见那：金丸珠弹，红绽黄肥。……鲜龙眼，肉甜

皮薄；火荔枝，核小囊红。"（第一回）

比之《三国演义》与《水浒传》，《西游记》中以"龙"指称、喻比、象征、修饰神物的语句最多。作为一部神魔小说，《西游记》写了众多神魔，不少以"龙"为名号，这当是《西游记》中有较多以"龙"指称、喻比、象征、修饰神物的语句的原因。

除以上各类含"龙"语句，小说还写了三个有关"龙"的经典故事。

（1）龙宫讨来金箍棒。这一故事在第三回《四海千山皆拱伏 九幽十类尽除名》，其故事梗概为：孙悟空使闭水法，入东洋海底，向东海龙王敖广讨要兵器。龙王先令部下抬出九股叉、方天戟，悟空都嫌轻。后发现大禹治水时留下的重一万三千五百斤的神铁，号定海神针，亦称"如意金箍棒"，孙悟空才觉趁手合用。得到金箍棒后，孙悟空又向南海龙王敖钦、北海龙王敖顺、西海龙王敖闰讨得凤翅紫金冠、藕丝步云履和锁子黄金甲。四海龙王"甚是不平"，却无可奈何，只能"商议进表上奏不题"。这个故事写出了孙悟空的无赖劲和龙王的无奈相，语言生动有趣。

（2）魏徵梦斩泾河龙。这一故事在第九回《袁守城妙算无私曲 老龙王拙计犯天条》、第十回《二将军宫门镇鬼 唐太宗地府还魂》均有描述，其故事梗概为：唐贞观年间，泾河龙王听说长安城算卦先生袁守诚能准确算出泾河水族的位置并提供给渔者，对水族生存不利，就变作一个白衣秀士，到长安城西门大街袁氏卦铺来见。龙王"请卜天上阴晴事如何"，袁守城回答说："明日辰时布云，巳时发雷，午时下雨，未时雨足，共得水三尺三寸零四十八点。"龙王回水府后，果然得到玉帝敕旨，令其"明朝施雨泽，普济长安城"。而玉帝旨意上施雨的时辰、数目，与袁守城判断的毫发不差。至次日，龙王为使袁守城判断不准，特意"挨到那巳时方布云，午时发雷，未时落雨，申时雨止，却只得三尺零四十点，改了他一个时辰，克了他三寸八点"。雨后，龙王砸了袁氏卦铺。不料，魏徵丞相当晚接到玉帝金旨一道，"着他午时三刻，梦斩泾河老龙"。第二天，唐太宗与魏徵在便殿对弈，正下到午时三刻，"魏徵忽然俯伏在案边，鼾鼾盹睡"。醒后，魏徵告诉唐太宗，他"梦离陛下乘瑞云，出神抖擞。那条龙，在剐龙台上，被天兵将绑缚其中。是臣道：'你犯天条，合当死罪。我奉天命，斩汝残生。'……龙闻哀苦，伏爪收鳞甘受死；臣抖精神，撩衣进步举霜锋。'扢挖'一声刀过处，龙头因此落虚空"。

这个故事似在告诉人们：神界、水族的龙王会犯错误，就像人间的"王"也会犯错误一样；犯了错就会受到惩罚，这应该是一条公理，神界、人间都通行，至于惩罚的轻重、方式另当别论。故事还扯进了唐太宗，意在说明：龙往往被作为帝王的象征，帝王有时自称龙、自比龙，但不能在任何时候、任何情况下都将龙与帝王画等号。也就是说，在一些时空条件下，龙和帝王是两回事。

（3）西海龙子马龙变。这一故事见第十五回《蛇盘山诸神暗佑 鹰愁涧意马收缰》，其故事梗概为：唐僧和孙悟空两人西天取经，途经蛇盘山鹰愁涧，涧中忽地钻出一条龙来，扑向唐僧。孙悟空抱着唐僧快走，龙追赶不上，就把唐僧的坐骑白马连鞍辔一口吞下肚去，然后潜入涧中。孙悟空临涧高叫索马，龙出水与悟空打斗。打了两场，龙不敌悟空，便躲藏不出。原来，此龙本是西海龙王敖闰之子，因其纵火烧了龙宫明珠，犯了死罪。是观音菩萨亲见玉帝，讨其下来，专门放在此处，准备为求经人做个脚力的。于是令部下揭谛到涧边将龙唤出，吹口仙气，使龙变作一匹白马，充当唐僧的坐骑。之后，在第三十回《邪魔侵正法 意马忆心猿》里，白龙马还挺身而出，变回龙，与施了魔法将唐僧劫去的老虎精恶战一场，负伤后口吐人言，洒泪敦促猪八戒去花果山请回孙悟空，营救师傅。最后，在第一百回《径回东土 五圣成真》中，即在助唐僧师徒取经成功后，如来"仍使揭谛引马下灵山后崖化龙池边，将马推入池中。须臾间，那马打个转身，即退下毛皮，换了头角，浑身上长起金鳞，腮颔下生出银须，一身瑞气，四爪祥云，飞出化龙池，盘绕在山门里擎天华表柱上"。

对这个故事，笔者有三点思考：第一，马是龙的取材对象之一，马可以变成龙，龙也可以变成马。这个故事反映了龙马互变。第二，马有充当人的坐骑的工具性，龙有充当仙的坐骑的工具性。龙充当仙的坐骑的工具性有可能参照了马充当人的坐骑的工具性。而做工具，也是一种参与、一种助力。第三，白龙马一出场就受制于观音菩萨，最后虽变回龙身，却被置于山门里的华表柱上，成为看守门户的角色，说明龙在佛教中地位不高。

4. 《封神演义》中的龙

《封神演义》又名《封神传》，俗称《封神榜》，中国古典长篇神魔小说，写武王伐纣的故事，多神魔斗法内容。全书一百回，成书年代大约在明隆庆、万历年间，作者有许仲琳、陆西星两种说法，尚无定论。

在《封神演义》中，"龙"出现了六百六十多次，涉及神物、龙的容合对象、英雄人杰、纹饰造型、山水建筑等多个方面。在该书第十二回《陈塘关哪吒出世》和第十三回《太乙真人收石矶》中，东海龙王敖光的三太子敖丙，虽然身为龙子，舞着一杆方天画戟，骑着一头逼水神兽，本领却很是一般。在和陈塘关总兵李靖的儿子哪吒的一场打斗中，竟然被一乾坤圈就打得原形毕露，还被扒皮、抽筋。敖光上天庭告状，竟然也被哪吒拦截、痛打、揭鳞。这样的故事，被后世的艺术家冠以《哪吒闹海》之名，借影视剧、连环画等广为流传。

对"哪吒闹海"的故事，笔者有三点思考：第一，东海龙王没有失职、渎职之类的过错，却被塑造成一个窝囊的角色：帐下的巡海夜叉被打死；儿子不但被打死，还被抽了筋；自己被痛打、揭鳞。作者如此描写，反映了一种对权威、对秩序的不满、抗争、揶揄、调侃以及呼唤改良的社会心理。第二，哪吒随意结束夜叉、龙子的生命，实属犯罪。犯罪是要领受惩罚的。小说中，哪吒"先去一臂膊，后自剖其腹，剜肠剔骨，散了七魂三魄，一命归泉"，算是一种交代。第三，明代是文网盛行的朝代，上述故事还能面世并流行，说明其时的主流意识形态对龙象征的多义性是了解的，对写到龙的文学作品还是宽容的、网开一面的。

2019年夏天，动画电影《哪吒之魔童降世》面世。这部动画片中的龙子敖丙，颠覆了《哪吒闹海》中的窝囊样，不但长相英俊，武功高强，还重情重义，知恩图报；而哪吒，与《哪吒闹海》中的混世魔王有同有不同，同的是一样调皮顽劣不服管教，不同的是有一颗做英雄的上进心，相信"我命由我不由天"，最后，赫然成为解救百姓危难的大英雄。龙子与魔童的关系，也不再是势同水火，不共戴天，而是彼此都将对方作为"唯一的好朋友"，尽管有误会有争斗，但终归携手并肩，一同担起造福众生的使命。

二、明人笔记中的龙

明代学人的笔记有一百五十多种,其中多有涉"龙"的段落、语句。

1. 龙生九子

"龙生九子"说最早见于明代一些学人的笔记。

在明成化二年(1466)进士陆容所撰《菽园杂记》中,龙子初露容颜,陆容称其为"古诸器物异名",他在《菽园杂记》卷二写道:"古诸器物异名,赑屃,其形似龟,性好负重,故用载石碑。螭吻,其形似兽,性好望,故立屋角上。徒牢,其形似龙而小,性吼叫,有神力,故悬于钟上。宪章,其形似兽,有威,性好囚,故立于狱门上。饕餮,性好水,故立桥头。蟋蜴,形似兽,鬼头,性好腥,故用于刀柄上。螭蝮,其形似龙,性好风雨,故用于殿脊上。螭虎,其形似龙,性好文采,故立于碑文上。金猊,其形似狮,性好火烟,故立于香炉盖上。椒图,其形似螺蛳,性好闭口,故立于门上。今呼鼓丁,非也。虯蟒,其形似龙而小,性好立险,故立于护朽上。鳌鱼,其形似龙,好吞火,故立于屋脊上。兽吻,其形似狮子,性好食阴邪,故立门环上。金吾,其形似美人首,鱼尾,有两翼,其性通灵,不睡,故用巡警。出《山海经》《博物志》。右尝过倪村民家,见其《杂录》中有此,因录之以备参考。如词曲有'门迎四马车,户列八椒图'之句,'八椒图',人皆不能晓。今观椒图之名,义亦有出也。然考《山海经》《博物志》,皆无之。《山海经》原缺第十四、十五卷,闻《博物志》自有全本,与今书坊本不同,岂记此者尝得见其全书欤?"归拢一下,陆容共列举"古诸器物异名"十四种:赑屃、螭吻、徒牢、宪章、饕餮、蟋蜴、螭蝮、螭虎、金猊、椒图、虯蟒、鳌鱼、兽吻、金吾。需要指出的是,陆容未提出"龙生九子"。

到了明弘治年间,礼部尚书文渊阁大学士李东阳在其撰著的《怀麓堂集》卷七十二里,明确提出了"龙生九子"。该述以《记龙生九子》为名,全文为:"龙生九子不成龙,各有所好。囚牛龙种,平生好音乐,今胡琴头上刻兽,是其遗像。睚眦平生好杀,今刀柄上龙吞口是其遗像。嘲风平生好险,今殿角走兽是其遗像。蒲牢平生好鸣,今钟上兽钮是其遗像。狻猊平生好坐，今佛座狮子是其遗像。霸下平生好负重，今碑座兽是其遗像。狴犴平生好讼，今狱门上狮子头是其遗像。赑屃平生好文，今碑两旁龙是其遗像。蚩吻平生好吞，今殿脊兽头是其遗像。昔在弘治间，泰陵尝令中官问龙生九子名目。因忆少时往往于杂书中见之，仓卒不能悉具。又莫知所出，以询之罗编修玘，玘仅疏其五六，云得于其师左参政赞者止此。又询于吏部刘员外绩，绩以故册来，册面备录此语，亦不知所从出。因据以复命，盖记问之难如此。恐久而复失之，漫识于此，以俟诸他日。"

李东阳提供的"龙生九子"为：囚牛、睚眦、嘲风、蒲牢、狻猊、霸下、狴犴、赑屃、蚩吻。根据李东阳文中自述，其在年少时，在阅读杂书时是见过某些"龙子"的，但在孝宗皇帝朱祐樘（朱祐樘逝后葬泰陵，故李文中以"泰陵"代称）让朝廷中官向他咨询龙生九子名目时，他仓促之间不能说全。于是，他先向同朝为官的编修罗玘询问，罗玘也只能说出五六个；他又向吏部的员外刘绩询问，刘绩捧来一个旧册子，册子上有龙生九子的记载，却没有说明这些记载的出处。李东阳只好依据该册子上的记载回复皇帝。尽管回复了皇帝，做事谨慎的李东阳仍觉得这个"龙生九子名目"不一定记得完全、准确，于是缀言"漫识于此"，即随意地识别、记述在这里。

明代学人杨慎在其撰著《升庵外集》里，也谈到了"龙生九子"。他说："俗传龙生九子不成龙，各有所好。……一曰赑屃，形似龟，好负重，今石碑下龟趺是也。二曰螭吻，形似兽，性好望，今屋上兽头是也。三曰蒲牢，形似龙而小，性好吼，今钟上纽是也。四曰狴犴，形似虎，有威力，故立于狱门。五曰饕餮，好饮食，故立于鼎盖。六曰蚣蝮，性好水，故立于桥柱。七曰睚眦，性好杀，故立于刀环。八曰金猊，形似狮，性好烟，故立于香炉。九曰椒图，形似螺蚌，性好闭，故立于门铺首。又有金吾，形似美人首，尾似鱼，有两翼，其性通灵不寐，故用警巡。"杨慎谈到的"龙生九子"，实际上是"十子"：赑屃、螭吻、蒲牢、狴犴、饕餮、蚣蝮、睚眦、金猊、椒图、金吾。

之后，一些明清学人都对"龙生九子"有所记述，如明代徐应秋《玉芝堂谈荟》、谢肇淛《五杂俎》、沈德符《万历野获编》，明末清初谈迁《枣林杂俎》，清代高士奇《天禄识余》等，这些记述基本上都是在陆容、李东阳、杨慎记述的基础上，或照录，或有所调整、修改和增删。如谈迁《枣林杂俎》云："龙生九子：蒲牢好鸣，囚牛好音，螭吻好吞，嘲风好险，睚眦好杀，赑屃好文，狴犴好讼，狻猊好坐，霸下好负。又《博物志》：'宪章好囚，饕餮好水，蜥蜴好腥，蝾蚣好风雨，螭虎好文采，金猊好烟，椒图好闭口，蚂蚁好立阴，鳌鱼好火，金吾不睡，皆龙种也。'"

笔者通过综合性梳理考证，并结合后世人们的理解、补充，对"龙生九子"做如下排列、介绍、分析。

（1）赑屃。赑屃也称龟趺、霸下，形状像乌龟，好用力负重。长年累月驮载着石碑。人们在庙院祠堂里，处处可见这位任劳任怨的大力士。龟以长寿著称，于是民间便有"触摸赑屃可得福"的说法，如"摸摸赑屃的头，一辈子不发愁；摸摸赑屃的背，长命到百岁"，等等。

在李东阳《怀麓堂集》里，"赑屃"指的是"碑两旁龙"，即石碑两旁雕刻的龙纹；而"霸下"才是"好负重"的"碑座兽"。在杨慎《升庵外集》里，"赑屃形似龟，好负重，今石碑下龟趺是也"。但《升庵外集》里有"性好水，故立于桥柱"的"蚨蝮"（常见被误写为"蚣蝮"或"蚣蝮"），无"霸下"。在李诩《戒庵老人漫笔》里，有"蚨蝮，好负重，今碑下石兽。……蚨蝮疑即前霸下"。看来，明代学人对"赑屃"有着不同的理解和表述。

查"赑屃"一词，汉代张衡《西京赋》中就已出现，曰："缀以二华，巨灵赑屃，高掌远跖，以流河曲，厥迹犹存。"此语中的"赑屃"被描绘成巨大的神灵，能够手劈足蹋，将连在一起的二华山分开，让河流通过。三国吴人薛综注："赑屃，作力之貌也。"（《昭明文选》）到了晋代左思《吴都赋》中，出现"巨鳌赑屃，首冠灵山"句，将"赑屃"与"巨鳌"连在一起。"鳌"是传说中海里的大龟，其形为龙头龟身。"女娲补天"传说中的"断鳌足以立四极"，其"鳌"即指此物。又有传说，东海里的蓬莱、方丈、瀛洲三座仙山是被巨鳌驮起来的。

后人可能依据上述资料，编出相关传说：赑屃在上古时代常驮着三山五岳，在江河湖海里兴风作浪。后来大禹治水时收服了它，它服从大禹的指挥，推山挖沟，疏遍河道，为治水做出了贡献。治理完洪水，大禹担心赑屃又到处撒野，便搬来顶天立地的巨大石碑，上面刻上大禹治水的功绩，叫赑屃驮着，沉重的石碑压得它不能随便行走。赑屃和龟十分相似，但细看却有差异，赑屃有一排牙齿，而龟类却没有；赑屃和龟类背甲上甲片的数目和形状也有差异；赑屃总是吃力地向前昂着头，四只脚拼命地撑着，挣扎着向前走，但总是移不开步。

北宋李诚在《营造法式》卷三《石作制度》中，谈到"赑屃鳌坐碑"："造赑屃鳌坐碑之制：其首为赑屃盘龙，下施鳌坐。""鳌坐：长倍碑身之广，其高四寸四分；驼峰广三寸。余作龟文造。"看来，李诚视野中的"赑屃"，是盘在碑首的龙——明代李东阳的"赑屃平生好文，今碑两旁龙是其遗像"之说，可能与此说有关；而担任驮碑重任的是"鳌坐"。当然，这"鳌坐""余作龟文造"，即除长度和驼峰外，其他还都是龟的样子。

还有一个资料：早在唐天宝年间，由当时的文人岑勋撰文、书法家徐浩题额、书法家颜真卿书丹、碑刻家史华刻石的《大唐西京千福寺多宝佛塔感应碑》（简称《多宝塔碑》，现存西安碑林博物馆）上，就有"坤灵赑屃以负砌"语，意思是"地上的神灵赑屃承负着砌起的砖石"。也就是说，在唐代的时候，负重就已是赑屃的主要功能了。考古资料方面，立于唐武周天授二年（691），现藏山西省艺术博物馆的《涅槃变相碑》，其底座为赑屃；立于唐建中二年（781），现藏西安碑林博物馆的《大秦景教流行中国碑》，其底座也为赑屃。

综上所述，笔者认为，人们约定俗成地将"赑屃"与"霸下"合并，释为形状像龟、好用力负重、以驮载石碑为功能和职任的龙子之一，是讲得通的。至于赑屃的形象，可有两类之分：一类是龙头龟身（鳌），一类是龟头（加齿）龟身。

（2）鸱吻。鸱吻也称鸱尾、螭吻、蚩尾、蚩吻、龙吻等。作为中国古建筑屋脊上的一种装饰，这位龙子好在险要处东张西望，也喜欢吞火。相传汉武帝建柏梁殿时，有人上疏说大海中有一种鱼虬，尾似鸱鸟，也就是鹞鹰或猫头鹰一类的鸟，能喷浪降雨，可以用来厌辟火灾，于是便塑其形象在殿角、殿脊、屋顶之上。

查《史记》《汉书》《后汉书》，均未见"鸱吻""鸱尾"词。

在南朝梁沈约所撰《宋书》中，多见"鸱尾"一词，如：卷二十九《符瑞志下》"孝武帝大明元年五月戊午，嘉禾一株五茎生清暑殿鸱尾中"；卷三十《五行志一》"宋文帝元嘉十七年，刘斌为吴郡，郡堂屋西头鸱尾无故落地，治之未毕，东头鸱尾复落"；卷三十二《五行志三》"晋孝武帝太元十六年正月，鹊巢太极东头鸱尾""宋武帝永初三年……有二野鹳集太极鸱尾鸣呼""少帝景平二年春，鹳巢太庙西鸱尾，驱去复还"；卷三十三《五行志四》："（晋安帝）义熙五年六月丙寅，震太庙，破东鸱尾，彻壁柱""（宋文帝）元嘉五年六月丙寅，震太庙，破东鸱尾，彻壁柱"。

唐苏鹗《苏氏演义》卷上："蚩者，海兽也。汉武帝作柏梁殿，有上疏者云：'蚩尾水之精，能辟火灾，可置之堂殿。'今人多作鸱字，见其吻如鸱鸢，遂呼之为鸱吻。颜之推亦作此鸱。刘孝孙《事始》作此蚩。蚩尾既是水兽，作蚩尤之蚩是也。蚩尤铜头铁额，牛角牛耳，兽之形也。作鸱鸢字，即少意义。"宋李诫《营造法式》卷二《总释下》引唐胡璩撰《谭宾录》："东海有鱼虬，尾似鸱，鼓浪即降雨，遂设象于屋脊。"宋高承《事物纪原》卷八引宋吴处厚《青箱杂记》："海有鱼虬，尾似鸱，用以喷浪则降雨。汉柏梁台灾，越巫上厌胜之法，起建章宫，设鸱鱼之像于屋脊，以厌火灾，即今世鸱吻是也。"在陆容的《菽园杂记》里，"鳌鱼"被释为"其形似龙，好吞火，故立于屋脊上"，这样的功能与鸱吻的功能是一致的。

综合来看，鸱吻的起源与鱼和鸱有关。鱼或被说成"鱼虬"，虬是古代神话传说中有角的小龙或无角的幼龙，那么，"鱼虬"就是"鱼龙"。鱼是龙的容合对象之一，鱼龙、鱼化龙的神话可以追溯至传说时代，《山海经·海外西经》中有"龙鱼陵居其北，状如鲤"之记，东汉辛氏所撰《三秦记》中记有鲤鱼跳龙门的典故。在龙的诸多神性中，"喜水"位列第一，这喜水的神性就多取自生活于水中的鱼和鳄。鸱吻立于屋脊，最主要的功能是"辟火灾"，而"辟火灾"离不开水，要依靠水。于是，在这里，水、鱼、龙、鸱吻、辟火，成了本质上具有同义性的词汇。用"鸱"，是因为鱼的尾与鸱（鹞鹰或猫头鹰一类的鸟）的尾相像而已。至于"鸱尾"又称"鸱吻"，是因为人们认为"吞火"比"辟火"更积极、更主动，即一旦发现火苗就张口吞之，使其不至于焰燎成灾。"吞火"要用口，"吻"与口同义（《说文》："吻，口边也。"），故以"吻"易"尾"。

考古资料方面，冯双元考察、比较了河北定县（今定州市）北庄出土的陶仓楼、焦作市河南轮胎厂出土的陶仓楼、河南密县（今新密市）后士郭M2出土的厕圈、河南偃师县（今洛阳市偃师区）菜站出土的陶仓、河南新密市后士郭M2出土的陶仓楼、洛阳涧西区七里河东汉墓出土的红陶作坊、河南桐柏县东汉晚期墓出土的陶望楼、三门峡市刘家渠M4出土的楼榭、河南灵宝市张湾M3出土的陶楼榭及厕圈、河北阜城县桑庄东汉墓出土陶楼、河南南乐县耿洛M1出土的陶楼、河南陕县（今三门峡市陕州区）出土的陶望楼、河南博物院征集的三层红釉陶楼院、河南博物院在内乡县马山口镇采集的三层绿釉陶楼院、湖北秭归台子湾M19出土的陶屋、重庆市忠县涂井出土的陶屋等众多出土文物，他认为："北方中原地区西汉中晚期的建筑明器上的正脊尚比较平直，东汉前期出现了用瓦当封堵正脊两端的现象，并且屋脊两端向上微微翘起，东汉后期屋脊两端起翘幅度加大，并已经出现鸱尾。四川地区东汉晚期的建筑明器正脊两端仅略微有些起翘，到六朝早期才出现类似鸱尾的砌体。两汉时期两广地区的建筑明器正脊两端比较平直或略微有些起翘，并未发现类似鸱尾的砌体。因此考古资料支持鸱尾产生于东汉晚期的北方中原地区。"[1]

笔者认同鸱尾最早出现于东汉时期的判断。笔者还发现一条可佐证上述判断的资料：现藏徐州市博物馆的属于东汉时期的六博画像石上，有一方亭，亭脊两端有类似鸱尾的砌体。

汉之后至唐代，"鸱尾造型逐渐突出吻部，张开大嘴吞住屋脊，因此多被叫作'鸱吻'。至于鸱吻龙头鱼尾巴、张口吞脊的形象，是在宋代被固定下来的，辽、西夏等周边少数民族政权也多用这种形象。金元时期，鸱吻又有变化，它的尾巴不再向屋脊的中央卷，开始向后向上卷，到明清时期就完全向后卷，同时又怕它擅离职守，跑回大海嬉戏，在它背后残忍地插上一把仙人的'宝剑'，将它牢牢钉在屋脊上。当然这只是传说，从建筑构造来讲，由于龙嘴张得太大，插上这把'宝剑'有助于固定鸱吻，以保证建筑物

---

[1] 冯双元：《鸱尾起源考》，《考古与文物》2011年第1期。

的稳固。"①由于头部的龙首已成为鸱吻的固定样式，故明代和明代以后的鸱吻也称"龙吻"。

从实用价值的角度看，鸱尾有使屋脊与两面斜坡（戗脊）"人"字形交汇、接茬处封固严密、以防雨水渗透的功能。从视角审美的角度看，鸱尾可以使建筑物顶部既有对称的规整，又有起伏的错落，体现出直线与曲线的结合、庄重与生动的统一。

鸱吻与鱼龙具有本质上的同一性，这也是鸱吻成为龙子之一的原因。

（3）蒲牢。蒲牢形状像龙但比龙小，好鸣叫。据说蒲牢生活在海边，平时最怕鲸鱼。每当遇到鲸鱼袭击，蒲牢就大叫不止。于是，人们就将其形象置于钟上，并将撞钟的长木雕成鲸鱼状，以此撞钟，以求钟声宏大响亮。

蒲牢与鲸鱼、钟有关。汉班固《东都赋》有"于是发鲸鱼，铿华钟"句，唐李善注引薛综《西京赋》注曰："海中有大鱼曰鲸，海边又有兽名蒲牢，蒲牢素畏鲸。鲸鱼击蒲牢，辄大鸣。凡钟欲令声大者，故作蒲牢于上，所以撞之者，为鲸鱼。"唐皮日休《寺钟暝》诗云："重击蒲牢啥山日，冥冥烟树觇栖禽。"句中蒲牢成为钟的代名词。

在明代学人的笔记中，关于蒲牢的形象、功能，各家解释基本一致；名称上，陆容在《菽园杂记》中称蒲牢为"徒牢"。

考古资料方面，出土于陕西扶风法门寺任村、现藏天津市艺术博物馆、属于西周中期乐器的克钟之钟钮可视作蒲牢的前身，该钟钮由对称的两条透雕夔龙组成。铸于唐睿宗景云二年（711）、现藏西安碑林博物馆的景云钟，其钟钮已是蒲牢形象。到了明代，钟钮为蒲牢的情形就很普遍了。

（4）狴犴。狴犴又名宪章，相貌如虎，有威力，又好狱讼之事，人们便将其刻铸图绘在监狱门上。虎是威猛之兽，可见狴犴的用处在于增强监狱的威严，让被关进牢房的人望而生畏。

狴犴一词汉代就已出现，意为牢狱。汉扬雄《法言·吾子卷》："《剑客论》曰：'剑可以爱身。'曰：'狴犴使人多礼乎？'"《音义》："狴

---

① 《蹲在房上的龙子》，载中国国家博物馆编、吕章申主编《文物里的古代中国（下）：宋至清时期》，中国社会科学出版社，2010，第72—73页。

犴，牢狱也。"李东阳《怀麓堂集》将狴犴的形象说成狱门上的狮子头，杨慎《升庵外集》言狴犴"形似虎，有威力，故立于狱门"。笔者以为杨慎的说法可取。

山西洪洞县的明代县衙古监狱，始建于明洪武元年（1368），当年北京名妓苏三在洪洞蒙冤落难，就被囚于此监。该监狱设有死囚牢，其牢门上方有凶眉、怒目、阔嘴、獠牙的狴犴形象，故此牢也称"狴犴牢"。又因"狴犴形似虎"，故此牢也称"虎头牢"。洪洞县的原监狱建筑毁于20世纪60年代，现存监狱建筑为20世纪80年代重建。

2011年，为迎接中国农历壬辰龙年，上海造币有限公司铸造了龙生九子系列纪念章，材质分金、银、铜三种，规格为直径6厘米，一组九枚，其中的狴犴额刻"王"字，形象威厉。

（5）饕餮。饕餮形象取自虎、狼、猪、牛、鳄、鸮等动物，好饮食，古代钟鼎彝器上多雕刻其头部形状作为装饰。饕餮纹的结构一般为：以鼻梁为中线，两侧作对称排列，成兽面形象，大眼、有鼻、双角，通常没有下唇。

饕、餮二字的本义都是"贪"，如果细分的话，饕是贪财，餮是贪食。《说文》："饕，贪也。"不过，人们一般将"饕餮"作为一个词使用。由于饕餮是传说中特别贪食的恶兽，人们便将贪于饮食或贪婪财物的人称为"饕餮之徒"。

《山海经·北山经》："钩吾之山……有兽焉，其状如羊身人面，其目在腋下，虎齿人爪，其音如婴儿，名曰狍鸮，是食人。"这段话中的"狍鸮"，也是极为贪婪的一种怪兽，形象和功能与饕餮接近。

《左传·文公十八年》："缙云氏有不才子，贪于饮食，冒于货贿，侵欲崇侈，不可盈厌，聚敛积实，不知纪极，不分孤寡，不恤穷匮。天下之民以比三凶，谓之饕餮。"杜预注："贪财为饕，贪食为餮。"在这段话中，就以"饕餮"喻指贪婪、凶恶的缙云氏之子。

《韩非子·亡征》："饕贪而无厌，近利而好得者，可亡也。"这句话中的"饕"，指的也是贪婪的人。

《吕氏春秋·先识览》："周鼎著饕餮，有首无身，食人未咽，害及其身，以言报更也。为不善亦然。"这段话中的"饕餮"，指的就是以鼎为代表的西周青铜器上一种"有首无身"的纹饰，所表达的意思，即将饕餮纹铸雕在鼎彝之器上的目的，是警告那些"食人"者和"为不善"者，害人会害到自身，即"报更也"。

《神异经·西南荒经》："西南有人焉，身多毛，头上戴豕，性很恶，好息，积财而不用，善夺人谷物。强者夺老弱者，畏群而击单。名饕餮。"这段话表达了三层意思：饕餮是某类人的名号；饕餮的品性是贪；饕餮与豕、狼有关。

苏轼在其《老饕赋》中言："盖聚物之夭美，以养吾之老饕。"将一直带有贬义的贪食者饕餮，变成了颇含褒义的美食家"老饕"。

罗泌《路史·蚩尤传》亦记："后代圣人著其像于尊彝，以为贪戒。"罗萍注云："蚩尤天符之神，状类不常，三代彝器多著蚩尤之像，为贪虐者之戒。其像率为兽形，傅以肉翅。"这段话将饕餮与作乱被黄帝打败斩首的蚩尤联系在一起，言饕餮纹就是蚩尤像。

到了明代，陆容《菽园杂记》言饕餮"性好水，故立桥头"，与杨慎《升庵外集》所言蚣蝮功能一致。杨慎所言饕餮，"好饮食，故立于鼎盖"，李东阳《怀麓堂集》所言龙子，则没有饕餮。

考古资料方面，作为一种图案化的兽面纹饰，饕餮纹的起源可追溯到广泛出现于良渚文化玉器上的神人兽面纹。关于神人兽面纹，笔者认为，不能简单地将其兽面与自然界中的某一种动物相对应，它很可能是良渚先民对虎、鸟（鸮）、鳄，以及狼、牛、猪、熊等动物面相的一种综合，而虎、鸟（鸮）、鳄、狼、牛、猪、熊等动物，都是龙的容合对象；神面纹显示的瞪目、大口、獠牙、利爪等形象特点，说明这样的综合与龙的容合是一致的。因此，可将各种各样的神人兽面纹都统称为"神人龙面纹"或"龙面纹"。也许正是因为兽面纹即龙面纹，后人将饕餮归入龙子系列也就顺理成章了。

饕餮纹在商周青铜器上多有呈现。如属于西周早期、现藏于上海博物馆的中国国宝级青铜器——饕餮纹（也称兽面纹）德方鼎。明代的饕餮纹器物留存于世者较多，这些器物上的饕餮纹往往在继承商周以来饕餮纹特点的基础上有所创新，如陕西历史博物馆藏明代景德镇窑斗彩饕餮纹鼎，该鼎为长方形，以"斗彩"（将釉下青花纹饰与釉上彩相结合）的制瓷装饰工艺烧制而成，色调对比鲜明，凝重而华丽，鼎腹四角及每面正中均有一道扉棱，扉棱两侧绘有饕餮纹，该纹减弱了商周饕餮纹威猛狞厉的成分，增添了祥和喜悦的成分。

（6）睚眦。睚眦好腥杀，常被雕饰在刀柄剑鞘上，其本意是怒目而视，所谓"一饭之德必偿，睚眦之怨必报"（《史记·范雎蔡泽列传》）。报则不免腥杀，这样，这位龙子出现在刀柄剑鞘上也就很自然了。除刀柄剑鞘外，其他兵器也常以睚眦形象装饰，通常是让兵器之身从睚眦口（如刀、剑柄的吞口）中穿出，称为"龙吞口"，睚眦的这种形象有威慑敌方的功用。由此引申，睚眦也就有了克煞辟邪的功用，民间也有悬挂饰有睚眦形象的刀剑以辟邪的情形。

"睚眦"一词出现得比较早。《战国策·韩傀相韩章》："夫贤者以感忿睚眦之意，而亲信穷僻之人，而政独安可嘿然而止乎？"《汉书·盖诸葛刘郑孙毋将何传》："我与稚季幸同土壤，素无睚眦。"《文选李注义疏》注："《广雅》曰：睚眦，裂也；《说文》曰：眦，目匡也；《淮南子》曰：瞋目裂眦。"陆容《菽园杂记》里没有睚眦，而有"形似兽，鬼头，性好腥，故用于刀柄上"的蟋蜴，功能与睚眦同；李东阳《怀麓堂集》里有睚眦，言其"平生好杀，今刀柄上龙吞口是其遗像"；杨慎《升庵外集》里言睚眦"性好杀，故立于刀环"。

考古资料方面，河南洛阳曾出土一件属于西周时期的龙纹柄玉刀，该刀蛋白色，体扁长，柄作夔龙形。此玉刀证明，西周时期兵器上已有龙的形象出现。大英博物馆藏有中国汉代的欂具剑一把，该剑剑鞘上有镂雕的盘龙形象。《汉书·隽疏于薛平彭传》："不疑冠进贤冠，带欂具剑，佩环玦，褒衣博带，盛服至门上谒。"应劭注曰："欂具，木摽首之剑，欂落壮大也。"晋灼注曰："古长剑首以玉作井鹿卢形，上刻木作山形，如莲花初生未敷时。今大剑木首，其状似此。"

一些民间藏家收藏有属于明代的、有睚眦（龙吞口）的刀、剑等兵器。如《谈古说兵——中国古代兵器赏谈》（秦川、贾红东编著，机械工业出版社，2019）一书所介绍的铜浮雕龙吞口佩刀，就属此类。

（7）囚牛。囚牛形为有鳞角的黄色小龙，好音乐。这位堪称音乐"发烧友"的龙子，不单立在汉族的胡琴上，彝族的龙头月琴、白族的三弦琴以及藏族的一些乐器上，也有其扬头张口的形象。

陆容《菽园杂记》、杨慎《升庵外集》均无囚牛的记述，李东阳《怀麓堂集》言"囚牛龙种，平生好音乐，今胡琴头上刻兽，是其遗像"，明代学人陈洪谟在其著《治世余闻》中亦言："囚牛，龙种，性好音乐。"

和其他龙子相比，囚牛离艺术最近，而且不嗜腥杀，不逞凶斗狠，性情比较温顺。这或许是囚牛得名的原因：作为家畜的牛，性情相对来说是比较温顺的。

贾嫚在其《胡琴源流新考》一文中指出："'胡琴'称谓在唐代已经出现，初期包含了从丝绸之路传到中原的诸多胡乐器，其中多指称琵琶，后逐渐专指马尾胡琴。马尾胡琴由北方游牧民族传入中原，在传播过程中逐渐汉化，发展衍生出种类繁多、普及面极广的马尾拉弦乐器，至深至远地影响着中国音乐的发展。""唐宋时所称之'胡琴'，一般带有广义的性质，有时又专指胡乐中的琵琶等弹弦乐器。而近现代的拉弦乐器所称'胡琴'，可以说是狭义的、专指弓擦拉弦的胡琴。这种弓擦拉弦的胡琴，最早起源于11世纪游牧民族党项人于西北所建立的西夏，宋人沈括名之为'马尾胡琴'。它的出现，是拉弦乐器在中亚、东亚传播兴起的结果，是西夏国立国安邦、标新立异的产物……是中西文化交流的象征。"[①]

看来，西夏人是拉奏乐器"胡琴"的创制者。那么，龙子囚牛是什么时候跑到"胡琴"上的呢？《元史·顺帝本纪》："时帝怠于政事，荒于游宴……所奏乐用龙笛、头管、小鼓、筝、篥、琵琶、笙、胡琴、响板、拍板。"《元史·礼乐志》："胡琴，制如火不思，卷颈，龙首，二弦，用弓捩之，弓之弦以马尾。"由此可见，至迟在元朝立国之后，胡琴上就有了"龙首"，即龙子囚牛。

甘肃瓜州榆林窟10窟为西夏桓宗时期所建，其窟顶西坡绘一飞天伎，手持胡琴，该胡琴卷颈、翘首，形象接近"龙首"。

（8）狻猊。狻猊又称金猊、灵猊，狻猊本是狮子的别名，所以其形如

[①] 贾嫚：《胡琴源流新考》，《音乐研究》2019年第3期。

狮，好烟火，又好坐。庙中佛座及香炉上能见其风采。

中国本土不产狮子。中国的狮子是汉代开始，由西域相关国家进献而来的。当时称"师子"，未加"反犬"旁。东汉荀悦《汉纪·孝武皇帝纪》："乌弋国，去长安万五千三百里，出师子、犀牛。"《穆天子传》："名兽使足走千里，狻猊、野马走五百里。"郭璞注："狻猊，师子，亦食虎豹。"《尔雅·释兽》："狻麑，如虦猫，食虎豹。"郭璞注："即师子也，出西域。汉顺帝时，疏勒王来献犎牛及师子。"

狮子是大型猫科动物，雄狮鬃毛发达，相貌威风。狮子与佛教有特殊的关系，相传释迦牟尼出生时，"自行七步，举其右手而狮子吼云：'我于一切天人之中，最尊、最胜！'"（《过去现在因果经》卷一）由此，"狮子吼"成为佛菩萨说法时神威巨大，能够震慑一切外道邪说的喻词。之后，佛教一些高僧说法，也被形容为"狮子吼"。所谓："与师相见便谈空，想得高斋狮子吼"（唐刘禹锡《送鸿举师游江南》）、"天花娉婷下如雨，狻猊座上师子语"（唐贯休《送颢雅禅师》）、"寂子说禅如师子吼，惊散狐狼野干之属"（宋普济《五灯会元》卷九）。随之，狮子逐渐演变成佛菩萨的坐骑、护法兽等，甚至成为佛教具有代表性的象征物之一。

时至明代，狮子就以"狻猊""金猊""灵猊"等名称，以勇猛无畏的品质、威风八面的形象、辟邪驱祟的功能，被容合性强大的中华龙文化纳入龙子系列。陆容《菽园杂记》言"金猊，其形似狮，性好火烟，故立于香炉盖上"，李东阳《怀麓堂集》言"狻猊平生好坐，今佛座狮子是其遗像"，杨慎《升庵外集》言"金猊，形似狮，性好烟，故立于香炉"。

考古资料方面，目前存世年代较早的"狻猊炉"，即立、坐于香炉盖上的香炉，是属于五代时期，现藏福建省博物馆的一件五代闽国铜鎏金王延翰狮子炉。该炉通高40.1厘米，口径21厘米，由盖、身两部分组成。炉盖作盉状，与炉口沿凸唇相扣合，蹲狮钮，狮口与器内相通，便于烟香外熏。炉的宽折沿平面，环刻有时任朝廷盐铁出使巡官等职务的王延翰，铸造此炉"舍入保福院，永充供养"等铭文。还有浙江省博物馆收藏、属南宋早期的越窑青釉莲花狻猊炉。该炉由炉座、炉盖两部分组成，炉座为四层仰莲式，莲蓬为炉盖，盖顶坐张口吐舌之狻猊，炉烟自口中出。宋徐兢所著《宣和奉使高丽图经》,言其时流行的狻猊炉"狻猊出香亦翡色也,上有蹲兽,下有仰莲以承之",此炉与徐兢之说相吻合。

属于明代的狻猊炉比较多。如江苏如皋出土、现藏南通博物苑的洪武卵白釉印花狻猊炉,高19.2厘米,镂空绣球为出烟孔,狻猊作扭头蹲坐状,左前肢抚在绣球上。还有湖南省博物馆藏双龙耳龙凤纹狻猊炉,通高36.2厘米,盖为张口戏绣球的狻猊造型,香气从镂空处散发;两耳为三爪蟠龙,龙作回首弓身、张口长啸状,腹部饰有一龙一凤,龙凤都有戏珠一枚,龙为四爪,脚踩祥云,凤亦有祥云装饰周身,凤翼微张作飞翔状,三个炉足为鬃毛散张的狮头,三个足底分别铸有"正""德""年"三字。

(9)椒图。陆容《菽园杂记》言"椒图,其形似螺蛳,性好闭口,故立于门上",李东阳《怀麓堂集》未提"椒图",杨慎《升庵外集》言"椒图,形似螺蚌,性好闭,故立于门铺首"。按杨慎所言,与"椒图"相关的元素有二:螺蚌、铺首。

螺蚌,即螺与蚌,亦泛指有贝壳的软体动物。螺和蚌遇到外物侵犯,总是将壳口紧合,所谓"性好闭"。人们将其用于门上,大概就是取其可紧闭之意,以求安全。然而,将螺或蚌的形象置于门上,似乎并不美观,起不到装饰作用。事实上,古代门扉上的装饰物,其形象似未见有如螺蚌者。言"椒图形似螺蚌"并不准确,不是"形似螺蚌",而是"口闭如螺蚌"或"性取螺蚌"。《后汉书·礼仪志》:"殷人水德,以螺首,慎其闭塞,使如螺也。周人木德,以桃为更,言气相更也。汉兼用之,故以五月五日,朱索五色印为门户饰,以难止恶气。"后世人在讨论古代门饰时,多引用这段话。笔者认为,"使如螺也"是理解这段话的关键,也就是说,用的只是螺好闭的习性而已。

北宋高承《事物纪原》卷八《铺首》载:"《后汉书·礼仪志》曰:施门户,代以所尚为饰。商人水德,以螺首,慎其闭塞,使如螺也。《百家书》曰:公输般见水蠡,谓之曰:'开汝头,见汝形。'蠡适出头,般以足画之,蠡引闭其户,终不可开。因效之设于门户,欲使闭藏当如此固密也。二说不同。《通俗文》曰:门扇饰,谓之铺首也。"蠡,这里指贝类生物。《旧唐书·音乐志二》:"贝,蠡也。"公输般即中国木匠的鼻祖鲁班。按

《百家书》所讲，鲁班受到螺蚌等贝类生物善于闭口习性的启发，在造门的时候效法这样的习性，使门具有了"闭藏""固密"的功能。显然，鲁班并没有将门饰做成蠡即螺蚌等贝类生物之形状。至于《通俗文》言"门扇饰，谓之铺首"就很清楚了：门上的主要装饰就是传统的铺首，与螺蚌等贝类生物善于闭口的习性有关，但形象上关系不大。

铺首是中国传统的建筑门饰，其用意、功能在于借神物之威灵，驱妖辟邪，护宅求福。作为门扉上的环形兽面饰物，铺首的形状可追溯到距今五千多年的良渚文化神人兽面纹，和距今三千多年的夏、商、周青铜器上的饕餮纹。我们前面讨论过，兽面纹、饕餮纹实质上都是龙面纹，故总体上可以说，铺首实质上是龙首。

汉代已出现铺首的名称。《汉书·哀帝纪》："孝元庙殿门铜龟蛇铺首鸣。"唐颜师古注："门之铺首，所以衔环者也。"因装饰在门上，一般还要"衔环"，以便叩门有响，故现实中的铺首，其材质以金属，尤以铜、铁居多。广西合浦县北插江盐堆一号汉墓、广东徐闻县二桥那涧闸东坡汉墓等都有汉代铜铺首出土。

既然门上的传统装饰主要是铺首，而铺首实质上是龙首，铺首兽面纹实质上是龙面纹，那么，椒图指的是什么呢？"椒图"一词，《明史》中没有，也未发现明代以前的文献中有。也就是说，"椒图"作为词汇，是明代才出现，并被陆容、杨慎等写入其著述的。"椒"，本意是指作为芸香科植物、落叶灌木或小乔木的花椒。花椒的果实为球形、暗红色。"图"，本意为画，即用线条、色彩描绘的事物的形象。"椒"与"图"合在一起，可理解为"椒的图"，即用线条和色彩描绘出来的椒，尤其是椒果的形象。椒果的形象是球形、暗红色、表面不平整的，而古代门上的装饰物铺首，稍远距离去看，大体上也是球形、暗红色、表面不平整的。这也许是明代人将门上的铺首称为"椒图"的原因。

古代门上的装饰物除了铺首，还有门钉，于是就有人将门钉与椒图相联系。宋代学人程大昌《演繁露》卷六《金铺》："《风俗通义》'门户辅首'。昔公输般见水中蠡引闭其户，终不可开，遂象之，立于门户。按，今门上排立而突起者，公输般所饰之蠡也。'《义训》曰：门饰金谓之铺，铺谓之鏂，鏂音欧，今俗谓之浮沤钉也。'按，此沤者，水上浮沤，状亦类蠡也。'"这段话说明，早在宋代，就有人将螺蚌等贝类生物即"水中蠡"，与门钉甚至铺首联系在一起，认为是一回事了。

那么，能否将门钉称为"椒图"？或者说，被陆容、杨慎等明代学人写入其著述的"椒图"，也有可能指的是门钉？门钉是宫殿、庙宇等大门上的圆头装饰物。我们说，椒图之称缘于球形的、暗红色的、表面不平整的椒果形象，而圆头装饰物与球形接近，也可以说看上去与椒果接近。据此，将门钉称作椒图也是有可能的。不过，门钉之于宫殿、庙宇等建筑物之大门，往往不是一个两个，而是数排几十个甚至上百个。那么，若将这几十个甚至上百个门钉都视作椒图，即都认为是龙子，就有泛化而不庄重之嫌。如此看来，明代人将门钉称作椒图的可能性不大，何况杨慎在《升庵外集》里，已言明椒图"立于门铺首"了。

（10）蚣蝮。陆容《菽园杂记》、李东阳《怀麓堂集》均没有蚣蝮，杨慎《升庵外集》言"蚣蝮，性好水，故立于桥柱"；李诩《戒庵老人漫笔》里有，蚣蝮名称上与"霸下"相混，功能上与赑屃（龟趺）相类。

对蚣蝮，笔者认同这样的定位：蚣蝮，传说中龙生九子之一，性喜水，被雕成桥柱、建筑上滴水的兽形。因蚣蝮两字都属于生僻字，一般字典、词典里找不到，就常被误写为蚣蝮。蚣蝮之得名，或许与其形态的发音有关：总是趴着向下。

民间为蚣蝮编了这样的传说：蚣蝮好水，喜食水妖，是最得龙王喜爱的儿子。很久以前，蚣蝮的祖先因为触犯天条，被贬下凡，压在巨大沉重的龟壳下看守运河。千年后，蚣蝮的祖先终于获得自由，脱离了龟壳。人们为了纪念、表彰蚣蝮家族护河有功，就按其模样雕成石像放在河边的石礅上；或在修桥时，置于桥头或桥身。说这样就能镇住水妖，防止洪水侵袭，保佑四方平安。又因蚣蝮嘴大腹阔，能吞水吐雨，故亦多将其用作建筑物的排水口。

民间为蚣蝮取了几个别名："水兽"——喜水本是龙的神性之一，作为龙子之一，蚣蝮尤其喜水，故名；"避水兽"——（使众生）躲开水患水害之兽；"辟水兽"——辟（驱除）水妖水怪之兽；"镇水兽"——镇服水妖水怪之兽；"吸水兽"——将多余的、泛滥的雨水吸走之兽；"分水兽"——能将洪水分流排泄之兽；"螭首""螭头"——螭为无角龙，螭首、螭头即龙头；"螭首散水"——能够排散雨水的龙头。不过，如果将螭、螭龙定义为无角龙，那么将蚣蝮称为"螭首""螭头"就不准确了，因为蚣蝮的头上有双角。

蚣蝮的形象，我们在古代的桥梁、建筑上常能看到。如河北邯郸市永年区明代重修的弘济桥上，就嵌有蚣蝮的石雕造型，其牛头鹿角、狮鼻虎睛，面向滏阳河水，张口露齿，耸肩伸爪。

北京市地安门以北、鼓楼以南，有座名为万宁桥的单孔汉白玉石拱桥，因地安门为皇城的后门，故该桥也称后门桥。始建于元代至元年间，明清两朝多次修葺。其桥东西石拱券上方各有一石雕蚣蝮。桥两侧石砌护岸，四边各有一只对视着桥孔的蚣蝮。桥西侧的蚣蝮，兽形，鹿角，鱼鳞，凸眸，阔口，头伸出岸沿，爪抓握花球，尾打弯下垂，作察看水势状，造型生动。

古代大型宫殿的台基上，大都砌嵌有用于排泄雨水的蚣蝮。如北京昌平天寿山南麓长陵祾恩殿台基上的汉白玉蚣蝮：伸头，撑足，努身，瞠目，翘唇，张口，露齿；下雨时，台基上的雨水会从其口中流淌而下。

通过以上梳理，笔者对"龙生九子"说有以下几点认识。

第一，龙子的入选、名称、排列顺序并不严格。陆容《菽园杂记》录了赑屃、螭吻、徒牢、宪章、饕餮、蟋蜴、蜥蛞、螭虎、金猊、椒图、蚍蜉、鳌鱼、兽吻、金吾等十四种，未称"龙生九子"，而称"古诸器物异名"。李东阳《怀麓堂集》所列为囚牛、睚眦、嘲风、蒲牢、狻猊、霸下、狴犴、赑屃、蚩吻九种。杨慎《升庵外集》列出赑屃、螭吻、蒲牢、狴犴、饕餮、蚣蝮、睚眦、金猊、椒图、金吾等十种。

第二，龙子的功能、职任说法不一。如言霸下，"平生好负重，今碑座兽是其遗像"（李东阳《怀麓堂集》），显然可与"形似龟，好负重"（杨慎《升庵外集》）的赑屃合并。又如陆容《菽园杂记》言"饕餮，性好水，故立桥头"，杨慎《升庵外集》则言"蚣蝮，性好水，故立于桥柱"。

第三，龙子之多，并不限于九位。除笔者已单列介绍的十位外，明人笔记里提到的，还有"平生好险，今殿角走兽是其遗像"的"嘲风"、"形似美人首，鱼尾，有两翼，其性通灵，不睡，故用巡警"的"金吾"、"其形似龙而小，性好立险"的"蚍蜉"、"其形似龙，性好风雨"的"蟒蛥"等。还有明人笔记没有提到、被后世人列入的"望天犼""貔貅"等。在中国传统文化用语中，"九"只是个概称，是多，甚至很多、极多的意思。所谓"凡一、二之所不能尽者，则约之三，以见其多；三之所不能尽者，则约之九，以见其极多"（汪中《述学·释三九上》）。

第四，"龙生九子"的出现，反映了龙文化的多样性、变衍性、实用性和工具性。上述龙子，当是龟、虎、狮、狼、豸、螺蚌、蜥蜴、壁虎、鸥鸟，不知名的海兽、怪兽等，进入了龙的容合过程的结果。尽管它们进入的时间有早有晚，进入的方式也不尽相同，但龙文化的多样性、变衍性、实用性和工具性由此可见一斑。

第五，"龙生九子"的实质是动物的人文化。"龙生九子"涉及的动物，除了龙的主要容合对象蛇、鳄、蜥、鱼、鲵、猪、鹿、熊、牛、马、鸟等外，还有龟、虎、狮、狼、豸、螺蚌等。这些动物中的某几种，如蛇、鱼、熊、虎、狼、鸟等，在远古的图腾时代，有可能成为某些部族的狭义图腾或广义图腾，以至于后图腾时代，人们依然忆念着、传承着、继续着对它们的神化、美化、祥瑞化，从而崇尚、喜爱。当然，动物们不一定非要成为狭义图腾或广义图腾，才被人们神化、美化、祥瑞化，从而崇尚、喜爱，一般动物，只要其所具备的某种或某些特性，对人们的生产、生活、生存产生了某种影响，也就有可能被人们神化、美化、祥瑞化，从而崇尚、喜爱。进入"龙生九子"取材对象的一些动物，有可能就是后一种情形。从哲学的角度考察，人们对动物的神化、美化、祥瑞化，从而崇尚、喜爱，其实质是"自然的人化"，或"人化自然"。也即生活在自然界中的动物，因其与人们的生产、生活、生存发生关系而被人们认识、重视，进而被人们以"人文"化之，既以自然界中的动物存在，也以人类社会的"动物"而存在。生活在自然界中的动物，具备源自本能的生物特性，当此动物被"人文"化之后，其生物特性就得到升华，就有了人文的意义。如"龙生九子"之鸥吻，就是对鱼的喜水的生物特性的人文化，狴犴就是对虎的威厉的生物特性的人文化，椒图就是对螺蚌的好闭口的生物特性的人文化。据此，可以说，"龙生九子"的实质是动物的人文化。笔者曾言龙的本质是中国人对宇宙自然力的感悟、认知和神化，动物的人文化和龙的本质相一致。

2. 谢肇淛、沈德符的"龙淫说"

明代博物学家、诗人谢肇淛在其所著《五杂俎》一书中，谈到了龙。他说："龙性最淫，故与牛交则生麟，与豕交则生象，与马交则生龙马，即妇人遇之，亦有为其所污者。岭南人有善致雨者，幕少女于空中，驱龙使起，龙见女即回翔欲合，其人复以法禁，使不得近，少焉，雨已沾足矣。"又言曰："盖龙性淫，无所不交，故种独多耳。"（《五杂俎》卷九《物部一》）

明代文学家沈德符所著《万历野获编》中，亦有类似的"龙淫"之说。其卷七《龙子》篇言："且龙极淫，遇牝必交，如得牛则生麟，得豕则生象，得马则生龙驹，得雉则结卵成蛟，最为大地灾害。其遗体石罅中，数十年后，始裂山飞出，移城郭，夷墟市，所杀不胜计。比入海，往往为大鱼所噬，即幸成龙，未几辄殒，非能如神龙、应龙之属，变化寿考也。又前代记述中，有感妇人而诞小龙者，若汉高祖之母，龙据其上，乃生赤帝。成炎刘不亿，抑更甚矣。"其又言："又龙生三子，一为吉吊，盖与鹿交，遗精而成，能壮阳治阴痿。"

据考，谢书撰成于万历四十二年（1614）前后，沈书首编二十卷成于万历三十四年（1606），续编十卷成于万历四十七年（1619），二书应属同时代著述。对谢、沈二人的"龙淫说"，笔者有三点看法：

第一，两作者不够严肃，其观点经不起推敲。如象，本是生存在自然界中的胎生哺乳动物，公象与母象结合后，孕生小象，这是人目可见的事实。两作者将象说成是龙与豕（即猪）交配后所生，没有事实依据。谢肇淛说"龙见女即回翔欲合"，沈德符说龙"得雉则结卵成蛟"，也都没有事实依据，应是信笔杜撰。

第二，两作者提出并渲染"龙性最淫""龙性淫，无所不交""龙极淫，遇牝必交"等，有指桑骂槐、影射帝王的嫌疑。现实中，封建帝王嫔妃最多，也只有他们有可能做到"遇牝必交"。明代是专制统治者对知识分子思想、言行控制比较严酷的朝代，两作者不敢直接对抗朝廷，便以龙说事，借龙发泄不满,情有可原。

第三,"龙淫说"的可取之处,在于说出了龙的"杂交"性质,尽管用的是贬损性语言。龙作为神物,是由自然界中多种动物和天象"多元容合"而得以展现其形态的,这"多元容合",从一定意义上讲,也可以说是"杂交"。不过龙的"多元容合"的"杂交"是"杂取多种,为我所用",而非谢、沈两作者所说的"遇牝必交"。

第九节　龙与清代文学

清朝是以满族为核心建立的中国历史上最后一个封建王朝。在思想文化方面,清统治者为了维护自己的统治,取得汉族地主的支持,确立儒家的正统地位,并将朱熹等人的思想发扬光大,使宋代理学成为清代官方哲学。同时通过编书,对一些违禁之书进行销毁,以达到控制社会思想之目的,尤其是大兴文字狱,打击面之宽、惩治之严厉,甚于历史上任何一个朝代。论及清代文学,其成就也是多方面的,诗、词、散文、小说、戏曲都取得了重要成就,尤以小说最引人注目,清代中期两部巨著——《儒林外史》和《红楼梦》,成为我国古典小说创作的高峰。

清入关之后,统治者汉化程度较高,能够很快适应传统的统治模式和文化心理。以龙为首的祥瑞象征文化属于汉传文化的重要组成部分,清统治者也全面接受龙文化,并有所发展,使"龙"在清代文学作品中有了多样化的表现。

一、清代诗中的龙

清代诗人多、流派多,创作的诗也多。清诗总集《清诗汇》(原名《晚晴簃诗汇》,生活在晚清至民国时期的徐世昌组织编纂),收诗人六千一百余家,诗二万七千余首。其中含"龙"诗句三千七百二十条,加上含有属于龙族的"蛟""螭""虬"的诗句，共四千七百零六条。这些含"龙"诗句涉及龙文化的各个方面。限于篇幅，本书只介绍、分析一下康熙皇帝和太平天国运动领袖洪秀全的"龙诗"。

1. 康熙皇帝《见龙行》

清圣祖爱新觉罗·玄烨是清朝第四位皇帝，清朝定都北京后第二位皇帝，年号康熙，寓意"安宁兴盛"。康熙皇帝将皇冠戴了六十一年，是中国历史上在位时间最长的皇帝。他主政期间，仁威并用，励精图治，为"康乾盛世"的形成奠定了基础，是"帝王龙"中的杰出者。

康熙皇帝一生作诗近千首，其中《见龙行（并序）》直接写龙，其序曰："四月三十日驻跸金山。是日申刻，无风雷，惟细雨一阵，既过，而西南现龙，横亘数十丈，宛转移时，遂入云端。问及土人，非起蛟也，名为龙见，以为祥瑞等语。朕亦不以为异，故援笔漫成《见龙行》，以示随侍。"诗曰："在田在天连二五，纯阳变化参吞吐。非如起蛟坏田庐，又非密雾伤园囿。云端前后发祥光，逶迤上下行有矩。而乘六龙以御天，不违施德普时雨。有亢有悔有亏盈，首出庶物用精明。大哉龙德从其类，发挥纯粹须经营。长江一派何泱漭，素波万里尽澄泓。象震凌云敦元气，日新顾諟玩无声。"

将此诗《序》与《清实录·康熙朝实录》相关记载参照可知，康熙四十四年（1705），康熙皇帝第五次南巡，曾于四月三十日驻跸金山（今江苏省镇江市西北）。这天的申刻（午后三四点钟），一阵细雨过后，住地的西南方向刮起了龙卷风。这龙卷风看上去有几十丈长，旋转着，移动着，一会儿竟升至云端。康熙皇帝询问当地人这是"起蛟"即发洪水吗？当地人回答这是"龙见"，即可视为祥瑞的神龙现身。康熙皇帝也就不觉得有什么异常，遂来灵感，提笔写成《见龙行》一诗，让随侍的臣僚们看。

康熙皇帝由眼前的"龙"想到了《周易》中的乾卦："九二，见龙在田，利见大人""九五，飞龙在天，利见大人"。龙既可"在田"，也可"在天"，"在田"和"在天"既将阳爻"九二"和阳爻"九五"连在一起，也表明"龙"在参与"纯阳"即"天"的"吞吐"变化。《周易正义》："此乾卦本以象天，天乃积诸阳气而成天，故此卦六爻皆阳画成卦也。……天者定体之名，'乾'者体用之称。故《说卦》云：'乾，健也。'……天以健为用者，运行不息，应化无穷，此天之自然之理。……于物象言之，则纯阳也，天也。于人事言之，则君也。"在康熙皇帝眼里，这"龙"是够得上"祥瑞"的：没有发洪水淹没庄稼民舍，也没有施放浓雾对果园菜地造成伤害。接近云端时发出祥光，拐来拐去却有规中矩。而《周易·乾》中讲到"六龙"："潜龙""见龙""跃龙""飞龙""亢龙""群龙"。《象传》在解释乾卦时说："大哉乾元！万物资始，乃统天。云行雨施，品物流形。大明终始，六位时成。时乘六龙以御天。"康熙皇帝继续用《周易·乾》之典，阐明"龙"的时态，和"不违施德普时雨"的神职功能。《周易·乾》言"上九，亢龙有悔"，《象传》解释说："亢龙有悔，盈不可久也。"龙飞得过高就会后悔，和盈满相连的是亏缺。《象传》言："首出庶物，万国咸宁。"《周易正义》："此二句论圣人上法乾德，生养万物。言圣人为君，在众物之上。……各置君长以领万国，故万国皆得宁也。"康熙皇帝将对《周易·乾》的理解和体悟与治国理政——"用精明"相联系："大哉龙德从其类，发挥纯粹须经营。"《易传·文言》："子曰：龙德而正中者也。"《易传·二三子问》："二三子问曰：《易》屡称于龙，龙之德何如？孔子曰：龙大矣。"故"龙德"即"正中"且"大"的君子之德、天子之德。要把这样的"龙德"发扬好、践行好，就要掌握其精髓，全力不懈地经营。如此这般，国事大政就会像长江一样广阔、清澈、深远。雷震之象凌云，敦厚大化元气，每天都遵天命、顾神祇，体会那其中蕴含的深邃的意味。

康熙皇帝这首诗，将眼目所见的自然之龙（龙卷风）和《周易·乾》之哲理之龙，与自己作为皇帝的帝王之龙联系起来，三"龙"合一且全篇用典，写得大气而意蕴深厚，说明康熙皇帝是善于、勤于学习和思考的，对龙文化和以龙为标志的中华传统文化是有深刻、独到的认知的。"不违施德普时雨"是《见龙行》中的重要句子，它体现的是神物要"福生"的思想，这样的思想和康熙皇帝秉持的勤政爱民的治国理念是一致的。

2. 洪秀全诗中的龙

洪秀全，太平天国运动领袖。咸丰元年（1851），洪秀全发动金田起义，建国号太平天国，自称天王，咸丰三年（1853）定都南京，称天京。同治三年（1864），洪秀全因天京危急而服毒自杀。此后不久，天京陷于清军，太平天国灭亡。

洪秀全在起义前后曾作"龙诗"多首，其中最有名的是《龙潜》（也称《定乾坤》），诗曰："龙潜海角恐惊天，暂且偷闲跃在渊。等待风云齐聚会，飞腾六合定乾坤。"清道光二十三年（1843），二十九岁的洪秀全到广州应试，落榜回家，于途中船上作了这首诗。"龙潜"典出《周易》第一卦乾卦的爻辞："初九，潜龙勿用。"意为阳气潜藏，龙蛇蛰伏。后世将其作为帝王未即位时的喻词。洪秀全的这首诗，至少表达出四层意思：在洪秀全的心目中，龙是帝王的象征；洪秀全抱负远大，青年时就有成就帝王之业的念头；洪秀全已认识到成就帝业并非易事，需吸引、团结同道，做必要的准备；龙具有非凡的影响力，成就大事不可不用。

据《太平天日》记载，道光二十四年（1844）九月初，洪秀全寓居高坑冲卢六家，听当地人说象州有一庙神很灵验，竟至拦着县官要龙袍，百姓不用猪牛祭他，便要为害。洪秀全一问庙神的来历，传说这个庙神曾打死自己的母亲。于是，洪秀全就和冯云山在九月十八日赶到象州，大书庙神十大罪，并题了一首《斥甘妖》在壁上。诗曰："题诗行檄斥甘妖，该灭该诛罪不饶。打死母亲干国法，欺瞒上帝犯天条。迷缠男妇雷当劈，害累世人火定烧。作速潜藏归地狱，腥身岂得挂龙袍？"[①]此诗除反映了洪秀全为民除恶的正义感、尊"上帝"斥俗神的指向外，还流露出对"龙袍"尊敬、向往的态度。龙袍是帝王穿的服装，象州的庙神拦着县官要龙袍，说明这个庙神有野心且狂妄；洪秀全认为庙神是"妖"，根本没有资格"挂龙袍"。那么，谁有资格"挂龙袍"呢？诗中虽未言明，但意思已经有了。

洪秀全还作了一首《述志》，诗曰："手握乾坤杀伐权，斩邪留正解民悬。眼通西北江山外，声震东南日月边。展爪似嫌云路小，腾身何怕汉程偏。风雷鼓舞三千浪，易象飞龙定在天。"此诗创作时间比《龙潜》诗要晚，其时洪秀全已将"乾坤杀伐权"握于手中，且已"声震东南"，而他

[①] 中国史学会主编，王重民、王会庵、田余庆等编《中国近代史资料丛刊·太平天国（一、二册）》，上海人民出版社，1957，第648—649页。

的理想是"斩邪留正解民悬""易象飞龙定在天"。《周易》乾卦爻辞言"九五,飞龙在天,利见大人",洪秀全用此典,表达了意在"九五"之位,以安定天下的志向,同时也显示出其人其时对"龙"的认知和向往。

与《述志》类同的还有一首《吟剑》诗。洪秀全写道:"手持三尺定山河,四海为家共饮和。擒尽妖邪归地网,收残奸宄落天罗。东西南北敦皇极,日月星辰奏凯歌。虎啸龙吟光世界,太平一统乐如何。""虎啸龙吟"也作"龙吟虎啸",典出汉张衡《归田赋》:"尔乃龙吟方泽,虎啸山丘。"表面意思是像龙在吟,像虎在啸,深层意思是如龙似虎的人物有了发迹的机会和条件。诗中的"龙",依然处于被尊重的地位。

洪秀全在其人生的早期和革命思想萌发阶段,对龙是尊敬和向往的。到了金田起义前后,他对龙的态度发生了改变。他曾作《龙母庙毁偶像作》一首:"这等断非神,愚顽何作真?太平天子到,提醒世间人。"从诗中可以看出,在已成为"太平天子"的洪秀全心目中,"龙母"已不是什么神灵,故对其偶像,完全可以毁掉。洪秀全还斥龙为"妖",将截获的服饰、器物上的龙称为"妖龙",规定对其必须做"射眼"(即用双箭插其双目)的处置后,才能使用。

为什么对龙如此愤恨呢?"原来,洪秀全只信天父上帝,不信其他一切邪神。他称天父名耶火华,圣母名水灵。天父生有三个儿子,长子是耶稣,次子便是洪秀全自己。洪秀全是受天父之命下界转世救度众生的。而'龙'也好,'阎王'也好,都是邪神,特别是清廷称龙子龙孙,更应斩邪留正。凡见到龙形饰物,都要用箭插在龙的双眼上。"[①]

洪秀全等太平天国的领袖,在称王、封王后,尤其是打下南京后,对龙的态度又发生了一百八十度的大转弯,不再斥龙为"妖",变成视龙为"宝"了。据记载,一天,东王杨秀清等人到天王府拜见天王洪秀全。杨秀清说:"吾等从天王府朝门进来,跨五龙桥,入龙凤门,今登这金龙大殿,见四处皆是祥云游龙,想这妖龙已不须用箭插眼了。"又问:"兄向谓龙是妖,今造金龙殿,岂不是用妖么?"洪秀全答:"我在高天见天父有金龙殿,故我亦造金龙殿。天父的龙是宝贝龙,朕的龙也是宝贝龙,天京城

---

① 焦洁著文、杨小民绘画《洪秀全与天王府》,南京出版社,2001,第6页。

内都是宝贝龙，龙目自是不用插箭了。"众人闻言，欢喜而去，各自回府造龙。①

洪秀全曾借"天兄"之口，对杨秀清讲："金龙之龙是大宝也，非妖也。"他还给众王说："宝贝龙既是天父所爱，众爱卿不妨同使、同用。"于是，天朝的金印、玉玺上刻龙纹；天王戴的皇冠上绣"双龙双凤"图案，朝服上绣九龙图案。还大修金龙殿，其墙壁、梁柱、井栏、台阶、门槛、椅床，皆刻龙绘龙；并铸纪念币性质的二龙抢珠纹大铜钱。其他诸王也"有龙同使"，东王头戴双龙单凤，北王、翼王亦是双龙。朝服上，东王八龙，北王七龙，翼王六龙，燕王、豫王均为五龙，侯、丞相四龙。诸王在各自王府亦随处造龙。天京城内，顿时遍地游龙。②

由尊龙、斥龙到用龙、比龙，反映了洪秀全等人的复杂心理：一开始便做着"龙梦"即帝王之梦，于是尊敬龙、向往龙；起事前后，因对立面——清朝帝王尊龙、称龙、用龙而贬龙斥龙；后来又觉得龙自古以来都是帝王和尊贵的象征，不是"清妖"的专利，现在"天朝"已经建立，也应尊龙、称龙、用龙了。

对太平天国而言，尊龙、称龙、用龙固然没有什么不可，但可悲的是，他们或许压根就没有认识到，历史的文化的局限，也使他们不可能更多地吸取中华龙所具备的容合、福生、谐天、奋进等积极的精神内涵，他们看重的仅仅是龙象征帝王的尊贵威严、豪华富丽、张牙舞爪、耀武扬威。于是，骄浮之龙在天国领袖们的宫殿、冠服、器具上盘旋飞舞，使人们依稀看到"天朝"后期的内讧、分裂、腐化、败亡竟是一种必然。

二、清代小说中的龙

我们以《红楼梦》《聊斋志异》为例，对清代小说中的"龙"做一简要梳理、分析。

1.《红楼梦》中的龙

《红楼梦》又名《石头记》，清代章回体长篇小说，中国古典四大名

---

① 焦洁著文、杨小民绘画《洪秀全与天王府》，南京出版社，2001，第6页。
② 同上书，第68页。

著之一。小说共一百二十回，前八十回为曹雪芹作，后四十回由高鹗续作。小说以贾、史、王、薛四大家族的兴衰为背景，以贾府的家庭琐事、闺阁闲情为脉络，以贾宝玉、林黛玉爱情故事为主线，通过对贾府内外种种社会关系、形形色色的人物的描写，展现了广阔的社会生活场景，深刻揭示了帝制社会末世的危机以及贵族制度的腐朽与没落。

"龙"在《红楼梦》中出现了六十三次，其指称、喻比、象征、修饰的物象、意象可归为以下十二类。

（1）纹饰、雕塑、建筑。如："进入堂屋中，抬头迎面先看见一个赤金九龙青地大匾……大紫檀雕螭案上，设着三尺来高青绿古铜鼎，悬着待漏随朝墨龙大画。""头上戴着束发嵌宝紫金冠，齐眉勒着二龙戏珠金抹额。"（第三回）"把这四样水调匀，和了药，再加十二钱蜂蜜，十二钱白糖，丸了龙眼大的丸子，盛在旧瓷坛里，埋在花根底下。"（第七回）

（2）帝王。"话说贾妃回宫，次日见驾谢恩，并回奏归省之事，龙颜甚悦。"（第十九回）

（3）身体衰老，行动不灵便者。如："想着走入，只有一个龙钟老僧在那里煮粥。"（第二回）

（4）神物。如："东海缺少白玉床，龙王来请金陵王。"（第四回）"薛姨妈道：'你要有这个横劲，那龙也下蛋了。'"（第三十五回）

（5）人才。"水溶见他语言清楚，谈吐有致，一面又向贾政笑道：'令郎真乃龙驹凤雏……'"（第十五回）"现在人多手乱，鱼龙混杂，倒是这么一来，你们也洗洗清。"（第九十四回）

（6）男色。如："薛蟠……便知有一家学，学中广有青年子弟，不免偶动了龙阳之兴。"（第九回）

（7）官职名、人名。如："秦可卿死封龙禁尉　王熙凤协理宁国府"（第十三回）"别无点缀，全仿李龙眠白描笔意，上有'斗寒图'三字。"（第八十九回）

（8）龙的某种容合对象。如："顺着脚一径来至一个院门前，只见凤尾森森，龙吟细细。"（第二十六回）"只见湘云起来道：'龙斗阵云销，野岸回孤棹。'"（第五十回）"只见上面写着：'大鹿三十只……

龙猪二十个……'"（第五十三回）"蛟龙失水似枯鱼，两地情怀感索居。"（第九十回）"见贾政同司员登记物件，一人报说：'赤金首饰共一百二十三件……海龙十六张……'"（第一百零五回）

（9）爆竹名。如："外面一色一色的放了又放，又有许多的满天星、九龙入云、一声雷、飞天十响之类的零碎小爆竹。"（第五十四回）

（10）茶名。如："黛玉微微的一笑，因叫紫鹃：'把我的龙井茶给二爷沏一碗。'"（第八十二回）

（11）皇妃。如："凤姐正要站起来回奏，只见一个宫女传进许多职名，请娘娘龙目。"（第八十三回）

（12）棋子、乐器部件。如："一时也难会难记，独看到'八龙走马'，觉得甚有意思。"（第八十七回）"虽不是焦尾枯桐，这鹤山凤尾还配得齐整，龙池雁足高下还相宜。"（第八十九回）

通过梳理可以看出：

第一，"龙"在《红楼梦》中指称、喻比、象征、修饰的物象、意象，以龙的纹饰、雕塑、建筑为多。除上面举例外，又如"只见正面现出一座玉石牌坊来，上面龙蟠螭护，玲珑凿就"（第十七回）、"园内各处，帐舞蟠龙，帘飞彩凤""一对对龙旌凤翣，雉羽夔头，又有销金提炉焚着御香""只见清流一带，势如游龙"（第十八回）、"抱厦前上面悬一九龙金匾""五间正殿前悬一闹龙填青匾""设着大红彩绣云龙捧寿的靠背引枕"（第五十三回），等等。出现这种情况的原因，当与《红楼梦》着力展现清代世俗生活有关，也说明龙文化具有广渗性、民间性。

第二，以"龙"指称、喻比神物和杰出人物也比较多一些，这当然是在继承传统了。值得注意的是，以"龙"喻称皇妃，所谓"请娘娘龙目"（第八十三回），在《红楼梦》之前的文学作品中尚无先例。

第三，运用精细、准确、生动的细节描写刻画人物，是《红楼梦》的艺术特色之一，这一特色也体现在小说的涉"龙"语句中。如"一面看宝玉头上戴着累丝嵌宝紫金冠，额上勒着二龙抢珠金抹额"（第八回）、"话说宝玉举目见北静王水溶头上戴着洁白簪缨银翅王帽，穿着江牙海水五爪坐龙白蟒袍……见宝玉戴着束发银冠，勒着双龙出海抹额"（第十五回）、"只见妙玉亲自捧了一个海棠花式雕漆填金云龙献寿的小茶盘"（第四十一回），等等，"额上勒着二龙抢珠金抹额""勒着双龙出海抹额"，意在刻画宝玉"诗礼簪缨之族"的出身；"穿着江牙海水五爪坐龙白蟒袍"显示了北静王的高贵身份："五爪坐龙"代表王族，"白蟒"喻指"贵而用事者"；"捧了一个海棠花式雕漆填金云龙献寿的小茶盘"则与妙玉高雅的品位、从容自若的神态相切合。

2.《聊斋志异》中的龙

《聊斋志异》是清代著名小说家蒲松龄创作的文言短篇小说集，作品题材广泛，内容丰富，成功塑造了众多艺术典型，人物形象鲜明生动，故事情节曲折离奇，结构布局严谨巧妙，文笔简练，描写细腻，堪称文言短篇小说的巅峰之作。《聊斋志异》中"龙"字出现一百五十二处，这些"龙"指称、喻比、象征、修饰的物象、意象可归为十类。

（1）神物。如："从此隐身大谷，必且为神龙。笥中何可以久居也！"（《蛇人》）"俄见二龙夭矫，驾缦车来。尾一掉如鸣牛鞭。"（《雷曹》）"仰见龙君在上，世子启奏……""乃悟龙女'守义'之言，盖已先知也。"（《罗刹海市》）

（2）龙的容合对象。如："龙吠奸而为奸。"（《犬奸》）句中"龙"有多解，读máng，意为"毛多而长的狗"；"杂色"；读méng，与"茸"组词"龙茸"，意为"蓬松"；亦读páng，古通"庞"，高大之谓；读lóng，同"龙"。此处意指"多毛的狗"。狗是龙的容合对象之一。"猪婆龙，产于西江，形似龙而短，能横飞，常出沿江岸扑食鹅鸭。……世食婆龙肉，他族不敢食也。"（《猪婆龙》）此谓"猪婆龙"，即扬子鳄。"众见龙垂云际，鳞甲张动，爪中抟一人头，须眉毕见；移时，入云而没。"（《龙》）此段所言"龙"，当为云。"临蓐，一昼夜不能产。视之，见龙首，一见辄缩去。"（《产龙》）句中所言"龙首"，当为怪胎的头部。"天忽雨，雷电绕豪家，霹雳大作，龙下攫豪首去。"（《博兴女》）句中所言"龙"，当为闪电。

（3）身体衰老，行动不灵便者。如："又一媪衣黯绯，插蓬沓，鲐背龙钟，偶语月下。"（《聂小倩》）"太史时年七旬，龙钟颇甚，忽觉筋力

溢于肤革……"(《白于玉》)

（4）山水、地方、建筑。如："王公筠仓，莅任楚中，拟登龙虎山谒天师。"（《雹神》）"此去为毒龙国，向卧眉非路。"（《夜叉国》）"设黄龙府潮水忽至，何以御之？"（《黄九郎》）"道士曰：'此龙宫蓄水器也。'"（《余德》）"源自老龙津以达南海，每由此入粤。"（《老龙船户》）

（5）姓名字号、官职、帮会。如："江西孟龙潭与朱孝廉客都中。"（《画壁》）"乡民李化龙，自山中窜归。"（《野狗》）"马骥字龙媒，贾人子，美丰姿，少倜傥，喜歌舞。"（《罗刹海市》）"上帝以我有功人世，策为'四渎牧龙君'。"（《水莽草》）"有龙图学士包拯上疏，其略曰……"（《续黄粱》）"凡镜中文武贵官，皆如来佛注定龙华会中人。"（《白莲教》）

（6）英雄、人杰。"我非妄意攀龙，所以故，实为卿耳。"（《小二》）"攀龙"原指追随皇帝，这里意谓投奔明末农民起义军首领徐鸿儒，参与造反，以求成功后博取富贵。"但南阳三葛，君得其龙，区区者又何足道！"（《凤仙》）

（7）骏马、车舆、舟船。如："少间，白至，乘骏马如龙。"（《白于玉》）"殷亦大声呼：'殷老爷独龙车何在？'"（《颠道人》）"旋见龙舆止于庭中，乃以玉脂合赠刘作别。"（《甄后》）"五月五日，吴越有斗龙舟之戏：刳木为龙，绘鳞甲，饰以金碧；上为雕甍朱槛，帆旌皆以锦绣。舟末为龙尾高丈余，以布索引木板下垂。"（《晚霞》）

（8）笔墨、香料、药品、音乐。如："授以水晶之砚，龙鬣之毫，纸光似雪，墨气如兰。"（《罗刹海市》）"乃赐八尺珊瑚一株，龙脑香一帖。"（《罗刹海市》）"若得宫中龙角胶，可以续骨节而生肌肤，惜不早购之也。"（《晚霞》）"苗不可复忍，遽效作龙吟，山谷响应；又起俯仰作狮子舞。"（《苗生》）

（9）纹饰。如："因以对众自照，则冕旒龙衮，俨然王者。"（《白莲教》）"见墙上贴巨符，画蜿蜒如龙。"（《金陵乙》）

（10）帝王。如："事近怪诞，治之未为不可；而祖龙之虐，不已惨

乎！"（《书痴》）"令弟从长，奕世近龙光，貂珥曾参于画室；舍妹夫人，十年陪凤辇，霓裳遂仙于朝霞。"（《爱才》）

通过以上梳理，我们可以发现：

第一，蒲松龄是中国古代写龙最多的作家，《聊斋志异》中篇名含"龙"者就有《龙》《蛰龙》《猪婆龙》《疲龙》《龙肉》《产龙》《龙无目》《龙取水》《龙戏蛛》《老龙船户》《龙飞相公》等十二篇。[①]

第二，其"龙"指称、喻比、表达、修饰的内容以"神物"为多。除上面举例外，尚有"妾从龙君得长生诀，愿与郎共之"（《西湖主》）、"蝉壳鹭滩，喜骊龙之方睡"（《马介甫》）、"物莫不聚于所好，故叶公好龙，则真龙入室"（《鸽异》）、"少顷，诸客自空中来，所骑或龙、或虎、或鸾凤，不一类"（《仙人岛》）、"道士笑曰：'此物殊风流，老龙何得荒淫！'"（《白秋练》）、"洞庭得遇龙女而仙，今臣醉戏一姬而死"（《织成》）等，这大概与蒲松龄的关注对象是流传在民间的奇异故事有关。

第三，描写生动细致、语言简练传神，是《聊斋志异》的艺术特色，说明作者既熟悉生活、观察深入细致，又具有高超的语言技巧。这样的特色，也体现在蒲氏笔下涉"龙"的段落、语句之中。如：

> 北直界有堕龙入村，其行重拙，入某绅家。……房生与友人登牛山，入寺游瞩。忽橡间一黄砖堕，上盘一小蛇，细裁如蚓。忽旋一周如指，又一周已如带。共惊，知为龙，群趋而下。方至山半，闻寺中霹雳一声，天上黑云如盖，一巨龙夭矫其中，移时而没。章丘小相公庄，有民妇适野，值大风，尘沙扑面。觉一目眯，如含麦芒，揉之吹之，迄不愈。启睑而审视之，睛固无恙，但有赤线蜿蜒于肉分。或曰："此蛰龙也。"妇忧惧待死。积三月余，天暴雨，忽巨霆一声，裂眦而去，妇无少损。（《龙》）

> 于陵曲银台公，读书楼上。值阴雨晦暝，见一小物有光如荧，蠕蠕而行，过处则黑如蚰迹，渐盘卷上，卷亦焦。意为龙，乃捧卷

[①] 据岳麓书社1988年版《聊斋志异》，其中篇名为《龙》者有二（卷二、附录各一篇）。下文所引《龙》《蛰龙》《疲龙》，亦引自此书。

送之至门外,持立良久,蠖曲不少动。公曰:"将无谓我不恭?"执卷返,仍置案上,冠带长揖送之。方至檐下,但见昂首乍伸,离卷横飞,其声嗤然,光一道如缕。数步外,回首向公,则头大于瓮,身数十围矣。又一折反,霹雳震惊,腾霄而去。回视所行处,盖曲曲自书笥中出焉。(《蛰龙》)

胶州王侍御出使琉球。舟行海中,忽自云际堕一巨龙,激水高数丈。龙半浮半沉,仰其首,以舟承颔;睛半含,嗒然若丧。阖舟大恐,停桡不敢少动。舟人曰:"此天上行雨之疲龙也。"王悬敕于上,焚香共祝之,移时悠然遂逝。舟方行,又一龙堕如前状。日凡三四。又逾日,舟人命多备白米,戒曰:"去清水潭不远矣。如有所见,但糁米于水,寂无哗。"俄至一处,水清澈底。下有群龙,五色,如盆如瓮,条条尽伏。有蜿蜒者,鳞鬣爪牙,历历可数。众神魂俱丧,闭息含眸,不惟不敢窥,并不能动。惟舟人握米自撒。(《疲龙》)

这几个段落中的"龙",形象上,或"细裁如蚓",或"赤线蜿蜒于肉分",或"有光如荧",或"五色,如盆如瓮,条条尽伏""有蜿蜒者,鳞鬣爪牙,历历可数";动作上,或"忽旋一周……又一周""移时而没",或"裂眦而去",或"蠕蠕而行""渐盘卷上""蠖曲不少动",或"昂首乍伸,离卷横飞""腾霄而去",或"激水高数丈""悠然遂逝"。皆如在目前,栩栩如生。

第十节 龙与现当代文学

中国现当代文学就性质上来说,是指用现代的语言和文学形式,表达现代中国人的思想情感、审美情趣的文学;在时限上是指1917年开始的新文化运动至新时期,包括了整个新民主主义和社会主义时期将近一百年的新文学。中国现代文学以1917年1月《新青年》第2卷第5号发表胡适《文学改良刍议》为开端,止于1949年7月第一次全国文艺工作者代表大会召开;中国当代文学是指中华人民共和国成立以后的中国文学。

现当代是中华民族、中华文化、中华文明再次走向兴盛的时期。从远古走来的龙,有了新的特点、新的意蕴、新的用途,在现当代文学中有多姿多彩的表现。鲁迅、闻一多、周作人、沈从文、巴金、柯灵、秦牧、贾平凹等不少作家都撰写、发表有与龙相关的作品。本书限于篇幅,仅选取鲁迅、周作人、沈从文、贾平凹的"龙文"予以简要介绍。

一、鲁迅《破恶声论》

鲁迅,原名周树人,字豫才,浙江绍兴人,现代文学家、思想家、革命家。鲁迅一生在文学创作、文学批评、思想研究、文学史研究、翻译、美术理论引进、基础科学介绍和古籍校勘与研究等多个领域具有重大贡献,是"五四"新文化运动的重要参与者,中国现代文学的奠基人。毛泽东曾评价说:"鲁迅的方向,就是中华民族新文化的方向。"

1908年12月,鲁迅以笔名"迅行",在日本东京出版的《河南》月刊第8期上发表《破恶声论》一文。该文"致力的是扫荡邪恶之声,荡涤打着科学文明幌子的'伪士'所提出的'恶声'(谬论),以唤起人民心灵的光辉。这些'伪士',以所谓的科学之名,不顾人民的精神需求,把流传悠久的民间文化风俗以及神话传说,不加分析地一概当作迷信,主张统统破除。鲁迅撕开了这种伪科学外衣,使人们看清了这些将人民的精神粮食当迷信来消灭的人,原来不过是奉了主子的旨意特来打制正统宗教的精神枷锁的奴才。这些奴才还是'崇侵略'的'兽性爱国之士'。当他国遭到践踏时,'则以冰寒之言嘲其陨落';而面对本国领土被分割,人民遭蹂躏之时,则'颂美侵略,暴俄强德,向往之如慕乐园'。这简直到了'兽性'崇拜的地步了"。[①]

在《破恶声论》中,鲁迅发表了对龙的看法:

[①] 《破恶声论·导读》,载《鲁迅文集(导读本)》第7卷,黑龙江人民出版社,1995,第15—16页。

夫神话之作，本于古民，睹天物之奇觚，则逞神思而施以人化，想出古异，诙诡可观，虽信之失当，而嘲之则大惑也。……乃有借口科学，怀疑于中国古然之神龙者，按其由来，实在拾外人之余唾。彼徒除利力而外，无蕴于中，见中国式微，则虽一石一华，亦加轻薄，于是吹索执剔，以动物学之定理，断神龙为必无。夫龙之为物，本吾古民神思所创造，例以动物学，则既自白其愚矣，而华土同人，贩此又何为者？抑国民有是，非特无足愧恧已也，神思美富，益可自扬。古则有印度希腊，近之则东欧与北欧诸邦，神话古传以至神物重言之丰，他国莫与并，而民性亦瑰奇渊雅，甲天下焉，吾未见其为世诟病也。惟不能自造神话神物，而贩诸殊方，则念古民神思之穷，有足愧尔。嗟乎，龙为国徽，而加之谤，旧物将不存于世矣！顾俄罗斯枳首之鹰，英吉利人立之兽，独不蒙垢者，则以国势异也。科学为之被，利力实其心，若尔人者，其可与庄语乎，直唾之耳。[①]

从鲁迅的这一论述，我们至少可以看到：第一，鲁迅认为龙是中国古人对世间物象经过神奇思考的创造，以科学为借口，将龙归入具体动物的行列，进行攻击和指责是愚蠢的、不可取的。第二，鲁迅认为龙是中国的国徽标志，可与俄罗斯国徽上双头鹰、英国国徽上站立的兽（狮子和独角兽）相类比。

二、周作人《龙是什么》

周作人，原名櫆寿，浙江绍兴人。现代散文家、文学理论家、评论家、翻译家，中国民俗学开拓人，新文化运动的杰出代表。

周作人撰有一篇《〈谈龙集〉〈谈虎集〉序》[②]，其中有两段涉"龙"文字：

近几年来所写的小文字，已经辑集的有《自己的园地》等

[①] 鲁迅：《破恶声论》，载《鲁迅文集（导读本）》第7卷，黑龙江人民出版社，1995，第22—23页。

[②] 本篇作于1927年11月8日，载当年11月《文学周报》第5卷第14期，署名周作人，收《谈龙集》。此处所引参看张菊香编《周作人代表作》，河南人民出版社，1989，第255—256页。

三册一百二十篇，又《艺术与生活》里二十篇，但此外散乱着的还有好些，今年暑假中发心来整理他一下，预备再编一本小册子出来。等到收集好了之后一看，虽然都是些零星小品，篇数总有一百五六十，觉得不能收在一册里头了，只得决心叫他们"分家"，将其中略略关涉文艺的四十四篇挑出，另编一集，叫作《谈龙集》；其余的一百十几篇留下，还是称作《谈虎集》。

　　书名为什么叫作谈虎与谈龙，这有什么意思呢？这个理由是很简单的。我们（严格地说应云我）喜谈文艺，实际上也只是乱谈一阵，有时候对于文艺本身还不曾明了。正如我们著《龙经》，画水墨龙，若问龙是怎样的一种东西，大家都没有看见过。据说从前有一位叶公很喜欢龙，弄得一屋子里尽是雕龙画龙，等得真龙下降，他反吓得面如土色，至今留下做人家的话柄。我恐怕自己也就是这样地可笑。但是这一点我是明白的，我所谈的压根儿就是假龙，不过姑妄谈之，并不想请他来下雨，或是得一块的龙涎香。有人想知道真龙的请去找豢龙氏去，我这里是找不到什么东西的。我就只会讲空话，现在又讲到虚无缥缈的龙，那么其空话之空自然更可想而知了。

　　周作人先生言，龙是虚无缥缈的，还以"叶公好龙"的典故为例据。对这个问题，笔者以为，虚与实是既对立又统一的一对范畴，没有虚就没有实，没有实也不会有虚。龙既是虚的又是实的，是虚与实的统一。说它虚，谁也没有见过真正生物意义上的活蹦乱跳的龙。说它实，一来它在自然界中有活生生的"模特儿"，即容合对象，如蛇、鳄、蜥、鱼、鲵、猪、鹿、熊、牛、马，以及雷电、云、虹、星宿、龙卷风，等等；二来还有作为文物、艺术品、标志物的龙，如辽宁、内蒙古出土的石龙、玉龙，陕西、甘肃出土的陶纹龙，河南、湖北出土的摆砌龙，以及我们今天到处可见的各种材质的雕龙、塑龙、绣龙、画龙、写龙等等。这些容合对象和文物、艺术品、标志物，都是实实在在的，可视可见的，甚至是可触可摸的。显然，有了那些容合对象之实，才有了神物之虚；有了神物之虚，才有了文物、艺术品、标志物之实。神物之虚，反映、体现、凝练、升华着容合对象之实；文物、艺术品、标志物之实，又反映、体现、承载、外化着神物之虚。这是一个逻辑的辩证的创造过程。这个过程是滚动发展的，不断升华的。龙既是实的，又是虚的，是虚实相生、以虚显实、以实示虚的。至于"叶公好龙"之"龙"，当然不会是作为神物的"龙"，而很可能是龙的"模特儿"之一——随着霹雳而显形的闪电，闪电具有龙的形状，是龙的重要的容合对象。

《龙是什么》是周作人先生创作于20世纪50年代初的一篇随笔。在这篇文章中，作者谈到了作为神物的龙，与作为神物龙取材对象的具体生物——鳄、蛇、蜥蜴等"爬虫"的关系和区别。他写道："龙是什么？现在来问这话，在中国不算什么特别的好奇，喜欢多管闲事，实在乃是很平常的也是很当然的，因为除了神话的龙以外，我们有好些物件使用这字，如船的龙骨，自来水的龙头等，还有人当作姓和名字用的。""这个回答，大概要有两个，因为这里问题有两面。回答甲是说：龙是中国古代的一种爬虫。回答乙是说：龙是神物，能兴云致雨，能隐身或现形，能随意变化大小。这包括中国向来对于龙的观念，虽然从现代科学知识看来，甲是合于常识的说法，我们现今可以接受，乙则是一种空想或迷信，但事实上两者在中国都是从来就有的。"

周先生将作为神物的龙说成是"一种空想或迷信"，这样的论断值得商榷。笔者认为，将龙定义为神物，既不是空想，也不是迷信。如果将"神"视为生活在地球上的、极其有限的人类永远不能掌控的宇宙力量，比如暗物质、暗物力的话，这"神"就是存在的。那么，中华先民以多元容合的方法发明、展现出来的龙，就是对人类永远不能掌控的宇宙力量，比如暗物质、暗物力的感悟、认知、形象化、神物化。

接下来，周作人引用并分析了《左传》《说文解字》《孟子》等古籍文献中对龙的种种描述，最后说："我们现在可以总结起来，中国的龙原来是实有的，是一种大的爬虫，是壁虎的一类，大概现在的科摩陀龙和它最相近，因此是可以蓄养的。但是说也奇怪，这样一件不很高级的生物，它在中国文化上却特别留下很大的影响。"

周先生这样的总结，在笔者看来，有不全面、欠准确之处：属于蜥蜴类（壁虎属于爬行纲、蜥蜴目、壁虎科；科摩陀龙，即科莫多巨蜥，又名科莫多龙，学名Varanus komodoensis，是已知现今存在种类中最大的蜥蜴）"爬虫"，可以说是龙的主要原型之一，而不能说成是唯一的原型。龙的容合对象是多元的，而非一元的，除鳄、蛇、蜥蜴类等爬虫外，还有不是爬虫的鱼、长毛的猪、鹿、熊、牛、马，以及雷电、云、虹、龙卷风等，也都是龙的容合对象。

至于龙为何"在中国文化上却特别留下很大的影响"的问题，这是一个复杂的问题，概括来讲，笔者认为，是需要使其然：中华民族、中华文化、中华文明在起源、发展、成型、繁荣、延续、再兴过程中，需要见证者、助力者、标志者、凝聚者、鼓舞者；也即中华民族的精神需要象征、文化需要标志、信仰需要载体、情感需要纽带，而龙就在中华民族上下五千年的发展过程中，在官方和民间共同的选择、推演、升华下，担当起了精神象征、文化标志、信仰载体、情感纽带的角色，这样的角色是历史形成的、不可取代的。

三、沈从文《龙凤艺术》

沈从文，湖南凤凰人，中国现代著名作家、历史文物研究专家。

1958年6月，沈从文撰写了《龙凤艺术》一文，发表于《装饰》杂志第1期。1960年，作家出版社出版沈从文的文史随笔集，《龙凤艺术》一文收入其中，该集子也以《龙凤艺术》为名。

在《龙凤艺术》一文中，沈从文首先指出："民族艺术图案中，人民最熟悉的，无过于龙凤图案。但专家学人中说到它时，最难搞清楚的，也无过于龙凤图案。因为龙的形象既由传说想象而成，反映到工艺美术造型设计中，又在不断发展变化，如仅仅抄几条孤立文献来印证，是不能解决问题的。"他还以宋代的龙纹为例，进一步说明："原来龙虽然是一种想象中的动物，但在历史发展中，却不断为艺术家丰富以新的形象。"

接着，沈从文就"龙凤并称"发表看法，他说："在人民印象中，历来虽龙凤并称，从古以来，且和封建政治紧密结合，龙凤形象成为封建装饰艺术的主题，同时也近于权威象征。但事实上两者却在历史发展中似同而实异，终于分道扬镳，各有千秋。""龙历来即代表一种权威或势力，中古以来的传说附会，更加强了它这一点，汉唐以来，由于方士和尚附会造作，龙的原始神性虽日减，新加的神性却日增。封王封侯，割据水府，称孤道寡，龙在封建社会制度上，因之占有一个特别地位。凤到这时却越来越少神性，可是另一面和诗文爱情形容相联系，因之在多数人民情感中，反而日益亲切。前者随时势推迁，封建结束，龙在历史上的尊严地位，也一下丧失无余。虽然在装饰艺术史中，龙还有个位置。现代造型艺术中，龙的图案也还在广泛使用。戏文中角色有身份的必穿龙袍，皇帝必坐龙床，国内外到北京参观，对建筑雕刻引起最大兴趣的，必然是明代遗留下来那座五彩琉璃作的九龙壁。木雕刻易留下深刻印象的，是故宫各殿中许多木刻云龙藻井。石刻中则殿前浮雕云龙升降的大阶阶，特别引人注目。春节中舞龙灯，也还是一个普遍流行热闹有趣节目。不过对于龙的迷信所形成的抽象尊严，早已经失去意义了。至于凤呢，却在人民情感中还是十分深厚而普遍。新的时代将依然在许多方面成为装饰艺术的主题，做各种不同反映。人民已不怕龙，却依旧欢喜凤。"沈从文还通过对甲骨文的观察，对龙和凤下了简明的定义。他说："甲骨文字上的龙凤，还无固定形式，但是基本上却已经可以看出龙是个因时屈伸的灵虫，凤是个华美长尾的灵禽。"[①]

沈从文的上述观点，对龙文化研究做出了贡献：第一，强调龙的形象是想象而成的，又是不断发展、丰富的。第二，指出帝制被推翻后，龙的迷信与尊严已失去意义，人民已不怕龙。第三，较早地对龙与凤的关系问题做了研究，认为龙具有帝王性，凤具有人民性，历来二者并称，但功能有别。

四、贾平凹《今年是龙年》

贾平凹，陕西丹凤县人，当代著名作家，曾任中国作家协会副主席。

在2000年中国农历庚辰龙年到来之际，贾平凹撰写《今年是龙年》[②]一文。该文文学性强，不妨录之全文：

> 中国人有许多崇拜，除了日月山河水光雷电外，也崇拜动物，

[①] 沈从文：《龙凤艺术》，作家出版社，1960，第66—68页。
[②] 贾平凹：《今年是龙年》，载王剑冰主编《2000年度中国文坛最佳作品文库·散文卷》，漓江出版社，2001，第29—32页。此文最初以《今年是龙年》为题，载于《美文》2000年第2期，此后该文亦以《龙年说龙》为题入选多个选本。

认为自己的今世都是前世的动物托生，于是一年十二个月天天生人，人就以十二个月有了鼠牛虎兔龙蛇马羊猴鸡狗猪的属相①。这些动物轮流当值，十二年一轮回，每到当值就称本命年。但是，任何当值都是有权在握，主宰一切的，偏偏本命年里该属者则惶恐，因为一辈人一辈人传下来的经验教训，本命年这一年里顺者一顺再顺，不顺者，百事不顺，是一道关口，一个门槛，便得系红腰带，摆酒席，若有好事将一生二，二生三，三生无数；若有不好的事就分为一半，大而化小，小而化了。我是属龙的，世纪的钟声一过，当值的就是辰龙，而且这一个本命年，四十九岁（虚岁），百岁之间最厉害的一个，所以，前几日见到几位朋友，都说：今年得给你过过生日了！他们说着，要去商店买上好的红线编成腰带送我，也已商量着要我在什么豪华酒店里请他们的客。朋友这么一闹，我蓦地醒悟了：本命年对于当事者并不是有可能出现坎坷的事，而绝对只是好事，之所以系红腰带，这是在宣言这一年我的命神要当值了，是升堂，是扶上正位，最起码也是像球场上的队长要戴上袖标一样的。以中国的儒家观点，当值也就是做了官，做官威风了得，但做官也就有了社会责任心，不能张狂，不可妄行，是大人还得小心，是圣贤仍要庸行。如此才是公仆，为人民服务，这当然你得鞠躬尽瘁，每事慎其三思了。再者，之所以要设宴摆席，掏着口袋请客，一是众人要捧场起哄，二是你做官了就得安抚众人，这是钱宜散不宜聚的道理嘛！

龙在中国人的心目中历来都是至高无上，每个皇帝总以真龙自尊，民间里也是以龙相得意。美国运动员将国旗做成裤头穿在身上自豪的时候，我们都在唱着龙的传人，那么，新纪元首先轮到辰龙当值，这是多大的吉祥，这是天意哇！举国上下到处在张灯结彩，摆龙台，舞龙灯，怎么热烈就怎么表现。据报载，竟在几个省有了书法家在广场巨笔写百平方米的龙字。看到这种场面，属龙相的人当然喜之不禁，各个年龄层的，龙子龙孙们，都视作普天之下的盛

---

① "人就以十二个月有了……属相"这一表述，有按月论属相的歧义。

典全在为我们祝寿哩。

十二个属相中,为什么选中鼠牛虎兔龙蛇马羊猴鸡狗猪,而不是狮子老熊大象,我一直弄不明白。但十二个①属相都是具体的动物,唯独龙是虚拟的。中国人崇拜动物,而崇拜到图腾地步的只有龙,龙又是综合众多动物的形象而想象出来的,这就说明中国人其实宗教的意识并不浓重,他们的思维注重整体,重象征,缺乏穷极物理。这种思维当然就决定了中国的哲学和艺术的特点,从庄子的逍遥游到老子的大象无形,以及音乐、绘画、医学、武术、棋艺、园林莫不如是。即便是文学作品,也讲究的是生活流程的演义,悠然见南山的意境,不着一字尽得风流的形式美感,它虽不如西方悲剧的强烈而使读者为之震撼,但宽博幽远的韵味绵长在清明祥和中使灵魂得以了提升。

东西方的文化差异人人都在口头上说着,在当今全球风靡美国文化的背景下,却有更多的人,尤其那些时髦的学者,偏拿西方的东西诋毁中国的东西,拿西方人的奶油比中国人的白菜,殊不知肉食动物虽比草食动物高大强壮,但虼蚤专吸腥血仍是小,大象吃草大象却是庞然大物。说到这里,又有一个问题出现了,龙是中国人综合诸多动物而想象出来的,那么,综合性的东西若作为图腾是非常美好的,充满了大气和庄严,可现实的动物界里,是老虎你就长你的老虎,是狮子你就长你的狮子,而既要像这样又要像那样,就只会沦落到蜥蜴、鸡、壁虎、四脚虫那样地丑陋和弱小。任何借鉴都只能是精神的吸取,而不是能达到吃了牛肉就长牛肉的。我们的祖先创造了龙的形象后,不幸的是他们的后代就也有了以龙的形象组合原理而企图生硬拼凑的习性,使我们在多个领域里发生着失误。以至于今日常常听到一种哀叹:明明是龙种为什么就生下了跳蚤呢?!

龙在中国产生的年代已经够古老的了,但给我们的印象,清代的龙是绣在国旗上的,民间又是铺天盖地的到处是龙。时下之国人,动辄说到民族传统,精神的源头不是溯之而上下的,只是目光短浅到王

---

① 原文"十二个"有误,应为"十一个"。

气衰微的明清时代,以至今日庆典龙年,凡是舞龙耍狮者,凡敲锣击鼓者,所穿服装不是汉唐之衣,也不是中山装西服,皆色彩腻样恶俗不堪的明清时打扮,只差一点要再拖个油乎乎的脏辫子了。还可以看看,现在充斥我们生活中的龙的形象是多么小气和萎缩!原本龙是虚拟之物,但画龙的、做龙的人全把龙弄得越来越具体化,似乎天底下果真有了个龙的活物,如他们炕头上的猫和门后卧着的狗。我是欣赏古人对龙的刻画,它综合着鱼、虎、马、蛇、鹿和猪的。西周战国时期出土的玉器上、铜鼎上、兵器上的龙的形象最简练而充满张力,它往往在具体的物件上随势赋形,充满了非凡的想象力。可怜如今龙被庸俗了,将蛇称龙,将猪称龙,想象力枯竭,创造力丧失,民族精神的图腾一日复一日地削弱了它伟大的气质,这是龙之国度的人要浩叹的,连属龙相的我也恨恨不平了。

前几日,一位善戏谑的朋友见我,他先前叫我小贾,数年后叫我老贾,现在开口叫我先生:"先生,该你腾云驾雾的时候了!"我说:"是吗,可你比我大,你该是先生的。"他说:"那怎么称谓你?"我说互称大人吧。大人虽是古称谓,但这称谓好,大人对着小人,从年龄上是对年长的尊重,从品德上是对君子的美誉。他说:"这好啊,贾大人,瞧你这气色,明年龙当值,你若发达了,别忘了让我们也鸡犬升天哟!"我说:"但愿如此,但我要告诉你,世上还有一个鬼,它的名字叫日弄!"

说是说笑着,但我回来还是数次翻阅了字典中关于龙的条例解说,感觉属龙的似乎也真有了龙性,臭皮囊也成了龙体。本来在医院挂了床号,每日去那里挂几瓶点滴的,就立即决定1999年12月31日必须停止注射,让病留在前一个世纪里去吧!

在前一个世纪的后近三十年里,我一直是文坛上的著名病人,躯体上、心灵上的病使我活得太难太累,如果近三十年里,尤其十二年里一直在无奈而知趣地隐着,伏着,新的一年里就该升腾显现,去呼风唤雨,去翻江倒海啊。

今夜里满西安城里鼓乐喧天,人们如蜂如蚁拥向街头欢庆着新的千年，我和几位同样属龙相的朋友在家中小聚，我书写了"受命于天，寿而永昌"八个大字，这是公元前200年时秦嬴政统一了中国时所制的玺文，我说："哇噻，时间过了二千年，原来这玺文是给我们刻铸的哟！"

从龙文化的角度看，这篇《今年是龙年》至少有以下看点：第一，作者生肖属龙，对龙有一种天然的亲切感，便于从生肖的角度写龙，作者也正是从写生肖习俗开篇的。第二，作者提出了十二属相中，为何唯独龙是虚拟的这一问题，又自我回答，讲出"中国人崇拜动物，而崇拜到图腾地步的只有龙，龙又是综合众多动物的形象而想象出来的，这就说明中国人其实宗教的意识并不浓重，他们的思维注重整体，重象征，缺乏穷极物理。这种思维当然就决定了中国的哲学和艺术的特点，从庄子的逍遥游到老子的大象无形，以及音乐、绘画、医学、武术、棋艺、园林莫不如是。即便是文学作品，也讲究的是生活流程的演义，悠然见南山的意境，不着一字尽得风流的形式美感，它虽不如西方悲剧的强烈而使读者为之震撼，但宽博幽远的韵味绵长在清明祥和中使灵魂得以了提升"一段话。这段话颇有见地，也与学界的主流观点相吻合，堪称全篇的精华。

五、《龙赋》与《龙凤三字经》

笔者从1988年进入龙凤文化研究领域，几十年来，除撰写、出版了二十多部相关著作外，还写了几百篇关于龙凤文化的诗文随笔。本书选录《龙赋》《龙凤三字经》两篇。

1. 《龙赋》[①]

巍巍中华，源远流长。远古先民，敬畏上苍；种种动物，列列天象；集而合之，神龙滥觞。悠悠万载，浩浩荡荡；与月同辉，与日同光。华族肇始，文明起航；伴随参与，见证标彰。一体多元，中原四方。图腾伏羲，徽铭炎黄；龙的传人，由此启扬。唐尧龙兆，颛顼龙翔；善龙大禹，治水安邦。文王演易，六龙腾骧；老子犹龙，道贯沧桑；孔子论易，龙德首倡。强秦大汉，雄立东方；祖龙嬴政，龙种刘邦；

[①] 原载《中国文化报》2012年1月31日第4版。

汉武唐宗，威威煌煌；雄才大略，拓土开疆。融会佛教，敬祀龙王；
江河湖海，飞腾潜藏。兴云布雨，龙之担当；司水放霖，龙之荣光。
龙史历历，龙族泱泱；蛟螭虬蟠，五色尊黄。龙马精神，健行八荒；
鱼跃龙门，前程辉煌。龙生九子，各擅其长；龙腾虎跃，祥征瑞象；
龙飞凤舞，协和阴阳。龙灯龙舞，激情奔放；龙舟竞渡，合力齐桨；
龙茶龙酒，美味悠长；龙歌龙曲，余音绕梁；肖龙名龙，龙女龙郎。
时代进步，焕然气象；告别皇权，有弃有扬；人人可龙，处处龙乡。
和平崛起，全面开放；科学发展，实现小康。神舟飞龙，穹宇翱翔；
多方惠民，力除孽障；文化强国，民主兴邦。龙灵在心，龙德当彰；
龙威烈烈，龙志刚刚。包容团结，力聚势壮；造福众生，泽惠九壤；
与天谐行，节俭为上；发奋创新，适变图强。龙为纽带，凝寄希望；
港澳台海，血脉一腔。尊爱利和，龙道信仰。消弭战火，敦睦八方。
元亨利贞，中华盛昌；世界共美，龙魂永光。

2. 《龙凤三字经》[①]

龙凤是中华先民对自然界中的多种动物和天象经过多元容合而发明、展现的两种神物，其实质是对宇宙力的感悟、认知和神化。经过至少八千年甚至上万年的演进和升华，龙凤已成为中华民族的精神象征、文化标志、信仰载体和情感纽带，海内外华人大都认同自己是人文意义上的龙的传人。《龙凤三字经》是笔者对三十多年来龙凤文化研究成果的提炼和升华，同时也融入了新近的文化探索和思考。两千三百多字的篇幅，涉及龙凤的起源流变、考古发现、民俗事象、精神内涵、当代意义等，具有全面性、高端性、文学性、普及性等特点。

（一）源流篇

我中华，历史久，文明源，万年有。新石器，农耕始，采变植，猎变畜。
自然界，多神异，我先民，生敬意。蛇鳄鱼，蜥蜴鲵，猪熊牛，虎马鹿。
盘爬游，奔卧走，水泽栖，林中吼。云翻卷，电叱咤，虹凌空，星高挂，
卷风旋，威力大。自然界，宇宙力，有限人，无限域。感而叹，惊而惧，

[①] 此文2006年11月14日起笔于北京饭店，2007年11月26日完成初稿，2015年11月收入《龙情凤韵——庞进诗词选》（加拿大海慧出版社，2015），此为再次修改稿。

第六章 龙与中华文学

心萦萦，崇拜起。诸动物，众天象，容合成，神龙样，谐雷音，龙名亮。晋吉县，古遗址，上万年，萌龙始。辽查海，八千年，堆砌龙，长如链。黄河边，仰韶墓，西水坡，蚌龙出，年代远，六千五。玉雕龙，出赤峰，五千年，志文明。鄂黄梅，皖含山，浙良渚，湘澧县，原龙多，可细勘。图古朴，纹简单。锦鸡美，紫燕轻，鸿高举，鹰俯冲，鸳鸯羽，孔雀翎，众鸟禽，日火凤，容而合，凤凰生，谐风音，得凤名。湘高庙，出陶凤，七千八，久比龙。赵宝沟，在东北，七千一，凤鸟杯。河姆渡，双凤纹；马家窑，乌凤飞；石家河，凤玉佩；大汶口，凤形鬶：皆原凤，一大堆，纹虽简，意味深。龙和凤，同源生，风雨共，并肩行。北首岭，细颈瓶，彩陶纹，凤衔龙。积石冢，红山区，玉龙凤，同穴居。有伏羲，雷神子，雷龙一，拜龙祖。卦开天，龙名官，结网罟，教渔畋。有女娲，得风姓，凤凤同，龙凤母。抟黄土，补天漏；与羲婚，人种衍，传人说，此为源。炎黄族，有争战，血火过，抱成团。自西北，到中原，江河淮，辽海边，广袤地，华夏园。西诸戎，东诸夷，南诸蛮，北诸狄，容而合，成一体。龙和凤，多参与，或图腾，为广义，或灵物，随族聚，作徽铭，为旗帜。神农氏，称炎帝，感龙生，有凤仪，肇农业，启中医。轩辕氏，称黄帝，显龙形，创伟绩。统族团，立古国，制衣冠，造舟车。令仓颉，造文字，功劳大，文明事。蚩尤氏，称战神，生凤翼，为龙人。有少昊，凤名官，图东崖，纹龙山。帝颛顼，乘龙跷。帝唐尧，得龙兆。虞舜帝，作凤曲。夏开国，虬龙禹。夏商周，龙曰夔，二里头，三星堆，青铜器，龙角伸，图抽象，纹对称。殷商族，敬天命，感玄鸟，实为凤。西周兴，赤凤鸣，龙旗舞，礼制行。春秋散，战国乱，群龙吼，众凤叹。孔圣出，言龙德，龙理论，开先河。曰孔丘，曰李耳，丘言耳，犹神龙，五千言，大道行；耳言丘，比瑞凤，贤者慕，随者正。战国绣，龙凤聚，对而应，互参契，你有我，我有你。秦之先，感凤生；秦文公，获黑龙。有萧史，和弄玉，引凤来，随凤去。始皇帝，称祖龙，大一统，百代承。汉刘邦，编龙言，天子龙，由此传。汉武帝，应赤龙，开丝路，展雄风。汉相如，卓文君，凤求凰，留佳音。汉宣帝，见黄龙，作年号，龙政行。有王充，著论衡，溯龙源，辨龙形。诸葛亮，号卧龙，隆中对，三国成。有庞统，称凤雏，

助刘备，掌控蜀。自魏晋，到唐宋，行骄龙，起瑞凤。姿矫健，仪雍容，
胸怀大，气魄宏。魏武帝，效龙变，江河淮，多征战。张僧繇，南朝人，
画龙灵，点睛飞。唐太宗，龙中龙，龙德高，龙国荣。李隆基，龙池眠，
创盛世，在开元。唐杜甫，少志壮，年七岁，咏凤凰。李太白，龙凤才，
攀龙颜，歌凤台。孙思邈，医龙病，得奇方，惠苍生。宋代人，郭若虚，
龙九似，言规矩：角似鹿，头似驼，眼似兔，项似蛇，耳似牛，鳞似鱼，
掌似虎，腹似蜃，爪似鹰，三停身。元代起，到明清，龙鳞全，凤羽齐，
华又贵，繁且靡。元世祖，立规定，五爪龙，宫廷用。清康乾，龙事多，
功劳大，也有过。同治时，旗大龙，中国徽，华人铭。自秦始，行帝制，
假龙威，借龙势。龙比帝，凤比妃，秦汉始，宋成规。两种龙，共时空，
三四爪，民间兴。龙凤人，崇龙凤，八千年，龙凤梦。

（二）民俗篇

龙喜水，为水神，掣雷电，兴风云，管河泽，施甘霖。灾馑年，旱魃凶，
祷龙应，民欢腾。有龙母，名温媪，广西女，广东庙。龙母慈，龙女祥，
龙王威，能力强，解民难，安家邦。有恶龙，害一方，善龙起，除孽障。
龙好飞，可通天。龙善变，擅飞潜，隐而显，明而暗，小而大，合而散。
龙显灵，降祥瑞，助事成，兆好运。龙示威，也兆祸，逆天事，且莫做。
舟船竞，始春秋，唐代起，赛龙舟，祭诸贤，怀屈公。江河湖，任骋争，
呼如雷，快如风。龙灯舞，汉代始，乞雨水，求福祉。竹草花，藤布麻，
数百种，遍中华。腾跃穿，走滚翻，龙力彰，龙威显。龙类多，龙族众，
烛蛟螭，虬翼应。黄河鲤，登龙门，鱼化龙，激励人。龙九子，各不同：
曰赑屃，好负重，像乌龟，不爱动；曰螭吻，置屋脊，好烟火，张口吞；
曰蒲牢，擅叫鸣，塑钟上，声音洪；曰狴犴，虎头样，显威严，狱门上；
曰饕餮，贪饮食，鼎彝器，多纹饰；好血腥，曰睚眦，在剑鞘，慎用之；
爱音乐，曰囚牛，胡琴上，亮歌喉；喜烟火，曰狻猊，形如狮，香炉居；
常闭口，曰椒图，饰门板，求安如。龙子说，九不限，显个性，重实用。
生肖龙，排在辰，季应春，时应晨，勉有为，励辛勤。二月二，龙抬头，
蛰虫醒，百事谋。凤向阳，唤日出，随日行，三足乌。凤达天，接云霓，
尚自由，通天地。凤喜火，为火精，称朱鸟，居南宫。凤自新，能再生，

曰涅槃，烈火中。凤秉德，谐五伦，牺牲己，为鸟群。凤兆瑞，应太平，
啄醴泉，栖梧桐。凤崇高，志气浩，脱尘雾，百鸟朝。凤示美，羽族俊，
集百长，合众韵。凤喻情，爱之灵，与龙配，喜相逢。凤比才，优之最，
凤毛少，麟角贵，求文明，负重任。凤族大，品类多：曰鸾鸟，曰鹭鸶，
曰华虫，曰神雀，瑞应鸟，身五色。凤花鼓，出凤阳，四方唱，凤韵长。
凤鸡舞，凤麟祥，凤秧歌，美名扬。凤牡丹，凤穿莲，凤工艺，几千年。
龙凤山，龙凤水，龙凤塑，龙凤美。龙凤书，龙凤画，龙凤果，龙凤茶。
龙凤酒，香八方，龙凤歌，大家唱。新世纪，新时代，新龙凤，无不在。
声光电，数字化。神舟龙，绕天翔，品牌凤，质优良。龙凤事，传周边，
有日韩，有不丹，从泰国，到越南。舞龙灯，划龙船，凤塑多，凤装艳。
从中国，到海外，华人区，唐人街，金龙腾，彩凤谐。

（三）精髓篇

民族根，情感带，血脉传，永不衰。虚实生，阴阳应，多元一，动中静，
分善恶，别异同，新旧替，古今通，欲与制，生与死，龙凤理，多在此。
善矣哉，龙凤人，讲仁义，倡诚信，兴教化，重人伦，刚柔厚，灵巧慧。
大矣哉，龙凤魂，十个字，为精髓。曰容合，列首位，世界观，方法论：
尊多元，兼包宽，古到今，水陆天；儒道佛，圣哲仙，取优长，弃弊端；
赛生好，德女贤，公德明，法制全；地球村，棋一盘，互联网，大循环；
擅吸纳，多借鉴，综整化，合力圆；团而结，石成山，凝而聚，滴成川；
有矛盾，坐下谈，弃暴力，戒强权，勿急躁，勿狂癫，存小异，求大全；
崇理性，释前嫌，共赢好，众利兼。曰福生，价值观：行大道，结善缘，
师为尊，教当先，乐奉献，博且专；讲荣辱，明耻廉，惩腐败，除孽顽；
忧民忧，怜民怜，施惠雨，泽旱田，扶贫困，救饥寒，一方难，八方援；
孝父母，敬长贤，疼晚辈，顾亲眷；与友诚，与邻善，尚往来，礼周全；
人为本，物与焉，己之幸，大家欢。曰谐天，生态观：天道长，人道短，
尊天律，敬自然；众物种，生物链，当珍重，莫摧残；滥肆虐，遭天谴；
龙凤族，绿家园，倡环保，去污染，多栽树，戒毁山；祖辈地，子孙田，
惜者寿，俭者全。曰奋进，人生观：天行健，地德宽；与时飞，莫沉潜，
与众舞，不孤单；勤求索，少哀叹，学而优，习而攀；富思进，穷思变，

困中搏，苦后甜；随人易，创新难，竞者赢，勇者先。曰和美，理想观：净土遥，天国远，桃花源，在人间。十个有，和之基：老有养，幼有育，吃有食，穿有衣，学有教，住有居，劳有得，病有医，亡有葬，魂有栖；与天和，美自然；与人和，美事圆；与己和，美心肝；家家和，美翻番；族族和，平争端；国国和，灭灾焰。龙道行，立规矩：不辱华，为第一；孝父母，不忤逆；不松懈，教子女；不说谎，讲信义；不起贪，戒纵欲；敬工作，不怠误；不施虐，怜动物；避浪费，倡节用。全人类，命运共，尊爱利，和互成，福众生，享文明。三字经，三千言，思无尽，意绵绵：文而化，可流传。

中华龙文化 下

主编 庞进

编者 王东 田兆元 张志春 黄佶 黎荔 姚莉 唐睿

陕西师范大学出版总社

目 录

第七章　龙与民间故事

第一节　参与创世 / 716

一、盘古 / 716

二、烛龙 / 718

三、龙生万物 / 720

四、彝族龙 / 721

五、布依族龙、哈尼族龙、白族龙 / 724

第二节　神化先祖 / 726

一、伏羲 / 726

二、炎帝 / 731

三、黄帝 / 733

四、唐尧、虞舜、夏禹 / 736

第三节　喻比人杰 / 739

一、孔老互比 / 739

二、"卧龙"诸葛亮 / 740

三、关公与龙 / 742

四、"登龙门"与"鱼化龙" / 746

第四节　结缘佛道 / 747

一、龙与佛家、佛教 / 747

二、龙与道家、道教 / 750

第五节　龙王龙子 / 753

一、海龙王 / 753

二、民间龙王 / 757

三、龙子 / 758

第六节　龙母龙子 / 761

一、"望娘滩"：吞珠化龙型 / 761

二、"龙母传奇"：拾卵孵龙型 / 762

三、"小黄龙和大黑龙"：吃果生龙型 / 767

四、"秃尾巴老李"：感应生龙型 / 769

第七节　龙女尘缘 / 771

第八节　造福众生 / 774

一、司理雨水 / 774

二、解危救难 / 779

第九节　昭示善恶 / 782

一、人与龙 / 782

二、龙与龙 / 791

三、龙与凤 / 794

第十节　流韵人间 / 796

一、龙城 / 796

二、龙门 / 798

三、龙宫殿 / 799

四、龙壁墙 / 801

五、龙桥 / 802

六、龙塔 / 804

七、龙饮食 / 805

八、龙生肖 / 808

第十一节　赋形山水 / 810

一、龙山 / 810

二、龙洞 / 811

三、龙江龙河 / 813

四、龙泉 / 816

五、龙潭 / 818

六、龙池 / 821

第八章　龙与文化传播

第一节　外国人笔下的中国龙 / 824

一、19世纪外国人所撰书籍中的龙 / 824

二、20世纪外文报纸和书籍中的龙 / 826

三、21世纪外文书籍中的龙 / 840

四、部分外文网对龙的介绍 / 843

五、国外时政绘画中的龙 / 848

第二节　走进外国人生活的中国龙 / 852

一、博览会和展览馆里的龙 / 852

二、街头巷尾的龙 / 859

三、舞遍全球的龙 / 864

四、龙舟已经划向世界，但是前途堪忧 / 869

第三节　欧美影视片中的"龙" / 877

一、类型1：中国的"龙" / 878

二、类型2：英雄杀死邪恶的杜拉根兽 / 886

三、类型3：可爱的杜拉根兽，是人类的朋友 / 902

四、类型4：威尔士红白杜拉根兽互斗 / 914

五、类型5：杜拉根兽醒来，肆虐人间 / 918

六、类型6：圣乔治杀死杜拉根兽，救出公主 / 919

七、类型7：科普影片 / 922

第四节　译龙问题溯源及解决方法 / 924

一、最初的译龙方法 / 924

二、不宜译龙为dragon / 926

三、龙是神，杜拉根兽只是兽 / 928

四、龙落选北京奥运会吉祥物，为龙正"洋名"行动拉开序幕 / 929

五、Loong的实际运用 / 930

第九章　龙与文化产业

第一节　龙文化当代开发概论 / 934

一、龙文化具有多重内涵 / 935

二、中国具有源远流长的崇龙习俗 / 937

　　三、中国龙是中华民族的名片 / 940

　　四、龙文化发展的机遇与挑战 / 941

　　五、文化全球化背景下龙文化发展的总体策略 / 945

　　六、龙文化当代产业开发 / 947

第二节　龙文化产业开发模式创新 / 951

　　一、什么是文化创意产业？ / 951

　　二、龙文化产业的核心在于"创意" / 952

　　三、龙文化产业的七种商业模式 / 953

　　四、龙文化产业开发思路及创意策划 / 963

第三节　龙文化的产业化之道 / 967

　　一、龙舟活动的产业化之道 / 967

　　二、舞龙活动的产业化之道 / 973

第四节　龙文化主题产品举例 / 977

　　一、龙文化主题雕塑 / 978

　　二、龙文化与织物服装 / 979

　　三、龙文化与珠宝设计 / 980

　　四、龙文化与饮食产品 / 980

　　五、工艺品中的龙泉剑、龙泉瓷 / 982

　　六、龙文化与古典园林营造 / 982

　　七、龙文化主题公园 / 984

第五节　当代龙文化产业开发案例 / 987

　　一、重庆铜梁龙开发 / 987

　　二、广西宾阳炮龙节开发 / 995

　　三、广西龙脊梯田节开发 / 998

　　四、贵州松桃寨英滚龙开发 / 1001

　　五、南方龙母祭祀开发 / 1003

后记 /1009

第七章 龙与民间故事

龙的民间故事是人民群众创作并传播，具有虚构内容的散文形式的有关龙的口头文学作品，它是所有有关龙的民间散文作品的通称，包括神话、传说、故事、寓言等。

龙的民间故事具有流传久远、分布广泛、类型多样、内容丰富等特点。龙的民间故事，可归类为参与创世、神化先祖、喻比人杰、指称帝王、结缘佛道、龙王龙子、龙母龙子、龙女尘缘、造福众生、昭示善恶、流韵人间、赋形山水等十二种类型（"指称帝王"类型在本书其他章节多有述及，本章只介绍、分析该类型之外的十一种类型）。各类型故事之间，有互渗、交叉的情况。

第一节 参与创世

创世神话也称开辟神话,是指关于天地开辟、万物和人类起源的神话。这类神话反映了人类对世界本原和自身来源的精神追寻,具有根文化的性质和奠基文明的意义。"它当然就成为现今各种独立的意识形态的源头。历史、哲学史、宗教史、艺术史、科学史、语言史等等,都从创世神话和一般神话中找到了它的发祥地。"[1]中国创世神话所凝结、所体现、所反映的中华先祖的创造开拓精神、牺牲奉献精神、救世福生精神,对后世以至当今仍有无可替代的价值和意义。

龙是中华先民对自然界中的多种动物和天象经过多元容合而发明、展现的神物,龙文化广泛渗透于中华文化的各个领域,包括创世神话。于是,在中国民间,龙的传说故事便与盘古神话、烛龙神话,以及彝族、布依族、哈尼族、白族等少数民族的创世神话相结合。这些叙事告诉人们:龙是创世者创世的参与者、协助者;甚至在一些故事里,龙本身就是创世者,是世界的开辟者和包括人在内的万物之祖。

一、盘古

在中国古代神话中,开辟天地的工作是由盘古完成的。那么,龙参与天地开辟就有了两条路径:一是将盘古说成龙,二是将盘古说成龙生的。

明董斯张《广博物志》卷九引《五运历年纪》:"盘古之君,龙头蛇身,嘘为风雨,吹为雷电,开目为昼,闭目为夜。死后骨节为山林,肠为江海,血为淮渎,毛发为草木。"在这段神话中,盘古"龙头蛇身","龙头"已很明确;而"龙身"多取材于"蛇身",可以说"蛇身"等于"龙身"。于是,盘古就彻头彻尾"龙化"了。

---

[1] 陶阳、牟仲秀:《中国创世神话》,上海人民出版社,2006,第6页。

再看《古今图书集成·岁功典》卷八十三引《补衍开辟》："天人诞降大圣，曰浑敦氏，即盘古氏，初天皇氏也。龙首人身，神灵，一日九变，一万八千岁为一甲子。荆湖南以十月十六日为生辰。"在这段神话中，盘古"龙首人身"，"龙首"即"龙头"；头已"龙化"，身子保持着人形。这是说盘古是"龙"与"人"的结合，是半"龙化"。

1986年第11期《民间文学》刊载了一篇流传于浙江东阳的《盘古王开天》："老早老早以前，没天，没地，没日，也没夜，通天下就像个硕大硕大的大鸡子。……这鸡子黄里头孵出个盘古，盘古长着鸡的头，龙的身，整个身子就像只盘龙鸡在里头盘着，双脚跕（东阳方言，蹲的意思——原注）着，所以叫盘古。"①这则明显参照了三国时代吴人徐整《三五历纪》所言的神话，将"龙的身"赋予盘古，也可说是对盘古的半"龙化"。

其实，将盘古半"龙化"，倒使神话的特征更为显明。在笔者看来，龙，以及任何神，都是主体与客体、已知与未知、经验与超验、有限与无限的结合，即人与神的结合。从本原论上讲，没有客体、未知、超验、无限，就没有主体、已知、经验、有限。从认识论上讲，没有主体、已知、经验、有限，也就"没有"或者说谈不上、无从谈、无法谈什么客体、未知、超验、无限。神话的特征，就是主体、已知、经验、有限，感悟、猜测、理解、认知、表述、讨论客体、未知、超验、无限，即人"话"神而已。

在"盘古文化的故乡"河南泌阳、桐柏一带，有"盘古是龙生的"神话传说。

>传说天上有九条龙：三条黑龙、三条白龙和三条黄龙。这九条龙轮换着孵了两个龙蛋。龙蛋就像个大圆球，龙孵蛋时盘成一圈卧在那儿，当间是龙蛋。孵到一万八千年的时候，那个大一点的龙蛋裂开了口，蛋壳里出来一个神人，头上长角，手拿神斧。这就是世上第一个人，人们称他盘古。
>
>老龙见蛋壳里出来的不是龙而是一个人，非常吃惊，也很生气。它身子一鼓拢，尾巴一甩，把盘古甩到地上。盘古站在地上，

---

① 参看张宣元讲述、周耀明搜集整理《盘古王开天（汉族）》，转引自陶阳、钟秀编《中国神话》，上海文艺出版社，1990，第1页。

见四周昏暗混沌，嫌憋闷得慌，就掂着斧子砍起来。他砍呀，砍呀，慢慢地轻气上天，浊物落地，天地分得清清楚楚。他累了，就躺在地上睡着了。

盘古一觉醒来，见一个女子来到他面前。盘古问她："你是谁，从哪儿来的？"

这个女子是天上那个小龙蛋孵出的第二个神人。她出来就会说话，对着老龙喊了一声"父王"，老龙听了喊声，也变成了人，这就是以后的老天爷。因为她喊声太大，把老龙的耳朵震聋了。所以，后来人们一见天雨下得不停就撅"死老天爷光下雨哩"，遇到不平事就说"死老天爷也不睁眼看看"，老天爷却听不见。老天爷想这两个龙蛋咋都变成人了哩？他对女神人说："你也跟你哥到地上去吧！"说罢，老天爷一挥手，这女神人就到地上来了。

因为龙孵蛋是盘卧着的，又孵了一万多年，时间古老，后人就把龙生的兄妹叫盘古兄妹。①

这则神话属于开天辟地神话中的"宇宙卵"型，整体上是把龙置于"元初因（第一因）"即开天辟地神之上，从而处于世间万物之上的位置；也就等于说，龙是世界开辟者的祖先，和包括人在内的万物之祖。具体来讲，龙作为世界开辟者的祖先和万物之祖，其生来便具有多样性，而非单一的存在：龙数为九，九者，多也；黑、白、黄三色，黑喻夜，白喻昼，黄喻土地。盘古是从龙蛋里出来的，是龙孵生出来的，因此，盘古是龙种、是龙。盘古本质上是龙、是"人化"之龙，长着人的相貌，只是头上长着角。盘古的妹妹也是从龙蛋里出来的，也是龙孵出来的，因此，盘古的妹妹也是长着人的相貌的"人化"之龙。"老天爷"也是龙，是人形化的龙。喻示龙是自然界、自然力的形象化、符号化、神物化。

二、烛龙

说到"龙头蛇身""龙首人身"，或本质为龙的盘古开天辟地，就要说到同样以开天辟地为能事的烛龙。

---

① 张正、王瑜廷主编《盘古神话》，中州古籍出版社，2006，第22—23页。

在传世文献中，烛龙的资格比盘古老。据《山海经》之《大荒北经》《海外北经》记述，这位以"烛"为名的神龙，生着人的脸，蛇的身子，两眼神采奕奕，睁开来是直竖的，合起来是一条长缝。烛龙闭上眼，世界一团黑暗；眼睁开，宇宙一片光明；吹口气，漫天飞雪，寒冬降临；呼口气，艳阳流火，盛夏到来。于是有了白昼和黑夜，有了春夏和秋冬。据说这条烛龙经常躺在西北海之外的章尾山上，口里衔一枚"火精"，不喝水，不吃饭，不睡觉，也不随便喘息，一喘息便长风万里，雷雨大作。所谓"天缺西北，龙衔火精。气为寒暑，眼作昏明。身长千里，可谓至灵"（晋郭璞《山海经图赞》）。

《山海经·大荒北经》原文为："西北海之外，赤水之北有章尾山。有神，人面蛇身而赤，直目正乘，其瞑乃晦，其视乃明。不食、不寝、不息，风雨是谒。是烛九阴，是谓烛龙。"《山海经·海外北经》原文为："钟山之神，名曰烛阴，视为昼，瞑为夜，吹为冬，呼为夏。不饮、不食、不息，息为风。身长千里。在无臂之东。其为物，人面、蛇身、赤色，居钟山下。"

《山海经》中这两段记载言烛龙"人面蛇身"，《淮南子·地形训》则称烛龙为"人面龙身"，其文曰："烛龙在雁门北，蔽于委羽之山，不见日，其神人面龙身而无足。"

当然，"人面蛇身"和"人面龙身"是同义词，"龙身"取材于"蛇身"，"蛇身"就是"龙身"。称烛龙"人面龙身"，是对烛龙的半"龙化"和半"人化"，也即给这位创造昼夜、风雨、冬夏的神灵加上人的气息，说明神话是离不开人的，是为人服务的。

除以上所述，言及烛龙的文献还有："日安不到，烛龙何照？"（《楚辞·天问》）"言天之西北，有幽冥无日之国，有龙衔烛而照之也。"（《楚辞章句补注》）"天不足西北，无有阴阳消息，故有龙衔精以往照天门中。"（《诗含神雾》），等等。

有学者认为，盘古就是三国时吴人徐整参照烛龙神话及我国南方少数民族的有关传说创造的。袁珂先生在其所编《中国神话大词典》"烛龙"条下，列举了《山海经》《淮南子》《楚辞》等多个文献关于"烛龙"的记述，最后总结说："烛龙之神格，盖与开辟神盘古相近，其为盘古之原型之一。"[①]

关于烛龙的原型，学术界有"太阳说""火烛说""极光说""龙星说"等多种说法，没有定论。

三、龙生万物

前面谈到龙与盘古，已涉及龙与万物的关系：盘古是龙，盘古开天辟地，就是龙开天辟地。"有天地，然后有万物；有万物，然后有男女；有男女，然后有夫妇；有夫妇，然后有父子；有父子，然后有君臣；有君臣，然后有上下；有上下，然后礼义有所错。"（《易经·序卦》）按此说，龙就是包括人类在内的万物之祖。

《淮南子·地形训》还有一说："羽嘉生飞龙，飞龙生凤皇，凤皇生鸾鸟，鸾鸟生庶鸟，凡羽者生于庶鸟。毛犊生应龙，应龙生建马，建马生麒麟，麒麟生庶兽，凡毛者生于庶兽。介鳞生蛟龙，蛟龙生鲲鲠，鲲鲠生建邪，建邪生庶鱼，凡鳞者生于庶鱼。介潭生先龙，先龙生玄鼋，玄鼋生灵龟，灵龟生庶龟，凡介者生于庶龟。"按此说，龙还是生羽的鸟类、生毛的兽类、生鳞的鱼类、生介的龟类的祖先。

笔者言，龙是先民对宇宙力的感悟、认知和神化。也就是说，在先民的认知里，龙就是宇宙力，宇宙力就是龙。宇宙力是什么呢？笔者的定义是：宇宙力是宇宙所有能量的综合，是世界本原、世象总根；宇宙力是究极存在，是最高的形而上；宇宙力自本自根，化演万物；宇宙力自主自行，不以人的意志为转移；人类可以不断地感悟、认知宇宙力，一定范围、一定程度地利用宇宙力，却永远不能掌控宇宙力。宇宙力具有本原性、究极性、超越性、自主性和永恒性。基于这一认识，我们再来看上述神话，会觉得古人的猜测、想象、阐说，不全是虚妄无根的。先民显然是在生产、生活中，感悟到了宇宙力的存在，他们以当时所具备的、能达到的思维水平，认知、神化、表达宇宙力，于是，就有了上述神话。

[①] 袁珂编《中国神话大词典》，四川辞书出版社，1998，第471页。

四、彝族龙

在彝族神话史诗《勒乌特意》中，有一位名叫支格阿龙的英雄。支格阿龙的母亲是龙女蒲莫尼依。蒲莫尼依从神鹰的三滴血中受孕，而后生下了支格阿龙。支格阿龙生来具有奇异的性格，不肯吃母奶，不肯同母睡，不肯穿母衣。蒲莫尼依认为支格阿龙难养，就把他抛在山岩下。山下有龙住。支格阿龙懂龙话，自称龙的儿子，于是就在那里喝龙奶、吃龙饭、穿龙衣。据说，万物都是支格阿龙用"神草"创造的。他揉碎"神草"撒向天空，天上就有了"日月星辰"；撒向地面，地上就有了"岩石山川"。……从此"大地明亮，洪水归海"。支格阿龙还用"神箭"射下多余的太阳、月亮，并射杀了无数危害人间的妖魔。[1]

显然，在彝族人的心目中，支格阿龙是人形化的龙，具有创世的能力，也做出了创造万物的功绩。

在云南红河哈尼族彝族自治州流传的"造天地、造人"故事，其中就有关于龙的记述：

> 那团团的地，铺在三个大鱼背上。……大鱼跳起来了，地也跟着动。天上的银龙神，把银链子放下来，叫阿托去拴鱼。……大鱼拴好了，鱼跳不起来，地也就稳了。
>
> …………
>
> 天上有个金龙男神，天上有个金龙女神，拿出金棍来，端出金盆来，舀出金水来。金水倒在金盆里，用金棍搅匀，拿去洗太阳，太阳就洗亮了。天上有个银龙男神，天上有个银龙女神，拿出银棍来，端出银盆来，舀出银水来。银水倒在银盆里，用银棍搅匀，拿去洗月亮，月亮就洗亮了。天上有个铜龙男神，天上有个铜龙女神，拿出铜棍来，端出铜盆来，舀出铜水来。铜水倒在铜盆里，用铜棍搅匀，拿去洗星星，星星就洗亮了。天上有个锡龙男神，天上有个锡龙女神，拿出锡棍来，端出锡盆来，舀出锡水来。锡水倒在锡盆里，用锡棍搅匀，拿去洗云彩，云彩就洗平了。

---

[1] 王德有、陈战国主编《中国文化百科》，吉林人民出版社，1991，第455—456页。

天与地的中间，有个九龙殿；在九龙殿里，有一对黄龙。雨姑娘拉赫兹，骑着龙尾巴。东边有一朵红云，南边有一朵黄云，西边有一朵黑云，北边有一朵白云。风小伙赫梭，走到东边去，东边的红云，就吹过来遮着龙头；风小伙赫梭，走到西边去，西边的黑云，就吹过来遮着龙尾；风小伙赫梭，走到北边去，北边的白云，就吹过来绊住龙脚。龙脚踢一踢，扯闪霍霍响；龙头摇一摇，打雷轰轰响；龙身扭一扭，炸雷咔嚓响；龙尾甩一甩，雨姑娘拉赫兹，就哗哗地下雨了。[①]

流传于云南大理漾濞彝族自治县的民间故事，也有类似的记述，只是与"造天地、造人"略有不同。

在天与地之间，有个九龙殿，在九龙殿里，有九条龙，两条是青龙，两条是黄龙，两条是白龙，两条是红龙，一条是黑龙。天神汗疑约了地神泥细疑，走了九百九十九天，走到九龙殿。向青龙求雨，青龙说："这不是我的事。"又去求黄龙，黄龙说："这不是我的事。"又去求白龙，白龙说："这不是我的事。"去求红龙，红龙说："去找黑龙吧。"两位神找到了黑龙，对黑龙说："黑龙啊，地上的树种不发芽，草种不发芽，求你给些雨水吧。"黑龙说："没有事见不着你们，有事才来求我。"汗疑说："路远啊，来一趟不容易，求求你做做好事吧。"黑龙说："你能骑上我的尾巴吗？"汗疑说："咋不能，你让我骑吗？"

黑龙把尾巴甩来甩去甩得飞快，汗疑跑来跑去抓黑龙的尾巴，抓了九十九次才抓住，一个鹞子翻身骑了上去。汗疑对黑龙说："快下雨吧。"黑龙说："没有云咋下雨？你能把黑云、白云、红云和黄云召集过来吗？"泥细疑说："让我去召集。"

东边有朵红云，南边有朵黄云，西边有朵黑云，北边有朵白云。泥细疑走到东边，东边的红云就吹过来遮住龙头；走到南边，

[①] 云南省民族民间文学红河调查队搜集翻译整理《阿细的先基（阿细民间史诗）》，云南人民出版社，1978，第9—20页。

南边的黄云就吹过来遮住龙身；走到西边，西边的黑云就吹过来遮住龙尾；走到北边，北边的白云就吹过来绊住龙脚。龙脚踢一踢，天空霍霍扯电；龙头摇一摇，炸雷喀喀响；龙身扭一扭，空中云翻滚；龙尾甩一甩，瓢泼大雨就哗哗下起来。大雨下了七天七夜，下得地上到处湿漉漉的。

二十一天后，树种子发芽了，草种子发芽了，把两个神高兴地跑来跑去看树芽、草芽。……草芽、树芽一天天地长高长大，不停地发叶，不停地开花结果。一年又一年，一代又一代，山上长满了大树，空地上长满了青草，看着就顺眼了。①

在上述传说故事中，太阳是金龙男神和金龙女神用金水洗亮的，月亮是银龙男神和银龙女神用银水洗亮的，星星是铜龙男神和铜龙女神用铜水洗亮的，云彩是锡龙男神和锡龙女神用锡水洗平的。电闪雷鸣和下雨的景象，是九龙殿里的龙帮助风小伙赫梭和雨姑娘拉赫兹，或汗疑和泥细疑两位神实现的。这样的叙事，反映了彝族人心目中龙与天地云雨等天象、龙与金银铜锡等物质的密切关系。

在彝族史诗《查姆》中，有一篇《天地的起源》，其中讲到了众龙之王罗阿玛（全名涅侬罗阿玛）的功绩：

神仙之王涅侬倮佐颇，是所有神仙之王。……派龙王罗阿玛，去到太空中，种活一棵梭罗树，树生四枝杈，一杈生四叶，四匹叶上四朵花。这棵梭罗树，是树木的祖先。……

…………

龙王罗阿玛心最细，星星走动能听见。她到九重天上找种子，种子长在月中间。月里那棵梭罗树，树上良种数不完；奇花异草由人选，树木药材任人拣，树上藏有谷子、苞谷，树上储存果木麻棉；还有荞子、洋芋，还有甘蔗蜜甜……有种子才有万物，有万物才有人烟；有种子祖先才能生存，有粮食人类才能繁衍。罗阿玛呵，想得周到，罗阿玛呵，想得最远。

---

① 黄德明讲述、李洪文记录《大理漾濞民间故事（上古篇）九：三代人》，漾濞新闻信息中心发布，2018-01-08，http://www.360doc.com/content/18/0108/22/22160131_720341092.shtml

…………

龙王罗阿玛呵,按照涅侬俫佐颇的吩咐,又来到广阔的平原。她洒下倾盆大雨,冲出沟河山川;冲成峻岭深箐,冲出丘陵河滩;大地冒清泉,遍地流水潺潺。①

按照《天地的起源》的描述,地球上所有的植物,包括为人类的生存、繁衍提供衣食器用的谷物、蔬果、麻棉等,都来自龙王罗阿玛,都要归功于龙王罗阿玛。是龙王罗阿玛在太空中种活了树木花草,植物生长和人类生存需要的雨水,也是龙王罗阿玛洒下的。

五、布依族龙、哈尼族龙、白族龙

在布依族古歌"十二层天、十二层海"中,有龙王参与创世的描述:

下到五层海,听见龙王的女儿在歌唱。她在龙宫里唱,她在龙洞里唱。那歌声啊,像琴声一样动听。那歌声啊,像蜜糖一样甜。我们想听龙王女儿唱歌。……下到九层海,碰见水龙王在造井,碰见龙王在龙潭造水。造了千口井呀,造了万股水。造井给我们挑水吃啊,造水给我们来撒秧。开天时就造龙王来造水,辟地时就造龙王来灌田。为的是让人间有水,为的是要造一个好人间。②

按照布依族这首古歌所吟唱的,井和水是龙王造的。

在哈尼族创世神话"天、地、人"中,也有龙王参与创世的描述:

相传,远古时代,世间只有一片混沌的雾。这片雾无声无息地翻腾了不知多少年,才变成极目无际的汪洋大海,从当中生出一条看不清首尾的大鱼。那大鱼见世间上无天,下无地,空荡荡,冷清清,便把右鳍往上一甩,变成天;把左鳍向下一甩,变成地;把身子一摆,从脊背里送出来七对神和一对人。世间这才有了天和地,有了神和人。

…………

---

① 楚雄州文联编《彝族史诗选·查姆卷》,云南人民出版社,2001,第234—240页。
② 《中国民间文学集成》全国编辑委员会、《中国歌谣集成贵州卷》编辑委员会编《中国歌谣集成·贵州卷》,中国ISBN中心,2009,第316—317页。

再说，大鱼从脊背里送出来的那对人，男的叫直塔，女的叫塔婆。从大鱼脊背里出来不久，塔婆便浑身上下怀孕，生下了二十一个娃娃。这二十一个娃娃，老大是虎，老二是鹰，老三是龙，剩下的九对是人。那龙长大以后，到海里当了龙王。他为了报答塔婆养育的恩情，向塔婆敬献了三竹筒东西。塔婆打开竹筒看，见第一个竹筒里是金银铜铁和珠宝，就让它们钻到地下去了；见第二个竹筒里是稻谷、苞谷、荞子、棉花和草木，就让它们长到地上去了；见第三个竹筒里是牛马猪鸡和飞禽走兽，除留下一条牛慰劳神们改天换地外，其余的都让它们跑到山里去了。[1]

按哈尼族这一神话所述，世上的金、银、铜、铁、珠宝、稻谷、苞谷、荞子、棉花、草木、牛、马、猪、鸡和飞禽走兽，都来自龙王的"敬献"。

在白族创世神话"人类和万物的起源"中，有大金龙参与创世的描述，其概要如是：

太阳坠落进海中后，把海水全煮沸了，惊醒了沉睡在海底的大金龙。大金龙推狂波，驾巨浪，到处寻找煮海水的怪物。寻到海西的螺峰山下时，看到了火红的太阳。大金龙张开血盆大口，把太阳吞进肚里去了。太阳在大金龙腹中炽热地燃烧，烧得大金龙疼痛难忍。大金龙想把太阳吐出来，不料太阳反而哽在了喉咙中，大金龙实在受不了，便脑壳一甩，一头撞在螺峰山上。哽在喉咙中的太阳变成一个大肉团，从龙腮中迸出来，撞在螺峰山上炸开了。炸开撞碎的肉团，变成了无数的肉片、肉丝、肉粉末到处乱飞。飞进到天上的，变成了云朵；悬在空中的，变成了雀鸟；落在山岭上的，变成了树木花草；落在山箐的，变成了飞禽走兽；落在地上的，变成了昆虫；落在海里的，变成了鱼虾龟鳖；落在水面的，变成了海藻……撞不碎的肉核核，滚进了螺峰山半腰的螺洞中，滚到洞底一着土也炸开了。左边一半核先落地，变成一个女人；右边半个核后着土，变成一个男人。后人把先出现的女人叫作劳泰，把后出现的

---

[1] 姚宝瑄主编《中国各民族神话·哈尼族 傣族》，书海出版社，2014，第26—27页。书中题为《大鱼脊背甩出的世界》，依据作者原注，原题为《天、地、人》，本书采用原题。

男人叫作劳谷。从此，世上有了人类。①

这一神话将物种起源与太阳崇拜、龙崇拜相联系：世上万物和人类都系太阳所变，大金龙起的是中介作用；没有大金龙的吞日、甩头，太阳就不会完成由火球向肉团的转变，也就不会有万物和人类。

第二节　神化先祖

伏羲、炎帝、黄帝、唐尧、虞舜、夏禹等，是中华民族的创世纪英雄。这些神话英雄，大都有作为历史人物的实在依据，但更重要的是人文方面的意义：他们使一个民族有了可以引以为豪的共同的文化始祖、共同的精神母题。而在神话传说、民间故事中，这些人文先祖都与龙发生了这样那样的关系：伏羲以龙纪、炎帝秉龙兆、黄帝乘神龙、唐尧应赤龙、虞舜得龙图、夏禹是虬龙——这便构成了普天下所有的中华儿女都称自己是龙的传人、龙的子孙的"人文根据"。这样的根据，使中华民族有了共同的文化象征，共同的图徽标记。显然，龙使人文先祖更加神奇，人文先祖因龙更具魅力。

一、伏羲

伏羲是原始社会部落联盟的首领，"三皇"之一，后世称其为"百王之先"。伏羲代表着农耕文明之前的渔猎采食时代，"伏羲"二字有驯服野兽之意。传说伏羲开创了许多伟大的业绩，如伏羲与女娲结合，繁衍了人类，成了中华民族的"人祖"；如结网罟、养牺牲、作甲历、造琴瑟、画八卦、造书契、制嫁娶，等等。本节着重介绍伏羲被"龙化"，即以龙为依托、为媒介、为手段、为表象，将伏羲"神化"的若干民间故事。

（1）伏羲降生。河南周口一带，流传有关于龙的来历的神话。讲混沌世界产生太极圈，太极圈变成宇宙蛋，龙头凤嘴的伏羲于此蛋中诞生，因伏

---

① 陶阳、钟秀编《中国神话》，上海文艺出版社，1990，第95—96页。

在那里而称伏羲。后来伏羲将宇宙蛋撑开,一半为天,一半为地。钻出蛋壳的伏羲左眼为日,右眼为月,日月之间还生有一只天眼。这天眼先后张开了七回,依次生成了鹿角、牛耳、虎面、虾须、鱼鳞、鹰爪、蛇身,变成了一条龙。①很明显,这则神话将盘古的形象、作为、功绩移植到了伏羲身上,而且还将龙说成是伏羲生的。

再看一则"伏羲降生"的故事:相传,农历初九日是我们的远祖伏羲的诞辰,他的父亲是谁,谁也说不清,他的母亲叫帝女。有一天,帝女外出干活,走到华胥之洲,忽然从天上降下一条青龙,把她缠得紧紧的,好一会才飞走。回到家她感到和往常不一样:她怀孕了。别的孩子都是十个月就生下来了,伏羲的母亲却怀了他十二个年头。伏羲生下来时,和别的孩子也不一样,脑袋长长的,眼睛大大的,长着长长的龙唇,两排牙齿整整齐齐。眼眉上长着白毛,还有长长的胡子,直垂到地下,满身还长满龙鳞。②这个故事将《帝王世纪》中的华胥、《拾遗记》中的神母称作"帝女";将《拾遗记》中的"青虹绕神母",改成了青龙绕帝女。

(2)伏羲画卦。始作八卦是伏羲的重要功绩,这一功绩也被认为与龙有关。所谓伏羲"受龙图,画八卦"(《宋书·符瑞志上》);"上古伏羲时,龙马负图出河……伏羲则之,以画八卦"(《古今图书集成·职方典》)。关于"龙马",一说是具有龙性之马;一说是马头龙身,既像龙又像马,龙马合体。不管怎么说,都与龙发生了关系。

甘肃天水有"伏羲画八卦"的传说:甘肃天水有一座卦台山,相传这里就是伏羲画八卦的地方。传说远古年代,人们对于大自然一无所知。当下雨刮风、电闪雷鸣时,人们既害怕又困惑。天生聪慧的伏羲想把这一切都搞清楚,于是他经常站在卦台山上,仰观天上的日月星辰,俯察周围的地形方位,有时还研究飞禽走兽的脚印和身上的花纹。有一天,他突然听到一声奇怪的吼声,只见卦台山对面的山洞里跃出一匹龙马。说它是龙马,那是因为这个动物长着龙的头、马的身,身上还有非常奇特的花纹。这匹龙马一跃

---

① 谷迁乔、岳献甫主编,《周口神话故事》编辑委员会编《周口神话故事》,学苑出版社,2006,第99—100页。

② 欧清煜编《龙的故事》,中国致公出版社,2001,第7页。

就跃到了卦台山下渭水河中的一块大石上。这块石头形如太极图，配合龙马身上的花纹，顿时让伏羲有所了悟，于是他画出了八卦。后来，那个跃出龙马的山洞被人们称为龙马洞，渭水河中的那块大石就叫分心石。现在去卦台山，还能看到这些地方。而且，龙马洞里还有石槽和石床的残迹。

河南淮阳也有类似的传说：有一天，蔡河里来了个怪物，说马不像马，说龙不像龙，在水里走来走去好像走平地一样。有人把这事告诉首领伏羲，伏羲就领着很多人来到蔡河边。那怪物见了人也不跑，老老实实地站在水里。伏羲走上前去仔细瞧瞧，只见它头像马头，身像龙身，背上还长有两个翅膀，身上的鳞片有黑有白，斑斑点点。有个胆大的年轻人想用箭射它，那怪物一抬前爪，河水便翻起了大浪。年轻人连射三箭，那怪物纹丝不动，箭头碰到怪物就落进水里。伏羲叫大家别再惊动怪物，说来也怪，那怪物点点头，伏羲走到了河水里，就像走平地一样。伏羲绕着怪物认真观察了一圈，发现怪物身上的黑白花纹排列得很有规律，就给它起名"龙马"。伏羲揪一棵蓍草，用手掐一节硬秆，在一片大树叶子上照着龙马的样子画下来。伏羲刚画好，龙马大叫一声飞上天空，转眼不见了。伏羲天天看着自己画的龙马图想来想去，想了九九八十一天，也弄不懂这龙马是啥名堂。后来他想起了白龟，当初天塌地陷，是白龟老祖救了他兄妹二人。于是，他来到白龟池边，见清凌凌的水底卧着一只大白龟。伏羲把心事对白龟一说，白龟让伏羲仔细看看它背上的花纹。伏羲仔细一看，白龟背上的花纹中间五块，周围八块，外圈十六块，最外圈二十四块。伏羲掐一节蓍草秆，把白龟背上的花纹画下来。从那以后，伏羲天天坐在白龟池北沿一块高冈上，把龙马图和白龟图放在一块，反复对照，边想边用蓍草秆在地上画。他画一直道，作为阳；画一直道当中断开，作为阴；用这两种阴阳道；三道并列为一卦，画出不同变化，终于画出了八卦图。后来，人们就把伏羲画八卦的地方起名叫伏羲画卦台，成了淮阳八景之一。[①]

两则传说，龙马形象有所不同，一个是"龙头马身"，一个是"马头龙身"，无论是"龙头马身"，还是"马头龙身"，都是"龙性"与"马性"

[①]《伏羲画八卦——周口神话采撷之三》，河南人的博客，2006-08-18，http://blog.sina.com.cn/s/blog_49ee390d010005mn.html。

的结合。

"阴阳"是中国哲学中出现最早的范畴,是先哲们看到天地、日月、昼夜、寒暑、阴晴、水火、山泽、男女、上下等两两对应又相互联系的自然现象之后所归纳出的概念。阴代表暗淡、消极、退守、柔弱、雌顺等特性和具有这些特性的物象,阳代表光明、积极、进取、刚强、雄健等特性和具有这些特性的物象。古人认为,宇宙万物的生成和发展,有赖于阴阳之间的对立、互渗、消长和变化,所谓"万物负阴而抱阳"(《道德经·河上公章句》)、"一阴一阳之谓道"(《易传·系辞上》)、"阴阳二气相感,化生万物"(《朱子语类》)等。"八卦"是中国古代建立在"阴阳"学说基础上的哲学概念,是中国古人认识世界时对事物的归类,所谓"易有太极,是生两仪,两仪生四象,四象生八卦"(《易传·系辞上》)。由"阴阳""八卦"构建起来,以阐发世间万象发展变化规律的《易经》,有中华元典之称。那么,上述传说就不仅在颂扬伏羲"一画开天"的功绩,还在说明龙是中国哲学、中华元典产生、形成的助力者、参与者。

(3)创立图腾。《补史记·三皇本纪》说伏羲降生时有"龙瑞"出现,故"以龙纪官,号曰龙师"。此说来自《左传·昭公十七年》郯子所说"太皞氏以龙纪,故为龙师而龙名",以及杜预注"有龙瑞,故以龙命官"。伏羲怎样"以龙纪官"呢?孔颖达为郯子的话作疏曰:"太皞以龙名官,春官为青龙氏,夏官为赤龙氏,秋官为白龙氏,冬官为黑龙氏,中官为黄龙氏。"《绎史》卷三引《三坟》称:伏羲任命"飞龙氏造六书""潜龙氏做甲历""水龙氏平治水土""火龙氏炮治器用""降龙氏倡率万民"。

后世称伏羲首创龙图腾,其主要根据便是这"以龙命官""为龙师而龙名"。闻一多先生在《伏羲考》中提出了著名的"图腾兼并说",但并没有明确指出伏羲以龙为图腾。明确指出伏羲"以龙为图腾"者,是虞云国等编著、上海辞书出版社1990年出版的《中国文化史年表》一书。随后,在2004年10月18日宣读的《首届中华姓氏文化节公祭太昊伏羲氏文》中,有"龙之图腾,从兹肇始"[1]之语。

到了2006年,有人就将伏羲创立龙图腾之事讲得更明白了。穆仁先在

---

[1] 参看齐玉珍主编《太昊陵庙》,海天出版社,2005,第83页。

《序·周口——中国"神话之都"》中说："相传，伏羲建都于宛丘后，先后征服了九大部落。伏羲的图腾是蟒蛇，其他部落也都有自己的图腾。伏羲每征服一个部落，便在自己的蟒蛇图腾上添加这个部落图腾的一部分。经过多年的征服，伏羲在蟒蛇图腾上加上了老虎的眼，长须鲸的须，巨蜥的腿，苍鹰的爪，红鲤的鳞，白鲨的尾。于是，一个新的图腾形象产生了。新的图腾叫什么名字呢？是年九月初五，伏羲在召集九大部落首领商讨结盟大事时，忽然乌云四合，天空划过一道闪电，那耀眼的闪光极像新的图腾，紧接着传来'轰隆隆'一阵巨响。伏羲顿有所悟，他就把新图腾定名为'龙'。……'龙'图腾的诞生，标志着中华民族的第一次大统一。从此，'龙'就成为中华民族的象征，中华儿女便开始称自己是'龙的传人'。"[1]这样的说法，显然是受到了闻一多"图腾兼并说"的影响。

（4）伏羲与龙王。"伏羲教人打鱼"是一则流传广远的讲伏羲与龙关系的传说，其情节略云：伏羲兄妹制了人烟以后，为解决部落族人的吃饭问题，就率先下河用手捉鱼，并教会了部族成员。此事引来龙王的干涉。龙王说鱼是它的子孙，不能捉。伏羲说不让捉鱼我们就没得吃，没得吃就只能来喝水，等我们把水喝干了，你们所有的水族都会干渴而死。龙王听伏羲这么一说，有些担心，于是采纳乌龟丞相的主意，和伏羲做了约定："可以捉鱼，但不能用手捉。"伏羲在思考不用手捉鱼的办法时，看见树枝中间有蜘蛛在结网，飞来的蚊虫都被网子网着了。伏羲一时开窍，找来葛藤织网打鱼。在伏羲的示范、教授下，族人们都学会了织网和用网打鱼。

这则传说讲的是伏羲结网罟的功绩。我们有三点需要说明：其一，传说歌颂了伏羲善于学习、积极创造的精神。这样的精神当然是龙的传人们需要传承、弘扬的精神。其二，佛教传入之前，中国本土有龙神没有龙王，故此传说当为佛教传入中国后民间所编、所传。其三，传说中出现对龙王的不敬语，如"龙王本来是个欺软怕硬的家伙"等，说明此传说的编传者有可能是受到了小说《封神演义》《西游记》的影响。

（5）伏羲降龙。河南民间流传有两则"伏羲降龙"的传说。一则讲：

---

[1] 穆仁先：《序·周口——中国"神话之都"》，载谷迁乔、岳献甫主编，《周口神话故事》编辑委员会编《周口神话故事》，学苑出版社，2006，序第7页。

很早以前，西边某地有个深潭，周边百姓都靠潭里的水浇地、做饭、过日子。有一条黄龙从别处飞来，占据了此潭，吞食人畜，害得百姓纷纷外逃。伏羲在八卦台上掐算出黄龙的恶行，就将自己的青龙拐杖变成一条青龙，让青龙与黄龙决斗。青龙在伏羲的支持下，最终战胜了黄龙。伏羲为了使黄龙不再祸害人间，就在黄龙身上画了一个八卦，将其变成一座山，而将青龙变成一块巨大的青石，压在山顶。另一则讲：西方某地有黄龙作恶，伏羲用铜锅将潭水烧滚，使黄龙出水，然后乘大龙，持青龙拐棍与黄龙斗。黄龙斗不过伏羲，便朝东海逃去。其经过的地方，出现一条大河，即为今天的黄河。这两则传说，一则将伏羲塑造成龙族的管理者，具有惩治恶龙的职能和功力；一则将伏羲比作降服恶龙的善龙。

二、炎帝

炎帝，又称神农氏，姜姓，是伏羲、女娲的后裔少典族与有蟜族的后代，远古炎黄部落联盟的领袖，"三皇"之一，原始农业和原始医药业的发明者。

史籍中有关炎帝的载述，本书其他章节已有介绍、评述，本节只介绍、评述史籍之外的有关炎帝与龙的民间故事。这样的故事可分为两类，一类是直接说炎帝是龙子、龙，另一类是讲炎帝与龙关系密切。

说炎帝是龙子、龙的民间故事，如：

（1）炎帝的母亲女登在宝鸡天台山游玩时，一条巨龙腾飞而下，直向女登扑来。于是有孕，生下一个人体龙颜、头上长龙角的男孩，取名"神龙"。

（2）炎帝的母亲安登（女登的别名）在山上牧羊，困睡在一个龙洞口。七龙子归来后发现，将其抱入洞中，放在龙床上与其亲热。第二年安登生下一个肉球，从中蹦出一个男孩，是为炎帝。

（3）炎帝误尝断肠草去世后，人们先是把他放入九龙泉让大家瞻仰，然后堆起柴草将其火化。熊熊大火中炎帝化作一条赤龙飞上天空，接着，还将自己的胡须拔下，落地而成龙须草。

讲炎帝与龙的关系的故事，如：

（1）炎帝快降生的时候，其住地附近的九口井自动相互流通，从一口井中汲水，另外八口井中的水也会随着波动；天上也出现了九条龙，一直在他家屋顶上空盘旋。炎帝出生后，其母女登曾在陕西宝鸡姜水东岸的九龙泉为炎帝洗澡，洗完澡后又骑上一条青龙，飞到蒙峪石洞隐居。其泉也因炎帝的出生和光临而显现出九条小龙。或言，炎帝生下来时，是牛头人身或蛇身，十分丑陋，被弃于草丛之中。这时草丛中出现九条小龙，口喷温泉，形成一潭清水，为炎帝沐浴。

（2）炎帝三岁时就拜见龙王，要求龙王施雨要均匀，龙王们也都听他的话。到他老死的时候，各处龙王争着把炎帝的遗体葬埋在自己管辖的地方。最后，湖南酃县（今炎陵县）的龙如愿以偿，并在炎陵山下洣水河边留下了龙脑石、龙爪石等遗迹。

（3）炎帝的妻子是龙女。一说炎帝驾驭六螭悬车，监视着太阳赶路。途中休息，在一棵蟠桃树下发现一位弹玉琴的美女，一见钟情，结为百年之好，而这位女子的真实身份是龙女。此故事还有另一说法，说是龙女主动来到炎帝家，为其做饭洗衣，炎帝发现后藏其龙壳，使其不能回去，遂成为炎帝之妻。后来，龙女还向其父老龙托梦，给炎帝送来由龙吐之气凝结成的宝药——冰片，让炎帝为百姓疗疾。

（4）炎帝的母亲女登带着炎帝上山找东西吃，为了行动方便，她常将睡着了的炎帝放在一块能晒到太阳的草地上。炎帝醒后不见母亲，哇哇大哭。其声有时像小鹿叫，有时像小鹰啼。于是，就有白鹿跑来，以其奶水饲喂炎帝；就有山鹰飞来，展开翅膀为炎帝搭凉遮阴。这则传说，意在说明炎帝的神异不凡。而鹿和鹰，也都是龙的容合对象。

（5）在虫灾为患的时节，炎帝将自己的龙头拐杖化为一条火龙，或教人用稻草扎成龙形，外裹红布或黄布，拴上铁丝网兜，内装炭球和辅助材料，龙身上也插满用艾叶制成的燃烧物，夜间点燃后沿田埂随风起舞，舞动之处焰火飞腾，繁星点点。其他人则呐喊助威，意在"诱杀成虫，吓破虫卵"。炎陵一带有舞"火星龙"的习俗，即源于此。这则传说意在说明炎帝有司龙之职、用龙之能，而且说明龙高于虫，且有显灵、征瑞、示威的神性。

（6）湖北随州有神农架山，相传炎帝神农氏曾在此搭架采药，故名。

而此山自古又有"神龙架""神龙山"之称。由此可见，在老百姓心目中，"神农"与"神龙"具有同一性。又相传，炎帝曾在神农架黑龙洞斩杀了一条毒妖化成的孽龙。神农氏把龙骨龙肉碾碎化为鱼子，冬天放在地下河养育，春荒时节，成千上万的鱼子已长成成千上万尾小鱼，小鱼游出洞来为百姓解荒。至于鱼虱，那是毒龙心肝碎片所化，神农氏让其以毒攻毒，为百姓治病。这则传说意在说明炎帝以净化龙族为己任，并能够化恶为善、变害为利。

其他相关传说还有：炎帝养了一条龙犬，这条龙犬帮助炎帝盗来了谷种；炎帝常年奔波，破烂的衣片落地变成了地衣，人称"老龙衣"；炎帝帮助善良的黑蛇打败凶恶的白蛇、修炼成真龙；炎帝死后葬入水底龙宫；等等。[①]

山西炎帝陵位于高平市城东北17公里处的庄里村，俗称"皇坟"。当地传说称：炎帝某天为救部下性命上山采药，接连中毒七十次，腹痛难忍，不能骑马，只好下马让人抬着走，于是这个地方就叫"换马村"。走了一段人们发现炎帝不省人事，怎么呼唤也唤不应，因此这个地方得名"不应村"，后来演变为"北营村"。炎帝死后，人们把炎帝抬到一个山沟里停尸，后人遂称此沟为"卧龙湾"。炎帝装殓之地就称为"装殓村"，后谐音"庄里村"。陵后有庙，谓之"五谷庙"。庙内正殿内神台高约一米，有雕刻精美的龙、麒麟、鹿、花卉等浮雕图案，为宋金遗物。每年农历四月初八，是民间祭祀炎帝的日子，届时五谷庙有庙会，会期近一个月。

三、黄帝

黄帝是远古炎黄部落联盟的首领。本姓公孙，后改姓姬，名轩辕。黄帝之前，炎帝神农是部落联盟的首领。炎帝年老时，诸侯间互相交战，天下大乱。先是炎帝与轩辕在阪泉开战，轩辕取得胜利，炎帝领导的部落归于轩辕。涿鹿之战，轩辕又战胜了作乱的蚩尤。于是，诸侯们都尊奉轩辕做天子，轩辕取代了炎帝，是为黄帝。黄帝在位期间，领导族众播植百谷草木，

---

① 以上有关炎帝的传说故事，根据唐群编著《华夏始祖——炎帝与炎帝陵》（三秦出版社，2003）、颜秋桦著《炎陵故地传奇》（湖南文艺出版社，1996）等整理。

大力发展生产，创文字，制衣冠，造舟车，定算数，定音律，成为后世人们心目中的"人文先祖"，位列"五帝"之首。

中华民族的主体是汉族，汉族的前身是华夏族，华夏族的前身是炎黄部落联盟。因而，后世人们就将炎帝和黄帝并称为华夏族的始祖。

在黄帝与龙的传说故事中，"黄帝乘龙升天"广为人知。这个传说，《史记·封禅书》有记："黄帝采首山铜，铸鼎于荆山下。鼎既成，有龙垂胡髯下迎黄帝。黄帝上骑，群臣后宫从上者七十余人，龙乃上去。余小臣不得上，乃悉持龙髯，龙髯拔，堕，堕黄帝之弓。百姓仰望黄帝既上天，乃抱其弓与胡髯号，故后世因名其处曰鼎湖，其弓曰乌号。"这个神话传说告诉人们：天上有龙，龙生活在高渺的天空；天上的龙关注着地上人间的事；龙是人与天之间的中介，具有将地上的人带到天上的本领，地上的人有可能升天，但需经过龙的中介；德行好、功劳大、贡献多者如黄帝，优先乘龙升天。

在史书记载之外，民间对黄帝乘龙升天的传说也多有演绎，在此做一综合概述。

前3000年前后，黄河流域有许多部落。部落之间有交往，有通婚，也有争斗，慢慢地，多个部落就联合起来，成为一个"联盟"。开始的时候，这个部落联盟的首领叫神农。神农教大家种稻种谷，大家称神农为炎帝。炎帝年老的时候，联盟内的一些部落就不服从他的领导了，开始你打我、我打你，战乱不停，死伤人很多。这期间，由轩辕领导的部落渐渐强大起来，一些弱小部落纷纷归顺轩辕部落。轩辕先后跟炎帝、蚩尤交战，都取得了胜利，炎帝、蚩尤领导的部落也都归顺了轩辕。这样，众多部落都尊敬、服从轩辕，轩辕就取代了炎帝，成为新的部落联盟首领，大家称轩辕为黄帝。

联盟前的各个部落都有自己的标志，分别为鳄、蛇、鹰、鱼、狗、牛、鹿、熊、云、闪电，等等。黄帝就与众部落首领商量、讨论，把联盟前各部落的标志图像每个取一部分，组合出一个新的统一的标志，取名为龙。这样，龙的形象就是鳄的体、蛇的颈、鹰的爪、鱼的鳞、狗的足、牛的耳、鹿的角、熊的牙、云和闪电的形态，等等。龙发"隆"音，与天上隆隆的打雷声相谐，能给人浑厚、雄壮、悠远的感觉。天上本来就有龙，只是这龙既神秘又神奇，一般人看不到。黄帝以龙为统一的部落联盟的新标志，天上的龙很高兴。

黄帝聪明、勇敢、勤劳，为族众做了许许多多好事。在黄帝的治理下，人们过着太平的日子。天上的神龙看到了黄帝的功劳，就给黄帝托了一个梦，建议黄帝铸一尊大大的铜鼎，把应当怎样治理天下的话都铸到鼎上去，让后世的人学习、参照。黄帝梦醒后，觉得神龙的建议很好，就派人到黄河南岸的首山去采铜矿石。铜矿石采回来后，黄帝让工匠们在荆山建起巨大的熔炉，开始熔化铜矿石，铸造铜鼎。鼎很快就铸好了，很大很好看，闪着亮光，上面有龙、凤和风云雷电的图案，有治理天下的文字。黄帝敲了敲铜鼎，声音很洪亮。

天上的神龙看到了铜鼎，也听到了敲鼎声，就从云端飞了下来，对黄帝说："你已完成使命，我来接你到天上去。"说着，神龙就盘旋着身子，把长长的胡须垂下来。黄帝就向各位大臣以及众多百姓拱手告别。然后，黄帝拉住一绺龙须，一纵身，跨到了龙的背上。神龙扬起巨大的头颅，双目放出光芒，打了个大大的喷嚏，然后摇头摆尾，准备腾空。在场的大臣和百姓眼见黄帝要被神龙接走，就纷纷向前，想随黄帝一起升天。他们有的拽住龙的胡须，有的抠住龙身上的鳞片，有的抱住龙的腿脚。这时，神龙吼叫一声，像打雷一样，口中喷出唾沫，像下大雨一样，一扭身，一甩尾，就把拽龙须的、抠龙鳞的都甩开了。神龙飞了起来，向着悠悠蓝天，向着茫茫云海，龙背上的黄帝频频向大家挥手，渐行渐远。龙的胡须末落到了地上，变成了龙须草；龙的鳞片渣落到地上，变成了龙山冈；龙的唾沫溅落到林子里，林子里就长出了龙松、龙柏、龙爪槐、龙胆木、龙血树……

黄帝与龙的民间故事还有：相传黄帝的母亲附宝是在沮水河畔沮源关降龙峡生下黄帝的，那天是农历的二月初二，即龙抬头节。（《"黄帝"称号的由来》）相传黄龙奉玉帝之命驮黄帝飞上天宫，不少百姓因追赶黄帝而死，后化为巨龙。黄帝上天后思念百姓，玉帝就派黄龙带一颗宝珠下凡看望。黄龙下凡后，与巨龙发生争斗，宝珠落到一块青石上，黄龙巨龙随之追下，青石上便留下了二龙戏珠的印痕。（《二龙戏珠》）相传应龙参与黄帝与蚩尤的决战，迷雾中，应龙变成一条闪着金光的巨龙，以尾划地领路冲向敌人，其尾划过的地方出现了一条河，即现在的沮河。之后，应龙还回头堵住了蚩尤逃跑的退路，所以那里的一个村子就叫龙首村。（《"凤岭春烟"与"龙湾晓雾"》）相传汉武帝的坐骑乌龙马原是天上的黑龙，因触犯天条被打下界来。汉武帝到黄帝陵祭祀时，将乌龙拴在离仙台较远的柏林里。乌龙想借仙台重返天宫，就拖着柏树旋转，将柏树拧成了麻花状，后挣脱缰绳，化作黑龙，冲天而去。（《"麻花柏"的传说》）[1]

这些传说显然都是后世人们的附会和编造。人们崇敬黄帝，就要把黄帝神圣化。神圣化需要神物参与、助力，龙就是这样的神物。

四、唐尧、虞舜、夏禹

尧，姓伊祁，号陶唐，名放勋，位列五帝之一，因曾为陶唐氏首领，故史称唐尧。

史载尧时江河洪水泛滥，中原地区五谷歉收，猛兽频繁出没，伤害百姓，再加上四方野蛮氏族反叛，天下动荡不安。尧即位后，加强华夏族团内部团结，制定各项法律制度。命令羲和掌管历法推算和日月星相观测。又大胆起用虞舜和夏禹，命夏禹继承父业，继续治理江河，终于将肆虐的洪水治平。接着，尧任用虞舜做自己的助手，开始向四周征服。"流共工于幽陵，以变北狄；放驩兜于崇山，以变南蛮；迁三苗于三危，以变西戎；殛鲧于羽山，以变东夷。"（《史记·五帝本纪》）经过不断征伐，平定了四方野蛮部族的反叛。之后，尧咨询"四岳"，推选舜为继承人。

唐尧与龙的关系，见《诗含神雾》所言："庆都与赤龙合婚，生赤帝伊祁，尧也。"民间传说也称：尧的母亲姓伊，名庆都，本是天帝的女儿，生得十分美貌。某日，庆都独自在一河边游玩，忽然狂风大作，乌云密布。雷鸣电闪之际，一条巨大的赤龙突然缠到庆都的身上，庆都吓得昏了过去。昏迷之中，庆都恍惚感觉到神龙竟在与自己交合。此后不久，庆都果然有孕。十月怀胎之后，顺利生下一子，便是唐尧。《诗含神雾》所记与民间传说皆将唐尧说成赤龙之子，意在将唐尧"龙化"，龙化就是神化。

---

[1] 四则传说均据《黄帝的民间故事》整理，原载何炳武、刘宝才主编，陕西省地方志编纂委员会编《陕西省志》第七十五卷《黄帝陵志》附录二（陕西人民出版社，2005）。

舜，号有虞，名重华，史称虞舜，传说中的五帝之一，炎黄部落联盟首领。学界一般认为，舜是崇凤的，但在文献和民间传说中，也将舜与龙联系起来。

舜是黄帝的七世孙。黄帝比龙如龙，后代自然也比龙如龙。虞舜比龙如龙还有几个比较贴近的佐证。一是他的前任尧，被认为是赤龙之子；二是他的接班人禹，被认为是一条"虬龙"；而他自己，则是其母"见大虹意感而生"，一生下来便"龙颜大口，黑色，身长六尺一寸"（《宋书·符瑞志上》），或"龙颜重瞳大口"（《艺文类聚》卷十一引《孝经援神契》）。虹是龙的取材对象之一，舜母生下龙子当在情理之中。《太平御览·鳞介部》卷一引《河图》："舜以太尉即位，与三公临观。黄龙五彩，负图出，置舜前。以黄玉为柙，白玉检、黄金绳，黄芝为泥，章曰：'黄帝符玺。'"

在民间传说中，舜曾化游龙逃生：舜的父亲鼓叟同舜的异母弟象密谋，让舜去淘井，然后断绳填石，予以加害。危急关头，舜化作一条鳞甲闪闪的游龙，钻入黄泉，然后从另外一眼井里钻了出来。民间还相传：舜去世后，老百姓感念他，刻了一块重三千斤的龙碑。有两头大象，在一群白鹤的带领下，用长鼻子将石碑带到湖南九嶷山舜源峰的一块大石岩下安放，传说此石岩形状像龙，龙角龙眼龙须龙牙俱全，山下还有两眼龙泉。

夏禹亦称禹、大禹，名文命，是炎黄部落联盟最后一位首领，中国历史上第一个世袭制朝代——夏朝的开创者，华夏族形成的标志人物。

夏禹的主要功绩是治理泛滥的洪水，造福天下民众。相传禹的父亲鲧奉命治水失败，被天帝殛于羽山之野。鲧死后，精魂不散，尸体三年不腐。天帝派神人用"吴刀"剖鲧腹，其尸体遂化为黄龙，潜入羽渊。而在鲧腹剖开之际，一条无角虬龙蹦了出来，这便是大禹最初的、龙与人相结合的形象。虬龙禹吸取父亲的教训，改堙塞为疏导，他"尽力沟洫，导川夷岳"（《拾遗记》），三过家门而不入，堪称为民造福的"善龙"典范。

有关夏禹与龙的传说故事，有"黄龙负舟""禹凿龙门""蛮龙归正"等。

（1）黄龙负舟。这一传说见于西汉刘安《淮南子·精神训》："禹南省，方济于江，黄龙负舟。舟中之人，五色无主。禹乃熙笑而称曰：'我受命于天，竭力而劳万民。生，寄也；死，归也。何足以滑和？'视龙犹蝘蜓，颜色不变，龙乃弭耳掉尾而逃。"这则故事虽短，却通过与船上其他人的对比和对夏禹神态、语言的描述，把夏禹遇难不慌、临危不惧、"视龙犹蝘蜓，颜色不变"的英雄气概表现了出来。从故事描述的情形看，夏禹所碰到的黄龙，很可能是扬子鳄。

（2）禹凿龙门。"禹凿龙门"的传说见于东晋王嘉《拾遗记》卷二："禹尽力沟洫，导川夷岳。黄龙曳尾于前，玄龟负青泥于后。玄龟，河精之使者也。龟颔下有印文，皆古篆字，作九州山川之字。禹所穿凿之处，皆以青泥封记其所，使玄龟印其上。今人聚土为界，此之遗象也。禹凿龙关之山，亦谓之龙门。至一空岩，深数十里，幽暗不可复行，禹乃负火而进。有兽如豕，衔夜明之珠，其光如烛。又有青犬，行吠于前。禹计可十里，迷于昼夜，既觉渐明，见向来豕犬变为人形，皆着玄衣。又见一神，蛇身人面。禹因与语。神即示禹八卦之图，列于金版之上。又有八神侍侧。禹曰：'华胥生圣子，是汝耶？'答曰：'华胥是九河神女，以生余也。'乃探玉简授禹，长一尺二寸，以合十二时之数，使量度天地。禹即执持此简，以平定水土。蛇身之神，即羲皇也。"这则故事意在说明：一，大禹为治水事业竭尽全力；二，大禹的治水事业得到了应龙、玄龟的帮助，也即龙族神物参与了治水事业；三，伏羲对大禹的治水事业给予指导和助力。伏羲有"龙祖"之称，大禹的事业是龙族的事业，故伏羲要指导、助力大禹。

（3）蛮龙归正。大禹在治水过程中，发现用息石、息壤堵起来的大坝坍塌了。有人报告，是一条蛮龙在兴风作浪。大禹将一块时刻都在膨胀变大的五彩息石放至蛮龙脑门之上两角之间。蛮龙的两只角被越撑越紧，疼得痛不欲生，只好向大禹讨饶，表示愿意归顺。大禹收了五彩息石，对蛮龙说："洪水滔滔，天下百姓遭灾。我奉舜王的嘱托，疏导洪水入海。一旦治好洪水，天下百姓安居乐业"；"帮助我治水的，除了天下的黎民百姓，前有应龙，后有玄龟；你若跟我治水，施展你的威力，使百川归海，便是你的功德。"蛮龙欣喜答应，成为大禹治水的又一得力助手。后来，大禹见一座山阻住了河道，就让蛮龙用龙角劈开山冈，使洪水得以冲涌奔泻。经蛮龙一番奋战，山口开得足有一里宽，两边山岩对峙，像一道石门，屹立在大河两岸。大禹见蛮龙立了大功，心里十分高兴，就将劈开的峡谷取名叫龙门；所在的山，便叫龙门山。大禹治平了天下的洪水以后，便命蛮龙把守龙门，还叫它做了龙门考官。原来，龙门以下的鱼虾龟鳖，每年洪汛期间都要逆水而上，来龙门考试：凡能在龙门急流中跳腾上游的，就准许变成仙鱼神龙，登上天空，耕云播雨；凡是跳腾不上的，哪怕碰撞得头破血流，仍旧各回原路生活；凡要兴风作浪、作恶行凶的，就要受到蛮龙的惩罚。这则故事告诉人们：与人间有善恶、正邪一样，龙族也有善恶、正邪之分，善龙如为大禹治水开道的应龙，恶龙如故事中兴风作浪、毁掉堤坝的蛮龙。恶龙经过惩罚和教育，可以变成善龙。故事中的蛮龙，就是在受到大禹的惩罚、教育后，改邪归正，弃旧从新，变成听候大禹调遣、帮助大禹治水，且立有大功的善龙。大禹具有善龙的品质和能力，是人龙合一的贤王。

第三节　喻比人杰

人杰即人间杰出人物。人杰与龙发生关联是很自然的，因为人杰是人间的出类拔萃者，龙是鳞族、兽族的出类拔萃者；"杰杰相加""强强联合"，是文明发展进程中的普遍现象，也是社会生活的基本规律。老子、孔子、公孙龙、司马迁、诸葛亮、关羽、赵云、阮籍、王羲之、李白、李公麟、苏轼、辛弃疾、冯梦龙等古往今来的众多人杰，都与龙有些瓜葛，也就有了以龙喻比人杰的种种传说故事。我们以"孔老互比"、"卧龙"诸葛亮、关公与龙、"登龙门"与"鱼化龙"为例，做一简要介绍。

一、孔老互比

孔子名丘，字仲尼，春秋末期鲁国陬邑（今山东曲阜）人，生于前551年，卒于前479年，是中国古代伟大的思想家、教育家，儒家学派创始人。

老子姓李名耳，字伯阳，春秋时期楚国苦县（今河南鹿邑）人，约生活于前571年至前471年之间，中国古代思想家、哲学家，道家学派创始人。

前521年，孔子曾到东周的都城洛阳拜见担任周守藏室之史的老子。《史记·老子韩非列传》记载了这件事："孔子适周，将问礼于老子。……孔子去，谓弟子曰：'鸟，吾知其能飞；鱼，吾知其能游；兽，吾知其能走。走者可以为罔，游者可以为纶，飞者可以为矰。至于龙吾不能知，其乘风云而上天。吾今日见老子，其犹龙邪！'"

《庄子·天运》也记述了孔子拜见老子之事："孔子见老聃归，三日不谈。弟子问曰：'夫子见老聃，亦将何规哉？'孔子曰：'吾乃今于是乎见龙！龙，合而成体，散而成章，乘云气而养乎阴阳。予口张而不能嗋，予又何规老聃哉？'"这是孔子比老子为龙。

《艺文类聚》卷九十引《庄子》所记，则是另一个故事："老子见孔子，从弟子五人，问曰：'为谁？'对曰：'子路为勇，其次子贡为智，曾子为孝，颜回为仁，子张为武。'老子叹曰：'吾闻南方有鸟，其名为凤……凤鸟之文，戴圣婴仁，右智左贤。'"这是老子比孔子为凤。

如何解释孔子与老子这种互比现象呢？不妨这样理解：孔子以龙比老子，是取了龙升天潜渊、灵异善变的神性，来比老子动静自如的神采、纵横天地不拘一格的思辨才能，以及老子思想的超凡性、非凡性。老子用凤比孔子，则是取了凤的亲德嘉仁的神性，来比孔子的智善和悦的品性，以及孔子仁爱为本、律己惠人的圣德。这大概是古籍文献中最早的有关龙凤配合、对应的记载。孔子、老子互比，也开了以龙、凤喻比杰出人物的先河。

二、"卧龙"诸葛亮

《世说新语》是南朝宋时刘义庆所撰的一部主要记述汉末至东晋人物言行逸事的笔记小说，其中《品藻》篇中谈到诸葛亮号"卧龙"事："诸葛瑾、弟亮及从弟诞，并有盛名，各在一国。于时以为'蜀得其龙，吴得其虎，魏得其狗'。"诸葛亮，字孔明，号卧龙，三国时蜀汉丞相，故言"蜀得其龙"。

长篇小说《三国演义》中，对诸葛亮号"卧龙"事做了精彩描述。

先是第三十五回，刘备遇见"水镜先生"司马徽，第一次听到"伏龙"

之名："水镜曰：'今天下之奇才，尽在于此，公当往求之。'玄德急问曰：'奇才安在？果系何人？'水镜曰：'伏龙、凤雏，两人得一，可安天下。'""伏龙"即"卧龙"，指诸葛亮，"凤雏"指庞统。

到了第三十七回，讲到"卧龙"的句子、段落就更多了，如：

> 次日，玄德同关、张并从人等来隆中。遥望山畔数人，荷锄耕于田间，而作歌曰："苍天如圆盖，陆地似棋局；世人黑白分，往来争荣辱：荣者自安安，辱者定碌碌。南阳有隐居，高眠卧不足！"玄德闻歌，勒马唤农夫问曰："此歌何人所作？"答曰："乃卧龙先生所作也。"玄德曰："卧龙先生住何处？"农夫曰："自此山之南，一带高冈，乃卧龙冈也。冈前疏林内茅庐中，即诸葛先生高卧之地。"玄德谢之，策马前行。不数里，遥望卧龙冈，果然清景异常。后人有古风一篇，单道卧龙居处。诗曰："襄阳城西二十里，一带高冈枕流水；高冈屈曲压云根，流水潺潺飞石髓；势若困龙石上蟠，形如单凤松阴里；柴门半掩闭茅庐，中有高人卧不起。修竹交加列翠屏，四时篱落野花馨；床头堆积皆黄卷，座上往来无白丁。……庐中先生独幽雅，闲来亲自勤耕稼：专待春雷惊梦回，一声长啸安天下。"

"伏"有"隐藏""潜伏"义，"卧"有"伏卧""潜卧"义，故"伏龙""卧龙"与"潜龙"同义。"潜龙"一词，出自《周易》乾卦："初九，潜龙勿用。"对"潜龙勿用"，孔子的解析是"龙德而隐者也"（《易传·文言》），意思是有圣贤之德的人，隐藏而不显露。然而，只要是龙，就不能总是潜藏着，待机遇来临、时机成熟，就一定会起跃、腾飞，所谓"见龙在田""或跃在渊""飞龙在天"，否则就不是龙。这一层道理，诸葛亮的人生故事堪为佐证。2014年5月19日，笔者在河南鹿邑县参加纪念先哲老子的活动，返回时途经南阳，想到诸葛故事，遂作《过南阳》一首，亦表达此意。诗曰："朝辞东豫道台旁，大路一伸莅帝乡。唤雨呼风逐鹿事，呕心沥血救民方。人间莫叹乏伯乐，天运从来助自强。长卧隆中龙不起，诸葛可有盛名扬？"

三、关公与龙

关公,即关羽,字云长,河东解县(今山西临猗县西南)人,三国时期蜀汉名将。关公与龙的关系,《三国志》等正史中没有记述,民间传说故事却有不少。

1. 关公的出身

(1)关公是"老龙转生":相传汉桓帝时,河东连年大旱,老龙怜众心切,是夜遂兴云雾,汲黄河水施降。玉帝见老龙有违天命,擅取封水,令天曹以法剑斩之,掷头于地。解县僧普静,在溪边发现龙首,即提到庐中置合缸内,为诵经咒九日,闻缸中有声,启视空无一物,而溪东解梁平村宝池里关毅家已有婴儿落地,乳名寿,幼从师学,取名长生,后自名羽,字云长。

(2)关公是"青龙转世":相传关公降生时竖眼攒眉,超额长面,及长,身高九尺五寸,须长一尺八寸,面如重枣,唇似抹砂,丹凤眼,卧蚕眉,力敌万夫。

(3)关公是"南海龙王转世":相传河东解池直通南海,池旁有寺,寺中老僧擅弈。某年解州地面大旱,民生焦苦。一天,忽有红脸大汉前来与老僧对弈,言称自己是南海龙王,特下界察看灾情云云。老僧跪求行雨救生,大汉应允,嘱僧曰:我当违令行雨,雨后盐湖水面将冒出一股红水,请接此水妥为保管。言毕忽然不见,遂之云兴雨落,旱象解除。雨后老僧来到湖边,果见一股红水涌出湖面,即接来装入桶内,加盖严实置于僧房。百日之后,老僧开盖观视,一个红脸男童从桶中跳出,此童便是日后的关羽。

(4)关公是"火龙星降生":相传玉帝命火龙星到凡间放火烧毁万户村,火龙星不忍,最后只烧了一户恶霸回去交差。玉帝见火龙星屡抗天命,即令冥王星将其捉拿问斩。临刑时火龙星托梦棋友——仙山寺住持老僧,嘱其在六月十七日午时用铜盆接住从天庭断头台滴下的血水,密封存放七天七夜。老僧遵嘱而行,把接得的血水用寺内大钟严实扣盖。六天过去,寺内小僧等待不及,趁住持不在时抬开大钟,但见盆内血水已凝成一个碗口大血球,惊奇之际,忽见一团红云冲起,血球变成了一个小儿。因为还差一天才到期限，血球的血气尚未消完，故小儿脸色赤红，如同重枣。此儿即是日后的关羽。

（5）关公系"草龙变化"：相传玉帝降旨让解州地面大旱三年。解池草龙不忍百姓遭受灾荒之苦，便涌潮掀浪，让池水漫及四周田野。玉帝闻知小小草龙竟敢与其作对，便下令斩杀草龙，并罚解州地面六年不雨。草龙托梦给池边守庙和尚，请其从棉田里采摘一团白棉置于神案并扣上大磬，九九八十一天后再掀开。和尚遵嘱而行。八十一天后，和尚掀开大磬，却见棉团上卧着一个白胖男儿，口里直叫"好热，好热"，和尚用清水给小儿冲澡至庙中水尽，无济于事，便抱小儿入盐池之中。小儿在池中翻波逐浪，使池水溢漫四周农田，六年不雨的解州遂获甘霖。玉帝闻讯大发雷霆，立派两名天将下界捉拿小儿。小儿在水中与天将搏斗了几个时辰，渐渐不支，却得到池边洗衣老妪相助。老妪将小儿掩藏于围裙之下，骗过天将，又就地抓红土抹于小儿身上，取一把芝麻让小儿吞下。小儿腹痛，倒地乱滚，遂脱胎换骨，变成一个周身通红的后生。此后生即日后的关羽。

（6）关公是"露水龙下转"：相传有露水龙与山西蒲州境内某古庙老道是要好的棋友。某日，露水龙见老道为天旱村人无法下种发愁，就嘱其让老乡们到地里挖井。井成后，露水龙入井施露，使田地湿润，村人遂得以播种。玉帝得知此事，传旨以雷电击死露水龙。露水龙嘱老道届时接其血打包后置于大钟之下，百日后方可打开。老道照办。百日后，老道启钟，看见一白胖男孩，唯脸面血红。此男孩便是关羽。

（7）关公是"墨龙转生"。此传说与"露水龙下转"略同，只是将露水龙换作墨龙，将老道换成了一个叫法明的和尚。

2. 关公的兵器

在小说《三国演义》中，关公使用的兵器是"青龙偃月刀"。为何叫这个名字，有四种说法：（1）因为刀身上镶有青龙吞月的图案而得名。（2）当年打造这把刀时，只选月圆之夜进行。相传刀成之夜，突然云涌遮月，有青龙之血从空中滴落下来，故名。（3）相传当年这把大刀出炉时，闪亮的刀光击中了天上飞过的一条青龙，那青龙之血滴在刀上，故名。（4）山西晋城珏山风景旅游区有座五龙宫，其五龙祖传不点睛。某年当地出一状元，强行点睛。他首点青龙之睛，使青龙跃起，飞出宫门。此青龙肆意布雨，导致当地水灾。珏山祖师便令麾下天王关公捉拿青龙。青龙栖身五龙宫前水滩之中，被关公用偃月刀逼出。青龙惭悔，愿附偃月刀前助关公杀敌。

与青龙偃月刀相关的传说还有两则，一是"磨刀雨"的传说：当年刘备派关公守荆州不还，孙权便请关公陆口赴会。临行前需要磨刀，时逢大旱，多日不雨，河中无水。关公让周仓向龙王借雨，周仓回复说龙王不愿借。关公大怒，吼道："好个龙王！你不借我磨刀雨，我就不准你龙晒衣！"——据说农历六月初六是龙王晒衣服的日子。龙王畏惧关公之威，只好答应借他一场磨刀雨。于是，旱情解除。此后，每年农历五月十三前后，荆州一带都要下一场"磨刀雨"。二是"关公掘泉"的传说：咸丰年间，北京大旱，已成为天神的关公用他的青龙偃月刀连劈顽石，掘泉四眼。老百姓感念关公，便捐助木料砖瓦，在香山盖起一座关帝庙。

有学者认为，关公使用的兵器不是青龙偃月刀，而是剑或矛。这方面也有传说：相传关公原是天宫里的赤帝，因为到人间做好事得罪了天帝，被贬到凡间。初为婴孩，被蒲州普救寺方丈捡到，方丈将其托付给常姓铁匠，取名常生。常生读书的学堂灯油被偷，常生遭到怀疑。为自证清白，常生夜藏书桌之下一探究竟。五更时分，一青龙探头入窗，偷喝灯油。常生纵身上前，扭断龙角，青龙逃去，龙角变成雌雄两把宝剑，上镂青龙花纹，即名之为"青龙宝剑"。青龙宝剑便成为关公的随身兵器。

3. 与关公有关的景观

与关公有关的景观也有多处，其中与龙有联系者，如：

（1）龙头凤尾柏：河南洛阳关陵大殿东西两侧有两棵古老的柏树。西边一棵一枝下伸，形似龙头，人称"龙头柏"；东边一棵树根裸露，交错成扇面形，像凤尾拖地，故称"凤尾柏"。传说东海龙王和南岭金凤相约出巡至此，见殿中关公塑像变成活人，就飞落下来，栖息在殿侧树上。龙眼如灯，凤尾放光，为关帝夜读照明。天长日久，龙凤与柏树长成一体，龙头变成了树枝，凤尾变成了树根。

（2）龙虎柏：解州关帝庙崇宁殿是奉祀关公的主殿，殿前有龙虎二柏。左边龙柏参天，有两枯枝分叉高耸如龙角，其主干高昂如龙身，临风摇摆，似青龙驾云欲起；右边虎柏，临地有凸出树包如虎目圆睁，树根似虎爪扑地。当地风俗：新生儿寄养于龙柏，新生女寄养于虎柏，均以红线绕树三匝为仪。

（3）蟠龙石柱：崇宁殿四周回廊下有二十六根精雕蟠龙石柱，其中一根呈"龙抓小猪"造型。相传关公曾梦见有小猪在他脚上咬了一口，不久，关公即败亡于麦城。石匠们便在石柱上雕出这样的造型，为关公扬威出气。

（4）长沙捞刀河：相传关公攻打长沙时，手中的青龙偃月刀不慎落入一条河中。刀上镶嵌青龙，入水而活，且逆水而上。周仓入水，追了七里才将宝刀捞上来。从此，关公落刀处就叫落刀嘴，而这条河就称捞刀河。

（5）荆州龙洲：荆州城西南约7.5公里的荆江大堤外，有一长龙状的江心洲，人们称其龙洲。相传关公归天以后，作了荆州的守护神。某年，东海龙王敖广率十兄弟来到这里，翻江倒浪，使过往船只多有颠覆。关公得知后，手提降龙宝剑，与十龙搏战，斩杀八个，龙王敖广逃回东海，唯留一条小白龙愿替兄长顶罪。关公让其疏通航道，将功折罪。小白龙竭尽全力，劳累而死，化为一条长洲。此洲就被称作龙洲。

人杰是人类中的强者，龙是神物中的强者；要为人杰寻找一个喻体、一个象征，龙便顺理成章地成为首选；当然，龙也需要在人间找到对应，以彰显其威力和能量。这里体现、遵循着人神关系上的一个规律：强强联合。这样的"强强联合"，使人和龙"双赢"：人借助龙而出神入化，即"龙化""神化"；龙借助人而深入民间，即"人化""俗化"。这也就是说，人们之所以要编造关公与龙的传说，其用意在于将关公由人升格为神，即让关公具备像龙那样的，作为一个人所不能具备的神性、神力、神采，和作为一个人所不能获得的神格、神位、神祀。

与"强强联合"相关联，还有一个规律：美美叠加。所谓"美美叠加"，即在造神的过程中，将许多人做的好事、功德事，将人们所崇尚、所希望的种种美德，堆积、添加到一个人身上。对远古帝王，如炎帝、黄帝，是这样；对关公也是这样。对关公的"美美叠加"，是由官方向度和民间向度两个层面展开的：官方向度是层层加封，使关公由生前的蜀国将军、汉寿亭侯，到死后的忠惠公、崇宁真君、昭烈武安王、义勇武安王、显灵义勇武安英济王,直到三界伏魔大帝神威远镇天尊关圣帝君、忠义神武灵佑仁勇显威护国保民精诚绥靖翊赞宣德关圣大帝;民间向度便是编造出各种各样的关公传说、关公故事,龙成为这个向度的被利用者和被创造者,发挥了至关重要的作用,其情形即如上述。

官方和民间的双重作用,使关公完成了由人到神的升华,这样的升华可以说是人们编造关公与龙传说的用意之一。仅有之一是不够的,还有之二,这便是让成了神的关公担当起重任,以实现人们造神的根本目的。这个目的,在古代官方,是"护权"和"福生"——所谓"护权",即保护以皇家为代表的统治集团的利益,实现所谓的"长治久安";所谓"福生",即造福百姓。在古代民间,对平民百姓而言,"护权"似乎还谈不上,那么就只有"福生"。民间奉关公为火神、太阳神、雨神、水神、战神、财神、送子神、辟邪神、各行各业保护神等,让其司扬善惩恶、持正驱邪、辟魔禳灾、祈福纳吉、护财延命等职,其目的都可用"福生"来概括。有意味的是,龙的精神底蕴之一便是"福生",即造福众生。这样的底蕴,构成了龙文化与关公文化互相融合、彼此支持的思想基础、精神导向和目的所在。

四、"登龙门"与"鱼化龙"

"登龙门",典出汉代辛氏撰著的《三秦记》:"龙门山在河东界。禹凿山断门,阔一里余。黄河自中流下。……每岁季春,有黄鲤鱼自海及诸川争来赴之。一岁中,登龙门者,不过七十二。初登龙门,即有云雨随之,天火自后烧其尾,乃化为龙矣。"显然,"登龙门"是"鱼登龙门"一语的简化和意蕴的延展。

《后汉书·党锢列传》首提"登龙门",其文曰:"李膺字元礼,颍川襄城人也。祖父修,安帝时为太尉。父益,赵国相。膺性简亢,无所交接,唯以同郡荀淑、陈寔为师友。……延熹二年征,再迁河南尹。时宛陵大姓羊元群罢北海郡,臧罪狼藉,郡舍溷轩有奇巧,乃载之以归。膺表欲按其罪,元群行赂宦竖,膺反坐输作左校。……是时朝廷日乱,纲纪颓弛,膺独持风裁,以声名自高。士有被其容接者,名为登龙门。"《世说新语·德行》载:"李元礼风格秀整,高自标持,欲以天下名教是非为己任。后进之士有升其堂者，皆以为登龙门。"此言是对上述故事的概括。从此，"登龙门"便喻指得到有名望、有权势者的援引而身价大增。

汉语成语中有"望子成龙"，意为"盼望子女后代在学业、事业上有所成就，成为出类拔萃的显耀人物"，还有源自"鲤鱼跳龙门"传说的成语"鱼化龙""鱼跃龙门""鱼升龙门"等，这些成语均有经过一番努力，改变命运，成为杰出人才之意。

第四节　结缘佛道

宗教的本质是对人身之外的各种力量的神化。龙是中国古人对自然界中诸多动物和天象多元容合而发明、展现的一种神物，本质上也是对人之外的各种力量的神化，因此可以说，龙的起源与宗教的起源基本上是同步的。对龙神的崇拜，从一开始就渗透着、包含着宗教的意味。佛教传入以前，龙就与中国本土传衍的原始宗教、道教相结缘；佛教传入之后，龙就与佛教相结缘。这样，就有了形形色色的龙与佛家、佛教，龙与道家、道教的故事。

一、龙与佛家、佛教

佛教起源于古印度，其初始的典籍中有梵文名曰"naga"，是以蛇为主要取材对象的神物。由"naga"衍生的一个词叫"nagaraja"。nagaraja也是naga，但比起naga，功能要强一些，地位要高一些，往往在地下或水中称王为尊。佛教产生之后，佛经的撰编结集者就将naga和nagaraja的传说故事进行加工和再创作，纳入佛经之中。

前3世纪，也即中国的两汉时期，佛教开始向东方传播。翻译佛经的高僧们发现佛经中的naga和中国本土的龙形象相仿、功能接近，于是就将naga译作"龙"，将nagaraja译作"龙王"。

龙在佛教中地位不高，有时在天神之列，如"天龙八部"中的"龙众"；有时在诸鬼之列，如"八部鬼众"中的"诸龙"。不管是"天神"还是"诸鬼"，位置都在佛、菩萨、罗汉之后。这种佛大于龙的情况，也传到了中国。在中国民间故事中，如果出现有龙有佛的情况，多为佛治龙、佛胜龙，或佛感龙、佛助龙。

1. 佛治龙

佛治龙即佛整治龙、治服龙。如"文殊菩萨收龙"传说，其情节略云：东海龙王请文殊菩萨到龙宫讲经说法，言龙宫里的奇珍异宝可任意挑选作为谢礼。讲完经后，文殊菩萨提出要龙宫檐下的那块石头。此石名歇龙石，有消除劳累、医治伤痛之效。龙王有些不舍，但因有言在先，只好应允。文殊菩萨携石离开后，外出布雨的五个龙子回到龙宫，得知歇龙石被文殊菩萨拿走，就各执兵器，兴风作浪，引带东海之水，直奔文殊菩萨的道场——山西五台山而来。它们摆动龙体，翻山遍找，不见歇龙石踪影。到了一个叫青凉石的地方，见文殊菩萨盘坐在地上，五龙子齐声问文殊菩萨把歇龙石藏在何处，文殊菩萨伸手指向一个叫北门岩的地方，五龙子便朝那像开着大门似的山壑中冲去。谁知刚一进去，两旁的石崖就轰的一声闭合，把五条小龙关在了里面。从此，一条小龙盘守一座台顶，五座台顶五条水龙，五台山山有多高、水就有多高。有水万物生，这里成了风光秀丽的地方。这则故事中，东海老龙王和它的五个儿子都显得智慧不足、老实巴交，轻易地就将歇龙石交出，五龙子还被关在了北门岩，失去了自由；而文殊菩萨却显得很狡诈，尽管将东海之水引上五台山是造福一方的善举，但采取了欺骗的方法，算不上光明正大。

再如"压龙经幢"传说：昆明市拓东路地藏寺有一座被称为"滇中艺术极品"的石雕经幢，民间将这座经幢称作"压龙经幢"。据说昆明从前是个龙窝，金汁河里的小金龙是条孽龙，专干为害百姓的坏事。地藏寺的莽和尚决心治服小金龙。他以招收徒弟为名，贴出告示，小金龙果然变作一个小伙子前来应招。莽和尚让小金龙挑水，趁其不备，一掌将其打入井中，顺手拿过一个蒲团盖上，随后又使法将蒲团变成了这座经幢。在这则故事中，龙是一个负面的、被捉弄、被镇压的形象。

2. 佛胜龙

佛胜龙即佛战胜龙。如"菩萨战龙王"传说，其情节略云：很久以前，佛爷菩萨还做着一个国家的国王。一年，从大海深处飞来一条恶龙，恶龙来到王城，飞入宫中，看到王妃容颜俏丽动人，便生了坏心眼，瞅着国王不在宫中时，把王妃抢走了。国王发觉王妃失踪，立即持弓箭前去追赶，一直赶到龙宫。那恶龙要与王妃成亲，王妃至死不从，恶龙就将王妃囚禁在一个偏远的小岛上。国王在一个猴王的帮助下，抵达小岛。恶龙不愿交出王妃，和国王展开一场大战。恶龙张口喷出阵阵毒雾，猴兵纷纷中毒倒地。危急之时，天帝变成一只小猴前来助战。在恶龙发出电光之时，天帝大喊让国王放箭，国王对准电光就是一箭，正中恶龙当胸，将恶龙当场射死。国王终于救出了王妃。

再如"五龙山抱腹岩"传说，其情节略云：抱腹岩是山西介休绵山上的胜景之一。相传此岩原名五龙山，山上住着五龙娘娘和她的五个儿子。唐朝初年，有个姓田的秀才出家数年修炼成佛，见五龙山风景殊丽，就搬来居住。五龙娘娘爱下棋，天天与田秀才对弈，却总是输棋。时间长了，就将五龙山抵给了田秀才。五位龙子闻知后大怒，欲推倒五龙山将田秀才压死。不料田秀才有佛祖保佑，法力无边，双手撑住了大山。这样一推一撑，挺拔的山峰就变成弯腰状的"抱腹岩"了。据说岩壁上至今还有巨掌的痕迹。

这两则故事，前者讲的是"佛爷菩萨"在天帝的帮助下，战胜抢走王妃的恶龙；后者讲的是出家数年修炼成佛的田秀才在佛祖的保佑下，与五位龙子斗法、撑住了大山。两个故事的核心，都是讲佛比龙厉害，龙斗不过佛。

3. 佛感龙

佛感龙即佛感动龙。如"九华山龙女泉"传说，其情节略云：中国佛教四大名山之一的安徽青阳九华山，是地藏菩萨的道场。该山化城寺东的东崖峰西麓，有一眼"龙女泉"。相传地藏菩萨在这里苦修时，每天都要到山下打水，很不方便。有一天，地藏端坐在东崖峰西麓一块岩石上静修，忽然被一条小蛇咬了一口，地藏不为所动。过了一会儿，一个漂亮女子出现在地藏面前，向他赔礼道歉，并说地藏所坐的岩石下有泉眼。地藏用锡杖拨开岩石，果然发现泉水。原来这漂亮女子是一位龙女，她被地藏精心苦修的精神所感动，前来献泉的。

这则故事，讲的就是佛感动龙的故事，精心苦修的地藏菩萨感动了龙女，使佛教名山有了一眼"龙女泉"。

4. 佛助龙

佛助龙即佛帮助龙。如"龙女赶山"传说，其情节略云：在秦始皇当政的时候，东海龙王的三公主到南海拜见观音菩萨，途中看到成千上万的民夫累死累活地抬石头修长城，顿起怜悯之心。到南海见到观音后，三公主请求观音救救修长城的众生。观音给这位好心肠的龙女一支柳条，让她把南海中的石山赶去修长城，并叮嘱她路上不要贪玩，不要和凡人说话。于是，龙女挥动柳条，南海中的石山便接二连三地跳出水面，变成虎、豹、象、马、鹤、鸡等各种活蹦乱跳的动物。龙女就用柳条赶着它们向北走，走啊走，几天后走到一个江水清秀、风景优美的地方，龙女想到江边梳洗梳洗，可那些动物却越跑越快。这时候，一个头戴风帽、身披大袍的老公公迎面走来，龙女忘了观音菩萨的嘱咐，就请老公公帮忙看管一下这群动物。老公公揉了揉眼睛，说："哪里有什么动物？明明都是些石头山嘛！"老公公一语道破，这些动物顿时变成了真的石山，再也不会走了。龙女见状，只好叹息一番，将这些石山托给老公公照看，自己到南海向观音菩萨请罪去了。这边老公公精心照管石山，天长日久，自己也变成了石山，这便是有名的老人山。老人山周围那些像老虎、像大象、像鹤、像鸡的大小石山，据说都是龙女当年从南海赶来的。

龙女之所以能赶着南海的山去修长城，是因为手中有一支观音菩萨给的柳条。也就是说，龙女是在佛的帮助下，才有了赶着山行走的能力。

二、龙与道家、道教

龙王之于道家、道教，主要以兴云布雨为职任。此外，龙还常常充当神仙们的坐骑。龙本来就有好飞和通天的神性，可为神仙们升天提供助力。

民间流传有不少高道、仙家降龙、治龙、胜龙的故事。

湘西索溪峪密林中有三跌泉和隐仙桥。相传索溪峪中曾有一条孽龙，常变成花花公子，拦路调戏上山进香的年轻妇女。有一天，正当孽龙对两位女子非礼时，铁拐李大仙及时赶到，怒喝一声，将其定在那儿，然后吹了一口仙气，化作一座桥将孽龙镇住。后来，孽龙趁铁拐李酒醉酣睡时逃跑了。铁拐李醒后大怒，连跺三脚，震得溪水连跌三节，形成了三层小瀑布，这便是今天的"三跌泉"。为防止孽龙再来作恶，铁拐李经常隐身桥上，暗中守候，"隐仙桥"便由此得名。这则故事中的龙，是人间流氓恶棍的化身，被铁拐李降镇也是其作孽的报应。

传说湖北广水市高桂山峡谷里曾住过一条恶龙，这恶龙有九个儿子。恶龙父子经常兴风作浪，冲田毁屋，为害一方。有一天，吕洞宾来到这里，看到恶龙正在发洪危害百姓，不禁怒火冲天。他立即施展法力，生擒老龙，杀死八个龙子，砍伤九龙子的尾巴。这九龙子带伤逃命，窜入一口井中才免于一死。经过这番劫难，这九龙子知道了善恶有报的道理，便洗心革面，从此一心行善，将功补过。当地百姓都认识它，称其"桩尾巴龙"。每逢天旱，老百姓就请桩尾巴龙出山行雨。这个故事先讲吕洞宾如何生擒老恶龙，杀死八个恶龙子，砍伤九龙子的尾巴；后讲九龙子成为"桩尾巴龙"后，如何弃恶从善，从而受到百姓的尊敬，有一定的教育意义。

降龙、治龙的神仙当然不止铁拐李和吕洞宾。有一则传说，降龙、治龙的神仙就是太白金星。说是浙江宁波太白山麓的天童寺，供奉的是弥勒佛，香火一直很旺。相传天童寺的香火惊动了天上的雷公雷婆，他们嫉妒弥勒佛在凡间所受的待遇，便鼓动东海小龙王猛卷狂风，降下倾盆大雨，庙宇中不少殿房僧寮毁于一旦。太白金星见状，设法治服了小龙王，并重重地惩治了雷公雷婆。小龙王受制后，不能再回东海龙宫，就在太白山长住下来。据说天童寺香火旺盛时，常有毛毛细雨飘落，这是余恨未消的小龙王在发泄不满。

中国的老百姓常把佛教的菩萨和道教的神仙混在一起崇拜。这样，就有了佛、道联合起来对付龙的传说故事。

南昌西山万寿宫，原名"许仙祠"，为祭祀许逊而建。相传许逊是晋代人，曾先后两次在南昌西山修道，被尊为"许真君"。后有孽龙来南昌城作乱，平地起水三尺，许逊持剑斗龙，刺伤龙腿。孽龙带伤逃跑，许逊紧追不舍，孽龙化为教书先生、大家公子，逃到黄冈、长沙，均被许逊识破。后来孽龙跑到湖南湘潭，见凉亭里有一老婆婆在卖面，就化作一个书生，买老婆婆面吃，吃下去的面忽然间全变成了铁链。原来这老婆婆是观音菩萨所变，观音菩萨牵着铁链将孽龙交给许逊，许逊将其锁在西山明净坛的一口水井里，但龙的尾巴还在南昌城下掀动作祟，于是又在广润门铸了一根铁柱，锁住了龙尾。许逊后来升了仙，人们为了纪念他，便建了这座"许仙祠"，四季香火不断。这个传说，讲的就是佛教的观音菩萨和道教的仙人许逊联手治服恶龙的故事。

还有人们熟悉的"八仙过海"，其情节略云：某年某日，八仙在蓬莱阁聚会饮酒，酒至酣时，商议到海上一游。汉钟离便把大芭蕉扇往海里一扔，袒胸露腹地仰躺在扇子上，向远处漂去；何仙姑不甘示弱，将荷花往水中一抛，顿时红光万道，仙姑伫立荷花之上，随波而行。其他诸仙也纷纷将各自宝物抛入水中，借助宝物游向东海。这一举动惊动了龙宫，八仙与东海龙王发生冲突，引起争斗，东海龙王还请来南海、北海、西海龙王，掀起狂涛巨浪，双方打得难分难解。幸好观音菩萨从此经过，经劝解双方才罢战。

在这几个传说故事中，龙多呈现出负面的，被降服、惩治、战胜的角色。那么，在与佛家、道家打交道的过程中，有没有正面角色的龙呢？回答是肯定的。在清代学者纪晓岚的《阅微草堂笔记》中，记载了一个"龙抓道士"的故事，其情节略云：有一个道士，从各地抢来二十多个妇女，关在山顶屋中。道士将这些妇女的衣服剥光，用麻绳把她们捆绑在大木柱上，使其手足丝毫动弹不得，又用布塞住她们的嘴，使她们不得出声。道士拿来一根像筷子那么长的铁管，对着那些妇女手臂、大腿上的穴位，狠插进去，然后吮吸她们的血。有一天，忽然狂风大作，黑云笼罩山顶，雷电阵阵，势极可怖。道士惶恐，喝叫那二十多个妇女来其住处，脱光衣服，站成一圈，像一道屏风围着自己。只见道道火光向其住室一伸一缩，忽然探进一只龙爪，像簸箕般大小，接着霹雳一声响雷，山摇地动，那道士瞬间就不知去向了。在这个故事中，道士劫掠良家妇女，吸食妇女之血，实在是恶得骇人听闻；而龙则代表着善和正义，对恶道士予以惩处，手法干脆凌厉，让人击节称快。

第五节　龙王龙子

在佛教传入以前，中国本土有龙但没有龙王，龙王名号的出现与佛经的传入有很大关系。佛经的广泛传布，与中国本有的龙文化、水神文化及尊王心理交融互渗，尤其是宋代及宋以后的帝王们对龙神封王加号所产生的重要而深远的影响，共同导致了龙王文化在中华大地上的滥觞和兴盛。

中国的龙王很多。以大众熟悉的程度论，四海龙王，即东海龙王敖广、南海龙王敖钦、北海龙王敖顺、西海龙王敖闰的影响最大。这大概要归功于小说《西游记》的广泛传播。

四海龙王中，东海龙王敖广排位第一，名气最响，传说故事也最多，其次是南海龙王敖钦。这大概与中国临海地区东线最长、南线次之有关。

在民间传说、故事中，海龙王形象可谓有正有负，时好时坏。龙子是龙王的儿子，民间传说、故事中的龙子形象同样有好与不好之分。龙子形象好与不好，实际上是人间青年男子好与不好的反映。有什么样的人，就有什么样的龙。

一、海龙王

先看看以正面形象出现的海龙王。

如"八百蛟龙护南岳"，其情节略云：正火官祝融受黄帝委派，来到衡山。他把火种分发给南方各氏族首领，这些首领们将火种埋入地下保存。不料火种在地下燃烧起来，弄得整个南岳地下都是烈火，地面也被烤得滚烫，花草树木全枯死了，江河里的水也被煮开了……住在湘江的龙子向住在南海的父王求救。南海龙王先是派部下呵海成云，吹到南岳变雨，然而只是暂时缓解了热灾。于是，南海龙王到南岳巡视，见雨水不能浇灭地下之火，就化身为一个老者，在龙子陪同下，到民间咨询。一位老石匠告诉他们："衡山总共有三十六个洞，后洞通前洞，前洞通湘江。可派蛟龙驻守洞里，引海水上山，地火就能被制服。"南海龙王采纳了老石匠的建议，召集五湖四海的八百条蛟龙，派往南岳，驻守各个洞潭。这些蛟龙一齐发力，引海水、灌洞潭、散热气，使地火终于被制服。为了感谢龙王和蛟龙们的大恩大德，人们特意修了一座南岳大庙，还用汉白玉石雕了一条栩栩如生的大龙，供在大庙的正殿前面，又在墙上、柱上、神台上，雕了八百条蛟龙，以为纪念。在这则故事中，南海龙王父子及八百蛟龙的形象都是正面的，因了他们的功德，南岳衡山成为风调雨顺、鸟语花香的人间福地。

再如"渔民节的来历"，其情节略云：一对渔民父子出海打鱼，遭遇风暴和鲨鱼。正当鲨鱼张开血盆大口，要吞掉渔民父子时，一条巨龙从水中跃出，挡住了鲨鱼。鲨鱼与巨龙交战，鲨鱼败亡。受伤的巨龙不顾自身伤情，将渔民父子驮至岸边。渔民家人喜出望外，杀猪宰羊犒劳巨龙，并用猪板油为巨龙治伤。那天正好是阴历六月十三，巨龙说它今天正好过生日。渔民全家恍然大悟，原来它就是东海龙王的化身。全家人诚惶诚恐，对巨龙顶礼膜拜，巨龙遂化作一道金光而去。从那时起，每逢农历六月十三，大连旅顺一带的渔民便杀猪宰羊，举行祭祀仪式，祈求龙王保佑海事平安，渔业兴旺，久而久之，便形成了过"渔民节"的民俗。 在这个故事中，东海龙王的形象正面而高大，渔民父子出海遇难，它挺身而出，与鲨鱼搏战，受伤后还坚持将渔民父子驮至岸边。于是，它年年岁岁受到渔民们的敬祀，以至于形成了节日。

海龙王的负面形象，如人们熟悉的"哪吒闹海"，其情节略云：陈塘关总兵李靖的儿子哪吒，拜太乙真人为师，得赐乾坤圈和浑天绫两件宝贝。七岁那年，哪吒到海边洗澡，遇见巡海夜叉捉拿童男童女供龙王食用。哪吒为搭救小孩，用乾坤圈把夜叉砸伤。东海龙王敖广闻报，派太子前去捉拿哪吒，又被哪吒打死。敖广大怒，联合南、西、北三海龙王兴风作浪，水淹陈塘，哪吒为了拯救百姓，悲愤自刎。后来，太乙真人用莲花化身使哪吒再生。再生后的哪吒怒捣龙宫，终将龙王治服。在这一故事中，哪吒是勇敢救难的正面形象，东海龙王则成了贪食童男童女、水淹陈塘、最终被哪吒治服的负面形象。

为什么会有正负不同、好坏鲜明的两种龙王形象呢？

靠山吃山，靠海吃海。自古以来，渔业是生活在海边的人们主要的生产生活方式。渔民们敬海，因为海是福惠的施予者，他们的吃喝穿用都靠大海，没有海，他们的生存和繁衍就成了问题；渔民们又怕海，因为海又是灾难的降临者，海的脾性神秘莫测，喜怒不定，动辄风暴骤起，巨浪滔天，颠覆渔船，吞噬生命。海的两面性，决定了海之神——龙王的两面性。

对待有正有负、时好时坏的龙王，人们的态度也分为既矛盾又统一的两个方面：或敬爱之、祭拜之，或戏弄之、治服之。

前一种态度见于各种祭祀。如浙江舟山群岛各岛屿，每当汛期结束，当地百姓都要举行大规模的海祭，俗称"谢龙王"。供品有猪头、黄鱼鲞、糖、盐、鸡、鸭、水果等，丰年倍增，歉年略减，有时虽然减产，但只要海事平安，也认为是龙王保佑的结果，供品也很丰富。供品一般摆放在船头，由船主或船老大主祭，内容有焚香、敬酒、叩拜、念祷词等等。有时还请来戏班，在海滩搭台唱戏，连唱几天，以谢龙神。除这类定时祭之外，还有随时祭。如出海遇到龙卷风等灾难性天气时，渔民们不论是正在起网作业，还是在返航途中，都要跪在舱面叩头祈祷，求龙王开恩，保佑船人无恙顺遂。跪拜祈祷的同时，往往还要许愿，如：此番大难不死，顺利返航，将到龙王宫还愿，为龙王重塑金身、献奉三牲全鱼，等等。而其家人闻讯，也会到龙王宫祈祷许愿。

后一种态度见于五花八门的传说、故事。如"三戏海龙王"，其情节略云：某年遭遇大旱，东海某岛鲁家村村民鲁大到海龙王庙求雨，说若能下场大雨，使秋田丰收，就许一场大戏，并献供一个活人头。龙王贪吃鲜活人头，就布雨鲁家村，还令虾兵蟹将帮鲁大施肥除虫。当年秋谷果然丰收，可鲁大却以手执扫帚、在庙内手舞足蹈一番为"大戏"，以自己的头从供桌的破洞里钻出，待龙王伸爪抓时迅速缩回为"献供活人头"。龙王被鲁大捉弄，第二年施法让鲁大的田里"只长根，不结果"，可鲁大恰巧种了番薯。龙王闻鲁大又获丰收，第三年施法让鲁大田里"只肥叶，不壮根"，可巧鲁大种了大白菜。龙王两次报复未果，便派蟹精去捉鲁大。蟹精来到鲁大门前时，听到鲁大正吩咐儿子去捉蟹煮了当菜吃，蟹精以为鲁大有未卜先知之能，就逃回了龙宫。接下来是龙王由龟丞相陪同亲自前往。刚好鲁大耕田回来，把从田里捉到的一只乌龟扔给门前玩耍的阿大、阿小两个儿子。这时，拴在门口的大黄牛挣断缰绳跑了，鲁大便喊大儿子："阿大，把乌龟交给阿小，快拿根绳来，跟我抓大黄去。"走近的龟丞相和龙王一听，以为鲁大早有准备，急忙逃回龙宫，从此再也不敢与鲁大为难。这个故事编得生动有趣，突出了村民鲁大的勇敢和狡黠，龙王则被塑造成一个既贪婪又愚蠢、反复被捉弄的形象。

再如"龙王失印服渔翁"，其情节略云：生活在东海边沈家门一带的沈姓渔翁，一次出海，未打着鱼，却捞上来一颗雕刻精致的玉石印章。一条金龙盘绕在印章四周，龙头从印章上端伸出来，龙嘴里含着一颗雪亮的珠子。此印章原是玉皇大帝赐给东海龙王敖广的镇海印章，龙嘴里含着的珠子叫定风珠。青龙三太子私带宝印出宫游玩，不小心失落，巧被渔翁捞到。龙王失印后坐卧不安，茶饭无心，派虾兵蟹将四处找寻。当闻知是沈姓渔翁将玉印捞到带回家后，便立即亲带青龙三太子等水族兵将前来索印。它们发水将渔翁的茅草棚团团围住，高声呼喊叫渔翁还印，声言如若不还即淹掉村庄。渔翁则以发水即砸印相对抗。龙王无奈，不得不答应渔翁提出的"不再兴风作浪、祸害渔家""潮涨潮落须有定时，不能反复无常""每日献出万担海鲜给我们渔家"三个条件。从此，沈家门一带成了天然的渔港，四季鱼汛不绝，渔民的日子也一天比一天好。这个故事讲了龙王被渔翁以砸印相威胁的无奈，也道出了龙王对镇海印章的看重，和"不再兴风作浪、祸害渔家""潮涨潮落有定时""每日献出万担海鲜给渔家"的诚信。

还有被编成戏剧上演的"张羽煮海"，其情节略云：秀才张羽借寓东海岸边石佛寺中。一日，他的琴声引来了东海龙宫的琼莲公主，两人志趣相投，琼莲临别相赠龙宫之宝鲛绡帕，暗许婚姻，并相约八月十五在海边相见。谁知琼莲为拒天龙之婚，被东海龙王关入鲛人洞中受苦，张羽闻报借助鲛绡帕闯入龙宫求见，反遭天龙之辱，被绑在鲛人洞外化成礁石。琼莲得讯舍出颔下骊珠救张羽出龙宫，张羽生还人间，并得龙母指点至蓬莱岛求仙相助。蓬莱仙姑赠他三件法宝，在沙门岛煮海，烧死天龙，降服龙王，最终成全了张羽和琼莲的美好姻缘。这个故事中，天龙是强求婚配者，东海龙王是和天龙站在一起的霸道、施虐者；而秀才张羽则是爱情自由的追求者，也是做出煮海壮举的大无畏者。

二、民间龙王

一般老百姓也能成为龙王。有这样一个传说：唐代初年，安徽颍上县百社村有个名叫张路斯的人，夫人石氏，生有九个儿子，他曾在河南南阳做过照灵侯。自罢官归里后，他经常到一处名叫"焦氏台"的河边树荫下钓鱼。有一天，在张路斯垂钓的地方，突然出现一座宫殿，他好奇地走了进去，因此，便成了龙王。后来他每天清早到龙宫去，天黑才回家，回到家里身体还凉冰冰的，衣服湿漉漉的。妻子问他为什么这个样子，张路斯说："我已是龙王了。外地有一个叫郑祥远的人，也是龙王，他要与我争夺地盘，我们约好明天进行决战，谁赢了，这个地盘就归谁管。"他还告诉妻子，让她转告九个儿子明天去为他助战，并说头上扎红巾的是他，头上扎青巾的是郑祥远，千万不要认错了标记。张路斯的九个儿子听从父亲的话，第二天便拿着弓箭去为父亲助战，朝扎青巾的郑祥远猛射，结果把郑祥远射中了。郑祥远受伤后逃离焦氏台，张路斯父子紧紧追赶，直追到淮河边上，郑祥远逃到合肥的西山便死了。唐代乾宁中，刺史王敬尧在颍州建了一座龙王庙，里面祭祀的龙王神就是张路斯。

这位张路斯的生卒年月无考，只知其原籍南阳，隋朝初年迁居颍上县百社村，十六岁考中进士，唐景龙年间任宣城县令。清光绪《宣城县志》载：张路斯在查访百姓疾苦，巡视农事的时候，见宣城北门外一片洼地，芦荻丛生，野草繁多，于是率百姓开荒造田，至今城北还有"张路斯田"。张路斯又在城南青溪两岸耕治荒地，恢复百亩农田，至今青溪上仍有"张公桥"。张路斯罢官后，回颍上县百社村闲居。张路斯死后，民间把他神化为龙王，颍上人在焦氏台为其建张公祠。宋真宗景德年间，曾下诏扩建张公祠；神宗熙宁年间，曾下诏封张路斯为"昭灵侯"，其妻石氏为"柔应夫人"。苏东坡为颍州知府时，曾作《昭灵侯碑记》刻石嵌于张公祠壁，云："地行为人，天飞为龙。……淮颍之间，笃生张公。跨历隋唐，显于有宋。上帝宠之，先帝封之。昭于一方，万灵宗之。哀我颍民，处瘠而穷。地倾东南，潦水所钟。忽焉归壑，千里一空。公居其间，拯溺吊凶。救疗疾疠，驱攘螟虫。开阖抑扬，孰知其功。"上述传说讲了张路斯成为龙王的经过，并未提及其人造福一方的功绩。而后世文献的印证，恰恰说明因其功绩，方被百姓传说为"龙王"。

再看"六郎与龙王"，其情节略云：受天帝委派，六郎神下到凡间，目睹一些凶猛动物咬人吃人的情景，六郎神甚为悲悯。他采纳百姓意见，决定立一个"动物王"来管制这些动物。六郎神立的动物王，就是由蛇身、驼头、鹿角、牛嘴、鱼鳞、凤尾、鹰爪、狮须、虎眼构成的"龙"。这"龙"被立为"王"，成为"龙王"后，那些凶猛的动物再也不敢出来咬人吃人了。然而，这位"龙王"渐渐地骄傲狂妄起来，常常兴妖作怪，使天下旱涝无常，百姓叫苦连天。于是，六郎神就将其打入东海，不让其随意出入。此"龙王"虽有错误，但毕竟功大于过，百姓们依然视其为吉祥物，逢年过节都要按其形象扎出可舞之龙，走村串户游耍一番，期盼来年风调雨顺，太平安康。这个故事编得很有看点：说龙是动物之王；认为龙成为动物之王，是动物需要管理、人与动物的关系需要重视和协调之因；龙的形象来自六郎神的杂取，即多元容合；成王后容易骄傲狂妄，龙王也不例外。

三、龙子

龙子，即作为神物的龙的儿子。中国民间故事中的龙子，大致有四种情形：（1）龙王的儿子。（2）龙母的儿子。龙母的儿子与龙王的儿子一般不重叠，即讲龙王儿子的故事时，一般不出现龙母；讲龙母儿子的故事时，龙王一般也不出现。（3）"龙生九子"之龙子，讲此类龙子故事时，龙王、龙母都不出现。（4）龙的一些容合对象，如蜥蜴、小鳄、小蛇、小鱼等。

中国古典小说中多有龙子形象，这类龙子多为龙王的儿子。如《封神演义》中被哪吒打死的东海龙王的三太子敖丙、《西游记》中化作"白龙马"的敖闰龙王玉龙三太子等。《西游记》中这位龙子不但驮了唐三藏一路，还常常在关键时刻"作人言"，甚至直接参与和妖魔鬼怪的搏斗。如在《邪魔侵正法，意马忆心猿》一回里，玉龙三太子就挺身而出，与施魔法将唐僧劫去的老虎精恶战了一场，负伤后口吐人言，洒泪敦促猪八戒去花果山请回孙悟空，以营救师傅。

河南开封有一座繁塔，始建于北宋年间，距今一千多年，是开封现存最早的古建筑。原塔六角九层，如今只剩三层。为什么只剩三层了呢？相传东海龙王最小的儿子叫"老苍"，这老苍贪玩触犯了天条，被贬到山西地面。下凡后，老苍勤劳为民，使山西风调雨顺。玉皇大帝闻报很高兴，就恩准老苍可在七月十五回东海探亲。这位龙子欣喜若狂，一路飞奔，路过开封时，尾巴缠到了繁塔上，扯了几下没扯开，性急的它便使劲一甩，结果，将繁塔的上半截连同尾巴一同甩到东海去了。

到了泰山白龙池，东海龙王的幼子变成了"小白龙"。传说此池是小白龙管理泰山雨水之事的"公府衙门"，因此汉唐至宋历代帝王都要派重臣来这里焚香投简以祷龙祈雨。相传这位龙子曾变作一个英俊少年，到家住泰山南麓的田家打工，田父见其勤劳忠厚，就把小女儿许配给他。小白龙每夜灌田，却从无辘轳声。乡邻疑惑，便在夜里偷偷窥视，只见白光数丈，银鳞万点，井里吸水，田间喷吐，乡邻惊骇不已。小白龙见事已泄露，只好告别贤妻岳父，飞回傲徕峰下白龙池居住。

广东潮州韩江岸边有一座龙母庙。庙称"龙母"，其形成却与南海龙王之子有关：相传潮州城北某老妇人，在韩江边看见一条奄奄一息的小青蛇，顿生恻隐之心，便将小青蛇捡带回家，精心饲养。小青蛇身体见好后，老妇人将其放回韩江，嘱其若有机会便为民造福。不久，韩江发水，冲堤毁屋，田园变成泽国。官府组织抗洪，填堵缺口，却无济于事。一夜，小青蛇给老妇人托梦，说它本是南海龙王之子，韩江发洪是白龙作祟，它要击败白龙，堵缺口，退洪水。第二天，老妇人和众民工果见江水中有青白两龙相斗，众人遂呼喊为青龙助威。青龙愈战愈勇，终将白龙咬杀。接着，青龙游向缺口，以身相堵，却还是短了一点。老妇人见状，便飞身跳入江中，抓住龙尾，续在其后。堤坝缺口终于合拢，洪水退去。后来，人们便在原来决堤的地方建起庙宇，以纪念老妇人和青龙。

上述传说故事中的龙子，或勇斗精怪、助唐僧取经，或勤劳为民、造福一方，总之都是正面形象。当然，龙子也不全是好的，也有形象、作为都是负面的龙子。

如讲述与八仙争斗的花龙太子的故事,其情节略云:龙宫里有条花鳞恶龙,是龙王的第七个儿子,被称为"花龙太子"。某天,花龙太子在水晶宫外游荡,闻海面上有仙乐之声,见美貌的何仙姑与汉钟离、韩湘子、吕洞宾、铁拐李、蓝采和、张果老、曹国舅等七仙同坐于雕花龙船,便掀浪打翻龙船,把何仙姑劫至龙宫。七仙杀向龙宫,各显法宝,与花龙太子打斗。花龙太子斗不过七仙,向龙王求救。龙王把花龙太子痛骂一顿,送出何仙姑,好话讲了一百零五斗,八仙还是不肯罢休。龙王没办法,只好请来南海观音大士讲和,一场风波才算平息。这位花龙太子,就是一个贪色的、丧失龙德的龙子。

广西兴安县的古灵渠边上,一块巨石拔地而起,这便是有名的"飞来石"。飞来石和一龙子有关。因为灵渠要沟通湘江和漓江,湘江水有三分要流到漓江里。相传看守湘江的是东海龙王的独角太子,它不满这种安排,便在灵渠竣工时用尖利的独角将堤基撞崩。先后有两个主管工程的将军因此被杀。第三位将军得到一位老人的帮助,这位老人是白鹤大仙变的,他给将军一支香,嘱他危急时点起。堤成放水那天,独角龙子果然化作一个怪兽,凶猛地向堤坝撞来,将军急忙将香点起。于是,在怪兽撞及堤坝的刹那间,从天外飞来一块巨石,将其牢牢地镇压在那里。

湖南桃源县的"楚山春晓"是很有名的。每年冬末,其他地方还未从隆冬中苏醒的时候,这里已花木发芽,蓓蕾初绽了。为什么会这样呢?据说桃花村的春天,每年都是由一位叫春姑的俊姑娘在立春这天前来报告的。春姑一来,百花盛开,冬意尽除。可是这一年,立春过了好久,这一带还是冰封世界。原来是一位冰龙太子向春姑求婚,春姑没有答应,冰龙太子便将春姑锁在了遥远的山洞里。村里有位楚哥,发誓要把春姑接回,他历经千辛万苦找到了冰龙太子居住的山洞,灌醉龙子,救出了春姑。他背着春姑朝回赶,刚到桃花村就累死了。人们感念楚哥,为他垒起高高的坟冢,起名楚山。从此以后,每年春天到来之前,春姑都要先来这里看望楚哥,哭祭一番,于是楚山一带就春来早了。

和龙王的传说故事一样,龙子的传说故事也都是人们编传的。龙子形象的好与不好,实际上是人间青年男子好与不好的反映。有什么样的人,就有什么样的龙。人们编传龙子故事的目的，是想立一面镜子，让人们，尤其要让年轻的男性同胞在这面镜子前照照自己，借以警示、鞭策，起到弘扬正气、鞭挞邪恶的作用。

第六节　龙母龙子

龙母，即龙子的母亲。在中国民间故事中，龙母与龙王的出身有区别，一般情况是：龙王本来就是龙，如四海龙王；龙母本来不是龙，而是人，是人通过养育龙子而成为龙母。因此，龙母与龙子是相应出现的，有龙母必有龙子。龙母龙子的出现，将作为神物的龙世俗化、伦理化、人情化了。龙的世俗化、伦理化、人情化，使龙走下了神坛，和老百姓的日常生活发生了多种形式、多种样态的关联。

龙母与龙子的故事流传于四川、广东、广西、黑龙江、湖南、浙江、天津、河北、山西、陕西等广大地区，其中典型者，有"望娘滩""龙母传奇""小黄龙和大黑龙""秃尾巴老李"等，它们分别反映着龙母与龙子故事的"吞珠化龙型""拾卵孵龙型""吃果生龙型""感应生龙型"。

一、"望娘滩"：吞珠化龙型

"望娘滩"的故事流传于四川，其情节略云：川西平原某村住着一户聂姓人家，聂妈妈与儿子聂郎相依为命。聂郎有一天到附近赤龙岭割草，忽见一只白兔闪出，聂郎追至卧龙谷岩下，白兔消失，却有一垅青草出现。聂郎接连两天都去那里割草，那草非常奇怪，头天割了，第二天又生长出来。聂郎想把草搬回家去，刨土时发现草根底下有一汪水，水里有一颗晶亮的珠子。聂郎把珠子带回家，藏到米坛子里。第二天发现米已满坛，珠子在米之上。从此以后，珠子放在米里米涨，放在钱上钱增。家中有了钱米，聂家母子就不再为吃穿发愁，还可接济乡亲。聂家藏有宝珠的消息传开后，村中恶霸周洪派管家带人来到聂家，说聂郎偷了周家的家传宝珠，若不交出珠子，就送官府办罪。争抢中，聂郎把珠子放进嘴里，吞入肚中。周家人抢珠不得，就将聂郎打致昏迷后离去。夜间，聂郎醒来口渴，喝干了聂妈妈递的碗中水，又喝干了家中水缸水，后又冲出家门，风雨雷电之中，将附近河水喝了一半……直喝得头上长角，嘴边长须，颈上生鳞，变成了一条蛟龙。这时，周洪带人追来，要剖开聂郎的肚子取宝珠。聂郎扑向河流，掀起万丈波涛，将周洪等人卷入水中，悉数淹死。雨停天亮，聂郎在河水中仰头向妈妈告别，聂妈妈站在河边石上呼叫儿子。聂郎在水里听到妈妈喊一声，就仰头望一下，那望娘的地方就变成了一个滩。聂妈妈连喊了二十四声，聂郎仰头望了妈妈二十四次，那地方就变成了二十四个滩。后来，人们将那地方取名叫"望娘滩"。

从这个故事可以读出：聂郎发现并带回家中的宝珠，出自赤龙岭卧龙谷，暗示此珠是龙珠。聂郎因吞下龙珠变成了龙，因此这一故事可归入"龙母原型"之"吞珠化龙型"。龙离不开水，聂郎在变龙过程中要喝大量的水，变成龙后，可以发洪掀浪。故事中的龙珠、龙具备助弱济困、惩恶扬善的功能。龙是神物，但与人有亲缘关系。

流传于浙江绍兴的"龙池山"也属这一类型，其情节略云：村女阿囡下河摸螺蛳时，摸到一颗宝珠，她将宝珠含在嘴里，却不慎咽到了肚子里。这颗宝珠是一颗龙珠。阿囡从此力气日渐增大，车水胜过众人。有一天阿囡在屋里洗澡，其母去看，发现一条雪白的长龙盘满了澡盆。因被俗眼看见，不能复原，阿囡遂作白龙飞出窗外。其母哭追，白龙遂用尾巴划出一个水池，然后飞向云天。从此，箬篑山上有了一口"龙池"，龙池的水直通东湖，使这一带从未缺水受旱。阿囡母亲去世后，人们将其葬于龙池边。人们常能看到白龙从天上下来望其母的坟，白龙一来，当地就风调雨顺，五谷丰登。

二、"龙母传奇"：拾卵孵龙型

广东德庆县悦城镇位于西江、程溪、泽水三江汇流处，渔女豢龙、五龙护母的传说故事就发生在这里。

说是周秦时代某一天，渔翁梁三清早出门，来到三江水口，想趁西江汛期，多起几罾鱼。往日他在这里捕鱼，总能捕上一些鱼虾，谁料今日忙了大半天，拉罾绳的手都发麻了，却一无所获。梁三正在发呆，忽从西江上游漂来一只木盆，漂到他的面前就停住了。他定神一看，原来木盆里装着一个又白又胖的婴儿，正啼哭不止，好不令人辛酸。梁三是个单身汉，本无儿女，他多想把这个漂来的婴儿抱回家养育，可转念一想，自己家无隔夜粮，怎能让这个可怜的孩儿陪着自己受苦？想到这里，他伸出去的手又缩了回来，拿起竹竿，把木盆轻轻地往江心推去，说："苍天保佑，愿你在前头遇上好心人家。"说也奇怪，木盆随着一股漩流，又转回梁三跟前，如是一连三次，梁三暗暗称奇："既然我与你这般有缘分，也许是天意。好吧，这一罾如果能打到鱼，我马上抱你上来。"梁三再次拉起鱼罾，果然捕到上百斤鱼。他高兴极了，赶忙抱起婴儿，木盆这时也漂走了。梁三回家，发现婴儿身上还有年庚八字："温天瑞，辛未年五月初八日子时生。"

这个漂来的女婴，就是后来的悦城龙母。

话说女婴生得眉清目秀，聪明伶俐。她从小勤奋好学，过目不忘。转瞬之间，过了十几个春秋，她已经长成一个亭亭玉立的大姑娘了。家中的事情，她样样会做，绣出的花草会放出芬芳，绣出的鸟雀像活的一样，她还造出了"方舟"，使大家渡江过海十分方便……

有一天，她到程溪浣纱，忽见从水底射出一道耀眼的光芒，她顺手摸下去，摸出一个五彩斑斓的巨卵，好看极了。这样的巨卵，她还是第一次见到，便像拾到宝贝一样把它藏起来。白天上山放牛，把它带在身边，晚上睡觉，把它放进被窝，抱在怀里。有一天，巨卵忽然裂开，从中跳出五个像壁虎一样的小动物来。这是什么东西？有人告诉她：是龙。从此，她便养育了这五个龙子，人们都叫她龙母。

这些小龙喜欢游水，爱吃鱼虾。龙母跟随养父梁三到西江边捕鱼时，把它们都带去，一齐放入江中。这些小龙总在她身边游来绕去，捉到鱼虾就送来给她。

五龙子一天天长大，身长几丈，腰宽合抱，纹分五彩，个性各异。其中最小的，也是龙母最疼爱的，全身斑纹，贪玩好动，也越来越野，有时它独自外出，一去就是好几天。有一次，它到西江河里游玩，吃饱鱼虾就在水中翻腾，掀起巨浪，冲决堤围，搞得渔夫不能打鱼，农民无法种庄稼。人们意见很大，有人还找上门来向龙母投诉。这一来，把龙母气昏了。斑龙回到家里，一见这情景，感到后悔莫及，便夹着尾巴，低下头来。龙母后悔平日对它过于迁就，以至酿成今日之祸。她想，五龙子刚出世时，在水碗里自由自在地游泳，后来稍大了就在池塘里戏水；现在长大了，就应放到大江大河里去，让它们翻腾，怎能把它们关在家里呢！于是，龙母对五子说："男儿志在四方。你们都长大了，要出大海，上长空，我赞成。但有一句话，你们要记住：无论家居或外出，都不能只顾自己快乐，要多为众人幸福着想啊！"她还特别对斑龙说："这次的教训，你好生记取，给你留一个记号吧。"斑龙伸出尾巴，龙母含着眼泪，用剪刀把斑龙的尾巴剪了一截，斑龙痛得大叫一声，腾空而起，飞出去了。其余四龙，随后跟踪而去，也向大海方向飞奔。从此几年不见五龙踪影。

有一年，西江一带遭遇大旱，田地龟裂，禾苗枯萎，人们焦急万分。再说，五龙子自从离开龙母后，历尽艰辛，也越来越思念自己的母亲，向往久别的故乡。这一天，五龙子腾云驾雾，一齐从南海之滨飞回西江，发现这里旱情十分严重，便返回南海吸足了水，再到西江两岸兴云布雨，缓解了旱情。风雨过后，它们才回家探母。起初，龙母看到五龙子一个个身披鳞甲，头角峥嵘，几乎认不出来了。幸而斑龙有她留下的记号，变成了"掘尾龙"。她一看，就知是自己的孩子，心里高兴极了。乡亲们都拥到她家里来，感激她育儿为龙，泽及一方。后来，南海龙王查出五龙子吸水抗旱的事，怀恨在心，便派虾兵蟹将到西江两岸竖起"水界牌"，牌子竖到那里，那里就泛滥成灾。"掘尾龙"知道后，自告奋勇，捉尽虾兵蟹将，拔掉"水界牌"，洪水终于退去。从此风调雨顺，西江百姓连年安居乐业。

悦城龙母育儿为龙、泽及一方的消息很快传遍国中。自命"真龙天子"的秦始皇闻听之后，特地派出使者，带着白玉黄金来到悦城，要召龙母入宫，岂料遭到拒绝。使者强行挟持龙母上船，日夜兼程，走了十天十夜，才到桂林，突然狂风大作，大雨如注，天昏地暗，船队被迫停航。次日早，使者发现龙母乘坐的木船不知去向。原来，五龙子闻讯追来，已把龙母接回悦城。这样，先后四次，被带走的龙母都被五龙子在半途截回。使者看到他们母子情深，只好空手而归，如实禀报。秦始皇亦为之感动，下诏敕封龙母为"秦龙母"。

龙母返回悦城后，适逢百姓同庆中秋佳节，养父梁三喜出望外，把刚从西江捕获的一条大鲤鱼煮得香喷喷的，要让龙母好好吃上一顿，可是龙母一口也没咽下，就被鱼骨卡住喉咙，吞不下去，又吐不出来，当晚就断了气。他们哪里会想到，这是海龙王指使鲤鱼精来干的勾当！

龙母不幸去世，乡亲们都很悲痛。大家把她葬在西江南岸。一天晚上，风雨大作，龙母坟竟连同四周草木一起移至西江北岸。原来是五龙子拥沙为坟，把龙母坟迁到龙母平日放牛、缉麻常坐的珠山宝地上。五龙子还化为五个秀才，披麻戴孝，在龙母坟旁守灵三年。后来，人们在墓侧建了一座"孝通庙"，千百年来迭经重建。今天的悦城龙母祖庙，仍被龙的传人看成是"四海朝宗"的圣地。

中国民间"龙母原型"类传说故事的最早文本，可以追溯至东晋文学家陶潜《搜神后记》中的《蛟子》："长沙有人，忘其姓名，家住江边。有女子渚次浣纱，觉身中有异，复不以为患，遂妊身。生三物，皆如鲩鱼。女以己所生，甚怜异之。乃着澡盘水中养之。经三月，此物遂大，乃是蛟子。各有字：大者为'当洪'，次者为'破阻'，小者为'扑岸'。天暴雨水，三蛟一时俱出，遂失所在。后天欲雨，此物辄来。女亦知其当来，便出望之。蛟子亦出头望母，良久方复去。经年，后女亡，三蛟子一时俱至其墓所哭之，经日乃去。闻其哭声，状如狗号。"大约与陶潜同时代的顾微在《广州记》（宋乐史《太平寰宇记》引）中记载："浦溪口有龙母养龙，裂断其尾，因呼其溪为龙窟，人时见之，则土境大丰而利涉。"

此后，南朝刘宋时期的沈怀远在《南越志》（宋乐史《太平寰宇记》卷一百六十四引）中也记载："昔有温氏媪者，端溪人也。常居涧中捕鱼，以资日给。忽于水侧遇一卵，其大如斗，乃将归，置器中，经十许日，有一物如守宫，长尺余，穿卵而出，媪因任其去留。稍长五尺，便能入水捕鱼，日得十余头。再长二尺许，得鱼渐多。常游波中，萦回媪侧。媪后治鱼，误断其尾，遂逡巡而去。数年乃还。媪见其辉光炳耀，谓曰：'龙子，今复来也。'因得之盘旋游戏，亲驯如初。秦始皇闻之曰：'此龙子也，朕德之所致。'诏使者以赤珪礼聘媪。媪恋土,不以为乐,至始安江,去端溪千余里,龙辄引船还,不逾夕至本所。如此数四,使者惧而止,卒不能召媪。媪殒,葬于江阴。龙子常为大波至墓侧,萦浪转沙以成坟。土人谓之掘尾龙,南人为船为龙掘尾,即此也。"

《太平广记》卷四百二十四引有唐刘恂《岭表录异》中的《温媪》篇:"温媪者,即康州悦城县孀妇也。绩布为业。尝于野岸拾菜,见沙草中有五卵,遂收归,置绩筐中。不数日,忽见五小蛇,壳一斑四青。遂送于江次,固无意望报也。媪常濯浣于江边。忽一日,见鱼在水跳跃,戏于媪前。自尔为常,渐有知者。乡里咸为龙之母,敬而事之。或询以灾福,亦言多征应。自是媪亦渐丰足。朝廷知之,遣使征入京师,至全义岭,有疾,却返悦城而卒。乡里共葬之江东岸。忽一夕,天地晦暝,风雨随作。及明,移其冢于西,而草木悉于西岸。"

流传于广东德庆的"龙母传奇"故事,就是以上记述的演绎。我们从中可以读出:五龙子是由龙母拾到的巨卵孵出的,因此,这一故事可归入"龙母原型"之"拾卵孵龙型"。故事反映了人与自然,尤其是人与动物相互依存的亲和关系。龙母养育的龙,其原型非蛇即鳄,因为蛇、鳄是卵生的,且与水关系密切。故事同时还反映了人与龙(神)相互依存的亲和关系。龙母的作为,或者说以龙母为中介,将作为神物的龙人性化了。人施恩爱于龙,龙就以孝行回报于人。人与龙发生关系,往往就会秉承其造福众生的品性,做有益于社会的事。发生在民间的祥瑞之事,尤其是"龙事",往往能引起朝廷的关注和重视。龙文化既是民间文化,也是官方文化。为了突出龙母和龙子造福一方的功绩,故事让海龙王以负面形象出现。

史学界和民俗学界的一些专家学者考证认为,悦城龙母是秦代生活在西江上游一个庞大的龙族支系的领袖,是西江流域龙的传人的一位始祖。西江是珠江流域最大的水系,流经滇、黔、桂、粤四省区,以龙母为主题的传说故事,盛传于粤之德庆悦城以及桂之梧州、大明山等地。两千多年来,人们口口相传,赋予龙母以超人的神奇功能,说她不仅能织能耕、能渔能牧、能医能护,还担当了整治水患、抗击洪涝灾害、执仗护航、保护百姓生命财产、行善积德、为民消灾除祸等职责。在人们心目中,龙母已成为美善的代表和化身，是与"妈祖"齐名，有功于国的女中英杰、有恩于民的良慈圣母。作为民间习俗，龙母崇拜和信仰已遍布珠江流域，在港澳地区和海内外华人中也影响深远。

有研究者进一步指出：粤桂地区的龙母传说存在着文本间性，可以互为参照。龙母崇拜承载着人们风调雨顺、福佑安康、生殖繁衍等美好心愿，有着图腾崇拜、水神崇拜和女性生殖崇拜等多元文化内涵，其形成主要与粤桂地区民族融合的历史渊源、当地炎热多雨的自然环境、以水为本的生产方式和信众心态等有密切关系。龙母崇拜对龙母文化的发展起到了内涵支撑的作用，研究其多元文化内涵有利于实现粤桂龙母文化的生命传承，增加产业发展的深度。[①]

三、"小黄龙和大黑龙"：吃果生龙型

"小黄龙和大黑龙"故事流传于云南大理，其情节略云：大理崇圣寺北双鸳溪旁一村姑，因食溪水中飘来的绿桃而怀孕，被赶出家门。十个月后，村姑生下一个男孩。孩子降生时，有凤凰展翅遮风挡雨；村姑每天要外出割草，顾不了孩子，就有蟒蛇爬来给孩子喂奶。其时，有大黑龙的老婆与小白龙相好，偷走了丈夫的龙袍。大黑龙为了找回龙袍，一面堵住洱海水不让外流，一面到处翻腾，掀翻船只，冲毁田园。南诏大衙贴出告示，招募义士制服大黑龙。少年得知此事，毅然揭了告示。按少年要求，官府为他做了一个铜龙头、两对铁爪子、六把尖刀、三百个铁包子，又蒸了三百个面包子，还扎了三条大草龙。又安排数十村民划一艘船在海面助威。一番武装后，少年一跃入海，瞬间变成一条小黄龙，与大黑龙厮杀起来。小黄龙打饿了，乡亲们给它丢面包子；大黑龙打饿了，乡亲们给它丢铁包子。连打了三天三夜，大黑龙痛得张嘴乱吼，小黄龙趁势钻进它的腹中，用满是尖刀的身子拼命翻滚。大黑龙实在忍受不住了，连声向小黄龙求饶，说只要小黄龙赶快出来，它就立马离开洱海。于是小黄龙捅开它的一只眼睛，从眼眶里钻了出来。瞎了一只眼的大黑龙拼命向西洱河逃去，一头撞开了江风寺下的大石

---

① 陈雪军、冼欣宜：《论粤桂龙母崇拜的多元文化内涵》，《广西师范大学学报（哲学社会科学版）》2018年第6期。

岩逃往澜沧江，海水也随其退去。小黄龙打败了大黑龙，却再也无法变回人形。其母在岸上连声呼唤，小黄龙忍不住一露头，其母亲便被吓死了。为了纪念这对母子，人们在洱海丰乐亭边建了龙王庙供奉小黄龙，又在双鸳溪边建了龙母祠，把小黄龙的母亲封为绿桃村的本主。

从这则故事可以读出：龙珠也可以以水果（桃子）的形象出现，女子吃水果而怀孕，生下本质为龙的男孩。据此，可将这一故事归入"龙母原型"之"吃果生龙型"。龙还可以以人的形象出现。龙与人血脉相连，人可以生龙，人所生之龙，必然具备人的向善的本性。有善龙就有恶龙，在人的帮助下，善龙能够战胜恶龙。

流行于河北邯郸、山西沁源、陕西榆林、天津塘沽、浙江温州等地的龙母故事，也属"吃果生龙型"。

邯郸龙母故事的说法是：古时，一个叫房宝的姑娘与嫂子一起去河边洗衣，水上漂来一个桃子，房宝捞起来吃了，随之有孕。其父认为有辱家门，将其赶到山中。之后房宝的哥哥进山探望，见九条小龙围绕在房宝周围。不久雷电交加，九龙腾空而起。于是远近传开，说房宝是圣母，生下了九龙。

沁源龙母故事与邯郸龙母传说比较接近。区别是，某村女不是吃了河里漂来的桃子，而是吃了龙公从王母娘娘蟠桃会上取回的五个仙桃；生下的不是九条龙，而是五条龙。这五条龙除五龙子作恶，被龙母击打化作一道山岭外，其余四龙子长大后，龙母把它们送出去做了"四海龙王"。榆林龙母故事与沁源龙母故事接近，也是村女吃桃有孕而生五龙，不过，那桃子又是从水上漂来的，五龙的结局是分别化成了五条水流。在塘沽龙母故事中，村姑吃的是苹果，也是生下五龙。

温州龙母故事中，吃的是石子而不是水果，这可视为"吃果生龙型"的变种。《古今图书集成·神异典》引《温州府志》云："龙母庙，庙在瑞应乡黄塘。神姓江氏，方笄未嫁，浣纱见石，吞之，遂有娠。以父母疑，跃江溺死。忽雷电交作，其腹迸蜥蜴成龙入海，犹回顾其母。今其港有望娘汇。邑人因葬之，为立祠。"清同治丙寅重刊乾隆《温州府志》卷三十《记异》云："龙母。永嘉苍山周氏女及笄未字，汲水溪边，见一卵悦之，取含于口，不觉吞下，遂有娠。后产一白龙，女惊死。乡人取其骸骨塑以泥，置岩洞间,旱则迎之祈雨。"所记与上述略异。

"吃果生龙型"除有感生神话的影子外,还有一个重要因素,就是对未婚先孕的遮掩和转化。龙母因生龙子而具备了龙性,进而担当起司水理水、行云布雨的神职。广东、广西传说中的龙母有除旱抗涝的功能,河北、天津等地传说中的龙母同样有行雨施惠的恩绩。

四、"秃尾巴老李":感应生龙型

"秃尾巴老李"的故事流传于黑龙江、山东等地,其情节略云:黑龙江的名字起初不叫黑龙江,江里住着一条白龙,据说此白龙是在大禹治水时逃到这里,常使江水泛滥,为害两岸百姓。有李姓兄妹住在山东胶州湾,某年夏天一天,其李妹到海边洗衣后,倒在滩上睡了一觉,之后腹部一天天凸起。第二年春天一个风雨夜,李妹分娩,生下一条小黑龙。这小黑龙吃奶时非常有劲,吮得母亲晕了过去,当李妹苏醒过来,小黑龙却已不见。之后小黑龙每天晚间都回来吃奶,饱了便出去。几个月后,李哥外出归来,李妹说及生下小黑龙事,李哥听后,磨菜刀以待。天黑后,当小黑龙回来吮吃娘奶时,李哥闯进屋,照着小黑龙就是一刀。霎时光闪雷鸣,小黑龙冲门而出,炕沿下落着一条被砍掉的龙尾。事情传出,因小黑龙无父,便随母姓李;又因被舅舅砍断了尾巴,故乡人为其起绰号"秃尾巴老李"。若干年后,黑龙江边一个老船夫收留一青衣黑面小伙,小伙告诉老船夫:"我是一条黑龙,叫秃尾巴老李。从离开娘怀,再也没有回家,一直住在东海,常常听到北方有哭声,今年寻着哭声找来。原是这江里的白龙作怪,年年发水闹灾。我想把白龙赶走,今天已打过一仗,白龙被我打败,潜在水中,约我明日正响午时再战。可是白龙家在这里,饿了有吃的,我从远乡来,饿着肚子怕打不败它。"于是,老船夫答应帮助小伙,并按小伙说的方案,与住地的工友、老乡相约,做了充分准备。第二天,当黑白两条龙在江中打斗时,守在江边的众人见江面黑水翻上来,就把成筐箩的馒头扬下去,高呼:"秃尾巴老李,我们帮你来了!"见白水翻上来,就把一抬筐一抬筐的石头投下去,且投且骂:"凶恶的白龙,快滚!"如此反复多次,直到江面上恶浪不起。次日清早,小伙来见老船夫,笑着说:"请告诉乡亲们尽管放心,我来管辖这条江

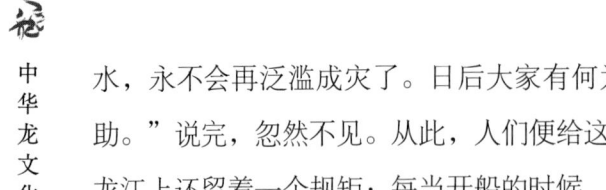

水，永不会再泛滥成灾了。日后大家有何为难，只要言语一声，我就能帮助。"说完，忽然不见。从此，人们便给这条江取名黑龙江。直到现在，黑龙江上还留着一个规矩：每当开船的时候，艄公开口先问："船上有山东人吗？"坐船的不论哪个，只要应一声"有！"艄公便开船。据说这样一问一答，不管遇到什么风浪，也会保得平安无事。

"秃尾巴老李"的故事有多种版本，此为其中之一，其他版本的情节与此大同小异。从这个故事中，我们可以读出：人通过某种形式的感应，即可受孕生龙。这个故事即属"龙母原型"之"感应生龙型"。感应生龙的实质是人神相通，是人的神性的曲折表现，也是神的人性的文学呈示。因为龙为人所生，故事中的"秃尾巴老李"即小黑龙长大后，就具备人的向善的品质，按人的愿望做事，为人服务。故事中的黑龙白龙之斗，是人与自然界不利于人生存的力量相争斗的反映。

史书中也有"感应生龙型"故事。前文提到的陶潜《搜神后记》中的《蛟子》，讲的就是感应生龙的故事。还有明代学者邝露《赤雅》中的《龙母山》："容县南白花村，有龙潭，渟泓莫测。瑶女饮水，为龙所据，阴云罩幕，既归，常有寒气，人莫敢近，女亦勿觉也。岁余产龙，无血，水数升，云下雾挟去，母无恙。数年母卒，既殓，龙拥其骸向潭。潭侧万峰回拱，成一月堂。众随去，石裂，龙负骸入，龙出石合。与褒城张鲁女浣衣事同。庾信所称南国女郎砧者，是也。庙在梧江，祝风雨辄应。"

地方志书也有此类记载。清雍正本《文登县志》："县南柘阳山有龙母庙。相传山下郭姓妻汲水河崖，感而有娠，三年不产。忽一夜雷雨大作，电光绕室，孕虽娩，无儿胞之形。后每夜有物就乳，状如巨蛇，攀梁上，有鳞角，怪之，以告郭。郭候其复来，飞刀击之，腾跃而去，似中其尾。后其妻死，葬山下。一日，云雾四塞，乡人遥望，一龙旋绕山顶。及晴，见冢移山上，墓土高数尺，人以为神龙迁葬云。后秃尾龙见，年即丰。每见云雾毕集，土人习而知之，因构祠祀之。后柘阳寺僧取龙母墓石，风雨大作，雹随之，其大如斗，寺中尽黑气，咫尺不见。周围里许，二麦尽伤，独龙母庙花木皆无恙焉。"

人生龙、龙被砍断尾巴事，清袁枚所著《子不语》也有记载，其《秃尾龙》篇云："山东文登县毕氏妇，三月间沤衣池上，见树上有李，大如鸡卵，心异之，以为暮春时不应有李，采而食焉，甘美异常。自此腹中拳然，遂有孕。十四月，产一小龙，长二尺许，坠地即飞去；到清晨，必来饮其母之乳。父恶而持刀逐之，断其尾，小龙从此不来。后数年，其母死，殡于村中。一夕，雷电风雨，晦冥中若有物蟠旋者。次日视之，棺已葬矣，隆然成一大坟。又数年，其父死，邻人为合葬焉。其夕雷电又作。次日，见其父棺从穴中掀出，若不容其合葬者。嗣后村人呼为'秃尾龙母坟'，祈晴祷雨无不应。"

第七节　龙女尘缘

中国民间故事中的龙女与佛教有关。前边讲过，佛经的广泛传布，与中国本有的龙文化、水神文化及尊王心理交融互渗，尤其是宋代及宋以后的帝王们对龙神封王加号所产生的重要而深远的影响，共同导致了龙王文化在中华大地上的滥觞和兴盛。有龙王，自然就会有龙女。中国民间故事中的龙女，多是人形化、人格化、人情化的，她们和人间的美好女子一般，有嗜好、脾气、性格。可以说，出现在民间故事中的龙女，不过是尘世间的女儿们"进了龙宫"而已。龙女们的喜怒哀乐，说到底，依然是尘世间女儿们的喜怒哀乐。

《妙法莲花经》载：娑竭罗龙王有一女儿，年刚八岁，便"智慧利根"，常听文殊师利菩萨讲解《法华经》，"深入禅定，了达诸法"，后来见佛献宝，变为男身，立地成佛。《法苑珠林》里也记载了一个龙女故事。当菩萨"受彼乳糜"，即接受他人呈献的加有牛羊奶的米粥，端至尼连禅河时，这个龙女便"从地涌出"。这两段记载反映了大乘佛教的修行观，因为在小乘佛教的经典里，言"女身垢秽"，是不能成佛的。

在观音菩萨身边，有一对童男童女，男的叫善财，女的叫龙女。民间相传这位龙女原是东海龙王的小女儿，某天偷着从龙宫里跑出来，化身渔家女，到一个小渔镇看渔民"闹鱼灯"。不巧被茶水泼身，奔海途中变成了一条大鱼，被两个捕鱼小子捡到，扛到街上叫卖。此情景被观音菩萨看在眼里，就派善财童子以香灰为碎银，赶到街上将鱼买下，扛至海边放生。龙女回到龙宫，遭到龙王斥责，被赶出宫门。观音菩萨见状，就派善财童子将龙女接到身边，做了侍女。这则传说至少表达了三个意思：龙女羡慕人间生活；观音菩萨慈悲心肠；龙小于佛且受佛支配。

龙女虽出自佛经，但一到中国，便融入中国人的精神生活，具有了鲜明的中国特色。

《太平御览·珍宝部》卷二引《梁四公记》载，洞庭湖山南有一个深百余尺的洞穴，沿着这个洞穴"旁行五十余里"，便到达一座龙宫。东海龙王第七女在这里掌管"龙王珠藏"，一千多条小龙帮助龙女卫护。这个龙女嘴馋，喜吃烧燕。梁武帝便投其所好，以烧燕结交龙女。龙女食后大喜，遂"以大珠三、小珠七、杂珠一石，以报帝命"。梁武帝一下子得到这么多宝珠，不禁喜形于色。这位龙女以珠宝回报人间帝王，倒也潇洒大方。另有一位龙女，努力充当人间帝王的知音，让帝王怀念不已。《太平广记》卷四百二十引《逸史》载，唐玄宗李隆基在东都洛阳，大白天梦见一位漂亮女子跪拜在他的床边，说："妾是陛下凌波池中龙女，卫宫护驾，妾实有功。今陛下洞晓钧天之音，乞赐一曲。"玄宗闻言，便在梦中操起胡琴，"拾新旧之声为《凌波曲》"。玄宗醒后，让乐官们临池演奏梦中新曲，但见池中波涛汹涌，一会儿又归于平静，有神女出现在波心，"良久方没"，于是便在池上修庙，每年都要祭祀一番。

民间流传的龙女故事也比较多，如"张打鹌鹑李钓鱼"，其情节略云：传说李钓鱼钓得一条大鲤鱼，被张打鹌鹑救下。这鲤鱼是东海老龙的五小子变的。老龙为了谢张，就派夜叉将他接到龙宫。张听了夜叉的指点，什么珍宝都不要，只要老龙面前的那个"猴哈巴狗狗"。这个"猴哈巴狗狗"便是龙女。回家后，龙女为张做好吃的饭菜，还帮张种地。地主王员外的恶少贪图龙女的美貌，要和张换老婆。龙女在巡海夜叉的帮助下，斗败了恶少，烧了王员外的家宅，从此和张打鹌鹑过起了安生日子。又如"龙女和三郎"，其情节略云：王三郎因穷困被逼退亲，吹竹笛一吐幽怨。笛声晃动了水晶宫，折断了珊瑚柱。龙王派乌贼婆将三郎请来，做了三位公主的师傅。三位公主中，唯三公主用心学习，并倾心于三郎。龙王震怒，拔一根胡须，让蟹将缝了三郎的嘴巴，将其放逐在西海小岛，然后将三公主许配给西海龙王的太子敖龙。在敖龙迎亲时，三公主逃走，并在乌贼婆的帮助下，迷惑了敖龙的虾兵蟹将，将三郎背上了岸。这时，大公主二公主赶来，带了许多珍宝和龙王的旨意：让三公主百年后返回大海，仍旧嫁给敖龙。三公主表示"天长地久，跟三郎在一起"。他们找了一个地方住下来，三公主在乌贼婆的帮助下，把从三郎嘴上拔下来的龙须放入大缸，变作金鱼，遂靠养鱼卖鱼过起了快乐的日子。

甚至"龙抬头节"，也被编成与龙女有关的故事：东海龙王生了三个龙子，就缺一个龙女。王母娘娘闻知此事，就给龙母吃了一颗仙丹。龙母怀孕，于次年二月初二生下漂亮聪慧的龙女。龙女长大后，厌倦了水下龙宫的生活，渴望到人间去寻找幸福。龙母体谅女儿，便悄悄送龙女出宫，还给她带了一个锦囊。龙女出海，飞江过河，来到一座大山下。只见田地干裂，庄稼几近枯萎，只有一个青年在田里吃力地劳动。龙女上前询问，知其家有老母要养，他要以勤劳换得几分收成。龙女顿生同情，便从锦囊中取出几粒红豆，撒向田野，田里顿时兴起雨雾，干枯的禾苗泛出绿色。青年见状施礼，求其恩惠广布，搭救方圆几百里被旱情折磨的穷困百姓。龙女感其心善，便从锦囊里抓了一把红豆抛上天，顿时电闪雷鸣，一场大雨酣畅而下。旱象解除，四面山青草绿。青年向龙女致谢，龙女言"不用谢我，只求我俩百年好合"。小伙一听，好事来了，就美滋滋地把龙女领回家。龙女带着锦囊出走的事终被龙王知道了，它非常恼怒，斥责龙母，还不让龙母去看望女儿。龙母天天想念龙女，便于每年农历二月初二浮出海面，抬头向女儿离开的方向痛哭一场。它的哭声变成了雷声，眼泪化作了春雨。这便是"二月二，龙抬头"的来历。

龙女的传说故事，多是"穷汉福从天降，龙女变作新娘"的模式，一般都以喜剧结局。

世上有这样的事情吗？从民间既有美丽、善良、温柔、重情的女子，也有勤劳、淳朴、阳刚、诚厚的男子来讲，这样的传说故事不能说完全没有事实依据。但在古代社会，这样的事实依据是不会多的。即使生活在社会开明、思想解放、通信发达、交往便捷的今天，也没有谁能完全做到想和哪个"白富美"的女子生活在一起就生活在一起。而对受"三纲"束缚的古代人，尤其对那些无权无势又无钱的穷苦人而言，与出身高贵、美若天仙的女子发生爱情、婚姻关系的可能性，应该说是小而又小的。许多龙女故事，反映的都是编传者们的美好愿望而已。

第八节 造福众生

造福众生是龙的一个基本的、重要的精神。龙的造福众生的精神，在民间故事中多有体现，前面介绍、分析的参与创世、神化先祖、喻比人杰、结缘佛道、龙王龙子、龙母龙子、龙女尘缘等，都有龙造福众生的内容，本节再举几例，对龙的造福众生的精神做一专题讨论。

一、司理雨水

雨水是人类赖以生存和发展的最基本的自然条件之一，它与古人的生产生活有着极为密切的关系。风调雨顺则五谷丰登牧草茂盛民事康乐，久旱不雨则草干稼死乃至颗粒无收人畜无食，雨水过多又会造成洪涝灾害。相对而言，人们对雨水的欢迎要多于对雨水的厌恶。在《诗经》里，就有喜欢雨水的句子："有渰萋萋，兴雨祁祁。雨我公田，遂及我私。"然而，作为一种自然天象，阴晴雨霁是不依人的意志为转移的，它往往不"知时节"，该雨的时候久久不雨，该晴的时候又久久不晴。古人对这些自然现象不可能有科学的理解，他们相信有超自然的天神主管着这一切，于是就把希望寄托在超自然的天神身上，相应地，也就产生了天旱时求雨、雨涝时求晴的祭祀民俗，以及相关传说、故事。

没有充分的证据说明龙就是先民心目中最早的主管雨水的天神，但先民们在龙的容合之初，就意识到龙和雨水有密切的关系，这一点却是肯定的。商周至秦汉，是龙的形象初具规模的时期，也是龙的雨神身份接近确立的时期。成书于汉代的《列仙传》将赤松子奉为雨师，所谓"赤松子者，神农时雨师也"。据说神农时代，曾"川竭山崩，皆成沙碛"，连日大旱不雨，"禾黍各处枯槁"。这时，有一个"野人"出现了，他面容古怪，言语癫狂，上披草领，下系皮裙，蓬头跣足，指甲长如利爪，遍身黄毛覆盖，手里拿着一根柳枝，一边狂歌乱舞，一边高喊：我就是赤松子！我在王屋修炼了多年，才跟随赤真人南游衡岳。"真人常化赤色神首飞龙，往来其间"，我"亦化一赤虬，追蹑于后"。赤虬，即红色的有角小龙。这条小龙，"朝谒元始众圣"，因能够"随风雨上下，即命为雨师，主行霖雨"。可见，尽管赤松子以野人的形象出现，但其另一番面目却是一条赤色的龙。

最早的直接称龙为雨师的记载，见于晋代葛洪所撰《抱朴子》："山中辰日有自称雨师者，龙也。"晋之后，李靖、陈天君曾做过雨师。据《山西通志》载，翼城县西望村有一座风雨神庙，庙里敬奉的神灵就是唐卫公李靖。李靖的故事最早见于唐代李复言撰《续玄怪录》，叙述有些啰唆。宋代陆佃撰《增修埤雅广要》叙述简练，该书第十四卷《龙化姥》篇曰："李靖射猎山中，宿一朱衣家。夜半叩门急，一老姥谓靖曰：'此龙宫也。天符命行雨，二子皆不在，欲奉烦何如。'命取骢马，一小瓶，戒曰：'马蹶嘶鸣，取水一滴马鬃上，此一滴乃地下一二尺，慎无多也。'既而电掣云开，连下二十余滴，夜半平地水二尺。"看来，李靖是借宿到"龙宫"里去了。而那妇人显然是一位龙母，本来是叫两个龙子去行雨的，无奈龙子不在，才请李靖帮忙。这无疑是说，李靖不过是代替龙行了一回雨，真正的雨师还是龙。

事实上，雨师的职任有一个由混乱、多方到基本归一的过程。随着龙崇拜的普及，诸位雨师的形象、作用逐渐弱化、模糊化，龙的雨师形象日渐强化和突出。尤其是"龙王"的名称随着佛教的传播，加之宋代及宋以后的帝王们对龙神封王加号所产生的重要而深远的影响，作为司理雨水之神，龙王几乎取代了其他雨师和水神，赢得了广泛的崇拜和祭祀，遍布各地的大大小小的龙王庙便是其"物证"——至于是否称龙王为雨师，就无关紧要了。

龙之所以能将诸位雨师取而代之，盖由于其"水物""水相"的出身，以及它喜水的神性。出身和性格，使龙顺理成章、自然而然地成为司理雨水之神，其职任也是其他神灵不能取代的。作为雨水之神，民间龙的传说、故事可谓不胜枚举。

《灵怪录》载，一个姓房的先生在终南山中修学，忽然听到一阵类似敲击铜器的戛戛之声。山中父老告诉他："这是龙吟，不久就有大雨降临。"房先生抬头观望，但见云气游动，片刻后果然骤雨如注。此后每每听到这样的声音，都要下雨，可谓"征验不差"。《增修埤雅广要》载，有位和尚讲经，一个老头儿来听，自我介绍说他是山下的龙，因为天旱才得空来这儿。和尚问："你能救旱吗？"龙说："天帝把江湖封了，有水用不成。"和尚说："这砚中的水能用吗？"龙点点头，就吸了砚中水而去。当晚天降大雨，全是黑水。《异闻录》载：天宝年间，扬州进贡水心镜一面，清莹照日，背有盘龙，势如飞动。唐明皇看后很是惊异。进镜官说，铸造此镜时，曾得到一位自称姓龙名护的老人的帮助，老人还留下一首歌："盘龙盘龙，隐于镜中；分野有象，变化无穷；兴云吐雾，行雨生风；上清仙子，来献圣聪。"此后凡遇大旱，只要将此镜祭祀一番，便得好雨。

龙的节日、习俗多与龙作为司理雨水之神有关，也多有传说、故事附会。

最大的龙的节日，是每年农历二月初二的龙抬头节。关于龙抬头节的起源，除前文已介绍的传说故事外，还有这样一则传说：一千多年前，玉皇大帝对武则天这位女士穿龙袍坐龙椅看不惯，就传谕四海龙王，三年内不许向人间降雨。司管天河的白玉龙，即《西游记》中驮唐僧西天取经的那匹白龙马，大概是一路上遍尝了人间疾苦吧，它不愿看到天下百姓因颗粒无收而饿死，就违抗天命行了一场雨，结果被玉帝压在一座山下，并竖碑一通，刻诗云："玉龙降雨犯天规，当受人间千秋罪。要想重登灵霄阁，除非金豆开花时。"受益的百姓多想搭救玉龙啊！可金豆是什么豆呢？正好有一老婆婆背一袋苞谷去街上卖，不小心撒了，看到一地的苞谷粒金黄金黄的，人们心头忽然一亮：这不就是金豆吗？炒一炒不就开花了吗？于是奔走相告，约定二月初二这天，各家各户都炒"金豆"，并将炒开了花的"金豆"供在当院。镇压玉龙的那座山原是太白金星的拂尘变的，太白金星人老眼花，见遍地金豆开花，就将拂尘收起。于是，玉龙重返蓝天，吸卷天河，普施好雨。玉皇大帝得知后，尽管有些生气，将太白金星批评一番，终究无可奈何。从此，二月二炒苞谷花的习俗便流行开来，人们还一边炒一边唱："二月二，龙抬头，大仓满，小仓流。"

正月十五元宵节，民间也多有耍龙活动。相传古时某年，灾难突降，城内洪水泛滥，城外田地旱裂，人们叫苦连天。居住在一座大山里的青龙，看到人间惨景，上天界打听到了究竟：原来玉帝在西天王母娘娘的宴会上醉酒，回宫后头昏眼花，把雨簿写错——应该是城内下三分雨，城外降五分雨，玉帝却写成了城内降五分雨，城外降三分雨。青龙得知原因，潜入天宫，将雨簿改成城内降雨三分，城外降雨五分，使世间风调雨顺，百姓安居乐业。玉帝酒醒后，发现有人偷改雨簿，心中大怒，查出是青龙所为，就指派身边丞相下凡惩治青龙。青龙被丞相斩杀后，变作一只神鸟，整天在玉帝殿外啼叫喊冤。玉帝听到后，心生惭愧——自己写错雨簿反而杀了青龙，觉得过意不去，便下书给人间皇帝，让人们纪念为民造福的青龙。于是，每年正月，老百姓就用竹篾、纸、绸等扎制出青龙模样，在青龙被杀的日子（正月十五），敲锣打鼓，扛举着青龙游街串乡，以示对青龙的感激和怀念。

这个故事，歌颂了青龙为解除旱象，使世间风调雨顺、百姓安居乐业而冒险、献身的精神，编得比较生动。但这个故事产生的时间不会太早，因为玉皇大帝的尊号，是宋朝时才出现的。而故事中青龙改雨簿、丞相梦中斩青龙的情节，与小说《西游记》中"魏徵梦斩泾河龙"也颇相似。

桂林月牙山有一个龙隐洞，相传很久以前，洞里住着一条老龙，专管这一带的行云布雨之事。有一年，老龙贪睡懒觉，懈怠了自己的职责，导致天下旱象严重。歌仙刘三姐来桂林传歌，听说后，就对着岩洞唱起歌来："树叶枯，禾苗黄，漓江河里船不行。老龙老龙快出洞，呼风唤雨保收成。田地干了快下雨，天气炎热快起风，老龙老龙快出洞，你不出洞枉为龙。"老龙惊醒，受到歌声激励，便腾空而起，破壁出洞，兴风施雨，造福于民。老龙飞起了，留下盘屈隐卧的痕迹，于是有了龙隐洞、龙隐岩。

位于柳州市南郊的大龙潭，古称雷塘。相传塘中有能兴雷降雨的神龙潜居，因此每遇天旱，人们就来这儿祷龙祈雨。唐代文学家柳宗元出任柳州刺史时，也参与过这样的活动，还写下一篇《雷塘祷雨文》，祈祷塘中神龙"腾波通气，出地奋响，钦若神功，惟神是奖"。后人为了祈雨方便，还在潭边建了一座雷神庙。龙潭附近，有牧童山、羊山、龙山、雷山等。相传很久以前，有个牧童常来这儿牧羊吹笛。一天，优美动听的笛声传到水下龙宫，龙王的一个女儿被深深地打动了，她寻着笛声来到潭畔，听得入迷，连听了三天三夜。龙王闻报，派虾兵蟹将追龙女回宫，龙女不理，并口吹仙气将虾兵蟹将吹回。龙王大怒，亲自出宫，他大嘴一张，一声震吼，刹那间，雷鸣电闪，风狂雨暴，牧童、山羊和龙女都化成了石头。如今，大龙潭里泉水潺潺，声音悦耳，人们说这是牧童的笛声在鸣响。牧童山旁的这座山，很像一位对镜梳妆的美女，人们说这正是龙女在痴迷地倾听着牧童的笛声。这一带常闻雷声，人们说是龙王又在怒吼了。龙王一吼，雷雨即来，田园土地便得到了滋润。

龙洞飞泉是陕南午子山的三大美景之一。传说这一带所有水域早年都由一条龙统管，这条龙勤勉政务，布雨及时，颇受百姓称赞。不料它的儿子除老大外，其余九个都不争气，只知享乐，不愿吃苦，成了名副其实的懒龙。有一年大旱，老大率领穿山甲费了很大力气，开了两个洞，一个为今天的鱼洞，一个为今天的龙洞。龙洞开得深不可测，整日烟雾笼罩，每到阴雨天，便泉水奔泻，形成瀑布，成龙洞飞泉之壮观。没想到洞成后，它的九个弟弟，即那些懒龙们，全都涌进洞来坐享其福，将行云布雨的职责抛到了九霄云外。百姓很气愤，纷纷来龙洞投石击龙。懒龙身受石击，疼痛难忍，便口吐水柱。投的石块越大，对懒龙的打击就越大，吐的水柱也就越高。

祷龙祈雨习俗以及相关的传说、故事，流传了几千年，这些受民众祈祷求拜的龙神、龙王，不象征帝王，也不代表国家、民族，它们所象征和代表的，是"天"，即宇宙自然力。当然，这些习俗夹杂着不少迷信的、愚昧的成分，但换个角度来看，这些习俗就变成了"有意味的形式"。其意味在于，通过这种形式，人们在和"天"沟通、对话，表达着对宇宙自然力的尊敬、理解、畏惧和期望。

二、解危救难

作为造福众生的题中之义，龙还具备、显示着解危救难的能力和功德。这样的能力和功德，民间故事中也多有反映。

有一个"棕缉龙"的故事，其情节略云：传说在岱山里沙洋的海底下，栖息着一条棕缉龙。每当风暴来临，它会发出"呜哇——呜哇"的吼声。声音传得很远，在为岱山的渔家和过往的船只报警。有一只海螺，因吃了月宫掉下的桂子而成精，在大海里横行霸道，欺压水族，掀起狂风巨浪，害得渔家船翻人亡，生活不得安宁。某年中秋，有艘福建渔船捕鱼经过里沙洋，正好碰到海螺精发脾气，一时狂风大作，恶浪翻滚。那艘渔船进退不得，只好落篷抛锚。月宫嫦娥看得分明，对海螺精胡作非为十分气愤。她发现渔船上那条用棕榈丝打成的锚缉非常结实，就摘下一粒桂子，轻轻一抛，不偏不斜落在那条棕缉上面。棕缉碰到桂子，顿时有了灵性，化作一条棕缉龙。风浪过去了，渔民拔锚启航，哪晓得棕缉已经成了龙，怎么也拔不起。渔民开船心切，拿起斧子砍断了棕缉。这一砍不打紧，却把棕缉龙的尾巴斩掉了。棕缉龙忍着失去尾巴的痛苦，在里沙洋住了下来。海螺精称王称霸惯了，哪容得棕缉龙插足，气势汹汹地来跟棕缉龙决斗。棕缉龙本领比海螺精大，但因尾巴被斩，力量施展不开，所以斗了三天三夜，也没有分出胜负。棕缉龙眼看不能取胜，就变作一个白发老翁，告诉海边一位正在撒网的老头，言到某个潮水急的地方就能捕到大鱼，并告诉老翁须如何如何。老翁将信将疑地去试，果然有沉甸甸的东西入网。在拖了网朝回走的时候，网里突然发出"嘟嘟"的怪声。老头猛吃一惊，停住了脚步。谁知这一停就破了棕缉龙的法，海螺精从网里逃了出来。老头看到一只斗大的海螺，骨碌碌地朝大海滚去，一时目瞪口呆。海螺精受了这次惊吓，便逃到外洋去了。但它待在外洋并不甘心，总想着重返里沙洋，再来称王称霸。棕缉龙知道海螺精的野心，所以终年横卧在里沙洋海口，挡住海螺精的来路。当海螺精兴风作浪时，它就预先发出警报，"呜哇——呜哇"地吼叫,仿佛在告诉人们:"风暴要来啦!小心啊!风暴要来啦!小心啊!"

从这个故事中,我们可以读出:棕缉龙与海螺精都与月中嫦娥、桂子有关,反映了故事编传者天地相通的意识。棕缉龙与海螺精都因嫦娥、桂子而成精、成神,却一个代表恶,一个代表善。棕缉龙为了不使危难发生,终年横卧在里沙洋海口,挡住海螺精的来路,还在海螺精兴风作浪时,预先发出警报,这是造福众生精神的体现。棕缉龙被砍断了尾巴,成为一条断尾巴龙。断尾巴龙即"掘尾龙",掘,粤语中有秃、断之意。在有关龙的民间传说故事中,多有"掘尾龙"出现,俨然成为一种类型。这个故事显然也受到了同类型故事的影响。

再看"猎人海力布"的故事,其情节略云:猎人海力布到深山打猎,看见一只老鹰将一条小白蛇猛然抓起,小白蛇尖叫"救命",海力布急忙拉弓搭箭,射中老鹰,救下了小白蛇。第二天,海力布路过昨天出事之地,小白蛇在一群蛇的簇拥下迎上前来,说:"救命的恩人,我是龙王的女儿。昨天您救了我的性命,我的父母特地叫我今天来接您,请您到我们家去一趟,我的父母好当面感谢您。"又说:"您到我家以后,我父母给您什么您都别要,只要我父亲嘴里含着的宝石。您得着那块宝石,把它含在嘴里,就能听懂世上各种动物的话。但是,您所听到的话,只能自己知道,不要对别人说,如果对别人说了,您就会变成僵硬的石头死去。"海力布跟着小白蛇走入深谷龙宫,得到了老龙王口中的宝石。从此,海力布能听懂鸟雀和野兽的语言。有一天,海力布忽然听见一群飞鸟议论说,明天这里的大山要崩裂,涌出的洪水会泛滥成灾。他急忙把这一消息告诉乡亲们。乡亲们听后都不相信,认为他是说疯话。海力布想:灾难很快就要来了,如果我只顾自己避祸,让大家受难,这怎么能行!我宁肯牺牲自己,也要救出大家。于是,他把如何得到宝石,如何听见一群飞鸟议论,一五一十地说了出来。海力布边说边变,渐渐变成了一块僵硬的石头。大家看见海力布变成了石头,立刻很悲痛地赶着牛羊马群,举家迁走。第二天早晨,果然有一声震天动地的巨大响声传来,之后就山崩水涌,洪水滔滔。大家都感动地说:"要不是海力布为大家而牺牲,我们都要被洪水淹死了!"后来,人们找到海力布所变的石头,把它安放在一个山顶,子子孙孙都祭祀他。据传说,现在还有叫"海力布石头"的地方。

这则故事着力歌颂猎人海力布舍己救人的精神。海力布之所以能使大家摆脱灾难,是因为他能听懂鸟兽的语言;他之所以能听懂鸟兽的语言,是因为老龙王把自己一直含在嘴里的宝石给了他。也就是说,来自龙王的宝石,让海力布有了"特异功能",是这样的"特异功能",再加上海力布所具备的高尚精神,使他做出了舍己救人的事迹。那么,我们就可以做出推理:海力布舍己救人的英雄事迹,有龙的参与,或者说,离不开龙的参与。

再看"橛儿筑城",其情节略云:相传西晋永嘉年间,山西临汾有妇人韩氏,在野外遇一巨卵,拿回家孵育,得一婴儿,取名橛儿。橛儿八岁时,遇地方官刘渊征民夫筑平阳陶唐金城,橛儿应募。见民夫们劳苦,橛儿便自逞奋勇,一夜之间就把城筑好了。刘渊嫉妒其能力,要杀掉他。橛儿得到消息后出逃。农历四月十五日,刘渊追橛儿至姑射山麓,橛儿显露原形,变成一条金龙,钻向山脚石隙。刘渊拔剑斩之,截断龙尾,泉水由此涌出。后来人们称该泉为"龙子泉",依泉筑池,名曰"金龙池"。泉水泽润一方百姓,后世人们便称橛儿为"康泽王",于池侧建祠祀奉,名曰"康泽王庙",也称"龙子祠"。每年四月十五日有庙会,居民云集。

这一故事意在说明,橛儿是龙的化身,其筑城的壮举,可归入龙故事之"解危救难"类型。需要说及的是,橛儿变成金龙后,被斩断了龙尾,也成了"掘尾龙"。

陕西榆林黑龙潭的黑龙大王,除职司一方雨水、"有求必应"外,还在抵御外侮方面做过贡献。据说清光绪年间,水军某将领出征倭寇,在台湾海峡屡战不胜。某夜梦见一黑脸老者,自称是陕北黑龙潭黑龙大王,专来教其战法。次日,这位将领依法布阵,果然大获全胜。随后这位将领上奏朝廷,光绪皇帝仰黑龙大王神威,敕封"灵应侯",御书"功簿威霖"金匾,并赐半副銮驾。自此,黑龙大王声名远播,庙宇殿堂香火不断,尤其是每年农历六月十三的庙会,朝拜上香者多达数十万众,盛况空前。这位黑龙大王的传说,自然也是"解危救难"类型的故事。

第九节　昭示善恶

善是通过言语、行为表现出来的对自然、对社会、对自身有益、有利的效能；恶是通过言语、行为表现出来的对自然、对社会、对自身无益、无利的效能。人天生具有善端和恶端，善端和恶端一开始就交织着，即你中有我、我中有你，同时存在于人体之中。善端可以发展为善，恶端可以发展为恶，善端与恶端相互争斗又相互依存。对人类而言，必须扬善抑恶、奉善惩恶。除了善恶，世间还有对与错的问题。对，是正确、恰当；错，是不正确、不恰当。在与龙有关的民间传说、故事中，也多有对善恶、对错现象的反映与表达。

一、人与龙

人与龙的善恶对错，有多种情形：龙善人恶；人善龙恶；龙对人错；人对龙错；人对龙也对；人龙皆有错；人龙皆有对有错；人龙无所谓对错。这多种情形反映在民间故事中，便形成了不同的类型。

1. 龙善人恶

反映"龙善人恶"的民间故事，如"邛海的传说"，其情节略云：梓潼城外，住着一户贫寒人家，孤儿寡母相依为命。某天，儿子童林山磨柴刀时不小心割破了手指，鲜血滴到了水塘里。下午，他砍柴归来，在磨刀的水塘旁歇气、吃饭团时，一条暗红色的曲蟮向他游来，说："我是你的鲜血变化成的。"童林山就掰一些饭团丢进水塘，让曲蟮享用，之后天天如此。随着曲蟮一天天长大，食量也与日俱增，童林山也尽量满足，以至于最后童林山把一个饭团都给了曲蟮。当晚，曲蟮托梦给童林山，让他把堂屋打扫干净，把耗子洞也堵了，说要给童家一个惊喜。童林山母子依梦所言扫屋堵洞，第二天起床后，发现满屋一片金黄的谷子。母子俩随后就听说，村里财主家田里的谷子一夜之间就没有了，又发现从田间到童家的路上，散落了一些谷粒。财主派人到童家察看，发现了满堂屋的谷子，就把童家母子告到了县衙。县令派人将童家母子押到县衙大堂，审问一番后，将母子俩打入死牢。当晚，童林山梦见由曲蟮变的青龙向他游来，告知他明天过堂时当如何如何。第二天升堂再审，县令要对童家母子动大刑。这时，大堂长出三棵大竹笋，童家母子按青龙所嘱，分别抱紧两边的竹笋，童林山用力蹬断中间一棵竹笋，突然间，一股大水冲天而起，瞬间将县令与财主冲走。青龙游到大堂，将童林山母子救走，梓潼县城遂被一片汪洋淹没。此前，青龙已向城中普通百姓家托梦，他们都悄悄离开了县城，没有受淹。这件事后，有人刻诗碑为记："恃势凌人不可为，无辜母子遭酷刑。含冤受屈泯天理，神龙震怒殃梓城。"后人为纪念童林山母子，还在水中岛上修了一座亭子，名叫"海心亭"。那淹没梓潼县城的一片汪洋，就是现在的邛海。

在这个故事中，青龙和童林山母子代表善的一方，财主和县令代表恶的一方，结局当然是人们所希望的善战胜恶。有意思的是，青龙开始是以曲蟮的形象出现，而这条"暗红色的曲蟮"是童林山的鲜血变化而成，而且是他喂养大的。这样的安排，反映了人与龙血脉相连的亲密关系。

再看"珠凤与乌龙"，其情节略云：住在少华山下龙潭堡的刘家父女，靠卖豆腐为生。女儿珠凤挑水时，钩子上挂起一条小黑蛇。她把小黑蛇放到井台上，说了句"怪可怜的，放了去吧"，小黑蛇对她点了点头，一转身窜回井中。珠凤挑水进屋，听见身后有人叫她。转身一看，是个二十来岁的帅气小伙。小伙拉住珠凤的手，在她手心里放了一颗圆珠，说："我是渭河龙君的五太子乌龙，刚才在龙潭中戏游，不小心撞在你的钩子上挣脱不得，多谢妹妹救命之恩。这是一颗龙珠，你把它放在水缸里，就不用天天挑水了。往后有啥为难事，妹妹只管说一声。"说完不见踪影。珠凤追出门外，只见井口一团白雾，听得井水哗啦啦响了几声。回屋后，珠凤将龙珠往水瓮里一丢，果然瞬间瓮满水清。珠凤母亲去世时，父亲刘老汉没钱殓葬，借了尹财东十两银子。日子穷，还不起，就常给尹家送些豆腐，权当付了利息。这年，尹财东见珠凤姑娘俊样，托媒婆来说亲，被刘家父女拒绝。尹财东就说十两银子连本带利纹银百两，要刘家三天内交还，若还不来银子，就以珠凤顶账。当晚，珠凤寻短见投井，落水时被乌龙托起得救。第二天一大早，尹财东带着一伙家丁到刘家抢亲，走到井台边时，乌龙现出真形，一时间天上电闪雷鸣，地上恶浪滔天，尹财东一伙很快被冲入渭河，喂了鱼鳖。之后云消雾散，满天霞光，云端里舞起一条黑色巨龙，龙背上坐着珠凤姑娘。飞到山顶，乌龙卧下歇息，珠凤向父亲和乡亲们挥手告别。从此，人们就把这村子叫龙泉村，后来又改叫龙潭堡，把龙歇息的山头叫乌龙山。

在这个故事中，乌龙代表善，尹财东代表恶。千百年来，穷苦百姓生活艰难，属于弱势群体；财主富户生活优渥，属于强势群体。弱势群体常常要受到强势群体的欺侮、压榨、掠夺。身处弱势地位的人们总希望在他们受到欺侮、压榨、掠夺的时候，能有一种神奇的力量帮助他们，给强势群体以遏制、以打击，甚至战胜强势群体。龙就是百姓所希望的，能够给予他们帮助的神奇力量。

2. 人善龙恶

以"人善龙恶"为主题的传说故事比较多，典型者如唐卢求撰《成都记》中的《李冰》："李冰为蜀郡守，有蛟岁暴，漂垫相望。冰乃入水戮蛟。已为牛形，江神龙跃，冰不胜。及出，选卒之勇者数百，持强弓大箭，约曰：'吾前者为牛，今江神必亦为牛矣。我以太白练自束以辨，汝当杀其无记者。'遂吼呼而入。须臾，雷风大起，天地一色。稍定，有二牛斗于上。公练甚长白，武士乃齐射其神，遂毙。从此，蜀人不复为水所病。至今大浪冲涛，欲及公之祠，皆弥弥而去。故春冬设有斗牛之戏，未必不由此也。祠南数千家，边江低坝，虽甚秋潦，亦不移适。有石牛，在庙庭下。唐大和五年，洪水惊溃。冰神为龙，复与龙斗于灌口。犹以白练为志，水遂漂下。左绵、梓、潼，皆浮川溢峡，伤数十郡，唯西蜀无害。"

在这篇传奇故事中，李冰代表善，蛟代表恶。蛟即湾鳄，有人称"蛟鳄"，是龙的主要的取材对象，故有时被人以龙相称。故事结尾，李冰"冰神为龙"，即其魂魄化成了龙。李冰所变之龙，当然是与恶龙相斗，并最终战胜恶龙的善龙。

还有南朝宋时刘义庆所撰《世说新语》，其《周处自新》篇载："周处年少时，凶强侠气，为乡里所患。又义兴水中有蛟，山中有邅迹虎，并皆暴犯百姓。义兴人谓为三横，而处尤剧。或说处杀虎斩蛟，实冀三横唯余其一。处即刺杀虎，又入水击蛟。蛟或浮或没，行数十里，处与之俱。经三日三夜，乡里皆谓已死，更相庆，竟杀蛟而出。……处遂改励，终为忠臣孝子。"这篇故事中的周处，起初与义兴河中的蛟龙都是恶的代表，但通过下河杀蛟，周处完成了由恶向善的转变，后来竟成为传统文化所推崇和褒扬的忠臣孝子。

3. 龙对人错

"龙对人错"的民间故事，如"龙母与赖普仪斗法"。其情节略云：

相传很久以前，广西有个法师叫赖普仪，他既懂法术，又懂得天文地理。有一天，赖普仪为追踪一条龙脉，寻找福地，从广西柳州出发，一直追踪到广东的悦城。到了悦城，他发现龙脉到了这里分成五条支脉伸向一个圆圆的小山，即现在的珠山。赖普仪断定这就是"五龙吐珠"的福地了，他走上珠山，东瞧瞧西望望，最后，他发现有一女子坐着的地方就是中心穴位，便对那女子说："姑娘，请让开一点。"其实女子早就发现了他，也知道他来这里的目的，便答道："先生，这么大的一座山，我只占一点点地方；再说，我先来，你后到，为什么非要我让你不可呢？"赖普仪掏出一个铜钱丢到地上，说："我只要铜钱大的地方，行吗？"那女子拿出一根针，对他说："我也只要一根针的位置就够了。"说完，把针丢到地上。赖普仪一看，那根针正好插在铜钱眼里！他立时惊呆了。原来那女子就是龙母，她每天坐在这里放牛搓麻。

赖普仪一心想得到那块福地，就和龙母斗起法来。他拿起一根铁拐杖，说："这样吧，我们比法术，谁赢了，谁就得这块地。"龙母问："怎么比？"赖普仪说："我有一根铁拐杖，你有一条竹牛鞭，随你选择一件，大家一齐扔到河里，谁的沉下去，谁就输。"龙母说："可以，你是客人，我让你——你扔竹子，我扔铁棍。"于是龙母把竹子递给他，又从他手中接过铁棍，两人叫声"一、二、三"，便一齐扔到河里。只见赖普仪扔出的那根竹子渐渐沉下去，龙母扔出的铁棍却渐渐浮了起来，顺水流去。原来是五龙子把竹子拖沉了，把那根铁棍托了起来。

得不到福地，赖普仪怎肯罢休！他一气之下走了。他决心用几座大石山塞住西江河，让河水淹死龙母，夺取福地。龙母知道赖普仪不会善罢甘休，于是招来五个龙子，如此这般吩咐一番。

赖普仪有一条神鞭，能把大石山赶走。第一天晚上，他从东方赶来几座大石山，赶到肇庆时，忽然听到鸡叫就不赶了。因为天一亮，他的鞭石法就不灵了。原来在东边有个龙子镇守，它奉龙母之命巡视东方，见赖普仪赶着几座大山滚滚而来，就按照龙母的吩咐学鸡叫，使那几座大石山停在湖上，这就是现在的七星岩。第二天晚上，赖普仪从南方赶来几座大石山，赶到云浮县（今云浮市）时就听到了鸡叫，又不敢赶了。原来是二龙子学鸡叫阻止了他。第三天晚上，他又从北方赶来几座大石山，赶到怀集县时便听到了鸡叫，只好弃石而逃。这次是三龙子阻止了他。到第四天晚上，赖普仪心想，成不成就看今晚了。于是天刚黑，他就从西方赶来几座大石山，一定要赶在天亮前把西江河塞住。谁知赶到封开七星、杏花，眼看就要进入德庆县境了，突然又听到了鸡叫声，他气急败坏地举起神鞭，狠狠地朝大石山打去。两座大石山被打着了，飞也似的向德庆境内滚来，差点掉到西江河里。这就是现在停在江边的华表石和三洲岩。赖普仪神情沮丧，说声"完了"，便瘫倒在地。

在江中巡视的五龙子得知四龙子阻止了赖普仪赶石，马上回去禀报给龙母。当赖普仪没精打采地再来悦城珠山，想再看一眼那块福地时，龙母对他说："先生，我们不要争了。我一向就在这个位置放牛搓麻的，你就在前面选个地方吧。让我们都有个立足之地，相安无事，好吗？"赖普仪羞愧地低下了头，之后就云游四海去了。几年后，当赖普仪游遍名山大川，觉得还是珠山这块福地好，再回到悦城珠山看一看时，不觉大吃一惊：龙母已经升仙，那里只有她的墓。他很痛心，觉得对不起龙母，于是就在龙母庙内天天侍奉龙母。

这个故事旨在赞扬龙母龙子"法力"高强，故事中，龙母龙子是对的、正义的一方，法师赖普仪是错的、非正义的一方。结局当然是对的一方战胜了错的一方。故事结尾讲到了龙母对赖普仪的宽容，也讲到了赖普仪"很痛心，觉得对不起龙母，于是就在龙母庙内天天侍奉龙母"。给赖普仪一个知错改错的机会，这样的结局符合中华文化中"人谁无过？过而能改，善莫大焉"(《左传·宣公二年》)这一意旨。

4. 人对龙错

讲"人对龙错"的故事，也是比较多的。如《方志山西》收录的"斩龙台的传说"，其情节略云：

在山西沁水、阳城、垣曲、翼城四县的交界处，有一座大山名叫历山，其最高峰舜王坪山顶有一块宛如戏台大的石头。这巨石经过千万年风吹雨淋，呈现出如宰牛羊的案板一般的形状，上面有血一样的鲜红颜色。巨石周围不长树木花草，只有拳头大小的青石块，据说是舜帝斩小龙时小龙尾巴打滚留下的痕迹，这就是著名的历山百景之一——斩龙台。传说某年旱魃肆虐，数月不雨，禾苗枯萎。舜帝派小龙去降雨，嘱咐他："久旱需细雨，要慢而多降，不可急布。"小龙受命后，因其正与一个姑娘相恋，两人约定晚上在清风楼会面，就把舜的命令抛到了脑后。晚上相谈正欢，小龙忽然想起降雨事，慌忙之中降错了雨，只见电闪雷鸣，大雨倾盆，一时间洪水四起，横冲直撞，把一个完整平坦的历山冲成了千沟万壑，百姓因此遭了大殃。爱民如子的舜帝十分震怒，传令拿下小龙，舜亲自在斩龙台将小龙斩首示众。斩龙台由此得名，那石头上的殷红，就是斩小龙时留下的血迹。为让后辈儿孙牢记小龙布雨犯错造成的损失，舜让那血迹常存不没，以警示后人。

重庆也有一座斩龙台。《巫山县志》卷三十载："斩龙台，治西南八十里；错开峡，一石特立。相传禹王导水至此，一龙错行水道，遂斩之，故峡名'错开'，台名'斩龙'。"当地也流传有斩龙台的故事：斩龙台位于巫山县城西20公里左右的长江南岸错开峡内。西岸有一大石台，形状像一面石鼓，这就是斩龙台。东岸有一高约100米的大石柱，与斩龙台隔峡相对，这就是大禹治水时用于锁住恶龙的锁龙柱。相传，大禹治水时，庙宇槽上坝龙洞里，住着一条恶龙。它想经大溪入长江归东海，就变成一个白须老人，向牧童打探大溪怎么走。牧童用割草弯刀指出一条路，老汉顺着弯刀的路径走去。由于刀形的弯曲，路线走错，恶龙被山阻隔，顿时大怒，作起恶来。它就地一滚，兴风作浪，霎时雷鸣电闪，暴雨倾盆，洪水齐天，大山横绝，错开了一峡。这时，正遇大禹治水到了这里，大禹就在峡西岸的大石台上斩了这条恶龙。后人便称这大石台为斩龙台。

这两个故事中的龙,一个把舜的命令抛到了脑后,降错了雨,导致一方灾难,一个错行水道,扰乱、改变了大禹导流治水的规划,结果都被斩杀。舜和禹勤政爱民、严格执法、以儆效尤的做法,当然是对的。

台湾日月潭的故事也属这一类型,其情节略云:阿里山下大潭中住着一公一母两条恶龙,公龙吞了太阳,母龙吞了月亮,导致人间一片漆黑。青年夫妇大尖哥和水社姐挺身而出,在一位老婆婆的指导下,从阿里山脚下挖出金斧头和金剪刀,杀死恶龙,把日月托上了天空。后来,夫妇俩化成两座大山,即大尖山和水社山,日日夜夜蹲守在日月潭边,他们要看守住恶龙,不让它再活过来,做吞食日月、危害人类的事。

还有北京西山摔龙石的故事,其情节略云:北京西山一座庙门前有块大石头,石头上有个龙印子,北京人叫它摔龙石。相传早年间,附近村子有个叫虎儿的小伙子,一天上山打柴,遇到暴风骤雨,鸡蛋大的冰雹铺天盖地,田里的稼禾全被砸毁。躲在岩下的虎儿看到云中露出一龙,张牙舞爪,横眉怒目,便知这风暴雹灾系此龙所为,遂产生除掉此龙之心。之后一天,他又上山砍柴,见一凶神恶煞的黑脸小伙躺在一块大石头上晒太阳,虎儿上前搭讪,言谈中知其为恶龙所变。虎儿挥斧就砍,恶龙躲过,腾空飞起。虎儿使力上跳,拽住龙尾,往下一扯,然后抡起黑龙,朝大石头上猛摔,黑龙反抗,抓伤虎儿;虎儿忍痛继续抡摔,直到黑龙一命呜呼。黑龙死后,大石头上就留下了一个龙印子。

5. 人对龙也对

"人对龙也对"的故事,如"孙思邈救龙",其情节略云:玄照和尚在嵩山白鹊谷修行时,有三条龙经常化作三个老人来听讲。有天,三个老人来拜谒玄照,言明真实身份,说要报答玄照。玄照提出下场透雨以解除天旱。三老人说下雨要遵天命,私自下雨会有杀头之罪,唯有请道高德重的孙思邈帮助,下雨才能无碍。玄照便去拜谒孙思邈,告知此事,孙思邈答应帮助。待到约定日期,大雨倾盆,滋润数千里。雨后第二天,有陌生人到孙思邈住地池边念过咒语后,从池中抓起二苍一白三只水獭,要带走时被孙思邈拦阻,说:"这三只水獭虽犯有罪过,但这是我让它们干的,希望能放过它们,并代我请求玉皇大帝赦免它们的罪过。"那人对孙思邈十分恭敬,就放了三只水獭。过了一会儿，来了三位老人向孙思邈道谢。在这个故事中，玄照和尚为解除旱情求雨、道高德重的孙思邈给予帮助，化身三只水獭、三位老人的龙及时行雨，无论人还是龙，其做法都是对的。

6. 人龙皆有错

"人龙皆有错"，如《西游记》所写"魏徵梦斩泾河龙"的故事，当属此类。其情节略云：当朝钦天监台正袁天罡的叔父袁守诚在唐都长安城西门街卖卜，指导泾河渔户张稍下网抛钓，百下百着，张稍以每日送袁一尾金色鲤鱼相谢。张稍在与友人说及此事时，被泾河水府巡海夜叉听到后奏报泾河龙王。龙王扮作秀才，到长安城访问真假。来到袁氏摆卜处，秀才曰："请卜天上晴雨。"袁氏卜断曰："若占雨降，准在明朝。"秀才问："明日甚时下雨？雨有多少尺寸？"袁氏答："明日辰时布云，巳时发雷，午时下雨，未时雨足，共得三尺三寸零四十八点。"于是秀才与袁氏说定：若明日有雨，且与所断时辰数目相符，秀才谢袁氏金五十两；若无雨，或不按时辰数目，秀才就打坏袁氏门面、扯去招牌，将袁氏赶出长安。龙王回宫，果有玉旨降下，旨上时辰雨数与袁氏判断毫发不差。龙王悚然。有水臣建议"明日差过时辰，克减点数，让他断卦不准"，龙王采纳。次日，龙王巳时方布云，午时发雷，未时下雨，申时雨止，却只下三尺零四十点，克了三寸八点。雨后，龙王又变作秀才，到袁氏卦铺，扯碎招牌，骂其妖言惑众，犯了死罪。不料袁氏仰天大笑，说："你是泾河老龙，今日下雨克减点数，改过时辰，犯了天条，难免一刀。"龙王听后，心惊胆战，下跪求救。袁氏道："明日午时三刻，玉帝安排魏徵斩你；去哀告唐太宗救你，或可无事。"当晚三更，唐太宗正梦出宫，忽见龙王变作人相，跪倒在前，高叫："陛下救命！我乃泾河老龙，有犯天条，该魏徵处斩，望陛下救我。"太宗道："既是魏徵处斩，朕可救你。"第二天，太宗宣魏徵入后殿，令宫人取棋盘，君臣对弈。棋下到午时三刻时，魏徵忽俯伏案边，鼾鼾盹睡。不多时，魏徵醒来。这时秦叔宝、徐懋功等提着一个血淋淋的龙头，掷在帝前，奏言"云端落下这颗龙头"。唐王惊问魏徵"此是何说"，魏徵答曰："刚才臣身在君前对残局，梦离陛下乘瑞云。那条龙在剐龙台上，被天兵将绑缚其中。是臣道：'你犯天条，合当死罪。我奉天命，斩汝残生。'龙闻哀苦，臣抖精神，撩衣进步举霜锋，抡叉一声刀过处，龙头因此落虚空。"太宗见事已如此，只好不了了之。当晚二更时分，泾河龙王手提着一颗血淋淋的首级来见太宗，质问其为何不践许诺。太宗有口难辩之时，正南方向香云缭绕，彩雾飘飘，有一个女真人上前，将杨柳枝用手一摆，那没头的龙便悲悲啼啼往西北而去。原来这是观音菩萨领佛旨，特来喝退业龙，救脱皇帝……

这个故事中的人与龙皆有错：人的错是魏徵在泾河龙王已认错悔罪的情况下还挥刀斩龙，而他作为人间臣子，有没有斩龙的资格也值得怀疑；还有唐太宗答应救龙，却使许诺落空。龙的错在于下雨改时辰、减数量，犯了天条。当然，故事最后让领了佛旨的观音菩萨出面收场，"喝退业龙，救脱皇帝"，意在说明：这一切都在佛菩萨的掌控之中，甚至可以说本来就是佛菩萨设定的"程序"，作者不过是在显示佛菩萨的伟大、厉害，泾河龙王只是道具而已。业龙，一说指小龙，一说指孽龙、恶龙。笔者以为，言泾河龙王是小龙说得过去，说它是孽龙、恶龙，未免偏颇。

7. 人龙皆有对有错

"人龙皆有对有错"的故事，如"神龙不验"所讲太白山神龙，其情节略云：苏东坡在陕西凤翔为官时，有一年，西岐一带大旱。苏东坡询问当地百姓，境内有没有灵验的神可供祈雨。百姓说，太白山龙神本来最灵验了，一向有求必应，前几年有个太守向皇上奏请封山神为济民侯，从此就不灵验了。苏东坡听了，左思右想也想不出个所以然。他随手拿起一本《唐会要》来看，见有这样一段记载：天宝十四载，有个方士上书说，太白山金星洞发现了宝符灵药，皇帝随即派人去找，果然找到了。皇帝便下诏封太白山神为灵应公。苏东坡看后恍然大悟，知道山神不高兴的原因了：原来公比侯爵位要高一等啊。苏东坡去找太守，把自己的想法讲了，请太守立即派人去祈求山神，若是灵验，便奏请皇上恢复山神公爵爵位。太守听了苏东坡的话，果真派人去祭告山神，并嘱咐从山里取回一瓶泉水。祭告人刚离开，就见山里云蒸雾腾，隐约可见山龙飞舞。接着便下起大雨，一连下了三日。这一年，西岐一带获得了大丰收。皇帝立即下诏，封山神为明应公。苏东坡又领头修庙，竣工之日，又把山神祭奉一番。那一天，有条一尺多长的白尾巴小蛇爬到祭品上，百姓们说："这是神龙啊！"事后，苏东坡还专门作《太白词》以记此事，言"岐下频年大旱，祷于太白山辄应，故作迎送神词，一篇五章"。

在这个故事中，人龙皆有对有错：人的错是不该随意将龙的爵位由公爵降为侯爵，对的是能够及时恢复龙的公爵爵位；龙的错在于不该因爵位被降就摆架子、耍脾气不行雨，使西岐一带干旱，对的是在人许诺恢复其公爵爵位后，便立即行雨，解除了旱情。当然，苏东坡关心民情、尊重龙神的做法，也是值得赞赏的。

8. 人龙无所谓对错

"人龙无所谓对错"的故事，如金代文学家元好问《续夷坚志》卷二《内藏库龙》所记："辽祖神册五年三月，黑龙见拽刺山阳水。辽祖驰往，三日乃得至，而龙尚不去，辽祖射之而毙。龙一角，尾长而足短，身长五尺，舌长二寸有半，命藏之内库。贞祐南渡尚在，人见舌作蒲秸形也。"对这件事，《辽史·太祖本纪》亦有记载："神册五年，夏五月庚辰，有龙见于拽刺山阳水上，上射获之，藏其骨内府。"北宋学者沈括《梦溪笔谈》也写道："黑水之西有连山，谓之'夜来山'，极高峻。契丹坟墓皆在山之东南麓。近西有远祖射龙庙，在山之上。有龙舌藏于庙中，其形如剑。"

在这件事中，人——辽太祖耶律阿保机，作为辽开国之君，其射龙之举无所谓对错；龙——可能是鳄鱼，作为水生动物，出现在拽刺山阳水之中，也无所谓对错。

二、龙与龙

有关龙与龙的民间故事很多，其中龙与龙的关系，多是一方代表善，一方代表恶，善恶双方经过一番争斗，一般都是善龙战胜了恶龙，或善龙制服了恶龙，使恶龙弃恶从善。

如浙江会稽山禹王殿梅梁龙的故事，其情节略云：早时，绍兴城北面十几里就是大海。有一年夏秋之交，连日暴雨，海水上涨。从东海游来一条孽龙，翻身甩尾，使方圆十里树拔屋塌，田地变成汪洋。就在孽龙肆虐之时，会稽山下一声霹雳，从禹王庙上空升起两朵祥云，云中盘旋着两条五色彩龙。彩龙驾着祥云朝北飞来,在五云门上空与孽龙相遇。经过二十个时辰的恶斗,孽龙失败,从空中跌落,随着潮水沉入大海。两条彩龙也都精疲力竭,一时驾不住祥云,落在五云门外,化成两段梅树。这天人们发现禹王殿倒塌了一角,殿上两根彩绘梅梁不见了,这才知道那两条彩龙原是梅梁所变。后来人们重修禹王殿时,又精工雕刻了两条盘龙,以示对梅龙的尊重和怀念。

再如四川九寨沟卧龙湖的传说,其情节略云:很久以前,有一条白龙住在九寨沟分水岭下的白河中,而附近的黑河里住着一条黑龙。这黑龙非常凶残,年年要当地百姓用佳肴美酒、上好果品供奉它九十九天。有一年,贫苦的百姓实在供奉不起,黑龙盛怒之下,竟九十九天不吐一口水,不降一滴雨,旱得玉米成干柴,青稞不出苗。住在白河里的白龙不忍百姓受旱灾之苦,就腾云驾雾来到九寨沟山峦之上,谁知它刚开始呼风唤雨,黑龙便来阻挠。白龙与黑龙斗了九个回合,难分胜负。后来,白龙在山神的帮助下,才彻底打败了黑龙。从此,白龙便定居卧龙湖,掌管九寨沟一方的晴雨,使九寨沟一带从此风调雨顺。

还有江苏螺岩山石龙的传说,其情节略云:很早以前,江苏宜兴城西南的螺岩山上,住着一对老夫妻,一直无子。一天夜里,老太婆梦见一条火红色的大蛇追赶一条几寸长的小青蛇,她打跑大蛇,救了小蛇。醒后即生下一个男孩,老夫妻为其取名石龙。石龙五岁时,家里来了一位老者,对石龙父母说:"如今螺岩山中有一个孽龙要出洞喷火,烧死周边村子的人畜。需要你家伢子去降服,因为你家伢子是玉皇大帝派到螺岩山的山神。"石龙父母虽然不舍,但还是将石龙交给了老者。这时,只听一声巨响,螺岩山裂开一个洞口,孽龙窜出,口喷烟火。石龙见状,就向孽龙冲去,牢牢地骑在孽龙的背上,压得孽龙动弹不得。渐渐地,孽龙和石龙都化成了石头。

还有一些故事,讲的是人与善龙联手斗恶龙,如"镇龙钟"传说,其情节略云:砍柴郎石锁上山砍柴时,见一条大黑蛇死死咬住一条小白蛇不放,小白蛇拼命挣扎。石锁抽出腰间板斧向大黑蛇砍去,大黑蛇受伤而逃。第二天,石锁又上山砍柴,碰到一白衣少年,自称是白河水神小白龙前来答谢救命之恩。小白龙告诉他:"大黑龙要报一斧之仇,三日内会发一场大水淹没你们的村庄。遇到危难喊我三声，我便会来帮忙。"说完化清风而去。第三天，果然大水淹村，危难时石锁呼喊小白龙，小白龙发来一艘白龙船。人们登上龙船驶向附近镇龙山，全村人得救。第二年大旱无雨，田地荒芜，石锁又喊求小白龙，小白龙说这是黑龙作怪，便立即播雨救灾。之后，小白龙告诉石锁，自己行云降雨触怒了大黑龙，大黑龙要与其决斗，镇龙山上镇龙庙里有禹王治水时留下的镇龙钟，敲响镇龙钟，就能制服大黑龙。第二天，石锁按小白龙之说，上山进庙，此时小白龙和大黑龙正在空中决斗。小白龙体单力弱，渐渐不支，就在大黑龙要打败小白龙的时候，石锁敲响了镇龙钟。霎时，大黑龙像被抽去筋骨一般，缩作一团。小白龙乘机扑上去，大黑龙惨叫一声，从云端跌落，化作一池黑水。

在这个故事中，小白龙代表善，大黑龙代表恶，小白龙在砍柴郎石锁的帮助下，战胜了大黑龙。

再如云南白族的"雕龙记"传说，其情节略云：云南大理苍山脚下的龙潭里住着一条母猪龙，此龙每隔三年就要发洪掀浪，冲没田地，毁坏村庄，伤害人畜。一天，老木匠杨师傅带着儿子七斤途经黑龙潭，七斤口渴到龙潭取水时，被母猪龙拖入潭中。杨木匠失去爱子，悲痛万分，决心为民除害，为子报仇。他刻出一条木龙，装饰成真龙模样，投入潭内，与母猪龙搏斗。不料母猪龙凶狠异常，杨木匠雕成的木龙不敌母猪龙，没几个回合，木龙便被击成几段。杨木匠没有灰心，在当地百姓和赵铁匠的支持下，他又雕出一条更大的木龙，并给木龙装上铁甲、铁牙、铁爪。有叫阿宝阿凤者，还雕出八条小龙助阵。第二次战斗开始了，杨木匠奋力击鼓，百姓呐喊助威，大木龙在八条小龙的协助下，终于打败了母猪龙，救出了杨木匠的儿子七斤。后来，人们建龙庙纪念，庙中塑杨师傅像，庙门匾额上盘着大龙，柱子上盘着八条小龙。

也有善龙战败、恶龙改恶从善的情形。如河南南阳龙潭沟的传说，其情节略云：龙潭沟有黑龙潭、白龙潭，白龙潭在上，黑龙潭在下。相传很久以前，黑龙、白龙共同居住在龙潭沟。白龙秉性善良，乐于助人，而黑龙脾气暴躁，常兴风作浪，祸害百姓。白龙为了救这一方百姓，欲赶走黑龙，但苦于双方势均力敌，不能轻易取胜。后来，白龙化作一个农夫，到山下的李财主家做长工。李财主让他在自家房屋南面的三十亩旱地里播种蜀黍。白龙很能干，使蜀黍获得了大丰收。李财主很高兴，把白龙奉若神明。白龙此时告诉李财主黑龙兴风作浪、为害一方之事，言："我现在准备把它赶走，但我俩力量相当，取胜不易。后天，我要和黑龙决一死战，你看到潭水水面冒白色水花时，就投些白馍给我补充体力，水面冒黑色水花时，就把石头掷下去。"李财主满口答应。黑龙、白龙交战那天，李财主早早就命家人抬了满满一筐白馍和满满一筐石头来到龙潭沟边，当他看到潭水水面冒白水花时，慌乱中把白龙的话记错了，命家人把那筐石头全抛了下去，而等到水面冒黑色水花时，又命家人把整整一筐白馍投了进去。白龙受此打击，加上又急又气，体力渐渐不支，最终败下阵来，只得一走了之。白龙走后，人们惧怕黑龙的淫威，为使它不再兴风作浪，祸害百姓，就在龙潭沟不远处建了一座龙王庙。每逢初一、十五，人们就带着贡品来到庙中，上香、朝拜，敬奉黑龙。时间长了，黑龙竟被感化，改邪归正。后来，这一带风调雨顺、五谷丰登，一直延续了很多年。

三、龙与凤

在龙与凤的民间故事中，有一些是龙代表恶，凤代表善，一般也都是经过几番争斗，善凤战胜了恶龙。

河南郑州市东郊有凤凰台，以出产"凤凰仙"贡米闻名于世。该米一头粗大，一头尖细，有"三米一寸长"之称，米色鲜亮至银白，蒸熟后，都整整齐齐地站立碗里，洁白、玲珑，香味扑鼻。当地作家王亚东以诗歌的形式，写出了该米的传说：

> 金的海，银的海，金银盖满凤凰台。……何人能有缚龙手，倒转乾坤从头来！忽然天空金光闪，一声凤鸣响入云；一对凤凰落荒丘，变成一对年轻人。男的名字叫金凤，身强力壮真精神；女的名字叫银凰，聪明伶俐美十分。……村东有个乌龙潭，有条乌龙在隐身；年年月月兴风波，作恶多端是祸根。自从来了凤和凰，荒村变成幸福村；全村人人面带笑，只有乌龙咬牙恨。……金凤告诉众乡亲，人人手里握利刃；吓得乌龙心胆战，躲在云里咬牙根。众志组成钢铁堡，乌龙几次失败了；卧在潭底闪鬼眼，一条计谋上眉梢。

变成一个俊少年，四处漫游腰持刀。……金凤取下雌雄剑，银凰金箭背身上。转身奔出茅草屋，好似猛虎下山冈。仇人相见眼更红，鞭来剑往斗更凶；杀得天昏地又暗，杀得星星眨眼睛。……斗了九夜和九天，乌龙口渴喉咙干，一头扎进乌龙潭，满潭清水全喝干！金凤越战越勇敢，银凰为他磨利剑："取胜乌龙靠智谋，严防乌龙搞暗算！"又战九天和九夜，乌龙越战越胆怯；张口喷出血和水，金凤匆匆忙躲闪。乌龙眼看时机到，龙尾打断金凤腰；乌龙张开血盆口，银凰金箭射得好！一箭射中乌龙眼，乌龙空中乱滚翻；二箭射中乌龙胸，乌黑血水似泉涌。乌龙掉地摔八段，老幼砸它成肉团。乡亲围在金凤旁，行行热泪流不断！……[①]

故事中的金凤银凰兄妹是一对凤凰所变，他们的对立面是盘踞在村东乌龙潭中的乌龙。故事突出凤凰兄妹造福一方的功德，而乌龙被描写成"年年月月兴风波，作恶多端是祸根"。在这个故事中，善与恶、正与邪、福与祸的对立和博弈，通过金凤银凰兄妹斗乌龙的情节展现出来。最后，当然是按照人们的希望，善、正、福战胜了恶、邪、祸。

还有仫佬族"凤凰山与鬼龙潭"的故事，其情节略云：很久以前，仫佬山里有一眼四季长流的山泉，一只金凤凰每天都来汲清泉、灌良田，仫佬山乡因此成为美丽富饶的地方。离山泉不远的山上住着一条黑龙。某年夏季，连下大雨，山洪暴发，仫佬山乡变成了一片汪洋。黑龙趁机随山洪下山，钻到山泉里，堵住了泉眼，洪水退去后，山泉变成了一潭死水，金凤凰因无清泉喝而离开。这年又是大旱，某天，仫佬人正聚集在潭边向黑龙求雨，突然间，风吹林响，一只金凤凰穿云破雾飞来，落在潭边，化成一个漂亮的姑娘。大家十分欢喜，便求凤凰姑娘解忧排难。凤凰姑娘从头上拔下两根雪白的羽毛，化作两把利剑，纵身跃入深潭，与黑龙搏斗起来。斗了三天三夜，凤凰姑娘不敌黑龙，被黑龙咬伤了手臂。正当毒素上身，凤凰姑娘生命垂危之时，她使尽全身气力，挥剑斩断了黑龙的尾巴，顿时，黑龙鲜血喷涌，山泉轰隆一声冲了出来，凤凰姑娘顺水跳出水潭，化成一

[①] 王亚东：《凤凰台的传说》，载王亚东著《魔鬼·樵郎·仙女》，海燕出版社，1994，第96—105页。

座青山。从此，仫佬山乡又见清泉流淌、五谷丰收。人们为了纪念金凤凰为民献身的精神，就把这座山叫"凤凰山"，把黑龙盘踞的地方叫"鬼龙潭"。可是，黑龙并没有被杀死，只是变成了一条秃尾巴龙，每年春夏季节，它仍常常出来兴妖作怪。每到此时，仫佬人就怀念金凤凰，盼着它能够重生。

在这个故事里，金凤凰可变化成美丽的姑娘，代表善；凤凰的羽毛可变成利剑，利剑斩断了黑龙的尾巴，使其成为"秃尾巴龙"。凤凰很勇敢，体现着造福众生、不畏强暴、敢于斗争的精神。代表恶的黑龙并没有被杀死，说明善与恶的斗争具有复杂性和长期性。

第十节　流韵人间

人们一般把对社会生活进行形象概括、赋予其精神内涵而创作的作品称为艺术，包括文学、绘画、雕塑、建筑、音乐、舞蹈、戏剧、电影等。几千年来，龙文化已进入中国社会生活的方方面面，因而在中国人创造的艺术作品中，就多见龙的身姿。和这些艺术作品相关联，也就流传有不少民间故事。

一、龙城

中国境内有多座龙城，之所以称龙城，多是因为有帝王出生、居住此地，或曾建都于此，即主要来源于我们所讲的"帝王龙"。此外，也有建筑龙和自然地形如龙即山水龙等因素。无论源于"帝王龙""建筑龙"，还是"山水龙"，都多有民间故事相伴随。

龙城规模最大者，当数太原。太原的前身是初建于春秋末期晋定公十五年（前497）的晋阳城。之后，太原曾为赵国都城，五代十国时期，后唐、后晋、后汉、北汉，或发迹于晋阳，或以此为国都。人们熟知的汉文帝刘恒、汉景帝刘启、隋炀帝杨广、唐高祖李渊、唐太宗李世民等，都是从太原起家，后成为一代帝王。而这些帝王，几乎都有与龙相关的传说。说太原是"生龙""潜龙""兴龙"之城，当不为过。

风水学认为太原北方的系舟山是晋阳龙脉的龙首，西南的龙山、天龙山是龙尾，而晋阳城正是龙腹所在，故此城会有"真龙天子"出现。还有，南北走向的太原老城区狭长而蜿蜒，形呈"龙相"，据说李世民晋阳起兵后，为防止再有"真龙天子"出现，就将其街巷的十字路口全都改为丁字路口，以"断龙脉"。到了宋初，宋军攻打太原城，北汉主刘继元被迫投降，赵匡胤、赵光义兄弟闻知太原为"龙城"、有可能出"真龙天子"的说法，为使不再有人冒出来争夺天下，决意焚毁晋阳古城，于是，下令"拔龙角"，即削去系舟山的山头，使其龙脉风水不再；重建太原城时，也效法李世民的做法，只许修丁字街，不许修十字街，目的是将"丁（钉）子""钉"在龙腹上，使其不得翻身。

江西省都昌县也有龙城之称，其由来与隋文帝杨坚有关。据说有人给杨坚汇报，说都昌山峻水秀，有盘龙之势，杨坚一高兴，就命名都昌为龙城县。不料，有此名称之后，却有了龙城要出"真龙天子"的说法，且越传越盛。杨坚听闻后坐卧不安，就派大臣到龙城核查了一番。归来后，大臣提出破坏龙城风水的建议，被杨坚采纳。于是，龙城县置被废，"龙颈"（后河颈）被斩断。隋亡后，唐高祖武德年间置都昌县，都者，都城也，昌者，昌盛也，似乎暗含"龙城"之意。

称龙城者还有江苏常州，其来由有三：一是齐高帝萧道成和梁武帝萧衍出生在常州西北部一个叫万绥镇（原名"万岁镇"）的地方。二是古常州府城池如龟形，古有"龟为龙子"之说，驮碑的赑屃，其形如龟，就是龙生九子之一。三是传说很早以前，东海龙王的九太子托梦给常州西北九龙山古寺中的当家和尚弘智，言其将与前来抢占山头的八位兄长开战，请求协助。弘智召集众僧于佛殿，念佛诵经，撞钟击鼓，使前来夺山的八龙受到震慑而战败。当晚，九太子又给弘智托梦道谢，言两条为首的恶龙已败逃至宜兴山中，其余六龙则逃到了常州城，希望弘智前去安抚，使六龙改邪归正，造福一方，并言每年五月初五，众龙会在云溪一聚。弘智醒后即赶往常州，向城中百姓散布六龙进城消息。常州百姓相信此说，并打造六色龙船，于五月初五当日，在白云溪一带竞渡，遂成习俗，有"自古兰陵号六龙"（清洪亮吉《云溪竞渡词》）之说。有人做过统计，常州市带"龙"字的地名有龙游河、龙游路、龙游桥、青龙港、青龙路、青龙港路、青龙港桥、化龙巷、飞龙路、乌龙庵、卧龙湾、龙城里、龙船洪、龙港桥、龙阳桥、毛龙桥、九龙桥等等，着实不少，足见龙城之名不虚。

除以上所述，广西的柳州，也因相传有八龙见于境内漓江中而被称为龙城。"秦时明月汉时关，万里长征人未还。但使龙城飞将在，不教胡马度阴山。"这是唐代诗人王昌龄的名作《出塞》，诗中提到的龙城，或解释为匈奴祭天之处，其故地在今蒙古国鄂尔浑河西侧的和硕柴达木湖附近；或解释为卢龙城，在今河北省喜峰口附近一带，为汉代右北平郡所在地。《史记·李将军列传》说："广居右北平，匈奴闻之，号曰'汉之飞将军'，避之数岁，不敢入右北平。"后一解释较合理。[1]

二、龙门

中华大地有多处龙门。龙门之龙，主要当"水"讲，即我们所讲的"山水龙"。一条似龙之水滔滔流来，将如龙起伏的山峦切割成门的形状（尤其像繁体"門"字），这便是龙门。又因炎黄部落联盟的最后一位领袖大禹是治理洪水的英雄，他开山疏川，劈岳导流，于是，龙门也多与大禹有关。

相传秦晋两省交界处的黄河龙门，即为大禹所凿。据说当年大禹治水来到龙门山，见此山绵延横亘，挡住了黄河的去路。大禹遂率众民工奋力凿挖，经过一番苦战，终使山体开裂，滔滔河水一流而过。大禹见凿开的石崖如刀劈斧削，像两扇石门，遂取名"龙门"。后人为纪念大禹的功绩，也称其"禹门"。到了汉代，这里又产生了"鲤鱼跳龙门"的神话，并被人们一再渲染、升华，赋予以人文意义。

河南洛阳的伊水龙门，也传为大禹所开。据说古时候，这里的东西两山是连在一起的。山的西南，因伊水流注而形成湖泊。人们为不断扩张、上涨的湖水所逼，只好逃往他乡。大禹来到这里，在观察地形、确定方位之后，

---

[1] 参看俞平伯等著《唐诗鉴赏辞典》（第一版），上海辞书出版社，2013，第134页。

一斧子下去，大山便被劈开一道沟槽，伊水遂滚滚通过，注入黄河。沟槽为两山所夹，恰如墙开门洞，所谓"凿山导伊流，中断若天辟"（唐韦应物《龙门游眺》），故称"龙门"，又因伊水中流而称"伊阙"。

也有未与大禹攀联的龙门。如重庆彭水自治县境内的龙门，此龙门是一个石灰岩大溶洞，洞口宛如一道大圆门，故称"龙门"。相传很久以前，这里的大山中藏着一条由巨蟒修炼而成的龙，此龙兴云布雨，惠及一方。某晚，龙给山中一老人托梦，言它要离开此地，通过乌江到大海里去，请转告周围人家，管好自家公鸡，莫在天亮前叫唤。不料此话被土地公公听到，土地公公不想让这条善龙离开，就在天未亮、龙欲动身之时，伸长脖子学鸡叫，引得四处公鸡一齐鸣叫。龙听到一片鸡叫之声，以为天色已亮，下海不成，就钻山隐藏，惊慌中，尾巴将岩壁击穿，形成一个门样的大圆孔，是为龙门；脑壳把大山拱出一个大而深的洞，是为龙门峡。

有的龙门还与宗教传播有关。如浙江衢州市境内的天脊龙门，相传这里曾有一尾金色鲤鱼跃过此门而变身为龙，此龙贪恋此地美景，不愿升天，后经天竺圣僧点化，化身为一条蜿蜒起伏的栈道，盘踞于崇山峻岭之间。有"滇中第一胜境"之称的云南西山龙门，既有佛教造像，又有道教石刻。陕西陇县境内的龙门洞，则是道教中祖丘处机创建的"龙门山场"所在地。想那丘氏处机，早年追随全真教创始人王重阳，成为"七真人"之一，后从宝鸡蟠溪移居龙门洞石窟，寒衣素食，修道七载，在古稀之年跋涉万里，到雪山行都，去见元太祖成吉思汗，建言"止杀"，使万千生灵免于涂炭。看来，活在八百年前的丘先生不仅是一位"真人"，还是一条"善龙"呢。

三、龙宫殿

龙宫殿指的是与龙有关，且多以龙为名的宫殿。

坐落在辽宁鞍山市千山中部的五龙宫，初建于清乾隆年间，周围有五座形状各异的山梁绵延而来，到一孤峰前骤然收住，恰似五条苍龙翩然而至，孤峰若珠，遂有"五龙戏珠"之说，五龙宫即得名于此。宫门之前有龙潭溪，近处还有老龙潭、五龙水等景点。在道教名山武当山，也有规模庞大的"五龙宫",相传与帝王有关。据《太和山志》记载,唐贞观年间,天下久旱不雨,唐太宗李世民遣令均州太守姚简在武当山祈雨有应,旱象解除。太宗遂下旨在"灵应之地"建造道教宫观,是为皇室在武当山修建庙宇之滥觞。之后,尹喜、尹轨、马明生、陈抟等先后在五龙宫修道,均有成就。景区现存诸多岩庙和古建筑遗址,从中可见当年的规模和气势。

福建泉州有约建于明代中叶的"龙济宫"。此宫又名"玄坛公宫",主要祭祀的不是龙王龙神,而是文财神赵公明,兼祀武财神关公关云长。在当地百姓心目中,赵公明不但主司"买卖求财,能使之宜利和合",而且能够"驱雷掣电、呼风唤雨、除瘟剪虐、扫疫禳灾";"人世间但凡有求公平之事,可以对玄坛公祈祷而无不如意应验","因之仰仗玄坛公者,纷至沓来,香火长盛不衰"。之所以取名"龙济",大概是这位赵公明元帅兼备了龙神"驱雷掣电、呼风唤雨",使人间风调雨顺、五谷丰登的职能,明隆庆年间进士、四川按察使张治具所撰"天君如虎奋雷霆,地宅号龙兴云雨"之联也说明了这一点。试想,赵公明所做的一切,符合龙的"福生"精神,也够得上一个"济"字了。

龙王殿有多处。著名者如北京门头沟潭柘寺内的"龙王殿"。殿外廊上垂挂一似铜石鱼,长1.7米,重150公斤,据说击之发声,可降雨消灾。相传此鱼原为东海龙宫之宝,后被王母娘娘强行要走,石鱼不再发声,于是人间大旱。玉帝见状,下令归还石鱼。某风雷之夜,石鱼从天而降,掉落潭柘寺院中。老方丈敲击石鱼,天雨落下,旱象解除。据说石鱼身上有十三个部位,代表十三个省,哪省有旱情,敲击该省部位便可降雨。

相传乾隆皇帝为迎接西藏活佛,在河北承德某地造了一座小布达拉宫,并亲自设计殿顶的"九龙盘顶"图。工匠按图浇铜铸龙却屡屡失败。乾隆皇帝大怒,限令工匠按时完工,否则砍头。危难之际,一个老金匠为解救众人,献出自己的一双宝贝儿女祭炉,方浇铸成功。在庆祝宴上,老金匠思念儿女痛哭,殿顶的九条龙受感动而悲伤流泪。被哭声激怒的乾隆皇帝下令将老金匠斩首,这时,殿顶最大的那条金龙飞下来,救走了老金匠。于是,新宫殿顶上就少了一条龙,成了"八龙盘顶"。此故事意在说明铸龙的不易、龙铸成功后的神奇和人与龙之间的血肉联系。

四、龙壁墙

"墙"是用土、砖、石或其他物质材料筑成的障壁;"壁"有墙的意思,但不限墙,如将陡峭的山崖、某些器物的表层等也称"壁"。龙壁墙是指以雕塑、绘写等方式展示龙文化的壁和墙。

山西大同市内东街路南的九龙壁,是现存最大、最古老的龙壁。此壁建于明洪武二十五年(1392),是明太祖朱元璋第十三子朱桂代王府门前的照壁。壁身主体用黄、绿、赭、紫、蓝等各色琉璃构件拼砌出九条巨龙,正中是正黄色坐龙,左右两边依次为两条淡黄色行龙、两条中黄色盘龙、两条紫色飞龙、两条黄绿各色相间的坐龙。九条龙翻腾飞舞于惊涛骇浪水雾云气之间。关于这九条龙,民间有一个传说。说是很早以前,呼风唤雨全靠一条龙承担,这条龙一年四季奔走不歇,虽然日夜辛苦,毕竟力量有限,不能满足天下所有地方所有人要求风调雨顺的愿望。于是,此龙就向玉帝启奏,请求多派几条龙助它行雨,玉帝准奏,调遣八条巨龙归它指挥。天下百姓无不欢呼,便在龙王庙摆下好酒好菜,让九条龙享用。九条龙吃得大醉,醉后失控,行下倾盆大雨,大地上洪水泛滥,百姓叫苦不迭。大雨过后,又一连数月干旱,河干井枯庄稼死,百姓怨声载道,哀呼:"一龙治水风调雨顺,九龙治水旱涝不匀。"呼声惊动天庭,玉帝传旨将八条龙分到了东、南、西、北、东南、东北、西南、西北八方,将头龙封在中土,让其监望八方,各龙负责各方行雨事宜,谁渎职,就惩罚谁。

北京北海九龙壁位于北海公园北岸,此壁虽比山西大同九龙壁小了很多,但其壁上的龙却是所有龙壁中最多的,共有六百三十五条。这些形态各异的龙遍布该壁前后左右、上下四角,当然,最大、最有气势的还是壁面正中的十八条盘龙(前后各九条)。有关这座龙壁的传说也有多种,一种说法是明神宗之母李艳妃为保护大西天经厂免遭火灾而建,因为龙是兴云降雨之神。

北京故宫九龙壁是皇极门的照壁,为乾隆三十七年(1772)改建宁寿宫时烧造,以五彩琉璃塑件拼砌而成。此壁的古老程度及规模不如大同九龙壁、龙的数量不及北海九龙壁,却有所有龙壁中"最精美"之誉。壁上的九条龙有正龙、升龙、降龙之分，皆身躯矫健，腾跃自如，色彩华丽，呈戏珠状于澎湃的海浪、云气之间。相传在安装该壁某条白龙的琉璃塑块时，工匠不慎摔坏了一块。面临杀身之祸，一位木匠急中生智，连夜用木料雕成龙腹，刷上白漆，竟也顺利过关。

北京北海北岸，有一座颜色为深赭色，样子如铁铸（实为火山岩浆凝成的矿石）的壁，人称"铁影壁"。关于此壁，民间流传着这样的故事：很早以前，苦海幽州有两条龙，它们在北京筑起城墙后，化成老两口隐居起来。那时西北风刮得厉害，一刮就是三四天，每次刮风北京城都会添几寸厚的土。老两口忧心忡忡，就出门探究原因。走到西北城角，看见城墙根蹲着两个人：一个中年婆婆带着一个十五六岁的小小子，两人都是土黄色衣裳，头上脸上满是尘土；他们每人手里拿着一个土黄色口袋，中年婆婆往口袋装沙土，小小子往口袋里装棉花。原来这娘儿俩是风婆和云童，他们正打算用沙土掩埋北京城。龙变的老两口上前质问风婆和云童为什么要埋北京城，风婆回答说北京城挡了他们的风路。这时，云童从手中的口袋里倒黑云，风婆从手中的口袋里倒沙土。老两口见状，同时张嘴一吸，黑云和沙土就被他们吸到肚子里去了。风婆和云童见遇到了对手，转身逃走，老两口随即变成两条大龙，向北追赶风婆、云童。打这儿起，北京城风沙少了，人们都说是龙公龙婆把风婆云童追跑了，咱们铸一个铁影壁，两面各铸一条龙，风婆云童就不敢来了，于是，就有了这座铁影壁。

五、龙桥

桥多架在水面之上，是连接两岸的建筑物。龙桥，即以龙为名，或与龙有关的桥。

相传澜沧江上曾有九龙桥。说是古时澜沧江无桥，交通不便，一渔翁求红尾鲤鱼给龙王带话，请龙王帮助架桥，龙王即派九个龙子，在澜沧江上架起一座龙桥。以渡船谋利的财主召某，见人们不再乘船摆渡，就迁怒于龙桥，他从一巫师那里获知了破坏之法，即让手下武士穿上有长钉的鞋，在龙桥上奔跑跳跃，鞋上铁钉扎入龙身，九条龙被扎得伤痕累累，血流如注，遂腾空飞去，龙桥自然化为乌有。

湖北荆州城东门外也有九龙桥。相传东海龙王敖广不甘久居东海，就招来九个弟弟逆水而上，来到荆州西面比较宽阔的江面安营扎寨，十龙在此兴风作浪，过往船只多受其害。荆州城的保护神关公发现后，前来劝诫，敖广不但不听，还率九个弟弟与关公搏战，关公拔出降龙剑，分身与众龙斗，斩杀了九条龙，唯有小白龙愿将功赎罪，关公便让其疏通长江航道。后来，小白龙变成一道水淹不着的长洲，让遇难的船工家属耕种养家。人们感念小白龙替兄赎罪，遂将此洲称为龙洲。其他九龙被关公斩掉后，龙头全落在荆州城东门外，嵌在东门桥上，此桥遂得名"九龙桥"。

广西阳朔有"遇龙桥"，相传古时有一书生，某年他去赶考，途中被一条涨水之河挡住了去路，正在发愁之际，一条神龙从天而降，驮起书生一跃而过。书生进京高中状元，荣归后，就修了这座桥，并命名"遇龙桥"。江苏海安县（今海安市）有"躲龙桥"，相传唐代武则天称帝、改国号为大周后，高宗某子逃到扬州，与人联合起兵讨母，后战败而逃。至海安时，暮色降临，后面追兵迫近，皇子于惊恐中藏在一小石桥下，得以脱险。事后，人们便将此桥取名"躲龙桥"，以纪念这位皇家龙子桥下避难之事。山东高青县有"衮龙桥"，相传宋初赵匡胤在平定天下的一次战斗中失利，单枪匹马跑至高青县，在经过济水河桥时，马失前蹄，赵匡胤滚落下马，跌至桥下河滩，后人遂将此桥称为"衮龙桥"。

湖南武冈市城区有五座龙桥。相传明朝开国后，朱元璋将自己的一个儿子派到武冈，封为王。该王子来到武冈后，修建王城，并在护城河上建起五座石桥，他为第一座桥取名"兴龙桥"，寓意自己将成为真龙天子。不料取此名不久，他就一病而亡。人虽死了，桥名还得取，那第二座桥叫什么呢？有人说王子是攀仗着乃父的龙威才来武冈当王的，就叫"攀龙桥"吧。第三座桥，有人说，王子是个骄奢淫逸的花花太岁，想当皇帝，除非有人让位给他，就叫"让龙桥"吧。第四座桥，有人说，此王子的出身值得怀疑，多半是一条野龙，叫"野龙桥"合适。到了第五座桥，有人说，王子的皇帝梦因其早死而化为乌有，就叫"化龙桥"吧。后来，地方统治者从自己的前途计，遂将"野龙桥"改为"游龙桥"，将"让龙桥"改为"骧龙桥"，又在武冈城南修起一座新城,将五座龙桥全都圈在城内,也就有了"五龙不出城"之说。

六、龙塔

龙塔即与龙文化相关的塔。

山东滕州市境内有"龙泉塔",相传秦始皇统一全国后,东巡至泰山,举行封禅大典,忽有紫光冲天而起,将云气一分为二。丞相李斯言此乃王者之气,秦始皇即命李斯带领巫师从速破解。李斯领命来到出现紫光的滕州地界,设坛炼金,铸就一柄龙泉宝剑,他让巫师持剑作法,将剑插入地脉灵石之上,不料灵石刺碎之际,地动山摇,有紫光喷射而出,向西南飞去。李斯明白,王气未被镇住,反而打通了地脉,倒助了滕州一臂之力。不久,滕州果然出了人杰叔孙通,他帮助刘邦在沛县起事,后攻入咸阳,灭了秦朝。自此滕州强盛起来,出了不少人才。到了唐代元和年间,人们便在宝剑插入的地方建起一座"龙泉塔",以为纪念。

海南定安县城东南龙滚坡上有"见龙塔",该塔始建于清乾隆十六年(1751),由砖石砌成,共7层,高25米。塔砖有《千字文》的单字印记,底层正面额上刻有"见龙塔"。塔体八面,分别纹印着"日、月、星、辰、天、地、玄、黄"等字,底层正门刻着"风调雨顺,国泰民安"等字,清晰可辨。塔名据《周易》乾卦爻辞"见龙在田,利见大人"而起,意为祈求当地多出人才。民间传说,修建该塔时当地曾出现龙卷风,故名"见龙"。另有传说在此塔竣工时,天空出现一条巨龙,故称"见龙"。

镇龙之塔也有多座。所镇之龙,一为"山水龙",即发洪施涝、为害一方的孽龙;一为"帝王龙",准确地说,是有可能成为帝王或出现帝王的"龙"。前者如江西萍乡市境内的"镇龙塔"。相传古时某年,武功山下的龙王潭来了一条乌蛇精,经过一番修炼,变成一条黑龙。此龙吞噬生灵,殃及四方,并扬言要把江西变成东海,把武功山变成海岛。玉帝得知后,令托塔天王李靖下凡降伏黑龙。李靖来到武功山,掷出巨塔,将正在作恶的黑龙收在塔内,并顺手一抛,山上便耸起一座石塔,塔下压的便是黑龙。从此武功山一带天下太平,百姓安居乐业,此塔也就得名"镇龙塔"。后者如位于西安市长安区境内的"大龙塔"和"二龙塔"。相传隋朝的时候，民间传说这里有一个长大后会造反做皇帝的孩子即将出生。朝廷得知消息，派风水先生四处巡查，终于找到了对当朝政权有威胁之虞的所谓龙脉旺地，确定了龙头和龙背所在的位置，各修一座高塔以为镇压。

还有湖北麻城境内的"九龙柏子塔"，相传唐代有一位阴阳先生，临终前叮嘱儿子将自己用九打绳子缠裹，投入近邻玉阁庙的水井中，说那是九龙缠顶的宝地，还要儿子在家中守到"满七"，即七七四十九天后，开门向东城射三箭，如此，就能得到大唐江山。儿子照办，只是未守到"满七"，在第四十八天时就出门射了箭。三箭从唐王的头顶、腋下、腰间飞过，唐王受惊，急召巫师占卜，得知九龙山有人谋反，遂派兵前来镇压。杀掉阴阳先生全家不说，还在所谓的"九龙缠顶"之地修起一座宝塔，并在塔上埋了一粒柏籽，使其千年不倒。

七、龙饮食

龙饮食指的是龙文化参与的饮品、食品。最早的"食龙"记载出现在《左传·昭公二十九年》中。据说，夏代有一个名叫刘累的人，跟着豢龙氏学"扰龙"，受到夏后的奖赏，赐氏"御龙"。后来，一条雌龙死了，刘累便将其腌成肉酱奉献给夏后，夏后美美地吃了一顿。此后不久，夏后还要吃龙肉，刘累害怕了，逃往鲁县。这一记载中的龙，应是作为容合对象的"龙"，大概是鳄或蟒蛇。

将容合对象作为龙而食的记载，还见于《雕玉集》卷十四的《别味篇》。说晋时有一人，给陆机送去腌制的鱼肉，陆机尝了尝，觉得味道很美，就转送给范阳人张司空。司空尝了一口，说："这是龙肉。"陆机不相信，司空说："以苦酒浇灌，必当有异。"陆机就按他说的办了，果然有"五色文章"出现。这里的"龙肉"当然还是某种鱼的肉，是张司空视鱼为"龙"。至于在苦酒的浇灌下出现"五色文章"，当是正常的化学反应。

以龙为名的饮食品种多有传说、故事。如"白龙膻"，相传古时有白龙化身白鱼，潜入清水潭中。渔夫豫且射中白鱼的一只眼睛，白鱼哭于天帝。

天帝说，渔夫以打鱼为生，他并不知道你是白龙的化身，有什么罪过呢？后来人们就根据这个传说做成一道菜：一圈绿翠的青菜围起一堆白嫩的细条鱼肉，名曰"白龙臛"。如今，此菜已作为唐菜系列之一种，被西安人民大厦的烹饪大师继承下来，并搬上了国宴。

再如"龙人河螃蟹"，相传江苏高港的口岸镇，古时有农家女金妹因坐河边青石而怀孕，生下一个圆滚蛋。金妹觉得无脸见人而投河自尽。此时蛋破龙出，随波逐浪，将金妹托到河岸。此河遂被称为"龙人河"。此后每年正月初三，龙都要带许多又大又壮的螃蟹来祭奠生母，"龙人河螃蟹"由此出名，成为当地一道名菜。

又如"蟠龙黄鱼"，相传三国时期，周瑜设下美人计，谎称要将孙权之妹孙尚香许配刘备，诱其前来，以便伺机除掉。不料孙尚香对这位刘皇叔一见钟情，并亲手为其制作了几道佳肴，其中之一便是用去骨大黄花鱼及海参、虾仁、冬笋、火腿等做成的"蟠龙黄鱼"，意在挽留刘备。此菜色泽艳美，酸甜适口，松软鲜嫩，刘备食后果然乐而忘返。此后，"蟠龙黄鱼"便流传开来，成为江南一道名菜。与这件帝王轶事有关的，还有一道名为"龙凤配"、流行于湖北一带的"龙菜"，相传刘备回到荆州后，当地百姓以黄鳝为金龙，以母鸡为彩凤，做成"龙凤配"吉祥喜宴以示祝贺。

"蟠龙菜"也属此类。相传明武宗临死时，曾为两个儿子立下"谁先进京谁为君"的遗诏。住在湖北钟祥县（今钟祥市）的兴王朱厚熜为避免途中州官迎送麻烦，决定扮成钦犯进京。为不引人怀疑，他下令全城厨子连夜做出一种"吃肉不见肉"的食品。有位厨子因老伴送来红薯让他充饥而茅塞顿开，就把鱼、肉剔骨、去皮、剁碎，泡去血水后再用涂红的鸡蛋皮裹成红薯样蒸熟，送给朱厚熜。朱厚熜尝后甚为赞赏，就吃了一路这样的"红薯"，抢先进京，做了皇帝。继位后，朱厚熜将这种"红薯"赐名"蟠龙菜"，列入宫廷菜肴，吃时切成薄片，作龙形盘于碟中。蟠龙菜香嫩可口，油而不腻，是"中国菜谱"中的名肴。

还有南京"一条龙"包子。相传南陈末代皇帝陈叔宝少时贪玩，曾溜出宫门，一连三天随便取吃街铺上的包子。店主消受不起，要他留个"账头"，他便随口说出"朕是一条龙"的话，并写下"一条龙"三个字。不久，人们知道了他的真实身份，纷纷来这家买包子，包子铺顿时生意兴隆。"一条龙"三字被裱成中堂，铺门被称为"龙门"，这条街也成了"龙门街"，"一条龙"包子至今盛名不衰。又如"龙须面"，相传明朝时，御膳房有位师傅，在立春吃春饼之日，做了一种细如发丝的炸货，呈送皇帝品尝，皇帝尝后龙颜大悦，遂命名"龙须面"。

还有一些茶品，也与龙有关。如"九龙化茶"，相传古时一个刘姓樵夫到江西安远城南的大山中砍柴，云雾缭绕之中，忽见九条金龙从云端飞来，在山间盘旋飞舞。云开雾散之后，金龙飞过的地方长出了九棵大茶树，樵夫采其嫩叶，炒制成茶，其味香甘醇厚。人们都说这九棵茶树是九条龙的化身，故称此茶为"九龙化茶"，此山也得名九龙山。

再如中国十大名茶之一的碧螺春，传说住在洞庭西山的碧螺姑娘，美丽善良，人们都很喜欢她。某年，太湖里来了一条恶龙，要人们献上一对童男善女，还要碧螺姑娘做它的夫人。被人们拒绝后，这条恶龙就兴风作浪，为害一方。住在洞庭东山的小伙子阿祥精通水性，武艺高强，决心保护碧螺姑娘，为民除害。他和恶龙在水中大战七天七夜，最后把恶龙杀死，自己也身受重伤，奄奄一息。碧螺姑娘日夜守护在阿祥身边，精心照料。有天她寻找草药，在阿祥与恶龙搏斗的地方，发现了一棵小茶树，碧螺姑娘精心培育这棵茶树，并采其嫩叶，煎成茶汤喂给阿祥喝。阿祥渐渐恢复元气，身体慢慢强壮起来，可碧螺姑娘却一天天憔悴，后来竟一病而去。阿祥和乡亲们把碧螺姑娘埋葬在这棵茶树旁的山峰上，这山峰后来就叫碧螺峰，这里的茶叶就叫碧螺春。

一些酒品也与龙有关。如泸州老窖，相传很久以前，泸州城郊一位老樵夫进山打柴，看见一条大黑蛇和一条小花蛇在打架，小花蛇被咬得遍体鳞伤，老樵夫同情小花蛇，就出手相救。小花蛇得救后向老樵夫点点头，钻进了草丛。老樵夫回家途中迷路，走进崖壁下一个洞中，没想到在洞中见到了龙王父子，才知自己救的小花蛇原来是龙子。樵夫在龙宫受到款待，临别时，龙王送给樵夫一瓶美酒。回家路上，樵夫一阵头昏目眩，跌倒在一口井边，龙王送的酒也洒进了井里。樵夫醒来，伸手到井中捧一口水解渴，却尝出水的味道与以往不同，有一股香甜味。后来，樵夫经常去这口井里打水喝，每次喝完都感到神清气爽。再后来，樵夫打不动柴了，就取井水酿酒。这井水酿出来的酒，香飘十里，喝了它的人都交口称赞。

龙眼是产于福建、广东、广西、四川等地的四大名果之一。为何称"龙眼"呢？相传古时有一条恶龙兴风作浪，损田毁屋，为害一方。有英武少年名叫桂圆，决心为民除害，他只身与恶龙搏斗，用钢刀先刺出恶龙的左眼，在恶龙反扑时，又挖出其右眼，恶龙因流血过多而死，桂圆也因伤势过重去世。乡亲们将龙眼和桂圆埋在一起，第二年便长出两棵大树，树上结果，果核圆亮，极似龙眼。于是，称树为龙眼树，称果为龙眼，又名桂圆。

龙眼传说还有另一个版本：说是有一个人结识了一条善龙。有一天，大街上贴出皇榜，招寻龙眼为皇后治疗眼病。此人去找善龙，善龙就把自己的一只眼睛挖下来给他。此人把龙眼献给皇帝，皇帝大喜，赏其金银若干，说你若能把另一只龙眼也搞来，就封你做大官。此人又去找善龙，善龙说不行，一只眼可以给你，两只眼都没了，我怎么行云布雨？此人便趁善龙不注意，掏出刀子就朝龙眼上猛刺。善龙疼而大怒，张口将此人叼起，摔了个一命呜呼，那只龙眼也掉到地上，变成了龙眼树。笔者以为，传说多为附会，龙眼之得名，大概是因为此果凸圆晶亮，恰似龙的眼睛而已。这则传说读来颇有意味，它告诫人们：贪得无厌者当戒！

八、龙生肖

作为一种纪年方法，天干地支相传出现于夏朝，或者更早。有"黄帝立子丑十二辰以名月，又以十二名兽属之"（《事物纪原》卷一引《事始》）、黄帝使"大挠作甲子"（《吕氏春秋·尊师》）等说法。完整的有关十二生肖的记载，一般认为最早出现在东汉王充的《论衡》里。但《诗经·小雅》中就有"吉日庚午，既差我马"（将"午"与"马"相对应）句；在湖北云梦睡虎地11号秦墓（下葬于秦始皇三十年，即前217年）出土的简册甲种《日书·盗者》篇中，十二生肖几乎已完整出现。这样看来，早在春秋战国时期，子丑寅卯辰巳午未申酉戌亥就大体上和鼠牛虎兔龙蛇马羊猴鸡狗猪相配了。从此，每一个年份都有自己的肖年，每一个人也都有了自己的属相。

按农历纪年，十天干和十二地支配十二生肖，转一圈一个"花甲子"。这六十年中，会有五个龙年，每十二年遇一个。中国人口现在超过十四亿，其中应有一亿多人属龙，加上属"小龙"（蛇）的，当有两个多亿，再加上姓龙、名中含"龙"者，人数可能就更多了。

关于龙生肖，民间也有流传的故事：远古时代龙没有角，在地上生活。凭着自己身强体壮，能飞、善游，龙想位列属相，还想取代虎的地位当兽王，于是，产生了龙虎斗，结果难分难解。玉帝下旨叫它们来天宫评理，临行时，龙听了小弟蜈蚣的建议，向公鸡借角以增添威风。公鸡听说龙要借它的角，死活不肯，蜈蚣就担保说："如果龙大哥不还你的角，你一口把我吃掉。"公鸡便把角借给了龙。到了天宫，玉帝见龙和虎都十分威风，便下令龙虎都作兽王，虎为陆地百兽之王，龙作水中水族之王。虎既然可以当属相，龙也可以成为属相，只不过得排后一些。龙和虎皆大欢喜。回到凡间后，龙担心把角还给公鸡，水族成员会觉得它不够威风而不服管，就不还公鸡的角，一头扎进水中，再也不上陆地了。公鸡见龙不还角，气得满脸通红，也迁怒于蜈蚣，蜈蚣吓得从此钻进石缝中。直到今天，公鸡的脸总是红的，蜈蚣也难得爬出地面，公鸡见到蜈蚣总是一口一个吃掉。而龙呢，再也没有到陆地上来了。

这个故事将龙说得不守信用、说话不算数，有贬龙之嫌。言龙"再也没有到陆地上来"，也是不准确的说法，龙是三栖的，既能在水中游，也能在天上飞，还能在地上行。

在十二生肖中，龙虽然没有排在第一，但仍可视作"老大"，这是因为：其他十一种生肖动物都是现实中存在的，唯有龙是神物，神物源于动物，高于动物。除了鼠、鸡稍远些外，牛、虎、兔、蛇、马、羊、猴、狗、猪都是龙的容合对象，龙的形象中，牛龙、虎龙、兔龙、蛇龙、马龙、羊龙、猴龙、狗龙、猪龙，甚至鼠龙，都有出现。龙在一天中对应的是辰时（清晨7时至9时），在一年中对应的是春三月。辰时，太阳初升，朝气蓬勃；春三月，万物萌动，农活开始。这两个时间都比较重要，正所谓"一日之计在一晨，一年之计在一春"（唐韩鄂《四时纂要》卷一）。

第十一节　赋形山水

几千年来，源远流长、博大精深的龙文化在神州大地上留下了种种踪迹，耸立在神州大地上的山峦，流淌在神州大地上的江河，处处可见龙的形象、龙的风姿。

考察这些龙形象的形成和得名，大体有三种情形：一是"自然山水龙"，即山水地貌天然具备龙形龙态；二是"传说故事龙"，即流传有龙的传说故事；三是"帝王人杰龙"，即与某帝王、某人杰的业绩行踪有关。这三种情形往往是互相交织，非独立而存在的。

一、龙山

龙山即以龙为名，或别称为龙，或与龙有关的山。

因传说故事而得名的龙山，如浙江桐庐县境内的纪龙山。传说很久以前，纪龙山一带遇到大旱，庄稼颗粒无收，山民们只好举家下山另谋生路。有一天，一条蛟龙来到此山，播下一场好雨，解除了当地旱情，山民们重返家园。此后，蛟龙便住在山间洞中，一有旱象，便出洞行雨。山民们为纪念蛟龙的功德，就把此山称纪龙山。

还有江苏镇江西门外的白龙山，相传此山原名长山，山上有条四脚蛇，经过千年修炼，成了一条旱龙。这条旱龙常变作一位喜欢穿雪白衣裳的美貌姑娘，人称小白龙。某年在赴王母娘娘生日宴会途中，小白龙与东海龙王敖广的三太子相识，一来二去，两人有了感情，遂私订了终身。此事被玉帝知道了，认为触犯了天规，把东海老龙王敖广喊到天庭，狠狠地教训一顿，要他严加管教。敖广将三太子一关就是三年，这期间，三太子与小白龙无不思念对方。在三太子的哀求下，敖广提出条件：若要见小白龙，每夜五更前不带风，五更后不带雨，无风无雨腾云来去。在三太子作难时，水晶宫里的锦鸡主动提出为它啼鸣报时，宝马主动上前愿为坐骑。从此，三太子抱鸡笼、骑宝马，三更出发，去长山与小白龙相会，五更不到匆匆赶回。此事被老龙王敖广发现，遂一拳将鸡笼打到一边，形成后来的鸡笼山；又一剑斩了马头，宝马成了个马鞍形，形成后来的马鞍山。当地百姓感念小白龙，遂将长山改称白龙山。

有些山不以龙为名却与龙有关。如河南信阳天目山小金顶，相传很久以前，天目山原始森林中有一池潭水，水中有白、黑两条龙。一天，两龙戏水玩耍，跳斗取乐，正玩得高兴，黑龙不小心撞伤了白龙的玉体，惹恼了白龙，两龙便打斗起来，你追我赶，来到了天目山东麓。两龙打斗七天七夜不分胜负，正累得精疲力竭时，从高大的石柱上跳下一只癞头精，坐立两龙中间，说："你们二位为何这样争斗不休，我周围的一切都被你们折腾得不翼而飞了，只剩下一根石柱，我的邻居金鸭子也无处藏身，只好躲在这石柱下面，今后谁来保护我们呀？"黑龙和白龙听了，这才发现这座山只剩下石柱了。它们认识到自己争强好胜，破坏了别人的家园是不对的，于是停止打斗，向癞头精道歉，并祝愿它们的家园将是一座金顶。临行时，黑龙和白龙将自己的汗水化作一阵小雨洒在了金顶上。两龙返回家中，又将一池分作二潭，即后来人们命名的黑龙潭和白龙潭，白龙潭的水清澈透底，黑龙潭的水长年墨绿。天旱无雨时，百姓们就到两潭去祈雨，天目山从此也有了小金顶。

二、龙洞

有山就有洞。中国境内有许多龙洞，这些龙洞多有传说故事。

位于浙江金华双龙风景区的双龙洞是整个景区的核心景观，由内洞、外洞及耳洞组成。洞口轩朗，两侧分悬的钟乳石一青一黄，酷似两个龙头，两龙头在外洞，而龙身却藏在内洞，故名"双龙洞"。相传，古代婺州（今浙江金华）连年大旱，民不聊生，青龙和黄龙得知后，偷来天池水，拯救了百姓，却因触犯天条被王母娘娘用巨石压住脖颈，困在双龙洞内，但双龙仍顽强地仰头吐水，清澈泉水至今潺潺不绝。

河南太行山南麓有个五龙洞，相传古时候，有村姑为一道人拆洗道袍时，误吞线头后怀孕。为避村人的闲言碎语，家人于三月初八这天将其送到南山一洞中。村姑当天分娩，生下黑、白、青、黄、苍五条小龙，自己却难产身亡。从此，此山洞便得名五龙洞。相传五龙能呼风唤雨，为天下百姓解除旱灾。每逢大旱之年，来此祈雨者数以千计，香火极旺。后来人们又在洞中塑了圣母像，在该洞所在的山沟建了一座清风寺，还把三月初八这天立为庙会，举行祀奉活动。清光绪二十一年（1895），安阳知县石庚来此祈雨，香火燃到一半，便下起雨来，石知县感恩不尽，捐献黄金百两为龙母娘娘重塑金身，并在洞口立了石碑，褒扬龙母娘娘和五条圣龙立足当地，护佑一方黎民百姓的功绩。

广西桂林叠彩山东麓有个木龙洞，相传，从前洞口长着一棵老树，树根紧紧趴在石崖上，树身弯弯曲曲。桂林城里一木匠，一天经过山洞口，发现老树干上挂着一绺湿漉漉的丝草，一连三天都是如此。木匠为弄清原因，于第四天晚上躲在山洞边，盯着老树观察。三更时分，老树忽然左右摇摆，发出嘎吱嘎吱的响声。这时天空飘来云彩，下起大雨，闪电光里，只见老树慢慢变成了一条龙，腾空而起，越飞越高，眨眼便飞到山后，一头钻进了漓江，漓江顿时翻起滔天大浪。时过五更，木龙又飞回山洞，依然趴在原来的地方一动不动，身上又挂着几绺丝草。从此，这个山洞就有了木龙洞之名。明朝天启年间，一地方官叫人雕了两条木龙，挂在木龙洞顶。有一天天降暴雨，雷电交加之中，木龙洞崩下一大块岩石，一条木龙飞奔而去。另一条木龙，年长日久，渐渐朽坏。从此，木龙洞便没有了木龙，只留下木龙洞这个名字。

四川渠县有个老龙洞，相传很久以前，渠县龙潭村白水溪畔，住着一户李姓夫妇。夫妻二人以砍柴为生，其独生子李昂精通医术，乐于助人。某日，李昂因给一位被蛇咬伤的老人吸毒疗伤而晕倒，醒后发现身边有一对耳坠。那位老人告诉李昂，是一位年轻貌美的姑娘救了他，并留下了耳坠。后来，李昂终于等来了留耳坠的姑娘，原来她是东海龙王的女儿，名叫明珠。李昂与明珠相爱，东海龙王坚决反对，因为明珠与西海龙王之子赤烈原有婚约。这赤烈得知李昂与明珠相恋，就找李昂决斗，危难时刻，明珠赶来相救，将一颗珠子送入李昂嘴里，自己则化作一股青烟，消散在空中。李昂服了龙珠，口渴饮于白水溪，遂变成一条威武的白龙，村人拜之，称其李老龙。李老龙以白水溪畔一山洞为居处，平日行云布雨，造福一方。十多年后，当朝皇帝的爱妃一夜之间患了怪病，昏迷不醒，李老龙得知后，化身江湖郎中，前往京城医治。他发现那王妃竟和十多年前化烟而去的明珠长得一模一样，于是想起往事，眼涌热泪，当其泪水滴到王妃手上时，王妃竟奇迹般地苏醒过来。李老龙医好王妃，皇帝欲诏其为御医，李老龙婉言谢绝，大笑三声，化龙而去。

三、龙江龙河

在我国众多江河之中，名称中包含"龙"字的也有不少，其中以传说故事而得名的，有黑龙江省境内的黑龙江。相传黑龙江原名白龙江，江中有条白龙，经常兴风作浪，祸及方圆百里。某年，生活在江边的李家生育一子，浑身油黑，身体健壮。一日，黑小子在李妻怀中吃奶时现了原形，竟是一条龙。小黑龙将长尾伸到门槛，李某回家发现，即挥刀一砍，小黑龙的长尾遂被砍掉，血流满地，腾飞而去。不久，白龙又危害百姓，小黑龙尽力阻止，白龙不听，反把小黑龙咬得遍体鳞伤。当地百姓见状，决定支持小黑龙。当小黑龙与白龙再战时，众百姓纷纷将各种食物扔给黑龙吃，使小黑龙力气倍增；并将白灰撒向白龙，烧得白龙眼睛难睁。在众人全力帮助下，小黑龙终于战胜了白龙，从此再无水患。人们为纪念小黑龙，便将白龙江改名黑龙江。

与黑龙江黑龙为善、白龙为恶相反，四川九寨沟的白龙是善龙，黑龙是恶龙。白龙住在附近的白龙江，黑龙住在附近的黑水河。传说黑龙因忌妒九寨沟的风光，要将那里的水吸干，白龙知道后，便将白龙江的水喷洒到九寨沟，恢复其美景。黑白二龙因此交战，黑龙斗不过白龙，便使计放毒，白龙被逼，逃到九寨沟的一个湖泊中，此湖遂得名卧龙湖。黑龙的行为惊动了藏族的万山之神，遂被万山之神所囚，不能再作恶。

与忌妒山水风光的九寨沟黑龙不同，桂林阳朔遇龙河中的龙却是一条以欣赏山水风光为美事的龙。传说遇龙河原叫安乐水，河中之龙原居东海。很久以前，此龙从东海巡游至此，见景色优美，便潜藏安乐水中不再回家。初到时，此龙只在晚上浮出水面观赏风光，后来白天也忍不住偷着出来，住在安乐水边的百姓曾见此事，便改安乐水为遇龙河。

之所以叫"龙"江"龙"河，既有自然形态如龙之缘由，也有传说故事对龙之附会。如峨眉山中有黑龙江和白龙江，黑龙江流经多为玄武岩的层段，其色碧绿如黛，故以黑龙命名；白龙江流经多为白萤岩的层段，水色呈乳白，故以白龙相称。另有传说，言黑龙江之水来自青蛇修炼的黑龙潭，故称黑水；白龙江之水来自白娘子修炼的白龙洞，故称白水。

重庆市丰都县境内有一条龙河，发源于黔江乌龙山，这是此河得名的一个原因。另一个原因，据传与蜀汉皇帝刘备有关。说在三国初立时，刘备欲入蜀建都称帝，找了个姓张的风水先生帮忙选址。张某来到丰都平都山上，放眼四望，见双桂山双峰耸立，像两条高昂着头颅的龙；又见长江南岸梁豆壁似一条隐卧于草莽中的龙；又发现鹰嘴岩和庙嘴各似横卧在山岩上的龙；而白岩坎下则像一条等风待雨的盘龙；东边青牛山、珠帘山也似两条藏于群山之中的蛟龙。八条龙脉都头朝平都山，作"八龙捧圣"之状。张某叹道："此地甚好，只可惜少了一条龙，不能建皇城！"于是遗憾地回到成都，将详情禀报："查遍蜀州，唯平都山风水不错。只可惜仅八条龙，要是再有一条龙，在那里建皇城最好！"刘备听后说："孤本真龙天子，丰都的八条龙加上孤不就是九条龙了吗？"张某恍然大悟，率兵直奔平都山就要奠基。待张某重返平都山时，见山上宫殿巍峨，阴气森森，原来地府阎王先他一步，已将"阴曹地府""鬼国京都"建在了此地。张某为表对刘备的忠诚，气恼之下一头撞南墙而死，后被阎王封为地仙。

有的河流，取名无"龙"，却与龙有关，或有龙的故事。

渭河，古称渭水，是黄河的最大支流。唐张读所撰《宣室志补遗》记载了一个"渭水白龙"的故事：唐元和末年，渭水西岸某佛寺有个和尚频频梦见一条白龙自渭水飞来，停在佛殿西楹，盘绕好久，才向东飞去。龙飞走的第二天，必定下雨。这样的情形发生了好几次，和尚感到奇异，就将这件事告诉了他人。有人说："有福气的地方是龙神居住的地方，可以说是龙的家了。佛寺也是神龙依归之地，因此佛家有天龙八部之说。况且佛寺多在郊外，殿宇清静宽敞，龙到这里来住，当然是很适宜的。可以做一条土龙放在佛寺的楹柱之间，以应和尚之梦。"于是，和尚就招来民工，做了一条土龙，放在殿西楹柱之间。这条土龙很有乘云飞升的气势，蜿蜒鳞鬣，曲尽其妙。到了长庆初年，有在此寺居住的人出门办事，发现一物从寺的西轩直接飞出，飘飘然若升云状，很快便飞驰出寺，往渭水而去。到了晚上，这条龙又飞了回来，栖于寺的西轩之下。此人上前仔细查看，发现是条白龙。第二天，这人将他看到的情形告诉寺里的和尚，和尚们都很惊奇。又过了几天，寺里的和尚都到附近村子去吃斋，直到中午才回来，大家到西轩去看，那条土龙已不见了。和尚们叹其奇异，都说："这条龙果真是龙，虽然以泥土为体，还是变化无穷，来去自如，真是灵物啊！"到了晚上，只见乌云起于渭水之上，一会儿就逼近佛寺，忽有一物从云中一跃而出，飞进了西轩。和尚们非常震惊，去看，发现那条龙已盘绕在西轩的楹柱上。再走近观看，见其龙鬐鬣鳞角上都是湿的。和尚们就用铁锁将此龙锁了起来。之后再有旱涝灾害发生，来此龙前祈祷，每每都比较灵验。

唐段成式所撰《酉阳杂俎》之《怪术》篇，讲了一个大江支流的龙的故事：有个地方叫云安井，大江的一条支流由此经过，共三十里。近井十五里，河道平缓，河水澄清如镜，舟楫往来无虞。近江十五里，河道复杂，多急流险滩，舟楫难于通行。其时，有一位翟姓法师，念来往商家船工劳苦，就动了清除河道险阻的念头。他在江边山上筑起一座土坛，在坛上做法，向十五里河道的龙神发布命令，要求它们立即赶到坛前，听候调遣。命令发出后，有十四处的龙神化为老人应召而到。翟姓法师以滩波之险、害物劳人为由，命它们将各自负责河道中的险阻尽行清除。各龙神领命，于是一夜之间，风雷震击，十四里河道都变得平缓如镜。只有一里河道还是老样子，因为司理这段河道的龙神没有来。翟姓法师生气了，派一员神将再去催促，让那龙神速来听令。过了三天，那龙神变为一女子前来，法师责备其不来应召，女子说："我之所以不来，不过是想帮助法师造福众生罢了。因为这十五里河道艰险，行船困难，云安的贫苦百姓就有很多是靠人力，将货物肩挑背负到江口，以挣点工钱度日。如果平缓了河道，行船方便了，那些靠肩挑背负挣工钱的百姓就失去了工作机会，这不是断绝他们生活来源的做法吗？所以我宁愿保持险滩以利贫民，也不平缓河道以利那些富商。"法师听了女子的话，觉得有道理，就命令其他十四里河道的龙神恢复河道原状，于是那十五里河道至今还是急流险滩如故。

四、龙泉

泉是从地下流出来的水，流出泉水的窟窿则称泉眼。龙是水神，因而泉多与龙有关。浙江永嘉县境内有一处龙泉，据《水经注》载，此泉中的水纹成蛟龙的形状，以至于牲畜都不敢在这里饮水，故名。北岳恒山位于山西浑源县境内，山上有一泉，据说此泉有生云下雨的功能，故名潜龙泉。

辽宁抚顺市塔峪镇有一条泉眼沟，住在沟里的百姓代代相传，古时曾有两条龙在此地为争夺一颗夜明珠而战，其中一条龙战败而死，化作一眼龙泉。但好多年来，泉眼沟都是干沟，没有泉水。有一年夏天，一村民在山坡上劳作，发现有一片湿土，并有泉水从土里渗涌而出。村民争相观看取饮，认定这就是传说的龙泉。

辽宁葫芦岛市虹螺山有一处龙泉，泉水从山洞中流出，清冽可口。传说此泉原不是甜水，而是苦涩的黑水。正当百姓为黑水漫流而发愁的时候，飘来一位白发仙老，告知大家禳治之法。几个年轻人依法，从山上凿下一块碾盘大的圆石，严严实实堵在洞口。藏在洞中的一条龙透不过气，发出"嗷嗷"的叫声。这时，仙老拔下一根白发，那白发瞬间变成一条小白龙。在黑蛟龙顶开大圆石的当儿，小白龙一下子咬住了黑蛟龙的额头，黑蛟龙尖叫一声挣脱，飞到乌云中去了，而那小白龙竟一蜷身钻进了石洞。随之，洞里流出的水就变了样儿，不黑、不苦、不涩了。从此，人们就把此水称作龙泉，还在附近建了一座龙泉寺。

虹螺山龙泉传说中的两条龙一善一恶，山西五台山龙泉传说中的龙则是由恶而善。此泉位于龙泉寺东侧，相传古时有九条龙在此作恶，被文殊菩萨施行法术压在了山下，九条龙就变成清澈的泉水滋润一方。据说泉水底部还能看到九条小龙的影子，龙泉寺因此得名。类似的还有陕西南郑县（今南郑区）圣水寺的龙泉传说。相传古时有东海九尾老龙携带黑、白、乌、黄、青五个龙子来到汉中盆地，使秦巴平原变成了一片汪洋。有神箭手射杀了九尾龙王，活捉了五个龙子，将其拴缚在巴山脚下，令其自掘泉洞，立功赎罪。五龙打通地下水道，泉水遂喷涌不止，一方百姓常年得其泽惠。五泉均位于灵泉山下，据说各具特色：青龙泉清澈见底，白龙泉碧色映天，黄龙泉金光闪烁，乌龙泉乌光鉴人，黑龙泉色黑如漆。

龙泉也出现在少数民族居住区和边疆地区。内蒙古通辽市大青沟有一口深不见底的老井，当地人称其龙泉。传说东海老龙王有一个重孙叫沙龙王，此龙生来桀骜不驯，老龙王曾用龙杖责打教育。沙龙王领受了龙杖的威力，趁老龙王不备，将龙杖窃走隐藏。老龙王知道后，令其交回龙杖，沙龙王抵赖拒交。老龙王一怒之下，将其逐出龙宫，扔进沙漠。沙龙王虽身陷沙海，却因持有龙杖而横行无忌。后来，沙龙王因作恶多端被女神菊丽玛严惩。临死前，菊丽玛逼其交出龙杖，并派使者将龙杖还至东海龙宫，老龙王欣喜异常。几年后，草原大旱，赤地千里，大批牲畜干渴而死。菊丽玛带领牧民打井找水，井打到百丈，仍不见水。正当人们束手无策时，东海老龙派一虬龙变作过路樵夫来助，樵夫下井施法，将井底与地河打通，甘甜清冽的泉水从井口喷涌而出，旱象解除，牲畜得救，草原再绿。

新疆西北部的塔城市也有一眼龙泉。相传古时，西海龙王的三太子在一次行雨之后，看上了在塔尔巴哈台山山巅一边牧羊、一边唱歌的哈萨克族少女阿依古丽，这位龙子多次变作凡人，帮阿依古丽牧羊，以至于相亲相爱，暗定终身。此事被玉帝得知，遂传旨命西海龙王父子回天宫复命，并将西海填平。从此，新疆由一片汪洋变成了缺水少雨的瀚海。阿依古丽面对瀚海，思念龙子，整日以泪洗面，日积月累，其泪水化成了现在的乌拉斯台河。后来，三太子在被发配天边充军的途中，下凡与阿依古丽相会，其落脚之地涌出一眼龙泉，塔城得此泉润泽，遂成一片绿洲。

还有一些与人文先祖有关的龙泉传说。陕西宝鸡渭河南岸的九龙泉位于神农祠外，相传炎帝神农生于蒙峪，曾被其母女登抱至附近的泉水洗浴，清澈的泉水因神农的光临而出现九条小龙，遂得名九龙泉。江苏无锡市西郊九龙十三泉的由来，说是明太祖朱元璋吸取元末群雄蜂起的教训，担心无锡出九条龙和十三员大将颠覆大明江山，遂在惠山造了九个龙头、十三个泉眼，用以遏制和钉住活龙。

浙江诸暨也有一处龙泉，相传此泉与明太祖朱元璋有关。说此泉乃是白鲞修炼成仙化龙之处，据说这位白鲞大仙有呼风唤雨、兴云作雾的本领。朱元璋曾遣胡德济领兵数千在此设伏，大败张士诚军，为朱元璋扫平争雄劲敌，继而称帝奠定了基础。朱元璋认为此役之胜，是白鲞大仙为全军提供解渴煮饭之水，并作雾助战的结果，遂敕封白鲞为"金井龙王"，并于龙泉旁建起一座龙王殿。

传说诸暨龙泉不单帮助帝王，还曾帮助愿为百姓效力的地方官。地方史志有载：明时知县刘光复，清咸丰时知县刘书田、光绪时知县刘引之，均多次在大旱之年到泉边龙王殿求雨，据说每次都非常灵验，有几次还出现"雨随而归"的情景。因三位刘姓知县求雨除旱有功，当地百姓便将这龙王殿又称三刘庙。

谁造福百姓，百姓就拥戴谁、纪念谁。陕西富平县境内有一清泉，相传隋代某年，关中大旱，瘟疫流行，百姓多饿病而死。药王孙思邈于采药途中，在此泉边遇乔山湖龙君的五个儿子化作五位少年求其治病，孙思邈仔细号脉、开方、配药，五位龙子服后很快痊愈。为报答药王恩德，也为解除更多人的疾苦，五位龙子从湖底采来大量珍珠、龟板、蛤壳、龙涎香、鳖甲等珍贵药材，献给孙思邈，这些药材经药王炮制配方，使许多病人得以痊愈。人们感谢药王，也感谢五位龙子，就将此泉取名五龙泉。

五、龙潭

在人们的观念中，潭是比较深的水池，是作为水物、水神的龙生身、生活、潜居的地方。大凡水潭，都多与龙有关，也几乎都有传说、故事的附会、流传。

位于河南登封市大金店镇颍河南岸的龙潭，相传嫦娥仙子常到此潭沐浴，东海龙王敖广的三太子久恋嫦娥，便借机表白。他种桑养蚕，织纯丝披风送给嫦娥；他种植蜜枣，呈献给嫦娥食用养颜；他澄取黄金为嫦娥打造金银玉佩。三太子和嫦娥相好之事被玉帝得知，发令将他压到南山之下，也不准嫦娥私自下凡。三太子思念嫦娥，常年闷闷不乐，最终化作南山腰一处"海眼"。此潭则因见证三太子与嫦娥的爱情，而被人们冠名龙潭。

云南老君山九十九龙潭也与龙王三太子有关。相传很久以前，纳西国的木天王发现老君山是一座龙脉山，决定在此山造一座行宫。龙王三太子见木天王大兴土木，就化身来到老君山，借宿在路边卖水的一对老夫妇家中。三太子见老夫妇挑水背水走长路很辛苦，就施法给老夫妇一眼水井，并告诫千万不可让木天王知道。不久，老夫妇家中有井之事还是被人发觉，报告给了木天王。木天王醒悟此地为龙王之家，不能侵占，遂下令停工。当众民工从老君山撤离时，突然狂风大作，电闪雷鸣，瓢泼大雨中一声巨响，工地上出现一串水潭。过后人们一数，竟有九十九潭，遂取名九十九龙潭。

这两个传说中的龙王三太子都是以善龙的面目出现，而在有关山东单县孟潴泽龙潭的传说中，龙王三太子却变成了恶龙。说是不知何年何月，潭边何姓人家生养一女，俊秀聪明，取名何仙。一日，家中来了一位小生，留下一纸，上写："孟潴泽边老龙潭，龙王在此建家院，待到二月二日时，废桑弃渔造大船。"何老汉不解，何仙却看出其中奥妙，便让父亲买木料造船，还劝说村人也都打造船只。之后忽一天，空中乌云翻卷，狂风大作，那位小生又至何家，言此为"龙王三太子出海作恶"，随之腾空与乌龙搏战。是夜，雷电交加，大雨倾盆，黄河涨水，席卷而来。何仙疾呼家人和众乡亲登船避难，自己却被卷入水中。数月后，大家返归家园，见黄河决口处形成大潭；又见小生携何仙驾云飘过，才知这是吕洞宾与何仙姑联手降伏龙王三太子，救百姓于水患。

传说中与制服恶龙故事有关的潭还有北京画眉山黑龙潭。明刘侗、于奕正撰《帝京景物略》载："黑龙潭，入金山口，北八里。……又北，小山累累，小冈层层，依冈而亦碧殿，亦丹垣者，龙王庙也。庙前为潭，干四丈，水二尺，文石轮轮，弱荇缕缕，空鸟云云，水有光无色，内物悉形，外物悉影。土人传黑龙潜中，曰黑龙潭也。"民间传说，潭中黑龙是东海龙王之子，一次外出归来，发现自己栖身的龙潭被一条白龙占据。白龙常化为白衣秀士作恶，危害百姓，黑龙决心赶走白龙，为民除害，便与白龙在半空中厮杀，最终将白龙摔死在画眉山上，重返黑龙潭。画眉山上一块大石头至今仍有很深的沟槽，相传那里就是白龙被摔死之处，当地人称它为"摔龙石"。

一些龙潭传说，反映了人变龙的理念。河南汝阳县境内的黄龙潭原叫黑龙潭，其改名缘于一个传说：县城财主家的丫鬟春花，因洗衣时捞吃了水中漂来的桃子而怀孕，财主怕此事有损自己的名声，准备害死春花。春花得知后，逃到住在山里的一对老夫妇家中落脚。数月后，春花梦见飞来一条龙向她摇头摆尾，春花惊醒，肚子便阵疼。这时，飞来一对凤凰在草棚上翔舞，春花便生下一个胖胖的男孩，遂取名龙儿。龙儿成人后，身强体壮，且乐于助人。附近黑龙潭中有条大黑龙，常常发水造祸，为害一方。龙儿决心与大黑龙一搏，并请村人帮助。经过一番准备，龙儿跳入龙潭，变成一条黄龙，与黑龙搏斗，最终黑龙战败，潭水变成了黄色。自此，一方地面再无水灾，可龙儿跳入龙潭再也没有出来，人们都说他变成黄龙以此潭为家了，于是就把黑龙潭更名为黄龙潭，还在潭边修了座黄龙庙，常年香火不断。

辽宁绥中县石碴子山下的龙潭，也有类似的传说。相传很久以前，附近汪家村有个叫汪泉的小伙子，为人忠厚，处事勇敢。某年，当地大旱，庄稼颗粒无收不说，人们连饮水都成了困难。听说砍开石碴子山的石门就能找到清泉，汪泉便特制了三把大斧，连劈三天，终于劈开了石门。他又在一道石壁下听到了泉水流动之声，于是连凿三天三夜，终于凿出了泉水，而汪泉自己却因劳累过度，困倒在水潭中而变成了一条小白龙。人们为纪念汪泉，就将此潭取名龙潭，并把汪家村改名龙潭村。

有的龙潭传说还附有道德教化的功能。如位于湖南常德市桃源西部的龙潭，相传早在此潭还不被人看重之时，一个名叫吴良新的叫花子听从一位白胡子老人所言，在潭边搭茅棚居住。之后，潭中青龙天天将金块送出水面，吴良新得金发财，不但把小茅棚换成了大瓦房，还娶妻生子，置地雇工，穷叫花子转眼间变成了有钱人，但他却变得吝啬刻薄了。吴良新天天去捡金子，屋后堆起一座金山。五十岁生日这天，吴良新大摆酒席待客，前来贺寿的人当中，有一个蓬头垢面、衣衫褴褛的老头儿，吴良新见是一个老叫花子，脸色陡变，连说"讨嫌"，并让人将老头儿赶跑。第二天清早，吴良新又去捡金子，可潭中再不见动静，却见岩石上现出两行字："为人良心切莫偏，心偏金山变土山。"吴良新急忙跑回家，但见藏在屋里的金子全都变成了黄泥巴，屋后的金山也变成了黄土山。吴良新大惊，遂口吐鲜血，倒地而亡。

六、龙池

中华大地上有多处龙池,这些龙池大多有传说故事。

周龙凼是湖北黄梅下乡水域面积最大的水塘,人称龙池。此池水面宽阔,周边居民众多,但这里却有端午节不划龙船的习俗。据说,以前池周边三个村子的人每年端午节都要在池中划龙船,但有一年端午节,龙船划着划着,竟在水中莫名其妙地消失了。人们大惊,急忙下水寻找,发现三艘龙船连人带船都沉到了水底。当天夜里,白天划船落水者的家人都做了一个奇怪的梦,梦见老龙王请他们吃面条,让他们不要打扰自己的修行。从此,龙池周边村子的人都不再划龙船。但每逢端午节的早晨,只要来到龙池边,似乎都能听见水下锣鼓喧天,似有划船之声。

四川广元青川境内的龙池,据说古时住着一条龙,有一次,一个出嫁的新娘子骑马路过龙池边,马正低头喝水,一条龙忽从水中跃出,将马和新娘子都吞了下去。天帝闻知后刮狂风、掣雷电,将龙的眼睛打瞎了一只,并将其封镇在池底,使其不能再出来害人。后来,此池中开始长一种植物,形象和龙头相似,果实是银灰色的,刮去表皮是白色的果仁,煮熟了吃,味道极好,人们称其"龙果子"。

这两则故事中的龙,都是负面的代表恶的形象。当然,龙池故事中也有正面的代表善的龙形象。南京六合县(今六合区)有一龙池,相传很早以前,六合县没有此池。在现今龙池这个地方,原住着一户人家,家里的童养媳常受婆婆虐待。有一天,童养媳外出拾柴火,发现一条乌蛇躺在路边,乌蛇尾部中箭,动弹不得,见她走过来,乌蛇抬起头,似有哀求之意。童养媳便将箭拔了出来,乌蛇摆摆尾,向她点点头,就钻进附近一条小溪不见了。过了几天,童养媳再次来到这里,又看见了那条乌蛇。乌蛇高高地扬起头,从嘴里吐出一个白色的蛋,然后向她点点头,又不见了。童养媳拾起蛋看了看,见与普通的鸡蛋并无两样,便随手放进拾柴的筐子里。突然,筐子里的柴火一下子就满了,童养媳又惊又喜,小心翼翼地藏好了蛋,这才回家。以后天天如此,童养媳少挨了许多打骂。后来,秘密被婆婆发现,蛋被婆婆拿走。婆婆将蛋放进米缸,眨眼间米就涨满了缸;婆婆又把蛋放到装钱的匣子里，钱匣子也是立马涨钱。婆婆乐得忘乎所以，看见水缸未满，便将蛋往水缸里一丢，霎时间，水涌出缸。只见蛋在水缸里打了几个转，突然裂开，跃出一条乌龙。乌龙在空中飞腾，顿时暴雨倾盆，水流满地，形成了一个龙池，贪心的婆婆被水淹死。乌龙化作英俊青年，与童养媳成了亲，他们生活在龙池，繁衍了不少子孙，大鲫鱼就是他们的子孙。南京传统名菜"龙戏珠"，原料就是来自龙池的大鲫鱼。这个故事中的乌龙，知恩图报，惩恶扬善，就是代表善的龙形象。

第八章 龙与文化传播

龙是中国人的身份符号，中国人起步走向海外的时间，就是龙文化开始向海外传播的时间。亚洲国家的龙文化，大都是汉唐及汉唐以后，由中国本土传播过去，再融合一些当地的文化元素而流衍、发展至今的。龙文化传播到欧洲的起始时间，可以追溯到公元前1世纪的汉朝。罗马人有可能是最早见识中华龙文化的欧洲人。有较多实证的中华龙文化传播到欧洲的情形，出现于16世纪到18世纪，即在中国的明清之际。

龙文化的传播是全方位、多层次、多样化的传播，有物质器用如龙纹瓷器、龙纹服饰的传播，有习俗仪规如舞龙灯、赛龙舟的传播，有观念理论如龙是雨水之神、龙是皇权象征的传播。龙在外语中怎么说非常重要，决定了龙文化能不能得到正确的传播，也关系到保护中华文化、塑造中国国家形象等很多重要问题。

第一节　外国人笔下的中国龙

从清代末期开始，向国外读者介绍中国的书籍大量涌现，其中不少都介绍了中国的龙，有些还是介绍龙文化的专著。在此，笔者以时间为序，翻译介绍一些有代表性的外国人介绍中国龙的图书、文章，从中可以看出外国人对龙的了解和认识。

"龙"常被英译为"dragon"，但实际上，龙与欧美文化中名为dragon的神话虚构动物完全不同。为避免混淆，笔者在本章中将后者的名称汉译为"杜拉根兽"，而不再使用"西方龙""欧洲龙"这些不当的汉译法。目前dragon一词的汉译存在多种方案，2010年出版的中文版《圣经》（和合本）在把dragon译为"龙"时，做了一个注释："'龙'，原文音译'杜拉根'，指万恶之兽。"考虑到《圣经》的巨大影响力，所以笔者兼顾音、意，把dragon汉译为"杜拉根兽"。如果想完全意译的话，也可以把dragon译为"魔蜥"或"魔翼蜥"，因为杜拉根兽的形象主要是长有蝙蝠肉翅的蜥蜴。

一、19世纪外国人所撰书籍中的龙

*The Middle Kingdom*这本著作的中文名是《中国总论》，由纽约Wiley & Putnam公司1848年出版，上下两卷，篇幅巨大。该书全面、细致地介绍了中国的情况，成为外国人了解中国的重要信息来源。作者是美国传教士、外交官及汉学家Samuel Wells Williams，他的中文名叫"卫三畏"。当时，*Chinese Repository*（《中国丛报》）是外国人在中国创办的一份英文期刊，卫三畏长期担任该报编辑，自己也写了很多关于中国的文章。1856年后，卫三畏长期担任美国驻华使团秘书和翻译，九次代理美国驻华公使。1876年回到美国后，卫三畏成为耶鲁大学第一位中国语言及文学讲座教授。

卫三畏在《中国总论》里简单介绍了中国的龙,他把龙分为三大类,至今仍被很多外国人引用。他这样介绍龙:"在中国人写的文章中,龙是常见的描述对象,并被他们用来比喻各种可怕的、庞大的或强大的东西。龙被作为皇室的标志,于是,这些含义也就被附加在皇帝和他的国家身上。龙的原型可能是蟒蛇或海蛇,或其他相似的巨兽,尽管人们忍不住会相信禽龙属恐龙才是它的原型。有三种龙:一种在天上,一种在海里,还有一种在沼泽地里。按照中国人的说法,第一种龙才是真实的龙:它有骆驼的头、鹿的角、兔子的眼睛、牛的耳朵、蛇的脖子、青蛙的肚子、鲤鱼的鳞、鹰的爪子、老虎的脚掌。龙嘴的两边有胡子,胡须中有一颗明亮的珍珠。它的呼吸有时会变成水,有时变成火。它会发出敲打铜盆时发出的那种声音。海里的龙有时会以冲天水柱的形式飞上天空,它主宰着海洋世界。中国渔民很崇拜和惧怕龙。各个阶层的人都对龙存在某种迷信,这可能源自古人对蛇的普遍敬畏。中国人认为,精灵、魔鬼和其他超自然事物经常会以蛇的形式出现,*Blanche et Bleue*(《白蛇精记》)就是这样一部小说。"[①]

卫三畏还描写了中国人生活中的龙文化。他对龙舟等的描述,在本书其他相应章节再做介绍。

Mythical Monsters(《传说中的怪物》)一书出版于1886年,作者古尔德(Charles Gould)的父亲是鸟类学家,作者本人则热衷于研究只存在于民间传说中的、可能是人们虚构出来的动物。这个领域现在被称为"隐生态学"。该书在第七章专门讲述了中国的龙。作者介绍说:"在这个国家,'龙是真实存在的'这一信念已经被彻底地融入了整个国家的生活。""没有一个国家像中国那样坚守传统,没有一个国家能夸耀有着像中国那样悠久的历史;中国人一直居住在那一片土地上,从他们最初在那里扎根开始,就对政治运作、生活方式和自然环境做了记录,并保存至今;这片土地仍然是他们这一文明的中心;也没有一个国家能比中国更执着地把龙文化一直保存到现在。""中国的神话、历史、宗教信仰、民间传说和谚语,都能找到龙

---

① Samuel Wells Williams, *The Middle Kingdom*, vol.1(New York:Wiley & Putnam, 1848),p.267. 此处所引内容系本章作者依据外文原著翻译。在本章中,此类由作者直接翻译外文文献的,只注释外文文献,不再另外说明;如所引为中文版译作,则注释中文图书信息。

的影子,它是兼具物质本性和精神属性的神秘存在。龙的形象天生就让人喜欢,但是它为了获得其他超自然的力量,可以暂时放弃这种外表,它有着影响天气的力量,它会制造干旱,但如果高兴起来,也会带来充足的雨水;它既能兴风作浪,也能让大海风平浪静。"①

随后,作者介绍了中国古籍中对龙的各种描述,这些典籍包括《易经》《竹书纪年》《书经》《尔雅》《山海经》《本草纲目》和《渊鉴类函》。《渊鉴类函》是清代官修的大型类书,共四百五十卷,其中涉及龙的内容有八十多页。对这些内容,作者都做了详尽的翻译,一些内容被收入了附录。

二、20世纪外文报纸和书籍中的龙

1904年,美国俄克拉何马州的一家报纸以 *Poor Dragon*(《可怜的龙》)为题,介绍了中国的龙不同于世界上其他地方的杜拉根兽(dragon)。文章说:"杜拉根兽这种动物是受到最多咒骂的一种动物。全世界的人都把它视为喷火的魔鬼,它对什么都没有兴趣,除了吃掉村子里的所有人,放火烧掉房子,小睡一下,把柔嫩的幼儿和漂亮的小女孩储藏起来以作为餐后甜点。""虽然中国龙的英文名字和杜拉根兽一样,但是它因为其好心而在中国受到尊重。中国是龙的家,所以中国人知道它的一些事情。""中国神话说:有一天,当部落首领伏羲在洛河边行走时,一条黄色的龙从水里出来,教他如何写字,还给了他一个字母表,于是中国人就能记录他们的历史了,还能开具洗衣房收据了,就因此,中国人崇拜龙直至今天。甚至皇帝的宝座仍然被称为'龙椅'。"

文章中间还有一幅插图。文章说:"图中的龙是中国艺术家画的,这种虚构的怪物正在从洛河里升起,围绕在火焰之中,它的爪子拿着'神力之珠'。""当然,世界上没有真实的龙。龙只是神话动物,最初的故事可能来自古人的口口相传,那时地球的主人还是恐龙或有着其他名字的、恐怖程度不亚于恐龙的可怕生物。"②

这篇文章虽然很短,但可以看出作者对中国的龙还是有一定了解的。有

---

① Charles Gould, *Mythical Monsters*(London, W.H. Allen and company, 1886).
② "*Poor Dragon*," *The Muskogee Cimeter*, December 15, 1904, p.2.

趣的是，他把中国的龙和中国人会写字、中国人开具洗衣房收据这两件事情联系起来了，显然是因为那时中国人在美国开设了很多洗衣房，这样写能够把遥远的中国龙和美国人的日常生活联系在一起，美国读者会觉得更加生动亲切。

The Dragon in China and Japan（《中国和日本的龙》）一书出版于1913年，作者德菲索（Marinus Willem de Visser）是荷兰籍日本学家和汉学家。这本书介绍了中国的龙和日本的龙，并与印度的神话动物那伽（naga）进行了比较。

作者对中国龙的介绍非常详尽。在该书第一章，作者介绍了中国古籍对龙的描述。他以注释的形式提供了中国古籍中的中文原文，非常方便读者将他的英文介绍和中国古人的叙述对应起来，但是在个别地方，他引用的中文和中国古籍有一些出入。他介绍说：《易经》是提及龙的最古老的中国著作，例如"潜龙勿用""见龙在田""飞龙在天"和"龙战于野"等等；《书经》记载有舜对禹所说的话："予欲观古人之象，日、月、星辰、山、龙、华虫，作会。"作者据此判断：即使在舜的前任黄帝和尧的时代，龙已经作为六种标志性的图案（章纹）之一，绘制在君主的衣服上。接下来，作者又列举了《礼记》《周礼》《仪礼》等文献：《礼记》则把龙归入"四灵"："何谓四灵？麟凤龟龙，谓之四灵。故龙以为畜，故鱼鲔不淰。"《周礼》亦云："龙，水中神物。画水不画龙，则无以见变化之神。"[①]《仪礼》也描述了邻国国君有一种绘有龙的旌旗。作者总结说："上述古文记载虽然简短，但是足以说明中国古人对龙的态度。那时和现在一样，龙是掌管水、雷、云和雨的神，是吉祥的预兆，圣人的象征。因为帝王是大地上的圣者，于是龙的象征意义使它成为皇权的象征。"

在第二章，作者描述了龙所代表的吉兆：圣人和帝王出生前，凡人成为帝王前，龙都会光顾他们所在的地方。作者还介绍了与龙有关的凶兆："自古以来，中国人总是把洪水、风暴和雷暴归因于龙在河里或天上打架。""在干旱的时候，人们欢迎龙打架，因为可以带来雨水。但是在平

[①] 查《周礼》原文，并无这样的表述。《周礼·冬官考工记》第六《画绘》言"水以龙"，与此述意思相近。清孙诒让《周礼正义》疏云："'水以龙'者，此明衣服旗章，凡画龙以备水物也。"

时，人们就很担心它们之间可能爆发的战争。此外，人们认为龙打架不仅会造成当下的灾害，还会影响到未来一段时间。也就是说，人们把天灾视为一种噩兆，预示着将出现洪水泛滥、社会动荡、战争，甚至王朝的覆灭。"书中还说如果龙出现在错误的时间或地点，对朝廷来说也是不祥之兆。

书中介绍了中国古籍中大量有关"龙马"的描述。如《礼记》说"河出马图"，伏羲据此绘制了"八卦"图；《易经》进一步展开说："河水中出龙马，背有旋毛，如星点之图。洛水出神龟，背有坼文，如字画之书。"作者还介绍说，明代王圻、王思义撰写的《三才图会》中展示了这匹龙马；孔安国也说"龙马者，天地之精，其为形也，马身而龙鳞，故谓之龙马，高八尺五寸，类骼有翼，蹈水不没。圣人在位，负图出于孟河之中焉"。

作者还介绍了中国的"风水"，指出老虎和龙在这个系统中占据重要的位置，前者代表"风"，后者代表"水"。

在第三章，作者介绍了龙的基本情况：根据《山海经》等的描述，龙是能够发光的山神。如《洞冥记》所载东方朔说："臣游北极，至钟火之山，日月所不照，有青龙衔烛火，以照山之四极。"龙能够发光，是因为它充满了"阳"。《易林》说："乘龙吐光，使阴复明。"作者还引用了管子和韩非子的话，管子说："龙生于水，被五色而游，故神。欲小则化如蚕蠋，欲大则藏于天下，欲上则凌于云气，欲下则入于深泉；变化无日，上下无时，谓之神。"韩非子说："夫龙之为虫也，柔可狎而骑也。然其喉下有逆鳞径尺，若人有婴之者，则必杀人。"

作者告诉外国读者：中国古典著作将龙称为"四灵"之一。《尔雅翼》甚至说龙是"物之至灵者也"。《瑞应图》则说"黄龙者神之精，四龙之长也"。《吕氏春秋》载孔子所说"龙食乎清而游乎清"。《淮南子》则称龙是所有生物的起源，"万物羽毛鳞介，皆祖于龙"。《埤雅》说"虫莫知于龙"，还说龙"卵生思抱，雄鸣上风，雌鸣下风"，也就是说：龙也是卵生的"动物"，也需要"抱"，即需要孵化。

作者还介绍了《尔雅翼》所称"龙火与人火相反，得湿而焰，遇水而燔，以火逐之，则燔熄而焰灭"，又列举了《埤雅》相似的说法："龙火得水而炽，人火得水而灭。"随后，作者以《尔雅翼》所载，介绍龙喜欢什么、不喜欢什么："蛟龙畏楝叶五色丝，故汉以来祭屈原者，以五色丝合楝叶缚之。""祭屈原者用楝叶、色丝裹粽投江。"在这里，德菲索把"粽子"译为dumpling，不知道他是不是最早这样翻译的人。这一错误翻译沿用至今，使粽子所携带的文化信息丢失殆尽。很多人建议音译"粽子"为 *zongzi*，笔者也支持这一建议。

关于龙的外形，作者也以《尔雅翼》的说法加以介绍："世俗画龙之状，马首蛇尾。又有三停九似之说，谓自首至膊、膊至腰、腰至尾，皆相停也。九似者，角似鹿、头似驼、眼似鬼、项似蛇、腹似蜃、鳞似鱼、爪似鹰、掌似虎、耳似牛。头上有物如博山，名尺木。龙无尺木，不能升天。"德菲索说龙具有"魔鬼的眼睛"（his eyes those of a demon），其依据显然是《尔雅翼》中的"眼似鬼"。但是"鬼"在现实中并不存在，难以参照。因此，也有人把龙的眼睛比喻为龟、兔或虾的眼睛。《埤雅》说："龙八十一鳞，具九九之数；九，阳也。鲤三十六鳞，合六六之数；六，阴也。"《旸谷漫录》说"龙五指"，即龙的爪子有五个趾；《本草纲目》说龙"口旁有须髯，颔下有明珠"，"呵气成云，既能变水，又能变火"。

作者还介绍了《广博物志》描写的雄性龙与雌性龙在外形上的区别。《乘异记》说，有两条龙不满一位画家没有表现出雄龙和雌龙的差异，愿意在画家面前现身，告诉他两种龙的差异之处。在介绍不同种类的龙时，作者似乎被中国古典文献中相互矛盾的说法搞糊涂了。实际上，龙本来就是人们想象出来的，无须客观事实的验证，当然千人千辞了。

作者还介绍了专业饲养驯服龙的"豢龙氏"和"御龙氏"，以及为仙人和帝王拉车的龙。作者介绍"龙舟"一词最初出现在《淮南子》里（龙舟鹢首），但它是供帝王游玩时乘坐的船，和五月初五端午节使用的龙舟不同。他介绍说：中国人的龙舟赛肯定是在模仿打斗的龙，以便引发真龙之间的争斗，而这会带来暴雨。作者引用辛氏《三秦记》介绍"龙门"："河津一名龙门，大鱼集龙门下数千，不得上。上者为龙，不上者鱼。"作者还介绍了古书中所说的两处龙穴：一处在武昌虬山，另一处在湖州卞山的黄龙洞。书中介绍了龙珠、龙蛋以及用于药物的龙骨、龙皮、龙牙等，列举文献如唐段成式《酉阳杂俎》"龙血入地为琥珀",晋王嘉《拾遗记》"通霞台,以龙膏为灯,光耀百里,烟色丹紫。国人望之,咸言瑞光,世人遥拜之",明汪机《本草会编》"龙吐涎沫可制香",等等。

在第四章,德菲索介绍了龙作为装饰物的情况。他用一节的篇幅,专门讨论了中国人在正月十五舞龙时,在龙面前晃动的那颗圆球的含义,有人说这是龙想吞噬的珍珠,有的认为这颗球代表了龙吐出的闪电,而一幅中国古画上的题记"两竜朝月",说明它代表月亮。竜,读lóng,为"龙"的异体字。

该书在第五章介绍,龙是掌控雷、云和雨的神。作者介绍了中国古典文献中记载的各种求雨方法,有些现在看来也非常有趣。如,因为龙和老虎是死对头,把老虎骨头扔进龙潭,龙受到刺激,就会下雨:"南中久旱,以长绳系虎头骨,投有龙处,入水,即数人牵制不定。俄顷,云起潭中,雨亦随降。龙虎敌也,虽枯骨,能动之如此。"(《尚书故实》)龙好色,喜欢女子,于是岭南有人这样求雨:把一名裸女放在高处,龙立即就被引诱来了,但人们设法不让它靠近这个女子,龙暴怒起来,很快就下起了大雨。但是,书中所引文献为明谢肇淛《五杂俎》中的描述,没有说女子是裸体的:"岭南人有善致雨者,幕少女于空中,驱龙使起,龙见女即回翔欲合;其人复以法禁,使不得近,少焉,雨已沾足矣。"

第六章讲的是龙和皇室的关系。从黄帝开始,尧舜禹一个一个说下来,还说秦始皇因杀了一头龙而亡、汉高祖是龙的儿子、唐明皇在安禄山之乱逃难时龙帮助他渡河。第七章讲龙的变化无穷。第八章讲了印度的"龙"那伽在中国的情况,龙和佛教之间的关系。该书第二卷讲的是日本的龙。[①]

可以看出,德菲索为了向西方读者介绍东亚的龙,查阅了海量的中国古书,是下了大功夫的。

1922年,"中国通"海耶斯(Luther Newton Hayes)在上海商务印书馆出版了 *The Chinese Dragon*(《中国龙》)一书,全书正文仅六十六页,但是向外国读者全面介绍了龙文化。

海耶斯的父亲是从美国来华的传教士。海耶斯1883年出生于中国苏州,

[①] Marinus Willem de Visser, *The Dragon in China and Japan* (Amsterdam Johannes Muller, 1913).

在美国读完大学、获得硕士学位后，回到中国，在基督教南京青年会及上海青年会工作了二十多年。1932年回到美国。

这本书很薄，是一本面向外国普通读者的书，文字中没有插入汉字。它在上海出版，因此主要读者应该是在中国的外国人。此书导言的作者是中国翻译家、英语专家邝富灼，他在导言中写道："海耶斯在中国出生，以中文为母语。因此，他拥有第一手知识和语言来帮助他进行研究。他涉足龙这一课题长达十四年。在此期间，他走遍了中国一半以上的省份。"

该书第一章介绍龙在中国人生活中的位置。作者写道："至少百分之七十的中国人认为，中国存在真的龙，它们不是有些人想象中的那些可怕的怪物；它们是所有人都非常尊敬的友好的生物；它们具有神奇的力量，凡人偶尔能够看到它们。"这里的"有些人"显然是指欧美地区的人，他们往往把杜拉根兽（英文也是dragon）视为恶魔。作者继续写道："中国人对龙的信仰根深蒂固，源远流长。一个人如果想真正地了解中国人，就应该准确了解中国人心中高贵的龙。"但是作者把第二个"龙"写成了saurian（蜥蜴）。可见他虽然出生在中国、以中文为母语，也对龙做了十几年的研究，但是对dragon一词的理解仍然受到欧美文化的深刻影响，因为dragon本来就是一个多义词，其含义之一是各种爬行动物，包括蜥蜴。

作者说："在中国人的生活中，几乎每个方面都有龙的身影，尤其是艺术、文学、民俗、动物学、历史和宗教。""中国艺术中的龙变化无穷，龙的身体的比例完美，曲线优雅，可以在中国几乎任何地方看到它：描绘在丝绸和瓷器上，编织成锦缎，绣在缎面上，雕刻在木头上，铸造在青铜器上，凿刻在大理石上。在很多东方艺术中，龙最具中国特色，对西方艺术系的学生充满了吸引力。""中国的文学作品中也到处是龙。即使粗略地浏览一下中国的历史书籍、诗歌、信件和小说，也能够发现这一点。""中国的民间传说更是充满了龙的故事，讲述它的神奇功绩。无数成语和谚语含有'龙'字，再次说明它无处不在。""在中国，龙的地位仅次于人类，位于所有生物的序列的顶端，它占据的位置类似西方文化中狮子或老虎所占据的位置。严格地说，中国人把龙视为两类动物的'国王'：身上覆盖着鳞片的动物和生活在大海里的动物；而其他野兽的'王'是麒麟，飞禽的'王'是凤凰。

但是因为龙在天上、地上和海里都自由自在，所以它是'王中之王'，位居所有生物之上，仅次于人类。"和龙形成鲜明对比的是：在外国文化中，杜拉根兽的地位非常低，在宗教绘画中，常被圣人踩在脚下，在神话故事中则是英雄们斩杀的对象。

"龙在中国风水中的作用也非常大，能够决定中国人的命运。直至近年，也很少有人在盖房子或建立坟墓之前不先咨询一下风水师的，而风水师往往会提及龙的影响。人们还普遍相信：农历中的年、月、日和每天的十二个时辰，都会受到龙的控制。""在中国历史记载中，龙出现于四千多年前，始于三皇时期。在中国历史传说中，很多名人诞生时会出现龙。其中最神奇的是在孔子诞生的那一天，他的家里来了两条龙。大多数中国文人都相信类似这样的传说是真实的，就和那些名人本身是存在的一样真实。""中国人把龙视为雨神和江河湖海的管理者。它被祭拜了很多世纪。城镇不论大小，几乎没有一个地方没有龙王庙。在农历每个月的初一和十五都会祭拜龙王，至少在辛亥革命以前是这样的。"

该书作者在十四年里对中国十余个省份很多中国人问了这个问题："你相信现在还存在龙吗？"大约百分之八十以上的人持肯定的态度。1922年作者写作这本书时，中国人口约为四亿五千万，于是他得出结论："即使做一个非常保守的估计，也可以认为至少三亿六千万中国人坚信龙是实际存在的，就像其他国家的人坚信孟加拉丛林中有老虎、北极冰原上有海象一样，即使他们从来没有踏上过印度海岸或曾横渡过北极海。"

在该书第二章，作者介绍了龙这一神话传说的起源："根据可靠的中国史书的记载，龙第一次出现于四千六百年前的黄帝时期。古书说：黄帝在位一百一十一年之后，来了一条巨大的龙，把黄帝驮在背上，飞到天上去了。从此以后，每个朝代都有数以百计的人看见龙。龙的出现被视为国家的好兆头。袁世凯想做皇帝时，他的朋友不止一次地想挖出一块龙的骨头，以此向民众证明他恢复帝制是顺应天意的。""很多世纪以来，任何人看见了龙，都要立即向皇帝报告，不论是向他本人直接报告，还是通过所在地的官员，这已经是一种习惯了。在古代，历史经常按照特定的龙的出现来确定其起点。""一个流传很广的故事说：大禹抓住了制造大洪水的那条龙之后，才终结了洪灾。这头龙被粗重的铁链锁了起来，囚禁在一口深井里，随后洪水消退了。据说大禹是唯一征服过龙的人，后来的龙只要想起大禹，就会害怕得发抖。"在中国神话中，龙的形象并非十全十美，这个传说就是一例。

海耶斯这本书的第三章讲的是龙的变化。他介绍说至少有八种"龙"：龙王、神龙、螭龙、蛟龙、应龙、虬龙、草龙和土龙。前面说过，美国汉学家卫三畏把龙分为三类：在天上飞的，在海里游的，住在沼泽地里的。但是海耶斯不同意这种分类方法，他认为中国人并不这样分类。他说："中国人一般认为这三种地方都是由神龙在控制着，其他龙都是很次要的，实际上大多数人都不知道这些龙。"并说自己在中国研究龙的过程中，也很少有中国人向他提起这些龙。海耶斯说："唯一的例外是龙王，它与众不同的地方是它有龙的头部，但身体是人类的。""每一个海有一个龙王。龙王永远不会衰老，不会死亡。""除了神龙和龙王，其他龙很次要，几乎不出现在任何艺术品中，仅仅偶尔被一些文学作品提及。"因此，他在这本书里主要介绍了中国的"神龙"，即真的龙，自尧舜时代以来一直在中国充满魅力的龙。

海耶斯认为龙只有两类：一是生来就是龙的龙，二是从鲤鱼变化而来的龙。随后他介绍了鲤鱼逆流跃上瀑布、变成龙的艰难过程，介绍了"龙门"这个概念，中国人用"鲤鱼跳龙门"来形容参加科举考试的人获得了成功，以及这个概念对年轻人的励志作用。该书在这里还配了一幅图画：水面上有一座中国传统式样的门，上面写着"龙门"二字，一条龙正在通过这座龙门，它的身后有一条鲤鱼跃出水面，向龙门游来。显然这条鲤鱼一旦通过龙门，也会立即变成一条龙。

他也向外国读者介绍了龙的外形"三停九似"。随后介绍说："龙具有下述惊人的本领：它可以随意隐形，变长变短，变粗变细。"这种说法显然来自《说文解字》"龙：鳞虫之长；能幽，能明，能细，能巨，能短，能长"。

关于龙的颜色，海耶斯介绍说："龙有红色、黄色、蓝色、白色或黑色。在清朝，黄色是皇室专用色，因此，黄色或金色的龙被视为皇室龙。在明朝，红色是官方专用的色彩，红色的龙被皇室指定为专用的龙。"同时也介绍了龙的爪趾的数量："仔细观察远东地区画中的龙，可以发现有些龙有三个爪趾，有些是四个，有些则有五个。在日本的绘画中，龙只有三只爪趾。普通的中国龙有四只爪趾，而皇室专用龙有五只爪趾。这两种中国龙虽然有此微小差异，但仍然是同一种龙，在其他方面都一样。"

作者还介绍了龙的其他一些情况，如："据说鲤鱼的鳞片，从头到尾每一行有三十六片。与此类似，人们说龙的鳞片每排有八十一片。""龙有九个儿子。每个儿子在外表上都不相同，各具自己的特点。我们可以经常在雕刻和建筑物上看见龙的身影，它的儿子的外形是龙的轮廓的各种变形。龙总是被雕刻在铜钟上、寺庙和宫殿的屋脊砖瓦上、剑柄上、墓碑上。如果没有雕刻龙的话，往往雕刻着龙的儿子们。"

在第五章，海耶斯介绍了自称曾经看见过龙的人的叙述。

因为龙和dragon互译，于是两者之间有了关联。在第六章，海耶斯介绍了西方神话中的"龙"，即杜拉根兽。他说："在欧洲大多数国家，在神话传说和文学作品中，杜拉根兽都占据着显著的位置。古罗马政治家和哲学家西塞罗在他的《论占卜》中，古希腊诗人荷马在他的《伊利亚特》中，都提到了杜拉根兽。""《圣经》在《旧约》中有二十二处提到杜拉根兽，《新约》有十三处。或者把杜拉根兽作为一种比喻，或者直接将其作为动物。但是，在很多地方，尤其是《旧约》里，词汇'dragon'的含义是负面的。因为，《圣经》的作者在好几处给予这个词的意思类似于现代意义的豺狼。""欧洲神话传说保留下来很多关于杜拉根兽的故事，对此欧洲人或多或少都是熟悉的。其中有英雄帕尔修斯，他从一头杜拉根兽的手里救出了埃塞俄比亚公主安德洛墨达；圣乔治杀死杜拉根兽；在沃尔姆斯杀死了一头杜拉根兽的西格弗里德；还有贝奥武甫的故事，他在杀死怪兽格伦德尔之后又杀死了一头杜拉根兽。""桂冠诗人丁尼生在他的诗作《国王的田园诗》中描绘亚瑟王有一把雕刻着很多杜拉根兽的椅子。这把椅子可以和中国清朝皇帝的龙椅相媲美。""英国、法国、意大利和埃及的很多沿岸城市至今骄傲地述说着当地的传奇：在河里或海里杀死残暴的杜拉根兽的故事。这些地方有摩迪福德、诺里奇、皮特维顿、那不勒斯、阿勒斯、里昂、马赛、塞贝克和尼罗河等等。有关城市和国家都把这些传说作为值得自豪的文化传统。""中国的龙与来自地中海和大西洋沿岸国家的杜拉根兽非常不同。两者之间的确存在一些共同点,但是此时只有一处值得我们注意,这就是它们都有敏锐的视力。龙是聋的,大自然给了它一份补偿,使它的眼睛获得了超常的能力。龙能够轻易地识别一百里外的一片草叶。英语里的dragon一词源自希腊语drakon(这是希腊文词汇的罗马化拼写),它的意思是'看见'和'凝视'。古典文学作品中不止一次把杜拉根兽和'目光敏锐'联系在一起。"

通过海耶斯的上述介绍,我们可以看出,龙和杜拉根兽虽然有一些共同之处,但其核心内涵却有天壤之别。接下来他开始批评把龙和dragon互译这件事情了。"我们不知道是谁第一个把dragon这个单词和龙联系在一起的,但对于这一东方的海洋统治者来说,把和这个英语名称联系在一起的污名贴在它身上,是很不公平的。辛亥革命之后,我听到有几个西方人说他们对龙旗从此永远消失感到很欣慰,这是因为译龙为dragon所引起的误解导致这些西方人把《启示录》中描绘的邪恶怪物杜拉根兽和中国人高度崇敬的龙相混淆了。""中国的龙和西方人熟悉的杜拉根兽有三个显著的不同之处:外形,性情,人们对它们的态度。""在外形上,杜拉根兽虽然外形各异,但偏离它们可能的原型并不多,而且都有一对翅膀。龙进化到了一个比较高的层次,它有比较大的头部,上面长有两支分叉的角。除了螭龙,龙没有翅膀,但仍然能够在云上从一个地方飞往另一地方。"在这段话里,海耶斯应该是搞错了,有翅膀的龙是应龙,而不是螭龙。

接下来海耶斯向外国读者介绍了龙和杜拉根兽之间的其他差异:"龙和杜拉根兽更大的差异是它们的性情。杜拉根兽通常被描绘成一个残忍的怪物,是所有邪恶事物的化身,是人类的敌人。在基督教艺术中,杜拉根兽是与法律、和谐和进步对立的,是罪恶与异教的象征。在这种比喻意义上,它被画成圣乔治、圣迈克尔和圣西尔维斯特的搏杀对象,而他们是基督教和文明的象征。在描绘这些搏斗的绘画作品中,杜拉根兽被圣徒和殉道者踩在脚下,并被他们消灭。然而,龙在这方面几乎截然相反。它是一种行善的生物,是人类的朋友。它带来的雨水生产的农作物,是人类的食物来源。""龙和杜拉根兽的第三点区别在于人们对它们的态度。杜拉根兽是一种可怕的、令人厌恶的生物,被人们回避和畏惧,而亚洲的龙受到崇敬,甚至被中国人所崇拜。事实上,这个生物被高度尊崇,以至于皇帝被授予的最神圣的头衔是'真龙'。"海耶斯在这里有点小错误,中国人一般称皇帝为"真龙天子"。

海耶斯在第七章介绍了关于龙的各种传说。例如:"在秋分时,大多数龙会潜入大海,冬眠六个月;实际上,龙的家建在海底,那里有它们美丽的宫殿。到了春分点,龙离开大海,回到云间。在春秋两季,沿海的毁灭性台风和飓风,就是因为龙出入大海导致海面翻腾而引起的。"这种说法显然是来自《尔雅翼》"龙,春分而登天,秋分而潜渊"的记述,又结合了关于龙王和龙宫的传说。

在第八章,作者介绍了龙是如何影响中国人的命运的。他介绍了"龙脉":"人们相信,在大地的表面覆盖着肉眼看不见的龙的路径。如果能够在龙脉上盖房子或为逝者修墓,就会极端好运。而皇帝则竭力阻止他们的臣民占据这些大吉大利的地理位置。"

在第九章,海耶斯介绍说"龙"字在中国人的日常生活中占据重要地位,很多事物的名称使用了"龙"字。他举了很多例子:人们认为龙是聋的,于是"聋"字由"龙"和"耳"字组合而成。很多花草的名称中包含"龙"字,如"龙须草""龙胆花""龙尾松"和"龙爪花"。很多装置的名称也用了"龙"字,如消防车被称为"水龙",还有"水龙头",船身中间的主要承力大梁被称为"龙骨"。还有自然现象"龙卷风"。"龙"字被用来形容动物精神抖擞,如骏马被称为有"龙性"。定亲后要交换"龙凤帖",结婚时要吃"龙凤饼",科举考中者的名单被称为"龙虎榜"。很多市县村乡、河流山川的名字里也有"龙"字:东北最大的河流叫"黑龙江",有一个省名为"黑龙江省",据说曾经有黑龙在这条江里出现过;江西省最有名的一座山被称为"龙虎山"。中国最受欢迎的茶可能是龙井茶,它得此名是因为最初种植它的山谷叫"龙井"。

海耶斯还写道:"在商务印书馆最近出版的百科全书中,龙的词条不少于二百五十七个,其中五十一个是城市或村庄的名称,二十四个是山河名称,十五个是植物的名称。""中国皇帝最尊贵的称号是'真龙',他们的生活和地位中有关事物的名称往往都包含'龙'字,例如他的宝座被称为'龙椅'、他的手被称为'龙爪'、他的长袍被称为'龙袍',等等等等。"

这本书里还有很多涉及龙的事物的照片,作者都做了详细的介绍。这些照片中有:康熙时期的紫铜龙雕塑,穿着龙袍、坐在龙椅上的康熙和雍正的画像,曲阜孔庙的龙柱,紫禁城里的龙椅和九龙壁,汉代龙砖雕,北京天坛的丹陛(台阶中央的大幅龙石雕),杭州孔庙里的牌位龛,龙花纹檐口瓦和圆瓦当,开封龙亭中赵匡胤龙椅的基石上的龙图案,浑天仪,福州龙钟红木雕龙吊架,云龙图,乾隆花瓶,李鸿章官服上的绣龙方补(补子),王子服饰上的圆形绣龙补子,北京明陵前的龙柱,龙井大门,杭州西湖北岸寺庙里的雕龙牌位,福州的赛龙舟活动。还有两幅绘画:鲤鱼跳龙门,舞龙灯。[①]

应该承认,这本出版于一百年前的著作,虽然只有六十几页,但是它对龙文化的介绍是相当全面而深入的,并且指出了龙和杜拉根兽的巨大差异。

作者海耶斯对龙文化的发展做了预测,现在看来也是非常准确的,他说:"我的很多中国朋友认为,辛亥革命和停用清朝龙旗将在短时间里使龙这一概念在中国消失,但是我认为这是不可能的。龙文化在中国已经有四千多年,是不会被一场大革命所动摇的。这场革命虽然是天翻地覆的,但是和中国人经历过的漫长岁月相比较,它不过是时间之海的水面上的一点涟漪。龙既不是清王朝的符号,也不是绝对君主制的象征。龙和它们两者没有丝毫共同之处。毫无疑问,龙是中国这个民族自己的文化遗产,因此,它的寿命将和这个民族一样长。"现在也有人坚持把龙视为封建王朝的象征,他们不妨来读一读海耶斯的这部著作。一个外国人在一百年前就对龙有这么深刻的认识,应该值得很多中国学者思考。这里需要指出的是,当代考古发现证明,龙在约前6000年,即距今约八千年前已出现。该书作者这里言"龙文化在中国已经有四千多年",和前面引文提及的"龙出现于四千多年前""龙第一次出现于四千六百年前",是以其时仅有的相关资料做出的判断。

这本书的导言写道:"这本小书将对所有对中国感兴趣的人有价值。对龙的这一阐述不仅对外国人有价值,对中国人同样如此。"的确是这样。如果找不到这本老书的话,告诉大家一个好消息:为了纪念这本书出版九十周

---

① Newton Hayes, *The Chinese Dragon* (Commercial Press Ltd., Shanghai, 1922).

年，2012年这本书第四次印刷出版。新版书的书评这样写道："这是一次精彩的再版！《中国龙》这本书对龙的研究是朴实无华的，但又能给人带来启迪。作者写这本书时，西方绝大多数人还没有完全认识到中国文化传统的深切的重要价值。"具有讽刺意味的是，在这本书于近百年后再版时，轮到中国的很多知识精英"没有完全认识到中国文化传统的深切的重要价值"了。

海耶斯清楚地说明了龙和杜拉根兽之间存在本质区别，并且指出译龙为dragon对龙来说是"很不公平"的，但遗憾的是他没有提出如何解决这个问题。尽管如此，海耶斯这本书在龙文化向世界传播方面具有重要的历史和现实意义，这也是本书愿意花费大量篇幅详细介绍它的原因。

美国博物学家英格索尔（Ernest Ingersoll）1928年出版了 *Dragons and Dragon Lore* 一书。书名中的dragon不仅指中国的龙，也指所有被称为dragon的其他神话虚构动物，甚至还包括自然界真实存在的、被称为dragon的动物。因此，笔者也不知道该如何恰当地翻译这本书的书名。如果硬要汉译，只能不厌其烦地写成："蜥蜴、杜拉根兽和龙，以及它们的传说"。

在这本书里，英格索尔对中国的龙和欧洲的杜拉根兽进行了比较，这显然有助于外国读者区分这两种事物。"今天，当一个人听到'龙'这个词时，他的大脑里立即会不可避免地浮现出一个神奇的形象，它被用红色和金色的丝线绣在华丽的中国服装上，或者被云彩簇拥着盘绕在日本的花瓶上。对于西方人来说，它不过是一种古雅的传统装饰图案，但是对于东方人来说，它是民族历史和古代哲学的全部意义的体现，是他们的民族和文化的自然和最高的象征。西方人把龙看成一种神话般的东西，就和月亮上的人一样，但是，中国和朝鲜半岛的绝大多数人，相信龙是存在的、鲜活的，而且数量众多。他们坚信这一点，就好像儿童相信存在圣诞老人、印第安人相信存在雷鸟、你我相信万有引力定律一样坚定而简单。佛教传说中到处有龙，道教故事详细描写了龙的行为，整个农村流传着关于它的神秘居所和恐怖外表的传说。房屋和寺庙里有龙的画像，建筑物上、艺术设计中和布料上也有龙，甚至比奇形怪状的狮子出现的频率都要高。知道的人都可以证明这一点。"

作者详细梳理了西方杜拉根兽的起源和发展脉络："整个史前希腊杜

拉根兽族群的一个显著特征是，它们没有蜥蜴那样的身体和四条腿，没有仁慈的性格，与降雨和土地的生产力无关。它们和中国的龙完全不同，唯一的例外是：某些杜拉根兽也担任了妇女和财富的监管人。另一方面，史前希腊人活跃的想象力所创造出来的这些凶猛可怕的生物，反映了这些半野蛮人自己的恐惧和情感，这一点远远要比东方的龙明显；尽管相比较于比较单纯的印度人和中国人，这些史前希腊人的头脑非常不同，是相当机敏的。"〔需要说明的是，所谓"史前希腊人"是史前居住在现在被称为"希腊"的这块土地上的人，他们被称为"佩拉斯吉"（Pelasgian），并非后来和现在的希腊人。〕"《旧约》中的大部分典故是寓言或诗句，杜拉根兽只是叙利亚荒野上的生物之一，其他的有猫头鹰和乌鸦等，以此形容沙漠的凄凉。""还有一幅用经久不衰的语句描绘出来的强有力的现代画面：'在天上就有了争战。米迦勒同他的使者与杜拉根兽争战，杜拉根兽也同它的使者去争战，并没有得胜，天上再没有它们的地方。大杜拉根兽就是那古蛇，名叫魔鬼，又叫撒旦，是迷惑普天下的。它被摔在地上，它的使者也一同被摔下去。'"英格索尔引用《圣经》中这段文字，是想告诉读者：在基督教教义中，杜拉根兽是恶魔、是撒旦。

作者还引用了埃及考古学家史密斯（Grafton Elliot Smith）的著作 *The Evolution of the Dragon*（《杜拉根兽的演化》）中的一段话："古埃及神话中的灾难之神赛特，是冥界之王俄西里斯的敌人，是邪恶的杜拉根兽的真正的原型，站在正义之神的对立面上；他是虚假之父，是混乱的象征。他是撒旦的原型，而俄西里斯是神的第一个被确定的代表，所有的历史典籍都是这样记载的。"史密斯还说："在基督教时代早期，古代埃及人的信仰被蒙上了一层薄薄的基督教外衣，俄西里斯的儿子荷鲁斯和赛特之间的冲突被转换成了基督和撒旦之间的冲突。法国东方学家和考古学家甘尼奥曾经描述过卢浮宫里的一幅浅浮雕作品：长着鹰头的圣乔治穿着罗马军装骑在马上，正在杀死一头由赛特鳄鱼所代表的杜拉根兽。《圣经》还明确地把撒旦和杜拉根兽联系在一起，它在《启示录》里这样写：'那古蛇，即魔鬼和撒旦'。"

古代史业余研究者鲍勒（Rene Andrew Boulay）撰写的 *Flying Serpents and Dragons* 一书出版于1999年，该书已经被译为中文出版，书名是《飞蛇与龙》。该书在第四章的"仁慈的中国龙"题下,对中国龙做了这样的介绍:"西方的龙往往与邪恶、毁灭、贪婪的护宝者相联系,东方的龙则通常是善良的生灵,虽然有时很任性,但对人类是友好的。龙的神话传说渗透了中国古代文化,包括四个主要的龙群,其在宇宙中的职责分工如下:天龙——天界巨龙是中国天庭的卫兵,它们住在天上,维护宇宙秩序,防止陆海灾变。守卫藏宝的龙——地下的龙掌管埋藏于大地的珍宝和矿物,每条龙口中都含着一颗巨大的宝珠,据称是智慧白珠,用它碰一下任何东西,都会使之倍增。在这一点上,它类似中古史上的哲人石。阿尔卑斯、法国的龙传说中也有类似的宝物,一触某物就会使其倍增。水土龙——它们决定河流的流经,规定其流量,保护河堤。避免所有河流泛滥成灾是它们的责任。中国有水/土龙王,从它的宫殿支配下界诸水。气象精灵之龙——它们御风而行,与青天同色,呼风唤雨,吞云吐雾,恩泽万物。中国人对它们毕恭毕敬,因为它们一旦发怒或受到冷落,人类就会大祸临头。"[①]

但是该书也有很多值得商榷之处,作者把神话传说当作客观史实,得出的很多结论也就缺乏说服力。

三、21世纪外文书籍中的龙

Chinese Mythology A to Z(《中国神话知识大全》)这本书首版于2004年,作者罗伯茨(Jeremy Roberts)还写过《日本神话知识大全》和《中南美洲神话大全》等著作。《中国神话知识大全》于2009年再版,增加了很多内容。本书介绍的是2009年版的内容。该书按照各项知识的英文名称的首字母顺序排列。

在"龙"词条中,作者写道:"龙是力量、善意和变革精神的象征。""千百年来,龙在中国神话中的变化很大。最初,所有的龙都是乐于助人和可爱的水神。随后,出现了两种龙,它们是原先的友好的龙,以及新的种类:可怕的、有翅膀的山脉大蛇。据学者说,龙的负面形象来自佛教的影响,因为佛教认为龙拥有有害的力量和灵魂。"

罗伯茨这样写,显然是不准确的。他显然把佛教中的那伽和龙混淆在一

[①] 雷尼·安德鲁·鲍勒:《飞蛇与龙》,刘仲敬译,光明日报出版社,2010,第33—34页。

起了。中国神话中本来就存在恶龙，例如女娲杀死的黑龙，而且有翅膀的应龙并非恶龙，它曾经帮助大禹治理了洪水。那伽和龙在外形与内涵上都有很大差异，它是一头巨大的眼镜蛇，头上长着很多小蛇头或人头，一看就不是龙。但是佛教在进入中国时，为了容易被中国人接受，把naga（那伽）翻译成了"龙"，于是两者被混为一谈，外国人就据此把那伽视为中国龙的一个新品种了。

罗伯茨的这本书影响很大，很多网上文章都引用了它的内容。由此可见，我们不能一看见外国人出书介绍中国龙文化，就很高兴，以为他们帮助龙文化走向世界了。实际上，他们对龙文化的认识和理解可能存在错误，传播出去的龙文化是被扭曲的，以讹传讹，龙文化最终传递到外国人眼前时已经面目全非了。

这本书涉及龙的词条还有龙骨、龙门、青龙、龙井、骑龙者、龙王、龙生九子、舞龙、烛龙、黄龙、在春天引发雷暴雨的龙之战等。

这本书装帧精美，但是错别字不少。[①]

All About Chinese Dragons（《中国龙》）这本书出版于2007年，作者在前言中说："从古至今，中国人一直认为龙是不朽的和无所不在的。千百年来，它是中国的象征。它是君主制和至高无上权力的象征，但同时也一直属于人民。世界上没有其他生物能对中国人的思想产生如此深远的影响。然而，中国龙不仅是一个神话，而且是一种信仰。中国人相信有龙这样的东西存在，尽管没有证据证明它曾经存在过，但也有一些时候有人声称曾经见过龙，最近的一次是在1921年。""中国人认为龙是一种仁慈的野兽，直到佛教徒引入了他们对恶龙的看法。然而，即使在今天，人们心目中的龙的基本概念仍然是它具有高尚的精神品质，而且它是始终不可征服的。"

作者在第一章中说："中国龙是一个概念，一种信念，一种由全世界华人所坚持的信仰。""在很多方面，中国人思考龙的方式，与孩子们思考圣诞老人方式相同。对某些孩子来说，他是圣诞老人。对其他人来说，他是圣·尼古拉斯（圣诞老人的真人原型）。对于一些孩子来说，在寒冷的冬天，他会从烟囱里爬下来，例如在美国；对于其他孩子来说，他是在烈日炎

---

① Jeremy Roberts, *Chinese Mythology A to Z* (Chelsea House Publications, 2nd ed., 2009).

炎的夏天来的，例如在澳大利亚。12月24日他会在很多地方出现，但在其他地方，他也许是在另一天到来。每个相信圣诞老人的孩子都有一些关于他的概念，但没有人能确定他的胡子是长而飘逸的，还是短短的一撮。他会发出'嚯、嚯、嚯'的笑声？他会摇铃？有些圣诞老人不会这样。他是一个概念，一个信仰，一个信念。他不像《小熊维尼》里的维尼熊那样有明确的形态。不论是在英国还是在美国，或世界其他任何地方，维尼熊都是一样的。"

作者的上述描述和比喻很贴切，也非常通俗易懂。作者说："和圣诞老人在各地不同一样，龙在中国和整个亚洲也都有各种变化。南方的龙与北方的不同，日本、韩国、越南和马来西亚的龙也不相同。事实上，几乎所有地区都有自己版本的龙，但所有这些龙都受到了中国龙的影响。""龙是无法形容的，但在大多数中国人心目中却是完全真实的。中国人知道像老虎和乌龟这样的有形野兽，它们可以被看到，被触摸，被研究，可以描绘它们的形态。然而，这并不能阻止人们将神奇的力量赋予它们。然而，龙像圣诞老人一样，是无形的。没人确切知道它的样子。然而，有些'专家'描述了龙的外表。你只能接受他们的说法，因为你不可能去动物园看一下龙长得是什么样的。"

这些都是大实话，也只有把龙理解透彻了，才说得出这样简洁明了的话。

作者随后介绍了中国龙的几种主要类型，介绍了历史上关于龙的阐述。

第二章至第八章分别介绍龙的演化过程、皇帝龙袍上的龙、皇宫屋顶上的龙、艺术品中的龙、龙的诸位儿子、龙的伙伴——凤凰和老虎、海兽摩羯（Makara）在中国西藏等地的情况；第九章介绍了一些有关龙的传说，包括起源于佛教那伽的恶龙传说、描述周处除三害的京剧等等。但作者又说："不是所有的龙都是邪恶的。如前所述，中国龙是仁慈的、与人为善的、无私的，和佛教徒'进口'的龙不同。"为了证明这一点，他介绍了流传在北京的一个神话传说，作为本章的结尾。这个故事说的是两条龙驱赶躲在北京城西北角落里制造沙尘暴的两个妖孽"风婆"和"云童"，最后自己体力不支，先后死去。有关这个传说的石碑"铁影壁"至今陈列在北海公园。第十章介绍了龙的演化；作者在附录一里介绍了中国龙在国外的影响，介绍了朝鲜、越南、日本和不丹的龙；随着蒙古人向西征战，龙也被带到了伊朗地区。[①]

这本书虽然不厚，但是图文并茂，影响较大，很多介绍中国龙的书籍文章都参考了它。

四、部分外文网对龙的介绍

外文网对龙的介绍很多，我们选择部分内容做一简单介绍。其中有些内容与中国古籍的记载略有不同。

Love To Know（爱知道）网有一篇题为 *Understanding the Chinese Dragon Symbol*（《理解中国龙符号》）的文章，作者说："从雄伟的雕像到多彩的绘画，从书法作品到细致的插图，每一个龙的符号都呈现了这一吉祥的神话动物的力量，以及它通过每一次呼吸所释放出来的充满生机的宇宙之生气（cosmic sheng chi）。在风水中使用龙这个符号，就能获得这种巨大的力量。""和西方文化中的杜拉根兽不同，中国龙是温和的、友好的和智慧的。看了龙的绘画，很容易理解为什么这种美丽的生物能得到人们的喜爱和崇敬。""龙被视为东方的天使，代表了大自然的力量。阴阳龙象征着宇宙万物的平衡。""龙代表了很多东西，包括：伟大，祝福，善，力量，卓越，毅力，英雄主义，胆识，高贵，乐观主义，能量，智慧，男性的生育能力和活力，皇帝——天的儿子。"文章介绍了中国神话中典型的九种龙，其中说中国有一种"无家龙"（The homeless dragon），笔者考证下来发现是该文作者的笔误，应该是"无角龙"（The hornless dragon）。文章还介绍了龙在十二生肖中的位置，列出了生肖为龙的人的出生年月范围，精确到月和日，显然是想让外国读者看一看自己是不是属龙。文章说属龙的人可能有这些特征：非常成功，幸运，能够掌握权力，非常荣耀。[②]该文作者是美国纽约本地人，从文中可以看出她对龙的态度非常积极，超过了很多中国人。

[①] Roy Bates, *All About Chinese Dragons*（China History Press, 2007）.

[②] Terry Hurley, https://feng-shui.lovetoknow.com/Chinese_Dragon_Symbol，访问日期：2021年11月17日（本章注释中的访问日期系作者按编辑审稿意见补充，故时间较为集中）。

Whats-Your-Sign（什么是你的标志）网专门研究各种符号的意义，它这样介绍龙的含义："在古代中国，龙是宇宙之气的终极象征，在中国的众多神圣符号中最具好运。在指向世界四个方向的四种动物中，龙象征着新的开始。龙还具有灌溉干旱土地的能力，这代表了繁荣和纾解。""龙的优良品质还包括持续的成功、收获和繁荣，这使它位列亚洲最受欢迎的标志之一。""对我来说，龙总是代表着自信和勇气。龙可以使心脏跳动得更有力，充满激情，使你站得更高。"[1]

这两篇文章都把中国的"气"音译为chi，很有意思。

Classroom（教室）网在2017年发布了一篇文章：*10 Facts About Chinese Dragons*（《关于中国龙的十个事实》），文章所述十个事实分别是：（1）龙具有积极的内涵。它们强大，象征好运，它们也是政治领袖和武士等强者的象征。（2）龙和水体紧密联系在一起，例如东海，也和海啸和季风等自然现象有关。（3）龙代表"阳"。在阴阳学中，"阳"代表男性的力量和光线，"阴"代表女性的力量和黑暗。凤代表"阴"，凤是温柔和优雅的，和强大的龙形成对比。（4）一些中国帝王被他们的臣民或他们自己认定为龙，其中包括中国第一和第二位帝王：黄帝和他的兄弟炎帝。（5）龙在中文里有很多名字，大多数以"龙"字结尾，例如"神龙""地龙"。（6）龙在中国的十二生肖和历法中占据重要地位。龙是十二种生肖动物之一。相信生肖的人认为生于龙年的人可能成为伟大的充满激情的领导人，他们也可能是冷漠的和傲慢的。（7）龙和数字"九"关系密切，经常九条龙一起出现，或者具有九个特征。（8）中国新年要举行龙舟赛。龙舟是一种特制的船，装饰着一个雕刻出来的龙头。（9）龙是不同动物的组合，中国古代和现代的画家和雕刻家经常把龙描绘成几种不同动物的混合体。雕刻和绘画经常把龙描绘成有翅膀、有角的生物，它们有着鹰的爪子和老虎的手掌。（10）龙是一些中国传统宗教里的神兽。[2]

虽然作者是美国人，但是上述归纳还是比较精练的，不过有些细节存

---

[1] Avia, *Chinese Dragons*，Whats-Your-Sign.com, December 27, 2017, https://www.whats-your-sign.com/chinese-dragons.html, 访问日期：2021年11月14日。

[2] Jeremy Cato, *10 Facts About Chinese Dragons*, September 29, 2017, https://classroom.synonym.com/10-facts-about-chinese-dragons-12084161.html, 访问日期：2021年11月14日。

在错误，例如黄帝和炎帝是不是兄弟，是存在质疑的；龙舟赛不是在新年举行，而是多在农历五月初五的端午节举行；有翅膀的龙是应龙，很少出现在建筑物上或艺术品里。

Study（学习）网站提供了各种知识课程，在人文类课程中介绍了世界各地的艺术，其中有一课专门介绍古代中国的龙艺术，讲授者是一位艺术史女硕士。其网页文章一开始就说："龙喷火、引发恐怖？不！在中国艺术中不是这样的。几千年来，龙一直是中国文化里的重要符号。这一课将探索古代中国的龙艺术。"

该网页文章随后说："数千年来，龙在中国文化中扮演了一个重要角色，它们的图像可以追溯到石器时代（约前6000年）。和西方艺术中愤怒咆哮的杜拉根兽不同，中国文化中的龙是仁慈的，而不是危险的。它们代表着宇宙的能量，促进好运，并被用来表示皇室权威。它们是变幻莫测的高手，是阴阳力量的象征。阴阳是对立但统一的生命力量，阴代表女性、阴凉和宁静，阳则代表男性、灼热和活力。""龙和水联系在一起，尤其是河流、瀑布、大海和雨水。在古代，江河湖海边上的村庄会专门为代表这些水域的龙王建立庙宇，希望能够带来丰收的好运，免遭干旱和饥荒。龙是十二生肖之一，并在中国新年等季节性的庆祝活动中出场。随着时间的推移，它们被用来作为强人的标志，在皇室艺术品中频频亮相。""从石器时代开始，龙从蛇状弯曲生物这一简单形象演化成了今天在中国艺术中到处能看到的复杂形象。""在整个中国历史中，很多不同种类的艺术都描绘了龙，从精致的彩绘卷轴到巧夺天工的龙袍和其他衣物。龙被雕成玉器，被画在陶器上，被用作珠宝的设计元素。龙甚至被用在建筑上，在釉面砖上制作出龙的形象，用于装饰建筑的重要部分。"[1]

如果注册为study.com的用户，还可以继续阅读到各种涉及古代中国的龙文化艺术。

USA TODAY（今日美国）网有一篇文章，介绍了龙在中国文化中占据重要地位的原因。文章说："与西方民间传说中的杜拉根兽不同，大多数中

---

[1] Stephanie Przybylek, *Ancient Chinese Dragon Art*, https://study.com/academy/lesson/ancient-chinese-dragon-art.html, 访问日期：2021年11月14日。

国龙都是具有神圣起源的仁慈生物,尽管它们的外表都很可怕。中国人一直将龙描绘成蛇形爬行动物,但同时具有其他一些动物的生理特征,包括虎掌、鹿角和鹰爪。中国神话认为,在人类诞生之后,龙与人类一起生活,对人类提供了保护和指导。据说中国第一个帝国王朝的血脉中流淌着龙的血,于是中国人称自己是'龙的传人'。"

文章还说:"在地球的形成过程中,龙就出现了,女娲是中国的女神,她创造了大地,她自己的一部分也是龙。女娲制作了四根柱子以支撑起天空,她将一条龙放在一个柱子的顶部以承受天空的重量。女娲还创造了人类,从中国人诞生的那一刻起,女娲就把他们和龙直接联系在一起。然而,不是所有的龙都是仁慈的,恶毒的龙王嫉妒女娲的成就,用地球上的水淹没了女神创造出来的一切。在火神击败龙王之后,女娲回到地球修复了她的土地受到的破坏。""大洪水退去后,女娲创造了大量的龙,让它们走进人类,帮助人类重建秩序。龙成了人类的导师,教他们学习必不可少的生存技能,例如农业和渔业技术,同时将音乐和艺术引入中国的新兴文化。天龙在天上居高临下地监督着世界的平衡,保护中国人免受自然灾害的荼毒。"[1]

作者在文章开始时首先花费一些笔墨指出杜拉根兽和龙完全不同,显然是因为它们的英文名都是dragon,外国读者会很自然地把两者相提并论,而作者希望读者不要把两者混淆起来。

另一家"教室"网站(The Classroom)有一篇文章,列出了古代中国神话动物的名单。它在介绍龙时说:"在中国早期的历史中,龙是仁慈的水生物,代表着光明和积极的力量。但是,佛教将印度神话中的元素带入中国后,一些龙变得黑暗了,具有了可怕的特质。"[2]

有些网站已经使用loong把中国的龙与杜拉根兽区别开来。

Monsters Here & There(全球怪物)网这样介绍龙:"中国的龙(loong)经常被错误地描述为dragon。它是强大的水神,住在所有的水域里。皇帝的标志就是黄色的龙,表示它住在黄河里,任何其他人衣服上如

---

[1] Jim Orrill, *Why Are Dragons Important in Chinese Culture*? https://traveltips.usatoday.com/dragons-important-chinese-culture-100723.html, 访问日期:2021年11月14日。

[2] Evan Centanni, *List of Ancient Chinese Mythological Beasts*, https://www.theclassroom.com/list-ancient-chinese-mythological-beasts-6113.html, 访问日期:2021年11月14日。

果有黄色的龙，是要被杀头的！"①该网介绍龙的页面的标题是 *Loong, Chinese "Dragons"*，作者给Dragons一词加了双引号，表示龙实际上不是dragon。

New World Encyclopedia（新世界百科全书）网对Chinese dragon一词的解释是："中国龙。龙的音译的拼写是long、loong或lung。龙是中国的一种神话生物，也出现在其他东亚文化中，因此有时也被称为东方龙。与象征邪恶势力的欧洲西方龙不同，龙的许多东方版本是强大的精神符号，代表季节性的循环和超自然的力量。""中国龙的身体是长蛇形的，很容易识别；龙通常没有翅膀，它的面孔有点像人的脸，还有胡须。在一些东方文化中，龙在创世神话中扮演着不可或缺的角色。一般来说，东方龙是仁慈而强有力的，是带来好运的使者。它的形象经常被皇帝用作权力的神圣象征。因此，东方龙通常被认为是天国力量的超自然的或精神的象征。"②

该网随后还介绍了龙的起源、和龙有关的神话故事与文化、四海龙王、九种类型的龙、龙的九个孩子、作为皇权符号的龙、十二生肖中的龙、风水中的龙、舞龙和赛龙舟，以及其他文化中的龙，涉及国家有日本、越南、朝鲜和韩国，内容非常全面。

前面介绍的都是国外网站对龙的介绍，这里顺带介绍一家名为China Highlights（中国亮点）的外文网，它不是国外网站，而是一家总部设在桂林、专门为外国人来中国旅游定制个性化方案的旅行社。它在介绍中国龙时，反复强调其和欧洲的杜拉根兽截然不同："龙是中国文化中代表强大和仁慈的符号，人们认为它控制着与水有关的现象，例如，在干旱期间召唤雨的降临。龙在中国无处不在——神话传说、节日、占星术、艺术、名字和成语。""龙被认为是善良的，能带来好运，与大多数西方故事中邪恶、危险、喷火的杜拉根兽完全不同。""中国龙象征着幸运、有利、有力和高尚，不像西方故事中描绘的怪物那样。""大多数龙有着蛇那样长长的身体，鹰那样锋利的爪子，而西方的杜拉根兽长得更像是恐龙。"文章还告诉

---

① *Loong, Chinese "Dragons"*, http://monstersherethere.com/monster/loong-chinese-dragons, 访问日期：2021年11月14日。

② *Chinese dragon*, New World Encyclopedia, https://www.newworldencyclopedia.org/entry/Chinese_dragon, 访问日期：2021年11月14日。

外国旅行者："龙已经成为一种吉祥物，代表着中国人与时俱进的不懈和开拓精神。龙不仅在中国广受欢迎，而且海外华人也很喜欢它，它已经成为中国和中国文化的象征物。"①

2006年，译龙为loong的建议被国内外媒体广泛报道，经过十余年的传播和孕育，外国人开始注意到了这种译龙方法，令人高兴。但是，要让loong全面进入各种外文辞典，被外国人广泛使用，还有很多工作要做，不仅要克服外国人译龙为dragon的思维定式，还要改变很多国人的陈旧观念，使全体中国人能勇敢地、自觉地、积极地把自己的文化推向全世界。

五、国外时政绘画中的龙

外国人很早就用龙作为中国的象征。时政漫画是欧美报刊的重要组成部分，外国漫画涉及中国时，频频出现龙的形象。这里将选择一些作品介绍给读者。需要说明的是，由于很多漫画中的所谓"龙"在外形上和中国的龙差异很大，有些甚至是杜拉根兽或大蜥蜴等奇形怪状的爬行动物，因此笔者有时会在"龙"字上加上引号。

漫画 *What We Ought to Do in China*（《在中国我们应该做什么》）发表于1860年12月22日，它的另外一个标题是 *St. George and the Chinese Dragon*（《圣乔治和中国"龙"》）。图中，骑在马上的西方武士正在挥舞铁锤击打一头人形"龙"，"龙"显然处于不利地位，正欲逃跑。这张漫画的标题下方写有一段文字，中文意思是："花了三个小时进行战斗，付出了四百名官兵的代价，占领了大沽炮台。"可见，该漫画指的是英法联军占领大沽炮台的战斗。漫画作者借用圣乔治杀死杜拉根兽的典故，除了因为龙代表中国、龙被翻译为dragon，也想借用这个典故，表明英法联军侵略中国是正义的行为。对此，我们当然是坚决反对的。

漫画 *Immigration, East and West*（《来自东方和西方的移民》）发表于1881年。这幅漫画由左右两格构成。左半部分描绘来自欧洲的移民（欧洲在美国的东面）正走下轮船，他们彬彬有礼，拿着劳动工具，手里的纸卷或

---

① Kelly Pang, *Chinese Dragons — Facts, Culture, Origins, and Art*, https://www.chinahighlights.com/travelguide/article-chinese-dragons.htm, 访问日期：2021年11月14日。

牌子上用英文写着"政治""农业""劳动力""资本""工业"和"艺术",象征美国的山姆大叔正满意地看着他们,一位女神站在路边欢迎他们。漫画右半部分则用一条丑陋猥琐的"龙"象征来自中国的移民(中国在美国的西面),它长着一张典型的中国人的脸,辫子在乌云密布的空中写出文字Asia(亚洲)。沮丧的女神背对着它,她象征美国太平洋沿岸各州。"龙"的身上长着一片片白痂,上面分别写着"自私""淫荡""天花""助长企业垄断"和"毁掉白人工人的工作机会"。这张漫画显然是在丑化中国移民,为美国的排华浪潮摇旗呐喊。

漫画 End of the Chinese-Japanese War(《中日战争的结局》)发表于1894年甲午海战期间。图中,一个梳着辫子的大个子中国人屈膝跪在地上低头求饶,他的后脑勺上站着一个很小的人,正兴高采烈地玩弄着他细长的辫子,一把日本军刀插在这个中国人的背脊上;一条象征中国的"龙"躺在地上死去了。显然,这个大个子中国人象征中国,而小人象征日本,漫画揭示了甲午战争中日本对中国的侵略。

1900年6月21日,慈禧以光绪皇帝的名义发布诏书,号召民众抵御"彼等"外国列强。漫画 Der Hexenritt in China(《中国女巫的坐骑》)发表于诏书颁发三天之后。图中,慈禧骑在龙身上,从象征交战各国的军人面前飞过;洋人手持利刃,慈禧拿的却是扫帚,既表现了她的不自量力,也在说她就是一个老巫婆。

1900年7月14日,八国联军占领天津。漫画 The Avenger!(《复仇者!》)也发表于当年7月。图中,外国武士身后的翅膀上写着"文明",他高举长矛,正要刺杀一头中国龙。

漫画 The First Duty(《天职》)发表于1900年8月8日。图中的外国女子象征西方世界诸国,她指着从城墙上探出身体、满嘴鲜血、目露凶光的人脸"龙",对坐在"龙椅"上沉默的年轻中国皇帝(应该是光绪)说:"在我们的麻烦还能消除之前,这头龙必须被杀死。如果你不动手,我将杀死它。""龙"的身上写着Boxer(拳民,指义和团)。

1902年发行的一张明信片上有一幅漫画,题为 Dissection du monstre chinois(《分割中国巨兽》)。图中,外国列强正在把中国龙大卸八块,龙虽愤怒而口喷鲜血，但也无可奈何，只能任人宰割。图中，英国人抓起龙的尾巴，举起大刀，打算分一杯羹，但是俄罗斯人扑过来，凶狠地制止他。这张漫画不仅反映了帝国主义列强对中国的瓜分，也反映了列强之间为了自己获得更大的利益而进行的争斗。

1911年中国爆发辛亥革命。在这一年发表的绘画 L'évolution de l'armée chinoise（《中国军队的演化》）中，清朝军队与共和起义军对峙着，清军旗帜上的龙仍然很威风，但大清王朝已经一去不复返了。

1913年5月，美国政府宣布承认中华民国政府。漫画 Joined Together（《在一起》）刊于这一年美国国庆日7月4日出版的漫画杂志 Puck（《精灵帕克》）的封面上。图中，象征美国的山姆大叔热情洋溢地向中国官员脱帽致敬，在两人身后，美国鹰和中国龙在"握爪"。美国画家显然竭尽全力美化了中国龙，没有目光凶恶的眼睛，反而面带微笑；没有瘆人的血盆大口和满嘴獠牙，身上也不再有蝙蝠肉翅、鳞片和背鳍；尾巴末端不仅不见毒刺，反而增加了一条孔雀花翎。

1915年，袁世凯着手复辟帝制。一位漫画家获悉此事大局已定之后，画了漫画 A Big Day for China（《中国的"大日子"》）。图中把帝制（Monarchy）画成了一头怪兽，正在吞噬象征民国的西装革履者，此人掉在地上的帽子上有一个标签，写着"中国的共和制"。

漫画 A Dragon with Indigestion（《消化不良的"龙"》）发表于1926年9月14日。这一天，北伐军占领汉口的消息传到了伦敦。图中，骑在"龙"身上的北伐战士喜笑颜开，但英国人和德国女子惊恐万分，美国人则已经摔了下去。

Tales of Modern China（《现代中国的故事》）一书1932年在苏联出版，1936年在纽约再版。该书封面上画着一条龙，象征中国。它的身上骑着中国军阀、外国军人、政客和商人，一把尖利的红色刺刀刺穿了龙的身体，流出了很多血。这把刺刀应该是象征入侵中国的日本侵略者。这张图充分反映了当时中国所处的悲惨局面。

1937年7月7日，"七七事变"爆发，这是日本帝国主义全面侵华战争的开始，也是中华民族进行全面抗战的开始。外国漫画家在时政漫画中表现了中国人民艰苦卓绝的斗争。漫画*Uh huh*（《嗯哼》）发表于1941年。图中的"龙"象征中国的抗日战争，其身上写着"超过四年了"。图中焦头烂额、衣衫褴褛的人代表日本每一届卸任的政府，衣冠楚楚、踌躇满志的人代表即将上任的日本政府。后者说："现在最首要的事情之一是结束在中国的战事。""龙"看着不知深浅的他暗暗发笑，说："好啊！来吧！"漫画的意思是：全民族抗战爆发四年多来，中国军民越战越勇，日本每一届新政府都想迅速征服中国，好腾出手去对付美国，但是一旦上任，就知道这是非常困难的，最后只能惨淡下台。

漫画*The Lively Dragon*（《活跃的龙》）发表于1942年。图中，龙身上写着"中国突击队"，头上戴着钢盔，在一片房屋中穿行自如，把日军占领的城市厦门、南昌、宁波、杭州、上海、苏州和南京搅得天翻地覆，日本小鬼子被打得人仰马翻。

1942年7月7日，为纪念中国人民全面抵抗日本侵略五周年，美国发行了一张邮票。邮票边纸右边用中文写着："美国于一九四二年七月七日特印发五仙邮票一种以为中国人民长期英勇抗日致敬。"邮票上还用英文写着："中国抵抗日本侵略五周年""打赢战争，建设国家"。邮票画面中一条龙高昂着头，代表中国。右下角有一只章鱼，身上绘有太阳旗的标志，象征日本。章鱼伸出触手缠住了龙，龙正在和它搏斗。在中国和日本，龙的象征意义都是正面的。画家知道不能再用龙来象征日本了，于是使用了章鱼。在欧美文化中，章鱼也象征邪恶。这个例子反映出这位画家重视了文化差异，动了脑筋，以避免欧美读者误解。

英国漫画杂志*Punch*（《笨拙》）于1942年12月30日发表了漫画*Waes Hael!*（《痛饮吧！》）。这一年世界反法西斯战争取得了几场重大的胜利。画面中央的花坛上写着"1943"，表示新年即将到来。图中中国龙扬眉吐气，和象征其他三个大国的动物鹰（美国）、狮子（英国）和熊（苏联）平起平坐，举杯预祝明年取得更大的胜利。背后墙上有七个花环，里面分别写着七个国家的名字：比利时、荷兰、挪威、法国、波兰、捷克斯洛伐克和希腊，代表其他同盟国国家。

从这部分漫画我们可以看到，中国从最初的承受屈辱，经过艰苦卓绝的抗战，最后赢得世界列强的尊重。这些老漫画堪称中国这段近百年历史的缩影，也是中国人英勇斗争、改变自己命运的证据。

新中国诞生后，也有大量外国漫画用龙象征中国或中国人。由于中国坚持走独立自主的社会主义道路，在多数情况下，欧美漫画家笔下的中国龙丑陋、凶暴，其外形往往就是杜拉根兽，这也体现了西方国家对新中国的敌视。限于篇幅，本书只介绍在全球抗击新冠疫情中的一幅政治漫画。

2020年，新冠疫情在全球暴发，时任美国总统特朗普抹黑中国，称新冠病毒为Chinese Virus（中国病毒）。一个外国漫画家据此画了一幅漫画，他画的"龙"头长犄角、大腹便便，实际上是一头杜拉根兽。它的身上写着China Virus，它喷火烧坏了外国人的房子，却在大喊："着火了！"喷火是杜拉根兽的特征，画家把它移植到了龙身上，这说明在他看来，两者就是一回事。这幅漫画显然是在污蔑中国，同时又贼喊捉贼。笔者仅在必应搜索引擎（bing.com）上就检索到，有十几个外国网站转发了这幅漫画，可见恶劣影响之广。

第二节　走进外国人生活的中国龙

中国龙走向世界的形式丰富多样，没有仅仅停留在纸面上，既有博物馆、博览会和展览会里的实体模型，又有各种活动，例如舞龙和划龙舟。下面介绍一些实际事例。

一、博览会和展览馆里的龙

美国商人内森·邓恩（Nathan Dunn）于1818年到广东做生意，购买茶叶和布料，销售英国生产的商品。因为他坚决遵守中国的法律，不做鸦片生意，因此在当地声誉良好，他在收集中国文化艺术品时，甚至得到了中国皇帝的帮助。邓恩于1832年回到美国费城，1838年，他在费城开办了一个

"中国博物馆"（Chinese Museum），不过人们一般称其为"中国万物"（Ten Thousand Chinese Things）展。他还编撰印刷了一本一百多页的导览手册，封面上方有四个巨大的楷体汉字："万唐人物"，下面有一行小字：Ten Thousand Chinese Things，但笔者觉得也许"唐人万物"更符合邓恩的原意。

除文物之外，博物馆里还展出了真人大小的泥塑人物。邓恩从自己熟悉的中国人当中挑选了五十多个人出来，他们代表了不同社会地位、不同职业的中国人，邓恩以他们为参照，精确塑造了这些泥塑人物。这些泥塑人物的背后是相关场景的描绘，以及对应的详细介绍。

在一张历史图片中，可以看到博物馆内部的情况：很多巨大的玻璃柜子里陈列着产品和泥塑人像，很多人穿着清朝官服，栩栩如生。天花板下面悬挂着巨大的灯笼，还有各种花灯，其中有一个巨大的龙形灯。

哈佛大学一位评论家说："这次展览可以视为博物馆复古展厅（period rooms）模式的先行者。过去，博览会里的展品都是分类摆放的，而这个展览的主办方重建了中国社会的场景，里面还包括了中国社会的各个阶层的人（雕塑），有官员、牧师、理发师、制鞋匠、士兵、商人和乞丐。在当时，像这样的展览可以代替出国旅行了。"一位美国牧师看了展览后评论说："这个展览使我们不再需要在充满危险的大海上长途航行六个月，去看那神奇的帝国。"

《万唐人物》这本手册中有多处涉及龙：有一种很漂亮的花瓶，高6英尺（约1.8米），上面有很多颇具特色的人物，中间显著位置有一条象征皇室的龙。还有一种美丽的黄色花瓶上雕刻有跃起的青龙，并介绍说中国人相信月食是龙吞噬了月亮造成的。这里看来是邓恩搞错了，中国人说的是"天狗吞月"，而不是龙吃掉月亮。在官员的补服（补褂）前后刺绣有鸟（实际上是仙鹤等飞禽，代表文官），或者老虎（和其他猛兽，代表武官），还有龙（需要皇帝特批）。中国建筑模型的四个檐角屋脊上都雕刻着龙，每条龙的嘴里都悬挂着一只铜钟。邓恩专门说明，为什么龙图案出现得这么频繁，因为它是中国皇室的象征。手册最后还介绍了广州的一些情况：广州的街道非常多，超过六百条，有些街道的名字中包含着"龙"字，如"龙街""飞龙街"和"武龙街"。

　　这个展览盛况空前，第一年就有十万观众。展览于1842年在英国伦敦海德公园再次展出，名为The Chinese Collection（中国收藏），维多利亚女王是第一个参观者。这次展览的观众累计也有十万之众。期间，还出版了伦敦版导览手册，增加了十余幅精致的手绘图片。

　　由插图可见，展览入口处是一座标准的中国式小楼阁，屋顶是重檐四角攒尖顶，做得很精致。阁楼门口上方的牌匾上写着"万唐人物"四个字。图中有一些绅士和淑女下了马车后从入口处鱼贯而入。手册里还有一张图，描绘的是一把雕了几条龙状动物的椅子，作者没有说明这些动物是龙，只是把椅子称为Chair of State（国椅）。故宫里的龙椅要大得多，民间显然不能制作那样的龙椅。这把"国椅"可能是皇帝平时坐的，或外出巡视时坐的。

　　伦敦版《万唐人物》导览手册涉及龙的地方和费城版差不多，但是增加了以下几处：皇帝的宝座被称为"龙椅"，在大殿里举行正式仪式时总是面向南方摆放。在介绍官员补褂上的图案后补充了一句：在朝廷上，在所有正式的场合或盛大仪式中，龙代表皇帝。手册还提到了一种"皇室钱包"，用黄色的丝绸做成，上面绣着五爪龙和一些蒙古文字。

　　作者还对端午节做了介绍：每年五月初五有赛龙舟活动，场面非常热闹。在这一天，还有一个古老的仪式在河面上进行。一定数量的大米被各种颜色的丝线捆绑在一片叶子中，煮熟后扔进水中，作为献给大臣屈原的贡品。他一直受到人民的喜爱，被诬告后在前300年前后投江自尽。这种纪念活动一直持续到今天，并且每年都会进行，在进行龙舟竞赛时还会打鼓，以恐吓可能潜伏在河流里的恶鬼。邓恩的说法与中国的传说有所不同，但记录了他在一百多年前听到的情况。比如屈原投江自尽的时间应为前278年。

　　他还介绍了"龙眼"这种水果：这种水果的壳被剥掉后，很像人的眼睛，于是得名"龙的眼睛"。

　　这个版本对中国情况的介绍也增加了一些内容。例如：中国人"重男轻女"，很希望生儿子，这导致有些夫妇生下女儿之后，叫产婆去买一个穷人家的男性婴儿，换掉自己刚生下来的女儿，这被称为"偷龙换凤"。手册里还讲：中国人用"像龙一样走路，像老虎一样蹀步"这句话形容人的高贵举止，这显然是在说"龙行虎步"这个成语。

1845年，位于波士顿的"中国博物馆"（Chinese Museum）开馆。它的导览手册封面上写着汉字"中华大观"，在它们的上方用小字号写的英文译文是Extensive View of the Central Flowery Nation。这里把"中华"译为"the Central Flowery Nation"（中央鲜花之国）非常有趣，"华"字本来也有"花"的意思，所以这样翻译也不算错。手册封面上像对联那样写着两列汉字："言辞酬世堪为伪""眸子于人是莫良"，旁边用小字号写着它们的英文译文：Words May Deceive, But The Eye Cannot Play The Rogue（言语可能骗人，但眼睛不会做骗子）。

博物馆大门两边也贴着这副对联，显然是想告诉美国观众：耳听为虚，眼见为实。博物馆展出了大约八百件与中国艺术、农业、服饰及其他习俗有关的物品，里面多处提到了龙。作者首先介绍了博物馆的入口处。中国博物馆的入口位于马保罗礼拜堂的大厅内，很像中国寺庙的入口。门口上方的屋檐上有华丽的雕刻、绘画和贴金的檐口。屋檐下方，中间是一个朝门，即"幸运之门"，上面也有精美的雕刻和鎏金绘画。一本杂志报道说，这座朝门上装饰了各种龙，有的张牙舞爪，有的和蔼可亲。朝门两边各悬挂着一个巨大的灯笼，上面绘着龙。

这本导览手册还涉及中国的政府、历史、宗教、文学、贸易和风土人情。在介绍中国皇帝时，提到了龙袍和龙椅：皇帝被称为"天子"或"万岁"，他的黄色衣服上绣满了图案，这种黄色是皇帝专用的，他的臣民都不能穿这种颜色的衣服，衣服上还有用黄金制成的龙。他坐在龙椅上，上面雕刻着很多龙。还说在中国人敬献给长辈的寿屏上，会装饰上龙。前述报道的作者说自己被皇后吸引过去了：她坐在龙椅上，被不同级别的女官包围着；她身后墙上有一个精美的刺绣缎面屏风，即"寿屏"。作者还介绍说，在清政府打击鸦片走私活动时，使用的船名叫"快蟹船"或"扒龙船"。在介绍中国艺术品时，说一幅画在玻璃上的图画代表雷雨，中国人认为雷雨是龙造成的。

这个博物馆的天花板上挂了很多灯笼，其中有一个龙灯。作者还提到，每年要进行舞龙游行，作者说这是为了平息这个传说中的怪兽的愤怒。这与中国人现在的说法有些不同，不知道是当年中国人的确这样说呢，还是外国人错误理解了中国人的介绍，也许这个所谓的"怪兽"是指中国人所说的"年"吧？

前述报道说："在我们的头上有一条巨大的龙，身体蜿蜒，华丽的头部高高地抬起，嘴里伸出一条可怕的分叉舌头；它的鳞片也很壮观，尾巴高昂着，熠熠生辉；它的内心似乎充满了骄傲：它是高层次的龙。"他接下来的疑问表现出了"龙"被译为dragon、和欧美地区的杜拉根兽混为一谈之后导致的文化误读："为什么像它这样的官方爬行动物能居高临下地鄙视其他各种野蛮的龙？"

龙能够上天入水，出神入化，怎么会是"爬行动物"呢？问题出在翻译上。在所有这些英文原著里，"龙"都被译为dragon，而dragon这个词汇又是欧洲神话故事中的虚构动物杜拉根兽和很多爬行动物的名字。也就是说，"龙"和dragon的互译，使作者无法区分，把两者混淆了。实际上，高高在上的dragon是尊贵的中国龙，而各种野蛮的dragon不是龙，只是卑微肮脏的爬行动物，例如一些蜥蜴，龙理所当然地居高临下俯视这些爬行动物了。龙不能和爬行动物画等号，但是错误的翻译把两者联系在了一起，给这位美国参观者带来了疑惑。他还联想到了欧洲神话故事中被圣乔治等武士杀死的杜拉根兽，它们更是和龙风马牛不相及了。

另外一本介绍该展览的书中也提到了"龙眼"。作者说这种水果这样取名是因为它很像眼球，作者还自嘲他在味觉方面是"野蛮人"，不适应这种水果的味道，而中国人却很喜欢。

1904年，中国参加世界博览会（1904 St. Louis World's Fair）。这次世博会在美国圣路易斯举办，中国展示的是一套王族的夏宫，房顶上有龙等雕塑，室内也装饰了龙。

据德国柏林中国文化中心报道，该中心在2010年9月2日举行了一次"中国龙文化讲座"，讲座以舞龙表演开场。报道说："德国汉学家林苏珊博士为大家讲解了中国龙文化。她介绍说，在中国，龙自古以来就被认为是中华民族和中国文化的象征，在古代，龙也代表皇帝。中国文化里的龙具有坚强、勇敢、积极进取的性格特征，具有超越自然的强大力量，可以去病消灾，带来风调雨顺。她还为听众介绍了中国古籍和传说所描述的龙的形象，解释了一些与龙有关的中国成语。讲座也提到，由于东西方文化对龙有着截然不同的解读，随着当代中国的开放和与国际接轨，是否继续以龙作为中国的象征符号，对于这个问题在中国也有过讨论，出现了各种不同的观点。"

林苏珊博士所说中国国内对"是否继续以龙作为中国的象征符号"的讨论应该是指2006年的"弃龙风波"，本章在后面将会介绍事情的来龙去脉。

"东西方文化对龙有着截然不同的解读"，显然是因为龙和dragon互译了。中国学界没有解决好这个问题，是导致这种状况的根本原因。中国在海外设置的文化交流机构有责任把龙和杜拉根兽区别开来，这是对外传播中国文化时最基础也是最紧迫的工作。但是很遗憾，有关单位不仅没有努力在两者之间划清界限，反而把两者放在一起，进一步混淆了它们的差异。

柏林中国文化中心的上述讲座是"东方龙与西方龙"展览的闭幕活动。中国文化网的记者报道说："展览分为'东方龙'和'西方龙'两部分，共展出了三十五位中外艺术家以龙为主题创作的艺术作品，涉及多种艺术形式，其中既有传统的中国绘画、书法，也有德国艺术家的木刻、雕塑、摄影、陶艺、石版画、拼贴画、装饰艺术、玻璃工艺等作品。"从新闻照片里可以看到，外国艺术家画的是杜拉根兽，但是主办单位却把它们称为"龙"，与中国的龙混为一谈，放在同一个空间展示。这是很不应该的。

2015年5月到9月，在纽约大都会博物馆举办了一个时尚展览："中国：镜花水月"（China: Through the Looking Glass）。由于盛况空前，展览延长了一个月。展览的介绍文字说："展览将呈现中国美学对西方时尚的影响，并探讨中国如何催化着几个世纪以来的时尚想象。……将高级时装与中国服饰、书画、瓷器以及包括电影创作在内的其他艺术形式对照展陈，借以呈现中国意象的迷人回响。"这次展览的很多展品上都有龙的身影：15世纪明代的瓷罐，19世纪清朝的龙袍，20世纪的电影海报〔Daughter of the Dragon（《龙的女儿》），美国电影，1931年上映〕，21世纪初的晚礼服。

美国设计师拉尔夫·劳伦（Ralph Lauren）于2011年冬季设计的一件晚礼服，在整个透明的后背上绣了一条完整的黑色巨龙。在笔者看来，这件礼服端庄典雅又不失优雅和野性的美，令人叹为观止。另一款晚礼服则把青花瓷和服装设计完美结合在一起，一条蓝色的龙遨游于女性最丰满的部位。但是，一些媒体提出了不同的看法。《华盛顿邮报》评论说："这个展览突出了出演《龙的女儿》一片的美籍华裔女演员黄柳霜（Anna May Wong）的形象，但她长期反抗白人对东亚女性的两种刻板印象：龙女和莲花（dragon lady and lotus flower），而展览中的西方设计师设计的时装作品上这两种刻板印象仍然非常强烈。"也许中国人察觉不到"龙女和莲花"有什么不好，但在西方文化的语境中，"此龙非彼'龙'（dragon，杜拉根兽）"，dragon lady的含义是非常负面的，特指凶恶且妖艳的女子；而"莲花"象征温顺和甘愿为奴。还有评论家指出，设计师们在涉及中国时，翻来覆去就是那几种元素：红色，金色，龙，凤凰，宝塔，立领，盘扣，重叠翻领，长袍，旗袍，中山装，青花瓷，丝绸和彩绘壁纸。这一批评很值得我们反思。我们在对外传播龙文化时，也应该去挖掘它的精髓，并用现代审美语言进行创造性的表达。

国外一些著名的服装品牌时常在自己的产品上添加龙，例如，Supreme（苏博瑞）黑色男装的胸前、袖子和裤腿上都绣着红色的大龙。运动系列的产品上也绘有龙，如带帽长袖运动衫、短袖无领汗衫、长袖立领汗衫、棒球帽、运动短裤、滑轮板等。Balmain（巴尔曼）的红色女装，两条立体的龙趴在女模特的肩上，沿着袖管蜿蜒而下，礼服的左半边完全透光，右半边则是一条黑色的巨龙沿着模特身体蜿蜒而上，龙身的一个弯曲之处，正好覆盖在左边胸部的位置；黑色女装上，用银线勾勒出的龙盘绕在模特身上；各色睡袍式的宽松衣服上则彩印了龙图案。GUCCI（古驰）在色彩鲜艳的粉红或鲜黄色欧式女装上绣了龙，各种宽松的休闲款上也印着龙，看上去倒也十分协调。Victoria's Secret（维多利亚的秘密，简称"VS"）女性内衣展，是每年全球瞩目的大型时装秀。2017年，一位仅穿着内衣的女模特，身上环绕着一条金光闪闪的模型龙，它高高地昂着头，瞪着大眼睛，全身差不多有两米长。一位服装设计师写道："搞得一系列成衣里，要没个龙撑腰，都不好意思走时装周了。"

中国传统灯展在传播中国龙文化方面非常活跃。根据笔者收集到的照片，中国灯展中几乎都能看到龙的身影。据新闻媒体报道："'中国彩灯节'自2006年自主创建并在加拿大首展以来,历经欧美国家十二年数十次展出的磨炼,已接纳欧美逾千万观众,为欧美国家和民众所接受,在美国被称为'中国的迪士尼',在欧洲被称为'中国民间外交使者'。"该灯展于2017年11月19日在爱尔兰都柏林开展,一座巨大的龙灯有几十米长、五六米高。2018年4月2日,四川一家文化传播公司在美国芝加哥士兵体育场举行了一次"龙灯节"灯展,一共展出了四十多组巨型彩灯,其中的两条巨龙,有近两层楼之高,长70多米。从照片上可以看到场面非常华丽,很好地传递了龙所携带的喜庆内涵。为满足观众需求,灯展闭幕时间推迟了一周。

英国切尔西花展是一项非常引人注目的活动,英国女王也会来参观。2012年,台湾兰花产销发展协会在切尔西花展上用五十个品种、两万棵顶级兰花表现了"龙掌乾坤"这一主题,花房中布置了一头巨大的金色的龙,非常威武。工作人员告诉女王,龙是皇室的传统符号。2018年,武汉代表中国参加切尔西花展,作品是"武汉水园",里面也有一些龙的形象,但不是立体的龙模型,而是在花园中竖立了一些分隔平板,上面绘有颇具现代风格的龙的形象。新闻报道说英国女王对这个展区很感兴趣,看了很长时间。

英国街头有很多英雄杀死杜拉根兽的雕塑,货币上也印着类似的画面,英国女王为庆祝自己金婚而发行的金币,正面是自己的头像,反面就是英雄杀死杜拉根兽的浮雕。中国园艺艺术家万里迢迢跑去英国传播龙文化,却把"龙"译为dragon,和邪恶的杜拉根兽同名,不知英国女王在参观中国展区时心里会怎么想。

切尔西花展上并非只有龙的身影。2015年的切尔西花展上,法国展区展示了一头用枯木雕刻而成的杜拉根兽,它虎视眈眈地看着下方,举起两只巨大的蝙蝠肉翅,似乎正要扇动着扑下来,毫无生命迹象的材质和满园生机勃勃的绿叶鲜花形成了鲜明对照。

二、街头巷尾的龙

在欧美国家的街头和景区,经常会遇到杜拉根兽的图像和雕塑,包括它们被英雄用长矛刺翻在地的情景。但也不时能看到龙的身影。

1900年,比利时国王利奥波德二世订制了一组东方式建筑,其中包括一座中式楼房。这座楼房于1903年在上海开工建造，1906年完工，1910年在布鲁塞尔组装成功。这座建筑美轮美奂，汇集了大量中国传统文化的经典内容，房子的正面是四根粗大的柱子，上面盘着鎏金的龙。这座建筑至今完好，被称为"中国宫"，又名"中国馆"，是比利时皇家历史与艺术博物馆分馆。2019年10月，笔者去布鲁塞尔旅游，在离开这个城市前几个小时，终于找到了这座楼房，虽然它正在修缮之中，但是仍可看见整个外表。有机会去布鲁塞尔的朋友可以去看看，火车站有直达轻轨，交通非常方便。

1927年，美国洛杉矶星光大道上的"中国剧院"（Chinese Theatre）启用，它的正面墙壁上有一幅巨大的龙浮雕。龙的角和爪子格外尖锐细长，让人想到中国清王朝宫廷女子戴在手指上的指甲套（又名"护甲套"）。龙本应"角似鹿""爪似鹰""掌似虎"，而日夜俯视好莱坞的这条龙缺乏应有的祥瑞阳刚之气。这条龙的确是中国龙，但实际上却有一些出入，是外国艺术家想当然的结果，整座中国剧院的外形更是不伦不类，和真正的中国建筑相差甚远。

1946年，在美国威斯康星州拉克罗斯市的密西西比河码头附近，出现了一座"滨江国际友谊花园"。该市在世界上有六个姐妹城市，这座公园就是献给这六个城市的。花园里有一座中国园林建筑艺术中经典的"月亮门"（又称"月洞门"或"月门"），门的上方雕刻着两条巨大的面对面的龙，它们一左一右用嘴巴托着一颗珍珠。美国国会图书馆的介绍网页说，这些中国龙体现了拉克罗斯和中国城市洛阳之间的联系。

1985年，澳大利亚维多利亚州州庆，与其结成友好省州关系的中国江苏省赠送了一座中国古典牌坊给维多利亚州。这座建筑以南京朝天宫棂星门为蓝本，加进现代结构和亮丽的装饰元素仿制而成，上面有多处龙的雕塑。这座牌坊被安置在墨尔本唐人街的中心广场上。笔者2018年11月去澳大利亚旅行时，费了好大劲才找到它。这座棂星门的英文名称是Facing Heaven Archway（面对天堂的拱门），想去探访它的话，可以在电子地图上查找这个名字。

1994年年底，国际奥委会邀请中国艺术家韩美林为1996年美国亚特兰大第26届奥运会创作雕塑作品。韩美林设计的五龙钟塔用花岗岩和青铜制作，重60多吨，高9.6米。钟塔顶上站着青铜铸造的一头龙，塔身中段的两个平面上，镶嵌着象征奥运会的五环，另外两个方向各镶嵌一只大手表，表盘的底色由奥运五环的五种颜色组成。钟塔的底座上，是面朝四个不同方向的四条龙，仿佛即将冲出塔身。

2006年9月，德国汉堡举办了为期三周的"中国时代2006"（China Time 2006）大型欢庆活动。北德精练公司专门铸造了一条长7米、高5.5米的大型铜龙，安放在汉堡市中心阿尔斯特湖的湖面上。汉堡市市长伯恩特说："整整三周时间，我们这座城市成为中国龙的象征。"

2010年，加拿大不锈钢艺术家斯通（Kevin Stone）用不锈钢板完成了一座龙的雕塑作品，名为"中国帝王水龙"（The Chinese Imperial Water Dragon）。它是一条非常标准的中国龙。这座雕塑高约4米，长10余米，不锈钢板全部抛光成了镜面。这条龙的身体卷了两圈，全长近30米，龙头和龙尾高高翘起，一只爪子举着一颗巨大的珍珠，它代表地球以及天与地的力量、智慧和坚韧。作者说他很早就对中国神话产生了兴趣，这一龙雕塑是他这一兴趣和艺术创作热情的结果。他说他想用这件作品捕捉到"阳"这一概念的具体体现。他说自己按照中国龙的"九似"创作了这条龙，但他又说这是风水的九个实体（9 entities of feng shui）。好像中国人也不曾这么说过。他建议买家把它安放在与水有关的环境中，以体现财富和好运。他说自己创作这条龙的目的是表达龙在中国文化和其他许多文化中的重要性，并对此表示敬意，这些文化对这一神话动物所描绘的内容有着不同的解释。作者最后这句话说明他还是把龙和杜拉根兽视为同一种事物，只是在各自的文化中有着不同的解释。这显然也是译龙为dragon惹的祸。

2014年8月26日，龙头马身的机械活动雕塑"龙马"在法国南斯首秀。它的身形非常庞大，高12米，重47吨。在人的操控下，它能四蹄协调地缓缓前进，并吐舌头、眨眼、低头向游客问好，还能喷火。从照片上看，这头龙马的头部和龙颇为相似，木质鳞片上雕刻着"龙""狮""水""月"等汉字。但是它的喷火本领显然来自杜拉根兽。10月17日，它在北京奥林匹克公园的鸟巢旁参加了中法建交五十年庆祝活动。

2015年8月的一天，美国西雅图的一位雕刻艺术家用起重机把他的一件作品安放到预定的位置上。这件作品是用铜、铁、钢和废金属制成的，高约4米，重2吨。他雕的是一头杜拉根兽，有着巨大的嘴巴、尖锐的牙齿和长长的舌头，还有一对巨大的蝙蝠肉翅。它站在地球上，球面上也雕刻着至少一头杜拉根兽。这位艺术家告诉记者："杜拉根兽，它是一种古代符号，追根溯源的话，可以一直上溯到人类的起源。它象征着阴和阳。"阴和阳是中国文化里的内容，显然，这位艺术家把杜拉根兽和龙混为一谈了。所以，译龙为dragon也干扰了欧美地区的文化。

2016年7月，笔者去美国旅游，途经芝加哥唐人街老城，那里除了一些中国式建筑（实际上已经有很大的变异），很少见到龙的身影，但是每盏路灯的上方装饰着一条龙。在芝加哥唐人街新城，中国式建筑物就更少了，"龙门"整体上虽然缺乏中国特色，但是装饰了不少龙雕塑。不过，"龙门"二字被英译为Dragon Gate很不合适。加拿大多伦多唐人街的龙凤门则不仅充满中国文化气息，而且非常创新，它的形状是一个繁体字"門"，左右两个"日"字形结构分别由龙和凤构成。这个作品使笔者认识到，在建筑中体现中国文化的方法很多，不必局限于传统的亭台楼阁、飞檐斗拱。

笔者在拉斯维加斯旅游时，晚上去看了一场歌舞剧。在大厅里看到了一座华丽的巨龙雕塑。开场后，剧情果然与东方世界似有点关系。不过笔者作为纯粹的中国人，却看出了其中的不伦不类，如果不是因为使用了大量非常创新的舞台效果以及演员的认真表演，笔者可能更愿意去多欣赏一会门口那条五彩缤纷的巨龙。

国外有不少以"龙"字入名的店面，可惜往往坐在车里惊鸿一瞥来不及拍照，更无法进去探访一下。

2018年8月，笔者在匈牙利看到一家中餐馆，虽然店名"上海餐馆"中没有"龙"字，但是门口左右一字排开十二座生肖动物雕塑，很有气势。店堂里还有一面很大的石雕壁画，几条龙在腾云驾雾，旁边还有对龙文化的详细介绍。

不过有的地方画的龙并不准确，变成杜拉根兽了。位于新西兰奥克兰的明园酒家，其店招下方画的动物，如果是龙的话，笔者都不敢认了。也许可以发动一些志愿者，大家来画龙，然后选一些画得好的，由企业赞助支付稿费后，放在网上供全世界的人免费下载使用，这样可以大大减少龙文化传播过程中的失真情况。

2018年12月，在西雅图的"流行文化博物馆"（Museum of Pop Culture, 简称MoPOP）展示了一头可以做机械运动的杜拉根兽。展览名称是"Here Be Dragons"（这里有杜拉根兽），展览说明写道："它们存在于我们的传说和神话中已经长达数千年，并且已经发展成为两个主要的家族：欧洲杜拉根兽，传统上是一个恶毒的、可怕的宝藏囤积者，最初来自希腊和近东神话；另外一个是东方的龙，它起源于中国，因其智慧和洞察力而受到崇敬。"

这再次体现了译龙为dragon产生的问题。至少在目前还没有发现杜拉根兽和龙具有相同起源的证据，两者本来就是完全不相干的东西，只是错误的翻译才把它们联系在了一起，根本不存在什么"已经发展成为两个主要的家族"这回事，却害得外国人说话时不得不在dragon一词前面多加一个定语：European（欧洲的）或Eastern（东方的）。

2019年4月笔者在北非旅游时，意外地发现龙也已经"游"到了非洲。在地中海直布罗陀海峡边的摩洛哥城市丹吉尔的一家酒店里，在一间以阿拉伯风格装修的客厅里，墙上的一只圆形铜盘上雕着几条龙。在舍夫沙万的"蓝白山城"里有一家名为"天空之城"的中餐馆，它的店招图案的背景里绘着龙，门上也贴着写有"万事如意"字样的龙图案。在菲斯街头，中华旅行社的一辆大巴上画着它的商标：一条龙和一尾凤正在翩翩起舞。在马拉喀什的一家酒店内，餐厅外面高大的玻璃屏风上蚀刻着几条巨大的龙，笔者仔细找了一会，没有发现这个餐厅和中国文化有什么联系，也没有发现其他中国元素。在突尼斯首都突尼斯市的一家中餐馆内，布置着万里长城等大量中国元素，唯独没有龙。正在笔者略感失望之际，发现餐馆使用的茶杯上绘制着漂亮的龙。在阿尔及利亚首都阿尔及尔，一家中餐馆内的隔断上有三幅木雕，其中一幅刻画的就是龙。

看来中餐馆是中国龙文化走向世界的重要跳板。2019年9月，笔者在挪威旅行时，发现一家中餐馆的菜单首页上绘有一条非常漂亮的龙。这条龙的独特之处是：它的身体由象征中国近年来主办的国际盛事和取得的成就等相关图案组成，从头到尾分别是2010年上海世界博览会吉祥物海宝及世博会主建筑中华宫、中央电视台新楼、奥运会五环、奔跑的运动员、2008年北京奥运会举办场馆水立方和鸟巢、经济发展上升曲线、打开的宫门和门外的地球（应该是象征对外开放）、高速公路、神舟飞船、高楼大厦、遥感天线、原子弹爆炸的蘑菇云、天安门城楼、巨人挥手等等。这条龙给了笔者很大的启发，认识到龙文化的发展和创新空间还很大，我们应该鼓励年轻人更加积极地参与进来，勇敢创新。

随着中国的工业产品走向世界，龙也因为是一些商标的组成部分而走向世界。2019年5月，笔者在以色列街头看见一辆大巴车开过来，它是厦门金龙旅行车有限公司生产的，车头上是金龙旅行车的商标和"金龙"的英文译文Golden Dragon，笔者匆忙拍下一张照片，留下这一瞬间。

三、舞遍全球的龙

很早就有外国人在书里介绍了中国的舞龙艺术。

1848年，卫三畏在他的《中国总论》一书中写道："在春天或秋天的节日里可以看到最漂亮的彩灯表演，渔民这样做是为了取悦水神。游行中不可或缺的主角是一条15英尺（约4.6米）或更长的龙，它是由轻质的、像水桶一般大小和式样的竹子框架构成的，相互间用彩色的棉布或丝绸连接并覆盖着，两端分别是张着嘴巴的头部和活泼地摇摆着的尾巴。这个怪物象征大海的统治者，它的头部和每个关节处都有一根棍子支撑，男人们举着它在街道穿行，他们一边走一边让龙扭曲蠕动，如波浪起伏般活动着。同样被照亮的巨大的鱼模型走在龙的前面，一路伴随的还有音乐和烟火，持续不断地警告着路边的恶魔远离道路。当整个队伍蜿蜒走过黑暗的街道时，它们构成了一幅非常明亮的景象。"[1]

英格索尔（Ernest Ingersoll）在他1928年出版的 *Dragons and Dragon Lore*（《龙及龙的传说》）一书里这样写道："旅行者经常会描绘他们见到的这些大型游行活动。鲍尔先生说自己在广东省经常看见这种活动：模仿雨神的是一种粗大的蛇状生物，长达150英尺至200英尺（约46米—61米），用色

---

[1] Samuel Wells Williams, *The Middle Kingdom*, vol.2（New York: Wiley & Putnam, 1848），p.83.

彩喜庆的长绉纱制成，上面装饰的小镜子闪闪发亮。'每隔一码左右可以看见一双人腿——举着布龙的人的腿，穿着华丽的丝绸裤子。布龙最前面是一个面目狰狞的大脑袋，在它一张一合的大颌前面，有一个人操纵着一颗大珍珠，龙追随着珍珠腾跃和挪动。'这些龙分两种，一种有金色的鳞，另外一种是银色的鳞。这种活动会在任何需要的时候举行，但通常会在农历正月十五和五月初五举行，后面那个日子是端午节。如果仪式之后没有如愿下雨，那么布龙就会被踩躏，甚至被撕碎，这是在提醒雨神：它必须履行自己的职责，否则同样会受到惩罚。更进一步，它下雨的量必须合适，必须保持警惕，如果雨下得足够了，必须及时停止，否则也会承担严重的后果。据说，有一次龙因为疏忽而没有阻止一场无节制的暴雨，于是当地官员把布龙关进了监狱，结果大雨很快就停止了。"[①]

从新闻媒体上可以看到大量在外国举行舞龙活动的消息，舞龙者当中也有很多外国人。唐人街在中国新年等节点都会举行各种活动，其中少不了舞龙这一项。很多外国社区在搞中国文化交流活动时，也会有舞龙表演。

笔者在美国国会图书馆网站搜寻资料时，发现了纽约一家报纸对洛杉矶唐人街的华人在1896年11月举行的一次游行活动的报道。弥足珍贵的是，这张报纸上还有一幅精致详细的写实绘画，描绘了巨大的舞龙道具。报道说："龙是整个游行队伍的亮点。它很笨重，需要大约七十五个男子来操纵它，其中四十个人举起它的身体，一些候补人员走在旁边，随时接替那些累了的人。一个大汉负责龙的头部，向各个方向舞动龙头，看上去龙已经活了起来，正在四处寻找它的猎物。红色的眼球在眼窝里滚动，宽大的嘴巴里红色的蛇一样的舌头伸进伸出。两个奇装异服的怪人走在龙前面跳着舞，他们拿着长杆，顶端挂着奇怪的灯笼一样的东西，他们一路逗引龙，假装不让它向前走。龙的身体有200多英尺（约61米）长，身上有很多鳞片，每个大约4英寸宽、6英寸长（约为10厘米宽、15厘米长），每个鳞片由绣了很多花纹的丝绸制成，边缘还装饰着天鹅绒。"这位记者把龙头四处张望理解成在寻找猎物，可见他把象征吉祥如意的龙和吃人恶魔杜拉根兽混为一谈了。

另一家纽约报纸在1919年1月5日发表了一整版照片，照片内容是世界

---

① Ernest Ingersoll, *Dragons and Dragon Lore*（New York: Payson & Clarke Ltd. 1928），pp.51-52.

各地发生的事情,其中两张照片展示的是几个中国人和他们的舞龙道具。照片旁边写着一段话:"任何人如果以为中国的龙(原文是'dragons of China')都被彻底消灭了,那么他必须修改他的计算结果了。实际上,还存在着大量的(龙),仍然非常凶猛邪恶。"这段话的语气虽然是幽默的,但仍然清晰地反映出这位外国记者也把龙和杜拉根兽混为一谈了。

19世纪50年代,大量华人来到澳大利亚的本迪戈(Bendigo)淘金。本迪戈每年在复活节会举行庆祝活动,为当地慈善机构和医院募捐。华人于1879年开始参加复活节游行表演活动,演员和舞蹈者穿着传统服装出现在游行队伍中。1892年的复活节,华人开始在游行时舞龙。这条龙是在中国制造的,运到本迪戈后再组装起来,它长约60米,由彩色丝绸、镜子、竹子和纸型制成。它需要四十六个男子举起它的身体,另外六个男子举起它的头。华人们最初称其为Gum Loong(金龙),后来简称其为Loong(龙)。

1970年接替金龙的舞龙道具名为Sun Loong(新龙)。金龙现在保存在本迪戈金龙博物馆(Golden Dragon Museum)内,它已经成为华人融入当地社会的象征,也成为令当地人自豪的历史文物。中国人的习俗是烧毁破旧的舞龙道具,把龙"送回"天上,所以,一个多世纪以前诞生的本迪戈这条金龙有可能是保存完好的世界上历史最悠久的舞龙道具。

有意思的是,现在本迪戈当地的华人已经不多,即使有也很少有人会说汉语了,但是当地的外国人对舞龙的热情不但没有消减,甚至比华人更加重视,他们自己创造了一些仪式,使舞龙这项活动更具神圣感。例如"叫醒服务":在复活节前大约两周,在收藏龙的那座仓库前舞狮、擂鼓、放鞭炮,还有很多人随意发出噪声,把龙"叫醒",准备参加两周后的巡游。

2015年,本迪戈为了保护好新龙,决定让它尽早"退休",另外做一条龙,接替新龙。这条最新的龙被命名为Dai Gum Loong(大金龙),以此纪念19世纪90年代被带到本迪戈的金龙。2019年2月,大金龙在香港制作完成,举行了开光仪式,随后起运本迪戈。这条龙的龙头就有一人多高,而且非常华丽,笔者在国内都不曾见过这样的龙。

另一个地方也有悠久的舞龙历史。在美国明尼苏达州罗切斯特市,从1982年开始,有一条中国龙每年都要加入游行的队伍,四处参加各种庆祝活动。这条龙名为"张"（Chang），属于当地的奥斯曼神殿龙巡逻队（Osman Shrine Dragon Patrol）。它的制作者是某剧院的一位道具制作员。这条龙长二三十米，有很粗大的布质身体，直径有一人多高，由七八个人站在它的身体内部举着它前进，这和中国常见的人在龙身之外的舞龙方式不同。因为龙头很大、很重，后来在龙头下方做了轮子，直接在路面上滚动，因此有记者称它为"龙车"（Dragon Wagon）。它的头部里面安装了四个二氧化碳钢瓶，不时从鼻孔里对路边的观看者喷出白色的雾气，并发出鼻音，假装要攻击和吞噬路边的观众，给人们带来了惊喜和快乐。

这条龙很漂亮，色彩鲜艳，有一双大大的眼睛。不过，它是外国人根据对中国龙的道听途说设计制作的，同时也反映了他们的脑海里对杜拉根兽根深蒂固的印象。它最初有杜拉根兽的标配——两只蝙蝠肉翅，后来被去掉了。一些新闻报道把它喷出雾气解释为在喷火（fire-breathing）。在巡游表演时，它的身边会有几个头戴圆锥形斗笠的演员相伴随，他们身穿所谓"中国服装"，假扮成中国古代士兵，手持圆头圆脑的"长矛"，不时地轻刺它一下，以防止它过于靠近路边的观众。可见道具和表演的设计者都把龙和吃人恶魔杜拉根兽混为一谈了。运输它的厢式卡车外面画的是一头喷火、扇动蝙蝠肉翅的黑色杜拉根兽，和"张"或其他中国龙毫无共同之处。它的表演是一个宗教慈善团体募捐活动的组成部分，得到的钱用于资助一家儿童医院。笔者曾给这个社团去信，询问为什么这头龙叫"Chang"，一直没有回音。

乐高积木富有创意，为各种事物设计制作了对应的积木拼搭方案。有人为乐高积木设计了舞龙的场景，不仅可以用小积木搭出龙，还有舞龙的小人和中国式的大门。龙的角、眼睛、牙齿和胡须等部位都是特制的积木块。作者说它可以用来帮助老师向儿童介绍其他地区的文化，在文化壁垒上架设一座桥梁。这个设计获得了很多人的点赞。

国内的舞龙队伍也在国外开展了大量活动。民间人士组成的上海三林舞龙队早在1995年就已经走向国外，足迹遍及德国、法国、比利时、日本和新加坡等国，并且认真向外国人传授舞龙技术。

2003年10月到2004年7月，法国举办"中国文化年"系列活动。2004年

1月24日，在巴黎香榭丽舍大街举行了盛大的游行活动。"从凯旋门下的星形广场沿香街到圆形广场，大街两旁高悬着中国的十二生肖图，它们高达7米，有活动的'关节'，在整个游行活动中向人们招手示意。大街两旁的观众注意到，比这些生肖们挥舞得更欢的是六千五百多名侨居法国的华人华侨。他们舞龙舞狮，敲着锣鼓，打着太极拳，穿着五十六个民族的服装，驾驶巨龙彩车，手持灯笼和气球，伴着《咱老百姓今儿个真高兴》的音乐，在香街尽情抒发他们内心的喜悦。"来自北京的代表团有七百二十人之众，"顺义二十一名男女农民舞动金银两条长龙活跃在香街上。"据龙头演员介绍，他们为此集中训练了两个多月。

2017年年底，重庆铜梁龙舞表演队远赴美国，参加纽约时报广场新年倒计时盛典，进行了6分钟的表演，七男一女舞动一条15米长的金色、红色和蓝色相间的龙。这条龙似乎小了一些，有点气势不足，但是龙身内部安装了重力感应发光二极管系统，表演时龙头、龙身和龙尾都会随着舞动的力度和速度发出光芒。铜梁龙舞队之前还多次受国家文化主管部门派遣，远赴美国、英国、法国、日本和韩国等二十多个国家和地区参加中外文化交流活动。笔者于2016年9月去铜梁参加龙文化研讨会，做了大会发言，期间也欣赏了铜梁龙舞队的火龙表演。表演时，演员把现场烧制的高温铁水洒向夜空，表演区内漫天火花，两条龙穿行其间，非常壮观。可能是因为纽约时报广场场地条件的限制，他们没有表演这项绝活。中国的舞龙有着悠久的历史，但是仍需不断推陈出新，铜梁龙舞队的火龙和给龙安装自动感应灯，都是很好的尝试。

美国底特律一家专门做充气模型的公司做了一个充氦气的巨型中国龙，长达50英尺（约15米），浑身金光灿灿，非常威武。它很轻，不需要很多人抬着。活动结束后，把气放掉，体积很小，方便储藏。也许我们以后会越来越多地在各种喜庆活动中见到这种龙，之后还可能发展出彩色的、披上各种装饰物的新品种。这家公司对龙的介绍还是比较准确的："金色象征财富和幸福。由于使用了金属类金色的材料，在阳光下这条金龙会闪闪发光。龙代表着力量和皇室。中国的龙来自水中，在中国社会、艺术品和文化中，到处可见龙的身影。"

四、龙舟已经划向世界，但是前途堪忧

17世纪的德国学者基歇尔（Athanasius Kircher）根据到过中国的朋友对他的描述，并"凭借着自己渊博的知识和丰富的想象"，撰写了一本详细介绍中国情况的书，书名用拉丁文写成，非常长，简称是 *China Illustrata*，中文版书名是《中国图说》。基歇尔画了一张图放在书里，描绘中国江西道教名山龙虎山。图中有一头他想象出来的"龙"正咆哮着，与一头老虎对峙。根据这头"龙"的外形，我们可以清楚地看出这是欧洲的杜拉根兽：简单的蜥蜴头部和身体，长着两只蝙蝠肉翅，可见它不是中国的龙。

早期的外国画家在画龙舟时，也是这样"自说自画"的。有一位外国画家画的龙舟是这样的：整只船是一头巨大的杜拉根兽，有庞大的翅膀，舌尖和尾巴末端都有象征邪恶的毒刺；它的脖子和尾巴非常夸张地反复弯曲多次，脖子和翅膀上画了很多羽毛，似乎要赋予它帝王之家的奢华之气。但我们中国人清楚地知道，中国从来没有这样的"龙舟"。这张绘画的侧面写着一行英文："A dragon-boat in the Chinese taste?"（中国格调的杜拉根兽船？）最后的问号说明绘画者只听说过中国有 dragon boat（龙舟），但他不曾见过实物或图片，因此不能肯定中国的龙舟是什么样的。后来有些外国画家亲自到中国来了，看见了龙舟，才画出了真正的龙舟。

卫三畏在他1848年出版的《中国总论》一书中这样介绍端午节和龙舟："五月初五是端午节，又叫龙舟节，这个节日非常热闹。在巨大的喧闹声中，成队的窄长船只在江上来回竞赛，似乎在江里寻找溺水的人。每只船上有六十个甚至更多的划桨手。这个节日是为了纪念屈原而设立的，他是大约前300年时的一个官员，他跳入扬子江自杀了。人们寻找他的尸体，因为他们爱戴他的美德。这种纪念他的方式一直流传至今。这些船的头部装饰着或者雕刻着龙的头，人们敲锣打鼓，挥舞旗帜，激励划桨手们。"[①]

英格索尔在他1928年出版的《龙及龙的传说》一书中介绍说："中国南方著名的端午节或龙舟节是在阴历五月初五举行的，这一天通常在我们的公

[①] Samuel Wells Williams, *The Middle Kingdom*, vol.2（New York: Wiley & Putnam, 1848）p.82.

历6月里。传统告诉我们,这个节日始于纪念楚国一位高尚的大臣屈原,他对楚王的错误行为提出了批评,结果却被降级、流放。这件事情发生在大约前450年。于是他自杀了,可能是淹死的。在他逝世一周年时,人们开始在河里寻找他的尸体,直至现在,这个节日的形式和含义仍然没有变化。"笔者要说明的是,这里的"前450年"译自原文,可能是作者笔误,确切的时间应为前278年。同时还要说明,《中国总论》言屈原前300年自投扬子江(Yangtsz Kiang),也可能是作者的笔误。

《龙及龙的传说》一书还说:"用于在中国南方河流里竞赛的船只,长度为50英尺到100英尺(约15米—30米),但是宽度仅够两个男人并排坐着,整条船尽量细长,像水蛇那样。和传统一样,人们尽力快速地划船。每只船上都配有一副锣鼓,划桨手们努力保持和锣鼓一样的节奏。即兴的竞赛充满危险,经常导致事故,因为船只很轻,一百个中国男子狂野地划着它时是很危险的,尤其是有时他们还喝了酒。成群结队的观众挤满河岸,催促他们喜爱的船只去赢得胜利,整个场面充满了刺激和乐趣。"[①]

1976年6月,香港旅游协会为了向世界推广香港,举行了第一届国际龙舟节。尽管只有一支外国队伍(日本长崎队)参加,但这一事件仍然被国际龙舟界视为龙舟竞赛进入"现代时代"(Modern Era)的标志。1979年,波士顿举行了美国第一次龙舟赛。1983年,新加坡给美国圣迭戈市赠送了三艘龙舟。美国至今已经有一百多个城市举办过龙舟赛。1991年6月24日,国际龙舟联合会在香港成立。到目前为止,有八十九个国家和地区建立了龙舟联合会,并加入国际龙舟联合会。1991年8月4日,在哈德逊河上举行了首届纽约香港龙舟赛。根据2006年的数据,中国有五千万人参加龙舟运动,欧洲参加者超过三十万人,加拿大和美国合计有九万人,澳大利亚和新西兰有数千人,而且龙舟运动还在向加勒比海、非洲和太平洋地区扩散。

美国沙勒沃伊市一个艺术团体的网页说:"龙舟赛是一项快速发展的运动,它包含了丰富的中国传统文化、竞争精神、团队建设和无数乐趣。"很多外国人已经把划龙舟视为一种体育项目。迈阿密一支龙舟队的网页上这样写:"龙舟赛是竞争性划桨运动的终极选择。这是一项快节奏的、有趣的、

---

① Ernest Ingersoll, *Dragons and Dragon Lore* (New York: Payson & Clarke Ltd. 1928) pp.52–53.

以团队合作为导向的水上运动，需要桨手相互合作并保持同步。"一个健康新闻网站介绍说："过去，在生病或恢复期间，患者经常被告知要'充分休息'。但有研究表明，运动对许多疾病甚至癌症的康复是很有好处的。运动可以带来良好的睡眠，恢复人体系统的平衡，控制体重，减少恶心，还能改善情绪，增加愉悦感。现在很多医生会建议病人进行适量的活动：走路，跑步，游泳，也包括参加龙舟赛。"一位癌症康复者说："划龙舟与一个人独自进行的运动不同，它能达到一种高度，只有团队项目才能实现这个高度。划龙舟时桨手们团结一致，用集体的力量和决心来推动龙舟的前进。"篮球、足球等也是集体项目，但要求每个人独立判断自己在场上应该怎么做。而龙舟运动只需要跟着大家有节奏地统一划桨即可，精神压力不大，技术要求也不高，普通人更容易享受到处于一个集体中的快乐。笔者刚开始搜集龙舟在国外的情况时，被大量的活动信息所震撼。现在笔者能够理解为什么它那么受外国人欢迎了。美国沙勒沃伊市市民在赛龙舟之前也像中国人一样，要画龙点睛，他们称这个仪式为"醒龙"（Awakening the Dragon）。

龙舟已经走向世界，但也危机重重。龙舟运动走向世界，受到外国人的重视，外国人积极参与，对中国龙文化的国际传播本来是很好的事情，但是，由于"龙"被译为dragon，因此西方人讲的dragon boat不一定是中国概念里的"龙舟"。外国人看到这个词组，他们的感觉未必与中国人看见"龙舟"二字时一样。中国人自以为dragon boat是指"龙舟"，一看见这个词组，脑海里浮现出的是河面上一片欢腾的景象。但外国人未必如此。看到dragon boat，欧洲人想到的可能是北欧古代维京人（Viking）的帆船，船头上雕刻着巨大的杜拉根兽。在一次赛龙舟活动中，划船的外国人都戴着维京人的双牛角帽，虽然这一举动是出于幽默，但是可见他们心目中的dragon boat是维京人的"杜拉根兽船"，和中国的龙舟毫无关系。在另外一次龙舟赛事中，虽然主办方在龙舟的船尾插着写有"龙舟赛"三个汉字的旗帜，但是一些参赛者也戴着维京人的帽子。

在网上搜索dragon boat，搜到的图片不完全是中国式龙舟，还有很多奇形怪状的"杜拉根兽之船"。如果搜dragon ship，那就更五花八门了。有一艘dragon ship干脆把整只船做成了一头杜拉根兽，上面还有一对小小的蝙蝠肉翅，整个前甲板都被含在杜拉根兽的嘴巴里，雪白的大獠牙触目惊心，鼻孔翘起的大长嘴，凶恶的黄色眼球，爬行动物特有的竖缝瞳孔，让人联想到鳄鱼。这哪里还是吉祥如意的"龙舟"？它完全是一艘魔鬼船啊！

中国的"龙舟"被译为dragon boat后，其含义在欧美人眼里发生了变化。杜拉根兽是《圣经》中最大的恶魔，在欧美文化中是邪恶的象征，而且这个概念随着基督教和西方文明的扩散，已经传遍全球。因此，外国人在划龙舟的时候，心里想到的很可能是"杜拉根兽之船""魔鬼舟"。很多外国人喜欢参加龙舟竞赛活动，但这不等于他们热爱龙，实际上可能恰恰相反。

杜拉根兽体型庞大、力大无比，能飞行、能喷火攻击，因此外国人很希望能驯服杜拉根兽，驾驭它们去打击自己的敌人，这在欧美文学作品包括影视剧中有大量表现。在外国人看来，被驯服的杜拉根兽才是好的杜拉根兽，如果无法驯服，就会设法杀掉它们。于是，很多外国人把划龙舟视为驯服或杀死恶魔杜拉根兽的过程，这可以从他们在报道划龙舟活动时常用tame dragon（驯服杜拉根兽）或slay dragon（杀死杜拉根兽）这种比喻看出来。

笔者在网上搜索到有关内容。笔者知道外国人提及dragon时往往是指杜拉根兽，但因为谈的是龙舟赛，所以笔者仍然把dragon译为"龙"，而不是"杜拉根兽"，以免读者感到突兀。但为了区别，便在"龙"字上加一个引号，以示这里的"龙"多半不是中国的龙，而是外文名相同的杜拉根兽。

下面列举笔者搜集的部分外国龙舟活动信息，做一简要说明。

Dragon Boat Regatta on the Hudson（《哈德逊河上的龙舟赛》），1991年8月4日，*The New York Times*（《纽约时报》）。新闻报道的第一句话是："纽约市的消防队员这几天正在杀'龙'，但不是那种会喷火的'龙'。他们的'龙'是船，他们的战场是哈德逊河里一段640米长的赛程。"由此可见，划桨手们要杀死的"龙"显然不是中国的龙，而是会喷火的杜拉根兽。

*Thousands of Paddlers Converge in Toronto to Slay the Dragon*是2006年8月8日第五届世界龙舟俱乐部锦标赛新闻报道的标题，本意显然是要表达"几千名划桨手齐聚多伦多，将进行龙舟比赛"，但使用了slay the dragon，字面意思就成了"杀死杜拉根兽"。中国队也参加了这次活动，不知是否有人借此机会就龙和龙舟的喻义对参加活动的外国人做一些简单的知识普及。

Acadiana Dragon Boat Races（《阿卡迪亚纳龙舟赛》）。这是一则征集龙舟赛参赛者的通告。网页上用加粗字体写道："是的，'龙'正在降临，如果你有足够的勇气去杀死一条'龙'，那么阿卡迪亚纳龙舟赛就是为你准备的！"句中使用的单词是slay，意为"杀死""屠杀"，中国的龙一定会闹情绪，它会暗想："我去美国参加龙舟赛，是为了传播中国文化，现在组委会却鼓励美国人来杀我？！"

Taming the Dragon（《驯服"龙"》），这是2006年9月27日一篇综合报道的标题，副标题是"乳腺癌幸存者正在拥抱龙舟赛"。这个网页的最上方有一个条形图片，图中三个人正在山顶欢呼，旁边写着文字："Overcoming mountains. Overcoming cancer."（征服高山，征服癌症。）

How to tame a dragon（《如何驯服"龙"》）。有一张配文照片是2010年新加坡举办青年奥林匹克运动会时，一些华裔面孔的年轻人正在用一条中国龙舟传递火炬。虽然这个网页文章一开篇就介绍了龙在中国代表力量和恩惠，但是标题却使用了tame（驯服）这个词，可见文章作者已经深深地受到了西方文化的影响，居然把象征力量和恩惠的龙视为驯服对象了。

Slaying the Sport of Dragon Boat Racing，2010年9月20日。如果直译，这句话的意思就是"杀死龙舟赛这项体育"。在欧美文化中，slay a dragon（杀死杜拉根兽）这种表述很常见，表示"战胜了困难"。因为龙被译为dragon，结果龙舟赛也被无辜殃及，成为外国人要杀死的对象。

Taming the Dragon: Training for the Missouri 340，2011年。因为使用了taming一词，这句话直译就是"驯服'龙'：为密苏里河340而训练"。压题照片是一些人在密苏里河上划"龙舟"。笔者在这里给"龙舟"二字加上引号，是因为他们划的船并没有任何龙的元素，如龙舟上常见的龙头和龙尾巴造型也没有。

Taming the Dragon（《驯服"龙"》），2012年3月26日。题头照片是一群外国女运动员正在划一艘中国龙舟。另一个网站上的一个网页题为*Breast Cancer Survivors Tame the Dragon*（《乳腺癌幸存者驯服"龙"》），网站链接有一个视频，很多身着粉红色运动衣或救生衣的外国女性兴高采烈地接受采访，然后去划中国龙舟。

Taming The Dragons（《驯服"龙"》），2012年3月29日。这篇文章的粗字提要部分写的是：她们奋力和乳腺癌斗争，取得了胜利。现在，她们要赢得赛龙舟这项体育运动，以"珍贵的胸部"的名义，去赢得她们的第一次比赛。

Abbey Team to Slay Dragons，2013年7月20日。又是slay，又是一支要去"杀死龙"的龙舟队。

Portland Dragon Boat Festival（《波特兰龙舟节》），2014年。这是一个网页的标题，题下内容是参赛队伍的简介。笔者选了四支队伍出来，从中可以看出译龙为dragon干扰了外国人自己对杜拉根兽的认识，使之混乱不堪。第一支队伍的名字叫Dragon Spirits，中文可以理解为"'龙'的精神"，这样取名，可能是因为他们知道龙在中国象征着正能量，但是在其自我介绍中，又说要"tame dragons and fly"〔驯服"龙"并（骑在它身上）飞翔〕。当然，中国神话中也有人骑龙的故事，至今还有"乘龙快婿"的说法，因此这一理解还不算离谱。第二支队伍的名字叫Dragon Slayers（屠"龙"者）。当然，中国文化中有不少屠龙的传说，但是没有人把龙舟之龙作为屠戮的对象。这支龙舟队的名称说明这些外国人很可能把这里的dragon理解为杜拉根兽了，要像欧洲神话中的英雄那样杀死（slay）杜拉根兽。顺便说一下：迈阿密也有一支龙舟队叫Dragon Slayer，成立于2006年，它的队标上画了一条很标准的龙，但是在喷火。第三支是WOW队，它的队标是一条黑色的龙在喷火。显然，队员们把杜拉根兽喷火攻击的特性也移植到龙身上了。第四支是S.O.L.Dragon队，这支队伍的标志由S、O、L三个字母组成，三个字母上分别画了三种杜拉根兽：蛇状杜拉根兽，大肚子、有蝙蝠肉翅的蜥蜴状杜拉根兽，妖艳的丰乳肥臀的女性杜拉根兽。从这个标志可以看出，该队队员心目中的dragon实际上是杜拉根兽。

Try to Tame a Dragon（《尝试驯服一头"龙"》），2015年5月5日。这篇报道的题头照片是一位外国男性龙舟运动员和一艘中国龙舟上华丽的龙头的合影。他的龙舟上雕刻着标准的中国龙，但是他内心却想驯服它，可见译龙为dragon影响了龙文化的顺利传播，向外国人传递了错误的文化信息。

Could You Tame the Dragon?（《你能驯服"龙"吗？》），2015年5月

18日。题头照片是两队外国人正在奋力划着中国龙舟,插在船尾的旗帜上写着"龙舟赛"三个汉字。

Community Teams prep for Olympia's Dragon Boat Races(《社区队正在备战奥林匹克龙舟赛》),2016年4月27日。文章的第一句话是:"南湾地区许多人都很熟悉划桨,但仅仅因为你曾经划过皮划艇或独木舟,并不意味着你知道如何驯服龙:一条龙舟。"

Slaying Dragons at Sea(《杀死海上的"龙"》),2017年1月26日。这篇报道介绍一支由女性癌症幸存者组成的龙舟队。

Taming the Dragon in Gresham(《在格雷舍姆驯服"龙"》),2017年11月22日。题头照片是二十二名从全美选拔出来的女运动员正在女舵手的指挥下划一艘中国龙舟。

Paddle eNVy Dragon Boat Team,facebook,2018年2月26日。在龙舟队练习时,舵手从他的视角拍了一张照片,河面宁静,晴空万里。这篇日志的第一句话是:"出去进行划龙舟训练的同时,别忘了欣赏美丽的风景。"但句中用了"slay another dragon boat practice"这样的表述,直译就是"再杀一次龙舟练习"。

从上述这些信息至少可以看出两点,一是龙舟活动在国外非常频繁,二是错误译龙严重干扰了龙文化在国际社会的传播。笔者在写这部分内容时,真是喜忧参半。

就保护和传播中国文化这一工作来说,把"龙舟"和Dragon Boat彻底区分开来很有必要,否则根本无法保护中国的龙舟文化。2011年,亚洲龙舟联合会、中国龙舟协会相继把"龙舟"改译为Long Zhou,这是非常明智的做法,是非常重大的贡献。2017年,国际龙舟协会出版的电子新闻报取名为*The Long Zhou-eNews*,虽然协会名称中仍然使用Dragon Boat,但是电子报使用Long Zhou作为其名称,仍是非常重要的进步,说明已经开始向正确的方向转变了。从2019年7月开始,国际龙舟协会在报头上增加了两个醒目的汉字"龙舟",这是另一个重要的进步。

很多专家学者反对音译中国特有事物的名称,怕外国人看不懂,实际上根本没有必要担心。我们中国人看不懂什么是"贡多拉"时怎么办?打听或检索一下即可："威尼斯的一种奇特的小船，原文叫Gondola，'贡多拉'是它的音译"，再看一眼旁边的图片或实物，立即就清楚了。并非只有把Gondola译为"威尼斯龙舟"，中国人才看得懂。如果真这样的话，中国人反而要糊涂了："中国的龙舟怎么跑到威尼斯去了？"即使中国人愿意这样翻译，意大利人也不肯啊！"我们富有历史文化传统特色的船凭什么要用你们的名字？"如果贡多拉真的叫"威尼斯龙舟"，几十年之后可能会有人据此得出结论："贡多拉名为'威尼斯龙舟'，而龙舟是中国特有的，这说明贡多拉是来自中国的，是中国人发明创造的。"由此可见，错误的翻译会导致文化产权的流失。子曰："名不正则言不顺，言不顺则事不成。"（《论语·子路》）真是至理名言。

改译之后，中国龙舟协会还应做好介绍工作，使外国人能够理解什么是long zhou。

我们应该尊重现实，避免激烈转变，引发外国人的疑惑和反弹，在早期可以把long zhou简单注释为Chinese dragon boat，并在其他资料或辞书里或在官网中建立专页进行详细的阐述，还可以配上图片和视频等；等到大多数外国龙舟爱好者知道long zhou是Chinese dragon boat的同义词之后，再取消注释，直接使用long zhou一词。long zhou比dragon boat或Chinese dragon boat简洁，相信外国人知道两者是同义词之后，会倾向于使用long zhou。另一方面，外国人也喜欢使用新奇的"外文"（这里是汉语）的音译。这也有利于推广long zhou。

但是，在网上充斥着dragon boat这个词组的同时，几乎检索不到用long zhou表示"龙舟"的外国新闻，可见改译"龙舟"只是迈出了第一步，后面还有大量工作要做。如果不尽早大力推广"龙舟"的新译名long zhou或loong boat，中国人将在世界上失去对龙舟文化的所有权，以后外国人会说：我们的北欧祖先千百年前就开始制造和使用dragon boat了，它怎么成了你们中国人的发明创造？即使你们也有dragon boat，几百年前你们能够把它行驶到北欧来？既然是你们创造的，为什么它只有一个外国名字？

中国的对外新闻媒体应积极参与保卫中国龙舟文化的工作，在外文报道中尽量使用long zhou这个词组。早期在文章中第一次出现long zhou时可以在后面加一个简单注释"（Chinese dragon boat）"。如果能够改译龙为loong，彻底切断龙和dragon之间的联系，那么long zhou可以注释为loong boat。外国人常常把long开玩笑地写成loong，表示"特别长"。龙舟的确十分窄长，名副其实。成员遍布全世界的公益组织公羊会经常在世界各地举办龙舟赛，数年前它就已经把"龙舟"直接译为loong boat了。

由于中国"龙舟"的改译工作开始得太晚，世界各地的龙舟爱好者已经习惯了dragon boat这个说法，现在还有没有可能使他们改过来？改过来之后龙舟能否继续得到外国龙舟爱好者的认同？会不会导致龙舟运动的分裂？毕竟很多外国人已经把龙舟赛视为驯服或杀戮恶魔的过程，使龙舟的内涵发生了变化，此时已经不仅仅是一个外文译名的问题了。这些非常现实的问题给中国人带来了巨大的挑战，也考验着每一个中国人的智慧。

龙舟遇到的麻烦也提示所有中国人：正确翻译中国文化负载词是保卫中国文化的重要一环，而且宜早不宜迟；由于我们长期不重视这一问题，情况正在越来越危急。

"龙舟"译为dragon boat还牵连到端午节，使外国人误解端午节，使中国可能失去对端午节的所有权。因此，端午节不应该译为Dragon Boat Festival，而应该音译为Duan Wu Jie（Festival）。中国的邻国韩国、日本和越南都是音译各自的端午节的。

第三节　欧美影视片中的"龙"

检索发现，欧美国家有大量涉及"龙"的影视片。笔者给这里的"龙"字加上引号，是因为欧美影视作品里很多所谓的"龙"和中国的龙毫无关系，实际上是欧洲的杜拉根兽；即使一些电影描写了中国的龙，但是与外形"三停九似"、内涵象征吉祥如意的龙也有很大的差异。

影视剧让观众身临其境，"龙"能够活灵活现地出现在观众面前，对人的影响要比书籍的文字描写和静态的图画、雕塑强烈得多。本节根据片中"龙"及其有关情节的不同，分类介绍一些影视剧作品。笔者的介绍参考了影片的中文字幕，笔者将尽力在文字上区分龙和杜拉根兽，但依然保留了原中文字幕龙和dragon互译的错误，以便读者能体会这一错译带来的问题。

一、类型1：中国的"龙"

1931年，美国电影 *Daughter of the Dragon*（《龙的女儿》）上映，片头背景是一头凶恶的龙在黑暗中不断喷火。华裔女演员黄柳霜在片中扮演女主角、著名歌舞演员"灵妙公主"（Princess Ling Moy），苏格兰场（伦敦警察厅）的华裔警探阿基（Ah Kee）深爱着她，他接受的一项任务是挫败傅满洲（Fu Manchu）的阴谋。

傅满洲是英国小说家虚构的男性华人形象，他阴险、猥琐、邪恶，影片说他给伦敦带来了"恐惧"。傅满洲用毒药害死了一位英国警司，他在之前寄给后者的"问候信"上画了一条黑龙，并说自己会接踵而至。他自己也穿着类似龙袍那样的衣服，胸前绣着一条龙。其他警察发现傅满洲的罪行后开枪射伤了他。他从暗道里逃回自己的住宅，告诉灵妙自己是她的父亲，并让她继承自己的事业。他的手下敲了一声铜锣之后，拉开一个幕布，后面的墙上画着一条巨大凶恶的黑龙。他让女儿对黑龙磕头宣誓。为了迷惑警察，傅满洲在警察冲进来的瞬间，举刀假装要杀死女儿，被警察击毙。灵妙也因此获得了警察厅的信任，她潜入一位警探的卧室，想要杀死他，但没有下手。她和手下绑架了这位警探夫妇俩和阿基。后者乘乱逃走，在灵妙即将杀死警探夫妇时，阿基带领警察赶到，亲手开枪杀死了灵妙。

在这部影片中，这条长着骷髅头的黑色龙多次出现，它是傅满洲及其继承者灵妙的阴谋活动的象征。这部电影的海报上画着灵妙正在怒视警探夫妇，海报作者把这位"龙的女儿"画得非常阴险邪恶。外国观众看完这部电影后对龙的态度可想而知。

美国电影 *Dragon Seed*（《龙种》）改编自美国女作家赛珍珠（Pearl S. Buck）在1942年出版的同名小说（中文版书名为《龙子》），于1944年上映。作品讲述的是日本侵略中国后，一个中国农村家庭的生死遭遇。为了达到逼真的效果，剧组耗费两年时间搭建了一个中国村庄。该片主要角色全部由美国演员扮演，女主角玉儿由四次获得奥斯卡奖的凯瑟琳·赫本出演。这部影片虽然满眼外国面孔，但是很真实地体现了中国的文化，全片多处高潮令人感动。

影片塑造了很多正面的中国人形象，例如大量民工坚忍不拔、翻山越岭，把沉重的机器运往大后方，以便生产枪支弹药，坚持抗日。值得一提的是，影片中多处以《义勇军进行曲》为背景音乐，它就是中国现在的国歌。在影片的最后，林家三个儿子和二儿媳玉儿决定留在前线和日本鬼子战斗，玉儿夫妇把幼子交给父母带入深山。在显示爷爷抱着孙子远去的背影时，画外音说："这个孩子才是真正的龙种。"（That child so truly, the seed of the dragon.）

显然，这部影片是正面理解龙的。拍摄这部电影时，美国正与日本进行激烈的战争，中国是美国的盟友，牵制了大量日本军队，这大概是美国这一影片能正面理解中国的这一象征的原因吧。除此之外，影片只在片名标板和一处住宅的大门上绘有龙的图形。不少外国电影都是这样，片名或片中有"龙"字，但是片内并没有龙这一角色。

The Sky Dragon（《空中飞龙》）于1949年上映，是美国"*Charlie Chan*"（陈查理）系列电影的最后一部。陈查理（或陈查礼）是美国作家比格斯（Earl Derr Biggers）创造的华人探长形象，原型是檀香山的华裔警探郑阿平（Chang Apana，Apana是"阿平"夏威夷化之后的名字）。他工作出色，侦破了不少案子。陈查理这个角色反映了西方人心目中的中国人形象。陈查理总体上被认为是正面角色，与好莱坞另外一个中国人形象傅满洲截然相反。

影片讲述一架飞机上的乘客被人下了药，昏睡过去，等大家醒来，发现飞机上的二十五万美元被人盗窃了，于是陈查理开始了破案工作。没有看到预告片及海报中有龙的形象，片名中的"龙"可能指中国人陈查理，也可能指盗窃犯这个魔鬼。

1974年，法国人拍摄了一部电影 *Les Chinois à Paris*（中文片名《解放军在巴黎》）。影片所讲述的，是解放军占领了法国巴黎，抢占了一家大百货公司作为自己的总部,并且强制法国人改变生活方式,对他们进行思想改造,强迫他们相互检举揭发;还把歌剧《卡门》改编为革命教育芭蕾舞剧,人物形象、服装和场景类似中国的革命芭蕾舞剧《红色娘子军》。为了"解决巴黎的堵车问题",解放军抢走了巴黎市民的私人汽车,这次行动的代号是Operation Dragon Long(中文字幕译为"长龙作战行动")。为了使愁眉不展的法国人高兴起来,解放军让法国傀儡政府在埃菲尔铁塔下面举行盛大的文体活动,其中有舞龙表演。但是表演进行到一半,身穿铁灰色中山装的法国演员们一言不合相互殴斗起来。为了突出中国特征,这部以中国"文革"为时代背景的影片,在北京的"中央"办公大厅的大门上装饰了巨大的龙浮雕。总之全片极尽嘲讽吐槽之能事。

1985年,美国上映了一部电影*Year of the Dragon*(中文片名《龙年》)。它以旧金山唐人街为背景,描写华人杀戮贩毒,无恶不作。该片引发了华裔美国人的强烈抗议。片中主角美国白人警察反复强调Chinese Mafia(华人黑手党)这一概念。影片除了开头有中国人过年舞狮的场景,整部影片与龙年、龙毫无关系,可见影片作者只是想借用"龙"这个概念来表现所谓的中国人的邪恶,因为龙在英文中是dragon,和西方文化中的恶魔杜拉根兽同名。

美国动画电影*Mulan*(中文片名《花木兰》)于1998年上映,讲述的是中国传统故事"花木兰替父从军",里面有一条小龙"木须"。按理讲,既然电影说的是中国的传统故事,那么这条龙也应该是中国的龙,但电影制作者赋予它杜拉根兽的两个主要特征:喷火,巨大的蝙蝠肉翅。在影片中,花木兰为了发射火箭,让木须喷火,点燃了导火索。在城墙上,木须突然展开巨大的黑色蝙蝠肉翅,把敌兵吓跑了。

美国电影*Kiss of the Dragon*(中文片名《龙之吻》)于2001年上映,海报上的女子的背上文了一条红色的龙,但是有翅膀,在喷火。作者显然把龙和杜拉根兽混淆了。该片描写了中国武打演员李连杰扮演的男主角和坏人的拼杀。影片名称Kiss of the Dragon的字面意思是"龙之吻",实际指的是"致命一击"。

2006年上映的美国电影*Son of the Dragon*(中文片名《龙之子》)讲述

了清朝时几个外国人在中国的虚构故事，反面角色是一个邪恶的欧洲王子。在网上只找到了预告片，里面也没有龙角色。

外国电影里经常出现中国龙的形象，但有些"龙"并非真正的中国龙，而是电影制作者按照他们对"龙"（实际上是对杜拉根兽）的理解创作出来的。美国电影 *The Mummy: Tomb of the Dragon Emperor*（中文片名《木乃伊3：龙帝之墓》）于2008年上映，它讲述的故事是：中国古代皇帝在复活之后，变成了有三个脑袋的"龙"，它不仅会喷火攻击，而且还有巨大的蝙蝠肉翅。这头"龙"劫持了一个年轻姑娘后，在一个坏人的驾驭下，扑翅而去。"多头，喷火，蝙蝠肉翅，劫持公主"都是杜拉根兽的基本特征，中国的龙根本没有这些特征。

美国影片 *Avatar*（中文片名《阿凡达》）于2009年上映，其突破性的影视技术给观众带来了巨大的视觉震撼，轰动全球，一时间万人空巷，一票难求。片中潘多拉星球（Pandora）上的纳美人（Na'vi）过着天然、自由的生活。但地球人要开采这里的一种矿石，于是派出军队大规模地驱赶他们，并毁灭他们世代居住的美丽的原始森林。入侵部队的头目是蛮横的迈尔斯·夸里奇上校，他乘坐的指挥飞艇名为Dragon（杜拉根兽号），但是机身上画的却是一条标准的黄色的中国龙。这条中国龙出现得莫名其妙，因为整部影片并没有中国人或亚裔人的面孔，完全是白人在屠杀纳美人，即使需要一个象征恶魔的图案代表邪恶的入侵者，哪怕仅仅为了图解这艘飞艇的名字Dragon，也应该使用杜拉根兽的形象，而不应使用中国龙图案。

在2012年上映的007电影之 *Skyfall*（中文片名《007：大破天幕杀机》）这部影片里，有一大段戏的场景是一家澳门赌场。澳门属于中国，中国人喜欢龙，于是在影片片头部分，就出现了很多"龙"，但是，它们和龙又有所不同，它们会喷火，这显然是影片制作者把杜拉根兽的特征移植过来了。男主角邦德走进赌场时，通过巨大的龙头彩灯拱门，似乎走进了龙的嘴巴，给人的感觉是走进了"虎口"。杜拉根兽是要吃人的，这个场景的灵感显然来自杜拉根兽的这一特征。

美国电影 *Dragon Day*（中文片名《龙之日》）2013年上映，影片讲了这样一个故事：美国欠了中国几万亿美元债务，拒绝归还，于是中国发动了大规模的网络战争，兵不血刃，就使美国全面屈服。影片一开始就是不断闪烁、字号不断扩大的一长串连续增长的数字：美国的赤字。然后显示影片的中文片名："龙之日"，同时显示该片的另一个英文名 *Invasion Day*（《入侵日》）。背景里的广播声说："最终，债权国会撕下面具，登上权力的舞台……"美国国务卿说："美国永远不会偿还C国的一万亿美元……"影片的中文字幕写的都是"C国"，但是片中人讲的都是China。于是，中国的大规模网络入侵开始了。首先，美国的银行系统崩溃，处处只能支付现金，飞机不断坠毁，电视广播也瘫痪了，美国官方只能启用紧急广播系统。美国总统在电视里直接对美国人广播："美国同胞们，今天下午，我们美国本土遭到阴险小人的偷袭，五千四百多个航班在空中失事，在全国范围内纷纷坠落，成百上千辆列车和地铁发生碰撞，全国范围内有几千万人受到火灾和破坏的侵袭，情况很明了，这是一次果断的、精心策划的袭击，美国本土从未发生过如此大规模的侵袭……"总统话音未落，电视也被黑客攻陷，屏幕上出现了这样的图案：整个红色背景上有一个巨大的汉字"中"，下面写着英文句子——"人民共和国欢迎你的效忠"。每个人的手机和电脑上显示出同样的画面，并且指名道姓地欢迎美国人效忠中国，只要按一下"接受"键就可以了。四周还出现了奇怪的新"国旗"：结构和星条旗相似，但是原先小五角星所在的区域被一个巨大的"中"字所取代，水平条纹和背景也全部变成了略有色差的红颜色。

警长率先投靠中国人，戴上了中国人分发的红色电子手环，上面也写着一个大大的"中"字。他还给了影片的男主角、电子工程师杜克及其家人几只。警察局的墙上贴着介绍红色手环使用方法的海报，它告诉公众红色手环就是通行证，想领取口粮就必须戴上这种手环。杜克出于专业直觉，觉得这些手环有问题，没有佩戴，家里也因此水尽粮绝。家人和邻居向杜克询问情况，他分析说："基于现在看到的情况，只能是一种事，其中一个可能就是网络袭击，摧毁导航系统、军方系统、手机系统和通信系统，甚至包括装有芯片的汽车。"此时屏幕上显示出一片集成电路的特写镜头：芯片上写着Made in China（中国制造）。

杜克为了拯救墨西哥朋友，杀死了投靠中国人的警长。杜克带着墨西哥朋友及家人逃到美国墨西哥边境。边境墙上插着两面国旗，但是，如果杜克越境的话，他戴着的手环将杀死他。他早有准备，拿出电锯，叫墨西哥朋友锯掉他的手腕。这是整部影片最令人毛骨悚然的情节。最后，他们逃到墨西哥，走出了噩梦。

整部影片中并没有出现龙或杜拉根兽的形象，也没有人提到它们。那么影片片名为什么是 *Dragon Day*（《龙之日》）呢？一种可能性是因为影片与中国有关，而中国的象征是龙。还有一种可能性来自这样一个非常牵强的逻辑链：麻将牌是中国特有的东西，里面有一个"红中"，这只牌上写着一个红色的"中"字；在美国，"红中"这张牌被称为"红龙"，而"中"又是"中国"的简称，龙也是中国的象征物。于是"龙"和影片里面频频出现的"中"字所象征的"被中国征服的美国"联系起来了。

事情到这里还没有完。在《圣经》中，红色的杜拉根兽（red dragon）是最大的恶魔，而"龙"的主流英译法是dragon，于是，龙所象征的中国就被污蔑为最大的恶魔。

归纳起来，这条逻辑链就是：中国—中—红中—红龙—red dragon—最大的恶魔。这部电影的主题就是虚构的所谓中国人摧毁和占领了美国，我们不难理解，电影制作者就是要把中国视为最大的恶魔，极尽污蔑之能事。

影片*D-War*在北美市场的片名为*Dragon Wars*，中文片名为《龙之战》，于2007年上映。它以韩国神话传说为基础，讲述了正邪两条巨蟒争夺一颗如意珠的过程，整个过程非常惨烈，因为一旦获得如意珠就可以成为神龙。

影片中的巨蟒和如意珠都是根据韩语音译的。巨蟒（이무기）被音译为Imoogi，如意珠（여의주）被音译为Yuh Yi Joo。这一做法，加上片中对韩国神话的直观描绘以及片尾的韩国音乐，很好地向欧美观众传播和介绍了韩国文化。欧美观众不理解什么是Imoogi 和Yuh Yi Joo，怎么办？很简单，解释一下即可。影片中的一个角色向男主角这样解释这两样东西："伊莫吉是韩国传说中的生物，它会变成一条龙。很久以前有种名叫伊莫吉的大蛇。""为了变成神龙，伊莫吉必须接受上天的礼物，如意珠。""如意珠的能量和威力，能让伊莫吉转化成龙。"这几段简短的文字，配上图片，使观众很快就知道Imoogi是一种巨蛇类生物（great serpents），也很快知道Yuh

Yi Joo来自"上天"(heaven),其能量能够使巨蟒成为"神龙"(celestial dragon),油然而生出一种神秘感和神圣感。

当然,上述内容没有介绍Yuh Yi Joo 的内涵"如意"和外形"珠"。影片仅通过画面表现了后者。该片也没有把龙按照韩语"용"(龙)音译为Ryong,而是屈从了流行的错误翻译。

长度只有六分半钟的动画短片Achoo(中文片名《喷嚏龙》)完成于2017年,作者是法国高等艺术学院(ESMA, École Supérieure des Métiers Artistiques)的六个学生。影片一开始介绍了故事背景:"在古代中国,龙族统治着天堂的神庙,龙族会口吐火焰燃烧神圣的粉末,一位严苛的考官负责挑选,最有天资的龙才能在春节庆典上表演,被万人称颂。"

影片的主角是一条蓝色小龙,它有一双水汪汪的绿色大眼睛,大大的牛鼻子,两条肉胡须,长长的驴耳朵,但是身上没有鳞片,身体像一条肉嘟嘟的泥鳅。它也想喷火,但是只会打喷嚏,喷出鼻涕。小蓝龙抓了一把火药扔向空中,然后喷出长长的一口气,但没能喷出火焰,没把火药点燃。马戏团里有一种表演:演员对着火把喷出松香粉末,火把点燃空中的松香粉末后,看上去就像演员喷出了一束长长的火焰。小蓝龙也想这样试一下,它拿了一支火把,对它喷气,不仅没有形成火焰,反而把火把吹灭了。这个情节显然也是移植于杜拉根兽的。杜拉根兽之所以能够喷火,被解释为它们体内有一个脏器能产生沼气,在喷出沼气的同时,杜拉根兽摩擦牙齿,产生火花,点燃沼气,于是喷出了火焰。小蓝龙无法喷出可燃气体,于是它的尝试失败了。

测验释放烟花能力的那一天终于到了。考官登场,他长着一对眯缝眼,看上去就像闭着眼睛一样。这是西方人嘲笑中国人时常用的梗。大黄龙抓了两把黑色火药,它一边在空中翻飞,一边撒出火药,然后喷火,空中的火药被它点燃,形成了两条相互缠绕的火焰。大红龙也表演成功了。小蓝龙羡慕的大眼睛里映出了漫天的火光。小蓝龙胆怯地向后退,但是大黄龙阻止了它,推它上前表演。在和大红龙擦身而过的一瞬间,大红龙用尾巴绊了小蓝龙一跤,小蓝龙摔倒在地,预先准备好的装有化学物质的小瓶子摔碎了,冒出了一些小火星。观众一片嘲笑声,两条大龙更是笑得前仰后合。小蓝龙一怒之下，拿起一大瓶化学液体倾倒在一个大铜盆里，然后全部倒在自己身上，它打了几个喷嚏之后，天空中升起了五彩斑斓的烟花，远比两条大龙制造的火焰美丽。这时旁白声起："从那天起，每年的春节庆典人们都会燃放彩色的烟花，向制造烟花的小蓝龙致敬。"画面上人们舞着蓝色的布龙，燃放各种烟花爆竹。

虽然这部影片以中国龙为主角，传播了一些中国文化，但也存在很多曲解的地方，中国并没有"龙发明了烟花"这一传说，更没有春节舞蓝色龙的习俗。把龙和烟花按其理解和演绎联系在一起，与其说是在传播中国文化，还不如说是在中国文化的包装下再现了杜拉根兽喷火的故事。这部影片提醒我们：传播中国龙文化仍然要靠中国自己的艺术家，当然，如何做到让外国人喜闻乐见，也是很重要的。在2018年奥斯卡金像奖（美国电影艺术与科学学院奖）活动中，这部短片被选中作为附加影片（additional film），与获得最佳动画短片提名的五部作品一起放映。由此可见，该片还是受到了国际电影业的较大关注。不过，一部没有真实反映龙文化的电影受到国际社会的关注，对中国人来说未必是一件值得高兴的事情。

笔者还看到了两部涉及日本龙的美国电影。

美国电影 *Black Dragons*（《黑龙》）开拍于1942年1月，一个月前，日本海军偷袭了美国在太平洋里的军事基地珍珠港。这部影片是好莱坞对日本侵略行动最早的回应。这部影片讲的是：纳粹德国派遣了一个医生去日本，先是把六个日本特务整容成六个美国人，然后暗杀了六个美国人，由整容后的日本特务取而代之。黑龙会是日本军国主义组织，成立于1901年，目的在于谋取黑龙江流域为日本领土，其会名即从黑龙江而来。在二战中它的分支机构遍布全世界，并协助日本间谍开展活动。这部电影的片名应该来自这里。据介绍，影片中那六个日本特务都是由中国人扮演的。

1942年5月，美国政府制作发行了一部反日宣传影片 *Prelude to War*（《战争前奏曲》）。影片制作者利用动画技术，把日本版图演化成一头黑色的凶恶动物，影片旁白称其为a black dragon，中文字幕译为"一条黑色的龙"。此处black dragon 也可能指"黑龙会"。

这两部电影讲的都是美国的敌人日本的事情，可以看出影片中dragon的含义很负面。前面介绍过的影片 *Dragon Seed*（《龙种》）几乎是同时开拍的，它也把中国的龙译为dragon，但是含义却是正面的，因为当时中国是美国的盟友。由此可见，译龙为dragon后，龙的含义是好还是坏，全凭外国人自己理解。这也恰恰说明译龙为dragon对对外宣传中国龙文化的消极影响。

外国大量影视剧描写了另外一种"龙"，即通常所说的"西方龙"。实际上它们不是龙，它们是杜拉根兽。由于龙和杜拉根兽在英语里都被称为dragon，在外国人看来杜拉根兽和中国龙是一回事。我们作为中国人，能够分辨出电影里的"龙"是不是中国的龙，但是外国观众未必这么仔细，在他们看来，杜拉根兽是dragon，中国的龙也是dragon。本书本来不打算介绍涉及杜拉根兽的电影，但这些影视剧严重干扰和扭曲了外国人对中国龙的认识，因此有必要介绍和剖析一下，希望读者可以从中看出龙和dragon互译的严重后果。

另有一部影片值得一提，它就是2011年上映的电影 *The Dragon Pearl*（中文片名《寻龙夺宝》）。该片由中国和澳大利亚合拍，并非欧美影片。影片中的龙在外形和内涵两方面都是标准的中国龙，值得肯定。但是外文片名仍然译龙为dragon。

二、类型2：英雄杀死邪恶的杜拉根兽

1924年出品的德国电影 *Die Nibelungen: Siegfried*（《尼伯龙根：西格弗里德》）改编自德国史诗《尼伯龙根》。在影片中，主人公西格弗里德受骗走进森林，这片森林里有一头巨大的杜拉根兽，名为Fafner（或Fafnir，法夫纳），会攻击人类，后被西格弗里德所杀。据说这是第一部描写"英雄杀死杜拉根兽"这种故事的电影。

苏联在1956年拍摄了其第一部宽银幕彩色电影 *Илья Муромец*（《伊利亚·穆拉密茨》）。1960年这部电影在美国发行时片名为 *The Sword and the Dragon*（《宝剑和杜拉根兽》）。该片场面浩大，动用十多万士兵和一万多匹马参与拍摄，并因此入选吉尼斯世界电影纪录。伊利亚·穆拉密茨是俄罗斯民间传说中最受人民喜爱的英雄，影片讲述他和其他英雄一起战胜了强大的敌人，包括各种妖魔鬼怪，保卫了俄罗斯。

1960年意大利出品了电影 La vendetta di Ercole（《赫拉克勒斯的复仇》），影片讲述一个武士回到祖国，与巨大的蝙蝠、有三个头的狗以及一头邪恶的杜拉根兽进行搏斗，救出了他的妻子，拯救了人民，使祖国从邪恶的统治者手里得到了解放。该片在美国发行时，名为 Goliath and the Dragon（《歌利亚和杜拉根兽》）。赫拉克勒斯和歌利亚都是西方神话传说中的人物。片中的杜拉根兽非常庞大，仅脑袋就有一人多高，它长着巨大的白色利齿，令人不寒而栗。武士在与它搏斗时，一剑刺中它的眼睛，把整只眼球挑落在地。

　　1962年上映的第一部007电影 Dr. No 的中文片名是《007之诺博士》，英国制作。片中有一头令剧中角色谈之色变的"龙"，它实际上是一辆沼泽地装甲巡逻车，名为The Dragon，能喷火攻击敌人，邦德的助手就是被它喷火烧死的。

　　在1988年上映的美国电影 Willow（中文片名《风云际会》）中，一个浑身长满黑色长毛、黑猩猩似的秃头皱皮怪人被施了魔法之后，变成了一团血淋淋的肉块，里面钻出两个小脑袋。男主人公、侏儒威洛被它吓坏了，一脚将其踢进河里。它入水后迅速膨胀，变成一头非常庞大同时奇丑无比的双头杜拉根兽，它比常见的蜥蜴类杜拉根兽丑恶得多，更是与中国龙毫无共同之处。这个双头杜拉根兽笨拙的身躯肉滚滚的，皮肤像犀牛那样粗糙，粗长的脖子像大象的腿，还长着海象那样的大肉鼻子，脑袋似乎只是为了安装血盆大口而存在的，下巴下面松弛地下垂着巨大的嗦囊。仅仅它的模样就吓坏了刚才还在殊死搏斗的敌对双方，他们躲到一起，挤成一团，忘记了相互厮杀。这头杜拉根兽喷火、吃人。一个武士一剑刺穿了它的头部，它挣扎了一会，脑袋突然爆炸，血肉横飞，庞大的身躯轰然倒地，另一个脑袋挣扎了几下也不动了。笔者在电影和绘画中见过很多杜拉根兽，这头杜拉根兽绝对是最令人恶心的。

　　2002年上映的影片 The Lord of the Rings: The Two Towers，美国和新西兰联合制作，中文片名是《指环王：双塔奇兵》，片中有一种巨大的杜拉根兽短暂地出现在银幕上。一个像死神那样穿着黑袍但没有脸的幽灵骑在这种杜拉根兽的身上飞来飞去，到处寻找魔戒。这种巨大的黑色杜拉根兽长着很长的脖子、很小的脑袋，面目狰狞，让人联想到巨蛇。影片结束时，邪恶帝国的军队全面溃败，但是远方天空中有好几只杜拉根兽在空中盘旋，传递着恐怖的信息，暗示它们以后还会卷土重来。

2004年上映的电影Dark Kingdom: The Dragon King（《黑暗帝国：杜拉根兽王》）也是根据德国史诗《尼伯龙根》改编的，美、德等国联合制作，该片又名Ring of the Nibelungs（《尼伯龙根的指环》）等。在片中，杜拉根兽法夫纳烧毁了村庄，国王巩特尔率领亲信包括军队将领哈根去杀这头杜拉根兽，但他们失败了，伤亡惨重。

美国电影Dragon Storm的中文片名是《恐龙风暴》《火龙风暴》《魔龙帝国》等，2004年上映。影片一开始，来自其他星球的几个大石块坠入大气层，有一个落到一家农户的地里。两头杜拉根兽从石块中飞了出来，喷火攻击农夫，农夫带伤向城堡跑去，但是刚跑到护城沟边，就再也爬不起来了。又飞来三头巨大的黑色杜拉根兽，喷火攻击城堡，木质哨楼燃起了熊熊大火，士兵从上面摔了下来。传令兵飞马前往王宫报告，但是昏庸的法斯特国王不相信，他说："龙只存在于神话故事中。"他的手下还要杀死传令兵。直到杜拉根兽开始攻击王宫，国王等人才惊慌失措地开始奔逃。一些年轻人进入一个石窟玩耍，被躲藏在里面的一头杜拉根兽吃掉了。有一头杜拉根兽在坠地时摔死了，尸体被送到城堡里，温斯普瑞国王的御医瑞米加看后说："这些生物不只在神话传说里，现在它真实地存在于你我身边。"他还判断杜拉根兽能从尾巴上射出尖锐的骨刺，它们"全身布满厚鳞片，连侧腹和臀部都是，在颈部下有瓦斯囊，是传说中它们能喷火的缘由，百步穿杨的神箭手若能射中这囊袋，就能以它之火灭其自身"。"龙的视力大概像夜枭或鹰，嗅觉跟狼和山狮一样灵"。国王命令瑞米加组织一支"魔龙杀手队"。瑞米加看见一个"东方佬"很擅长打架，就想雇佣他，后者自我介绍说："商人，林。"林得知是去做"魔龙杀手"（Dragon Slayer）后，回答说："你要我去猎龙？龙是我国文化之一，是传说和精神之泉源，是生命和精力之象征。我的商品中有许多龙的标记。"林每说一句话，瑞米加就往他手里增加一点钱，最后干脆把整个钱袋都塞到了林的手里。林便说："反正我从不喜欢龙。"就接受了这份工作。

林这个角色和围绕他的这些情节很有趣，既介绍了中国文化，也指出了中国龙的象征意义是正面的，与杜拉根兽不同。但是最后却来了一个神转折，讽刺林见钱眼开，背弃祖国文化。当然，这是一种西方式幽默，避免林这个形象显得过于高尚纯洁，仿佛不食人间烟火，失去真实性。而且林清楚地知道杜拉根兽和龙不同，当然不会因为它们有相同的外文名字就拒绝去杀死恶魔杜拉根兽，更何况报酬还很高。林这个角色形象孔武有力，毫无其他影片里中国人角色常见的猥琐感。瑞米加在招募队员时，还遇到了机械师的女儿娜莎，她说："它们是杀人不眨眼的混蛋。"她的父亲和两个哥哥都被杜拉根兽杀死了。她的父亲曾经设计制作过一种"飞矛器"：带有瞄准器的强力弓弩机，它成了这支队伍的重武器。

温斯普瑞国王委派他最好的卫兵巫菲亚作为队长，但是在第一次遭遇杜拉根兽时，巫菲亚就被烧死了。法斯特国王也派出自己的卫士赛达参加了这支队伍，在战斗中他向杜拉根兽投掷梭镖，杜拉根兽甩动尾巴射出一颗硕大的尖锐骨刺，赛达赶紧用盾牌抵挡，骨刺深深地扎在他的盾牌上。这种骨刺的外形很像圆锥形的牛角，头部尖锐，内部中空，速度飞快，杀伤力非常大，让人防不胜防，很多人死于这种"暗器"之下。娜莎用飞矛器射下了第一头杜拉根兽，正当大家悼念在战斗中死去的队长时，另一头杜拉根兽飞来了。娜莎再次用飞矛器射下这头杜拉根兽。在众人查看它的尸体时，它突然甩动尾巴，赛达差一点被它沉重锋利的尾椎劈死。瑞米加让队员把火药塞进捡回来的杜拉根兽的骨刺里，做成爆炸弹头，点燃后，可以把它们扔向杜拉根兽，或者绑在飞矛器发射的长矛上。猎人找到了杜拉根兽的巢穴，全队深夜前往附近设伏。有个士兵不小心点燃了一个爆炸弹头，惊醒了杜拉根兽，三头巨大的杜拉根兽从洞穴里飞了出来。

娜莎下令点燃飞矛弹头的导火索，然后向一头杜拉根兽发射，但是射偏了，弹头在空中爆炸。第二次射中了，弹头在杜拉根兽的肚子上爆炸，死去的杜拉根兽拖着长长的火焰，坠向地面，在夜空中分外耀眼，落地后又发生了猛烈的爆炸，形成一个巨大的火球，场面十分壮观。但是另一头杜拉根兽悄悄飞近，射出一枚骨刺，狠狠地刺中了一个武士的颈动脉处，他倒地而亡。大家再次与杜拉根兽搏斗，杜拉根兽发射的骨刺使飞矛器发生了故障，长矛弹头原地爆炸，把年轻美丽的娜莎和其他几个武士炸死了，飞矛器也被炸坏了。林把两颗弹头绑在一条绳子上，在杜拉根兽再次飞来时，他大吼一声，甩出绳子和弹头，绳子正好缠绕在杜拉根兽的脖子上，弹头凌空爆炸，把第四头杜拉根兽炸死了。巨大的尸体从天而降，一个武士躲闪不及，被砸死了。

御医瑞米加深入杜拉根兽的洞穴，把一只巨大的蛋搬了出来，想借此将最后一头杜拉根兽引入陷阱。杜拉根兽从空中扑下来，猎人冲出来射箭，击中了它，但是他也被杜拉根兽射出的骨刺击中后背，痛苦倒地。杜拉根兽降落在瑞米加面前，他惊恐万分，杜拉根兽一口咬掉了他的头颅，吞进了肚子。整场战斗惊心动魄，意外迭出，整支"魔龙杀手队"伤亡惨重，几个主要人物都被杜拉根兽杀死了，完全出人意料。这部影片给外国观众带来的震撼以及由此产生的对"龙"的强烈恐惧和负面感受可想而知。

城堡里也不太平，本来是逃难而来求救于温斯普瑞国王的法斯特国王恩将仇报，企图反客为主、鸠占鹊巢，推翻温斯普瑞国王，自己取而代之。猎人和公主获悉后带着杜拉根兽的蛋回宫解救国王，他们把杜拉根兽的蛋放在城堡门口，贪婪的法斯特以为这是别人送给他的即位礼物，非常高兴，拿进了城堡，猎人和公主带着武士们杀进城堡，救出了温斯普瑞国王。在战斗中，杜拉根兽飞来抢夺自己下的蛋，咬死了法斯特国王的帮凶，喷火烧死了法斯特。猎人射箭击中了杜拉根兽颈部下方的瓦斯囊，果然像御医所说的那样，杜拉根兽体内发生了猛烈的爆炸，粉身碎骨，尸块横飞，夜空中升起了一个巨大的火球，火红的尸块拖着烟柱纷纷从高空坠落。杀死了全部五头杜拉根兽之后，当地恢复了和平，公主和猎人也相爱了。但是，黑夜中又有一块巨大的石头从星空中飞来，暗示又有新的杜拉根兽抵达地球了。

这部影片把"龙"称为"长翅膀的恶魔""野兽"（beast）。温斯普瑞国王也说："（龙）在烧毁我们的森林，杀害百姓。"影片中的杜拉根兽做得很逼真，充满死亡气息。杜拉根兽咬掉人的头颅之后，脖子中的颈动脉高高地喷射出大量鲜血，十分恐怖。在这部影片的预告片中，有一句广告语：battle until extinction，意思是"战斗，直至（人类或杜拉根兽）灭绝"，反映了人类和杜拉根兽你死我活、势不两立、不共戴天的气概。预告片中把广

告语和片名 *Dragon Storm* 中的字母 t 都做成了十字架图案，暗示片中的杜拉根兽就是基督教《圣经》里描绘的那些邪恶的杜拉根兽，人类击杀这些杜拉根兽的战斗是正义的事业。

2005年上映的美国电影 *Komodo vs. Cobra*（中文片名《科莫多龙对决金刚巨蟒》），讲述美国军方在南太平洋一个小岛上秘密执行"食肉动物计划"，利用基因突变技术，培育出非常庞大的科莫多大蜥蜴和眼镜蛇，但是它们反过来把科研人员和军人全部吃掉了。它们非常强壮，即使手枪和冲锋枪连续射击，它们也无动于衷，只有炸药才能炸死它们。这些突变基因也影响了岛上的其他生物，水蛭居然长得有半米之长，像成人的大腿那样粗。一些公益组织人士和记者组队悄悄登岛去调查，结果部分成员也成为巨魔的食物，剩余的人历经周折，才逃出小岛。军方为了掩盖真相，派出飞机狂轰滥炸，炸死了那些巨魔。科莫多大蜥蜴的唾液含有剧毒细菌，影片也描写了这个事实。一位科学家虽然死里逃生，但是脸上被变异了的科莫多大蜥蜴喷到了一些唾液，最后中毒而死，他满脸鲜血，肤色铁青，死状惨不忍睹。在影片末尾，这位科学家突然复活，但是眼睛已经变得和科莫多巨蜥的一样，绿色眼球中间有着细长的竖立窄条瞳孔，他表情狰狞，厉声咆哮，预示岛上将出现新的巨人恶魔。

科莫多大蜥蜴是真实存在的一种动物，居住于印度尼西亚的科莫多岛上。这种食肉蜥蜴体长可达3米，体重可达70公斤，攻击力很强。它们丑陋、肮脏、嗜血。这里说的"肮脏"不是因为它们在地上爬行而使身体粘上了尘土，它们的"肮脏"比"肮脏"还要肮脏。科莫多大蜥蜴的口腔和唾液中滋生着大量有毒细菌，被它们咬一口，动物就会感染死亡。外国人一直称它们为Komodo dragon，经常被汉译为"科莫多龙"。影片里也把基因发生变异的科莫多巨蜥称为dragon，中文配音则译为"龙"。

该片是一部小成本影片，制作粗糙，可能因为摄制年代较早，特技水平也非常有限，一眼就能看出巨魔吃人的效果是用两套画面合成出来的。但是整个故事惊心动魄，让人不寒而栗。

前述影片《007：大破天幕杀机》中也有科莫多大蜥蜴。在那家澳门赌场的中间，有一个大坑，里面养着几头科莫多大蜥蜴，赌客可以趴在栏杆上观赏它们。邦德和华裔黑帮打手搏斗时,双双掉入这个大坑。躲在暗处的大蜥蜴吐着毒舌,默默观察。就在黑帮打手开枪射击邦德时,大蜥蜴悄悄爬近他,突然出击,一口咬住他的腿,把他拉进洞窟的深处。他的结局可想而知。一家赌场的环境理应轻松热闹,让赌客放松警惕,高高兴兴地大把出钱,为什么要放几头凶恶的科莫多大蜥蜴,让人觉得危机四伏、惴惴不安、急于离开呢?如果说影片作者想布置一个险恶的环境,增加打斗戏的刺激性,那么可以放置其他猛兽,如狮子、老虎等等,为什么选择科莫多大蜥蜴呢?原来,这又是龙和dragon互译造成的。科莫多大蜥蜴的英文名称是Komodo dragon,dragon是"龙",龙是中国的象征,于是,影片制作者就选择科莫多大蜥蜴布置在中国澳门的赌场里。中国人会清晰地区分龙和大蜥蜴,但在外国人眼里,它们是一回事,都是dragon。于是,科莫多大蜥蜴的肮脏和凶残特征,都被移植到龙身上,移植到自诩"龙的传人"(英文译文的意思是"dragon的后代")的中国人身上,这对塑造良好的中国和中国人的形象,显然是非常有害的。

2005年上映的影片 *Harry Potter and the Goblet of Fire*(中文片名《哈利·波特与火焰杯》)根据同名畅销小说改编而成,美国和英国联合制作。影片中,三所魔法学校之间要举行一次"三强争霸赛",第一个环节是冲破"龙"的守护,拿到一只金蛋,里面有下一项任务的线索。在抽签环节,四个参赛选手分别从布袋里抽出了四条小"龙",代表他们即将面对的巨兽。这四个活的"签"分别是"威尔士绿龙"(一头绿色的小杜拉根兽,能喷火)、"中国火球龙"(没有出镜)、"瑞典短鼻龙"和"匈牙利树蜂"(黄色的小杜拉根兽)。影片只表现了哈利·波特与杜拉根兽的搏斗过程。杜拉根兽不断喷火,阻止哈利·波特拿到金蛋。哈利·波特骑上扫把飞过去抢金蛋,但没有成功,只能飞离比赛场地。杜拉根兽挣脱了铁锁链,猛力扇动巨大的蝙蝠肉翅追逐他,张开血盆大口咬他,一边飞行一边对他喷火,把他的裤子都烧着了。哈利·波特不断左躲右闪,最后杜拉根兽撞在石桥上,坠下深渊,哈利·波特得胜归来,取到了金蛋。在罗琳原著第四部中,她这样描述所谓的"中国火球龙":"那头红色的杜拉根兽在脸周围有一圈奇怪的纯金细刺,它会向空中喷出蘑菇状的火焰云。"

在Harry Potter Wiki（哈利·波特百科全书）网站里，有"中国火球龙"的图片，它的外形和中国龙毫无相似之处，就是一头普通的红色杜拉根兽，也有巨大的蝙蝠肉翅，图中它喷出了一个圆滚滚的火球。这个网站介绍说："根据中国神话，龙一般不喷火。中国神话中只有作为上天的报应、下凡来惩罚坏人的龙才喷火。几乎所有中国著名的龙都是仁慈的，在人类需要的时候送来雨水。"但是在另外一个网站pottermore（更多关于哈利·波特的知识）中，不仅把"中国火球龙"归入杜拉根兽这一品种，还说它具有危险性："对人类有侵略性。在愤怒时从鼻孔喷出蘑菇状的火焰。"由此可见，外国人对中国龙的认识很混乱，这一方面是因为中国人自己对龙文化的介绍还很不够，另一方面是译龙为dragon使外国人无法严格区分龙和杜拉根兽之间的差异，虽然有人试图还原真相，但是名字相同，必然导致两者很容易被混为一谈。

美国影片*Enchanted*（中文片名《魔法奇缘》）于2007年上映。影片讲述古代一个美丽公主被邪恶的皇后扔到了现代纽约市的街头。皇后为了阻止公主得到真爱，也穿越过来，变成了一头巨大的蓝绿色杜拉根兽，她的身体非常庞大，但是翅膀很小。她抓住新郎，爬到纽约的一座高楼上，最后自己摔死在纽约的大街上。影片的特技做得非常好，杜拉根兽丑陋不堪，但是栩栩如生。

美国影片*Beowulf*（中文片名《贝奥武夫》）于2007年上映。贝奥武夫是欧洲神话中的一个传奇英雄。该片详细描述了贝奥武夫杀死杜拉根兽的过程。这头杜拉根兽偷袭人类，烧毁十字架，烧毁整个村子，很多孩子也被烧死了。贝奥武夫来到杜拉根兽的洞穴，它却冲了出来，飞向城堡。贝奥武夫在追击的过程中，甩出斧头，砍在了杜拉根兽的身上。他抓住连接斧头的铁链，挂在杜拉根兽的身上一起向前飞。贝奥武夫预先布置的拦截士兵一起向杜拉根兽射箭，杜拉根兽喷火反击，烧死了他们，还抓起一些士兵扔进山涧。整个画面惊心动魄，非常逼真。前国王曾经告诉贝奥武夫，杜拉根兽的要害部位在脖子下方。贝奥武夫奋力割破了它的喉咙，抓住它的心脏，猛地一把扯了下来。杜拉根兽终于死了，摔下山崖。贝奥武夫也因为身受重伤而永远闭上了眼睛。国外很多儿童读物描写了贝奥武夫杀死杜拉根兽的故事，他在外国人心目中的崇高地位根深蒂固。

2008年法国、德国和卢森堡合拍的动画片 *Chasseurs de dragons* 的英文片名是 *Dragon Hunters*，中文片名是《龙战》。影片一开始就很凄惨：杜拉根兽肆虐成灾，村庄房屋被烧毁，孩子无家可归，国王派去猎杀杜拉根兽的武士全都有去无回。国王忧心忡忡地说："在这个城堡里没什么好处，谁愿意待在这儿，整日生活在灭世龙的恐惧之下呢？"所谓"灭世龙"的外文原文是World-Gobbler，字面意思"吞噬世界者"。国王还说："每过二十年，世界上最厉害的灭世龙就会醒来，它从世界尽头的龙穴里出来，它一路走来，所到之处无人幸免，它灭掉几百人的村庄，吞噬整个城堡，等它返回龙穴，万物俱毁。"国王的侄女、小女孩柔伊心心念念想杀死杜拉根兽，她偷偷溜出城堡去寻找民间的屠"龙"高手。武士连秋和他的伙伴吉豆、海拖此时正在大战一头"贪吃龙"（Mamularus），它是一种海象式巨大的肉虫，身上长着一条条黄绿色相间的条纹，只能在地面上蠕动，偶尔能竖起身体。它的身上残留着几片退化了的小蝙蝠肉翅，无法飞行；它身上有很多小痘痘，能够发射出不明颗粒，作为攻击手段；它还能吐出大量绿色液体，黏性非常强，一旦被粘住，再也摆脱不了。连秋和海拖一起奋战，最后击中它的尾巴，它体内绿色液体大量流失，萎缩而亡。

连秋他们在休息聊天时，突然听见呼救声，原来是柔伊遭遇到"金宝龙"（Jimbob dragons）的袭击。金宝龙浑身蓝色，长得像青蛙一样，但是有锋利尖锐的牙齿和血盆大口，它们面目狰狞，行动迅速，能够用尾巴发射闪电。连秋赶来，用金属毛衣针短路了两头金宝龙发射的闪电，它们随即倒地死亡。柔伊把连秋和他的伙伴带回城堡，国王委派他们去杀死杜拉根兽。正在此时，大臣恐怖地说："漫天红云扑过来了。"所谓"红云"，实际上是铺天盖地的一大群红色小杜拉根兽。它们能迅速合并成一头巨大的红色怪物。它长着南瓜那样的脑袋，手臂粗壮，身体粗短，有点像河马。它能喷出强大的火焰，一边喷火还一边奸笑。它还长着像大龙虾那样的很厚的外壳，有着粗短尖锐的爪尖甲。它随时可以合并成一个整体，也可以化作无数红色小杜拉根兽扑过来，一旦被打败，立即又变回千百万只红色小杜拉根兽，结群飞去。

四个小伙伴去杀"骷髅龙"（Skeleton dragon），它除了白色骨骼支撑的巨大蝙蝠肉翅，全身没有皮和肉，是一个空空如也的骨头架子，两只眼睛发出恐怖的红色火光。它非常庞大，比常人魁梧好多的连秋跳入它口中时，看上去就像一粒米掉进了人的嘴巴。它能把周围的一切，包括房子和石块，吸入它的大嘴巴，吉豆、柔伊和海拖差一点因此丧命；它不喷火，但能发出无形的冲击波，所到之处立即一片火海，波及范围远远大于直接喷火，可以使整座城市在一刹那间烈焰四起。连秋把两支毛衣针掷向骷髅龙，扎中了它的双眼，它发出一阵惨叫，眼中的火光挣扎几下渐渐熄灭，终于倒地而亡。在一番电闪雷鸣之后，城市大火熄灭了，世界最终恢复如常，蓝天白云，满地绿茵，四个小伙伴躺在草地上享受着美好的世界。

这部影片的英雄是连秋，他身上有很多中国元素。影片赞颂了中国英雄连秋，但所谓的"龙"却极端丑陋和凶恶，这让笔者既感欣慰又觉扫兴。

美国动画片 *Dragonlance: Dragons of Autumn Twilight* 的中文片名是《龙枪：秋暮之巨龙》，2008年上映。影片中有一个"黑暗之（皇）后"塔克西斯，她会变幻成一头巨大的、有五个脑袋的杜拉根兽，五个头的颜色分别是黑、白、红、绿、蓝。她指挥她的邪恶爪牙四处屠杀人类、精灵和矮人。在善神的帮助下，塔克西斯被赶走了。但是，人们逐渐忘记了善神的价值，以为自己的力量大于善神，不再尊敬善神，于是善神离开了这里。人类和精灵、矮人之间也不再团结，而是相互厮杀。塔克西斯卷土重来，几百头红色杜拉根兽飞去毁灭村庄。为了抵御杜拉根兽的入侵，各个部落又开始联合起来。武士们为了寻找法器，来到收藏全城财富的地下室里，一头巨大的灰色杜拉根兽趴在财宝堆上睡觉。杜拉根兽醒来，把一个人摁在爪子下面，其他人来救他，杜拉根兽喷出绿色腐蚀液体，被女英雄舍命杀死。

一位老人讲了一个故事："很久以前世界上有数不清的龙，他们被看作梦魇，统治大陆。善神们赐予善良的人们一个礼物——龙枪，它们有摧毁龙的力量。但那是很久以前了，龙枪早已遗失了。现在龙已经回来了。"精灵的首领说："没有龙枪的帮助，我们承受不了一群龙的进攻。"很多人被抓去做奴隶，虽然牢门开着，但他们也不敢逃走。因为杜拉根兽抓走了他们的孩子，如果他们逃走，杜拉根兽就要杀死这些孩子。

895

影片中的人最后并没有找到"龙枪"。塔克西斯被善神帕拉丁杀死之后,她的悍将孟敏那也失去力量,被武士们用长剑刺死,而大量小喽啰"龙人"(draconians, dragonmen)则树倒猢狲散。

这部动画片在描绘人物和背景环境时使用了最简单的动画技术,而描绘杜拉根兽所采用的技术要先进得多,画面非常逼真,大群粗壮的红色杜拉根兽遮天蔽日地飞过屏幕时,令人不寒而栗。影片反复强调"信仰"的力量。有了信仰,有了"永不动摇的信仰",可以治疗疾病,救活濒死之人,可以使善神回归,帮助人们杀死杜拉根兽;而如果信仰动摇,甚至怀疑神,就会失败甚至死亡。

笔者搜索到的很多涉及杜拉根兽的影片,故事普遍低级幼稚,往往有着固定的套路,笔者都是硬着头皮看完的,但是外国儿童们却可能看得津津有味,印象深刻,以致潜移默化,影响终身。此情此景,将龙英译为dragon,真是值得我们深思。

《爱丽丝漫游仙境》(*Alice in Wonderland*)这一童话故事历史悠久,即使在中国也家喻户晓。2010年同名美国新片上映,由真人和三维电脑动画同框出演。片中,邪恶的红皇后麾下有一头巨大的杜拉根兽,名为Jabberwocky,中文字幕译为"空龙"。一只小白兔把爱丽丝引入地下世界,并非让她享受一次梦幻之旅,而是要她完成一项重大使命:杀死空龙。之前当地在白皇后的统治下,歌舞升平,非常和谐,但是空龙突然飞来,喷火烧死很多人,摧毁了所有房屋。反抗者疯帽对爱丽丝说:"空龙有喷着怒火的双眼、用来撕咬的巨颌和用来抓挠的利爪,提防空龙啊!我的孩子,毒蛇猛兽犹恐不及。"由于空龙非常凶猛,无人能敌,所以地下世界的人和动物都不敢反抗红皇后。白皇后说:"只要有一位战士出面杀死空龙,人民就会奋起反抗。"爱丽丝开始也不敢接受这项任务,最终还是挺身而出。爱丽丝穿上银色铠甲,手持长剑,英姿飒爽,一个爱做梦的年轻姑娘变成了全副武装的战士。尽管如此,在双方大决战时,红皇后召唤空龙出场后,爱丽丝和其他人一样,也被吓坏了,她喃喃自语道:"这是不可能完成的任务啊。"搏斗中,爱丽丝屡屡被空龙击倒,她跑上山顶,跳到空龙的脖子上,空龙猛烈甩头,想把她甩下来,爱丽丝借机高高跃上半空,挥剑砍断了空龙的脖子,

"龙头"翻滚着落下山坡，失去脑袋的空龙四肢绵软地坠落山崖，一部童话故事片居然变成了武打片！

但是事情还没有完。爱丽丝的父亲曾雄心勃勃地想把生意做到东南亚去，但是壮志未酬。爱丽丝回到地面后，对父亲生前的合作伙伴说："爸爸曾说过想把贸易线路拓展到苏门答腊和婆罗洲，但我认为他眼光还不够长远。为什么不去中国呢？那里幅员辽阔，文化底蕴丰厚，我们可以在香港建立据点，最先和中国进行贸易。"观众看着爱丽丝告别亲人、登上海船的场景，难免会产生这样的联想："刚刚杀死一头dragon（杜拉根兽'空龙'）的爱丽丝启程去中国杀另外一头dragon（象征中国的龙）了。"《爱丽丝漫游仙境》这部出版于19世纪60年代的童话作品，以及一百六十多年来让无数中国小朋友挚爱的洋娃娃爱丽丝，如今在同名影片中如此展示，并带给观众这样的联想，真是令人感慨万千啊！

美国影片*Dragon Crusaders*（中文片名《屠龙之战》）于2011年上映。电影一开始就天崩地裂，一头巨大的黑色杜拉根兽飞出来，扑向人群喷火，人们尖叫着逃跑。杜拉根兽追上一个人，一口把他吃掉了。一群武士被下了咒语，逐一变成类似杜拉根兽的怪物。一个武士变成怪物后，咬死另一个武士，后者随即也变成了怪物。剩下的武士被告知，只有杀死写这些咒语的男巫以及他手下的黑色杜拉根兽和另外七只红色杜拉根兽，他们才能解脱，恢复正常。于是武士们找到男巫和杜拉根兽的老巢，经过拼死搏斗，杀死了它们，自己恢复了正常。影片说黑色杜拉根兽最初是受到村民们敬仰的，因为它为人们治病。但是影片里的角色说，"所有的好意都是诡计"，是为了"奴役我们"，杜拉根兽"入侵我们的村庄，毁灭了一切"。

美国电影*The Hobbit: The Desolation of Smaug*（中文片名《霍比特人：史矛革之战》）于2014年上映。片中讲述了矮人想从杜拉根兽史矛革手里夺回一块宝石。对史矛革，人们谈虎色变。精灵国国王对矮人说："别跟我提龙之烈焰，我知道它的狂暴和毁灭性，我面对过北方的恶龙。"然后露出脸上被严重烧伤的痕迹和被烧瞎的一只眼睛给他们看。长湖镇的人对邻近小镇的毁灭记忆犹新："恶龙大军压境，史矛革在那天将河谷镇夷为平地。"当矮人首领索林呼吁长湖镇民众支持自己、承诺给当地人带来贸易和繁荣时，船夫指责他："死亡，那才是你会带来的东西：龙焰（dragon fire）和毁灭。若你吵醒恶龙，那会毁了大家。"矮人们后来克服重重困难，终于进入了史矛革的藏宝之处，那是一个巨大的地下宫殿，金银财宝满坑满谷，凶恶的史矛革沉睡在无数的金币之下。它的体型非常庞大，一只爪尖甲就有一人之高。史矛革被惊醒后，不断攻击矮人们，它对索林说："山下国王已死，我占了他的王位，像恶狼吞羊那样，吃了他的子民"，"我随时随地，想杀就杀"，"我让人们心怀恐惧"。矮人们则利用史矛革喷出的火焰，点燃了巨大的融金炉，用高温金水反击史矛革。长湖镇的居民感受到了史矛革醒来后的地动山摇，非常害怕。小女孩说："爸爸，我们会死吗？"父亲回答："不，亲爱的。"小女孩说："但是恶龙会杀了我们。"父亲拿出前辈射伤史矛革后留下的最后一支巨箭说："我先杀了它就没事了。"逃出索林等人的追杀后，史矛革飞向长湖镇去报复那里的民众，它一边飞一边恼怒地自言自语："我是火焰，我是死亡。"整部影片惊心动魄，险象环生，让人充分感受到外国人对杜拉根兽的仇恨和恐惧。

美国影片*Dracano*的中文片名是《巨龙天启》，2013年上映。影片海报上的片名是*Dragon Apocalypse*（《杜拉根兽的天启》）。影片开始不久，一座火山爆发了，从火山口飞出一个巨大的岩浆团，它实际上是一个杜拉根兽的硬茧，裂开后跳出一头小杜拉根兽，把监测火山的女实习生吃掉了。还有一个岩浆团没有完全开裂，士兵们赶来把它射爆了，飞溅出杜拉根兽的血肉残渣。火山学家洛厄尔看了硬茧碎片后说，它比金属钛还要坚硬。另外两座火山爆发，飞出大量杜拉根兽，向士兵们扑来，士兵们赶紧猛烈射击。因为一旦它们的皮肤变硬，那子弹就打不死它们了。一个士兵不幸被杜拉根兽吃掉，一截断臂落在车头上，众人吓得尖叫起来。军官向洛厄尔等人介绍说："圣海伦斯火山坐落于一个接通了从智利到日本的火山带的岩浆流的池室之上。""这些龙不能生活在地表，它们数百万年来都生活在火山的深处。"将军说："一旦它们开始捕食，就会不断繁殖。不是你死就是我亡。""我们不能让它们在地表上不断繁殖"，不是人类要灭绝它们，而是"它们在猎杀我们"，"我们无法防御或攻击它们"，"这些龙是现在就存在的威胁。"军官说："在历史记录中，有一些龙时常逃脱。"将军说："龙天生就是吃肉的哺乳动物,七十亿人类确实够它们吃挺长时间的。"洛厄尔说:"龙就是我们这个世界的入侵生物。"电视台报道杜拉根兽肆虐各地:西雅图的标志性建筑太空针塔上盘踞着很多杜拉根兽,还有很多围绕其盘旋,城市里火光冲天;俄勒冈州已经实行戒严,总统下令疏散民众。霍奇思将军在电视里告诉民众:"如果您看见了龙,请勿接近它","也许会有很多人丧命,但我们会度过这次难关","上帝保佑我们!"就在电视记者做现场报道时,飞来几只杜拉根兽,其中一只把女记者抓走飞远了。杜拉根兽肆虐全世界,把埃菲尔铁塔撞倒了,把罗马斗兽场撞塌了,英国伦敦大本钟和俄罗斯莫斯科克里姆林宫也被烧毁。大量杜拉根兽飞来袭击指挥部,士兵开枪射击,但仍难以抵挡。一个士兵被杜拉根兽吃掉时引爆手雷,与它同归于尽,场面非常悲壮。最后军方派出战斗机,发射核导弹才杀死雌性杜拉根兽,阻止了灾难。但最后至少有一只杜拉根兽漏网了。四个月后,电视台记者正在做现场报道时,一头杜拉根兽飞来把摄影记者吃掉了,电视报道的最后一个画面就是杜拉根兽的喉咙。

这部影片的制作很简陋,也没有大腕演员出镜,还有很多低级的漏洞,但是整部影片惊心动魄,片中人不断说"龙"(dragon)如何邪恶如何危险,外国观众看完后对自称"龙的传人"(英文字面意思是"dragon的后代")的中国人会怎么想,可想而知。

2014年出品的美国电影 P-51 Dragon Fighter(中文片名《P-51大战飞龙》)讲述第二次世界大战中的故事。纳粹科学家古德龙博士找到了杜拉根兽的蛋,立即叫手下向元首希特勒报告。随后德国人在沙漠里修建了巨大的暗堡,大规模孵化杜拉根兽的蛋。古德龙向隆美尔将军介绍说:"这些生物都是同性繁殖的,它们不需要雄性来繁殖,它们全都是雌性动物,能够完美地产下完全克隆它们自身的蛋,只要一个蛋能孵化出来,就能够制造出一支军队。""只需要几天,它们就能孵化出来,几周后成年。"古德龙通过几个女巫遥控这些杜拉根兽。它们的战斗力非常强大,喷火烧死了美军前沿观察兵,烧毁了坦克,烧死了坦克兵。美军派出战斗机去消灭它们,结果整个中队的飞机被杜拉根兽——喷火摧毁,全军覆没。这些杜拉根兽的翅膀上绘有铁十字文身。因为它们是生物,雷达发现不了它们。它们唯一的弱点是不能在高空作战。古德龙野心很大，他对隆美尔说："我们很快就会有我们的军队。一支由你指挥的军队加上我的飞龙军队，将是不可战胜的。""等我们征服非洲之后，我们可以将我们的军队带到欧洲大陆。"但是他对雄性杜拉根兽充满恐惧，他告诉隆美尔："根据历史上的有关记载，雄性飞龙繁殖的后代将会是另一新的物种，它们可能要比雌性大很多倍。雄性可能是不可控制的。"隆美尔问他："如果蛋中产出了一头雄性飞龙，你会怎么做？"古德龙说："我会杀了它。"美军再次派出战斗机，结果三架飞机被击落，但也击落了一头杜拉根兽。美军士兵找到杜拉根兽的尸体，割取样本准备带回去研究，但德国兵早已埋伏在四周，俘虏了他们。隆美尔接见了他们，告诉他们自己获得的信息："这些飞龙是一切的终结。在传说中，将会诞生出一条雄性飞龙，它叫阿祖·达卡，是毁灭者的意思。人类是无法控制它的。当阿祖·达卡出现，会毁灭所有的文明。迦太基、罗马文明的毁灭，人们都相信是它们造成的。""一定要有人阻止这些飞龙，毁掉成年飞龙，更重要的是，毁掉龙蛋，一个不留。"

原来，隆美尔出于对人类未来的担忧，想让美军来消灭这些杜拉根兽。他给了美军士兵地图，介绍了暗堡的情况，就让他们回去了。美军将领听取汇报后，派出轰炸机去轰炸暗堡。大群杜拉根兽飞来阻拦，轰炸机投下炸弹后，杜拉根兽俯冲下去，抓住炸弹，然后再飞到护航战斗机上方，扔在战斗机上，炸毁了战斗机。一头杜拉根兽还想把炸弹扔在轰炸机上，一个战斗机飞行员奋不顾身，驾机迎面而上，与杜拉根兽同归于尽。地面指挥官突然想起了杜拉根兽的弱点，命令战斗机急速跃升，然后调头俯冲。这种方法果然奏效，杀死了几头杜拉根兽，但也被杜拉根兽击落了一架战斗机。突然，真的出现了一头雄性杜拉根兽，它体型更加庞大，浑身金色，巨大的蝙蝠肉翅上绘有纳粹标志。它喷火烧死了古德龙，随后向美国轰炸机扑去。队长罗宾赛挺身而出，迎头相撞。其他轰炸机逃过一劫，抵达目标上空，投弹炸毁了暗堡。

这部影片制作粗糙，故事也十分离奇。最高速度可达每小时700多公里的现代战机，居然无法摆脱庞大笨拙的扑翼飞兽的追击？隆美尔不去亲手消灭杜拉根兽是怕在这个过程中杀死"同胞"（守卫暗堡的德国士兵）而担上

"叛国"的罪名，然而，把能够决定战争胜负的机密情报交给敌人，不也是在背叛纳粹德国吗？但是，剧作者写出二战死敌德国人和美国人联手杀死杜拉根兽这个故事，反映出了整个欧美世界的人对杜拉根兽发自内心深处的恐惧和仇恨，这与二战中纳粹阵营和反纳粹阵营的宣传品都把对方描绘成杜拉根兽是一脉相承的。

Skammerens datter（中文片名《女巫斗恶龙》）于2015年上映，捷克和丹麦联合制作。影片主角是一对具有特异功能的母女女巫：她们能看透对方的眼睛，知道其内心世界。虽然影片的中文名为"女巫斗恶龙"，但实际上她们没有直接和杜拉根兽搏斗，而是国王的一个私生子要追杀她们。这个私生子通过喝杜拉根兽的血来获得巨大的力量，他杀死了父皇、皇后和小王子，还嫁祸给大王子，试图篡夺王位。他的阴谋被女巫识破后，他要杀死女巫母女，让杜拉根兽吃掉她们。王国里的武士们早已对他的倒行逆施不满，他们在大王子的领导下，杀死了丑陋的杜拉根兽，救出女巫母女，逃往其他国家。

英国电影*Dragon Kingdom*（《杜拉根兽王国》）于2018年上映。笔者只找到它的预告片，片中有巨大的黑色杜拉根兽对人喷火，人们惊恐万分，拿着长矛和弓箭与杜拉根兽对峙。

2019年上映的美国电影 *Godzilla — King of the Monsters*，中文片名是《哥斯拉2：怪兽之王》。片中，怪兽肆虐全球，杀人如麻，这些怪兽的首领是长着三个脑袋的杜拉根兽。当影片的男主角知道章子怡扮演的科学家及其祖辈、父辈都在与邪恶怪兽战斗的组织里工作，就说："我想你家人不会有什么屠龙秘方吧？"科学家回答说："屠龙是西方的概念。在东方，龙是神。这些神兽会带来智慧和力量，甚至是救赎。"科学家做这番解释，显然是因为中国的龙被翻译为dragon，和杜拉根兽同名，而杜拉根兽在本片中是大反派，所以，电影作者为了避免得罪中国观众，或为了正确传达信息，于是让科学家在影片中说了这几句台词。但是，解释需要机会，中国人能够每逢一个外国人就解释一下吗？如果对方不主动提起这个话题，中国人却主动解释一番，是不是很莫名其妙？是不是有"此地无银三百两"的感觉？中国人频频主动解释，外国人会不会厌烦？会不会这样想："既然龙不是杜拉根兽，那就不要使用和它一样的名字好了。"另一方面，解释需要耗费时间，必须非常简短，不可能详尽全面，必然挂一漏万。实际上科学家的解释就有很大的问题。"屠龙"哪里仅仅是"西方的概念"？中国文化中不乏屠龙的传说和表述，例如成语"屠龙之术"。显然，电影编剧和导演无法给科学家更多的时间进行详细解释："中国龙里也有少数恶龙，被神仙或英雄杀死，但是，中国龙的主要象征意义是正面的，和西方'龙'的情况截然相反。"详细解释，只能在辞典或知识性文章里进行。既然中国的龙和西方的杜拉根兽不是一种东西，那就应该使用不同的名称，避免混淆，避免不得不在中外交流的现场仓促进行粗略的解释。

大家可能注意到了一点：影片中科学家说的是"东方龙"，而笔者写的是"中国龙"。这样写的原因很简单，在文化中有龙的主要东方国家是中国和日本，但是日本龙早已解决了翻译问题，有了自己的专用名词ryu。影片不宜很具体地提及一个国家，所以只能含糊其词地说"东方龙"。由此可见，中国人不改译龙，也给外国人造成了麻烦，不得不在电影里花费宝贵的几十秒钟时间来解释一番。

三、类型3：可爱的杜拉根兽，是人类的朋友

也有很多影片，其中的杜拉根兽扮演了正面角色，是人类的朋友。中国很多专家学者据此坚持译龙为dragon。因此，非常有必要仔细看看这些电影。

美国影片 *Pete's Dragon*（中文片名《妙妙龙》）于1977年上映，是一部手绘动画和真人实景拍摄相结合的动画片，片中的绿色大肚子杜拉根兽很萌，但是能喷火等基本特征没有变化，在影片中，它喷火把苹果烧熟了分给男孩吃。

Puff the Magic Dragon（有人汉译为《神龙帕夫》）是美国1978年上映的电视系列动画片，讲述一头可爱的杜拉根兽帮助一个内向胆小的男孩的故事。这部动画片是根据同名歌曲改编的。2012年5月25日与国际空间站成功对接的首架私人商业太空飞船名为Dragon号，这是该飞船公司老板美国人马斯克（Elon Musk）根据这首歌曲命名的。这艘飞船的名字被汉译为"龙飞

船"。2020年5月31日，中央电视台实况转播了它的载人飞船的发射过程。出人意料的是，在它发射成功后，评论区一片欢腾，很多中国观众以为这艘"龙飞船"是中国制造和发射的，热情赞颂中国航天事业的新成就，抒发自己的爱国深情。由此可见，在中国人心中，"龙"这个汉字有着特定的含义，象征中国或与中国有关的事物，把dragon汉译为"龙"导致了很多人的误解。

有一部真人实景美国电影，片名也是*Pete's Dragon*（中文片名《彼得的龙》），于2016年上映。影片讲述小男孩彼得和父母一起出游，突然发生了车祸，父母双亡，彼得一个人在森林里游荡，遇到一头巨大的杜拉根兽，它身上没有鳞片，浑身长满绿毛，有一副巨大的蝙蝠肉翅，大眼睛，牛鼻子，还长着驴式长耳朵和野猪式的獠牙，杜拉根兽常见的锐利背鳍已经退化成无害的圆润角质小鼓包；它能隐身，让人无法看见它。彼得为它取名"埃利奥特"，他们在荒无人烟的大森林里相依为命。后来开发商想毁掉这片森林，伐木工人加文用麻醉枪击倒埃利奥特，把它抓了起来。彼得和朋友们把它救了出来，在逃跑的路上，埃利奥特大发雷霆，喷出熊熊烈火烧毁了桥梁。彼得拼命呼喊，它才停止喷火。一辆汽车坠入深渊时，埃利奥特飞去把人救了出来，毕竟它是一头好的杜拉根兽。

这部电影里的杜拉根兽埃利奥特的"兽设"近乎完美，但是影片在描述杜拉根兽这种动物时，仍然相当负面。森林女警格蕾丝的父亲米查姆和孩子们聊天时说："其实没有人曾经见过这条龙。除了我。"孩子们发出一片轻声惊叹。一个男孩追问："你看到过龙？"他回答："没错。"一个女孩问："它是什么样的？"老人回答："它是绿色的，浑身都是绿的，除了眼睛。它的眼睛是红的，像地狱之火。""不到一眨眼的工夫，它转过头来，张开巨大的嘴巴，然后喷出……"他拿起一把乙炔喷枪，按下开关，枪口喷射出一束尖细的蓝色高温火焰，孩子们都吓得尖叫起来，本能地往后一躲。他接着说："所以，我不想浪费时间，我连滚带爬一下子站起来，准备迎接战斗的来临，但正当我举起枪时，龙朝我走来，挥了一下它的爪子，把枪从我手中打掉了，怎么办？大事不妙了，但我还没完，还没有，我就拿出我的小刀，当龙扑过来的时候，我送它上天了。"他把小刀狠狠地扎在桌面上，孩子们又吓了一跳。

埃利奥特体型庞大，有两层楼那么高，轻易就能推倒一棵大树。伐木工人发现它之后慌忙奔逃，狼狈不堪，可见他们的内心对杜拉根兽的恐惧。米查姆获悉加文抓住了埃利奥特，就对他说："你疯了吗？你根本不知道这东西的能力，若它醒来，它能把整个镇子和所有人都毁了。"加文报警后警察蜂拥而至，他对警长说："我得警告你，那个东西很危险。所以你们进去的时候要保持冷静，别吓着它，我可不想亲眼看到有人被吃。"由此可见，外国民众对杜拉根兽的主要认知还是非常负面的，偶尔出现一头好的杜拉根兽，收养了人类幼童，他们反而感到意外，但并不会因此改变对杜拉根兽的基本认知。

美国影片*Dragon Heart*（中文片名《龙之心》/《魔幻屠龙》）于1996年上映。这部影片拍得非常精致，用电脑技术合成的杜拉根兽也很逼真。这头杜拉根兽能够说话，口型配合得很好，嘴唇也能相应地灵活动作。影片讲的是10世纪发生在英国的故事：残暴的国王屠杀农民时，被群起反抗的民众杀死了，他的儿子艾侬也在混乱中受了伤。皇后祈求杜拉根兽救救她的儿子。杜拉根兽在艾侬宣誓做一个明君之后，把自己的一半心脏给了他，从此两者的生命联系在一起了（sharing a link）。但是这位年轻的新国王没有遵守誓言，他非常残暴。他的老师、骑士伯温认为是杜拉根兽欺骗了人类，把自己的邪恶本性传给了艾侬。他非常愤怒，离开国王，去四处寻找那头杜拉根兽，要杀死它。一路上，他杀死了很多杜拉根兽，并以此为生。但在他试图杀死一头杜拉根兽时，却失败了。那杜拉根兽主动提出停止相互厮杀，伯温与它友好相处一段时间后，获悉正是这头杜拉根兽给了艾侬半颗心脏，于是勃然大怒。但杜拉根兽告诉他：艾侬本来就是一个邪恶的人，把半颗心脏给他之后，自己反而受到连累，因为艾侬的种种恶行，自己死后灵魂将无法升天。伯温开始同情起它来，为它取名"杰可"（Draco）。最后，起义农民冲入城堡，杀伤了艾侬，但因他和杰可共享一颗心脏，只要杰可不死，就杀不死他。杰可主动要求伯温杀死自己，但伯温下不了手。关键时刻，杰可掀开胸前的鳞片，暴露出心脏的位置，让伯温杀死了自己，艾侬也倒地身亡。杰可随即化为点点火花，升入茫茫星空，成为天龙星座中一颗闪亮的星星。

在影片中，杰可自称为了"自卫"被迫咬死了一个来杀它的武士，但强调没有吃进肚子，伯温也的确在他的牙缝里发现了这位武士的断臂；为了和伯温唱双簧骗取钱财，杰可喷火烧毁农民的麦田和房屋，然后假装被伯温射死，掉进河里，潜水溜走。除做过这些坏事，杰可这头杜拉根兽在道德上几乎完美。但在影片中，民众一旦看见杜拉根兽来了，包括杰可，都吓得惊恐万分，可见杰可这头杜拉根兽只是一个特例。影片中的台词也说明人们对杜拉根兽的印象是很负面的。当杰可要求停战，并承诺不杀死伯温时，伯温对它说："龙的保证有什么屁用？"农民不肯花钱请伯温猎杀杜拉根兽时，伯温恐吓他们："我听说巨龙喜欢纯洁的少女做祭品。"农民赶紧去保护女儿了。地主看见杜拉根兽来自己的领地肆虐时，愤怒地说："讨厌的动物，龙！"

美国电影 *Dragon Heart: A New Beginning* 于2000年上映，中文片名是《龙之心2》，它继承了《龙之心》一片的情节，但故事模式有所不同。该片里的两头杜拉根兽分别象征善和恶，最后正义战胜邪恶。笔者原本想把这部影片放在后文的"类型4"里介绍，但为了保持《龙之心》系列影视片的连续性，仍放在这一部分介绍。《龙之心》说骑士伯温杀死了最后一头杜拉根兽杰可。《龙之心2》说柏恩（即伯温）在去世前一年再次前往杰可的巢穴查看，发现了一只杜拉根兽的蛋，他将此蛋送到一个修道院，委托其保护即将孵化出来的小杜拉根兽。当时人们相传：当双尾彗星照亮夜空时，杜拉根兽的心将毁灭人类。修道院院长和修士担心这头小杜拉根兽就是会给人类带来灾难的那头杜拉根兽，"深恐这只龙的心中存着邪念"，于是决定把它隐藏到彗星飞过天空之后。此时，来了一老一少两个中国人。年长的关师父对修道院院长说："我们来自河北省，在那里人类与龙和平共处。多年前，一股邪恶的力量让龙与人类反目相向，所有的龙都被杀死了。"并说他们来到此地的目的，就是追踪全世界仅存的唯一一只杜拉根兽，如果它的心不纯洁，就杀死它，以免人类遭殃。在修道院负责清扫马厩的男孩乔夫偶然发现了小杜拉根兽卓可，和它成了好朋友。乔夫鼓励卓可走出地下室，学会飞翔和喷火。首相欧斯里把恶龙的心脏放入自己的胸腔，变成了一头巨大的红色杜拉根兽，它称小杜拉根兽卓可为"兄弟"，邀请卓可和它一起统治人类。卓可不肯，于是两头杜拉根兽大战起来。红色杜拉根兽体型庞大，而卓可尚未成年，红色杜拉根兽占了上风。在关键时刻，卓可使出从关师父那里学来的绝招——喷冰，把红色杜拉根兽冻住了，它从高处坠下，粉身碎骨，冰碴四溅。一块冰锥刺中乔夫的心脏，他昏死过去。卓可把自己的一部分心脏给了乔夫，救活了他，从此他们俩的生命联系在一起，形影不离。

此片涉及中国，片中关于中国人的情节很有趣，例如他们对外国人行作揖礼；关师父胸前戴着一方朝廷命官常戴的"补子"，上面绣有一条中国龙。显然是因为中国也有dragon（龙），于是影片作者想通过加入中国元素来增强影片的趣味性，扩大自己的票房收入。他们还努力把中国的龙文化和西方的杜拉根兽传说融合在一起，以兼顾东西方的观众。小杜拉根兽卓可看书看到天龙星座的图片时，说自己每次看到这些星星，总是会"得到慰藉"。关师父介绍说："那是天龙座的星星，你祖先的灵魂。"他还说："很久以前，龙是地球的主宰。人类出现时，龙看出人性本善，于是把智慧与人类分享，发誓要保护人类茁壮成长，完成了那些誓言的龙的灵魂变成了星星，它们的精神仍在天上，抚慰着有心向往天空的人。"卓可说："就像龙的天堂一样。"

影片在赞颂"龙"的同时，始终不忘提醒观众它的本质是邪恶的。首相欧斯里说："谈龙和预言的事会吓坏百姓，他们害怕龙不无道理。"教士曼梭说："预言说古代的邪恶力量将利用龙的心统治这片土地。就算它不邪恶，邪恶力量也能利用它。"小杜拉根兽卓可在看书学习时，看到有一页上画着一头杜拉根兽叼起一头牛腾飞而去，就问乔夫："那只龙为何要吃牛？"乔夫说："好像是晚餐。"于是第二天，卓可真的去抢了一头牛吃掉了。关师父教卓可喷火时，叫它转身，以免鼻子里喷出的火把村庄烧掉（在《龙之心》中，它的父亲杰可也是用鼻孔喷火的），谁知道，卓可的鼻子里只喷出了两小团黑烟，"另一端"（肛门）却喷出烈火，烧毁了村庄。财产受到损失的农夫以责备和敌视的口吻称呼乔夫为"喜欢龙的人"。卓可在书中看到三张图片：骑士刺杀杜拉根兽，割下杜拉根兽的头，提在手里。卓可说："这样不对，这些骑士都在伤害龙。"它不希望乔夫成为这样的武士。显然，这些情节都是在描述邪恶的杜拉根兽。

这部影片虽然没有中国龙出现，但是通过中国人带进的中国元素，以及中国人叙述的龙的善良品行，在一定程度上传播了中国的龙文化。但是因为龙和dragon互译，电影作者无法清楚区分龙和杜拉根兽，影片传播的关于中国龙的信息仍是被扭曲的，片中的杜拉根兽在外形上毫无中国龙的影子，正面角色卓可同样如此。

美国电影Dragon Heart 3: The Sorcerer's Curse（中文片名《龙之心3：巫师的诅咒》）于2015年上映，它与前面两部《龙之心》没有情节上的衔接。影片讲述一伙骑士欺压百姓，搜刮钱财，男主角加雷恩不愿意同流合污而被驱逐，他在流浪时被陶器店老板收留。晚上，天上掉下一个大火球，加雷恩赶去查看，里面蹦出来一头巨大的杜拉根兽，旁边还有一些杜拉根兽的蛋。加雷恩和野蛮人搏斗时受了伤，他保护了杜拉根兽的蛋，杜拉根兽替他治伤，用指甲划开他的胸腔，把来自自己心脏的绿色能量给了他，从此两人的命运联系在一起。这里要理解一下编剧的难处，"杜拉根兽和人类分享心脏"（包括移植杜拉根兽的心脏）这个梗已经用过两次了，再用就太没新鲜感了。而且在科学技术非常发达的今天，几乎没人会相信在一瞬间就能做到"割一半心脏给对方"，而不需要在超级无菌的手术室里做非常精细的外科手术。于是编剧想出了新的招式：不需要分享或移植心脏这一具体的器官，而只要把心脏里的能量传给人类，也能把生命联系在一起，同生共死。加雷恩给这头杜拉根兽取名"德拉格"（Drago）。但德拉格被邪恶的巫师下了咒语，在月圆之时受他的控制，协助野蛮人攻打高墙后面的地区。战斗中德拉格不断喷火攻击，炸开了城门，野蛮人一拥而入，势不可挡。最后巫师被女武士罗纳杀死，破除了施加在德拉格身上的咒语，但是罗纳也受了重伤。德拉格给了加雷恩一只杜拉根兽的蛋，让他去救她。当他把这只蛋靠近她的胸口时，蛋里的绿色能量流入她的身体，她苏醒过来了。

虽然影片描述的德拉格这头杜拉根兽总体上是好的，但片中仍然有台词在贬低它。例如，陶器店老板制作了一批陶瓷杯子，在手把上雕刻了杜拉根兽的形象，他说："传说龙在世的时候，他们为人类效力，所以我认为龙出现在酒壶上比较合适。"他的妻子嘲笑他说："但是没人买。谁愿意每次喝酒的时候，摸一条大蜥蜴？"杜拉根兽的主要形体特征就是大蜥蜴的身体加上一对蝙蝠肉翅。这段对话一下子把杜拉根兽打回了原形，完全失去了神圣感。

《龙之心3》里的这头杜拉根兽与前面两部里的都不同，不再是可爱类型，它头部窄长，面目狰狞，利齿之间丝丝垂涎。

美国电影 Dragon Heart: Battle for the Heartfire（中文片名《龙之心4：心火之战》）于2017年上映。这部影片延续了前一部的情节。加雷斯和罗娜的儿子沃特无心继承王位，离家出走。加雷斯国王一直在寻找他，想把王位传给他，直至临终。加雷斯死了，但是和他分享心脏的杜拉根兽德拉格却没有死。德拉格明白它还和其他人联系在一起，于是飞出城堡去寻找这个人。它意外地发现了沃特的儿子艾德里克，原来自己跳过了王子沃特，将生命直接与国王加雷斯的孙子艾德里克联系在一起了。杜拉根兽德拉格随即把艾德里克带回王宫继位，成为新的国王。没过多久，北方的维京人大举入侵，艾德里克率领大军迎战。维京人派来对阵的女将能控制火焰，她肩膀中箭后，德拉格也因为肩膀剧痛而从天上摔了下来。原来，她是艾德里克的双胞胎姐姐梅根，其生命也与德拉格联系在一起。

这部影片中杜拉根兽的外形和第一部很相似，表情友善，也没有喷火杀人，它一直努力化解姐弟俩之间的误解和怨恨，堪称完美的角色；影片中也没有出现邪恶的杜拉根兽。但也许是因为杜拉根兽的负面形象在西方人心中实在是太顽固了，编剧仍然情不自禁地在影片中流露出对它的恐惧和仇恨。男主角艾德里克最初不知道自己的生命和德拉格联系在一起，他看见它走近，立即拔剑打算杀死它，德拉格连忙说："等等，我无意伤害你。"艾德里克立即反驳它："龙族除了伤害，什么也不会。"后来又说："龙族的第一个冲动就是暴力。就像我父亲教我的，你生来就是为了杀人，不是为了照顾我们。我能相信龙才怪。"

美国电影 How to Train Your Dragon 的中文名是《驯龙记》或《驯龙高手》，于2010年上映，它的画面完全是用电脑技术生成的，非常生动逼真。影片开始后，维京小男孩小嗝嗝介绍了自己美丽的家乡，但他话锋一转说："唯一的问题就是害虫，一般来说害虫就是老鼠或者蚊子，可这里却是龙。"他家门口两只羊正在安静地吃草，突然其中一只被叼走了，原来是飞来了一头杜拉根兽。它还喷火烧羊的主人、房屋和草原。小嗝嗝的父亲是族长，身材魁梧，"据说当他还是小孩子的时候，就扭断过一条龙的脖子"。小嗝嗝说："总有一天我会成功的，因为这里最重要的事情，就是杀死那些可恶的龙。我无法控制自己，我一看到龙就忍不住想杀了它。"可见人们对"龙"的深恶痛绝。一天夜里，杜拉根兽又来袭击村庄。在人们大战杜拉根兽时，身体单薄的小嗝嗝用绳子炮击中了夜煞，夜煞被绳子缠绕住无法飞行，坠入山谷。村里人谁也不相信小嗝嗝能打败杜拉根兽中最令人恐怖的品种——夜煞。小嗝嗝第二天去山里寻找，发现了无法动弹的夜煞，他高举匕首说："我要杀了你，恶龙，然后挖出你的心脏献给我的爸爸。"但这个善良的小男孩最终下不了手，因为这头杜拉根兽长得实在是太萌宠了。

村里的大人决定去寻找杜拉根兽的巢穴，要一举歼灭它们。留在村里的孩子则由老铁匠带着参加"屠龙训练营"，学习如何杀死杜拉根兽。他们必须直接面对被捕获的那些真实的杜拉根兽，它们的名字就令人恐怖（括号里是它们的特征）：致命纳得（速度八级，防御力十六级），丑陋双头龙（隐匿性十一级，攻击性加倍），烈焰狂魔（火力十五级），凶神恶煞（攻击性八级，毒性十二级），葛伦科（吞噬力八级）。第一个出场的杜拉根兽是葛伦科，它圆滚滚的身体短短的，上面长满肉瘤，非常丑陋，它有着尖利的牙齿，还会喷出火球攻击人。孩子们左躲右闪，小嗝嗝被逼到角落里，在葛伦科即将喷火杀死他时，老铁匠把葛伦科抓走了，关了起来。晚上，老铁匠叫孩子们读 *The Dragon Manual*，这本书记录了前人遇到过的所有杜拉根兽的资料，因此书名应该是《杜拉根兽名录》，但影片译制者将其译为《屠龙宝典》或《屠龙手册》。这本书介绍了各种所谓的"恶龙"：有的能喷出高温热水，有的会喷硫酸，有的会发出巨大声响，震死附近的人，有的翅膀锋利，可以轻易切断树木。仅仅其名称就令人恐惧：碎骨龙，刀锋龙，毒翼龙，悄声死神。它们会烧死受害者、活埋受害者、勒死受害者、千刀万剐受害者。书中不断出现"极度危险，见到必杀"的字样。

孩子们在第二课上要对付的杜拉根兽是致命纳得，它长得花里胡哨，浑身长满尖刺，还能发射骨刺攻击人类。女孩亚丝翠娜批评小嗝嗝思想开小差时说："我们父辈的战争很快就将是我们的。"由此可见，"龙"给剧中人及其下一代的压力有多大。小嗝嗝回到山谷，发现夜煞受伤了，无法飞高。

小嗝嗝带了一些鱼给它吃，成了朋友。他发现夜煞害怕一种有着黄黑相间花纹的鳗鱼。吃晚饭时，老铁匠告诉孩子们他和杜拉根兽搏斗时被咬掉了手臂和腿，一个男孩咬牙切齿表示要为他报仇，他说："我要把每只龙爪都砍断，让它看着！"小嗝嗝替夜煞做了一个装置，安装在它的尾巴上，他还做了一个鞍，使自己可以稳稳地骑在夜煞身上。

　　第三天的训练课上，孩子们必须对付"丑陋双头龙"。它有两个脑袋，一个头喷出绿色的可燃气体，另一个头喷出火花，点燃气体。它的身上长着大蟒蛇式的绿色花纹，尖利的长牙向前伸出。一个小男孩背诵起教科书："锋利的锯齿牙齿能预先注入毒素，生性喜好偷袭目标……"就在丑陋双头龙准备攻击小嗝嗝时，却被他喝止了，并且乖乖地退回牢笼里去了。众人看得目瞪口呆。原来小嗝嗝在身上藏了一条鳗鱼，镇住了它。小嗝嗝在训练夜煞驮着他飞行时，偶尔发现夜煞很怕一种野草。于是在训练课上拿出野草，镇住了葛伦科。他还发现夜煞腭下有一个地方，只要一挠，它就立即瘫软在地上，睡着了。小嗝嗝在训练课上如法炮制，效果果然不错。能够如此轻易地降服杜拉根兽，使他立即成为人们的崇拜偶像。小嗝嗝和亚丝翠娜试飞夜煞时，遇到大批杜拉根兽，他们跟着一起飞，来到了杜拉根兽的巢穴。那里火光冲天，无数杜拉根兽把自己抢来的猎物进贡给一头超级巨无霸杜拉根兽。有一只葛伦科找来的食物太少，这头巨型杜拉根兽一跃而起，一口将它吞噬，其他葛伦科都吓得浑身发抖。小嗝嗝的父亲决心消灭全部杜拉根兽，他率领庞大的船队再次出征，全村武士倾巢出动，包括缺胳膊少腿的老铁匠。但是巨无霸杜拉根兽的力量非常强大，一口就能咬碎一艘维京战船，喷一口火就把全部船只点燃了，维京武士们再次面临惨败局面。留在村庄里的小嗝嗝知道父亲毫无胜算，情急之下和小伙伴们把训练场里的杜拉根兽训练成自己的坐骑，直飞杜拉根兽老巢。小嗝嗝骑着夜煞和巨无霸杜拉根兽展开搏斗，引诱它追逐自己，并向地上俯冲。巨无霸因为身体非常庞大，惯性太大，一头撞向地面，体内可燃气体发生剧烈爆炸，粉身碎骨。维京人终于取得了胜利，从此和杜拉根兽们愉快地生活在了一起，它们不再吃人和羊，改为吃鱼了，同时成了人类的宠物和坐骑。在影片最后，小嗝嗝骄傲地说："其他地方的宠物是小马或者鹦鹉，我们的宠物却是龙。"

很多中国人根据这部电影坚持把龙译为dragon，但是看完整部电影就能知道，片中所谓"好的dragon"，不过是被外国儿童驯服后的野兽，小嗝嗝用恩威并施的方法，软硬兼施，使杜拉根兽接受了他的驯服，成为维京人的宠物和坐骑。在影片里，即使那些"好"的杜拉根兽，也是形象丑陋，面目狰狞，和美丽雄壮的中国龙根本无法相提并论。总之，不能因为欧美影视剧中存在"正面的杜拉根兽"，就认为杜拉根兽和龙是一回事而没有必要在名称上加以区分。

电影《驯龙记》的创作者努力美化杜拉根兽中的主角夜煞，把它画得亲切可爱，但它毫无中国龙的特征。有人直言它就是一条娃娃鱼，笔者听闻后觉得的确如此。2019年《驯龙记3》上映，里面出现了一头雌性白色夜煞（有人称它为"光煞"），与其说它是杜拉根兽或龙，还不如说它是一只小白兔。

1984年上映的电影*The Never Ending Story*，中文片名是《大魔域》，德国和美国联合制作，它也有着同样的情况。片中有一头名为"费尔科"（Falcor）的"幸运龙"（the luck dragon），它是一个正面角色，但它的外形和中国龙的差别太大了。它虽然有着修长的身体和四条腿，能够飞行，但是它浑身长满了白色的珍珠和长毛。它的脑袋几乎就是一只大白狗的脑袋：大眼睛，大大的耳朵在两边耷拉着，满头披着长长的白色毛发。尽管它是好的动物，但是笔者作为中国人，还是不想做它的"传人"。

2021年上映的美国电影*Raya and the Last Dragon*，中文片名是《寻龙传说》，其中的所谓"龙"也是浑身长毛，不过颜色是蓝色和紫色的。它头上的两只尖角不是一左一右排列，而是一前一后，而且一大一小。它长着人类女孩的面孔，有一对大眼睛。有人说它不伦不类，既不像龙又不像杜拉根兽，非常别扭，长得像哈士奇狗一样。

2011年开始播映的美国电视连续剧《权力的游戏》（*Game of Thrones*）改编自美国作家乔治·R.R.马丁的奇幻小说《冰与火之歌》（*Ice & Fire*）。影片女主角丹妮莉丝得到三个杜拉根兽的蛋之后，把它们孵化出来了。她因此被中国观众称为"龙母"或"龙妈"。这三只杜拉根兽还很小时，就会喷火了。"龙母"授意它们烧死巫师时，它们得意扬扬地看着巫师在地上打滚，直至被烧死。三只杜拉根兽长大后更是为非作歹，一个牧羊人正在放羊，突然一头杜拉根兽飞来，羊群四散奔逃。杜拉根兽喷出烈焰，一只羊被烧着了，杜拉根兽抓起它飞走了。"龙母"在和老大杜拉根兽亲热时，老二和老三叼来一只血淋淋的死羊，扔在地上。老大立即去争抢，"龙母"去阻止它，它猛然回头怒视，把她吓得往后躲闪了一下。可见其凶恶本性并没有改变，连"龙母"都非常怕它。"龙母"被围困在斗兽场时，老大凌空而降，向人群喷火，无数人浑身着火，满地打滚。它一口把敌方士兵咬住，然后猛甩脑袋，把撕碎的尸体甩出去。它的嘴巴里里外外全是人血，是真真切切的"血盆大口"。它对地面上的军队的攻击，比现代轰炸机的地毯式轰炸还厉害。它一边飞行一边向地面喷火，摧毁了整支军队及其辎重。"龙母"还下令老大喷火烧死了不肯投降的敌营将军。在影片中，她一旦发出命令"龙焰！"（Dracarys!）就有人要死于烈火之中了。这些杜拉根兽还烧死无辜的儿童，连"龙母"都看不下去了，把它们锁了起来。

在讨论译龙问题时，经常有人问笔者是否看过《权力的游戏》，言下之意影片里的杜拉根兽服从人类的指挥，所以是好的杜拉根兽，所以可以译龙为dragon。但是看了影片就知道，它们本性仍然邪恶，只是在为自己的主子效命而已。它们一旦换了主人，又会服从新主人的指挥。老三被杀死后转化为"尸龙"，成了邪恶的异鬼将领的坐骑，喷火摧毁了七百英尺（约213米）高的冰雪"长城"，让尸鬼大军可以长驱直入。

2014年上映的影片 *Maleficent*（中文片名《沉睡魔咒》）由美国和英国联合制作，影片拍得非常华美，故事也很动人。在仙子玛琳菲森深陷重围、命在旦夕之时，她下令她的随从变成杜拉根兽。它喷火驱散了士兵，把玛琳菲森从铁链网中拯救出来，得以逃生。

俄罗斯电影 *Он-дракон*（中文片名《他是龙》）于2015年上映。俄语单词дракон对应英语里的dragon，发音也相似，因此也可以音译为"杜拉根兽"。在俄罗斯文化中，杜拉根兽也象征邪恶。俄罗斯联邦的国徽和首都莫斯科市的市徽上，都绘有英雄杀死杜拉根兽的场景。

影片《他是龙》的开头很沉重。冰天雪地之中，几名男子默默地在雪地上踏出一个巨大的杜拉根兽的图案。几个姑娘被梳妆打扮好之后，放在小木船上，在巫婆的念念有词之中，小木船漂向湖心。青年恋人拼命想拉回自己的爱人，但是被人摁倒在地上。旁白说："他们的珍贵之物，将成为供奉的祭品。"飞来一头巨大的黑色杜拉根兽，抓起一个姑娘飞走了。姑娘的恋人长途跋涉去救她，但是她已经死了，他杀死了杜拉根兽，从此悲剧不再。但是献祭仪式却成了婚礼过程的一部分：新娘被放在小船上，新郎站在湖对岸，拉动绳子，把新娘接过去。这一天，公爵出嫁女儿米拉，但是米拉还没有爱上新郎伊戈尔。在把新娘抬上小船时，婚礼主持人高声说道："我们从未忘记那个将少女献祭给恶龙的黑暗时代，我们依然记得，并将永远铭记那位消灭恶龙的英雄！"新郎伊戈尔拉动小船时，人们唱起了《龙之歌》，纪念新郎的祖父、那位去杀死杜拉根兽的年轻人。突然，妖风四起，原来是《龙之歌》引来了一头杜拉根兽，它抢走了新娘米拉。米拉被扔在一个小岛的阴暗山洞里。她发现旁边的洞里有一个英俊的年轻人阿尔曼，对他颇有好感。后来才知道，这个年轻人就是杜拉根兽变化而成的。

原来这是一些特殊的"人"，他们长大以后会变成杜拉根兽。阿尔曼在回忆自己的身世时说："几百年来，龙从人类手中抢夺新娘，进行血腥的仪式。人们高唱《龙之歌》，献上年轻的少女。"他说自己"看到成百上千的新娘被自己的祖先杀害"，就像他"亲手所为"；"他们并不是直接杀死那些新娘，而是将她们活活烧死。那些女孩儿，在龙爪下撕心裂肺地惨叫，直到她们被火焰彻底吞噬化为灰烬。"阿尔曼再也不想悲剧重演，努力想使自己成为正常的人，但经常情不自禁地恢复杜拉根兽的原形。米拉胆战心惊地对他说："我真的很怕龙。"阿尔曼把人们高唱《龙之歌》误解为恢复了献祭少女的做法，本能地去把米拉抢来了。米拉竭力逃出这个洞穴。阿尔曼去海边寻找失事船只留下的物品，为米拉布置了一个温馨舒适的洞窟。在这个过程中，两人渐生情愫。但是米拉仍然担心阿尔曼无法抑制自身的恶性，秘密地准备着要逃离这个小岛。阿尔曼知道留不住她，自己也不忍心把她烧死，于是痛苦地催她赶紧离开。米拉驾驶着小帆船离开了小岛，遇到了来救她的伊戈尔。她回到家乡后再次准备举行婚礼，但心里一直想着阿尔曼。婚礼上，米拉终于下决心大声说出自己爱的不是伊戈尔，而是"龙"。她唱起了《龙之歌》。杜拉根兽阿尔曼再次飞来接走了她。最终，她和他过上了幸福的生活，有了自己的孩子。

这部影片看上去很美，歌颂年轻姑娘为了真爱不惜一切，奋不顾身，但它可能会误导很多天真少女，以为自己无私的爱能使一个坏男人变好，结果却成为一场长达一生的婚姻悲剧的女主角。片中美丽少女米拉深情拥吻杜拉根兽那巨大的黑色蜥蜴式脑袋，令人恶心和恐惧，毫无浪漫和美感可言。

在欧美文化中，杜拉根兽是邪恶的。但是影视剧的编导要不断推陈出新，否则千篇一律的英雄杀死杜拉根兽的故事可能就没有票房了。于是他们标新立异，把杜拉根兽写成正面角色。但是文化积淀非常强大，影视剧编导无法摆脱文化潜移默化的影响，即使杜拉根兽在这些影视片中成了"正面角色"，仍然不时暴露出邪恶的本性，引起人们的恐惧，受到人们的仇视。由此可见，虽然外国影视剧里存在正面的杜拉根兽角色，但并不能证明可以译龙为dragon。

四、类型4：威尔士红白杜拉根兽互斗

两头杜拉根兽一正一邪，激烈搏斗，最后正义战胜邪恶，这是西方文化中很常见的套路。笔者将其称为"威尔士红白杜拉根兽互斗模式"。

在英国威尔士的神话中，红色杜拉根兽象征威尔士人，白色杜拉根兽象征想征服他们的撒克逊人。两头杜拉根兽大战的结果是，红色杜拉根兽获胜。但实际上是撒克逊人吞并了威尔士。威尔士人至今把自己比喻为红色杜拉根兽，并把它画在自己的国旗上。

红白杜拉根兽互斗模式在外国影视片里大量存在。

法国拍摄的科幻动作动画片 *Dragon Flyz* 于1996年上映，中文片名是《飞龙骑士队》。在它的预告片中，四个帅哥美女武士分别骑在四头白色杜拉根兽身上，去和一头庞大得多的红色杜拉根兽搏斗。

Dungeons & Dragons（中文片名《龙与地下城》）由美国、捷克和加拿大联合摄制，于2000年上映。影片讲了这样一个故事：伊兹梅帝国年轻的女皇萨威娜想进行一次改革，实现平民和贵族之间的平等，但是以邪恶的魔法师普罗费昂为首的贵族们反对这一改革。普罗费昂试图控制女皇的杜拉根兽军队（dragon army，中文字幕译为"神龙大军"），他从洞窟里释放出一头

巨大的杜拉根兽,想驯服它。这头杜拉根兽非常凶残,一出洞穴就喷火把释放它的一个巫师烧死了。它并不听从普罗费昂的指挥,普罗费昂恼羞成怒,杀死了这头杜拉根兽。它的血流进地下河,河面上立即燃起熊熊大火。

普罗费昂获悉存在一根"萨维利降龙杖"(the Rod of Savrille),有了它就能控制"赤龙"(Red Dragons),于是命令手下达魔大去寻找。男主角、小偷瑞里获悉普罗费昂反对女皇的改革,于是也积极地去为女皇寻找降龙杖。女皇和魔法师们的战争爆发后,女皇派出了大量白色的杜拉根兽,扑向普罗费昂等反对女皇的魔法师和贵族。杜拉根兽喷出火球,魔法师人仰马翻。普罗费昂指挥士兵发射巨大的弓弩,一头杜拉根兽中箭坠落,被教堂尖顶刺穿身体惨死。瑞里拿到了降龙杖,但是刚走出地下城,就被埋伏在外面的达魔大及其兵卒夺走了。第一次进攻受挫后,女皇御驾亲征,骑在一头白色杜拉根兽的背上,亲自指挥杜拉根兽再次发起进攻。普罗费昂得到降龙杖后,念起了咒语,远处爆发出一个大火球,从火光中飞出很多红色杜拉根兽,它们追逐、攻击白色杜拉根兽,后者纷纷坠落,甚至有两头红色杜拉根兽同时夹击一头白色杜拉根兽。女皇的坐骑也受到攻击,追逐她的红色杜拉根兽不断喷出火球,女皇危在旦夕。就在局势最紧张的时刻,瑞里击败达魔大,把他从高塔上扔了下去,夺回了降龙杖,并且摧毁了它。红色杜拉根兽失去力量,纷纷被白色杜拉根兽击败。在普罗费昂做最后挣扎时,一头凶恶的巨大的白色杜拉根兽吃掉了他。

影片 *Dungeons & Dragons: Wrath of the Dragon God* 的中文片名是《龙与地下城2:龙王的愤怒》,德国、英国、美国联合摄制,2005年上映。这部影片中只有邪恶的杜拉根兽,它们没有杜拉根兽对手。但是为了保持《龙与地下城》系列电影的完整性,笔者把这部影片也放在这一类介绍。影片讲述的故事是:一百多年后,达魔大再次出现,他要借助邪恶的力量,摧毁伊兹梅帝国,为自己的主人普罗费昂报仇。这一天,有人跑来报告说,两个农民进入山洞后再也没有出来。男主角、前任皇家卫队队长、上议院现任领导人贝雷克带人去查看,发现两个小孔洞里正在向外喷射毒气。再仔细查看,两个小孔洞原来是一头沉睡的黑色杜拉根兽的鼻孔,他立即下令村民们离开此地。

事情要从三千年前说起，当时有一头名为"法拉祖雷"的邪恶的"黑龙神"，它代表腐烂和不死，又被称为"黑夜里的杜拉根兽"，它袭击了突雷尼文明。突雷尼的法师借助自然元素的力量变得强大起来，进而拒绝向它进贡，结果整个城池被毁灭，成千上万的人死亡。但在最后，突雷尼人制服了它，把它禁锢在哈斯山中，而把它的力量封闭在了一个黑球里。片中人说："就算没有这只黑球里的力量，法拉祖雷也是只凶猛的龙，没有什么地方可以永远关住他。"一千年后，没有人守护那只黑球了，于是它开始蠢蠢欲动。片中人说：如果它醒来，"土地会被邪恶吞没，我们都将被杀死"。达魔大重新得到黑球后，唤醒了黑色杜拉根兽。山峰突然炸开，飞出一头巨大的黑色杜拉根兽。它长着长长的弯曲牛角，鼻梁上和下巴中间各长着一只犄角，两边腭骨上也长着两排锐角。达魔大把黑球给了它，它吞噬了黑球。达魔大要求它摧毁伊兹梅王国，把那里夷为平地，然后把伊兹梅人都变成奴隶。它则要求达魔大每个月向它供奉一百个人头作为贡品。在一般的杜拉根兽故事中，杜拉根兽要求人们每年奉献一名少女，但是这部影片中的杜拉根兽要求每个月奉献一百个人头，杀人数量提高了一千多倍。

英国电影 Dungeons & Dragons: The Book of Vile Darkness 的中文片名是《龙与地下城3：秽恶之书》或《龙与地下城3：魔神降临》，于2012年上映。这部影片的情节、人物与前面两部没有联系，甚至都没有所谓"地下城"出现。杜拉根兽也不是影片的主要角色，但是它们吃人的本性没有改变。影片中一个人说："根据我的经验，这种体型的龙，消化一个人要一个小时。"女巫看到杜拉根兽抓走了五个人，就说："那就是五个小时了。"男子纠正说："四个半小时，其中一个人是小孩。"他们找到了杜拉根兽的巢穴，里面遍地都是人和马的尸骨，还有一些血淋淋的尸块。透过一个戒指上的宝石，人们看到杜拉根兽正在活生生地把一个人的肠子拉出来。

2008年上映的美国成人动画片 Futurama: Bender's Game 的中文片名是《飞出个未来大电影3：班德的游戏》，又名《未来世界：本德的游戏》。影片中有一些情节和电子游戏与 Dungeons & Dragons（《龙与地下城》）有关。在影片中，邪恶的蛇发女巫莫蒙变成了蓝灰色的杜拉根兽，男主角之一弗莱多变成了绿色杜拉根兽，它们相互喷火攻击，相互扇打耳光。

电影Dragon Heart: A New Beginning于2000年上映，中文片名是《龙之心2》。片中有两头杜拉根兽，分别象征善和恶，相互搏杀，最后善的杜拉根兽战胜了邪恶的杜拉根兽。此片已在前文"类型3"详细介绍。

美国电影Merlin and the War of the Dragons（中文片名《梅林与龙之战》）于2008年上映。影片讲述5世纪时撒克逊人试图征服不列颠地区。当地一个老魔法师有两个学生，凡迪格嫉妒老师偏爱梅林，悄悄离去为侵略者撒克逊人服务。凡迪格用弓箭射下一头巨大的杜拉根兽，救下了几个路人，并忽悠他们喝下杜拉根兽的血，使他们变成受自己驱使的一群杜拉根兽。梅林则被老师安排去帮助反抗者，他根据魔法师的指示，让一些士兵志愿喝下杜拉根兽的血，也变成了一群杜拉根兽，并且指挥它们战胜了敌方的杜拉根兽。

美国影片Dragon Quest（中文片名《勇者斗恶龙》）于2009年上映。一个坏人在火山口旁边作法，滚滚黑烟中出现一头巨大的黑色杜拉根兽，它有一双白色发光的眼睛，全身冒火（不仅仅是嘴巴喷火），飞行时浑身黑烟滚滚。它烧毁村庄和城堡，整个山区到处浓烟弥漫。男主角阿卡迪的爷爷在驱逐它时受伤死去。坏人逼迫国王投降，国王自杀殉国。阿卡迪骑在一头白色杜拉根兽的身上重返战场，最终白色杜拉根兽击败黑色杜拉根兽。这部电影的海报上有一个类似中国阴阳图的图案，上面画了一白一黑两头杜拉根兽，显然就是代表这一正一邪两头杜拉根兽。

美国影片Adventures of a Teenage Dragonslayer（中文片名《屠龙少年历险记》）于2010年上映。男主角亚瑟所在学校的副校长是一个邪恶的女人，她饲养的一只小狗实际上是一头名为"黑烟"的邪恶的杜拉根兽。有一天，副校长让小狗恢复原形，变成了巨大的黑色杜拉根兽，在校园里横冲直撞，孩子们吓得四处奔逃。亚瑟和同学利用蓝色小怪人巴特配置的魔法水，收服了黑色杜拉根兽。影片最后，巴特变成了金色的好的杜拉根兽，算是对杜拉根兽恐怖的形象有所改变，但它最后飞进下水道那个巨大的黑色洞口，又颇煞风景。

美国系列动画片Tom and Jerry（《猫和老鼠》）深受小朋友的喜爱，它有一集名为The Lost Dragon，中文被译为《迷失之龙》，于2014年上映。汤姆和杰瑞捡到一颗杜拉根兽的蛋，孵化出了一只可爱的绿色小杜拉根兽。与其他小动物一样，小杜拉根兽很顽皮，它对汤姆喷了一小口火，把汤姆的胡子都烧光了，它打喷嚏时，喷出一团火，把一位女士的花帽子点燃了。村里的人很害怕这头杜拉根兽，将其称为"麻烦"。老巫婆最终抢走了小杜拉根兽，逼它喷火，使她自己获得了杜拉根兽的能量，成为巨大的红色杜拉根兽。汤姆、杰瑞等驾着马车去抢救小杜拉根兽，在路上，巨大的绿色杜拉根兽飞来了，它面目狰狞，把汤姆吓坏了。它喷火烧毁了马车，又点燃了马的尾巴。由巫婆变成的巨大红色杜拉根兽来到村庄，就在她即将吃掉魔法师的时候，绿色杜拉根兽在小巫女和汤姆、杰瑞的指引下飞来了，它和红色杜拉根兽激战起来。这部影片中，既有好的杜拉根兽，也有坏的杜拉根兽，但杜拉根兽的基本特征是一样的：庞大，凶恶，一言不合就喷火烧人，坏的杜拉根兽还要吃人。

五、类型5：杜拉根兽醒来，肆虐人间

在西方文化中，"杜拉根兽醒来"是一件很恐怖的事情。

1906年4月18日，美国旧金山发生里氏7.9级地震，并引发火灾，大火持续了好几天，四分之三城区成为废墟，死亡数千人，这是美国遭遇的最严重的自然灾害。2008年出版的一本书描述了这场地震，书名为*The Earth Dragon Awakes*（《地下的杜拉根兽醒了》）。

美、英、爱尔兰联合制作的科幻电影*Reign of Fire*（中文片名《火龙帝国》）2002年上映，也是以"杜拉根兽醒来"为主题的。故事发生在2084年的伦敦，在一个建筑工地上，工人们挖出了一个地下洞穴，里面有一头巨大的杜拉根兽在冬眠。它被惊醒后，喷火烧死建筑工人，逃了出去。随后杜拉根兽就陆续出现，并迅速繁殖。它们在全球肆虐，烧毁城市，烧死人类。科学家们发现，正是这种杜拉根兽喷火烧死了恐龙，使它们灭绝了。科学家认为这种杜拉根兽每次消灭掉地球上的大部分生物之后，就会去冬眠，直至地球上再次出现大量生物。二十年之后，英国只剩下一些幸存者，首领是奎因，他们住在诺森伯兰郡的一个城堡中。他们非常饥饿，冒险外出收割粮食，受到了杜拉根兽的袭击。此时来了一队美国人，为首的是丹顿。奎因和

丹顿合作，杀死了一头袭击他们的杜拉根兽。丹顿告诉奎因：他们过去遇到的杜拉根兽都是雌性的。他们认为只有一头杜拉根兽是雄性的，如果杀死了它，杜拉根兽就无法继续繁衍了。奎因认为，最初在地铁工地被惊醒的就是那头雄性的杜拉根兽。奎因决定与丹顿一起去伦敦寻找那头雄性杜拉根兽。他们看到几百只杜拉根兽在伦敦的废墟上盘旋，场面阴森恐怖，令人毛骨悚然。他们还目睹了这头庞大的杜拉根兽吃掉体型较小的杜拉根兽。在向它发起进攻时，丹顿牺牲了。最后，奎因用弓弩将炸药射入它的嘴巴，杀死了它。整部电影拍得惊险逼真，片中的杜拉根兽体型巨大，力量强大，人类在它面前毫无招架之力，而且它们非常强壮，即使用核武器也无法彻底消灭它们。

在本书介绍的其他一些影视剧中，例如《霍比特人：史矛革之战》《恐龙风暴》《龙战》《龙枪：秋暮之巨龙》和《龙与地下城2：龙王的愤怒》等等，也有"杜拉根兽醒来，肆虐人间"的情节，片中经常有人告诫大家："千万别把杜拉根兽吵醒了。"

中国的象征是龙，西方媒体常把中国的崛起形容为"龙醒了"，而龙又被译为dragon。因此，《火龙帝国》这类以"杜拉根兽醒来"为主题的电影会给西方人带来什么样的联想，结果是可想而知的。

六、类型6：圣乔治杀死杜拉根兽，救出公主

欧洲流传着这样一个神话故事：在古代利比亚一个叫塞勒恩（Silene）的地方，有一个湖，湖里住着一头染有瘟疫的杜拉根兽，它危害着整个地区。为了使它不作恶，当地人每天喂它吃两只羊。羊吃完之后，人们把自己的孩子送给杜拉根兽吃，具体牺牲谁家的孩子，抽签决定。一天，国王的女儿抽到了签，公主被装扮成新娘的模样，送到湖边，准备给杜拉根兽吃。武士乔治（George）恰好骑马从湖边经过，用长矛攻击杜拉根兽，使其受到致命的伤害。乔治把它带到城里，告诉众人：如果他们答应成为基督徒并接受洗礼，他将当着他们的面杀死杜拉根兽。国王和民众皈依了基督教，乔治则杀死了杜拉根兽。乔治因此被誉为英雄，姓氏前被冠上了称号"圣"（Saint，简写St.），人们尊称他为"圣乔治"（St. George）。

在欧洲，描绘圣乔治杀死杜拉根兽、救出身陷囹圄的公主的艺术作品很多，大量古今绘画和雕塑以 *St. George and the Dragon*（《圣乔治与杜拉根兽》）为作品名称。也许是因为这样的故事太多了，电影编导怕观众厌倦，于是根据这个"梗"拍成的电影都对这个故事有所修改或颠覆。

1981年出品的美国电影 *Dragon Slayer*，中文片名是《屠龙记》，它讲述了6世纪时一个王国里的故事。艾尔岛上有一头巨大的杜拉根兽，国王和它达成协议：每个月向它献祭一名纯洁的少女，它就不烧毁村子和庄稼。为了杀死杜拉根兽，小伙子烈香带着一小队人长途跋涉来向一位老法师求助，法师的学生盖伦挺身而出，前往艾尔岛。在岛上，一个年轻姑娘被打扮成新娘，拴在马车上送到杜拉根兽的巢穴附近。拴住她的两根柱子的顶端，雕刻着张着大嘴的杜拉根兽的头，非常恐怖。武士把少女拴在巢穴洞口的柱子上之后，大臣宣读声明："整个王国都知道这个少女，是合法挑选出来的，立下了财富和命运的转让契约，特此放弃她的生命，为了艾尔岛更大的利益……"听见杜拉根兽走出山洞的声音，其他人都逃走了。姑娘拼命挣脱手铐，但是仍然被杜拉根兽抓回去，喷火烧死了她。盖伦来到魔窟前面，用拉丁语发出咒语："岩石，放弃堆积成山的工作，埋葬染血的巨龙！"一块巨石滚落下来，堵住了洞口，随后整座山开始崩塌，把魔窟彻底掩埋了。村民们听说杜拉根兽死了，兴高采烈，他们用稻草做成杜拉根兽，然后扔进火堆焚烧。烈香穿上美丽的女装，走出家门，原来她是一个姑娘，为了逃避参加抽签，从小女扮男装。她和盖伦等年轻人一起翩翩起舞。但杜拉根兽并没有死，它从岩石下面爬出来之后再次肆虐，烧毁了村庄。国王为了安抚杜拉根兽，提前进贡少女给杜拉根兽，强迫所有女孩来参加抽签。抽签的结果是公主被抽中了，国王恳求盖伦杀死杜拉根兽，救出自己的女儿。盖伦拿着锋利的长矛进入魔窟，砍断了绑着公主的铁链，但公主没有逃走，反而走进魔窟，被几头小杜拉根兽咬死了。美丽善良的公主死于非命，画面惨不忍睹。盖伦杀死了小杜拉根兽，又在自己老师和烈香的帮助下，杀死了那头大杜拉根兽，然后和烈香一起远走他乡。

这部影片中，英雄盖伦实际上已经成功救出了公主，还对她高喊，叫她快跑，但是因为国王作弊，公主实际上一直没有参加抽签，她十分内疚，为了平息杜拉根兽的怒火，为了替父亲赎罪，她不仅没有逃走，反而勇敢赴死。这是完全符合电影逻辑和人物性格设定的。盖伦杀死杜拉根兽，等于拯救了所有少女，虽然与神话传说不同，但与之一脉相承。

美国动画片 Shrek（《怪物史瑞克》）上映于2001年。影片开始时，一本图文并茂的古书自动打开，上面写着："从前有一位可爱的公主，但是她被可怕的魔法控制了，只有真爱的初吻才可以解除这魔法。她被困在一个城堡里，由一只喷火龙看守着。有很多勇敢的骑士曾经想把她从这可怕的地狱里救走，但是没有一个人成功。她关在被喷火龙看守着的城堡里最高的房间里，等待着真爱的初吻。"阴差阳错，影片主角、绿色怪物、巨人史瑞克被强行赋予了拯救公主的任务。他和伙伴走进阴森破败的城堡，第一眼看见的是武士的半截腿在靴子里矗立着，暗示杜拉根兽吃掉了这个来救公主的武士。看守公主的杜拉根兽被惊醒了，它躯体巨大，是一头粉红色的杜拉根兽，面目狰狞，长着巨大的利齿和蝙蝠肉翅，不断喷火攻击。史瑞克抱住杜拉根兽的尾巴末端，高喊："抓住你了！"但是与庞大的杜拉根兽相比，他显得很渺小。杜拉根兽甩了几下强有力的大尾巴，把史瑞克甩了出去。真是无巧不成书，他正好被甩进了城堡最顶层关押公主的房间。史瑞克带着公主逃走时，看见一个被杜拉根兽喷火烧死的武士，墙上还有烟熏的痕迹，只有武士摔倒瞬间的身影和挥舞在空中的宝剑遮挡住的地方，没有被火焰熏黑。影片中的杜拉根兽虽然后来温柔可爱，但是仍然令人心怀恐惧，不知它什么时候会突然翻脸发威，例如吃掉坏国王的举动就非常突然。

美、英、德联合摄制，2004年上映的影片 George and the Dragon（中文片名《乔治与龙》），则彻底颠覆了同名的其他艺术作品描述的故事。公主卢娜不愿意嫁给格尔尼将军，从婚礼上逃走了。她来到湖边想自杀，被杜拉根兽爱德雷救下，带回自己的巢穴，那里还有一枚杜拉根兽的蛋，卢娜为它取名麦斯特。公主失踪后，人们四处寻找，刚回到家乡的退役武士乔治也加入了解救公主的队伍。乔治的父亲曾经追杀过一头杜拉根兽，他告诉乔治说："它是这个世界上最恐怖的生物。"在杜拉根兽的巢穴里，地上满是骸骨，可见它是要吃人或牛马等大型动物的。乔治想劈碎杜拉根兽的蛋，斩草除根，但是守护这枚蛋的卢娜出其不意地从他背后用一根巨大的骨头打晕了他。显然卢娜根据自己的经历，认为杜拉根兽并不坏。公主指挥乔治等人把蛋运到修道院，想把它藏起来，但是院长对杜拉根兽非常恐惧，她说："那东西我们不欢迎，在它出生前我们必须尽快地毁掉它。只有上帝知道它会怎样伤害人，动手吧！"但是院长被人劝阻了。这个杜拉根兽蛋最后孵化出一只萌宠的小杜拉根兽。在格尔尼将军想刺死乔治时，巨大的杜拉根兽从湖里钻出来，吞噬了他。看着杜拉根兽母子在湖里欢乐嬉戏，乔治和卢娜公主有情人终成眷属。

在这部影片中，公主不是被迫奉献给杜拉根兽的牺牲品，乔治也不是杀死杜拉根兽的英雄，相反，杜拉根兽救了公主和乔治。但是，片中人对杜拉根兽的恐惧和提防，以及它的巢穴中遍地尸骨，仍然说明杜拉根兽的主要象征意义是非常负面的。博纳德神父也不认为杜拉根兽是善物，他只是出于对卢娜公主的信任，支持她对生命的爱惜之心，才说服修道院院长收留他们。院长是看在神父的面子上，才勉强同意他们待一个晚上。

七、类型7：科普影片

有一部科普影片，片名是 *Dragons: Real Myths and Unreal Creatures*（中文片名《龙：神话与幻兽》），加拿大2013年出品，片长43分钟。影片中，一个总是做噩梦的年轻姑娘来找一位老医生咨询，谈到"龙"时，她说："我的噩梦中不存在友善的巨龙。"影片随即引出各种有关"龙"的知识。年轻姑娘与老医生还有如下对话："龙会大肆屠杀""这也是西方神话的经典桥段""龙代表了世界的黑暗面""龙通常会保护珍贵的宝藏，它们往往会与这个世界的贪婪息息相关""亚洲龙能够带来好运，提供建议""它们善良、雄伟，给人以安全感""它们能够赋予人类生命力""许多中国人和越南人都把自己称为龙的传人""亚洲龙通常都非常善良""东方龙通常都非常善良，而西方龙就意味着恐怖"。影片还说亚洲龙只有在人类实在不像话时，才发动暴雨和洪水惩罚人类。影片介绍了5世纪时维京人在船头装饰"龙"头，用于吓退海妖；红色"龙"象征威尔士人，打跑了象征入侵者英国人的白色"龙"，最后威尔士人把红色的"龙"画在了自己的旗帜上。影片还讲述了一个外国小女孩养了一条小"龙"，它长大后自己出去觅食，结果从偷吃家畜发展到偷吃小孩，居民们请来屠"龙"猎人，杀死了这头"龙"，小女孩悲痛欲绝。既然"亚洲龙""东方龙"和"西方龙"差异这么大，为什么不另取一名呢？影片没有讨论这个问题。

从这一部分介绍的这些影视片中，我们可以看出，由于译龙为dragon，中国龙在外国电影中的形象有很大的失真，而且常常被人与恶魔杜拉根兽混为一谈。

涉及杜拉根兽的影视片还有很多，维基百科有一个词条专门收集了这些影视片，有兴趣的朋友可以去找来看看。

除了前面介绍的七种影视片类型，这里有必要说说龙女、魔女和女巫这三个概念。在欧美文化中，dragon的含义非常负面，dragon lady的含义也非常负面，指的是外表艳丽、但内心狠毒的女子，往往特指亚洲女性。

在欧美影视作品中，有不少角色的称呼或片名为Dragon Lady。网站Television Tropes & Idioms（电视修辞和习语）这样解释Dragon Lady一词：Dragon Lady是男爵夫人加上黄祸恶棍的混合物。Dragon Lady的特征是她在性和身体方面毫不掩饰地咄咄逼人，不可信任，诡秘。她们通常穿着旗袍或和服，上面绣着龙（即使她们不是中国人或日本人）。她们都会武术。如果她们携带武器，通常是刺刀或鞭子之类。搏击折扇也是常见的选择。[①]"黄祸"是欧美人对亚洲人的鄙称，由这个解释可以看出西方人对dragon lady的理解是多么负面。

dragon lady 也被用来描绘凶恶的外国女性。美国故事片 *The Devil Wears Prada* 片名的字面意思是"穿（名牌）普拉达的魔鬼"，它的中文片名是《时尚女魔头》。片中，时尚杂志的资深女主编对员工的要求严苛到不近情理的程度，因此被称为"女魔头"（Devil）。女主编在片尾反思自己令别人怨恨的原因时列举自己的问题，其中一条是"dragon lady, career-obsessed"，对应的中文字幕是"恶女人，被职业所支配"。

杜拉根兽也常和女巫联系在一起。巫婆是女性，杜拉根兽暗指凶恶的

[①] Dragon Lady, https://tvtropes.org/pmwiki/pmwiki.php/Main/DragonLady, 访问日期：2021年11月19日。

女人，两者相关，也在预料之中。在前面介绍过的美国电影 P-51 Dragon Fighter（中文片名《P-51大战飞龙》）中，按照纳粹科学家的指示，几个黑衣女巫高声吟唱，遥控大群杜拉根兽袭击美军战机，美国人损失惨重。

电影 Dragon Lady 又名 Wit's End，意为"无计可施"，于1971年在新加坡拍摄。它的宣传海报的中央是一个手持利刃、紧握拳头的冷漠亚洲女子，她的旗袍胸前绣着一条龙。海报上用英文写着广告语："发生在绚丽东方的打斗、冒险和间谍故事！"

Dragon lady 和 lady dragon 常和"复仇"联系在一起。1992年上映的电影 Lady Dragon（中文片名《屠龙女》）讲的是：一个越战老兵被杀害了，他的遗孀为了复仇，去学习了空手道，最后击败了恶势力头子。1993年上映的电影 Lady Dragon 2 由同一个导演拍摄，讲的是犯罪分子强奸了女主角，杀害了她的丈夫，女主角复仇的故事。

需要说明的是：由于龙象征中国，因此 dragon lady 有时也单纯指中国妇女，不一定带有贬义。例如根据19世纪30年代华裔国际女影星黄柳霜（Anna May Wong）生平拍摄的电影，片名是 Dragon Lady: Being Anna May Wong，并无贬义，可以译为《龙女黄柳霜》。

第四节　译龙问题溯源及解决方法

从前面的内容，各位读者已经看出来了，龙在外语中怎么说非常重要，决定了龙文化能不能得以准确地传播，也关系到保护中国文化、塑造中国国家形象等很多重要问题。在这一部分，将重点介绍笔者收集到的有关译龙问题的资料。

一、最初的译龙方法

意大利旅行家马可·波罗（Marco Polo）于13世纪来到中国，他在游记中把元朝宫殿里装饰的龙称为dragon。笔者查到的最早资料是1865年出版的法文版本 Le Livre de Marco Polo（《马可·波罗的书》），书中第268页写有这样的句子："还有很多画像：龙、野兽、鸟、武士……"这句话里的"龙"是被写作dragons的。在引言部分，dragon一词还被用于"龙骨河"一词音译le fleuve Loung-ko的注释。这也说明至少在13世纪就已经在用loung音译"龙"这个字了。①

1322年来中国的方济会士鄂图瑞克（Odoric of Friuli）的 Les Voyages en Asie（《亚洲游记》）一书，第368页用serpent（蛇）称元朝宫殿里的龙；但作者在第329页介绍《山海经》一书时，使用了dragon一词。看来鄂图瑞克在描述蟒蛇状身体的龙时，使用serpent一词，而在描述兽状（或蜥蜴状）身体的龙时，使用dragon一词。②

上引马可·波罗游记和鄂图瑞克游记的版本都很晚，不排除后人把初版原文中的serpens（或serpent）改译为dragon，但鄂图瑞克游记中dragon和serpent并存，似乎又排除了这种可能性。

1583年出版的《葡汉辞典》把"龙"译为bicha-serpens（有学者汉译为"似蛇之大虫"），把"蛟"译为dragon在葡萄牙文和拉丁文中的对应词。1815年前后，英国传教士马礼逊（Robert Morrison）以中文全译《圣经》，为此他在澳门编出了译经的副产品《华英字典》，而其中"龙"译为拉丁文的dracō，然后再译为英文dragon。③

"龙"的音译法也不止loung一种。最晚在1814年，即早于马礼逊的《华英字典》问世，英国传教士马士曼（Joshua Marshman）在他编撰出版的 Elements of Chinese Grammar（《中国言法》）一书中，就已经把"龙"注音为loong。④随后loong被人们用来音译"龙"字，作为对应"龙"的英文名词。笔者检索发现，两百多年来，这种译龙法的使用绵延不绝，直至现在。很多海外华人也这样音译自己姓名中的"龙"字，例如Lee Siu Loong（李小龙）。

---

① Marco Polo, *Le Livre de Marco Polo*（Paris：Librairie de Firmin-Didot Frères, Fils & Cie,1865）.
② Odoric of Friuli, *Les Voyages en Asie*（Paris：E.Leroux,1891）.
③ 参看李奭学《中国"龙"如何变成英国的"dragon"？》，《读书》2007年第5期。
④ Joshua Marshman, *Elements of Chinese Grammar*（Serampore：Mission Press,1814），p.68.

英国人威妥玛（Thomas Francis Wade）等人于1868年推出威妥玛式拼音（Wade-Giles Spelling System），"龙"被音译为lung。不过这种译法和英文常用词lung（肺）撞衫了，使用不便。中国实行汉语拼音方案之后，也停止了威妥玛式拼音的使用。

二、不宜译龙为dragon

1882年，在中国福建邵武工作的美国牧师沃克（J.E. Walker）发表了一篇文章，标题是 *Pagoda, Loong and Foong-Shooy*（《宝塔、龙和风水》）。他写道："龙（loong）通常被译为dragon，它对中华民族的意义就和鹰对我们的意义完全一样，甚至有过之而无不及。它是一种神秘的、巨大的生物，在很多方面和西方神话中的杜拉根兽相似，但远远优于杜拉根兽。它不仅是超自然的，而且还被赋予了近乎神圣的特质。"[1]可见当时已经有外国人很清楚龙和杜拉根兽是存在差异的，而且已经用音译词loong来特指龙。

1922年，上海的商务印书馆出版了一本英文小册子，书名是 *The Chinese Dragon*（《中国龙》）。作者海耶斯指出中国的龙和欧洲的杜拉根兽存在本质的差别，他认为不应该把龙和dragon联系在一起。本章第一节已经对这本书的内容做了详细介绍。

1931年2月12日，牛津大学汉语教授苏慧廉（William Edward Soothill）在英国皇家亚洲文化协会（Royal Asiatic Society）做了一场报告，他说："在中国，龙总是行善的，而西方的杜拉根兽在大部分地区被认为是有害的，伤害人民，偷走公主，使英雄们例如圣乔治去杀死它们。""这两种东西是如此的不同，为它们取不同的名字显然是明智的，可以用来自中文的名字lung称呼这个国家的施惠者。在每年第一个满月日举行的元宵节上，人们表现出来的喜悦证明龙被中国人认为是吉祥的。在元宵节，人们充满热情地举着巨大而蜿蜒的龙，每条龙由十来个穿着鲜亮衣服的小伙子举着。"[2]

---

[1] J.E. Walker: *Pagoda, Loong and Foong-Shooy*, in *The Missionary herald at home and abroad: Volume 78*（Cambridge: Riverside Press, 1882），p.515.

[2] William Edward Soothill,"The Dragon of China," *Journal of the Royal Asiatic Society*, 63, no.2,（Apr.1931）: pp.498-599.

根据笔者的检索，从1980年开始，陆续有中国学者指出龙和杜拉根兽之间存在本质差异，把龙译为dragon是错误的。据笔者的不完全统计，到龙因为翻译问题落选北京奥运会吉祥物的2005年，一共有三百多篇学术论文讨论过这个问题。①

进入21世纪之后，仍然有外国人在为龙和dragon被混为一谈而着急。裴德思（Thorsten Pattberg）是一个德国人，1977年生，在中国、日本和美国学习和研究东方文化多年。他比中国人更积极地呼吁改译龙及其他中国文化负载词。2012年龙年年初，他用英语写了一篇文章刊登在 China Daily（《中国日报》）上。他在文章中写道："如果欧洲古代英雄齐格费里德或贝奥武夫杀死的不是欧洲的杜拉根兽，而是中国的龙，这些英雄们就犯下了滔天大罪。这是因为中国的龙代表了好的力量。中国的龙有几千年的历史。很多中国人——我指受过良好的教育、会说英语的中国人——欣然接受把龙称为dragon，这是一场灾难，这等于是自愿地放弃了自己的文化。""龙就是龙，甚至是天龙，但千万别使用dragon这个词。这种语言学帝国主义已经在你们的四川熊猫身上发生过一次了，还记得吗？中国的 xiongmao（熊猫）现在已经成了西方人的panda。""西方的漫画家喜欢把中国的龙描绘为欧洲式的杜拉根兽：庞大，红色，笨拙，梨形的肥硕身躯，凶狠，有着细小的翅膀，喷着小火苗。在一些杂志的封面上，这种傻头傻脑的怪兽坐在那里，等待着被新闻界的齐格费里德、世界贸易组织或美国政府杀死。但实际情况是，中国的龙是威严的、神圣的生物，有蛇一样的身体，象征幸福、智慧和美德。蛇也被中国人称为'小龙'。而在西方，杀死杜拉根兽才是美德，才会得到美满的结局。""只要西方人还称中国龙为dragon，他们就会把自己的文化观念移植到中国身上。然而，如果他们使用正确的词汇long，这将提醒他们：他们正面对一种文化上的新事物。""你们一定要保护你们自己的传统。对所有人来说都是这样。只有在英语能够容纳所有文化的所有概念时，它作为一种全球性的语言才是好的。我们应该容纳文化差异和文化多样

---

① 黄佶：《跨世纪的先见之明：中国学者论译龙（1980年—1999年）》，2020年12月5日，http://www.loong.cn/1987-1999_papers.html；《绝无仅有的异口同声：中国学者论译龙（2000年—2005年）》，2020年12月12日，http://www.loong.cn/2002-2005 10-papers，访问日期：2021年11月20日。

性，应该珍惜那些最重要的观念，保护它们。龙是宝贵的。"①

Linguistic imperialism（语言学帝国主义）这个词组真是振聋发聩啊！Panda一词指小熊猫（也被称为red panda）。大熊猫是中国独有的，所以裴德思认为将其译为panda或grand panda不妥，中国人丢失了对大熊猫的命名权。

裴德思按照拼音字母long音译龙，这种方法的缺点是容易和英语常用词long（长，久）相混淆。例如书名*Long Tail*会被误解为"龙尾巴"，实际上它的意思是"长尾（理论）"。

三、龙是神，杜拉根兽只是兽

龙和杜拉根兽都是神话虚构出来的，但是它们有着本质的不同。

龙是神，可大可小，上天入海，无所不能。它不食人间烟火，所以不需要私人财产；它说飞就能飞起来，根本不需要用翅膀扇动空气产生升力，巨大华丽的头部也不需要根据空气动力学进化为尖锐的小脑袋，以减少空气阻力；它可以长期住在水下，不需要定时上来换气，它住在深海龙宫里时，也不怕海水压力，仍然悠哉悠哉。龙能够无休无止地喷水，不需要考虑这些水来自哪里、存储在身体里的什么地方。

但是杜拉根兽却是凶恶的怪兽，它要吃人，吃牛羊马等动物；它不得不遵守自然规律，为了飞起来，需要猛力扇动巨大的蝙蝠肉翅，克服地心引力；它喷火之前需要在身体内部酝酿可燃气体，还需要摩擦牙齿，点燃这些气体；它像凡人那样视财如命，整天守护着自己的财富，任何人胆敢走近都有生命危险。欧洲人不是没有想象力，他们幻想出来的天堂和地狱也不遵守科学规律。欧洲人在虚构杜拉根兽时比较科学严谨，反映了他们不愿意授予杜拉根兽太多的神力。

中国神话中有一种名为"应龙"的龙，它是有翅膀的。古人说龙修炼五百年成为角龙，角龙再修炼一千年成为应龙（南朝梁任昉《述异记》："龙五百年为角龙，千年为应龙"）。但是，龙长出翅膀根本不是进步而是

---

① Thorsten Pattberg, *Long into the West's dragon business*, China Daily, January 16, 2012, accessed November 20, 2021, http://www.chinadaily.com.cn/cndy/2012-01/16/content_14450195.htm, 访问日期：2021年11月20日。

退步。因为龙本来可以自由翱翔，而应龙却需要依赖翅膀，需要存在空气，扇动起翅膀才能飞起来，飞行时翅膀也会产生空气阻力；到了没有空气的外层空间，不仅无法飞行，翅膀也完全成了无效载荷；入水的时候，一对湿漉漉的大翅膀又会成为累赘。

人类自己没有翅膀，就以为通过修炼长出翅膀，是十分了不起的事情，所以把自己的渴望移植到了龙的身上，让龙去实现自己不可能实现的愿望。但对龙来说，这完全是多此一举，画蛇添足。当然，龙和应龙本身就是虚构出来的，我们不必认真。我说这一段话是为了否定因为应龙和杜拉根兽都有翅膀、就把它们混为一谈的观点。

另一方面，应龙的翅膀是鸟类的羽毛翅膀，而杜拉根兽的翅膀是蝙蝠肉翅，在西方神话中，蝙蝠象征邪恶与死亡，这与杜拉根兽被视为恶魔是一致的。也就是说，即使是应龙，也和杜拉根兽有着本质的区别。应龙最引人关注的一次出场，是在大禹治水时，给了他很大的帮助。因此，应龙的内涵是正面的，和杜拉根兽的象征意义截然相反。尽管应龙不坏，但是龙添加翅膀成为应龙，让龙从神物降格成了动物，大多数中国人不干，于是应龙没有成为中国龙文化的主角，只是偶尔出现在一些传说中，出现在一些古代器物上，作为装饰图案。

四、龙落选北京奥运会吉祥物，为龙正"洋名"行动拉开序幕

2005年11月11日，北京奥运会评选吉祥物结果揭晓，原来呼声最高的龙落选。奥运会组委会的解释是："龙在世界各地有着不同的理解，因此不宜作为奥运会的吉祥物。""龙的形象在东西方存在差异。西方人眼中的龙和我们所引以自豪的情感寄托是不相吻合的，容易产生误解。"显然，所谓"西方人眼里的龙"就是杜拉根兽（dragon），但是因为中国的龙被英译为dragon，于是两者被混为一谈，随后有学者建议修改龙的翻译方法。

2006年12月4日，上海《新闻晨报》报道说，上海一位教授认为龙等"中国形象标志往往具有一定的局限性，容易招致误读误解或别有用心的歪曲"，他正在"领衔重新建构国家形象品牌，中国形象标志可能不再是龙"。这被大众认为是主张中国放弃龙，在全国引发了激烈辩论。在这一

"弃龙风波"中，媒体注意到了之前改译龙为loong的建议，对此进行了大量报道，多数被调查者对这一新译法持赞同态度。

2007年10月12日，首届中华龙文化兰州论坛召开，会议发表了《首届中华龙文化兰州论坛宣言》（简称"兰州宣言"）。宣言指出："中华龙与西方dragon完全不同。中华龙形象神奇，主要象征正义与吉祥；西方的dragon外貌丑陋，主要代表邪恶与祸祟。应将dragon直译为'獗更'；将龙英译为'loong'，以示区别。弃龙之说是不可取的。"

从2015年到2018年，三位全国两会代表五次递交提案，呼吁纠正龙与dragon的翻译错误，建议将龙英译为loong。

五、Loong的实际运用

虽然很多专家学者仍然反对改译龙，但是loong的实际应用正在稳步扩大，很多个人和企业以及一些管理部门，已经译龙为loong。

"龙芯"是中国科学院计算技术研究所自主研发的通用CPU（中央处理器）集成电路芯片，原来的英文名是Godson，2006年11月改为Loongson。2008年1月，腾仁信息技术有限公司推出网络游戏"龙"，其英文名为Loong。根据"龙"游戏官网公布的资料，"龙"游戏已经出口全球六十个国家或地区。高科技企业译龙为loong的实例已经很多。

中国航空工业集团公司出产的"翼龙"多用途侦察攻击无人机于2011年6月在巴黎航展上展出。该机名字"翼龙"的外文名是Wing Loong。灵龙（翎龙）军用无人机的英文名是Nimble Loong。"龙之眼"军用光电吊舱的英文名是Loong Eye。

浙江长龙航空有限公司的英文名是Zhejiang Loong Airlines Co., Ltd.。外国人经常把"长"（long）写成loong，因此，loong本身也有"长"的含义，把"长龙航空"译为Loong Air形成了一个有趣的双关语。

2017年5月，电影《龙之战》的海报公布，影片的英文名是 *The War of Loong*。该片由中央电视台电影频道节目中心出品，由该中心和中共北京市委宣传部、北京市新闻出版广电局联合摄制。2021年8月，中共广州市委宣传部等部门出品、广州歌舞剧院创作的大型舞剧《龙·舟》首演，该剧剧名译龙为 Loong。

房地产项目"鼎龙湾"位于湛江附近海边，它最初的英文名是Dragon Bay，大约在2019年上半年或之前，其英文名改为Loong Bay。笔者已经发现近十个房地产项目的名称译龙为loong了。

浙江永和制冷股份有限公司生产的制冷剂的商标是"冰龙"，英文为Ice Loong。其他不少工业产品品牌也都译龙为loong了。

2019年5月，中职篮（CBA）发布九支联赛球队的标志，其中广州龙狮队和山西猛龙队都把"龙"译为 loong。一些德国华人组织了一支业余龙舟队，名为"美龙龙舟队"，意思是"美茵河上的龙"，它的英文名是Main Loong。龙格亲子游泳俱乐部的英文名是Loong Swim Club，标志是一只戴着泳镜的卡通龙。该俱乐部专业从事儿童游泳教育，办得热火朝天，活动频频。笔者居所不远处就有一家分店，沿街玻璃橱窗上方大书着Loong。一些体育器材的品牌也已经译龙为loong了。

祖龙娱乐公司大约于2016年改译龙为Loong。有电视连续剧使用该公司的老总办公室拍戏，使Loong走上了电视荧屏。2021年2月，亚太广告节（ADFEST）宣布 Loong（北京有龙则灵广告有限公司）获得 2020年度独立创意机构奖，颁奖仪式舞台的大屏幕上显示出了巨大的单词Loong。文化传播营销广告设计领域的企业译龙为loong已经很常见了。

北京和浙江湖州都有"龙酒吧"：Loong Bar。上海则有一家Loong Café（龙咖啡）。近年创业开业的龙治汉堡连锁店的英文名是Loong Cherished Burger。很多饭店和宾馆也已经译龙为loong了。

至少有十艘中国远洋货轮把自己名字里的"龙"字译为Loong了，它们是：海龙（Ocean Loong）、宝龙（Power Loong）、金龙（King Loong）、祥龙（Lucky Loong）、飞龙（Flying Loong）、云龙（Charm Loong）、黄龙（Emperor Loong）、汉龙（Orient Loong）、俊龙（June Loong）、腾龙（Tempo Loong）。它们纵横世界五大洋，靠泊各国港口，使loong这个单词走向了全世界。[①]

[①] 黄佶：《译龙为Loong实际使用案例》，2021年9月15日，http://www.loong.cn/loong_using_topic.html，访问日期：2021年11月20日。

已经建立了loong词条的网上英汉词典有：金山公司旗下网站爱词霸（www.iciba.com）、海词词典（dict.cn）、n词酷（www.nciku.cn）、百度百科（www.baike.baidu.com）、里氏词典（www.dict.li）、有道词典（dict.youdao.com）、必应词典（cn.bing.com/dict）、查字典网（jsred.cn）、新东方在线（www.koolearn.com/dict）、听力课堂（fy.tingclass.net）。

已经建立了loong词条的网上英英词典有UrbanDictionary（城市词典，www.urbandictionary.com）、Wiktionary（维基词典，en.wiktionary.org）、WordSense（词义辞典，www.wordsense.eu）。UseEnglishWords（使用英文单词辞典，useenglishwords.com）收集了很多使用单词loong的例句，例如Chinese are proud of been called "descendants of Loong"（中国人以被称为"龙的传人"而自豪）。Wikipedia（维基百科）也收入了loong，点开这个词条时，系统会自动转向词条Chinese dragon。目前还没有发现有纸质英汉词典收入单词loong。

在loong一词广泛运用的同时，把dragon译为"龙"的情况也在改变。

基督教把杜拉根兽（dragon）视为最大的恶魔。中文版《圣经》把dragon或drákōn（希腊文）汉译为"龙"，由此引发了很多矛盾。经过一些学者的努力，这种情况正在改变。2010年出版的和合本中文《圣经》在第一次出现"龙"字的地方，加了注释："'龙'：原文音译'杜拉根'，指万恶之兽。"2019年，联合圣经公会翻译顾问洪放在一篇文章中透露：以后在修订中文版《圣经》时可能会把drákōn音译为"杜拉根"，以此作为《圣经》中对应drákōn一词的专有名词。[①]

龙文化是中国文化的重要组成部分，龙文化走向世界还有很多工作要做。希望本章内容能够抛砖引玉，使更多学者和管理者重视龙文化走向世界遇到的问题，积极行动起来去解决这些问题，更希望年轻人也加入保护和传播龙文化的行列中来。

---

① 参看洪放《〈和合本〉的修订与专有名词的翻译》，《天风》2019年第1期。

第九章 龙与文化产业

龙文化可成为现实生产力。重庆铜梁龙、广西宾阳炮龙节、广西龙脊梯田节、贵州松桃寨英滚龙节、南方龙母祭祀等，已形成功能多样、影响深远、效益良好的文化产业。龙文化产业有着广阔的发展前景。

龙文化产业的核心在于"创意"。平台规模化与资源独特性相结合的"龙文化电商平台"、以优质文化内容带动龙文化新产品、与"一带一路"倡议下的节点资源整合、统一主题下的轮转特色消费、以城市文化体验为代表的龙文化主题旅游、龙主题文化地产、健康旅游的新思路与龙文化结合，这是龙文化产业的七种商业模式。

第一节　龙文化当代开发概论

龙是中华文化中的神物，在阴阳宇宙观中代表阳，是中华民族的象征和标志。与西方长着肉翅可以喷火的dragon完全不同，中国的龙属于水物，有驼头、鹿角、牛耳、兔眼、蛇颈、蜃腹、鱼鳞、虎掌、鹰爪等，它的产生与农业对水的需求有关，是在中华民族进入农业社会后才被创造虚拟出来的。由于一直被视为中华民族精神的象征，中国龙从其出现开始，就与中华文化有着千丝万缕的联系，并产生了极具民族特色的中华龙文化。在中华文化中，龙有着重要的地位和影响。从距今八千多年的新石器时代，先民们对原始龙的图腾崇拜，到今天人们仍然多以带有"龙"字的成语或典故来形容生活中的美好事物，上下五千年，龙已渗透到中国社会的各个方面，成为一种文化的凝聚和积淀。对每一个中华儿女来说，龙的形象是一种符号、一种血肉相连的情感，中国人作为人文意义上的"龙的传人"，中国作为"龙的国度"，也早已获得世界性的认同。

龙的神性可以用喜水、好飞、通天、善变、显灵、征瑞、示威等来概括。龙喜水，而水是生产、生活的命脉；龙好飞，飞是对超越苦难、摆脱困境的向往；龙通天，天是天帝和诸神居住的地方；龙善变，变是对生存环境的适应；龙显灵，灵异使龙神奇莫测、非凡不群。将这种种优长集于一身，龙又怎能不给人间带来福祉和祥瑞？当然，龙可以"征瑞"，也可以"兆祸"。龙的性情中，也有凶猛威厉、乖张易怒的一面，我们概而称之为"示威"。龙之所以能在中国人心灵深处激荡起巨大的共鸣，因为这是远古中国人在社会生活中逐渐形成的、经过世代历史而积累起来的典型心理经验。与龙图腾相关的文化符号，之所以具有超时空的魅力，能够打动千百代中国人的心，是由于它们借原型所凝聚的我们祖先的感受、思索、欢乐与忧伤，表达出了超个人的深层心理能量。作为历史的遗存，龙图腾原型在中华文化中的长期承传现象，表现为一种超稳定的特点。即使受制于恶劣的社会环境，即使社会文明程度有了飞跃发展，龙图腾原型也会不断地以置换变形的方式，适应环境，顽强生存。在今天全球化的浪潮中，保护中华龙文化，从根本上把握龙、凤等原始意象，把它们从无意识的深渊中发掘出来，赋予其积极的价值，并经过转化使之能为当代人普遍理解和接受，意义重大。

在全球化时代，中国需要更真实、更全面、更有效地展示自己，这种展示需要利用传统文化的资源。但我们需要的不是简单的传统复辟，而是与现代中国相关的深层次归纳。在重塑和构建龙形象品牌时，应该重视和积极挖掘中华传统文化中的正面形象和积极元素，弘扬龙的容合、福生、谐天、奋进的精神，重塑出能够真正代表当今中国形象的标志物和载体。通过大力宣传、挖掘和阐释类似"龙凤呈祥"这样的龙的积极形象，将龙塑造成为取象广博、形态神奇，代表着中国的悠久历史，表达出中国人民与生俱来的追求美好、祥和的理念与民族文化底蕴，使之成为有力、坚定、和谐、正义的神圣形象。

一、龙文化具有多重内涵

龙文化的多重内涵，我们可以从三个层面来理解。一是龙的观念。中国龙的形象中，蕴含着中国人最为看重的四大观念：天人合一的宇宙观；仁者爱人的互主体观；阴阳交合的发展观；兼容并包的多元文化观。二是龙的理念。在中国龙的形象、龙的观念后面，包含着中国人处理四大主体关系时的理想目标、价值观念，即追求天人关系的和谐、人际关系的和谐、阴阳矛盾关系的和谐、多元文化关系的和谐。三是龙的精神。容合、福生、谐天、奋进的中华文化基本精神，是中国龙形象、龙文化的最深层的文化底蕴。"龙的精神"是中华民族的象征，是中华五千年伟大历史的象征，是中国人民勤劳勇敢、不屈不挠、大胆创造、诚信和谐，立于世界民族之林的精神。

此外，还可以从性质和内涵来看，将中华龙文化分为三大类型：一是宗教龙，把龙当作圣物或神灵来崇拜，把龙视为主宰雨水之神或保护神等；二是政治龙，是统治阶级利用人们普遍崇拜龙的心理，把帝王说成龙神的化身，是神圣不可侵犯的，用以维护统治；三是艺术龙，以艺术的形式表现对龙的敬仰和崇拜,即以雕刻、塑造、绘画、舞蹈、神话传说、竞技活动等方式表现龙。

历史上宗教性和政治性的龙崇拜,如祭龙求雨、祭龙求子、祭龙求平安和"真龙天子"等观念,应予以梳理和扬弃。但艺术性和民间性的龙文化具有很强的生命力,如舞龙灯、赛龙舟等与龙有关的民俗活动,应作为非物质文化遗产予以保护。

龙文化是中华优秀传统文化中延续时间最长、生命力最强的文化现象之一,是中华优秀传统文化的典型代表。龙文化对中国人和中国社会影响深远,可以说它已经成为中华民族文化认同的纽带、情感联系的桥梁。我国古人常用龙来比喻美好的事与物,龙的形象深入到社会生活的方方面面,不仅历代帝王都自命"真龙天子",使用的器物也以龙为装饰,而且在民间的各类物品上也不乏龙的形象,如中国古代铸剑鼻祖欧冶子所铸的龙泉剑、"武圣"关羽使用的青龙偃月刀等。诸多民俗也都与龙有关,正如张一一《龙赋》所言:"龙泉出鞘兮,天下之剑宗;龙井泡水兮,世间之佳茗。……龙舟竞渡兮,百姓费米粽;龙马精神兮,正气贯长虹。"[1]而在我国历史与语言文字中,龙文化更是包罗万象:有边塞诗人王昌龄咏叹"飞将军"李广的"但使龙城飞将在,不教胡马度阴山",岳飞的"直抵黄龙,与诸君痛饮耳",还有水镜先生司马徽所言"伏龙、凤雏,得一可安天下"中所指的"卧龙"诸葛亮,铁面无私的一代名臣龙图阁大学士包拯"包龙图",等等,当然也有"乘龙快婿""龙蟠凤逸"等典故和"叶公好龙""画龙点睛"等传说。

中华龙文化具有鲜明特色,主要体现在五个方面。一是悠久性。在中国,龙崇拜有久远的历史,据考古发掘资料,最早的龙形象是在1994年发掘的辽宁阜新查海遗址中发现的,这一遗址中有一条距今约八千年的兴隆洼文化石块堆塑龙。在新石器遗址中,还发现了众多的龙形象。二是延续性。从考古发现中可推测,中国龙的起源在八千年以上。龙文化在中国历久不衰,历朝历代延续不断,可以说是延续时间最长、生命力最强的文化现象。三是

---

[1] 张一一:《龙赋》,http://blog.sina.com.cn/s/blog_4aee52060102dy26.html,访问日期:2020年10月9日。

多样性。中华龙文化丰富多样。龙的形象变化多样，各朝各代的龙形象均有不同。各地与龙有关的民俗活动也各不相同，龙的神话传说丰富多彩，祭龙仪式纷繁复杂。四是普遍性。中国大多数民族都崇拜龙，有龙抬头节习俗，带有"龙"字的地名、物名、人名遍布全国各地，龙也是中国的十二生肖之一。五是整合性。自秦汉以后，龙神崇拜与帝王崇拜结合在一起，龙获得了更为显赫的地位，这使各地区、各民族本来不同的龙文化得到整合。中华龙文化经过整合，具有了更强的生命力和传播力。

二、中国具有源远流长的崇龙习俗

龙以一种神物化的图腾原型，被初民赋予积极的符号形式，在文化实践中不断反复运动，最终形成一种文化传统，形成普遍的原型及在文化发展中循环演变的程式。在中国，龙通过代代演化与扩展，已构成完整的神话系统和文化象征体系。

龙已成为一个永恒的话题。从古到今，中国人无论谁碰到这个话题，似乎都能展开自己想象的翅膀，发表一通看法。有些人甚至根据龙的传说想象出很多东西来，并且还要在有关社会活动中有所表示，从而形成了源远流长的龙文化。人们对于龙的崇拜简称为"龙崇拜"，龙崇拜是一种民间信仰，崇龙习俗是一种民间信仰习俗。

龙是中华民族的广义图腾，海内外华人大都认同自己是人文意义上的"龙的传人"。中国人崇龙不仅历史悠久，而且地域广泛；不仅汉族崇龙，少数民族也崇龙。崇龙习俗虽然产生于汉族先民，可是在数千年的社会发展过程中，这种习俗差不多已经流播到中华大地的每一个角落、每一个民族。许多民族本来没有崇龙习俗，后来都不约而同地接受了崇龙习俗。

在中国社会里，龙崇拜已经渗透到政治、经济、文化等各个方面，对于人们的生产和生活产生了重要影响。

（1）从政治方面来说。自从西汉初年刘邦托喻龙种以后，历代皇帝都自称"真龙天子"，宣称自己受命于天，代表上天统治万民。统治者利用人们的崇龙心理，大肆宣扬君权神授论，为其统治服务。清朝的国旗是所谓的黄龙旗，旗帜中央绣着一条腾空而起的龙。龙，成为帝制皇权的象征。

（2）从经济方面来说。在农业、工业、商业等领域，都存在利用崇龙习俗进行经济活动的现象。

在农业生产领域，中国人自古以来就把龙当作主管雨水的水神来崇拜，向它祈求风调雨顺。降雨量是否适宜对于农业收成的好坏有着至关重要的影响。农民靠天吃饭，在自己无力影响降雨量的情况下，只好请求神灵帮忙，为此，他们专门建造了龙神庙，每年春耕前夕，或天旱时，都要举行隆重的祭龙、祷龙仪式。农历二月初二的龙抬头节也有祭龙的内容。

工业生产领域龙崇拜的主要表现，就是龙形制品以及带有龙纹图案的物件的生产与销售。由于崇龙，人们自然也就喜欢龙形制品、龙纹图案。许多工商企业便利用人们的这一心理，生产和销售龙形制品以及带有龙纹图案的物件。例如，人们进行龙舟比赛时所用的龙舟很多就制成龙形，舞龙时所用的龙也是制成龙形，许多布匹、绣品上面，也都绘有龙纹图案，还有塑砌、置放在屋顶上的二龙戏珠，等等。民间工艺美术品的生产和销售多有利用龙的形象大做文章的情况。企业经营者还喜欢在企业名称和产品品牌名称中冠以龙的名号。给企业名称冠以龙的名号者，如北京天龙股份有限公司、上海龙头股份有限公司、湖南飞龙实业股份有限公司等；给产品品牌名称冠以龙的名号者就更多了，如龙酒、龙卡、华龙面、龙牌酱油、金龙鱼油、钱龙软件等。给企业冠以龙的名号，无非是希望自己的企业像传说中能够飞翔上天的龙那样具有强大的生命力，不断发展壮大、兴旺发达；给产品品牌冠以龙的名号，显然是想利用大众的崇龙心理推销产品。

在商业领域，人们利用龙抬头节、龙舟节（端午节）等节日开展商贸活动。龙抬头节和龙舟节都是传统节日，每逢这些节日，多有大规模群众集会活动，由于参加的人多，有些厂家、商家乘机大做广告，竭力宣传自己的产品，扩大影响。有些地方甚至利用这些节日开展大规模的经贸活动。而且，龙舟赛已成为国际性体育比赛项目，许多国家都派队参加。人们不仅喜欢龙、崇拜龙，而且渴望了解龙、认识龙。学者们积极开展龙文化学术探讨，展现龙文化的图书、影视作品等也层出不穷。

（3）从文化方面来说。龙崇拜对于中华文化的影响几乎无所不及。人们在给事物取名的时候喜欢用"龙"字，这方面的例子不胜枚举，其中以人名、地名表现最为突出。《周易》乾卦也以龙做比喻，说明事物运动、变化和发展的规律。就语言来说，不仅许多汉字里有"龙"字，许多成语、俗语也都与传说中的龙有着密切的关系。人们口语中经常提到龙，如"长龙""合龙""龙脉""一条龙""望子成龙"等，人们对龙总是念念不忘。就文学来说，不仅许多古典小说里面有龙的传说，现代民间故事也不例外，其中也融入了许多龙的传说；古往今来有不少赞颂龙的诗歌，涉及龙、以龙作比的文学作品更是不可胜数。体现在宗教方面，佛教、道教中的许多人物传说都与龙有关，"龙王""龙女"这两个名词就出自汉译佛经，中国龙王、龙女故事就是受汉译佛经中龙王、龙女故事的影响而形成的。

体育、音乐、舞蹈、书画、雕塑等，无不涉及龙。舞龙、龙舟赛已逐步发展为国际性的体育比赛项目；《龙的传人》《中国龙》《相聚在龙年》《中国，龙的故乡》等通俗歌曲广为流传，家喻户晓。特别是2000年，既是龙年，又是千禧年，千禧年与龙年叠加，三千年才有一次，真可谓千载难逢！《龙禧千年颂新春》《龙禧千年》等歌曲，通过2000年中央电视台春节文艺晚会，响彻云霄。舞蹈方面，人们习惯把舞龙称为"玩龙灯"，每逢喜庆节日，各地都有玩龙灯的活动，还有旱龙船、板凳龙等传统舞蹈，各少数民族也有风格多样的龙舞。从书画艺术而言，龙是中国书画艺术的永恒题材，许多书法家所写的"龙"字，成为人们欣赏、收藏的艺术作品；许多画家喜欢画龙，历代都有画龙高手，如三国时期东吴曹不兴、东晋顾恺之、南朝梁人张僧繇、唐代冯绍正、五代南唐董羽、宋代陈容、明代汪肇、清代周寻等，都有画龙的杰作。早在宋代，人们就对画龙技法进行了总结，提出了画龙理论"三停九似说"。就雕塑艺术来说，中国人最初表现龙的形象就是从雕塑开始的。辽宁阜新查海遗址龙纹陶片采用浮雕的手法表现龙，龙形堆塑主要采用堆塑和摆塑的手法表现龙，后来许多表现龙的形象的作品也都采取了雕或塑的办法，华表上的龙、建筑物上的二龙戏珠，都是雕塑作品。

龙崇拜在文化方面的表现还有：人们喜欢把龙纹图案当作吉祥图案，一方面是为了装饰，另一方面也是为了讨个吉祥，人们多在服饰、器具、建筑物等上面绘制或雕刻龙形，龙纹图案几乎随处可见。人们喜欢把有本事的人称为"龙"，如孔子就曾经把老子称为"龙"，人们把秦始皇称为"祖龙"，把诸葛亮称为"卧龙"。有些人甚至把自己比作龙，龙抬头节的某些习俗就是如此。人们还把中国称"龙"，把中华民族称"龙"，也把长江、黄河称"龙"，把中国人称作"龙的传人"，凡此种种，说明龙崇拜的影响已渗透到了中华文化的各个方面。

作为一种民间信仰，龙崇拜与其他民间信仰相比，具有三个突出特点。一是流行地域广、信仰民族多。许多民间信仰仅仅流行于某个地区或某几个地区、某个民族或某几个民族，而龙崇拜流行于全国各地，流行于绝大多数民族。二是历史悠久。许多民间信仰从产生到现在只有两三千年的时间，甚至只有几百年的时间，而龙崇拜至少已有八千年的历史。三是影响大。许多民间信仰虽然存在，却没有很大的影响；龙崇拜则不同，它对于中国的政治、经济、文化等各个方面都产生了深远影响。

在中国民间信仰中，极少有比龙崇拜更重要的了。八千多年以来，中国人一直崇拜龙，崇龙习俗已然成为一种优秀的文化遗产。当然，中国人的崇龙习俗并不是一成不变的，而是随着社会的发展、时代的变迁而变化。不同时期，人们赋予龙的文化含义有所不同，龙崇拜具有鲜明的时代特征，集中反映了时代的要求和人们的愿望。不管有关习俗如何变化，人们崇龙这一点却始终没有改变，只不过表现形式有所不同、文化含义有所变化而已。

三、中国龙是中华民族的名片

龙象征着中国。龙有很多图形，但最本质的是S形，正如《易》有很多图形，最本质的是太极图。龙体现了太极图的核心S形，理解了S形的龙，就理解了龙的本质，最主要的是理解了龙的精神，威严而又活泼，可敬而又可玩。示威而又施恩的龙，是文、是武、是和、是融、是通、是变、是大、是中、是一、是道。我们知道，以"容合"为基本内涵的新东方主义是一种文化的趋势，随着中国日益发展强盛，新东方主义是一种历史的必然。作为东方文化重要组成部分的龙，是日月精华、天地灵气、万物和合之神，实乃华夏之广义图腾，民族精神之信仰，至善至美；龙乃上下五千年文明之大成，中华神魂也。

坚持打造中国龙作为中华民族的名片，我们需要注意以下几点：

（1）坚持品牌建设的民族性内涵。龙是中华民族独一无二的传统文化，同时也是最能反映中国性格的载体，要充分把握这一独特的资源，通过持续不断的提升、提炼，创造独特的龙文化与东方巨龙性格，完成对民族文化品牌的全方位塑造，用文化营销的方式与竞争对手展开差异化竞争，建立中华文明的国际标识，将中华民族的国家文化推向全球。保护中华传统文化是我们全民族的责任，同时，作为一个开放和上升中的国家，我们应该增强自信，积极主动地去传播我们的文化。老祖宗留下的宝贵无形资产，不能断送在我们手上。

（2）多元容合开放纳新的当代中国龙。龙文化既是中国的，也是世界的。中国龙既要立足中华文化，也要容合世界文明。世界是多元的，文明是多样的，全球化不是一种文明的一元通吃，而是各种文明的交相容合。中华龙本就是多元容合的神物，仅从形象上看，进入容合的就有猪、鹿、牛、马等哺乳动物，也有蛇、鳄、蜥蜴等爬行动物，还有鱼、蜃等水生动物，以及雷电、虹霓、龙卷风、星宿等自然天象。中华龙文化从问世以来，就一直处于不断容合、不断发展的过程中，今天如何更加积极主动地容合世界文明，既是中华龙文化要面对的课题，也是中华文化国际化的重要命题。

（3）对龙这一文化符号的合理使用。考虑到"龙"这一中华文化符号容易招致误读误解或别有用心的歪曲，建议对其使用可以在空间上分块，在时间上分段。在顾及历史因素的同时，还应考虑当代的时代特色，兼顾中国各民族、各地区的不同文化特色与特征。此外，还要考虑到民族、宗教信仰和地域文化等因素（善变、适变本就是龙的特性之一）。

文化全球化是全球化进程中不可阻挡的发展大势，对于当今龙文化发展来说，文化全球化既是机遇，又是挑战。在全球化趋势面前，任何国家都无法置身事外，我们应当紧抓机遇，主动融入，多措并举，勇敢地迎接挑战。

四、龙文化发展的机遇与挑战

1. 发展机遇

文化全球化的发展趋势是世界化与多元化的辩证统一。"21世纪是一个个分裂的文化集团联合起来，形成一个文化共同体，一个多元一体的国际社会"①，人类生活在同一个"地球村"，彼此之间的联系日趋紧密。文化全球化背景下的文化交流具有广泛性、全球性、即时性、深刻性等显著特点，世界各个国家可以超越时间、空间等因素的限制而自由地进行文化交流。文化全球化给中华龙文化的发展带来机遇。

（1）文化全球化有利于龙文化吸收、借鉴世界文明有益成果，丰富自身的文化内涵。中国是世界古代文明的中心之一。在古代中国，龙文化曾源源不断地向外扩散和传播，历代仁人志士历尽艰辛，为中华龙文化的传播做出了不可磨灭的贡献。而佛教文化、伊斯兰教文化、基督教文化等外域文化也不断地传入中国，促进了中华龙文化的发展和进步。正是由于中外文化的广泛交流与融合，才使得中华龙文化能够不断地补充新鲜血液，永葆生机与活力。在文化全球化背景下，龙文化作为中华民族传统文化的重要内容之一，与其他民族文化正处于大规模的交流与互动的状态，并在这个过程中相互吸收、相互借鉴而促进文化的共同发展。当代中国，龙文化要想实现自身的新发展，就必须孜孜汲取世界文化中的有益成分，丰富自身内涵，在交流中获得提升。

（2）文化全球化有利于中华龙文化在世界范围的传播和国际影响力的提升。文化在交流中传播，在传播中获得发展。便捷、高效的现代传播媒介在文化传播中的作用越来越重要。在文化交流过程中，谁拥有先进的传播手段，谁就有可能占据主动的地位。当前文化全球化正处于新一轮科学技术革命的大背景下，新的传播媒介在龙文化传播中的作用则显得愈加重要。如今，以现代信息技术为依托的大众传媒能够最大限度地超越时空的局限，成为当代龙文化传播的主要手段。随着中国科学技术的发展、经济规模的扩大和国际地位的提升，中华龙文化在世界范围内的传播更加迅速、广泛，越来越多的外国人开始了解和学习中华龙文化，其国际影响力和吸引力将进一步得到增强。总之，文化全球化为中华龙文化提供了展示自身魅力的广阔舞台，搭起了走向世界的重要桥梁。

（3）文化全球化有利于龙文化产业的外向型发展和国际市场的开拓。文化与经济相互联系、相互影响的辩证统一关系，使得文化全球化在全球化

---

① 费孝通：《从反思到文化自觉与交流》，《读书》1998年第11期。

进程中的地位愈加重要。文化全球化背景下，中华文化发展的国际环境总体稳定，这种稳定的国际环境为中华龙文化走向世界提供了外部保障。文化全球化是经济全球化不断发展和深化的必然产物，经济全球化推动了各种生产要素在世界范围内的自由流动和配置，这有利于促进中国经济发展水平的不断提高。同时，外国先进的管理经验和生产技术也对中国龙文化产业的发展大有裨益。经济全球化推动着文化全球化，借此机遇，中国龙文化产业转型和升级的步伐会进一步加快，这不仅有利于其外向型的发展和国际市场的开拓，而且有利于培育和创造国际知名的龙文化品牌，提高我国龙文化产业在国际市场的综合竞争力。

（4）文化全球化有利于增强海外华人对龙文化的认同感及全球中华儿女的凝聚力。中国是龙的国度，中国人都是人文意义上的"龙的传人"。龙文化的广泛渗透，体现在中国人生活的方方面面，建筑名胜、歌舞影视、岁时节令、衣食住行等，都有龙的印迹。这一切无不说明中国人心中最大的广义图腾就是龙，龙是中华民族最为广泛的崇拜物。对于古老的、历史悠久的中华民族来说，虽然她的儿女会身在异乡，但是他们身上时时刻刻流淌着原始时代祖先的血，依然对祖国怀着深厚的情感。中华民族文化的重要象征——龙文化，已深深地烙印在每一个中华儿女的内心。在文化全球化的背景下，随着中华龙文化进一步走向世界，"容合、福生、谐天、奋进"的中华龙文化的精神内涵也为更多的海外华人所理解所认同。中华民族是一个重血缘、重传统的民族，龙文化把我们与上下五千年以来的历史紧密地联系起来，追根溯源，不忘先贤。尽管我们的生活方式、价值判断、时代追求等在不断地变化着，而龙文化的印迹始终镌刻在每个人的内心深处。融化在民族血脉之中的龙文化力量，影响着我们对自我人生及现实世界的认识与态度。共同的龙文化信仰不仅是联系海内外中华儿女的重要纽带，还是增强民族凝聚力的重要基石。

2. 面临的挑战

当前的经济全球化是在西方国家主导下形成的，他们所制定的某些"游戏规则"在给其自身带来众多优势的同时，也使得发展中国家面临着不平等竞争的极大压力。与此同时，随着文化全球化程度的日渐提高，"强势文化"与"弱势文化"之间的差距不断扩大,西方资本主义文化也对中华龙文化的发展带来挑战。

（1）西方文化霸权主义给中华龙文化的发展造成威胁。文化全球化背景下,西方强势文化加强了对包括龙文化在内的中华民族文化的渗透和侵蚀,文化霸权主义对中华龙文化展开了猛烈的攻击。鼓吹文化霸权主义论者把文化全球化看作是全球范围内形成的一种具有普世价值的文化,而西方文化又是居于主导地位的文化,他们认为不同民族文化之间具有优劣之分,只强调西方文化的价值,否定世界其他文化的价值。美国学者福山的"历史终结论"就是这种思想的代表。福山从美国价值观优越论的立场出发,把西方社会和文化模式看作是全球普遍化的模式,他认为西方的文明和价值体系是高级的,而其他的是低级的,世界文化的发展归宿是对西方文化与价值体系的普遍认同和效仿。这种观点,虽然看到了文化与经济的密切关系,但却忽视了各国国情的特殊性、社会历史发展道路的多样性和文化相对的独立性,成为文化霸权主义的思想根源。随着世界政治格局朝着多极化方向发展,奉行文化霸权主义的国家,竭力向其他国家进行文化输出和渗透,企图将本国的价值观念和思想文化凌驾于别国的民族文化之上,以确立在世界文化发展中的领导权。中华龙文化在参与文化全球化并从中获得益处的同时,也不可避免地面临着考验和挑战。

（2）文化竞争成为综合国力竞争中愈加突出的一个方面。当今世界,国与国之间综合国力的竞争日趋激烈,文化软实力的作用也愈来愈突出。世界各国围绕着文化的传播、保护与创新等,展开了新一轮的激烈攻势。一些发达的西方国家,借助于雄厚的经济实力和先进的传播手段,大力进行以资本主义价值观为主的文化扩张,这对中华龙文化的发展也造成了一定程度的威胁。毫不夸张地说,当今美国出口量最多的已不再是粮食、汽车等工农业产品,而是以美国价值观为核心的流行文化——软件、音像制品和电影等。面对以美国文化为代表的西方"强势文化"的大举入侵,许多国家忧心忡忡,处境艰难。小国弱国,面对强势文化的扩张却手无善策,步调纷乱;而有一定实力的国家,则以不同的方式奋起抵制并捍卫自己的民族文化。针对西方强势文化的疯狂扩张态势,我们应坚决捍卫中华龙文化发展的自主权和独立性，抵御国外腐朽思想文化对龙文化的侵蚀。文化是一个国家的软实力，但其作用却是强大的。龙文化所蕴含的深刻的人文精神，对于我国社会主义核心价值观的形成，对于中华民族凝聚力的增强，对于国民素质的提高，都起着重要的作用。对于这一点，我们要有清醒的认识。

（3）外来文化的大量涌入给中华龙文化传统带来极大冲击。从现实情况来看，全球化进程在相当程度上是西方资本主义文化对世界各国进行渗透的过程。科学技术和经济全球化的深入发展，既便利了世界范围内的文化传播与交流，也加剧了国外思想文化对我国龙文化的冲击。例如：更多人对圣诞节、万圣节等西方节日情有独钟，而对端午节、龙抬头节等与龙有关的节日淡然处之，一些龙纹服装被西装和时尚服饰所代替，等等。此外，随着西方文化价值观在世界各地区的广泛流行，拜金主义、享乐主义、极端个人主义等不良思想日益泛滥，使得"容和、福生、谐天、奋进"等龙文化精神也受到一定程度的影响。面对西方文化帝国主义、文化霸权主义的威胁，培育和弘扬中华先进龙文化，增强国人对龙文化的认同感和自豪感，自觉抵御西方不良文化的冲击，已刻不容缓。

五、文化全球化背景下龙文化发展的总体策略

全球化已成为不可阻挡的潮流，与此同时，各种思想文化相互碰撞、激荡与交融也成为必然。文化全球化对我们来说既是机遇又是挑战，如何才能卓有成效地应对挑战，将国际文化竞争中的战略主动权牢牢掌握在自己手中，筑就中华民族伟大复兴时代的文化高峰，也是我们亟待解决的一个问题。在此背景下，龙文化发展的总体策略就是立足中华优秀传统文化，面向世界、博采众长，大力推动龙文化的创新性发展。

1. 继承传统，推陈出新

当代龙文化要想更好地发展，关键在于加强自身的创新。龙文化创新要秉持"取其精华、去其糟粕，推陈出新、革故鼎新"的理念，不断创造新的龙文化、发展先进龙文化。一方面，我们不能离开传统文化空谈文化创新。任何新时代的文化，都离不开对传统文化的批判性继承；任何形式的新文化，都不可能摒弃传统文化而从头再来。毋庸置疑，一个国家、一个民族如

果忽视了对优秀传统文化的继承，就会失去创新的根基。另一方面，体现时代精神也是龙文化创新的重要诉求。现实社会实践的不断变化，也带来了社会各个领域的变化，要求龙文化吸收新的时代精神。龙文化创新，就表现在为传统龙文化注入时代精神的努力之中。

2. 面向世界，博采众长

在社会实践的基础上，不同民族文化之间的交流、借鉴与融合，既是人类文明发展的重要动力，也是龙文化创新必然要经历的过程。"文化是对话，是交流思想和经验，是对其他价值观念和传统的鉴赏"[①]，实现龙文化创新，需要博采众长。龙文化是民族的，又是世界的，在与其他异质文化交流、借鉴与融合的过程中，应向世界优秀文化学习，充分吸收外国文化有益成果，同时注意把握适度原则，抓住有利时机促成龙文化的飞跃式发展。这就需要有宽广的大国气魄和科学缜密的思维。龙文化与其他民族文化之间有差异，也就难免有矛盾有竞争，但文化差异不应该成为文化交流的障碍，文化竞争并不排斥文化合作。龙文化与其他民族文化应该平等交流、相互借鉴，促进彼此的创新与发展。

3. 主动融入文化全球化进程

伴随着文化全球化而来的不仅有世界范围内文化交往的扩大，还有西方文化霸权主义咄咄逼人的入侵态势。中国已处于文化全球化的大潮中，不应安于现状、故步自封，而要积极主动地融入文化全球化进程中，打破狭隘的民族性或地域性视野，树立全球化眼界，勇敢地迎接挑战。奉行文化霸权主义的某些西方国家，基于自身发展的考量，极力鼓吹、推行其国家、其民族的价值观念和文化产品，而对其他国家、其他民族文化持排斥甚至是蔑视的态度。西方文化的强势输出以及一些发展中国家经济水平和思想教育的落后，出现了一些盲目追随西方文化的现象，对于这些现象，必须区别对待，时刻保持清醒的头脑，趋利避害，防范风险。龙文化不仅是中华民族身份的主要标志，也是中华民族生存与发展的重要精神根基。在文化全球化的浪潮中，不同民族文化相互交融，这就要求我们在警惕和抵制文化霸权主义、维

---

① 欧文·拉兹洛编辑《多种文化的星球：联合国教科文组织国际专家小组的报告》，戴侃、辛未译，社会科学文献出版社，2001，第205页。

护中华龙文化安全的同时，也要尊重其他民族文化，求同存异，尊重世界文化多元化，推动世界文化秩序朝着更加公平合理的方向发展，共同促进人类文明的繁荣和进步。此外，还要大力推进龙文化国际传播能力的建设，讲好中国龙的故事，传播好中国龙的声音，以自豪、自强、自信的心态，主动走向世界民族文化交往的大舞台，努力争取在国际文化领域中的话语权。

六、龙文化当代产业开发

原文化部制定下发的《关于支持和促进文化产业发展的若干意见》将文化产业定义为："从事文化产品生产和提供文化服务的经营性行业。……是社会生产力发展的必然产物，是随着我国社会主义市场经济的逐步完善和现代生产方式的不断进步而发展起来的新兴产业。"其中，文化资源是文化产业发展的基础。中国源远流长的龙文化是非常宝贵的文化资源，只有将其合理转化为可视听、可体验的物质形式，才能走上产业化发展的道路。

在我国，龙文化遗迹以及与龙文化相关的非物质文化遗产举不胜举，可谓群龙共舞，异彩纷呈。一些省市精心打造和强力推进以龙文化为主题的龙文化产业体系，已取得显著成果，前景广阔。当然也有很多地方，其龙文化产业开发还基本停留在战略构想阶段，尚未真正进入资源产品化、产品产业化、产业市场化的整体开发阶段。

河南濮阳是龙文化产业发展比较好的地区。1987年5月，在濮阳城区西南角西水坡的引黄供水调节池施工现场，考古工作者发现了一处仰韶文化聚落遗址，其中最为显耀的是一座编号为M45的古墓。M45号墓是一座土坑竖穴墓，一位男性墓主头南脚北仰卧于墓中，在墓主骨架左右两侧，有用蚌壳精心砌塑的龙虎图案。不久，蚌砌龙虎被运送北京，安放在国家历史博物馆内。蚌砌龙虎的发现，让豫北小城濮阳一下子轰动全国。也因为蚌砌龙虎的发现，濮阳先后赢得"中华龙乡""华夏龙都"的美誉。从2000年开始，濮阳相继举办了中华龙文化周、中华龙文化节、二月二龙文化节等多种龙文化研究、推广活动，极大地提高了濮阳的知名度和龙文化在濮阳人心目中的地位。如今，龙文化已经融入濮阳经济社会的各个方面，成为濮阳最耀眼的一张名片，是当之无愧的濮阳第一文化。濮阳是蚌砌龙虎的出土地，龙文化资源是濮阳最具品牌优势、最具影响力和亲和力、最具推广价值的文化创意资源。打造华夏龙源之都，已成为濮阳市城市发展战略，城市雕塑、标志性建筑、龙书碑林等文化设施初具规模，龙文化在一定程度上已经成为城市文化标识。当地建设的中华龙文化产业园项目，成为展示这一文化品牌的窗口，蚌砌龙虎出土地西水坡、五代城墙、东周阵亡将士排葬坑等均包含其中，全方位再现龙源圣地及仰韶文化、龙山文化遗存风貌。每两年一次的中国濮阳中华龙文化节，水平和档次逐渐提高，规模逐渐扩大，已成为中华儿女寻根问祖的圣典和濮阳与海内外交流的重要纽带。

神州大地，大江南北，处处有着龙的遗迹。即使不像濮阳那样有珍贵的文物出土，但也会有元宵节舞龙、"二月二龙抬头"、端午节赛龙舟、编草龙、扎龙灯等，这些都是与龙文化相关的中国传统节庆文化或非物质文化遗产。集文艺汇演、体育竞技、旅游休闲、商贸洽谈为一体的龙文化节庆活动，可以精心打造成为地方扩大开放、广交朋友的窗口，也是充分展示民族文化的独特舞台和发展节庆文化产业的重要平台。通过各级政府的牵头组织和科学统筹，尤其是推行市场化运作方式，借助现代传媒的传播营销，可以使更多人参与进来，通过寓教于乐，人们在耳濡目染中缅怀祖先的业绩，使民族传统文化在不经意间得以传承；大量节庆活动的举办可以有效刺激当地消费，树立当地形象，扩大知名度，促进旅游业的发展，而旅游业的发展又进一步带动交通、住宿、餐饮等相关产业的发展，形成规模经济。

要继续办好节庆文化艺术旅游活动，使之更上一层楼，成为区域性文化艺术旅游品牌，实现产业化发展，也并非易事，需要有关部门建立一个正规、常设的组织机构，也需要长远规划，建立长效机制，更需要一大批热爱龙文化、愿意投身龙主题节庆文化产业的有识之士的积极参与。

当代龙文化研究应与发展龙文化产业紧密结合，整合挖掘龙文化资源，富有创意地运作龙文化品牌，丰富内涵，提升品位，更好地彰显龙文化的生命力、吸引力以及核心竞争力。其中，有几项需要高度重视的开发原则。

（1）开发的整体思维。对龙文化遗迹和与龙文化相关的物质文化遗产不能单一开发，需要结合所在地的旅游资源做整体开发。围绕中华龙文化主题，在该旅游目的地要设计出足够游客游览更长时段的内容，可以将龙文化资源开发与已有的山水特色旅游线路、田园休闲旅游品牌，以及各种节庆活动，一起做联动开发，联合打造以"中华龙+地方风情"为主题的旅游产业。还可跨省联动，跨界创新，策划中华龙文化旅游产业的跨域开发。用整体思维开发龙文化，既要求眼光不能只盯着景点，单一的景区开发往往是难以获得成功的，也不能只盯着某个时间点，全域开发才能使产业价值最大化。开发者要以中华龙文化为战略核心，对全域的龙文化资源及关联资源做整体开发。如结合体育产业，打造"中华龙·国际山地马拉松/定向越野"赛事；创意研制一部影视剧，随后借影视剧来策划旅游项目，开发旅游纪念品。如利用各个不同历史时期所形成的龙的符号或标志，生产丰富多样的旅游纪念品，诸如钥匙扣、U盘、打火机、茶具、相册、开酒器、台灯、名片夹、项链吊坠、壁挂等等。

（2）开发的现代思维。用现代思维开发中华龙文化，就要求研究旅游市场的需求侧，并根据需求侧改革供给侧，以建立和现代需求相匹配的文化旅游产业体系。随着时代的发展，物质生活水平的提高，旅游行业出现了文化旅游、全民旅游、自驾游、自助游、海外游等新形式。旅游需求也发生了很大的改变，消费者不仅希望在传统的吃、住、行、游、购、娱等旅游要素上得到满足，也渴望在文化体验上得到深度满足。开发者尤其需要分析70后、80后与90后、00后等中青年群体的旅游消费需求，与老年群体的旅游消费需求相比，年轻群体更希望通过旅行把平淡生活变得精彩，更喜欢通过旅行来观光和体验旅游地的文化。因此，在设计中华龙文化旅游产品时，除了注重产品或服务的龙文化的内涵外，还应注重产品或服务的奇特、好玩、好看、可拍、个性、潮流等等特性，如此，方能使古老的中华龙文化焕发出现代生机与活力。

（3）开发的产业思维。用产业思维开发中华龙文化，就是要通过市场化运作，将旅游资源产品化、产品产业化、产业市场化。换句话说，就是要发挥"旅游+"的功能，将文化旅游和体育、影视、音乐、游戏、互联网、现代声光电技术、虚拟现实展示等多方结合，横向拓展文化产业链的广度。同时深挖龙文化的价值内涵，既满足消费者对祭祀、消灾、祈福等的原始需求，也兼顾消费者对健身养生、娱乐休闲、探秘寻根、信仰培育等的现代需求,以此拓展文化产业链的深度。纵横结合,谋求中华龙文化旅游业与体育业、影视业、互联网业、房地产业、手工制造业、玉石加工业、金融业等多种产业的有机融合,以激发消费者的消费欲望,挖掘消费者的消费潜力,拉动当地旅游经济的发展。

我们需要避免龙文化节庆活动内容的同质化。大多数节庆活动忽视对文化内容的挖掘,文化含量不足,使得节庆旅游活动"处处花相似,年年仍依旧",缺乏特色和创新,渐渐地就失去了吸引力。只有抓住地域特色这个基础,才能打响节庆文化艺术旅游品牌。

我们需要避免公众参与度不高、策划不力不强的问题。每一项活动的成功举办离不开政府的支持,节庆旅游活动也不例外。但政府包办或干预过多,往往又会在节庆活动的策划、运作方面不够专业,可能因为对节庆市场了解不够,对旅游者、参与者意见的重要性认识不足、分析不够,导致节庆活动脱离群众、吸引力不强,进而很快被淘汰。这就需要举办方注重活动的策划,设计出更多群众喜闻乐见、乐于接受的活动项目,让不同层次的群体包括本地居民和外来游客都能欣然接受,乐于参与,从而聚集人气,产生品牌效应。

我们通过举办龙文化产品博览会、招商会、洽谈会,构成龙文化产业资源圈,逐步形成独具特色的龙文化旅游景观和龙文化旅游产业,撬动其他产业发展,使龙文化产业在推进经济社会发展的进程中,与其他高精尖项目的引进双轮驱动,攘袂引领,率先突破。文化产业的创意属性,决定了我们在顶层设计中华龙文化产业时,需要转变思维方式。传统旅游业的发展思路,大多是把景区当成唯一,倚重门票经济和景点经济。新的开发思路要突破传统旅游产业模式的桎梏,将旅游资源产品化、旅游产品产业化、旅游产业市场化,用整体思维、现代思维、产业思维开发中华龙文化旅游产业。把龙文化产业这篇大文章做好、做强,真正让厚重的历史文化从地下走向地上,从历史走向未来,从思维走向产业,从中国走向世界。这需要持续用力,久久为功,需要创新超越,科技引擎。

龙文化来自民间,又要走出民间,要通过不断"取其精华、去其糟粕",发展符合人民群众实际需要的龙文化产业,把握好继承传统与创新发展的关系,不断拓展产业策划模式,促进龙文化产业更好更快发展。总之,人文与自然资源是基础,创意是灵魂,市场化运作才是龙文化产业获得可持续发展的生命力所在。

第二节　龙文化产业开发模式创新

一、什么是文化创意产业?

在通常意义上,我们这样定义文化创意产业:文化创意产业(Cultural and Creative Industries),是一种在经济全球化背景下产生的以创造力为核心的新兴产业,强调一种主体文化或文化因素依靠个人(团队)通过技术、创意和产业化的方式开发、营销知识产权的行业。文化创意产业主要包括广播影视、动漫、音像、传媒、视觉艺术、表演艺术、工艺与设计、雕塑、环境艺术、广告装潢、服装设计、软件和计算机服务等方面的创意群体。

近年来,"文化产业""文化创意产业"话题非常热,但更多时候大家的讨论都停留在概念层面,到底"文化创意产业"或"文化产业"是什么,国内理论界众多学者围绕文化创意产业的不同侧面提出了各种观点。有人认为文化产业主要是创造出一些能够吸引人眼球的文化产品,如电视节目、影像制品等,因此称之为"眼球经济"。有人认为文化创意产业竞争主要是围绕如何争夺受众的注意力,并围绕受众的注意力展开多种经济附加值服务,因此称之为"注意力经济"。也有人根据伴随中国汽车数量快速增长而出现的交通广播类节目盈利模式提出了"耳朵经济"的概念。这些说法都不全面,都没有指出文化创意产业的核心本质。

在发达国家,不管它叫"文化产业"还是"创意产业",这个行业本身发展的历史已经比较漫长。称"创意产业"的有英国、韩国,欧洲其他国家有人称之为"文化产业"。美国没有"文化创意产业"的概念,在美国,一切创造力产生的产品都是有知识产权的,比如绘画、歌曲、舞蹈、电视节目、广播节目都是有版权的,未经授权其他人不能使用,因此他们把相关行业基本叫作"版权产业"。由此看来,在发达国家文化创意产业的概念也不完全一样。

实际上这个产业最核心的东西就是"创造力",也就是说,文化创意产业的核心其实就在于人的创造力以及最大限度地发挥人的创造力。"创意"是产生新事物的能力,这些创意必须是独特的、原创的以及有意义的。在"内容为王"的时代,无论是电视影像这样的传统媒介产品,还是数码动漫等新兴产业,所有产业发展的基础就是优良的产品,而在竞争中脱颖而出的优良产品恰恰来源于人的丰富的创造力。因此说,文化创意产业其本质就是一种"创意经济",其核心竞争力就是人自身的创造力。由原创激发的"差异"和"个性"是文化创意产业的根基和生命。

二、龙文化产业的核心在于"创意"

"创意"或者"创造力"包括两个方面,第一是"原创",是前人和其他人没有的,完全是自己首创的,比如龙、凤、京剧、昆曲、武术就属于中国原创;第二就是"创新",它的意义在于虽然是别人首先创造的,但将它进一步改造,形成一个新的东西,就可以给人新的感觉。电影《卧虎藏龙》就是一个采用西方化的艺术表达方式来包装中国内核的故事,属于一个创新过程而不是原创。就创造力而言,可以有原创也有创新。比如原广州军区杂技团利用杂技的形式重排西方经典芭蕾舞剧《天鹅湖》,国外观众看后惊叹不已,《纽约时报》为此还特地做了一个一分三十秒的录像放到《纽约时报》的网站上,产生了很大影响。这样的形式虽不是原创的,但属于一种创新,也是一种很好的创造力。因此,龙文化创意产业开发,对于世界而言、对于中国新生代年轻人而言,属于原汁原味的中国"原创"。同时,当古老的龙文化融合各种跨界元素,比如将中国龙形象重新设计,打造符合时代审美、具有知识产权属性的超级IP,做成玩具、服装,建造主题公园,开发电影、电视、音乐剧、舞台剧、杂技、游戏、AR、VR、手游、周边等等,这就是创新。人的创造力是无限的,可以实现创造力的途径也是无限的,龙文化产业的核心就在于无限"创意"。

在"文化+"的市场背景下，文化产业与其他产业的融合发展催生了各种新型商业模式，主要包括：平台规模化与资源独特性相结合，以优质文化内容带动新产品，"一带一路"倡议下的节点资源整合，统一主题下的轮转特色消费，以城市文化体验为代表的城市主题化旅游，以各种特色小镇为代表的文化地产，健康旅游的新思路，等等。这些商业模式的创新反映了当前中国文化产业的新业态，同时也为中国文化企业提供了新的发展思路。中华龙文化产业和龙文化品牌做大做强，可与之结合掘进。

三、龙文化产业的七种商业模式

1. 平台规模化与资源独特性相结合的"龙文化电商平台"

近年来，中国互联网发展迅猛，截至2020年3月，我国网民规模达9.04亿，互联网普及率达64.5%。[1]互联网作为兼具技术、用户、内容等关键市场要素的新领域，也逐渐与传统文化产业相融合，一些主要的互联网公司纷纷进军文化产业：阿里巴巴推出娱乐宝，收购"文化中国"并将其更名为阿里影业，进入影视制作、手游等领域；腾讯参与推出影视大片；百度也收购了网络视频运营商PPS的视频业务。互联网是主体经济社会的一部分，"互联网+"将连接实体、产业、服务、个人、设备等一切基本要素，创造出一个"互联网+"的生态体系。未来，互联网将"连接一切"[2]。

互联网给文化产业带来了诸多新变化，这不仅仅表现在业务类型、市场范围、传播媒介等一般产业特征上，更关键的变化是互联网改变了文化产业的思维模式。例如，互联网领域的价值评价是颠覆传统的，京东连续亏损了十年，但市场价值很高，传统的投资理念从"投资给当下赚钱的企业"演变为"投资给当下亏得有道理的企业"。因此，文化产业企业要适应互联网潮流，就必须从根本上转变思维模式。互联网最大的特点就是规模化，人们在互联网平台上可以做任何事，但追求规模就需要大量投资，最后只能少数人赚钱，因此规模优势只有BAT（百度、阿里巴巴、腾讯）这些大型互联网

---

[1] 《第45次〈中国互联网络发展状况统计报告〉发布》，《中国广播》2020年第5期。
[2] 赵满华主编《当代中国经济》，山西出版传媒集团，2016，第103页。

平台才能做到，而刚刚起步的中小互联网平台应该集中力量开辟独家产品资源。

我们最好既做平台又做一部分内容，就像腾讯的社交平台加入了游戏内容，视频门户网站也在自己的平台上打造网络剧。平台+部分自制内容将成为最好的商业模式，湖南卫视的芒果TV就是这种商业模式的代表。湖南卫视自己做一个网络平台，好的节目放在网络平台上播，比如《爸爸去哪儿》《我是歌手》等。互联网文化企业要有竞争力，就需要独家的产品资源，否则是难以在互联网环境下生存下去的。内容资源来自产品设计，而平台的成功取决于内容的独家化。当前蓬勃兴起的垂直平台模式就是互联网独特性的典型代表，垂直平台区别于BAT这些以覆盖面广、种类多而取胜的平台模式，它一般只占据某细分的垂直领域，重在挖掘特定客户群体的需求，例如蘑菇街、美团网、大众点评网、陌陌等，都是利用了垂直平台的经营优势。

人们的文化需要一般是千差万别的，因此，要想符合人们文化消费的需要，可以根据不同的文化群体或不同的地域文化开发有针对性的垂直平台，特别是可以针对某一粉丝群体或某一兴趣团体开发针对性产品。总的来看，平台规模化与资源独特性相结合遵循了"互联网+文化产业"的两条基本价值增长原则：其一是通过规模优势增长价值，其二是通过独特性增长价值。龙文化具有鲜明的标签属性，因此，打造一个全方位集结、跨界融合龙文化各主题，平台规模化与资源独特性相结合的"龙文化电商平台"，是发展龙文化产业的一种良好的商业模式。

2. 以优质文化内容带动龙文化新产品

区别于第一种商业模式先建设平台再注入内容的思路，第二种商业模式是先打造优质内容，然后依靠核心内容注入新产品，最终占有产品市场。在互联网文化领域，文化企业逐渐意识到，只有拥有高质量的文化产品，才能在市场上立于不败之地，而IP资源是研发各种文化产品的起点与核心。什么是IP？从广义的范畴来说，IP指的是可供多维度开发的文化产业产品。比如火爆好几年的"中国好声音"，就是一个可供开发的IP；再比如中国的龙文化，也是一个包含丰厚文化底蕴和文化开发价值的IP。不可否认，当资本已经开始疯狂舔舐IP产业时，说明一个全新的"IP+"时代已经来临。

以网络文学为例，网络文学作为IP源头之一，在资本市场中越来越受到关注，2015年比较成功的《琅琊榜》《盗墓笔记》等影视作品均改编自网络文学作品。此外，IP资源的开发途径将日益多样化，互联网正在由文字时代转为视频时代，内容为王的特征越来越明显。一方面，我们需要不断挖掘或创造新的IP资源，这可能来自传统文化，也完全可以是当代的创造；另一方面，我们需要丰富IP资源的开发途径，充分利用媒体平台发挥IP资源的经济价值。例如，有一本很受欢迎、点击率很高的网络小说《龙符》，讲述苍茫大地，未来变革，混乱之中，龙蛇并起，谁是真龙，谁又是蟒蛇？天地众生，谁可成龙？这部连载于著名网络文学平台"纵横中文网"的网络小说，以强大的想象力和强悍文笔讲述众生与龙的故事，讲述天符大帝之子古尘沙聚集"神州"和"四荒"，将其改造为"永界"，领导众生走向全新文明的故事。2019年2月，《龙符》入选国家新闻出版署和中国作家协会联合发布的"2018年优秀网络文学原创作品"推介名单。这部网络小说未来有望成为文化产业市场中炙手可热的IP（版权），可探索和尝试形成一套系统性的上下游产业链，围绕电影、季播剧、游戏、出版、衍生产品在内布局，以谋求IP商业价值的最大化。IP变现的过程其实就是一个文化产业链贯通的过程，当一个IP在一个领域崛起，要变现就要将其衍生到其他领域，进行二次、三次接二连三地创作，从一个IP发展成一个IP体系，从一个品牌发展成一个品牌集群。在这样的环境下，以龙文化为背景和追求的企业，应以极具代表性的中国龙为IP内容，开创一条全新的掘金之路。

另外，近年来，旅游业与影视业相互融合，衍生出新兴的文化旅游需求，产生新的影视旅游产业，既丰富了文化旅游产品的供给，又拉动了旅游经济的发展。曾有研究者指出："对于电影业和旅游业而言，产业融合无疑是一场正在发生的、优胜劣汰的新产业革命。在电影业与旅游业相互融合基础之上产生的电影旅游产业，有可能为中国电影产业和中国旅游产业带来前所未有的巨大商机和1+1=3的文化生产力。"[1]影视旅游业1+1大于2等于3的经济效应，是影视和旅游跨界融合后获得可持续发展的结果。具体说有

---

[1] 李道新：《电影旅游：产业融合的文化诉求》，载范周、吕学武主编《文化创意产业前沿——韬略：变革的力量》，中国传媒大学出版社，2008，第188页。

两方面的原因，一方面是影视业以其创意的故事情节，强烈的情感体验，强大的明星效应，唯美的镜头语言与画面设计，为影视拍摄地的旅游业注入活力，使当地衍生出旅游资源观光、影视文化体验、旅游新产品研发等一系列新兴文化旅游产业；另一方面是对旅游资源的发掘，又可使影视业获得源源不断的创意ID，从而促进影视业的发展。美国的迪士尼乐园、好莱坞环球影城，宁夏西部影视城，浙江横店影视旅游基地，以及电影《非诚勿扰》《泰囧》给日本北海道、泰国旅游经济带来的爆款效应，无不说明影视旅游产业正在日益成为旅游经济发展的新贵。

基于上述理由，可以开发与龙文化相关的影视剧，随后再借影视剧策划旅游项目，开发旅游产品。中华龙文化历史悠久，文化资源丰富，这为影视剧的创作提供了丰富的素材，可挖掘极具市场卖点的题材，结合神话、帝王、爱情等影视市场流行元素，编撰故事情节，使用VR技术设计虚拟唯美的神话场景。编制一部部奇绝瑰丽、充满东方想象的古装神幻剧，借此全面揭示具有龙的血缘的人文先祖（比如舜帝）的孝德、情德、公德与政德，进而揭示中华传统文化中伟大的龙德。除了电影、游戏、网络文学等传统内容资源可以开发外，微电影这种商业模式也是十分理想的新型内容资源，可以打造"微电影内容+衍生品+电商"的商业模式，每个微电影都是小平台，不是只做一集微电影，而是把一个主题做成系列微电影，只要微电影受欢迎，就可以持续在微电影中加上植入广告与电商产品，再利用互联网平台推广微电影，同时可利用微电影做IP销售，可以签约演员，总之可以围绕微电影做多方面的事情。这其实是用平台思维重新思考内容资源的市场特性。传统的思维是把内容资源等同于产品，但事实上，在互联网时代，内容资源不仅能够转化为产品，内容资源本身也可以成为平台：围绕核心内容植入各类产品，形成"新媒体影视+电商"的新模式。这也带动了与明星合作的粉丝经济模式。"新媒体影视+电商"的模式事实上就是新媒体植入消费的常态化，观者可以一边看视频一边购物。游戏、视频在互联网上都可以植入广告，互联网是无处不植入的。从植入方式看，有自主植入，也有合作植入，几乎所有的电商都是以植入为主，然后再卖产品。

这可以实现中国销售行业的产业升级。比如互联网的很多商店都可以与明星合作，引导明星的粉丝进入店里，通过微店、淘宝与明星的粉丝进行有针对性的销售。再如通过与明星开展广告合作，可以获得良好的传播效果，吸引明星的粉丝消费。又如粉丝可以参与明星演唱会直播的线上活动，同时提供在直播过程中即兴消费的机会，从而使明星经济得到强化。在新媒体时代，视频等文化内容产品很容易与明星结合在一起，笔者以为今后可形成一种"设计+内容播出+明星经济+粉丝+衍生品"的消费结构，这一结构以明星和衍生品为核心重构产业链，以明星为源头开发衍生品，进而带动粉丝消费。

3. 与"一带一路"倡议下的节点资源整合

"一带一路"为中国文化产业发展带来了新机遇。"一带一路"倡议的提出，为企业带来了市场、交通、人才等多方面的政策红利，特别是"一带一路"沿线的广阔地域，有丰富的可供开发的文化资源，这为文化产业创造了良好的发展条件。"一带一路"沿线各国、各地区拥有不同的文化艺术形式，如果把沿线每个地方视为一个节点，那么我们可以把不同节点不同的文化艺术形式组合在一起，以龙文化将其熔于一炉，进行整体性开发利用。

艺术组合不是简单地把不同艺术拼凑在一起，而是要寻找共同的契合点来实现有机组合。从内容上看，艺术组合强调共同的文化主题，中西方的文化交流，意味着中华龙奔腾四方，可以通过这个历史主题把各民族文化统合在一起进行联合开发；还可以通过策划新的文化主题，在现有艺术资源中不断组合出新的艺术集合体，从而实现艺术开发的可持续发展。从形式上看，艺术组合也强调多种艺术形式的组合开发，把画作、影视、雕塑、日常器物、文艺表演等多种艺术形式结合在一起，全方位展示不同民族的艺术特征，一方面增加艺术的公众吸引力，另一方面拓展艺术的开发渠道。围绕"一带一路"倡议，沿线城市可以举办不同主题的文化艺术博览会，也可以建设相关主题的文化产业园。而旅游资源的开发、传统手工艺品的创新、互联网平台的应用，无疑给文化创意公司带来了新的发展机遇，文化创意公司可以将各种创意理念、现代传媒工具与"一带一路"沿线的文化要素相结合，凭借"一带一路"的政策红利寻求新的市场空间。

事实上，诸多文化企业和地方政府已经着手利用"一带一路"倡议的政策优势来发展壮大文化产业,"一带一路"倡议不仅推动了诸多文化创意企业的崛起与发展,从宏观角度讲,它也推动了中国文化和中国文化企业走出国门,通过与"一带一路"沿线国家与地区的合作,中国文化企业将赢得更大的国际市场,中国文化品牌也将获得更多国家、民族的认同。中华龙对于"一带一路"沿线国家是有文化品牌辐射力和影响力的,很多来中国学习的外国留学生,都会以龙姓作为自己的中国姓氏;利用中华龙的形象,还可以提升中国高铁("一带一路"火车就是"中华龙")的文化内涵。2019年1月,新西兰国家博物馆举办"为中国龙和兵马俑增色"主题家庭日活动,让新西兰孩子们有机会用自己的方式为中国龙和秦兵马俑上色,之后制作成简易的手工艺品,在博物馆展示,吸引了诸多参观者。2019年举办的迪拜中国龙庙会这一国际大型文化展会,其目的也是配合习近平主席倡导的中国梦、"一带一路"、人类命运共同体的具体实施,是配合习近平主席访问阿联酋相互友好具体工作的实施,同时也为对外推介、发展中国文化,推介中国产品创造了一种途径,目的就是提高中国在世界的影响力,努力让世界了解中国。据规划,未来除了在迪拜,还计划在新加坡、美洲等地举办龙庙会系列活动,以更好地宣传中国文化、推介中国企业。

4. 统一主题下的轮转特色消费

这一商业模式与第三种商业模式有类似之处,二者都看重对文化资源的统一组合,如果说第三种商业模式主要关注的是资源共享与投资,那么这种商业模式则更加看重文化消费问题,即让散布在不同地区但有共同消费爱好的人们能够在统一平台上实现轮转消费。什么叫轮转消费?就是围绕某一个主题,轮流交替地进行一次又一次的消费,既相似又有差异。例如,历史悠久的佛教文化是取之不尽的旅游资源,全国有众多的名庙古刹、名山圣迹,佛教文化、佛教艺术品市场巨大,透过轮转消费,可以集约在统一平台,同时进行时间节点与空间节点上的衔接联动,可以把市场蛋糕做大做强。同理,全国各地有不同的龙文化资源与非物质文化遗产,可以充分利用线下与线上这两个平台。发展线上与线下两种平台是凝聚消费者、创造消费热点的关键,通过线上活动培育活动参与者,宣传活动内容信息,扩大活动影响力,在线下可以开展节庆、演出、会展、旅游等具体的文化交流活动,让参与者切身感受各地不同的龙文化的魅力，从而激发持久的文化消费欲望，成为线上平台的忠实用户。

利用互联网运营平台进行龙文化产品线上开发，主要包括三方面内容：龙文化知识、龙文化艺术品鉴赏的展示、推广与交流。任何文化产品的消费都需要良好的消费文化作为支持，因此，平台要为龙文化艺术品的消费培育一种消费习惯；共享专业的龙文化艺术品的开发经验，并且收集相关的创意产品方案，可供有兴趣的文化企业或艺术家购买。龙文化艺术品的展示、销售，要打造成熟的电子交易平台，实现龙文化艺术品的线上交易、鉴定、出租、运输、修复等等服务。龙文化艺术品线下活动形式包括两个方面，一是与拥有优质龙文化资源的地方城市合作，推广城市特色文化，可举办以龙文化艺术为主题的博览会，还可以与当地政府合作，建设专门生产龙文化艺术品的文化产业园；二是加强与文化企业的合作，开发新的龙文化艺术品。线下平台可以依托自己拥有的信息资源或创意方案，与文化企业合作开发新的龙文化艺术品，而平台的媒介作用又可以为产品的市场营销提供优质的服务。

通过线下线上两个平台的建设，虽然消费者或文化企业分布在不同的地理空间，但他们可以通过平台汇聚在一起，形成巨大的消费热点。所谓轮转消费，就是人们既能够在线上平台享受共同的文化消费，同时又能在线下参与各个地方的文化消费活动，实现不同地区间消费市场的整合与联动。

5. 以城市文化体验为代表的龙文化主题旅游

城市主题化可以充分彰显城市的个性和特色，它既是以打造城市文化名片为中心的城市发展模式，同时也是品牌突出的文化旅游商业模式。城市主题化不仅通过会展和综合娱乐等来吸引游客，也以持续化的品牌效应，促进各种项目及资源不断融入其中，使城市主题内容更为丰富，如设计之都、音乐之都、文学之都或者会展之都等，都是城市主题化富有特色的发展模式。再如上海新天地作为上海的一张城市名片，它既体现上海中西融合的基调，又把传统的石库门里弄与充满现代感的新建筑融为一体，特别是上海时装周期间，新天地连续举办十几场汇集中外设计师品牌的时装秀，成为上海时装周发布最新潮流趋势的时尚舞台。

城市旅游的策划和规划并不仅仅是对城市特性的提炼、挖掘。例如，如果把一个西部城市定位为休闲城市，却没有独特的会展或旅游项目，谁会千里迢迢去这个城市休闲一番呢？如果把一个城市营销策划为"中国龙都"，如果这个城市没有丰富的龙文化自然资源、历史遗存或非物质文化遗产，没有一定的产业布局与服务配套，那这个城市标签就很难立得住。这与一些地方举办各种活动，却只能强制当地百姓去消费是一个道理。因此，城市旅游的策划和规划必须以所规划的资源具有一定的容量和吸引力为前提，使旅游者能够因活动内容或体验的吸引而停留相对长的时间，或者采购更多的商品。一个城市或地区需要拓展甚至创造性地规划一些可以带动规模消费的项目，并突出项目宣传，以项目取胜。

城市举办会展活动还应考虑尽量使城市的硬件建设与会展规模和持续性相对应，避免经营不善的危机。即使要新建会展的配套设施，也一定要考虑这些场馆的后续利用问题。另外，场馆的档次要合理定位，否则对资金的消耗就会是个"无底洞"。例如，许多地方办展览时，只盖高级宾馆，而实际上参展的人很多都没有住高级宾馆的消费能力，这实际上是一种浪费。如果没有合理规划，会展活动也会使一些考虑不周的企业充满危机。

在一些有丰厚的龙文化资源的城市，可以打造一个具有声光色功能的"中华龙宫"或龙文化博物馆，满足消费者祈福、养生与探秘的需求，使之成为一站式的城市文化体验综合体。如今，一种新兴业态正在购物中心里迅速崛起：逛商场的时候，顺便参观个博物馆，看场艺术展，挑选一两件艺术品回家，成了不少时尚男女的选择，这也让购物中心里的博物馆与艺术品商店成了一桩好生意。目前全国已有的龙文化旅游产品种类颇多，有龙文化书法展、龙文化艺术节、龙道文化艺术馆、龙道文化博物馆、龙文化展览园等。龙是吉祥的象征，老百姓创造了接龙、拜龙、舞龙民俗，表达了消灾除害、求吉纳福的愿望。因此开发中华龙宫的一般性创意就是运用声光电现代技术，打造声光色立体体验中心，供游人祈福。中华龙宫的景观设计，可根据已有资源，设置隧道、金龙迎宾厅、擎天玉柱、龙宫宝藏厅、龙宫仙境厅、海盗船等神幻景致。此外，游人祈福的线路与祭龙仪式，也需要设计者综合考量当地的祭龙习俗与消费者的心理需求后加以设计。即使受场馆空间所限，也可利用虚拟现实技术，在馆内开设一条名为"穿越时空，与龙同行"的虚拟探秘旅游线路，立体演示龙的形成过程与发展演变的漫长历史，让游人重返亦梦亦幻的远古时代，开启时光倒流的曼妙旅程，从中感受体验中华龙道信仰的旺盛生命力。在如今商业地产项目争夺龙头地位的"生死之战"中，如何在竞争中吸引到更多的人，成为当今购物中心发展所要考虑的重要问题。近年来，文化艺术介入购物中心模式独树一帜、快速崛起，打造一个将艺术、人文、自然及购物消费相融合的艺术馆零售模式，在购物中心为热爱生活的消费者塑造一个颇具场所感的公共空间，并提供更加舒适、便利的娱乐生活体验，成为各地商业综合体的全新探索。将龙文化植入商业地产，打造富有文化艺术气息的一站式城市文化体验综合体，不失为一种很有特色的前沿商业模式。

6. 龙主题文化地产

发展文化产业是盘活中国房地产的一大机会。房地产公司可以利用现有房产转型做文化产业，比如可以举办音乐节形成艺术小镇，在艺术小镇消费的全是文化产业的植入产品，里面的餐饮、纪念品都属文化产业，这叫文化产业衍生品。文化地产作为一种商业模式，能够使房地产持续发挥价值，而不仅仅是地产商赚到了钱。

这里介绍一种已有的文化地产模式：地产文化与旅游相结合。具体有如下几种类型：一是本质型项目，如建设主题公园，直接吸引人们前来文化消费。二是组合型项目，如万达广场，这是一种地产规模开发的模式，其中融入了一些文化消费，不是纯粹的文化产业模式。三是环境型文化地产，主要指把地产建在公园、景区等环境优美的文化场所附近。四是商业包容型，比如博鳌论坛、商业会展拉动了当地的文化消费。文化地产一定要以文化产业的发展为主要思考对象，不能再受制于原有的房地产思维，而要考虑各种文化要素的市场价值，特别是不要以文化产业的名号来搞房地产圈地。现在很多地方的文化产业园看起来很火，但实际上都是在圈地，因为这些园区里的文化企业根本没有竞争力，也缺乏有价值的文化主题或文化资源。龙是吉祥的象征，如何利用龙文化资源，做足做好龙主题文化地产，打造品牌项目，值得深入探讨。

7. 健康旅游的新思路与龙文化结合

人们的生活方式在不断变化，新的需求也在不断增加，因此企业可以采取满足新需求的商业模式。比如现代人饱受亚健康状态的困扰，精神压力越来越大，增进身心健康的旅游活动将是人们的旅游需求。健康旅游是一种以身体疗养、健康休闲为主要目的的旅游形式，主要针对人们的慢性疾病，让人们恢复到一定的健康状态。健康旅游既要有健康产品，又要有好的旅游活动，健康旅游途中的所有环节、经历和居住地点，都要有利于保持或者改善人们的身心健康状态，如通过音乐治疗、宗教治疗、禅修体验治疗等方法，使人们达到舒缓身心的效果。

值得注意的是，健康旅游作为一种特殊服务的商业模式，是针对消费者的特殊需求指向而进行的产品、服务的开发和销售，因此相关文化产品和服务是特定的，其销售指向也是特定的，企业需要针对特定会员提供系列服务。同时，它也是既可针对大众也可针对高端客户的一种商业模式。事实上，国内很多房地产商推出海边房、景观房，目的在于为老年人养老，问题是，这并不是一种健康旅游，虽然有着健康旅游等口号，但离健康旅游的要求还差得远，实质上仍是一种房地产买卖和投资，或者是为了吸引老年人到环境好一些的小城镇居住而已，纯粹的养老是不行的。

从长远发展来看，发展健康旅游是一个非常好的行业，不过仍需注意很多具体要求。比如，健康旅游需要完善的配套措施，如要有疗养设备，要有良好的服务意识，即旅游地的整体性服务体系要跟得上。体育旅游业是体育产业与旅游产业相结合而产生的一种新的产业形态，因能满足旅游者对健身的实用需求和挑战自我的精神需求而营利，是文化旅游产业的一个新亮点。可发挥旅游+体育的优势，规划如"中国龙·国际山地马拉松/定向越野"为主题的活动，举办年度比赛，这样的体育竞赛，既能满足参赛者对绿色有氧的健身诉求，对远古龙文化的体验诉求，又能拉动吃、住、行、游、购、娱等旅游经济的发展。此外，根据当下市场对养生、新鲜、刺激等的消费偏好，可开发水上娱乐项目的龙宫，还可在龙洞周边建造恒温温泉，如无温泉，可抽地下水加热，让游人在龙潭里泡温泉，沐浴的同时，还有文化上的滋养和精神上的满足。

四、龙文化产业开发思路及创意策划

在龙文化产业开发方面，除舞龙灯、赛龙舟、龙王庙、龙母诞辰等可以直接应用的非遗技艺、文化遗存、传统节庆外，我们还可以从十一个方面来挖掘无形的传统龙文化，并与当代的生活美学化、轻奢化产品、时尚体验、家庭文化消费、互联网文创电商等融为一体，促进龙文化产业的多元开发。

1. 提炼故事

重新讲一个故事，特别是体现传统文化精髓和气质的故事。龙是中国等东亚区域古代神话传说中的神异动物，为鳞虫之长，常用来象征祥瑞，龙文化是中华民族等东亚民族具有代表性的传统文化之一，但传承至今的龙文化博大精深，需要在鲜明的人物形象和扎实的细节之上重新讲故事。正如当代西游题材的影视剧、游戏，总是能够成为国内动漫游戏娱乐圈内的焦点，其票房与活跃玩家的数据体现的不仅仅是市场本身对这一中国超级西游记IP的认可，更是一种文化传承中观众们都熟知的西游情怀。

龙作为中国超级IP，也需要大胆创新、打造精品，从影视到游戏进行大量的改编，不一定是传统意义上的龙的故事，也可以引用和借鉴其他故事框架，成为关于中国龙故事不一样的形象颠覆。同样的中国龙IP，通过不一样的视角和故事，就让这个古老题材有了新的闪光点，而后这个中国龙IP可以进军游戏圈、影视圈，成就一个又一个的经典，打造出全新体系下的中国龙故事，让传统中国龙故事得到更长远的发展。比如孙俪主演的电视连续剧《那年花开月正圆》，就是挖掘陕西一位女商人跌宕起伏的励志传奇人生故事，打造成为符合当代审美趣味和时代精神的女性传奇大戏。整部剧不仅还原了一位女性秦商的坎坷经历，也为观众勾勒出一代秦商在为人处世与行事风格上的群像特征，呈现出强烈的地域感，以大格局、大情怀重塑女性风骨。剧中男女平等观念下的人物设定，不仅贴合了当下大女主戏盛行的创作趋势，也与现代女性追求独立自主的心理预设完美契合。

2. 整合传统文化元素

比如禅宗文化可以与音乐、健康旅游结合在一起，可以衍生出很多相关的文化，而不局限于本地的文化。如《功夫熊猫》系列影片，在

"文""武"两方面体现了好莱坞解读、运用中国传统文化元素的功力。其中,"文"体现在影片故事所选择的文化背景及情绪模式方面,"武"体现在好莱坞动作制作技术与风格方面,这两者完美地将中国传统文化元素融进了好莱坞制作模式中。《功夫熊猫》成功运用了众多中国元素,为我们塑造了一个活生生的中国武侠世界。影片通过插入仙鹤、龙、面条、禅学思想等一些物质符号和精神形态,很好地向世界诠释了中国的独特文化,为中国文化在世界范围内的传播起到了良好的桥梁作用。《功夫熊猫》这部影片作为好莱坞投资拍摄的一部美国大片,却将不少中国元素融入其中,也体现了越是民族的文化就越是世界的文化,中西文化在彼此的碰撞中渐趋融合。我们期待具有中国龙文化元素的电影能出现在世界的各个地方,让全世界的人们更好地了解中国。

3. 挖掘核心元素

比如"灯"。灯是中国传统文化的代表元素之一,可以古今融合、横向跨界,比如很多文旅项目一定要做一个夜游的体验,灯正好是中国很发达的产业,结合音乐感应灯、灯光秀、动漫元素,灯和动漫的结合就可以做成一个巨大的衍生品。比如,广东德庆挖掘"龙母"这一核心元素,"以龙母文化为主题,或与龙母密切相关的大型文艺晚会数不胜数,书籍则有《龙的故事》《龙母祖庙和龙母传说》《悦城龙母传奇》(20集电视文学剧本)、《传统文化与德庆》《悦城龙母文化》《母仪龙德》以及中小学教材,戏剧有市粤剧团演出的《龙姬》,近年准备制作20集《龙母传奇》动漫、龙母歌曲等。"[①]这样的文化产业开发,是龙母诞民俗文化与发展旅游业相结合的成功范例,做到了在一个核心点上做足做深做透,同时横向跨界,一重创意,多重延伸。

4. 非遗融入生活

做一些非物质文化遗产的产品,比如陶瓷,将其融入生活,成为生活美学化、创意常态化的轻奢化产品,再与故事结合,就可成为更好的文创电商产品。各地很多陶瓷类、装饰类和珠宝类产品都可以走这个方向。现代人

[①] 蒋明智:《悦城龙母文化与产业发展》,载黄永建主编《中华龙文化与华夏文明传承创新嘉峪关论坛论文集》,甘肃文化出版社,2013,第286页。

所说的非遗，就是当时的"现代生活元素"。与现代人的喜好和需求相符，不仅使非遗遗产光彩重现，还成为改善现代人生活的助推器。现在，越来越多的人喜欢传统的东西，喜欢非物质文化遗产，但也有人不喜欢它们的表现形式。保护非物质文化遗产的原真性不等于一成不变，现代设计创意能在非物质文化遗产与现代人之间搭起沟通的桥梁。例如，可以通过工作坊、研学游学等方式，教习学生以皮影工艺制作龙，改变原来皮影工艺过于烦琐的部分，皮影龙的各部件可以是半成品，孩子们学会创意拼接即可。让非物质文化遗产融入现代人的生活，使非物质文化遗产得到传承和推广普及。

5. 开发艺术产品

高端手工艺和艺术品作为政府扶持的对象，一部分高端手工产品可作为收藏品，其限量复制版产品可作为轻奢化的生活美学产品。这可通过基金和衍生品两个方向来推动。例如，纵观当今中华龙文化经济氛围，有关龙的产品屡现市场，然而以纯手工编织的龙系列产品却少之又少。对此，有非遗机构在不遗余力地推广手工编织龙，在宣传中华龙文化的同时，也推动中国纯手工艺品市场的发展。

6. 萃取精华

文化产业开发，还可以萃取古代文化、艺术、名人故事中的核心要素，将其提炼成今天的故事。比如《长恨歌》就萃取出"人鬼情未了"，同时还萃取了侦探故事，其他还包括亲情、人情、友情的独特表达和故事的结构等等。龙作为一种文化，内容庞杂，精华与糟粕并存，弘扬龙文化，我们应当批判宫廷龙及其政治肌体上附着的帝王思想、血统论之类的历史沉渣，继承并发扬龙腾九天的英雄气概，龙舟竞渡时的参与意识、协作精神、一往无前的豪情，等等，取其精华，去其糟粕，与当今的时代精神、审美趣味相融合。

7. 古今结合

古代戏剧推广做得最好的，当推《霸王别姬》，它是融合古今元素的成功范例。推广古代戏曲艺术，也可以编成古今内容相结合的新故事，并寻求新的传播方法。例如，古代帝王之家所用的陶瓷，以龙纹为饰，并保留下许多精品，其中元明清时期的龙纹瓷器颇负盛名，元代龙纹瓷器以站龙和游龙为多，虽与先前龙纹变化不大，但因细长头小的纹饰出现，使整个龙纹给人以幼稚"萌萌哒"感觉，又不失矫健。除此之外，元代瓷器龙纹的周围，往往衬以灵芝状云朵，同时还衬以长长的火焰纹等，这种元代瓷器龙纹因为拙稚可爱，可以与当今流行的萌文化古今结合，加工设计出更为可爱的龙纹瓷器，彰显强调龙的幼龄感，会赢得年轻人市场。

8. 仿制+故事植入

可以从传统书画、工艺品、艺术品中开发一些复制品，并通过植入故事，生产更有创意的衍生品。比如，故宫里的每一件国宝都有很多故事，挖掘它们背后的故事，就比简单仿制更有意味。再如，可以利用龙文化研究成果，设计开发丰富多彩的龙的动漫形象，赋予健康的动画故事，设计生产龙形象玩具。应迅速转变动漫产业以往的利润模式，漫画通过"漫画—读者"来获得利润，动画产品则通过"动画—投资"来获得生存，而工业厂商则通过"厂商—购买少部分动漫形象—消费者"来获得利润。如日本动漫产业就是通过"漫画—动画—衍生产品—消费者"来获取最大利润的。我们现在继续尝试的另一条路是"衍生产品制造商—漫画—衍生产品制造商互动开发—动画制作—衍生产品推广—消费者"，这一路径更适合成熟的漫画制作团队而非个体的漫画作者，这一路径也更适合中小型玩具制造商，可以在最大限度地控制风险的情况下，挑战未来的商机。这种产业链模式的形成，必将促进中国动漫产业的快速发展。龙文化如能借助动漫产业，也会如虎添翼。

9. 龙文化嫁接

龙文化可以嫁接名人名言、名山名刹等等。比如可以讲一个王安石、苏东坡与茶的故事。野史记载有这样一个小故事：有一次苏东坡要回梅山，王安石对他说，你到三峡某一河段提一壶水给我煮茶，最后苏东坡睡过了，随便在某一河段带了一壶水回去，结果王安石喝出那不是他要的那个河段的水。这说明他们当时对茶的品位和要求很高。嫁接之后就可以问：王安石喝的什么茶，是乌龙茶还是龙井茶？比如，扬州博物馆有一间国宝馆，陈列了一件镇馆之宝——元代霁蓝釉白龙纹梅瓶。虽然它被透明的玻璃外罩保护着，但在灯光照射下，这件梅瓶还是闪烁着华丽的光芒。据说这件无价之宝当年只卖了十八元，它在民间辗转六百年，能保存得如此完整，真的算是一个奇迹。那么，白龙与梅瓶能否嫁接一个凄美的爱情故事，它们如何相遇相爱、融合为一，并在历史长河中辗转流传，充满传奇色彩，可以创作成天上白龙与人间陶瓷艺人之间的故事，以龙文化嫁接工艺瓷的营销。

10. 节庆活动年轻化

传统节庆活动丰富多彩，但也需要赋予时代气息，使其不断焕发生机。如在春节期间举办动漫庙会、音乐节等活动，让传统节日体现青春魅力；或者在"农业主题公园"里体验二十四节气，感受农业文明的大智慧。"土"节"洋"做，将传统与时尚进行结合，将体验与互动进行整合，将节庆与项目进行叠加，将节庆活动打造得更为时尚化、年轻化，主打80后、90后、00后市场，这也是目前国内许多成功节庆活动策划的总趋势。

11. 龙文化对外传播仍需加强

尽管时代不断变迁，而我们的祖先所创造的龙文化至今仍保持着旺盛的生命力，为广大人民群众所喜爱，仍能从心底唤起一种民族的自尊心和自豪感。毋庸讳言，龙文化对当今世界十四亿中华儿女仍有着强大感召力、凝聚力和向心力。但在西方一些国家，因为与dragon的混译等原因，龙的形象仍然与"征服""残暴"等词汇联系在一起，这说明龙文化的对外传播，还有许多需要加强的地方。充分发掘中华龙文化的深层内涵，更好地将中华龙文化传播出去，将有助于解决当今世界的一些文化冲突，实现全人类"各美其美，美美与共"的共同理想。

第三节　龙文化的产业化之道

一、龙舟活动的产业化之道

龙崇拜在中国的涉及面之广，崇拜人数之多，世界罕见。因此，围绕着"龙"产生了与之有关的众多文化现象。龙舟活动就是其中之一，它集竞赛、娱乐、娱神、禳灾、庆典等于一体，是我国民族传统体育活动中一颗璀璨的明珠。在我国古代，南起珠江、闽江，北到黄河流域，到处可见龙舟戏水的热闹场景。中国是龙的故乡，也是龙舟活动的发祥地。当代龙舟竞渡作为一项体育文化活动，承载着浓厚的民族文化内涵。

1. 龙舟活动的社会基础

舟最早只是作为南方水网地区各民族人民生产和生活的工具。在远古时期，人类对天地间千变万化的自然现象无法解释，神奇的大自然既给人类带来丰富的物质财富，使得人类繁衍生息，同时又给人类带来无法抗拒的自然灾难。面对千变万化的大自然，人类希望能有控制自然的力量，人类通过这种力量，经过一些具体的形式，让大自然感受和领会到人类对它的崇拜，从而风调雨顺，神物崇拜因此而产生。生活在水乡的人们对水有着特殊的感情，俗话说水能载舟也能覆舟，要想风调雨顺、五谷丰登、鱼虾满仓，需要有一个司水理水的神，于是"龙神"就产生了。舟作为最主要的生产和生活的工具，是敬神娱神媚神的最合适的载体，舟变为龙舟，人们赋予其双重身份，既是生产生活的工具，又是取悦神灵的器具，因而龙舟竞渡出现了。

据文献资料和出土文物提供的证据，龙舟竞渡有可能在春秋战国时期已经出现。随着时间的推移，人们赋予龙舟竞渡更深厚的文化内涵，它是整个中华民族共有的，又最能体现其民族特征的文化现象。尽管今天我们进入了工业社会，进入了信息化时代，但是这项古老的文化体育活动并没有消亡，而是焕发出勃勃生机。因为，龙舟竞渡表现了中华民族对大自然的敬畏、对历史人物高尚品德的崇尚，也展现了团结合力的精神。

龙舟竞渡在我国有着悠久的历史，改革开放后龙舟活动又焕发出新的活力。除了开展龙舟活动历史久远的南方地区，北方的水域地区也开展得轰轰烈烈，而且走出国门，受到外国朋友的喜爱。据统计，每年从五月开始至十一月，世界各地举办的各种类型的龙舟竞赛已达数千起，参与者超过一亿人。英国、法国、美国、加拿大、德国、澳大利亚等国家也已盛行龙舟运动，比赛活动频繁。特别是东南亚国家，由于在地域和文化传统上与我国有很多的相似性（如在云南、广西等省区有很多跨界民族），其龙舟活动也有着悠久的历史，并与我国交流颇多。

中国作为一个统一的多民族国家，各民族龙舟竞渡活动表现出浓郁的民族特色，体现了中华文化多元一体的格局。汨罗江畔端午节龙舟竞渡，从龙舟制作到龙舟活动正式举行前的各种仪式，都有浓郁的地方特色。龙舟活动发展到今天，它的表现形式是一项民间体育活动，但它的深层动因是纪念先贤、祭神祈福、驱邪消灾，这也是这项活动经久不衰的原动力。活动始终有一条主线贯穿其中，即对龙神的敬畏和对爱国诗人屈原的怀念。傣族是我国西南一个古老的民族，生活在气候炎热、雨量充沛、风光旖旎、江河纵横、物产丰富的自然环境之中。优美的自然环境孕育了傣族文化，这就是与水有着与生俱来的联系，水的意蕴、水的韵律、水的灵性、水的体验、水的祝福、水的寄托无不蕴含其中。据云南广南县出土的铜鼓上的龙舟竞渡刻画及傣文《泐史》的记载推定，云南傣族赛龙舟至少有两千年的历史，其中泼水节是傣族最富民族特色的三大节日之一，赛龙舟也是泼水节当中最重要的活动。生活在贵州清水江畔的苗族，其龙舟竞渡从龙舟的形制、划的时间、竞渡方式、胜负观念和节日起源等，与其他地方都有很大的不同。清乾隆年间成书的《镇远府志》对清水江畔苗族同胞的龙舟竞渡活动就有记载。苗族的龙舟竞渡不是纪念屈原，而是缘于杀龙祭祖。围绕龙舟竞渡，人们盛装参加祭祖、省亲、对歌、寻偶、跳笙、踩鼓、赛马、斗牛、斗雀等活动，表现了苗族人民挑战权威，维护万物生灵和谐生存的伦理价值取向。

2. 龙舟文化产业的创建

我国有着丰富的文化遗产，把这些文化资源产业化，使传统优势变为现代优势，形成有中国特色的文化产业，从而使文化遗产以产业化的方式得到保护与发展。当今世界，综合国力的竞争不仅包括经济实力、科技实力和国防实力等方面的竞争，而且包括文化实力的竞争，因此需要大力发展有中国特色的文化产业，不断增强我国文化的竞争力。文化产业被称为21世纪的朝阳产业，已成为许多欧美国家以及日、韩等国国民经济的支柱产业，在其国民经济中所占的比重越来越大。未来学家阿尔温·托夫勒曾经预言，"一个高技术的社会必然也是一个高文化的社会，以此来保持整体的平衡"[1]。

体育文化产业是文化产业的重要组成部分。发达国家体育文化产业的发展取得了成功的经验，也产生了较高的经济效益，同时使得本土文化得以在

---

[1] 转引自史亚军主编《农村文化产业概论》，中央广播电视大学出版社，2014，第3页。

全世界传播，通过体育文化产业展示本国的综合实力，进一步扩大本国在世界的影响。如被称为日本"国技"的相扑运动，它不是奥运会比赛项目，在日本也只有大约八千名专业相扑运动员。但是，尽管入场票价很贵，最高票价达20万日元（约1500美元），而众多的相扑迷也会涌往观看，整个赛场常常座无虚席，尤其是高级别的比赛，场场爆满，更有数以百万计的观众通过电视收看现场直播。出类拔萃的相扑手像影视明星一样受到日本国民，尤其是青少年的喜爱和崇拜，成为广受追捧的风云人物。日本人喜爱相扑运动，热情观赏每一场高级别相扑比赛，这不仅出于对比赛胜负的关注，更多还是对这项运动展现出来的日本传统文化气氛的热爱，它代表着日本民族好胜求强、又刚又忍的心理和性格。日本相扑运动这一民族体育项目的发展，不论作为体育文化现象还是体育产业现象，都值得我们关注和借鉴。

龙舟活动作为龙文化的重要组成部分，在中华大地有着几千年的历史，在其发展过程当中，内涵也在不断拓展，新的象征意义在原有基础上不断产生，而原有的象征意义也在整合和积累，使得龙舟文化更加丰富。龙舟活动发展到今天，最吸引人的表现形式是体育竞技，由于有了体育竞技的属性，龙舟活动焕发出无限的活力。因此，创建具有中华民族文化特色的龙舟文化产业，有重要的现实意义和深远的历史意义。通过龙舟文化产业的发展，为其他民族传统体育文化产业的发展起一个良好的示范带头作用，这对提高我国文化竞争力，维护国家文化安全，具有十分重要的作用。

1984年5月16日，原国家体委就做出决定，把龙舟竞渡列为国家正式水上比赛项目，并于同年10月在广东佛山举行了全国首届"屈原杯"龙舟赛；1985年6月6日，中国龙舟协会在湖北宜昌正式成立；1991年6月24日，国际龙舟联合会在我国香港成立；1992年8月23日，亚洲龙舟联合会在北京成立。1995年6月，国际龙舟联合会在我国岳阳举办了第一届世界龙舟锦标赛；2002年5月，国际龙舟联合会第十届执委会确定中国吉林冬季国际龙舟赛为国际龙联的特色赛项目，次年1月3日至5日，中国吉林首届国际冬季龙舟赛正式举办，它标志着具有中国传统文化特色的龙舟赛从南方划向了北方，从夏季划向了冬季，从中国划向了世界。

目前我国各地的龙舟比赛主要在端午节、旅游节和博览会期间举行，如汨罗江一带的端午节龙舟竞渡，三峡国际旅游节的龙舟邀请赛，广西举办的中国—东盟国际龙舟赛，厦门举行的海峡两岸龙舟赛，广州、梧州的"龙舟节"，陕西安康的"龙舟节"，四川乐山举办的国际龙舟经济交易会，北京举办的国际旅游龙舟赛，还有"塘沽杯"国际大学生龙舟邀请赛，等等，这些龙舟比赛不仅有国内龙舟队参赛，而且经常有国外的龙舟队参加。还有云南傣族的年节——泼水节上的龙舟竞渡，在贵州黔东南苗族侗族自治州台江、施秉两县交界的清水江沿岸，苗族人民在每年农历五月中旬举行的独木龙舟竞渡活动。云、贵两省傣族、苗族的龙舟活动具有浓郁的民族特色和浓厚的原生态意味，围绕龙舟竞渡，还伴有其他文化活动，活动内容丰富多彩。

从搜集的资料来看，各地的龙舟活动通称龙舟文化，但各地龙舟活动都有着鲜明的地方特色和民族特色。从起源到传说，从龙舟的制作到参与的人数，以及祭奠仪式、禁忌和以龙舟为主题的相关文化活动，都各有特点。正是各地各民族的龙舟文化，才能够建立各具特色的体育文化品牌，充分体现中华文化和而不同的特点。

3. 龙舟文化产业发展策略

中华民族创造了中华文化，中华文化孕育了中华民族。我们要充分认识自身文化的价值，利用传统体育文化资源，发展具有中国特色的体育文化产业，创建自己的体育文化品牌，以便更好地满足广大人民群众日益增长的体育文化需求。

民族传统体育文化产业往往被视为当地旅游业的一部分，文化消费的主要目标往往是当地的自然景观、名胜古迹等，而不是以民族传统与文化作为消费的主体，也就是说，当地的文化消费往往不是以民族体育文化为品牌。民族传统体育文化与自然生态、文化生态有着良好的共生性。龙舟活动的开展有着优越的历史条件、自然环境和民众基础，将龙舟活动培育成有地方特色的文化品牌，有其得天独厚的条件。

当今，社会文化快速变迁，很多民族文化在消失，在西方现代体育占主导地位的世界体育文化背景下，作为民族文化重要组成部分的民族传统体育文化也面临着中断和消失的危机。培育龙舟活动文化品牌，应改变过去保护民族文化所采用的静态保存和没有变化的维护方式，而应采取动态方式，在开发利用和发展创新中进行保护，这对龙舟文化活动的保护和发展具有积极的意义。

首先要改变观念，提高认识。民族传统体育文化有着"独特的精神经济和知识经济价值"[①]，古老的传统文化要焕发活力，就要善于利用现代化的营销手段，让其进入市场，成为人们精神产品消费的一部分。因此，要改变只靠国家投入资金做非生产性体育文化活动的观念，充分认识民族传统体育文化产业是社会发展的一个重要组成部分，是体育产业中的精神产业，是一个具有巨大市场潜力的文化产业。民族传统体育文化产业要得到良性发展，在政府投入的同时，应积极鼓励经济效益和社会效益好的企业进入该市场，鼓励民间资本的介入，为民族传统体育文化的发展提供强有力的物质基础。

其次要利用现代传播手段，扩大地方龙舟文化品牌的影响。文化产业是极富个性化特征的产品，产品的独特性、差异性、丰富性是文化产业的特点。通过现代化传播手段，利用网络、电视、广播、报刊等传播媒介，让人们更多地了解各地的龙舟文化活动及其不同的龙舟制作方法、竞渡方式、祭奠仪式、文化传说等等，进而彰显各地各民族文化特色。

龙舟活动作为地方文化品牌，自然需要一个逐渐培育的过程，龙舟活动要成为文化产业的一部分，产生良好的经济效益和社会效益，应借助其他文化和经济活动发展自己。通过市场培育，逐渐突出龙舟文化活动的主体地位，使其成为地方文化的代表之一，从而实现龙舟文化活动的品牌效应。传统体育文化有着鲜明的民族风格和地方特色，与地方的生产生活、风俗习惯、宗教信仰等紧密相连，已渗透到经济、文化和社会生活的方方面面，与其他民族文化有着共生的关系。因此，传统体育文化应与其他文化形式得到共同的保护和发展，在发展过程中逐渐突出体育竞技的特点，使人们的身心得到锻炼与愉悦，使传统体育文化成为具有物质和精神双重消费功能的文化产品。

在节日庆典、旅游节和博览会等文化经济活动中，龙舟文化活动通过

---

① 程一辉、庄昔聪、吴蓉蓉：《论体育文化产业的传播与开发》，《体育科学研究》2004年第4期。

龙舟竞渡这一主要活动方式，以体育活动动态的竞赛形式，令城市本身静态的物质景观和文化底蕴具有了一种动态的美感，从而赋予城市以更多的生机和活力，显示出龙舟活动的独特魅力。传统体育文化与旅游文化产业良性互动，也是发展龙舟文化产业的一个有效途径。众所周知，旅游是一项内容丰富的活动，旅游业具有很强的品牌意识，各地旅游也都有自己的品牌项目。一些地方开发深度旅游，人们不仅观赏，还要参与其中，以体育为主题的旅游项目，就使这种参与成为可能。

二、舞龙活动的产业化之道

舞龙，又称玩龙灯，是中华民族传统的民俗文化活动。舞龙源自古人对龙的崇拜，以舞龙的方式祈求丰收、平安和吉祥，每逢喜庆节日，人们都会舞龙。随着华人移民到世界各地，现在的舞龙文化已遍及东南亚、欧美以及澳大利亚、新西兰等华人较多的地区，成为中华文化的主要标志之一。舞龙文化是在龙文化背景下，经过不断加工、创新，发展至今，已成为一种形式完美、内容丰富、表演技巧高超并带有浓郁民族色彩的体育竞技运动项目。

1. 舞龙文化在当代的发展

舞龙运动在我国有着悠久的历史和广泛的群众基础，它既具有很高的艺术欣赏价值，同时又能锻炼人的身体和意志，起着弘扬民族精神，激励人们团结、向上的作用。20世纪90年代初，在国家弘扬民族文化政策鼓舞下，通过深入挖掘舞龙文化精神内涵，舞龙运动得到空前发展。1995年1月，国际龙狮运动联合会在香港成立（总部1997年7月迁至北京）。1995年2月，经国家体委批准，舞龙运动被列入全国正式比赛项目，第一套"舞龙竞赛规则"于1995年3月出台。1995年9月，国际龙狮总会在中国舞龙竞赛规则的基础上起草了国际舞龙竞赛规则。在第四届全国农运会上，舞龙成为正式参赛项目。现在，每年均有全国舞龙锦标赛及各类舞龙争霸赛，全国舞龙邀请赛、精英赛等不同赛事，并成为全国农运会、全国城运会和第三届全国体育大会的正式比赛项目。近年来，随着文化旅游业的快速发展，舞龙活动与旅游产业相得益彰，相互吸引，相互支撑，开辟出一片前所未有的旅游节庆市场新局面。

2. 旅游产业发展中舞龙文化存在的问题

（1）旅游的过度商业化淡化了舞龙活动的文化特色。舞龙演艺由民间企业单独承包，这样更能适应市场化发展。但为了追求利益最大化，有些舞龙活动逐渐失去了原有的本质内涵，失去了民间发展的群众沃土，失去了走街串巷的传统风俗。舞龙本是一种发源于民间的文化活动，是老百姓祈福和信仰的表现形式，体现了当地独特的民间习俗和风土人情，是中华民族传统体育的重要组成部分，属于非物质文化遗产。但由于旅游的过度商业化以及管理方式、表演人员等主客观因素，民众中从事舞龙表演的人越来越少，真正意义上举着龙身、龙头、龙尾在古街上舞动的民众越来越少，舞龙几乎全部交给了俱乐部的舞龙队员。因此，舞龙在民间的生存兴旺成了舞龙文化发展的一个瓶颈。当然，值得欣慰的是，现在很多学校和民间团体已将舞龙活动纳入日常学习内容和阳光体育项目之中，逐步形成科学统一的舞龙活动传承教育体系。

（2）附属文化产品制作、销售存在问题。当前，市场上舞龙纪念品较少，一方面，由于民众各自在家进行纯手工制作，时间长、成本高，不利于市场销售；另一方面，舞龙纪念品品种单一，难以满足游客需求。另外，景区内的商铺也会把与其他民俗相关的旅游商品照搬到古镇景区，大量充数产品掩盖了舞龙产品，导致舞龙附属产品销售额不高，为旅游产业的贡献也十分有限，很难达到特色旅游产品推广销售的期望度。

（3）单一的舞龙表演形式制约旅游产业发展。舞龙文化的呈现以舞龙表演为主，其单一循环的表演套路，导致许多游客观看舞龙表演后有简单乏味之感；而有些舞龙项目，如"火龙灯舞"表演，只有在晚上才能展现出独特魅力。所以很多舞龙活动并非经常性或在固定时间演出，只在重大节日或重要活动时才会上演。此外，舞龙活动传承的断断续续、传承方式的单一，也导致其表演技术动作失去了原有的精彩和内涵。现代人审美要求越来越高，作为一项传统的民间文化活动，如果失去它应有的特质，势必影响其持续发展。

（4）缺乏与外界的交流，导致舞龙技术难以创新。有些地方的舞龙队很少参与省级乃至国家级的表演和比赛，长期采用传统的技术动作和套路，缺乏改造和创新。由此，舞龙表演一直以来也是采用单一循环的表演模式，演艺水平不高，很少出现高超炫目的动作技巧，导致游客不易被表演吸引，反而容易出现审美疲劳。因此，技艺的陈旧和动作的老套成为舞龙演艺发展的阻碍。舞龙活动产业化运营管理与经营，应充分梳理并挖掘更多民间艺术资源，逐步改善并提高舞龙的外观、装饰、套路、技术、配乐等，对舞龙体系更新换代，才能有助于这一文化旅游产品良性发展。

3. 旅游产业发展中舞龙文化的创意化路径

（1）政府为拓宽创意化发展空间提供保障。舞龙文化立足于民众生产、生活的具体背景，它是以一种通俗的形式，自发创造出来的并能娱乐自我的文化形态。从宏观上看，当前舞龙活动多采用以民间企业为主体、政府为主导的经营发展模式。政府以保护民俗文化资源及优化产业发展环境为出发点，要为舞龙文化的旅游文化创意产业化发展提供重要保障，在产业环境营造、文化保护及创新发展等方面给予支持。而民间企业则负责舞龙文化微观创意产业的实际开发和运作，以舞龙队或龙狮俱乐部等为主体，这种发展模式有利于发挥市场作用，能够满足游客消费需求并不断推进创新，促进舞龙文化的保护和发展。

（2）为打造人文旅游的创意化路径奠定基础。一是打造旅游地区特色校品文化。为培育优秀舞龙传承人，保障舞龙项目的经久不衰，由政府主导，当地学校在进行常规教育的同时，通过第二课堂，大力开展舞龙特色教育。组建学校舞龙队，打造"一校一品一特色"，不仅推动具有文化特色的学校体育教育体系的构建，而且有助于扩大舞龙活动的社会影响力，调动广大群众对舞龙项目的认知度和自觉参与的积极性，为舞龙文化传承孕育良好的群众基础。二是增值创收路径的创意发展。舞龙道具和服装是在舞龙文化背景下逐渐构建起来的，通过舞龙道具和服装的生产销售，获得相应收益，也为当地居民生活质量的提升和俱乐部的长远发展提供一定的物质保证。三是氛围营造路径的创意发展。注重对城区内、景区内建筑物的保护和维修，尽量保留内古街坊、古寺庙、古崖墓、古佛洞、古衙门、古码头等古物上原有的龙纹图饰，在扩建过程中，新建建筑物上的雕刻图案和整体风格也要表现龙元素。为渲染更加浓厚的龙文化氛围，还可建设舞龙广场，打造龙图腾长廊，营造氛围，展现龙文化。

4. 对未来舞龙文化发展的建议

（1）打造旅游品牌"舞龙之乡"。推进当地旅游可持续发展，应加强宣传，打造特色旅游品牌。舞龙活动需要有组织的、科学化的管理，只有技术动作全面提高、文化品位不断提升、社会推广进一步加强，才能不断促进其文化意蕴的提升。依附于舞龙队伍建设，还应深入挖掘和开发具有市场竞争力的新型旅游产品，加大旅游营销宣传，打造古镇特色旅游品牌；还可利用影视拍摄等文化资源，依靠高新技术呈现创新性表现，将开发中的创意思维直接转换成经济效益。

（2）开展跨区域跨文化交流合作。舞龙产业在广播影视、传媒、音像、视觉艺术、服装设计、雕刻、环境艺术、表演艺术、广告装潢、工艺设计等多个方面都有不同程度的表现，只有做到文体结合、体育搭台、经贸合作，才会有更广阔的发展空间。作为非物质文化遗产之一的舞龙活动，不仅要传承其特色，还要加强与不同文化类型、不同民间活动的交流与合作，促进文化的交融与渲染；同时还要积极寻找尽显自身特色、增强文化魅力的市场化道路，充分发挥媒体作用，促进舞龙文化的广泛传播。

（3）集群拓展增值性产品的创意化开发。当前，各产业集群已成为区域经济发展的主要手段和载体。为实现民族文化旅游产品创意化升级，使得小产品也有大市场、小企业也有大作为、小区域也有大扩张，舞龙纪念品应采用集群性开发制作方式，以俱乐部制作部为平台，一方面要整合资源，将分散的制作民众聚集起来共同生产，优化生产模式，降低生产成本，形成产品大批量生产，带动产品市场扩张，促进经济增量。另一方面，加大并创新纪念品种类的开发力度，利用文化的创意性思路，使之成为特色鲜明的旅游品牌，开发培育出相关产业集群，让舞龙文化衍生出更多的副产品，拓展更多的收益渠道。同时，在产业集群建设中，还应加快传统制造业和商贸业向现代服务产业发展，加速城乡二元差别向城乡旅游一体化提升。

（4）跨区域项目的联合和创新。站在旅游产业的构成角度来看，舞龙文化始终以表演作为主要的呈现形式，想要解决舞龙表演的单一性缺陷并不现实，唯有通过联合其他区域和项目，才能使旅游内容更加丰富。如夏季打水仗很受游客青睐，可以创新设计舞水龙表演，丰富舞龙表演的呈现形式；区域开发上可延伸至周边景区及古村、古镇，形成舞龙引导的多地联动旅游路线；项目开发可与其他有关联的非物质文化遗产捆绑营销，让游客体验不同的民间艺术文化。

（5）鼓励民众参与，增强特色民俗文化认同感。旅游产业市场应依据旅游者的需求特征和消费意向，立足该区域资源优势，通过创新产业发展环境，优化组合价值项目，策划出该区域各种文化旅游产品，最终运用市场营销手段打造品牌，实现价值创造。承包制的旅游产业市场与大多数文化旅游产业一样，具有很强的综合性和利益性。各利益相关者在整个过程中是重要的参与者，旅游者和他们的价值是同时实现的。因此，在文化旅游产业市场化发展过程中，旅游者、企业和利益相关者必然形成一条完整的产业链，这种产业链的建立决定了这项民俗活动的商业性，而浓重的商业性往往使民众无法过多参与。以舞龙文化为主的旅游产业开发，更应积极鼓励民间、民众的广泛参与。民俗文化源自民间，就应回归民众，如果缺失广大的群众基础，再优秀的传统文化也会失去发展的根基。鼓励当地民众积极参与，不仅能保留更多的原生态文化气息，又可增强当地民众对该区域特色民俗活动的文化认同感，让舞龙表演回归本色，营造真正的民俗氛围，让游客感受到纯正的风俗文化。

第四节　龙文化主题产品举例

当前，龙文化产业化的基本路径，就是发展龙文化旅游产业，开发龙文化系列产品。在龙文化盛行区域，就是要将龙文化的推广、龙文化产业的发展与当地旅游业结合起来，以丰富和提升旅游业的龙文化内涵。

一是建设龙文化主题公园。将龙文化与民俗、雕塑、书画艺术等结合起来，构建集旅游、消闲、娱乐为一体的龙文化主题公园，实现历史文化、艺术学术研究和观赏游览的完美结合。完善相关旅店、餐饮、娱乐等辅助设施，深层次开发，内容方面上档次，形式上灵活多样，方便游客观赏龙文化、感受龙文化、体验龙文化，同时满足吃、住、行、游、购、娱等旅游消费需要。

二是变艺术品为商品，实现旅游产业与龙文化产品的捆绑销售。创新经营理念，整合资源，加大投入，努力将旅游资源优势转化为经济优势，变艺术品为商品，变固定资源为流动资源，实现艺术价值与经济价值的融合。引进资金，成立公司，组织协会，建立艺术纪念品生产基地，扩大艺术品的生产、加工范围，并将其做深做细做实，体现物有所值、物超所值，将商品推向市场，真正实现"旅游搭台、经济唱戏"的目的。另外，变简单观赏为游客与资源互动，注重体验，可以让游客动手制作，如做出龙模型或绘出精美图案留作纪念。

三是结合当地旅游资源，全面打造龙文化旅游、民俗产业。将赛龙舟、舞龙灯等传统民俗与旅游业结合起来；将与龙文化有关的典故，比如龙抬头、鲤鱼跳龙门等与当地的青山绿水结合起来，让游客在游玩中感受龙文化；将"龙须文化""龙根文化"等与祠堂、旧院、古建筑等结合起来，全面诠释龙文化的习俗和恒久的历史。通过旅游产业与民俗产业以及龙文化的捆绑销售，深入挖掘具有区域特色的龙文化旅游资源。

在此，我们以主题雕塑、织物服装、珠宝设计、饮食产品、龙泉剑及龙泉瓷、古典园林营造、主题公园等七大类型，具体说说龙文化产品的开发。

一、龙文化主题雕塑

神州大地，遍布着千姿百态的龙文化主题雕塑艺术作品。龙是大家比较熟悉的神物，虽然它不具备真实存在性，但其影响力始终贯穿于人类的文明发展之中。龙的形象主要源于传说，在人类的世代相传中变得丰富、具体，也逐步形成了具有代表性的中华龙文化，进而与人类的生产生活密不可分。而以龙为形象塑造的神物雕塑，更是广泛应用于各种场所，神物龙雕塑传递着龙的精神，弘扬着中华传统文化，为世人所推崇。

神物龙雕塑造型修长，显麟、耸角，长须，健足，集合了多种不同动物的特征。龙之所以具有传统文化的象征意义，是与传说及神话中龙的神通广大分不开的，龙能上天腾云驾雾，能下海追波逐浪，呼风唤雨，无所不能，因此在人们心目中有着很高的地位。千百年来，龙作为中华民族独特的一种文化凝聚与积淀，已经扎根和深藏于每个人的潜意识里，龙文化已经渗透到社会生活的各个领域。龙雕塑是神物雕塑的一种类型，也是龙文化的一部分内容，其作用不仅在于环境上的装饰性效果，更重要的是，它所代表的内涵正是对悠久历史文化的传承。

与龙相关的雕塑作品，其雕刻形式主要有圆雕、浮雕两类，其中最为常见的是龙浮雕作品；使用材质主要有木石和金属，所以常见的有木雕龙、石雕龙和金属铸塑龙，包括青铜龙、黄铜龙（鎏金）、紫铜龙、合金龙等。现代龙雕塑在材质及造型设计上，都有多样性选择，而且经由雕塑家的精细铸造，能活灵活现地展现出龙的灵动性，更为生动形象地传承龙的精神文化。

二、龙文化与织物服装

作为中华文化的象征，龙奇特的容貌与神异的行止，也引起了历代文人的种种奇思妙想，成为文人骚客、艺术家们颂咏描绘的一个主题，从而为中华民族的文学艺术宝库增添了一批异彩纷呈的财富。

南京云锦织造技艺就是这方面的代表之一。2006年，南京云锦木机妆花手工织造技艺入选第一批国家级非物质文化遗产名录，2009年9月被联合国教科文组织列入人类非物质文化遗产代表作名录。其代表作品《九龙图》，以北京故宫九龙壁为底本，采用云锦工艺织造而成，中间为坐龙，两边八条行龙，具有镇宅辟邪、事业兴旺的寓意。2009年年初，南京云锦研究所投资设立了南京云锦时尚文化产业有限公司，该公司以龙缔丝脉为核心品牌，以民族的、世界的、顶端的为品牌定位，其绝招是"永不撞衫"，即从花色、图案、色彩，到时装款式，都追求唯一。近年来，南京云锦产业在全球征选并签约设计大师团队，努力把国际性的时尚元素引入传统工艺的开发创新当中来。

龙作为服装设计元素，也出现在许多华人设计师的手稿与秀场之中，如华裔设计师XU MING于2013年设计、推出的Stella McCartney的龙系列成衣、Red Valentino龙图腾夹克等，将龙与纸质纤维结合在一起，既有对传统的传承，又有对新材料的探索，其张扬与复杂的曲线造型，与追求激情的意大利设计风格不谋而合，华美艳丽，恢宏大气。龙作为中国文化的代表，也在国际服装设计这一舞台中大放异彩。

三、龙文化与珠宝设计

当今时代，人们越来越注重内在精神和个性，而佩戴首饰恰恰能够体现出个人的品位。作为东方的灵感元素，龙体现了至高无上的尊贵地位，它在当代珠宝设计中也经常被运用，能够展现出民族文化的魅力，能够让人感受到中华文化的美。如一款卡地亚龙形胸针的设计，龙身怀抱着一颗珍贵蛋白石，其色泽似孔雀羽毛般深浓，绚丽的光芒多彩丰富，龙的形象栩栩如生。另一款龙手镯完美呈现卡地亚精湛绝伦的工艺，再现水龙传奇的逼真形态，龙眼为两颗紫色圆形蓝宝石，龙头龙尾的相互辉映成就了水龙手镯的独一无二，龙尾镶嵌一颗海蓝宝石，称作"勇敢者之石"，作为一种带有美好期许的文化沉淀，象征沉着、勇敢和聪明，更使手镯闪耀出无比璀璨的光芒。

"周大福"作为华人珠宝第一品牌，是中国珠宝市场的领先者。设计大师叶锦添设计的周大福高级珠宝天骄DIVENUS COLLECTION典藏版"睡龙吟"摆件，以龙为主题，突显中华龙文化的精髓，无论从设计上，还是手工工艺上，该摆件绝对是难得的佳作。还有2012TTF龙年生肖跨界首饰设计作品展合作的建筑师李道德的"龙镯·龙戒"设计，将本职建筑设计的多重立面和莫比斯环无限回旋往复的空间感融入珠宝，展现出一种金龙盘旋于云端的意向，绽放出令人称奇的光芒。

四、龙文化与饮食产品

几千年来，有关龙的传说不胜枚举，自然也包括许多与龙相关的饮食产品。这当中，最有名的大概要数龙井茶了。龙井位于西湖之西翁家山的西北麓，也就是现在的龙井村。龙井原名龙泓，是一个圆形的泉池，大旱不涸，古人以为此泉与海相通，其中有龙，因称龙井，相传晋代葛洪曾在此炼丹。离龙井500米左右的落晖坞有龙井寺，俗称老龙井，创建于五代时期后汉乾祐二年（949），初名报国看经院。北宋时改名寿圣院，南宋时又改称广福院、延恩衍庆寺，明正统三年（1438）才迁移至井畔。现寺已废，辟为茶室。

龙井茶、虎跑泉素称"杭州双绝"。用虎跑泉水泡龙井茶，色香味绝佳，现今的虎跑茶室，就可品尝到这"双绝"佳饮。龙井茶不仅仅是名茶，它更代表着龙的精神，龙的气魄。浙江省政府办公厅2016年发布的《关于促进茶产业传承发展的指导意见》中指出，要着力培育茶叶主导品牌，大力推进山川地理相近、人文历史相通的茶品牌的整合和塑造，做大做强龙井茶等若干个规模较大的公共品牌。公开数据显示，2020年，浙江省龙井茶产量2.6万吨，龙井茶初级产值55.4亿元，实现龙井茶出口475吨、价值9850余万元。

在古代吴越之地，端午节被称作龙的节日，成为龙文化的载体，做、食粽子是端午节主要民俗之一。目前市场上许多高端粽子已开始主打"龙粽"概念，不仅在名称上传承了中华龙文化，而且在礼盒外形款式上，顶部古铜色的双龙浮雕与盒身的彩绘结合，礼盒包装上的中国龙造型，彰显着这款产品的高贵与不凡。精挑细选的天然粽叶，充满绿意盎然的意境，烘托出浓浓的端午节日的气氛。"龙粽"礼盒从内而外提醒我们，不管时代怎么发展，中华五千年的文明精髓始终未变，端午节的习俗将会流传千古。

从文化视角打造独具特色的粽子产品，是实现粽子产品营销创新的必由之路，其核心是全面提升粽子产品的文化属性，应充分挖掘粽子自身所包含的文化底蕴，通过增强其文化附加值，进而形成特色粽子产品在市场中的文化穿透力。从历史文化视角分析，粽子文化中蕴含着龙文化的文化因子，以龙文化为重要题材创新粽子类食文化产品，可以开发的视角也是多方面的。例如：一方面可以积极探索，创意设计以龙为造型或扩展为以"龙腾虎跃"为形象表现点的大型粽子展示产品。这类"龙粽"产品既可在食品博览会、展示会上参展使用，也可在终端店铺、产品展销会及订货会等场合使用，通过合理汲取龙文化元素，最终形成对粽子文化产品的形象提升效应。另一方面，可以通过现有粽子文化产品，在礼盒内外的文化表现、包装设计上传达龙文化内容。如将赛龙舟的画面、有关龙的民间故事传说等文化要素，通过包装设计予以展现，从而形成以龙文化为开发视角的粽子文化产品。还有龙的传说故事中的儿童故事，如《龙外孙的故事》《龙王失印服渔翁》《锦线女龙》《青石龙》《巧妹绣龙》《三戏海龙王》等，都是可与粽子文化产品相对接的龙文化素材，通过儿童画、造型物等表达手法，将这些素材融入粽子文化产品的文化设计之中，也会大大增强粽子产品的龙文化属性。

五、工艺品中的龙泉剑、龙泉瓷

龙泉剑始于春秋战国时期，距今已有两千六百多年的历史，其剑以"坚韧锋利、刚柔相济、寒光逼人、纹饰巧致"四大特色而成为剑中之魁，闻名天下。民间广泛流传着欧冶子铸剑的故事。欧冶子是春秋末期到战国初期越国人，据传有一次欧冶子汲水淬剑，忽然出现了"五色龙纹"，七星斗象，人们就将他铸剑的地方称为"龙渊"，把剑称为"七星龙渊剑"。至唐代避高祖李渊讳，改"渊"为"泉"。龙泉青瓷始于10世纪前期的五代，盛于宋，以其"青如玉、明如镜、声如磬"而享誉海内外。龙泉因剑而得名，凭瓷而生辉。2006年，龙泉宝剑锻制技艺、龙泉青瓷烧制技艺双双入选第一批国家级非物质文化遗产名录。目前，龙泉约有三万人从事剑瓷行业，越来越多的人捧着这个"金饭碗"走上致富之路。

近年来，龙泉剑、龙泉瓷频频在会展活动及影视大片中亮相，又与动漫联姻，其日用品开始"步入豪门"。龙泉青瓷茶具登上有"湖光山色共一楼"之美誉的杭州湖畔居的厅堂，青瓷酒瓶成为茅台、五粮液等高档酒的"拍档"，青瓷餐具则成为高档饭店的专宠。在"文创经济"强有力的带动下，剑瓷企业低小散乱现象有所改变，产业规模逐步壮大，社会贡献明显提高。当然，龙泉剑瓷产品目前还难以抢占国外高端市场，原因是对国外消费和审美认知少，产品多为艺术品，难以占据"大众"市场。国外会展主题不准、客户缺乏，市场拓展不足，龙泉剑瓷在欧美知晓率低，产品出口少。

六、龙文化与古典园林营造

作为中华传统文化的一部分，古典园林集建筑、山水、诗词、绘画、雕刻等艺术于一身，龙文化自然成为园林艺术中不可或缺的重要内容，蕴含着深厚的思想内涵和独特的审美价值。当代对于中国古典园林的复建、仿建，应充分运用龙文化元素，以更好地展现中国式园林的神韵。

经过历朝历代的演化，到了清代，龙族已相当庞大。不同风水的龙、不同地域的龙、不同性情的龙、不同姿态的龙、不同色彩的龙、不同数量的龙、不同材质的龙，等等，都有各自独有的名称。体现在建筑物上，就其所在的不同部位而言，有龛梁龙、盘柱龙、藻井龙等不同叫法。此外，有赑屃、螭吻、饕餮、椒图、狻猊、蒲牢、狴犴、睚眦、囚牛等龙子，以及麒麟、貔貅等龙族神物，凡此种种，既丰富了龙的整体艺术形象和文化内涵，同时展现于各式古典园林之中，也增添了园林艺术的文化韵味。

在中国几千年的农业社会中，水利关乎生死。龙"喜水"，有龙就意味着有源源不断的水。龙"乘于水，则神立；失于水，则神废"（《管子·形势》），无形之水与有形之龙结合，水性与龙性融合，龙控制着水的运行，水涵养着龙的性情，二者相得益彰。由于神话中的仙境多位于海中，故古典园林非常重视理水，通过引水、挖池来造水，以水喻海。龙的形象也频繁地与水景结合在一起，或将水势水流绘声绘色地结构成蜿蜒盘旋之态以喻龙，或围绕水池精心雕刻龙的造型，或直接对水景冠以龙名，龙洞、龙泉、龙渠、龙潭、龙池、龙桥等随处可见。如上海汇龙潭公园的龙潭，是五条河流的交汇处，故有"五龙抱珠"之美称，该园甚至直接在池塘中放置精美的石龙，龙首昂扬，龙尾高翘，龙爪外伸，形神兼备。

地上之水和天上来水在园林中受到同等重视。在民间，龙被尊为水神，既能呼风唤雨，亦能翻云覆雨，龙与雨水的密切关系在园林内多有表现。北京御花园内的鹿囿石台栏杆底部围着一圈雕刻精美的龙头，雨水可以从各个方向的龙头流下来连成一片，好似龙在吞云吐雾，蔚为壮观。

风水云："地脉之行止起伏曰龙。"山脉的连绵起伏之态一直被古人视为龙脉，借以比喻山脉的走向、起伏、转折等变化之势，山脉绵远或短促意味着福气长短。古典园林从选址到方位再到塑山整个过程中，都相当讲究与龙脉的融合关系，要先"审气脉"，而后借势而为。如假山当设于西、北方位，与"坐北朝南""背靠山，面朝水"的传统风水要求一致。

在古典园林中，山水是主体，建筑是从属，建筑需融入山水并强调自身的主从关系。在建筑序列中，神居建筑和人居建筑泾渭分明，不可逾越。龙却是例外，既可以拥有独立的龙王殿供人供奉，亦可以自由穿梭于人类的各式厅堂，张牙舞爪、龙行天下，足见百姓对其喜爱和崇拜的程度。

在皇家园林中，从宫殿的台阶、栏杆、门窗、柱子、墙壁、屋顶到殿中的装饰物等，都可见龙的雕塑和绘画。特别是龙在殿宇屋脊的装饰非常重要，它既能装饰建筑，同时显示着权势等级。通常正脊两端、垂脊及戗脊顶端都有龙形饰物（多为龙子螭吻），呈张口吞脊状。台基是另一常见的装饰部位，如故宫太和殿台基上共有1460根雕龙石柱和1142个龙头，蔚为壮观。除殿堂外，历代苑囿中的建筑类型还包括高台、楼阁、水榭、游廊、山门、牌坊、照壁、庙、塔、观、亭等等。龙形象在各类建筑物中均有重要体现，对龙形象的精心刻画，是历代造园中重要的装饰内容之一。换而言之，建筑物也是龙文化体现得最为充分的载体，其雕刻、绘画美轮美奂，具有极高的艺术价值。

好的龙脉当生态良好、生机勃勃，为追求好的气脉，早期的苑囿中有大量天然野生植物，历代又以人工种植的方式引进、栽种各种极具观赏价值的植物，甚至有不少宫观因植物得名，如细柳观、长杨宫等。由于神话中的龙无处可觅，历代园林大多通过种植形态如龙的树木以及人工雕塑来体现。如上海古猗园的一株古盘槐，树皮如鳞，枝条盘生，犹如龙爪下垂，故又名"龙爪槐"，是古猗园的镇园之宝。

古典园林的兴建最初源于帝王对仙境的向往，龙在古典园林艺术中从不缺席，是对造园之初追求"仙境"的呼应，以为缘于龙这一神物的存在，凡山、凡水、凡屋才借以超越凡俗，得染"仙"气。而龙几千年来罕见地保持着一贯的基本形象，正是中华民族文化一脉相承的最好体现。近年来，各地一些仿古园林的营造，其内容都有浓郁而丰富的龙文化元素的参与。

七、龙文化主题公园

1. 兰州龙源园

兰州龙源园是一座以龙文化为主题，通过雕刻、书法、剪纸、造型、园林、建筑等多种艺术形式，刻画和表现龙的形象与精神的公园。该园处在南北滨河路之间，与黄河水相邻，占地20亩，东西长300米，南北最宽处60米，于2002年3月28日正式开工，2006年3月18日正式向公众开放。

兰州龙源园以一个形神兼备的汉字书法"龙"为主题雕塑，该字出自甘肃省书法家王国文妙笔。"自左视之，恍如女娲怀抱婴儿，其右则如伏羲俯首关注"[1]。伏羲被尊为中华民族的人文始祖，传说伏羲部落的图腾为龙，人们就把伏羲称为龙祖，龙也就成了中华民族的象征。"龙"字主题雕塑为紫铜铸造，高9.9米，加上底座，总高24.6米，如巨龙腾空，气势如虹。走进该园大门内的小广场，一块高3.2米、重18.6吨的巨石顶部，昂首向上的龙头正破石而出。巨石北侧镌刻着国学大师季羡林题写的"龙源"二字。在八卦坛南侧，围绕圆坛分布着九根以"龙生九子"传说为内容的浮雕石柱，柱高7.4米，直径0.8米，其间分布着刻有龙图腾和伏羲功绩的花岗石材隔饰和白玉浮雕，以及一些龙文、龙诗石刻。龙源园还建有龙图腾长廊，几百个龙图腾分为十八组，组成长70米、宽2.2米的石刻长廊。雕刻家采用浮雕、线雕等手法，反映十多个历史时期龙的形成、变化和发展。与龙图腾浮雕长廊相呼应的，是最北侧内墙上的"千字龙"碑廊，此处汇集了从古至今一千一百多个"龙"字书法，可谓是龙字的"大观园"。该园西边靠近黄河北岸处，有一弧长16米、高3米的"龙凤呈祥"钢板透雕。龙源园雕塑与园林结合，园内花草皆成云状，而林木则多以龙字当头，有龙柏、龙柳、龙槐、龙榆、龙桑、龙枣等。

2007年10月14日上午9时，中华龙鼎揭幕式在龙源园隆重举行。该鼎高3.99米，重9.9吨，龙鼎底座高0.95米，象征九五之尊；鼎高3.99米，一个"9"为最大数，一个"9"为龙翔九霄之意，而"3"则寓意"道生一，一生二，二生三，三生万物"。该鼎通体为黄铜色，正面朝向黄河，铸有小篆"中华龙鼎"四个大字，背面铸中华龙文化论坛铭言，全文四百三十六字，是一曲中华龙的赞歌。

---

[1] 延风：《兰州历史文化·书画碑刻》，甘肃人民出版社，2007，第168页。

2. 深圳龙园

深圳龙园位于深圳市龙岗区龙园路，是一个以龙文化为主题的园林式公园。该园集龙雕三万八千余，其龙之造型，上至殷商下讫明清，包罗古羌狄、古百越及至汉、苗、彝、纳西诸族龙种种。龙园正门口，有一条巨大的卧龙，龙身长几十米，昂头抬爪，十分威武。龙头喷水而出，落入池中，喷珠溅玉。龙头下面的池壁上镶嵌着六个小龙头。除门口蛟龙昂首迎客，园中更是触目皆龙。池中跃的是龙头鲤鱼，地上爬的是龙头龟，壁上雕的是群龙腾飞。横跨龙岗河的回龙桥，石柱皆雕龙头，每条龙形态各异、栩栩如生。龙园面积22.5万平方米，包括龙门览胜、龙啸九天、九龙壁、观音阁、龙王宫、五龙亭、回龙桥、相思林等主要景点二十余处。龙园承传着数千年龙文化对中国建筑、艺术、宗教、民俗的深远影响，酣畅淋漓地展现了龙文化的神圣、神奇与神秘。

3. 濮阳龙源景区

1987年，在濮阳西水坡遗址发掘出土了距今六千五百年左右的三组蚌砌龙虎图案，轰动了国内外，濮阳因此被称为"中华龙乡""华夏龙都"。濮阳市委、市政府立足把濮阳打造成"龙的传人寻根问祖的圣地，中华龙文化展示基地，龙文化产业发展基地和中华龙文化研究基地"的定位，规划设计了"华夏龙都"的地标性工程——濮阳龙源景区。龙源景区基地位于濮阳县西南的西水坡遗址出土地，占地面积约3000亩，水域面积约700亩。以蚌砌龙虎出土地为核心区，依托南部已进行保护性修复的千年古城墙，中部700亩烟波浩渺的城市供水湖面，在蚌砌龙虎出土地及北岸区域筹建龙祖大殿，殿前广场至湖边铺设九个巨人足迹，以应合"华胥氏履巨人迹"而生伏羲的美好传说，周边配设龙凤呈祥、飞龙在天、五龙戏珠、龙生九子等雕塑，对蚌砌龙、虎、天文等图案中蕴含的科学价值、神秘传说、祈福文化，利用园内依湖而建的水上乐园项目、标志性景观、大型实景演出、神话故事演绎等形式逐一展现。还重点建设中华第一坛、四海龙王庙、中华人文始祖大殿、水下遗址博物馆、遗址文化陈列馆、中华国学馆、城镇文化博物馆、龙文化故事园、龙文化名人园、龙文化创意产业园、洪荒文化体验园，以及中华民族传统文化象征的"中华圭表台"等建筑，构成龙源景区的艺术之魂。

第五节　当代龙文化产业开发案例

一、重庆铜梁龙开发

铜梁龙文化作为中华民族的优秀文化、重庆市和铜梁区的王牌旅游资源，其开发模式较为传统，所创造的价值还远远没有达到其本身所具有的价值。在新的历史时期，铜梁龙文化的开发和保护也迎来了新的机遇。

据统计，铜梁现存不可移动文物五百零六处，铜梁博物馆有馆藏文物一万余件。全区入选非物质文化遗产名录项目四十八项，有国家级、市级、区级"非遗"传承人九十四人。"铜梁龙舞"入选首批国家"非遗"名录，"铜梁龙灯彩扎工艺"等九项列入市级"非遗"名录，"二龙戏珠"获得过国内外民间舞蹈大赛桂冠，竞技龙一直保持国内最高水平。铜梁龙舞是铜梁、重庆乃至中国的一张文化名片。铜梁龙文化就其价值体系而言，主要有文物价值、民俗价值和旅游经济价值，三者构成其价值体系不可缺少的组成部分。

1. 铜梁龙文化界定

铜梁龙文化主要包括龙灯和龙舞，是渝西地区具有地方特色的民间传统体育娱乐活动，近几十年通过在国内外的展示和表演，其部分技艺得到挖掘和发展，但还有许多潜在的文化特征和技艺尚待挖掘和保护。当前，有关铜梁龙文化的概念使用不够规范，有的过于宽泛，有的又太狭窄。这种情况直接影响到对铜梁龙文化价值体系的认识，以及对这一文化的深度开发和利用。因此，有必要对铜梁龙文化的内涵做一番探讨。

千百年来，一代又一代铜梁人扎龙、玩龙，渐渐自成体系，形成了独特的铜梁龙和铜梁龙文化。铜梁龙舞包括龙灯舞和彩灯舞两大系列，龙灯舞主要包括大蠕龙、火龙、稻草龙、笋壳龙、黄荆龙、板凳龙、正龙、小彩龙、竹梆龙、荷花龙十个品种，其中以大蠕龙最具特色；彩灯舞主要包括鱼跃龙门、泥鳅吃汤圆、三条、十八学士、亮狮、开山虎、蚌壳精、犀牛望月、猪啃南瓜、高台龙狮舞、雁塔题名、南瓜棚十二个品种。铜梁龙文化是我国南方民族以龙舞活动为核心的民俗文化，包括与龙舞相关的历代官府和民间的典志、传说、诗赋、美术、工艺、祭祀活动等，以及包含其中的对龙的崇拜意识和情感。应该说，铜梁龙文化是中华民族传统文化的一部分，体现了中华民族团结合力、奋发开拓的精神面貌，包含了天人和谐、造福人类的文化内涵，是中华民族珍贵的文化遗产。

2. 铜梁龙文化的旅游经济价值

铜梁龙文化的经济价值受其文化特性所制约，铜梁龙文化的性质决定了其经济价值的性质。因此，铜梁龙文化不能作为通常的满足人们物质生活需求的具有使用价值的商品，只能作为满足人们游览名胜古迹、祭奠祖先、寻根究源、体验独特民俗等精神需求的产品，即近现代兴起的旅游商品。这也是铜梁龙文化在当代社会生活中的经济价值之所在。铜梁龙文化是渝西地区特色旅游产品，是不可替代的、原汁原味的特色旅游体验活动。如果将铜梁龙文化作为渝西地区特色旅游业的品牌，进行深度开发、挖掘、包装、宣传，必将对渝西地区社会经济发展起到很大的推动作用。

特色旅游就是以旅游者为对象，为旅游活动创造便利条件，并为旅游者提供某一地域特有的所需商品和服务的综合性产业。旅游业对国民经济和社会发展有重要的关联带动作用，相关产业、行业可以借助旅游业的繁荣带动自身的发展。这种乘法效应是以一个产业发展的同时刺激和带动其他产业的发展，从而带动一、二、三产业的发展为特征的。它与经济、文化、外交有综合的特性，和交通、城建园林、文化文物、商业金融、对外经贸、轻工纺织、特色农业、邮电通信、环境保护、房地产业、扶贫开发、科技教育等行业有密切的关系。从重庆铜梁区旅游资源的总体来看，该区具有优美的自然山水旅游资源，自古有龙堤春跃、仙楼望远、崆峒传书、金钟送曙、炉峰残雪、木莲呈瑞、圣灯夜照、悬崖千佛等"铜梁八景"，今有省级风景名胜巴岳山、玄天湖，同时历史文化、名人文化资源也较为丰富，且颇具特色，其中铜梁龙文化旅游资源就是最具特色的旅游产品。作为铜梁龙舞（铜梁龙灯）的发祥地，铜梁可以通过举办龙文化产品博览会、招商会、洽谈会，构成龙文化产业资源圈，逐步形成独具特色的龙文化旅游景观和旅游产业，撬动其他产业发展，使龙文化产业在推进经济社会发展的进程中，与其他高精尖项目的引进双轮驱动，攘袂引领，率先突破。

3. 发展铜梁龙文化旅游的实践与规划

铜梁龙始于明，盛于清，繁荣于当代，是一种以龙文化为主题的区域文化现象。铜梁龙在中华龙的基础上发展了特有的成分，包括龙灯的扎龙技术、舞龙技巧、龙灯艺术、川剧舞龙音乐以及相关的地方性龙的信仰民俗、传说和传承人等内容，并以扎龙工艺制作的宏大奇巧、舞技表演的豪放壮美、龙灯的凝重古朴而闻名于世。2019年，铜梁区举办了"首届重庆铜梁中华龙灯艺术节"，艺术节期间，超过四百万游客来铜梁观看龙灯龙舞，真可谓盛况空前，这标志着当代铜梁龙走向了兴旺，商业价值也逐渐得以体现。

开发铜梁龙文化具有较好的资源优势和区位优势。铜梁龙文化包括龙灯和龙舞，其本身作为一种优质旅游资源，在开发中便具有较大优势。重庆铜梁位于成渝经济带腹地，渝遂高速、渝蓉高速和三环高速使得铜梁区位优势凸显，这为吸引主城和外地游客提供了必要的基础条件。铜梁与周边县区如合川、大足、永川、璧山等都有多条公路联结，交通发达，主要景区交通条件优越。而且，随着西部大开发战略的实施，铜大路、铜合路、铜梁到宝顶等线路均已动工改造，渝西北旅游环线上各旅游景点间往来将十分方便，龙都的区位优势必将更加突出。

（1）整合铜梁区旅游资源，进行资源深度开发。旅游深度开发不是全面开发，而是一种创新性的再开发，主要是更加有效地整合各种资源，挖掘资源内涵，以此提升旅游产品的吸引力和竞争力。铜梁龙文化作为重庆市王牌旅游资源，是一种内涵丰富、历史文化底蕴丰厚的优质旅游资源，对其开发不能只在表面进行。应深度开发龙文化，充分挖掘其内在潜力，不断改革创新，积极打造适应市场、满足旅游者新需求的旅游产品，从而延长龙文化旅游产业生命周期，加大旅游产品的吸引力。

铜梁区以龙文化为首，还包括了旧石器文化、明墓葬俗文化、木匾文化、抗战文化、名人文化、宗教文化、古城文化等，可谓文化丰盛。铜梁区旅游以安居古镇为首。安居古镇是一座体系完整的多功能古城，自古便有"安居依山为城，负龙门，控铁马，仰接遂普，俯瞰巴渝，涪江历千里而入境"一说。作为铜梁龙文化的发源地，安居古镇"龙"的氛围自然不少。可以将龙文化更好地与古镇建设相结合，并将其融入影视之中，加大对龙文化的宣传。

（2）加强创意文化产业发展。作为21世纪的"朝阳产业"，创意文化产业是在知识经济的背景下发展起来的。从本质上讲，创意文化产业是以创意文化人力资本的投入产出为运行载体，以人们的精神文化娱乐需求为基础，以高科技技术手段为支撑，向大众提供文化、艺术、精神、心理、娱乐产品的新兴产业。根据4C创意指数（结构性资本、人力资本、文化资本、社会资本）的要求，人们通常将创意产业发展路径概括为创意产业化、创意园区建设、创意环境完善三个重要方面。

首先，构建完善创意文化产业的产业链。铜梁龙文化历史悠久，发展至今已是中华龙文化中的佼佼者，其龙灯制作、龙舞表演都已具有较高的艺术成就。铜梁区应当发展以旅游为坐标的创意文化产业。在浓厚的文化基础上，形成创意文化产业链，做到从龙灯制作过程到龙舞表演、再到龙文化纪念品的一体化表现，并将这些过程发展成旅游吸引物，向游客展示龙灯制作过程，定期开展龙舞表演。

其次，加强创意园区建设。创意产业园区是产业集聚的载体，是高端创意策划人才交流思想的中心，结合技术、资本、市场等要素，整合产业链，对推动整个文化创意产业的发展至关重要。产业园区注重打造创意文化产业链，要做到分工协作，将产业的开发设计、生产制造和市场营销以及衍生产品的开发聚集在产业园内，形成整个行业完整的产业链，以加大产业规模，提高产业的竞争力。创意文化产业园建设应当包括：研发机构，改善传统龙灯形式，开发新型旅游纪念品；生产基地，包括龙灯制作和旅游纪念品生产，使龙灯制作摆脱以前单人制作的低效模式，形成机械化规模化生产；表演舞台，为龙舞表演提供场所，定期举行舞龙表演，吸引各方游客。

最后，加快创意环境完善。如今的铜梁，有以"龙"命名的金龙大道、白龙大道、白龙广场等街道、广场；巴川河—淮远河滨河生态文化观光长廊，二十多种"铜梁龙"及其起源故事被刻画在两岸石壁上，栩栩如生；人民公园逐渐成为集龙舞表演、龙文化展览为一体的"龙文化主题公园"；还有博物馆的龙文化展厅、图书馆的龙文化收藏。铜梁处处都有"龙"的影子，铜梁区已经为铜梁龙的腾飞奠定了坚实的基础。

（3）运用新媒体，加强龙文化宣传。铜梁龙文化建设已进入升级开发的新阶段，随着网络时代的不断发展，微博、微信等社交工具快速普及，也为铜梁龙文化的宣传带来便利。新媒体不是传统的媒体形式，而是通过数字方式实现"所有人对所有人传播"的信息流，传达范围广，而且可以实现人与人之间的互动传播。微博、微信具有用户定位明确的优势，利用这一优势宣传铜梁龙文化，可以真正实现精准营销。游客可以通过手机随时随地了解铜梁龙文化概况，方便又快捷。铜梁龙文化公众平台可定时向用户发送信息，具有效率高、即时性、广泛性和互动性等特点。因此，铜梁龙文化宣传必须紧紧抓住新媒体，以提升品牌形象，在传播龙文化的同时，促进铜梁龙文化旅游产业快速发展。

4. 铜梁龙文化保护

铜梁龙舞虽然品种多样，但多数龙舞品种已处于濒危境地。如今，地方政府不断加大对铜梁龙文化的保护力度，铜梁龙文化也走进大众心中，甚至走进学校，成为学生学习生活的一部分。铜梁龙文化不仅属于铜梁区、重庆市，它更是中华民族艺术中的一颗璀璨明珠，国家应建立铜梁龙文化研究项目，提供资金支持，积极弘扬传承铜梁龙文化。

（1）优化铜梁龙文化旅游节和招商引资活动。文化搭台、经济唱戏是各地发展经济的一项有效举措。如山东潍坊的风筝节、天津妈祖文化旅游节、南宁国际民歌艺术节等，都是同类性质的文化旅游节，其目的就是扩大知名度，增进了解，联络感情，最终为招商引资、发展经济服务。举办铜梁龙文化旅游节，自然也有这方面的作用。通过这一活动，在宣传铜梁龙文化的同时，扩大渝西地区在国内乃至世界的影响力，增强人们对铜梁的了解，从而促进招商引资更有成效。铜梁龙文化旅游节可以以会展经济的方式运营，以政府推动型、市场主导型、协会推动型、政府市场结合型等多种模式共同推进，主题内容如举办铜梁龙舞表演邀请赛、铜梁龙灯设计大赛、中华龙文化与龙舞学术研讨会、中华铜梁龙灯会、龙灯街头大游乐、民俗艺术博览会、民族服饰及选美大赛、中华印象龙之韵大型综艺晚会等，从而打造出富有特色的龙文化旅游盛宴。同时，办好铜梁经贸洽谈会，走文经结合、文商联姻之路，制定一系列弘扬龙文化、发展龙产业的优惠政策，策划多种招商引资项目，吸引更多投资者来铜梁投资文化旅游业。

（2）发展铜梁龙文化旅游与产业结构调整相结合。发展以铜梁龙文化为品牌的特色旅游产业，还必须在宏观与微观上，考虑文化旅游与产业结构调整相结合。

首先，在工业结构调整中，充分利用渝西地区现有的技术、设备和人员，寻找旅游商品市场需求，开发与旅游商品密切相关的工业产品。扎龙灯是铜梁龙经济的重要来源之一，铜梁人扎龙灯除自己表演需要外，还对外销售、定做，竞技龙道具被国家体育总局指定为体育经济道具。除大力发展作为龙经济核心层的扎龙等产业，与全域旅游相配套的吃住行游购娱等产业要素都要积极发展。从产业供给出发，结合旅游产业结构转型升级，围绕旅游业生产力六要素的改善，即吃（旅游餐饮）、住（宾馆住宿）、行（交通）、游（景观旅游）、购（旅游商品）、娱（娱乐休闲）进行产业聚集和供给侧结构性改革。例如，渝西地区大批食品加工企业应主动拓展旅游市场需求，生产味道可口、包装小巧、卫生方便、适合旅游活动特点的旅游食品，点染龙文化主题，以日常快速消费品这种轻便灵动的载体，配合龙产业链各环节各产品，共同构筑"华夏龙都"的铜梁城市文化形象。在龙文化纪念品方面，着力打造一个充满想象力、创造力、趣味性、时尚化的复合产品体系：除扎制龙灯外，可开发各类龙灯工艺品、竞技龙道具、龙文化故事人物、场景组合等，可制作石膏、彩陶、大理石、铜、铝等各种质地的产品，国画、素描、剪纸、刺绣、麦秆画等工艺形态均可成为载体；尺寸大小有别，大的可放置园林庭院，小的可摆放厅堂、柜子，或扣在衣服上、挂在墙壁上；还可以以壁挂毯、T恤衫衣、帽子、鞋包等为载体，印制舞龙图案，扩大龙文化纪念品品类。

其次，将龙文化元素融入旅游景区、景点，以达到文化景观和自然景观的完美结合。例如，"中华龙文化博览园"项目，建成集龙文化研究、艺术博览、会务会展、民俗体验等功能于一体的生态旅游度假区，构建龙文化博览会，建设中华龙文化博物馆、中华第一龙街、龙文化主题乐园、龙文化创意产业园等等。可以打造铜梁旅游的夜间演艺产品，营造留住过夜旅客的"龙灯之夜"。将龙文化融入演艺产品中，提高节目的观赏性，丰富节目的艺术性，通过节目中与龙文化有关的场景营造，体现龙之形、龙之韵、龙之味。同时，不仅做景区景点思维，还可以拓展到以龙文化点睛旅游综合体。可资借鉴的如海南"大龙门项目"：立足海南中北部琼北组团地区，开发海南内陆绿色旅游资源，挖掘中国传统吉祥文化，以建设国际级的中国文化品牌主题公园为目标，与海南蓝色滨海旅游形成互补。利用中华龙文化理念打造世界级旅游度假养生目的地的大型区域综合开发项目，着眼于将项目开发与当地民生发展相结合，积极探索以镇域为单位的社会主义新农村整体建设的新模式。通过五大重点景区的引导与带动，促进镇域经济的快速健康发展，辅以原生态热带富硒种植业、国家级富硒农产品加工基地等特色产业，最终创造海南城乡一体化的城镇典范。

作为"铜梁龙舞（龙灯）发祥地""华夏龙都"，铜梁在城市设计、规划和建设中，要充分融入龙文化元素，真正将龙文化贯穿其中。在渝西地区郊区和旅游景点周边等条件成熟的地方，依托铜梁作为重庆"西部菜都"四个核心基地区县之一的优势，大力发展农业旅游、生态旅游、度假休闲基地和农业科教基地。在发展现代农业的同时，赋予其新的内涵和理念，发展具有本地特色、形成规模的现代农业旅游和生态旅游，还要因地制宜发展渝西地区特色蔬果种植园、特色养殖场，以及花草、竹子、林木等经济林木种植场。总之将发展现代农业与特色旅游相结合，将农业和旅游业共同引上现代社会经济可持续发展的轨道。

（3）优化组合以铜梁龙文化为品牌的特色旅游产品。在深度开发以铜梁龙舞、铜梁龙灯为品牌的特色旅游产品的同时，要注意对历史文化遗址的修缮、整理，使之成为打得响的旅游产品，并对这些产品进行优化组合。例如，可以把铜梁龙舞与作为中国四大古城之一的安居古城组合为一个产品，推出龙乡古城游；又可把铜梁龙文化游与铜梁区博物馆、邱少云纪念馆等旅游线路进行组合，推出铜梁龙文化与名人文化游；也可将历史文化名人活动遗址与乡村文体活动相匹配，构成名人文化与民间文体游产品。这些产品组合还可与农业旅游、生态旅游再行优化组合，如铜梁蔬菜基地、蜡梅等观赏花木远近闻名，当然可以把蔬菜节、蜡梅节与龙舞发祥地祈福游组合推出，亦可将铜梁现代农业示范区与上述旅游产品搭配。如此等等，各种设计都是为了满足商务旅游、探亲旅游、观光旅游、购物旅游、休闲度假旅游、怀旧旅游、祭祀旅游等各种不同需求，以更好地促进渝西地区旅游市场的繁荣。

此外，铜梁有关部门应有计划地开展铜梁龙文化宣传活动，通过影视、戏剧、音乐等艺术形式，借助报刊、电视及现代互联网等媒介，宣传铜梁龙文化。建立铜梁龙文化旅游电子信息网页，宣传、介绍铜梁龙文化及其他特色旅游产品、旅游线路。通过旅游网络信息，开展与旅游企业的合作。在铜梁龙文化旅游节前后，还可单独举办铜梁龙戏剧节、铜梁龙美食节、铜梁龙竞技节等等，通过龙文化的感染力，助推各项事业蓬勃发展。

总而言之，当前铜梁龙文化繁荣兴旺，可喜可赞。但辉煌的背后也隐藏着不容忽视的问题。如通过龙灯来表现龙文化，表现方式单一，所传达的内涵也很有限。铜梁龙文化具有悠久的历史、深厚的文化内涵，却没有得到很好的挖掘，也还没有形成一个特色产业，产生良好的经济效益；铜梁龙文化仅仅依靠一些民俗活动在支撑，所依靠的主要是民间力量。当下，全国龙文化遗迹和与龙文化相关的非遗技艺举不胜举，可谓群龙共舞，异彩纷呈。"乱花迷人眼"的龙文化产业呈无序竞争状态，面对全国蜂起的龙舞开发竞争，铜梁须整合挖掘龙文化资源，创意运作，丰富内涵，提升品位，精心打造和强力推进以龙文化为主题的龙文化产业品牌。要持续用力，久久为功，加快龙文化产业的发展。在发展思路上，要尽可能体现前瞻性、科学性、引领性，充分利用好宝贵的龙文化资源，开拓视野，探索、借鉴成熟的文化产业发展经验，在继承传统产业的同时，更多融入现代科技元素，打造出属于渝西本土、属于铜梁自身的品牌和产品。

二、广西宾阳炮龙节开发

1. 宾阳炮龙节的起源与发展

"炮震千山醒，龙腾百业兴""万炮炸响，百龙狂舞"，这是人们对有着"中国最佳非物质文化遗产节庆""东方狂欢节"美称的广西宾阳炮龙节的生动描绘。

宾阳炮龙节源于何时，宾阳人说不明白，宾阳的县志也没有明确记载。有一种说法是，炮龙节是在清朝时期，从广东的卢姓三兄弟传到宾阳芦圩镇的，现已有三百多年的历史。宾阳三联社区的居民，常为"炮龙节最早就是从我们三联社区兴起的"而自豪。另一种说法是，在北宋侬智高起义时，三联社区是宾阳府所在地，当时官兵与起义军就在附近激战，但未分胜负。于是官兵就想出了一个办法：在正月十一这天全城扎起炮龙张灯结彩，而城里居民提前过起了元宵节，城内一片喜庆祥和的气氛。侬智高探得消息后，以为对方正在过节不会有军事行动，便放松了警惕，结果被官兵突袭打败。此后，当地居民每年都定期过起了炮龙节。

传统炮龙年年舞，年年传统舞炮龙。2008年6月，宾阳炮龙节入选第二批国家非物质文化遗产名录。吃灯酒是宾阳人民欢度炮龙节的一个重要传统习俗，这天也正是正月十一。"灯盏花开欢盛世，酒香人醉乐绵绵"，这是古人赞颂宾阳灯酒节的诗句，也描绘了太平盛世喜庆丰年的美好景象。灯酒本是"丁酒"，过去，是一年来喜得贵子（民间也叫"添丁"）的人家为了表示庆贺，以好菜好酒宴请街坊邻居共同庆祝，同时希望来参加的各家各户也人丁兴旺，来年喜得贵子事业兴旺发达的活动。现在，吃灯酒改为人们共同出资，"丁酒"仍是原来的"丁酒"，可是赋予了灯酒会时人们联络感情、规划美好未来等更多新意。每年炮龙节，人们看到的是全城街巷人头攒动，鞭炮齐鸣，烟气冲天，爆竹之光映红满城，街道全是铺满爆竹纸屑和火药的尘沙。宾阳炮龙之所以久盛不衰，全在于当地人民认为舞炮龙能带来吉祥兴旺。舞炮龙时,有不少人抱子抱孙去钻"龙肚",以求吉祥;敬请炮龙进自家屋宅举舞,更为吉利。有些群众求子心切,早与龙队私下定取"龙珠",以求添丁发财。

宾阳炮龙节自2007年被宾阳县定为传统节日后,不断拓宽平台,其影响力越来越大。近年来,宾阳县围绕"打造民营经济强县,构建现代化商贸名城,建设宜居宜业中等城市"的发展定位,着力打造宾阳炮龙节高端文化盛宴,让文化担纲经济发展大戏,走出了一条"炮龙文化搭台、推动招商引资"的发展之路。

2. 狂野上演的舞龙盛宴

百龙舞宾州炮龙节活动,每次激情上演,都会吸引数十万当地居民、游客走上街头参与、观看。炮龙比一般常见的彩龙要大,装裱简单,短者七节,长者十一节不等;龙长30米至40米,龙头龙尾用竹篾扎制,用砂纸装裱,龙身用色布装配。举舞之前,一般由组织单位发动捐献、筹备、张贴龙路(即向全城各单位各户发出邀请喜帖),敬请当日燃放爆竹增光。是日黄昏时分,无论是舞龙人还是鸣炮者,无论是父老乡亲还是贵客嘉宾,大家都从四面八方齐聚到各个开光点,兴奋地等待着开光一刻。舞炮龙之前,必须要点睛开光。开光仪式在炮龙老庙举行,只见德高望重的师公身穿道袍,手持剪刀剪开公鸡的鸡冠,鸡血马上流出来。师公拿出毛笔,蘸上鸡血,涂抹在炮龙的眼睛上。据说经过点睛之后,炮龙才具有生命,才能开始舞龙。点睛仪式一结束,舞炮龙的勇士们就撑起炮龙,奔向空旷的地方准备狂舞。此时,不知是谁先点燃了鞭炮,甩向炮龙,而其他居民、游客则随之纷纷点燃手中的鞭炮甩向炮龙,激情的舞炮龙活动正式开始。只见领头者挥舞着手里的火把,火把走向哪里,龙头就跟到哪里。在舞龙过程中,领头者不时向火把洒出黑色粉末,粉末立即着火,形成了"飞龙喷火"的壮观场面。虽然是冬天,但舞炮龙的汉子个个赤裸上身,挥舞手上的龙杖,似乎丝毫感觉不到冷。

在舞炮龙的勇士们激情舞龙的同时,游客们也不闲着,他们有的点燃手中的鞭炮炸龙,有的在噼里啪啦的爆竹声中钻龙肚。传说钻龙肚能带来吉祥如意,情侣携手钻龙肚,则能喜结良缘,所以很多人乐此不疲。还有的伺机抢炮龙身上的龙鳞、龙须、龙耳等，抢到则寓意新的一年里福寿吉祥。舞龙人、游客一起狂欢，整个宾阳县城成为欢乐的海洋。经过一个多小时的狂舞，炮龙身上的龙须、龙鳞几乎被游客抢光，舞龙活动就此结束。龙身上的每一件东西都代表着吉祥如意：揪下几丝龙须，系在家畜栏上，能求得家畜无病无瘟；扯一小块龙皮，可保今年五谷丰登；最为吉祥的是取得龙含于口中的财珠，商人获得此珠就能生意兴旺、财源广进。所以，每年炮龙节人们都会不遗余力地"抢龙珠"，以博得一年的好兆头。最后，整条龙就只剩下了骨架。人们点起火堆，奏响八音，把只剩下骨架的龙投进火里，让它随着熊熊的烈火升天，这叫"送龙归天"，寓意炮龙将在来年重生。

3. 民俗文化与经济良性互动

每次炮龙节，除舞炮龙活动外，在宾阳县文化广场，威风龙鼓队、采茶方块队、彩架方块队、丝弦戏方块队、壮锦方块队、彩凤方块队、仙马方块队、高跷方块队等依次展演民俗文艺节目，随后有序进入县城主要街道进行大规模巡游。参与游行展演的节目都是宾阳县有代表性的非物质文化遗产项目，具有丰厚的历史文化底蕴。其中，宾阳炮龙是国家级非遗项目，游彩架是自治区级非遗项目。

在传统炮龙节的基础上，宾阳县相继开展了一系列活动来丰富非遗文化内涵，通过引进民间资本，由企业出资举办活动。例如，成都红水河文化传播有限公司积极响应，承办了炮龙节期间的大型灯会和音乐节，灯会展出三十个灯组造型，两千多个单品灯组，主要有"'鸡'祥如意""二龙夺宝""财神送宝""宫灯长廊""熊出没"等大型系列灯组。以炮龙节活动进行包装、充实，让民俗文化与经济发展良性互动，让文化在旅游经济中催生动力、迸发活力。例如，宾阳县静安街民众摆下一千多米的百席长宴，将鸡、鸭、鱼、肉、酒摆上宴席，款待各地宾客。千人同吃长街宴，为来年祈福，长街宴年味十足，民俗浓郁，吸引了大批游客参加。

4. 强大"磁场"吸引客商

每次炮龙节活动，宾阳县以节为媒，举办广西·宾阳炮龙节投资推介会暨项目签约仪式，歌斐颂巧克力小镇集团有限公司就是被炮龙节吸引而来的客商。该公司是一家从事文化旅游开发、旅游商品开发销售、文策划等业务的公司，之所以选择到宾阳投资，是因为宾阳所处区位优势明显，对于专注于自驾游和亲子游定位的企业来说，宾阳的地理位置无疑很具吸引力。在炮龙节活动中，休闲农旅是宾阳文化旅游对外亮出的又一张"名片"，依托白鹤观、蔡氏古宅、陈平名山、古辣镇大陆村、"品绿留香"等特色旅游产品，宾阳县建设了一批颇具地方文化风情的生态园、观光园。

通过对炮龙节的打造，民族文化节日不仅成为宾阳县对外展示民族民俗文化的窗口和名片，并且成为宾阳吸引区内外客商投资建设的强大"磁场"。据宾阳县委宣传部提供的资料，2019年炮龙节期间，全县共有九十九条炮龙参与巡游庆祝，游客达44.16万人次，旅游消费总收入约2.34亿元。

三、广西龙脊梯田节开发

1. 龙脊梯田

龙脊梯田，是指在龙脊山上开发出的梯田，从广义上说叫龙胜梯田，从狭义上称为龙脊梯田。该梯田位于广西龙胜各族自治县龙脊镇平安村龙脊山，距县城22公里，距桂林市80公里。龙脊梯田分为金坑（大寨）瑶族梯田观景区、平安壮族梯田观景区。通常意义上的龙脊梯田是指龙脊平安壮族梯田。该梯田分布在海拔300米至1100米之间，最大坡度达50度，前往梯田几乎都是盘山公路，一直升到海拔约600米以上，到梯田时海拔达到880米。2018年4月19日，在第五次全球重要农业文化遗产国际论坛上，包括广西龙胜龙脊梯田、福建尤溪联合梯田、江西崇义客家梯田、湖南新化紫鹊界梯田在内的中国南方稻作梯田获得了全球重要农业文化遗产的正式授牌。

龙胜所处的南岭山地，在距今六千年至一万两千年前就出现了原始栽培粳稻，是世界人工栽培稻的发源地之一。秦汉时期，梯田耕作方式在龙胜已经形成，唐宋时期龙胜梯田得到大规模开发，明清时期基本达到现有规模。龙胜梯田距今至少有两千三百多年的历史，堪称世界梯田原乡。

在漫长的岁月里，人们在大自然中求生存的坚强意志，在认识自然和建设家园过程中所表现的智慧和力量，在这里被充分地展现出来。梯田处处有，可像龙脊梯田如此大规模集中实属罕见。梯田如链似带，环绕一座座山峰，从远处望去，一层层梯田似一道道鳞片，把一座连绵峻峭的龙脊山装点成一条活灵活现通体闪光的巨龙。龙脊梯田的生命色彩像梯田本身一样层次分明，一年四季都有不同的神韵，令人陶醉。平安梯田是广西北部壮族文化的载体，金坑梯田则是红瑶风情的摇篮。龙脊壮、瑶人民像修筑梯田、保持水土一样，精心保护瑰丽多姿的民族文化。这里有被梯田拥在怀里、被水光映照、被云影拂弄、天上宫阙般的吊角木楼，有似梯田一般延绵不绝、传唱不息的山歌，有别具一格的民族服饰，有奇特的风俗，有醇香的水酒。所有这一切，与这里的高山、森林、云海一起，构成了龙脊梯田深厚的文化内涵。

2. 龙脊梯田节及其开发

龙胜民族文化多姿多彩，历史悠久，节庆活动精彩纷呈，素有"百节之县"之称。据不完全统计，龙胜全县有八十七个传统民族节日，"开耕节""晒衣节""百家宴""苗王节""跳香节"等在国内外都有很高的知名度。龙胜民族文化旅游从2000年以来逐步兴起，民族节庆成为龙胜旅游发展的一张"王牌"，也成为龙胜旅游的核心内容，每年都吸引大批国内外游客和艺术家纷至沓来。

为进一步打造龙胜民族文化标志性品牌，充分发挥民族节庆活动对旅游发展的推动作用，进一步提升龙胜知名度和影响力，龙胜县以"天下梯田，风情龙胜"为主题，举办龙脊梯田文化节暨赛龙活动，着力打造龙脊文化。主要活动如龙脊龙王争霸赛，有二十九支舞龙队参赛，再以这二十九支舞龙队为骨干，举办万龙巡游呈祥活动。举办龙脊龙舟邀请赛，有二十六支队伍参赛，以小龙舟为参赛船只，每队十二人，比赛地点为县城勒黄电站库区的浔江民族风雨桥至龙胜白龙桥河段。开展龙文化展示系列评选活动，包括龙文化民族工艺品设计比赛，比赛作品是与龙有关的刺绣、编织（草编，竹编）、雕刻（石雕，木雕）等；举办龙文化书画比赛、诗文比赛，吸纳与龙有关的书法、绘画等艺术作品以及诗词、文章、对联等文学作品参赛。

游山玩水不外乎看看人文景观与自然景观，二者兼得当然更好。梯田就堪称将这二者自然巧妙地结合起来的典型景观。你看中华大地，梯田处处；

大江南北，金浪滚滚；大山小丘，天梯环绕；崇山峻岭，良田万顷。这种利用自然改造自然的产物，无不沐浴着大自然的阳光雨露，也凝聚着中华民族的传统智慧；既展示了农耕文化的精华，又创造出自然生态的辉煌。在龙脊梯田，龙在山脊舞，田从云梯开，龙脊梯田是杰出的稻作文化景观，更是雄踞在大桂林旅游圈里一部空前绝后的立体田园诗。

对龙脊梯田自然景观的开发，有必要结合龙文化进行人文景观的开发。比如，首届龙脊国际梯田文化旅游节设计过火把节环节。龙脊壮族百姓自古就有舞龙灯的习俗，夜幕降临，村寨里的吊脚楼上，家家户户都挂起了红灯笼，此时在龙脊梯田看龙灯，真是美不胜收。舞龙灯的队伍敲锣打鼓，在村寨里游行，点亮大型龙灯"双龙戏珠"。梯田上点起数万支火把，把层层梯田勾勒出"七龙下江""金龙闹海"等美丽图案，"金龙"仿佛腾空而起，遥相呼应，构成一幅美丽的壮锦，绚丽多彩，给夜幕中的龙脊古壮寨增添了迷人景色。梯田上空还放起了烟花，霎时，烈焰腾空，场面壮观。再如，2017年9月23日，首届龙脊梯田国际越野挑战赛在号称"梯田世界之冠"的龙脊梯田圆满落幕，来自七个国家和地区，以及国内二十二个省（区、市）及港澳台地区的近千名运动员纵情奔跑在梯田、草甸和古朴村寨之间，尽享龙脊美景与当地民俗文化魅力。时值金秋九月，梯田正值丰收，金黄稻浪与矫健奔跑的越野选手相映生辉，梯田踏浪，与龙共舞，吉祥如意，成为龙脊又一道亮丽的风景线。

如何让龙脊国际梯田文化旅游节更加"龙"味十足，让人文景观与自然景观交相辉映，还有许多千姿百态的龙文化文章可做。赏全球农业文化遗产，品龙胜百节风情，这就是龙脊梯田文化旅游节，它已成为当地少数民族同胞展示民族服饰文化、传统技艺以及民族美食文化的盛会。龙胜各族人民身着五颜六色的民族盛装，演奏着民族乐器，在"五彩霓裳"民族秀、"风情龙胜迎贵宾·民族团结一家亲"团圆舞、"唱响魅力龙胜"歌舞晚会、非物质文化遗产项目展演、寻找最美"龙胜味道"美食评比、"天下龙脊·风情龙胜"书法展、"百家宴"、龙脊跑山赛等系列民族文化活动中，各族群众欢聚一堂、载歌载舞，向中外游客展示原生态民族风情和多姿多彩的民族民俗文化。龙胜将梯田文化节作为展示龙胜休闲度假游、农耕文化游、民族风情游、休闲养生游的重要载体和窗口，不仅让中外游客游世界梯田原乡，品民族百节风情，更是打造了一个龙胜民俗旅游的亮丽品牌。

四、贵州松桃寨英滚龙开发

自明初以来，位于梵净山下的贵州松桃寨英古镇的群众，每年都要以玩"滚龙"的方式庆贺新春：一则丰富春节生活，表达欢快之情；二则借助龙的神威消灾辟邪，祛除瘟疫；三则祈求龙神保佑，以求风调雨顺、国泰民安。该"龙"模拟龙形，用竹篾扎龙头、龙骨、龙肋，用白布做龙皮，再在各洞点上用石蜡抄纸做成捻子，使龙身发出光亮，从正月初六一直玩至正月十五元宵节。由于玩这种彩龙翻滚幅度很大，因此得名"滚龙"。

1. 寨英滚龙的起源

寨英滚龙至今已有六百多年的历史。明朝政权建立之初，明太子朱桢奉父命率大军到偏远的武陵山区开疆拓土，平乱安民，他一路身先士卒，冲锋陷阵，在历尽艰险抵达寨英后，看中这块风水宝地，遂令将士安营扎寨，筑城堡，修工事，利用寨英水运直通洞庭湖的有利条件，在寨英及周边地区兴民垦、开商埠、建学馆、倡工贸。此后不久，驻军家眷接踵而至，各地商贾纷至沓来，佛事活动日渐兴盛，寨英很快就发展成为梵净山区域最大的军事、经济重镇，成为黔东地区重要的商贸集散地。经济的繁荣促进了文化的发展，随营而至的各地客商，使当地文化与中原龙文化实现了大融合，客商们带来了辰河戏、阳戏、川剧，与当地人自编自跳的茶灯相互交融，演变成韵味深厚的寨英花灯。中原的龙文化与当地的龙文化完美结合，极大地提升了寨英滚龙的艺术水平，逐步形成了集纺织、刺绣、雕刻、剪纸、蜡染、书法、美术、舞蹈、特技、演讲等诸多艺术为一身的滚龙文化。

寨英古镇的滚龙艺术构思奇特、造型完美、工艺精湛，具有浓厚的民族文化底蕴。滚龙编扎得栩栩如生、活灵活现；滚舞表演技艺超群、变幻莫测，令人眼花缭乱，应接不暇。特别是在滚龙舞动时，配以花灯穿插表演，成为一种立体式的综合艺术。无论白天晚上，场面都极为壮观。白天，可观赏到各种表演招式和龙身的色彩斑斓，一窥形象逼真的神龙全貌；晚上，则能观赏到通明透亮、冰清玉洁的龙体，加上四周燃放的烟火，"三跌铳"和锣、钵、钗、鼓、号的鸣响,既有"火树银花不夜天"的绝妙夜景,又有"山呼海啸"般的磅礴气势。

2. 滚龙艺术的形成

寨英滚龙有其独特的风格。滚龙全长36米,共分十七节(又称洞),由三十四个体格健壮的人轮番舞动,以九根拇指粗的竹篾捆扎连接成龙骨,五百个直径约60厘米的篾圈等距排列成龙身,再以整幅绸布画上鳞甲,罩在篾圈上;龙头以粗竹揉扭而成,蒙上特制的防火布料后加以描画。龙头龙身点上油捻,光彩照人,远远望去,宛如真龙。

明永乐、嘉靖、万历和清乾隆、嘉庆年间,寨英滚龙多次奉召赴京表演。乾隆皇帝曾御笔亲赐"神龙"以示嘉奖。民国初年,寨英曾组织举办规模盛大的滚龙灯会,向松桃、江口、铜仁、凤凰、麻阳、吉首、花垣等地散发了数千份拜帖,滚龙舞遍了整个武陵山区。

自改革开放以来,为打响寨英滚龙这一品牌,使滚龙编扎工艺跃上新的台阶,艺人们博采众长,将传统工艺与现代科技有机结合,改油捻为低电压灯泡,在龙身上安装彩灯;用小电动机作动力,使龙嘴自动闭合,眼睑闪动;以可控灯作眼珠,让其发出闪闪的蓝光,使其更具活力与灵性,更加形象逼真,神奇威猛。在表演招式上,摒弃传统的散漫、零乱舞法,设计出了几十种新的滚舞招式。如今,寨英滚龙常见的滚舞招式有"蛟龙出洞""翻江倒海""神龙戏珠""神龙打滚""乾坤倒转""猛龙过江""神龙戏水""神龙过山""盘龙打坐""二龙抢宝""比翼遨游""二龙穿梭""雌雄调情""双龙闹海""群龙抢宝"等。此外,还能用龙身盘制成许多字形、图形,赋予其更多的文化内涵。寨英滚龙文化底蕴深厚,编扎和表演技艺超群,成为中国民间滚龙的领头雁。

3. 滚龙文化的传承与产业化之道

丰厚的滚龙文化历史,使寨英滚龙文化生生不息。在新的历史时期,寨英滚龙的传承既面临严峻考验,同时也迎来前所未有的发展机遇。实现寨英滚龙文化在现代社会转型中吐故纳新,与现代体育结合,或与学校体育结合,或走旅游产业化道路,这是松桃寨英滚龙文化的传承发展之路。一是与现代竞技体育接轨。寨英滚龙的传承和发展,可以借鉴现代竞技体育模式,建立完善的管理机构、先进的传播途径、连贯的运作模式等，还可借鉴经济体育正式比赛的形式、内容和标准，采取市场化运作，招商引资解决经费问题。二是与学校体育结合。教育自它产生的那一刻起，就是传承文化的重要载体，少数民族传统文化的传承与学校教育相结合，应是其最好的传承发展路径。将松桃地区传统体育纳入学校课堂，既丰富了学校教育内容，也可弥补滚龙文化传承方式单一、传承主体断裂等问题，必会促进滚龙文化的传承和发展。三是树立市场观念，走旅游产业结合之路。实现传统体育文化产业化发展，是民族传统体育发展与传承的必然趋势，需要政府长远规划、积极推进，多途径挖掘民族体育资源，将民族风格、民俗活动、传统节日庆典与旅游开发有效结合起来，将少数民族传统体育文化推向市场，创立文化品牌，以品牌推动滚龙文化更好地发展。

五、南方龙母祭祀开发

1. 南方龙母祭祀的历史源流

龙母是岭南地区最古老，集母权、龙权、祖权、神权于一体的神灵，长久以来受到西江流域民众的普遍崇拜。龙母文化自先秦起源，历经两千多年，成为岭南民俗文化不可或缺的一部分，是西江流域水神文化的象征。

龙母文化起源于西江流域的降水村，自然也随着西江流域而发展，两千多年间，龙母文化传承上至苍梧，下至珠三角，而后又从广大岭南地区传播到海外，风靡世界。龙母文化传播的第一站，是与发源地仅一江之隔的悦城。悦城镇位于广东省肇庆市德庆县东南部，是历史上有名的驻防重地。此地坐落在西江中游北岸，连接广州与梧州，沟通广东、广西多地，是两广水运航路中心，也是西江沿岸重要的河流港口及货物集散地。

除了悦城，广西梧州也是龙母文化传播的重要区域。梧州龙母庙相传始建于北宋，由此可见，梧州受龙母文化的熏陶，也有上千年历史。历史文献的确有龙母到过广西的说法，即相传秦始皇召龙母进京时，接引龙母进京的秦使船到过全义岭（在今桂林），后来龙子作法将使船退还程溪，事乃作罢。如今梧州龙母庙乃至广西各地的龙母庙，都是根据这一传说衍生而来，由此也反映了起源于降水的龙母文化经过西江而传播的曲折过程，说明龙母文化对于岭南文化的推动与影响。

西晋永嘉之祸后，中原文明南迁，经济重心南移，使得之前尚未开发的岭南地区迅速繁荣兴旺。唐时，县丞赵令则、李景休代表官方修建龙母庙，使得龙母信仰体系走向成熟。宋元时，悦城龙母文化发展有了稳定的环境，龙母祖庙规模扩大，信仰民众也日渐增多。显而易见的是，悦城龙母祖庙已经无法顺应远处信仰民众的需求，于是，西江沿岸各地纷纷建起庙宇，以满足当地信仰民众祭祀参拜龙母的需求。后建龙母庙宇与悦城龙母祖庙形成众星环月之势，产生了以祖庙为中心的初具雏形的龙母祭祀区。明清时，龙母文化逐步发展，龙母信仰在民间的影响力扩大，更趋于民间化。

宋平定南汉之初，仍把岭南作为一个地方行政区域，统称为"广南"、广南路或岭南路，后来又将岭南分为广南东路和广南西路，广东、广西之名即始于此，其地理分界为"北自贺州而南，经封州、康州至南恩州而尽于海，这几州及其以东属东路，其西皆属西路"[①]。虽当时广西地区是经济文化落后之地，但与广南东路交接的广西中部、南部即梧州、高州等地经济文化水平较高，成为龙母文化在广西发展的主要区域。龙母文化沿西江流域自东向西逐渐进入广西，遍布梧州、藤县一带，并且以梧州为祭祀中心建立了祭祀区。及至明清时，广西境内各府和州属县涉及西江水域的地方皆遍及龙母文化。与此同时，广西、广东经济文化交流频繁，龙母文化就以这种经济文化往来交流为沟通媒介，以西江水域为沟通渠道，在两广传播。

2. 悦城龙母文化的产业化之道

作为国家级非遗代表的西江流域悦城龙母文化，历史悠久，影响深远。改革开放以来，经过地方政府的着力打造，龙母文化业已成为粤港澳地区一个重要的旅游文化品牌，在旅游经营开发、规划设计、宣传营销和庙会经济等方面，有着许多成功的经验。它不仅促进了经济次发达地区产业结构的调整和升级，而且提升了地方的文化软实力，有利于地方文化的繁荣和对外文化交流。它是我国非物质文化遗产产业化的成功典范，值得研究推广。

以广东德庆县为例，20世纪90年代，德庆县以旅游业为牵引，带动全县

[①] 方志钦、蒋祖缘主编《广东通史·古代（上）》，广东高等教育出版社，1996，第689页。

第三产业发展。县里组织对龙母祖庙景区进行全面规划设计，修缮龙母祖庙附近建筑，完善基础设施，推出"龙之旅"游览线路，旨在打造以龙母祖庙为中心，传播龙母文化内涵的旅游路线。90年代末，开设庙东商业街以及庙西新街、程溪路等商业文化街道，进一步推进龙母文化产业的发展。进入21世纪，景区形成了以龙母祖庙、德庆学宫、盘龙峡生态旅游景区为格局的"三点一线"旅游路线。至此，"龙之旅"游览线路也被改称"龙之旅——龙母故乡德庆游"。2005年起，德庆县与南湖国旅建立合作关系，依靠南湖国旅的宣传手段，"龙之旅"旅游路线更加出名，游客纷至沓来。2009年，广东粤动传媒有限公司制作《龙母传奇》动画片，通过动漫这种流行形式挖掘和弘扬龙母文化。

祠庙所带来的庙会经济是龙母文化产业化的首要来源。悦城龙母祖庙坐落在西江北岸，建筑颇具特色且环境优美。每年龙母生辰诞期前后，当地会举行大规模的民间祭祀和庙会活动。活动集祭祀酬神、艺技表演、物资贸易为一体，参加者有肇庆市及其辖属县区民众，人数可达二十万人。期间，各类收入非常可观，餐饮业、土特产店、酒店住宿等也收益颇丰。此外，"龙母生辰诞"也是招商引资的一个有利时机，德庆县借机向前来参拜的客商介绍德庆投资环境、优惠政策，积极引进资金，发展区域经济。除龙母诞辰外，龙母开金印、龙母得道诞等庆典活动，也为悦城龙母文化产业化获取了极大的经济效益。悦城龙母文化产业融入旅游业、动漫产业等可持续发展产业，成为岭南地区一项重要的文化旅游品牌。

3. 梧州龙母文化的产业化之道

梧州，古为百越之地，是岭南文化的发源地之一。梧州龙母太庙始建于北宋初年，坐落在桂江岸边，依山傍水。20世纪80年代，梧州市政府把龙母庙古建筑列为市文物保护单位，并投资修复被毁坏的部分建筑，同时增建牌坊、龙母文化广场、龙母素食馆等。每年，梧州都会举办一系列与龙母相关的文化旅游活动，如正月间的龙母开金库、五月初八的龙母诞辰、八月初一及十一月初一的龙母得道诞。2000年，梧州市举办首届龙母文化节暨经贸洽谈会，正式揭开了"龙母文化"品牌的序幕。2003年，梧州市举办首届龙母文化旅游节，采取多种方式宣扬龙母精神及内涵，提升龙母文化的保护价值和实际意义。2005年，梧州市规划扩建龙母庙，面积由原来的5000平方米扩大到10万平方米，并建中国最高龙母圣像。2007年，龙母文化公园扩建工程落成，同年底，公园和骑楼城以及历史文化长廊三处共同构成一个景区并获得国家4A级旅游景区称号。除此之外，还通过其他艺术形式，丰富龙母文化内涵，推广宣传龙母文化，如梧州市粤剧团、市歌舞团公演大型粤剧《西江龙母》，成为梧州市着力打造特色文化品牌，深入挖掘地方历史文化资源的一部精品力作。梧州市旅游局与旅游企业还承接了悦城龙母祖庙的"龙之旅"旅游路线，与肇庆市签订合作协议，充分开发两地及周边地区的龙母文化资源，联合宣传两地龙母文化。2017年，梧州在苍海新区建设以龙母为主题的大型水上乐园。总体而言，梧州龙母文化活动活跃，促进龙母文化传播更加广泛。

4. 西江流域其他龙母祭祀

（1）广东佛山黄岐龙母诞。每年，"黄岐龙母诞"有"诞辰"和"润诞"两个诞期。据说"诞辰"是龙母降生的日子，以农历五月初八为正日，从初一至初十，这十天都属"贺诞"期。"润诞"是龙母"升天"的日子，以农历八月十五为正日，从十四至十六，共三天"贺诞"期。据传，明朝某年西江大水，悦城龙母祖庙龙母木雕神像随西江顺流而下，止于黄岐河滩，信众将其恭迎上岸并建"黄岐龙母庙"。黄岐龙母庙作为佛山地区最大的龙母庙，每年都吸引众多信众前来，五月初八的龙母诞活动在黄岐已传承二百余年。在每年的黄岐龙母诞会上，有"五龙东渡""岐阳踏歌"及"龙母祭祀典礼"等传统仪式。来自德庆悦城龙母庙的"五龙子""随从""仙女"等乘坐一艘古色古香的五彩龙船东渡而来，随后，五龙子登"岐阳古道"，再现"岐阳踏歌"的经典盛况。活动期间，还有各种主题的传统文化、非遗文化及民间艺术展示，在祭祀祈福之余，增添非遗及慈善元素，弘扬龙母博爱乐善精神，吸引周边市民及海外乡亲参与。

（2）广西南宁上林龙母祭祀。南宁上林县龙母文化源远流长，是珠江流域龙母文化和壮族传统节日"三月三"的发祥地。上林的龙母祭祀，与壮族传统节日"三月三"结合，全力打造"三月三·龙母"祭祀大典，倡导龙母文化的善良、勤劳、感恩、孝顺，弘扬"真、善、美"的良好品德。通过九龙舞庆典仪式，九条彩龙在锣鼓声中同时起舞，在秃尾银龙的引领下，黑龙、黄龙、绿龙等九条龙追着绣球，腾跃、翻滚、盘起，上下翻飞，行云流水般绕场穿梭，活灵活现。九条飞龙演绎一段慈母行善救小龙的故事，用孝感化人心，激励人心。相传，原始社会晚期，上林县塘红乡石门村有个妇女，无儿无女，孤苦伶仃，她收养了一条幼蛇，取名"特掘"，当儿子来疼爱。养母去世后，特掘刮起一阵大风，将养母送到石门山后的一个山洞里安葬。每年农历三月三，特掘都回来给养母扫墓。后来，人们就把特掘的养母称为"龙母"，把安葬龙母的那个山洞叫"敢仙"。这应该是岭南龙母信仰的一个扩散区域，因与壮乡文化的结合，也颇有特色。每年上林"三月三·龙母"祭祀大典上，还会举行"表彰慈孝家庭""给百岁老人献寿禄""百鲤归海放生仪式"以及文艺演出、壮山歌王邀请赛、品龙母五色糯米饭、长寿产品商贸展销等活动，让游客充分领略当地淳朴的民俗民风，感受龙母文化"善良、勤劳、感恩、慈孝"传统。

5. 龙母文化产业化发展的影响

龙母文化是岭南文化的组成部分，它是以龙母祭祀活动为核心的民族文化，是以龙母信仰为载体而衍生的各种文化因素经多方面融合、演变而形成的一种特定文化现象。挖掘龙母文化内涵，促进龙母文化的产业化开发，具有重要的现实意义。

首先，发展龙母文化产业有利于促进产业结构调整。肇庆属于经济相对落后的粤西地区，梧州在广西也属于经济欠发达地区。受区域经济水平的制约，梧州城市文化发展较为落后，功能相对不完善，这都影响旅游产业的发展。发展以龙母文化为中心的文化产业，可以扩大消费需求，优化升级消费结构，培育新的经济增长点，从而带动旅游业的发展。其次，龙母文化产业化发展有利于提升城市品位。文化产业具有教化功能，龙母仁爱、博大、孝慈的形象，必然影响信仰龙母的民众的社会行为，同时，龙母文化产业化为民众提供各种文化项目和文化服务，可以满足人民群众日益增长的物质需求与精神需求。文化产业具有审美功能，龙母文化的相关产品在文化产业中是一种商品，但同时也是一种学术研究、艺术创作，民众在享受龙母文化产品的精神内涵时，也满足了日益增长的美好生活需求，提高了审美情趣。可见，龙母文化产业的发展，有利于提高民众素质，进一步提升城市品位。

龙母文化源远流长，在产业化方面有着得天独厚的优势。开发龙母文化产业应深度挖掘龙母文化内涵，迅速找准龙母文化产业的市场定位，多维发展由龙母文化衍生而来的各项经济。作为沿海发达地区的重要交通枢纽，肇庆区位优势凸显；作为贯穿珠三角经济圈和北部湾经济圈的关键城市，梧州城市地位日渐突出。两地应共享龙母文化旅游资源，形成"龙母文化圈"。一方面，两地龙母文化本就是一家，两地龙母的传说、形象、民间信仰以及祭祀仪式已经胶合在一起，形成龙母文化产业发展的基本资源；另一方面，西江流域有大大小小三百多座龙母庙，将这些龙母庙联系起来，便形成了一条龙母文化寻根访祖旅游路线。一旦成型，这个文化圈将覆盖整个西江流域，龙母文化产业由此将得到更好的发展。

后 记

本图书项目筹划于2017年秋天，2018年秋天正式启动。

我们的初衷，是以古籍文献与考古发现、理论探讨与实际考察、传承与创新、提高与普及、高雅与通俗等有机结合的原则，系统、深入地梳理、研究、阐述龙文化的方方面面，力求全方位、多视角、多层次地展示龙文化的魅力，努力把龙文化中具有当代价值、世界意义的文化精髓提炼、展示出来，使本书成为一部荟萃古往今来龙文化研究成果，学术价值突出、体现文化自觉、担当文化责任、展示文化自信、弘扬文化精神、彰显文化魅力，能够为增强中华文明传播力，坚守中华文化立场，讲好中国故事，传播好中国声音，展现可信、可爱、可敬的中国形象，推动中华文化更好地走向世界，为助益人类文明进步做出贡献的大型原创性图书。为此，陕西师范大学出版总社投入全方位支持，各位撰稿者通力合作，付出了智慧的心血和辛勤的劳动。项目启动的消息经媒体报道，也引起了广大读者的关注。

本书作者除我本人之外，还有来自北京大学、华东师范大学、西安交通大学、陕西师范大学等多所高校的专家学者，他们是：北京大学哲学系教授、博士生导师，中国马克思恩格斯研究会副会长、列宁思想研究会会长王东；华东师范大学教授、博士生导师、非物质文化遗产传承与应用研究中心主任田兆元；陕西师范大学文学院教授，陕西省民间艺术家协会副主席、陕西省非物质文化遗产专家组成员张志春；北京大学文学博士，西安交通大学教授、人文学院高培中心主任、文化创意产业研究中心研究员黎荔；工学博士，华东师范大学传播学院副教授、广告学专业委员会主任黄佶；华东师范大学民俗学博士、贵州师范学院旅游文化学院副教授姚莉；华东师范大学民俗学博士、曲阜师范大学历史文化学院副教授唐睿。

全书九章，约百万字，其中绪论、第一章、第四章、第六章、第七章由庞进撰稿，第二章由王东撰稿，第三章由田兆元、姚莉、唐睿撰稿，第五章由张志春撰稿，第八章由黄佶撰稿，第九章由黎荔撰稿。全书由庞进统稿。本项目能有今天的成果，有赖于各位作者的智慧付出、通力合作，在此，我们向各位作者致以诚挚的谢意！

需要写一笔的是，在本项目即将启动的关口，我的身体出现了状况。那是2018年8月26日下午，我在等公交车时突发眩晕摔倒，随后在亲友的帮助下，以"短暂性脑缺血发作"、怀疑"蛛网膜下腔出血"住进了陕西省人民医院的急诊病房。打了一夜吊针，第二天上午，我说服大夫，坚持办了出院手续。27日下午、28日全天，我都在为即将召开的项目启动会议做准备：修改、润色策划书、发言稿、新闻参考稿，为出版社书写隶书"龙腾中华"，为各位作者书写行书"龙"字。29日，我与出版社胡选宏主任一起，迎接参会的各位专家到来。30日，项目启动会如期、如愿地在陕西师范大学出版总社顺利召开……期间，29日晚和30日晚，我两次犯病，心慌、气短、头晕，胡主任两次陪我到陕西师大医院打吊针缓解，出版社刘东风社长还到病床前探望、慰问。之后的情形就不细述了，总之是几个月内，五次住院，五上手术台，以在心脏动脉血管里装了几枚支架而转危为安。在这里，我要感谢西京医院李成祥大夫及所有相关的医务人员，感谢照顾、关怀我的亲人、朋友、学生，感谢陕西师大出版总社！

我在进手术室前曾写下遗嘱，因为给心脏血管里放支架，尽管已是成熟的医疗技术，但毕竟有风险，万一手术过程中发生了意外，我希望有人能接替我所承担的工作，使这部书不至于搁浅。好在让人担心的情况没有发生。我的身体经过治疗、保养，渐渐好转起来。虽然不能说完全恢复到了病前的状况，但承担、完成撰稿、主编任务已没有问题。写到这里，我要感谢我的身体器官，它们顽强地陪伴着我度过了一次生命历险。

我研究龙文化三十多年，取得的一个成果，便是认识到龙的本质是中华先民对宇宙力的感悟、认知、神化，而宇宙力则是生发、演化、主宰宇宙间一切的总根源。于是，我有了我有幸进入龙文化研究领域，是宇宙力使其然的认识。也就是说，宇宙力赋予了我研究、弘扬龙文化的使命，因为龙象征、体现、代表着宇宙力，是宇宙力与人类之间的中介者、贯通者。那么，我想，在我的使命没有完成之前，龙，宇宙力，是不会让我"挥手从兹去"的。在此，我要由衷地向龙、向宇宙力表达感激之情、崇敬之礼！

"推动中华优秀传统文化创造性转化、创新性发展"是一句讲得很好的话。我理解，"创造性转化"要相对容易些，比如可以将理论形态的优秀传统文化，以各种方式，创造性地转化成企业文化、旅游文化、物质形态的文化等等；而"创新性发展"就比较难了。龙文化无疑是中华优秀传统文化的组成部分，龙文化与中华其他优秀传统文化是你中有我、我中有你的交融互渗的关系，也就是说，研究龙文化必然要涉及、学习、研究中华文化的方方面面。而我在学习、研究的过程中，也许是自己学力、才力、功力不到位的缘故，竟常有"创新难"的感觉。觉得对人类社会的一些最根本、最基础、最核心、最重要的问题，如世界的本原、人类的本质、人与自然的关系等，先哲们把话都讲到了、讲透了，我们这些后学，要超越先哲，几乎不可能，好像只能用一些时新的词语，结合当下实际，对先哲们的经典论述，不断地做些阐释工作，或者只能在一些非根本性的，行业性、具体性的问题上做些拓展、讲些看法而已。

"创新难"也体现在我们这部书中。20世纪40年代以来，先后有不少学者进入龙文化研究领域，发表的论文、文章，出版的著作数量不少，研究成果丰硕可观。这些研究成果，为本书作者们的进一步研究提供了基础和参照。纵观从古至今的龙文化研究著作，本书字数是最多的，内容也是最丰厚、最全面的。从创新角度看，本书九大章，每一章应该说都有前人未讲过的观点或前所未见的论述，但是，也有一些观点，是前人，包括作者自己在若干年前讲过的。看来，文化研究是一个"滚雪球"般的、不断累积的过程，比较难的，也是值得下功夫追求的，是在这个过程中，在保持立论一贯性的同时，能有些许的令人耳目一新的识见。

本书的作者有八位，八位作者组成了一个老中青相结合的，既具有扎实的研究功力，又具有广阔视野和开拓精神的团队。这个团队，对龙文化的定位、意义，及其与中华文化中华文明的关系等基本问题的认识，具有一致性。当然，由于八位作者各有自己的专业背景和治学方向，立足点、视角、着力处、资料来源等等的不同，对一些具体问题，尤其是古往今来一直未有定论的问题的认识，也有不尽一致之处。本书于此，只要作者引证资料翔实，言之成理，就不求统一。另外，对各位作者各具特色的论述风格也都尽量地予以尊重和保留。

2020年年初至今，一场突如其来又迟迟不去的新冠疫情，打乱了地球村人们的生活节奏。然而，参与本书策划、撰写、编审、校正等各项工作的同人们，还是以各自卓越而勤奋的努力——尤其是出版社具体负责这一项目的胡选宏主任，缜细而反复地阅读书稿，逐章提出修改意见，我作为主编，当然也是全力以赴，孜孜以求，终使本书以现在的，比较厚重、雅致、精致的面目与广大读者见面。

龙文化与中华民族根脉相连、血肉相融，经过八千年甚至上万年的发明、展现、演进、升华，龙文化已广渗于物质器用、习俗仪规、观念理念等社会生活的方方面面，可谓源远流长、博大精深、象繁意丰。龙文化不仅是全方位、多层次文化，还是全时态文化，它既是过去完成时，也是现在进行时，还是将来进行时。这样的文化用一部书来承载、容纳，显然不可能全然完备。加之，我们的学养、功力有限，尽管做了很大努力，书中肯定还会有错误、疏漏，有需要修改、补充、完善之处，期盼方家和广大读者指正。

愿容合、福生、谐天、奋进的中华龙，给中华民族，给龙的传人，给每一位追求美好生活的人带来吉祥！

庞　进

2022年11月11日于加拿大枫华阁